社会责任与可持续发展@孙继荣丛书

责任时代

变革与创新

（上 册）

孙继荣◎著

RESPONSIBILITY AGE

Transformation and Innovation

中国经济出版社
CHINA ECONOMIC PUBLISHING HOUSE
北京

图书在版编目（CIP）数据

责任时代：变革与创新/孙继荣著.
—北京：中国经济出版社，2018.11
ISBN 978-7-5136-5323-7

Ⅰ.①责… Ⅱ.①孙… Ⅲ.①企业责任—社会责任—研究 Ⅳ.①F272-05

中国版本图书馆 CIP 数据核字（2018）第 195204 号

责任编辑　叶亲忠
责任印制　马小宾
封面设计　华子图文

出版发行　中国经济出版社
印 刷 者　北京艾普海德印刷有限公司
经 销 者　各地新华书店
开　　本　710mm×1000mm　1/16
印　　张　54.75
字　　数　950 千字
版　　次　2018 年 11 月第 1 版
印　　次　2018 年 11 月第 1 次
定　　价　135.00 元（上下册）
广告经营许可证　京西工商广字第 8179 号

中国经济出版社 **网址** www.economyph.com **社址** 北京市西城区百万庄北街 3 号 **邮编** 100037
本版图书如存在印装质量问题，请与本社发行中心联系调换（联系电话：010-68330607）

本书献给：

有理想的年轻人，

有远见的中国企业，

永续发展的中国社会。

谨此祝愿：

中德中欧友好合作万古长青！

孙继荣

2018 年 6 月 21 日于北京

孙继荣教授简介

孙继荣　教授——著名社会责任国际专家、可持续发展经济学家。

历任德国杜伊斯堡大学教授，国际大电网会议首任中国国家代表，西门子公司亚太区总裁，中国政府特聘社会责任/可持续发展国际专家，世界自然基金会、北京大学社会责任研究所、中欧工业4.0研究院首席顾问等职。

在教育、能源、信息、系统科学，企业战略及国际化、企业创新与合作等领域具有丰富的经验和独到的建树。基于在全球化、跨国企业高层管理和国际战略合作中长期成功创新的经验，以及对当代国际国内经济、社会、环境可持续发展的深入研究，创立了各类组织普遍适用的、以社会责任为使命、实现自身和社会可持续发展系统化的方法论。

一直为政府机构、中外大型企业、民营企业、行业协会、公益组织等，提供可持续发展战略咨询，提供高层领导力培训、实战指导，担任企业董事会高级顾问，并应邀在全国各种高层会议、论坛发表演讲，对省、市、地、行业和产业发展规划或方案发表权威评价意见。

中国中央电视台授予“2014 中国公益榜样”。

内容提要

本书旨在为企业、政府及全社会各类组织提供以社会责任为使命，将其作为普遍的思维方式、发展方式、管理方式和行为方式，实现自身和社会可持续发展系统化的方法论。

全书以全球大趋势为背景，结合中国现阶段发展的挑战，论述了经济与社会、宏观与微观融为一体贯通社会责任、融入组织结构和治理，构建从愿景到战略、从目标到行动全面转型变革和创新的过程，从而增强社会价值创造力、诚信市场竞争力的理论原理和实践路径。

回答了如何贯通社会责任，变挑战为机会，推进经济转型、产业升级；绿色增长、创新发展；参与“一带一路”、全球治理；参与“2030 议程”“精准脱贫”“健康中国”“新型城镇化”；把握第四次工业革命的影响和责任等一系列具有战略意义的实践问题。

书中包括的国际国内不同类型组织的案例，反映了不同的责任主体通过社会责任、实现可持续发展所采取的各具特色的战略、方式和举措。

该书可作为各类组织的领导者管理者树立新理念、新思维，追求新作为，构建新战略，提升可持续发展领导力，创新组织竞争力等的工具和指南，也可作为高等院校、商学院、公共管理及干部学院、教育、培训、智库机构等必修课的教材。

所有有志于人生意义、事业成功和社会贡献的人士亦可从本书思想和精神的领悟中受益匪浅。

自序

——社会责任有为之大用

21 世纪是一个挑战前所未有的责任时代，现在比任何时候都需要社会责任，而且迫切需要有行之有效的落实责任促进可持续发展的方法论。

“社会”“责任”顾名思义，一是讲对社会负责任，二是讲全社会要担责。

在经济社会发展中，“负责任”和“可持续”互为代名词，不负责任即不可持续，不负责任不仅产生负面影响，而且必定付出高昂的代价。

社会责任有为之大用是一种价值观念，也是一种信念。实际上，社会责任无处不在，无时不在，而且人人相关，事事相关。

事实表明，守社会责任者则成，失社会责任者则毁。对于任何一个企业、任何一个组织的领导者管理者，社会责任是他们未来成功的基石，也是必将经受考量的首要尺度。

在现代市场经济中，无论是用好“看不见的手”还是用好“看得见的手”、无论是讲竞争还是论品牌、无论是讲产品（服务）还是论创新，社会责任是一个不可缺少的前提和条件。

一、本书的目的

本书旨在为企业、政府及全社会各类组织提供以社会责任使命，将其作为普遍的思维方式、发展方式、管理方式和行为方式，实现自身和社会可持续发展系统化的方法论。

自 20 世纪 80 年代以来，在国际范围从教育研究、跨国企业管理、政府合作等广泛历程使我获得了许多珍贵的经验，其中也包括在中国各个领域做出的开创性贡献的经验。归根结底，取得成功的前提是践行传统的负责任的价值观和可持续发展的理念。我确信，这为本书奠定了重要的实践基础。令人欣慰的是，这些先期实践同时受过检验的经验和理念对中国当前高质量发展，对新阶段推进现代化和国际化不仅急需而且大有用武之地。

进入21世纪，特别是在我担任中国政府专家期间，系统地研究了近半个世纪以来社会责任和可持续发展相统一的发展进程，深入认识到当代中国经济社会、产业、企业可持续发展等面临的挑战和前景，从中得到的主要结论之一，就是在当代社会不仅企业，而且所有组织将“对社会负责”的原则作为一种普遍思维方式、决策方式、管理方式和行为方式，对经济社会建设具有重要的现实意义和深远的战略意义。

构建一个美好的社会，需要长期共同奋斗，现在是一个讲究责任的时代。这个“责任时代”赋予我的使命是，运用自己在国际范围获得的先期价值实践经验和领先的国际理念，为改革、开放和发展的中国做出独到的贡献。具体讲，就是以实际行动将毕生的经验、知识和智慧贡献给有理想的年轻一代、有远见的中国企业、永续发展的中国社会（包括政府、教育机构、社会组织和团体等）。我坚信，这既是使命，也是一种责任。可以说，这也是写作本书的目的。

本书紧密结合中国现阶段实际，体现当今时代精神，提出了把“社会责任”即把“对社会负责”作为一种普遍的思维方式、发展方式、管理方式和行为方式的基本思想，为企业、组织直至全社会提供了既实现自身发展、同时又贡献国家和社会的路径。这就是，为它们提供以责任为基石的思想、理论和实践方法论，以此作为发展范式，促进经济转型和产业升级，推进创新、绿色、高质量发展，实现符合时代要求的战略目标。

本书力求回答有关社会责任的四个关键问题：

（1）是什么？

（2）为什么？

（3）怎么做？

（4）价值何在？

二、社会责任的时代性

构建一个美好的世界，为了建成繁荣、富强、美丽、强大的中国，实现“两个一百年”奋斗目标，这是一个崇高而伟大的梦想。不仅企业，而且所有组织，包括政府组织、非营利组织、各行各业直至全社会成员，毫无例外都肩负着社会责任的使命。换句话说，这个时代赋予了每一个组织或社会成员、每一个人义不容辞的责任义务。所以说，我们正处在一个责任时代。

为此，各个企业和组织必须树立新的理念、新的思维，采取新的举措和新的行动，才能顺应时代潮流、把握时代新机遇，开辟可持续发展的前景。

符合时代要求的新理念、新思维、新举措和新作为中蕴含有一个共同的核心的思想，这就是社会责任。可以说，社会责任是对社会负责的思想的总称，尽管作为企业和组织发展战略、治理、管理变革和行为方式也应有具体的科学的定义。

在当今时代，社会责任必不可缺。社会责任是企业和组织抗御风险的工具，是衡量经济、事业成功和质量的标志，也是品牌价值和核心竞争力。全社会每一个成员都赋有具体的责任，一个没有诚信的社会是不可设想的。

三、社会责任的现实性

在经济全球化和中国高质量发展的现阶段，企业和组织必须有紧迫感，社会责任必须提上议事日程。必须树立社会责任与可持续发展辩证统一的观念，在追求经济效益的同时承担社会和环境方面的责任。承担社会责任再也不是可有可无，也不可能是任意而为的了。在未来，无论在中国还是在全球，负责任的发展方式将是一个普遍的、高质量竞争的、引领未来的发展模式。

企业和组织只有从宏观到微观、从愿景到使命、从战略到行动，把社会责任融会贯通，才能树立起可持续发展的目标。而实现这样的目标就要构建一个落实社会责任的过程，这个过程在实质上是变革的、创新的过程。

企业和组织必须理解当今世界和社会的挑战，理解发展方式转变、社会变革的必要性及其与自身发展的关系。为此，它们必须不断学习、不断提升负责任的发展能力，使社会责任成为创新的源泉，使之转变为价值创造，转变为社会生产力。

无论是创业者，还是企业家，或是政府组织领导者，对未来事业可能都有美好的愿景，但最重要的是如何将理想和目标变为现实，特别是在当今复杂、快速变化、充满不确定性的世界。也就是说，目标是重要的，但没有实现的路径，目标就会落空。

企业和组织通过社会责任实现一个变革过程，实现可持续发展，要解决的是一个复杂的、系统化的问题。社会责任因责任主体不同而异，社会责任的内涵和付诸实际行动的方式也是如此。对企业和组织提出的要求是，社会责任必须通过各具特色的差异化的战略、行为和行动，才能既为自身发展创造价值，也为社会发展做出贡献。

社会责任是一个现实的紧迫的问题。社会责任决不是空洞的口号，不是做表面文章的，更不应是虚假行为。当今，不负责任、不讲诚信寸步难行，不负责任的行为也不符合时代和社会的要求，不负责任甚至要付出重大代价。

不言而喻，“化妆型”的或“空壳式”的或“付费换取标牌”的社会责任也一定会有越来越大的风险。

在高质量发展时代，企业和组织的发展离开社会责任别无选择。问题已不是要不要承担社会责任，而是如何承担社会责任的问题。

四、本书为读者带来什么

作者倡导把社会责任作为企业、组织和全社会的思维方式、决策方式、管理方式和行为方式。基于社会责任和可持续发展的辩证统一关系，全面论述了通过履行社会责任应对经济社会挑战实现可持续发展普遍适用的、系统化的方法，向企业和组织包括政府组织提供从宏观到微观、从愿景到使命、从战略到行动，贯通社会责任，实现它们发展目标的理论原理和实践路径。

1. 解决现实问题

针对当今世界全球化、中国高质量发展阶段的挑战，回答了一系列理论与实践相结合的问题，针对现阶段社会责任实践的现实问题，提出了相应的解决方案，诸如：

——如何理解社会责任的本质内涵？

——社会责任与发展有什么关系？

——如何应对社会挑战重构战略？

——社会责任如何融入管理和决策的全过程？

——社会责任怎样融入组织系统和组织治理？

——社会责任如何融入战略？

——社会责任怎样促进创新？

——社会责任如何驱动绿色发展？

——未来的商业模式是什么样的？

——企业怎样参与“一带一路”倡议？

——在责任时代需要什么样的能力？

——责任时代的竞争与社会责任有何关系？（例如，防范风险、塑造品牌）

——正在到来的互联网数字化社会如何应对责任和有何影响、挑战？

——怎样以社会责任构建高质量发展？

——怎样以社会责任促进诚信的市场经济？

如此等等，不一一列举。

通过回答这些问题，向企业、组织的领导者提供了转变思维方式、发展方式、管理方式和行为方式，解决现实发展问题的路径和指南。

2. 注重价值创造

此外，本书包括了作者近年来在将社会责任与中国实际相结合，在理论和实践方面取得的具有重要意义的新成果，特别是如何针对解决社会责任，将社会责任融入组织、变革、战略、创新和管理，即如何将社会责任转变为竞争优势、转变为生产力等重大难题所取得的突破，其中包括：

——社会责任和可持续发展的辩证统一

——社会责任过程与可持续发展目标的一致性

——社会责任的价值的判别

——社会责任差异化的四个要素

——从管理的意义上定义社会责任

——社会责任在宏观和微观层面的意义

——社会责任在企业、市场和经济全球化治理中的作用

——市场经济中负责任的价值观等。

……

这些观点和方法不仅对企业和组织创造自身价值和社会价值极为重要，而且还为自身和社会更直观地判别是否真正或有效落实社会责任提供了最直接、最实用的工具。可以认为，社会责任一旦成为企业和组织治理、管理和决策的核心理念，就将开启价值创造、价值竞争的新范式。与此相反，离开这些理念原则，社会责任就不可能落到实处。

3. 对接国家战略

企业和全社会组织成员以社会责任作为根本的理念、普遍的思维方式、决策方式、管理方式和行为方式，也即用负责任的思想和科学的方法指导行动，就能既赢得自身发展，同时又为社会做出贡献。

在全球发展的挑战和大国责任担当的时代背景下，实现可持续发展是时代赋予的责任使命，中国高质量经济发展实质上是负责任的发展，中国五大发展理念应作为实施中国可持续发展的方案。

本书为企业和组织提供了一个适合时代的与时俱进的思维模式和系统化创新发展的方法，这为中国企业和组织以实际行动参与、支持国家发展战略，或与国家战略“无缝对接”创造了必要的路径和条件。

具体讲，这一系统化方法有助于企业和各类组织包括政府组织等结合中

国实际应用场景落实社会责任，构建和实施符合新时代的发展战略，有助于发挥责任主体作用，贯彻国家发展战略规划（如“两个一百年”目标、供应侧结构性改革、高质量发展、精准扶贫等），有助于参与“一带一路”倡议和支持全球“2030议程”。总之，有助于将相关宏观目标转化为微观具体的行动计划。

4. 全球视野

当今，世界复杂快速多变，涉及范围如此之大，社会影响如此之深，前所未有。在经济全球化的时代，我们必须具有全球视野和国际高度，必须把握、应用和引领国际标准。这对于中国深度融入世界经济，引领全球治理、中国企业国际化、避免全球性风险等都极为重要，特别是在快速发展和变化的互联网、信息和智能时代极为重要。这也正是全书基于全球视野、国际标准、国际实践，面向未来，前瞻性地论述和处理社会责任和可持续发展的原则、主题和实践方法的重要原因。

五、案例

本书包括了国际国内不同类型组织的社会责任和可持续发展的案例，其中包括中国政府、深圳市、中国企业、跨国企业、本土及国际公益组织等各个不同的层面：

1. 中国——落实“2030年可持续发展议程”
2. 深圳市（中国）——“创新之都”引领企业社会责任
3. 中国工商银行（中国）——金融扶贫，扶在“根本”
4. 华为公司（中国）——“构建万物互联的智能世界”
5. 西门子公司（SIEMENS德国）——“博大精深，同心致远”
6. 宝马公司（BMW德国）——“第一战略”塑造未来
7. 通用电气公司（GE美国）——“绿色创想”
8. 欧莱雅（LOREAL法国）——“让所有的人都拥有美”
9. SAP公司（德国）——“让世界运转更卓越”
10. 青爱工程（中国）——关爱青少年健康，以教育为本
11. 世界自然基金会（WWF瑞士）——“生命长江”到“长江大保护”的进化之路

由于不同的组织或企业在当今时代所面临的挑战不同，责任、使命和发展机遇也不一样，因此不同组织和企业制定战略、落实责任担当、主体责任

具体化的内容和方式也是差异化的。中国作为世界上最大的发展中国家，坚持以发展为第一要务，自 2015 年全面启动落实“2030 年可持续发展议程”，彰显负责任大国的责任担当，受到国际社会高度评价。

引用以上案例旨在反映不同组织或企业以不同的方式通过社会责任实现可持续发展采取的举措及其不同的特点。无论是实施战略还是开展项目行动，组织或企业都应以实现自身发展同时为社会做出贡献为目标，这些案例各具特色。由于案例是基于组织和企业提供的信息、或官方网站、或公开的文献整理完成的，其描述不能保证案例内容的绝对完整性，仅供参考。如需进一步的信息应参考官方信息源。

孙继荣

2018 年 6 月 21 日

目　录

上　册

第一篇　责任时代的挑战和机遇

第二篇　全球大趋势战略大转型

第三篇　社会责任与可持续发展

第四篇　ISO 26000 的应用要领

第五篇　社会责任从原则到行动

第六篇 新时代管理与时俱进

下　册

第七篇　社会责任融入决策和管理全过程

第八篇 社会责任与战略管理

第九篇 社会责任融入组织系统

第十篇 社会责任与社会治理

第十一篇　社会责任与全球治理

第十二篇 第四次工业革命

第十三篇 经济发展新常态、新质量、新方式

第十四篇 各类组织——政府、企业和社会组织（NGO）的案例

附录一 中国企业社会责任任重道远

附录二 一个跨越时代的价值之旅

第一篇
责任时代的挑战和机遇

1 责任时代的挑战

当今世界人类面临空前的挑战，经济社会全面转型势在必行，实现可持续发展是时代的使命，也是全球共同的责任。

21 世纪以来，人类社会进入了一个新的发展时期，经济社会和生态发展将开启一个新的范式。全球发展大趋势，也就是今后十年、二十年甚至几十年不可阻挡的趋势对发展有着决定性的影响。人类不得不重构经济社会和生态环境系统，经济发展再也不可能是毫无约束的只追求效率和效益，单一的经济变量系统将被经济社会环境三维变量系统所取代。平衡协调发展的经济社会环境系统要求新的商业模式。在全球大趋势的影响下，社会的变化势在必然，特别是在数字化技术发展的影响下，变化的速度和进程大大加快。这是一个挑战和机会并存的时代，也是一个责任的时代。

1.1 全球发展大趋势

自工业革命以来，生产力和生产效率不断得到提高，追求经济利益最大化成为发展的主要目标。这种发展方式的普及和长期延续的结果，导致全球经济、社会和生态的关系严重失衡，不仅威胁人类赖以生存的环境，而且不断加大社会不稳定性。

在近代，随着世界人口的增加，人类需求的增长，全球生态和社会系统恶化的趋势持续加剧，如果人类不采取措施和行动，灾难性的后果将不可避免。这种经济方式和发展方式，不得不引起人类的反思。反思人类的活动，不仅要认识过去，而且要预见未来。

首先认识全球发展大趋势及其挑战。大趋势是未来十年、二十年乃至更长时期不可逆转，必然导致变革的趋势。全球需要回答这个世界怎么样了和我们应当怎么办的问题，例如，气候变化导致地球温度上升，能源消耗产生大量温室气体和有害物质排放，原材料存量有限，日益短缺，水、空气、土地的污染造成健康后患等现实问题；人口老龄化、城镇化、移民迁徙、地缘政治等隐含潜在风险；工业革命、互联网、信息化、数字化、人工智能和移动性等将引起新的社会和伦理问题。

从现在到未来很长的历史时期内，人类不得不应对经济社会环境大趋势对自身的系统性影响和挑战，正视它们对经济系统产生的影响，也不得不正视因此而要求的社会变化（如图 1－1 所示）。

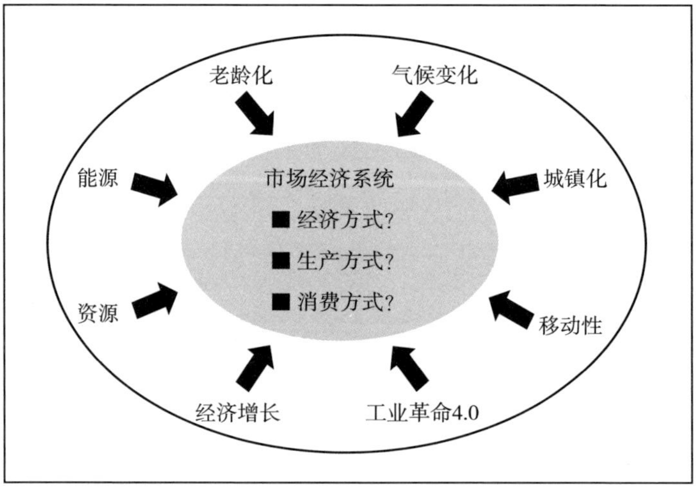

图 1－1　全球发展大趋势的挑战和影响

只有深刻认识全球发展大趋势及其影响和挑战，才有可能找到解决问题的长远和根本的方案，从而解决当今世界面临的棘手问题，其中包括发展方式、增长动能和经济治理的问题，还包括市场经济中的经济方式、生产方式和消费模式。不言而喻，在关乎人类共同命运的挑战和关乎人类共同利益的社会中，每一个国家及其社会中每一组织和成员都不可避免要承担一个角色，具有义不容辞的责任和义务。

具体讲，社会每一成员都应采取行动，为解决全球和本地的问题提供方案和做出贡献。这是责任、义务，也是道德行为。对一个国家是这样，对一个企业和组织也是这样。

为了一个美好的世界，一个共同的家园，需要全社会共同负责的行动才能应对发展的挑战，才能把挑战转为机会，共同发展和合作中，基于责任创造永续生辉的价值。特别是在当前，中国深度参与全球治理，深度融入世界经济，中国的企业和组织通过承担责任，顺势而为应对挑战，引领全球可持续发展，必将迎来前所未有的发展机遇。

经济社会和生态环境可持续发展是全球、地区、国家、企业和每一组织战略和行动的出发点。定义各自的角色，落实各自的责任，实现共同可持续发展的目标，是21世纪全球化发展的主旋律。

1.2　未来的经济系统

迄今，以经济效益为目标的经济系统中只考虑了经济变量，忽视了社会变量和环境（生态）变量。今天，构建经济系统的维度已经发生了改变，它不应当是单变量、单维的系统，它是一个多变量、多维的系统。在实践中，它是一个基于经济、社会和生态环境相统一的三变量、三维的系统，或可称之为“三重基线”系统（如图1－2所示）。

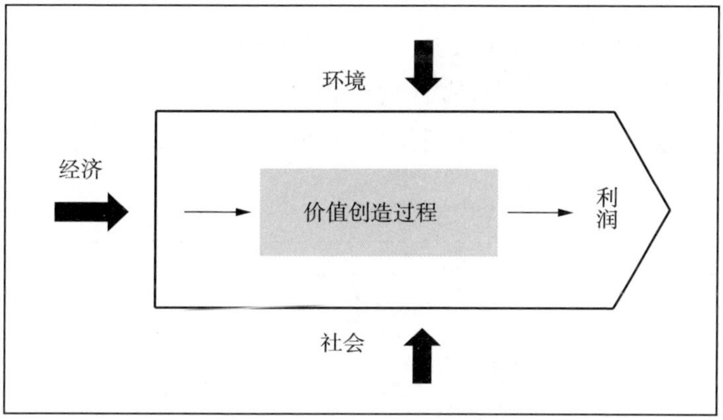

图1－2　可持续经济系统

实际上，无论在宏观层面，还是在微观层面，三变量、三维的要求或“三重基线”的要求都是普遍的准则：

（1）在宏观层面，无论在全球经济治理、政府的发展政策、公共管理、公共产品、公共服务等各方面的指导方针、目标、措施及管理全过程中，都要从三个维度综合平衡考虑，才能实现社会可持续发展目标。

（2）在微观层面，无论在企业和组织的愿景、使命、价值观，核心业务战略、定位、目标及实施，企业的组织、机制和管理流程中，以及在产品、服务供应链中，都要从三个维度综合平衡考虑，才能实现自身可持续发展，同时为社会做出贡献。

（3）在中观层面，无论在全球性、地区性、行业性组织等生态、合作和倡议中，都要从三个维度综合平衡考虑，才能实现合作共赢，推动可持续经济社会发展。

树立三变量、三维或“三重基线”的系统化思维，即以经济社会和环境可持续性为变量的思维，是企业和组织构建经济模型和管理的基础。

1.3 未来的商业模型

全球发展和变革的大趋势，要求新的经济系统的结构，这将必然导致构建新的商业模型。

新商业模型的根本要求是承载责任使命，体现可持续发展方式、思维方式、管理方式，其结果表现为对可持续发展做出的贡献。在新商业模型中，集中体现利益相关方或利益共同体之间的互动，责任主体既实现自身可持续成功发展，同时又对社会产生正面的可持续性影响的结果。

构建这样一个新商业模型实质上是一个持续融入可持续性的过程，一个包括从感知社会挑战，到理解责任使命，到制定责任目标，再到实施措施、落实行动，直至评估、总结，不断循环改进可持续性绩效的过程（如图 1－3 所示）。

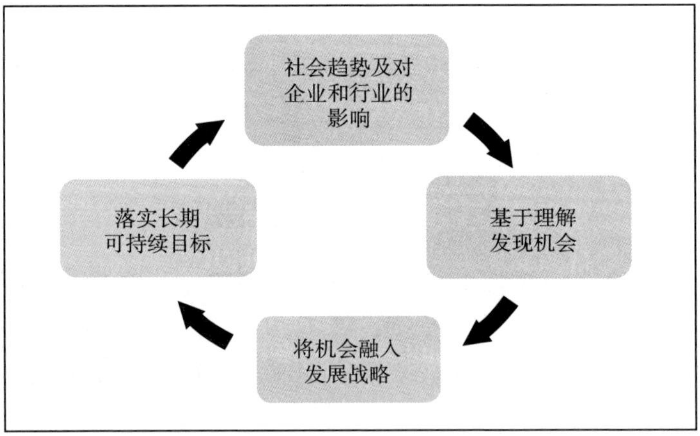

图 1－3 未来的商业模型

这需要基于人类共同的价值观念、道德观念和责任观念，采用因地制宜、因势利导、量身定制的方式，并通过合作共赢和谐共生的管理实践，动态适应当今时代的挑战和要求，不断螺旋式地提升企业、组织、城市、地区和国家经济社会和环境综合、协调和统一发展的实力，通过可持续投入和产出，不断增强其超越、创新、引领和竞争的能力。

这种新的商业模型是未来普遍适用的可持续商业治理的基础。

1.4 数字化社会

数字化是将对人类社会和生活产生深远影响的大趋势。正在兴起的第四次工业革命中物联网、大数据、云计算、人工智能等技术对商业模式产生着巨大影响，如共享平台、共享资源，打破边界，大幅度降低生产运营成本。由于新商业模式的产生，未来将会形成新的商业文化，也将构成新的商业文明。

在此发展过程中，企业和组织价值最大化的边界将发生改变，它将从企业延伸到价值链，再延伸到物联网生态系统。企业和组织的活动将突破价值链的边界，在生态系统中协同共处、分享资源、合作共赢，商业的性质由利益竞争转变为价值合作。

企业和组织，包括政府组织，如何应对数字化时代的、前所未有的、崭新的挑战，如何正确认识自己的使命，如何理解和践行责任，必将成为可持续发展诸多主题中的一个具有决定性影响的新课题。

企业和组织及其管理者要应对数字技术来势凶猛，不仅快速而且具有颠覆性影响的挑战。他们不仅要洞察环境，而且要根据自身情况，动态平衡与利益相关方，与股东、客户和员工的关系，同时要在网络空间、优化处理好与所有其他利益相关方的义务、权利和责任。无论在本地，还是在全球，随着物联网的发展，活动者的活动和责任的界线越来越模糊，这需要制定新的规则、标准和规范，以充分适应经济社会和生态环境可持续发展新目标的需要。

在数字化的万物互联的网络中，特别是日益智能化的网络中，人和人、人和机器融为一体，伦理、道德和责任的内涵及主体、客体，标准规范，评价方法等与传统工业文明过程相比，都将发生变化（如图 1－4 所示）。

因此，在数字化的新商业文明和社会中，认识可持续性增加了新的认知维度，人类实现可持续发展面临智能、道德和责任的新挑战。

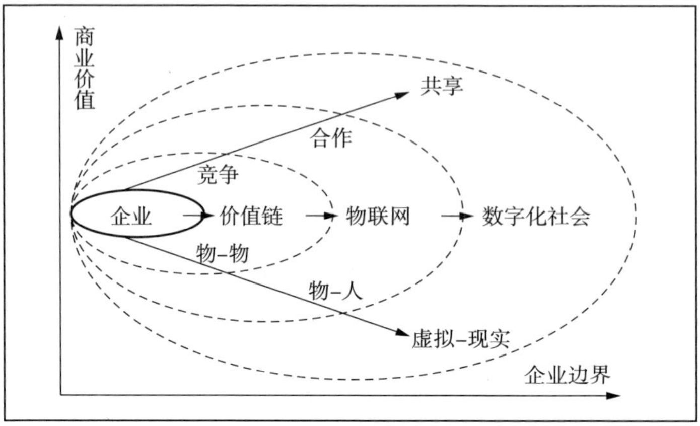

图 1－4 数字化商业社会

2 责任时代大转型

把责任转变为行动，就是要从思想到行动，构建可持续发展愿景，遵循负责任的道德价值观，建立负责任的行为规范。

2.1 责任使命

当今人类面临可持续性的问题，虽然已是众所周知，但认识到它的共性，也就是共同承担责任，采取行动，贡献解决问题的方案并不是自然而然的事。

国际社会对此有过长时间的争论，直到今天在宏观和微观层面仍未完全形成全球统一的认识和行动。

20 世纪 80 年代，“联合国世界环境与发展委员会”发布《我们共同的未来》的报告，标志着全球基本达成了一个共识，即：人类今天的发展不仅要考虑当代的需要，还要对未来子孙后代满足他们需要的能力不构成危害。

这是一个高度概括的、抽象性的共识，它表明人类当今发展可持续性是关系子孙后代的千秋伟业。因此，采用既满足当前需要，又注重长远要求的发展方式构建人类共同的将来，在实质上表达了人类共同发展的愿景，即全球可持续发展愿景。

实现这一愿景是一个长远的目标，必须要构建相应的变化过程。在此过程中，实现的目标是具体化的。目标的要求只有依靠责任才能达到。在发展经济的同时，把生态环境和社会要求作为必要条件。无论是愿景还是目标，可持续性都以使命的形式归结为企业、社会、国家都要承担责任，在经济、社会和环境发展领域承担可持续性的责任，即全面、动态、协调发展的责任。

人类要实现自身的可持续发展，必须依靠共同的治理、参与和行动。所以，树立经济、社会、环境可持续发展理念并付诸行动，应当是每个国家、每个地区、每个组织成员，甚至是国际社会共同的责任，是时代的使命（如图1－5所示）。

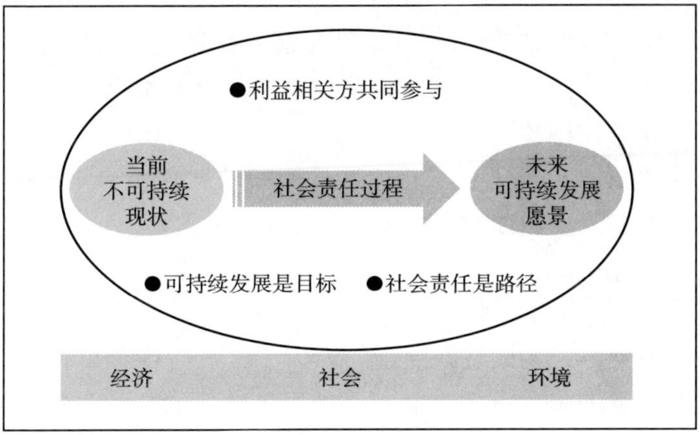

图1－5　责任使命

全社会共同的责任不能一概而论。社会是由各个不同的成员组成的，全社会共同的责任就是各个不同成员承担共同而又有区别的责任。

由于每一成员在社会有不同的地位、不同的立场、不同的利益、不同的优势，这决定了在利益相关方构成的利益共同体中责任的多样性和复杂性。例如：

（1）对一个国家，要树立可持续发展理念并付诸行动，要有企业、政府机构、公共组织、行业协会、科研、教育等全社会所有组织成员共同履行责任，共同参与、合作和行动，共建可持续的美好社会。

（2）对一个企业或组织，要树立可持续发展理念并付诸行动，要有企业或组织从领导到员工全员参与承担各自具体的责任，以此实现企业或组织自身可持续发展，同时为国家和社会做出贡献。

可持续发展是人类共同的愿景，这个令人向往的、面向未来的目标只有通过一个过程才能实现，这个过程就是落实社会责任的过程。换句话说，可持续发展是目标，社会责任是路径。在这种意义上讲，落实社会责任是实现可持续发展的实质性条件。

企业、政府和各组织在经济活动和决策中，只有兼顾社会和环境的要求，坚持责任价值观，落实责任道德行为，通过系统处理可持续发展挑战的主题和议题，正确认识和平衡各利益相关方的利益，实现合作共赢共享，才能实现自身可持续发展目标，同时推动全社会可持续发展。

当前，中国主张构建开放型世界经济，主张经济全球化，多边贸易体制和公平、繁荣、可持续的国际社会。在国内，中国经济发展已进入“新常态”，正在推动可持续高质量的经济发展，解决人民日益增长的美好生活需要和不平衡不充分的发展之间的矛盾，建设繁荣富强美丽的国家。毫无例外，全社会不同的组织成员、活动者、利益相关方都应勇于担当社会责任，只有共同参与，实现“中国梦”才有可能。

因此，实现组织自身、国家和全球可持续发展是一项崇高的责任使命，构建一个落实社会责任的过程是实现这一使命必由之路。

2.2 转变思维方式

一个国家发展方式的转变是企业、政府、全社会各个组织共同参与的任务，完成这个任务的条件首先是必须经历思维方式的转变。此外，发展方式的转变要依靠管理方式的转变和行为方式的转变。同样地，也只有思维方式的转变才可能有管理方式和行为方式的转变。因此，转变思维方式构成了实现可持续发展的先决条件。

思维方式决定人们观察和处理问题的方式，决定认识和承认社会责任的方式。在实现可持续发展愿景，以责任改变世界的过程中，需要批判思维、理性思维、辩证思维、系统化思维等，其中包括中华文化天人合一、知行合一等思维方式。认识和处理可持续发展的挑战，必然要求承担相应的责任，是否和如何承担责任的问题，最终就成了价值观的问题。

意识决定行为，转变发展方式包括从意识到行动是一个不断往复的过程。无论在全球还是在本地，建立可持续发展的意识，建立责任担当的意识，是一个曲折艰难的过程。例如，减少温室气体效应，共同应对气候变化，国际上进行的漫长的谈判和利益博弈就是明显的例子。

一个国家、一个企业或组织，要在各个领域、各个层面转变发展方式也要经历一个艰难的决策和变革的过程。在这一过程的初期，由于意识还不到位，所以有效的手段是利用法律，例如保护环境、节约资源、节能减排等。

但从长远看，培养自愿履行责任的意识却是最根本的做法。只有负责任的意识才会产生负责任的行为和行动。这也就解释了，为什么组织落实道德价值观、构建落实社会责任的过程，首先要从意识提升开始、特别是从领导的意识开始的原因。

实现任何一个新的经济和社会的远景目标，都要经历一个相应的变革和转型的过程，完成这个过程的首要条件是伴随着的思维方式的转变，对可持续发展也是一样。

只有完成可持续性思维方式的转变，才有可能实施可持续变革和转型，才有可能开启一个崭新的可持续发展的范式。

2.3　转变发展方式

可持续发展是经济、社会和环境三个方面协调、统一、健康的发展。可持续发展是人类共同期望的发展方式。

可持续发展也是一种新的发展方式，它不同于传统的发展方式。传统的发展方式是以经济发展为目标，以牺牲社会和环境利益为代价，实践证明这种发展方式是不可持续的。由此可以说，可持续发展的方式是对社会和环境负责任的决策方式。

当今，阻碍发展方式转变或者说阻碍承担责任的最大思想障碍是将经济发展与社会和环境发展相脱离，甚至相对立。虽然这种观念已经过时，已经陈旧了，但在企业界或经济界却根深蒂固，所以无法解决今天经济发展面临的新问题，更不能解决未来可持续性的问题。

因此，转变发展方式的要求比任何时候都更加紧迫。企业、政府和全社会各方都应当树立负责任的价值观，主动承担社会责任，在自己的决策和活动中坚持负责任的道德准则。

政府要基于可持续发展理念，以负责任的方式为经济、社会、环境制定宏观政策和方针，制定制度框架和机制，提供创新公共服务产品，满足人们日益增长的对美好生活的需求。

企业和组织要基于可持续发展理念，从战略上、组织上、管理流程上采取相应的措施，在企业和组织内部、在供应链、在所处社会环境中，落实负责任行动计划和行为准则，提供可持续性的产品和服务，满足客户和社会日益增长的对美好生活的需求。

是否转变发展方式是一个关系是否顺应时代潮流的问题。对一个企业来说，要么成为行业的精英、优秀的企业公民，引领全球经济，主导国际市场，要么失去竞争优势，被社会、市场所淘汰。对一个国家来说，也是同样的道理。

实际上，无论是国家的公共政策、企业的生产、组织的服务，还是投资或者消费者的行为，各行各业，城市或乡村，社会或市场，无处无时不存在发展方式转变的问题。要完成发展方式转变需要具备一些基本条件，其中最为重要的是：

（1）战略与战术相结合。要感知和认识时代的要求，确立负责任的原则，面向挑战性的主题，在战略上提供解决不可持续性的方案，在战术上制定和优化可持续性目标，以此建立独特的质量、品质和竞争地位，并促进市场经济发展。

（2）宏观和微观相结合。企业可持续发展、组织可持续发展与全社会可持续发展是相互依存、相互支撑的。无论是管理还是治理，企业、组织和社会也都是不可分割的有机统一体。转变发展方式是社会不同成员各尽其责、各自参与变革的过程。

（3）普遍要求具体化。企业和组织必须因地制宜、量体裁衣，要构建一个适合自身的落实社会责任的过程，这也是一个具有自身特色的变革和持续改进的变化过程。每一个企业和组织都代表不同的责任主体，它的责任内容和发展路径也是不一样的。

（4）国际标准中国化。在本地和全球化经济及竞争中，采用、创造和引领国际标准具有重要意义。国际标准是发展水平的尺度，是世界相互理解的语言。引领国际标准会有助于提高自身发展水平，同时提高在全球的竞争优势。

转变发展方式是挑战，是一个艰巨的落实责任的过程，也是具有历史意义的变革和发展机遇。

2.4 转变管理方式

管理是推动社会进步的重要力量，是推动经济发展的生产力。

迄今为止的管理方式是建立在过去不同时期管理实践的基础上的。应当说，传统主流的管理理论和实践主要是在市场经济的模式下创立和发展起来的。各种管理理论的共同特点是追求经济的效益和效率，忽略了效益和效率提高的边界条件，即忽视了社会和环境要求。

当今企业和组织的发展离开了社会和环境的要求，是不可能的，甚至是不合法的，也是不可持续的。企业或组织采用可持续的管理方式是不言而喻的，它包括在价值观，指导方针，愿景，使命和战略，直到目标、措施、实施、检验，以及行为规范等管理过程中要融入它对经济、社会和环境的责任，并通过组织、机制和流程得到全面有效的落实。

可持续管理方式的基本特征是，以经济、社会和生态可持续发展为目标，以社会责任为路径/措施，实现全面高质量的发展。

无论是转变发展方式，转变思维模式，还是经济结构调整和产业转型升级，最终必然要依靠管理方式的转变。

所以，在后工业化时代，需要一种新的前所未有的、科学的、可持续管理方式。

社会各界、各行各业、各种组织要适应新时代的要求，就必须树立新的意识、发展思想，更重要的是要有行之有效的新战略、新举措和新行动。

从国际到国内，从宏观到微观，横跨社会各界、各行各业，纵跨产品和服务价值链，企业和各种组织都必须毫无例外遵循经济、社会和生态全面可持续发展的基本原理，采用以可持续发展为目标、以落实责任为过程的系统化管理方式。这是未来组织存在的逻辑，也是组织发展的逻辑。

系统化的可持续管理方式是面向未来的新一代管理方式。对中国的企业和各种组织提出的要求是，必须立足中国，放眼世界，从使命到战略，从目标到行动，保持与时代同步发展。

在现阶段，我们需要一种新的管理方式，为实现“中国梦”和“两个一百年”奋斗目标架起桥梁，形成与之无缝对接，形成落地的管理体系。新的管理方式包括：从宏观到微观，从愿景到目标，从指导原则到实施方法，从理念到行动，从组织到文化，从机制到流程，从产品到服务，通过全面创新，建立经济社会高质量发展的管理体系、指标体系、绩效评价、绩效考核办法，探索高质量发展的有效途径和管理方法。

这里所说的新一代管理方式是未来普遍适用的、通行的、常态化的管理方式，也是企业和各类组织，包括政府组织以可持续发展为目标、以社会责任为己任，实现自身永续发展，同时推动社会进步的新型管理模式。

2.5　转变行为方式

管理方式及其转变与组织及组织成员的行为方式转变密切相关。也就是说，管理是依靠组织和人的行为而起作用，而负责任的行为则需要负责任的道德准则来规范。

经济、社会和环境可持续发展这个大前提向每一个企业和组织提出了新的要求，这就是要有意识地明确自身的使命即存在的目的，并以此决定要实现的目标。这就需要在责任使命的前提下构建一个新的过程结构和新的行为模式。

企业商业行为是由责任意识和道德基本原则决定的。它提供产品和服务是满足社会个体的需求，同时要考虑社会和环境的要求，承担贡献可持续发展的义务。社会和利益相关方都期望企业和组织有正确的、有责任心的、合乎道德的行为。

遵纪守法、遵循道德规范，这是责任的核心内容，关系企业和组织的信誉，这种信誉是企业和组织的价值所在。

每个企业和组织都应坚持负责任的价值观和基本准则，所有成员都应在社会和业务交往中坚持有意识负责的行为，未有如此才能保护和维护组织良好的信誉。

组织的行为准则明确界定对其每一个成员的要求和具体的行为方向，给出行动建议、提示、解释和违反规定的后果处置。负责任的行为需要营造负责任的文化和氛围、明确的机制、流程和责任人的职责。

纯洁的行为是组织成功的基石，离开高尚的行为准则、不负责任，是对企业和组织可持续性最大的危险。为避免风险，为建立诚信，企业和组织应建立合规的体系和机制，实行道德管理，包括企业和组织所有各个层面，并经常检查、开展透明的讨论和对话。

负责任的企业文化是塑造诚信行为的重要条件，也是企业成功的基本条件。客户之所以认可一个企业，是因为企业承担责任、坚持道德基本原则和由此产生的负责任的行为。

行为准则明确规定自身的行为，是一个重要的管理手段，它应毫无例外地适用于组织所有成员，不管在任何地点，任何时候。每个成员有义务维护其所在组织的纯洁性，其高层领导的模范作用极为关键。负责任的行为准则不仅是规则，而且是个人的义务、责任，是指导一切工作的准绳，是衡量工作绩效的标准。

由于可持续发展是一个构建社会责任变革的过程，也是需要创新变革的过程，行为方式的转变是一个重要的前提条件。例如，正确对待和处理社会普遍的期望，产品和服务的质量，诚信、公平、反腐败，选择合作伙伴、供应商、承包商、合伙投资者，处理政商关系，尊重利益相关方利益，遵纪、守法、合规，组织、机制、流程，对环境、社会可持续的责任等。

在经济全球化、企业国际化中，建立和实施合规、道德、价值观管理具有至关重要的意义。有关组织行为方式更多内容请详见本书第五篇“社会责任从原则到行动”。

3　责任担当贡献全球发展

勇于担当时代的责任，不仅实现自身可持续发展，同时也为全球发展贡献方案。

习近平主席在达沃斯世界经济论坛2017年年会开幕式主旨演讲《共担时代责任　共促全球发展》中强调，要坚定不移推进经济全球化，引导好经济全球化走向，打造富有活力的增长模式、开放共赢的合作模式、公正合理的治理模式、平衡普惠的发展模式，牢固树立人类命运共同体意识，共同担当，同舟共济，共促全球发展。中国作为一个负责任的大国，中国展现责任担当和领导力，是推动全球可持续发展的巨大力量。

3.1　五大发展理念

为实现“中国梦”，中国确立了“两个一百年”奋斗目标，就是到2020年实现国内生产总值和城乡居民人均收入比2010年翻一番，全面建成小康社会；到本世纪中叶建成富强民主和谐的社会主义现代化国家，实现中华民族伟大复兴。

中国已进入全面建成小康社会决胜阶段。对企业和各类组织，包括政府组织现实的要求和共同的责任就是，必须准确把握国内外发展环境和条件的深刻变化，积极适应把握引领经济发展新常态，全面推进创新发展、协调发展、绿色发展、开放发展、共享发展的五大发展理念，确保全面建成小康社会，进而实现“两个一百年”奋斗目标（如图1－6所示）。

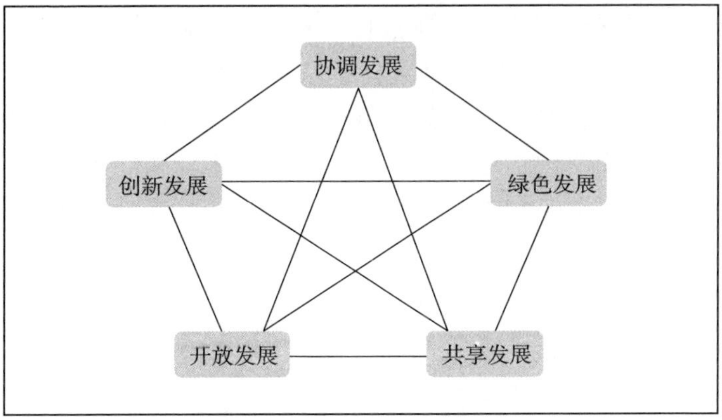

图1－6　中国五大发展理念

坚持创新发展，就是把创新摆在国家发展全局的核心位置，不断推进理论创新、制度创新、科技创新、文化创新等各方面创新，让创新贯穿一切工作，使创新成为发展主动力。

坚持协调发展，就是要着力形成平衡发展结构，推动区域协调发展、推动城乡协调发展、推动物质文明和精神文明协调发展、推动经济建设和国防建设融合发展，从四个方面展开。

坚持绿色发展，就是要坚持节约资源和保护环境的基本国策，坚持绿色发展理念，坚定走生产发展、生活富裕、生态良好的文明发展道路，加快建设资源节约型、环境友好型社会，形成人与自然和谐发展现代化建设新格局，推进美丽中国建设，为全球生态安全做出新贡献。

坚持开放发展，就是顺应我国经济深度融入世界经济的趋势，奉行互利共赢的开放战略，发展更高层次的开放型经济，积极参与全球经济治理和公共产品供给，提高我国在全球经济治理中的话语权，构建广泛的利益共同体。“改革开放只有进行时、没有完成时”。

坚持共享发展，就是坚持发展为了人民、发展依靠人民、发展成果由人民共享，做出更有效的制度安排，使全体人民在共建共享发展中有更多获得感，增强发展动力，增进人民团结，朝着共同富裕方向稳步前进。将人民对美好生活的向往，作为奋斗目标。

坚持创新发展、协调发展、绿色发展、开放发展、共享发展，是关系中国发展全局的一场深刻变革。创新、协调、绿色、开放、共享的新发展理念是具有内在联系的集合体，是中国“十三五”乃至更长时期发展思路、发展方向、发展着力点的集中体现，必须贯穿于经济、社会、环境发展的各领域各环节。

贯彻落实五大发展理念的关键是转变思想，更新观念，将经济社会和环境可持续发展的要求变为实际行动。

这就需要把握国际发展大趋势，结合中国当下发展阶段的实际情况和特点，面向五大领域梳理实质性的主题，将“中国梦”和“两个一百年”目标具体化。当前的重点是抓好决胜全面建成小康社会防范化解重大风险、精准脱贫、污染防治三大攻坚战。

落实五大发展理念、一个可持续发展的过程，必须面向未来发展目标，将目标转化为措施和指标，通过适当的组织、机制和流程实施，并不断监控、检查，总结评估，不断循环改进。

落实创新发展、协调发展、绿色发展、开放发展、共享发展五大理念是一个把“使命放在心上、把责任扛在肩上”的系统化的、辩证统一的、动态协同的、“知行合一”的发展过程。因此，用五大理念统帅各类组织、各行各业的行动需要有系统化转化和实施的方法，特别是，要树立责任意识，思想先行，同时发挥制度和文化的作用，发挥组织和领导的作用，在实践中做到“一分部署，九分落实”。

3.2　高质量经济发展

在传统主流经济学中，基于经济人的观点，强调自由市场经济，供需自动平衡调节，强调企业通过创新创造需求，反对政府干预。而持相反的基于社会人观点的学说中，强调政府干预对需求的调节作用，强调需求决定供给。也就是说，前者主张自由竞争，后者主张政府调控。

实际上，在当今经济管理中，尤其是在经济全球化的背景下，无论是创造供给，还是创造需求，都需要在新的条件下，即对社会负责或在可持续的前提下来考虑才是合理的。

迄今为止的管理理论没有把责任或可持续性当作前提条件。无论是创造供给，还是创造需求，在市场经济供需平衡中，都必须要以满足社会和环境的要求为条件。

以对社会负责的方式构建可持续的市场经济，是顺应当今全球化的大趋势，也符合社会整体发展的要求。经济基础和上层建筑必须相互适应。社会责任和可持续发展是现代市场经济的核心要素（如图 1－7 所示）。

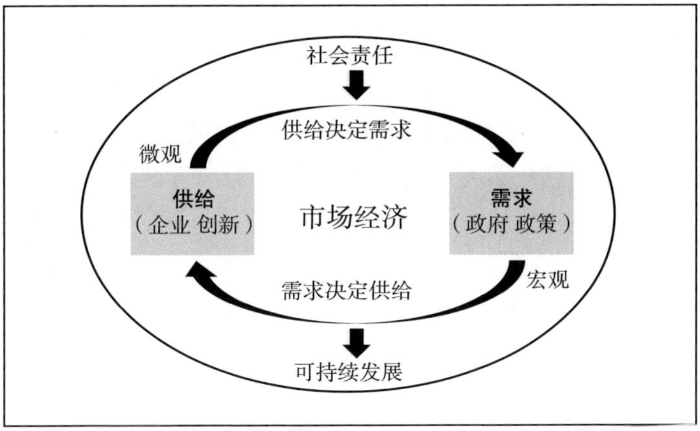

图 1－7　市场经济与供应侧结构性改革

中国已经成为世界第二大经济体，过去那种主要依靠资源要素投资推动经济增长的方式行不通了。推进高质量发展，就是从“重视数量”转向“提升质量”，从“规模扩张”转向“结构升级”，从“要素驱动”转向“创新驱动”。中国实体经济是高质量发展的基础，转向高质量发展，必须推动中国实体经济，推动中国制造的“品质革命”。

转向高质量发展，是中国在开放条件下推进的新一轮经济转型，不仅将增强中国经济创新力和增长可持续性，也将为全球企业创造新机会，为世界经济注入新动力。

在这种情况下，中国高质量经济发展实质上也是深层次的经济方式或模式的转变，其结果是完善市场经济，实现可持续市场经济或社会主义市场经济。

在此转变过程中，以社会责任为路径，以可持续发展为目标，始终是发展的必然法则、发展的规律和发展的选择。

3.3 “一带一路”倡议

中国提出两个符合欧亚大陆经济整合的大战略，即“丝绸之路经济带”战略和“21 世纪海上丝绸之路经济带”战略，称之为“一带一路”战略。

“一带一路”战略实质上是“一带一路”倡议，是一项倡导“共商共建共享”，造福各国人民，有助于全球治理和可持续发展的系统工程。

“一带一路”倡议承载三大使命：探寻经济增长之道；实现全球化再平衡；开创地区新型合作。

“一带一路”倡议以政策沟通、设施联通、贸易畅通、资金融通、民心相通为主要内容，推动和加强与沿线地区和国家的合作。

中国具体提出了共建“一带一路”的五项原则，即：恪守联合国宪章的宗旨和原则、坚持开放合作、坚持和谐包容、坚持市场运作、坚持互利共赢。

“一带一路”倡议是中国顺应全球化发展，积极参与全球经济治理及其机制改革，贡献中国方案之举。从“利益共同体”“责任共同体”到“命运共同体”，中国将“中国梦”与“世界梦”相连，与沿线国家共建“一带一路”，得到世界上越来越多的国家认同和积极响应，并成为国际社会的共识，是推动全球经济、社会、环境可持续发展，实现合作共享的重大战略举措。

2017 年 9 月第 71 届联合国大会通过关于“联合国与全球经济治理”决议，要求“各方本着‘共商、共建、共享’原则改善全球经济治理，加强联合国作用”，同时重申“联合国应本着合作共赢精神，继续发挥核心作用，寻求应对全球性挑战的共同之策，构建人类命运共同体。

共建“一带一路”是中国的倡议，也是中国与沿线国家的共同愿望。这是中国企业国际化、全球化发展，展现中国企业作为国际企业公民负责任的行为，并为中国、沿线国家和全球可持续发展做出贡献的大好机会（如图1-8所示）。

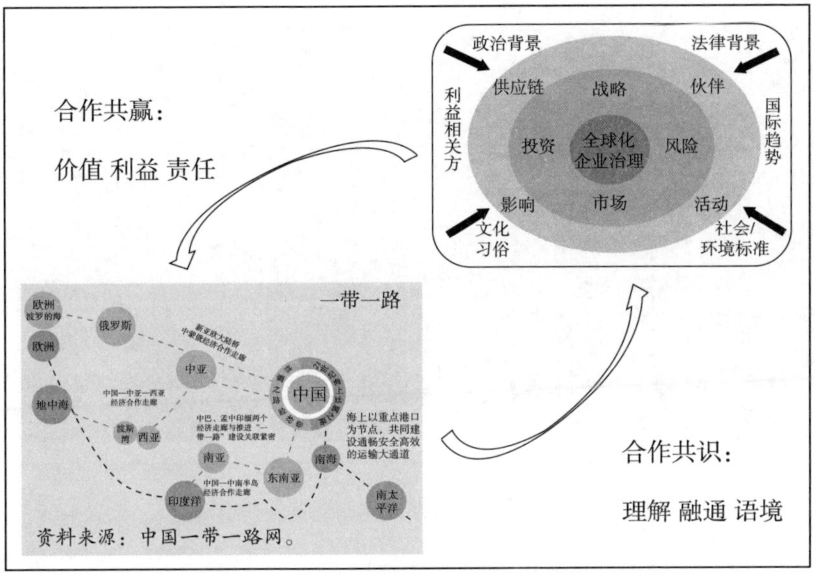

图1-8　企业对接“一带一路”倡议

中国参与“一带一路”建设的企业和组织需要全球视野，站在新的起点上，为国际化做出新的战略定位。要为“一带一路”制定可持续的战略，提升国际化能力，充分认识国际环境和风险，注重国际标准和行为规范，提升国际价值链管理水平，提升国际范围内价值链和供应链管理水平，感知国际社会的期望，与利益相关方形成有效透明的沟通，达成合作共识，构建合作共赢的互动关系。

中国的企业和组织参与“一带一路”是前所未有的发展机会，但也是前所未有的挑战。

只有能承载国家和时代的使命，对社会有责任感，坚持可持续的发展方式的企业和组织，才能在“一带一路”真正践行“共商、共建、共享”原则，推动合作共赢目标，为自身发展创造机会，为全球治理和发展做出中国特色的贡献。

3.4　“全球发展议程”

“全球发展议程”，即“2030年可持续发展议程”是联合国2015年千年发展目标结束后取而代之的发展议程。千年发展目标将被可持续发展目标所取代，可持续发展目标（SDGs）又称为全球目标。全球可持续发展目标致力于提供协同行动，消除贫困，保护地球并确保人类享有和平与繁荣（如图1－9所示）。

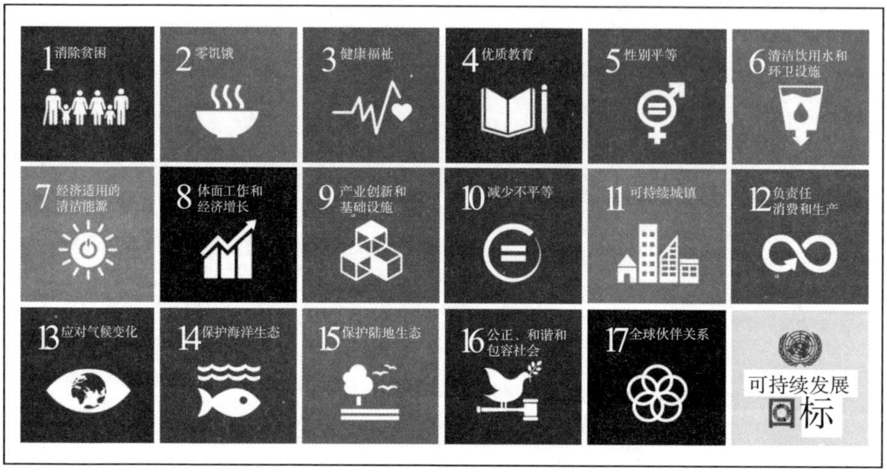

图1－9　落实可持续发展议程在中国全面展开

2015年9月，联合国可持续发展峰会通过了2030年可持续发展议程，为未来15年世界各国的发展和国际发展合作指明了方向，勾画了蓝图。

中国高度重视2030年可持续发展议程，2016年3月举行的第十二届全国人民代表大会第四次会议审议通过了“十三五”规划纲要，将可持续发展议程与国家中长期发展规划进行了有机结合。

为全面建成小康社会、实现“两个一百年”奋斗目标和中华民族伟大复兴，中国践行创新、协调、绿色、开放、共享的五大发展理念与“2030年可持续发展议程”提出的人类、地球、繁荣、和平、伙伴的五大理念相融相通。

在中国，落实“2030年可持续发展议程”，需要将17项可持续发展目标转化为中国经济、社会、环境等领域的目标和具体任务，包括在国际多边机制、国际合作和“一带一路”的实践。

落实“2030议程”是一项长期、艰巨的任务，既要加强横向的跨领域、跨部门协调，又要确保纵向落地，形成“中央－地方－基层”的有效落实机制。

这是一个系统地融入国家发展战略，形成从目标、措施、指标、执行和评估的全面推进可持续发展的过程。

这既是国家，也是企业和各类组织，各行各业在全球化背景下，践行可持续发展理念，以对社会负责的方式实现可持续发展目标的社会参与过程。

在全球发展中，中国承诺担当责任为构建人类命运共同体做出贡献。中国的企业、各类组织和各行各业不在承诺之外，而在承诺之中。特别是，中国大型的企业和组织，有义务就此担当责任，担当责任不仅是贡献，也是在全球实现可持续发展的机会。

在国际上，先进的企业和组织总是把可持续发展目标作为制定企业战略的参照系，结合自身的特点，确定具体目标，将它们融入企业的发展战略，并自愿、定期向社会报告落实目标的进展。

实际上，积极参与落实全球可持续目标是企业国际化的必然要求，是企业可持续发展战略的不可缺少的重要组成部分。

4　负责任的思维方式和文化

可持续发展需要企业和全社会的组织做出贡献，其关键问题不在于是否承担社会责任，而在于怎样履行责任？这不仅要有正确的发展观念，还必须建立负责任的文化。

4.1　社会责任和可持续发展是不可分割的统一体

可持续发展指在经济、社会和生态环境三个方面的发展，社会责任指在经济、社会和生态环境三个方面的责任。可持续发展和社会责任具有共同的主题，可持续发展是目标，社会责任是路径，二者构成相互联系不可分割的关系。

只有基于可持续发展目标才能构成落实社会责任的过程，只有建立落实社会责任的过程才能实现可持续发展的目标。可持续发展目标就可看成是现代市场经济发展的方向，社会责任就可比作是其健康发展的保障和路径。

社会责任和可持续发展共同构成一种新的发展方式和新的管理方式，它们决定后工业时代人类行为和价值创造的模式。

将社会责任融入企业和组织的战略和管理全过程，以实现可持续发展目标为导向，是当今企业、组织和国家求真务实、树立形象和品牌的必由之路。

将社会责任与可持续发展相分离，也是造成社会责任无法见到实效、沦为“装饰品”甚至成为欺骗工具的一个直接的根源。社会责任不应被机会主义或不道德的投机所利用，成为形式化的、空洞甚至虚假的口号或标牌。

可以说，理解和承认社会责任和可持续发展相互联系及其不可分割的有机联系并付诸实践是企业或组织负责任行为和行动的出发点，也是构建负责任的治理和管理体系的前提。

4.2 自身利益与社会公共利益相统一

企业或任何组织都处在社会之中，它们与社会本来就属于一个有机的整体。具体讲，企业或组织的发展离不开社会提供的条件，离不开社会其他成员物质和精神上的支持，社会也离不开企业或组织创造和提供的财富，它们之间是相依相存的关系。

企业或组织和社会之间建立一个动态的、健康的、相互促进的和谐关系，是其发展的外在条件，也是它们的内在需求。因此，为了企业或组织可持续发展需要辩证地处理自身的利益与社会公共利益之间的关系，也就是正确平衡为自身创造价值和为社会创造公共价值之间的关系（如图 1－10 所示）。

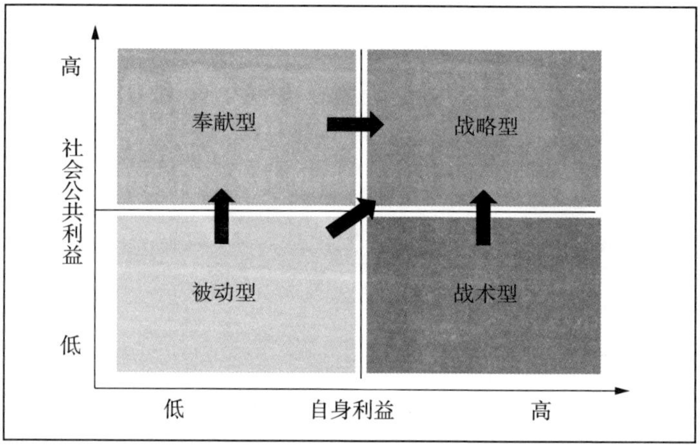

图 1－10　自身利益与社会公共利益的统一

企业或组织既不为自身发展也不为社会发展创造价值，则必然处于危机状态（被动型）。但如果只强调为社会发展贡献价值，而忽视自身发展，随着时间的推移会自然遇到社会贡献是否可持续的问题（奉献型）。当然，如果企业或组织一味追求为自身获得利益，而忽视社会公共利益，则它在社会中的表现会受到质疑或谴责，甚至受到社会的抛弃。张扬空洞的社会责任口号或名不副实的宣传，而缺乏实际措施和行动，也必然不可持续（“化妆型”或战术型）。实际上，只有既注重自身发展又为社会发展做出贡献，才是可持续的（战略型）。

坚持价值创造准则，正确处理自身和社会利益，这是衡量企业或组织负责任程度的依据。

4.3　社会责任应成为普遍的管理理念

实现可持续发展不仅需要企业履行责任，而且也需要全社会每一个组织担当责任。因此，通过落实社会责任实现可持续发展应当成为普遍的管理方式。可持续管理强调可持续发展目标，社会责任管理强调落实责任的过程或路径，目标和过程缺一不可。

一个企业或组织是否把社会责任纳入其治理和管理过程之中，就成了辨别和判别企业是否真正具有责任担当，是否在真正履行社会责任，是否为可持续发展做出贡献的试金石。

这意味着，一个企业、组织或政府机构要面向其可持续发展的目标，构建相应的落实社会责任的过程。在可持续发展的社会中，各自推进社会责任的过程，从可持续发展愿景到责任使命，从可持续目标到措施，从行为准则到行动，不断循环改进可持续发展绩效。例如，或者以发展经济为目标，兼顾社会和环境的要求，或者以公共社会发展为目标，兼顾经济和环境的条件。各自坚持经济、社会、环境相统一的可持续发展的原则和标准，各自分别处理和解决与自身发展和社会发展紧密相关的问题，最终达到既实现自身发展又为社会做出贡献（如图 1－11 所示）。

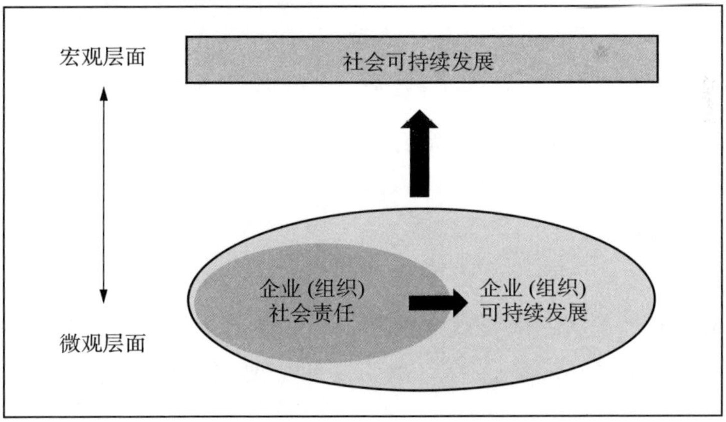

图 1－11　社会责任应是普遍的管理理念

4.4　社会责任具体化和差异化

可持续发展是责任担当的发展。对不同的责任主体，其责任担当不能一概而论，责任不能是笼统的，而是具体的，是因企业或组织而异的。

从概念上讲，企业或组织承担社会责任虽然是自愿性的，但责任担当不可能是任意而为的。特别是当它上升到道德层面的时候更是如此。履行社会责任要达到的目的是为了实现可持续发展，偏离这个目标，无视社会责任的严肃性，将它当作为我所用的手段，当作急功近利的短视行为，都是不负责任的表现，其结果不仅毫无价值，而且不可持续。

所以，社会责任不能泛泛而论，必须因地制宜，因责任主体而异。

无论企业或组织，要以责任担当方式实现自身发展，同时为推动社会进步和可持续发展做出贡献，需要考虑四个基本的要素（如图 1 – 12 所示），这就是：

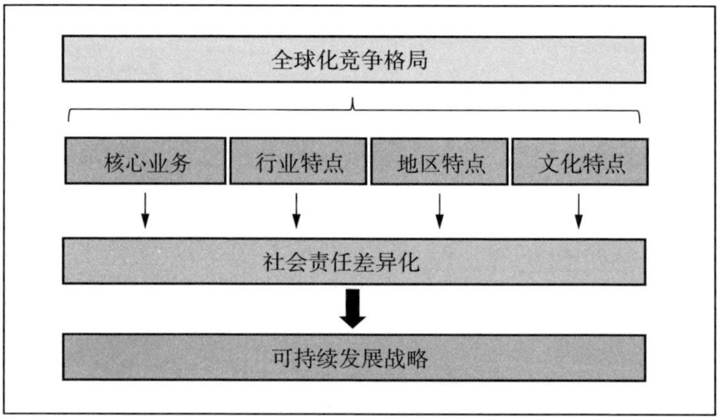

图 1 – 12　社会责任差异化的四个核心要素

——企业或组织的核心业务（或服务）的特点

——行业（或部门）的特点

——地区的特点

——企业或组织文化的特点

企业或组织基于这四个要素可构建相应的具有差异化的可持续发展战略，以此建立差异化格局和竞争优势。基于这四个要素构成的管理方式是量身定制和行之有效的管理方式。

企业社会责任位于可持续发展战略的中心位置，而企业社会责任是否与核心业务相结合是企业或组织社会责任是否具有战略性特征的一个根本的标志。

所以，中国的企业或组织的可持续发展必须考虑自身的业务现状、中国的国情、社会的挑战、企业或组织发展的历程和文化精神。只有这样，经济、社会和环境的发展才能走出具有中国特色之路。

4.5　社会责任系统化

企业或组织可持续发展必须要有系统的方案。要在不同的时间和空间维度下，考虑外部可持续发展背景，针对经济、社会、环境三个领域，考量影响其决策和活动的诸多因素，平衡代表不同利益的各种关系，并结合自身的定位和内部资源及能力的优势，制定可持续发展的路线图。

社会责任与可持续发展具有不可分割的有机联系，这也决定了系统落实社会责任是确保可持续发展目标实现的前提条件。

企业或组织落实社会责任（可持续发展）需要有一个战略，企业社会责任（可持续发展）战略必须成为它的整体战略的一个有机的组成部分，或者企业或组织的其他战略也可成为可持续发展战略的组成部分。

企业或组织的社会责任必须融入发展愿景、使命、方针和政策。社会责任必须融入管理的全过程。社会责任必须变成负责任的行动，只有完成从理念到行动的转变才会创造可持续价值。可持续价值包括经济价值、社会价值和环境价值。

落实社会责任是推动企业或组织内部变革，加强与外部利益相关方构建合作共赢关系，激发创新潜力，建立自身竞争发展优势的过程。

企业或组织可持续发展要依靠治理和管理的现代化，这包括：遵循可持续发展及社会责任的基本原则，即问责、透明、道德行为、尊重利益相关方利益、尊重法治、尊重国际行为准则和尊重人权。系统地处理可持续发展及社会责任的重大问题，即组织治理、人权、劳工实践、环境、公平运营、消费者保护和社会发展的问题。

企业或组织都要明确发展目标，制定措施和指标，落实到行动，通过检查评估，推进不断持续改进的过程。可持续发展要有制度、机制和流程及组织的保障。要以人为本，构建负责任的文化氛围，贯彻负责任的行为准则，通过落实责任转变为生产力。

从理念到实践，从宏观到微观，将理想变为现实，社会责任系统化涉及的范围和跨度超出了一般传统管理的范畴。落实社会责任就是构建社会责任过程，这是一个系统化的价值创造过程，最终使企业或组织既实现自身可持续发展，同时又推动社会合作、社会进步，提供解决社会问题的方案。

4.6 社会责任文化

在当今全球化的复杂环境中，尤其需要文化自信，运用中国管理智慧，做到古为今用、洋为中用、与时俱进、推陈出新。

可持续发展是现代化的管理理念，在本质上是要通过对社会负责的责任担当和道德行为，去实现企业或组织自身的发展，同时为全社会的可持续发展做出贡献。

企业或组织是责任的主体，责任落实不能停留在口头上，求真务实的责任担当才有意义。担当责任应当成为企业或组织的文化。

对社会负责的理念必须要融入企业或组织的方针、政策、目标和定位。社会责任的原则也必须植入企业或组织的组织结构，转换为相应的机制，体现在管理流程和行为准则之中。只有这样，才有条件转变包括管理者及员工的行为方式。也就是说，建立必要的组织、机制和流程是落实社会责任的必要的保障条件。

实现可持续发展目标的方式就是坚持社会责任的基本原则，系统处理自身和社会发展的挑战性问题。企业或组织要应对前所未有的挑战，就必须有思想准备，要推进一个变革过程，与此相配合就必须调整或改变组织结构、运行机制和流程。

企业或组织的社会责任文化是把对社会负责作为一种理念和信念，是潜在和显在的规矩、规则和准则，也是一种氛围和习惯。社会责任文化有助于形成崇尚责任意识，倡导责任行为，推崇责任精神的环境，使个人和组织在追求自我价值实现的同时成为社会价值的创造者和贡献者。

社会责任文化是企业或组织最根本的竞争力，也是它们实现可持续发展最重要的支持力量。

4.7 社会责任领导力

企业或组织可持续发展目标是通过责任担当，通过企业或组织的领导者、管理者以及全体员工共同行动而实现的。

企业或组织领导者和管理者对经济、社会、生态担负责任是时代赋予的崇高的使命，是必须具备的道德品质。可持续发展管理，即负责任的管理是一门新的具有道德要求和价值追求的管理学问。

这要求企业或组织的领导者、管理者不仅要树立远大的理想抱负，而且要坚持高度的道德标准。要求他们具备必需的社会洞察力、训练有素的管理能力、领导艺术，在知识和能力上做到与时俱进。

特别是，企业或组织领导者和管理者要认识和承认时代赋予的使命和责任担当。要以追求社会公共利益为境界，必须善于与社会各利益相关方沟通及合作。企业和组织都需要不断学习、开阔眼界、更新知识，不断提升适应新的管理任务和管理挑战的能力（如图 1 -13 所示）。

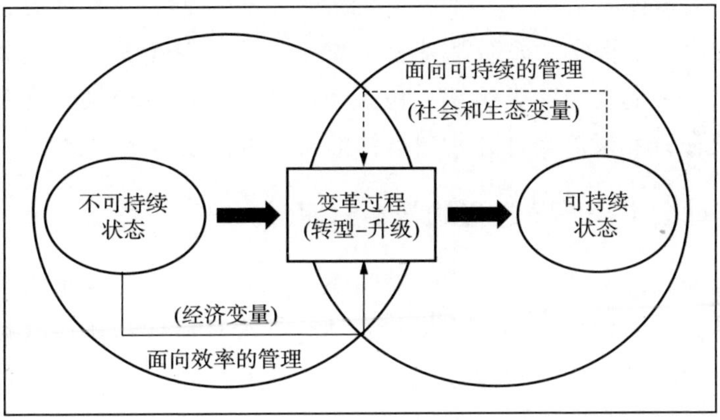

图 1 -13 可持续发展的变革过程

经济、社会和环境要实现全面转型，既要利用现有的传统工业文明中被证明是行之有效的管理方法，又要面向可持续发展的未来创造性地引入新的管理方式和管理方法。只有造就大批具有责任担当的现代化管理人才，通过掌握可持续发展方法论，才能完成经济、社会、环境发展范式的转变。

社会责任领导力是社会责任成功落地、可持续发展成功实现的关键。

5 科学系统地构建社会责任变革

担当社会责任应成为一个普遍的理念、思维方式、发展方式和行为方式，为此需要遵循一个的系统化的框架、构建社会责任的过程。

可持续发展是人类共同美好的愿景，可持续发展是经济、社会和生态环境三个方面健康的发展并造福人类，也是社会发展的共同目标。

实现可持续发展这一远大目标是全社会共同的义务和崇高的责任使命，也就是说，承担责任使命是实现愿景和目标的必不可少的条件。

责任使命需要具体化，首先是在经济、社会和环境三个方面的具体化。

责任使命具体化就是要构建一个落实社会责任的过程，构建一个通往可持续发展目标的路径。

企业或组织落实社会责任的过程是从理念到行动的实施过程，它是一个不断推进变革的过程，也是一个创新管理的过程。科学地、系统化地构建社会责任变革需要一个基本框架。

担当社会责任应当成为一个普遍的理念、思维方式、发展方式和行为方式。下面提出一个科学、系统构建社会责任变革的基本框架。它是一个基本的指引，可用于企业和各类组织，包括政府组织，但必须结合自身的社会职能（责任使命）和发展目标，构建具体的实现可持续目标的过程。

5.1 构建社会责任变革过程的基本原理

无论是企业，还是组织包括政府组织、行业协会、社会组织和教育科研机构可以遵循一个基本的原理或框架，结合社会环境包括国际环境、自身的职能、特点和优势，参与构建社会责任变革过程。这是一个转型的过程，一个创新的过程，一个创造价值的过程，也是一个建立可持续竞争优势、品牌和公信力，产生正能量的过程。例如，政府制定经济、社会、环境发展的原则和政策，提供公共产品和服务，企业、供应链和产业制定发展战略，直至市场经济建立必需的社会道德和诚信（如图 1－14 所示）。

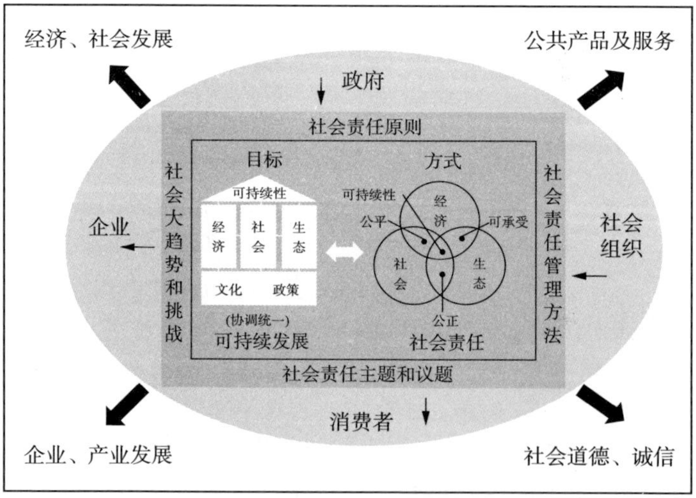

图 1－14 构建社会责任变革的基本原理

（1）社会责任的基本原则。社会责任的基本原则是指导企业、组织，包括政府机构及社会各成员的决策、活动和行为，共同应当遵循的依据。

（2）认识社会发展大趋势及其挑战是社会活动者，如企业、政府和其他社会组织发展的基本功，也是确定负责任的策略、行动和路线图必需的基础。

（3）社会责任的主题和议题。在社会中，企业、组织，包括政府机构及社会各成员都有各自的发展任务，面临不同的问题。它们需要认清形势，充分理解在经济、社会和生态环境三方面的挑战和任务，根据自身发展和发展阶段的情况，正确分析和处理那些最重要、最紧急的关系自身发展，同时又能积极影响社会发展的主题。

（4）利益相关方参与及合作。企业、组织，包括政府机构及社会各成员都是社会的一员，在经济、社会、环境三个方面都有自己特定的职能，也就是说，它们在完成本职工作和任务中，必须正确处理和平衡各个利益方的关系。最佳平衡利益、平衡关系就是最和谐的发展。达到这一要求的有效办法就是通过利益相关方的沟通和合作。这在社会高度网络化、在你中有我我中有你的社会中，利益相关方的沟通和合作不仅是取得成功的方法，也是走向成功的战略。

（5）可持续管理方法。人类社会经历了农耕社会、工业社会，现在进入了后工业时代。在过去的社会形态中，人类更多地依靠自然资源、物质资源获得发展。与工业化相适应的管理体系是以追求经济效率和效益为目标，虽然经济获得高速发展，但最终造成生态环境被破坏，也带来社会不公平、不公正的后果。

现在，人类面临共同的任务，就是要把经济、社会、环境不可持续的状态转变为可持续发展的状态，在工业文明中应用的管理方法在后工业时代就不完全适用了。

与此相适应，需要构建新的管理体系，创造新的管理方法。为了实现可持续发展的目标，以经济、社会和环境三维变量为基础构建的管理体系和方法将取代以经济单一变量为基础的管理体系和方法。通过在经济、社会和环境三个方面承担社会责任，实现自身发展并为社会做出贡献，是新一代管理的中心思想。

管理体系和方法要适应可持续发展大趋势的要求，其本身也是一个长期渐进发展和不断改进优化的过程。其关键在于将传统有效的管理方法与面向未来的新方法相结合，推进一个洋为中用、古为今用、与时俱进、推陈出新的管理方式的变革。

5.2 坚持和引领国际标准

构建社会责任过程要引领国际标准。全球治理的目标是实现全球可持续发展，这样一个发展是国际社会中具有责任担当的发展。在可持续发展的全球化背景和中国深度融入全球经济，引领全球治理的情况下，无论各级政府管理者，还是企业和组织的领导者，都有必要研究、理解和掌握当今世界的规律及其规则。特别是，在贯彻国家战略，参与全球治理，推动中国"一带一路"倡议，或在引领第四次工业革命，开展国际合作、共建人类命运共同体的过程中，只有基于社会责任国际标准和责任担当的国际实践才能引领全球可持续发展，更容易形成共同的语言。国际标准确定了可持续管理的基本原则，理解、参与和创新国际标准是引领全球治理，引领全球可持续发展的一个基本条件。

5.3 推进经济、社会、生态发展全面转型升级

构建社会责任过程要推进经济、社会、生态发展全面转型升级。中国正在推行创新发展、协调发展、绿色发展、开放发展、共享发展的发展理念，其实质是以可持续发展理念实现中国经济、社会、生态全面转型升级。实现这一重大转变和变革首先要求转变思维方式，提升可持续发展的意识和领导力。只有突破旧的发展方式和传统认识边界，完成思维方式和发展方式的转变才可能产生进入新时代的行为和行动的转变。况且，中国经济、社会、生态全面转型升级要求所有行动者，即从政府管理者、到企业管理者、再到社会组织管理者，都要树立负责任的价值观念和可持续发展的思维模式。从理念到行动，全社会所有行动者均参与到构建可持续的经济、社会和生态环境之中，是全社会一项共同的使命。

5.4 创新解决发展新阶段的社会需求

构建社会责任过程要为创新解决发展新阶段供需不平衡问题提供方案。转变经济方式和实现产业转型升级在本质上是以思维方式为先导的社会变革。在当前的经济社会中，人民日益增长的美好生活需要和不平衡不充分的发展之间的矛盾已经成为主要矛盾。这实质上是社会主义市场经济中供给与需求平衡的问题。一方面出现供给不足，而另一方面又有产能过剩。绿色消费、低碳消费和健康生活成了社会主流行为，而企业在产品、生产和商业模式的环境和生态意识及责任方面大大赤字。转变这种局面的关键在于构建一个可持续发展的经济治理体系。这个体系必须建立在以责任为使命的基础上也才是可持续的。因此，转变经济方式和实现产业转型升级，解决在新的条件下供需平衡必须要以落实社会责任为先决条件。落实社会责任的载体就是企业和组织可持续管理方式。离开这个基本的前提，经济社会及企业长期稳定健康发展就难以实现。

第二篇
全球大趋势战略大转型

1　可持续性大趋势：战略重构

感知和认识可持续发展的大趋势，企业或组织可把挑战作为机会，重新构建发展战略，通过创新方式引领未来的发展。

1.1　战略重构的必要性

可持续性大趋势即对可持续发展长期持续起决定性作用的趋势。

无论从气候变化，资源日益紧缺，还是从人口结构变化看，会对我们这一世纪的生活产生急剧的影响。越来越极端的天气，不断上涨的原材料价格，或者高度合格人才的缺乏，在当今已明显地显示出了它所具有的挑战性。企业和组织不应当等待，而应当对自己的活动有相应的布局和定位，从而降低与此相关的风险，应利用新的机会和承担相应的社会责任。利用新技术、新产品和新方案应对这些挑战，不仅能比潜在竞争对手更易于成功，更为重要的是能有助于避免不希望的社会的后果。因为，上述具有威胁性的结果一旦出现，不仅给企业和组织，而且给整个国民经济都带来巨大的压力。

当然，政府有责任制定适合市场变化的政策框架。要使企业着手考虑生产过程、消费方式以及实施创新，不能只依靠财政税收等市场经济激励导向的作用。

迄今为止，可持续性大趋势对许多企业虽然已逐步为人所知，但从根本上影响企业战略还仅处于开始阶段。企业应当主动适应这一必然要求的变化，把它看成是考虑企业自身利益及其社会责任的必不可少的一部分。只有这样，才能保证企业能尽快适应这一趋势。政府的任务是加强企业社会责任并合理地把它们结合到解决复杂问题的活动之中。

今天，继续沿用迄今为止的经营模式的倾向还普遍存在，但可持续性大趋势早已不是对企业有无影响的问题，而是什么时候对企业产生什么具体的影响。全球变暖会产生的灾难后果，只有迅速和有效应对才能有效地避免毁灭性的灾难。原材料价格不断上涨，员工队伍老龄化等风险，只有在考虑而且实施新的理念才可将风险转变为未来的机会。对此，需要创新的理念和方案及其竞争，才能为将来做好准备。企业和组织应成为推动变化的先行者，而不致被变革的车轮抛在时代之后。

可持续性大趋势会给未来的市场和创新的企业带来许多新的机会。为了使企业在全球持续成功并且能为承担全球责任做出贡献，它们必须加速推进以可持续性大趋势为基础的战略重构和创新过程。

1.2 战略定位

经济发展（业务和市场）会越来越受到生态和社会大趋势的影响。与此特别相关的有能源供应安全和气候保护，还有人口老年化，其后果也越来越明显。尽管经常存在一种观点认为，解决这些具有挑战性的问题是与企业的经济利益相矛盾的，但国际社会，无论经济界还是政治界，形成共识的看法趋向一致，认为只要大家共同努力就能战胜这一挑战，而且努力的关键在于创新。要做到这一点的前提条件是，企业不应把可持续性大趋势当作一种难于应对的风险，而应与此相联系，把它们用作企业发现和开拓新业务的机会。

今天，许多环境友好产品的广阔的市场是由企业家、创业者开拓的，他们把整个企业定位在解决环境的问题上。为了战胜未来的挑战，我们需要更多成功的企业家。对此，企业的经验、能力和潜力是必不可少的。为了能利用企业这些优势，应当支持这些企业履行社会责任。正如欧盟早先对企业社会责任做出的定义，即企业在自愿的基础上实施一个根本方案，将社会和环境要求融入企业日常经营和与利益相关方互动关系之中。这个方案不应是只看到风险，而是必须重视可持续性大趋势所产生的机会。

为重构发展战略，必须将可持续性专业化知识与企业战略的方法相结合，无论对企业战略重构的领导者、社会责任或可持续发展的管理者，还是产品和市场开发者，都是积极主动的参与者和行动者。

为此，企业应当启动一个系统的分析过程，以便从大趋势中发现风险和机会，并把它们融入到战略和企业的过程之中。这时需要研究，未来哪些市场是有意义的？哪些市场潜力有多大？推导出的这些结果可能有助于推动和促进创新，依靠企业或组织自身的动力理念将变成市场的成功。

以下是一些典型例子，说明如何在战略和创新中考虑与可持续性相关的大趋势。

——发现对环境和社会友好的市场：欧洲一家连锁店早在 20 世纪 90 年代就开始从事生态生活品业务，那时主要销售少量的天然产品，几年后销售额急剧增加。后来，这一连锁店已在客户中成功建立了对环境和社会友好的市场。市场调查表明，对环境和社会友好的产品对客户满意度有积极影响，也对其他产品部门的业务有正面影响。把建立生态和社会友好的市场份额作为企业战略的一个有机组成部分，为企业每年连续带来不断增长的效益。

——全球趋势纳入战略的核心：一个工业企业在 2000 年考虑到气候变化和某些地区日益紧张的缺水情况，认识到这一情况不仅带有全球性特征，而且将会影响企业本身的业务和市场。经过研究决定，企业加大投资的力度，开发有助于气候保护和饮用水处理的产品。到 2010 年这一产品销售额翻了一番，随后产品销售额持续增加，按照计划目标企业实现并保持了业务的稳定增长。

——以长远战略眼光把握业务机会：正在兴起的光伏行业中，材料紧缺将会成为一个与竞争相关的因素。一个制造企业经系统研究，认识到光伏硅材料将会越来越贵，可能导致太阳能与硅的依赖性太大，而薄膜太阳能技术因在弱光条件下所具有的优越性，即它在有蓝光的成分时，有较高的光谱敏感性，这在新一代太阳能模块中将有巨大的潜力。为了能够在组织上保证研究这一技术应用的可能性，决定专门成立进入市场的分公司，以抓住新的发展机会。

许多类似的面向社会趋势的企业的例子，不必一一列举。越来越多的企业把眼光转向未来，并且按照可持续性大趋势来确定战略和定位。其重要的前提是，客观地感知周围环境的变化，结合企业创新，建立对社会负责的文化，为形成新的理念提供空间。始终围绕客户新的需求、社会问题和技术的可能性，培育创新特别需要的经验。企业的重要的任务之一是，把履行社会责任与创造商业机会、创造市场的关系建立起来。

1.3　风险和机会

众所周知，可持续性大趋势除气候变化、能源资源紧缺，从生态方面看还有全球淡水减少、生物多样性消失，以及森林减少和沙漠化。从社会方面看，人口结构的变化，全球人口增加以及贫困加剧也都属于大趋势之列。

许多企业已认识到这些大趋势，并把它们考虑为风险因素。这些趋势的表现形式是，能源和材料价格上涨，专业合格的人才短缺以及农业收成减产等。这一发展趋势是对传统的商业模式的威胁，但也可把它们转化为商业的机会。可再生能源、能效驱动技术、员工再教育培训，以及资源节约、技术创新等都是在考虑风险因素时的商业机会。对大趋势的了解会有助于对风险和机会的认识及其评价。

以下以气候变化、能源消费、资源紧缺、人口结构变化和淡水缺乏为例，描述每个可持续性大趋势对具体行业、企业未来发展的风险和机会。

1.3.1 气候变化和能源消费

由于二氧化碳的排放使全球变暖，可以肯定地说，这是经济和社会可持续性最重要的大趋势。所有的专家都预言，对全球温度上升，石化能源载体的燃烧是与此相关的实质性的原因。其结果，全球不同地区会出现极端的天气情况，如洪水、夏季干旱、冬季潮湿。由此产生对农业、旅游、饮用水可用性和许多其他方面的影响。能源价格从2004年开始上涨，从经济上看避免二氧化碳排放在许多地方也很有意义。石油价格上涨的原因部分由于新兴国家对能源需求的增加，也和各个地区一系列全球性冲突问题有关。天然气和电力的价格与石油价格相关，也随之一起上涨。这些价格的变化对气候保护政策有很大的影响。由于汽车需要大量的能源，美国汽车制造商因此陷入了经济的困境。在此情况下，可再生能源的市场准入条件也因此不断改善（如图2－1所示）。

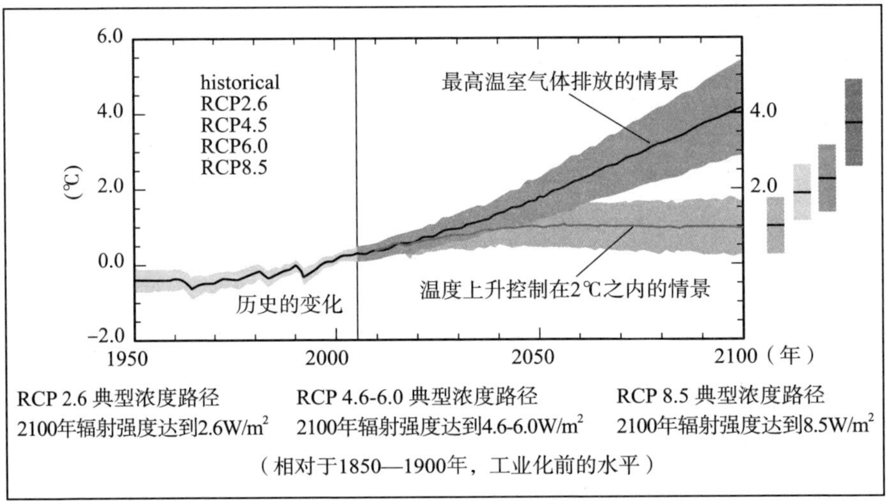

图2－1 不同策略情况下地球表面温度的变化

资料来源：IPCC评估报告2014。

——可再生能源：在可再生能源行业就业人数可能不断地增加。国际可再生能源署（IRENA）发布报告称，截至2013年底，全球可再生能源行业就业人数约为650万人，按地域划分，中国、欧洲、巴西、美国、德国和西班牙分别为260万人、124万人、89万人、62万人、37万人和11万人；按领域划分，太阳能、生物液体燃料、风能和生物能源分别为230万人、150万人、83万人和78万人。当前，新建企业很多，技术型企业也进入市场，可再生能源业务销售额明显增加。

——能源效率：多年来，能源高效的房屋、家用电器和汽车，都是可持续性领先国家政策的主要关注点。到目前为止，这些方面尽管取得了许多成就，但这还需要进一步创新才能达预期目标。在各国高效能房屋隔离材料和先进门窗系统以及空调和暖气技术得到了很大的发展，但提高其他产品和工业过程的能效都还有许多机会。

——分布式供电：继续扩大可再生能源的发电，开发高能效、热电联产等，会导致电能生产分布化。这里需要相应的新技术和服务，也会尝试巨大的经济市场。

——碳排放交易：用温室气体减排证书的碳交易已开启一个活跃的市场，除设备供应商，还有中间商，新兴和发展中国家将会从中受益。世界银行估计，2006年交易量为220亿欧元。

1.3.2　中国能源结构及二氧化碳排放

世界能源署在《世界能源展望2017中国特别报告》中对到2040年的中国能源需求和结构变化以及带来的影响进行了分析和预测。

报告认为，中国能源结构将逐步转换到清洁发电，中国日益增长的能源需求正越来越多依赖可再生能源、天然气和电力，而煤炭需求有所回落。报告指出，在新政策情景下，中国的能源需求增长速度每年下降1%左右，不到自2000年以来的年平均水平的六分之一。这是经济结构转变、强劲能源效率政策实施和人口变化所带来的综合效应。

报告认为，中国能源增长需求正更多依赖可再生能源、天然气和电力，煤炭需求将有所回落。预计到2040年，煤炭在总发电量中所占的比重将从2016年的三分之二下降到40%以下，电力将在中国终端能源消费中占主导地位。图2-2示出中国电力装机容量新政策情景下2016—2040年的变化。中国能源结构将逐步转换到清洁发电，强大的部署和有力的政策持续降低了可再生能源的成本，太阳能光伏将成为中国最经济的发电方式，以水力、风能和太阳能光伏引领的低碳装机容量将迅速增长，到2040年将占总装机容量的60%。

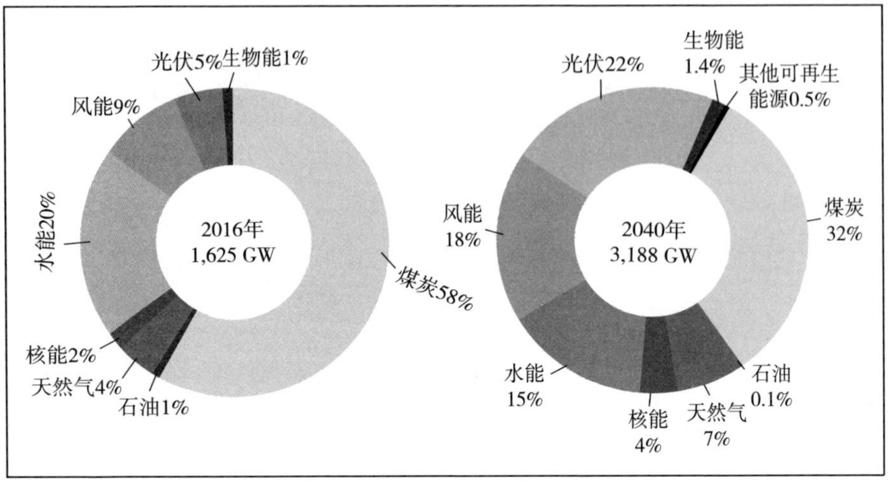

图2－2 中国电力装机容量（新政策情景2016—2040年）

资料来源：世界能源署2017。

报告预测，到2040年，煤炭在中国一次能源结构中的份额将缩减至45%左右，中国天然气需求将增至6000亿立方米以上，天然气在中国主要能源结构中的份额将从不到6%上升至12%以上。市场改革、成熟的常规天然气产量和前景不明的页岩气是决定中国石油和天然气供应情况的主要因素。

报告认为，中国能源领域的环保措施的步伐将更加稳健。中国的能源转型对与能源相关的排放有重要影响，二氧化碳排放量到2030年将达到峰值，所有的主要空气污染物含量都将下降。到2040年，中国几乎一半的人口将生活在空气质量符合《环境空气质量标准》的地区，但由于城镇化和人口老龄化加速，中国人口面对健康冲击时仍会比较脆弱。图2－3示出中国二氧化碳排放在可持续发展情景下2010—2040年的变化。二氧化碳排放方面，只有交通运输行业的排放量在2040年之前还没有达到峰值，电力行业将恰好在2030年之后实现这一里程碑，而建筑和工业领域将更早实现。中国对解决全球气候变化的努力同样具有深刻的影响力，中国能源和环境政策的改变正在改变全球能源需求的发展趋势，将对全球市场、贸易、投资现金流、技术成本以及实现全球共同目标产生深远影响。

1.3.3 资源紧缺

由于工业国家及发展中国家大量的需求，许多材料产出，其中包括金属硅、自然胶生长的原材料，甚至森林木材的供应已经达到极限的程度。这种紧缺主要表现在价格上，在2003年至2005年间，铜和铁矿石价格增长了一

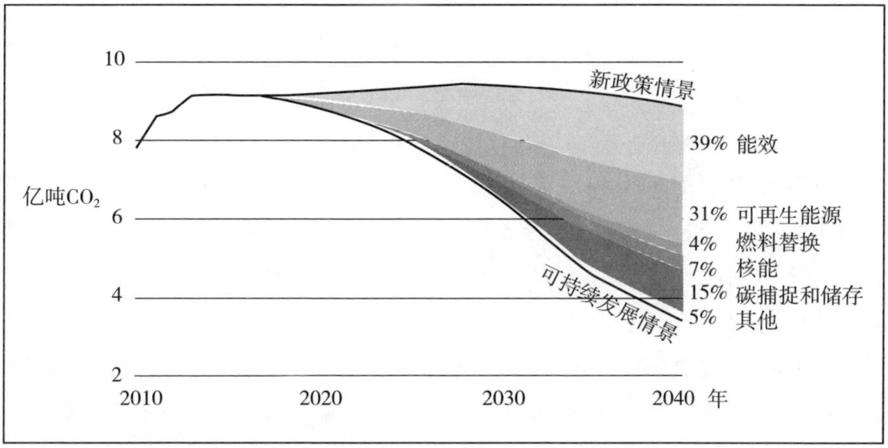

图 2－3　中国二氧化碳排放（可持续发展情景 2010—2040 年）

资料来源：世界能源署 2017。

倍。钨和钛增长了 200%，钼增长了 400%，钒增长了 500%。价格上涨的原因从长期看是需求的增加，从短期看供应不足也是其中部分原因，还有一些国家贸易扭曲的情况。这种材料紧张的现象在短期内还看不到终止的迹象，这对许多企业无疑是风险，从另一方面看又是机会（如图 2－4 所示）。

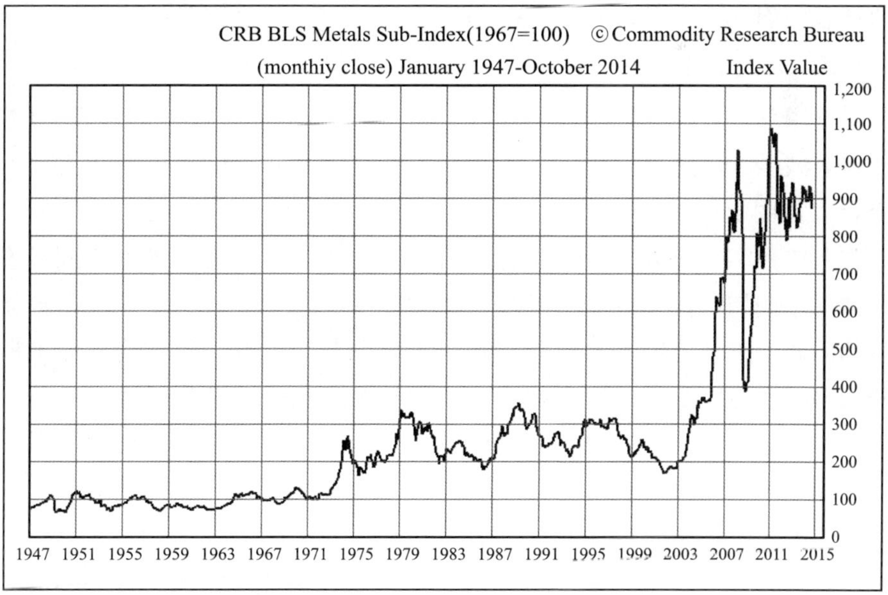

图 2－4　1947—2014 年金属价格的变化（CRB 价格指数 1967 年＝100）

——新产品和新业务领域：在工业产品销量中，采用新的资源有效型产品及其新业务领域的份额将不断增加。在这方面，功能性替代手段发挥重要的作用，例如通过采用数字照相大大减少对银和化学材料的消耗。

——回收处理和延长使用期：在高值投资商品市场中，对废旧物品的回收处理可以显著节约材料和成本。在不同行业的知名企业都参与了这一市场，例如回收装置、进行翻新、租借或再次出售。这些装置常常比新的装置便宜30%～50%。例如，旧的医疗设备市场大约每年以15%的速度增长，在欧洲增长的速度更快。

——原材料供给风险：重要原材料的供应是有限的，加之发展中国家大量的需求导致价格上涨，因此企业在上新生产线、在投资之前，特别有必要考虑重要原材料长期供给的可靠性是否有保障。因此，节约使用日趋贵重和紧张的资源，达到最终绝对减少，应当是一个重要的目标。

——材料效率：在加工企业中的生产成本是由人力成本、材料成本和能源成本、折旧、租金和其他成本一起共同构成的。各个部分所占的百分数虽然与不同的行业有关，但对加工企业，材料成本是一个主要的成本部分，可高达50%，人力成本只占25%左右。无论是有效利用材料，还是寻求贵重材料的代用品，节约材料成本在经济上都具重要意义。不过，在实践中很多企业往往在节约人力成本上下功夫。

1.3.4 人口结构变化

联合国预计，到2050年全世界人口将会达到90亿。在欧洲和发达国家，人口将会减少，年龄金字塔将严重失衡。在其他一些地区也已看出人口结构的变化（如图2－5所示）。

在人口数字逐渐减少但老龄化显著的结构中，会出现与平常不同的新的发展情况。例如，在人口平均年龄增高时能否继续发展科学生产力可能是要考虑的问题。未来老年人的消费兴趣也难以预料。就业人员作为主要的购买力我们现在已习以为常，但在将来可以预计他们由于退休金减少，估计会更加节约。不过，从另一方面讲，适合老年人的产品的质量可能会特别受到重视，例如电子设备操作功能要简单，需要较大的显示屏，或需要有更多的健身器械。人口结构组成的变化对经营的方式，对产品和消费的偏好，以及对服务供给都会产生重要的影响。在过去的十多年里，在休闲、护理和服务供给领域就已经产生了成千上万的就业岗位。

——产品设计：当未来60岁以上的人达到总人口的1/4或1/3时，这部

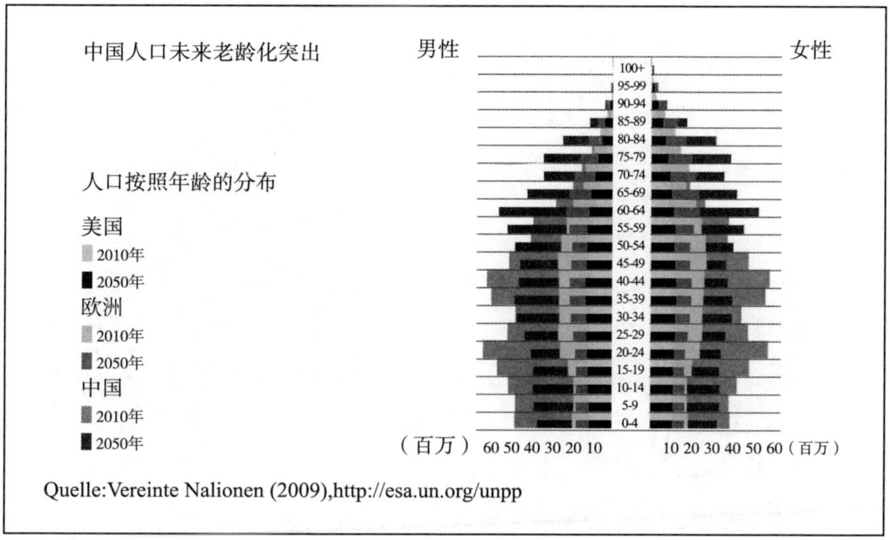

图 2－5　中国、欧洲、美国人口结构变化 2010—2050 年

分人的消费也将相应地增加。当前，年轻人是消费的主力，但“年轻化的老人”在逐渐增加。将来特别需要用于居住、营养、流动性和休闲生活的日常生活用品。

——护理及服务：在一个老年人比例较高的社会，由人提供的护理和服务将会越来越稀缺，不仅因为有更多的老人需要照顾，而且因为下一代及护理和服务供应越来越少，所以职业化的、价格合理的服务将十分重要。

——专业合格人才：除全球专业合格人才的交流流动外，需要通过在职培训、加强其他教育和采取终身学习方式，来满足企业专业合格人才需求。这里的问题是，要在人力资源上进行投资，保持员工、吸引员工，更好地利用年长者的经验。这时，保障职业健康也会越来越重要。

1.3.5　淡水缺乏

根据联合国的数据，全世界有 10 亿多人缺乏清洁的饮用水。另一方面，农业只有靠大量的灌溉才能保持其生产力。农业是全世界水消费量最大的消费者。不过，居民及工业用水也都在持续上升。全世界的淡水存量虽然丰富，但是它们都不位于在消费者所在的位置。在有些地区，饮用水的供给完全依靠地下水，受不断过度开采而不断消失（如图 2－6 所示）。

——水供应：按照联合国千年目标，到 2015 年全世界无饮用水、无废水处理的人口应下降一半，这就需要全球每年投资 100 亿欧元。当前供水市场

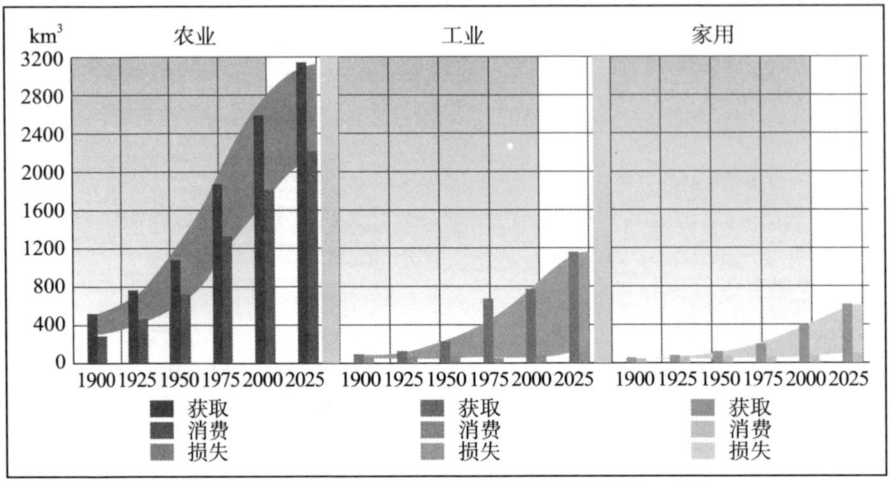

图 2－6　1900—2025 年不同行业的需求和消费量

资料来源：UNDP 2003。

规模每年增长 5%，到 2020 年时产量将达到 3350 亿欧元。

——节水技术：对于全球淡水缺乏严重威胁的地区，在工业、家庭以及农业领域应用节水技术具有重大的意义。这里也有巨大的市场，目前每年为 80 亿欧元。

——分布式水管理：分布式供水和废水管理具有很大的潜力，因为在边远地区集中式的系统会太贵，因此尚无现代技术可用。预计到 2020 年，市场量将会达到 400 亿欧元，每年增长速度为 15%。

1.4　企业战略

迄今为止，在未来研究学中可持续性大趋势的意义远远被低估于技术发展趋势。还有一些可疑的因素，认为这些大趋势并未得到普遍承认，或者即使认为它们与自己相关，但大多数企业还处在短期面对市场和技术发展而行动的状态。但在不久的将来，特别是在气候变化的影响下，这一情况将不得不改变。

一些企业已成功采用了从大趋势导出措施，从战略上考虑有目的地推动了某些创新。同样可以观察到，出色的发明创造导致了战略的根本改变。例如，目前在能源领域，在可再生能源分布发电中采用了各种新技术，提供了与迄今为止的集中式发电厂不同的战略模式。

未来市场的拓展不仅可通过战略发展，也可通过创新管理来实现。可以肯定，战略的最终决策需要考虑可持续性大趋势。这里的问题不是把可持续性大趋势置于其他方面之上，而是在考虑的程度上比以往更加重视。因为只有这样，可持续性大趋势带来的机会才能得到利用。因此，对这一趋势要有一个根本的理解，这是重要的一步。不过真正的挑战在于发现大趋势对自己企业产生什么影响，这是关键所在。

为达到此目的，可采用未来研究学中应用的方法，例如集成路线图方法（如图 2－7 所示）。

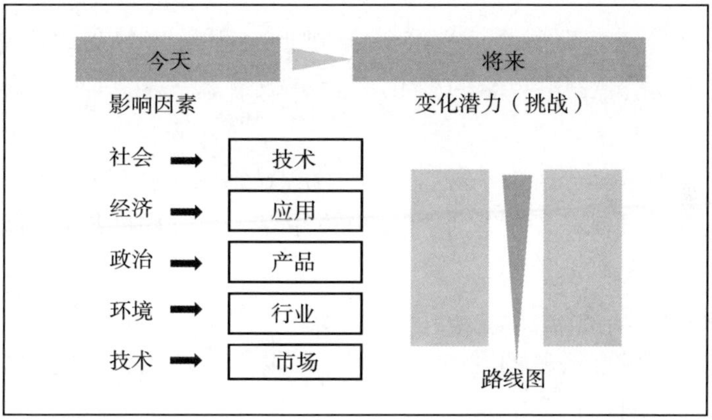

图 2－7　未来研究学的集成路线图方案

资料来源：ZVEI 2007。

——集成路线图：集成路线图是未来学研究方法之一，是 20 世纪 90 年代初用于识别未来技术产品和过程的特征的方法。通过各个主题系统化关联结合，以路线图的方式准备和提供中长期定位的知识，以此作为行动选择和确定优先重点的基础。

德国电气和电子制造商协会（ZVEI）成功将集成路线图方法用于支持成员企业的战略开发，考虑了政治、经济、生态、技术、科学和社会各方面的趋势。与创新管理相配合，将可持续性各方面作为保护措施融入到战略各个环节。这时，为了获得更好结果，除必须利用未来学研究的结果外，同时参与的方法相当开放，因为这时企业各个不同的部门及其参与者所进行的网络化沟通，构成了一个开放的学习过程。

另一个有趣的方案是，与多个企业一起，比如在一个行业协会活动的框架内制定一个路线图。这时，各种不同的经验不仅可以改善获得的结果，而且各个不同的参与者共同进行，制定的路线图常常更为可靠。

利用集成路线图自动化，ZVEI 成员企业成功地识别出了企业在国际市场、用户集成开发、标准化和专业人才合格化方面的挑战。

在企业战略中融入可持续性也可采用战略动态调整的方式进行。

——企业战略动态调整：从形式上看，企业战略管理的过程包括（内部和外部）分析、战略制定、战略实施和评价。事实上，这是一个滚动重复、动态调整的过程。在战略实施各具体环节中获得的经验，会再次考虑在战略过程之中，这样正式的战略和实践的战略相互补充，一环扣一环不断推进和改进。

世界可持续工商理事会（WBCSD）把此过程称为演变式管理过程。在此过程中，认识和理解全球的变化，同有效实施战略一样，有着重要的作用。

如果在初始状况分析中，某些可持续性大趋势被确定为是与企业相关的，在制定战略的时候就必须把它作为战略关注点。在不同的战略层面，有具体的不同的关注情况。

——企业战略：表明企业在哪个市场从事什么业务？例如，为应对石化能源价格上涨和做好增税的准备，一个能源设备生产商可能通过兼并一个风能设备商来扩大自己产品的组合。

——业务领域战略：表明企业用什么样的竞争战略占领具体的业务领域？例如，一个毒性化学原料生产商可能采用成本领先，或在差异化战略范围内，特别采用可靠的、封闭的生产循环。

——生产战略：表明企业如何生产，在哪里生产？例如，在生产过程中能源消费紧张，企业可不把生产基地搬迁到目前能源价格最低的地方，而是采用能效高的技术，以此来降低能源方面的成本风险。在可能的情况下，还可把废热送到热力网并获得相应的报酬。所有这些都可能成为选择生产基地和技术的相关因素。

——人才战略：表明企业长期充分具备什么样的、具有哪些合格条件的人才？例如，为应对人口结构变化而做好准备，企业可采用人力发展或者培训的措施。

——网络战略：表明企业覆盖的价值创造及其伙伴范围是什么？例如，一个生产商，其投资的产品很贵，可以通过与金融机构合作保证它的客户获得资金支持。

——供应链战略：表明企业如何才能够优化采购？例如，要构建生态和社会友好供应链，企业形象的风险一直是必须考虑的重要因素。经验已证明，以此为考虑的供应链也会减小质量风险和断货风险。

1.5　创新管理

无论继续开发现有的产品，还是发明或发现新的应用领域，各种创新是各行业中企业长期生存的关键保障。为了从根本上推进可持续性趋势转变为业务机会的创新，需要尽早完成从理念到市场的转化的过程。典型的创新过程分为以下几个阶段（如图2－8所示）：

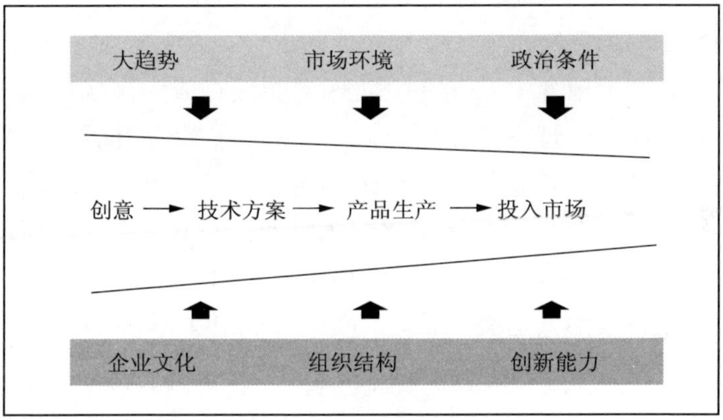

图2－8　创新过程的不同阶段

资料来源：参考borderstep。

- 认识趋势
- 产生理念
- 制定转化方案
- 开发系列成熟产品
- 投入市场

在每一个阶段都有选择性的决策：例如，哪一理念应当继续跟踪？哪一方案应事实上转变成系列的产品？在哪个市场应当首先投放？要用什么样的组织框架条件？等等。

创新过程一方面受社会动态变化、市场环境和政治条件的约束，另一方面它常常又处在抵制变革和固化的企业文化的条件之下。

对企业能否创新具有决定性意义的常常是下面四个主题：

——可持续创新文化

为了顺应可持续性大趋势以支持创新，企业必须在企业文化中融入可持续性的相关方面。落实可持续性政策和开放性创新理念是企业产生可持续创新的必要的条件。开启这种有特点的企业文化，并且支持这种文化是企业落实社会责任的一个中心任务。

产生可持续创新的另外一个重要条件是创新团队及其员工，他们自己要勇于接受可持续性的挑战。此外，与外部活动者交流也是重要的，因为无论是科学家，或是生态组织或社会组织都可受到鼓舞产生新的理念。从有意识面对问题开始，从开发到成熟产品系列，创新需要先期的尝试者。所以，落实了社会责任就建立并加强了与利益相关方关系的优势，这也是加强创新能力的促进因素。

——创造足够的选择机会

很显然，在若干理念中，只有少数理念能最终成为市场成熟的应用，但无论如何都需要有许多理念。在创新后续阶段，特别是在方案开发阶段也应注意有多种多样的选择性，不要过早地固定在一个方案上。首先，在复杂的条件下，只停留在一个方案上是非常有风险的。经验证明，发展的不确定性越大，“未来情景”就越不相同，也就越需要有多样化的方案。这一点会越来越重要，因为可持续性大趋势所描述的是一个长期的发展，所以在寻求解决问题方案时自然也就存在着不确定性。

从金融市场看，在这种背景下面向可持续性考虑具有多样性的解决方案的方法也是值得的。2005 年，一个关于能源行业投资的选择性的报告指出，为了“低碳世界”投资，具有多个战略选择的能源企业具有最大的升值潜力。

——发现和支持积极的倡议

可持续性问题的解决答案与传统的商业模式中的可选择性大不相同。在一个始终变化的世界中，正好是非传统的理念才有可能促使新的成功。为了保证在企业中接受这一思想，应当明确地沟通可持续性的商业实证。

为了支持新的非传统的理念，需要企业领导层正式参与项目及其决策过程。在特别有前景的理念开发过程中，企业应当用通常经济绩效准则，例如投资回报，对理念进行评价。其目的是，有利于进一步开发成功的倡议，并得到企业内部的支持。不断加强项目团队并与领导层保持沟通是很有帮助的。因为，最终能保留下来的倡议都必须满足财务准则，并获得企业内部广泛支持，也符合企业领导拟达到的目标。

——创造新的组织构架

一个创新越具有深远的意义，它在知识、技术和市场及伙伴关系中所要求的变化也就越多。研究表明，当一个深度的创新是由一个创业公司所提出并推向市场时，它在实际实现的阶段就特别有机会。在可持续创新方面，短期内很快成功进入市场的公司当中，创业公司所占的比例较高。很显然，主要的原因是它的独立性。一个大型公司也可创造类似的条件，这就是在企业外部创建新的实体。

1.6　企业经营的框架条件

可持续大趋势代表企业经营的新的框架条件。与此相联系，既有机会也有风险。企业在核心业务和战略中忽视这一趋势，其危险性在于导致企业竞争劣势的风险。与此相反，企业认识到可持续性趋势中的机会并在创新战略中考虑，则可开拓市场，增强竞争力。

考虑到可持续性趋势产生的一系列问题，这些挑战只有通过政府、企业和消费者一致共同努力才能成功应对。企业比任何时候都更应理解，它们在很大程度上是在以经营方式构建社会发展。也正是因为它们具有这样的构建能力，它们才承担很大的社会责任。因此，在企业的职责中不仅包括考虑“股东价值”，而且还包括考虑“公共价值”。这意味着，视企业具体的不同情况，它们必须相应开发新的产品和服务，或者优化产品和服务，以便能够为解决生态和社会问题做出贡献。

此外，生态和社会大趋势越来越大地影响着市场，因此，企业必须从自身长期成功的利益出发：

- 把可持续性大趋势融入到创新战略和核心业务
- 有目的地培育企业的可持续性创新文化
- 推动与利益相关方具有建设性、战略性的对话
- 有目的地评价和推广应对可持续性挑战的创新解决方案

回顾过去十年到十五年，现在可以非常清楚地看到，信息和通信技术的发展使经济和社会发生了很大的变化。这也从根本上表明，企业也因此更具备创新变革的能力。现在，企业应当充分应用这一潜力，去战胜与可持续性大趋势相联系的挑战。

2　社会责任促进可持续创新

社会责任可作为创新驱动因素，通过把可持续性融入创新过程，把社会责任融入管理，发现各种创新途经，构建企业可持续的发展。

2.1 创新构建可持续未来

今天我们这个世界面临前所未有的挑战，对此需要共同的行动，而且刻不容缓。科学上的结果表明，气候变化的加速超出我们的想象。经济危机也损伤了社会对经济系统功能的信任。在此形势下，企业作为发展的主要角色，有必要与社会各方一起共同有意识地担当责任，寻求解决问题的方案和开创可持续未来的创新之路。

企业社会责任已经不是一个空洞的口号，不仅是大型企业、也是中小企业可以采用的战略方案。通过履行社会责任可以拓展企业的发展和价值创造的潜力，正是社会责任可以在产品和服务的创新开发中发挥重要作用。

在全球有许多例子说明，怎样将社会责任成功地融入企业的核心业务过程，并获得解决未来问题的答案。这些答案为社会做出了贡献，也增强了企业的经济效益和信誉。

本章无意介绍个别案例，而是力图说明，在全球发展大趋势背景下，企业如何通过实施社会责任加强创新，提高创新能力，并以此主动参与和构建可持续的未来。它集中反映了国际上一些大型企业在过去不断发展创新管理和应对可持续性大趋势，如气候变化、人口结构变化等过程中所获得的经验。

企业社会责任不能停留在口头上，它首先是领导层必须严肃对待和完成的任务。不仅是创新负责人、社会责任负责人的任务，而且是总经理、董事长和监事会负责人等高管的任务。因为企业领导要追求企业创新，必须对社会变化创造开放的环境，把满足不断变化的社会需求作为衡量未来竞争力的标尺。

也只有具有这样的信念和意愿，并为此努力的企业，才有可能把社会责任持续当作自我强制性的义务融入管理和创新过程。为了保持社会的可信度，有一个具有约束力的、可跟踪、可检验的社会责任战略是很有必要的。

2.2 社会责任作为创新的驱动力

当今世界处于深刻的变化之中，可与19世纪工业化的经历相比拟。更为特别的是，全球化和气候变化同时成为诱发的因素，全世界能源和材料的需求一直不断攀升，世界人口增加和由此助推的购买力继续增强，发展中国家发展和中层消费成倍增长，以及气候继续变化使极地冰川剧烈消融。毫无疑问，所有这些因素都可能导致经济和社会的风险和成本。

市场转型：在当今经济中，可靠的能源、最有效的材料、清洁的空气、充足干净的饮用水具有全新的价值地位。能源、材料和食品等价格上升，转型是毋庸置疑的即将发生的市场信号。考虑到许多经济体增长的需求，对资源短缺、生态危害和社会风险不能束手无策。而急需的是改变，需要与经济增长、资源消耗及环境污染脱钩和有利于解决社会问题的新的技术和服务。

企业以可持续发展定位、履行社会责任，可从不同的方面明显增强它的优势：认识社会需求和生态挑战，制定相应的战略，能更快形成新的发展理念，更好吸引和招收合格人才，能确保其行为得到社会认可。社会责任将会成为面向未来的行动必不可少的基础，在认真落实之处都会释放巨大的转型的潜力。

构建变革：尽管企业在传统上考虑发展趋势和制定新的战略定位方面已有经验，但对气候变化和能源效率、资源匮乏、人口老龄化和饮用水短缺等复杂的可持续性大趋势的认识至今不足，没有认识到它们是不可逆转的发展，必须有效地加以控制。在未来，谁要想经营成功，谁就必须面对一个转型的现实。现在的问题不是全球转型和挑战会不会影响企业，而是何时明显出现、这些影响的具体详情如何？对此企业必须做好准备，这是无可争议的。经济活动者只注重短期赢利和高额利润而忽视全球长期的发展是多么的危险，这在 2008 年全球金融危机已清楚地表明了。

发现机会：为了构建一个企业和社会都可承受的必要的调整过程，必须将大趋势融入企业战略。如果说，在今天企业可影响其基本竞争条件，如材料可用性、成本结构和销售机会等，在未来一个企业的成功在很大程度上取决于向能源和资源有效的、环境和社会可承受的经营方式的变革是否能够完成。

企业从战略上处理社会责任并建立相应的管理，也就为这一变革建立了必要的基础。因为社会责任管理的核心功能包括处理生态、经济和社会发展的信息，并为企业做出评价。所以，社会责任大大超出了风险分析的范围，充实了企业的战略。作为与社会联系的界面，社会责任管理能及时发现形势条件的变化，同时把外部要求和期望内部化。它促进企业创新能力并有助主动发现机会，开拓新的市场。所以，社会责任代表面向未来的管理，通过创新产生解决问题的方案，同时为社会做出有价值的贡献。

2.3 重新思考战略和管理

社会责任作为新的战略和管理方法，有助于把控生态和社会发展产生的复杂性。无论管理与此相关的风险，还是把握新的机会，不仅在企业战略制定，而且在运营管理过程中，都要求采用系统化的方法。企业领导的承诺是做到这一点的必不可少的条件。

社会责任融入工作流程：管理社会责任并不一定需要新的，或另外的管理体系，常常必须保证在相关行动领域中系统地、有效地考虑相应的挑战。这就要求要有明确的职责和工作流程。要通过目标设定、定期检查目标是否达到，保证不断改进。在员工对社会责任和可持续发展任务既有认识，又具有合格能力时，则可在现有的体系框架之内融入社会责任（如图2－9所示）。

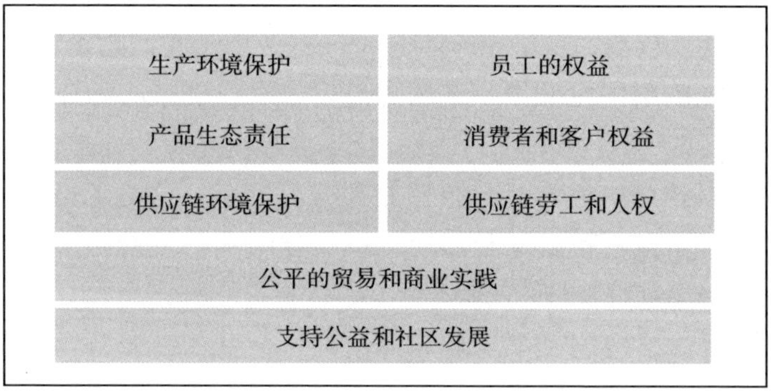

图2－9　企业社会责任行动领域

风险管理：运营管理过程中，不仅要注意在不同的行动领域降低信誉风险，而且要提高效率和协同潜力，即降低成本和改进绩效能力，从而加强企业总体竞争力。因社会责任相关的行动领域，其中包括环境保护、员工利益、消费者保护、供应链和社区等，对各个企业不是同等相关的，所以，企业必须对生态和社会的问题进行系统的考虑，从而使企业避免特定的风险，发现特定的机会（如图2－10所示）。

新业务发展：为了用社会责任扩大现有的业务领域、开辟新的市场，只依靠纯粹运营管理措施是不够的。应当在战略发展的框架内考察主要产品和市场，考察气候变化和其他可持续性大趋势对产品和服务有何影响，在哪些地方会有创新产品和服务的机会。企业想要对未来有清晰的定位，就可在此基础上考虑制定社会责任战略。社会责任战略要遵循并支持企业的目标，它

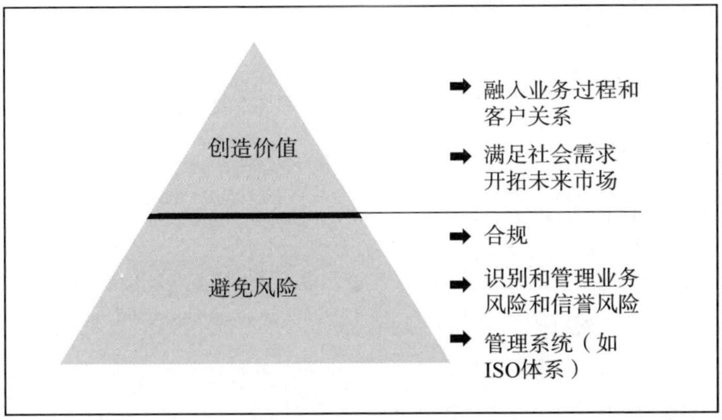

图2－10　社会责任的基本功能

确定：

- 企业社会责任的定位
- 企业社会责任的相关行动领域
- 企业具体的风险和机会
- 在相关的行动领域中要实现的目标

企业价值观：如果说可持续性大趋势从外部要求企业加强履行社会责任，那么企业发展中形成的文化和显在的及隐在的价值观是影响社会责任落实的主要因素。许多企业已经明确了价值观的愿景，这是实施社会责任的理想的结合点。对于尚未把可持续性和社会责任纳入企业方针的企业，它们应当做出相应的调整。为了在企业中落实负责任的价值观，在每个员工的头脑中都必须发生一个变化的过程。

透明和开放：与利益相关方对话是企业预警系统或议题管理的重要组成部分。谁能及时尽早发现新的要求，谁就能及时对此有所准备。与利益相关方对话也是获得新的理念、新的合作可能性，或新的战略伙伴的基本方法。定期发布社会责任报告或可持续发展报告，在网站发布相关信息，不仅有利于承担社会问责，得到社会的“运营许可”，而且也是开展利益相关方对话的重要基础和前提条件。通过信息交流有助于达成企业目标的沟通，牢固树立企业价值观，特别是在内部产生影响。

应注意到，社会责任首要的任务不是沟通。沟通、对话和透明是社会责任的核心组成部分。为确保利益相关方信任，企业要以开放的姿态对待社会的要求和期望，并要通过透明的沟通对话开启创新的过程。

社会责任的组织落实： 在大型企业或组织，社会责任配备有专职部门、跨部门协调委员会负责社会责任的工作，其任务包括：信息采集和评价、各种活动的协调、创新过程咨询和内外沟通等。中小企业可将社会责任的相关任务交给环境管理专员或其他兼职人员负责。

2.4 可持续性创新如何产生

对解决生态和社会问题有显著贡献的创新是可持续发展绝对需要的创新，我们把它称为可持续创新或可持续性创新。可持续创新是否会产生取决于各种影响因素。

外部（压力）是一个主要因素。当生态和社会的问题在各个方面都感觉明显，以致社会公民提出要求，或者法律制定者采取措施时，只能用创新才能解决。产生新的推动力和导致技术换代的发明也起到外部压力的作用。激励（拉力）的作用与上一因素相似。典型的情况是通过法律制定者定向支持技术和产品。通常这会使市场增长，因其规模和出口机会，它会进一步激励创新。企业家、管理者和产品开发者激发创新的愿景力量同样有很大的甚至更大的作用。以气候保护为例可以看出，在不同行业可持续性问题不是开启创新，就是对创新过程的定位产生了影响。

以下具体描述可持续性的方面进入创新过程的路径：

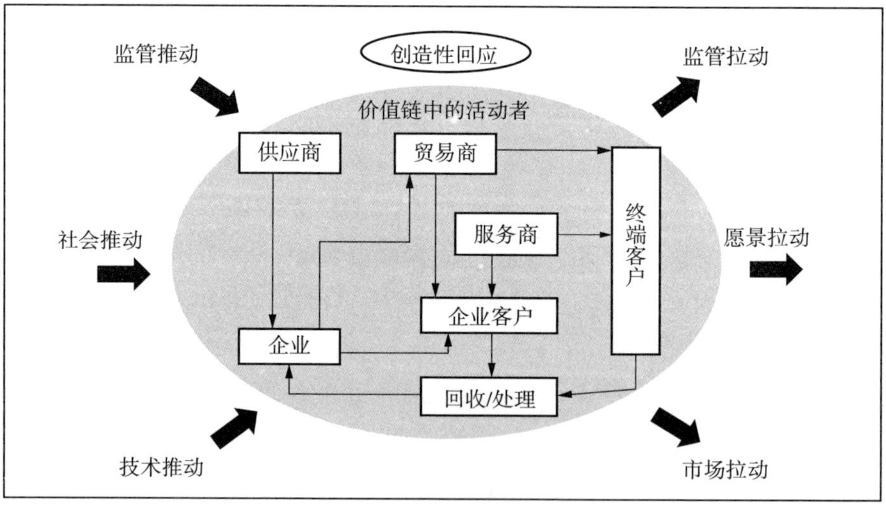

图2－11 影响创新的外部因素

资料来源：Fichter 2005。

（1）可持续性作为创新动力：这时，创新路径的出发点是要为社会需求或解决社会弊端寻求答案。其目标自始至终贯穿于整个创新的过程。一个典型的例子是：一些有远见的企业家倡议开发热驱动制冷系统，即在夏天把太阳能和集中供热用于制冷或空调。当这一技术在2000年成功试验之后，大型热动力技术企业随即抓住机会，把它投入了市场。

（2）可持续性作为成功的要素：当可持续性作为一个重要的、同等正式的元素融入企业政策目标时，这也与整个创新过程相关联。这时，决策者把可持续性考虑为重要的成功因素，构成一个下达的战略指标，通过各种方法和工具将它融入创新过程。一个好的例子是：在大型机器制造企业和化工企业越来越把可持续性和气候保护融入产品开发，不仅在战略上落实，而且也把相应的目标融入到开发过程。

（3）可持续性作为后续发现：有时，创新过程的参与者，例如企业社会责任部门或感兴趣的员工"发现"正在努力寻求的有助于可持续发展的答案，在另外的过程中还可发挥相应的潜力。一个例子是，造纸和印刷行业多年里一直开发用于报纸印刷机的优质印刷技术的活动。当它们按照生态有效性分析开发出一个十分综合的工艺时，惊奇地发现它具有显著的环境优势，在随后的开发过程中便增加了"可持续性"的目标，并且有意识地进行了优化。

（4）可持续性作为修正措施：有时，可持续性方面融入创新过程是在有压力的情况下、在事后进行的。也就是说，开发的目标必须进行调整，以适应政策变化或公众的批评和要求。这方面的信息或信号常常是通过与利益相关方开展对话而获得的。举例来说，汽车企业按照新的法律标准，努力向市场推出低能耗发动机，就是一个事后必须修正开发目标的例子。

（5）可持续性作为营销的优势：对某些创新也有相反的情况，在开发过程中可持续性的要求并没引起应有的重视，但在产品进入市场，或者甚至在市场扩大时才明显发现，这一技术对环境对社会具有根本的优点。这方面的一个例子是简易客户端技术，早在20世纪90年代后就已经成为个人电脑替代技术，而从2006年起，制造商才把它的能源和资源效率作为营销的优点，并以此满足用户和IT行业的新的要求。

以上前两个例子表明，把社会责任和可持续性融入战略，同时也融入创新项目是特别有效的，而且易于成功。不过，其他的一些例子表明，除了社会责任的战略布局外，也能找到把社会责任方面带入创新项目的切入点。就是已经开发出的产品，常常也还能发现利用社会责任的潜力，能提高其使用价值或扩大销售机会。最终，按照社会责任的观点跟随产品开发的过程，就

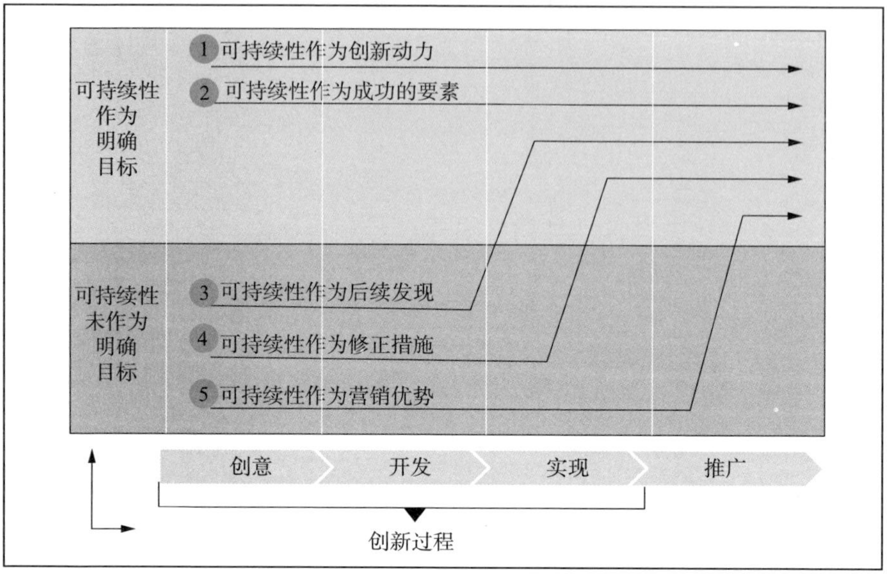

图 2－12　可持续性创新的路径

资料来源：Borderstep。

有可能从创意到产品系列生产的各个阶段，尽早避免对生态和社会的不良影响，或者有可能发现优势并付诸实现。

2.5　如何培养创新能力

不难理解，对社会期望和外部影响保持开放态度的企业，是创新友好型企业。同样，当气候变化或人口结构变化对企业产生压力时，它们自然会思考其商业模式或提供的新产品和服务，企业社会责任可影响和促进持续发生的创新过程。

2.5.1　从创意到进入市场

考虑典型的企业创新进程，就可清楚地看出，社会责任是如何影响创新过程的。从一个好的创意开始，到形成进入市场的产品，一般要经历多个不同的阶段，在每一阶段的结束都必须做出选择性决策，例如：哪一个创意应当继续跟进？哪个方案应当投资？产品应首先进入哪个市场？在创新管理中这样反复确定的选择决策法（阶段—关卡过程）使企业能有机会，延伸适合企业的可持续性方面，并在更大程度上融入决策过程。这一选择决策方法受内部和外部因素的影响。社会趋势、市场发展、政治情况和企业文化及企业价值观都归属于这些影响。

2.5.2　社会责任影响创新的可能性

如图 2－13 所示，社会责任有多种影响创新的可能性：

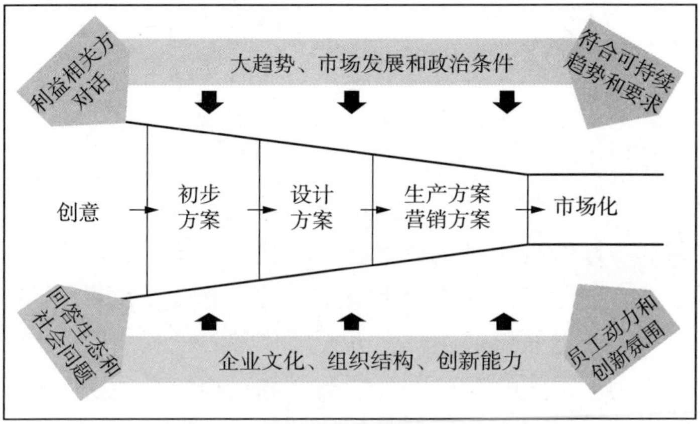

图 2－13　社会责任对创新过程的影响

资料来源：BMU 2009。

（1）由于创意产生于对话、交流及生熟不同圈子的结合之中，通过与利益相关方对话，社会责任管理可引发新的思路。

（2）此外，系统的社会责任管理能及时认识和考虑可持续性的大趋势及政治和社会发展。

（3）企业积极的社会责任管理会使生态和社会问题的处理常态化，自然地将它纳入创新过程的决策之中。

（4）一贯性的社会责任管理创造鼓舞上进的工作环境，会对员工创新解决问题的创造性、工作能力和开放性产生积极影响。

所以，企业建立社会责任管理并使它有可能对创新过程产生影响，是很有利的。可识别出不同的成功要素，有利于将社会责任成功地落实到创新过程。

2.6　创新过程的成功要素

将社会责任与创新相结合，实际上是如何以社会责任管理具体支持产品创新和过程创新的可持续性的问题。

（1）战略：社会责任作为转型的催化剂

为了能实现可持续性创新，它必须与企业的战略模型保持一致。因企业把注意力集中在自身优势的能力和产品上，所以新的市场或解决方案常常不会首先进入它的视野，对挑战和机会的客观和合理的分析也常常不会发生。

社会责任在此有着重要的作用：社会责任作为感知趋势和发展的雷达，可把挑战化为主题，并支持战略过程，以新的方式去发现新兴起的市场。

（2）目标：社会责任作为经常性结果控制

创新过程是一个复杂的过程。为了在整个进程中不致失去具体的方向，必须对每一个创新项目设置明确的目标和相应的绩效指标（KPI），在创新的阶段—关卡过程中，经常检查各阶段目标具体实现的情况。在创新过程中采取这一措施，社会责任就是一个延伸的风险管理。

（3）人：社会责任推动者的重要作用

明确的目标和好的组织对实现创新是重要的。不过，在创新过程中，有目标自信并有能力克服阻力的推动者有着重要的作用。因此，应当发现对可持续性背景有理念和有知识的主体，并形成网络，这样有利于他们对创新产生影响。同样，创新团队的成员在可持续性和社会责任主题方面必须有合格的能力。有时需要安排环境专业或社会责任专业人员临时参加创新项目工作。对大型有条件的企业，在社会责任部门指定有一位对接创新的联络员。

（4）知识：社会责任知识共享

可持续性创新常常并不是单一的技术上的优化，它同时也改变销售结构，并在可能的地方改变使用习惯。为了成功实现创新，需要对可持续性相关的问题、社会的挑战，以及对已开发出的解决方案都需要具备广泛的知识。但这种知识不会自动地和及早地汇集到正确的地方。所以，环境部门或社会责任部门要回答各个不同的部门提出具体问题不断增多。因此，在未来环境部门或社会责任部门首先应视其为是信息中介，它要迅速接收外部的信息，做出评价并正确提供给企业内部相关的部门。

（5）过程：始终融入社会责任

虽然一般对开启创新过程，特别是对把握可持续性方向，推动者也即个人有着重要的作用，但从过程上落实的工作更有不同的意义。最终起决定性作用的不是社会责任决策机构的专家是否参与，而是社会责任的方面是否恰当地、广泛地融入了过程和决策程序。所以，“成熟的”社会责任的特征是，责任不只依靠个人，而把它可靠地落实到企业所有过程及程序之中。

（6）对话：用社会责任增强互动能力

具有“开放式创新”理念的企业相信，理念进入企业内部意味着创新活动有了一个关键的变量。即使最大的企业也不一定会像遇到问题的相关群体那样有那么多的理念。因此，客户以及主导市场中的先期试点的客户特别重要。周围社会环境中也有提供理念的可能性，例如，NGO 常常抓住可持续性问题向社会公开，从而为寻求解决问题的答案而施加影响。许多企业在社会责任过程中，开展与外部利益相关方，即与客户、科研人员和 NGO 的对话，从中获得了各种各样的创新建议。

（7）伙伴：社会责任支持战略合作

当然，与客户、其他企业、NGO 或科技工作者的交流也可针对某一个解决问题的方案进行，并在必要时形成战略合作。例如，许多企业考虑开发发展中国家市场（金字塔底层），而 NGO 熟知发展政策首先具有这方面的专业知识。所以，企业社会责任主管部门与他们建立联系，因为他们最清楚企业所处的环境，最了解主要的活动者，也最能评估哪些联系有助于支持可持续性项目。通过这种与专业部门建立的联系，有可能推动合作或建立战略伙伴关系，这对复杂的创新项目的开始和成功具有决定性意义。

（8）连续性：社会责任落实到企业文化

特别是在大型企业中，总会遇到战略方向和管理重点的变化和调整。因此，应当让员工明确理解，某些目标具有长期的特征，即使总裁更换，其目标也会始终保持不变。他们应能相信，社会责任和可持续性会不断落实到创新过程，它们在决策中越来越起着重要的作用。这里，一个适合的工具是，始终按照可持续性目标和计划进行结果控制，如同环境管理那样。定期将结果作为社会责任报告/可持续发展报告的主题并作为内部沟通的内容，同样也很重要。这样，价值观和目标就会长期根植于企业全体员工的意识之中。

3 社会责任与经济转型和绿色发展

绿色经济发展属于高质量发展，绿色经济包括重建能源、建筑、交通、循环经济等，它具有广阔的市场前景，社会责任是成功实现绿色经济转型的手段。

3.1 经济转型势在必然

由于市场在不断的变化之中，市场参与者要面对新形势下的影响因素做出反应，或主动采取行动。变化的推动力源于产品创新、服务质量的改进，还有宏观层面所要求的更严的监管措施。过去约 20 年全球经济快速发展，是通信技术、交通技术有了飞速发展的年代。在未来的几十年里，会出现进一步的挑战，这就是气候变化，全球和本地人口老年化，能源和资源的可用性减小以及价格上涨，还有整个生态系统承受能力的下降等。这些因素将会直接影响市场、经济方式和生活的质量。今天在有些领域已经明显看出，沿用迄今为止的模式，当世界人口在2025年达到80亿的情况下是不能继续下去的，因此必须改变。

正是环境的挑战会导致产生复杂的经济和社会后果。这一风险在将来会显著地影响经济和社会的发展。今天的趋势已经表明，经济和社会的发展越来越与生态系统的承受能力更加紧密地相关。

对于如何把可持续性方面融入到经济政策方案之中，如何推动工业社会的生态现代化的问题在国际社会中进行了多年的讨论。联合国环境规划署（UNEP）和经济合作与发展组织（OECD）等国际组织在围绕绿色经济讨论中，把重点集中在不损害生态极限和保持生态承受能力的经济方式上。联合国2012年召开的“里约+20”会议聚焦在绿色经济的转型上。绿色经济方案的基础是，今天各种各样的市场都要有根本的变化。因为能源和资源的消耗必须更为有效，必须大大减少。温室气体排放、生态系统的破坏和负载必须迅速和明显地下降。

为此所必须的今天市场的转型只能通过创新、适当的监管以及消费者和整个社会价值观和目标的改变才能实现。在能源市场已有例子可以说明，走向一个生态和经济长期可承受的经济方式是可以做到的。在其他市场也有激励推动转型的进展。

对企业来说，即将开始的市场向绿色经济的转变具有战略的意义。为适合于转型要求，应当开发绿色产品和服务，也必须考察现有的商业模式，看从长远是否与绿色经济转型相匹配。必须比过去任何时候都要加强对周边环境的观察，对内部组织上、技术上的流程进行调整。在这个剧烈变动的时代，是用可持续创新和商业模式去推动变革并从中受益，还是推迟变革，使自己陷入危险状态，失去竞争能力，最终在于企业自己。

外围环境和形势的复杂变化向企业提出了战略上的要求。为成功构建这个变革的回应可采用企业社会责任（CSR）的系统化的管理。因为企业社会责任管理包括观察外围环境中生态和社会的发展、系统地调整组织的流程，其中还包括创新管理和内部、外部的沟通，以及处理批评意见的整个对话。社会责任管理是市场向绿色经济转型的战略上的回答。

3.2 绿色经济的挑战及特征

迄今为止的经济方式使财富状况和生活条件不断改善。通过创新生产力的提高和不断加强的贸易提高了工业国家的生活质量。但是，与此相关的间接成本被忽视了。当考虑全球的发展，如在气候、资源或者生物多样性等领域，则可看出这种进步使环境问题变得十分尖锐。人类越来越接近生态系统的极限，这种情况威胁到生存的基础。绿色经济方案一方面认识到，生态框架具有它的限度，另一方面认为，应当在所有的经济决策和活动中减少或者甚至避免对环境的影响。以这一结构变化为目标会对许多行业带来巨大的经济机会。

3.2.1　全球生态承载能力

多年来科学家预测出可能严重影响或者甚至破坏生态系统的发展。在当前的讨论中，气候变化特别突出。当气候变暖，温度超过2℃时，将会出现在极地和山脉冰川的大量融化和天气的剧烈的变化。其结果是前所未有的极端天气，如长期的干旱、旱灾、水灾和风暴。迄今为止，对生物多样性损失的观察远远还不够。这里的首要问题不仅在于各种动物和植物的死亡，更重要的还在于生态系统的重要元素的消失产生的不可替代的危险。例如，蜜蜂就是这样一个生态元素。作为授粉的动物对大量的果实和食用植物的生长是不可缺少的。国际一项研究表明，蜜蜂群继续减少到40%的时候，由植物提供的营养成分可能有极大的损失。此外，肥料产品中产生的氮和磷进入地下水也影响河流、湖泊和世界海洋生态系统的稳定性。淡水和土地使用也大大超过了自然的限度。居住和交通的面积不断增加，又是另一个需要控制的影响生态稳定性的因素。

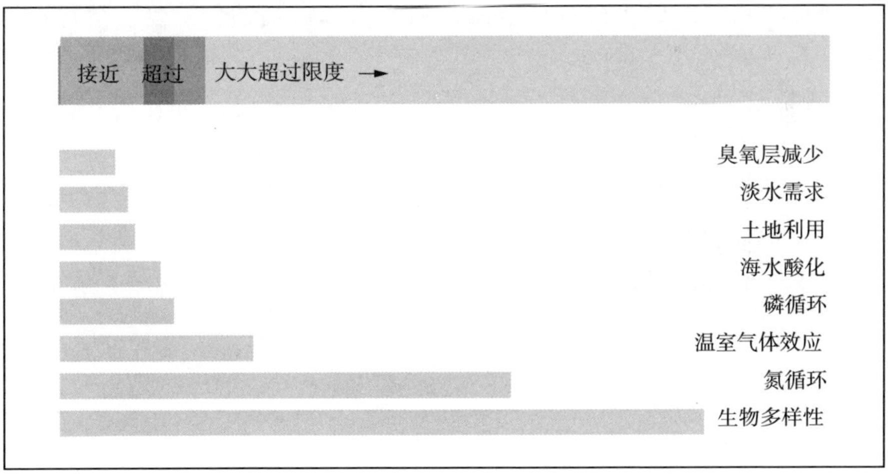

图2－14　全球生态承受能力超载的程度

资料来源：参考 Rockströet al. 2009 和绿色经济（BMU）。

从各种原材料看，例如金属和稀有金属，它们的可供性明显接近了极限。原材料短缺越来越成为政治和经济讨论的主题。因为由此不仅产生经济的、社会的问题，也产生生态的问题。从经济上讲，对各个不同的行业将会有巨大的影响，与此相关的是光伏产业、信息技术，还有机械和车辆制造业。因矿石短缺导致采矿影响生态，使开采区域日趋边远，甚至接近海底，由此造成那里大量的损失。

3.2.2 绿色经济的挑战

因此，在全球和本地采用一种与承受力相一致的经济方式是必要的。如果一国国民经济能满足这一要求，就可称之为绿色经济。这里所说的绿色经济不仅限于某些技术或者行业，更确切地说，在所有行业领域的创新、新的服务和有效经营必然影响生态现代化的实质性变化。只有把生态要求如同考虑社会利益一样来考虑，市场经济才能够在生态可承受的前提下继续发展。

3.2.3 全社会的责任

实现绿色经济需要全社会所有力量的共同努力。只有通过联动的协调的措施才能有效地应对挑战。这也包括企业、政府机构、公共组织和全体公民。对所有行动者来说，最终的问题是他们如何能承担生态和全球的责任？企业的任务是，要以更大的步伐显著减小它们对环境的影响。改进的措施不应是有了，而必须系统地开发和实施。对此需要有根本的创新。

为了能够走上绿色经济的道路，也需要有支持构建绿色经济的调控政策。因为框架条件必须有助于提高企业的创新能力和市场的创造性。可以通过税收和支出作为激励，支持必要的努力。绿色经济不只限于环保技术、可再生能源和其他所谓的“绿色技术”产品。在其他关键行业，如化工、机械、汽车制造和食品等行业都应有根本的创新和变化。创新和转型意味着市场的变化。这时总会有赢家和输家。企业应当尽早把已有征兆的变化考虑到战略和规划之中，以便将来也还更具竞争的优势。

从生态大趋势看，绿色经济表明一个面向创新的国民经济所具有的特征，见表2－1：

表2－1 绿色经济的特征

- 避免向所有环境媒介产生有害排放和有害物质含量；
- 继续发展循环经济并尽可能形成地区性原材料的循环；
- 继续（绝对）减少不可再生能源的使用；
- 达到更有效地利用能源和其他自然资源；
- 通过可持续生产的可再生资源不断替代不可再生的资源；
- 长远实现只以可再生能源为基础的能源供应；
- 行动上与自然和环境根本一致，与此同时保持和恢复生物多样性和生态系统以及它的功能。

绿色经济的指导原则是包含在更高一级的可持续发展的指导原则之中，同时它也是具体化的。在这里经济与生态的关系处于核心的位置，但也存在与社会目标的关联，例如，积极的就业效应。

3.3　经济转型和结构调整

经济的变化在大多数情况下表现为企业对框架条件变化的反应。在这种情况下，总是同样的因素在起作用（如图2－15所示）：

- 价值观和目标的变化；
- 经济和社会中有新的或出现需求的变化；
- 创新和它的普及；
- 框架条件改变。

其他的影响因素可能取决于市场，例如由于原材料可用性或者市场参与者支付的意愿的变化。

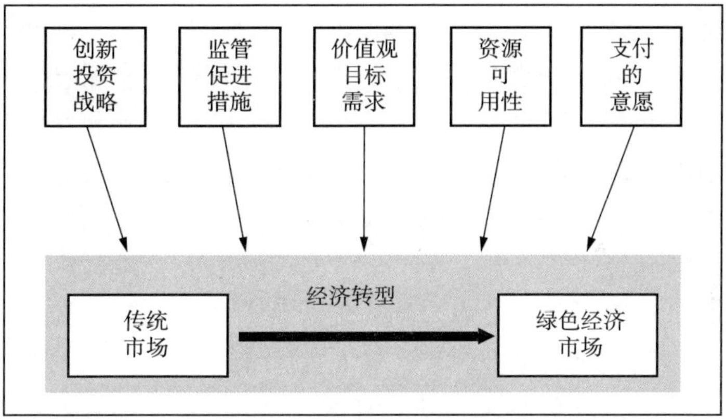

图2－15　影响经济转型的因素

资料来源：Loew，Clausen 2012。

在此情况下，只有通过这些因素共同的作用才会导致市场的根本变化。向绿色经济的过渡一般都带有深刻的结构变化的特征。这一结构变化产生于所要求的条件的变化。例如，对生产过程的效率和产品及服务质量的要求的变化。不能满足这些要求的产品，将会从市场中消失。在绿色经济中正好是对环境影响下的产品会在转型中打开市场的销路。重新构建绿色经济的成功，不仅取决于一个国家行动的决心和提供的激励，而且也取决于企业参与变革的决心。最终必须走向在创新、监管调整和新的需求的相互作用下产生动力的一个自我加强的过程。只有这时，对企业才存在必要的经济上的激励，形成对环境解决最佳答案的竞争。从政策观点上看，这一点意味着支持单一的因素是不会成功的。这要求政治家和利益相关方在涉及监管，促进创新、沟通和模范的行为时要采取更大的步伐。

对企业这一发展意味着，对于那些资源消耗高和对自然造成的负担大、影响大的技术和商业模式，在替代技术方案广泛应用时，最终会受到压力。如下面的例子表明，这些方案正在努力寻求之中，或者今天已经成为现实。它们说明，绿色转型已经开始。

3.3.1 重建能源经济

在能源经济领域，德国的绿色转型应该是走在世界最前面的。2011 年做出尽早退出核电的决定和不断降低风电和太阳能系统的成本，大大加速了市场变化的过程。大型能源企业规划几十亿欧元的投资，用于北海和东海海岸线风力发电系统。与此相反，采用石化燃料的热电厂不再规划为是有收益的。从可再生能源发电的起始条件看，德国比其他国家都差。1970 年只有少量的水力发电，没有其他的可再生能源。在 1973 年能源危机之后和随后出现的对能源的全球讨论，导致在两方面新的动力。现在德国政府把再生能源的研究也纳入能源研究项目，同时许多对生态充满信心的工程师和发明家作为开发者和企业家而投入工作。联邦议会通过了《电力供应法》，这就是今天的《可再生能源法》的前身（EEG）。从这一时间开始，不仅有了实用的技术，而且也为经济上的应用奠定了基础。

与此同时，也有类似的开发生物质能源、光伏、太阳热能和热能泵的能动性。在技术开发、企业创业、客户试点和国家措施的共同作用下形成了一系列完整有效的技术。从 1990 年中期开始，德国大型工业企业也积极参与转型——通过兼并和重组一大批小型企业及开发自己的产品。

社会价值准则的变化也起到了相应的作用。越来越多的消费者在支持新建发电能力的条件下购买生态电力。另外还有些人投资与建立自己的光伏系统，投资风力基金等。

政策扶持这一转型。《可再生能源法》定期做出修正和调整。建立海岸风力发电站，提供足够的陆地风力发电地面，以及减少生物质能源用地竞争，是德国政府能源方案的优先重点。用法律支持新能源在热力领域（热点联产）也加强了用可再生能源产生热力的能动性。就实现绿色经济的目标可见，重建能源系统是一个有说服力的例子，说明政府、企业和社会有能力开辟根本转型的道路。

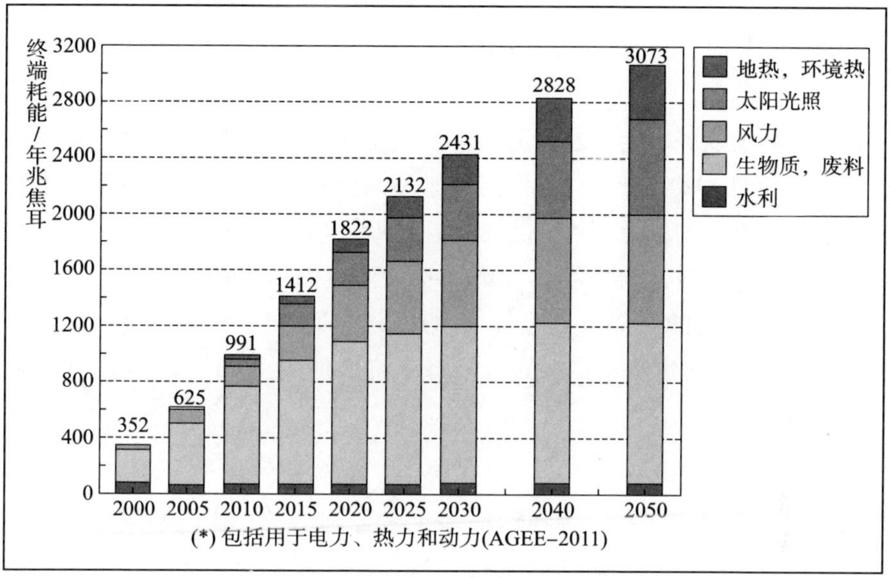

图 2－16　2000 年至 2050 年德国可再生能源应用

资料来源：DLR 2011。

对于将来政府确定了明确的目标：到 2020 年，新能源在一次能源消耗中所占的比例中达到 30%，在终端能源消费中达到 18%。这里将会继续增长市场，也会产生新的市场，因为电网所要求的稳定性会进一步产生负荷管理和增加电能存储系统的要求。重建供热、供冷系统才刚刚开始。这将使各种各样的有效技术得到推广，并开拓新的热源和冷源。

3.3.2　建筑业的生态趋势

能源和资源消费的很大一部分是在建筑业，在这一行业多年来采取了技术和监管措施，这对相关企业意味着巨大的变化。例如，隔热系统技术发展和采用使多种技术大量采用，从高技术人工材料，到木框结构，直至建筑生态隔离材料。光伏技术、太阳热能、热泵和自然阳光或自然冷却纳入建筑设计在这期间大大得到了推广。低能和零能耗房屋已经是系统成熟的技术。

这一变化涉及大量的企业。成千上万的手工业者学习应用新的产品并提供客户的服务。安装工装设太阳能系统就像房屋检修工一样在房顶工作。粉刷工不仅提供打扫和粉刷服务，而且也必须安装整套隔热系统。在塑料行业已经占有市场的企业，为热能泵系统开发和提供塑料管材和各种隔热的材料。

此外，许多企业家和手工业者不仅满足客户的要求，而且发现了建筑方式中不可持续的问题，并且采取负责任的行动，有的经过多年对新方法的试验，使客户信服，用全力建立起地区性市场。他们的努力得到了法律的支持。《热保护法》从1977年开始采用，1984年和1995年相继修订，到2002年被实施的《节能法》取代。

政策为继续发展确定了宏大的目标。在德国2010年能源方案中要求能源改造率翻番。到2020年热需求减少达到20%。到2050年减少一次能源需求甚至力求达到80%。为了达到这样的目标，可以预料还会出台新的法律。在这期间，生态和能效建筑市场将会继续扩大。生态的挑战和政策的目标为在建筑行业采取负责的行动开辟了广阔的领域。联合国环境规划署估计，从2010年到2050年间建筑业要求的投资每年将增加到7500亿欧元，其中1300亿欧元是在欧洲。

3.3.3 可持续移动性

由于社会的流动性高，货物运输多年来急剧增长。比较不同行动领域可以看出，环境可承受的流动性的挑战性最大，可产生变革而又从中受益的行业很多。通过新的服务在交通行业已经产生新的就业工作岗位。目前，共享汽车的供应商数量不断增加，而且汽车制造商也越来越以租车商的身份出现，租用自己生产的汽车。在全德国已有20万租车用户共享使用约5000辆各种不同型号的车辆。在这样的不同车辆中每一个人可以根据出行选择合适的车型，电动汽车行驶可达的车程距离短的缺点就不那么突出，这可对它的市场份额有积极的影响。对私车、货车和公共汽车生产商来说，开发资源有效的车辆是一个重要的挑战。混合动力和电动汽车应当使交通行业对环境更加友好。所有大型汽车生产商，都已开始开发混合动力和电动汽车，并改善所有汽车车型的排放值。中国滴滴出行涵盖出租车、专车等多项业务、成为国内最大的一站式出行平台。中国电动车制造快速发展，将成为全球最大的新能源汽车市场。

但是，单靠车辆技术一项措施并不能达到环境可承受的移动性要求。人员交通流量在很大程度上与定居结构有关。当工作场所和商场以及学校都能步行可达、可利用自行车或公共交通工具可达时，汽车的流量就会减少。因此，要求建筑师和城市规划者要为推动绿色经济准备空间结构。城镇应使公共交通更加方便。IT行业已经提供避免流动性的技术。电话会议和视频会议，还有远距离监控和远距离维护，也都能减少交通量。

相互的关联性十分复杂，所以需制定各种不同的目标。欧盟规定，各种不同的车型的二氧化碳排放的上限值力求在2050年轨道货运占25%，内河航运占 14%。此外德国政府的目标是，到 2020 年上路行驶的电动车达到 100 万辆，到 2030 年达到 600 万辆。在绿色经济转型中，交通行业不仅有艰巨的任务，而且也有极大的业务机会。

3.3.4　有效的循环经济

为了保证在资源紧张情况下的生活方式，满足在生活空间流动性和物品方面的需求，不仅要求物品使用寿命要长，而且要求能有效的回收利用。1994 年德国颁布了循环经济和废物法律，产生了拆分价值材料的技术和垃圾经济系统的引导性市场。今天在这两个领域德国处于国际领先的地位。

全世界垃圾经济技术的市场目前大约 3000 亿欧元/年，而且还会继续增长。由于全世界生活水平的提高，使垃圾数量增加，越来越多的人生活在城市，常常对垃圾的质量提出了要求。在国际上政策越来越重视垃圾经济，同时对垃圾处理中重新获得的材料的需求也在增加。此外可以预见，除批量材料如玻璃、纸和塑料以及铁、铝和铜的回收外，重获贵金属和稀土金属也会越来越重要。

到 2015 年，在各地应当普遍采用对生物垃圾以及纸、金属、塑料和玻璃的垃圾分开回收。目标是充分利用有价值垃圾的资源潜力。到 2020 年应当至少达到生活垃圾高质量地和广泛地利用。对气候有害的垃圾填埋处理方式将不存在。

3.3.5　绿色经济的前景

政府通过政策构建绿色经济框架条件，这在企业方面常常看成是成本因素，但在大多数情况下，会在经济上产生积极的结果。所以现代化的倡议对发展国民经济更有优势，而且在国际范围内改善绿色经济增长下未来绿色环境技术市场的竞争优势。在这个未来的市场中，首先需要环境技术和有效性技术。传统的行业也可从这一技术受益，因为它们可通过节约能源或资源进行生产，或者作为新的行业的供货商。根据最新的计算，在 2011 年全球的环境技术和有效性技术的市场量为 2 万亿欧元，2025 年将会比翻一番还多，达到 4.4 万亿欧元。在这一工业分支德国所占分量达到国内总产值约 11%，到 2025 年将增高达到 20%。

3.4　用社会责任构建转型变革

这些例子表明，许多企业面临的挑战是，要使产品和服务适应新的条件，要按照对生态和对社会负责任的方式去组织生产。因此，对每一个企业这意味着，尽早发现和评估所在行业和外围环境中的挑战关系到自己的生存和发

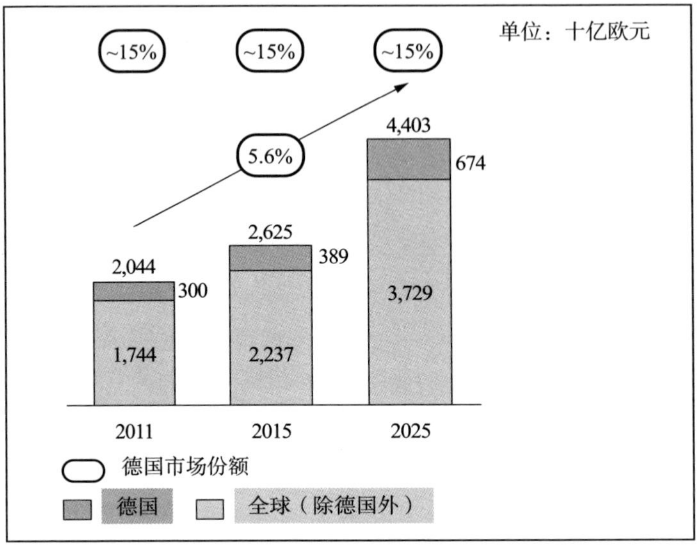

图2－17　全球环境技术和资源有效性技术的市场和年均增长率

资料来源：罗伦贝格。

展。对此，有两个方面的能力具有重要意义：

- 对社会和政策的信号毫无偏见地感知的能力和对它的相关性和实质性做出正确估计的能力；
- 作为企业文化一部分的变革能力和创新能力。

忽视上述发展，同过去一样按部就班地从事业务，不应当是解决问题的答案。企业必须证明有一个负责任的行动方案，也要满足公众、投资者和客户的期望。

绿色经济离开负责任的企业行动是不可想象的。由于生态的和社会的新的因素影响，决策情形已经变得很复杂，这在全球经济中是不言而喻的。开采原材料时最终并不愿因绿色技术而使用童工，忽视环境保护，存在非人道的工作条件，本地移民不给予相应的补偿，甚至强迫迁移，忽视和侵犯人权。正如不同行业巨大的变化表明，承担社会责任在当今时代正好具有战略意义。我们迄今的经济方式向绿色经济转变今天已在许多市场产生了影响。为了成功地为这一转变贡献力量，实施社会责任的系统化管理是十分必要的。

许多行业所要求的绿色转型是一个根本的变化，这使企业面临双重任务：

一方面企业要重新定义企业的环境保护，而且比以往要求更高。欧洲环境管理系统（EMAS）在这里是一个很好的基础。同时也要应对与企业的热能经济、冷能经济，与交通和物流、与材料有效性，以及最终与材料流相关的

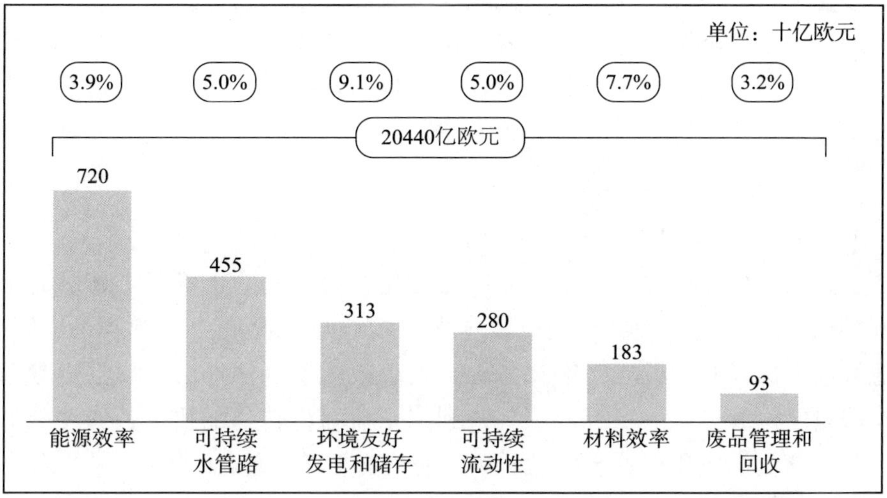

图2－18　2011年全球主导市场规模及到2025年平均增长率

资料来源：罗伦贝格。

挑战。

另一方面，正好就是这些主要领域提供创新的空间，形成迅速增长的市场，有利于企业用创新产品和服务占领新的市场。可以明确的是：

- 企业环境管理的进展和企业环境保护的改进比任何时候都具有更高的优先地位；
- 为企业尽早发现重要的市场中的风险和机会对市场和框架条件变化的关注度还会有更加重要的意义。

3.4.1　动员全社会的力量

只有当全社会的力量都动员起来时，绿色经济才有可能成功。这要求政府机构、社会组织和所有想为经济社会发展和环境友好做出积极贡献的公民的共同参与。企业只有融入社会才会取得绿色转型的成功。应当注意跟踪来自政府、来自科学界和社会的信号并注意评价它们对企业的重要意义。

在理解生态、社会和社区的发展的信息时，企业社会责任的特别功能在于：考虑中长期变化，观察广泛的主题范围。不是只看眼前的日常业务和下一年度的业务，而是最终以战略的视角为企业做出信息的评价。作为与社会相联系的接口，企业社会责任管理有助于尽早认识框架条件的变化，使外部要求和期望内部化。

在此情况下，与利益相关方对话是企业早期预警系统的一个重要组成部分。谁能早期了解新的要求，谁就能及时做好准备。利益相关方对话常常是新的理念和潜在合作可能性，或者潜在战略合作关系的发源地。企业定期发布的企业社会责任报告或者可持续发展报告和网站上公布相应的信息，不仅有助于体现对社会的问责，以此最终获得“运营许可”，而且也是开展这一对话的重要的基础和先决条件。

3.4.2 社会责任与战略

考虑到绿色转型中框架条件的巨大变化，新形成的市场具有新的竞争条件和新的风险，企业社会责任应当越来越多地与企业的战略相联系。因此，企业社会责任专业人员应当诠释考虑主要决策因素、估计后果并且也参与中长期战略制定的过程。目标应当是，利用企业绿色转型的机会，通过新的产品、新的商业模式和在可能情况下新的生产基地建立企业的优势。

3.4.3 社会责任与创新

在企业的创新管理中可以采取防备措施，有助于做到新的商业理念，产品和服务在原则上都是减轻环境负担的，并能提供解决社会和环境问题的答案。这时，新的理念不只来自于本企业，不只来自于本企业研究开发部门。在过去大量的基本创新中很多都来自于个人发明家、大学和学生创业者。企业要开拓重要的创新就必须对社会背景和系统化探索过程具有开放的态度。

考虑企业中典型的流程就可看得很清楚，企业社会责任如何能够影响创新过程。从一个好的理念到形成一个成熟的用于市场的产品，创新一般要经过几个阶段，在相应阶段的结束总有一个选择性的决策，它们就是：哪一个理念应当继续跟踪？投资应当投向哪个方案？产品应该最先投向哪个市场？这样一个在创新管理中可采用的逐级选择的方法会提供好的机会，更好地把可持续性融入决策过程。这一过程将受到多种因素的影响，其中包括社会趋势、市场发展、政策框架条件以及企业文化和企业的价值观。把企业社会责任具体地引入创新过程具有多种不同的可能性：

（1）通过与利益相关方的对话发现新的建议，最终从外部为企业开拓新的理念；

（2）落实企业社会责任管理，处理社会和生态问题变成常态化，自动将其融入创新决策；

（3）考虑企业社会责任，创造有鼓舞性的工作环境，积极影响员工对创新方案的创造能力和开放性。

3.4.4　社会责任与市场增长

当推动可持续创新普及的决心越大，走向绿色经济步伐就越快。大型的跨国企业更有责任按市场需求提供更好的产品，以满足越来越多的消费者的需求。

有许多因素会影响公民价值观念。企业的影响，如同它的可信度，对公民的影响是有限的。不过，企业通过广告和产品信息，至少部分地确定产品偏好、生活方式和与此相关的价值观。把企业沟通的可能性用于最可持续的生活方式的发展是一个负责任的象征。

3.4.5　社会责任与合规

企业社会责任的基础是遵守法律规定，但企业不应只停留在遵守法律。这里不仅涉及环境法律，也要求有纳税的诚信。企业社会责任强调，企业履行社会责任超过法律要求的范围。企业社会责任是自愿性的，但不是任意的。考虑到价值链中的社会责任，企业在社会责任领域还有更广泛的要求。这包括：国际劳工组织（ILO）的核心工作标准、国家最低工作标准和反腐败规定等。

3.4.6　社会责任作为系统化的战略要素

当谈到系统化的社会责任时，归根结底表达的核心信息在于，企业社会责任从一个外围的功能、从公益项目或有关公关工作的项目进入到企业的核心战略，并在新产品和价值创造模式、企业长远战略和员工发展方向的考虑中有着决定性的影响。作为系统的社会责任管理的指南，可以采用经济合作与发展组织（OECD）跨国公司指导原则、联合国全球契约基本原则、ISO 26000社会责任国际指南和国际劳工组织（ILO）的三方基本宣言。

3.4.7　社会责任赋于绿色转型的质量特征

企业社会责任与企业的实际情况结合和进行得越好，企业环境保护的进展以及产生绿色经济市场的优势就越能可靠地得到发挥。可以确认领先企业实践证明企业社会责任具有如下的质量特征，它们也可作为企业特别能成功实现绿色经济转型过程的准则。

表2-2　社会责任赋于绿色转型的质量特征

- 系统地、整体地考虑同企业相关的社会和生态背景
- 预见能力、预防和长远观点
- 放宽战略眼光
- 考虑整个价值创造链
- 坦诚对待利益相关方的要求

4 社会责任与风险管理

实现可持续发展是挑战，需要应对各种风险，社会责任可作为广泛的风险管理过程，有助于提升风险意识、拓宽视野、提升风险管理水平。

4.1 预防风险的重要性

2008年出现的金融危机向我们表明了全球经济的风险，其结果不仅使许多人遭受损失，而且导致经济系统受到急剧崩溃的影响。这对企业和整个经济界提出的主要问题是，如何能迅速和更好地识别和发现风险并在决策中加以考虑。这里也包括日益清楚看到的与全球大趋势相关的风险。从气候变化到人口老年化，从原材料的紧缺到清洁饮用水不足等，无不一一相关。

由于世界人口的迅速增加更加剧了潜在风险，因此向我们每个人提出了挑战。对于企业来讲，这些大趋势表明，虽然是风险但也是机会。所以环境友好技术和高能效技术主导的绿色市场刚好会是使企业实现增长，提高就业机会。为了能充分利用这一优势，树立长远的观点，对社会的要求，对相应的规则、框架、条件持开放的态度，具有决定性的作用。实践证明，如只考虑短期的投资风险和收益，不仅不能发现机会，风险也不可充分地得到估计。企业的责任如同市场经济的基石一样总是意味着一个广阔的视野，也就是说把企业活动对环境、社会和人类共同的未来的影响作为经济考虑的参数。

企业加强这一责任不仅对国家，而且对整个世界的可持续发展都很重要。有理由相信，企业社会责任已经成为企业管理质量的特征，无论大型企业还是中小型企业都是如此。经验表明，企业社会责任从整体（愿景和时间）上扩大了企业的视野，所以对有效地加强风险管理发挥作用。

4.2 风险与社会责任

随着经济危机的出现，企业风险管理已成为关注的焦点。可以看出，企业风险出现的背景已经发生了根本的变化。生态的大趋势，如气候变化、资源紧缺、世界人口的持续增长，这些因素结合在一起对企业产生了全新的风险。由于市场发展顺应大趋势，政府出自对国民经济风险加强控制和监管，这种风险进一步增加。如果没有注意到这些风险或对此估计不足，对企业将会产生严重的后果。这对企业的分析和决策提出了巨大的挑战，这意味着，它们必须从战略上、方案上和运营上找到应对这些挑战的答案。

重新思考责任，识别生态和社会的风险，并对其与企业的相关性做出评价，继而找到业务可持续发展的机会，是企业的一个中心任务。是否和如何处理变化了的经济形势和增多的环境风险，对企业未来的成功和竞争力有决定性的影响。

4.2.1　传统的风险管理

如果只采用正规的风险管理，例如用 ISO 31000，不能使企业有能力管理新的变化了的风险，所以现有的风险管理系统既不可能预测也不可能阻止世界金融危机的发生。一方面，因为这种系统只能发现它已经认识的风险，也就是说，风险管理依靠的是过去的数据和经验。另一方面，在它的框架内，不能发现和考虑长期发展的趋势，也不能对趋势的后果做出相应的评估。广泛理解社会责任的方案，更能够规避这些风险漏洞，因为这加强了企业对未来趋势的感知，并且从可持续发展的角度把生态、社会和经济方面的要求建设性地融入到企业的战略。

4.2.2　延伸的风险管理

广泛理解企业社会责任的一个主要方面在于它注重长期性的考虑。为了有效地确定目标和制定相应的措施，应当观察今后 10～20 年的发展。在很多企业中广泛采用的风险管理一般只考虑后 2 年左右。在一些现代化的企业中已扩大了考虑的期限，企业的监事会也有义务了解风险管理的有效性。

许多企业在这期间用于风险的正式风险报告体系和告知制度也超过 2 年范围，用于不同的业务领域，如生产和采购过程中，也有助于记录和降低风险。此外，减低风险还有部门内部的规则和部门间交叉验证的原则。所以，对拓展风险管理尽管也有办法，但在新的风险的背景下要战胜风险估计并不是充分有效的。

4.2.3　社会责任的功能

到现在已经很清楚，凡是具有履行社会责任方案的企业，对周围环境变化的视野更加广阔，更从长远的观点考虑，所以它们能够在更好的基础上做出决策。它们不仅在环境保护的背景下对短期风险意识更强，而且能更好地发现与可持续性大趋势，如气候变化、资源紧缺和人口变化相关，有什么样的长期的影响。它们常常把创新定位放在这个方向上，从而捕捉到新的社会机会。

由于社会责任也具有“环境雷达”的功能，它们对降低风险有重要的作用。例如，通过社会责任管理倡导利益相关方对话，不仅对发现和应对利益相关方的要求和需求十分重要，而且企业也可用作战略和具体业务过程的预警系统。

4.3 可持续性挑战与风险

企业的风险环境在过去一些年里发生了根本的变化。若干年来总的情况是，业务风险不仅与全球化结果，与金融危机的影响有关，而且它也越来越大地受到可持续性的影响。

4.3.1 能源和气候

按照国际能源机构计算，全球一次能源消费预计从2008—2035年将会增加35%，全世界的电能消费每年增长的速度为2.2%。预计从2020年开始全球石油开采会持续地不可避免地下降。由此产生的结果是将会出现供应瓶颈、市场价格上涨，还有就是获得能源的成本也会增加。一方面，石化资源从供给方看，它是有限的，而从利用的影响方面看，温室气体效应表现明显。基于国际范围内对此进行一系列的讨论，可以预料，由于不断加强的监管，导致采取避免二氧化碳的成本措施，温室气体效应对供应和销售市场都会产生影响。

许多企业已经把能源领域的价格风险计算在内，并采取相应措施降低这方面的风险。不过最终可能只有依靠可再生能源和能源效率才能减少对石化能源的依赖性。但这就要求加大开发和研究，并且重新调整企业的战略。

4.3.2 原料和材料

全世界在原料上不断加强的竞争和其蕴藏量的有限性，已经导致各种非铁金属、稀土材料和农产品的价格明显上涨。原料供应商越来越集中以及一些国家已经开始从战略上要保证农产品供应安全，这隐藏着原料供应稳定性的风险。为在一定范围内控制这种风险，现有风险管理主要采用具有价格约束和兑换率保险的长期合同。以稀有金属铟为例，可以看出现有风险管理的上述措施是不够充分的。铟用于光伏、电池、催化器和LCD技术。对其中有些应用还没有找到替代的材料。现在已经知道，每年的消费大约是已知存储量的10%，而回收率大约只有1%。因此，有必要加强基础研究，寻求特别紧缺的金属的替代可能性。另外的办法是，如何有效地利用材料和有效地建立回收循环体系。

4.3.3　饮用水

从长远看，在中欧地区不存在缺水的问题，而在世界其他地方则水会是越来越紧张的资源。特别是在蕴藏量少的地区，用水量的增长使这一问题更加尖锐。比如，迄今为止企业在那些抽水不支付水源费的地方，水开采费用中只包括基础设施成本，任意免费获得水的情况在许多地区可能很快就会成为过去。位于水缺乏地区的企业必须要设法适应用水受限的情况。从长远看，受这样影响的企业的出路在于，必须采用高度有效的节水措施，并在整个价值链减少水消耗量。

世界经济论坛的报告“全球风险2011”指出了水与能源之间的紧密联系的问题，例如，不仅热电厂需要大量的水，用种植能源植物、生物燃料的精炼，从而获得替代能源也需要大量的水。同时，为此获得的水的成本中有50%是必需的能源的成本。这样能源和水的价格的相互影响可能会增大这两个领域的风险程度。如果把能源和水的主题从战略上相联系，则在若干行业可以达到协同的效果。

图2－19是世界经济论坛所做的全球风险调查结果——《全球风险2014》。

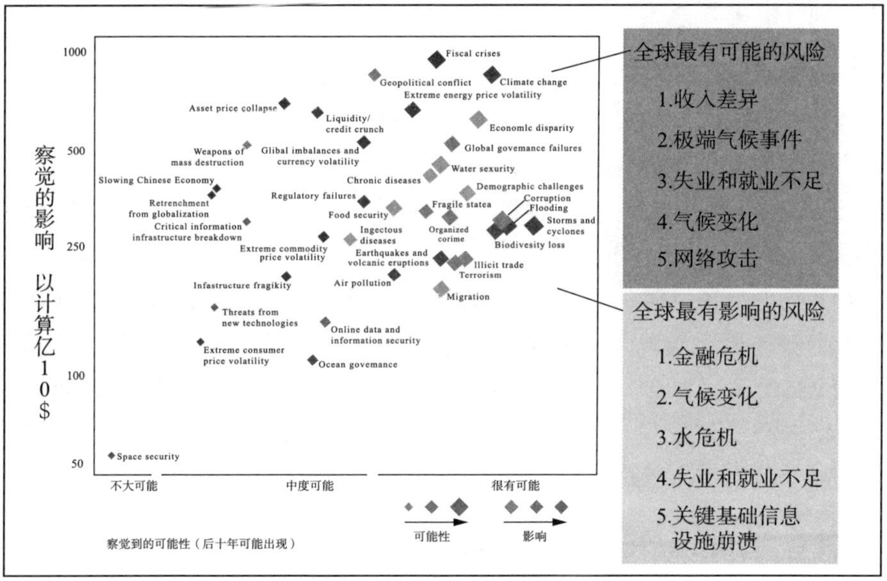

图2－19　全球风险2014

资料来源：世界经济论坛2014。

4.3.4 人口结构变化

由于平均年龄增高，或低的出生率，导致在人口结构发生变化，这将影响到劳动力供应和企业人员组成结构。合格的后续劳动力将会紧俏。这对于那些岗位素质要求高的企业是一个大的风险。其中包括主导绿色市场的高科技企业。企业在选择未来基地的决策将会在很大程度上考虑这一因素。在客户方面也有人口变化的影响，新的目标群体，他们往往对产品和服务提出与环境相关的要求。企业面临新的挑战是，要用新的营销战略，调整价值链，更注重雇主品牌，采用学生职业化培训方案，以及进行高年龄员工的继续教育和培训等。

4.3.5 全球供应链

供应链中的生态和社会问题并不是一个新的问题，如掠夺自然、雇佣童工、工资低下、超时工作、非人性的居住条件等不良状况的一再出现却威胁着全球从事商业的企业形象和品牌。这不仅是信誉的风险，也是供货的风险，因为当官方介入或出现罢工时，企业的供应受到限制，或不可能得到保证。这里唯一有效的方法是，用可信的、实在的商业活动，改善和遵守普遍要求的和特殊行业要求的供应商标准。对此，纺织、玩具以及信息和通信技术行业的企业形成了国际商业社会合规倡议（BSCI），参加这一倡议的企业一起共同处理供应链主题。

4.3.6 风险管理的延伸

由于可持续性大趋势引起的所有风险都具有长期性的特征。在正式的风险管理中，大都只考虑 12 个月的范围，考虑的注意力只是集中在财务方面，很少把这些大趋势考虑在内。因此，对周围环境的要求和未来挑战持开放态度拓展风险管理是重要的。

为了减少市场风险，企业今天就应该针对能源、资源效率、人口结构变化和按照全球承认的环境和社会标准做出定位。这样一个拓展的风险管理，它遵循可持续发展的要求，至少在两个方面具有特别的优点。一方面，企业可以识别和减少短期风险；另一方面，可以更好地感知长期的趋势和挑战，并能为制定战略获得重要的行动建议。

4.4 社会责任作为生态和社会风险管理

对于有意识重新注重风险的企业管理者，现代社会责任管理是不可放弃的管理组成部分，因为这一管理具有根本的与正式的风险管理不同的另外的任务，那就是在生态和社会要求的背景下，尽早识别、分析、评价和观察风险，在企业内适当的地方引起注意，并建议应对的措施。最终，这里涉及的问题是有意识地应对和控制这些风险。

这就意味着企业必须用尽职审察的方法，考虑企业具体的影响，最终对它正式控制的、或事实上控制的决策和活动产生的影响承担责任。在供应链劳工条件上，这一点特别容易看出。过去把直接的供应商看作是企业的责任范围，而今天分销商的下级购买方也被公众归为属于企业的责任范围。

在这种意义上，社会责任管理可理解为可持续性风险管理。换句话说，与其他企业部门相似，社会责任管理部门在它的责任范围内必须认识和识别风险，与风险管理部门沟通虽采取措施但不能完全排除的风险。在完成可持续风险管理的任务时，社会责任管理可在应对如下的风险方面发挥重要的作用。

4.4.1　降低战略风险

在进一步制定企业战略时，有一系列的因素要考虑，重要的是，由于一系列可持续性大趋势许多行业的风险环境发生了巨大的变化，某些风险如本地水短缺再也不能用传统的合同方式通过保险来补偿。不仅可持续大趋势而且社会群体对这些挑战采取的立场都是一个成功的企业战略必然要考虑的实质性因素。

4.4.2　长期风险早期预警

社会责任管理密切关注环境和社会领域的发展和相互影响。与利益相关方的系统的对话对此有很大的帮助。因此，社会责任管理要熟悉社会的新发展，能够尽早了解由此对企业商业活动带来的风险并告知相应的部门。

4.4.3　降低过程风险

降低过程风险的例子是，企业内部的环境保护，供应链中调整规定使采购中或者在开发流程中避免社会和生态风险，以保证遵守法律和标准要求。与环境有关的过程风险是通过环境管理系统来控制的。

4.4.4　降低产品风险

在产品开发中应当从根本上排除影响产品未来成功的风险，同时应力求产品的特点有助于促进需求。社会责任管理保证在产品开发中与可持续性相关的规定得到落实，这可能包括有害物质的负面清单、能效和原料应用的目标指标，或者对开发团队组成的要求等。

4.4.5 降低投资风险

社会责任管理检查投资项目是否有风险，或在一定条件下从某一投资规模之上，或者在某一影响大到一定范围的时候，要进行潜在风险的研究和估计。

4.4.6 提高员工风险意识

很多事情都可以通过制定规则、规划和规定指标来完成，但为在日常经营中正确地经常性地遵守落实相应的规定，必须加强员工对背景和相互关联性的认识。这一点同样既适合正式的风险管理也适合社会责任管理。除此之外，还可能经常出现没有做出规定的未曾预料的情况。这时，社会责任管理可以设法使企业所确定的基本原则、价值观、责任范围和流程得到遵守。通过内部对社会责任主题的沟通和把它融入到培训和再教育，可为提高员工的意识建立最重要的基础。

4.4.7 降低信誉风险

以上提到的措施有助于认识和避免可能损害信誉的情况。尽管如此，可能发生“突发事件”引起媒体的注意。社会责任管理作为“安全性网络”在危机情况下可追溯并能可信地解释，对问题有清醒的认识并落实相应的预防措施。此外，一个好的社会责任报告会展示可信的目标和至此所获得的改进。

4.4.8 通过社会责任管理“保驾护航”

从各方面广泛考虑的背景下可以清楚地看出，一项大力加强受到高度重视的社会责任管理可以在很大程度上降低风险。但在具体情况下有什么样的结合点，取决于企业的业务活动和战略目标。不过，把社会责任局限在沟通和对话上是不够的，对企业来说有显著的潜力不能得到有效的利用。

为了保持竞争力，必须在生产、计划、销售、采购或人力发展中应不断提高质量，降低成本，持续改进管理以及过程。环境规划和可持续性规划设置具体目标和可信措施，使重要的可持续性方面和管理流程的持续改进成为可计划的、可检验的。这时要达到许多目标都是与有效降低风险相联系的。所以社会责任管理在可能情况下应有一个单独的规划，在企业运营持续改进过程中发挥它的作用，这是降低风险的一个重要的过程。

4.5 系统的风险管理

在许多企业中尽管早已存在避免风险的机制，但建立系统的、广泛的风险管理的情况也才是十来年的事，其目的是，以此回应严格的法律规定，资本市场的期望，以及认识到用一个系统的处理方式可以更好地避免重大损失和错误。

从那时起，正式的风险管理把实质性的危及企业存在的、一般专业部门不能完全排除的风险考虑在内。一个正式的风险管理的增值主要在于，对某些特定范围的风险和防卫措施进行检查，集中协调风险的监督和监控，连同沟通规则清晰地对责任范围做出定义。

4.5.1　法律框架条件

在颁布了企业监控和透明法法律的国家，所有上市公司必须在整个企业中建立起风险早期识别系统，在财务报告中报告实质性的风险，并通过经济审验师证实风险控制系统功能的有效能力。目的是保护股东和短期投资者。正式的风险管理考虑的时间一般是 12 ~ 24 个月。具有明显较长市场周期和大型复杂项目的企业，一些国家账目报告标准推荐采用更长的预测时间段。

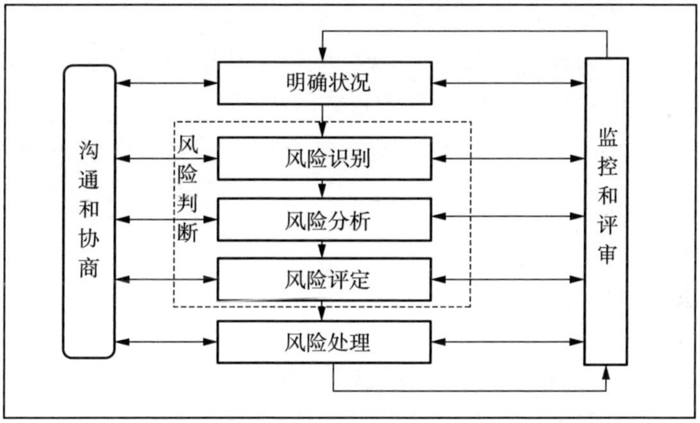

图 2 –20　ISO 31000 风险管理过程

资料来源：ISO。

根据现代化结算法董事会要定期被告知风险管理的内容和有效性。这里法律所谈的不是风险早期识别，而是一个除识别实质性风险之外，还包括控制风险的管理系统。

4.5.2　正式的风险管理过程

ISO 31000 描述了正式的风险管理的典型过程。核心的元素是风险估计和风险处理，此外还要求有内部和外部利益相关方的磋商和经常性的监控。这一不断重复的过程是建立在经常更新文件的基础之上，大多数情况下，用内部报告的形式。有些情况下，也制定风险地图和建立风险数据库。

在风险急剧出现，或短期识别出风险的情况下，必须专门向风险管理系统提供及时信息，以便保证能做出迅速的反应。德国账目报告标准推荐把风险管理系统与已有管理系统相结合，通过内部的规则、规划、管控和审验提供支撑。

在一个企业或组织中各个职能部门应独立进行正式风险管理，但在整体上又必须统一考虑。例如，采购部门注意供应商供货的风险，在生产中降低未计划性生产中断的风险或者制造出错风险由生产部门负责，各自考虑风险，如同没有正式的风险管理一样。

4.5.3 环境保护中的短期风险

在保护环境背景下和其他可持续性方面，风险不只是那些具有长期性特征的，也有短期的可直接影响企业绩效结果的风险。例如，触犯环境法规、惩罚的指控、惩罚的罚款，或者非政府组织的抗议都会产生这样的结果。同样地，对材料成分的有毒性的认识也可能提出要求，要对产品和生产过程进行短期的调整。识别和处理这种风险，是环境管理和社会责任管理的典型的任务，因此应当把它纳入风险管理的正式流程。

考虑到生态和社会方面的要求越来越重要，社会责任管理领导者应当把这些方面风险纳入上述风险管理流程，并在已经记录风险的基础上更新对风险的估计。

4.6 社会责任管理的任务

考虑社会责任和风险管理的关系可以清楚地看到，虽然它们源于不同的领域，但相互之间有着密切的联系。社会责任体现在核心业务中负责的行动，其中也包括更加注重环境和气候保护，以及重视社会的利益。为了应对全球经济形势变化和社会的期望提高产生日益增大的风险，企业作为重要的社会活动家，不仅应该对本地，而且应对全球问题的解决办法做出贡献。企业应当承认这一社会责任，并把它理解为挑战和机会。这时应当有一个较广泛的、着眼长期考虑的视野，因为不是所有短期的投入能够在短期内立即见效。

在经济活动中，自愿地考虑社会目标是社会市场经济的特征。考虑到气候变化、供给安全和人口结构变化等向社会提出的挑战，考虑到这些调整不可能只靠监管来应对，也就是说，在社会市场经济中自然形成了企业新的责任。这种高度要求的责任只能用社会责任管理来应对，以便用系统的方法识别和控制由于可持续性大趋势所产生的风险和机会。因为社会责任特别主要的任务是寻找到使社会和环境能够承受的新的商业模式、产品和服务，能领先竞争对手，或能创造差异化竞争优势的办法。对此，社会责任管理必须完成如下的任务。

4.6.1　融入业务过程

实际上，实施社会责任是一个跨部门的任务，因此应当在所有的业务过程中考虑生态和社会的要求，也就是说，要把它融入到现有的业务流程，如供应商的评价，或创新的过程。努力在所有的企业流程中用综合的思维方式考虑社会和生态的问题和目标，考虑企业活动产生的社会和生态影响后果。社会责任负责人大多数情况下的任务在于，认识新的形势，分析和评价它对企业的影响，并对业务过程进行必要的改进。通过定期的对业务过程和它的目标的检查，可以达到持续改进负责的行为。

4.6.2　可持续性项目

"可持续性项目"可作为系统化协调上述改进过程的工具，它包括社会和生态方面的要实现的目标和所有相关的措施，提出员工必须履行的义务，并提供在内部和外部可跟踪、可检查进展的可能性。

4.6.3　信息管理和利益相关方对话

对可持续性主题的信息管理和与利益相关方的对话是社会责任管理的又一任务。今天知识的更新和传递速度越来越快，企业面临着难以应对的信息量，因此，对生态和社会问题必须有明确的责任范围的定义，要检查企业不同地点到达的所有属于可持续性主题的信息的相关性，必要时告知相关的部门，并对此进行对话交流。

与利益相关方进行可持续性主题的对话，使上面提到的信息得到完善。通过谈话和会议，或者专门组织的讨论会等各种方式交流，使对形势不同的估计和优先重点更为清晰，对某些其他方面提出的批评意见也更加容易理解。在理想情况下，还会获得改进的建议。此外，利益相关方对话还有助于增加对社会责任管理可靠性和可信度以及对整个企业的信任。

4.6.4　支持战略制定和风险管理

负责社会责任的人员是企业内部应对生态和环境挑战的专业人员。因为在他们那里汇集了内部和外部所有的信息，在一个具有社会责任管理的企业中，这些专门的知识和信息也会在战略制定时加以考虑。对此，社会责任专业人员参与分析并做出建议，或参加战略制定，其结果是为企业领导做好一个能够做出决策的准备。

4.6.5 社会责任报告、沟通和透明

利益相关方有权期望大型企业定期告知他们的行动在生态和社会中的影响以及如何减少这些影响。采用国际上普遍承认的全球报告倡议（GRI），利用可持续发展报告是一个很好的满足这一期望的基本的方式。为此，需要定期在内部进行盘点，这也支持内部过程。此外这一报告，也有助于定向地与目标群体在网络上，或者用企业的其他媒介进行沟通。

4.6.6 社会责任的竞争优势

企业的生态有效性和良好的工作条件支持企业的成绩已被经验所证明。在各不同企业中在其他方面的优势也有实际的案例来说明。从避免风险的角度看，社会责任的作用主要在于避免企业的战略失误和保障声誉。考虑到在人口结构变化形势和保持吸引优秀人才等方面看，社会责任也具有重要的作用。也有案例表明，社会责任会促进和改进创新。当然社会责任不能取代和代替一个优秀的企业管理，社会责任也不可能自动地就会是成功的因素。更确切地说，社会责任越来越会成为一个优秀的企业管理的一部分，对企业利用机会起到很有价值的作用。如果实施社会责任质量的要求越高，这一价值就会更大。

4.7 社会责任的质量特征

迄今，社会责任已在企业中产生十分不同程度的价值。企业越能够根据自身的情况更好地高质量地完成前面所描述的任务，就越能够更可靠地发现社会责任的竞争优势。社会责任如下的质量特征已被先进的企业的社会责任管理所证明，主要表现在：

- 持长期性观点
- 系统化、集成化考虑相关社会和生态主题
- 参与能力和预防能力
- 拓宽战略眼光
- 考虑整个价值链
- 对利益相关方的期望持开放性态度

图 2－21 示出社会责任的质量特征与其管理任务和竞争优势之间的关系和对可持续发展的影响。

总体说来，本章描述的许多问题都是与社会市场经济的愿景紧密相联系的，这要求企业广泛和长期地履行社会责任，今天比任何时候都更具有现实的意义。对于企业来说，考虑社会的发展重新定位战略并不是一件新的事情。

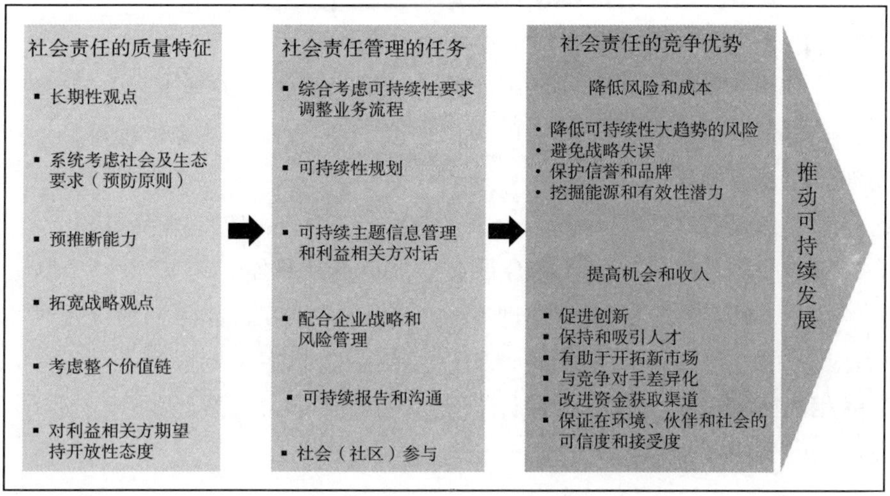

图 2－21　社会责任的质量特征和竞争优势

不过没有得到足够重视的是，迄今为止的气候变化、能源消费、资源紧缺、人口结构变化和水资源紧张等可持续性大趋势。因为它们与短期的目标相矛盾，常常是不易得到考虑的。

只注重短期考虑问题，不注重考虑整个关联所带来的风险已被之前发生的经济危机所证实。为了能够达到对企业、对社会都能承受的调整过程，从现在开始就应当认识到这种大趋势，并在战略之中加以考虑。

因为毫无疑问，可持续性大趋势将代表经济发展的长期的限制条件。通过风险管理，战略和社会责任始终协同一致，能够迅速发现机会和降低风险。为达到此目的，建立社会责任管理是一个重要条件。它能支持企业领导识别风险，使业务、风险管理、战略开发等部门协同工作，共同建立一个更好的决策机制和基础。

为了能够获得上述长期有利的结果，如下这些方面特别重要：

（1）在风险管理中考虑社会责任：在许多企业中进一步加强了风险管理体系，应当与社会责任管理部门一起共同确定系统考虑环境和可持续性风险的流程。

（2）观察、识别、评价和沟通长期性风险：特别是可持续性大趋势所产生的风险。对它们必须适当注意，对此社会责任管理可以高度地发挥它的作用。

（3）在战略决策的前期就应考虑社会责任的要求：例如进入新的市场，

或新的业务领域，总是与可持续性大趋势所产生的战略风险有关，在战略决策前期阶段就应无条件地考虑社会责任的主题。

（4）新出现的风险要迅速沟通：社会责任管理方面应当而且必须把新发现的、尖锐化的生态和社会方面的风险，及时地报告给风险管理部门、战略发展部门和企业领导。

（5）正式的风险报告中增加可持续性风险部分：定期编制风险报告时，风险管理方面应当以适当方式结合社会责任负责人参加。

事实上，社会责任和风险管理有很多交叉的地方。这两种情况下所关心的问题是，防止企业短期遭受的损失，促使企业制定长期成功的战略。与将来挑战相匹配的产品和服务可保证企业长期的竞争力。为此，社会责任可以创造成功的先决条件。

5 可持续发展需要领导力

坚持以人为本，把社会挑战作为发展机会，把可持续性管理作为学习过程，全面提升专业能力、过程能力和社会能力。可持续发展领导力是决定性的因素。

5.1 可持续发展以人为本

当前我们正面临金融危机和世界经济萧条的严重影响，同时气候变化和原材料短缺威胁着人类生存的基本条件，这要求整个经济界要全力应对。

这一危机和挑战清楚地表明，我们需要一个负责任的时代。为了应对我们必须要采用新的策略，由全社会公民参与和落实，特别是企业必须采取措施。企业的责任不应只是在提高薪酬和待遇，而应体现在商业模式上、企业的战略和运营上。加重环境的负担，不顾严重的社会后果，在企业中或供应链中不良的工作条件都是没有前途的。现在需要新的管理质量，以便能够有效地应对形势的变化和新的任务。综合的、面向过程的、系统化的行动能力，都是可持续性布局的关键能力。

这些信念必须贯彻到企业的人力政策。这对高层机构和人力资源部门提出了新的要求，时代的挑战必须在人员的招聘和人力培养方面，在领导层的每一个人的人品及其可持续性的能力方面反映出来。

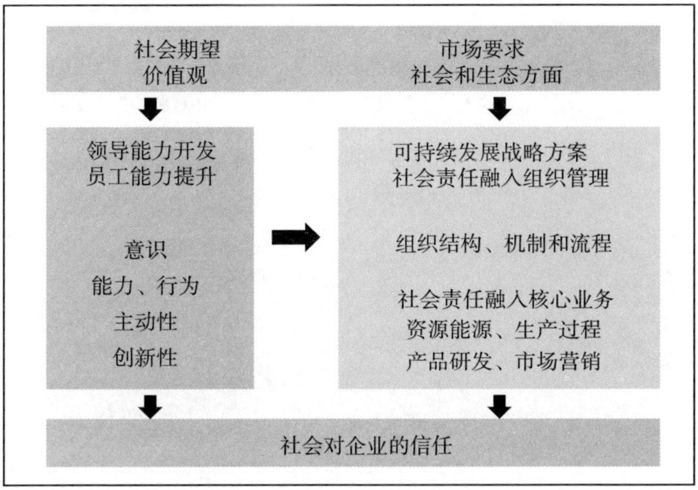

图2－22 可持续发展以人为本

如果企业的愿景和价值观，特别是“责任”不与企业的业务领域和管理行为相联系，它们很容易成为空话。为了保证企业价值观能够变成企业日常的行动，必须有能力开发模型和评价系统使责任具体化。不仅为了企业的信誉要努力提高可信度和信任度，而且要促成企业内部的变化，只有这样才有意义。在能源和材料长时间价格上涨和加工企业成本结构变化情况下，政府、企业和社会各方面应当共同努力应对这一严重的挑战。

5.2 可持续发展能力的建设

可持续性是全球政治讨论的话题，毫无疑问这也会使一个企业和所在的社会重新思考可持续发展的问题。经济和社会的发展会越来越受到社会和生态大趋势的影响。例如，能源供应安全、气候变化和可持续供应链，能源的获得和生产等。除提高资源效率之外，环境和社会可承受的技术和流程是很重要的。这里需要一种新的经营管理行为道德，既不忽视企业内的责任，也不忽视价值链上的社会和生态责任，管理的基本问题是管理系统化的问题。

应对全球的和本地的挑战，构建社会的稳定性都向企业提出了新的要求，但也意味着巨大的机会。企业被赋予了一个新的角色，企业要面向未来构成系统的发展方案。这就是说，企业要作为一个国际上负责任的社会活动者。作为企业社会责任的一部分，可持续发展的布局也会日益看成是企业竞争的优势和人才凝聚力的重要因素。

5.2.1 人是成功的因素

在企业中常常不很清楚，可持续性如何真正在战略上落实，如何有效地实施，包括谁真正可以和能够做什么。许多个别的活动，如价值链的管理，能源效率的提高和产品创新等都表明，在企业中可持续性怎样才能当作社会责任去落实。不过，只有把可持续管理当作核心业务的指导思想时，才有成功的希望。此时起决定性的成功因素是人。谁想要在企业活动中考虑社会和生态要求，他就需要有意识的、有能力的和积极主动的员工。他们必须具备合格的能力，这并不需要使他们成为社会责任专家，领导骨干和专业骨干必须具备将可持续性和社会责任创新地融入到核心业务的能力，并以此作为企业的要素。实际上每一个组织的变化始于领导层的人的变化。

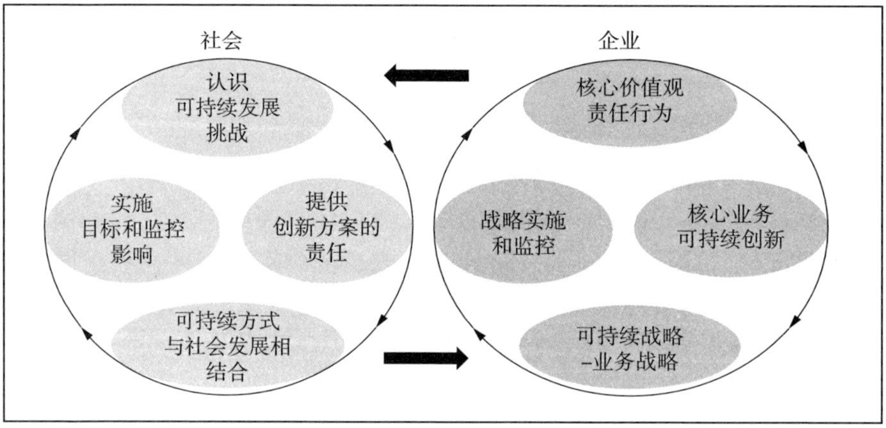

图2-23 可持续发展的能力建设

必须考虑到，大多数企业也包括中小企业会越来越在全球市场背景下运作，对此需要人才合格战略。领导力的发展应当总结学习经验，一方面要针对全球管理的挑战，另一方面也要通过基于价值观的管理方法，找到当前应对企业信任危机的答案。

5.2.2 把挑战理解为机会

既考虑当前又重视可持续的未来的企业，把负责任的管理当作商业的原则。为此，他们必须要充分动员和提高领导骨干和专业骨干的能力，并且有目的地提高。这包括：长远思维，积极应对，理解全球的联系，感知未来的趋势，具备专门的经验，把可持续性变为企业具体的经济机会。可持续性要求领导骨干和专业骨干能够长期坚持，因为会出现与新的伙伴共同合作和前所未有的思维方式。所以，企业需要一个内部可持续性转型、能得到员工有效支持的倡议行动。

5.2.3　可持续性管理作为一个学习过程

（1）一个负责的过程

从社会义务到供应链的责任，从减少二氧化碳排放到可持续的物流，从人口老年化到工作－生活的平衡，可持续性管理包括的范围很广，而且涉及企业所有的部门。在企业中切实落实可持续性管理，表现在要在企业中透明地处理日常工作中的各种目标冲突。因此，关键问题在于，企业是否具有过程和流程能够保证这一主题融入到核心决策之中。

（2）必须有示范带头

如同企业中其他与价值有关的主题一样，对实施可持续性具有决定意义的是，企业领导要和主要的决策者一起带头处理这一问题。只有严肃地对待这一问题，员工也才会有相应的行动。

（3）自上而下在所有层面落实

对可持续性企业有清楚的定位，经过沟通并在核心业务中落实，这具有决定性的作用。但仅靠这一点还不够，可持续性的主题还必须由所有领导骨干融入到企业的所有各个领域。全面建立信念，落实行动是一项艰巨的和重要的任务。

（4）可持续性应可测量

可持续性必须变为经济的语言。在每个企业都可明显培育和发现可持续性的“商业实证”。这也包括把可持续性特征参数融入业务的特征参数，把这些指标纳入所有相关的报告。例如，对人的考核和浮动工资也要依据达到可持续性目标的程度。

（5）必须着眼于长远

把可持续性融入核心业务不可能在一个很短的时间段内完成，当可持续性进入了产品和服务质量的定义时，这就开启了持续不断改进的实施过程。对可持续经营不存在时间的界限，这是注重长远的、必须始终学习的过程。

5.3　可持续发展的领导力

今天企业领导的活动范围涉及全球化的世界市场，其特点是复杂多变、不确定和难以预料的变化。全球化、网络化使全世界企业的活动更为透明。对于与此相关的企业就产生了可持续产品开发和定位的机会。因此，需要更多的领导骨干的眼界能够超越企业的边界，需要更多的人能认识到相关的联系，并用这一视角有目的地考虑企业可持续发展。为了落实可持续性，除了一般领导能力之外，还需要在现有能力的基础上加强实现可持续发展的专业能力、过程能力和社会能力。

5.3.1 专业能力

可持续发展需要能把企业的技术和专业优势与可持续性的相关主题相结合的专门知识。对此，一个社会责任专业部门，可能起到协调者和催化器的作用，但它不能代替对此主题必要的具体专业能力建设的措施。特别是在中层领导需要提高敏感性，培养意识和专业知识。只有在日常业务中认识到可持续性对企业意味着什么时，才能最佳地控制这一适应过程和最好地利用机会。当员工对可持续性敏感时，就会自动行动。企业领导必须清楚，企业的核心过程会受到考验。

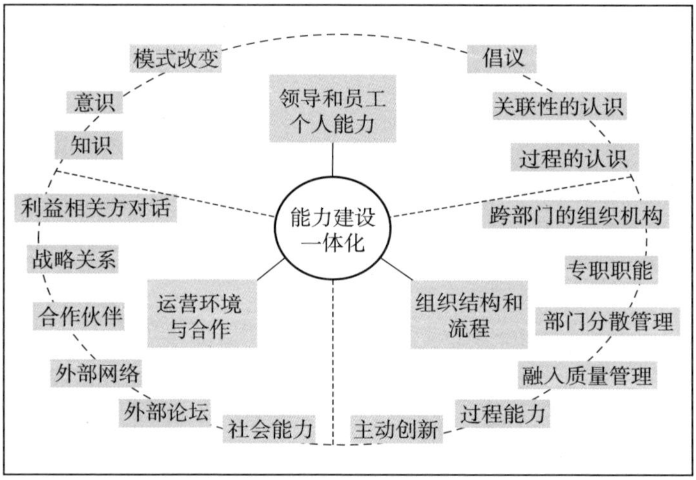

图2－24 可持续发展能力建设一体化

5.3.2 过程能力

在企业中，实施可持续性需要有表率作用，需要事业心和热情。领导者给力从根本上推动，企业必须支持和不断继续进行。当员工看到可持续性管理的机会的时候，他们会自愿投入，或出自内心的责任做出自己的贡献。通过如下的方式可为落实可持续性提供有效的支撑：

- 把可持续管理融入各级的目标规定和薪酬系统；
- 在企业所有运营层面提高转型和创新的过程能力；

- 提供加强员工的创造性和创新能力自由空间；
- 把可持续性管理融入到企业的价值准则；
- 培育反思能力，承认另外的现实和坚守，因为可持续性管理包括各个不同的活动者之间的交流过程。

积极的可持续性管理会将需求变为有意义的主题，并把将来共同的责任放在显著的位置上。在一个可持续管理的企业中，员工能把个人的价值观和企业落实的价值观更好地统一。在理想情况下，这可使员工更强烈地把自己看成是企业的一员，有助于形成活跃的企业文化，这对新的员工会具有特别的吸引力。能够成功地建立可持续性创新和学习文化的企业，同时也能增强自己的竞争优势。通过员工参与可持续转型的过程，他们更容易感知未来的趋势，这对于企业未来的成功具有决定性的意义。

5.3.3　社会能力

成功地实施可持续性要求在管理中有一个方式转变，即需要有长远的思维和在更大范围内的负责任的态度。这也包括，乐于对自己的和企业的行为的影响承担问责。对领导层特别重要的是：

- 推动落实可持续性的决心。有时这是一个有关企业经济的决策，有时这是一个对全球挑战和个人道德的认识的问题。
- 充分发挥已有的合作能力。因可持续性是一个复杂的主题，要求要优化企业内部的合作。而且不仅于此，还要加强与外部利益相关方对话，甚至开展合作的意愿，并在理想情况下通过企业与周围环境开展的建设性的讨论加强企业的经济能力。

5.4　可持续发展领导力的建设

在企业中落实可持续性分为战略层面和运营层面两个部分。为可持续管理做出的明确的战略决策是所有运营业务领域发生变化的基础。因此，可持续性能力建设要求采用一体化的方法。思维方式上和行动上的改变不仅涉及企业的领导，各级领导骨干和员工都必须具有相应的专业能力、过程能力和社会能力。严肃对待可持续性的企业会全面经历一个模式的转变，从一个支持业务战略的可持续性战略走向一个全面面向可持续性的业务战略，人力发展是关键。

可持续性的领导能力建设集中在三个不同层面的三个行动领域：

（1）支持领导层和员工个人在专业上的再教育

例如，对转变方式的敏感性、提供知识和建议，理解关联性和过程，提高专业能力，开发创新潜力等。

（2）在企业相应的组织结构和过程中融入可持续性管理

例如，融入跨部门的机构，融入质量管理、分布式可持续性管理，社会责任部门作为催化器，过程能力建设，促进创新等。

（3）倡导企业与外界新的关系、与外部组织和伙伴的创新合作

例如，通过利益相关方对话、外部的论坛、战略联盟、伙伴关系、网络、社会能力建设等。

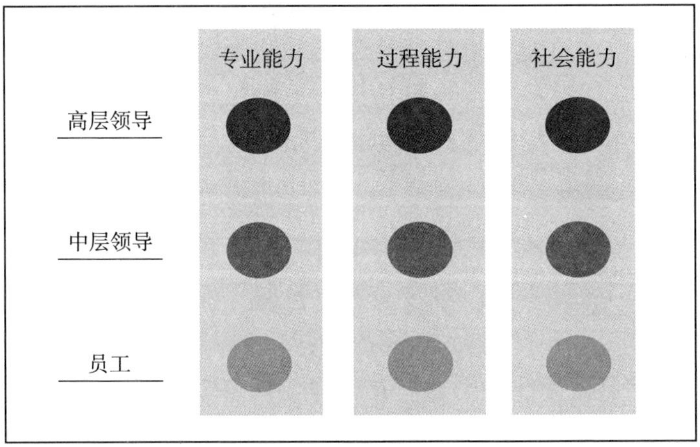

图2－25　可持续发展领导力建设

5.4.1　行动领域一：领导骨干和专业骨干

可持续管理模式的转变始于主要决策者的思想转变。

使方式转变成为可能：在私营企业，企业领导的信念常常是推动可持续性的原因。对其他性质的企业相应的决策者的方式转变是在企业中进一步进行能力建设的前提条件，这是因为：

- 对可持续性的（经济上的）意义的认识必须首先在中层领导建立；
- 要求企业有经济上的和与工资挂钩的激励，使领导层无论从个人方面考虑，还是在企业中都会推动可持续性。

当企业领导骨干能够有目的地努力承担自己企业社会责任，这对他们是不可低估的鼓励因素。因此，个人层面的鼓励是重要的，除了企业经济上的特征数据，可持续性还有一个与企业价值观相联系的积极的鼓励性因素。

因此，领导干部和员工对可持续性主题的认知是很重要的。领导力提升计划，也用于可持续能力建设，例如，面向价值的管理，对话能力，复杂性

和不确定性应对能力，改变企业文化的倡议和志愿者活动等。

建立能力框架：可持续性的挑战不一定在人力资源领域内，例如在员工要求条件下，总是被充分考虑。在这种情况下，员工需要：

- 理解全球性的，也要理解跨部门的联系；
- 同时关注经济、社会和生态目标；
- 能跨越企业的边界；
- 具有团队能力；
- 对新事物持开放合作态度；
- 在自己具体负责的范围内增强可持续性专门知识。

在招聘和选拔过程中也可以更多地考虑相应的能力，并应纳入核心业务目标的约定中。当可持续性融入到企业内部的再教育、领导力提升和具体专业培训时，这将有利于建立起可持续性融入核心业务的基础。关键绩效指标可以保证，落实可持续性不仅停留在风险控制，或者只当作一个沟通的主题处理。因此，把员工的潜力用于向可持续经营的转型就有保障。

产生知识：可持续性也是一个专业主题，需要知识和信息。产生知识可以采取不同的形式，例如：

- 通过企业内部和外部相关的可持续性主题的专业上的再教育；
- 通过内部对员工落实可持续性标准、能效措施和环境技术的培训；
- 有针对性地准备人力、财力资源，建立可持续性产品开发的能力；
- 按照具体主题的知识管理建立知识平台（系统学习和沟通的平台）。

社会责任部门和环境专员对分享内部和外部的知识，坚持内部学习过程担负重要角色。

内部的沟通有不可低估的作用。落实可持续性的沟通平台有助于在员工中汇集专业知识，展现企业所做工作的进展，其结果也能促进员工产生自我主动性和变革的理念。

5.4.2　行动领域二：结构和过程

要把可持续性融入到核心业务，最重要的是，不要只停留在对主题方案的讨论上，责任应当具体落实，使各个部门、各领域能一步一步地统一到企业可持续性的定位上。当可持续性成为愿景时，就会导致运营上的变化：过程流程和结果（产品和服务）会得到调整。目标和规则系统会按照对可持续性的贡献受到检验。企业把它的发展能力有针对性地放在一个更广泛的目标框架之内。基本理念的落实必须使企业领导和员工在他们能够据此在各自的范围内采取行动。正因为可持续性是复杂的，需要落实到战略目标，这在企业实施中具有指导的意义。常有的情况是，企业有一个经济战略和一个可持续性战略时，这可能会导致冲突。因此，需要把可持续性主题放在优先地位，融入到所有战略领域。

（1）跨部门组织的责任

当可持续性一旦要在战略层面切实落实时，建立适合企业具体情况能管控实施的组织结构是很有必要的。具体说来：

- 可持续性主题应当属于领导层的任务；
- 当跨部门的机构或组织明确承担可持续性管理时，会推动可持续性融入核心业务；
- 各级主要决策者都必须在组织上结合进来，也即对实施负责。

企业内部网络化对推动各个部门或领域的可持续性会具有决定性的作用。很有意义的是，把落实可持续性的状态放在经常性的活动的议程上，例如，领导会议或部门讨论会，并吸收外部的相关方参与发表意见，探讨行动的可能性。

不过，对可持续的企业责任不存在万能的结构。应当如何以什么形式建立内部结构，取决于企业的具体情况，也会受内部学习过程的约束。这要看什么形式能达到更好的结果，这就是最好的。重要的是，这一结构能够经受住经济和政治形势的波动。

（2）社会责任部门作为催化剂和内部企业咨询

社会责任部门和可持续管理部门可以看成是为保证可持续性成为战略主题的推进者，它能够对各个业务部门起到中介的作用。社会责任负责人常常是企业能力建设的发起者。他需要得到领导的明确的授权，以便能够保证完成如下的任务：

- 可持续性始终成为战略主题；
- 在所有业务单位、领域和部门有效地实施；
- 总结实施的经验和知识，使之对所有员工成为透明；
- 使结果不仅对外，而且对内得到有效的沟通。

所以，企业社会责任部门不仅具有沟通的职能，而且首先有咨询、协调和网络化的职能。对此企业领导有明确的授权是必要的。

（3）可持续性准则融入质量管理

一个令人信服的可持续性管理的重要的成功因素是，按照社会生态和经济的要求把可持续性准则融入到质量管理。这可能意味着：

- 可持续性准则会成为质量管理中的审计、管控、建议和内部流程的组成部分；
- 除了功能准则之外，社会—生态要求会成为产品和过程的质量定义的组成部分。

这样做会加速在各个层面上实际落实可持续性主题。例如，可持续管理落实到所有部门，也成为目标约定的组成部分。销售部门考虑客户对产品生态的要求，并反馈到内部的流程，这就会对供应商的产品提出改变的要求。

融入质量管理不只是扩大工作守则的范围。整个企业可持续管理的负责人可与各个部门或各个领域一起合作，识别能在可预见时期内成功实施的项目。通过这种方式，一步一步地把可持续性主题融入到企业的文化。员工将会提高对可持续性的意识，不断发展自身在自己工作领域内的能力。

所以，可持续性应看成是质量管理的概念的一部分，在质量管理定义中也应包括社会和生态两个方面。

（4）通过透明的过程支持主动行动和创新

可持续的管理需要自上而下的倡导和支持，但必须分散落实和控制，只有这样才会收到效果。员工理解可持续性的挑战越多，就越有可能动员更多的主动行动。通过如下的措施可有助于做到这一点：

- 在核心业务中可持续性保持内部透明；
- 明确支持内部学习的文化；
- 有意识开展内部对话；
- 支持战略性创新。

这样做特别有助于克服个人单枪匹马的惯性，因为许多问题的解决只有通过跨部门的方式才能做到。这通常会释放出能量和热情，因此有助于改善企业的身份标志。虽然可持续性融入质量管理的控制是重要的，但不应忽视成功地实施需要创造性和自由的空间。将专业的、过程的和社会的能力三者相结合，可以产生实施可持续性、推动企业发展的新的理念。因为可持续性不仅意味着合规，而且首先意味着创新。当可持续性能力融入企业并得到支持时，可能产生产品或营销的创新。企业在可持续领域不仅需具有战略思维的人才，而且也需要在内部建立与此主题相关的对话过程。

5.4.3　行动领域三：企业与外围的关系

如同在企业内部开展跨部门合作处理主题一样，在企业外部有针对性地开展对话同样重要，这不仅有利于企业最佳的定位，而且事实上能推动企业的发展。例如，企业定期组织供应商参加可持续性的讨论和交流。

可持续性可成为创新的催化剂，特别在企业发展中考虑外部利益相关方的批评和建议的时候。一个企业在内部与直接利益相关方（员工、客户、供应商、工会等）越能合作和开展对话，它就越能与新的利益相关方（NGO、国际组织、本地公共组织等）沟通或合作。例如，企业与有相应能力的NGO合作，支持其供应商实施劳工标准。

（1）在与利益相关方的对话中发展

与利益相关方对话不仅是把积极精神带进企业，而且也是缓解企业与它周围环境之间的紧张关系的方法。

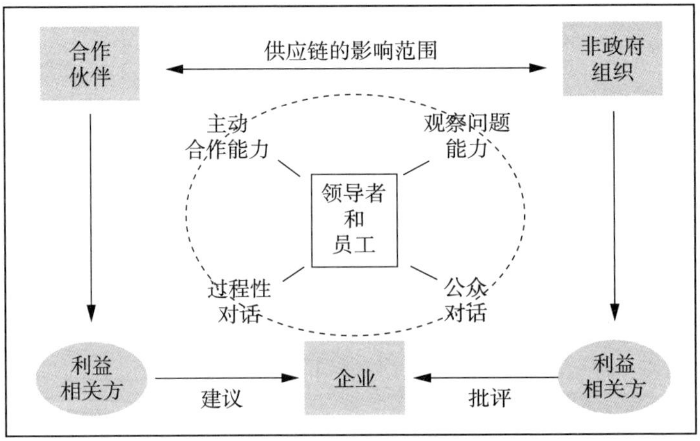

图2－26　企业运营环境关系及与利益相关方的对话

特别是在国际供应链更易受到批评的企业，要区分两种对话，也就是：

- 与本国或国际上有影响的、意见尖锐的组织开展利益相关方的对话；
- 与供应商国要合作的组织或机构开展利益相关方对话。

对于这两种对话，都需要领导骨干和员工的能力建设。与利益相关方的讨论意味着，除了理解企业自己的观察问题的角度之外，也要理解其他利益相关方的观点，并以此发展新的主动听取他人意见的能力。

（2）在与其他社会活动者创新的伙伴关系发展

伙伴关系是使可持续性落到实处的一种理想的形式。同时这也把企业的能力用于开发创新的业务战略。与公共领域的或公民社会的利益相关方建立伙伴关系，表明一个企业不仅对承担社会的和全球的责任做出回应，而且乐于积极采取行动。这种伙伴关系会产生很大的外部影响，使企业的参与会更为可信。战略上的伙伴关系（战略联盟）不仅加强一个企业的信誉，而且也支持开拓新的发展市场的创新，例如：

- 建立新的生产线，如生产金字塔底部产品（BOP 产品）；
- 优化价值链；
- 影响供应商国的生态和社会框架条件的改善。

要成功建立伙伴关系，要求领导层必须有能力，与很不相同的、特别是与非私营经济组织一同合作。伙伴关系有助于把可持续性融入到核心业务，有助于系统地改变企业的文化，这对员工产生的鼓舞作用是不可低估的。

（3）有目的性地利用网络

建立可持续性的能力的一个重要方面是参与行业的和跨行业的可持续性网络。随着参与的时间推移，可持续性的新的主题、认识和实用的知识将带进企业。

对许多企业来讲，越来越重要的是：

- 要认识可持续性最新趋势以及产品和服务的消费者或使用者最新的看法；
- 要从国际不断发展的对可持续性的认知中受益；
- 要参与的网络不只是企业网络。

与各个不同领域的利益相关方的交流与互动，恰好对企业自身战略是具有决定意义的。有时，与可持续性相关的会议能起到一定的作用，但经常性的、有针对性的工作小组、网络、合作或战略联盟才能有效展现自己企业落实可持续性的价值。这一点在跨行业可持续性标准的开发和与利益相关方沟通过程中也得到了证明。此外，跨企业的学习网络企业推动可持续性同样也很重要。

5.5 实现目标需要路径

（1）为了构建可持续转型，重要的不仅是结果导向。把领导层和员工结合到规划和控制过程是关键，这对识别目标并实际落实是决定性的。其结果使所有的人都尽到自己的责任。这就要求企业方面要加强领导骨干和专业骨干的过程能力和社会能力的建设。

（2）通过在实际运营中落实目标，可持续性融入企业的战略会更为有效，其绩效目标也必须反映在领导骨干和专业骨干的激励体系中。可持续性的目标应当是可以达到的、可实现的。实施结果必须出现在企业经济的特征参数中。

（3）正因为可持续性主题是复杂的，有时难于具体领会，所以强调企业未来发展作为转型的缘由，把相应的挑战转变为目标，并设定可持续性指标是有意义的。

（4）社会责任可能使企业重新活跃价值观讨论，并用具体的实施项目来丰富它的内容。微小的成功（标志性的项目）是能对自上而下的可信度和自下而上的实施控制产生影响的一种基本的过程动力。当已经取得微小成功可能会产生多重效应，在此基础上可推动一个遍及整个企业的过程。

综上所述：企业为实现核心业务的可持续发展需要系统的能力建设。这一能力建设不仅应包括员工层面，而且首先是中层或高层管理者的能力和领导力建设。当所有各级对可持续性都有足够的认识，具备知识能力，同时可持续性管理在企业组织结构中也得到落实时，这样：

- 企业长期成功就会有保障；
- 企业对员工的吸引力就会增加；
- 企业的信誉风险就会减小。

图 2-27 示出企业核心业务可持续发展需要的系统化能力建设。

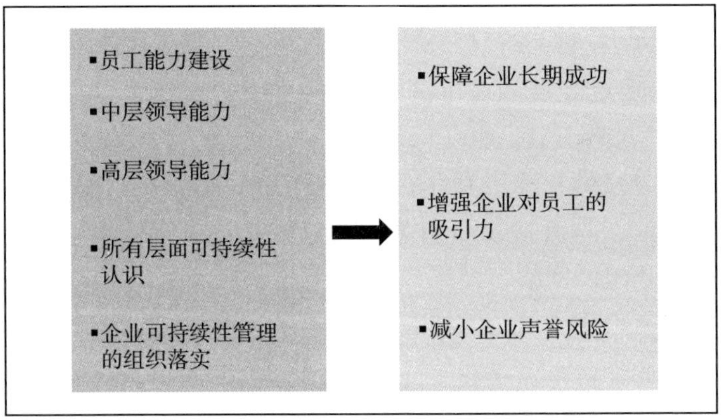

图 2-27　核心业务可持续发展需系统化能力建设

通过企业中对可持续性的认识和能力建设，同时能达到更好地感知未来的趋势，这对于企业经济成功有着决定性的意义。在企业中可持续性管理组织得越好，企业中自动提出的改进意见和产品创新的建议就越多。这样，从经济上推动企业发展的自身动力就会产生。

企业应当比以前任何时候都更要加强把可持续性主题融入人力资源和组织发展。社会责任部门和人力资源部门的紧密合作对于在企业中转变方式是很有帮助的。企业内部变革管理的经验可用于实施可持续管理。制定愿景、改变企业文化、改善内部的合作和领导力发展都是在一个新的可持续性战略意义上、能够获得新推动力的有重要的切入点。

新的正在成长的一代已开始了新的思维，他们指望有一个负责任经济，希望在负责任的企业中工作。

落实可持续性是一项巨大的工程，实现可持续发展需要领导力是不言而喻的。随着可持续性的意义的不断增强，把它融入到人力合格能力提升中将具有决定性的作用。当然，这对人力资源管理也提出了新的挑战。

6　国际标准与可持续发展

利用标准和标准化可促进经济增长、环境保护和社会发展。国际标准和标准化是全面处理可持续发展主题必不可少的工具。

为了加强社会责任实现可持续发展，国际社会强调社会责任措施的透明性和对各种标准和准则有明确定义的必要性。事实上，在国际上有国家参与通过的准则，有地区的或政府间达成一致的原则，也有行业和社会组织发出的倡议和制定的指南，以及企业自己制定的行为准则，还有国际专门的标准机构组织开发的规范化标准文件。

通常情况下，这些标准、倡议和工具是自愿性的，除非它们与国家的法律和法规产生联系获得强制性特征。不同的标准所具有不同的目标和内容，不同的开发流程、参与方的范围不同、并且实施机制也是不同的。

这里所说的标准指的是规范化标准文件。因为它们对可持续管理具有关键作用。描述标准和参与标准制定对国家和企业的价值和重要性，讨论它们对可持续发展的意义，并引用实际的例子说明相关标准如何有助于促进经济、环境和社会方面的可持续发展。

6.1　标准和标准化的价值和重要性

无论是大的工业装置、系统和生产过程，还是小小的螺丝钉、纸张、牙刷、玩具等，几乎所有的物品都有确定统一规格、大小、参数、某些特征和许多其他的标准。标准几乎在所有的生活领域定义了技术的状态和对产品及服务的要求。标准促进经济的系统能力，保证生产、产品和服务的质量，提高透明性并保护消费者。

标准归属于经济制度和法制，是社会和环境领域如劳动保护和环境保护重要的基础。标准能加速实施创新，支持技术转让，因而它有助于国家加强经济竞争力（如图 2 - 28 所示）。

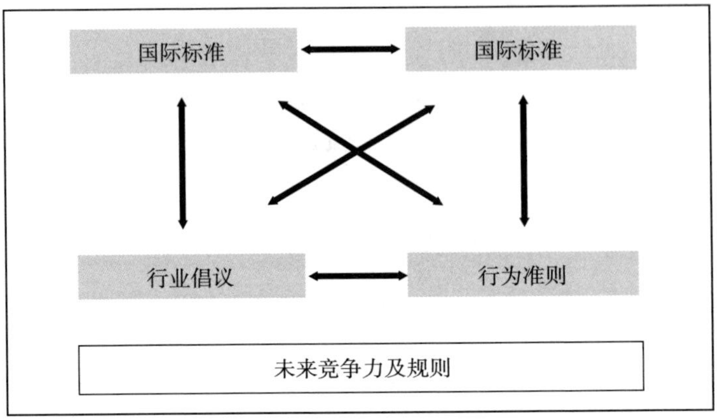

图 2－28　国际标准的战略意义

在今天全球化市场的时代，标准是减少贸易壁垒不可缺少的工具，对全球贸易正常运转有着关键性的作用。它在许多公共利益领域，在支持法律法规目标、实现技术具体化，在支持政策目标具体化等方面都具有重要的意义。

标准不是法律，不是必须遵守，标准实施是自愿性的。但企业作为生产者，遵循标准在大多数情况下都会带来明显的优势。标准是形成系统相互配合的基础和手段。

在国际层面上标准的一个核心功能是减少全球市场的贸易壁垒。为了国际商品和服务的交流，为了公平竞争，需要在共识的基础上制定共同的标准。因而，每一个国家高度重视在不同的标准领域参与标准的制定工作。

经济发展的时间周期越来越短，也就需要适应和根据相应的情况制定新的标准和规范，特别是在快速发展的技术领域。标准制定者作为服务者必须紧密联系市场的实际，为满足经济、公共组织和消费者对标准的需求做出相应的努力。

标准化对企业具有重要的战略意义，它属于战略和规划过程的一部分。由于标准制定过程中有许多不同的利益群体参加，不同国家通过共识的过程得到的结果，会在标准方面做出定义、要求和规范。在此过程中，企业可以得到许多益处，前提是企业要积极参加，并且尽早把自己的兴趣和设想带进这一过程。

这只有在企业把如下因素考虑为参与标准化的目标并作为持续的战略定位才有可能：

- 国际性标准作为开拓出口市场的敲门砖；

- 参加标准化工作实现成本和竞争优势；
- 通过标准化降低只受一个供应商限制的依赖性；
- 参加标准化过程获得关于投资的重要的见解和投资的安全性；
- 考虑了最新技术水平和安全规定，采用标准降低赔偿风险；
- 新的标准对提高创新潜力有着积极的作用；
- 标准比专利和版权更有力地影响经济增长；
- 国际标准改善自己产品的竞争优势。

由于在标准化框架内形成的功能描述和技术规范，在随后实施中必须遵守而且可以检验，所以制定过程中参加者必须详细讨论相互交流，这可能使参加者的意见达到平衡和形成共识。因国际专家同在一个工作组中交流经验，也会产生新的方法和方案。

正确理解、有效参加标准化过程会在保证所要求的灵活性的情况下，创造公平的国际商品交换基础，促进国际竞争和知识交流，也会以此加强参与者的竞争能力。在某种程度上是自由进入全球市场的保障。

在创新系统中，规范和标准对普及推广新的技术知识具有重要的催化剂的作用。一方面，标准如同专利接近于应用，它代表一种经济价值；另一方面，技术标准所有感兴趣的企业和其他机构都可采用，与专利不同，它的内容既不是排斥性的，也无需付出很高版权费用。

由此可以看出，标准在知识社会中对经济增长有着重要的贡献，也是国民经济的有机组成部分。

6.2　国际标准与可持续发展的挑战

当今全球社会面临严重的挑战。在全球经济发展和工业化全球化的形势下，全球人口增加，带动商品和服务的需求增加，交通不断扩大，能源需求紧张。有限的自然资源导致剧烈的竞争，原材料和能源的价格明显上涨。气候变化使全世界人们意识到气候影响的的负面结果。所有这些都意味着，人类必须采取措施应对挑战。此外，世界上还有许多威胁，例如，恐怖主义、流行疾病、气候变化引起自然灾害、贫穷、清洁饮用水短缺、健康医疗不足等，威胁全球社会的稳定。所以，国际社会采用联合国通过的千年目标，把它作为国际政策的优先重点。这些都是在可持续发展的框架中要考虑的因素。那么如何用标准来应对这些挑战呢？

标准在三个方面支持可持续发展，那就是支持经济增长、社会发展和环境保护，尽管有时候经济、社会、环境这三者不能完全分开（如图 2－29

所示)。标准关联可持续发展不总是仅在一个方面，有些标准影响可持续发展的两个方面。例如，ISO 14001 环境管理系统用于环境保护，也促进经济的增长。ISO 9000 质量管理系统不但提高产品质量，也改善与客户的关系。

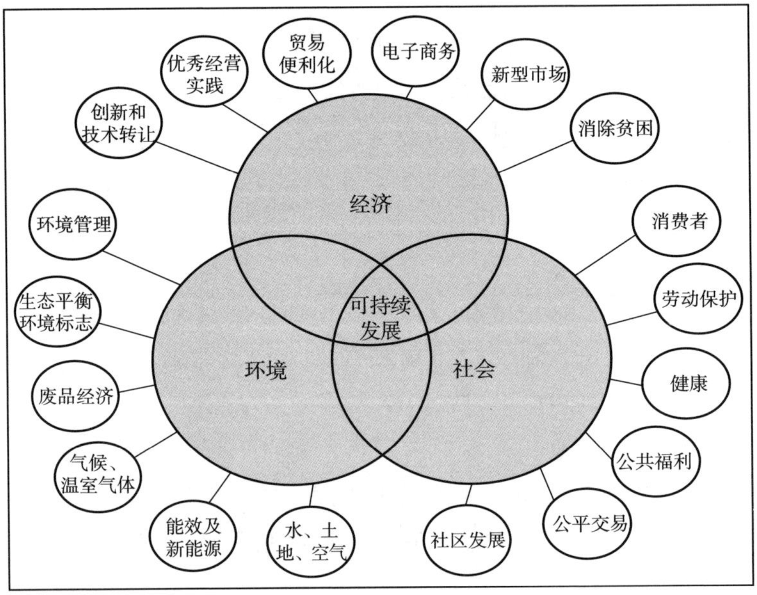

图 2 -29 国际标准与可持续发展的挑战

资料来源：T. Bahke，2005。

6.3 标准支持经济增长

标准有助于经济增长，它支持创新，并使贸易容易，也支持全世界的技术转让。所以，多年来国际标准化组织 ISO 开发了不同行业的一系列产品的标准和规范。例如，在航空航天、汽车、工业建筑和信息通信技术等领域进行了大量的标准化工作。

除此之外，还增加了企业流程的分析和管理标准，例如全世界普遍采用的 ISO 9000 质量管理和 ISO/IEC17000 合格评定标准就是例子。在新技术领域标准化也有早期的贡献。例如，国际标准化组织 ISO 229 “纳米” 技术委员会通过全球标准化为纳米技术的创新产品和方法走向未来市场铺平了道路。

由于在采用纳米技术的方法和纳米材料获得的决定性进展，人们特别期待它们在医学的诊断和处理，在电子和信息技术，在材料技术和能源获得及利用等方面的应用。广泛应用的前提是，必须对其功效、对健康、安全和环境方面的影响有明确的解释。也必须用相应的测量和检验方法确定产品和材料在纳米范围内的特征。这样的方法不仅有助于过程和质量保证，而且也有助于可靠地应用。与经济发展的关系、与可持续发展的关系是很显然的。

6.4　标准支持环境保护

对于环境保护标准也有实质性的贡献，这主要表现在产品检验、测量方法和管理领域。在标准化的术语中，产品被理解为商品、物品或服务。

正是在环境领域开发的标准，为环境保护提供了解决技术问题的答案。这些标准领域包括废品经济、水域保护、大气污染控制和噪声防护等。

此外，通过统一定义的术语、材料要求，和使测量方法标准化，标准从技术细节上支持法律规定。只有用标准化的测量方法，才有可能对环境质量做出评价和得到相应的结果。所以，在国家和国际范围内，对水、土地和空气不断有新的检验和测量方法的标准开发出来。

除此之外，ISO 14000 环境管理标准系列用于保证使生产产品和过程达到可持续的环境承受度。另外，它还促进改善消费者和企业员工的环境意识和行为方式。这样，企业减少使用的资源，保证法律的安全和满足客户的要求。ISO 14000 标准系列的核心部分是 ISO 14001 环境管理系统。该系列还包括环境标志、生态平衡和产品设计与开发的环境要求等。相当新的一部分是 ISO 14064 温室气体排放的量化，对将来排放交易系统可能发挥重要作用。还有 ISO 14065，它对温室气体排放认证和验证的结构提出了要求。

国际范围内在能源管理和能源有效性领域也有相应的新的标准。对于某一特定产品，如电器装置和供热装置，长期以来都有产品标准。但从战略上综合性地考虑这一主题却是一个空白。在欧盟的支持下，欧盟标准委员会 CEN 和欧洲电工标准化委员会 CENELEC 共同开发能源管理系统、能源服务以及能源测量方法的标准。此外，还有在运输交通领域与能源相关的标准，以及与能源有关的基准方法的开发也在考虑之中。

另一个是领域是可持续建筑（绿色建筑），这是经济增长和环境保护两个方面统一的领域。在这一领域 ISO 在过去几年里制定了一系列的标准。其中，确定了可持续建筑的一般的基础原则，也定义了建筑产品环境声明的要求。

除了上述环境领域制定的具体标准外，还有许多标准都与环境有关。原则上讲，每一个产品都与环境有所关联，无论是从生产、使用，或者回收各个方面考虑都是如此。产品标准可能影响它们的相关性。

6.5 标准支持社会发展

能够直接、具体把标准化的产品与社会可持续发展方面建立起联系的情况很少。换句话说，在这方面标准化所处理的是综合性的或与社会公共利益有关的主题。

例如，OHSAS 职业健康安全管理系统提供一套系统控制风险的管理办法，减少及防止因意外而导致生命、财产、时间的损失，以及对环境的破坏，持续改进职业安全绩效。

此外，在人体工程学领域，要描述工作岗位构建人体工程的原则和要求，尽可能避免过高和过低的负担以及工作健康的危险，有利于促进安全和健康，使工作更有效。

在人体工程学领域，有国家的、欧洲的和国际的有关人体工程学基础、人体量度和体力、心理负荷、使用适合性方面的标准，还有考虑老年和残疾人要求的标准。人体工程学的另一分支领域是研究信息处理系统，例如，对屏幕、输入装置，还有软件系统进行人体工程学的设计和构造。

在机器安全性主题的标准化工作中，也反映出社会方面的要求。在这一领域，标准向技术商品的开发者和构造者提供指示，在草案最初设计中怎样能考虑安全的问题。这一标准化工作的依据是一个国家关于机器安全性、技术生产资料和消费品的规定和法律。处理的主题包括，防火和防爆、化学和生物材料，甚至安全技术和安全标准符号等。

考虑消费者的利益也属于社会可持续发展。产品和服务影响数以百万计的消费者的日常的生活。由于这个原因，在制定消费品和服务的安全性或质量的标准和规范时，消费者代表应当有发言权。在相应的标准化机构中，一般应设置专门的工作组或监督机制，为非商业终端消费者相关的问题提供咨询。

在国际层面为此目的建立了 ISO 消费者政策委员会（ISO COPOLCO），该委员会选出对消费者具有特别意义的标准化领域，协调这些领域的消费者代表的工作，举行有关消费者保护标准制定的培训会和讨论会，并开发在标准化过程中考虑消费者要求的指南。

加强发展中国家参与制定标准化工作也是支持社会可持续发展。发展中国家可通过标准支持的技术转让，从技术转让中得到好处。发展中国家从标准化促进的技术转让中受益，它们也必须使产品和服务达到国际标准，以便应对全球化的市场需求。因此，发展中国家需要标准也就必须在标准制定中充分发挥作用。这里除与社会可持续发展有关外，还与经济可持续发展相联系也是显而易见的。

由于这一原因，ISO 在 2005 年启动了“发展中国家行动计划”，在此框架内：

• 强调发展中国家作为重要参加者，对标准化具有重要意义；

• 应当建立必要的知识和基础结构，以保证这些国家有效参与标准化过程；

• 应当建立国家和地区合作，促进经验交流，有效利用有限的财力和人力资源，并共同建立和使用适合的信息和通信平台。

• 应当使发展中国家参与标准制定，参与 ISO 的领导机构，使它们能有提出具体需求的可能性并对产品产生相应的影响。

6.6　标准全面处理可持续发展问题

上面的例子清楚地表明，标准所处理的不总是可持续发展的部分主题。有些标准影响可持续发展的两个方面，如 ISO 140001 环境管理系统，既有助于环境保护，又促进经济增长。

一个崭新的标准化项目，它覆盖了可持续发展的三个方面，这就是 2010 年国际标准化组织发布的 ISO 26000 社会责任国际标准指南。它不仅为企业，而且为全球各种组织提供实施社会责任实现可持续发展的标准指南。

与此相联系，该指南在全球通过广泛的共识过程统一了社会责任的定义，阐明了主要的概念和重要的基本原则，描述和解释了社会的核心主题和深入细化的议题，它也给出了组织从战略上实施社会责任方案和方法的建议。

社会责任国际标准是一个新的领域，这一领域涉及组织的社会责任。尽管企业和组织的决策和活动对社会对环境有着具体的影响，但是这样一个标准通常被认为是处理“软性”要求，它们因企业所从事的业务、所处的环境和文化差别而不同。虽然已经存在各种有关社会责任的倡议、指南和指数，但是对社会责任仍然有着不同的理解。

ISO 26000 不能用于认证，但作为指南标准，它提供了如何认识可持续发展的背景，定义普遍遵循的基本原则，处理核心主题和相关的议题的方法。ISO 26000 描述了如何系统地将负责任的行为融入到组织战略体系、实践和过程的可能性，它提供了如何理解社会责任，如何确定社会责任的范围，如何从组织上落实社会责任，如何改善社会责任的绩效，以及为如何规划社会责任的战略提供了可供选择的手段。

最后，应当指出，尽管每个企业可以自己决定它的社会责任的方案，但在社会责任领域对企业有什么期望和要求，政府始终有关键的作用。所以在国际层面上政府参加、通过或接受的标准、指南和基本原则构成了国际规范的框架。因此，履行社会责任实现可持续发展除标准规范化的文件应用外，还应包括在更高层面具有广泛意义的准则、指南和基本原则。

表 2-3 列出了部分国际上政府通过、承认或接受的优秀企业行为标准和私有领域开发的推荐指南。

表 2-3　国际标准、指南和基本原则的工具作用

部分工具	作用	举例
国际达成的协议和宣言	国际上达成一致的规范化基本原则，主要面向各国政府在国内实施，也能有助于企业理解应当做什么	■ 世界人权宣言 ■ 联合国气候变化框架协议 ■ 国际劳工组织关于工作中的基本原则和权利宣言 ■ 联合国千年目标
官方承认或接受的指南	向企业行业提供决定性的行为方向，帮助企业理解应当做什么和如何做	■ 国际劳工组织关于跨国公司和社会政策基本宣言 ■ 联合国全球契约 ■ OECD 跨国公司指南（该组织成员国承认）
私有领域开发的基本原则	向经济组织和文明社会提供行为指南，有时包括实施方式的建议。可以这样做，但不必一定要这样做	■ ISO 9000 质量管理体系 ■ ISO 14000 环境管理体系 ■ GRI 可持续发展报告指南 ■ ISO 26000 社会责任国际标准指南

第三篇
社会责任与可持续发展

1 社会责任和可持续发展的统一

半个多世纪以来，社会责任和可持续发展从两个不同的发展方向逐渐走向了统一，形成了共同的主题。社会责任和可持续发展是不可分割的统一体。

社会责任从早期的概念产生，经过经济科学界长达数十年的讨论，直至近代在可持续发展的背景和各个方面的推动下，社会责任增加了新的活力，社会责任的内容也不断演变。

实际上，早在20世纪90年代末期，企业社会责任和可持续发展常常自觉不自觉地交替使用。企业社会责任逐渐被认为是为可持续发展做出的贡献。人们先是强调企业的经济意义，然后普遍接受企业社会责任，最后又增加人权、社会公平性和多样性。随着一个时期对环境问题的讨论，社会责任与可持续发展在方案上逐渐走向统一。

今天，企业社会责任被理解为企业为实现可持续发展的贡献，这意味着通过可持续管理综合平衡处理经济、环境和社会三个同等重要的主题，不仅面向企业内部管理，也面向社区发展。由于此原因，也常用“企业责任”这一表明综合性的概念。

近年来，企业社会责任发展成为战略管理的一个组成部分。当今企业社会责任更多所指的是一个如何从战略上把对经济、社会和环境负责的信念根植于企业管理和日常经营的新的系统的方法。

1.1 社会责任与可持续发展渐进统一的过程

在图3－1中示出了社会责任方案和可持续发展的历史发展。

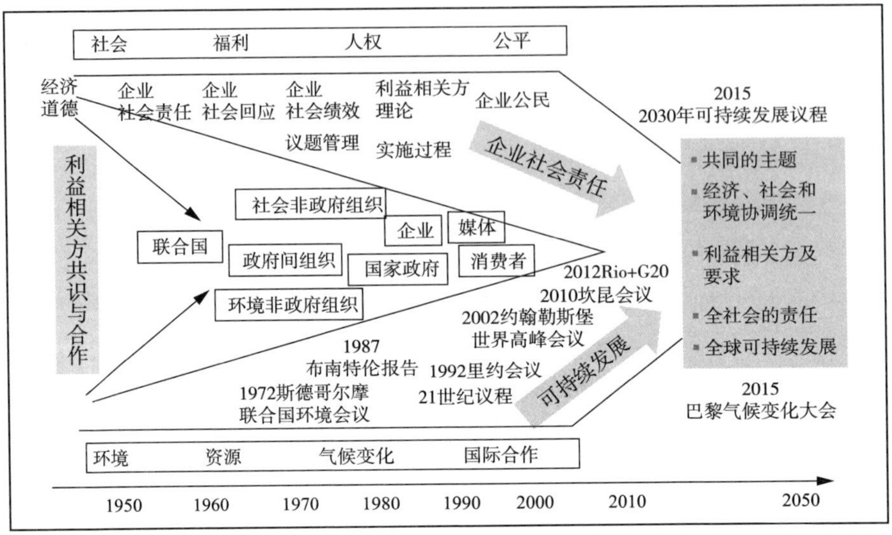

图 3－1　社会责任与可持续发展渐进统一的过程

企业社会责任始于较早时期，是从企业的角度首先关注应对社会问题的方案。可持续发展是从环境保护理念晚些时间发展起来，形成了指导原则和目标。在较长的时间里，它们在很大程度上相互独立，甚至方向有相反的情况。如环境目标是减少资源利用，发展目标是通过经济发展消除贫困。但是，在一个相互关联的世界对社会和生态的挑战，必须有一个统一的应对方式。

1992 年联合国里约会议在政治层面确定为全社会的原则。在 20 世纪 90 年代中期逐渐由此引导出企业的管理方案。当政治和公众领域对基本原则不断深入讨论时，企业和经济专家也最终将可持续经营的原则具体化并发展了直到今天普遍接受的企业社会责任的方案。当今企业社会责任和可持续发展在经历了渐进发展之后在内容上高度重合。可持续发展是人类的目标，社会责任是实现可持续发展的路径或手段。二者相互渗透发展过程是全社会不同利益相关方逐渐走上合作的过程，也是生态保护潮流和发展政策潮流走向统一的过程。而在这个历史的过程中社会责任的方法也日趋系统化。所以可以形象地说，社会责任和可持续发展犹如两条发源地不同的长河不断汇集合二为一，成为有机的整体。

由于企业社会责任在过去 10 年到 15 年有着决定性的发展，它在今天的经济和社会系统中与 20 世纪 60 年代、70 年代和 80 年代相比，其内涵也完全不同了。

今天，可持续发展的考虑不再只是生态一个方面，社会责任考虑的不再只是社会的方面，二者都是以一个统一的面向将来的模型，综合协调、平衡考虑生态、经济和社会三个方面。

1.2　可持续性三支柱模型

为了模拟可持续发展的原则和目标采用可持续性三支柱模型（如图3－2所示）。与此相应，表示社会、环境和经济三个方面的可持续性也可采用3P模型（People，Planet，Profit）。三支柱模型的方法是按照长期、相互关联和统一协调的观点考虑经济、生态和社会发展的可能性。经济发展能力、生态承受能力和社会的稳定应当彼此相互联系，应当在时间和空间上共同协调发展。一方面有可能分别确定经济、社会和环境发展的目标，另一方面可以具体处理三个目标之间的关系和冲突。

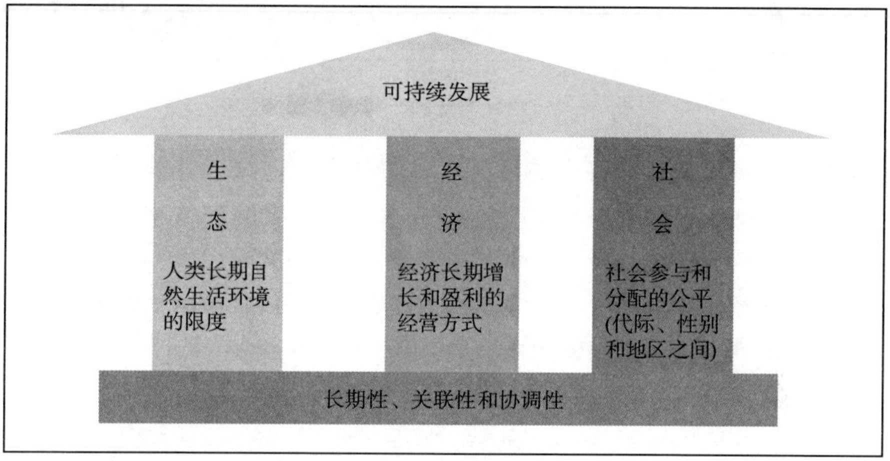

图3－2　可持续性的三支柱模型

1.3　企业社会责任三重基线模型

企业社会责任三重基线模型（如图3－3所示）是按照综合、协调和统一的方式考虑为经济、生态和社会发展承担责任和做出贡献的方法。应用三重基线模型的主要任务是建立起合适的指标和它们之间的关系，使社会责任可以按照经济、社会和环境各个方面和它的整体影响来衡量。这样，使企业的活动按照一个统一的企业社会责任方式来进行。这时要解决的问题不再是孤立地优先考虑经济、社会和环境的目标之中的某个目标或忽视另外两个目标，而是要首先考虑这三个方面的互动关系和注重考虑它们所产生的附加影响。

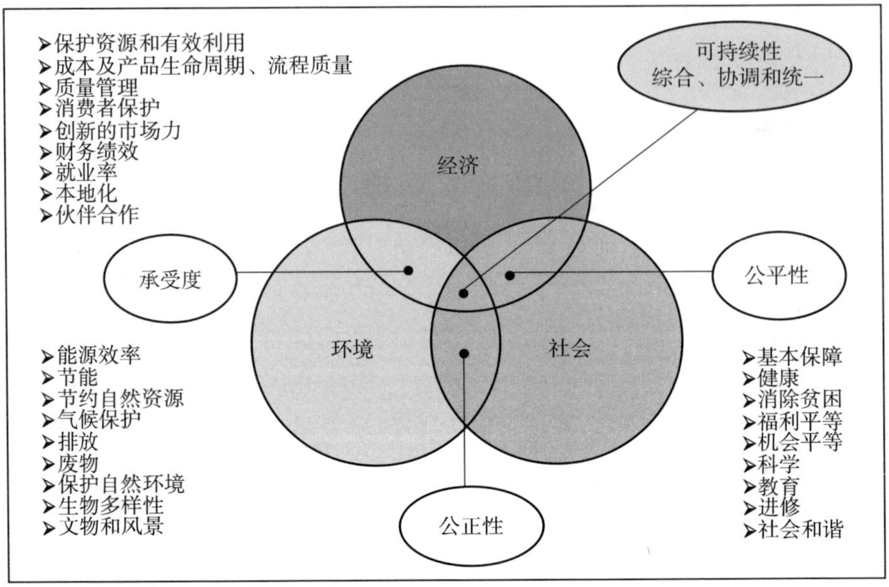

图3－3　社会责任的三重基线模型

企业社会责任是面向将来的可持续发展的方案。这个方案要求经济、社会和环境领域的所有的利益相关方相互考虑它们当时的利益和立场。按照参与、共识和对话及合作共赢的方法实现自身及社会可持续发展。

社会责任经历了不断发展和演变的过程，如图3－4所示，伴随着这一过程产生了一系列实施社会责任的标准和工具。

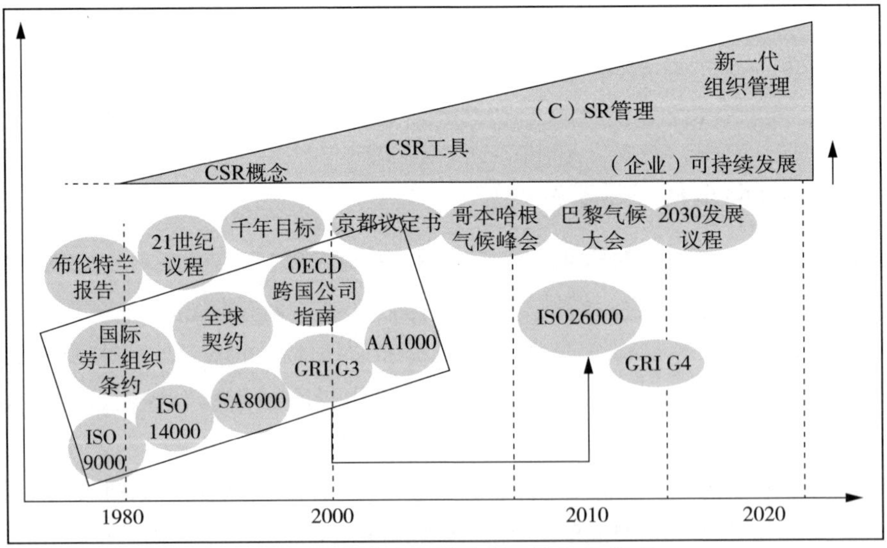

图3－4　社会责任推动新一代组织管理

概括起来，在 20 世纪 70—80 年代，人们强调企业在生态方面的责任；90 年代末企业社会责任与生态和经济目标相提并论。从 2000 年后，企业社会责任被认为是负责任的管理方案，到今天企业社会责任的内涵与可持续发展目标相一致。由于企业社会责任的影响大大超出了企业涉及的范围，所以到 2010 年左右产生和形成了全球共识的“社会责任”（SR）这一普适概念（ISO 26000）。这意味着，不仅企业，社会中任何一个组织都应履行社会责任。特别是随着 2015 年巴黎气候会议决议和联合国“2030 议程”的发布，大大加速了全球实现可持续发展履行责任的进程。

对于社会责任的实践，总体上可以预言，企业和组织都将经历不同的发展阶段，即认识阶段、工具阶段、管理阶段和新一代管理阶段，最终社会责任将成为未来管理的新范式。据此，中国社会责任的实践目前总体上还处在初级阶段。

2　企业社会责任的科学方案

在长期历史发展中，提出了多种不同的科学方案，其中包括经济工具、政治功能、社会融合和道德规范等方案和综合性的科学方案。了解这些方案的内涵和价值对构建现代社会责任方案具有重要意义。

2.1　企业社会责任科学方案的意义

现代企业社会责任经历了迄今为止的半个多世纪的发展，在当今世界社会责任不仅越来越受到重视，而且社会责任的科学方案也不断走向系统化。

在企业社会责任的发展过程中，由于对它的概念和内容，对宏观理论特征、管理哲理和具体落实的方法，有着广泛的不同的理解。因此，企业社会责任的内容在理论和实践上始终没有统一的认识。相应产生了多种多样的、相互不同而彼此相关的企业社会责任的方案。在各种方案中，即使是同一类别的方案所描述的、解释的和构建的方面也可能有所区别。企业社会责任方案也有其方式或方法。

理解企业社会责任的方案和方案系统化的发展过程不仅对理解企业社会责任的理论和实践、认识企业社会责任的多重意义和本质上的多样性都具有重要意义（如图3－5所示）。

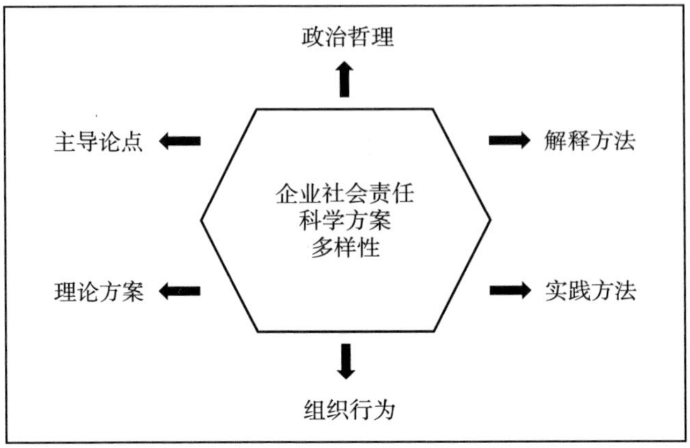

图3－5　企业社会责任科学方案的讨论

本章基于各个不同的企业社会责任方案具有的解释观点和指导思想，系统分析企业社会责任方案的多样性，并以此描绘社会责任方案这一主题涉及的范围的基本概貌。

虽然我们讨论的是企业社会责任方案，但在今天社会责任已不只是企业的事，当无需严格区分定义时有时在更广的意义上应用“社会责任”的简称形式。

2.2　企业社会责任科学方案的形成

虽然在国际企业经济的讨论中，社会责任并不是一个新的主题，但在过去一些年里，它日益显现具有新的意义。在20世纪50年代到90年代初期的几十年里，对社会责任的讨论或多或少只集中在理论性的经济伦理上，对社会责任的实践没有起到多大的作用。在过去相当长的时间里，履行社会责任的企业获得高度的赞赏，但不尊重社会责任道德和生态方面的行为，一般没有要求承担后果和责任。但从20世纪90年代开始，社会越来越期望企业在经济活动的同时，还要承担社会责任，并且将其商业活动与满足所有相关群体的期望和利益相联系。不尊重社会利益，包括生态利益，会在一定程度上处于竞争的劣势。这样，社会责任就越来越具有和面向客户或者质量管理可比的重要的意义。因此，社会责任可看成是企业成功的一个重要的、甚至是决定性的准则。

在原理上，现代社会责任的基本理念很简单，那就是企业除了追求利润之外，要对社会承担某些义务。但是从20世纪50年代开始，各个专业领域的科学家参与了大量的讨论，但并未得出一个普遍接受的、在很大程度上能够界定社会责任范围的结论。

本节旨在描述社会责任存在的多样性和广泛性，而不是用大量的篇幅去罗列无数的定义本身。这里要特别提及两个在完全不同的时期所产生的、但具有代表性企业社会责任的定义：

（1）一个是1953年Howard Bowen在《商人的社会责任》中把企业社会责任定义为："按照社会的目标和价值贯彻政策，从事活动和做出决策是一个商人的义务"。

（2）另一个是大约50年后，2001年《欧盟欧洲企业社会责任的框架条件》中把企业社会责任定义为："一个根本的方案，即在自愿的基础上，将社会和环境的利益融入到企业的日常经营和与利益相关方互动的关系之中"。2011年在《欧盟企业社会责任新战略》（2011—2014）中将企业社会责任的定义更新为"企业对它在社会的影响负责"，确定将自愿性和法定义务相结合。

在企业社会责任发展历史过程中以上不同时期的两个不同的定义首次彼此接近。通过它们也可清楚地看出企业社会责任演变的典型特征。早先的"义务"后来明显变成了"自愿性"。而与此相反，早先的"社会的目标和价值"则在后来具体化为"社会和环境的利益"。之后，自愿性又更新为自愿性与义务性相结合。此处这一简单的表面性的比较表明，为什么企业社会责任的定义长期以来没有终结，或者没有终结的结果。欧盟企业社会责任的战略赋予了现代社会责任的新的意义。

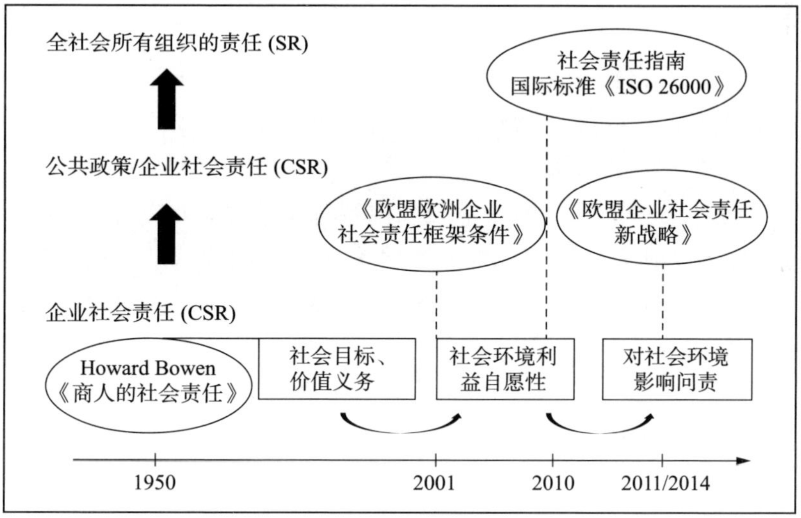

图3－6　企业社会责任意义的历史演变

在社会责任发展历程中一个重要的里程碑是国际标准化组织（ISO）同全球利益相关方合作，历时约10年开发出了2010年发布的社会责任指南国际标准《ISO 26000》。该指南标准将企业社会责任（CSR）、任何形式组织的社会责任（SR），在全球明确了社会责任的原则，确定了社会责任的主题，并描述了以可持续发展为目标，将社会责任融入组织战略和管理的方法。《ISO 26000》是（企业）社会责任科学发展方案的最新创造性进展。图3－7示出现代企业社会责任科学方案发展历程中几个最重要的具有历史意义的演变形态。

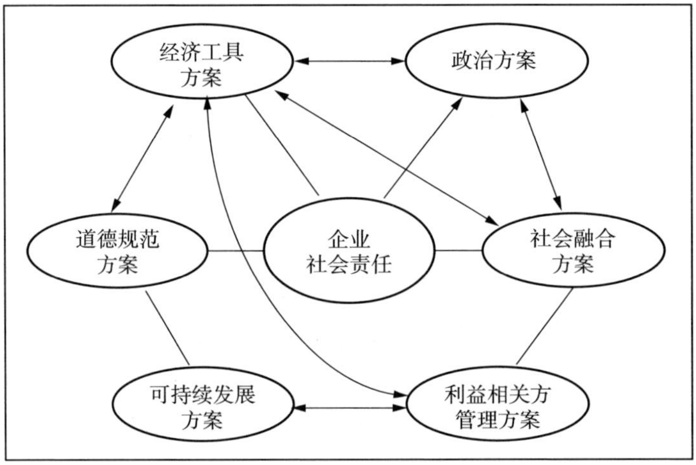

图3－7　企业社会责任方案集群及关联

由于企业社会责任相关的主题与其他研究领域，例如企业理论、慈善、企业公民、生态责任以及可持续性等都有不可分割的联系，因此企业社会责任可认为是一个“集群式方案”。

社会责任作为一个复杂的、术语和内容都十分多样的领域要进行系统化是很困难的，但企业社会责任方案可在社会科学研究的基础上进行类别划分。总体上，它们可划分为四类不同的方案，即：

- 经济工具方案
- 政治方案
- 社会融合方案
- 道德规范方案

以上这样的类别划分，是基于社会科学的观点，认为每一个社会系统的特点取决于如下方面：

——适应环境（针对资源和经济条件）
——追求的目标（针对政策环境）
——融入社会及尊重价值（针对价值观和伦理）

2.3　经济工具方案

在此类方案中，企业被视为是利润最大化的工具。与此相应企业社会责任也完全是以增加利润为概念化的。其中的基本的思想是：企业的每一个行为也可评价为是对社会负责的行为，必须始终要以短期和长期增值为基础。在评价和决定企业社会责任的措施或者战略时，企业把股东价值最大化作为决策的准则，始终放在核心的位置上。按照这类方案主要代表 Friedman 的观点，企业对社会的唯一责任是利润和股东价值最大化。

Friedman 沿用了已建立的新自由主义的论述模式。只有当社会投入或者构建责任的过程对企业价值产生积极贡献时，企业方面才会进行社会方面的投资和在社会采用投资措施。

为了坚持他的立场，Friedman 进行了一系列有关企业社会责任和企业财务绩效的研究。不过，此后迄今没有任何一个研究从经验上证明二者之间明显的决定性的关联。Friedman 在继续坚持他主张的时候，批评企业在非财务绩效领域的投资，并认为这会导致管理者利用信息超前的先机，给企业股东造成负担。因此他建议有抱负的领导者不用企业的资金，而是在个人的范围内决定利用个人的资产进行相应的投入。按照 Friedman 的观点，追求利润的责任的底线首先在于要切实满足法律要求、诚信（不欺骗和不欺诈）并遵循社会道德习俗。

基于 Friedman 的基本论点，经济工具方案可划分出三个主要的发展方向（如图 3－8 所示）。它们在方案上主要共同的特征是：通过社会责任投资，建立和发展企业战略竞争优势，使企业增值的方案具体化。它们的不同点在于，以什么样的方式来解释竞争优势和因此获得更高回报的可能性。下面简述经济工具方案中三个不同的发展方向：

（1）基于市场竞争：按照 Porter 和 Kramer 的观点，通过有目的地对企业环境投资，或更确切地说通过有目的地适应市场结构的措施，企业可以创造战略竞争优势。例如，这种企业社会责任的相关措施可能是，通过员工培训、基础设施开发提升本地生产要素的价值，通过支持教育和技术影响需求结构等，以及防止腐败和垄断以保护竞争。

（2）基于资源和动态能力：以企业社会责任为关注点的过程和程序的开发有助于形成独特的企业资源。这一资源随后越具体地得到运用，企业的潜

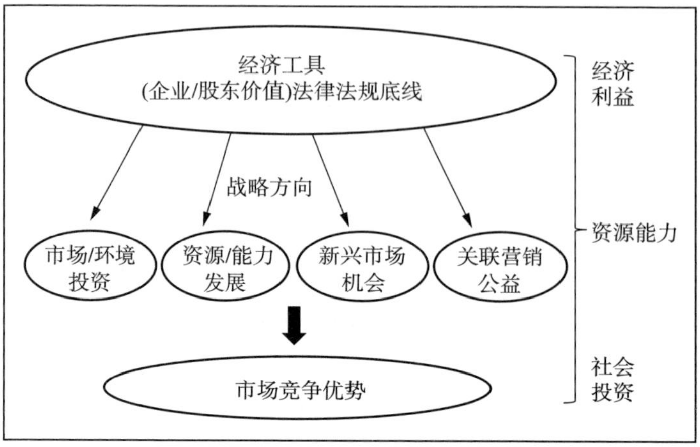

图 3－8　企业社会责任－经济工具方案

在竞争优势就越大。道德的决策过程，对企业环境和主要利益相关方的敏感性和反应能力，特别在一个动态竞争的环境中和长期挑战的情况下，包含有显著的竞争潜力。

（3）基于新兴市场机会：用创新和简洁化技术产品可以满足全世界 4 亿贫困人口的需求和资金状况。消除世界贫困提供了在改善社会状况的过程中开发新兴市场，建立长期竞争优势的可能性。

此外，具有经济效果的关联营销在整体上丰富了社会责任的经济工具方案的内涵。这一方案的基本思想是：把产品销售与公益目的相联系。既促进营销，也有利于实现一个社会目标。正如一些经验证明，这种形式的项目在经济上是很成功的。成功地把品牌名称与公益目的相联系，品牌赋予的可信度、诚信及责任意识，可以长期保持积极的销售效果。

对所有这类社会责任的经济工具方案的问题是，难于分清利用社会责任投资获得经济收益的企业行为与利用社会责任包装“只追求经济利益”的企业行为之间的界线。

2.4　政治方案

这类社会责任方案遵循的主导思想是，企业是具有足够权力和充分影响力的机构。权力和影响力来源于它对社会的智慧，相比政治和国家机构它具有的主动和灵活的组织及其丰富的资源和它与社会生活领域的紧密的联系。在企业社会责任讨论的框架中，可以区分出两种主要的方案（如图 3－9 所示），涉及处理企业因权力和影响而产生责任的行为方式，其关注的中心点分别是：企业宪政和企业公民。

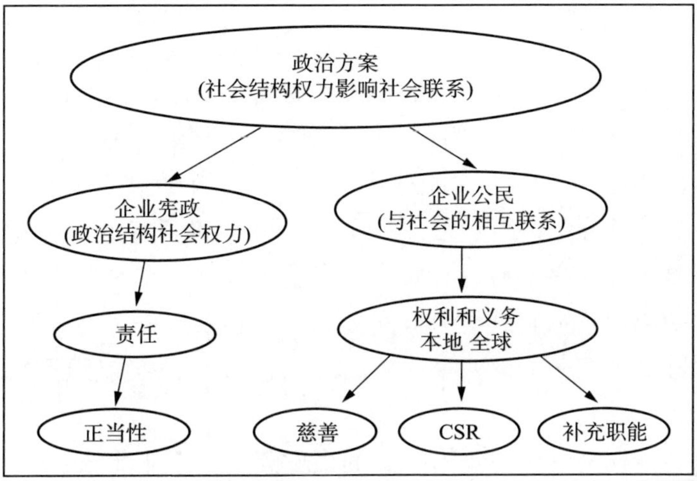

图 3-9　企业社会责任-政治方案

2.4.1　企业宪政方案

这个方案是由 Davis 在 20 世纪 60 年代提出的，它基于如下一系列的论点：不仅由于其内部结构，而且也由于经济社会和政治过程的动态变化，使企业具有高度的社会权力。基于这一权力地位因此产生相应的社会责任。如果企业不履行这一责任，随着时间的变化，它将失去正当性（合理性），而社会就会抛弃它，进而选择认真负责的行动者。换句话说，企业如果不认真履行责任就会长期失去社会权力和影响，也会失去企业的影响范围。

2.4.2　企业公民方案

企业公民方案也可称为“社会合作”方案。这种方案在 20 世纪 90 年代的企业实践中得到特别普遍的应用。普遍应用的原因除方案内容的独特性，特别是这一术语的优点，它不用高度理想化和价值化的概念组成部分，如“社会”、“责任”和“道德”；相反，企业公民强调企业和社会间的相互联系，意指本地和全球公民自然而然赋有的权利和义务。从内容上讲，企业公民方案可以分为三个主要的发展方向：

——狭义（本来意义）的理解：这时企业公民指经济活动者在其直接接触环境中自愿开展公益活动，在传统上指对外开展的慈善活动。

——等同的理解：此时企业公民方案与传统的企业社会责任方案只是名称不同，实际上并无两样。

——延伸的理解：其中企业公民以公民政治概念为出发点，并将它与企业实践相联系，企业作为有实力的角色发挥作用，补充本应由国家承担的义务。

公民社会概念是与个体社会的、公民的和政治上的权利相联系的。国家的任务是保证、维护和加强权利的基本制度。不过，在现实中有个别企业，由于其超级的实力，有可能比国家组织能更好地影响这些权利的实际效果。

因此，企业部分承担国家无法完成的任务。这时它们以不同的形式出现，例如，救助贫民或者兴办教育，实现社会公民权利。在这种情况下，企业以供给者的身份出现。企业也可为保护公民权利和人权，为改善不良社会状况做出贡献。在某种意义上说，企业公民的概念描述了企业管理公民个人权利的职能。

总之，企业社会责任的政治方案的出发点是，企业承认它在社会结构中政治上的支配地位，并尽可能认真负责地运用这一权力。企业越大或者越有影响，或者将有影响，相应地它对自己邻近社会的关照则愈加义不容辞。

2.5　社会融合方案

这类企业社会责任方案的主导思想是：企业的存在、延续和增长的根基完全在社会中。企业为公共社会中执行的功能也同时证明它在社会中具有合法的身份。在此背景下，将社会的利益和要求融入企业的活动是所有管理行动的实质性组成部分（如图3－10所示）。

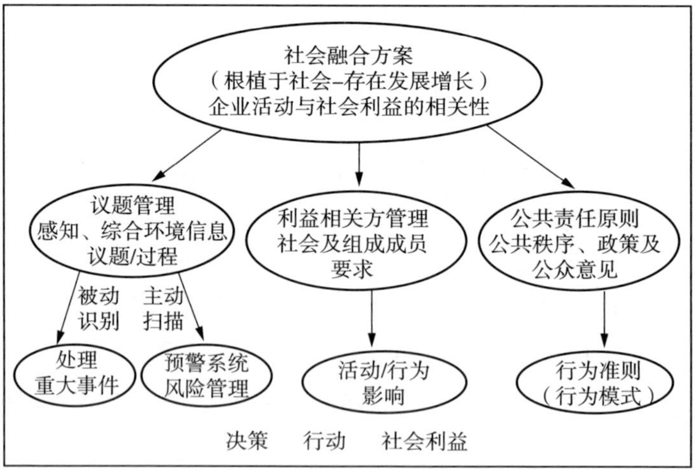

图3－10　企业社会责任－社会融合方案

2.5.1　议题管理

议题管理在这类企业社会责任方案中是最为广泛的和在企业实践中占据主要地位的方案。这时，议题被理解为由环境方面向企业提出的所有相关的问题，例如，与企业相关的社会的、政治的、生态的要求。议题管理的主要目标在于，开发和推动适合于感知环境的信息和综合对企业有针对性议题的信息的过程。在企业社会责任这类方案讨论的初期（1986—1992 年），考虑的焦点局限于被动采取行动，即认清和处理对组织具有重大影响的事件。而在今天，重点则在于按照议题主动探测（扫描）环境、做出处理和解释，把议题管理的潜力作为预警系统和风险控制的工具。除了精细的识别和管理工具之外，议题管理进一步发展也使社会利益高度地融入企业的活动和决策。

2.5.2　公共责任原则

这是另一种社会责任融合方案。这种方案的主导思想是，企业行为的取向是公共政策和社会习俗（公共秩序）。这一方案不只单纯关注综合信息的反应（回应），而是注重社会取向和行为模式的内在定位。除了制定行为规则，这一模式在很大程度上也是建立在主流的公共意见和政治趋势的基础之上的。这种方案的另一个关键之处在于要把企业的作用融入动态的社会结构。从理论上讲，社会融合方案是有的放矢的。不过，从企业实践来看，如果有一个解释性的模型，有可能去剖析整个社会环境，并具体处理每一（相关的）部分主题，则目标就会更加明确。

2.5.3　利益相关方管理

利益相关方管理方法正是为达到上述要求而提出的。按照 Freeman 的观点，所有对企业产生影响和（或者）以任何方式受到影响的个人和群体，都可定义为利益相关方。在企业社会责任中这一普遍接受的关于利益相关方的定义，可以更细致、准确地做出一般性的表述。一个企业的利益相关方是直接受到企业的行为、行动有利或不利的影响或者其权利可能受到侵犯而必须得到尊重的个人和群体。因此，与经济工具方案相反，利益相关方方案不仅强调企业主的要求，而且是从根本上平等地对待所有受企业行为影响的群体。

这一方案对一个企业的管理提出了更高的要求。它要求管理者把他们履行对投资者的经济义务与满足另外的群体的竞争性要求相结合。特别是非政府组织、活跃的群体和媒体越来越按照他们的观点向广大公众解释充分负责任的行为。企业对这些群体的敏感性不够，可能导致严重的后果。这一方面有许多例子。例如，1995年壳牌石油公司决定废弃布伦特·斯巴储油平台（Brent Spar），引发与绿色和平组织冲突，面对公众的压力无力以对，导致道德的危机就是一个典型的例子。

2.6 道德规范方案

这类企业社会责任方案概括了所有将企业社会责任解释为道德规范方案。由于这些方案的规范特征的限制，它们不证明企业作为经济机构做事为什么要对社会认真负责，而认为这是一个先决的条件，甚至是必需的条件。换言之，解释的目标是在标准本身，也就是说方案描述和解释一个企业充分对社会负责指的是什么，这在什么条件下可谈一个企业的行为对社会是认真负责的。下面综述四种具有代表性企业社会责任的道德规范方案：

——规范性利益相关方方案

——基于人权的方案

——可持续发展方案

——公共利益方案

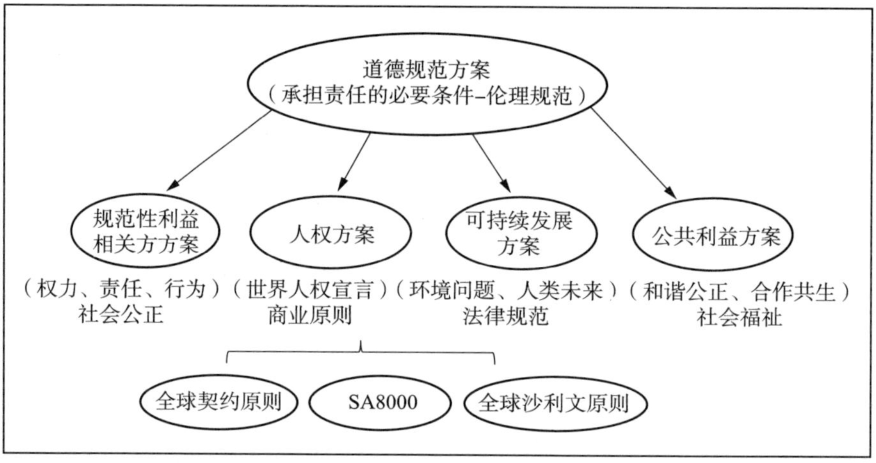

图3-11 企业社会责任-道德规范方案

2.6.1 规范性利益相关方方案

该方案拓宽了上述利益相关方管理方案，它重新定义了利益相关方的概念。在此情况下，利益相关方是在企业活动中具有合法利益的个人和群体，与企业是否在他们那里也有相互利益无关。此外，这一方案的出发点是，利益相关方希望他们自己的愿望得到尊重，而不管给股东这样的群体带来好处的能力如何。所以，在这一方案中，伦理成分作为其组成部分可简单地表示为：出自企业在社会中得到的权力地位，也相应产生了它在社会的责任。此时，这一责任问题不考虑企业相应的行为是否会增加企业的价值。相反，由于规范性利益相关方方案明确地建立在 Rawls 正义理论的基础上，因此也要求企业有公正的负责任的行为，即使这样的行为导致在具体情况下对它不利，或者对经济不利时也应当这样做。

Rawls 的观念成为讨论整个方案的科学特征。讨论的中心问题是：如何将个人及企业自身的合法的利益以公正的方式与社会普遍利益最大化相结合。在规范性利益相关方方案的逻辑出发点是，考虑利益相关方的自治权相对于考虑企业实际的利益在原则上应放在更优越的位置。

2.6.2　基于人权的方案

基于人权的方案以普遍的人权为依据，引申出企业认真负责的行为的座右铭。这一方案的基本思想是，把联合国世界人权宣言转换为普遍的“商业原则”，即企业对社会履行责任的指南。在多个指南中下面的三个具有代表性，这就是：联合国全球契约（UNGC）、全球苏利文社会责任原则（GSP）、社会责任标准 SA 8000。

——联合国全球契约：全球契约于 2000 年由联合国前秘书长安南倡议诞生，该倡议号召全球企业家实践针对人权、劳工标准、环境标准和反腐败制定十项原则，以负责任的公民参与可持续发展。其中有两项关于人权的要求(原则)：“企业应当支持和保护国际上要求的人权”，“企业应当保证结社自由和有效承认集体谈判的权利”。遵守全球契约原则的企业，允许使用其商标，展现负责任的行为。其条件是：明确地公开宣布承认这些原则，并且每年报告其落实这些原则的方式。

——全球苏利文社会责任原则：为反对南非种族隔离通用汽车董事会成员苏利文于 1977 年针对员工平等和合法权利提出七项原则，作为企业开展业务的必要条件。1999 年苏利文与联合国秘书长安南一起公布了新的全球苏利文社会责任原则。该原则的总体目标是，使公司在经营时，同时带动经济发展、社会发展与政治正义，其中包括尊重所有人民的人权和平等的工作机会。全球苏利文原则高度概括的八项原则的标准，为各种规模和行业的企业提供了一个行为的框架，帮助它们把经济目标与员工和社会的要求相结合。

——社会责任标准 SA 8000：SA 8000 是社会责任国际倡议制定的社会责任标准。这一标准基于世界人权宣言、国际劳工组织宪章、联合国儿童权利公约等十三个人权公约的原则，专注企业的生产厂家符合伦理的劳工条件的标准。在此标准中，企业社会责任不被解释为整个社会的，而首先是企业内部的公正或负责任的问题。SA 8000 是全球首个道德规范国际标准，旨在提供一个基于国际劳工权益规范和标准，所在国家劳工法律的标准，以保护在企业控制和影响范围内的生产或提供服务的人员，包括企业自身及其供应商、分包商雇用的人员的正当权益。企业行为是否符合社会公德可以根据企业与 SA 8000 的符合性予以确认和声明。SA 8000 认证审核范围包括：童工、强迫劳工、惩戒性措施、歧视、健康和安全、工作时间、结社自由和集体谈判自由、薪酬福利、管理体系等。

2.6.3 可持续发展方案

在这一企业社会责任伦理方案中，企业社会责任不被理解为企业对待个人和社会的问题，而且首先理解为企业如何对待自然环境。这一方案的出发点是联合国世界环境和发展委员会 1987 年提出的可持续发展方案。可持续发展被解释为满足当代人的需求，而不损害下代人满足他们自身需求的能力。可持续发展的伦理内涵的考虑基础是，如果企业违反社会的标准和法律法规，则企业的行为不可持续。由于这一原因，为了将来各代的福祉，为使企业放弃通过破坏自然环境获利，必须有一个高度的高于法律规定的法典，通过它使企业履行外部影响内部化的义务。

2.6.4 公共利益方案

前面述及的各种方案力求不仅对企业社会责任做出定义，而且也为企业提供务实的实施指南。与此不同，企业社会责任的公共利益方案完全定位在道德规范的层面。这个具有强烈的哲学性的方案的核心由向企业提出的一系列的要求所组成，要求企业为一个和谐、公正、和平和友好共生的社会做出贡献。不管经济上的框架条件如何，企业有为社会公共福祉做出积极贡献的义务。企业可通过创造社会财富，或者通过有效地、公平地提供产品和服务来做到这一点，而指导行为的座右铭是必须尊重人的尊严和个人不可剥夺的基本权利。

2.7 综合性方案

要把企业社会责任不同的思想、描述和解释的方案系统化是不容易的。特别是在复杂的具有多重意义的现象下，在不同的类别之间确定截然的分界线是很困难的，并且也只能有条件地这样做。事实上，企业社会责任的现象几乎同所有社会现象一样，原则上都具有经济、政治和伦理的方面。很显然，

每一个方面都在一定程度上包含在所有上述企业社会责任方案之中。例如，

——在面向政治和社会融合的方案之中在讨论企业社会责任时也始终包含经济动因。

——在企业社会责任经济工具方案中，透明的利益是利润和责任之间的桥梁，这一概念也出现在利益相关方管理中。从企业行动方面看，根据自己影响真正尊重利益相关群体，或者使它们的利益得到有效的考虑，在经济上的确是合理的。

——面向企业宪政的政治方案主张认真负责地对待社会权力，这意味着社会权力在经济上有一些优势并且是值得保持的。

——在 Friedman 的方案中经济的方面处于主导地位，看起来表面上不谈责任，但人们常常忽略了该方案中一个伦理上的重要因素，即企业应当在遵守法律、游戏规则和道德习俗的条件下达到价值最大化。

总体来说，虽然几乎所有上面讨论的企业社会责任方案都是基于一个主要的方面或以一个主要的推理模式为基础上提出来的，但每一种方案都涉及社会责任所具有的其他另外的方面。

企业社会责任的综合方案代表的是一种系统化的、一并从多重维度考虑的方案。

2.7.1　企业社会责任金字塔

1991 年 Carroll 提出企业社会责任绩效方案（CSP），该方案的基础是一个具有四个层面的“企业社会金字塔”。解释企业社会责任的四个方面处在一个确定的分层系统中。该方案精确全面地对企业社会责任做出定义，并用一个描述和解释的模型综合考虑经济、法律、道德和公益几个方面，可看成是一个综合性的方案。

与经济工具方案相似，企业社会责任绩效方案强调从经济上推动生产产品和服务是一个企业的基本的责任。经济行为也应始终获得认可的利润，因为所有其他的企业责任都是建立在经济责任基础之上的。因为没有利润其他的责任就会落空。

第二个责任层面紧接经济责任，这就是法律责任，即以遵守法律法规为座右铭的责任。此时，法律被认为是社会道德观念的法典。企业只有做到守法合规，它才能成为社会系统合法的组成部分。

第三个责任层面是企业的道德责任，即企业应当尊重社会中正在萌芽的规则、准则和价值观。这一变化的价值观和社会的要求，在适当的时候达到

成熟时会上升为法律。因为它代表公共社会的愿望，这些愿望在成为法律之前企业就应当尊重。

在金字塔的顶部表示的责任层面是企业对社会的自愿性的慈善责任。慈善责任首先被理解为是企业作为社会的一员，为公共社会福祉提供资金和人力资源。这一层面的责任与其他责任层面有明显的区别。捐赠虽然是企业社会责任的一部分，但并不是实质性的部分。做一个优秀的企业公民会是社会的期待，也会受到称赞。但其意义明显小于其他三个领域的企业社会责任。

由于理解上的直观性，企业社会责任绩效方案在社会责任讨论中的知名度和接受度都相当高。不过，对这一方案也并非没有异议。例如，有批评指出，这一方案缺乏方案的清晰度和描述的准确性。没有充分清楚地证明，为什么不同的企业社会责任方面要形成一个分层的结构。也未说明，其模型是立足于历史发展来描述的，还是主要根据经验的合法性来规范的。此外，在金字塔不同层面发生冲突时，该模型未提供解决该问题的方法。

后来，Carroll 在自己的一个经验报告中强调，他对金字塔的假设符合欧洲管理者衡量这四个领域的权重。他的研究也确认了金字塔模型与受调查的管理者的想象完全一致。2003 年 Schwartz 和 Carroll 在金字塔模型的基础上，提出了改进的更加精确的企业社会责任“三领域”方案（如图 3－12 所示）。

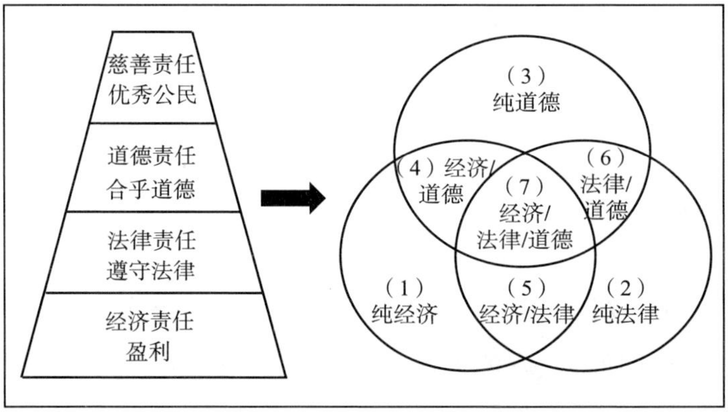

图 3－12　企业社会责任－综合性方案及改进

2.7.2　企业社会责任“三领域”

可能是对上述批评做出回应，在企业社会责任核心领域简化为经济、法律和道德的责任的基础上，形成用文氏交集图表示的七个可能的社会责任领域。在考虑此方案时未单独定义早先模型中的第四部分，即自愿的慈善责任。

对于这部分责任企业可根据道德的或经济的动因，同样也可按照二者的结合自愿地进行社会参与。

除了这一方案上的修改，特别是去掉了未能充分证明的责任领域的分级结构，表明上述方案上一个实质性的改进。

这样，企业社会责任的分量从一个简单叠加的多级结构发展成为一个复杂的相互并行的结构，讨论企业社会责任的领域之间的相互补充、相互矛盾的所有关系问题就成为可能。

2.8　企业社会责任的实践与科学方案的一致性

仅考察企业社会责任报告的实践，则可部分地反映社会责任实践的状况。如果将社会责任报告中报告的几个主要责任方面，即对环境、社区、消费者和员工的责任，与前面几节中综述的企业社会责任方案相对照，可以发现企业社会责任科学方案和企业实践行动之间的普遍联系和差异。

（1）企业的环境报告按照其名称和目标在原则上可规范为面向道德的可持续发展方案。一个企业分析和制定它的产品和生产过程的环境影响文件是出自道德的动因和（或者）出自公共利益，或者出自自身经济原因是很难判断的。但一个保护环境的行为可直接实现经济目标，因为资源消耗的减少一般也会节约成本，或者减少排放也有利碳排放权交易。

（2）在本地和全球社会的责任领域中也可发现各种企业社会责任的方案。利益相关方对话显然是按照社会责任的社会融合方案进行的。这一对话是作为广泛的、甚至规范化的股东对话来进行，或者是按照议题管理以更务实的方法进行，这要取决于企业具体的情况。

（3）在经济方案中，预防腐败和公益活动可作为企业战略性的社会投资。而在企业公民范围内，当政府力量不足时，企业可担任公共服务供给者的角色。

（4）消费者是重要的利益相关群体。由于这一原因，在社会责任报告中大都有所涉及。不过由于管理者动机不同，对广告渠道的透明度、对产品和过程的道德内涵和环境友好性等的评价各不相同。通常表示出产品和服务的质量和技术特征或加以说明，部分情况下也强调认证。关联营销的项目使经济的和社会公益的目标相结合，表明可持续性和公共利益方案相一致。强调生态和道德常常与企业信誉有关，而且认为应成为企业战略的组成部分。

（5）人力资源的报告除了可与经济工具方案和利益相关方管理方案相对应之外，同样也表明与道德有关。上面谈及的大多数商业原则都强调对待员工必须符合伦理要求。以人力资源为例，特别明显地看出，一个企业的管理只有符合伦理（这里指员工权利和人权），自然地也才会获得经济上的优势。因为从经验可证明，员工的忠诚度、职业的道德和工作积极性是与企业具体的价值观紧密联系在一起的。

虽然企业社会责任报告的实践与社会责任方案的科学讨论的方向相一致，但报告的实践并没有按照一个统一的方案进行。从原则上考虑，有各种不同的基本因素都会影响企业的社会责任的实践，例如：

——企业内部对管理者要求

——外部竞争者的压力

——投资者、消费者的期望

——政府、非政府组织的要求等

因此，由于企业社会责任具有多重方面，描述和定义也不尽相同，企业的实际水平和情况均不相同，这也决定了企业的社会责任实践是多种多样的。这也从另一方面说明，在市场竞争的情况下，有些企业仿效其他企业表面性的做法，没有形成自己的价值观，没有按照自身具体情况形成对主题的理解，这样的做法是有危险性的。

2.9 企业社会责任实践中的潜在风险

企业社会责任是一个勇敢的，但相对不可逆转的行动。它要求足够谨慎并在战略上有充分的规划。试图通过企业社会责任的实验希望为公益做出贡献，或者获得比其他人更好的自我表现，结果会给企业的竞争力带来显著的危险性。这一点常常被忽视。

对企业社会责任的风险进行的研究表明，当企业对社会责任半信半疑，没有足够的管理资源可用，或者引发迄今不熟悉的利益相关群体的新的活动，都有可能使企业陷入危险之中。例如，与企业社会责任实践相关的风险和应对方法可能包括：

（1）缺乏管理者的监督。从管理者内容看，企业社会责任首先带来了新型的活动，它们需要某种关注力和投入紧张的资源（首先是时间）。危险性不仅在于有可能失去核心业务的重心，而且也在于有可能忽视新的社会责任的活动。一般来讲，工作范围的增加不应超出企业的管理能力。

（2）非生产性开支。当企业社会责任的内容定义不明确，但又冒险力求对社会承担责任，导致资源配置效率不高和（或者）对竞争优势不利。为了尽量减少这一风险，应采用系统化的方式根据要素评价选择企业社会责任的投资。例如：

- 对利益相关方益处
- 投资的资金回报
- 对供应链的利弊
- 与竞争者的行为
- 老龄化趋势和法律的相互联系等。

（3）组织协调负担过重。企业在构建业务过程中必须考虑伙伴和利益相关方。企业社会责任活动超出企业核心业务范围时，会增加组织交叉和对接的工作量。考虑到额外的输入信息使企业承受能力受限，和造成主要利益相关方的负担过重。甚至可能产生附带的影响，失去供应商或者客户。管理者行动中应当包括一个全面的利益相关方对话，应当始终把关注的重点放在企业和利益相关方都关心的问题上。

（4）战略实施失败。实施企业社会责任战略失败也是企业实践中一个极为相关的风险。采用社会责任战略失败的最重要原因是缺乏绩效指标和评价标准。这可能导致可信度和声誉的损失，因而失去动力。为防止这样的情况出现，企业应当同处理任何其他战略主题一样对待企业社会责任。也就是说，制定和实施企业社会责任战略的理想的典型的方式是伴随采用相应的干预措施，例如把企业社会责任的目标与企业的和（或）部门的目标相结合，或者采用提高接受度的措施，例如，在参与战略制定中发挥作用。

（5）失去正当性。当企业进行社会责任活动时，利益相关方对数量和质量都有一个最低的期望。空洞的内容，或者甚至滥用社会责任修补形象上的损失都会损害可信度。对投资者或客户来讲，这意味着失去正当性（合法性）。因此，企业应当努力明确地定义企业社会责任的目标和核心的参数，从而形成对待社会责任的严肃性。通过独立的第三方认证也可以达到类似的效果。

（6）引发其他问题。企业参与处理某些或有争议的伦理或社会问题，可能引起外界注意，可能与这些问题相联系，甚至被认为在某种程度上应对此负责。其结果是，由于外部的压力企业可能不得不进行更多的参与。此外，也可能陷入承担防守性沟通的角色。解决问题的办法是，企业应当采用全面的、开放的沟通政策。在采取一个措施之前，应当把意图告知主要的利益相关方，并且在上述现象一旦出现时，就应当与利益相关方一起共同决定进一步的措施。

（7）缺乏风险沟通。企业社会责任活动，特别是在沟通缺乏和失败的情况下隐藏着风险，这就是由于社会中固有感知的变化使要处理的问题本身变得更严重。特别是，对环境影响相对明显的企业，如炼油厂和核电站，属于这样的情况。即使从科学的角度看，客观上环境风险并不大，但在社会中主观的风险感知可能导致在大范围内产生后果，可能引发不同组织大量的抗议和运动，对公众产生影响。因此，在这样类似的情况下，风险沟通应当特别谨慎，要敏感预料相关群体潜在的担心。同时，持续地与相关方面保持沟通，实事求是和正确处理情绪也是绝对必要的。

总体上说，处理风险问题可分为两个方面：一方面要使工作任务范围和管理资源保持匹配，使组织不致负担过重；另一方面要针对具体不同的对象，采取全面的、个性化定制的沟通政策。因此，企业着手社会责任随之而来的就有义务和不可预见的附带效应，必须要有足够的资源和专业化的知识，以免核心业务受到不必要的损失。

2.10 经济与伦理相统一的问题

总体上可以得出结论，企业社会责任的主要科学方案可以系统化地归结为经济、政治、社会融合及道德这四种不同主导论点和方向。

随着时间过程的推移，在这些方向上形成了多种多样的方案。这也清楚地表明这一主题领域的复杂性。后来尽管存在着若干企业社会责任的标准和大量的企业社会责任倡议，但就企业社会责任而言至今在概念上的理解没有普遍统一，也缺乏统一描述和解释的基础。一段时间以来，在这个方向上的科学研究处于停滞状态，没有可能提供进一步其他的方案。原因可能是，对责任和可持续发展的基本讨论不可避免地要在标准上展开争论，而研究者又不乐意介入这一领域。这是一个涉及动摇个人和集体价值观的根基的争论。不过在现实生活世界，企业社会责任已成为普遍的趋势和模式，因为这对企业，对社会，对国家和人民都有利，对社会负责也是时代的需要，因而有了广泛的共识。

此外应当指出，在很多实践情况下企业社会责任并未当作以人为中心的行为，企业社会责任也未转变成以人为中心的指导思想，所以它不能在道德方面充分发挥根本的作用。尤其是在实践中，有的企业或组织借社会责任之名，不履行社会责任，或者把社会责任用于“包装”，或造声势、做表面文章，甚至为达到另外目的。凡是滥用社会责任的情况都是不负责任，也是危险的行为。

利润和伦理不是简单的、不加思考就能解决的矛盾冲突的问题。这种矛盾的解决需要有一个综合的方案。这一问题的核心是要解决经济学和伦理学主流二元论，即在于它们二者之中存在的两个竞争性的规范逻辑。即使在单一的经济学中不描述道德，但在约束条件下的价值最大化本身基础也隐含着道德的倾向。为了达到经济上的合理，尽管有其他可选的行为，但行动必须遵循经济合理性的基本规范。

在这一认识基础上，Ulrich 发展了整体经济伦理学，即为生活质量服务的经济学。这一方案的目标是，按照经济伦理常识理解经济的合理性，理智地重建经济学的伦理规范的基石，从而使伦理规范（它涉及人际关系）和经济学（应为生活服务）相结合，为经济学接近生活铺平道路。虽然 Ulrich 的整体经济伦理学不是直接可操作性的企业社会责任方案，但这一思想对整个将经济和伦理分离的企业社会责任的讨论提供了一个很有意义的甚至有必要反思或可继续发展的基础。

3 企业的社会责任与企业可持续发展

企业社会责任和可持续管理方式关系企业的存在和发展，关系企业家精神。可持续性对企业是必须应对的挑战，履行社会责任在企业实践中可得到商业实证。

3.1 企业不可不影响可持续发展

企业作为工作场所，沟通和产品开发的集聚地，对市场和社会产生实质性的影响。通过产品设计影响消费的模式，通过采购影响供应链，通过构建工作场所影响职业及生活，通过政治影响作用于国家和超国家的发展路线。简言之，企业影响经济和社会可持续发展可能有较普遍的认识。

如果企业和可持续发展之间相互作用的影响是不可不承认的事实，则可得出结论，企业不可能不对经济和社会的可持续性产生影响。只是它产生怎样的影响需要有普遍的认识，也是值得探讨的问题。

对于企业对经济和社会发展的可持续性或不可持续性影响的问题，只要讨论一下社会的交织关系和经营管理基础就可回答。离开社会基础不可能有企业的存在。为保证输入供给劳动力和资金不仅需要与人互动，而且社会互动的一个结果产生企业行为的接受度。因为没有任何一个互动是不产生相互影响的，企业总是通过多种交织的关系对社会产生作用，不管是愿意或者是不愿意，都是如此。因此，无论其意向如何，企业都是相对于变化或者存在的行动者，甚至是代表者。他的影响要么是在维持现状的方向，要么是在变化的方向。取决于企业的规模和市场关系等因素，企业行动的影响大小自然不同，但总是在一个影响的方向上，即不是为可持续发展，就是为不可持续发展在做贡献。

如果企业领导放弃负责任地构建企业与社会的关系，他则接受和支持现有的框架条件和不可持续状态。这种对于不符合可持续发展的影响和形势视而不见，实际上是在逃避自己行为的责任。

不过，对于什么是可持续的、充分负责的企业行为的特征却有不同的看法。以下就如何理解一个可持续的企业和企业可持续性做一简要的论述。

3.2 什么是可持续或不可持续

为回答“什么样的企业是可持续的”这一问题，可讨论一个相反的问题，即“什么样的企业是不可持续的”，将会大有帮助。

粗略说来，一个不可持续的企业产生的损失大于它所创造的价值。这样的说法首先是用了一个广泛的价值概念，它包括社会、生态和经济的价值。其次，是强调一个可持续性的方案，即一种价值的减少（例如生态价值），不可通过另一个价值（例如经济价值）的产生来得到补偿。举例来说，不可持续性可从如下几点来看：

（1）直接影响：企业活动的直接影响，如企业生产在环境领域的碳排放，在社会领域中出现童工，或者在经济领域中出现的腐败，或经济领域过量负债等。

（2）非直接影响：企业投入市场产品负面间接的影响，例如产品对消费者健康的影响，在废旧处理中持久性有毒物质，还有持久性有毒物质或者产品部件产生高成本的工业废料等。

（3）不适当的管理体系：它就企业决策对可持续性相关的影响或负面的影响提供错误信息，或者掩盖决策落实的不足之处。

（4）未经反思的商业模式：它阻碍社会或生态创新，或者有利于不可持续的生产或消费模式。

缺乏可持续性意味着，企业对达到可持续经营和管理，推动一个显著变化的要求和目标，表现为无能为力。

如果极端地考虑，一个全面可持续的企业必须具有如下的特征：

（1）企业创造社会和经济价值。

（2）企业产生零排放，产生绝对可回收产品，没有任何直接的负面影响。

（3）企业没有间接的负面影响。产品支持可持续利用，在供应链、消费或使用者后续使用中只产生有利的影响。

（4）企业是可持续经营管理及社会结构的“创造性颠覆者”。

(5) 企业商业模型作为其他企业的样板。它超越直接的市场效应并创造性推动可持续发展的市场或社会结构。

很显然，没有任何企业能相应达到这种极端描述的可持续性的要求。迄今为止也没有绝对可持续的企业。但是却有这样的企业，其生产、其产品、其管理体系和它的商业模式远比其他企业更可持续。

在现实中，没有企业完全可以做到理想可持续性，一个要回答的问题是，在什么时候要采取多大的步骤，才能真正称得上可持续的。尽管如此，以上这些关键的参数都表明了可持续和不可持续的指向，对企业和社会都值得探索。这实际上也就构成了可持续发展管理的任务和挑战。

3.3 可持续管理方式及其核心任务

企业可持续发展方式或企业可持续发展常简称为企业可持续性。与这种发展方式相应的管理就是可持续管理，在本质上也是（充分）负责任的管理。

在宏观层面上，一个可持续经济方式的愿景可描述为，在全世界保证各自都有机会满足基本需求和实现高质量生活，同时保护自然环境和人类公正的社会关系。企业作为经济主体能对此做出有益的贡献。换言之，企业领导必须对其管理的后果和承担的责任应有清醒的认识。这时，企业社会责任和企业可持续性被认为是当代需要的最有意义的发展方式。

关于企业社会责任，社会上流传着许多解释、意见和误解，但如果认真研究有关社会责任原始的基本著作，深入考察科学文献，其中包括欧盟等有关基本文件，却都可以提炼出对企业社会活动及其自愿性的清楚的概念。企业社会责任在实质上是企业为适应社会的价值观和社会期望，在经济、法律、道德和慈善层面上所进行的活动。这意味着企业对社会的要求要做出反应，应当自愿地把它们融入到企业管理和它与利益相关方的关系之中。企业社会责任的自愿性并不意味着任意性，不是可有可无。

企业可持续管理是力求控制生态、社会和经济的影响获得企业可持续性（企业可持续发展），一方面要达到可持续的企业和业务发展，另一方面要保证企业为整个社会可持续发展做出积极贡献。因此，企业可持续管理包括企业所有那些（不仅自愿性的）系统的、协调的和面向目标的活动，它们既服务于企业可持续发展又支持经济社会可持续发展。这也意味着核心业务和业务模式的继续发展以及把环境管理与社会管理与传统企业内部管理相结合。

这样企业可持续性（企业可持续发展）就是一种发展方式。它不把企业满足社会期望的活动看成是通常企业活动的补充、修复或者改正手段，而是把可持续性作为融入到企业的基本原则，使它成为企业内部价值创造的组成部分。与此相联系的一种信念是，当企业不仅为社会和生态改善同时也为企业成功做出贡献显而易见被理解时，企业为可持续性的参与就是最可信的。

因此，利用可持续性管理应当全面地考虑对企业的社会、生态和经济的要求，并按照创新的方式综合处理。这样企业可持续性目标只是粗略的说明，但清楚具体落实的路线却很重要。这里，可持续管理的目的不仅是为企业组织可持续发展，而且也是为经济和社会可持续发展。

3.4 可持续性和可持续企业家精神

联合国 1987 年定义了的愿景，由于高度的抽象性要将它直接转换为企业可持续发展有一定的难度。因为代际之间的长期性和持续性的特点对企业并不一定都是现实的，或者说会导致企业的可持续性。取决于企业所确定的目的，有时一个企业甚至不应长期存在。例如，建筑合资公司、合伙公司或者一个大型体育赛事的组织（如足球比赛），当其任务已经完成时，它们就应当解散。

另外，也有企业虽然其布局考虑到其一时间，但由于技术的进步，替代物出现或者由于新的监管的产生使它成为过时，例如打印机被计算机所取代。企业生产过时的不可持续的产品，走向“没落”也就是“被颠覆”，常常是服务于可持续发展。这样一来，利用有毒化学品冲洗胶卷的实验室，代之以数字照片打印服务，也显著地减少了环境的负担。当利用化学品的机构让位于具有先进工艺、更清洁的工艺流程时，也会产生类似的结果。

这些情况的出现是可持续的企业家精神产生的结果。通过建立和发展一个企业和一个业务领域将生态、社会与经济目标相结合，它反映了市场经济的新方式。

可持续企业家精神（sustainable entrepreneurship）不仅包括以企业或业务可持续发展为目的将生产过程和产品优化，而且也包括把构建社会的角色作为企业核心的活动。这里的问题是，哪些社会发展可通过企业的成就和活动来发起，或通过它们来促进？可持续发展要求变化常常是实质性的。不可持续的产品或生产过程必须放弃，要创造新的产品和过程。从熊彼特“创造性颠覆”的意义上说，对可持续的企业家精神的期待，就是要把不可持续的情况当作创新的产品和服务供应的机会，要替代现有的结构，使之失去吸引力甚至成为过去时。在此，应特别努力将可持续产品和服务供应从短缺的市场引向批量化市场。只有当一个企业以加强企业的绩效的方式来处理社会和生态问题时，它才会获得成功。人们通常称此为“三重基线”的方式。因此，可持续性管理的主要目标是为企业可持续发展获得商业实证。

3.5　企业可持续发展的商业实证

一些企业能明显地在可持续发展方向上以可盈利的方式实现变革，甚至加强变革，而另一些企业缺乏考虑，甚至错误地考虑可持续性主题而受到挫折或遇到困难，其关心的中心问题是所谓可持续发展的商业实证。

可持续发展的商业实证要问的是，一个企业怎么才能通过加强可持续发展的方面来增强经济上的成功。这与通常把可持续性主题的意义只局限在财务目标上的行为有着显著的区别。

可持续商业实证与机会主义行为不同，不是利用经济上的一个趋势，忽视相应的实质性的可持续发展绩效，而是通过广泛的环境和社会活动来创造企业的业绩。

当自愿考虑生态和社会主题，通过有针对性的可持续发展措施获得正面的经济影响时，可持续发展的商业实证得以实现。无论是管理还是财务分析都面临着挑战，那就是要识别并评价环境和社会方面与企业业绩之间的关联性。

可持续发展的商业实证对企业领导具有很重要的意义。不过，在大多数情况下人们并不知道可持续性和企业业绩之间的根本的关联性。图 3－13 中示出企业自愿性生态和社会活动（X 轴）与经济绩效（Y 轴）之间可能的关联性。

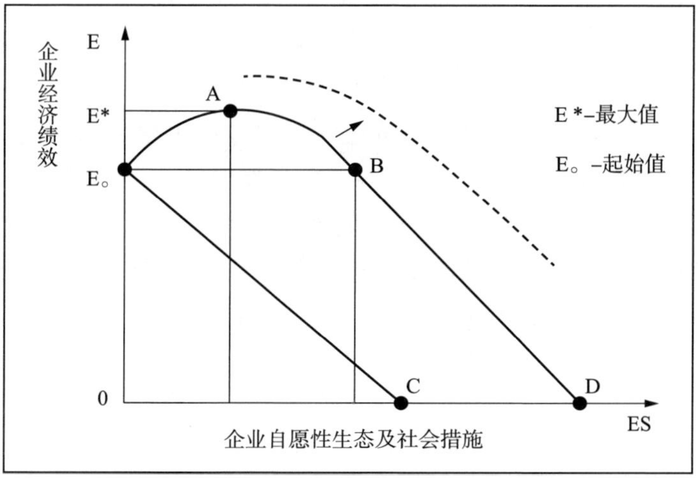

图 3－13　企业可持续性措施的商业实证

资料来源：Schaltegger/Synnestvedt，2002。

企业在满足法律要求之外，采用自愿性环境和社会措施对企业经济绩效有什么影响的问题，有着不同的看法。图中的直线和曲线代表两种根本不同的意见。一方面，有一种想象认为满足法律要求之外，自愿采取的环境和社会活动只产生成本，因此这一做法与经济绩效的目标处于矛盾的状态（直线）。这一观点的依据是，每一个环境和社会措施（沿横轴从左向右移动）会减少经济业绩（沿纵轴从上向下移动）。典型的例子是污水处理、垃圾处理、废气过滤。

与此相反的观点认为，通过企业内部的环境和社会措施可使经济绩效得到改善，因此二者之间存在着一种正面的关系（曲线弧形向上部分），经济绩效改善直至最大值达到 A 点。因为并不是任意环境和社会的措施会继续提高经济绩效，所以在达到 A 点最大经济绩效值（E^*）后，从这一点开始继续增加生态和社会措施，就会降低经济绩效。直到 B 点，经济绩效降至与起始的绩效水平（E_0）相当。两点不同之处在于，一点忽视社会责任，而另一点采用了措施。C 点和 D 点之下表明企业进入亏损状态。自愿可持续性措施与企业绩效之间的正面关系的例子是，能效措施提高能效使成本降低，或者生态产品使客户范围的增大。

此处不打算细致讨论不同的观点。不过，从图中可以看出，有说明两种措施的具体的例子。同时也表明，一个企业的环境和社会措施与企业经济绩效之间的具体关系曲线可位于图中以上两个曲线之间。

换句话说，可持续发展的商业实证与采取措施的数量间的关系并不大，更为重要的是如何构建可持续性的管理。不过，取决于管理构建的情况，处理自愿性的环境和社会措施间的关系对企业业绩的影响可以是正面的，或是负面的。因此，要环境和社会管理先进，同时经济也要成功，则要求要有一个系统化的可持续性管理。

在构建一个可持续管理过程中，在同样的环境和社会措施情况之下，有可能使企业的经济绩效达到最大化（图中虚线曲线）。原因是，随着时间推移环境技术发展，环保边际成本减低。同时消费者偏好的变化导致环保优质绩效增加市场盈利。监管的变化也会奖励优秀的环保绩效。

3.6 可持续商业实证的推动力

企业内部的可持续性管理意味着要系统性地构建企业所有活动，使经济有效，环境影响减少并使所希望的社会影响增强。可持续性管理不仅是要达到可持续的组织发展，而且更要通过经济绩效为经济社会可持续发展做出贡献。为社会需求而投入应当成为企业内部价值创造的组成部分，使之不仅有助于社会和生态的改善，而且也有助于企业的成就。

可持续管理不仅包括与市场相关的主题，也包括与市场无关的主题。在法律或社会环境中有许多环境主题和社会主题在发展中。例如，供应链上游的供应商使用童工与企业成本和绩效没有直接关联。与上游供应商既不必有合同的关系，也不必与那里工作的童工有什么直接的关系，但这个主题与企业成功却有直接的关联。如果这一与市场无关问题被媒体重视，并变成个负面的主题，同其他许多与市场相关的主题一样，它同样可突然导致企业销量下滑，成为影响企业成功的直接的相关因素。与市场不相关的方面也可能导致政治压力、新的监管或者社会行为的改变，并且这样通过非市场相关的影响机制对企业的成功产生影响。

对管理者的挑战也在于识别那些最可加强经济成功的生态和社会活动。此外，他们必须判断一个企业的可持续管理是否适合创造可持续发展的商业实证。

判断环境和社会活动对企业成功的影响，必须根据传统上构成企业成功的变量和推动力来进行。可持续性措施的经济影响可能导致下列经济绩效因素的改善或者恶化：

- 成本
- 销量，价格和边际利润
- 风险
- 信誉，非物质价值和品牌价值
- 创新
- 其他因素，如工作满意度或对其他方面影响的商业模式的发展

可持续性措施可首先按照这些关注点进行基本的考究和检查，同时也考虑可能的其他因素的影响和后果。例如，由于信誉的改善而增加销售量。很自然，还有其他因素对商业实证也会发挥作用。对所计划的环境和社会措施针对成本、销售、边际利润、风险、信誉和品牌价值的影响进行系统地评估，有助于识别对企业成功产生的正面的和负面的影响。

变化了的和继续变化的市场、法律、政治和社会框架条件向企业提出了挑战，要越来越多地认真地考虑可持续性的方面。随着面向可持续性的企业名人和企业过程引发的企业创新力在社会和经济中激发了一个开始结构变化的动力。这就影响了企业、行业和整个社会的增长过程和变化过程，它反过来又向企业管理者的成功的管理方式提出了更高的要求。

企业可持续性不仅包含现有生产过程和产品的优化，而且也包含核心业务优化以及由此引起的企业关键社会角色的核心要素的优化。这时，主要的问题在于企业绩效和活动推动什么样的社会发展，或者通过它支持什么样的社会发展。可持续发展需要变革。必须放弃不可持续的产品和生产过程，必须采用新的产品和过程。

从熊彼特“创造性颠覆”的意义上讲，对一个可持续企业家的期望是，他把不可持续的情况当作获得新的可持续产品和服务供应的机会，以改变至此为止的结构，使之失去吸引力甚至成为过去时。也就是说，只有以加强企业的绩效来处理社会和生态主题，才能在企业内外取得成功。

4　社会责任管理/可持续性管理

企业或组织的管理必须依靠机制和流程才能付诸实践。本书作出的社会责任的定义使其任务与组织、管理过程和管理目标之间建立起了直观的联系。这种显在关系可成为检验企业或组织是否事实上履行社会责任的试金石。

4.1　社会责任与管理相结合的重要性

空谈社会责任或社会责任脱离企业和组织的管理实践是没有意义的。

在我们今天的社会责任实践中怎样才能将企业社会责任或可持续发展与管理建立起联系，是一个重要的也是一个亟待解决的问题。

本章将基于社会责任的定义及其实质，从管理的意义上提出企业在管理或操作层面的责任定义。在此意义下，社会责任在实质上是一个负责任的管理方案。履行社会责任是一个管理实践的过程。

在企业长期的实践中，曾使用不同的概念或不同的定义。也由于不同的学者、不同的机构和组织各自对社会责任的不同的认识，提出了不同的概念和定义。虽然这对社会责任有不同的观点是一个正常的现象，但各种不同的说法在一定程度上影响了认识社会责任统一性。

对于企业实践中，如何开展社会责任、贯彻社会责任的原则、实施社会责任项目，实现将它们与管理（治理）相结合，这是一个必须克服的难题。对于新进入社会责任领域的企业，要理解它与可持续发展的目标的联系这也存在着一定的难度。因为在实践中人们不知道如何才能将它变成一个负责任的管理方案并与企业的发展目标建立有机的联系。此外，在许多情况下，无论是夸夸其谈的社会责任，还是与企业发展不相干的社会责任，就更无法说明通过什么样的方法或路径才能将它落实到管理和行动之中。

所以，理解社会责任与管理（治理）的关系是一个十分关键的问题。我们必须从不同的方面来理解社会责任与管理有什么关系。这里，我们需要从以下的几个方面去了解关系社会责任管理的实质和本质。这就涉及社会责任的定义、社会责任的议题、社会责任管理的任务、社会责任管理的组织等各个方面。

4.2　国际通行的社会责任定义

在国际上，有两个普遍承认、具有时代性和普遍影响的关于社会责任的定义，这就是欧盟的企业社会责任的定义和 ISO 26000 的社会责任的定义。

4.2.1　欧盟企业社会责任定义

欧盟曾于 2001 年把企业社会责任定义为：**企业在自愿的基础上将社会和环境的要求融入到它的经营活动和它与利益相关方互动关系之中的一个根本的方案**。按照这样一个定义，它强调要把社会和环境的因素考虑到经济的运营当中以实现经济的责任，从而实现企业可持续发展和社会可持续发展。在这一定义中，强调只有以遵守法律为基础才谈得上履行社会责任。并且表明，要有一套流程，要保证社会责任的原则，要与利益相关方合作，要将社会责任融入到核心业务之中。

欧盟于 2011 年更新了企业社会责任的定义，进一步明确了企业社会责任就是：**企业要对它在社会和环境中的影响负责**。与此相关的这些责任涉及人权、涉及消费者、涉及其道德影响。应当有避免、减少和防止负面影响的管理流程。同时强调，企业必须遵守法律法规。

4.2.2　ISO 26000 社会责任定义

ISO 26000 把组织的社会责任定义为：**一个组织用透明和道德的行为，对它的决策和活动在社会或环境中的影响负责，使之有利于可持续发展，包括健康和社会福利**。要考虑利益相关方的期望，遵守现行法律，并尊重国际行为准则，将它们融入整个组织并落实到它与各个利益相关方的关系中。这里所指的活动包括产品、服务和过程。这里所指的关系是一个组织在其影响范围内的活动。

应当指出，以上两个定义所经历的开发及讨论的时间都处于同一个时间段，欧洲社会责任定义始于2000年，更新的版本的时间是从2010年开始到2011年结束，整个过程刚好与ISO 26000开展的全球对社会责任讨论共识的时段基本重合。后者是从2000年由消费者协会提出制定《社会责任国际标准》历时10年，于2010年ISO完成这一标准。对于企业来讲，这两个定义所论述的实质上是同一个主题，即企业经营要对其在社会和环境中的影响负责。

企业要对可持续发展做出贡献，就应当在整个组织中采用相应的措施，进行社会责任的管理或可持续性管理，首先要遵守法律和国际标准。无论是ISO对组织社会责任的定义或是欧盟对企业社会责任的定义都明确了责任的意义，同时强调了可持续发展的目标。可持续发展的表达方式有所不同，这与整个定义的开发过程有关。这里有必要做一简要的说明。

在欧盟的定义中，一开始不用可持续发展这一术语，而是采用社会和生态的要求，在后来更新的版本中才用了可持续发展。相反，在ISO 26000的定义中则直接使用了可持续发展这一名词。

社会责任管理这一名词在ISO 26000中未曾提到，而且无论在社会责任的通告或ISO的标准中都没有应用管理这一词汇。相反，采用的表达方式是，将社会生态要求融入核心业务的流程和用透明的、合乎道德的行为，为可持续发展做出贡献，融入整个组织和落实到它与各个利益相关方的关系之中。

上述这两个文件多次提到环境管理、风险管理、供应链管理，落实管理实践等管理概念。这两个社会责任的定义都避免使用管理一词的原因在于，一些企业、行业的协会长期以来反对和抵制对企业社会责任可认证的管理标准。

在过去的一些时间里曾经有过赞成和反对社会责任认证的争论。在ISO 26000开发的过程中也进行了类似的讨论。不过应当指出，在实践中企业实施社会责任要求有明确的职责、职能、结构组织和明确的流程组织，所有这些都是管理系统的核心要素。

关于社会责任与遵守法律法规的问题也曾经进行过长时间的讨论。多数工会组织对企业社会责任发展保持尖锐的看法。直到今天，有的仍然不满意，认为自愿的社会责任对已经实施的国际劳工标准来说，这是一种倒退。也就是说，工会和非政府组织始终坚持企业社会责任要包括遵守法律。因此，欧盟和ISO 26000的社会责任的定义都是以遵守法律为前提。

4.2.3　其他社会责任新概念

随着时间的推移，在社会责任领域提出了一些新的概念，对实施社会责任方法在深度或类型方面做出了划分。下面对几个重要的概念，例如企业责任、社会责任、社会责任2.0、战略社会责任和共享价值等，分别作简要的说明并与上述欧盟和ISO 26000的理解加以对照，这对在国际范围内理解社会责任是重要的。

2003年后社会责任领域新出现两个重要的概念，即企业责任（CR）和社会责任（SR）。

企业责任（CR）：因企业认为企业社会责任中社会二字容易引起人们的误导，对他们来讲责任也应当包括生态方面的，同时也应强调对股东的责任，所以出现了企业责任这一概念。在首批用企业责任描述的可持续发展报告常包括详细描述企业治理、风险控制、合规体系和反腐败。这可看成是欧盟早期的定义的一个延伸。

在欧盟2011年更新的企业社会责任定义和这里所谈的企业责任概念之间并无什么区别，这一定义与ISO 26000中定义的基本理念也没有什么区别。

社会责任（SR）：随着ISO 26000社会责任国际标准的开发，企业社会CSR中的C不再存在。因为这一国际标准要不仅适合企业，也适合所有的组织。制定ISO 26000一开始就提出如何使社会和生态的责任涵盖供应商和供应链生产商。在标准开发过程中主题的范围大大地延伸了。ISO 26000所包括的“议题”有：组织治理、环境、人权、劳工实践、公平运营、消费者保护和社会发展等。

按照前面引述的ISO 26000对社会责任的定义，在将其用于企业的意义上讲，它与欧盟对企业社会责任的理解是完全一致的。

企业社会责任2.0：企业社会责任2.0由Visser于2010年提出，意指在社会责任实践中要抛弃绿洗、打擦边球、非经济的不良做法，从而转入将社会责任融入企业战略和治理系统的方案。实际上，欧盟于2001年就已明确社会责任必须与核心业务相结合，ISO 26000中也已包括了组织治理的议题，所以企业社会责任2.0与欧盟和ISO 26000对企业社会责任的定义覆盖的内涵也是一致的。

“战略型企业社会责任”：2006年波特（Porter）和克瑞默（Kramer）发表了他们的论文“战略与社会——竞争优势与企业社会责任的联系”。在这篇文章中主张不把企业社会责任当作应对批评的反应，或者不应当逃避批评采取预备措施，而必须把它融入到企业的核心业务，使整个企业发生变革并开发新的业务领域。他们将此称为“战略型企业社会责任”。

但如果将以上的提法与欧盟企业社会责任的定义、与 ISO 26000 相应的定义相对照，从企业整个实施和实践的意义上看，可以说与后二者的基本想法并无两样。只不过，当时他们主要强调企业公民（战略型慈善），随后注意到同时考虑供应链和核心业务中的变革也是同等重要。

共享价值：波特和克瑞默于 2011 年和 2012 年发展了他们关于企业社会责任的方案，提出了一个与企业社会责任在名称上不同的概念，这就是共享价值方案。他们把共享价值方案描述为通过解决社会的需求和问题既创造经济价值又创造社会价值的方式。这就是说，企业要通过产品和服务为解决社会问题做出贡献。

实际上，早在 2001 年，欧盟在企业社会责任定义中就确定了企业社会责任应为可持续发展做出贡献。这隐含着要考虑社会和生态的要求并找到解决的方案。欧盟在 2011 年企业社会责任的通告中指出，要为企业的股东和其他利益相关方以及整个社会共创价值。欧盟表述的企业社会责任实质上包含了共享价值的方案及意义。

从根本上讲，共享价值并不是一个不属于社会责任范围的新的方法，它同样也属于企业社会责任，只不过是战略型社会责任的另外一种表达形式。

研究了以上现代社会责任的定义较为复杂的不同概念形式，我们则可考虑在管理的意义上如何简化社会责任的定义，并从中引导出它们共同构成的实质性元素。

4.3 与管理相结合的社会责任定义

以上国际上通行的社会责任的定义正确性和科学性是建立在多利益相关方共识的基础上的，它在很大程度上是高度概括的、普遍适用的定义。这意味着，企业或组织在实践中，必须基于这种通行的定义，根据自身所处的环境和所具的条件要素将社会责任内容具体化。

但在现实的情况中，大都缺乏具体化这一步骤。特别是华而不实或表里不一的企业或咨询公司，以社会责任为时髦，只停留在概念而不注重实质，致使社会责任无法在管理上、组织上落实，其有害结果就不用说了。

一个重要的原因在于，社会责任与企业或组织的管理相脱离。把社会责任转变为创新的生产力是一个基本的要求，满足这个要求就必须将社会责任和管理二者相结合。对此虽然有很多方法可用，但必须找到一个最根本的方法。这就是在社会责任定义的源头上开始想办法，从企业或组织管理的意义上定义社会责任。

通过综合考虑欧盟和国际标准化组织定义中所包含的社会责任的实质性元素，可以从管理意义上提出一个对企业和组织实用的、可操作的、可度量的社会责任的定义（如图 3 – 14 所示）。

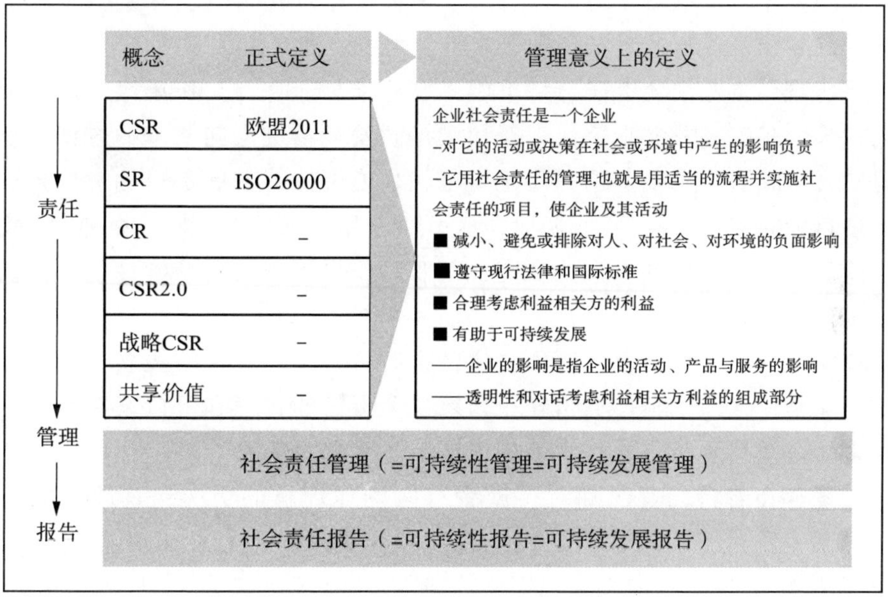

图 3 – 14　同管理相融合的社会责任定义

一个与管理相结合的社会责任可定义为：

社会责任是企业（或组织）

——对它的活动或决策在社会或环境中产生的影响负责

——运用对社会责任的管理，也就是运用适当的组织、流程和机制、并实施社会责任的项目，使企业（或组织）及其活动

- **减小、避免或者排除对人、对社会、对环境的负面影响**
- **遵守现行法律和国际标准**
- **合理考虑利益相关方的利益**
- **有助于可持续发展**

——企业的影响是指企业的活动、产品与服务的影响

——透明性和对话是合理考虑利益相关方利益的组成部分

——有助于可持续发展，不仅是规范上的措施，而且也隐含企业在其影

响范围内系统地为转型做出贡献的措施。

——在理想情况下，要开发产品和服务方案，为解决社会问题做出实质性的贡献。

4.4 社会责任管理与可持续性管理

我们首先需要说明社会责任管理与可持续管理是否有所区别，然后描述管理的任务和管理的组织。

在《现代企业社会责任》一书中，描述了自20世纪50年代中期至本世纪初在半个多世纪中企业社会责任和可持续发展渐进走向统一的过程，其结论是二者形成了共同的主题和议题。也就是说可持续发展是目标，社会责任是实现目标的方案（路径）。所以，这里隐含着一种理念，即管理这些相关的主题或议题，其实既可称为社会责任的管理，也可称为可持续性管理，或可持续发展管理。

在实践中常有社会责任管理之说，也有可持续性管理的概念。但二者真正的意义是什么，一般并不明确。如果社会责任的管理和可持续性的管理都是管理企业及其活动的影响，那么二者有什么区别吗？

的确存在着将二者区别对待或者有区别地理解的情况，其原因在于有的意见是基于过去对社会责任的定义。在历史发展中，企业社会责任和可持续发展各有不同的定义。当时，企业社会责任定义为以自愿性为基础，而可持续性管理与环境管理相似，考虑遵守法律及法规的强制性。但按照欧盟新的社会责任的定义，二者的区别也不存在了。实际上，在企业实践中社会责任的管理和可持续性的管理都是针对经济、社会、环境三个领域，而且既有自愿性的特征，也包括强制性的部分，因此在实操上也不存在什么区别。

一个理论上的区别在于，从可持续发展引出来的可持续性管理包括企业可持续经济贡献（如GRI经济指标），而社会责任的定义强调对生态和社会可持续性的贡献。但是，企业社会责任同样要寻求改善企业竞争优势的方案，实际上经济方面的贡献也已在考虑之中。因此，虽然在理论上考虑的角度不同，在实践中这一微小的区别并没有实质性的意义。

综上所述，从实用的角度出发，我们可认为社会责任管理和可持续性管理在概念上是等同的。

根据上面从管理意义上的社会责任定义，我们可直接引导出下面的社会责任管理的概念：

社会责任管理是应用适当的组织、流程和机制并实施项目，使企业（或组织）及其活动

- **减小、避免或者排除对人、对社会、对环境的负面影响**
- **遵守现行法律和国际标准**
- **合理考虑利益相关方的利益**
- **有助于可持续发展**

在合理和可行的情况下，对企业的活动及其影响的规划、实施、控制和评价也属于社会责任管理的过程。

考虑社会责任的议题（行动领域）有助于理解社会责任管理的任务和进行的方式。

因此，在本书中我们在术语上把社会责任管理等同于可持续性管理或者可持续发展管理。这样一个观点的重要意义在于，强调二者处理同样的主题，社会责任是可持续发展的路径，有利于明确地把（企业）社会责任理解为（企业/组织）管理的一部分，而不是把（企业）社会责任看成是一件孤立的与（企业/组织）管理不相关的事情。

除企业社会责任管理等于企业可持续性管理或企业可持续发展管理外，在实践中还有类似的情况，同样可推广到其他概念或术语中：

- 社会责任专员等于可持续性专员或可持续发展专员；
- 企业社会责任报告等于企业可持续性报告或企业可持续发展报告；
- 企业社会责任沟通等于企业可持续性沟通或企业可持续发展沟通等。

GRI 全球报告指南实际上已成为可持续性（发展）报告的标准，因此可持续性（发展）代之以企业社会责任也已普遍成为事实。

不过需要指出，这一等同性的应用只在针对企业的行为以及组织内部的活动的情况下才是可行的。与此相反，在不涉及社会责任管理与可持续性管理时，社会责任和可持续发展不能在一般意义下互换，例如可持续发展、国家可持续发展战略等。

在以下各相应标题的名称中，在社会责任的位置也可以用可持续性或可持续发展来替代。

4.5　社会责任的议题和管理任务

社会责任的议题：也即行动领域。

环境管理、GRI 报告指南、OECD 跨国公司指南和其他道德标准以及 ISO 26000 都相应确定了关系社会责任的议题（行动领域）。按照企业运营的管理组织，企业社会责任的主题（行动领域）可划分如下：

- 企业运营：内部环境保护、员工的利益
- 企业产品及营销：产品生态责任以及消费者保护和客户利益
- 企业采购及供应链：供应商的环境保护、劳工实践和人权
- 企业外部：公平贸易、商业实践以及企业的公民行动

在所有这些议题的处理都需要企业顶层的控制，包括企业价值观、战略、管理系统以及沟通和对话。反过来说，社会责任的议题（行动领域）或可持续性的议题（行动领域）要融入企业的顶层管理。

以上综合的议题（行动领域）是从企业的实用的观点提出的，因为这相当于一个典型的企业组织，包括运营、产品、营销和采购。这样一个议题的分类包括了 ISO 26000 和其他主要国际倡议指南所覆盖的议题范围（主题或议题的具体内容请参阅本书相关章节）。

社会责任管理的任务：

为满足上述社会责任定义中提出的责任要求，在企业中社会责任管理（可持续性管理）应当完成以下的任务：

- 调整业务流程以综合考虑可持续性的方面（内部项目）
- 制定并定期更新可持续性项目
- 对可持续性主题的信息管理
- 与利益相关方进行可持续性主题对话
- 参与企业战略、风险管理以及必要情况下的其他管理过程
- 编制或支持可持续性报告和可持续性沟通
- 组织公益慈善活动

通过完成这些任务能获得竞争优势，同时也为可持续发展做出贡献。由于企业规模不同和所在行业的区别，在具体情况下这些任务的范围是有区别的。对小型企业，这些任务中的某些部分可能会简化或完全没有必要考虑。

4.5.1 融入业务过程

实施企业社会责任是一个跨部门的任务，它要求在企业所有的业务过程中都要考虑相关生态和社会的要求。也就是说，必须以集成的方式把它融入到现有的流程，例如供应商的选择和创新的过程。力求全面考虑企业内部的现状及其行为对社会和环境的影响。多数情况下，企业社会责任负责人的任务是，发现新的问题局势，分析、评价对企业的影响，并在必要时使业务流程发生改变。通过经常检查业务过程和达到的目标，能获得企业行为的持续改进。

4.5.2　可持续性项目

可持续性项目的实施应利用相应的工具，因它有助于系统协调一个变化过程。这包括对社会和生态方面设定整体措施的目标，对员工提出强制性义务，并提供内部和外部检查和跟踪进展的可能性。

4.5.3　信息管理和利益相关方对话

信息管理和就可持续性与利益相关方对话也是社会责任管理的又一项任务。当今信息快速发展和传播，企业面临从未有过的信息量的挑战。对社会或环境主题也必须要有明确的负责，要检查有关可持续性主题信息与各个部门的相关性，并告知相关部门或者相互交流。与利益相关方对话对获得的信息是一种补充。通过可持续性主题的对话、会议或讨论会也会有助于企业获得有关发展的不同意见并确定其优先重点。对某些做法的批评也更容易理解，在理想情况下也会获得改进的建议。同时，利益相关方对话可增强对社会责任管理的可靠性进而增强对企业的信任。

4.5.4　战略制定和风险管理

社会责任负责人是内部涉及企业社会和生态挑战的专业人士。他汇集企业内部和外部许多不同的信息。在具有社会责任管理的企业中，这一专业知识也会有助于改进企业的战略。对此，社会责任专业人士应提供分析结果、发表意见和参加战略讨论。其结果是准备一个更好的可供企业领导做出决策的基础。

4.5.5　可持续发展报告、沟通和透明

利益相关方有权要求大型企业告知他们的活动及其所产生的生态或社会影响，以及对此所采取的减少负面影响的措施。按照国际普遍承认的全球报告倡议（GRI）框架的报告是满足这一要求的很好的基础。经常进行系统的状态分析也有助于改善企业内部的过程。此外，这一报告的内容也是在网站或其他的媒介上与目标群体沟通的基础。

4.6　社会责任的阶段性特征

对于实施社会责任的阶段性有不同的划分方法和建议。在2013年出版的《现代企业社会责任》一书中，作者也提出了企业社会责任的阶段性模型，把企业社会责任分为基础阶段、初级阶段、中级阶段和高级阶段。社会责任阶段的划分有利于企业更好地理解社会责任的初始位置。因为企业社会责任包含许多主题和绩效，企业总是在某个方面或以某种方式履行社

会责任。

对企业来讲，区别不在于是否履行社会责任而在于如何实施社会责任。“如何”二字包含多方面的意义，具体说来要考虑如下一些问题：

——企业在哪些领域积极采取生态和社会措施？是在员工、在捐赠方面？或者也在企业内部环保？或者也在供应链上考虑生态和社会方面？

——采取措施的系统化如何？例如，进行的活动是即时性短期性的？还是在内部对所有的活动有通盘考虑？或者是否分析过所有相关的可持续性方面？是否有社会责任计划及目标和措施？是否有社会责任管理？

——活动的范围大小如何？

——降低风险或者也开发新的业务领域？社会责任行动更着重在避免损失，或者也开发新的业务领域？

——与利益相关方的关系如何？尖锐的利益相关方如何评价企业社会责任管理和它的绩效？同样也可作为考察的指标，这时必须考虑利益相关方关注的期望。

相应于企业社会责任发展的不同阶段，社会责任（可持续性）管理具有不同的基本特征（如图 3－15 所示）。

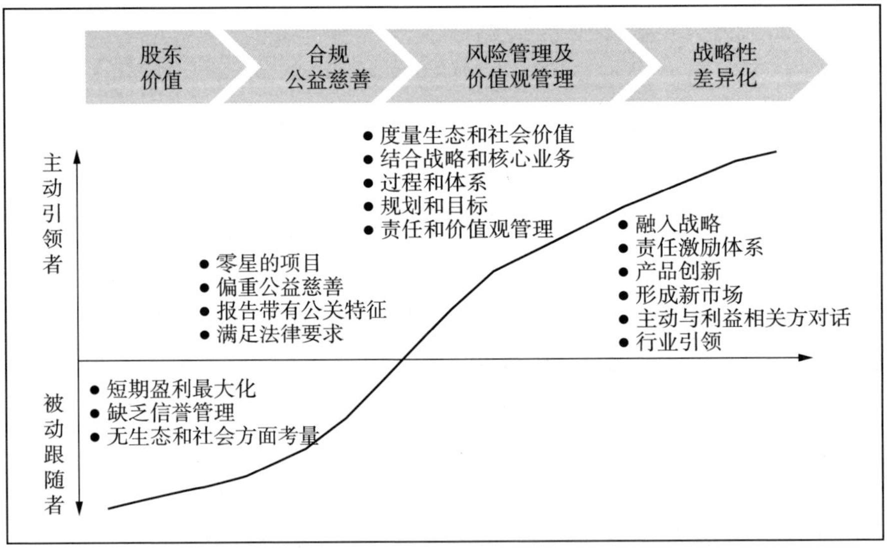

图 3－15　社会责任（可持续性）管理的阶段性特征

资料来源：参考 IBM，PWC 2010。

——早期阶段的特征是只注重股东价值（基本阶段）：

- 短期盈利最大化
- 缺乏信誉管理
- 无生态和社会方面考量

——起步阶段的特征是偏重慈善及合规（初级阶段）：

- 零星的项目
- 偏重公益慈善
- 报告具公关特征
- 满足法律要求

——正规阶段的特征是风险和价值观管理（中级阶段）：

- 度量生态和社会价值
- 结合战略和核心业务
- 过程和体系
- 规划和目标
- 责任和价值观管理

——成熟阶段的特征是战略性差异化（高级阶段）：

- 融入战略
- 责任激励体系
- 产品创新
- 形成新市场
- 主动与利益相关方对话
- 行业引领

不过应当指出，划分社会责任阶段的管理模型更多的是适合大型的企业，对中小企业，其主题范围和工作的节奏可能有显著的不同，但如依照企业自身可持续发展和变化的规律的考虑划分的方法却有类似之处。

4.7　社会责任管理的核心领域

指望实现可持续发展的企业力求考虑社会和环境的要求，可建立一个长期的不断发展的基础。综合性的考虑是保证企业发展，提供就业岗位，或改善人们生活质量必不可少的条件。注重长远可持续发展的出发点是同时重视如下的三个方面，即经济的成功、对社会的责任和始终在可承受范围内利用自然资源。

今天，实施可持续发展的方案的要求就是要建立现代的面向未来的企业管理。但问题在于，找不到一个对所有企业都适合的实现可持续发展的一成不变的方案。每一个企业必须要寻求自己通向可持续目标的路径。如果要做到这一点，需要每一个企业自己形成量身定制的方案。这在很大程度上，取决于一个企业所在的地区和在什么文化或社会及自然条件的背景下从事什么样的业务活动。

一个有意坚持可持续发展方向的企业，一定要在不同的层面或不同的领域采取行动。企业可持续发展过程中包括核心领域如图 3－16 所示，它们是可持续管理的核心活动单元。这些核心管理领域或活动单元中没有一个是单独存在的，它们分别对所有其他方面都有影响。只有所有活动的综合的结果才能决定一个动态的可持续过程的方向。企业可持续经营管理最终应当落实到企业的所有管理领域未来的能力。进行这样一个长期的过程，要适当地起步，从小的步骤开始，而且也需要时间。只有这样，可持续性才能在每一个领域真正得到落实。

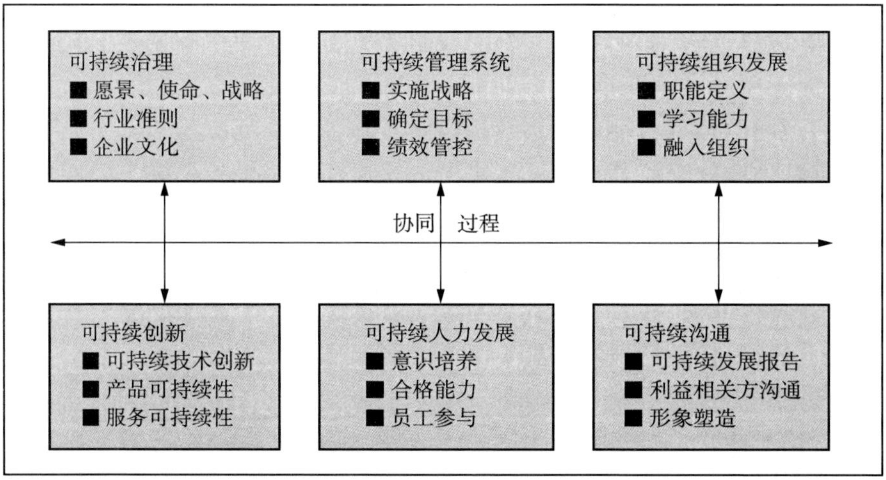

图 3－16　企业可持续管理的核心领域

（1）可持续治理

许多先进企业都已着手可持续管理的措施。在企业开启可持续过程时都有一个可持续发展的愿景。它描述企业将来如何为满足环境和社会的要求而实现成功的经营和管理。当然，已有许多企业在落实和实施它们的远景规划中创造了宝贵的经验。

（2）可持续管理系统

在大型企业中实施可持续方案需要有一个可持续管理系统，它的作用是真正落实可持续性愿景、战略和目标。随着时间的推移，企业正在不断为实现这一要求提供有用的经验。可持续企业管理和管理系统最终要得到的结果是产生新一代的产品和服务。这种产品和服务产生方式的特点是创新地面向未来的技术和过程。

(3) 可持续创新

创新与环境和社会两个方面都有不可分割的关系。一方面，要求新的产品服务和技术对自然环境的负面影响要更小。举例来说，使一个发动机更能节约能源，提高了效率，实现了技术上的创新。只有普遍应用并以新的方式去满足人类活动移动性的要求时，才谈得上是创新。创新也可能关系社会方面，例如企业可向发展中国家提供基础设施，在边远地区提供分布式新能源供电（例如利用太阳能）。这样，使整个社会受益，使边远地区弱势群体的生活质量得到改善，企业也获得了新的销售的可能性。因此，这里所指的创新不是一个现有基础上的改进，而是一个全新的理念和由此产生的结果。

(4) 可持续组织发展

可持续组织发展所包括的内容远远不是在现有结构基础上增加一个可持续委员会。最终意指企业所有部门都要承担责任，实现它的可持续发展的愿景。所以，可持续性不仅涉及企业的研究开发，同样涉及企业的营销、沟通和管控。可持续组织发展首先强调的是企业各个单独的部门之间的相互协调和网络化。

(5) 可持续人力发展

企业所有的措施如不能被企业中的人付诸行动，它们再好也是毫无用处的。如果员工不理解可持续性的意义，也就不可能有相应的行动，要实现企业和员工自身的发展，要实现企业的愿景也就没有可能。如果管理系统可持续性指标不令人信服，相应的责任就不可能落实，也就谈不上创新。因此，企业员工的理解、参与和组织中的人力发展是可持续发展的基本条件。

(6) 可持续沟通

可持续沟通目前主要强调但不限于可持续发展报告，其他沟通工具同样也有许多潜力，例如吸收利益相关方参与企业可持续发展的过程，或者利用其他工具和形式沟通可持续发展的信息。

4.8　社会责任战略与企业战略

企业社会责任是企业战略的重要组成部分，同时也是企业战略的支撑。因为社会责任回答在全球大趋势和社会发展的要求下企业具有的机会和风险的问题。并且它提供一种在企业整个价值链上系统地和具体地处理机会和风险的方法，在理想情况下与利益相关方一起合作。这一方法对企业风险管理和企业治理也具有重要的意义。因为与利益相关方的对话使企业有可能尽早发现战略上的机会和风险。

从全球大趋势和社会发展的要求以及对企业提出的期望引出的机会和风险一般可以总结为行动领域（议题），并可定义企业必须采取责任行动的具体重点。最后，企业领导必须做出决定，针对责任在哪些领域面向市场或公众来定位并由此决定要实现哪些具体的目标。这样便产生如下的几个步骤：

- 认识大趋势和利益相关方的要求
- 对照企业战略权衡机会和风险
- 确定行动的重点、定位和目标

只有聚焦企业相关的主题，并且与一个合适的组织相结合，才能保证正确的事有正确的做法，使企业社会责任不致沦为只是营销的工具。必须具备的前提条件是，一方面要有决心抓住实质性问题，另一方面注重实质性的理解。这样，企业社会责任通常就可理解为一个“自上而下”实施的战略方案。

4.8.1 识别大趋势和利益相关方的要求

社会责任管理是企业系统地面向大趋势和利益相关方的期望，是企业面对由此发现的机会和风险的定位。为了识别与此相关的利益相关方，应评价他们对企业成功影响的可能性。因为企业不可能满足所有的要求，也不可能同等满足所有的要求。例如，客户或投资者和分析师均有最高的优先级别，还有现在和潜在的员工。非政府组织和科研机构虽然对业务成功没有直接影响，但可能预示未来最重要的发展方向。他们可能作为意见领袖对行业政策产生影响。因此，应把他们作为重要的利益相关方，要与他们保持对话。利益相关方的合作和参与意愿是企业决定在多大程度上开展合作的重要准则。

作为开始有选择性地对利益相关方进行调研可能有助于获得整体情况的全貌。其中特别包括在自己员工中的调查了解，因为他们清楚地知道他们对企业有什么期望。为了能严格地了解和估计所有外部利益相关方的要求，少不了要直接与他们对话。这种对话有助于克服偏见、加强理解和信任。对话的方式可以是积极参加会议或者是双方对话。对于那些在生态、社区和社会敏感领域要应对的企业，利益相关方论坛是一个重要的先觉的工具，并且提供共同解决问题的可能性。

一般来说，成功进行战略性利益相关方对话需要具备如下一些前提条件：

- 按照其对企业影响的可能性及合作的意愿或潜力确定利益群体的优先重点

- 企业领导的直接参与和支持
- 双方的期望以及双方可能和愿意共同处理的主题清楚明确
- 约定的规则明确且对话的界限以及沟通公开和透明
- 遵守对话的经常性和时间的义务
- 双方具有灵活性和妥协的意愿

4.8.2　社会责任战略与企业战略的关系

企业社会责任战略/可持续发展战略必须以支持实现企业的目标为前提，同时与企业的布局和企业战略相关。

企业战略通常分解为局部的战略。例如，在预先确定业务增长目标为10%的地方，必须制定与业务领域相适合的战略，达到不仅与现市场的竞争对手竞争，而且能够开发新市场的增长潜力。同时，集团的战略目标也是制定支持性战略的基础和人力资源及创新管理的目标依据。

由于企业战略布局总是一个持续发展和调整的过程，所以很少有企业战略一成不变地区分为局部战略并在文字上固定下来。企业社会责任/可持续发展战略必须顺应这一框架，有时甚至可能成为重新思考战略的机会。特别是当企业社会责任要与核心业务相结合，而不是把它理解为一个"附加的"任务时，这种可能性会更大。

企业社会责任/可持续发展战略的定位除了考虑企业战略之外，考虑已有的局部战略也是重要的。例如，价值创造战略（市场和竞争战略）和价值支持战略（人力资源、采购和环境保护战略等），必须要通过现状梳理分析来检查，是否充分考虑了与企业相关的社会责任的要求和是否适合避免风险。如果发现漏洞，必须要填补。通常要在个别政策或者流程指示的层面做工作。具有决定意义的是，企业社会责任/可持续发展的目标在局部战略中得到充分的考虑。

4.8.3　确定议题重点、定位和目标

为了在识别出的企业相关的核心行动领域做出适当的定位，不仅应对外部的要求而且也要对可能的对企业的贡献做出评价。因为并不是在每一个行动领域企业都必然定位为引领者。在积极的机会及风险管理的意义上讲，不同的风险处置或有利方面情况对行动需求的评价可能会导致完全不同的结果。因此，在有些行动领域可能通过内部主动采取的措施即可解决合法性问题。

每一个战略都需要用绩效参数来控制，并在实施中要加以检验。这同样也适用于企业社会责任/可持续发展战略。定义战略目标常常是比较容易的，

但大多数企业缺乏合适的可用于检验实施的参数。不仅对各个业务部门还是对领导都是这样。当企业社会责任/可持续发展战略的目标没有可量化地分解到这些层面，企业社会责任/可持续发展战略在大多数情况下只是一个“漂亮”而没有持续影响的口号。此外，如果企业社会责任/可持续发展战略几乎是孤立地制定出的，这虽然与它是企业战略的组成部分的说法并不矛盾，但重要的是此战略必须是参照企业战略而形成的，而且社会责任/可持续发展的战略目标必须与企业战略和从企业战略中引申的局部战略相配合。什么时候进行正式的融合是次要的问题。

总之，对企业社会责任/可持续发展战略的要求是：

- 企业有一个明确的定位，企业社会责任要有助于达到企业的主要目标并由此定义企业可持续发展的战略目标。
- 所有与企业社会责任/可持续发展相关的目标应融入到企业的局部战略并成为领导和员工目标任务的组成部分。

4.8.4 企业价值观和企业文化

如果大趋势和外部的要求赋予企业社会责任/可持续发展战略的推动力，那么在企业中成长起来的文化、正式定义的和隐性起作用的价值观就是实施战略的框架。在许多企业中，价值观甚至提供一个理想的制定企业社会责任/可持续发展战略的结合点。同时，在制定战略的过程中也经常可以看出，企业的文化对达到新的要求的不适应性。这时应当启动一个变化的过程，通过培训和开展活动等措施使社会责任/可持续性深入落实到领导层和员工之中。

许多企业都有向员工和外部展示企业所作所为、目标和价值观的指导原则，在变化和改革的阶段一般都需要进行修订以适应确定价值观或重新定位的新的要求。在过去一些年里，描述企业如何处理它们之间和与合作伙伴之间关系的价值观受到特别的关注。在实践中，企业指导原则的构成中具有不同的必要的元素，其中包括使命陈述、企业愿景、基本行为准则以及各种不同的政策，如环境政策、人事政策等。应当指出，指导原则应具有指引作用，向员工提供一个明确市场行为的框架。因此，它对所有的人都应当是清楚的、可以理解的。

4.9 社会责任管理的组织结构

在大型企业实施企业社会责任需要有正确的组织形式，社会责任管理（可持续性管理）包括如下的基本组织结构要素：

集团董事会成员分管：企业社会责任应当由董事会中一个成员，而不是由整个董事会负责。具有决定意义的是，可持续性被这一董事会成员看作是重要的并有足够的时间并充分考虑社会责任/可持续性专职负责人的协调需求。

集团社会责任专职部门：在集团层面可能是一个社会责任咨询部，一个社会责任部或者一个社会责任经理人。这一组织单元或这一负责人来领导、参与或完成上述社会责任管理任务。

协调委员会（跨部门机构）：因企业社会责任同质量管理和环境管理相类似，有跨部门的职能，要处理企业不同部门和组织单位的流程、指标并进行分析，需要有一个由各个不同部门的代表组成的协调机构。在此机构内决定内部的项目、约定可持续性项目的目标或确定指导方针的内容。

社会责任专员及其他必要的联系人：当企业集团有许多子公司的情况下，每一个子公司都应当指定一个企业社会责任的专员。他的任务包括在本企业中协调社会责任管理所属的任务。也就是说，协调内部的项目，配合内部的组织流程，计划社会责任项目等。此外，社会责任专员也是该子公司提供相关信息的联络人。另外还支持通过工作组支持专题性讨论交流，例如关于采购、环境管理、产品开发的责任等。专题工作小组的成员也是每个专题的联系人。

中小企业的社会责任的组织结构的设定与大型企业有显著的不同。

对于中小企业，社会责任的组织结构要适应企业的规模和实际情况。中小企业可在上述基本要素中做出自己的选择。具有决定意义的是，明确所有相关可持续性方面，落实负责的责任人，必要时也能推动促进企业变化的措施。

4.10　社会责任管理的竞争优势

可持续性会越来越成为经济社会或环境发展的主题，这一点也被国际国内的形势所证明。优秀的企业正在从战略和管理上采取可持续发展的措施。许多企业通过转型升级，已经发现创新和市场的机会。

许多企业已经认识到可持续发展的价值，其核心是通过可持续性措施产生创新和市场机会。企业在理念和政策上相应的变化，使这一机会成为可能，是很显然的。谁不顺应这个大趋势，谁就会失去这一变化所产生的推动力。这一变化会得到宏观条件的支持和推动，所以有迹象表明，可持续性会在今后和这个世纪成为政策和整个社会发展的有机组成部分，在全世界各个国家和联合国的主要行动中都清楚地表明了这一点。

一个企业在多大程度上能从面向可持续发展中受益或者取得绩效，这取决于它对可持续性的态度或积极的程度（见表3-1）。有一点是肯定的，无论是从风险管理，从技术创新，还是从为社会做出贡献来看，面向可持续性总会有助于增加企业的价值。

表3-1　企业对社会责任（可持续性）的态度、行为和相应的措施

对社会责任（可持续性）的态度	考虑可持续性的行为方式	相应采取的措施
缺乏意识	被动型	在官方和其他利益相关方的压力加大时，开始采取行动
降低风险	反应型	防止可能有损于企业的价值和声誉的生态风险和社会风险
推动创新	积极型	认识到可持续性是市场中的战略机会，新产品、新技术、新服务会带来新的业务领域，有利于内部组织和管理的创新
责任担当	主动型	不仅考虑当前的需求，而且和其他利益相关方一起共同塑造未来的生活和生产方式。与供应商和其他利益相关方形成绿色伙伴关系创造竞争优势

企业社会责任是否具有竞争优势，这取决于对企业社会责任的理解，取决于是否与核心业务相结合。Martinuzzi 于 2012 年识别了影响企业社会责任和竞争之间的关系的因素为：

国家支持企业社会责任的框架条件，各行业竞争情况和企业中对企业社会责任的理解。

另外的研究表明，良好的工作条件和环境保护都会给企业带来竞争优势。前者适用于所有企业，后者则更适合环境影响严重的行业。

客户关系和投资者的关系改善也取决于具体的行业。经验证明，良好的工作条件有助于企业的业绩。SRI 评级研究证明，企业社会责任对财务绩效没有负面影响，但对财务绩效的正面影响的直接关系却难于做出统计证明。

所以，社会责任不应看成是更具竞争力的唯一的途径。社会责任是不折不扣的负责任的管理。企业社会责任不能取代满足市场需求而提供完美的产品的必要性，不能取代满足社会和生态要求的价格的合理性。企业社会责任也不能取代有效、高质量、低废品率生产的必要性，更不能取代良好的风险管理的必要性。在所有这些与竞争力相关的领域，企业社会责任是造就卓越的企业的一个必不可少的前提。

今天企业的环境发生很大变化，可持续性大趋势，例如气候变化、人口老龄化、资源能源危机等获得更明显的重要意义。所以，系统考虑这些挑战与企业竞争力更为相关。企业社会责任永远不可能取代一个优秀的管理或适合市场的优秀产品。但是，在过去一些年里企业竞争力与社会责任的相关性明显增加已成为不争的事实。企业社会责任管理可持续性主题，避免风险和发现机会越来越具有重要的意义。

在大型国际企业中，企业可持续管理已经成为其管理的正规的组成部分。这在最近的咨询公司最新的调查中已被证实。波斯顿公司对全球管理者调查结果，67%的管理者认为，可持续性战略对保持竞争是必要的。麦肯锡公司对全球企业总裁的调查表明，36%的总裁认为可持续性属于企业前三个优先事项之一。根据毕马威对可持续报告的研究得出的结果是，在所研究的41个国家中，100个最大的企业平均71%的企业发布可持续发展报告；在全球财富250强中，这一数字甚至达到93%。对此，80%的企业应用了全球报告标准（GRI）。

尽管越来越多的企业推动可持续发展的管理，但这一管理在与地球生态状况相比较的研究中，并没有看出其结果有什么明显。联合国在2012年“里约+20会议”环境项目公布的第五次全球环境展望得出结论：尽管为了保证全球可持续发展约定了500多个目标，但世界仍然处在一个不满意的危险状态。这一结论也被其他一些研究所证实。按照全球生态足迹网络（GFN，Global Footprint Network）的计算，生态赤字如此之大，我们现在的发展需要一个半地球的面积。按照联合国千年目标系统评价的结果，在过去50年里，全球使用的生态功能减弱了60%，对后来各代人的效用明显减低。国际研究组织和斯德哥尔摩的约翰·劳克斯壮（Johan Rockstrõm）恢复力中心得出的结论，我们已经在人类允许的生态界限的九个行星边界条件中有4个条件超过界限，这就是气候保护、森林毁坏、生态整体性、氮排放及硫排放；另外两个边界也将很快达到。

即使企业主要任务并不是要解决全球可持续性的问题，但事实上由于企业规模、技能和资源以及影响，它们应当承担重要的角色。没有企业的参与，可持续性问题是不能被解决的。这也反映在企业自身的要求，即企业不应成为问题的一部分，而应成为解决问题的一部分。

企业可持续性管理与地球状态之间存在的这种不相称的差异，必须看成是唤醒经济和管理学说的信号，这也使今天主流的可持续性管理的形式受到考验。认真考察就会发现，今天的关键点在于从实践和理论上如何解释企业可持续性。迄今为止的方案把着眼点放在企业获得经济的优势，而不是把重点放在解决可持续性的问题上。如果要想消除这一不适应性的矛盾，就应当克服这两个领域之间脱节的现象。

企业积极贡献解决巨大的可持续性挑战，已经在经济所有领域开始展开。例如，在食品领域，生产健康的营养品、开发健康的生产方式；在发展中国家，改善人们的生活条件、获得清洁的水和食品；在能源领域，降低气候风险和不可估量的社会风险、克服长期以来以社会负担为代价的不负责任的做法等。另一发展是在开发智能、网络化和分布的移动信息系统，满足人类公平的信息交换和需求；在金融领域，把金融和投资流引向能源效率、新能源、公共基础设施、可持续农业、资源保护和公共健康等方面。应对这些挑战，具有深远的意义。不仅需要另外的商业模式，而且需要越来越多的合作和转型战略。不仅使供应链和行业领域相互贯通，而且要使私有领域、公共领域和公民社会的活动者能融为一体。

今天，这样一个真正的可持续性管理，在大型企业才刚刚开始，而且只在部分领域刚刚开始。但在创业企业和社会企业中，这一趋势已经如雨后春笋般的发展。社会企业家主张追求企业的社会和生态目标，以中期目标和自身金融支持为条件，比如共享汽车用于移动性出行、共享房屋用于旅游等，就是这样一些成熟的社会商业模式。如果看看企业的历史，有些大型的上市公司，如雀巢和联合利华就是公司的创建者为解决当时的社会问题所经历的成长历程。例如，为解决儿童的死亡和不可容忍的卫生环境等问题，开启了自己的发展道路。这说明，真正的可持续性并不是一个大得不得了的现在才发现的理念，而是当今企业经营和管理者对企业目的深层次反思所产生的一个结果。

第四篇
ISO 26000 的应用要领

理解和掌握理解 ISO 26000 应用的普遍性和特殊性是实现可持续管理（治理）重要的一步，也是把社会责任融入组织和管理体系基础，在此过程中，内外沟通、不断改进和优化绩效，实现根本目标十分关键。

1 ISO 26000 的普遍性和系统性

ISO 社会责任国际标准受到国际普遍的关注和承认，它是第一个有助于全球所有不同类型的组织，制定社会责任战略，实践社会责任的指南。作者在 2013 年出版的《现代企业社会责任》一书中，全面、系统、客观地描述了 ISO 26000 国际社会责任标准指南产生的背景、过程、核心内容、应用的潜力、风险等问题。实践证明，这个“指南的指南”具有重要的实践价值。

虽然 ISO 26000 现在已在许多场合被引用，但对这一国际标准内容的理解上存在一定的困难，如同理解全球报告倡议（GRI）指南一样，常常出现为了国际标准而国际标准“走捷径”、“摘果子”的情况，引用了其中的概念或名词，或把一个具有指导原则和管理特征的文件简单化为一个“指标体系”，从而忽视了最核心的部分。

本章的目的是综合提供 ISO 26000 社会责任国际标准的要领，用它为企业和组织架起从 ISO 26000 系统理解到社会责任具体化过渡的桥梁。这个要领也是企业和组织高层管理者为实现可持续管理应当或必须了解和掌握的。企业和组织的决策者有必要熟悉 ISO 26000，其中包括它的目的、内容和结构。因为在一个全球化的世界中，今后履行社会责任和推进可持续发展的过程中，掌握和应用国际标准将变得愈加重要。

ISO 26000 是支持国际组织履行社会责任的自愿性指南，它是国际标准化组织吸收国际上不同利益相关方在全球近100个国家450个专家经过长达10年讨论和6年开发时间所完成的。这一标准代表国际上通过一个系统处理社会责任这一复杂主题的统一的参考框架，并且与现有的其他相关国际标准和文件的内容保持一致。它不仅适合企业，而且也可用于各种类型的组织，无论其活动领域如何、规模大小、所属结构、社会背景、文化和宗教背景有何不同。这一普遍适用性不同于世界经合组织（OECD）跨国公司指南和国际劳工组织（ILO）跨国企业三方宣言，因为后二者只是针对（经济、工业）组织。

ISO 26000描述了关于组织治理、人权、劳工实践、环境、公平运营、消费者问题和社会参与及发展的广泛的核心主题和内容。与其他许多领域，如在环境保护、反腐败或劳工社会标准领域里的工具不同，它不只限于负责任的组织管理的某一个单一的部分的领域。它向应用者提供一个统一的参考框架，利用一个文件而不必从众多的标准和倡议中去寻找和选择相应的参考标准。更重要的是，该指南已相互关联或结构化的方式表明，一个组织在全球范围内可能和应该对可持续发展做出什么样的贡献。

ISO 26000不可用于认证，具体讲这一国际标准只向应用者提供指南，既无意为了认证的目的，也不适合用于认证。事实上，如果要做到使指南中表述的所有方面可靠地、全面地认证，它就必须具有具体的可检查的和可比较的准则，恰好ISO 26000不提供这样的认证内容。

应用ISO 26000的关键在于，每一个组织必须找到自己的答案，并且落实到组织的治理、管理和行为之中。一个企业或组织各自识别自己社会责任是ISO 26000指南的中心思想。一个组织的特点最终决定其社会责任的具体的答案。无论是本地企业、政府机构、行业协会、教育机构、社会组织或者跨国企业在应用ISO 26000时，在检查ISO 26000是与一个组织相关性的方法上并没有什么区别。然而在考虑一个组织的决策或活动的影响以及影响范围时，这就有较大的区别。在应用ISO 26000时，可补充性地采用其他一些具体的标准和倡议，如全球契约（UNGC）和全球报告倡议（GRI）等。ISO 26000与之共同构成在全球框架下履行责任义务并透明报告的框架。

在当今快速共同发展的世界，越来越多的组织积极参与全球化，因而需要在组织责任范围内对价值观、原则和规划有共同的国际性的理解。ISO 26000向企业和各类组织提供了一个共识的框架，它不仅综述了社会的期望，而且也提供了实施的指南。ISO 26000确信，所有的组织都会从负责任的组织治理中受益，例如，负责任的行动能获得员工、客户、伙伴、资本市场和社会的信任：

（1）信任使组织在当地环境中被广泛认可，并为建设性地成功地解决潜在社会问题奠定基础；

（2）信任赢得客户、合作伙伴、投资者、捐赠者；

（3）信任有助于组织吸引最优秀的人才和保持员工队伍。

此外，负责任的组织治理对内部和外部都将有助于加强员工的动力及员工与组织的身份认同，有助于过程的优化。

同时，应用 ISO 26000 可成为一个组织风险管理的组成部分：

无论企业还是非政府组织或教育机构都有可能由于错误的行为对它们的声誉产生严重的后果。组织理解其社会责任，理解社会和生态的挑战与其活动的相互关系，定义它履行社会责任的程度和范围，这也就同时在发现组织可能面临的风险。承担社会责任不仅对发现风险重要，而且对战胜风险也有重要的作用。支持发展中国家的供应商，改善社会和环境标准，负责任地对待捐赠款项，实施节能项目或者反腐败措施都是例子，说明一个组织如何通过负责任的组织治理可以使本身的风险和对社会的风险降低到最小。

ISO 26000 指南的一个重要的特点是，它强调要系统化地、集成化地处理社会责任的主题和议题。该指南明确指出，不同的主题之间相互关联和如何相互影响。因此，ISO 26000 反映了全球对社会责任和可持续发展讨论的最新状态。

2　社会责任的定义和基本原则

2.1　社会责任的定义

ISO 26000 将社会责任定义为：

一个组织用透明和道德的行为对它的决策和活动在社会环境中产生的影响负责，使之：

——有助于可持续发展，包括健康和社会福利；

——考虑利益相关方的期望；

——遵守现行法律并遵守国际准则；

——融入到整个组织并落实到它的各个关系之中。

在这一定义中，指南明确指出每一个组织都应当承认它的决策和活动对社会和环境总是有影响的。据此，每个组织都应在规划自己的活动时考虑相关的利益并对可持续发展做出贡献。这意味着它不仅应考虑当代人的需要，也要为保持自然生存条件，加强社会稳定和促进经济创造能力方面做出贡献，以便能够保证未来后代的富裕生活。换句话说，一个组织应当对内对外都应是负责任的，并且具有“得体”的行为。

为了满足21世纪的这一要求，ISO 26000推荐各类组织按照确定的基本原则、核心主题和议题规范自己的行为或进行深入的研究。该指南可用于所有每个组织，因而不做细致的具体的规定。这对组织应用来讲同时也就是一个特别的挑战，因为它们必须将指南的推荐转化为适合组织自己的具体的方案和行动（如图4－1所示）。

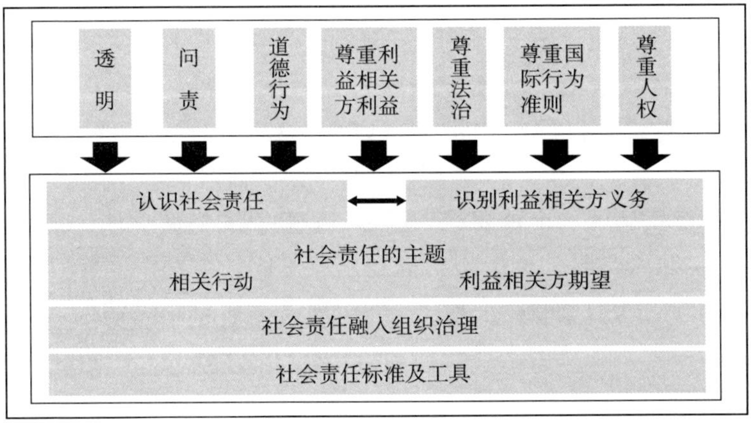

图4－1　社会责任的基本原则及其运用

2.2　社会责任的基本原则

ISO 26000包括七项社会责任的基本原则，它们构成履行社会责任的基础，指南推荐尊重这些基本的原则（见表4－1）：

表4－1　ISO 26000的基本原则

序号	基本原则	内容描述
1	问责	一个组织应当对它的决策和活动在社会、经济和环境中的影响承担责任并承担问责
2	透明	当一个组织的决策和活动对社会或环境有影响时，它的活动应当特别透明，这包括对它的活动的目的、类型和发生地点进行可信的、公开的、易于理解的沟通和报告

续表

序号	基本原则	内容描述
3	道德行为	一个组织的行为应当建立在诚实、公正和问责的价值观的基础之上
4	尊重利益方的利益	一个组织应当认识它的利益相关方，尊重和考虑他们的利益
5	尊重法治	一个组织应当无条件地尊重和遵守权利和法律
6	尊重国际行为准则	一个组织的行为应当符合国际行为准则。其中包括民权、国际普遍承认的基本权利，或者国与国之间的协议、协定和公约。例如《联合国人权公约》或国际劳工组织的《国际劳工标准》。如果组织的国际活动所在国没有相应的环境和社会标准，这时就是要满足国际的行为标准
7	尊重人权	一个组织应当承认基本的人权、人权的意义和人权的普遍性，与组织所在的地理位置、文化背景和具体情况无关

尊重这些普遍适用的基本原则是可信地考虑社会责任的基础和前提条件。按照 ISO 26000，一个组织的行为应当始终与这些基本原则保持一致，即使在困难的情况之下也必须如此。

3　社会责任的核心主题

ISO 26000 中的 7 个核心主题构成了社会责任的主要行动领域，为了能够确定社会责任的范围和确定重点，一个组织应当充分考虑如下的 7 个核心主题（如图 4－2 所示）：

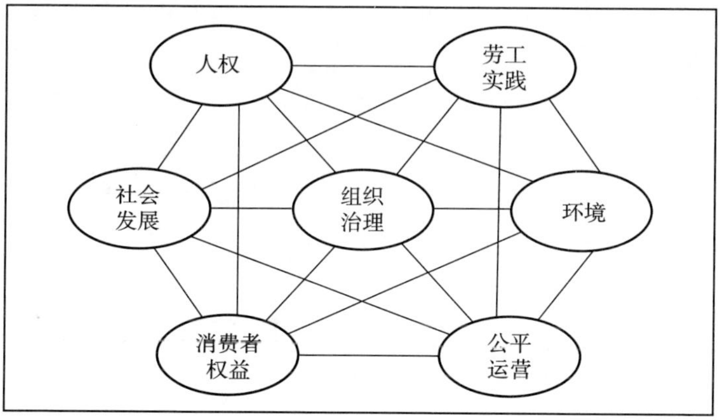

图 4－2　社会责任的主题和相互关联性

——组织治理
——人权
——劳工实践
——环境
——公平营运
——消费者问题
——社会参与和发展

需要强调的是，这七个主题适用于任何形式的组织，这七个主题是相互关联并相互补充的。

每一个核心主题又划分为不同的议题，一共36个议题对每一个议题除简单描述，还指出一个组织对社会负责的行为的期望。

3.1 组织治理

以上7个核心主题在内容上相互关联并相互补充，但组织治理不同于其他一些主题，它在7个核心主题中是最重要的。因为只有有效的组织治理，即一个正式的或社会责任“扎根的”管理和控制才有可能实施基于核心主题内容的措施，并能遵守前面阐明的基本原则。

所以，一个组织应当在其决策中融入社会责任的基本原则，在活动的监控中考虑核心主题或相关议题方面相应的要求。组织领导自己也应当做到其行为对社会负责并形成相应的组织文化。

因此，每一个组织应当建立正式的或非正式的机制，相应融入现有的体系和流程，使在做出任何决策时都能履行社会责任。

以这种方式，“组织治理”作为核心主题就把其他6个核心主题连为一体，使系统实施社会责任成为可能。

3.2 人权

尊重人权是所有措施和活动的基础。每一个组织都应做到尊重人权，在任何可能的地方也采取支持和保护人权的措施。

议题1：尽职审查

组织有责任保持应有的谨慎使其活动的影响不致伤害人权。这也包括组织与其保持有关系的其他组织或伙伴的活动在内。

议题2：人权优先

组织在关键情况下应当谨慎对待人权并考虑每一决策产生的后果。在所有决策中尊重人权应放在优先位置。组织应当为不断改善人权状况做出贡献。

议题 3：避免合谋

当一个组织无视其他组织违背国际标准的行为，为它们提供帮助，或者不加反对地允许这样做，则可被视为是合谋者。组织应当谨慎地进行检查，并遵守相应的基本原则。这样便可避免这种冲突或尴尬情形的危险，或者至少在自己的影响范围之内可以减小。

议题 4：处理申诉

在国家制度未发挥作用和现实中有侵犯人权的地方，组织应当努力依靠现有的解决申诉的方法或法律途径。当个人或群体认为他们的权利受到组织影响时，除通过法律手段以外，组织应设法与他们建立联系和要求进行补救。

议题 5：弱势群体

组织应当阻止任何形式的歧视和有差别的对待，并积极保障机会均等。

议题 6：公民和政治权利

一个组织应当始终积极地尊重和维护公民个人的权利（如意见和言论自由，集会和结社自由，私人生活和宗教的自由）。

议题 7：经济、社会和文化权利

一个组织应当保持应有的谨慎，不参与有损这些权利的活动。一个组织也可积极地为满足和保证经济社会和文化权利做出贡献。

议题 8：基本劳工原则和权利

国际劳工组织确定了劳工领域的基本人权，组织应当尊重和遵守这些权利。

3.3　劳工实践

组织的劳工实践对尊重法治和社会公正有着重要影响，对社会负责的劳工实践被看成是社会正义、稳定及和平的必不可少的条件。

议题 1：就业和就业关系

每个组织始终要保证在就业关系中尊重权利和义务。

议题 2：工作条件和社会保护

尊重劳动法是每个组织的法律义务，组织在国外从事经营活动时应特别重视自觉履行社会责任。

议题 3：社会对话

一个有效的社会对话可有助于在工作场所建立自我管理和民主的基本原则，促进组织和它的员工之间的相互理解，在雇员和雇主之间形成良好的关系和减少矛盾。

议题 4：职业健康和安全

组织应当注意工作中的健康和安全。其中包括预防因工作条件可能产生健康损害，使职业环境适应生理上和心理上的需求和要求。

议题 5：人力发展和职业培训

组织应当努力拓展人的能力和技能。此外，人力发展也包括为提高生产率、创造性和社会参与而接近政治、经济和社会的可能性。

3.4 环境

组织对自己的活动应具有责任意识，应仔细识别对环境的影响，在决策中合理考虑环境的保护。因此，在原则上组织应当减小、减轻或避免对环境的影响，可持续利用自然资源，认识并保护生态的限度。

议题 1：避免环境负担

一个组织应当采取适当的措施，通过减少向空气和水中排放有害的物质，减少噪声和废物及有害的化学物质，避免对环境造成负担。

议题 2：资源可持续利用

组织应当有效利用能源、水和材料及可持续地设计产品。原则上应当通过可再生资源代替非再生资源，或者用二者相结合作为过渡措施。

议题 3：减缓和应对气候变化

每一个组织都直接或间接地对某些温室气体排放承担责任，同时以某种方式受气候变化影响。组织应当采取措施，减少（减轻）自身温室气体排放，并为气候变化做好（应对）准备。

议题 4：环境保护、多样性和自然生活空间的恢复

组织的决策和活动可能对城市和乡村的环境以及与此相关的生态系统有着重大影响。一个组织应当加强社会责任，投入到保护环境、恢复自然生活空间和生态系统提供的各种功能和能力。

3.5 公平运营

在社会责任背景下，公平运营是一个组织在运营和商业实践中如何构建它与其他组织的关系，比如通过在其影响范围内的模范的行为。

议题 1：反腐败

组织应当与任何形式的腐败作斗争。因为腐败破坏一个组织的道德形象，导致遭受惩罚和制裁，并影响其应有的职能能力。

议题 2：政治参与责任

组织应当在政治过程中发挥作用并支持有利于整个社会的公共秩序。

议题 3：公平竞争

组织应当支持公平和自由的竞争，抵制反竞争的行为或者自己不参与反竞争的活动。

议题 4：促进价值链中的社会责任

一个组织应当以模范的行为在自己价值链中促进社会责任的基本原则。

议题 5：尊重产权

组织应当尊重产权，应采取措施保护和支持产权，这不仅包括物质的，也包括非物质的产权。

3.6 消费者期望

提供和销售商品或者服务的组织对接收者或使用者负有责任，其中包括提供正确的产品和使用的信息，说明可能的风险。组织同样也应支持可持续消费。

议题 1：公平广告、营销、合同及客观真实的信息

组织应在合同签订和执行中保持公平。其中包括特别提供和传递客观的正确的信息，提供的信息不是误导的或者扭曲的。

议题 2：消费者健康和安全保护

为了保护消费者安全和健康，组织应当只向消费者提供可靠的产品和服务，使用和消费的产品和服务没有潜在的风险。

议题 3：可持续消费

一个组织应当通过它所提供的产品和服务，特别是通过关注生命周期，考虑可持续价值链以及向消费者提供相应的信息，为可持续消费做出贡献。

议题 4：客户服务、投诉管理和争端处理

一个组织在向消费者出售产品和提供服务之后，应当是能够找得到的，并且应当通过客户服务、投诉管理或者争端处理流程考虑可能的期望。

议题 5：消费者信息保护和隐私

提供产品和服务的组织要严格处理数据保护和数据安全，并有责任意识收集使用消费者数据，保护消费者私人的权利。

议题 6：保证基本供给

从事基本供给如电、水、气、排水和通信基础设施的组织有着特别的社会责任。

议题7：消费者教育和意识

组织应当向消费者传播必要的知识，使之能自主地做出选择，例如应检查每一个正式的合同，看所有重要的权利和义务是否已被正确告知消费者。不过，在出现消费者受损害的情况下，向消费者做出的解释或说明不能免除组织应当担负的责任。

3.7 社会参与和发展

一个组织应在自己的活动中考虑社会集体，使之能为社会发展做出积极的贡献。无论是社会参与还是社会发展都是可持续发展不可分割的组成部分。

议题1：社会参与

为防止或解决潜在的问题，组织应当维系与当地的组织和利益群体的伙伴关系，组织应当把自己理解为社会集体的一个组成部分。

议题2：教育和文化

组织应当保护和支持文化和教育，因为这有助于社会的凝聚力。

议题3：就业机会和职业技能

组织应通过提供就业、职业教育和能力建设为消除贫困做出贡献，支持社会的发展。

议题4：基础开发和获取渠道

组织应当通过培训、伙伴关系和其他活动改善获得现代技术的途径，并支持专业知识和技能的普及。

议题5：财富创造和收入

组织应当为发扬企业家精神和支持所在社会持续受益营造环境。

议题6：健康

组织应当在其可能的范围内，尊重和支持健康的权利，并预防健康的威胁和疾病。

议题7：社会投资

一个组织在社会投资（例如教育、文化、健康、基础设施、享用信息等项目）决策时，应当把自己的努力放在相关社会的需求和优先重点上，并应考虑地区和国家决策者的优先方向。

以上所提到的社会责任的核心主题反映了当代对社会责任的理解，原则上被认为是与每一个组织相关的。不过，由于社会在不断发展，这些主题也可能继续发展，或者可能增加新的主题和议题。

4 正确认识和理解社会责任

ISO 26000 中除了对每一主题给出行动推荐建议之外，也给出了如何将它融入到组织的实施建议。它的关注重点在于认识和理解一个组织的社会责任，将它融入组织，对此进行沟通，并在履行社会责任过程中不断持续改进。

每一个组织的社会责任取决于它自身的特点，因此组织应当首先有一个全面的了解并考察其社会责任的着眼点在何处。一般情况下，一个组织不可能也没有必要同时在所有的议题下开展活动。所以，在实施社会责任过程中也必须要确定优先重点，ISO 26000 对此提供了推荐建议：

——获得背景关系和前提条件的全貌。为此，应当考虑和分析组织的类型、目的和规模，活动的类型、结构、所在地点，就业结构，使命、愿景、价值观和基本原则。

——进行尽职审查。谨慎检查组织的决策和活动对利益相关方和社会产生的当前的和潜在的影响的整体状况。

——考察 ISO 26000 中的议题的相关性和实质性。在尽职审查中，必须估计到不同议题对组织具有不同的意义。这时可以看出，由于组织具体特点和关系，个别议题必须当作特别具有重大意义的问题来处理。比如，由于组织与此相关的决策可能对某一个群体产生极大的影响。

——确定组织的影响范围。这时，比如具有决定意义的是：所有权和组织治理，经济关系，法律/政治授权及公众的意见。

——确定优先重点。为了实施社会责任，从相关的和实质性的议题中确定出具体的优先重点。在组织内落实目标并创造条件将它融入日常的经营业务。

5 社会责任融入组织和管理体系

ISO 26000 在字面上不要求建立新的管理系统，与此相反，却在该指南以“组织融入社会责任的推荐建议”为标题，表明如何依靠现有的体系、结构和流程及成熟的方法或者工具来考虑社会责任的各个方面。中心的问题是，已经建立的管理和控制系统在多大程度上支持履行社会责任。

融入社会责任的系统化方法可包括：

——意识教育和能力建设。

——整个组织的社会责任布局：包括愿景、使命、价值观（指导原则）、准则（方针、基本原则、规定）、战略（目标、措施）。

——融入到所有正式的和非正式的管理和控制系统（结构组织、流程组织、过程、结构、管理工具、管理和组织文化、业务实践）。

组织一旦开始着手识别 ISO 26000 中核心主题或议题，就会很快发现，主题内容有很多交叉和关联，这些主题已经是当今各个标准和管理系统处理的对象。从企业治理、价值和纯洁性管理，到质量管理、工作安全和健康保护，直至环境保护、合规管理等。ISO 26000 无意为这些具体主题管理方法增加自己的新的管理标准。而是更希望把组织履行社会责任的所有组成部分的不同主题从内容上统一结合到该指南的共同框架之下，使它们之间的相互影响和联系得以理解，并且能进行系统地管理。

6 社会责任沟通是实施的关键

沟通是管理的最重要的组成部分。按照 ISO 26000，沟通对社会责任的管理具有特别的作用。这不仅对识别核心主题和议题，还对融入组织自己的管理和控制系统和与其他伙伴的关系，特别是与自己的员工和利益相关方的关系，都很重要。

ISO 26000 中对利益相关方做出了定义：

利益相关方指在一个组织的任何决策和活动中有利益（利害关系）的个人和群体。

同时，明确指出，这里所指的是与社会责任的核心主题有直接关系的这些利益。

一个组织只有在同那些受其活动影响的群体对话或者考虑他们的要求的时候才能实现其社会责任的目标。一个组织无论落实自己的价值观、培养利益相关方对主题意识，发现社会责任的关键议题，制定新的指导原则和行为准则或者要实施新的战略，都必须这样做。

沟通的类型和形式取决于组织的可能性和利益相关方不同的需求。中小型组织，但也包括有一定规模的较大的企业，沟通可能比其他类型的组织更容易开展，因为它们大都具有扁平的结构、非正式的决策和监控机制，这有利于直接相互交流意义上的沟通。在与自己的员工进行沟通时，对话交流更为直接、更具人性化。

对相关主题的信息和报告应做到透明，避免“单行道”的缺点，要获得信息接收者的反应、他们的反馈、批评意见，特别是有益的建议。

7　社会责任是持续改进的过程

ISO 26000 描述了一个组织可能一步步接近但在任何时候都不可完全实现的长远目标。一个组织必须确定优先重点并时常检查其合理性和现实性。

为了加强自身的可信度，组织制定社会责任的目标或计划活动应该是现实可达到的、可检查的，不仅对内部，而且对外部也都是易于理解的。

在应用 ISO 26000 时，具体涉及如下的几个步骤：

——制定阶段性的目标；

——开发与组织的规模和复杂性相称的、可控制进度的参数和指标；

——确定战略项目和措施及其时间表；

——连续跟踪和评价所获得的进展。

在实施社会责任中，有可能保证系统的持续发展和改进，例如采用 PDCA 循环（计划、实施、检查、评价）。为此，可将 ISO 26000 与组织现有管理系统，也即与一个适合管理系统标准相结合（如 ISO 90001 和 ISO 14001），或者将实施社会责任所要求的方法融入其中。

对于组织可持续性进程有目的地进行沟通，对内、对外有各种不同的方式，例如，组织可以举行研讨会，与伙伴和利益相关方建立联系、承担问责和讨论社会及生态的主题。吸收利益相关方参与会加强一个组织的行动诚信的可信度。在新闻发布会上组织当前的报告和发展倡议及项目，组织通过内部沟通定期将信息告知他的员工。特别是，企业发布社会责任报告或可持续发展报告，报告它在社会和生态领域的行为。最后，组织可在互联网上报道自己的经验、举行优秀实践交流和报告会。在某些领域，也可通过参加现有的认证项目改善可信度（例如，捐赠证章、产品安全认证和环境认证等）。此外，还可通过参加国家、地区或行业的倡议沟通交流。

所有这些途径的共同之处在于，以开放性特别是自身面对问题的开放性，作为可信度的最重要的支撑。

第五篇
社会责任从原则到行动

1　社会责任与全社会相关

社会责任不只是企业的事情，政府、行业组织、群众团体、社会组织、科研教育组织等都有各自的社会责任，即社会责任与全社会成员相关

1.1　社会责任/利益相关方

在一个有组织地实施企业社会责任方案的过程中主要的责任者是企业自己。不过，企业以什么样的方式，在多大的程度上会有动力、紧迫感去进行这一过程，也取决于最重要的利益相关方、与其进行的建设性合作和政治框架条件。

下面将简要介绍那些对实施企业社会责任应当承担重要责任的利益相关方，并说明他们的核心责任。

除了企业之外，作为主要的行动者还有政府、行业协会、员工代表机构、公益组织、科研组织和非政府组织等（如图 5 - 1 所示）。

以下基于国际上最近一些年来的讨论划分的主要利益相关方的类别。不过，各个国家情况不同，组成的情况也不一样。随着社会责任的深入，参与社会责任的组织会越来越多，其参与的能力也不尽一致。此处没有必要也不可能完整地列出所有类型的组织。在 ISO 26000 社会责任国际指南的附录中较全地列出了主要的国际组织和社会责任的倡议。

1.2　企业

企业社会责任涉及一个企业的商业活动的所有领域，因此，企业与政治

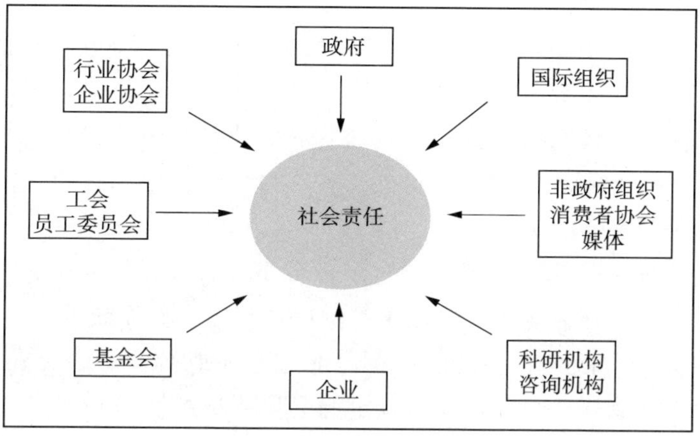

图5－1　社会责任与全社会相关

和社会活动者之间的交互关联也是多种多样的。一般情况下，企业负责任地融入社会责任的原则，在内部和外部实现与相关方的互动，可以分为四个行动领域，这就是：

- 市场
- 工作场所
- 环境
- 社会

“市场”行动领域：处于核心位置，是对企业的所有者、对客户、对消费者或对竞争者的责任。企业必须保持稳定增长，与供应商一起努力持续改进产品的质量、产品的安全性和有关产品的信息。在商业伙伴和竞争者之间遵循公平竞争的原则。由于消费者不断增强对产品信息的需求和优先选择符合生态要求和公平营销的产品，产生了对企业的压力。企业不仅要落实社会责任的基本原则，而且也要在确保信誉的意义上加强社会责任的沟通。

“工作场所”行动领域：关注的中心是与企业自己的员工、员工代表机构（工会、员工委员会）以及与企业所在地的社会环境的关系。有意识负责任的企业管理和可持续的经营首先意味着要培养和保持有能力的、有动力的和长期稳定的员工队伍。要做到这一点，一方面企业可通过企业内部的措施，如保持职业和家庭的平衡，避免歧视，支持继续教育，提供有吸引力的工资，或者吸收员工和代表参与建议或提出意见。另一方面，企业对本地区发展的外部参与不仅产生积极的影响，而且可有助于提高企业所在地和员工社会环境的生活质量。这反过来又会增强企业对员工的吸引力，并对吸引新的专业人才产生积极的影响。

“环境”行动领域：有意识地对环境负责的行为涉及在整个价值链有效利用和保护资源。在政策考虑和公众的利益关注中，处于核心位置的除商品生产中的资源保护，还有气候保护和物种保护，支持生物多样性的措施，以及水资源和可再生能源的利用。在这些多种多样的主题领域，企业的责任边界常常超出企业所在地点。

企业为了能正确处理对环境的这一部分责任，它必须与多方面开展一贯性的合作，要与法律制定者、国家主管单位，与国家层面或本地的官方合作。合作的形式完全可以具有主动的特征。通过企业或行业协会专业上的优势，可以向法律制定者提出建议和支持制定解决问题的方案。

企业的商业伙伴，包括供应商和合作伙伴，也应当吸收参与到环境保护之中。同时，也有必要向企业自己的员工、消费者、邻近的居民、公民和环境保护组织提供相关的信息和开展必要的讨论。

“社会”行动领域：这里集中了企业超出核心业务之外的社会的和整个社会的参与活动。指在国家或地区不同层面开展合作，其合作的对象包括公共机构、公益组织、基金会以及公民倡议。这些社会参与和与这些利益相关方互动的目标，是改善企业所在地的生活质量和社会和谐稳定。反过来这些参与会对企业的声誉和社会对它的认可度，以及员工的凝聚力都会有积极的影响。

中小企业的社会责任参与对活跃经济具有特别的意义。许多企业在不同地区用慈善和捐助的方式支持社会发展。不过，很多例子表明，在内部和外部进行系统的沟通或组织是有必要的。在多种情况下，开展活动还缺乏企业战略上的考虑，或者缺乏社会责任的战略。

对中小企业来说，选择企业社会责任的工具并相应地把它融入到企业，是一件很费工夫的事情。中小企业常常缺乏必要的人力和资金能力，因此在合作的框架内与其他企业形成合力，并且通过它所属的行业协会一同工作比较有利。这样既有可能在时间和成本节约的情况下，利用企业已有体系和工具，结合行业具体的需求，或者适合企业的结构组织来进行。

当企业不仅依靠自己，而且也能够以行业为平台，与主管部门、政策制定者或跨部门的利益相关方开展建设性的对话时，具有特别的价值，因为这不仅能促进多方面的共同合作，而且也可以加强中小企业在市场中的地位。

1.3　企业网络及合作倡议

为了能够有效应对企业社会责任方案提出的要求和复杂而广泛的挑战，并对政治和社会框架条件产生积极影响，在国际上形成了许多由企业组成的，与国际组织、国家机构、非政府组织和科研机构共同合作创建的网络、论坛和倡议。

企业社会责任和可持续发展倡议的主要任务是形成和传播落实企业社会责任的“最佳实践”的方法和支持企业之间知识和经验的交流。其工作主要是按照内部工作组或者外部专家参与的研讨会的方式来进行。

在国际上最为所知的是世界可持续发展工商理事会（WBCSD）。WBCSD是1992年在里约可持续峰会的框架下形成的一个企业倡议。它是一个大型企业组成的国际网络，以项目、工作组或相应的工具支持企业社会责任方案的开发和实施。WBCSD也对外沟通它的成员企业的社会责任参与活动，并在国际可持续发展的多利益相关方对话中代表它们的兴趣。

在欧洲，作为欧盟的项目“欧洲社会责任行动”开发了在线的工具，向中小企业提供分析和改进、落实社会责任管理的可能性。

在德国也有不同的企业倡议，如联邦德国环境责任管理工作委员会（B. A. U. M）。该委员会建立于1984年，是跨界的经济环境倡议，旨在为成员企业提供环境保护和可持续发展面向实际的支持。特别是在提升员工可持续发展动力的项目中，开展与矿产、化工、能源、供应网络、劳工和环境基金会合作。基本的考虑是，企业要实现可持续发展中必须要有相应的、受到鼓舞的、训练有素的员工。因此，建立了信息数据库，提供了来自各个不同企业500多个典型的用以提升员工动力和沟通的措施。这对中小企业是很有帮助的。

此外，还有联邦工业联合会（BDI）倡议下成立的由大型企业组成的德国经济可持续发展论坛。它不仅是网络，实际上也是智库。

中小企业组成的网络，以企业社会责任方案为目标，开展讨论会、项目或开发社会责任的工具。

德国水泥工业社会责任倡议是第一个行业性的倡议。它联合企业、工会、水泥工业协会、水泥工业社会政策委员会，开展研究和支持在整个行业产业链中落实可持续性措施，并以项目方式提供具体的方案和方法。

为了提升企业和公众对社会责任可持续发展的意识，各个倡议有效地向公众介绍自己成员企业的社会责任参与活动，支持面向商业道德、模范行为、影响社会的责任行为，支持企业参与社会倡议和交流。

1.4 行业协会及企业协会

企业个体的社会责任应当在所在行业协会的集体责任中体现出来。协会的首要任务是，理解它的成员企业的愿望、理念和立场。不仅在通常情况下，而且在相关责任主题方面代表企业。在企业社会责任问题上，主要的目标合作伙伴是政策的推动者，使之能够在参与新的政策制定中发挥作用。

通过不同协会的合作，可以建立互联网平台与公众、政府和利益相关方沟通企业的社会责任行动。与其他利益相关方的对话，与非政府组织就环境问题建立沟通平台，与企业协会、消费者协会之间，就产品和信息的沟通，也是其中的一个重要的方面。

由于中小企业大都缺乏人力资源，协会刚好可成为企业一个重要的沟通渠道和专业的知识来源。从另一方面讲，协会也有责任提高企业对社会责任方案的意识，并支持它们落实，其中包括汇集和准备社会责任管理的专门知识，以及为当时的企业和行业开发行动推荐建议和企业社会责任的体系。其中行业具体的指南或者最佳实践案例可能是有用的媒介。在此工作中，常常吸收具有专业能力的科研机构或者基金会参加。在没有法律强制性规定情况下，不仅政府，而且公众社会都认真观察企业，在多大的程度上履行社会责任采取了道德的和负责任的行动。所以，尽可能广泛地采用公众承认的环境和社会标准，也完全符合企业的自身利益。协会最终还有一个任务是积极促成成员企业实施社会责任方案，并且与政府和利益相关方沟通社会责任所取得的成果。

1.5 政府组织

制定法律框架是国家和政府固有必尽的责任。对企业社会责任的责任来说，政府的责任范围同其他组织有着根本的区别。国家机构和政府机构，对企业社会责任的主要责任是，通过相应的立法，为在所有相关政策领域落实社会责任方案，建立具有积极意义的框架条件。这可能涉及地方的或者国家的不同层面和政策倡议，通常应当在政策上保证企业社会责任的自愿性、创造性和创新的原则。

在中国有关社会责任的基本原则和要求都体现在国家制定的各项方针、政策、法律、规定和意见之中。

在国际上，智库和网络也向政府提供方案咨询和支持。德国于2001年建立了“全国可持续发展委员会”。该委员会向德国的政府提供可持续发展的专业咨询，提出实施可持续发展战略的建议和行动领域。同时，它还促进提高社会公众对可持续发展问题的认识。此外，2009 年在劳工和社会工作部支持下成立了“全国社会责任论坛”。来自企业、公民社会和工会、科技和政府部门的 40 多位代表，为联邦政府提供开发“国家企业社会责任战略”的咨询和支持。通过国家企业社会责任战略支持企业可持续管理，支持企业为在社会和生态的意义上构建全球化做出贡献。2006 年在欧洲欧盟的支持下成立了“欧洲企业社会责任联盟”和“欧洲企业社会责任多利益相关方论坛”。这是一个开放的论坛，其目的是汇聚欧洲已有的企业社会责任的倡议成果，并支持更多的倡议。对企业具有决定性意义的是，从政府（政策）方面保证，同样要通过生态和社会目标要求企业提高竞争能力。只有这样，企业在经济上才有足够的发展空间，遵循社会责任的原则，为企业管理做出全面的布局。

除了法律范围的任务外，政府也有责任在经济和公众社会中促进和传播可持续发展和社会责任的理念。例如，这可能是支持相应的公开的活动、研究项目和对话过程，或者为中小企业提供相应的信息和平台等。

在地方层面，通过政府机构，落实联合国 21 世纪议程、2030 议程的各项任务也具有特别重要的意义。

1.6 工会和员工委员会

工会和员工委员会对企业和员工发展具有重要的影响。它们了解员工的愿望并代表员工的利益，与管理层和企业领导进行沟通协调，从而遵守法律规定，遵守合同条件和落实社会及劳动工作标准。同时，它们必须注重企业长期的经济成功和保持就业岗位的稳定，并权衡满足员工愿望和这一责任之间的平衡。其中，也包括支持企业社会责任实施过程的责任，以及提高员工绩效能力、知识能力，以及改进工作效率等。国际上有些发达国家的工会，对企业社会责任自愿性方案持反对或者保留的态度，要求在发展中国家不应自愿性地而应是从法律上规定也采用广泛的社会标准和工作条件，这些要求显然是不现实的。在国际上，工会在各种社会责任论坛和网络倡议中，积极参与对话，或者与企业协会合作，为在不同的行业中具体落实责任，或者与基金会合作，开展社会责任的项目和研究等都做出了重要的贡献。

1.7 国际组织

对于全球供应链和生产厂或者有业务关系的企业，落实符合道德的和有意识负责的企业管理，尊重当地的法规、道德、文化和满足利益相关方的要求，是一个很大的挑战。国际组织负有责任，支持企业参与国际公认的指南开发和讨论过程，以及参加建立伙伴关系的倡议。同时，它们也必须为保持公平竞争、遵守联合国决议和公约做出努力和贡献。

无论是联合国或者是国际劳工组织和经济合作与发展组织在这方面都发挥了突出的作用。

在联合国前秘书长安南的倡议下，联合国在2000年创建了企业和其他组织参加的自愿性倡议“全球契约”。该倡议的目的是通过联合国、企业和其他利益相关方合作，支持全球可持续的增长。它的核心是关于劳工和社会标准、反腐败、环境保护和人权的十项原则。参加全球契约的成员企业有义务遵守这些原则。此外，成员企业应当公开发布它们的社会责任绩效的信息。这一联盟也旨在倡议政府和非政府组织之间建立推动可持续发展的伙伴关系。

国际劳工组织的主要任务，是开发和制定国际有效的最低劳工标准，其工作内容在本书其他地方也有较详细的介绍。

经济合作与发展组织作为国际组织，建立于1961年，它的30个成员国主要是工业发达国家。它的前身是欧洲经济合作组织。经济合作与发展组织的目标是支持成员国经济增长和改进生活条件，支持发展中国家经济发展和世界贸易的发展。在企业社会责任领域，“经济合作与发展组织跨国公司指南”具有实质性的意义。

1.8 基金会

许多企业把它们的社会责任及公益活动归属于企业的基金会去管理。通过这种安排，强调企业长期的社会参与和定位。基金会与企业的关系可能有各种不同的情况。多数情况下，基金会带有企业的商标，利用企业人员和企业基础设施，并与企业的沟通部门和业务部门协同决定工作的内容。相反，也有另外一些基金会，则与企业的组织严格分开，独立地决定基金会的工作重点。

所有与企业相关的基金会的共同特点是，它们主要作为“企业公民”进行企业社会责任活动。这不仅表示一个有意识的企业管理承担的责任，也是落实社会责任理念承担的责任。承担这一任务有不同的方式。比如，在母公司的统一部署下，执行企业自己的项目，或者与第三方合作，在理念上或资金上间接支持社会责任工具的研究、开发和项目执行。在大多数情况下，基金会的重点只覆盖少数几个选定的社会责任主题。例如，环境保护、教育、健康、消除贫困和支持企业与公民社会对话等领域。

1.9　非政府组织、消费者协会、多利益相关方论坛

非政府组织（NGO）代表一个利益相关群体的，或由利益相关方组成的一个联合体的特定的利益。许多非政府组织没有得到相关方面明确的授权，但也参与全球的社会责任的活动，如环境保护，发展中国家的社会标准和尊重人权等。正是在这些领域的倡议和在公众中产生影响的运动以及引起的法律方面的讨论，对企业产生了巨大的压力，为保护企业的信誉，按照合乎道德的和有意识对社会负责的方式去组织它们的业务活动。

在利益相关方的对话中，非政府组织是企业重要的伙伴。它们对企业所在地公民具体的要求有所影响，可作为项目的伙伴或谈判的伙伴，并在与公众沟通中扮演孵化器的角色。非政府组织常常在公众对企业的理解和评价方面有较大的影响。当然，非政府组织这种有影响的地位也就与企业开展建设性对话的责任联系在一起，其目标是改善企业的社会责任政策。

国际上或国内活跃的非政府组织相当多，而且数量还在增加。不过只有很少的非政府组织对企业社会责任或可持续发展在战略方案上有明确的定位。大多数非政府组织的活动只集中在个别的社会责任的主题上。在国际上有代表性的非政府组织有：透明国际（TI）、社会责任国际（SAI）、世界经济生态和发展委员会（WEED）等，此处不一一详细介绍。

企业在对待非政府组织时，必须要考察非政府组织当时的期望是否也与企业的主要利益相关方，如客户、所有者和所在地公民的期望相一致。识别利益相关方的期望和确定合法要求的重点的有关问题，将在企业社会责任实施的章节中讨论。

在非政府组织中，消费者协会具有特别的地位。它集中反映企业最重要的一个利益相关方——客户的愿望和对信息的需求。因为在大多数情况下，它在政治上和经济上是独立的。消费者协会在消费者心目中有较高的可信度，这种信誉使它有能力不仅为改善社会责任绩效施加压力，而且在企业向公众提供高质量产品的定位方面发挥作用。此外，还有具有公信力的产品测评机构，消费者投诉中心或者公平标签机构，也是非政府组织产生影响的例子。

同样需要特别考虑的是，针对一个具体的社会责任主题、把利益相关方集中到一个平台的多利益相关方的论坛的作用。多利益相关方论坛的目的是，在一个建设性讨论的框架之内，共同制定可承受的解决问题的方法。在多利益相关方论坛中，除了企业之外，同样也吸收非政府组织参加。例如，全球

报告倡议（GRI）、ISO“社会责任国际指南”工作组（WGSR）都是这种多利益相关方论坛的例子。

1.10 教育、科研和咨询机构

教育机构承担着培养人才的重任。教育的质量对学生、对家庭、对全社会都有重大关联和影响。教育关系经济社会发展和国家的未来。教育机构是极为关键和重要的社会责任行动者，无论如何都应强调其对社会的责任。

科研机构、咨询机构和智库对开发企业社会责任方案和对企业落实社会责任有着重要的作用。

通过分析与社会责任相联系的社会的、企业的以及生态的趋势和挑战，可以从科学上向所有行动者提供讨论和决策很有价值的信息基础。这样可使企业得知，重要的社会群体当前的主要愿望是什么，或者什么样的社会责任方案和工具已在其他企业成功运用等。

企业可从科学研究方面获得落实社会责任的专业支持。科研机构或咨询组织通过开发和不断改进企业社会责任工具，如管理体系、沟通过程、标准和指南，对企业应对社会责任挑战的方式上有着重要的影响。大多数情况下，具有社会责任科学知识和能力，需要与企业密切配合，以便开发尽可能接近实用的工具。多利益相关方论坛和由企业组织及科学界共同进行的项目就是一个例子。以可持续发展和企业社会责任为重点的各个不同的科研工作机构，既是研究机构，又是企业的咨询者。下面仅列出国际上的三个例子：

- 加拿大国际可持续发展研究所（IISD）：它在国际贸易、投资、经济和气候政策等领域，为可持续的和有意识负责任的企业行动提供推荐意见。
- 德国经济道德中心（ZFW）：它是德国经济道德网络（DNWE）的科研机构，它与其他科学机构和智库合作，研究面向经济道德的应用体系和工具。其中的成果之一，是开发出来的用于企业价值观管理的标准，即价值观管理系统。
- 可持续欧洲研究所（SERI）：它作为科学研究机构和可持续发展的智库，其工作重点在于，实现可持续发展战略在现有的过程和组织中的集成和融合。

最后，应当指出，虽然参与社会责任领域咨询机构的数量在增加，但在处理不同社会责任主题方面的咨询能力有很大的差别。

在中国，由于咨询行业发展起步较晚，也可能与管理知识和水平有关，迄今咨询活动主要表现在外部传播，即使发布社会责任报告，但形式重于内容，难于为企业和组织提供实质性的管理咨询功能。实际上，应当明白，为企业提供可持续发展战略或方案的研究和咨询是一个有责任的、要求很高的工作。

2　社会责任的基本原则

社会责任的基本原则必须融入方针、政策，融入战略和管理措施，贯穿于全部决策、活动和行为。这对企业国际化，对参与全球治理，对企业和组织建立可信度、信誉和信心至关重要。

组织实施社会责任实现可持续发展目标需要遵循基本的原则。企业家和管理者要想把企业社会责任作为经营活动的基本原则，他们也必须深入认识社会责任的主题。

为此，在国际范围内无论从经济道德的基础还是从应用标准和管理体系方面进行的讨论都推动了实用工具指南的发展。对每个企业来说，重要的是要发现自己的路径。实施社会责任没有固定的蓝图。这是因为不仅企业本身情况各不相同，而且它所处的环境也是特定的。但是不管情况如何，国际公认的指南都可提供有用的帮助。这些指南通常给出可持续性主题与企业相关性分析中应当考虑的各种原则和方面。各个可持续性主题与企业相关的程度有多高，必须要由每个企业自己才能判断。不言而喻，在做出这一判断时也要一并考虑企业的主要利益相关方和他们的信息需求。

不过，实施社会责任要考虑社会责任的基本原则，这一点对所有企业都是普遍适用的。在过去一些年里，通过 ISO 26000 国际社会责任标准的开发，特别总结出了组织履行社会责任应当遵循的 7 项基本原则，这包括：

- 问责
- 透明
- 道德行为
- 尊重利益相关方的合法利益
- 遵守法律
- 尊重国际行为标准、指南和自愿性义务
- 尊重人权

应当强调，社会责任的 7 项基本原则是组织实施社会责任实现可持续发展目标的基石。本章先集中给出一个简要的概貌，其内容的深化将延伸到随后的章节中。

2.1 问责

企业社会责任方案在本质上的基本的理念是，企业对其经营活动在社会和环境中产生的影响要承担道德/伦理的义务。

问责是借用于英语中较为熟知的一词“Accountability”而来，它有时指的是“报告义务”，有时指的是“账目公开义务”。

在传统上，问责可从 3 个方面来看，即面对企业内部关系、面对股东或董事会和面对国家机构。与此同时主要的是对财务问题表态和将相应的信息公开。企业经营活动守法性由外部审验机构认证。

针对社会责任企业加强了企业对问责的理解。报告义务或问责义务也越来越多地理解为是面向社会和利益相关方的，虽然这在法律或合同上并无这样的规定。所以，企业不仅把向各个不同利益相关方报告视为义务，而且报告的内容范围也扩大了，它的内容包括经营活动对环境和社会相关的影响。

在社会责任方案意义上的这一“问责义务”的原则是与向利益相关方采取尽可能开放的信息政策紧密联系在一起的。前提条件是，只要这对企业可行，代价适当，经济上也可承受。问责也意味着，媒体和专业公众对企业行为的尖锐检查不仅应为企业所接受，甚至应当支持透明和开展对话。与利益相关方对话具有重要的意义。社会责任的成功与否与利益相关方的积极支持和建设性的批评有着直接的关系。

问责也包括企业在发生失职或事故时有义务实行尽可能开放和有意识负责的信息政策。这时，企业应当透明地表达，采用什么样的措施和过程去消除不良状况或者损失，以及在将来如何避免类似情况再次发生。

要通过管理过程，例如通过利益相关方对话、社会责任报告使向公众报告的义务制度化。这样做通常对所有参与方都有正面的影响。如果决策者必须信守对利益相关方的承诺，在经济、生态或社会利益之间最终冲突时，他们更宁愿寻求可承受的和合乎道德的解决办法。不过与此同时，也应始终考虑一个员工应当履行的责任。

越来越多的企业将社会责任报告作为面向利益相关方处理非财务主题和冲突问题并同他们开展对话的工具。此外，问责理念应尽可能融入到现有的企业流程，对此有各种体系和标准可供管理者使用。（参见本篇第 3 章企业责任治理与价值观管理和第 8 章“公平运营”的相关部分）。

2.2 透明

透明这一原则与上面谈到的问责和与利益相关方对话的理念有着密切的关系。当任何决策和活动已影响或可能影响社会和环境时，都要求企业采取公开诚实的信息和对话政策。

这时，在经济和法律可行的情况下，应当使利益相关方有可能以便捷简单的方式获得与他们相关的实质性的信息。这些可能包括企业的决策、活动、规划，或者行为方针等。信息的表达应当真实、客观，并应达到信息接收者足以理解的程度。此外，为清晰和可信地表达企业的政策，更有利的方式是与利益相关方开展积极的对话，而不只是纯粹提供一些数据。在实现经济和生态目标或生态和社会的目标必须处理矛盾的或可能导致矛盾的议题或情况时，这一点特别适用。

不过，企业没有义务公开秘密的或受法律保护的信息，或者用它的信息政策去违犯其他法定的义务。为避免无序地回答利益相关方所有问题，为不致造成降低竞争力和效率，企业也应当在其利益相关方管理范围内系统地检查外部的信息要求，看哪些要求是最为重要的和合法的。

从实质上看，企业在其社会责任政策中实行透明的信息政策应当包括如下方面：

- 关于企业所有相关单位经营活动的目标和特征。
- 关于与企业相关的社会群体。
- 关于企业的决策和活动事实上和将来可能对利益相关方或环境产生的影响。对此应当让利益相关方了解决策的过程、实施和严格的评价，并且企业各个部门的责任和权限应当一目了然。
- 关于企业评价履行社会责任采用的标准和准则。

迄今，越来越多的企业，特别是跨国企业，通过发布社会责任报告或可持续发展报告并通过互联网及时地披露信息，履行其信息义务。这些报告中，大多数都参照普遍接受的全球报告倡议的推荐建议。这些社会责任报告中，采用外部认证机构认证的数量也不断增多。

事实上，企业为利益相关方了解企业的流程和企业的决策提供了条件，这反过来也使社会公众更有兴趣关注企业的活动。每当消费者和投资者在做出他们的消费或投资决策时，也越来越考虑企业的伦理/道德上以及生态上的定位，因此这有效地影响了企业的政策和决策过程。此外，相关国家的法律允许公民详细了解企业的活动，也推动了这一发展。

在联合国不同的公约和委员会中建立了“知情同意”的原则。该原则首先针对自然资源或知识产权的利用，允许利益相关方具有获得解释和参与发表意见的权利。后来，这个原则成为企业与利益相关方对话的重要元素，特别是在发展中国家和新兴国家的应用。

2.3 道德行为

对企业来讲，无论是企业主还是员工，在其从事的所有活动中都应与所处的社会环境中的基本道德和文化观念保持一致。他们应当接受公认的行为标准，并始终尊重相应国家和国际法规定。谁这样做，谁在道德上就是正确的，这样也就满足了社会责任的这个重要的基本原则。不过，在司法还不一定与国际水平同步的国家，要做到这一点并不是一件简单的事。

原则上讲，行为方式应当遵循公认的道德标准和规则。例如《联合国人权宣言》《联合国全球契约》《经济合作与发展组织跨国企业指南》。与此同时，企业应根据其目标和活动确定自己的重点。作为道德行为的具体原则，特别强调的是廉洁、诚信、公平和责任。道德行为不仅指有意识负责任地对待社会团体和利益相关方，也包括关爱环境和保护动物的要求。

企业应当积极支持员工的道德行为，保证不仅遵守法律规定，也遵守自愿性标准和自愿性义务。与此同时，实行强制性的行为准则证明是有效的。当下，已建立道德规范、监管守则或行为守则等这样的指南的企业越来越多。这些指导工具一般都积极地用于与员工、企业主和利益相关方的沟通。

对于行为指南的执行，企业领导和企业主有特别的责任，因为主要是他们决定企业的战略、行动方式以及企业文化和价值观。他们可以通过模范的行为和构建相应的工作条件支持遵守行为守则。但他们也可能妨碍行为守则的贯彻。所以，应当始终强调榜样对员工道德行为的带动作用和高度价值。应当尽可能使员工在遵守行为规范和获取经济成果的目标上不会有任何的含糊。

如前所说，企业面临的情况并不总是一目了然和没有冲突的。特别是在国际业务中，企业发现所面临的情况是，在当地要么根本没有道德行为规章，或者其规章与国际公认的基本原则相矛盾，或者当地的商业伙伴或国家单位对此也不在乎。对于这样的情形，在企业内应当确定归口部门和可用于制定解决方案并经常在企业内沟通的标准/程序。

除积极与员工沟通行为规范之外，还应建立制度和机制，以易于系统地检查遵守的情况和处理违规行为。例如，员工应有可能揭发同事或上级的违规行为，而这样做不致使本人处于的不利地位。

现在，已有一些企业在内部设立了具有监察员职能的部门。由著名的律师担任中立的监察员。有的企业在全公司和国际范围建立了监察员体系，使员工和业务伙伴的揭发受到保护。这样做的目的是反腐败。每个员工或商业伙伴当发现腐败情况时，都可联系中立的监察员。所有的线索的处理和提供线索的人都是严格保密的。监察员如同监察官有保持沉默的义务。

每一个情况都应引起公开的实事求是地讨论，但不应匆忙处置。因为每一怀疑并不总能成为错误行为事实的根据。各个员工的价值观念和标准不一样，可能对行为指南的解释也不相同。这时，企业开诚布公的文化可能会有助于避免误解或冲突。

为全面有效建立制定和实施行为准则的必要的机制和体系，越来越多的企业建立了管理系统。

关于价值管理体系的构建和意义请参见本书价值观管理的有关章节。

2.4　遵守法律

在企业社会责任的各个定义中，企业对社会充分负责的行动都描述为自愿性的、在遵守法律基础上要求的措施和行为方式。这就意味着，企业社会责任的前提是，要以遵守法律的规定作为最低的要求。

企业如同任何其他一个组织都有义务按照法治原则遵守法律规定和规章。法治的特点是，法律是书面确定的、公共享有的、公平地对每个人都以同等方式得到贯彻的。

在若干国家设有公司或具有业务关系这样的企业，有义务了解和熟悉那些国家当前的法律情况。这一点涉及的不仅仅是企业领导，必须在必要时管理者要通过相应的管理流程保证所有相关的员工都了解相关法律规定，并且对可能有冲突的情况保持清醒的头脑。

企业应当系统地检查遵守法律规定的情况，并将在社会责任报告中公布检查的结果。这一方法同样也可用于检查企业具体的规则和自愿性义务执行的情况。

与树立正确的道德行为相类似，国际化运营企业在遵守法律方面有时也会遇到难于解决的矛盾问题。例如，对于企业来说，劳工法中的法律规定具有特别重要的作用。“合规原则”要求企业遵守所在国家或本地法律，但要注意这些法律可能并不符合普遍公认的基本原则和标准，如国际劳工组织的核心工作标准（关于这一主题特点的进一步说明请参见本篇第 5 章劳工条件的相关部分）。

2.5 尊重利益相关方的合法利益

企业的根本目标是，向市场提供产品或服务并获得经济的成功。但经济成功的程度特别取决于，为公众提供和展示的产品和服务是否有效和具有吸引力。有兴趣的潜在客户必须要有信心才会优先选购，他们的购买决定不是接受劝说做出的。这样，企业就要积极与它的目标客户对象进行积极的信息交流。这一交流通常是通过大众传媒媒介（如商品广告、商业短片和产品传单等）的方式进行的，不过由于一个单独的任务也完全可能要求信息沟通。一个潜在使用者对产品的兴趣，说到底无非就是，想知道将要购买的对象是什么。不过，不仅潜在客户需要知道合法的信息，还有其他利益群体也可能要求，对产品性能可能的风险，对产品生产对环境的影响，对使用的安全性，或者对有关再利用或回收处理方面的情况有明确的解释。

所以，原则上企业应当了解它的利益相关方对信息的需求，不仅应当尊重利益相关方，而且也应关注他们的活动。这里的关注并不是说，企业必须一一满足利益相关方的要求。特别是，经常有这种情况，即在与利益相关方对话过程中，完全合法的利益与解决它的具体的途径是混在一起的。但首要的不是“如何办”的问题，而是要知道问题“是什么”。因此，要求企业首先要倾听利益相关方的意见，以便确定对方的利益究竟是什么。这些利益或要求决定利益相关方受到企业的活动影响的程度。利益相关方常常把企业倾听他们的声音的期望当作一种利益。

怎样能应对这一利益，怎样才能完全满足利益相关方的期望，这是企业的决定。比如，一个非政府组织的生态利益是合法和重要的，但在将来企业是否采用更好的环境管理系统，或关闭一个业务领域，这完全是企业内部要做出的决定。

总体说来，企业应当有能力对利益相关方“合法”的问题提供合格的专业化的答案。对此需具备两个前提条件：

一方面，应当认识其重要的利益相关方和他们对信息的要求。这一点初看起来很简单，但在实践中却并非没有问题。对于谁是利益相关方，谁不是，常有不同的意见。如果利益方提出的问题不具普遍性的背景，应当有意识地谨慎对待。从原则上讲，提出的问题应当反映基于法律以及/或者道德的信息利益，即社会的利益。只有这样才能确定所提出问题的合理性。

另一方面，利益的合法性一旦被证实，企业的管理者就必须高度重视利益相关方的忧虑，在其活动中特别是在其决策中加以考虑，并在适当的范围内向利益相关方通报决策的结果和背景。

信息交流可用不同的方式。与利益相关方合作是最紧密的方式。特别是，在新产品（服务）开发阶段，供货企业很乐意与客户一起合作。这样，新产品的性能可更好地与客户兴趣相适应。企业与非政府组织合作越来越常见，特别在对产品有具体生态要求的时候。在这一合作中，非政府组织应当始终保持它的中立性和独立性。当非政府组织提供的人员需要企业提供资金支持时，达到这样的要求可能不那么容易。此外，非政府组织缺乏人力的情况并不少见，特别是当若干企业都与它合作的时候更是如此。

最后，需要认清谁是利益相关方的问题。充分负责任的企业自己必须找到答案。要想严肃履行社会责任，就不允许采用只喜欢相同意见者而排斥不同意见者的方式。某些利益相关方是不允许忽视的。与对利益的正当性的检查相类似，对利益相关方的正当性也要进行检查。关于潜在利益相关方及识别过程请参见第七篇第三章制定社会责任的行动计划一章的相关部分。

2.6　尊重国际行为标准、指南和自愿性标准

一个有责任意识的企业管理包括遵守法律规定。但只停留在守法上并不能在任何情况下都会满足社会公众的期望。在国际市场上许多国家中存在无监管的灰色地带。从这一问题出发，基于普遍公认的道德原则，多数情况下也根据民俗或民权法，开发出了各种国际准则、指南、标准和自愿性标准。

这些文件一方面确定了有意识负责地处理环境和社会问题的最低标准，另一方面也提供了建立有效管理和控制机制的指南。

指南的内容包括具体的行动指导，与通常所说的一般指导原则不同。二者均可用于企业。此处指南强调的是应用的自愿性，大多数情况下不进行外部审验。不过企业内部常建立有控制机制，与内部审验的相类似。国际劳工组织跨国企业原则、联合国全球契约、经济合作组织的跨国公司原则就是这些指南的例子。“社会责任指南”ISO 26000 也属于这类文件。

与此相反，标准包括有具体的目标指标或行为指标，可以根据固定的评定准则通过内部或外部检查或认证。多数情况下，标准是用于有限的议题范围，如社会责任标准 SA8000、全球报告倡议的可持续性报告指南、AccoutAbility 1000 或者 ZFV 价值观管理系统。由于商业伙伴的压力，许多供应商把国际标准认证当作是它们的义务。

越来越多的企业在自愿基础上应用环境和社会标准建立行为守则和负责任的企业文化，或者将它们融入整个企业的行为守则。与此同时，对员工的

社会标准受到高度重视。

当企业在一些国家从事经营或具有业务关系，而这些国家没有或缺乏环境和社会标准时，它们可能会受到来自社会活动者、客户或投资者的压力，被要求遵守公认的行为标准。不过，企业不应在社会公众的压力下才对此履行义务，而应当面向未来，保证企业或品牌的信誉，应用对商业活动最重要的公认的标准，以此作为建设企业文化的不可分割的组成部分。

对企业来说，要遵守国际标准和规范或民权公约，并不一定是简单的事。在某些国家本地的法律或通行的商业文化与国际上的不相符合。在有些国家重要领域的民权也未得到遵重。

在这种情况下，企业应尽可能调整其商业活动。原则上，企业应当避免参与与民权、与国际公认的标准相冲突的商业实践，即使对企业有利可图时也要避免参与。出自对于企业自身的信誉的考虑，作为最后的手段需要重新思考是否在风险国家开展活动。不过，企业应当首先充分发挥能产生影响的潜力。视企业情况和市场大小，也可与具有相同处境或类似处境的企业或组织合作，这样可以扩大影响的力度。

虽然对于事实上构成所谓“合谋”常有不同的理解，但对有意或实质上支持第三方违反道德和对环境及社会造成负面影响的行为的评定是无可争议的。当企业本来就应知道事态的负面影响，但却从中获利，则它也会受到公众的批评。最终，不管它与犯罪者的关系如何，只要企业知道非法的或错误的行为，但对此不公开揭发，也可解释为合谋。在这方面，童工和人权问题被看得特别的尖锐。有关指南和标准的详细说明请参见本篇第5章劳工条件中的相关部分。

2.7 人权

尊重人权是负责任企业管理的一个重要的原则。国际上公认的准则和标准都是在此基础上形成的。最为人所知的例子是，国际劳工组织的核心工作标准、经济合作与发展组织跨国企业指南、联合国全球契约。在欧洲，欧盟将企业社会责任方案看作是尊重人权和以此为基础实施社会标准和劳动标准的重要措施。

一个有责任意识的企业承认普遍公认的人权的意义和它的广泛有效的法律地位。因此，无论一个国家的法律和文化的具体情况如何，企业均有义务在任何情况下都要承认和尊重人权。

1948年的世界人权宣言定义了人权，人权是每一个个人在国家中毫无例外都享有的权利，无论种族、肤色、性别、语言、宗教、政治或其他信仰、国籍或社会出身、财产、出生或其他状况有什么不同。人权是不可剥夺的。1966 年通过的国际人权宪章使人权具有强制性的特征。它是由包括公民权利和政治权利，以及经济、社会、文化权利在内的国际公约所组成的。此外，联合国在若干人权条约中对人权做了具体描述，并对联合国成员国在法律上做出了强制性的规定。

原则上，国家和国际社会有责任，通过将联合国人权条约融入国家法律或国家间的条约，以保证尊重和行使人权。企业是通过承认相应的国际准则和标准与尊重人权相联系的。

企业遇到要求积极支持和尊重人权的情况越来越多。这一方面是由于全球化，特别是大型企业在此过程中不断增强了政治影响。同时，也由于在一些有人权问题的国家，企业有积极的参与。在这里，一些利益相关方认识到，通过企业而不依靠政府的义务可为人权提供保障，或者对相应的政府产生压力。

考虑到社会期望不断增强，常常也由于商业在道德和政策上的复杂性，建立自愿性行为守则、指南和管理机制的企业日益增多。在这些文件中，规定遵守普遍公认的人权，并确定了监控机制和在人权受到伤害情况下的处理方式。在国际层面上，经济合作与发展组织的跨国企业指南和联合国全球契约原则已成为公认的指导文件。从 ISO 26000 中，不仅企业而且一般组织都可获得如何负责任地处理人权的指导建议。对准则遵守情况进行检查属于企业的任务。如果在企业社会责任报告或业务报告中对此没有披露，多数社会公众将无从得知实行的情况如何。

企业在不同的国家面临不同的情况，有时违犯人权现象未被国家或商业伙伴完全承认，有的国家没有实施人权的司法，或者国家法律甚至与人权相对立。不过，在这些情况紧张的场合，企业应当努力尽可能按照人权标准和人权规范行动。

企业也应当避免从第三者伤害人权中捞取好处，因为这会被认为犯合谋错误。

此外，在必要和可能情况下，企业应与其他企业或组织一起合作，利用共同影响加强人权。

企业为应对伤害人权的情况时，应建立牢固的管理机制。这样可以保证，一旦出现事件，能以适当的、透明的、公平的和可靠的方式进行调查，必要时为受害者做出赔偿。例如，按照 ISO 26000 指南的建议，在建立这一机制时应当考虑如下几点：

- 无论在时间上还是内容上审理过程对所有各方都应当是明确和可靠的。

- 监管结构上应当保证尽可能独立的审理方式，审理的过程和内容不受任何参与者的影响。
- 应当保证，上诉人或证人不担心个人受到不利的影响。
- 不仅审理过程还是审理的结果都应符合国际公认的人权标准。
- 应保证公众能充分了解审理的内容和结果。

考虑到国家对尊重和行使人权负有首要责任，企业方面的机制只是为受害者增加另外一个可能性。这些措施不应弱化或者妨碍国家的机制。

人权与企业社会责任方案的联系较详细的讨论请参见本篇第 4 章人权的相关部分。

3 企业责任治理与价值观管理

履行责任需要具体回答谁是责任主体、责任客体、责任评判者这三个相互关联的问题。价值观管理系统是企业治理的核心组成部分，需要从行为准则到规章制度，从组织到机制制度系统化。

3.1 全球化与企业责任

多年来，国际社会对企业负责任的管理和企业行动的合法性和正当性在全球经济中的地位进行了激烈的讨论。一些国际跨国企业在生产活动中违反人权，在基础设施建设中破坏生态环境，或者在经营中出现腐败的行为。这些事件曾经成为媒体头条新闻，也随之反映了社会对企业和经济界的责任提出的要求。实际上，对责任的广泛的讨论与社会差异化增强的影响，与国际经济日趋复杂性及经济全球化出现的机会和结果有着直接的关系。社会各方面越来越关注企业的道德行为，因此一系列法律上和经济上的主题进入了企业的议事日程。其中包括主动地处理人权问题，采用社会标准或者支持实施环境保护的方法。

由于企业活动范围的扩大和参与潜力不断增强，社会各活动方更强烈地要求在道德上控制企业的所作所为。他们要求企业履行更多社会责任。例如，不断明确要求企业有良好的企业治理（Corporate Governance），要求承认和履行企业社会责任（CSR），或者承认其行为应遵守一个公民（Corporate Citizens）的法律和义务。这三个关健词表明的领域是对企业道德和经济上的要求，并把企业的日常经营和主题管理具体化，例如，建立价值管理系统，通过承诺和自我约束，建立面向价值的组织和行为管理，或者用合规管理系统支持和保证企业行动符合法律要求。

当我们讨论负责任的企业管理时提出的一个根本问题是：究竟什么可理解为是责任或企业的责任？因此，本章先简要说明责任概念和它与企业行为的关系。然后给出基于企业战略的观点，描述如何才能系统地处理这一责任。

3.2　责任概念中的三重关系

我们首先考虑，责任这一概念包括哪些内容？这些方面在企业责任的讨论中有什么意义？

在责任标准理论中，责任概念是一个包含三重关系分量所组成的概念，即：

- 责任主体
- 责任客体
- 责任评判者

——责任主体指谁承担责任、或被认为应承担责任？

——责任客体指对谁或在哪方面承担责任？

——责任批判者指谁来对此评判或判断？

实际上，作为责任概念的延伸组成部分，还有第四个关系分量，这就是要评判应遵循什么准则，即：按谁的“某种评判标准的尺度”承担责任？

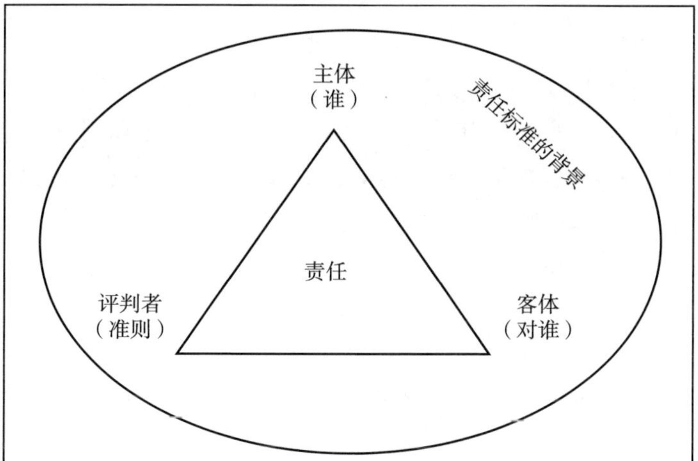

图5－2　责任概念包含的多重关系

责任概念中增加的这一分量清楚表明，社会的期望和现行规则同样属于责任的范畴。所以，个人或集体活动者只有在价值观、标准和法律已经承认的地方才提出责任的要求。除责任的前三个分量之外，第四个分量在复杂的、差异化的、不断变化的世界经济和社会中具有根本的意义。因为迄今为止，还没有世界承认的优秀企业管理的标准，而只有许多关于所谓“全球优秀企业行为标准”的讨论。

下面将对近些年来有关责任的主体、责任客体和责任评判者概念的变化加以讨论。首先，分开单独理解和描述各个分量，然后从战略观点考虑，说明它们对充分负责的企业治理（管理）的影响。

3.3 谁承担责任？——关于责任的主体

在全球化的世界中，越来越提出道德的问题，认为无论是独立的个人或是企业都具有潜在的解决问题的能力。企业与个人不同的是，为解决问题企业能迅速在全球动员或带入它们的特长和资源（知识和资金等）。因此，这里蕴含着一个理念，即企业也可把它的资本、专门知识和执行能力用于社会服务和满足社会政策的要求，反过来这也会使企业从中受益或者加强从事活动的基础。一些可能的领域包括教育、社会政策、国内安全、生态环境、发展政策，直至执行和平使命等方面。

今天，几乎没有什么更多由政府或国家进行的任务不可考虑通过企业或至少部分交给企业来完成。当今，企业被理解为具有某种权力和义务的“企业公民”。此处的“公民”很少代表法律上的身份，更多的是指社会所期望的企业负责任的态度和负责任的行为。不过，这也不是一个普通“社会成员”的问题，而是一个优秀企业公民应当为社会做出什么贡献的问题。这意味着，企业作为优秀企业公民应具有更高程度的道德责任，也就是说，它们是优先考虑为履行和控制其道德责任的目标对象（主体）。企业被看成是现代社会的“支柱”。实现社会福利和经济增长在很大程度上取决于企业的产品和服务的纯洁性、有效性以及为此所必需的过程。

3.4 对谁在哪方面要承担责任？——关于责任的客体

责任的客体也是责任涉及的对象和范围。企业责任的定义中包括企业的利益相关方、社会标准和企业自我义务。实际上，在哪些方面要企业负责或履行责任是社会共识形成的结果，或者说对此有着不同的意见。

非政府组织和工会相互讨论，企业应在多大程度上、在多大的范围对其价值链的过程承担责任？例如，认为一个企业在选择供应商时，对发展中国家供应商不能只限于检查，是否遵守了哪些现行的、有时是相当低的关于童工或劳工标准及社会标准？基于现代社会公众的压力，企业必须正视道德的要求，要设法做到不仅满足当地法律，而且要与遵守更高标准的供应商一起合作。问题不仅涉及供应链上游从生产者到供应商的责任，也涉及供应链下游从产品生产和服务直到客户的责任。

国际上力求通过制定组织的、特别是企业的社会责任指导原则和标准确定其责任范围。这方面的例子是国际组织，如经济合作与发展组织（OECD）、国际劳工组织（ILO）和私有组织，包括企业协会、非政府组织或者其他社会群体所制定的指南和标准。其中有一部分指南和标准也由参与网络的国家和私有活动者共同制定。

一般情况下，指南给出在理想情况下组织应遵循的行为的基本原则。与法律相比，它们具有自愿性、自我承诺的特征。也就是说，企业自己承认受某些基本原则的约束。但是否完全做到了自我约束，常常不用外部检查。指南的内容可以是较严格地针对具体的主题范围，例如，禁止童工、保护员工权利，也可以是较广泛的企业活动的经济、生态和社会的基本原则。

表 5 - 2 中列出几个常见的社会责任的指南和标准。

表 5 - 2　社会责任的指南和标准（例）

指南	国际劳工组织（ILO）跨国企业和社会政策基本原则 联合国全球契约 经济合作与发展组织跨国公司指南 社会责任国际标准指南 ISO 26000
标准	社会责任 8000（SA 8000） 全球报告倡议（GRI） Account Ability 1000（AA 1000） 价值观管理系统（WMS）

——国际劳工组织（ILO）跨国企业和社会政策基本原则于 1997 年通过。在这一三方宣言中，制定了企业改进工作和生活条件的指南，如工作关系（自由结社权利和集体谈判）和工作条件（工资、劳动保护等）。

——联合国前秘书长安南发起的《联合国全球契约》，是一项国际倡议，旨在支持把社会和经济普遍适用的原则融入企业的政策和实践。全球契约不被理解为企业更严格的行为准则，而是企业基于共同价值观进行社会参与交流的平台。每一个企业不论其规模大小均可签订承诺遵守十项原则的协议。

——经济合作与发展组织跨国公司指南是该组织成员国家和一些非成员国于2000年通过的非强制性的推荐建议。这个宣言包括了企业应当支持经济、生态和社会发展的要求。主题有人权、环境保护、劳工关系、知识和科学技术等。这一指南的特别之处在于，成员国政府必须承诺支持和监督遵守这一多边协议。这一指南是经济合作与发展组织关于国际投资和跨国企业宣言的若干文件之一。

——国际标准化组织（ISO）在全球启动了一个开发组织的社会责任标准的过程。ISO是全球领先的标准开发者，特别是技术标准。在这一过程中，建立了由各种不同的利益相关方组成的工作组。《社会责任国际标准指南ISO 26000》于2010年年底发布。它使组织进行社会责任开发、实施和框架改善更为容易，并以此支持可持续发展的愿景。这一标准是为全球所有国家、所有组织开发的。它适用于发达国家也适用于发展中国家。ISO 26000不描述管理系统，也不适合认证。开发ISO 26000遵循了已有的社会责任的基本原则，特别是基于联合国全球契约的倡议，联合国环境和可持续发展的里约宣言和国际劳工组织基本原则和工作权利宣言。

与上述国际指南不同，下面简介的国际标准前进了一大步，它使基本原则具体化，把基本原则详细分解为可以检查的评价准则，并且使内部评价或者外部评价成为可能。

下面举例说明四个标准：

——社会责任8000（SA 8000）是非营利组织社会责任国际（SAI）开发的，以工作和人权为重点。1996年SAI发起各利益相关方过程制定了这一标准。SAI的目标是，为在全球改善工作权利和工作条件及人权保障。作为社会管理系统的标准，SA 8000要求建立保证整个供应链持续改进社会绩效的管理系统。

——全球报告倡议（GRI）是由环境责任经济联盟（CERES）和联合国环境规划署（UNEP）共同于1997年成立，为制定全球可用的可持续发展报告的标准（可持续性报告）。它的目标是，以此特别用于大型企业，使经济、生态和社会绩效表达标准化，同时它也适用于其他类型的企业、政府和非政府组织。1999年完成可持续发展报告的草案（可持续性报告指南），并经过一个实验阶段，通过利益相关方对话的评述。此后，发布了多个版本。GRI报告指南包括报告元素和报告绩效指标。除了标准的数据外，GRI报告指南还包括报告技术方面的指引。2014年5月GRI发布了最新的报告版本G4。

——Account Ability 1000（AA 1000）是另一个标准，是1999年由英国社

会和伦理责任研究所提供的。这一标准的目的是，加强可持续发展报告的可信度和质量，改善决定报告的基本过程、系统和能力。AA 1000 通过管理模件、评价和认证提供应用的指南。

——德国经济道德中心（ZFW）开发了价值观管理系统（WMS），这将会在后面较为详细地介绍。这一标准的目标是，企业通过建立和保持以价值观（如诚信和公平）和应尽义务为基础的商业文化以保证在所有的管理领域获得成功。这一价值观管理系统的原则是，企业通过在价值观上的承诺和相应的措施实现自我控制。

除了外部利益相关方或社会的指南和标准确定责任范围之外，当然企业自己也定义自己的责任范围。企业自己定义责任范围的动因可能是多种多样的。可能由于企业对一个地区传统上具有归属感，或者出自企业家个人的动因。通过可持续经营保证企业持续成功，或者保证它的声誉可能是其中最基本的动因。

如何能在自愿性措施和国家及国际的规章之间找到一个合理的关系有许多问题需要探讨。从趋势上讲，非政府组织和工会组织主张用法律规定，而企业和协会则主张企业责任采用自愿性措施的原则。

3.5　谁评判承担责任？——关于责任评判者

如果企业不遵守法律，自然会受到法律制裁。

通常，责任是社会分配的和企业自我赋予的一个产品，它对企业有着经济上的后果。当今，企业再也不能只凭供应产品或者服务来保证其运营和增长的合法性从而得到社会的认可。如前所述，各个利益相关群体或者社会期望企业承担“更多”的责任，要求不只停留在遵纪守法，或者满足于达到一般的指南或标准的要求。

实际上，外部和内部确定的责任范围没有明确的界线。问题不仅在于承担责任的范围的界定，而且首先在于对责任规范有不同的设想：不是所有符合本地法律都算是合法的或符合社会期望的，因而算是充分负责的。

在过去一些年里形成了各种类型的活动集体，如国际组织、国内的协会以及环境保护组织，它们代表社会合法性要求，充当责任评判者的角色。

当企业发生错误的行为时，它可能不被政府或法律机关认可，也不会被资本市场或者消费者所接受，这都表明责任评判者对责任做出了评判。

3.6 企业责任的动态发展

在全球化社会形成中，对企业承担社会责任有更高的期望，一些企业自己也越来越认识到它们具有履行责任和应当利用它的行动空间。

总体上说，社会责任的发展涉及三个分量的延伸，这就是：

- 责任主体延伸—从纯粹的国家监管发展到企业作为集体活动者承担责任；
- 责任客体延伸—具体的责任范围扩大；
- 责任评判者延伸—提出责任要求希望得到落实的社会活动者数量增加。

这样，通过社会和政策讨论得出责任的定义，上面所提到的标准则是由三个分量端点的趋向共同形成的责任领域（如图5－3所示）。

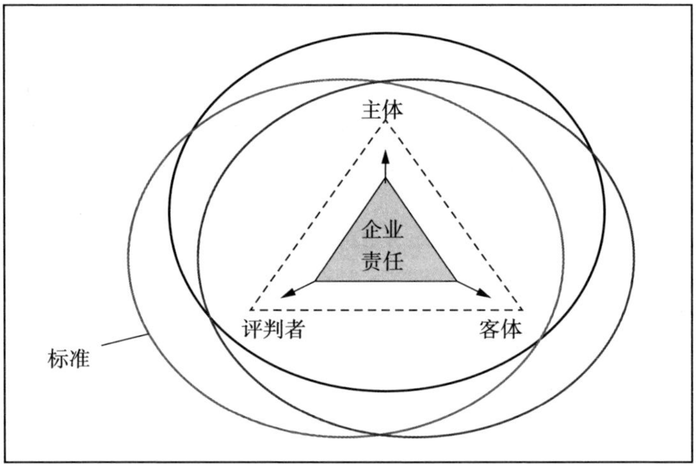

图5－3 企业责任的动态延伸

资料来源：Wieland 2002。

这些圆圈应表示责任领域作为不同的协商过程（标准，如指南、规范，传统）的结果可能延伸的范围。因为考虑到不同文化的背景和意识标准有所不同，所以各个圆圈之间的公共部分就是公认的充分负责的企业治理（管理）的标准，它是作为共识达成的结果。国际劳工组织的原则和联合国全球契约就是这样建立起的共识，也是不同的活动者（主体）、责任范围（客体）和道德要求（评判）找到公共范围的例子。这三个方面恰当的结合决定标准取得成功的前景。这也是企业参与全球承认的标准所形成的机制。

3.7　责任主体有多少责任?

由于对企业履行责任的范围和行动的要求有不同的观点和准则，而且提出的责任要求也较多，对此企业不可避免地必须确定责任的边界并有证据说明。企业需要有明确的决策性准则，确定可能在哪些领域能自愿承担责任。企业也应该有充分理由能够向它的利益相关方（员工、股东等）说明，为什么可在某种程度上达到某些要求，而对其他的要求不切合实际。特别值得考虑的是，盈利经营始终是企业履行社会责任的基础，因为保证就业和社会绩效产生满意的客户，并为社会创造必要的资源。

需要强调的是，非政府组织有时向企业提出的社会责任和透明性的要求，也必须用于它们自身。履行社会责任，只有在所有不同的活动者都部分承担责任才能成功。

在责任领域和提出的任务太多和资源有限的情况下，企业应当处理的问题特别要满足如下三个条件：

（1）责任领域应当对它的业务活动产生影响，并与之有紧密的联系。慈善是值得提倡和受到尊敬，但它只是企业责任的特别情况之一。

（2）企业履行社会责任应当具有必要的和可支配的资源。

（3）履行社会责任必须表达在相应的价值观管理中，当作一种职业化的管理任务。

3.8　企业责任的领域

前面所提出的企业赋有责任的问题随企业不同要区分对待，做到责任内容上可明确定义，责任领域可界定，责任可检查。这样一个系统化的结果使企业责任划分为三个责任领域，即经济的、法律的和社会的责任，如图 5－4 所示。这也表明，如同考虑社会利益一样，遵守法律对实现可持续的企业稳定和充分负责的企业管理也是绝对必要的。

3.8.1　经济责任

一个企业的基本的责任在于向客户或潜在的客户生产和提供所要求的产品和服务，并以可盈利的价格销售。毫无疑问，盈利经营是企业履行社会责任的基本形式，但对一个充分负责的企业管理最具有决定性意义的是，它也必须履行法律和社会责任。

充分负责的企业管理不再只是从事与企业运营无关的慈善增值，而要为

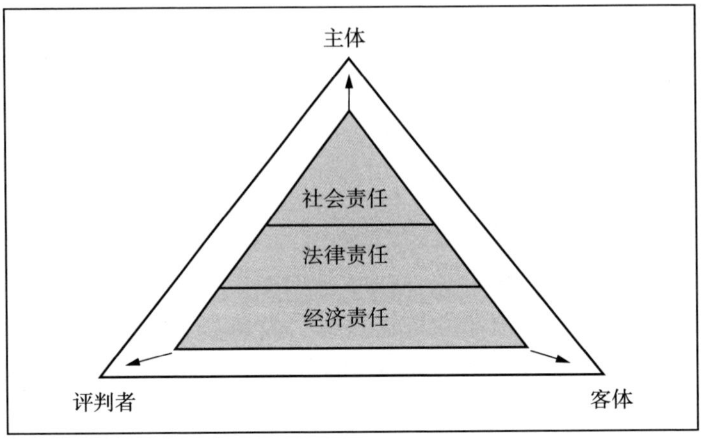

图 5－4　企业责任的领域

企业在国内和国际成功的运营能力创造前提条件。

3.8.2　法律责任

除了经济责任之外，法律责任也是企业责任的一部分。商业活动符合法律的要求，包括遵纪守法和保持决策的纯洁性。反腐败和反欺诈也属于这类行为。

法律责任的管理一般归于合规的概念。合规的特征不仅表现在合法性，也表现在符合性上。这就是说，企业管理层和员工遵守外部的规则和标准。合规程序的关注点常常是识别不合法的行为，制定文件，以便随后按照企业的规则、指导方针和法律规定采取相应的措施。指导方针的重点常常在于，当员工发生不合法行为时，如何确定企业的经济和法律责任。在美国，首先要企业承担对员工行为的责任。如果被指控的企业可以证明已经采取了使员工遵守法律履行责任的措施，则高额的罚款可能减少。另一方面，如果被证实员工的错误行为是由于企业不负责任的政策所引起的，则罚款可能高达 4 倍。所以，以这种形式鼓励企业把履行法律责任当作自己的责任。

3.8.3　社会责任

企业在世界范围内履行责任，使企业自己受超出国家的法律边界的道德和社会标准和及游戏规则的约束，是企业责任的又一组成部分。

在可以发挥作用的地区要求企业积极参与构建社会关系，这对许多跨国企业意味着它们的社会责任和公民参与不仅在国家的层面而且是在全球的水平上。

属于社会责任的核心主题有：

- 人权，如社区的、政治的、社会的、经济的和文化的权利等。

• 工作条件，如劳工关系、工作待遇、教育和再教育、安全和健康标准等。

• 环境，如环境保护、可持续生产、资源消耗等。

• 消费者保护，如营销和信息供给、消费者安全和健康保护、回应问题和意识建立等。

• 公平运营实践，如反腐败、反贿赂，政治参与和公平竞争等。

• 社会参与，如为社会发展的贡献—人口老年化、就业安全，对经济发展的贡献等。

这些核心主题的处理，部分的要用国家法律，经常要用国际标准。这样一些标准和指南，也称之为“软法规”，因为它们是普遍承认的郑重协商过程产生的结果，但它们没有法律的约束力。其约束作用体现在企业公开沟通的结果和由此产生的企业自己的承诺。比如，联合国关于投资行为准则或国际劳工组织核心工作标准，还有联合国全球契约以及 ISO 26000 等。从以上简单描述可以看出，企业应当明确地定义自身对企业公民的理解。否则在面对利益相关方要求过高的情况下，就有可能出现既不能实施也无能管理的危险。

3.9　企业基本价值观及价值观管理过程

上一节已经说明，企业的责任问题复杂性一直在增加。在全球化市场和组织以及社会结构快速变化的时代，有意识负责任的企业管理是企业战略和运营管理的任务。有意识负责任的企业管理必须建立在道德价值观和要求的基础之上并非今天才提出的新的观点。只是一段时间有了普遍的理解，这就是价值观的管理再也不能只面向个人和承诺，而需要系统化。

大型企业的领袖知道，他的企业除了经济和法律责任之外，还必须履社会责任。在他们的日常行动和决策中，在他们的模范作用中，他们依靠的是企业文化的价值观，并以此影响他们的员工。每个人的贞洁、他的道德信念和价值观是价值观管理成功具有决定作用的支柱。不过，除此之外还有企业在组织上道德的质量，例如它的流程、激励、管控机制和管理文化。

没有组织上的支持，对个人道德的要求很可能过高，而且也是不能实现的。比如，在特别敏感的市场中，当个人发展和收入只是单方面与营销业绩挂钩时，在营销组织中的个人杜绝营销活动的腐败就是相当不容易的。一个有效的可持续的价值观管理，不仅考虑法律方面，还考虑社会方面。法律方面应当有助于预防道德上的行为风险和市场风险，还有利于防止各种不同的利益的冲突。社会方面包括在地区、国家和全球层面持续地履行社会责任。

价值观管理系统，作为企业具体的管理工具，定义上述两种情况下一个企业的道德法则，定义它的主导价值观，并使它在日常实践中得到落实。价值观给出一个组织的个性和方向，因此它是战略管理的组成部分。它向合作伙伴和潜在成员表示它的行动和行为有可靠的指望。价值观管理系统提供企业筛选可能的合作伙伴（如客户、供应商、员工和社会群体）的道德准则，同时以此构成每一利益相关方管理的基础。

以下以德国经济道德网络（BNWE）的经济道德中心（ZFW）通过与许多企业和协会的合作开发和制定的价值观管理系统为基础，描述价值观系统及其管理过程，其中包括企业的基本价值观。

价值观管理系统的核心是在所有的相关业务过程中实施企业的指导方针和价值观，系统地相互协调一致，监控并确定高管的组织上的责任。

价值观管理系统包括一个完整的价值观管理系统的4级管理过程（如图5－5所示），也即：

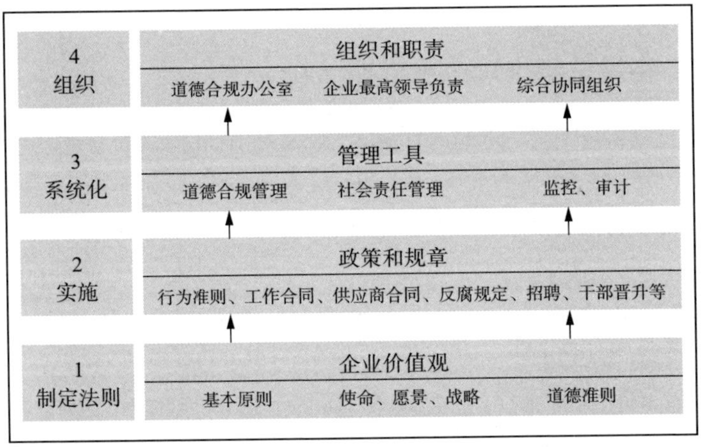

图5－5　价值观管理系统的4级管理过程

资料来源：经济道德中心（ZFW）。

——制定法则

——制定政策和规章

——系统化

——组织落实

3.9.1　制定法则

每个价值观管理的基础在于，要对决定企业个性和使其决策结构化的价值观做出诠释和制定法则。

制定这样的道德准则、企业的指导方针或者基本的价值观条款在今天的商业实践中已经早已是标准的做法。它们是一个企业的名片。它们不仅包括道德价值观，也还包括绩效、沟通和合作的价值观。图 5－6 集中示出了上述 4 个领域可能的价值观的全貌。

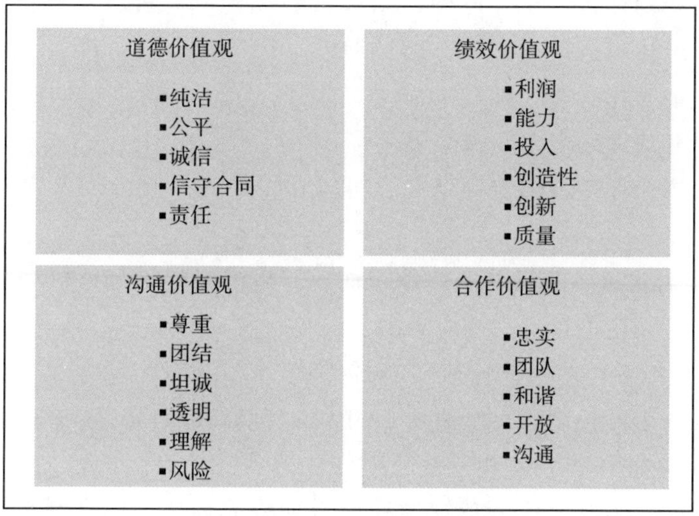

图 5－6　企业的基本价值观

所以，企业不仅可用它们的组织图或者财务资金流来表述，而且也可用它们坚持的某一套价值观来表述。制定企业具体的一套价值观是通过确定的、书面的形式、始终反映所有四种价值观实质的行为标准来进行的。这样便使一个企业获得在差异化意义上的个性。

因此，行为标准既不是全部所希望的价值观，也不是组织内部的道德观念的大集合。它们描述的不是企业的实际状态，而是事业上追求的行为。企业高管必须明白，考虑什么样的基本价值观作为他的决策框架才有决定性的意义。基本价值观和由此引导出的行为标准是一个意向和愿望的解释。它有助于使复杂的管理决策结构化，在有冲突的情况下有明确的准则选择，解决可能面临的困难局面，和在众多领域中确定优先重点。这些也都关系到履行社会责任的决策和进行方式。

3.9.2　制定政策和规章

在定义了价值观以后，必须对日常业务定义相应的管理过程，并且把行为准则融入到现有的过程中。为此，行为标准也必须对内、对外沟通，例如，相应的行为准则、企业政策，或在敏感业务领域采用的行为指南。

为了在日常业务中落实行为标准和可信地贯彻执行，沟通是一个具有决定意义的元素。不过，这里还不只是信息和公共关系的问题，更多的还是沟通的制度化。制度化沟通的特点是，沟通是融入运营业务的，这也因此对日常行为产生影响。所以，必须考虑所有潜在的敏感领域，包括人事政策、薪酬政策、供应商评价、正确处理礼品赠送和接收等方面。举例来说，在理想情况下的人员招聘选拔过程中，已经考虑了行为标准，在新员工雇用中向他们指出在企业工作中行为标准的意义。此外，价值观管理准则应当在提职以及员工评价和目标约定中发挥作用。

举例来说，在实施细节规章时，可以在企业内部和外部考察回答如下一些问题：

• 行为标准在人事选拔上的作用如何？标准是提拔和评价后备干部的准则吗？在目标约定中标准占有应有的分量吗？

• 哪些伙伴和供应商的选择和评价满足价值观行为标准和价值准则？要通过伙伴和供应商控制落实价值观，相关的控制机制可跟踪吗？

• 在企业兼并前评估和兼并后融合的过程中，行为标准发挥作用了吗？企业的文化和价值观是作为独立的和价值创造的融合目标来处理，或是作为经济和技术融合目标的麻烦的边缘条件来处理？

• 在建立业务关系和投资决策中对人权、环境、童工、囚犯劳工等问题存在操作的决策准则吗？这些准则保持与公众沟通吗？

• 按什么方式把企业的社会政策融入行为标准落实的过程中？有履行社会责任的项目吗？对不同利益相关方的责任具体化的程度如何？

针对这样的和一些类似的问题，可以检查企业的价值观在工作的规程、过程和指南中落实的情况。这里十分重要的是要定期检查决策过程和决策结构，以便考虑新的经验和新的边界条件。

3.9.3 系统化

价值观管理系统的系统化根本上决定它的影响潜力和影响方向。这一步是要在企业不同的管理层系统化地落实指导企业的行为和决策的价值观，其中包括战略、组织、政策和程序、沟通、管控。其目的是，把价值观融入到现有的标准工具之中，或者在需要的地方制定和采用价值观管理的具体工具。表 5 – 3 是与各管理层相对应的价值观管理工具的一个概貌。

表 5－3　企业价值观管理的工具

管理层面		战略	组织	指南	沟通	控制
管理工具	合规	企业治理 使命、愿景 承诺 合规风险分析 基本准则 …	合规组织 合规官员 各级责任 督察 热线 …	行业准则 质量管理 合同管理 供应商选择 目标约定 …	培训 内外网络 员工谈话 报告 应急管理 …	举报 内审 外部审计 文件 …
	社会责任	（企业治理使命、愿景承诺） CSR－规划 基本准则 …	CSR/可持续管理委员会 责任官 各级责任 项目管理 …	（行业准则） 请客送礼 供应链 环境政策 …	培训 社会责任/可持续发展 报告 利益相关方对话 …	外部认证 检查评估 …

所有这些合规的和社会责任的具体工具的作用，不仅在于保证遵守行为标准，而且在于形成有意识负责任的企业管理。这样，一方面用价值观管理提高员工和领导对灰色区域的认识，另一方面对所有领导层出现偏离约定的价值观条款的行为也可做出反应的对策。

一个企业应当对它的决策过程和决策结构以及它的价值管理的工具做出定期检查，以便：

——创造一个实践原则和基本价值观及考虑利益相关方利益的环境；

——保证有效地使用资金、自然和人力资源；

——平衡企业成员和利益相关方的需求；

——在企业和它的利益相关方之间建立起持续的沟通；

——鼓励员工广泛参与社会责任的决策过程；

——利用监控程序提高透明度。

3.9.4　组织落实

对于价值观管理系统在组织上应当由最高管理层一位负责人负责，如董事会或者监事会中的领导。实施和监控落实价值观管理属于企业领导的任务，所以它是企业“老板的事情”。此外，“老板的事情”还意味着，必须强调持续沟通价值观的意义，高层管理积极地把自己置于组织变革过程的最高点，并在落实价值观管理中起到展示有意识负责的企业领导的表率作用。

除高层管理外，在各个企业对价值观管理的职责的组织有各种不同的方式。在北美，企业的道德办公室发挥着重要的作用。而在德国和欧洲一些国家，价值观管理在职能上更倾向于与诸如质量管理、内部审计或者沟通部门相结合。另外，在企业领导层建立一个咨询部门也是常见的。

3.10 价值观管理系统效用和有效性

今天企业采用价值观管理系统早已不只在于预防不合法的和不道德的行为，而是关系运营和增长的社会许可的根本问题。因此，必须加强企业价值观管理和合规管理在主题上的融合。在企业管理中日常所指的道德和合规、企业社会责任和企业治理、公民参与和企业纯洁性等，都属于相互密切联系的整体。

信誉和可信度是可持续经营和负责任的企业管理不可缺少的资本，建立起来很容易，但是可一夜之间化为乌有。

价值观管理系统强调构建企业组织结构作为个人道德行为的激励媒介的意义。它与国家和国际的立法相联系，除董事会或者企业领导的责任或者组织失误法律责任外，责任归于企业机构和它的员工越来越常见。

衡量一个价值观管理系统的效用和有效性有三个原则，即：

——预防；

——整体性；

——可持续性。

预防所指的是，价值观管理系统不只是停留在发现和正式控制组织不道德的和不合法的行为，而是在于阻止它们发生。

整体性所指的是，一个价值观管理系统不是只以控制一些数字和过程为目的，而是针对企业所有领域和业务所有方面实现道德纯洁性。

可持续性意味着，一个价值观管理系统依靠一个经常性的过程，促进道德和价值观驱动的业务行动力和决策。

不过，所有经验表明，价值观管理系统，如同任何有成就的人一样，难于完美无缺，难于一帆风顺完全不遇到矛盾。虽然一个企业遇到的冲突、灰色区域和不适当的结构有可能控制在最低程度，但完全消除和避免是很难的。因此，价值观管理系统是企业和它的员工在某种形式上的一种道德承诺，为的是要动用其所有资源，在有意识负责的管理和经营中真正实现纯洁的行为并完成相关的义务。

4 人权

人权取决于不同的制度、文化背景和发展阶段下，企业要依据国际社会的共识，结合实际情况，敏感的对待和处理人权问题，特别要避免人权风险。中国人权取得了举世瞩目的进展。

4.1 为什么企业要尊重和保护人权

人权是人的权利，人权涉及人类共同生活的各个领域。可持续发展、自由和人权是相互关联的。可持续发展是以人为中心的发展，它必须建立在人人享有人权、消除贫困和实现社会公平的基础之上。

人权与贫困相关，贫困既是损害人权的原因也是后果（如图 5－7 所示）。生活在极度的贫困之中的人，往往受到享有其人权的限制，例如生活权、健康权、居住权、教育权、法律平等权和参与政治生活权利等。人权受到损害的人，也许再也找不到能正常维持自己家庭生活的工作，其后果将是痛苦的贫困。

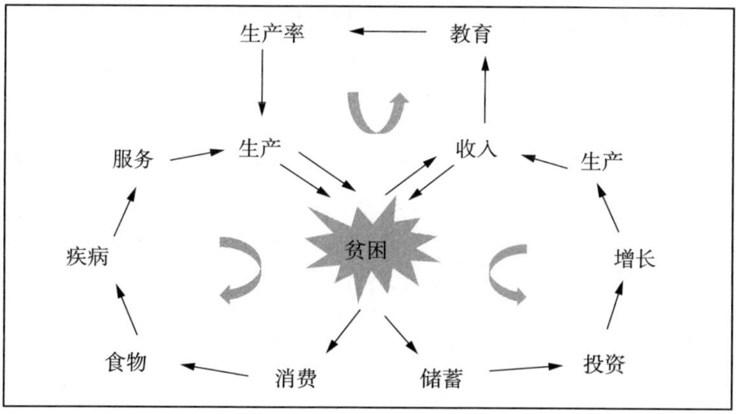

图 5－7 贫困损害人权的恶性循环

因此，应当支持消除贫困，与饥饿和疾病作斗争，支持儿童教育。同时，应支持消除贫困的结构性变革。

人权保障和促进的主要力量除政府之外，企业肯定也有义务。个别大型企业的经济力量，甚至在政治上的力量超过了许多政府，特别是在南半球贫困的国家。

根据世界银行的报告，全世界100个最大的经济体中，有52个国家和48个跨国企业。

有许多企业其中也包括中小企业，为消除贫困做出了贡献。企业获得经济利益，不仅是正当的，而且也是本来应当完成的任务。因为，如果企业不能盈利，它就不可能长期地存在下去。重要的是企业的经营活动必须在一个符合道德价值观的管理框架之中进行，并且为社会的福祉承担义务。

正如前些年全世界金融市场出现的丑闻表明，如果管理者无限制追求自身利益而无视对社会利益的取向，这样的混乱的管理框架很可能造成危机。

全球化在很多地方对改善人权状况产生了影响，但同时也出现了损害人权的现象。特别是在发展中国家，跨国企业（连同腐败的政府）掠夺自然资源而不顾当地的民众。例如，为开发农业种植园，农民被迫失去他们的土地，离开家园。在种植园从事着奴隶般劳动的情况时有发生，或者由于邻近的工业的发展导致大量开采地下水，或者在河流中产生污染，其结果使整个村庄无法获得清洁的饮用水等。

联合国在2008年4月人权理事会的报告中指出全球化产生的监管缺失（治理缺失）的严重性。由于这一不足，形成了企业可能损害人权而不担心受到问责的一种环境。因此，人权受害者获得正义和补偿成为保护人权的一个主要的任务。

除公民权、政治权之外，人权还包括经济、社会和文化的权利，它们是相互联系的（如图5－8所示）。例如，公民缺乏社会保障这一结果可能导致没有能力承担关乎生命的必要药品或者急需的医疗服务，可能造成长期健康的后果，在最坏的情况下影响生存的权利。

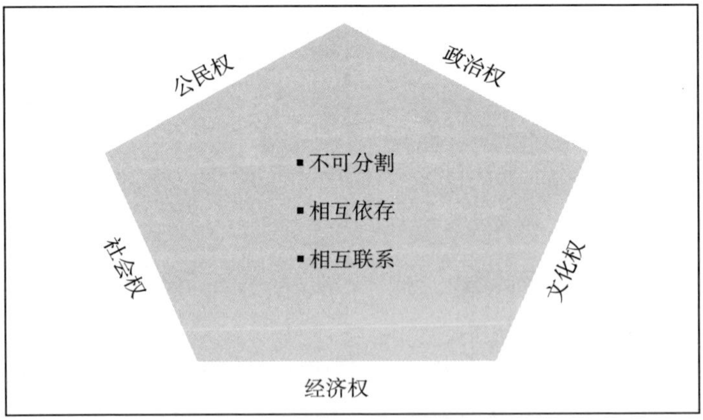

图5－8　人权及其不可分割的特征

当然，认为一个企业有人权义务就必须建立学校和医院的看法，也是不正确的。因为这些任务属于国家的任务，为此目的企业已经交了税。企业有义务尊重经济、社会和文化权利的重要性可用下面一个具体的例子来说明。在过去十多年里，印度曾约有上万农民失去了生命，原因是跨国企业引入了转基因的种子，这导致价格上涨，使农民毫无机会逃脱与此相关的饥饿和负债。对此，联合国人权理事会在2008年4月指出，印度政府对保护农民的独立权利负有重要的责任。在分析这一问题时，人们不可避免地看到，如果企业不考虑社会利益，一味追求通过推销转基因种子获取利润，就不得不承担对损害生活权的责任。

公民权、政治权和经济、社会、文化的权利是相互交织的。在南美洲、非洲和世界其他一些地方，许多因反对大型项目的建立，积极保护当地民众经济、社会和文化权利的人，常常受到政治上的迫害。对于这种情况，相关的企业不应当也不允许是不作为。

在联合国的企业和人权报告中指出，全球监管缺失除需国家措施之外，还需要有全球性的解决办法。

因此，对于企业来说，检查人权落实的情况应是不言而喻的事。因为这样做不仅能保证其经营活动不致损害人的尊严，不陷入损害人权的危险，而且有助于为世界的福祉做出贡献。

4.2　“企业与人权”问题认识的现状

4.2.1　“企业与人权”讨论的背景

《世界人权宣言》是第一份保护人的基本权利的世界性文件。如今，它在全世界范围内对人们的生活和人权立法运动产生着影响。《世界人权宣言》确定了文明人类的基本自由和权利，奠定了国际人权法的基础。《世界人权宣言》与随后将使宣言具体化的《公民权利和政治权利国际公约》和《经济、社会及文化权利国际公约》一起构成“国际人权宪章”。上述三个文件也是讨论企业与人权最重要的基础（如图5－9所示）。

在过去的十多年里，经常有企业，特别是跨国企业和它们的供应商在低收入国家中有涉及严重损害人权的情况。例如，有些企业被指责为蓄意参与政治迫害，或者因开采石油为专制的独裁政府提供资金，或者因钢铁生产在环境中造成污染危害生命，或者有些企业在南美洲进行资源掠夺过程中采用有损健康的工作条件等。

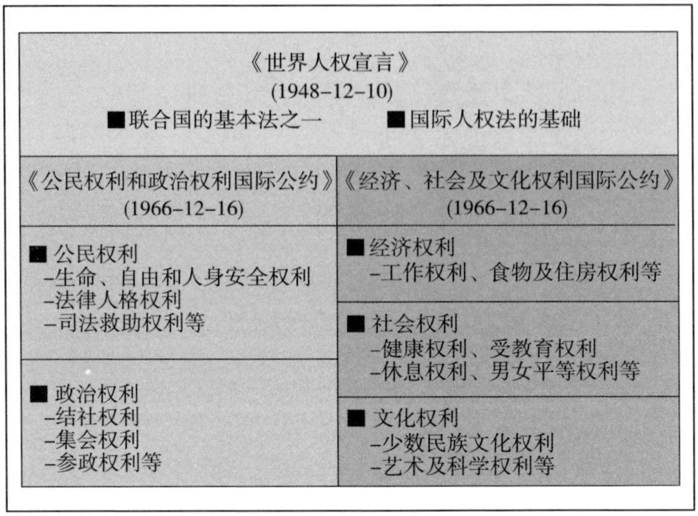

图 5－9　国际人权法核心文件

大多数这些事实上的，或者报道的侵犯人权情况的发生，是政府在行使权力和尽职谨慎性方面，以及下属官员在利用国家委托的职务和赋予的经济、社会和文化资源方面严重失职造成的。由于缺乏法治、透明和问责，导致诸如滥用职权，执政者的任意性、腐败、执政为己和不正当地利用公共资金等，导致不良环境的产生。从经验上看，这种治理体系和能力的缺失是构成各种侵犯人权的温床。

腐败是用公共权力来谋取私人利益。公共权力本来是用来保障公民权利特别是保障公民各项人权的，而腐败官员用公共权力来谋取私利，不仅使公民权利得不到保障，还会使公共权力受到侵犯。从这个意义上讲，反腐败就是维护人权。

不过，在任何情况下，政府能力缺失都不应成为企业损害人权的借口。企业应当把政府执政质量缺乏作为自己行为的警示，对自身的业务活动对人权产生的影响进行细致的研究。

随着过去一些年里对“企业与人权”问题不断公开的讨论，也出现了过分夸大以人权判定企业影响范围的标准。比如，当一个建筑公司挖掘机有损房屋和种植园，则被指责为合谋参与侵犯人权，矿泉水企业由于用水把它与水短缺联系受到谴责，或者制药企业由于研究投资获专利，保护知识产权也受到攻击等。

过分地将人权的准则用于企业的活动，虽然能引起社会公众更高的关注，但也会产生不良的后果，即极端的无视人权的行为与其他侵犯人权的情况混为一谈时，可能导致最严重的犯罪行为被平淡化。

各个不同的国家，不同的宗教和文化已经广泛接受人权的高度的和重要意义，对于侵犯人权直观上认为是一件严重的事情，这使企业对人权的责任成为相应活动的一个最重要的问题。遗憾的是，许多企业对这一问题并不关心、束手无策或完全无知，所以保护人权未成为经营者的任务。这不仅不利于促进文明的进步，对企业也是不利的。尊重和维护人权属于文明企业的核心责任范围。职业化地和知情地处理企业责任中的人权问题是企业自身的利益所在。这使企业最高管理层可认识多个层面上的复杂的问题，在现有的条件下权衡和做出正确的决策。因为，这实际上也是企业的道德底线。为了持续的成功，企业必须树立比获取投资回报更高的目标，必须严肃地采取有道德、有理智的行动。

联合国前秘书长安南指定的特别代表约翰·鲁格在 2008 年提交了关于“企业与人权”的最终报告：实施联合国“保护、尊重和补救”框架指导原则（以下简称《最终报告》）。《最终报告》和相关附属文件对企业和人权的现状做出了全面的总结和描述，反映了对企业与人权问题认识的现状。

4.2.2　“企业与人权”讨论的主要结论

联合国秘书长特别代表的工作组在报告中得出的结论是，企业从事的活动对所有人权都会产生影响，因此也要具体承担人权责任。这些责任与国家的和其他社会活动者的责任既有区别，又相互补充：

——国家和它的机构首先承担的责任是，要采取一切必要的步骤，保护公民不受任何形式的人权侵犯（保护的责任）。这一义务既包括预防的措施，也包括调查已发生的或有怀疑的人权侵犯案，处罚犯罪者和为受害者获得补偿提供保障。

——在国家法律不存在，或者国家贯彻法律缺乏所要求的制度能力，或者能力不足，或者不作为的情况下，企业特别有责任尊重人权（尊重的责任）。企业责任的底线是不损害人权（不损害的责任）。

——不过，在各个不同的社会活动者之间有责任分担的问题。企业作为经济活动者应承担特别的任务，但这一任务在结构上与国家的责任有所区别。

《最终报告》认为，由于全球化经济力量和活动者的范围和影响与社会能力之间出现了“治理漏洞”，由此应适当应对因此产生的负面影响。这些漏洞导致企业行为不负责任和违犯法律，因违法企业不担心违法的成本后果。

特别代表尤其指出，大多数企业没有针对其活动对人权的具体影响建立正式的制度化的监管或评估体系。基于此情况，提醒企业考虑尽职审慎制度化（due Diligence）（如图 5－10 所示）。企业适当审慎检查它所从事的活动，可确定在特定背景下对人权可能产生的影响，也有利于消除对“影响范围”（sphare of influenece）和“合谋”（complicity）概念存在的模糊认识。

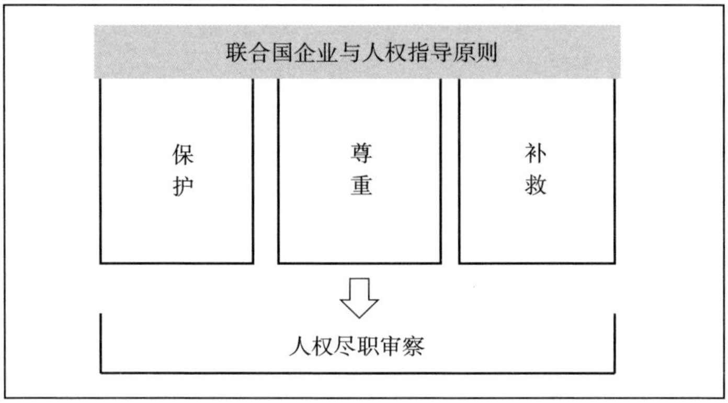

图 5－10　联合国企业与人权指导原则

资料来源：联合国企业与人权报告，2008。

4.2.3　企业的影响范围

企业一旦承认全球契约的十项原则，就意味着要在实践中在自己的影响范围之内相应实施这些原则。对于企业“自身的影响范围”的看法，一直存在着很大的分歧。大多数企业把自己的影响范围尽量缩小，例如，它们把所在工厂围墙范围之内发生的事情看成属于自己的影响范围。而另外的大多数非政府组织则倾向于把边界尽量扩大，例如，认为在一个侵犯人权的国家交税，也是资助人权侵犯者。由于在“企业与人权”的讨论中所有参与者用同一个术语作为重要的概念，但在使用时各自有不同的内容，所以澄清“影响范围”和“合谋”方案就明确成为特别代表的任务。弄清“影响范围”对特别工作组特别重要，因而对此单独在一个报告中进行了讨论。其中最重要的一个结论是：

——许多企业利用“同心圆模型”，同心圆从内部（员工）开始逐步向外扩大（直到供应商、市场以及社会和政府）。这里隐含一个结论，那就是随着与工厂围墙距离的增加自己的“影响范围”逐渐减小。《最终报告》指出，这种模型是不恰当的，因它没有对利益相关方加以区分，没有区分那些（其权利）受到企业活动负面影响的利益相关方和能以任何方式影响企业的利益相关方。

——《最终报告》推荐，一方面要看企业的“影响”（impact），另一方面要看“影响的可能性”（levarage）（例如，对供应商、官方或其他方面）。要区别这两种情况，避免直接对人权产生负面影响明确属于企业责任的范围，而只有在某些条件下，对各个政治活动者和社会活动者产生影响才属于企业责任的范围（如图5－11所示）。

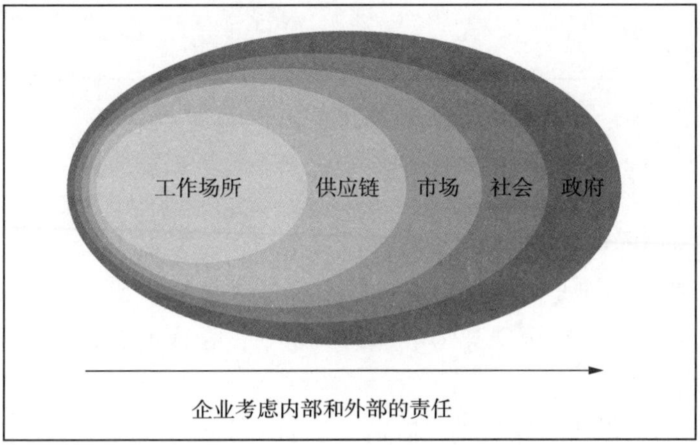

图5－11　企业的影响范围

——对属于其他所有活动者在他们影响范围内应承担的人权义务，不能让企业承担责任。在有可能不同程度利用影响的地方，企业可自愿地承担和履行责任。但在所有情况下和每一种情况下都要求企业履行这样的责任是不恰当的。

——《最终报告》也同样否认了一直经常用“接近性”（proximity）作为企业对人权责任的强度指标的方案。因为“接近性”也是一个具有多重意义的概念。例如，是空间接近、合同接近，还是政治上的接近，几种情况都有区别。在互联网时代，侵犯人权可能发生在距离很远的地方而不是就近发生的。

为了弄清在一个具体背景下产生的责任，企业应当采用“尽职审察”对企业自己在具体的、当地的条件之下进行的活动进行严格的分析，并仔细地审察其业务关系网络。这一审察的结果，可使企业能认识企业的业务活动对人权产生的现实和潜在的影响，从而采取必须避免，或者必须消除的措施（如图5－12所示）。

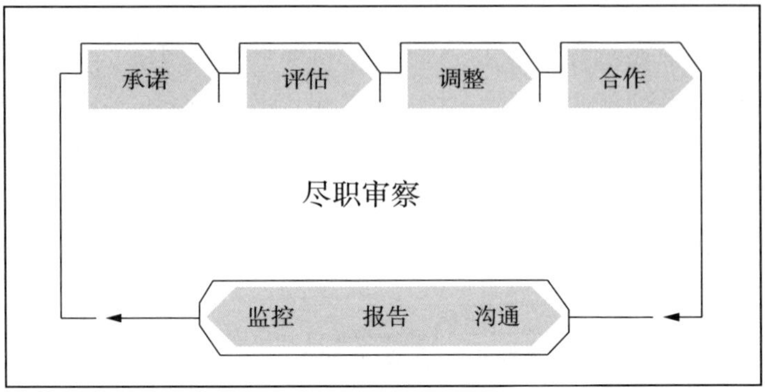

图 5－12　实施人权尽职审察方法（示例）

资料来源：联合国企业与人权报告，2008。

4.2.4　构成合谋的事实

全球契约第二项原则要求企业保证不合谋（串通）参与侵犯人权，保证不犯滥用人权的罪。在全球契约解释的文字中，合谋或者合谋犯罪分为 3 种不同的形式：

- 直接的合谋或合谋犯罪：指企业帮助一个国家侵犯人权。例如，为建立工业设施或者建设水电厂强迫移民。
- 受益性的合谋或合谋犯罪：指企业从第三方侵犯人权中受益。例如，为保护自己的企业，镇压因企业活动影响而举行的和平的抗议。
- 默许的合谋或合谋犯罪：指企业知悉系统的、经常性的参与侵犯人权的情况，但不与相关负责的官方对话、交涉和不为抵制侵犯人权做出努力。

因为考虑到这种情况下企业决策需要有清晰的、尽可能判断的准则，联合国企业和人权特别工作组和专家分析了国际法庭的各种审理案件，并检查了有关准则用于企业的可行性。例如，将来在某些情况下可判断企业合谋或合谋犯罪侵犯人权情形是：

——个别的作为或不作为，有目的地帮助、鼓励和道义上支持侵犯人权，对犯罪造成实质性的后果。

——直接的和物质上的帮助侵犯人权的犯罪，例如为犯罪者提供构成犯罪的资金，可被认为是参与合谋。

——对于第三方侵犯人权不干预，或保持沉默，甚至从第三方侵犯人权中受益。这虽然不构成（司法法庭）法律上赔偿的理由，但由于公众的批评可能隐含巨大的（舆论法庭）损失并由此引发问题。

——准确地定义事实上的或者潜在的违犯人权是一门“学问”，它取决于企业各自的情况。但这确实是企业出自对自身利益的考虑，需要努力尽可能做好的“家庭作业”。

总体上，《最终报告》给出的明确信号是：企业在每一个关键的具体情况下，应当适当地了解特定的与人权相关的条件。只有对具体情况下需要和放弃的行动都心中有数，才有可能合理地判断存在的风险。

在这种情况下，企业道德上的决策需要考虑在“合法性”和“正当性”之间的区别。并不是所有符合当地法律的做法，都会在一个现代化的社会中被人们认为是“正当的”（合理的），或者是负责任的。没有任何一个“好”的企业可以藏身于“不好的法律”之后。合法但“不正当”的做法虽然不会受到法庭的惩罚而承担责任，但却摆脱不了公众的意见引发的毁灭性评判。

为了对企业人权义务的范围和内容进行谨慎的修改，并为企业和其他利益相关方提供具体的指南，从2008年夏天开始特别工作组的任期又延长了3年。

在一个多元的国际社会中，人们的价值观、世界观和社会想象可能各不相同。一个重要的问题，也是未回答的问题是，自愿性的措施与国家及国际的法律规定之间的合理关系是什么。对于企业应当为满足经济、社会和文化的人权做出努力的程度始终存在信念上的差异。这意味着，即使企业达到了《最终报告》所建议的要求，也应当知道，不是所有利益相关方的要求都得到满足。不过，企业应当从自身利益来考虑，能够有充分的理由向员工、股东和社会各方说明，为什么企业乐意满足某些需求，而另外一些要求是难以接受的。

4.3　高尚的企业应采取的行动

4.3.1　积极支持人权

随着国际经济的复杂性和经济全球化机会的增加，企业也面临着应对文明人类不断增加的期望。这一点，特别适用于企业对人权的责任——这个在十多年前完全不属于议事日程内容的主题。现在，联合国企业与人权特别代表为企业制定了一个国际上接受的、应当用以思考用什么样的方式在全球化的供应链中承担人权责任。这在将来虽然会不那么容易，但又必须按照国际协议的精神要完成的任务。

现代化的社会是人类共生的高度复杂的系统，它包括的活动者具有不同利益和不同目标。但他们是相互依存，相互联系的。为了达到更高层面的目标和维护并实现人权，所有活动者必须在社会契约的背景下根据他们的资源和能力做出自己的贡献。对此，企业也承担着特别的任务。

今天，很多向企业提出的尊重和满足人权的有关要求不涉及根本的权利的问题。从更高层面考虑，如按照《世界人权宣言》和据此所制定的国际公约中的规定，所有对尊重和保障人权的要求都是完全合理和无须任何讨论的问题。不过，有争论的问题是：满足人权要求谁承担什么义务？特别是在经济、社会和文化人权各个方面相关成本较高的地方。今天，人权群体向企业提出要求，但没有看到它本身也有相应的义务。

毫无疑问，全世界全人类都应当努力实现他们的自由和权利。这包括《世界人权宣言》中第二十四条规定的权利——休养权和休闲权、第二十五条中规定的权利——适当的健康和福利生活标准，其中包括营养、衣服、住宿、药物供应和必要的社会服务，在疾病、残疾、丧偶、老年，或者其他由于非个人失误无法生活的情况下享有保障的权利，以及第二十六条中规定的权利——受教育的权利。不过，要期待低收入国家完全保证和立即实现这些权利是不现实的。但它们有义务是逐步达到这些人权的要求（progressive realization）。如果由于缺乏资源或者缺乏政治意愿相关的政府没有取得进展，而且因为它不愿提供相应的资源，这也不能要求企业要成为它的替代者。

除了良好的治理质量之外，一个繁荣的国民经济会使国家以及所有社会群体受益，它是满足最基本需求和实现经济、社会、文化权利的一个最重要的条件。

有效地促进经济社会发展，为低收入人群创造有利条件，合理分配公共预算用于满足人的基本需求，保证社会参与和社会变革，保护环境资源和贫困地区社会资本，和在法律上为人权法规提供保障等任务，首先是政府的责任。《最终报告》再次强调了这一基本责任。在国家由于资源缺乏对此无能为力的情况下，需要国际社会出面提供支援。这在 1947 年联合国宪章的第五十五条和五十六条中就已经承诺。

但是，正如《最终报告》的结果所指出的，企业在其价值创造范围内对此同样负有责任。《世界人权宣言》在序言中号召社会中的“每一个人和社会所有机构”维护并支持这一权利。领先的企业明确承认在促进人权方面的角色。此外，突出强调要保证其活动既不直接地也不间接地违犯公民人权和政治人权，并在任何情况下都不故意从侵犯人权中获得利益。企业是一个具有重要意义的投资者，同时还创造很多生产工作岗位。这两个方面对实现经济、社会和文化权利都有积极的影响。只是不能以损害人权为代价。跨国企业在商业实践中要保证做到“不损害”人权，只是停留在好的愿望是不够的。

4.3.2　人权价值观管理

价值观属于每一个社会的道德文化。因此，如同所有社会机构一样，每一个企业都必须明确认识到，以什么样的基本观念作为自己行动决策的标准指南。通过反省和与内、外不同利益相关方的对话形成的价值观决定着企业的身份，在复杂的管理决策中具有的方向性，并且是有助于消除困境和确定优先重点的方式。这一方式适用于所有社会、生态和政治的领域，同样也适用于人权领域。

首先要定义价值观，要根据实施的效果、经验和框架条件，定期进行必要的检查修正。此后必须确定与日常经营相适应的企业政策、关键领域的行为指南、行为准则以及实施的管理流程并进行沟通。通常通过自上而下的管理来进行落实，用过程检查目标遵守的情况。在理想情况下，价值观管理在员工招聘和员工晋升这些环节就已发挥作用。同样，也用于确定工作报酬和工作指标和员工评价。这也完全适用于处理人权问题。

选择供应商、商业伙伴和合资企业的情况亦是类似的。在组织最高管理层应当有一个负责人负责价值观管理和社会责任项目。企业社会责任虽然不只是老板的事情，但也的确是“老板的事”。建立一个特别的监察机制的优点是，它向员工提供机会，监督所宣布的标准和企业实践之间存在的差别。

人权标准也是价值观管理的一个有机的组成部分，如同处理其他所有标准一样，应当切实保证融入企业责任的各个方面。

不过，人权特定的方面比传统的责任主题更为重要。所有的员工，特别是负责人，要对“灰色地带”有明确的认识：在实践中，在很多情况下遇到的问题不是在违犯人权和道德行为之间简单做出选择，而在于发现不应进入的“灰色地带”，而离开根本的思考，或者不用有意识的职业化的帮助就难以做到这一点。对此，《最终报告》提醒的具体的“尽职审察”及工具，或者丹麦人权研究所的“人权合规评估（HRCA）”的应有会特别有所帮助。后者也从更高层次、从企业外部的观点提出企业应当注意的问题。

HRCA 考虑了所有重要领域，从《世界人权宣言》、人权公约和 80 多个其他协议文件中提出 350 个问题和 1500 个指标。利用自我评估、包括 28 个问题和 240 个相应指标的“快速检测”得到感性的认识，在此基础上可做进一步的评估。虽然人们都承认，所有的人权同样都具有重要的意义，但企业为了在所处的背景下务实地处理问题，需要区分人权责任的各个方面。

4.3.3 人权责任的差异化

同考虑企业在社会责任中的其他类似的主题一样，从哲理和实践上来看，企业的人权责任可按不同的特征、范围或程度分为三个方面（如图 5－13 所示）：

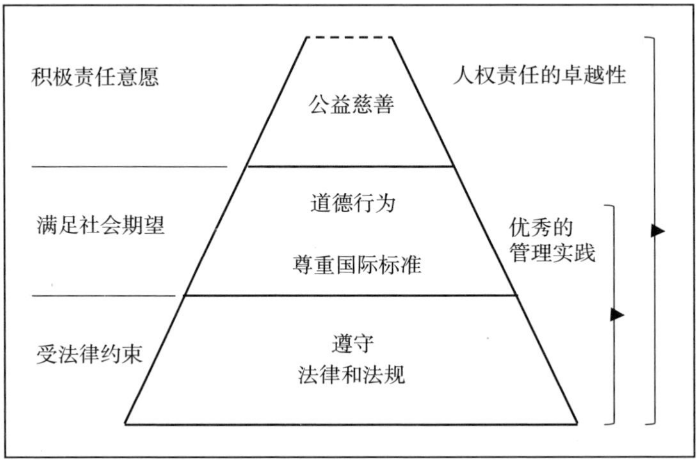

图 5－13 企业履行人权责任的特征和方面

- “践行法律”方面：这一方面包括各行业中所有企业无可争议地要遵守法律和法规，这是企业不言而喻应当做到的义务。
- “满足社会期望”方面：这一方面包括企业在遵守国家法律基础上以满足社会的要求/期望的、尊重国际公约标准的道德行为。
- “积极责任意愿”方面：这一方面是在“强制性”和“期待性”的领域之外的主动自我要求“企业公民”贡献的领域，它指企业根据自身的能力努力为人权做出贡献，这里包括慈善及公益项目。

优秀的企业管理实践中包括“强制性”方面的全部元素和“符合道德”方面的主要元素。后一方面是企业正当地从事活动的前提条件，特别在法律质量达不到要求或者执法不力的国家。

4.4 优秀的管理实践

本来，没有必要指出企业无条件遵守法律的必要性。不过，从现实的情况或从媒体的报道可见，总有企业公开违犯法律的情况。这包括腐败、侵犯隐私、股市内幕交易，甚至违犯环保法。虽然，从这样的事实不能总得出违犯法律是它们有意的行为的结论，但每一违犯法律的事实，都会降低对企业管理者的自身责任的信任度，并引起更严格的监管。

今天，企业本来的责任与过去并无不同。企业必须生产高质量的、它的潜在客户所需要的产品和服务，并以能盈利的价格销售出去。企业为了能从事其活动，它雇用员工，向他们支付适当的报酬，并以公平、公正的态度对待他们。优秀的管理实践也包括，能保证为企业所有者及企业股东的资金投入创造回报或适当的利润。能面向未来发展保护环境、缴纳退休金和社会保障费，以及向国家交税等，也都属于企业的基本义务。国家利用所收取的税收完成它所肩负的任务，也完成在人权方面的义务。

企业通过在它的业务活动中履行这些基本的社会责任，其行为不仅符合公民的权利和政治的权利，而且也在"正常的"环境下为实现经济、社会和文化的人权做出贡献。

"正常的"环境指的是，企业经营所在国家正当行使政治权力，治理和管理具有良好的质量，正确地做出财政、经济、社会和政治的决策，以法治为主导，合理分配资源和其他"善治良政"的要素。

由于在一些国家"正常的"环境并不属于正常的议事日程。尤其在国家或机构对履行自身责任无能为力或者不愿作为的地方，企业在自愿基础上落实自己价值观的行为具有重要的意义。

当今，充分负责的企业承认尊重人权的重要行为标准是：

- 遵守相应的国家的法律，无论法律是否得到国家官方的执行；
- 在国家法律低于国际法律标准，或者根本没有形成时，尊重相应国际法律标准；
- 在国家法律与国际法相关原则有冲突时，以国际人权标准精神作为企业行为的基础。

廉正的企业遵照国际标准和公约建设性地填补监管缺失的所有空缺。这也意味着，它们按照《世界人权宣言》和人权公约进行决策和行动，采用尊重人权的劳工条件和环境标准。这一决策的动机来源于上面所提到的最高领导层，他们认为有义务使企业在任何情况下都必须遵守基本的价值观。从这种意义上说，不仅是要确定什么是不允许做的，而是也要确定什么是一个正规、优秀的企业应当做的。关键之处不在于用合规管理措施保证遵守任何新的规则，而是要有意识地建立企业的人权文化：

- 一方面，对日常经营中违背价值观规定的情况各级有明确的态度和处罚；

- 另一方面，对社会期望的变化保持高度的敏感，并在必要时积极应对。

由于不同行业情况不同，例如采矿领域企业遇到的问题与制药、纺织或者银行业的企业的情况均不一样。一个企业具体的人权政策随行业不同而不相同。当然，每一个企业都有满足正当性要求的义务。

这些义务中包括无条件地尊重个人安全权利，例如：有责任意识的企业显然既不参与战争，也不从战争犯罪中，从反人类罪中，从种族灭绝，从刑罚、绑架、人质以及从违犯其他的国际法或侵犯人权的犯罪中获得利益。企业的安全防护，如保护工厂，也要遵守所在国家的法律和职业标准。除此之外，要考虑国际人权标准。安保人员不仅绝对只用于防卫或保卫，而且要指示只有在绝对必要的情况和只在危险情况下才适当地使用强制力。

此外，在下面一些行动领域切实尊重人权也属于优秀的管理实践。

4.4.1 性别平等和待遇公平权利

注重道德和社会政策的企业在雇用、奖励、提升以及培训、教育和支持员工多样性方面都具有非歧视的企业政策。所有的员工都会受到尊重和有尊严的待遇。在企业影响范围内，对种族、肤色、性别、健康状况（如 HIV）、宗教、国籍、社会出身、社会地位、移民背景、残疾、性倾向、年龄，以及对一个人与其专业合格性、从事职业能力无关的其他的身份，都不容许有任何歧视。未来，可能出现的歧视的理由或许包括对遗传性格或者对各种冒险性生活风格的歧视。同样，恐吓、侮辱和其他类似取笑、刁难、虐待的歧视也不能容忍。没有公平的待遇，纪律措施就不能通过员工得到落实。因为歧视不仅侵犯人权，也是对人才的浪费，所以对此采取相应的措施是与企业的自身利益息息相关的。

4.4.2 尊重雇员和儿童的权利

由于人的必要的工作条件与《世界人权宣言》的许多条款和经济、社会、文化权利的公约有直接的关系，所以在未来具体的人权讨论中，工作标准也将会占据重要的位置。这时，无雇用童工或者尊重儿童的权利是不言而喻的。此外，有责任意识的企业特别重视保护儿童不受经济剥削，企业不雇用任何年龄低于 18 岁的儿童从事危险的工作，使儿童的教育受到影响，或者用任何有损年轻人健康、安全和道德的方式。保护儿童权利，也不仅只是提供报酬，提供至少满足员工和家庭基本生活的需求（基本薪资），而且还要保护所有员工和工作人员参加工会或者雇员团体的意愿。最后，有责任意识的企业毫无疑问会给员工和工人提供按照国际环境标准所需要的防止安全事故的和健康的工作环境。

在未来，特别是对国际运营的企业，越来越需要探索各种的劳工标准的潜力，并采取相应的行动。例如，与业绩、知识、能力和其他客观上的准则无关的涉及非歧视就业的所有各个方面，即雇用、薪酬、晋升、调动、培训、退休和健康政策，以及解雇理由等方面。

如果了解一下，对就业和职业生涯造成不利影响可能出现的歧视情况，如性别、年龄、国籍、种族、肤色、信仰、语言、精神和物理疾病，以及组织归属、信仰和包括 HIV 在内的健康状态、性倾向等，就知道谨慎分析的重要性，特别是在发展中国家。特定情况下政治上、文化上或社会上“自然而然”的事，或者法律上的解释，不能作为习惯性歧视的理由，因为合法性不等于正当性。

4.4.3　尊重国家主权和当地社会权利

正派运营的企业承认所有重要的国际标准和国家法律，也承认所在国的国家权力。它们尊重其活动影响的地区的社会权利和按照国际标准尊重当地人的权利。在国家合理的法律不存在或者缺乏执法政治意愿的情况下，这样的企业使用更高质量的标准作为衡量自己行为的尺度。

4.4.4　尊重特定背景下的其他人权

很多违犯人权的情况，可能是由于腐败引起的，即使有充分的法律规定也有可能出现。所以，参与尊重和保护人权的许多人认为，反腐败的措施与人权相关。按照联合国全球契约的十项原则和联合国反腐败公约，有道德的在社会政策上谨慎的企业，既不允许也不会容忍行贿和受贿，或者收取贿金，或者从其他不允许的资助中获取好处。开展公平的商业实践、营销和广告活动，采取一切必要的步骤保证所有提供的产品和服务的质量和可靠性，这是企业长期的利益所在。这样的企业尊重所有与竞争和反垄断相关的国际标准。

4.5　人权责任领导力

企业在尊重和保护人权方面发挥引领作用，不仅表现在管理实践范围内慷慨制定自己最高目标，在“企业公民”方面主动承担特别的义务，而且也表现在围绕企业履责的正确的范围与利益相关方有效地进行积极和建设性的对话。

4.5.1　满足人权的特别贡献

“企业公民”可以在“自我义务”的方面内为满足人权做出特别的贡献。

例如，属于这些特别贡献的包括，为保护食物权，提供免费或有补贴的用餐。为保护教育权，在企业内部提供免费的或有补贴的继续教育，以及为低收入群体的孩子或家庭提供奖学金。为保护健康权，向患有艾滋病的员工提供诊断、治疗和心理养护。所有这些都是具有重要意义的。视企业所在行业的不同，它可根据自己的核心竞争能力利用不同的可能性，为尊重和满足特定的人权做出贡献。不同的行业有不同的情况，例如，银行业的企业可能不同于纺织行业的企业，而对于采矿行业的企业又是另外的情况，因此每一个企业都有另外的可能性做出自己特别的贡献。

由于环境问题，如气候变化和气候研究者预告的气候变暖，会产生的影响越来越大。从人权的观点看，企业为保护环境做出特别的贡献，例如绿化造林项目，或者具体履行东京议定书和巴黎气候协议的义务等，都具有重要的意义。

此外，大型制药企业按计划向无力购买主要药品的人群提供帮助，使成千上万的人摆脱生存的紧急情况来衡量自己。企业为保护人权建立和资助基金会开展慈善救助任务，也可视资助目的归于卓越履行人权责任的表现。在“自我义务”的领域内尽责设想是无限的。

4.5.2 参与“企业与人权”主题的对话

如上所述，对不同的利益群体企业具体的人权责任有极不相同的定义。参与对话解释正确做法，将文明企业的观点作为讨论论点及维护合法的利益，同样也属于卓越的表现。下面是一个值得提及的例子。

企业领袖人权倡议（BLIHR）

2003年，来自全球不同行业的七个跨国企业共同发起“企业领袖人权倡议”，以便寻求在企业活动背景下贯彻《世界人权宣言》实际的可行性，并以此激励其他企业一同参与。该倡议由7个创建企业发起，它们是：ABB、巴克莱银行、MTV欧洲网络、英国电网公司、诺华可持续发展基金会、诺和诺德公司和美体小铺国际公司，并由爱尔兰前总统联合国人权事务高级专员玛丽·罗宾逊担任名誉主席。后来，惠普、挪威国家石油、盖普、加拿大铝业、阿海珐集团、通用电气和可口可乐等公司也相继加入这一倡议。

首先尝试草拟标准内容应用的可能性。创建一个矩阵，在一个轴上表示各个具体的标准，在另一个轴上大致划分尊重人权的三个不同级别的相关领域，即“法律的”、“道德的”和“自我义务”的领域。在此矩阵中，可以排列出企业与人权相关的政策，从而通过内部自我评价（可能条件下，也可采用外部评价），形成一个易于确定活动重点的“地图”。

除处理“新兴经济体”或者“问责”主题的特别工作组之外，从2008年初开始，共有13个企业组成的工作组首先开发用于进一步识别和处理与人权相关的复杂形势的工具，注意力特别集中在开发第二代“BLIHR－矩阵”。

这个矩阵工具设计为一个互动的计算机程序，它允许应用者获得关于企业、企业部门与人权相关的实践和指导方针的概貌，或者只是一个投资项目的情况。先是粗略地表示，或者通过其反复的使用也可是一种细致表示的形式。此外，这里强调的不是严格合规或风险管理，而是提倡从人权观点考虑承担一个领先的角色，并抓住由此产生的机会。所以在新的矩阵中，不仅要做漏洞分析和提示最佳的工作方式，而且也建议在满足最低标准基础上可做出的特别贡献。

此外，这个矩阵易于搜集经济活动中常用的数据，如工作条件、产品安全，或者供应商关系。同时，这一工具始终与确定的人权建立联系，使程序有可能以人权专家和活动者的语言及思维逻辑来显示结果。对此，作为在线工具的支撑主体，融入了实施《世界人权宣言》的30个基本步骤。这使得有可能分析存在的漏洞，应对公众越来越强的压力，使之成为企业一个重要的辅助工具，尽可能具体描述以什么样的方式去解决那些与人权有关的任务，并可考虑认为有充分的理由不应当负责的那些任务。

2009年商业领袖人权倡议（BLIHR）在日内瓦的联合国召开的会议上公布了工作的结果，以此至少完成了在其工作形式下确定的使命。不过，对于“企业与人权”这一关键主题的讨论并未结束。对于在不同行业细节中需要的具体化，这种由一个跨行业的企业组织进行自愿性交流的工作形式已不再适用。因此，2009年开启了行业具体对话的第一步。

对于“尽职审察”找到一个被所有的利益相关方都公认的方法论将会是最重要的。联合国企业与人权报告虽然论及“人权影响评估”，但迄今国际上尝试和承认的适用工具只是“人权合规评估”。“商业领袖人权倡议”所建议的人权影响评估的实际适用性尚待充分证明。

4.6　尊重人权的优势

今天谁违背国际社会重要的共识，谁的行为就被认为不在可接受的范围内。自从2008年6月以来，联合国秘书长的人权和企业特别代表的报告为企业提供了可用的尊重人权的新的参考框架。负责任的企业应当根据这一标准分析自己的业务实践和它对第三方的影响，并在必要时做出相应的改变。

对于建设性地处理企业人权责任，除了道德上的正确性之外，也还有一系列其他的充分的理由：

- 企业认真考虑与人权相关的标准，通过与利益相关方对话感知社会期望的脉搏，并乐意不停留在合法性的要求上，而是用正当性来衡量自己，可在广泛的意义上推动积极的价值观管理，并因此降低企业在法律、财务和形象上的风险。如果设想，一个上市公司好的名字可占到它整个价值的50%以上，就会清楚地知道，这里涉及的是一个潜在的巨大损失的问题。所以，充分负责的行为增加的成本可以看成是预防出现这样的风险的一种保险金。
- 企业因为高尚的行为，减少在人权相关方面与社会的摩擦，它就更会被社会看成是解决问题的力量，而不是问题的一部分。这使企业获得了运营许可，避免出现抵制购买号召或者大量的公众谴责的情况。
- 有严肃对待人权的良好声誉并也做出特别贡献的企业，也会使员工获得鼓舞的力量，因为他们会骄傲地看待企业，并用这一目标来认识自己。同时，企业对高质量的人才更具有吸引力。以上两个方面都有利于提高企业的生产力。
- 把人权的贡献当作模范行为的企业，在财务和其他绩效准则相同的时候，它更会被务实的投资者和注重道德的客户所偏爱。这使企业在市场的竞争评价中（当产品质量相同时）获得道德上的差异化的优势。
- 持续充分负责的行为对所有潜在的合作伙伴（例如，合资企业、并购、收购等）会产生更高可靠性的预期，因而获得更好的合作机会。
- 最后，因为可证明的自愿承担与人权相关的责任，而不是受监管者要求被动而为之，这样的行为更具有可信度，人权在这里处于最高的位置。

要求企业承担与人权相关的道德责任的情况日益增加，企业出自正当性的原因和企业自身的利益应当承担责任。无论从人权的观点考虑，还是从社会和生态以及反腐败方面考虑，企业总希望用模范的行为方式获得文明社会的活动者，包括非政府组织和媒体等更好的具有差异化的评价，而不愿成为社会中不良行为的讨论对象。通过各种努力获得道德上的信誉资本是值得的，而且随着时间的推移，这也把企业提高到一个新的竞争水平——这正是所有关爱人权企业的自身优势所在。

4.7 中国人权发展和现状

中国是《世界人权宣言》主要起草国，并对《宣言》投下赞成票，承认了这一根本性国际人权文件所确立的一系列人权基本原则。自制定《联合国宪章》始，中国在联合国自始至终都扮演着国际人权捍卫者的角色。

中国"国家宪法和法律中关于公民享有的政治权利和其他各项权利的规定……不仅不低于《宣言》所列的权利，而且在很多方面超过了《宣言》的标准"。

中国于1971年恢复在联合国合法席位之后，相继于1997年和1998年签署了两项国际人权公约，即《经济、社会及文化权利国际公约》和《公民权利和政治权利国际公约》。这两项公约是对《宣言》的具体化。

以上三份文件共同构成了联合国《国际人权宪章》的主体框架。中国政府已向联合国提交了《经济、社会及文化权利国际公约》国家履约报告。除两公约之外，此后很多联合国人权公约大都受到《宣言》的影响，如《消除对妇女一切形式歧视公约》《废止奴隶制、奴隶贩卖及类似奴隶制之制度与习俗补充公约》《关于难民地位的公约》等。截至2011年，中国加入的国际人权条约已达27项。其中包括：

- 《保护所有人免遭强迫失踪国际公约》
- 《残疾人权利公约》任择议定书
- 《残疾人权利公约》
- 《保护所有移徙工人及其家庭成员权利国际公约》
- 《儿童权利公约》关于设定来文程序的任择议定书
- 《儿童权利公约》关于买卖儿童、儿童卖淫和儿童色情制品问题的任择议定书
- 《儿童权利公约》关于儿童卷入武装冲突问题的任择议定书
- 《儿童权利公约》
- 《禁止酷刑和其他残忍、不人道或有辱人格的待遇或处罚公约》任择议定书
- 《禁止酷刑和其他残忍、不人道或有辱人格的待遇或处罚公约》
- 《消除对妇女一切形式歧视公约》任择议定书
- 《消除对妇女一切形式歧视公约》
- 《经济、社会、文化权利国际公约》任择议定书
- 《经济、社会、文化权利国际公约》

- 旨在废除死刑的《公民权利和政治权利国际公约》第二任择议定书
- 《公民权利和政治权利国际公约》任择议定书
- 《公民权利和政治权利国际公约》
- 《消除一切形式种族歧视国际公约》
- 《世界人权宣言》
- 《联合国宪章》

中国为落实尊重和保障人权宪法原则制定了国家人权行动计划。实施《国家人权行动计划（2009—2010 年）》和《国家人权行动计划》（2012—2015 年）如期完成。《国家人权行动计划》（2012—2015 年）的内容包括如下六个方面：

经济、社会和文化权利

（一）工作权利

（二）基本生活水准权利

（三）社会保障权利

（四）健康权利

（五）受教育权利

（六）文化权利

（七）环境权利

公民权利和政治权利

（一）人身权利

（二）被羁押人的权利

（三）获得公正审判的权利

（四）宗教信仰自由

（五）知情权

（六）参与权

（七）表达权

（八）监督权

少数民族、妇女、儿童、老年人和残疾人的权利

（一）少数民族权利

（二）妇女权利

（三）儿童权利

（四）老年人权利

（五）残疾人权利

人权教育

国际人权条约义务的履行和国际人权交流与合作

（一）国际人权条约义务的履行

（二）国际人权领域的交流与合作

实施和监督

除此之外，中国发布人权白皮书全面阐述中国人权事业取得的成就。《2014年中国人权事业的进展》白皮书，包括9个方面：发展权利、人身权利、民主权利、公正审判权、少数民族权利、妇女儿童和老年人权利、残疾人权利、环境权利、对外交流与合作。白皮书指出，2014年3月，中国接受第二轮国别人权审查报告，获得人权理事会核可。中国认真接受了各国提出的204条建议，占建议总数的81%，受到国际社会一致好评。

为实现2000年世界各国首脑签署的《联合国千年宣言》，旨在将全球贫困水平在2015年之前降低一半的目标，中国政府采取了一系列有力措施促进贫困地区和贫困人口的发展。

根据世界银行规定的国际贫困线即每人每日支出不足1美元计算中国贫困人口数从1981年的4.9亿人下降到2002年的8800万人，贫困人口占总人口比例从49%下降为6.9%。根据世界银行统计在1990—1999年期间全球人均每日支出不足1美元的贫困人口减少了1.23亿人而中国减少了1.15亿人。同期全球人均每日支出不足2美元的贫困人口增加了9000万人而中国减少了1.91亿人。

十八大以来，针对中国14个连片特殊困难地区、还有592个贫困县（这两部分有交叉），合起来是832个县，国家实施“精准扶贫”。2015年全国共认定了12.8万个贫困村。按照2010年确定的年人均收入2300元的农村扶贫标准，低于这个标准就是贫困家庭。

近期发布的中共中央国务院关于打赢脱贫攻坚战的决定（2015年11月29日）确定了消除贫困的目标。到2020年，稳定实现农村贫困人口不愁吃、不愁穿，义务教育、基本医疗和住房安全有保障。实现贫困地区农民人均可支配收入增长幅度高于全国平均水平，基本公共服务主要领域指标接近全国平均水平。确保我国现行标准下农村贫困人口实现脱贫，贫困县全部摘帽，解决区域性整体贫困。开启了消除贫困，全面实现小康的新阶段，同时为进一步改善和实现人权做出新的贡献。

5 劳工条件

劳工条件取决于不同的制度、文化和发展阶段，国际劳工组织提出普遍的、需经各国批准采用的国际标准，在全球供应链中企业要注意应用国际劳工标准，积极参与自愿性的标准倡议。

在经济全球化背景下，企业的国际化使供应链延伸到其他的国家，或者企业本身就处于全球供应链之中。企业构建劳工条件的环境发生了变化，所考虑的标准和要求也是如此。

5.1 劳工条件的普遍性和差异性

劳工条件一般也称为工作条件，本节用劳工条件是考虑到它与国际劳工组织的术语的联系。

构建劳工条件是关系企业行为的多个主题之一。劳工条件对一个企业的实力和竞争力有着根本的作用。特别是，它是衡量企业履行社会责任的一个标尺。

劳工条件与企业越来越相关，还因为全球化加强了不同经济地区、经济过程和经济关系的融合，而它们的历史根基、政治、国情以及文化取向极不相同。在这种情况下，特别是跨国运营的企业必须面对现实，应对在不同情况下所产生的期望。

按照对人权和人类尊严普遍适用的原则的理解，考虑劳工条件应当遵守与它相关共同的普遍标准。对此，企业不仅有义务考虑自身追求的利益，而且应把它作为公民社会不可分割的组成部分，承担因此要求的责任。

只要国情不同，企业所在地和经济区的差异化背景必然导致劳工条件的差异性。特别应当考虑的是产业关系和工资体系。最终要解决的问题是：如何在劳工条件的普遍性和差异性之间找到一种平衡？

要能使普遍性和差异性相结合，这就要求企业从根本上承认它对员工平等的义务。这时，承认国际标准，如国际劳工组织核心工作标准是一个必要的，但不是充分的条件。

承认基本的权利，如自由结社或集体谈判的权利，是履行社会责任，构建劳工条件的“入门卷”。这在根本上表明，与员工的关系是建立在权利和义务的基础之上，并且不应有任何的随意性。承认这种权利和义务，就意味着一个企业要把这些权利融入企业文化的价值原则，而不只是出自当时的法律框架要求不得已而为之。

不过，除了承认普遍的基本权利之外，还有其他一些要求。这些要求可概括为一个企业人力资源哲理和战略的可持续性。按照可持续性的理念，未来一代应当得到比当下更好的生活和生存条件。为满足这些要求，从企业方面可考虑构建如下几个行动领域：

（1）凝聚力和意愿：企业和员工的关系是建立在长期凝聚意愿的基础之上的，所以就业保障会发挥核心的价值作用。

（2）工作和就业能力：把职业资格、人力发展以及健康保障和预防置于构建劳工关系的中心，以满足由于竞争和客户期望不断提高的要求，也同时创造使员工和企业成功的条件。

（3）关爱和集体感：在管理文化中注重关爱员工，对工作开放、理解和明确评价，支持助人为乐。这些措施可加强员工的信念和自信，从而增强对雇主的认同。

（4）成果分享：员工应从经济上分享企业的成果。工作应当是值得的，这种回报也是对员工为企业成功所做贡献的承认。

进行以上这四个行动领域工作，一方面要对一个企业有国际性的全局性的理解，使构建工作条件建立在跨境纯洁性和可信度的基础之上；另一方面，也要为企业不同所在地提供足够的空间，以达到符合差异性的要求。

处理这些行动领域必须要细心和谨慎，否则就有失去平衡的危险。

举例来说，就业安全和就业能力要求有高度的就业灵活性。但在实践中允许工作及时间的灵活安排的情况却有很大的不同。在国际不同地区员工的期望和要求也是不一样的。

持续的人力发展必须考虑不同的职业合格条件，能力的提高措施常常也必须是差异化的，管理的文化是在对责任的不同理解中形成的。

尽管如此，考虑这种差异性应当是以共同理解为基础。工作时间的灵活性、工资组成的变量、业绩的评价、健康防护以及职业合格的体系尽可能接近，要使准则、内容和实施各方面相互配合。这也说明，由于国际差异性的存在，需要共同学习，而这一学习是构建国际劳工关系和适应当地国情情况最重要的基础。

除了人事管理要面向国际之外，建立一个员工国际行动框架和劳资双方对话的平台，也是劳工条件过程建立的组成部分。劳资关系的国际上的扩大是上述行动领域要求也能付诸实现的一个实质性条件。

不过，达到这些行动领域的要求并不意味着忽视竞争力的要求。恰恰相反，共同面向可持续性构建劳工条件时也要提出企业整体的任务要求，使每一个员工明白企业目标和对个人的工作要求。在这种意义上讲，可持续性不仅要求企业，也要求每一个人都要履行各自的责任。

5.2 国际劳工标准及基本原则

5.2.1 国际劳工组织的目标和任务

在全球化的过程中出现过严重的社会后果，如儿童在非人性条件下工作，工人在黑暗环境中为生计而劳动，流动人口像奴隶一样为生活挣扎。国际跨国企业常常在这种负面的影响之下采用许多措施实质性地改变了劳工条件，特别是在发展中国家。

此时，对责任的要求和高度的期望常常单一地指向国际跨国企业。而在很多情况下重要的是，应当首先提起国家和政府的注意。因为它们本身有任务建立起合适的框架，努力做到尊重人权和提供法律保障。为此，需要一个法制体系、规范化的司法和行政管理，提供不致滋生上述不可接受行为的环境。

在国际社会的讨论和企业履行社会责任的过程中，人们常常未注意，九十多年来在联合国组织系统中就有一个专门的国际立法机构，为达到公平的劳工条件和社会发展，它正是为在全世界消除劳工领域不法情况而努力，并且还在此基础上提供广泛的技术支持。这个机构就是国际劳工组织（International Labour Organization，简称 ILO）。国际劳工组织承担着建立国际最低劳工标准“构建社会性全球化的使命”。其特别之处在于，在该组织的工作中包括了政府、雇主和雇员组织的广泛参与。

国际劳工组织是 1919 年第一次世界大战结束时，在巴黎举行的和平大会上成立的，和平大会通过了《国际劳工组织章程》。国际劳工组织的建立和任务确定的基础是认识到，“只有在社会正义的基础上才会建立持久的世界和平”。《国际劳工组织章程》确定了该组织的基本目标和任务，其中主要的是建立国际劳工和社会标准，它的“核心业务”是建立国际最低劳工标准。

第二次世界大战中期，来自 41 个国家的政府、雇主和工人代表出席国际劳工大会，并通过了《费城宣言》，即《关于国际劳工组织的目标和宗旨的宣言》。该宣言作为国际劳工组织章程的附件，至今仍是关于国际劳工组织宗旨和目标的基本文件。国际劳工组织作为联合国专门机构，在 1969 年纪念成立五十周年之际，被授予诺贝尔和平奖。

国际劳工组织是在世界认识到经济全球化产生严重社会后果的时代建立的。这一认知奠定了国家承认国际社会的责任和一个国际组织职责的基础。国际劳工组织被允许像一个立法机构一样，处理和规定早先只是属于每一个国家内部处理的最低劳工标准的问题。在全体大会上有投票权的不仅是与制定最低劳工标准有关的政府，而且从一开始就有劳工领域中的主要行动者雇主和雇员的参与。以此方式在全世界范围内形成了“三方对话”的机制，即除成员国政府之外，成员国的雇员和雇主组织都有表决权。各成员国代表团政府 2 人，雇主雇员各 1 人，每人具有四分之一的表决权，这种组织形式在联合国组织中是独一无二的。

截至 2015 年，国际劳工组织共有 185 个成员国。

中国是国际劳工组织的创始成员国，也是该组织常任理事国。1971 年，中国恢复了在该组织的合法席位。自 1983 年至今，中国每年派代表出席各种会议，并集体参与国际劳工立法和技术合作活动。中国批准的《国际劳工公约》涉及最低工业年龄、最低工资、工时和休息时间、海员劳动条件、男女同工同酬和残疾人就业等内容。截至 2013 年底，中国共批准了 25 项国际劳工公约。1985 年 1 月，国际劳工组织在中国设立派驻机构——国际劳工组织北京局，负责与中国政府、工会、企业、学术团体等单位的联系，并执行技术援助和合作项目。

5.2.2　国际劳工组织发展的三个里程碑

建立国际劳工最低标准是国际劳工组织的“核心业务”。早在 1919 年国际劳工组织的公约中就提出在工作日工作时间和周工作天数的最高限制。从那时起，通过了 190 多个这样的公约。例如，包括从最低年龄、雇员社会保障、海员的权利、移民的权利和工作场所健康及保护等。此外，还有 199 项推荐建议。

在《国际劳工组织章程》中确定了基本的目标，那就是通过改善全人类的劳工和生活条件，保障世界和平。除了在所有成员国改善劳工条件之外，还有一个重要的方面，那就是尊重全世界公认的社会标准，应防止国际贸易中各参与者通过减少雇员权利和降低劳工条件获得利益。支撑这一目标的理念是，只有通过国际社会政策和规则的网络化，才能保证有公平的竞争条件。

随着国际标准在数量上的增加，在公约和推荐意见的数量和现代化以及优先重点方面也做出了更多的努力。如下三个重要的阶段可以用以描述国际劳工组织迄今的发展道路和全貌：

——《费城基本宣言》

1944 年国际劳工组织通过的《费城基本宣言》是国际劳工组织中心工作聚焦的第一个里程碑。它认为如下的主要观点是社会可持续进步的最重要的前提条件，也使之成为国际劳工组织主要的努力和追求：

（1）结社和言论自由

（2）为消除贫困而努力

（3）政府和社会伙伴间的对话

——《关于基本劳动条件和权利宣言》

1998 年国际劳工组织通过的《关于基本劳动条件和权利宣言》确定了已在众多公约中包括的“核心劳工标准”。国际劳工组织以此顺应国际社会要求，为在全球经济加速的活动中加强社会保护，建立普遍适用的基本规则。该宣言通过 8 项公约具体明确地确定了四项基本原则（如图 5－14 所示）。四项基本原则是：

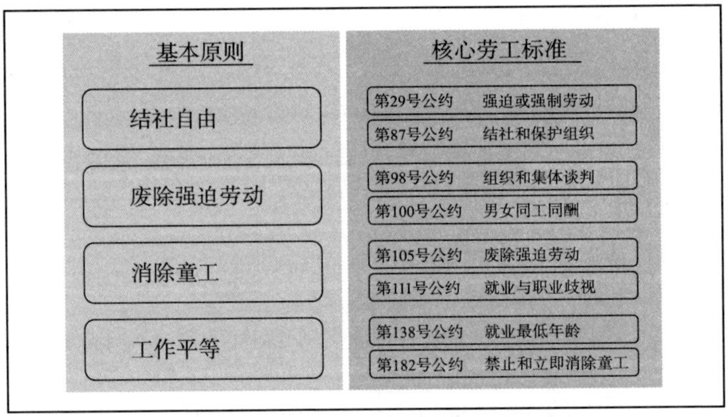

图 5－14　国际劳工组织的基本原则和《核心劳工标准》

（1）结社自由和集体协商谈判权利

（2）消除强迫劳动

（3）废除童工

（4）禁止就业和职业中的歧视

这四项基本原则作为主要的方向和行动座右铭，贯穿在国际劳工组织整个政策之中，并成为它的品牌和标志。

特别重要的是，国际劳工组织的全体会议（国际劳工大会）达成了一致，基本原则对所有成员国都有强制性的作用。无论相应的国家是否已批准或者未批准相关的公约。这在事实上就做到了开发普遍适用的与许多其他的国际价值观协议和框架条约相联系的最低标准。

迄今120多个国家批准了上述核心公约或人权公约。1999年通过的关于童工的公约也属于核心的公约，共有160多个国家批准了这个公约。这在国际劳工组织批准历史过程中，对其认同达到从未有过的先例。

宣言要求，成员国履行义务的进展应当通过一个经常性的后续机制来检查。对此，成员国每年必须对实施基本原则的活动进行报告。基于这些报告，国际劳工组织秘书长综合反映全球情况，向国际劳工大会提交供讨论的整体报告。此时，也应对这一领域的技术援助做出描述和说明。这种持续的报告应作为评价组织提供帮助的有效性和决定工作重点的基础。

利用这一结果机制，可追溯宣言实际采用的情况。《国际劳工组织章程》中已要求成员国有某些报告义务。一个国家要把已批准的公约的应用情况和为什么没有批准一个公约的情况相区别。对于未批准核心劳工标准的国家，要在报告中补充说明。在未来它们的立法和实践也会受到具体的监督。

从宣言不能引申出制裁的措施。宣言中更多的是强调国际劳工组织的标准、宣言本身和后续措施不允许用于保护主义的目的。宣言无反对票一致通过，这一明确的规定是一个决定性的条件。这也说明了雇主遵守基本原则的利益：这里为跨国企业建立起了一个“公平竞争”的场所，在国际竞争中企业故意或者有意剥削童工，从强迫劳动中获得利益，或者有系统性的歧视都会被认为是非法的。

核心劳工标准被国际劳工组织所有成员国承认为普遍适用的权利，并当作人权。在保护主义的背景下理解这一点尤为重要。当发展中国家指责工业国家用太高的隐含保护主义社会标准作为贸易的条件时，这不涉及核心的劳工标准。不管各个国家是否批准生效，核心劳工标准是普遍适用的。

——《国际劳工组织关于争取公平全球化的社会正义宣言》

2008年国际劳工组织通过的《国际劳工组织关于争取公平全球化的社会正义宣言》是1919年国际劳工组织章程问世以来国际劳工大会通过的第三个重要的原则和政策声明。它构筑在1944年费城宣言和1998年工作中的基本原则和权利宣言的基础上。2008年这份宣言表达了国际劳工组织对在全球化时代其权责的当代认识。

这个宣言使国际劳工组织的任务更加精确化，并建立了能够更好支持成员国为经济进步、社会正义做出贡献的基础。该宣言明确，为实现这一目标应当特别采取如下的方式：

（1）促进基于有尊严劳动的公平全球化，普遍实施有尊严劳动议程。

（2）把符合人类尊严的工作作为与贫困斗争的主要工具。

（3）改善国际政治中的关系（联合国改革）。

5.3 关于国际跨国企业和产业的立法

国际劳工组织不仅是国际层面立法的（制定标准的）主管机构，同时也成为确定劳工领域普遍价值观的机构。

国际劳工组织标准关于跨国企业和产业的两个重要文件说明其立法的权威性和能力。

5.3.1 《关于跨国企业和社会政策的三方基本宣言》

跨国公司在大多数国家的经济领域和国际经济关系中发挥的重要作用，在当今全球化世界为实现所有人拥有尊严工作这一目标中可做出巨大贡献。

国际劳工组织于1977年/2000年通过的《关于跨国企业和社会政策的三方基本宣言》表明，国际跨国企业在劳工领域树立普遍的价值观应为社会做出什么贡献。

这个宣言是一个由政府、雇员组织和雇主组织共同协商并在广泛共识的基础上通过的标准，成为国际劳工组织的全球政策框架，涵盖了一系列针对政府和企业在就业和劳工相关问题方面的详细指导。

“三方基本宣言”只包括社会政策的主题，但面向所有国家的企业和政府。因此，也通过发展中国家的政府和社会伙伴一同执行。所以，“三方基本宣言”不同于下面所说的经济合作与发展组织的“跨国公司指南”。

“三方基本宣言”制定了适用于如下社会领域的基本原则：

就业：

- 提高就业机会和标准
- 促进机会平等和公平对待
- 避免随意解雇

教育：

- 在运营国雇员的相关教育
- 当地人员晋升领导层的机会
- 在整个企业内将其经验延伸到适合的领域，如劳工关系

劳工条件和生活条件：

- 与运营国雇主相比，没有不利的工资、福利和劳工条件

- 充足的工资待遇，满足雇员和他的家庭的一般需求
- 有效废除童工
- 遵守最高的劳工保护标准
- 提供其他国家遵守劳工保护标准的信息
- 说明与新产品、新工艺相关的特别危险和相应的保护措施

劳工关系：

- 雇员的组织自由和结社自由
- 支持有代表性的雇员协会
- 雇员投诉不受偏见的权利

“三方基本宣言”的政治意义在于，与其他许多企业社会责任倡议不同，它不确立最低的和具体的行动要求，更多的是为企业提供必要的空间，使之按照宣言的意义独立地针对各自的具体情况参与实施。此外，它明确了相关行动者，即国家、社会伙伴和企业各自具有的任务和具体的责任。

为了指导和鼓励企业经营在社会经济发展方面发挥的良好作用，减少负面影响，国际劳工组织致力于推广《国际劳工组织关于跨国公司和社会政策的三方原则宣言》（“三方基本宣言”）。

所有条款均基于国际劳工标准，企业可以在核心劳工领域中通过投资和经营发挥巨大作用：

（1）一般性政策

（2）就业

（3）教育

（4）工作条件和生活条件

（5）劳工关系

国际上其他促进企业责任和可持续发展的相关国际文献和框架均与《三方基本宣言》相互协调保持一致。例如《经济合作与发展组织的跨国公司指南》、《联合国全球契约》、《联合国关于企业与人权的指导原则》。这样，就可确保企业在处理劳动和就业问题上政策的一致性。

5.3.2　《国际海事劳工公约》

2006 年国际劳工组织通过海事公约，完成自成立以来制定的与航海有关的 30 多个公约和 35 个推荐意见的总结和更新，现已成为全球 120 多万海员的国际工具，适用于具有船队的国家和所有海运企业。该公约在投票时获得政府、雇员和雇主的多数通过。这是在海运历史上最全面、最细致、毫无先例

的公约。

共同而普遍使用的关于劳工权利、健康保护和社会保障的标准，应避免海运企业牺牲海员的权利获取竞争利益。公约要求未批准公约的挂旗国家也必须遵守规定。批准公约国家的官方有权在其港口检查进出的船只，要求遵守所通过的标准。国际海运大会也已通过了这一公约，并进入了与国家法律相结合的实施阶段。

公约适用于所有海员，被称为海员的“人权法典”。截至2015年3月25日，已有66个国家批准了这一公约，其商船总吨位超过世界商船总吨位的80%，对国际航运业有重要影响。

该公约是在国际劳工组织三方框架下经政府、船东和海员三方取得共识后缔结的一部综合性海事劳工条约。公约将海员权益纳入统一的国际标准，有利于实现海员在船上的体面工作和生活。

公约由条款、规则和守则三部分构成。条款和规则规定海员的核心权利和原则以及成员国的基本义务，明确了海员上船的最低要求。守则是规则的实施细则，由强制性标准和非强制性导则组成。

公约五个方面分别对海员劳工条件进行了具体规定：

- 海员上船工作的最低要求
- 就业条件
- 起居舱室、娱乐设施、食品和膳食服务
- 健康保护、医疗、福利和社会保障
- 遵守与执行

这些规定有效地统一了全球海员权益的保障标准，并为其在全世界范围内的普遍适用和执行提供了现实的解决方法。

此外，公约还规定了港口国检查制度，如果港口国在检查中发现船舶存在严重违反公约的问题，港口国可以滞留船舶，禁止船舶在采取必要措施前离港，并且未批约国不享受豁免，必须接受检查。批准公约将会为我国提供反制手段，避免其他批约国对我国船舶滥用“滥留船舶”的规定。

中国是海员大国，现有海员65万人，承担着全国93%的外贸运输任务。每年外派海员数量近10万人次，已成为世界重要的海员劳务输出国。中国于2015年批准了该公约。

5.4 国际劳工标准在国际政策中的影响

国际劳工组织在劳工领域开发的（核心）最低标准对其他与企业责任相

关的国际标准有着实质性的影响（如图5－15所示）。其中重要的最值得提及的是《OECD国公司指南》和《联合国全球契约》。《关于跨国企业和社会政策的三方基本宣言》在全球普遍适用，但只用于社会领域。而经济合作与发展组织指南覆盖可持续性的三个方面，即经济、生态和社会，但只针对经济合作与发展国家。

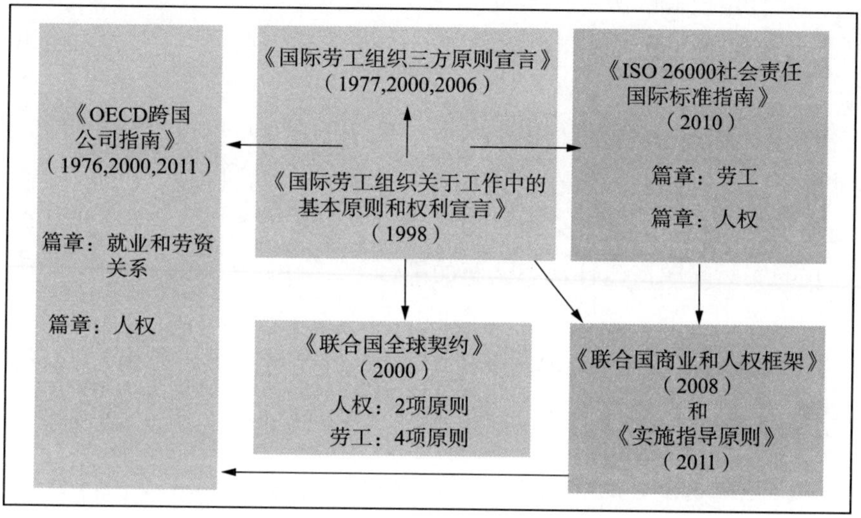

图5－15　国际劳工组织《三方原则宣言》和其他社会责任文件

《OECD跨国公司指南》和《联合国全球契约》这两个标准都是自愿性的，但却代表了企业在发展中国家和新兴国家其商业关系的重要方向。一些企业，特别是中小企业，尽管不具体明确参照条款规划它们的活动，但它们常常遵循宣言内涵表达的方向，通过社会参与落实基本价值观和原则。

5.4.1　OECD跨国公司指南

《OECD跨国公司指南》是经济合作与发展组织成员国国家政府共同为有责任意识的企业制定的推荐意见。这个指南只是针对国外投资，明确不是针对贸易关系。《OECD跨国公司指南》面向所有在国外从事经营的企业和它的子公司。该指南明确它不能用于代替国家的法律。它更多的是要求企业自愿地为相应所在经营国的经济、社会和生态发展做出贡献。

36个工业国家政府建立了“国家联络处”，负责回答与指南有关的问题，提供解决问题的方案，处理未遵守这一指南的投诉，并力求使相关的伙伴参与达成一致意见。

《OECD 跨国企业指南》是各国政府向在成员国境内或是以成员国为总部开展业务的跨国企业提出的建议。这些准则提出了在全球背景下开展负责任的商业行为，并且符合适用法律及国际公认标准的自愿原则和标准。《指南》是唯一经过多边商定，并且各国政府承诺推广的综合性负责任商业行为守则。

《指南》提出的各项建议代表了各国政府共同的价值观，这些国家是很大一部分国际直接投资的源头，同时也是多个最大规模跨国企业的总部所在地。《准则》旨在促进企业为世界各地的经济发展、环境保护和社会进步做出积极贡献。

《指南》得到了独特的实施机制——成员国国家联络点（NCP）的支持，这是由成员国政府建立的旨在促进和落实《指南》的机构。成员国国家联络点协助企业及其利益攸关方采取适当的措施来深入落实《指南》，并且为解决可能出现的实际问题搭建仲裁和调解的平台。

2010 年 5 月 4 日，经合组织《国际投资与跨国公司宣言》及相关决定的 42 个经合组织及非经合组织成员国的政府开始着手更新《指南》，以便体现出自 2000 年上一次审查结束以来，国际投资与跨国公司所在环境发生的变化。

作为《国际投资与跨国公司宣言》内容的一部分，2011 年 42 个加入国的政府通过了最新《OECD 跨国企业指南》（2011 版）。修订的内容包括：

——增加新的人权章节，其内容符合《工商业与人权指导原则：落实联合国“保护、尊重和补救”框架》。

——对于尽职调查和负责任的供应链管理问题采取新的综合办法。

——对多个专题章节做出重大改动，例如就业和劳资关系，打击行贿、索贿和敲诈勒索，环境，消费者的利益，信息公开，以及税收。

——进一步明确和充实程序指南，用以增强国家联络点的作用，改善其业绩，支持职能对等。

——随着新挑战的出现，制定积极主动的实施议程，协助企业履行各自的职责。

《OECD 跨国企业指南》（2011 版）提出关于全球背景下负责任商业行为的建议，其内容框架如下：

（1）概念和原则

（2）一般性政策

（3）信息公开

（4）人权

（5）就业和劳资关系

（6）环境

（7）打击行贿、索贿和敲诈勒索

（8）消费者的权益

（9）科学技术

（10）竞争

（11）税收

5.4.2 联合国全球契约

1999 年 1 月在达沃斯世界经济论坛年会上，前联合国秘书长安南提出了“全球契约”计划，以加强联合国与企业和社会组织的合作，为可持续发展做出贡献，并于 2000 年 7 月在联合国系统全面启动。“全球契约”倡议企业成为对社会负责的“企业公民”，在人权、劳工标准、环境及反贪污方面遵守十项基本原则。

“全球契约”为企业参与经济全球化条件下的国际事务提供了一个机会，同时也是企业扩大国际知名度、建立国际联系、寻找商业机会的一个机遇。

时至今日，来自发达和发展中世界的 170 多个国家和地区的 8000 多家企业加入了这一全球网络，承诺遵守商业道德、尊重人权、劳工标准和环境方面国际公认的原则，通过负责的、富有创造性的企业表率，建立一个推动经济可持续发展和社会效益共同提高的全球机制。

“全球契约”在人权、劳工、环境和反腐败方面的十项原则享有全球共识。这些原则来源于：

- 《世界人权宣言》
- 《国际劳工组织关于工作中的基本原则和权利宣言》
- 《关于环境与发展的里约宣言》/《二十一世纪议程》
- 《联合国反腐败公约》

“全球契约”要求各企业在各自的影响范围内遵守、支持以及实施一套在人权、劳工标准、环境及反贪污四个方面的十项基本原则：

人权

原则 1：企业应该支持并尊重国际公认的人权；

原则 2：绝不漠视践踏人权的行为。

劳工

原则 3：企业应该支持结社自由和有效承认集体谈判权；

原则 4：彻底消除各种形式的强迫和强制劳动；

原则 5：有效消除童工；

原则 6：消除就业和职业歧视。

环境

原则 7：企业支持风险性预防应对环境挑战；

原则 8：主动增强环保责任；

原则 9：鼓励环保技术的研发与推广。

反腐败

原则 10：企业应反对各种形式的腐败，包括敲诈勒索和行贿受贿。

5.4.3 ISO 26000 社会责任国际标准指南

国际劳工组织是制定国际最低劳工标准的合法机构，企业力求将全球共识的基本价值观融入日常经营，而国际标准化组织 ISO 要为组织制定社会责任国际标准指南。这里首先遇到的问题是，它们之间究竟有什么关系？

2004 年，当 ISO 决定启动社会责任标准制定过程时，一开始就受到许多政府和工会方面的反对。它们认为，组织自愿性参与社会责任不可能采用一个国际化的方法进行。仅全世界各个国家劳工情况不同的多样性而言，这样一个项目就很难处理。也就是说，标准化或者规范化完全不适用于社会责任。

由于大多数国家倾向于支持国际标准化组织的标准化工作，所以还是启动了 ISO 26000 标准制定过程。一开始遇到两个主要问题：

（1）国际工作组由不同的利益相关方组成，即由企业、工会、政府、消费者组织、非政府组织和科技咨询及认证机构组成。各个利益相关方代表完全不同的立场，要发现最小的公因数简直是不太可能。

（2）对这一项目的目标缺乏明确认识。也就是说，与国际劳工组织的界限不明确，也不清楚制定的 ISO 26000 是一个社会责任指南还是一个按照 ISO 标准认证的、与国际劳工组织公约相竞争的文件。

因事实上国际劳工组织作为国际组织已采用了利益平衡的复杂过程，合理而可信地确定了劳工领域国际最低标准。

随后，国际劳工组织和国际标准化组织签订了“理解备忘录”，确保 ISO 26000 不应成为用于认证的指南。而且明确，如果 ISO 26000 有涉及国际劳工组织责任范围的不合法的情况时，国际劳工组织有否决权。只有在此情况下，一些特别强调社会标准的国家和工会才表示支持 ISO 26000 的进程。

对 ISO 26000 来说这意味着，在社会责任领域凡涉及劳工条件的内容都必须以现有的标准为基础，任何要另外建立新的劳工标准的做法都是不合法的。只有这样，才能保证 ISO 社会责任标准处于国际法公认的基本原则的框架之内。

按照国际劳工组织所决定的劳工领域的基本原则，在国际标准化组织的社会责任标准指南 ISO 26000 中形成了“劳工实践”一章。

ISO 26000“劳工实践”一章中处理的主要议题是：

（1）劳工关系

（2）劳工条件和社会保护

（3）社会对话

（4）劳动和健康保护

（5）人力发展和培训

归结起来，国际劳工组织作为国际法合法性代表组织制定劳工领域的最低国际标准，它一直从政治上和机制上处理全球化中社会方面的主题。

企业采用不同的工具落实这些相对抽象的标准，并把它融入到企业管理和日常运营实践中。

ISO 26000 是一个重要的补充工具。如能用它将经济合作与发展组织跨国公司指南、国际劳工组织核心劳工标准和全球契约的原则有效地转化为具体可操作的措施，这就是它的增值所在。

5.5　全球化中企业的劳工关系

必须明确，企业构建劳动关系首先必须基于所属国家的法律。中国企业的劳动关系必须基于中国劳动法及相关法律和规定。

但是在全球化中的企业构建劳工关系就是一个复杂的问题。且还必须考虑所在运营国家的法律和国际通行的、公认的立法文件和标准。

前面几节说明了企业履行社会责任必须遵守的国际框架和参照标准的产生和国际劳工组织在构建劳工领域国际最低标准方面特别的作用。现在的问题是，企业如何把这些国际上达成一致的在很大程度上是抽象的基本原则变为企业日常经营的操作体系？

这里应当明确一个重要的区别：国际劳工组织公约的接受者是国家，它必须批准公约并植入国家的立法中。前面谈到的核心劳工标准是一个例外，即核心劳工标准即使未批准仍然有效。对企业来说，这意味着当公约以国家法律落实时，它就具有法律的特征，对所有企业自然有法律上的强制性。

在一般情况下，企业社会责任描述的情况是企业的自愿性参与，包括而不限于遵守法律的责任。ISO 26000 社会责任指南描述了组织的责任，是组织的自愿参与，包括而不限于遵守法律的责任（参见 ISO 26000 的定义和有关章节）。

企业社会责任有显著的国际特征。跨国企业在世界不同地区的活动常常面临不同的挑战。与此相应企业社会责任的主题也是多种多样的。这就是说，在不同行业、不同类型、不同规模和不同市场环境下企业责任主题也是不一样的。企业的参与和主题范围可能从支持性别平等、多样性，劳动和健康保护及预防，以及企业志愿者活动、终身学习和促进创新，直至供应链管理、公平贸易和消除贫困等。

国际劳工组织核心劳工标准、国际劳工组织社会政策和企业三方基本宣言、经合组织跨国公司指南和联合国全球契约共同构成国际共识的企业遵守的价值观框架。不过，具体实施要求开发一个工具，使之作为中间步骤，从而使抽象的基本原则成为企业可操作的。这样一些工具可能是企业的或行业的行为准则、社会责任和可持续性报告、利益相关方对话或国际行业工会的框架公约。有些企业也根据不同的私有经济标准进行认证和审验，例如按照 SA 8000 标准（参见有关章节）。作为行业行为准则例子，下面简介商界社会责任倡议。

5.5.1 全球商品贸易中的劳工关系

维护人类尊严、社会正义、保护气候和环境是全球化经济中最大的挑战。贸易作为生产者和消费者之间的桥梁，承担着特别的责任。全球贸易需要全球对社会负责。因此，公众关注贸易企业是否支持对社会和环境可承受的生产条件，是否在采购成本和社会责任之间保持平衡。

在商品贸易中，消费品生产的劳工条件越来越成为关注的中心是一项挑战。由于全球化和国际竞争，零售商、进口商和品牌生产商在很大程度上把劳动力集中的商品转移到发展中国家，特别是转移到亚洲和东欧。在这些供货国家的劳工条件常常达不到高标准的要求。虽然有国际规则和国家法律存在，但所在国家的政府并未充分落实，并且多数情况下没有合规监督。企业从这些国家进口商品越来越有损信誉和形象的风险，因为消费者越来越重视这些商品是在什么工作条件下生产出来的。

贸易商要长期获得他的客户的信任，就要利用其影响力，就要为改善生产国生活条件做出贡献。最好是支持供货商满足社会和环境标准。这样，委托生产任务就不仅有助于经济发展，而且也有助于社会进步。同时，客户也可感到放心，产品符合相应的质量和可持续性。

道德采购对进口企业是一个巨大的挑战，因为全球的供应链包括的供应商在世界上千，而且时常变动。

5.5.2 商界社会责任倡议（BSCI）

商品贸易中的责任与供应链密切相关。欧洲对外贸易协会（FTA）于2003年发起商界社会责任倡议（BSCI）。它承认国际贸易是人类繁荣和社会经济增长的基本载体。为改善供应链中的劳工条件，提出作为原则和价值观的行为守则，体现了BSCI参与成员的信念以及对其商业伙伴的期望。

商界社会责任倡议成员企业赞同商界社会责任倡议行为守则的承诺，遵守文件中制定的原则，并承诺在其影响范围内履行尊重人权的责任。

商界社会责任倡议成立以来，企业成员约为200多个，来自11个国家。在全球3000多个工厂进行了5000多个认证，涉及的工人人数超过200多万。

该倡议相信，在供应商国制定法律、保护雇员权利并保证法律得到遵守执行首先属于政府的责任，但参加倡议的成员企业也应承担改善劳工条件的部分责任。良好的社会标准会提高生产率和商品的质量。同时，成员企业也认识到，商品供应商方面在激烈竞争中遵守良好的社会标准会遇到困难。他们倡议拥护以面向发展的方式，使成员企业和供应商利用可能性，共同制定实用的方案以及达到希望的目标。

对此，首要的不是预先就划分好的和不好的供应商，而是更趋向于制定可持续的方案使供应商一步一步地解决问题。也就是说，认证不是唯一的手段。外部认证对一个供应商的情况有清晰透明的了解是重要的，但是良好的社会环境必须有培训和职业合格措施监控的支持。

商界社会责任倡议依靠一个在供应链中必须实施的体系，这就是商界社会责任的行为准则。行为准则标准化的规定为成员企业提供帮助，按照外部认证过程不同阶段的要求来落实行为准则。为了保证持续改进，商界社会责任倡议还组织研讨会，提高供应商改进社会标准的意识。作为企业的平台，商界社会责任倡议帮助和支持成员企业间进行经验交流。

5.5.3 商界社会责任倡议（BSCI）行为准则（2014）

商界社会责任行为准则是一套原则和价值观，体现了倡议参与者的信念以及他们对其商业伙伴的期望。

该行为准则参考了有关在供应链改善劳动条件重要的国际公约，如

- 国际劳工组织（ILO）公约和建议
- 联合国人权宣言

- 联合国儿童权利公约
- 联合国对企业和人权的指导原则
- 联合国关于消除一切形式贫困的公约
- 经济合作组织跨国公司指南
- 联合国全球契约

2014 年版的行为准则补充加入了新的原则，例如，保障就业和道德的商业行为。

参与公司和其商业伙伴均承诺循序渐进，遵守守则中 11 项原则：

（1）结社自由与集体谈判权

（2）禁止歧视

（3）公平报酬

（4）尊严的劳动时间

（5）职业健康与安全权利

（6）不雇用童工

（7）保护未成年工人

（8）保障就业

（9）无强迫劳动

（10）保护环境

（11）道德的商业行为

为巩固社会责任的商业原则，赞同本行为准则的企业承诺，遵守文件中制定的原则，并承诺在其影响范围内履行尊重人权，管理供应商伙伴关系，寻求商业伙伴与利益相关者之间具建设性的公开对话。此外，还将工人与管理人员之间的成熟劳资关系的建设视为企业可持续发展的关键。

为真正达到改善社会条件，明确承认这些公约是必须的。成员有义务履行规约并承诺，在加入商界社会责任倡议之后 40 个月以内，将其来自风险国家的三分之二的采购量或者至少三分之二的供应商纳入认证过程。

5.6 商界社会责任倡议的实施

商界社会责任倡议的行为准则将由独立认证企业进行验证。商界社会责任倡议也承认社会责任国际（SAI）制定的认证标准 SA 8000。因此，也鼓励企业应用 SAI 8000 标准认证，达到良好的社会绩效。为了反映整个商界社会责任倡议过程，成员企业把审计的结果提交到一个公共的数据库中。以此方式，避免双重审计的要求，这也加强供应商审计的接受度。

商界社会责任倡议的整个过程都伴随本地和欧洲的多利益相关方网络的参与，带入网络的经验有助于长期建立本地化的过程。此外，与政府机构、工会、非政府组织、协会等的合作易于改善体系的接受度和独立性。

商界社会责任倡议每年发布一次报告，以透明的方式报告其活动和工作的进展。商界社会责任倡议作为一个非营利组织，是全球契约和全球报告倡议（GRI）的成员，同时它也是欧洲社会联盟的积极参与者与合作者。

6　环境保护

生态环境是社会责任的核心主题。企业要充分认识环境方面的挑战，将风险变为机会。要以环境问题作为社会责任核心主题，制定发展战略，并通过国际标准和管理体系系统实施。

6.1　社会责任使经济与环境相统一

企业和社会在经济和生态方面都面临巨大的挑战。今天不仅要应对金融危机和因此而产生的经济危机，而且也要应对人类生存和生态的危机。气候变暖和日益短缺的自然资源，将会对本世纪人们的生活产生决定性的影响。极端天气事件不断出现和原材料价格的不断上涨，已经明显地预示着危机性的挑战。人口老龄化产生社会结构变化，社会保险以及未来合格的人才的短缺，也是其中的又一大趋势。在此背景下，社会对企业寄予希望，期望能以负责任的方式提供技术、产品和服务，以利于解决本地乃至全球的问题。

沿用传统方式运行经济的倾向可能还相当的普遍。但应当清醒地认识到，现在的问题不在于上述发展在经济和社会的影响是否可能产生，而在于它们将来什么时候会成为一个现实，对企业具体影响的情况会是什么样的？如果考虑新的理念并且也去实践它，则风险就可以转换为机会。这表明，企业这样做不仅会发现新的经济机会，而且也能为解决社会问题而采取对自身发展有意义的行动。谁能可持续地从事其商业活动并创新地提供技术、产品和服务，谁就能提高它在市场的竞争力，并且本身就会成为社会进步的推动者。

利用企业社会责任的理念，可以将经济发展与对社会负责和环境及资源的保护统一起来。环境保护是企业社会责任的核心主题。许多企业已经有成功的经验。应用环境管理系统，建立相应的组织结构，支持社会可持续发展，在开展与利益相关方对话的基础上定期发布可持续发展报告。这些措施说明，企业可以以建设性的方式在应对可持续发展的挑战中有所作为。

毫无疑问，企业应当对环境和社会承担责任，自愿地把社会责任融入到核心业务之中，因为企业这样做可保证其行为得到社会的认可，并且能提高企业的信誉。它们可能因此而发现开拓新的市场的机会，提高创新能力和竞争力，并能为社会解决就业问题创造条件。

6.2 环境问题是社会责任的核心主题

进入新的世纪企业面临的挑战比以往任何时候都严峻。全球化的经济关系和全球环境威胁不断增加，不仅经营和发展的条件有显著的变化，而且社会对企业在生态和社会方面充分负责的行为的期望也增强了。关键的问题已经不仅限于企业如何影响社会，而且在于新的发展条件和社会趋势对企业有何影响。因此，这对于企业提出了一个全新的要求。要求企业履行社会责任，即企业应用社会责任方案应对这一复杂的挑战，可能是一个能解决所面临的问题的答案。特别是，认识到这一方案对企业管理的潜力，使对社会责任的理解从狭隘的慈善或信誉管理中拓展开来，其意义极为重大。

正是复杂的环境问题与它在经济和社会方面的含义越来越成为企业战略决策和行动的主要因素，所以利用社会责任方案可以主动构建多赢的解决问题的方案。为了企业、环境和社会可持续发展的共同的利益，企业履行环境责任是当今时代的必然要求。

环境保护在每一个企业的政策中都属于最重要的影响因素，但现在环境保护和遵守环境法律总还被理解为一个被动的做法。更确切地说，把它当作是一个防御性的、产生成本的和有压力的问题。在这种情况之下，经济和生态总是被置于相互对立的状态。当然，在个别情况下，总会出现一些对立和矛盾的情况，原则上这种情况还会继续发生。但是人们普遍增强了一种信念，即当今社会和企业面临的生态挑战已经非常明显，高度认同对经济产生的挑战和机会是并存的。

尽管在过去长时间里企业在环境保护和可持续经营方面已经取得巨大的进步，但对大多数决策者来说总觉得要对环境保护和可持续性定义商业实证是一个难题。总觉得难于认识、分析、论证和管理其业务与环境和社会方面复杂的（有些不能量化的）关系。因此，环境保护和可持续发展本来在“设计”中就应考虑，而在实际中总当作一种“修理”性的工作。

由此看来，企业的任务在于要从方案上去扩大对环境主题内容的认识，并应用适当实施工具，从中发现企业具有的风险和机会。以孤立的眼光看待这一问题只是短视的。企业应当发现，当今环境问题与严重的社会问题和问题产生的形式是紧密相关的，而且会产生跨地区、跨国家、甚至全球性的综合性的影响。环境与全球社会和全球商业中关键的议题密切相关，其影响后果不仅限于对人类健康、生态系统服务、社会公正和国家安全等。

环境问题是复杂的：气候变化、空气和水的污染、废物、生物多样性的威胁都会产生直接的和间接的后果。这对市场、对产品和生产力更容易产生前所未有的影响。持尖锐态度的非政府组织和不断扩大的媒体影响使不负责任的环境行为在公众中会迅速产生连锁影响，由此可能引起其他的事件或运动，会显著损害企业的名声，敏感影响企业的业务和核心能力。

因此，有必要改变传统的发展方式，把环境保护理解为一个必不可少的“前提条件”。为此，需要系统地理解与此相关问题和活动者，并能制定与企业核心业务相联系的方案。企业社会责任和可持续的经营可成为有利于企业广泛理解复杂的相互关系并具备相应决策的方案。

6.3　企业在环境领域的挑战和机会

在过去10多年里，企业的发展条件发生了根本的变化。企业再也不能只追求销售量和利润的增长，再也不能以此为目标而忽视生态和社会责任。企业新的决策背景的特征可用两个复杂的领域和驱动因素来说明，这就是大趋势和社会期望。

6.3.1　大趋势作为风险和机会

经济全球化和它在结构上对国家经济和社会系统多方面的影响，改变了经营发展的条件。随着大趋势产生的经济、社会和生态风险已经显现，它们构成企业今天的、特别是未来的新的活动场景：

——世界人口的增加和城镇化的继续。今天在地球上生活着66亿人，根据预测，到2050年将达到92亿。因此，一方面对原材料的需求和竞争将会更加尖锐，另一方面随着世界发展中国家中产阶级的增加，将会兴起巨大的新兴市场。这对企业的产品、服务、物流和供应链优化等方面将提出一些不可忽视的新的要求。

——尽管目前世界经济处于低迷，但从中长期看具有有推动世界经济显著增长和工业化继续的迹象和趋势。按照预测，全球国内生产总值将在未来25年中几乎翻一倍，达到60万亿美元。虽然北美和欧洲经济区仍将是重要的经济中心，但额外增长的市场经济的主体将在亚洲和拉丁美洲。中国、印度、巴西以及印度尼西亚等国将成为世界经济的新引擎。对于老工业国家传统的供应商来说，这些国家将显然成为未来市场的竞争者。

——世界能源和原材料大量需求还会继续增加。全球市场竞争的继续会导致能源和原材料价格上涨，并且这决定了经济发展新的条件和竞争条件。即使原油和部分原材料的价格再次下跌，但经济发展推动的需求和原材料愈来愈明显的短缺（如技术可用性和日趋枯竭），必然引起成本增加，必须估计到价格在未来会保持在一个较高的水平。

——气候变化在未来20年还会加速。因为以化石能源为主要能源高度需求会持续，特别是中国和印度的需求占整个需求的一半左右。世界能源署在《2008年世界能源展望》中估计，如果不采取应对措施，到2030年全球温室气体排放量将增加45%。这样一个发展的结果使全球变暖，温度增加6℃。按照世界银行前经济学家尼古拉斯·斯特恩在2006年的评论中的计算，如果不采取减少二氧化碳的措施，“气候变化的成本至少占全球国内生产总值的5%～20%”。现在开始采取必要的适当的措施，对此产生成本则约占世界国内生产总值1%。已经开始的对低碳经济的机会和风险的讨论，向企业发出了一个明确的信号，那就是现在必须行动。

——除气候变化、对能源、原材料高度的需求和人口的增加，对可持续发展还有其他一些全球的挑战。淡水短缺、水污染、有毒废弃物、森林面积减少和沙漠化，以及生物多样性的损失和贫穷都会显著改变经济和社会发展的条件。

上述对企业的挑战表明，经济、生态和社会的方面是相互联系而不可分割的。经济大发展的问题越来越必须从生态角度寻求答案。只能用环境可承受的方式才能满足未来世界增长的需求。企业必须对此做出相应的反应，必须为此行动起来，而且只有这样企业才能获得未来的竞争力和长期稳定的发展。

6.3.2 社会的期望

在全球经济关系形成过程中，不仅经济发展的条件有显著的变化，社会对企业的期望也增高了。这就是说，企业应当以对社会负责任的方式为解决本地和全球问题做出贡献，而不要使自己成为其问题的一部分。企业被认为是社会的组成部分（企业公民）。

当今更为显而易见的是，企业的决策关系到社会和生态的后果。企业的决策背景更为复杂，并且更紧密地与社会联系在一起。无论从可持续发展，还是企业自身的利益看，考虑生态的挑战的必要性是显而易见的。

企业是工业发展的基本力量。它们具有技术专长、金融资源和环境保护的组织能力。它们是环境资源的首先使用者，保护环境也是它们的长远利益和义务。

因此，在公共社会中经常要求企业活动在整体上必须面对社会的挑战。企业此时所面临的问题是，它们的目标、行动和产品可在多大程度上对社会和生态负责。早在1953年Howard Bowen对企业的社会作用就提出了基本理念：企业社会责任指的是，商人有义务按照社会的目标和价值观实施政策、做出决策，或者遵循相应的行动路线。这就延伸了企业的使命，即在积极从事经济活动的同时，应使之与对社会目标和价值观的贡献相联系。

在广大社会公众中，特别是在金融和经济危机以来，人们不仅关注企业的盈利和销售量是多少，或者企业如何用其所得的盈利，更为关注的是它们怎样获得利润，即获得利润的方式。可持续性绩效的核心数据以及企业的透明性和纯洁性在考查企业的风险时越来越受到重视。这些关键的企业非财务性绩效被认为是与企业管理同等重要关系业务风险的结果。企业自己也越来越意识到，为了企业的声誉和可信度，它们必须面对社会问题，不仅要考虑传统的“利益相关方”（股东和监管者），并且要吸纳其他利益相关方（非政府组织、本地和地区的利益）参与。这样的做法也越来越得到金融市场的推崇。

企业不应当卷入“绿洗”或者“化妆”之列，也即不应对社会责任采取表面化的行动，或作为权宜之计，而应对企业和社会都有可信的行为。丧失信任的危险性越来越使企业的透明性成为刚性要求。最终这意味着，优秀企业因采取符合社会期望的行为定会获得市场上的成功。

公民社会组织和尖锐的媒体越来越容易得知企业的丑闻和企业决策者的错误，在公众信任度降低的背景下，企业常被要求切实履行责任和问责，例如通过可信的报告。这时正是跨国企业被特别要求履行社会责任，尤其在发展中国家投资的情况下。

因此，今天企业在公众聚焦的监督下，他们希望得知企业是否尽到对环境和社会或者对可持续性的责任。这可能包括企业是否执行生态产品政策，在供应链上是否保持公平公正的原则，在经济欠发达的供应和生产国是否通过技术转让使人们满足对相应产品和报酬的需求和享有对增长的权利。这意味着，企业需要与社会群体保持对话，以便一方面应对社会的期望，另一方面对企业核心业务也可从中获得具有积极意义的信息。拒绝对社会主题保持开放的态度意味着对企业有巨大的风险。

6.3.3 转变发展模式

在新的全球经济和社会生态条件下，经济发展再沿用迄今为止的模式在未来是行不通的。应对挑战要求企业有新的答案。这时的问题不再只是企业如何影响社会，而是新的动态的条件和社会期望如何影响企业。因此，责任是竞争和市场的必然要求。

对于承认这一发展，特别是具有主动应对的态度的企业，除这些与大趋势相联系的风险之外也存在显著的经济发展的机会。未来重要的主导型的市场具有很强的生态特征。前罗马俱乐部主席 Bin Talal 说，未来的市场是绿色市场。

环境保护和气候保护对企业的核心业务和竞争力越来越重要。其核心是，大趋势和变化的发展条件意味着经济和生态之间存在着一种新的关系。人们常常误认为的矛盾关系并不存在，存在的是一个共同的场景和一个新的质量。经济匮乏性原则和保护资源的生态优先原则以新的方式联系在一起。

力图保持未来发展能力和竞争力的企业，必须在战略定位中把生态和可持续性作为核心驱动力。这就是说，要像用“雷达屏幕”那样感知大趋势和社会的期望，认识它们，分析它们，并相应地转换为“可持续战略”。

如果企业低估在大趋势和新的社会变化中隐藏的潜力，并且只是偶尔和从战术上考虑问题，则很可能是失职。

Porter 和 Kramer 在其“战略与社会”中的分析表明：企业在改善社会和环境方面已经做出了巨大的努力。但相应的企业社会责任的措施常常是碎片化的，并且为了企业的声誉只是表面上应付利益相关群体，如非政府组织或道德投资者的敏感问题。在大多数情况下，履行社会责任的措施既未与战略和业务运营过程相结合，也未充分发挥与此相关的潜力。

出现这一情况的根源可能在于缺乏战略上的融合。企业社会责任一方面常常过于一般化，另一方面社会责任的措施只涉及局部的领域，没有做到融入核心业务之中。因此，它们原则上认为，企业这些努力几乎没有达到它们应该达到的效果。

其原因有两个：

第一，企业把自己与社会相对立，而事实上二者是相互依存的；

第二，企业按照一般化的方式思考社会责任，而不是按照与每个企业战略相适应的方式。

因此，持续成功的企业只能是那些接受生态和社会挑战，并将它们用于创新的企业。将生态大趋势预防性地和超前地从战略上融入企业的核心业务、流程和过程是企业的中心任务。

企业需要重构战略模式，理解生态和社会趋势的挑战和影响，把它们转变为机会并从战略上融入企业核心业务，并确定长期成功的目标（如图5－16所示）。

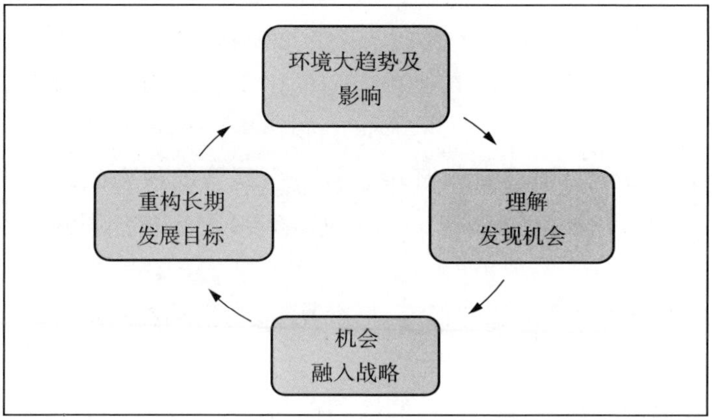

图5－16　将环境挑战转变为发展机会

与此同时，必须要用落实社会责任的方案，不是用偶尔的、碎片化的措施，对企业战略产生系统化的影响。

6.4　社会责任处于企业战略的核心

原则上讲，应用社会责任方案可以考虑和评价与企业相关的各个方面。这时也包括在传统的成本效益计算中忽略或者没有充分考虑到的社会、道德和生态等方面。社会责任方案提供系统识别、优化和处理生态的和与企业相关的主题的机会，而且在理想情况之下，可为决策形成获得一个完整的“图景”。

与此相关的是可持续经济发展，即1992年“地球峰会”和2002年“约翰内斯堡世界可持续发展峰会”所支持的可持续发展方案。一个面向可持续经济发展的企业，总是要在经济、生态和社会方面保持平衡，并始终保持根本的、在自己的影响范围内为社会可持续发展做出贡献的资本。为此目的，必需的前提条件是面向长远，扎扎实实地把可持续经营方式和措施融入到企业，使之全面发挥作用。其关键首先在于企业中内部的结构（流程、步骤）的改变，达到环境友好和社会可接受。具体说来，这时不仅涉及产品技术，而且包括运营的方式的定位，以及规范管理和治理体系的落实。虽然这种方案展现与某些利益相关方沟通的潜力和讨论相关社会问题的可能性，但这并不特别地强调。

企业社会责任方案通常包括可持续经营的元素，并力求构建企业与外部利益相关方的关系。但企业社会责任首先包含系统地将所有内部和外部考虑的相关方面融入企业战略的可能性，并有助于做出企业应对社会挑战的定位。因此，企业社会责任是可持续经济发展的重要基础。

至今，对企业社会责任没有普遍适用的定义，因为最终这是一个取决于企业的背景和目标强调企业责任的特定方面的一个“社会构造”。

构成社会责任的基础是理解环境、社会、经济的核心领域，与利益相关方的互动，自愿自律和道德原则。在《ISO 26000 社会责任国际标准》中，社会责任的定义是：

“一个组织用透明和道德的行为对它的决策与活动在社会和环境中的影响负责，使之

——有助于可持续发展，包括健康和福利；

——考虑利益相关方的期望；

——遵守现行法律并尊重国际行为准则；

——融入整个组织和落实到它的各个关系之中”。

在欧洲企业社会责任被理解为一个具有高度要求的方案，即“企业应当把它们作为一个根本的方案，自愿地将社会和生态要求融入到企业的活动和与利益相关方的关系中”。这里，要求企业在履行法律责任之外还必须满足社会的期望。

在 2004 年以后，“欧洲企业社会责任论坛”与不同的利益相关群体一起讨论了企业社会责任的各个方面，加深了对社会责任的理解和认识，其基本理解是：“企业社会责任是考虑环境和社会的要求并融入企业运营，是在法律要求的基础之上更高的要求，而且是契约性的义务。企业社会责任是除此之外的要求，而不是取代或者绕开它们”。

在这些对社会责任相当现代的理解中，企业社会责任位于企业所有活动的中心位置。这表明，企业应当首先把社会和生态要求融入企业的任务和业务。从长期看，企业社会责任活动应当为“社会的需求”做出贡献。这意味着，企业承担社会责任就不是“传统的商业运作”，而是自愿性的发展方式或商业模式上的升级。

环境问题对于企业的决策越来越占有主导的地位。因此，它是可信的创新社会责任方案的适合的切入点。世界银行对企业环境责任的研究表明它与

企业相联系的范围和方面："许多公民、环境组织和先进的企业把企业的环境责任定义为企业的运营、产品和设施对环境的义务。限制废物和排放、使资源的效率和生产力最大化，以及使未来各代人享有国家资源其负面影响最小化"。

6.5　环境问题作为决策的关键要素

上述发展趋势和背景向企业释放了明确的信号：

（1）对于经济和社会生态问题会越来越成为重要的影响和决策性因素。将来经济活动不考虑生态就不能获利。因此，企业也必须重新审视成本问题。例如，不应当只提出气候保护花多少成本的问题，更应当考虑，如果不保护气候将会产生多高的成本。今天，环境和气候问题再也不能作为一个纯粹的成本选项，而应把它看成是对增强未来竞争力的必要的投资。

（2）保护环境、保护水和空气清洁度、战胜气候变化和保持生物多样性等，将使企业明显地感觉到对它们的影响。其影响可表现为能源和原材料的可用性受限和价格上涨，企业所在地环境保护的基础设施不足。例如，全球运营的企业必须做出决定，要在发展中国家和新兴国家所在地实施什么样的环境标准和社会标准，在所有地区是完全采用统一的标准，还是采用与当地法律相适应的措施。最终，这不仅是一个成本问题，而且也是一个道德决策。

（3）主动反思新的生态挑战和发展条件，所得结论可能有助于开发新的产品、服务和新的业务领域，也有助于制定新的目标、开展合作和建立新的公平的伙伴关系。这样，"先行者"可优先开拓新的市场。

（4）气候变化作为全球综合性的问题将在不同程度上影响所有的经济领域。今天对这一问题的处理已能明显看出，忽略生态问题和把气候变化当作一个暂时现象的商业模式将会有什么样的经济风险。各国和各个政府间的协议所建立起来的"合规"对企业会有越来越大的压力，可能继续显著地影响企业发展的条件。因此，气候变化将意味着国民经济所有领域的结构的变化。保护气候、降低"碳足迹"以及低碳、低能耗产品将会愈加成为与市场高度相关的要求。因此，企业在气候保护方面的挑战在于，首先要从"政府推动"走向"商业引领"，并且要尽快适当实施过渡性的和适应性的战略。

总体上可以肯定地说：

- 由于迅速变化的生态条件环境问题将越来越成为企业迫切的、具有决定性意义的经济因素；

- 环境问题是跨领域的主题，它将影响所有业务领域和企业的所有层面。

6.6 社会责任指南作为环境处理工具

在环境保护领域，许多企业已有相当丰富的经验。这方面所采用的工具和方法可用于系统地组织实施，在内容上可进一步扩充。

在企业社会责任领域有一系列的原则和指南，它们可用作企业系统处理环境问题的工具：

——联合国《全球契约》的十项原则：它们是建立在《世界人权宣言》、《国际劳工组织关于劳工基本权利宣言》、《联合国反腐败公约》和《环境和发展里约宣言》基础之上的指导原则。环境保护原则（原则 7－9）要求采取预防措施和承担更大的处理环境问题的责任，以及开发和推广环境友好技术。

——《经济合作组织跨国公司指南》：此指南内容包括了负责任的、具有环境保护意识的企业所采用的广泛适用的规则。该指南于 2002 年更新，对企业主要责任领域提出了推荐的建议，包括尊重人权、反腐败、反贿赂、处理劳工主题、保护消费者利益、保护环境和公开信息。

与其他原则相比，经合组织的指导原则相当细致，说明了实际实施的方法。它得到 30 个经合组织成员国和其他 11 个非成员国的承认，是在多边层面上为负责任经济发展共同接受的唯一全面的法则。

严肃对待社会责任的企业，可以把经合组织的指南作为最低标准和基本出发点，可以此向其利益相关群体承诺遵守这一指南。

《经济合作组织跨国公司指南》第五章对环境保护提出如下推荐建议：

企业应当：

- 在内部建立有效的环境管理体系；
- 建立适当的报告和外部沟通及协商流程；
- 制定预防原则；
- 评估后果或检查环境可承受度并努力持续改进环境保护；
- 建立有效的风险管理和危机管理；
- 开展员工环保培训和再教育；
- 对国家环境政策做出有效的贡献。

6.7 环境管理体系及其应用

《ISO 14000 环境管理体系》：系统的环境管理是实施社会责任方案的核心

元素。为此原则上可采用 ISO 14000 或欧洲 EMAS 环境管理体系，后者是一个可认证的方案。

ISO 14000 “环境管理体系规范及应用指南” 确定了全世界认可的、对一个系统在环境方面的要求，它的重点在于实施一个可持续改进的过程。该标准于 1996 年开始应用，于 2004 年更新。对全世界所有经济领域及组织该环境管理体系和工具都是适用的。ISO 14001：2015 环境管理体系模型如图 5 - 17 所示。

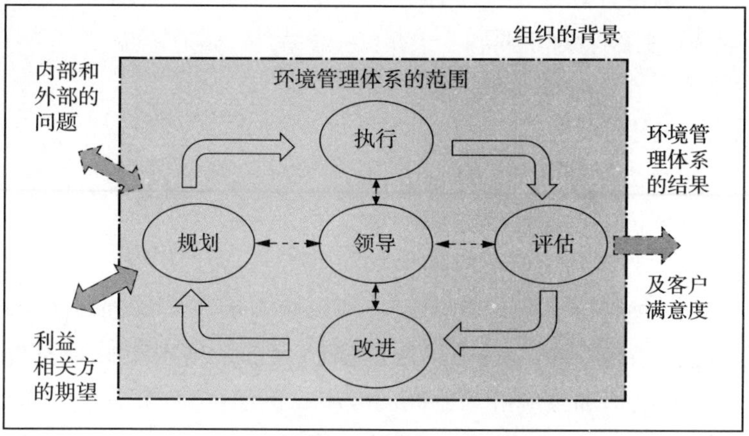

图 5 - 17　ISO 14001：2015 环境管理体系模型

资料来源：ISO 2015。

在内容上，该标准要求企业制定环境政策、规划实施和应用环境管理体系。通过环境管理体系采用控制、改善和评价措施，推进一个持续改进的过程。私有经济组织的环境管理可通过不同的组织认证。重复认证的周期未明确规定，通常是 3 年认证一次。认证之后环境政策必须公开，而此后的公关工作由企业自己决定。

ISO 14000 对环境管理体系的要求也是欧洲环境认证规章（EMAS）的组成部分。EMAS 要求的持续改进环境绩效的义务，有利于企业建立一个扩大现有知识、制定持续改进措施的成熟的过程，因而可认为是创新管理的基础。

EMAS 是实施企业社会责任的一个适合的出发点，因为它特别强调可信度的作用。EMAS 比 ISO 14000 的要求更高，它要求公开的 “环境宣言” 和在环境管理体系中特别要求：

- 遵守法律规定
- 环境绩效

- 外部沟通
- 员工参与

通过国家指定的独立的环境检验机构确认其真实性，即从外部观察企业有利于 EMAS 的可信度。

建立在行之有效的管理体系上的创新，可出现在企业不同的领域，例如在组织、过程流程和产品方面。

例如，组织中的创新包括：

- 在环境成本计算、环境对标、生态价值平衡、生态评价等操作步骤采用环境管理和可持续管理工具
- 在建议系统中明确要求生态方面的改进
- 以生态要求确定生态目标
- 在工作岗位评价中考虑环境方面
- 在投资评价中考虑环境方面
- 在研究和开发的决策中应用生态准则

通过 EMAS 进行环境检验和利用特征参数有助于实施创新改变的过程步骤和产品规划的措施。在实践中采取的措施大多数情况下能提高能源供应、循环处理、废旧处理和供应链等方面的效率，例如：

- 降低产品和服务的材料和能源的使用强度
- 限制有害材料的扩散
- 加强材料的循环
- 最大限度利用可再生能源
- 改进产品的寿命
- 提高产品的服务性等

在环境管理体系范围内所进行的对生产过程的“全面检查”常常引发产品创新。

欧盟生态管理和审计计划（ECO – MANAGEMENT AND AUDIT SCHEME）是一个现代环境管理体系，它涵盖了 ISO 14000 标准没有涵盖的其他要求，其中包括：

- 信誉
- 不断完善的过程
- 合规性
- 利益相关方达成协议

总体上说，它在企业管理中的潜力还未充分发挥。EMAS 支持创新和竞争

力，其应用者将责任付诸行动，为未来的挑战做好准备。EMAS 可用于更紧密地与社会方面相联系，在企业履行社会责任过程中可发挥重要的作用。

图 5－18 所示出应用产品生命周期法考虑环境影响。

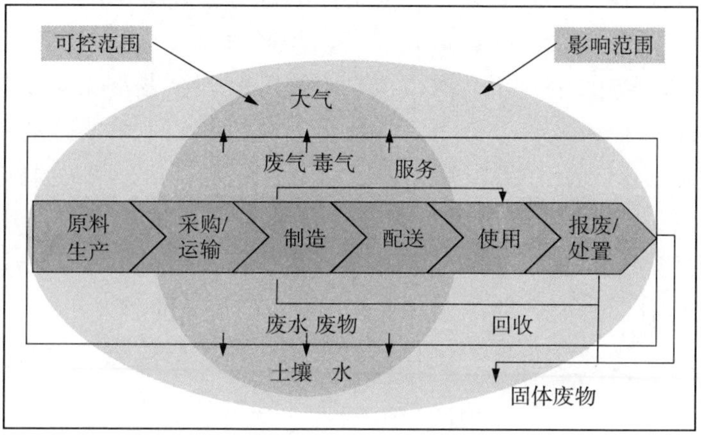

图 5－18　应用产品生命周期法考虑环境影响

资料来源：参考 EMAS，2009。

7　消费者保护

消费者利益保护就是保护消费者的权益和社会利益。尊重和保护消费者的利益需要系统化的方法。责任（绿色）投资中保护消费者的利益和社会利益至关重要。

消费者保护描述保护消费者免受健康危险和经济损失的各种措施。由于产品和服务供给的种类越来越多，供应链越来越复杂，有关信息也就难于达到高度的透明。

消费者保护的主要目标是改善产品和信息的透明性和质量，它包括产品的出产地、产品的生产过程以及产品使用的方法。消费者保护组织要求从法律上落实对产品和信息的职责，使消费者的决策具有可靠的基础。负责任的企业的特点包括，向消费者提供方便的获得其产品相关信息的渠道，例如，消费的价值、产品的成分、供应链的信息等。

7.1 消费者保护的重要性

全球化的经验表明了消费者保护的重要性。企业在全世界建立新的生产基地，企业分布在美洲、欧洲、亚洲不同的地方。在此情况下，企业只有适应当地社会、教育和文化的特点和要求，并努力改善这些领域的状况时，它们在各个不同地方的生产才会取得成功。许多跨国企业都获得了经验，知道企业履行社会责任、改善教育落后、社会不良状况和不可接受的工作条件必须的。企业也认识到，作为国际“公民”，在许多不同的领域为社会做出贡献（企业公民），或者将这些努力与企业自身的业务领域相结合（企业社会责任）会在本国和生产国产生明显的竞争优势。由此可见，企业无论以什么方式履行社会责任，其必要性都来自于人和文化的具体的要求。

越来越多的企业履行社会责任是可喜的发展。但从另一方面讲，如果企业社会责任离开了消费者，就像一个汽车没有引擎一样不可行驶。企业生产产品和提供的服务是为了能够销售到市场。没有消费者就没有利润，没有消费者就没有市场。同时，消费者作为公民，他们有自己的政治观点、个人的生活方式和生活标准，将其看法和想象用于企业和产品的经营范围的趋势越来越明显。所以，企业社会责任在此表达的是，企业再也不能只把消费者当作纯粹的顾客，而必须严肃地把他们当作是具有个性化需求的个人。其实，消费者向来都是按照他们对产品的需求和按照对他们有用的程度来评价所购买的商品的。这种态度至今始终是正确的。只不过随着时间的变化，消费者对什么是有用的，在看法和观点上发生了变化，评价的参数也发生了变化。因为“高质量的生活”问题不仅关系个人而且涉及整个社会。这里考虑的不仅有基于生态和发展的经验，也考虑到基本的社会道德取向。

全球化把过去从未见过的商品带进了商场，这也扩大了人们的眼界，知道了全世界生产供应链中不良的生产状况。购买公平产品的意识和趋势也随之增加。全球化不仅在于强调新的国际分工，不仅是工业国家而且发展中国家也必须要从中受益。更确切地说，满足生产条件符合人权，符合社会和公平的要求更具有决定性的意义。

企业需要在公众中具有可信度和信誉，但其可信度和信誉比任何时候都更加取决于公众对企业的信任。今天，消费者不仅认真地检查和评价产品，也关心供应链上的生产，而且关注整个企业，所有这些检查和评价的结果都会成为他们做出购买决策的依据。

当今消费者意识到了他的权力。虽然不是所有的消费者都会自觉地利用

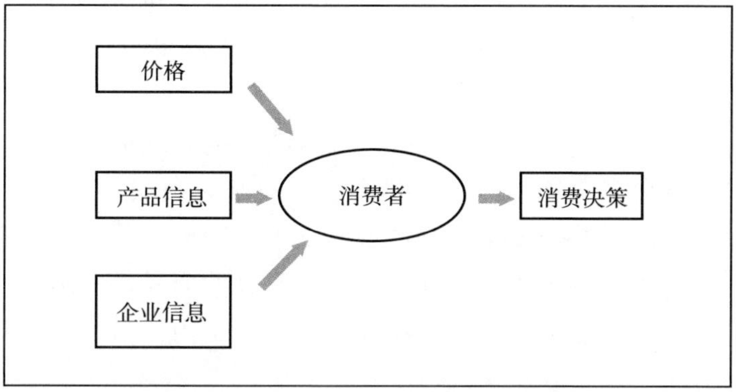

图5－19 影响消费者购买决定的因素

他们的权力，但这种趋势会越来越明显，这是一个长时间发生的过程。在市场经济中，企业家（企业）要保留自由的空间，自己决定产品和服务的生产和在市场中相应的战略。企业应当在遵守法律的基础上履行社会责任，自愿履行社会责任是保持和维护企业道德行为的重要动力，道德行为满足法律的规定而高于法律上的要求。这种要求也符合消费者的利益，消费者可以向企业表达他们各种不同的期望、想象和立场。这里所指的是消费者不仅对产品有所要求，而且作为文明社会各种组织中的公民，他们对企业的社会绩效也有期待。此外，企业和消费者都应自愿地承担各自的责任，竞相采取各自负责的行动。

自愿决定和选择是社会市场经济的基础。企业社会责任是现代化市场经济的重要组成部分。不过，在现实中理论和实践不总是完全一致的。从理论上讲，顾客是“上帝”。所以按照此逻辑，消费者的主权是控制市场经济的决定性的信号。但在事实上，就信息和组织而言消费者都处于弱势的地位，所以在实际中他们相比之下常处于不对称的状态。

因此，市场经济之所以受到批判的重要原因是，企业最终过分追求利润，使员工和消费者在需求上处于劣势地位。社会市场经济在很大程度上因伙伴权利平衡和社会稳定而得到发展。不仅企业家、雇员、生产者还是消费者，在社会市场经济的竞争秩序中都能找到相互平衡的位置。在金融和经济形势危机出现并在全球产生影响的情况下，社会市场经济由于它从根本上依靠价值和权利的规则，体现社会均衡、不同利益交融和在变化的关系之中继续发展的可能性。尽管如此，在市场中依然存在企业与消费者权力比重关系的问题。因此，在现实社会中，必须要建立起一种平衡。国家应因此支持消费者保持知情，帮助解决问题、提供咨询，并提供必要的保护和尊重他们的权利。

总之，企业在经营中必须关注消费者的利益。因为不知情的消费者是无知觉的消费者。只有当他们具有可靠的信息、知识和判断能力，他们才能有针对性地利用消费者的权利。

消费者根据企业的信誉，根据它们在本国和世界其他地方参与经济、生态和社会中的情况来对它们做出评价。在企业缺乏负责的参与、缺乏信任，在企业言行不一致时，都会导致消费者的批评。因此，要正确理解企业社会责任，它不是附属的装饰品，不是用于掩盖问题的面具，也不是毫无实质内容的公共关系策略。对这样的情况和倾向，不管是内部员工，还是外部消费者都有权提出批评。

消费者期望企业与员工、与供应商、与利益相关方有着公平的关系，也期望提供环境友好的产品。因此，企业履行公民和社会责任的职责是企业一个根本的管理任务。

此时，管理意味着包括如下两个不同的方面：

（1）一方面，企业社会责任应理解为企业战略管理的组成部分。企业的社会参与应当与企业的经济管理相结合，企业把业务领域的社会责任当成企业的一种定位，并且努力为此获得回报。这时，与行为相关的标准、法则、行为准则、社会规则、标识、指南或全球标准都将成为企业新的控制工具。遵循这些要求虽然是自愿性的，但对社会有着深刻的影响，因此也越来越与消费者相关。

（2）另一方面，企业应当尽早吸收供应链上的利益相关方参与沟通。企业社会责任要作为商业原则，除了商业伙伴和员工之外，也要从根本上把消费者和社会中其他组织公民作为自己的利益相关方，同他们一起就他们的利益、建议和希望进行建设性的和富有成果的讨论。

因此，社会关系的变化必定影响经济生产方向，对生产的决策因素也会产生影响。消费者的权利不仅体现在其购买决策本身，也体现社会公众对企业具体活动的期望。消费者有意识的购买决策和明确表达的利益对企业生产的产品的影响将会越来越大，这与社会的发展有关。今天，消费者在消费时显然比以前具有更多的知识，而且教育水平也得到了提高，加之通信和信息技术提供了可利用信息利用的渠道。这样一来，通过互联网易于对企业了解，消费者权利得到了加强。同时，在各个互联网 2.0“社区”中，由于对产品质量和企业信誉有着快速的交流，这为扩大消费者及其组织的影响产生了新的可能性。虽然在互联网中对信息的正确性不能完全保证，但对消费者提供了一种新的具有决定性的信息环境。由于可从不同的渠道得到信息，消费者能对产品和企业有更好的了解，也就容易在面向价值的基础上做出购买的决策。

价值观的变化也影响今天消费者的观点。当今的消费者相比之下不那么传统，而是更具有个性化，更愿自我发挥，对生活具有强烈的兴趣，对环境有更强的意识，同样也更重视健康、养生和舒适感。对公平贸易、对生产条件和遵守劳工和社会标准的兴趣明显增强，并且近年来关心气候、水、空气、新能源和粮食安全等。“公平贸易”、“道德消费”和“责任购买”意识的增强和按照对社会负责来评价企业和产品，表明消费者注重道德和责任的主动性。

对消费者来说，企业社会责任不是时髦的事情，而是经济和社会建设方面的任务。要实现这一任务，必须具有明确的社会责任框架政策（如图5－20所示）：

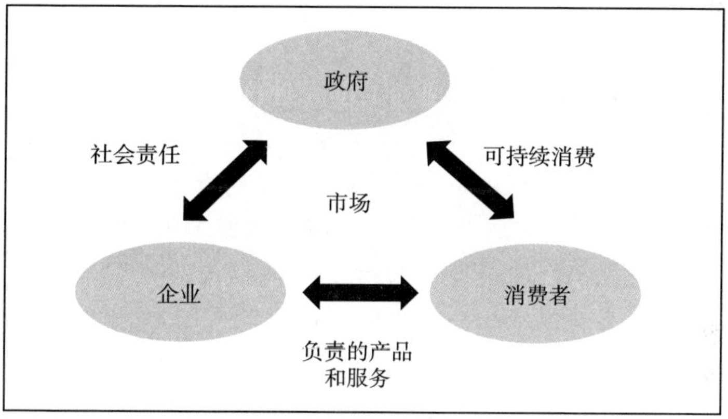

图5－20　消费者是市场的决定性力量

- 使企业和消费者积极参与社会责任；
- 使国家、媒体、协会和企业提供社会责任相关信息，支持消费者和知情的判断力；
- 国家和企业支持消费者对企业的产品和社会责任评价，做出负责任的购买决策。

消费者期待企业把社会责任作为它的战略的组成部分，承担相应的社会责任，用盈利为社会做出贡献，并以此赢得消费者的信任。

图5－21是2012年imug对消费者所做的一项调查研究结果，它表明按消费者观点看企业如何提高可信度（Schoenheit imug，2012）。

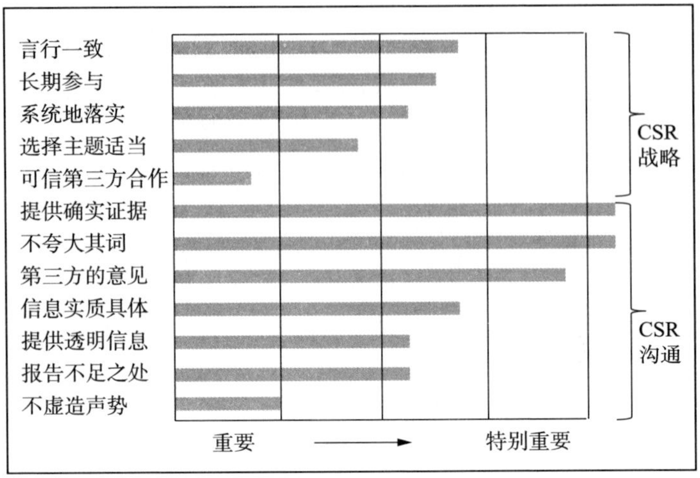

图 5－21 按消费者观点看企业如何提高可信度

资料来源：imug，2012。

7.2 消费者意识和期望

在考虑企业履行对社会的和环境的责任时，首先考虑的是对人的责任，特别对企业自己的员工，对企业的供应商以及企业邻近的环境。这在 1977 年国际劳工组织的“关于跨国企业和社会责任的三方原则宣言”中已经强调。其目标是，强调跨国企业对社会和经济的进步可以做出积极的贡献，同时指出企业使活动的负面影响达到最小化的方向和措施，包括改善企业整个供应链的工作条件，使之符合现行的社会标准。

环境是企业社会责任活动的另一个对象。当然，企业与环境不能直接对话。不过，这里有关心环境的代言人。例如，“联合国气候变化框架条约”，主张“生态管理和认证方案（EMAS）”的多利益相关方倡议等。商品产品的测评鉴定机构和组织也属于环境的代言人。它们的工作范围涉及与环境相关的个人消费和环境可承受的产品鉴定，向消费者提供有关环境保护知识。对社会和环境指标的测评影响消费者的购买和消费决策。

作为一个利益相关方群体，所有消费者都可能是社会责任过程信息的主要接收者，他们也特别关心企业生产产品中关于员工和考虑环境方面的情况。

直到 20 世纪 90 年代初，许多消费者对产品生产中的环境保护问题不那么敏感。因为与产品有关的环境保护和产品生产过程中的环境保护在 90 年代初还未引起足够的重视。随后普遍认识到，环境保护不仅是理念，而与消费者的利益有关，这时环保问题更加受到了更广泛的重视。一般说来，节约能源、节约水、减少家用洗涤剂用量等都可能成为关心的问题。相反，避免氟化物（FCKW）、减少废水污染、材料再利用等主题则还关心不够。一般的情况是，人们首先关心产品对消费者的益处如何，最先注重的是机械和电器的安全性。

在国际上，政治家们的思想先行了一步。联合国1985年大会的决议中，对消费者保护方针确定了基本的目标和一般的原则，当时就已描述了公平对待消费者和在经济和社会发展中的权利。决议要求生产商和提供服务的组织对消费者的行为符合高度的道德伦理标准。在随后的指导方针中首先对消费者的物理安全性做出了要求，然后处理了支持和保护消费者经济利益的问题，其中许多涉及与消费者相关的方面都与今天的社会责任的准则有关。

消费者作为企业相关的利益相关方的群体之一。在社会责任的发展中消费者是推动力，消费者想要在考虑企业社会责任的情况下做出购买决策时，可对不同企业的社会责任进行对比，这就需要依靠可靠的评价。

消费者期待企业的行为可表达为："在社会责任领域人们期望企业以有效的、符合道德的和对生态放心的方式进行生产或提供消费者需要和所想要的产品和服务。"有关统计调查表明，消费者不仅想要好的、可靠的产品，而且也想知道这些产品是否按照社会能承受的方式生产出来的。企业对社会责任的态度会影响购买决策或对服务商的选择。

中国消费者首先关心产品的质量和安全，欧洲消费者关心最多的是：企业整个活动领域以及供应链上的劳动保护和尊重人权（如消除童工）及环境保护，特别是降低温室气体排放。

在非政府组织和消费者的压力下，在国际供应链越来越多的企业和行业针对工作条件、人权和环境制定行为准则，把下属企业和供应链都包括在内。它们这样做出自一系列的原因，不过首先是改善企业的形象和减小消费者采取负面行动的危险性。

对消费者购买决策的重要的依据是获得关于产品和服务的生产，或者供应和营销在道德、社会和生态条件方面可靠的完整的信息。企业社会责任方案越来越得到认可的理由是，企业的形象和声誉在竞争中越来越起决定性的作用，因为它们期望更多关于产品和服务产生的条件和对可持续性影响的信息，倾向于通过自己的行为奖赏那些在社会和生态方面采取负责任行动的企业。

消费者越来越注重生产或提供产品和服务的社会和环境友好的方式，获得关于社会和生产条件的信息是购买决策有据的决定性的条件。这样的信息有不同的形式，有不同的渠道可以提供，包括制造者提供的数据、消费组织提供的信息和独立第三方检验的环境标识。消费者也可从公众认可的系统，如在具体领域公认的优秀实践奖项、国家质量、认证机构、行业监管机构获得有关的信息。对大多数消费产品相关的社会和生态的信息要以方便的方式获得并不那么容易。

为了能弥补这一不足，欧洲研究产品和服务的检测组织和机构进行了“企业社会责任评价”主题的研究，如奥地利消费者信息协会、荷兰消费者联合会、比利时消费者联盟和德国技术监督基金会等。

ISO 26000 国际标准是由消费者方面最先发起的。国际标准化组织 ISO 消费者政策委员会（COPOLCO）于 2002 年在西班牙举行的“全球市场中的消费者保护”工作组会议上提出了一个报告，即“ISO 企业社会责任标准的必要性和可行性”。作为会议对这一报告讨论的结果，COPOLCO 做出了一个决议，要求 ISO 授权负责制定一个相应的新的标准。

在上述报告中，在“企业社会责任的推动力”的标题下首先提到消费者，并做了如下的解释：

“消费者是企业社会责任的主要推动力。1999 年底环境经济国际公司在 23 个国家对 2500 个消费者进行了一项调查，结果表明，消费者日益重视企业在社会责任中的领导力。北美和大洋洲 67% 的消费者在 1998—1999 年期间‘处罚’（和采取措施抵制）不负责任的企业，或者奖赏了有社会责任的企业。为了调查的目的‘处罚’被定义为避免买一个产品或者说出企业不负责任，与此对应这样做的消费者在北欧占 53%，在地中海占 40%，非洲占 37%，拉丁美洲和东欧占 31%。”

很显然，越来越多的消费者都希望获得企业社会责任的信息，其中许多人也积极利用这些信息，通过购买行为要求企业更好地履行社会责任，或者对具有社会生态责任行为的生产商加以奖赏。

随着国际标准开发这一历史过程的继续，消费者事实上被提名为参与的六个利益相关方之一，被 ISO 邀请参与和制定标准全过程。此外，“消费者问题”属于社会责任的“核心主题”从一开始就不存在疑问。因此，在 ISO 26000 中关于消费者问题有单独一章的篇幅，在简要描述组织对消费者和客户的责任之后，指出“联合国消费者保护指南”的重要意义。

7.3　消费者保护指南（联合国）

“联合国消费者保护指南”（如图 5 – 22 所示）是消费者领域中最重要的国际文件。联合国大会于 1985 年达成共识通过这一指南。1999 年补充包括了可持续消费的条款。文件号召国家保护消费者免受健康和安全的危害，支持和保护消费者的经济利益，使他们选择自己的产品有知情权，向消费者提供教育，为消费者有效提供可得的赔偿，保证形成消费群体的自由和促进可持续消费模式。

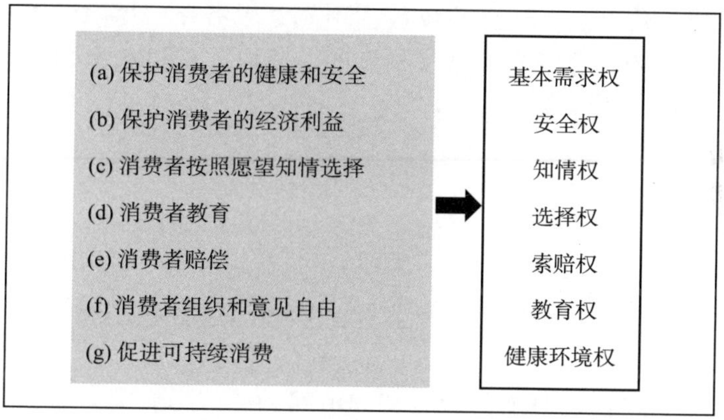

图 5 – 22　联合国消费者保护指南（1999 年修订）

联合国消费者保护指南定义的消费者的基本权利构成了 ISO 26000 指南中七个消费者议题的基础。

7.4　消费者保护的议题（ISO 26000）

在 ISO 26000 国际社会责任标准指南中，在每一个具体的议题简要描述之后，列出了与此议题相应有哪些活动和/或哪些期望是与落实对消费者的社会责任相联系的，这些问题对实际实施落实具有决定意义。

7.4.1　议题 1 “公平营销、正确的信息和公平合同实践”

这里所指的是，对消费者的信息是正规的，应当使他们能够在当时的不同供应产品之间进行比较，做出可靠的和与需求相当的购买决策。同时也应减小市场中典型的消费者和供应商之间力量的不平衡。所以，这一议题的要求是，提供产品的企业告知消费者的信息，应能使消费者做出一个满足他们相应需求的决定，避免浪费金钱、材料和时间，或者避免购买不可靠的产品。

为此目的，可以通过最高的透明度避免出现不公平的、不完整的或误导的产品特征和合同条件的信息。

7.4.2 议题2“消费者健康和安全保护”

这里重要的要求是，除按照规定要求使用产品外，在安全提示中应当考虑可预见的不当使用。产品和服务必须提供安全性，即使在这方面没有法律的要求也应当如此。当安全方面法律上已有最低的规定要求，而业已证实更高的要求可以明显提供更好的保护时，作为负责任的组织也应当超过基本的法律规定。在产品开发时，应当特别避免采用的确含致癌物的、有诱发性的或有基因毒素的化学品。安全性也包括预先考虑潜在的风险，以避免损失和危害。因为不是所有的风险都是可预见的，所以安全措施也包括发现有危险的产品的收回或召回。在产品技术安全设计时，应当特别考虑弱势群体的使用。

7.4.3 议题3“可持续消费”

以此考虑里约环境和发展宣言第八条的要求。可持续消费和可持续生产共同构成里约所要求的可持续发展的两个最实质性的前提条件。其中明确包括了对动物世界的道德行为。提供产品和服务的供应商除对生产过程的责任外，还有义务利用自己对消费者可持续消费的影响力。另一方面，消费者在考虑供应商的生态－社会行为的基础上做出购买决策对影响企业具有关键的作用。很显然一方面商品供应企业赋有义务，对它所委托的生产商或供货商施加采用可持续的生产过程的影响。另一方面，它又可通过向消费者提供相应的信息，使他们有可能用购买决策为可持续发展做出贡献。

7.4.4 议题4“售后服务、支持和投诉及争端解决”

这里包括满足客户要求的保修和担保，产品使用的技术支持以及满足消费者需求的产品的修理、维护和调换等措施。特别建议要适当按照预期的产品寿命提供超过法律上的担保期。通过供应商提供高质量的产品和服务，在发生故障和功能不能使用时有明确的处理建议，不仅可增强消费者的满意度而且可以减少投诉数量，也可避免浪费金钱、材料和时间。此外，建议供应商通过客户调查，检查支持和售后服务的有效性。

对这一议题的处理，ISO 26000 建议采用用于解决争端的相关标准，如ISO 质量管理标准：

——ISO 10001（质量管理：消费者满意——行为准则指南），

——ISO 10002（质量管理：消费者满意——组织的投诉处理）和——

ISO 10003（质量管理：消费者满意——组织外部争端处理）。

7.4.5　议题5“消费者信息保护和隐私的保护”

这里强调保护消费者隐私的权利，限制所要求的个人信息的数量及使用和外泄的严格控制，特别是那些可监控个人的数据。这就意味着，提供产品的企业要严格控制数据的采集，应力求减少到业务必需的程度。特别必须避免在自己控制范围内任何滥用和外泄的情况。与此同时还强调，组织特别通过这种保护措施能显著地赢得消费者的可信度和信任。

7.4.6　议题6“获取必不可少的服务”

虽然保证满足公民的基本需求首先是国家的任务，但必须考虑到有基本需求保证不足的地方和情况存在。特别提到电、气、水和电话及废水处理。一般来说，组织对此都可以做出贡献，特别是当它们就是负责提供这些必不可少的服务的时候。价格的透明和付费时间区间灵活应当是避免供应中断的实质性前提条件。

7.4.7　议题7“教育和培训”

与此有关的积极措施对改善消费者的信息状态、有意识的购买决策的能力有着重要作用。特别需要这些积极措施的人不仅有城市的，而且有农村的，特别是那些低收入和文化水平不高的消费者。这里不仅要改善相应的能力，而且要训练实际运用相应的能力。这就是说，要对商品和服务的质量有比较能力，和通过相应的选择形成支持可持续发展的意识。这里同时强调，组织不能认为因消费者已经过了培训，可以抵消消费者在使用一个产品和一种服务受到损失时它们应当承担的责任。

需要说明，在ISO 26000国际指南中对所有这7个议题都分别用例子说明相关活动和期望，使读者能获得大量的实施建议和提示。这也正好充分体现ISO 26000这个具有“指导性”的标准的特征。

有许多情况表明，希望获得产品和服务供应商信息的数量在增加，其中至少有一部分是做出购买的决策的依据。对许多消费者来说最重要的是，接收的这些信息是正确的而不是广告式的。因此，他们要求提供信息的信息源是独立的和专业的，并且尽可能是按照与消费者接近的标准处理的。

对此，ISO 26000社会责任指南是一个重要的指导标准，它有明确的定义，相应的原则和核心主题，还有实施社会责任的措施的多方面的提示。

各自做出购买决策或抵制一个产品或一个品牌可以是消费者考虑企业社会责任信息的一种形式。产品或服务受到抵制的原因可能是不公平的生产条件，生产者损害环境，或者产品质量不能达到要求，有可能造成消费者健康和安全的危险。

应当指出，消费者真正做到作出有意识的购买决策，并以有意识的行动为可持续发展做出贡献需要经历一个培育和发展过程。消费者在对企业做出负责任的评价时所考虑的因素当中，产品的质量和价格占有特别重要的地位。

7.5 责任投资与投资消费者保护

有责任意识的消费者希望不仅把自己的资金用于对环境、对社会友好的投资，在理想的情况下希望获得一个好的收益，而且期待回报符合自己的道德和责任想象。因为不是每一个称之为责任投资产品或企业也都是符合道德的，所以作为金融消费者的投资者也属于保护消费者的范围。

7.5.1 责任投资的内涵

责任投资是资本投资的一个总体的概念，它应当是以生态或者社会的可持续要求为导向的。责任投资有时也称之为道德投资、绿色投资、可持续投资、社会责任投资或用作其他类似的名称。责任投资没有法律上的定义。与责任、可持续性和生态的概念一样，也不是受法律保护或者具有法律定义的概念。因此，出现有各种不同的名称叫法，但相互之间没有清楚的界限。其中也包括一些与主题相关的投资产品，比如可再生能源基金、气候基金、水基金等。

责任投资者将资金投向购买基金、股票、证券或企业，是个人资本投资的一种形式，投资者是责任投资消费者（金融消费者），除要达到金融目标之外的其他目标，它提供了把回报与个人在内容上的想象相结合的可能性。虽然在此不必对投资或责任投资的概念做出定义，但对责任投资应当有所说明。一般的观点认为，这种投资的方式是把资本用于对环境和对社会可承受可持续的金融产品。

要一般地回答一种投资是否负责任的或是否符合道德的并不那么容易。因为即使遵守一个特定的通用道德框架，每一个人会有自己的道德原则，如果要问“应不应该进行某一股票投资”，可能每一个人对此都有不同的意见，有可能出现很多不同的责任投资方式。因为这里涉及的是一个道德哲学的问题。消费者保护的任务不是为投资建立好的和坏的行为准则和评价其动因及后果，也不是必须认可责任投资，维护某一个具体道德原则的问题。判断是好的和坏的行为的准则，评价其动因和后果属于道德原则和责任的范畴。作为投资者的消费者要自己做出购买决定，消费者保护的任务是，为使消费者能用其投资既达到金融上的、也能达到在产品内容上要求的目的，应当使一种投资产品品种正规地发挥作用。

某些主题也是很难处理的。以动物实验为例子，在一个责任基金里该不该包括进行动物实验的企业的股票？可能只能包括那些承诺了动物实验只用于以研究医药药品和服务为目的企业的股票。对于动物实验是不是可以用于化妆品生产的企业，或是否可用于军火生产企业，是否符合道德标准等，两个不同的人，可能会有两个不同的回答的结果。对于核电生产和气候变化也是类似的情况，在许多国家核电站被当作对气候变化是中性的，而在有些国家把核电站生产商和核电厂设备生产商的股票放在生态基金之中却难于想象（例如在德国）。

很显然，责任投资消费者保护的任务不是确定什么投资是负责任的和什么是符合可持续要求的，这需要金融投资者自己的判断和决定。消费者保护的任务是有助于使金融投资者能做出正确的判断和决定。

7.5.2　责任投资的意义

对生态或社会可持续方面投资的人，一般都希望使其资本产生某些影响。以环保方面的投资为例，投资有多种形式：投资者可投资股票、信贷或直接参股，直接投资到一个企业。也有其他形式，如负责任的或生态的活期存款、活期账号、定期存款等，统一考虑用作环境和社会友好项目的信贷。责任投资与普通投资不同的是，除注重产品投资的安全性、流动性和回报性之外，还注重投资的特征性。

资金是流向了生产儿童玩具的企业，还是生产烟草的企业？获得了贷款的是善待员工和客户的企业，还是行为不正的企业？或者资金借给了城市周围的农民，是否使他们获得发展专业化的市场的机会？

一般情况下，银行的客户可以用资本利息回报的高低来评价他的银行工作的成功与否。但是现在这样的评价已经不能满足作为消费者的客户的要求。消费者期望使自己的资本投入与个人的价值想象相结合。也就是说，他们想知道利用他们的资本对社会变化起到了什么作用。他们想与银行共同来决定要产生的社会变化。

因此，金融消费者保护的一个重要的任务是：必须保证投资的透明度，不仅局限于只看资本产生的财务效果。对于面向责任或道德的投资者来说，回报是如何产生的同回报本身的高低都同样重要，而且回报如何形成也许更为重要。

7.5.3 责任投资消费者保护的领域

保护消费者就是要保护消费者的资产及服务。一般情况下，消费者在生产商和销售商的面前缺乏专业知识、信息和经验，消费者处理信息的能力有限，过多的信息或不负责的广告有可能影响他们决策的合理性。所以，普遍的消费者保护的基本原则对责任投资自然也是实用的。对责任投资者的保护特别包括如下的领域：

——投资者不应丧失他们的资本。这一要求并非是凭空提出来的，因为可能有不负责任的金融中介利用绿色生态的概念欺骗消费者。如果作为投资者的消费者为了环境而承受不应当承受的损失，其结果是产品销售或中介获得利益。

——投资者不应承受过高的风险。很自然，这并不是责任投资的特别之处，不过责任投资特别的风险在于，由于选择的余地比较小，某些责任投资领域与高风险的产品联系在一起。举一个例子，许多有责任心的投资者想用生活方式为影响气候变化做出贡献。他们不仅想利用通常的对环境友好的方式，比如通过减少飞行行程、减少行车距离、减少进口生活品等来达到减少能源的消耗，他们同时还考虑如何有助于使大气中的二氧化碳通过树木吸收创新中和。但投资者直接把资金投入树木的（而不是投入到木材的）股票时，可选的金融产品的数量比较有限，投资期常常在二十年左右，明显与金融企业的风险相关，这种风险可能高到对许多投资者不太适合的程度。

——产品介绍和实际内容之间不应矛盾。例如，所谓的“气候变化基金”或者“气候变化投资证券”，由于产品的名字和部分广告的形式使消费者自然产生一种心理，对此投资可能有助于为气候变化做出贡献或者减缓气候变化。但在这种基金和证券中，一般包含有股票。基金在股市购买股票，这是股票出售者和购买者之间的一项业务，除少数增加资本情况之外，并没有资本流入用于保护气候的产品的生产企业，大多数投资者对这一机制并不清楚。

不过，另外一种情况还可能更引人注目：“气候变化基金”常常包含有可再生能源行业的太阳能企业或者其他再生能源企业，这是预料之中的。但是，也正是这样的基金，也常常包含其他一些企业的股票，这些企业的运营恰好导致了影响气候变化的负面结果，例如大气能源供应企业。许多情况下，基金企业和证券公司在产品文件材料巧妙地列出购买了哪些股票，大张旗鼓利用气候变化为广告，而将与金融产品相关的内容在产品说明中却只以很小的字体出现。在这种情况下，消费者就应当受到保护。

——对一个产品的承诺和实际的内容不符。例如，当基金的文件许诺不购买军火服务商的股票，那么基金应当遵守这一点。不过基金是否这样做，责任投资者一般都很难看得出来，因一些这样的厂家常常是更大型的全球企业的子公司。

——提供错误的咨询和不适合的产品。如果有人向学生出售固定投资期限为二十年的新能源基金，这种情况则属于将一个好的产品错误地推荐给了一个不适合的客户，因而会产生不良的结果。这种情况也应受到保护。

7.5.4　谁保护责任投资消费者

对于责任投资者没有特别的消费者保护组织，不过有一系列的机构或企业都在分别研究这个主题的各个不同的方面，许多媒体也在不同程度上报道关于负责任的资本投资。对保护消费者责任投资需要有相应的法律，金融监管机关采取相应的措施。责任投资同其他投资一样处理要受到保护。金融危机所表明，在投资方面对整个消费者的保护是不足的。

合法的竞争也完全可以为保护消费者发挥重要的作用。同其它经济领域一样，不道德、不合法的情况往往都是存在的，这需要加强保护客户的责任意识和发挥竞争优势。

评级机构研究如股票基金的可持续性级别，评级机构虽然提供了一个重要的功能，但它们不是为保护消费者而工作，而是受投资产品的供应商的委托而工作。

7.5.5　透明度作为消费者保护的工具

“欧洲可持续性和责任投资论坛（EUROSIF）”制定了一个保护消费者的透明度指南。投资基金发起倡议，做出了一系列的研究，制定了这个指南。签字的组织承诺本着开放、真诚的态度，严格准备和提供充分符合时代要求的信息，以便为感兴趣的投资者，特别是能够针对相应投资基金为客户提供易于理解的可持续投资的原则和方式。声明遵守这个指南，在相应的基金的年度报告和网站上公布。不严肃的供应商的产品会公之于众，所以透明度是保护消费者（责任投资者）的一个有用的工具。

消费者保护和投资信心

如果责任投资者参与严肃的投资产品丧失了资金，他们大多数也会失去对负责投资的意义的信任。这时消费者保护是具有重要意义的，因为对投资有兴趣又有承担风险准备的投资者，他们投资的常常不是传统的领域，而是可持续性领域，例如投资风力发电。民营企业及小额投资者可能从一开始就积极参与到风机项目。这时，如消费者组织能够提供指南和咨询，则可以支持新兴的投资行业，建立新型投资的信心。

消费者保护组织可以像一个非政府经济促进会那样发挥作用，保护责任投资消费者，今天不仅有意义而且是迫切需要的。特别是在今天，当责任、道德和可持续性受到高度重视的时代，也有不负责任的冒险者滥用消费者对责任投资的信任。现在，责任投资正在经历一个发展的阶段，在这个阶段不注意对消费者的保护，则这种责任投资发展的基础将有可能受到破坏，消费者也会失去对金融投资产品和提供者的道德的信任。

7.6 企业与消费者沟通的方式

消费者影响企业社会责任活动相关领域的绩效有两种方式，一种方式是表达态度和意见，另一种方式是采取可比较选择的行动。因为社会责任涉及复杂的行为，要检验企业的负责任的行为要付出较高的成本。在此情况下，企业遵守国际标准赋予自我承诺的义务是一个重要的解决方案，透明和可信的沟通也是有用的必不可少的工具。以下简述企业与消费者沟通社会责任的4种方式：

7.6.1 直接的单向的社会责任沟通

这是一种传统的沟通方式。企业寻求通过直接渠道与消费者沟通社会责任的措施。例如，企业通过它的网站，通过报纸、杂志、电视台等发布信息，发布社会责任报告（可持续发展报告）等。这时，沟通是单方向的，企业不可能有效获得消费者反馈意见，例如对企业社会责任提出问题、发表意见或者批评。

7.6.2 互动式的社会责任沟通

与上一沟通方式相反，这种沟通使企业获得消费者对企业责任的反馈意见。例如，通过数字媒体（社交媒体）、通过客户关系与消费者对话，或与企业直接对话等。故互动式的沟通使企业从消费者获得对社会责任措施的反馈意见成为可能。

7.6.3 间接的社会责任沟通

这里，不是企业与消费者直接进行沟通，而是通过一个外部的第三方，后者一般与企业没有直接的关系，例如，这可能是一个非政府组织或者是新闻媒体组织（报纸、电视等）。把握好这种间接沟通的内容常常很关键。例如，这种情况下，有可能导致指责企业进行绿洗的情况，也就是说，企业社会责任措施表达得不正确，或者产生某些误导。

7.6.4　伙伴共同沟通

这种沟通是通过企业与非政府组织、消费者组织和同行业的企业构成伙伴关系共同就社会责任主题进行沟通。伙伴共同进行社会责任的沟通的优点是，它超出了单一的一个企业的社会责任沟通的范围，参与方一般都会广泛了解与社会责任相关的主题。这里，有可能同消费者一起沟通可持续的行为和可持续的生活方式（例如，如何减少水的使用量，如何减少碳足迹等）。

有趋势表明，企业与消费者的沟通在将来会从企业直接的单向的沟通发展到互动的对话式的沟通。特别是数字媒体和社交媒体的进一步的应用，以及企业客户关系人员的可持续能力的进一步加强，伙伴间共同沟通也会越来越受到重视，不仅是企业而且消费者组织和非政府组织都是如此。

8　公平运营

公平运营主要涉及企业和组织如何正确处理与相关的、或合作的伙伴之间的关系。公平运营包括反腐败、反垄断、尊重财产权、尊重知识产权等，它支持社会公平、经济繁荣和创新的活力。

8.1　企业的道德行为及治理

公平的运营和道德行为关乎市场经济的正常运转，成功的企业家需要有高度的价值观和标准。

由于当今经济的分工越来越细，国际化程度越来越高，所以企业今天所处的相关背景比以前任何时候都复杂得多。与此同时，社会对企业主的期望也随之增强，要求企业要对那些在日常工作相关的人采用公平的负责任的行为。公平运营实践处理的是一个组织在所有实际活动中符合道德的行为。其中包括如下这些行为：

- 避免腐败及收取贿赂
- 认真负责地参与公共政策
- 在影响范围内促进社会责任

- 尊重物质和知识产权

为了做到这些，必须遵守法律和规范。但只是这样还不够，因为企业高尚的行为还取决于对企业在文化上和价值观上的要求有深刻认识。

在当今的条件下，企业行动领域不再只限制于本企业、本地区或本国，所以企业面临的情况更为复杂。履行社会责任不意味着只在本国遵守法律同时把有风险的、有害的或禁止的做法转移到另一个因法制不健全而允许或容忍的国家。应当理解，不正当的竞争形式在原则上会损害可持续发展，甚至全世界的发展。经济是推动发展、社会进步和增长的决定性力量，所以公平的、可持续发展要求的行为具有特别重大的意义。但要做到这一点并不容易，例如腐败不仅妨碍市场经济作用的发挥，而且不利于人民生活标准的提高。滥用职权和影响力同时也破坏民主和法制秩序的整个功能，削弱落实和维护人权、工作条件或负责任地处理生态资源。

由于这一原因，建立公平的运营实践，不只是企业成功的一个实质性的决定因素。自愿履行社会责任的企业，通过其公平的行动和行为，也有助于使生产和销售的成果产生社会效益。当长期可持续发展成为可能时，则会超越满足具体的需求而对社会产生增值。

企业的活动会影响社会。为预防腐败，用纯洁的行为准则可以规范处理送礼、贿赂或者利益冲突等实际工作中遇到的问题。用广泛的组织措施与内部和外部利益相关伙伴共同协作，有助于发现不正当的行为，保护员工个人和企业的纯洁性。企业合作伙伴也应遵守相应的行为标准。在合作项目达成共识签订合同时也保证有纯洁性的条款。在措施和组织上保证遵守行为准则，则可达到公平交易和相互信任。

纯洁性管理是一个可持续的学习过程。对于国际化企业，它们会遇到不同国家地区的文化，对公平有不同的理解。在一个文化圈子里认为是自然而然能够接受的行为，而在另一个文化圈子里则可能是禁止的，或认为是不正当的。所以，在合作之前，要澄清对行为的期望，确定明确的规则和指导原则并预先落实特别重要。在任何情况下，只有所采取的行动对内对外都始终是明确、可理解、透明和纯洁的，才会在社会建立起信任。企业这样的行为也是可持续地在整个全球获得成功的基础。

公平运营实践关系一个组织在所有实际活动中符合道德的行为，它关注的中心是社会对组织的期望和组织对此做出规范化回应的关系。所以，这一关系在结构上不是单行道，而是具有回归性的特征。当然，组织也提出对社会的期望，并通过其实践的行为来改变社会。

对道德行为的这样的理解，是使组织和社会之间持续影响合法化和建立有效关系的基础。相应地，这就涉及尊重、支持和促进所有业务过程中的道德行为标准。这是一个互动的过程，不仅包括一个组织的直接伙伴，例如员工、供应商或者合同伙伴，也包括间接的关系，例如竞争者、政府组织、权威机关或者所属的协会。这里描述的是组织直接为促进社会责任做出积极贡献的一个领域，即组织追求的、能为社会发展贡献自己力量的“运营许可”。

这里需要具备的必要的条件是一个组织对整个影响范围领导和管理及相应的正式的和非正式的组织控制（组织治理）。这样的管理方法，超出了该组织的边界，处理组织在不同层面的具体的“影响范围”。世界可持续发展工商理事会 WBCSD（World Business Council for Sustainable Development）对“影响范围”做了系统的表示（如图 5 – 23 所示）。

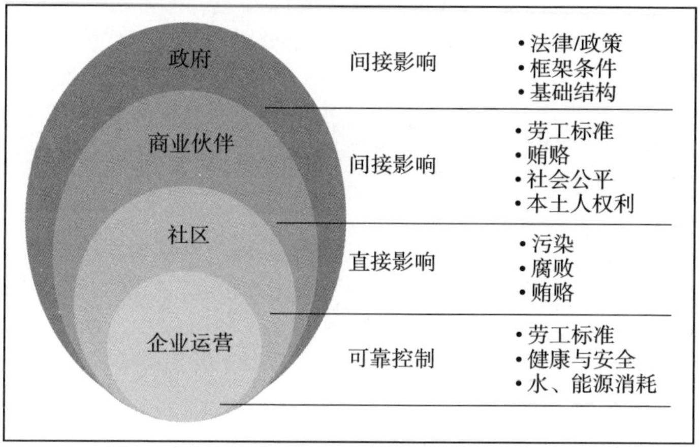

图 5 – 23　企业的影响范围和治理

资料来源：WBCSD，2009。

图中示出的各个任务领域，也常看成是“治理道德”或者说“价值观管理”的范畴。通过积极避免腐败，支持公平的政策过程，积极促进公平对待竞争，提高交易的可靠性和公平性，也将改善企业经营所处的社会和经济环境。企业应当积极维护公平，在与其他组织的合作中保持透明，并且避免任何可以理解为任人唯亲的，或者是隐蔽的潜规则的行为。

预防腐败和负责任地参与政策过程，依赖于尊重法律、遵循道德标准、问责和透明。如果组织不是真诚、公正和纯洁地相互对待，公平竞争和尊重所有权就不可能真正做到。

在 ISO 26000 就组织公平运营实践应当积极处理和制定解决方案提出了五

个管理的领域：

- 反对和预防腐败
- 公共领域中的负责任的行为
- 支持公平竞争环境
- 尊重支配权和产权
- 模范地带头落实、支持、促进社会责任

因为每一个领域都是一个独立的内容丰富的领域，本章下面将对上述五个领域做出简要的说明。

8.2 反腐败、预防及合规

腐败作是全球惩治的对象，是可能造成巨大损失的结构性风险，是非道德的。过去好些例子表明，在腐败出现的具体的情况下，损失可以高达上千亿美元。特别应当理解的是，一个国家和社会的瓦解过程总是与腐败这个概念相联系的。

腐败可能败坏组织的环境，暗藏着受法律惩罚的隐患、受国家和行政制裁的危险。此外，腐败也可能违反人权、削弱政策过程、导致歪曲竞争环境和妨碍经济增长。

尽管腐败是明确拒绝和抵制的，但在国际、国内范围内总是暗中存在的。在过去几十年里国际上加强制定了一些标准，例如，1977 年美国制定的禁止美国公司向外国政府公职人员行贿的《美国海外反腐败法》，国际商会 1996 年制定（2005 年修订）的《反敲诈和贿赂行为准则》，以及经济合作与发展组织于 1997 年通过的《禁止在国际商业交易中贿赂外国公职人员公约》，欧洲委员会 1999 年通过的《反腐败民法公约》，德国 2002 年《国际反腐败法和竞争法》和英国 2011 年《英国反腐败法案》。

联合国大会于 2003 年 10 月 31 日审议通过了《联合国反腐败公约》。这是联合国历史上通过的第一个用于指导国际反腐败斗争的法律文件，对预防腐败、界定腐败犯罪、反腐败国际合作、非法资产追缴等问题进行了法律上的规范，对各国加强国内的反腐行动、提高反腐成效、促进反腐国际合作具有重要意义。《联合国反腐败公约》的 71 项条款中也包括反对私营部门（企业）的腐败。2005 年 10 月中国批准加入《联合国反腐败公约》。

建立健全惩治和预防腐败体系是中国的反腐败国家战略。2003 年 10 月，中国做出建立健全惩治和预防腐败体系的重大决策部署，此后相继颁布了建立健全惩治和预防腐败体系《实施纲要》、2008—2012 年《工作规划》和

2013—2017年《工作规划》，明确提出了中国反腐败工作的总体要求、工作原则、主要任务、方法措施和实现目标。

由联合国毒品与犯罪问题办公室、奥地利政府、欧洲反诈骗局等机构共同倡议，2010年9月国际反腐败学院在奥地利首都维也纳正式成立。这是国际社会与腐败作斗争的一个重要里程碑，将有助于实现《联合国反腐败公约》确定的目标。学院的宗旨应是通过反腐败教育培训、促进研究、技术援助和国际合作进行有效和高效防止和打击腐败。

2015年11月亚太经合组织会议在北京审议通过了《北京反腐败宣言》。亚太经合组织成员一致认识到，腐败破坏社会公平正义，损害政府形象和公信力，阻碍经济健康发展，是必须治理的社会“毒瘤”。同意加大反腐合作力度，成立APEC反腐执法合作网络，在亚太加大追逃追赃等合作，携手打击跨境腐败行为。

随着经济全球化，经济犯罪与腐败也在全球化，过去几年腐败现象“在数量和质量上”都有增长，因此反腐败也必须全球化。

值得注意的是，对许多人来讲日常情况下腐败的范围很难严格定义。不仅这一概念难于表述，还有犯罪的事实状态也难于区分。腐败可能表现在多个方面，如行贿和受贿、利益行贿和受贿、侵吞公款、优先待遇、欺骗和不守信，或者洗钱、暗藏非法财产、向官员行贿等。

从法律意义上讲，腐败意味着滥用一个受信任的地位去获取物质的和非物质的、在法律上属于非法的利益。从社会互动的意义上讲，参与方交换对各自有利的结果，例如，以决策影响去换取金钱。由此可以看出，腐败至少涉及两个参与方，即行贿的人和受贿的人。不过也可能还有另外一方介入腐败，无论是故意参与或是无意参与，其结果都使贿赂成为可能。

从政治观点考虑，腐败可以看成是损害共同利益获得个人利益。透明国际把腐败定义为滥用被信任的权利获得个人利益。

要想反对腐败，应当首先把它理解为个人层面上的一种行为。在每一种腐败的后面，都隐藏着个人。虽然不是整个组织的腐败，腐败的总是各个人和群体，但如果一个组织不防止腐败，则也可能对组织本身产生严重的损失。

8.2.1　对反腐败的期望和可能的行动领域

研究表明，当腐败一旦形成，消除是困难的。因此，应当首先采用预防的方法和提高所有组织成员的意识，以便认识特别危险的工作领域和对象。应当找出有隐患的领域，为避免腐败在组织内部讨论并制订反腐的战略。

避免腐败需要从战略高度上认识，要回答腐败的危害何在？可能以什么方式出现？为什么必须反对腐败？等问题。

在国外从事经营的企业，应当了解当地国家的具体情况，例如法律情况、政治和经济形势、当地习俗。可参考由非政府组织或者企业咨询公司提供的各种用于制定反对腐败措施的指南。

国际上已有一系列反腐败的指南，例如透明国际总结出了一个反腐败项目的结构，它应当用作预防腐败的导则。这一指南的核心是制订行为准则、告诫和禁止的清单，以及有约束力的方针，以便提高员工意识和强化他们对不正当行为的认识。

企业应当根据它们的规模、行业、潜在风险以及商业活动的地点制订相应的计划，清晰和足够详细地描述在其实际控制领域，应当落实防止腐败的价值观、战略和工作方式。

该计划应当与企业活动地相关的所有反腐败的法律相一致，特别要与具体业务实践直接相关的法律保持一致。

企业在制订计划时，应当与它的员工及工会和其他的员工代表机构进行讨论。

企业应当通过与所有相关和涉及利益的伙伴沟通，以保证将所有对有效制订计划的实质性观点包括在计划之中。

8.2.2 反腐败、预防与合规（例）

西门子公司在2006年爆发贿赂丑闻受到调查，之后建立起庞大的合规部门。这一措施在一开始看来，似乎有点出乎寻常。但在今天，合规已成为所有企业众所周知的名词。合规表示在一个企业内部遵守法律和规定。此后这一概念不仅在西门子内部通用，而且进入了德国大型企业的领导层。在随后几年时间里，西门子建立起了全面的合规管理体系，实现了从预防、及时发现到处理的系统化管理。之后，西门子在反腐败问题上的做法在国际上被视为是榜样性的。

以西门子为榜样，几乎所有的大型企业都大力投入反腐败。这里一个重要的原因是，企业管理者担心，当违反法律时必须要个人担保。

阿迪达斯、意昂、蒂森克虏伯等大型上市公司在反腐败中也取得了进展。它们组织员工的培训，建立举报热线，反映突出情况，雇用跟踪犯法的调查者。今天普遍认识到的问题是如何组织一个合规体系，而不再是需要或不需要建立这样一种体系。蒂森克虏伯和MAN公司以及豪赫蒂夫公司也都建立了

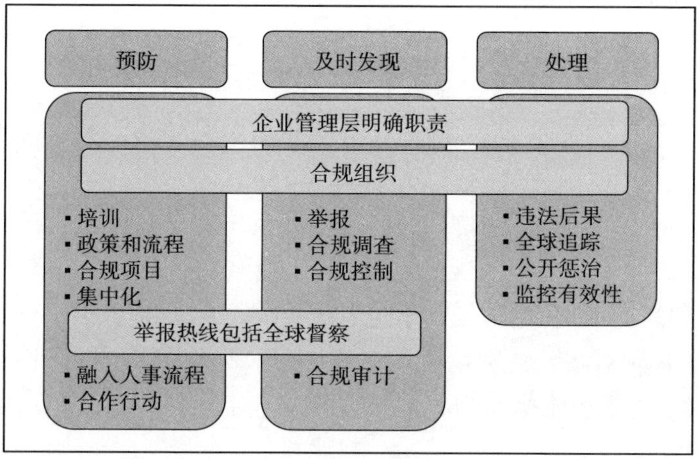

图 5－24　合规管理体系（西门子）

资料来源：西门子 www. siemens. com。

举报系统。大众汽车在整个公司建立了督察系统，在此系统中，两个律师严格保密地接受腐败犯罪事实的报告信息，并传达给企业。在此基础上，建立一个由企业审计、法律和安全部门组成的小组，调查每一种情况，在必要时立即采取措施。

欧洲合规论坛（EU ETS Compliance Forum）是许多交流反腐败经验的论坛之一。此外，有超过 400 多个企业，其中有一半是法兰克福和纳斯达克上市公司的企业，与透明国际（Transparancy International）共同建立起了一个专注反腐败的网络。

企业高度重视参与这样的倡议，是因为腐败不仅会丢失一个企业的信誉，而且会受到惩罚。

8. 2. 3　ISO 26000 提出的建议

基于 ISO 26000 的建议和考虑到反腐斗争讨论中出现的其他观点，在一个组织影响范围内，对反腐败可归纳为如下的期望和行动领域：

- 除识别腐败的风险外，为反对腐败、贿赂、欺诈，还应有相应的反腐败政策、方针和组织，并落实和不断改进。这些措施中还包括经常的一贯性的控制；
- 企业应当保持透明，并在必要的时候从外部引入一个第三方评判机构到组织的内部；
- 企业应当建立一个热线，使员工在可能的领域提供帮助，例如在接受高价值礼品的行为方面；

- 一个组织的管理部门应当对反对所有形式的腐败具有明确的定位，模范地落实到组织中，以此方式证明领导、承诺和在全局的把空；
- 企业应当积极支持员工和承包者防止腐败和贿赂，并通过激励支持这些措施；
- 企业应当采用训练和培训的措施增强员工和承包者对腐败和反腐败的认识；
- 企业应当保证付给员工和承包者的报酬是合理和合法的；
- 应当识别对腐败特别危险的工作领域，采取特别的组织和保护措施，例如采用双重控制和轮换原则、员工宣誓、签字担保，以及特别慎重地挑选和照管员工；
- 企业应当要求员工和承包者报告违背组织政策的违法行为，并采取措施使员工在不具任何担心的情况下反映情况（例如，建立督察部门和热线）；
- 有违犯法律的情况必须向官方报告，必须防止掩盖事实的过程。例如，采用限制和取缔职权，查封文件、工作岗位和工作工具等；
- 企业应当影响其他组织在反腐败中采取类似的措施。

8.3 公共领域中的责任行为

在社会公共领域的责任行为主要强调组织要负责任地对待在公共领域正确地表达自己权益的问题。这里基本的信念是，组织可能支持政策过程和公共政策的制定，使整个社会从中受益。但是，组织应当避免使政策过程受到腐蚀的行为，例如通过操纵性的行为、恐吓或者强制的方式。

经常观察和评价政治形势的发展，跟踪法律制定进程和把公众意见看作企业战略决策的重要基础，都属于当今组织日常的工作范围。为此目的组织常常以确定战略主题的形式推动所谓的议题管理。

组织权益的表达常常出现在政策制定和公众舆论的形成中。这是民主的理念和行为的基本部分。由于经济结构和公共主题领域日趋复杂，这对决策者和法律制定者提出了更高的要求。这时，企业权益表达者有一个重要的作用，即他们可以在决议之前就一个决议在经济、社会、法律的诸多方面和影响结果做出全面报告。在此情况下，权益表达体现了信息和论点对具体政策事项的影响。

对组织利益表达和影响范围 ISO 26000 集中列出了如下的一些期望和行动领域：

- 培训提高员工和合同伙伴对负责任政策影响和贡献的认识；
- 对游说工作、政策贡献和相关的活动保持透明；
- 制定企业方针和基本原则以控制代表组织的人员的行为和活动；
- 避免极力影响政治家去支持某一个别的观点；
- 避免包括错误信息、错误的解释、威吓或者强迫的游说活动；
- 政治捐献和游说活动的指导方针必须遵守所有的法律规定。

8.4 促进公平竞争环境

市场经济中竞争总是存在，而且在有些条件下相当激烈。在市场中竞争者常被看作是必须打败的“敌人”。因为有了竞争个体的盈利追求实际上受到限制。因此，企业在市场中试图绕开竞争，或者避免个体竞争的劣势。由于这一原因，企业相互商定或者追求市场的垄断地位，并采取不同的手段。

上面描述的关于腐败的观点涉及个人层面常常更为普遍，而此处所谈的公平竞争环境的领域则更多的是针对组织层面。应当指出，在组织内部和组织之间的游戏规则，并不都是在法律上已经标准化。法律上的规则通常情况下针对的是人，而未能足够深入到组织内部。因此，应该制定在日常行动中正确的竞争秩序，遵守共同制定的（不一定是法律规范化）的规则。

应当从程序上改善竞争环境，可使消费者有可能对各个企业社会责任的绩效做出可靠的、可比较的总体上的判断和评价。支持《反不正当竞争法》的规定，用以支持自愿性的企业社会责任活动。应当支持在整个价值链中加强企业社会责任活动的竞争，支持自愿性的和在与利益相关方对话过程中开发的质量标识和标准。

开发和构建整个市场是一个管理层面的任务。当建立一个社会秩序是市场管理的必要的前提时，这也是一个真正的管理任务。对社会和谐的投资是对大家都有利的。

实际上，为共同建立市场秩序跨界地与政府、非政府组织和其他竞争企业及所有其他各方合作也是组织的责任。

在当今的管理实践中，网络和合作的组织方案越来越广泛地实行。相互性或称交互性已经成为当今竞争的关键词。实验经济学的研究表明，公平的伙伴会从他们的行为中长期受益。

特别是，当注意到在全球生产网络中普遍具有的高度分工、专注核心能力时，相互依赖性的观点就越来越明显地得到证实。这里信任有巨大的作用。相应重要的不仅是具体的伙伴的选择，而且也在于竞争的框架条件。

所以“竞争合作”越来越常见，即本来的竞争者在市场中也应成为合作者。

公平竞争描述市场中组织间相应的关系，其前提条件是积极采取措施，激励公平效率，降低产品和服务的成本，促进创新，保证所有组织具有同样的可能性，支持新产品或者过程的开发，以及从长远考虑加强经济增长和提高生活标准。

应用这样的公平竞争方法的例子，近年来越来越常见。例如，一个从在20世纪90年代就已开始这样做一个企业是奥托（OTTO）集团。1995年OTTO集团首先开始社会审计，随后参加国际倡议，逐步按照国际承认的社会标准选择供应商和合作伙伴，使整个产品的生产保证满足公平的和安全的工作条件。这一原则，也反映在企业指导方针中：“我们相信社会责任、环境保护和公平合作是我们所有行为的指导原则。可信度是我们成功的重要的因素，而且我们要每天不断通过信念和我们企业的行为方式赢得信任。”

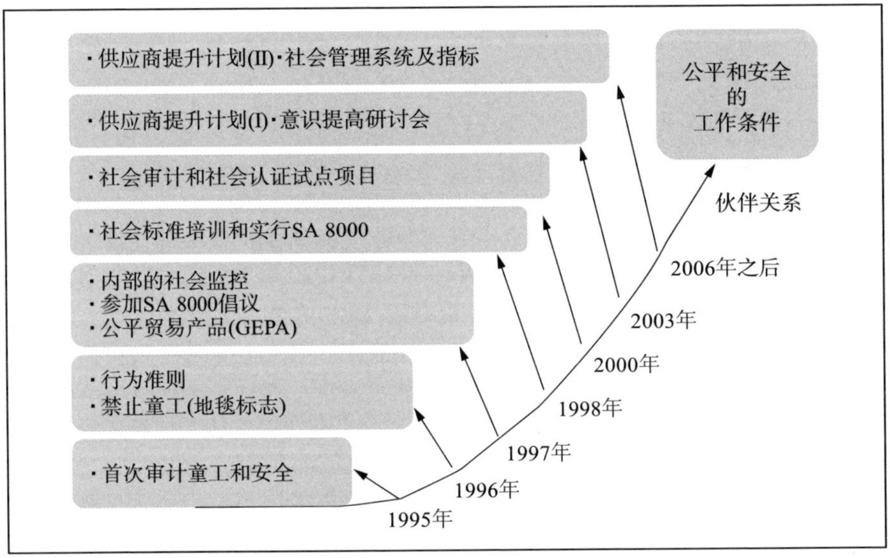

图5－25　与供应商合作的过程

资料来源：OTTO，MERCK，2006。

同样，超出企业边界之外也有促进国际有效公平竞争的方法，例如BSCI行为准则，本篇中已在其他地方做了相应的介绍。

对公平竞争的期望和可能的行动领域

不公平的行为是一个组织在利益相关方的信誉上的风险并可能产生合法性的问题。坚守公平竞争要求的组织是零容忍环境的一部分，最终使所有各方都会从中受益。

这时可根据具体情况考虑与公平竞争相关的方面，应当避免会受到国家和国际制裁的方面：

- 滥用权利
- 忠实性问题
- 利害冲突
- 优先待遇
- 极端侵犯行为（如工业间谍、负面广告、损害竞争者的信誉、倾销价格战）
- 构成联盟

ISO 26000 提出的建议

为保证公平竞争，ISO 26000 提出如下建议：

- 确保所有活动方式符合每一种情况下适用的竞争法律和支持与竞争管理当局的合作；
- 制定过程和其他谨慎的措施，防止卷入和合谋有害竞争行为；
- 强化员工对遵守竞争的法律和公平竞争规则的意识；
- 支持公共政策，加强竞争理念，也包括考虑反垄断法律、反倾销实践和该地区适用的法规。

8.5　尊重支配权和财产权

市场经济是全球承认的有效配置社会资源的方式。不过，只有在“财产权”明确和完全规范时，市场才会真正满意地运转。此外，财产权不能只停留在纸上，而且还必须通过适当的惩罚措施加以保护。承认物质上和知识上产权观点的依据是，只有经济和物质上必要的安全，才能支持投资，也才能支持创新，促进发展和创造。

支配权是有权利使用某些物质的和非物质的资源。这一权利可以是出自法律来于合同义务或者社会义务。个人利用资源的权利被经济学家称为“财产权”。在法律描述的财产的概念中财产权是一个广泛的概念。按照经济学的解释，在“财产权”概念下面也包括社会标准。

物质上的支配权是对财物享有的权利，非物质支配权表示对自己脑力劳动成果，如文字、理念、发明等享有的权利。按照这一观点，支配权包括财产的使用、转移、抛弃或者摧毁。

支配权可认为是更广泛的，比如说对土地或资产、版权、专利、资金、道德权利或者其他权利享有的支配权。支配权甚至可延伸到法律可能尚未书面确认和明确的权利。如像土著人这样的特别群体的传统的知识，或者员工的知识产权。

对保护支配权的期望和可能的行动领域

世界各国对财产和它的支配权的法律规定是不尽相同的。这在直接投资和国际贸易中是一个重要的需要考虑的问题。

按照ISO 26000组织应当考虑如下的期望和行动建议：

- 一个组织应当制定和实践促进尊重支配权和使用权的指导方针；
- 一个组织应当充分研究其所有权，以保证这些所有权的使用和利用在法律上得到保障；
- 一个组织应当保证不卷入损害他人支配权的活动，例如通过滥用强势地位，通过伪造或盗版，或者损害消费者的利益；
- 一个组织应当对其获得的和使用的使用权付给公平的补偿；
- 一个组织在行使和保护其使用权时也应始终考虑社会利益、人权和个人的基本需求。

8.6 模范地落实社会责任

模范榜样有助于促成改变。将自己的行为与榜样看齐是传统的管理规则。也就是说，树立标杆具有积极的推动作用。基于这样一种信念，组织可以通过模范的行为支持推广社会责任的基本原则，例如在购买决策领域，或在它的价值链的影响范围之内，以及通过领导和良师益友的方式。此外，它们还可以通过相应的采购行为刺激对社会负责任的产品和服务的需求。

尽管每一个人的活动在原则上不能代替法律制定者构建相应框架条件的作用，但他们可对更好地构成难以监管的领域的框架条件和支持推动可持续发展有所帮助。

与此相联系，一个尽可能透明的、可信的可持续报告具有重要的作用，不过这在很大程度上应当与沟通有关，而不是公共关系的问题。这时以最佳实践的形式展现模范的做法有着重要的作用。

对模范落实社会责任的期望和可能的行动领域

企业应当成为表率，并应就此进行讨论。但只停留在口头上是不够的，应当积极参加论坛和社会责任工作组讨论，提交行之有效的成果，通过交流经验和成果，提供最佳实践案例。

ISO 26000提出的建议：

- 将道德行为、环境要求、社会实践和性别问题，以及健康和安全方面融入到销售、配送和其他合同规定之中；
- 鼓励其他组织采取类似的措施；
- 对具有合同关系的组织进行相关的、适当的检查和监督，以避免这些伙伴无视企业的指导方针；
- 支持公平分配多个组织影响范围内实施社会责任的成本和收益；
- 积极支持中小企业落实必要的措施（只要是合理的），诸如提高公平运营意识，采取具体步骤，或者广泛采纳最佳“实践案例”；
- 对所有具有合作伙伴关系和合同联系的组织积极加强对社会责任的方面、挑战和相应的原则的认识。

本章的任务是描述公平适宜的组织实践涉及的五个管理领域。对这些管理领域的要求应当具体转化为组织的行动，需要通过企业文化和管理层进一步的落实。

相应地，应当把所描述的这些组织领域和行动领域的要求融入到企业的实践及融入到企业的整个影响范围。

为此目的，可采用价值观管理系统（参见本篇第3章）。这样一个系统实际上设计出了在四个层面需要完成的任务：即（1）制定价值观法则；（2）与所有利益相关方沟通；（3）融入战略和组织；（4）落实行动和行为。完成这四个层面的任务保证系统地融入五个管理领域，有助于企业建立起自己处理社会责任主题的方式。

9　社会参与

社会参与一般包括公益、慈善、捐赠、赞助等。无论是资金的，人力的，还是技术的，既能为社会发展做出贡献，同时还能促进企业自身发展和激发创新。支持教育、消除贫困是具有根本意义的参与方式。

9.1　社会参与的基本理念

企业的社会参与既是自身发展的需要，也是社会的期望。企业参与解决社会问题，会获得发展动力，建立发展的基础条件，增强组织的可持续发展的能力。

（1）金融危机的爆发和由此引起的全球经济危机再也清楚不过地证明：单纯以追求财务数字最大化的目标为企业战略是目光短浅的做法，而且也是危险的战略。凡是想要长期地保持平衡的企业，也必须有一个平衡的战略。这就是说，在企业管理中找到数值和价值观之间、经济效益和社会责任之间新的平衡，是每一个企业生存的必要条件。

但是，认为社会责任这一主题是公关部门的任务，把处理价值观这一问题交给内部沟通部门或者是人事部门的做法，已经远远是不够的。

这些主题必须理解为战略资源和安全保障的全局性任务，必须由企业更高管理层统筹处理。因此可以说，社会责任属于 CEO 的议程。道德属于成本计算。在企业或组织中只有落实了社会责任，并把它作为自己的座右铭，企业才可能获得社会的信任。

（2）谈及企业社会责任或者特别谈及“企业公民”时，通常所指的不只是遵守一些不得不遵守的法律或者标准，正确理解社会责任意味着，企业承担积极构建社会的角色，也是说超出企业边界的范围。或许“企业公民”用“社会合作”来表达更有说服力。社会合作表达的不仅是企业的，也是社会的创新的愿景。

因此，为了保证社会发展，需要有企业、政府和公益组织共同的自觉的行动方案。企业作为公民，参与社会构建是社会积极的因素，无论从公共社会还是从经济上考虑都是明智的做法。因为这会加强企业与其环境的关系，并且有助于促进双方受益的知识和理念共享。

（3）经验表明，对所有合作伙伴最大的价值在于知识和理念的交流，因为在社会（社区）参与中会得到众多反馈。不言而喻，除了增强信誉，更重要的是获得新的知识和能力。

社区参与是学习的过程。社会能力、应对变化的思想准备和新的共享动力时而激发创新，促成处理现实问题和头脑中理念的转变。面向外部的战略会在内部产生影响，而且影响是持续性的。这样，在各方具体参与和日常的合作过程中可增长新的信任。

9.2 社会参与的新形式

社会情况以及国家、经济和社会之间的关系处于发生深刻变化之中。因此，企业在公共社会中的社会参与和为解决社会问题做出贡献具有重要的意义。企业的这一参与是除国家保障和公民自主参与外的必要的补充。

企业和企业家的公益参与，例如以捐钱的方式，并不是一个新的现象，而是自古以来就已经有的。在很多情况下，这种参与的主要动力来自慈善的信念和企业家个人的内在动因。这时经济的兴趣常常放在不那么重要的或者说次要的位置。不过，从20世纪进入21世纪时，由于经济和社会整体形势的根本变化，企业参与的动因和对这一参与效果的要求都发生了转变。

按照传统的国家、经济和社会职能分工，基本上由国家和由国家支持公益组织承担解决社会问题这一原则，在当今已不能达到所要求和所期望的结果。许多企业也意识到，在其周围环境中的发展和问题具有新的复杂的一面，并且通过单一的本来负责的行动者（无论是国家、地区、公益组织或家庭）不一定能有效地解决。

在一个网络化的基于知识的经济中，企业越来越与其所处的周围环境相关。社会稳定和一个正常运转的公共社会是经济长期成功必不可少的条件。例如，学校或职业学校的教育常常不能满足对培养对象就业提出的不断变化的要求。而另外一些问题，如社会中暴力、不包容、缺乏儿童照护，年轻人失学、失业或者缺乏教育，社会和文化基础设施不足等，对企业所在地的经济发展和人的影响都是尖锐的问题。

要成功地解决现实的挑战，常常要寻求包括企业、国家和社会的活动者在内的新的联盟，各自根据本身的兴趣重新定义它们的角色，汇集它们的能力和资源，共同探索解决问题的新途径。对企业角色的这一理解，明显地超出了无定位方向的以慈善为激励的活动，表明企业社会参与在“企业公民”概念下的新的定位。

在此概念下的理解是，企业统筹考虑在公共社会中所有的活动，并对企业的目标做出高层次的战略的定位。在此情况下，企业被理解为公民（企业公民）。企业以这一新的角色承担公共社会的责任，与其他公民一样，在追求特定（经济）利益的同时，同时也影响地区要素。这时，企业参与的形式不只是使用资金，而是运用不同的资源和能力（时间、专门知识、物品、服务和后勤条件等），投资到公共社会中所有其他行动者参与合作，并使各方受益的合作关系之中。

在这种意义上，企业公民活动反映了在21世纪变化了的框架条件下企业合理的行动，通过社会和企业目标系统化结合，可长期有助于增强实质性竞争力。同时，企业公民与参与开启了加强社会稳定，为构建可持续社会做出贡献的社会合作的可能性。在有限的范围内，探索创新的、面向需求的、可解决社会问题和作为国家行动的补充，并可为社会继续发展奠定基础的方式。

因此，政府和社会越来越更加注重企业的作用，并期望它们为解决社会问题做出更多的贡献。

如果考虑到企业公民是在国家、经济和社会之间关系中对促成许多领域发生变化做出贡献的新的合作形式，则所有的活动者，在各个层面都还必须在实践中总结和积累合作的经验。

在过去长一些年里，对企业公民提出的问题是关于它的含义和履行公民义务的必要性，企业公民方案的实践案例和对社会的影响都是关注的中心。当理解这一概念或者普遍采用这一概念时，应在更广泛的基础上强调与社会相关的效果时，未来则必须把企业公民方案职业化，将实施所产生的价值以及与此相联系的构建可能性放在最中心的位置。也就是说，不仅考虑企业，而且要考虑其合作伙伴方，包括公益组织以及政府和行政管理机构，没有它们企业参与的目标就不能付诸实现。这可能从社会方面积极推动合作的发展，它们必须比以往更为深入地研究在新的情况下的角色和目标。

本章后面将从实用的角度出发，详细说明企业公民的特征，从方案上建立起与社会责任的联系，并在此基础上系统化地考虑资源、能力及企业和社会受益的各个方面，最后还将说明企业和社会组织成功合作的相关因素。

9.3 “企业公民”与“战略投资”

为对企业的社会参与进行战略定位和系统化实施控制，迄今已有很多不同的概念，也有许多还没有最终定义，只是经验性地采用。在美国和英国企业公民概念很普遍，而在欧洲还常常应用“企业公民”表达“企业公民”活动或社会参与。在英美国家，常常采用的同义词还有企业社区参与和发展，企业社区参与以及企业社区投资。尤其是后者即企业社区投资反映出企业在公共社会中参与的地位发生了变化，它超出了无私的为慈善目的对公共社会的支持，把社会参与理解为“战略投资”，以此作为增强企业的价值和自身竞争力的可能性。

9.3.1 企业公民活动的特征

一般来讲，企业公民可近似理解为企业除自身业务活动之外统筹在公共社会中全部活动并在企业总体目标上做出战略定位，简言之即将公共利益与自身利益的结合。

企业公民活动具有如下四个主要的特征：

- 远不是捐赠和赞助的问题，一个企业投入项目的各种资源和能力（时间、专门知识、后勤条件等）关键所在。

• 如同投入资源的多样性，企业的受益也是多方面的，例如在人力发展和营销方面，并且不只是涉及新闻媒体和信誉问题。

• 活动基于企业与社会其他行动者之间的合作项目，如教育机构、社会组织或者公共行政机构。

• 不仅对企业，而且对社会组织（和它的受众者）以及对社会也都形成多赢的局面。

从企业观点看，实际进行企业公民活动就意味着：

——企业长期自愿与其他社会行动者进行项目合作，坚持合作使各方受益（合作共赢）。

——制定符合企业长远发展目标的社会参与战略。所以企业公民要作为企业文化和企业行为的不可分割的组成部分得到有效地落实。

时有批评企业公民的这一狭义理解，指出经济益处和对企业经济效益的正反馈——“商业实证”——被过分强调，企业公民活动对经济绩效的影响并未毫无疑问地得到证实。同时这一关注忽略了适当考虑和评价企业公民的社会影响和解决问题的功能。从社会和社会的伙伴受益——“社会实证”——迄今为止尚未得到充分的研究来看，这一批评是完全合理的。而反过来说，企业公民的商业实证对整个参与活动的可持续性和对社会实证也都具有根本性的意义。

在企业内部只有当企业社会参与不表现为决策者的“爱好”而是明显的直接对企业有益时，这种参与才容易得到长期必要的广泛支持。这种情况与纯粹的慈善活动有根本的区别，后者常常受经济发展形势和企业家及管理者个人兴趣的影响。

除了对企业公民狭义理解的批评，在经济道德和企业道德的范围内还特别讨论广义的企业公民的方案，其中强调企业在公共社会中的公民角色及其道德义务。

9.3.2　企业公民与企业社会责任

在过去一些年里，在科学、经济和政治界针对企业在社会中的活动和责任进行了讨论，企业社会责任受到高度关注。企业公民和企业社会责任的方法和方案既有交叉又有重叠的地方，而在实践和科学讨论中时常并未对两个相关的方法严格区分，或者说没有使企业公民在企业社会责任整体方案中占到适当的位置。

企业社会责任常常被认为是企业在社会中的责任或者是负责任的企业管理（治理），它被理解为企业通过在其所有活动领域自愿承担经济、生态和社会的责任的企业管理方案，包括从自身的价值创造到与员工、供应商、客户和公共社会间的互动关系。在这种意义上说，企业社会责任可以理解成企业对整个社会、对可持续发展的愿景的贡献，同时它也是企业长期成功的保障。

可持续发展的愿景是规范化的明确的目标，它描述“一个既满足当代人的需求，而又不危及未来各代人满足自身需求能力的发展”。为达到此目标，必须考虑经济的、生态的和社会的要求并使其达到高度的平衡。实现和接近可持续发展是全社会所有活动者的共同任务，这包括政府和公共行政机构、公民社会以及经济界。在这种意义上讲，可持续发展和可持续性并不是原始的企业经济方案，而是基于国民经济和政治上的考虑。

各级社会和各个国家的经验以及许多企业的实践，通过考虑和构造四个核心的行动领域使整个社会的这一任务在具体经济层面得到了具体化，并成为是可操作的。企业社会责任的四个核心行动领域是：

- 市场
- 工作场所
- 环境
- 社区

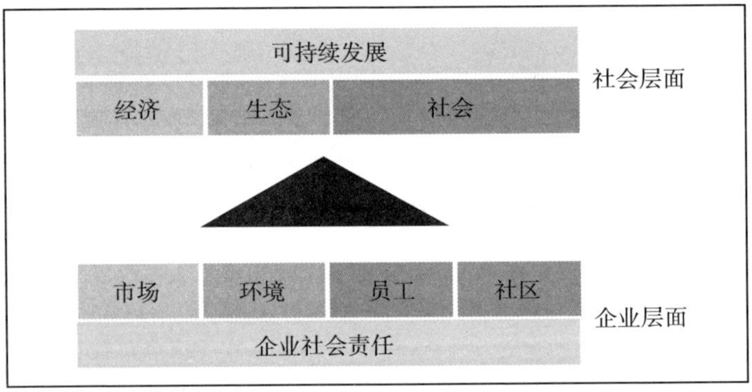

图 5－26　企业社会责任的行动领域

在这个综合的企业社会责任方案中，企业公民等同于行动领域—社区（公共社会）。这里所指的是企业为一个正常运转的公共社会积极做出贡献，和在企业直接接触的环境中与利益相关方交流与合作，企业有针对性地和系统化地运用公共社会管理对加强社会稳定做出实质性的贡献，并作为参与全球化社会构建的一个方面。按照可持续发展的座右铭“全球视野，本地行动”，后者强调有必要把企业融入到本地和本地区创新解决社会问题的过程之中，这也是企业本身的利益所在。

在这一背景下，有时讨论企业社会责任把一切注意力只放在“核心业务”活动上，这是不够的。尽管企业公民明确描述的是企业自身活动范围之外的活动，但重要的是与企业业务活动的联系。核心的问题首先不是企业用自己的盈利做什么“好事”，而是企业怎样营利。这是一个企业利益和公共社会利益系统化相结合的问题。在这里充分有效的参与和成功的项目合作有一个重要前提条件，即必须与企业的战略有明确的关联，而且如同核心业务中的决策一样，也需要严肃的、职业化和系统化的进行方式。此外，如果考虑到企业与社会伙伴合作在项目中可投入资源和能力，以及由此可能增加社会价值，则需要进一步与企业自身业务活动和企业及其员工的核心能力相联系。

9.4　企业的资源和能力优势

在社会公众中，人们常把企业社会的参与想象为捐赠和赞助，很多情况也与成立基金会联系在一起，首先想的是资金投入。实际上，企业与社会组织合作能够投入资源和能力的形式是多种多样的。不同规模的企业也越来越多地投入其他资源，例如，管理者和员工的专长、有形的资产、无偿服务、企业后勤条件（复印机、工作坊、停车车辆场地、办公空间），或者与业务伙伴的联系和关系也作为资源。

表5－1描述了企业可利用四个方面资源和能力，开展或参与合作项目并能从中受益。

表5－1　企业公民对各方面的价值

资金	产品、服务和后勤
■ 捐赠（例如向员工参与的组织） ■ 赞助 ■ 无息或低息贷款 ■ 奖励 ■ 业务合作（任务委托给公益组织） ■ 参加公募基金会、发展基金会等	■ 提供无偿或低成本服务 ■ 提供无偿或低成本产品或物品 ■ 利用办公室、场地、办公条件、车辆、广告位等 ■ 提供额外的实习、就业、培训（例如为残疾人和弱势群体）
员工（时间、专长和知识）	**关系和影响**
■ 支持员工业余时间参与公益活动 ■ 提供公益假期 ■ 团队或全员公益参与 ■ 向公益组织董事会派遣领导 ■ 为社会组织提供咨询、训练、合格培训等（如IT、法律、管理领域）	■ 提供联系人和单位（例如供应商、客户、服务商、专家等） ■ 为公益组织或为公益诉求游说 ■ 为社会组织筹资

利用企业公民工具箱可以使企业社会参与活动系统化。它包括各种不同规模的企业，在实践中已经采用的新措施。企业可以在其企业公民战略框架范围内挑选合适的工具实际运用。

企业捐赠：企业捐赠是一个总体的概念，它包括企业受道德驱动不谋私利转让、捐赠或者赠送资金或物品，以及无偿提供或者捐赠服务产品或者后勤条件等。例如，一个公司为了改善小孩参加运动的兴趣和机能，支持多个幼儿园参加体育活动，无偿提供相应的持续多年的资金支持。

社会赞助：社会赞助是通常的业务互换性营销赞助措施向社会领域的移植，使企业开启新的沟通渠道，使公益组织获得资金支持的途径。例如，一个提供安全服务的企业，为帮助年轻驾驶员提高驾驶安全性，与公益组织和企业的伙伴一起提供廉价的驾驶安全培训，有针对性地使车主俱乐部上千的年轻驾驶员受到训练。

关联营销：关联营销也是一个营销的工具。当购买一个产品或一次服务时，企业把收款的一部分以捐赠的形式用于社会目的或者捐赠给一个社会组织。例如，一个生产医疗卫生产品的企业，每卖出一个产品，就有一部分捐赠给“第三世界的医生”这个组织，使成千上万的儿童能打预防针免受疾病之苦。

企业基金会：企业基金会是企业建立的基金会，也是大中型企业常采用的社会参与的一种形式。例如，一个提供环境服务的企业发出倡议，以改善企业所在地自然环境、生活环境和促进就业为重点主动提供资金支持。基金会方案的特点是，每一个倡议支持的项目都由一个员工承担监护任务。这样，可使企业社会责任与员工义务性活动相结合。

企业志愿者：企业志愿者活动是通过员工投入时间、专长和知识，企业支持员工在工作时间之内或者业余时间自愿参与的一种社会参与。例如，一个咨询公司联合教育机构和文具生产企业一起倡议，协助学校领导支持改善教学质量共同合作，企业管理者和志愿者一起，帮助分析教学过程的优势和劣势。使学校领导对企业过程有深入的了解，并考察是否可以把经济工具合理地应用到自己的组织之中。

社会委托：社会委托指的是，企业有针对性地与公益组织，例如与雇佣残疾人和弱势群体的公益组织建立伙伴关系。通过任务委托方式有目的地支持公益组织，同时作为有能力、有竞争力的服务商和供应商。例如，一个生产医疗卫生产品的企业把包装工作交给当地的残疾人工作坊完成，这使它们尽可能雇佣残疾人，不仅有利于残疾人就业，享受工作生活，而且有助于企业保持有利的灵活的生产能力。

社会合资： 社会合资是企业与一个公益组织共同建立企业，伙伴双方投入资源和专长，而双方之中没有任何一方能够单独实施管理。如一个提供人力服务的企业与一个服务老人的公益组织共同发起一个项目，使年轻失业者获得培训，进而为新的工作做好准备。这不仅解决了老年人服务的瓶颈，而且也提供了老年人与社会接触的可能性。

社会游说： 社会游说是企业将接触关系和影响用以实现社会组织的目标或者公共社会特殊群体的愿望。如一个制药的企业与一个地区社会组织一起成立社会医学的研究所，提出法律上的建议，使重病儿童和家庭治疗成了法定医疗保险的一部分。

风险慈善： 风险慈善指社会风险资本。企业作为风险资本提供者，在有限的时间内就某一个项目不仅用资本而且也用专长对公益组织投资。这是一个还在不断发展的趋势。

9.5　支持和倡导公益活动

企业提供资源和能力的多样性表明，企业公民大大超出只提供资金的范围。无论是行动领域，如健康、环境、教育、社会融合，还是采用的措施，都可以看成是企业对利益相关方向社会管理不断提出的要求的回应。例如，关联营销行动直接与客户相关，企业志愿者活动是根据员工的公益兴趣，吸收员工参与企业的公益活动和支持员工的公民参与。这首先能大大有助于将社会参与融入企业文化并使之扎根，并且增强引入核心能力和社会参与的影响。

企业要鼓励员工进行社会参与，原则上有两种不同的切入点：

（1）企业支持员工参与现有的公益组织的活动；

（2）企业自己倡议活动，以团队的方式使整个企业的员工在工作时间之内或者在业务时间积极地参与其中。

如果还没有或者只有很少员工参与志愿者活动时，企业必须首先自己发起活动。在另一种情况下，企业可在员工参与现有基础上继续发展，使参与的范围不断扩大，并且使这种活动能在企业扎根。

不过，不管是哪种情况，企业应当有一个大致的框架，确定在哪些领域和用什么资源支持员工的参与。员工参与组织不是任意选择的，在大多数情况下员工参与至少能与企业预先确定的某个主题领域相配合。

这样的活动要越来越有目的地开展，以有助于支持企业的发展。例如，为增强对企业的认同感以及进一步发展社会能力。一般来说，企业可为加强公益组织和公民倡议做出贡献，并在其所处的环境中主动承担责任。在项目有相应的质量和沟通时，可能企业也同样受到影响参与进来。这样，整个行动对周围环境和所在的地点就可产生积极的影响。

下面将描述企业如何支持员工的社会参与，如何发起社会参与倡议。此外，还将说明员工参与和人力发展的关系。不同的项目可以相互结合，或者有目的地不断扩大它的应用范围。

支持员工参与

有各种各样的方式可以支持员工的社会参与，例如：

——员工调查：了解员工社会参与的兴趣有助于使企业在已有基础上确定参与活动的范围和计划。

——内部网络：利用组织的内网、员工杂志或者宣传栏目等交流思想和沟通方式，或者企业提供建立专门的内部网络、数据库等资助支持员工参与公益组织的活动，在提供社会参与时间证据的情况下，向所有参与活动的组织提供适当的补助。

——后勤条件：向企业员工提供参与公益活动的后勤条件（工具、设备、办公条件等）。

——表彰和奖励：企业奖励在业余时间参与公益活动的员工，并在内部通过会议活动相互沟通。

——公益休假：在项目满足一定条件和企业规定标准范围内，为员工提供参加公益活动的假期，在此期间内依然享受薪金和待遇。

——员工派遣：当企业人力的工作量不重，或者有些员工即将离开工作岗位，或者快退休时，企业向公益组织派遣员工，在一定的时间内用不同的能力支持公益组织，同时企业通过这种方式支持员工，作为走上新的工作岗位，或者建立新的网络的一种过渡。

倡议员工参与

在尚未开展员工社会参与，或者参与员工很少时，企业可组织一个个活动，尽可能多地吸引员工，推动企业和员工参与。正面的实践经验常常有助于提高志愿参与的自觉性，和参与企业活动的积极性。

——公益日：企业倡议所有员工在这一天参加一个或者多个公益组织的公益活动，也可以和客户或者企业的伙伴一起共同参与，企业不扣除工作的时间。

——公益匹配：企业和员工约定一个最大的捐赠数量，当员工为公益组织或者为个人所捐赠的数量达到了这一个数值的时候，企业将加倍补充捐赠。这种捐赠的方式很多时候成功用于改善教育、文化和艺术的项目。

——公益能力输送：公益能力输送行动是企业在一定的范围内为公益组织或者为某一个项目无偿提供以核心业务为基础的支持性服务，使公益组织能更好地具备公共社会服务的能力（如在IT、法律、战略咨询、人力管理、变革管理等方面）。

——公益监护：与一个或多个社会组织长期合作，采用员工可参与的各种形式的行动和结合不同的措施。例如，一个企业无限期承担孤儿院全部修理的监护任务、为他们组织郊游、组织节日活动等。

——公益导师：企业鼓励普通员工或者管理者作为导师或者顾问根据个人和组织发展的需要提供相应的指导、培训、咨询等。这种参与需要相应的能力和准备，参与的时间是有限的。

9.6　公益参与与人力发展

上述社会参与可能性可有针对性地用于组织发展和人力发展。

——组织发展：组织发展项目中最重要的问题是落实价值观，管理意识提升，增强对企业的认同，并以此提高工作效率和员工的凝聚力。这样的项目在支持企业形成员工网络，在支持兼并企业过程中，具有特别重要的作用。

——团队建设：在新组建团队时，或不同地点不同的部门和不同的员工形成网络时，或者为了现有团队发展，有不同的项目形式可以支持相应的目标。例如，通过有经验的培训师引导和支持在不同角色沟通、合作和冲突的情况下如何思考问题，处理问题。

——领导力开发：根据领导力和个人能力发展的重点不同可采用不同的开发形式。自愿参与外部具体项目中，有外部导师辅导，对促进“情感式”学习有着重要的作用。

——公益派遣：这种领导力开发的形式可与某一职业发展相结合。在派遣期内员工承担社会组织专业的或者领导者的任务，把自己的能力用于不熟悉的环境。这种方式可增强自己的能力水平和积累新的经验，并且可学习如何在不熟悉的环境中有把握地行动。

——导师伙伴：教导关系提供企业领导成员一种可能性，公益组织领导也可成为他的“陪练人”，从而思考和管理与人相关的问题，发展社会能力、个人能力和领导能力。通过对生活和生活环境的了解，拓宽学习的视野，企业参与者和公益组织伙伴都有许多相互学习之处。

——商务委员会：这是一种合作关系，企业用以支持其领导层员工在社会组织董事会、理事会或者其他的机构中担任职务。这种方式主要是用于在企业外部培养将承担领导任务的接班人。

——行动中学习：专业能力、方法和领导能力也可在社会组织支持下培养。企业内部参加者不是在内部进行枯燥的训练，而是在公益组织的实际项目中进行培养。例如，在崭新的生活环境中参与互动学习，培养社会能力和个人能力。

——社会组织培训：企业可以把内部的培训与社会组织的培训相结合，使培训获得社会参与的渠道。例如，实习生培养对企业越来越重要，通过社会组织培养可增强实习生的社会能力。

应当说明，员工的社会参与和人力发展相结合的可能性，只是企业公民活动的各种不同价值的一个方面。

9.7 企业公民产生的价值和影响

一提到社会参与或企业公民时，往往就变成商业实证的问题。对此，有许多研究和一系列实例表明，有目的地对社会投资是值得的，而且在某一范围内有助于支持企业每一行动的最高目标，即降低成本、提高员工工作效率和增加销量。

表5－2中系统化地列出了企业公民对各个不同方面的价值。

表5－2 企业公民对各方面的价值

人力发展	营销
■ 捐赠（例如向员工参与的组织） ■ 赞助 ■ 无息或低息贷款 ■ 奖励 ■ 业务合作（任务委托给公益组织） ■ 参加公募基金会、发展基金会等	■ 提供无偿或低成本服务 ■ 提供无偿或低成本产品或物品 ■ 利用办公室、场地、办公条件、车辆、广告位等 ■ 提供额外的实习、就业、培训（例如为残疾人和弱势群体）
企业沟通	**本地/地区发展**
■ 支持员工业余时间参与公益活动 ■ 提供公益假期 ■ 团队或全员公益参与 ■ 向公益组织董事会派遣领导 ■ 为社会组织提供咨询、训练、合格培训等（如IT、法律、管理领域）	■ 提供联系人和单位（例如供应商、客户、服务商、专家等） ■ 为公益组织或为公益诉求游说 ■ 为社会组织筹资

资料来源：DRESEWSKI HARTMANN，2004。

不过，为了理解企业公民对企业发展的战略意义，这些价值（受益）的方面必须与上述企业的最高目标相结合，这就是表5－3示出一个关系矩阵。

表 5－3 企业公民参与的商业实证

	人力发展	营销	企业沟通	本地/地区发展
降低成本	■ 通过加强教育和员工流失率减少，减低招聘和培训成本 ■ 可获得后备人才和实习生 ■ 由于病假减少	■ 新产品开发中借助社会组织专长 ■ 了解市场和消费者行为快速变化无需调研 ■ 因客户联系加强和关系改善	■ 免费的人与人的宣传 ■ 积极的新闻效果其他方式不能或难于达到 ■ 减少客户负面反应或抵制	■ 环境有吸引力，招新员工成本低 ■ 与官方直接接触，有利克服官僚主义 ■ 预防犯罪损失
提高生产率	■ 改善员工沟通和团队的协作 ■ 提高领导的社会能力和领导力 ■ 员工对雇主高度的认同和满意度 ■ 破除层级障碍	■ 增强营销和外勤员工动力 ■ 长期客户关系 ■ 在合作项目中“检验”产品和服务	■ 企业内部对社会参与的沟通增强员工的满意度和凝聚力	■ 员工更好的工作条件意味着对雇主的更加认同，更高的满意度
增加销售	■ 由于员工动力增强 ■ 员工流失率减小，有利于与客户建立长期关系	■ 由于创新的产品理念 ■ 通过开拓新的市场 ■ 利用社会参与（关联营销、社会赞助等）促销	■ 沟通提高知名度和信誉 ■ 作为在产品交换市场中的差异化战略 ■ 通过加强企业品牌	■ 稳定的环境加强消费市场和地区经济的繁荣

资料来源：DRESEWSKI HARTMANN，2004。

由此可见，合作项目的设计可能性和结合点是多种多样的。其范围远不在于提高企业的形象和声誉。所以，企业公民的问题不在于企业慈善，或者企业单方面支持社会议程，而在于企业的公益伙伴和政府及公共管理机构也必须（和愿意）在实现这些发展目标中发挥积极的作用。

理想的企业公民意味着对所有参与者是合作共赢（多赢）。不过迄今为止，对社区和社会合作伙伴的价值（受益）即对企业公民的“社会实证”还未像“商业实证”那样细致地研究。下面只给出一些基本的考虑和系统化的观点。

过去长时间来形成的看法认为，解决社会问题就是资金的问题，习惯于依靠国家和正规的公共采购途径。而公益组织把工作注意力放在与公民参与相结合为社会受助者拓展新的增值可能性上。这一增值可来自于社会组织的职业化工作与企业能为合作投入的资源相结合，这些资源是特定的、不是用钱（资金支持）能够买到的，例如专长、时间、员工的个人关系、生产资料、广告可能性、销售渠道、人脉关系和公益诉求、游说等。公益组织获得有质量的受益的前提条件是，组织要同企业一样，从战略上应用企业公民支持它的核心业务。

在如下几个领域可对公益组织产生合作的价值：

（1）资源：资金、服务、产品、后勤、时间、专长、知识、关系、影响。

（2）项目和帮助：通过合作实现项目执行、改进和保障；获得对受助者有用的额外的/新的建议；拓展解决问题的能力；促进创新。

（3）沟通：在资助者、政府、行政机构、受助者、员工招聘和公众中的形象，对接重要交流伙伴，支持社会政策。

（4）组织发展：通过补充专长扩大方法能力；组织职业化；发展新的目标群体；人力发展；增强灵活性；扩大后续支持基础。

把以上这些价值受益方面与公益组织的一般目标相结合，便得到表5－4中的矩阵。与企业追求的最高目标相类似，公益组织的一般目标可表述为经济产生优势、增强对受助者的效果、增加社会资本。

表5－4　公益组织与企业合作的价值

	资源	项目和建议	沟通	组织
经济上带来优势	额外的资源	获得便宜的采购渠道和营销渠道	政府和公共机构的关注	人力发展
对受助者效果增强	新的关系新的机会	为受益者提供更好的或另外的或新的建议	提升公共认可的价值	增强方法上的能力
增加社会资本	增强影响赢得新的伙伴的支持	工作领域中方案的创新	更好地沟通社会政策的愿望	扩大支持的基础

当然，不是每一个项目都必须包含所有这些受益的方面。不过显而易见的是，要从专业上、组织上和政治上拓展企业公民活动的空间，需要发现合适的严肃参与的合作伙伴。

合作在社会中的影响

要将社会参与对社会整体上产生的价值系统化是很难的，不过下面可以总结出几个发展的重要的趋势：

（1）企业公民是企业、政府和公民组织之间边界渗透的结果，因而促成人与人之间，以及异化的生活世界之间的新的联系和关系，从而产生具有价值的新的经验。迄今为止企业和公益组织在制度上是相互分离的，双方可能在政策和行政管理发现共同的利益。在不同行政部门了解各自对所在地区的贡献，也开始相互对话。社会合作采用伙伴直接沟通实际加强社会的联系，它对公共社会有不可低估的影响。

（2）随之而来，各个行动者对其他“专业别生”的观点和利益保持开放。企业面临要满足社会责任的要求，例如在环境、产品的社会认可、劳工关系和供应商关系等。社会组织、政府和行政机构面临在教育、社会和文化方面的能力不足。换句话说，合作项目为国家、经济和社会之间变化的关系建立新的经验基础。合作可为社会共享、为参与主动倡议，和为其他地区发展的能力和资源开辟新的途径。最终，这将提高社会中与一个问题相关的所有行动者对各自的利益和联合不同资源和能力对共同开发系统解决社会问题的机会有新的理解。

（3）总体上说，在过去过分强调对企业的益处的讨论中有时也存在着盲点。缺乏国家资金可能是公共社会需要企业公民发挥作用的动因，但如果只强调这一点就问题来说理由并不充分。“商业实证”的实际研究必须要用“社会实证”的研究作为补充。这就是说，要寻求所有行动者的利益和社会受益期望的共同点，利用未经尝试的资源、工具对受益方面进行有目的试验。

9.8　企业和社会组织成功合作

企业要进行社会参与需要有具有能力的伙伴，这样的伙伴通常是社会组织。它们是公共领域，如教育、儿童、妇女、文化、社会和环境等方面的专家，其机构和服务构成产生社会资本，保持社会稳定的社会和文化的基础设施。尽管它们的兴趣和行动领域有许多共同点，但企业和公益组织在日常工作中基本没有联系。下面总结出成功合作—从伙伴选择到具体项目实施值得注意的要点。

非政府、公共社会组织，包括联合会、协会和其他群众组织提供大量的社会和文化服务，它们也代表相应的社会利益，也促进维护法治社会的发展。

社会公益组织的部分资助来自国家或者社会保险机构，但越来越多地由私有资源供给，其中包括基金捐赠、物品捐赠、私有基金、支持资金、公募资金等的支持，与企业合作项目越来越多。特别是那些资金上没有国家法律规定，而对社会和文化基础设施又具有重要意义的项目。在日常工作中，社会组织为合理地服务于受助者，要把各种不同的资源相互整合，这对公益组织的管理是一个复杂的要求。

为构建成功的关系，注意合作项目期待的影响和项目执行时间范围，必须从框架上考虑几个具体的对决定社会组织的活动范围有实质影响的条件：

- 公共财务管理的法律规定
- 公益性
- 受助者必要的参与
- 专业人员与义务人员结合提供合理的服务

值得注意的是，企业的参与虽不能代替国家的资助，但它是一个必要的补充，企业在公益项目中投入这些资源和能力具有特别的意义。

成功的合作和富有影响的参与有一个重要的前提条件，那就是如同企业在核心业务领域决策一样，合作和参与必须是严肃地、职业化地和系统化进行的，即使是在具体的情况下的一个小的步骤，也应当是企业战略的组织部分。

在计划一个具体项目之前，必须了解行动领域和资源投入的情况，这意味着：

（1）企业的价值观、理念、文化和产品，及其所处的环境中的具体发展，影响企业未来发展，而企业应当产生影响的领域，如教育、专业劳动力、社会能力、自主倡议、工作和家庭平衡、社会和文化的基础条件、健康的环境等，都必须与组织自己的任务和行动能力，活动范围、服务能力和受助对象相协调。

（2）现实可用的资源和能力必须对接组织的实际需求，用自己的资源和能力作为合理的补充去解决社会问题。在可能的情况下，也应吸收员工参与。

通过现有的人脉关系和新建立的关系都可找到正确的伙伴。在寻求和选择一个组织时，考虑与其相关的如下一些问题是有帮助的：

（3）行动领域、机构/项目、受助对象

（4）企业管理者的数量和文化教育、董事会、专职领导人员

（5）成立的年份、营业额、资金来源

（6）在专业和行业协会中的影响

（7）合作伙伴和私有支持者

（8）迄今与企业合作的经验

（9）与地区、政府和行政机构的联系

（10）在公众中的形象

（11）协会所属关系

对这些问题应当冷静地考虑。在任何情况下，社会组织应当确定一个联络人，对于合作的要求，包括相互交换信息、共同决定和制定文件等，以及对项目的共同执行在整个项目期间任务必须明确，而且保证所需的时间。

对企业也是一样，尽可能让一个有积极性的员工负责项目，并支持合作的理念。作为支持的中心人物，具有确定的时间计划，赋有明确的任务。企业领导的支持也是一个重要的条件。

具体的项目理念是与合作伙伴共同形成的。一个好的合作项目会增加多重价值：

——对参与的企业

——对公益合作伙伴

——对受助对象

——对整个社会的作用

为了能做到这一点，伙伴双方必须明确合作的目标。从双方共同受益考虑，进行现有企业公民项目可有如下几个目标：

（1）面向资源：以资金或物品或志愿人力投入为重点，使组织的项目整体上或者以这种方式来进行。

（2）面向受助对象：合作的目的是组织向受助对象提供补充性的或者改善性的专业帮助，例如，在支持就业的项目中，通过非正式的学习安排和获得新的进入其他领域的途径。

（3）面向能力：通过有目的地支持公益组织伙伴在组织和管理中的能力（例如咨询企业的公益项目），使组织按照理念更有效地完成任务，或者能对社会中产生的需求提出新的建议。

无论是针对一个方面或者针对所有上述三个方面，一个良好的合作项目最终的结果是，不仅提高组织解决问题的能力，并且也改善公共社会的效率。

合作的成功与否取决于合作关系和方案的可信度。企业参与的实际影响范围，它对项目和所投入的资源在量和质方面影响的程度对所确定的目标和措施必须是现实的。小小的但却有效的步骤，或者加进另外的伙伴，都是为创新和解决社会问题有效做出贡献的可选路径。基本的原则是，企业的参与应当体现差异化。

为使顺利合作，值得推荐从一开始就约定伙伴双方必须遵守实施如下的指导原则：

（1）明确定义且为所有参与方都接受的最终项目结果。如果一个（示范性）项目由于终止合作总体上不能继续进行，从一开始就应做出明确的约定。

（2）约定可检查的目标和里程碑，并在执行过程中做必要的调整。

（3）确定检查清单、联络协调人、流程、期限和潜在冲突处理的方式。

（4）开放、尊重、可靠以及对外和对共同项目执行信息的透明。这样可及时发现问题并在必要时管控。

（5）对外沟通有报告性的内容并在落实了具体的措施之后。

与此相对应，也可指出影响企业或组织成功合作的一些障碍：

时间：社会组织如同企业一样，时间总是紧张的。员工除自己“本来的”社会工作外，也要负责很多其他的工作，如机构的、行政的或者公共关系的。

付出和收获：多数情况下，代价和收获很难预先估计。成本和收益在合作双方间应当有一个合理的分配。此时应当注意，对公益组织收助对象的益处必须明显。

留有余地：企业和公益组织至今很少相互发生关系。潜在的认同问题以及风险应当尽早公开和尽可能具体地讨论。

组织结构：合作项目是新的，至此无论在企业中还是在公益组织中都没有“自然的”负责人。

工作方式：明确约定和重点、工作步骤和现实的时间计划有助于把失败几率降到最小的程度。对在合作关系中不应发生的事情应当尽早做出约定。

总结评价：及时形成文件并评价双方学到的经验是下一个更好的合作项目的最好的开始。

9.9 社会合作的前景

近些年来，企业越来越重视系统化的参与和将社区参与战略相结合为解决社会问题做出贡献。企业将社会目标与企业自己的目标相结合，可长期实质性地增强企业的竞争力。同时，这也是为构建一个可持续社会做出的贡献。企业公民发展未来的任务和挑战在于，无论是企业，还是社会组织，还是政府机构，无论在国内还是在国际，都要严肃地对待社会合作，继续实践并融入组织日常工作（主流化），以便从量和质的方面确实增强在社会的影响。

为了形成专业上可证实的合作，需要有关心者、助产士、转换器、桥梁、跨界者、中间人——即需要长期坚持具有明确愿景和可靠后花园的先行者，他们是本地、国内和国际深入广泛研究企业公民的重要的催化器。这样的一些新任务将会被不断增多的公益网络、自愿性机构、公募基金会、社会团体、社会福利机构来承担。

企业愿意作为中介服务为识别和参与公益项目适当提供资金。不过除了服务和中介这一角色外，也还需要开发机构和对话平台，发起促进、扩大和继续进行企业公益项目，确定主题和形成企业行动的网络。这一媒介基础是面向问题扩大合作参与的最强的杠杆。

按照迄今投入企业的资源、能力和应用开发工具的经验看，进一步发展企业公民的可能性在于汇集各个企业应对某一社会挑战和主题的能力，集中和聚集能量，以便在此基础上实现差异化，明确定义的行动领域，为提供新的解决问题的方案做出贡献。这样参与其中的企业可超出参与的范围，参与结构性项目开发。为了进入这样一个过程，需要有跨行业的平台，以便汇集现有的方法、有经验的行动者和资源，去认识经济、文明社会和国家相互的目标、期望、参与者的潜力和兴趣，以便识别能为解决问题参与建立有效合作的共同的基础。

此外，公益组织和公共管理机构是否能改变当前的角色，在多大程度上把自己理解为社会公民的一员，特别是与组织战略相结合履行自己相应的社会责任，可能还需要一个过程。不过，2010 年发布的《ISO 26000 社会责任国际标准》已对此提出了这一要求。

9.10　企业支持教育的意义

教育是社会和政治高度关心的现实问题。一方面涉及教育的公平和权利，另一方面涉及教育的成果、人才的素质和水平以及能力，最终涉及构建一个高度文明的社会，关系企业、地区和国家的竞争力。

人的教育和培养是产业和经济发展的基础。一段时间以来，一些地区和一些企业出现缺乏劳动人才，特别是缺乏专业人才的问题。企业作为重要的利益相关方，出自为了本身的发展，应该积极参与教育事业，为解决教育方面面临的问题做出贡献。

从国际上看，各个国家教育政策虽然不同，企业在解决教育问题上的角色各有差异，但这种区别只是表面性的。在国际环境下，企业如何积极融入教育领域的方法是类似的。另一方面，企业讲社会责任融入企业政策可以认为是为加强国家教育做出贡献的推动力。

9.10.1　社会变化对企业在教育领域的挑战

教育属于国家管理的范围。教育是实质性的财富，很难计算出成本和收益。国家必须介入市场活动，以达到政策上所要求的学习行为。国家提供对教育的资助，不仅为培养需要的人才，而且为了有益于公共社会。

通常情况下，学校和高等学校资金的主要来源是国家的公共财政开支，但私有学校基本教育和继续教育的资助也会得到个人、企业、非营利组织的大力支持。许多高等学校还得到企业的捐赠和基金会的资助，弥补了国家提供资金的不足。国家支持第三方提供资助，国家公共资助与地方和第三方资助相结合将越来越具有重要的意义。

在最近几十年里，企业的社会作用发挥了很大的变化。迄今为止，国家、企业和公民之间角色及任务分配的变化，成为促进新型的合作和责任担当的动力。在国家和私有经济层面之间发生的这一角色的迁移，首先是由于如下两个具有决定意义的发展所引起的：

国家支持的局限性：由于财政支持教育、健康或者保险以及消除贫困需求的增加，靠税收获得收入来源和公共支出受限。在全球化中，企业用转移生产基地应对支出负担增加。

企业的重要性增强：企业可在全球而且比以往更灵活地使用资金，使它们获得构建力量和行动的可能性，特别是大型跨国企业，其中有一部分的营业额可与中小国家产值相比。

由于这些发展改变了经济界和国家之间任务的分配：在以前，企业自愿地提供捐赠，补充归国家管理的任务，而当今公众的感知发生了变化，企业越来越被社会强烈地要求，除纯粹业务活动之外要承担社会的、文化的或者教育领域的任务。许多公共领域私有和国有企业都有新的发挥构建能力的可能性。

可以看出，在企业直接的社会环境中，原则上有两个巨大的变化。它们对企业在社会责任范围内支持教育具有根本的意义：

一方面因公共财政资源不足，另一方面企业又有资源和解决问题的能力，所以重要的利益相关方的期望大大提高。

新媒体的迅速发展和随之而来的利益相关方获得信息的可能性，使企业的决策和行动流程更加透明。由于透明性的增加，不仅增加了对企业失职可能的惩罚，也扩大了社会参与的优秀企业的公众影响度。

《ISO 26000 社会责任国际标准》详细罗列了企业和组织在当今国际环境和条件下应当承担的责任。其中，在核心议题“人权”之下强调了教育的重要作用。该指南标准指出，“人权是全人类享有的基本权利，因为他们是人。这也包括工作权、生活权、教育权和社会安全权”。ISO 26000 国际标准倡导的方向是，把教育理解为世界上所有公民的权利。对此，企业应当用负责任的行动支持负责教育的组织。

9.10.2 企业支持教育实现的目标

近些年来，企业在教育领域的捐赠和赞助不断增加。企业以社会责任支持教育要实现的目标一般可分为社会政策目标和非经济目标。现有经济目标，如扩大市场份额和增加利润，在此背景下是次要的。

——社会政策目标：所有社会责任活动的前提在于创造社会效益，即在于参与解决社会问题。这是因为，企业社会责任很大程度上是通过经济、社会和环境领域中的利益相关方合作来实现的。为解决社会问题做出可持续的贡献必须是企业社会责任活动的核心。因为，只有通过这种可持续性，才能证明企业管理的可信度。例如，可以从教育政策上支持国家大力提高教育水平，倡导普及、公平教育和支持性别平等活动。

——非经济的目标：非经济的目标所包括的参数是非金融经济参数，它与经济目标相反，不能明确地量化，也不易度量。非经济目标包括：

（1）建立信誉：通过社会责任建立信誉时，企业应当具体反映支持领域（例如，高校、教育、青年、精英等）和支持活动（例如支持教育、资助贫困家庭学生入学等）的积极的特征。

（2）内和外人力政策目标：通过社会责任活动，对内对外都可以获得在人力政策目标方面的效果。在企业外部，由于对社会负责的行动首先会获得人力招聘的优势。这时，由于与社会政策原则上相一致的具体行动表明，企业是具有吸引力的雇主。在企业内部，主要的作用在于企业内员工的凝聚力和企业所有成员的工作动力的正面影响。

（3）整体经济目标：企业在自身范围之外的社会责任活动有利于改善企业家和企业的整体形象和形成健康的经济环境，因为企业持续存在需要公平、公正的规则。特别是中小企业与大型企业相比，更加依赖当地一个健康的社会和政策环境。

（4）运营许可：企业的运营许可被理解为社会对企业行为的认可和接受度。这时，首先的问题是，要在经济活动的地区保障和扩大企业的市场地位。企业常常与所在地理位置有不可分割的联系，并且依靠近邻之间良好的相互合作。这包括所有不同层面的利益相关方，例如官方当局（可批准或禁止）、周围居民（可投诉噪声或空气污染）和社会机构（可支持本地诉求）等其他利益群体。

9.10.3　企业成功支持教育的条件

企业参与教育领域，不一定对所有企业都具有同等重要的意义。企业考虑社会责任通常只单一地集中在利益相关方不同的要求上，而忽略了同时与企业目标的联系。这常常是落实战略和可持续社会责任方案欠佳的最重要原因之一。与战略相分离的杂乱的慈善活动不仅不会产生社会影响，也不可能加强企业长期的竞争力。而且这种相分离的结果可使企业大大失去机会。

反过来说，对教育机构即时的、非战略性的支持被认为是不可持续的。大量为社会事业的捐赠和为学校和国家公益提供运营的支持，希望在员工、客户和本地社会产生好的效果，而不是彻底思考社会的或商业上的目标，这是领导和员工个人的信念和价值观的反映。

为持续创造价值需要分两步对企业与教育的关系进行必要的分析：首先要找出企业和教育机构的结合点，在此基础上根据不同的准则并考虑与企业相关的相关性选择要支持的教育需求：

（1）第一类需求关系一般性的社会议题。社会认为是重要的，但它既不在企业的直接影响之下，也对企业没有特别的意义。对这类需求采用传统的社会责任措施把支持教育作为支持社会的组成部分。

（2）第二类需求关系价值链社会影响。这里涉及企业通过正常的活动中能显著影响的因素，特别关系企业通过其研发和人力政策完全能够影响的高等教育领域。

（3）第三类需求关系竞争背景。这里涉及对企业竞争力有实质性影响的外部因素，例如，小学或大学学生教育质量不高，因而会对企业产生不可避免的影响。

9.10.4 企业支持教育的形式

一般来讲，企业有两种参与支持教育的可能性。一是企业可以制定自己的战略，寻找教育伙伴和直接实施。二是资助一个已进行不同项目并在寻找项目的基金会，通过基金会实施。

（1）直接实施：企业方面直接实施社会责任项目，可提高内容设置的空间，同时可具体与企业的哲理相联系。此外，当社会环境对企业有现实要求应当采取行动时直接实施是一个优点。其实，当企业自己选择其社会责任项目时，也不必总是自己单独地去实现，与其他行动者的合作是可能的，也被许多企业实际采用。

（2）基金会实施：基金会是捐赠者为将奉献的资金用于确定的目标和为此建立起的机构。基金会是最早的公民参与组织。当企业通过基金会进行社会参与时，从企业方面对所支持的需求干预的可能性比较小。不过，基金会工作在组织上和法律上是与企业自身的核心业务相分离的，也就是说，与企业直接实施相比，这时企业用社会责任措施对企业的目标的实现影响较小。企业可将社会责任活动以多种形式带进基金会的工作，包括除一次性的捐助外，也可为基金会工作的捐赠或者为它提供选择的项目。此外，还可以带入资金的、物质的或者人力的资源。例如，用提供项目领导、参加机构理事会工作，或者提供活动场地、办公室和其他材料。企业有适当选择和支持基金会项目的可能性。当然，为达到与企业的目标有更紧密的联系，企业也可提出具体的建议用于基金会的工作。

9.10.5　企业支持教育的前景

将支持教育机构作为企业社会责任的组成部分几乎是普遍的做法。学校和大学已经乐于接受并且高度评价外资源的价值。不过也出现一些值得考虑的问题，也可能成为教育参与的障碍或阻力，例如：

（1）认可度问题：企业参与教育领域必须得体，过于商业化会因此受到阻碍。

（2）伙伴的差异：教育和经济不同领域的伙伴间在文化和期望以及前提条件上的差异可能会限制合作或成为合作的障碍。

（3）目标的控制：在教育领域的参与因其长期的和非经济的特征，因而要达到的目标难以控制。

当今，教育没有企业的支持是不可想象的。企业与教育机构合作的形式远远超出捐赠或赞助的传统范围。企业支持学校和高等学校常常采用与其核心能力相结合的措施，因此保持可持续性和可信度。这里要提及的是，首先是员工的参与（志愿者活动）和在国家与私有伙伴合作（PPP）框架下紧密的也即内容上的合作。由于教育的主题具有重要的公共意义和企业社会责任活动的多样性，已有许多企业承担了它们对教育机构的责任。

当前在公共社会中关注经济发展、气候变化、能源问题、环境保护等社会议题，已成为企业转型中相应地重视的主题。企业对教育领域的责任显得不那么突出，但是受到良好教育的学生和大学生对企业具有极为重要的意义，因此可以预料企业在教育领域的参与会继续加强。

9.11　中国落实千年发展目标的成就

中国在21世纪的头15年成功落实联合国千年发展目标，取得了令人瞩目的发展成就。

——经济快速发展，农业和减贫领域成就显著。国内生产总值从2000年的10万亿元人民币增加到2015年的68.55万亿元人民币，并从2010年起成为世界第二大经济体。农业综合生产能力稳步提升，粮食、蔬菜、肉类等主要农产品产量稳定增长。中国的贫困人口从1990年的6.89亿下降到2015年的0.57亿，为全球减贫事业做出了重大贡献。

——社会事业取得巨大进步。九年免费义务教育全面普及，文盲率由2000年的6.7%下降到2014年的4.1%。就业稳定增长，2003—2014年全国城镇新增就业累计达1.37亿人。已逐步建立起政府主导、社会力量参与、较为健全的社会保障和救助制度体系，到2015年城乡居民基本养老保险制度已覆盖超过5亿人。5岁以下儿童死亡率从1991年的61.0‰降到2015年的10.7‰，孕产妇死亡率从1990年的0.88‰下降到2015年的0.20‰。遏制艾滋病、肺结核等传染性疾病蔓延方面取得积极进展。

表5－5 中国扶贫的数据

年份	我国农村贫困人口总数（万人）	农村贫困发生率（%）	当年减贫人数（万人）	中央扶贫资金投入（亿元）	省级财政扶贫资金投入（亿元）	扶贫工作重点县农民人均纯收入（元人民币/人年）
2011年	12238	12.7	4329	272	101	3985
2012年	9899	10．2	2339	332	165	4602
2013年	8249	8.5	1650	394	208	5389
2014年	7017	7.2	1232	432	267	6088
2015年	5575	5.7	1442	467	335	6836
2020年	0	0				

资料来源：中国实施千年发展目标进展情况报告，2015。

——环境保护和应对气候变化工作取得成效。与2005年相比，2014年中国单位国内生产总值（GDP）二氧化碳排放下降33.8%，非化石能源占一次能源消费比重达到11.2%，单位GDP主要资源性产品消耗如石油、煤炭、水资源等都有显著下降。森林面积增加3278万公顷，森林蓄积量比2005年增加26.81亿立方米，提前实现荒漠化土地“零增长”。

——积极推进南南合作。为120多个发展中国家实现千年发展目标提供力所能及的支持和帮助。2015年1月1日起，正式实施给予与中国建交的最不发达国家97%税目产品零关税待遇措施。先后6次宣布无条件免除重债穷国和最不发达国家对华到期政府无息贷款债务，金额共计300亿元人民币。

中国成功落实千年发展目标，推进了国内的各项发展事业，为全球加快落实千年发展目标、推进国际发展合作做出了重要贡献。

第六篇
新时代管理与时俱进

1 新时代对领导者的挑战

组织的领导者和管理者需要树立正确的价值观、负责任的精神，需要理解、认识可持续发展的挑战并具备可持续发展的领导力和才能，只有这样方能服务于组织和社会目标。

1.1 不可持续的增长方式

1972 年罗马俱乐部发布了报告——《增长的极限》（*Limits to Growth*）使人类开始意识到，地球支持人类生存的承载力是有限的。40 年后，我们发现周围的贫困人口减少了，更多的孩子走进了学校，而且学生中女孩的人数越来越多。这些进步是在世界人口不断增长的背景下取得的。虽然出现了人口增长放缓的迹象，但问题依然存在。人口增长放缓并不等于人口稳定；很可能世界还是会变得越来越拥挤，假设不考虑任何灾难因素，到 2040 年世界总人口将达到 90 亿左右。

从环境乃至社会与经济的角度来说，目前的全球发展模式是不可持续的。全球的集体行动（或不作为）已突破环境阈值，并正因此触发引爆点，很可能给生态系统和人类社会带来不可逆转的损害。而因为未能集体采用可持续发展模式，地球上有 30 亿人陷入了贫困。此外，全球今天面临的经济危机并不是从 2008 年开始的；那些不再合理的经济假设早已为今天的危机深深埋下了引爆的炸弹。这些危机表明，人类必须从根本上重新思考和建立经济体制，使其从长远来看有利于可持续发展以及充分就业和社会公正，而且是眼前的当务之急。

1987 年，《布伦特兰报告》在国际公共政策议程中提出了“可持续发展”

概念，并将其作为经济增长、社会平等和环境可持续性三大支柱的一种新范式。《布伦特兰报告》认为，可持续发展可以通过包含这三大支柱的综合政策框架来实现。

今天，领先的思想家们表示必须将经济视为社会的一个子系统。虽然可持续发展已经是一个公认的概念，但它尚未在政府或商业的实践中得到根本落实。越来越显现的多重危机（气候、资源、粮食、水、贫困、迁移、民主、失业和金融）表明，采用逐步改良的方式已经远远不能满足应对全球社会挑战和环境挑战的要求。

从根本上说，可持续发展就是要理解社会、自然环境和经济之间的相互联系并据此开展有关行动。它要求我们建立整体观念，既要看到粮食、水、土地和能源的重要关系，也要了解贫困、教育水平低下和缺乏民主治理之间的联系。可持续发展还要求确保我们今天的行动能够与以下目标协调一致：为子孙后代乃至到21世纪中叶世界上预期生活的90亿世界公民建设宜居的未来。联合国秘书长“全球可持续性高级别小组”（UN Secretary General's High Level Panel on Sustainability）对该项挑战的总结是：如果要真正改变人类以及地球的现状，我们必须掌握挑战的全貌，必须知道挑战的驱动因素包括不可持续的生产方式、生产和消费模式，以及人口增长的影响。到2040年，世界人口将从70亿增加到近90亿。中产阶级消费者的数量将在未来20年里增加30亿，对资源的需求也将呈现指数增长。到2030年，世界对粮食、能源和水的需求量至少比目前分别多出50%、45%和30%，而与此同时，环境的供给能力却在减弱。对于气候变化而言尤其如此，因为气候变化将影响人类和地球健康的方方面面。

本章中，我们将分别探讨可持续发展所面临的社会挑战、环境挑战和经济挑战，然后再来确定可持续世界发展愿景的各项因素。

1.2 社会挑战

2000年，各国首脑通过千年发展目标（MDG）做出承诺：在2015年之前，将极端贫困人口的比例在1990年的基础上减半。1990年，全球46%的人口处于极端贫困状态。到2005年，这一数据已经降至27%，预计到2015年将降至15%以下。中国和印度取得的进展尤其显著，而在撒哈拉以南的非洲，极端贫困人口的比例依旧远高于千年发展目标，尽管付出了不懈的努力。至于饥饿问题，虽然全球粮食生产与人口增长同步发展，但获得粮食却是另外一回事。近年来，随着食品价格的提高，饥饿问题越发突出，自2000年以来营养不良的人增加了2000万。

各国的教育状况有所改善，小学的儿童入学人数增加了5200万。但是从全球来看，2009年仍旧有6700万名儿童因贫困而辍学，这意味着千年发展目标中“到2015年所有儿童都能完成全部初等教育”的目标将难于实现。全世界目前有2.15亿儿童没有上学，而是在为企业工作。2009年，中学适龄儿童的入学率约为68%，比1999年高出9个百分点。全球中学的入学性别比例更加平衡，女孩和男孩的比例从1991年的76:100增加到了2008年的95:100。过去20年来，妇女在权利、教育、健康和就业机会等方面的待遇均有明显改善。虽然差异仍然存在，但已经有了显著的进步。

目前，世界人口约为70亿。自20世纪60年代的人口高峰以来，世界人口增长率已经明显放缓，预期未来15年内世界人口仍会增加10亿。根据目前的估计，到2040年世界人口将达到近90亿，到2100年有可能超过100亿。许多低收入国家的人口增长率依然处于高位，其中一些处于全球最脆弱的国家之列，自然资源匮乏。相比之下，较发达国家的人口相对稳定甚至出现下降。这意味着，发展中国家要想避免在年轻人中引起失望、避免发生社会动乱，就必须极大地提高教育、培训和提供就业机会的能力。较发达国家面临的情况则截然相反；它们必须为终身教育和老年人就业做好准备，因为青年人将日益稀缺。

目前，全球有一半以上的人口生活在城市中，表明城市人口在不断增加。在未来20年来，城市人口预计还会增加14亿，从2010年的35亿增长到2030年的49亿。根据预期，大部分增长将出现在发展中国家的中型城市里。全球的城市化趋势将新的城市移民纳入了消费者市场，并为其提供了中产阶级的生活方式。为这些新的中产阶级创造必要的基础设施、教育机会和就业机会，不但对政府和经济提出了很高的要求，对资源和生态系统也是一项严峻的挑战。

1.3 环境挑战

自从《增长的极限》一书于1972年出版以来，世界各地的科学家已经为大自然无法承载人类人口的增长和经济活动这一事实描绘了更加清晰的图景。毋庸置疑，我们不仅耗尽了可用的自然承载力，而且已经开始全面透支自然承载力。对自然界总体状况的评价应用了三种主要科学分析手段，即生态足迹法（EFP）、千年生态系统评价法（MEA）和地球界限法（PBA）。三种方法殊途同归，得出的分析结果同样地令人不安。

根据人类生态足迹进行的计算表明，人类目前使用的资源量是地球2011

年生产的资源量的135%。换句话说，目前全球在用1.35个地球的生物承载力来满足其需求。这超额的35%表明，人类消耗自然资本的速度快于后者的自我补偿速度。其表现形式包括：森林的萎缩、物种的灭失、资源的枯竭，以及二氧化碳等废弃物在大气层和海洋的堆积。

人类生态足迹计量的是人类对提供资源和吸收废弃物所必需的生物圈中的生物生产性土地和海洋的需求量。生态足迹取决于一个国家的人口规模和消费水平，所以因国而异。如果全球消费达到欧洲水平，那么我们要三个地球才能满足需求；如果全球消费达到美国水平，那么我们要五个地球才能满足需求。我们必须记住，各国的需求量（生态足迹）和可得量（生态承载力）均不相同。加拿大、澳大利亚、芬兰和俄罗斯等国家以及南美洲和非洲部分地区均有相当可观的生态储量；而欧洲和阿拉伯各国、中国、印度、日本和美国的生态储量均捉襟见肘。这就导致了目前全球性的生态赤字。

真正要意识到的问题是，如果金砖国家以及其他照搬西方生活方式和消费水平的国家的迅速崛起对人类的生态足迹意味着什么结果？答案是：到2030年我们需要两个地球的生态承载力、到2050年需要四至五个地球的生态承载力，才能满足以消费者为中心的人类世界的需求。但事实上我们只有一个地球可以共享，因此我们不得不姑妄预测：除非我们能够从根本上改变经济体制，否则对于地球及其资源的争夺以及由此引发的冲突都将大幅度增加。

2004年的千年生态系统评价是迄今为止对生态系统的健康状况开展的规模最大的一次分析评价。受联合国委托，来自95个国家的1360位专家开发了MEA评价系统，它代表了全世界科学家就生态系统变化的速度和规模及其对24种生态系统服务产生的影响后果所达成的共识。生态系统服务是指自然界提供的以下三种形式的服务：供给服务（如木材、作物、水或基因等资源）、调节服务（如水的净化、气候或侵蚀的调节）和教养服务（包括大自然的教育或娱乐价值）。评价结果表明，在过去的50年中，人类已经大幅度改变了地球生态体系。这些变化带来了经济效益，但经济效益的代价是日益增加的生态成本。评价结果表明，被分析评价的生态系统服务中有60%在过去50年中已经衰退，而原本由大自然免费提供的大多数服务如今不仅价格昂贵而且日益稀缺。

最后，由斯德哥尔摩应变中心（Stockholm Resilience Center）的约翰·罗克斯特伦（Johan Rockstrom）牵头的科学家小组建议，在当前科学研究的基础上创建一个旨在界定“人类安全运行空间”的地球界限框架。该提议表明，自从工业革命以来，人类活动已经逐渐成为地球环境变化的主要驱动因素。

科学家们认为，一旦人类活动越过了被定义为“地球界限”的某些阈值或引爆点，我们就会面临给环境带来不可逆转的突变的重大风险。

《地球界限报告》共确定了九项关键的地球系统过程及其界限：气候变化、生物多样性损失率、流入生物圈和海洋的氮及磷、全球淡水使用、土地使用的变化、海洋酸化、大气气溶胶含量和化学污染。科学家们根据最初的估计得出结论，人类活动已经越过了三个领域的有关界限：气候变化、生物多样性损失率以及全球氮循环的变化。此外，我们正在接近另外四个领域的界限值：全球磷循环、全球淡水使用、海洋酸化以及全球土地使用的变化。科学家称，这些界限之间存在密切的联系，跨过一种界限就有可能改变其他界限，甚至导致越过其他界限。要想改变或停止其他趋势，不但需要从全球、地区和国家层面大力修改政策，还要求每一位世界公民承担起对这个世界的责任。

1.4　经济挑战

我们需要一种新的自然资本模式，污染经济学、劳动力市场和就业经济学，以及人力和社会资本经济学。我们需要的经济学应该将实体经济和已被允许独立存在的金融市场结合起来。只有这样，经济体制才能作为经济可持续发展真正的引擎，重新发挥建设性的作用。

世界可持续性面临的经济挑战不是从2008年的经济危机开始的，也不是在一年之后结束的。使经济“重回正轨”——恢复到20世纪的形势，并不能解决导致当前经济危机以及全球治理失败的根本问题。建立可持续经济是一项巨大的挑战，需要许多利益相关方的积极配合，尤其是政府、社会、商业、科学和教育领域中的利益相关方。

在高度互联的全球经济中，没有任何一个国家丝毫不受他国事务的影响。最初发源于经合组织（OECD）经济体制国家债务危机导致公共开支大幅缩减，对每个经济体均产生了深远的影响。另外，我们仍面临根本性的金融危机，主要表现为资产价格剧烈波动，大量累积的不良债务得不到解决，而且没有防止未来经济脱轨的具体规定。全球约有2亿人正式失业，其中许多都是年轻人。约有15亿人属于“弱势就业”，他们几乎没有任何工作保障和就业权利可言。此外，增长危机依然存在，许多国家增长率乏力。这种情况在许多国家的政治领域中体现为根本性的治理危机，国家及政府难于找到和实施充分的集体行动以解决经济危机。一方面，国际上对加强全球治理以及恢复联合国最初的开拓精神的呼声越发高涨；另一方面，本地“部落主义”“去全球化”的势力也开始出现。

2012年，世界经济论坛所作的全球风险分析考察了未来十年内潜在影响最大的事件，其中大规模的系统性金融失灵名列榜首。按照人们认为发生的可能性高低来排列，严重的贫富差距居于首位。然而，最主要的担心还是不同类别的风险纵横交错，形成独特的全球风险聚集，可能导致世界充满困苦的处境。在财政风险、人口风险和社会风险的相互作用下，可能导致大批年轻人长期处于高失业率状态，与此同时，历史上规模最大的退休人群需要靠已经负债累累的政府来养活，进一步威胁到社会与政治的稳定。另一种风险聚集与我们的保障措施有关：在高度互联的世界中，对支撑我们繁荣与安全的各种体制进行管理的能力。这种由新兴技术、经济依存性、资源消耗和气候变化引起的风险聚集暴露了现有保障措施的脆弱性，这些措施包括为管理重要资源、确保市场有序和公共安全而设计的政策、规范、规章或制度。

更重要的是，可持续发展挑战对基于数量增长的经济消费模式提出了质疑。经济模式不可持续，需要从根本上进行转型。

1.4.1 旧假设与“外部性”后果

我们目前的经济模式是以19世纪的许多假设为基础的，那时的物质资本虽然稀缺，但自然资本充足。如今，这些假设已不再适用。目前的模式既不能解决当今世界的现实问题，也不能衡量真正对人类有意义的事物。由于经济进步取决于数量增长，因此导致了各种意想不到的消极后果——经常被称为“外部性”后果。这些外部性后果包括对自然和资源使用的破坏，气候变化，国内和国家间日益扩大的不平等，健康和社会问题以及全球失业问题等。

很显然，物质增长与成功的单向集中始终不能提高富裕国家的幸福感。在这种情况下所创造的实际经济价值到底有多少值得考究。生态外部性和社会外部性既没有得到准确的衡量，也没有被纳入经济进步常用指标。

1.4.2 关于可持续世界的愿景

世界可持续发展工商理事会（WBCSD）提出了一项面向未来数十年的愿景——“愿景2050”。该愿景指出，到2050年，大约90亿人口都将在地球可承载的范围内幸福地生活。

可以设想现实中的经济增长不再依赖于对生态系统的破坏和物质消耗，而且重新与社会福祉建立起联系。假设所有社会利益相关者都在为全球的共同利益而努力——在可能的情况下，覆盖最多人的最大利益。假设社会对繁荣和成功的生活方式以及损益的基础、进步和价值创造进行了重新定义。假设有一个和平的世界、关注环境影响以及个人和社会福祉，并且尊重人们在文化、思想和行为上的差异。假设世界公民将这些差异转化为个人成长与提高的来源。所有这些因素合在一起，便成了未来的经济学家所说的“可持续经济”。

我们所有的人和组织包括政府、企业、非政府组织和公民，需要为实现这一愿景做出贡献。完成上述转型要求领导者、管理者积极参与开创崭新的经济局面和影响转型。

1.5　新商业模式与管理维度

我们不但需要可持续经济，而且需要可持续企业。企业已不应成为世界问题的一部分，而应成为解决方案的构成要素。企业与社会脱节来源于当今的商业模式。过去 15 年里，跨国公司的数量翻了一番，而其海外业务和分支机构的数量几乎是原来的三倍。今天，200 家企业的产值之和占全球 GDP 的 23%，在全球 100 强经济体中有 51 个是公司。这些变化表明，企业不再是应对社会挑战与需求的同路人。

工业革命之前，80% 的人都是个体经营者。从 20 世纪起，企业才开始雇用大部分可用的劳动力。20 世纪 80 年代末，个体比例达到了历史最低，90% 的人都在为企业工作。

在这场前所未有的变化中，个人开始脱离企业，重新回到自雇状态。在 21 世纪的前十年中，相当部分的员工又一次成为个体经营者。这一新兴趋势为我们看待就业和所谓的失业问题提供了新的视角。

要想建立可持续经济，首先必须进一步探讨企业的目的。

1970 年，诺贝尔奖得主、经济学家米尔顿·弗里德曼（Milton Fried-man）在《纽约时报杂志》上发表了一篇著名的文章——“企业的社会责任是提高利润”（The social responsibility of business is to increase its profits）。此后的几十年里，这篇文章都被当作证明这一狭隘企业目的概念合法性的理论支柱。他认为：“企业拥有且仅有的社会责任，就是在遵守游戏规则的前提下，使用其资源和从事旨在增加利润的各种活动。”如果所有者要想履行社会责任，就应该由他们本人来履行而不是通过他们的雇员。雇员只能代表自己且自行承担履行社会责任的成本。

由阿尔弗雷德·拉帕波特（Aifred Rappaport）最先提出的股东价值概念（sharcholder value concept）进一步强化了一观点。在此基础上开发了一种方法，通过对未来现金流的估计来评价不同的战略决策产生的股东价值。他的方法获得了企业和商业分析师的欢迎以及广泛应用（或者滥用）。事实证明，弗里德曼式的信条、股东价值概念和股东期权计划合在一起构成了一个强有力的论据，为不断提高企业利润以及股东和管理者的个人收入的合法化提供了支持。尽管如此，根本问题始终存在：为什么企业只需直接对所有者或股东负责？为什么对员工、客户或整个社会负责？在分散投资者资本主义时期，谁是所有者？为什么所有者对企业来说如此重要？

从企业家资本主义到管理者资本主义再到目前的投资者资本主义，随着资本主义形式的演变，所有权在很大程度上已经被投资取代。直到第二次世界大战前，所有者还等同于管理者，二者在利益上没有差别，这种情况在当今的许多家族企业中依然存在。管理企业时，依据的是所有者及其家庭的长远利益。责任是直接的个人责任，作为所有者的管理者经常在当地社会中发挥重要的作用。从19世纪末开始，全球普遍采用了有限公司制度，由此在全球经济体制中发生了所有者权益（利润）和所有者责任相互分离的重要转折。

随着受雇经理人的崛起，一种新型职业管理者开始接掌企业的管理职能，促使企业家资本主义向管理者资本主义转变。1932年，伯利（Berle）和米恩斯（Means）在其著名的“在美国，合法所有权是如何与有效公司制度分离的”研究中，对上述发展进行了首次分析。20世纪70年代到80年代，我们见证了一个新纪元的到来，投资者资本主义的崛起再次从根本上改变了整个大环境。从那时起，机构投资者承担起所有者的角色，主要以短期利润为目标管理手中持有的股份，而所有者则沦为金融投资者。投资者资本主义时期的所有权已经失去了原先的所有者的含义，即所有者是指用长远的眼光看问题并接受整个企业的风险和责任的人。

随着所有权被投资取代，将新晋股东视为投资者显得更加准确。人们对美国证券的平均持有期已从20世纪70年代的7年下降至当今的7个月，因此，这些股东甚至可称为投机者。“超高速”交易商如今占据了美国所有证券交易的70%。虽然其他国家的情况可能不同，但急功近利的趋势正在全球蔓延。事实上，投资者参与的主要目的是赚钱，与以前的所有者不同，他们没有任何自豪感和责任感。如果投资者对回报不满意或者发现了更好的投资机会，他们会毫不犹豫地放弃现在的所有权。为了维持股价并确保获得新的资本，企业必须承担更大的压力以满足投资者的期望。然而，将股东的期望变为企业的目的是没有道理的。

彼得·德鲁克（Peter Drucker）创造了一种与以往完全不同且更加广泛的企业目的的概念。他认为，利润可能是管理的结果，但不是管理的目的。利润是企业为持续经营而必须付给所有者的报酬，但它不能作为企业管理的指导性原则。企业的目的必然存在于企业之外。事实上，企业的目的一定存在于社会中，因为企业像任何其他机构一样是社会的一分子。

德鲁克认为，每一个社会机构都有其存在的特定目的。管理包含三个维度：首先，对于商业企业来说，其特点目的就是经济绩效，它与以有效率的方式向客户提供产品和服务。第二个维度是使工作富有成效、员工具有成就感。企业只有一种真正的资源：人。因此，管理就是要让人力资源具有生产力。第三个维度是管理企业的社会影响和社会责任："没有一个机构能够独立存在并以自身的存在作为目的"。在比较这三个维度时，德鲁克指出这些功能是不可能分割开来的，每种功能都有其自身的重要性。在管理时必须同时考虑这些维度，并在同一管理行动中实现各项功能。

1.6　重构企业与社会的联系

重构企业与社会的联系已经成为管理的一项主要挑战。为了建立企业对社会有益的形象，赢得公众的信任，企业必须进行改革。不但要重新思考治理、管理和领导企业的方式，还要重新审视企业在社会中的价值与作用。

过去，人们尝试过很多不同的方法来重建企业与社会的联系，其中包括：企业社会责任、企业公民、商业道德、社会企业家精神、公平交易、自觉资本主义和企业可持续性。虽然它们关注的焦点不同，但这些方法都有一个共同的目标：使企业与社会重新整合。此外，学者们还提出过若干倡议，目的是推动企业将这些想法付诸实践，其中包括联合国全球契约、全球负责任领导力倡议组织、世界可持续发展工商理事会、欧洲企业社会责任协会（CSR Europe）、欧洲社会商业学会（EABIS）和考克斯原则（Caux Principles），等等。

2011 年，迈克尔·波特和马克·克雷默在《哈佛商业评论》上发表的文章使共享价值方法成为主流。比如，2006 年雀巢开始重视"创造共享价值"（CSV），并从 2008 年起开始报告这方面的成果。2003 年，杰德·埃默森（Jed Emerson）提出了"混合价值"概念，将企业创造收入和创造社会价值的活动融为一体。大约同一时间，菲利普·德伍特（Philippe de Woot）提出在企业内部履行社会责任。此外，他还建立了深植于人本思想中的全方位的企业模型，并将领导力重新定义为企业家精神、领导力和政治才能的三位一体。

波特和克雷默认为，企业的目的不只是追求利润，还必须包括创造共享价值。共享价值原则是指在创造经济价值的同时，还要通过解决社会需求与挑战的方式创造社会价值。企业规划的起点不是企业自身，而是社会及其问题。因此，企业的目标是为社会问题找到经济解决方案。

共享价值管理的出现说明人们朝着重建企业成功与社会进步的联系迈出

了积极的一步。在经商的同时为社会做一些有益的贡献，是实现经济成功的一种不同方式；不是可有可无的企业行为，而是企业各项活动的核心。这种目的不是出于慈善，而是出于对通过社会价值创造经济价值的更深刻的理解。

因此，我们需要新的商业模式以鼓励不同利益相关方的参与，使所有利益相关方为社会共同创造价值。

全球中产阶级的人数有望在未来 20 年内增加 30 亿，达到近 50 亿。高效地利用和管理各种形式的资源及价值观必须主导下一代对价值链的思考。市场营销需要从劝服和创造需求走向认真思索消费结果。我们还要更深入地思考，如何才能为财富金字塔底层被忽略的数十亿人提供负责任的服务。金融需要重新考虑资本市场如何才能真正地支持企业的长远思考和真正的价值创造，而不只是为金融市场参与者创造效益。运营和供应链管理需要进而发挥符合多个标准要求的客观作用，在关注效率以及运营的生态和社会影响之间取得平衡。最后，会计需要扩充相关工具与技术，用于对企业的环境效益和社会效益进行会计核算，进而提高财务的透明度，建立真正的问责制。

为了应对社会和环境的挑战，构建企业与社会的新型关系，需要变革现有的管理教育，以培养创新的企业家，创业者、公共部门的管理者和社会组织管理者。

1.7 可持续企业家精神、领导力和政治才能

不仅需要改变企业的角色，还要设定企业领导者在转型中作为主要利益相关方应当发挥的作用。菲利普·德伍特指出全球负责任的领导者应该具备的特点是：能够使经济活动重新具有道德和政治意义。这要求对企业更深层次的目的进行重新审视，并在商人的各种关键角色之间重建平衡。

企业应从更广泛的社会共同利益的角度来发挥其创新的作用，如果不是为了实现社会共同利益，企业便不具有政治或道德的合法性。从这个角度来说，没有任何企业是只为自己而存在的，它们存在的目的都是服务于更广泛的大众利益，这也引出了“意义”是什么的问题。企业的活动必须放在人类进步的大环境中去看。重新审视企业，应始于把经济因素置于恰如其分的地位，使其成为大系统的一个子集而不是核心。目前的体制是由经济主导社会，因此取得进步的希望很小，而这场重新构建的改革将在现有体制的基础上产生一场巨变。

在文化、社会、政治、精神和教育等其他领域的进步都有其内在价值。因此，如果对企业功能的定义和设计是建立在对进步的更广泛了解与评估基础上的，企业的表现必然与社会需要相一致。在这个包含文化、社会、政治、精神和教育因素的广泛议程中，经济只能是它们的促成因素而非替代品。

实体经济曾经是创造物质文明的主要舞台，使企业发挥开创性作用是任何有效的经济体制获得社会合法性的来源。

企业家是一种从本质上具有创造新的实体。因此，对企业的关注应该重新回到其创造能力上来，而不是单纯地将它看作一种赚钱的机器。为了服务全球的共同利益以及应对当今时代面临的挑战，必须重新设定创造力的目的，使经济和技术创造力的具体功能转化为人类的进步。要实现这一目标，就要回答一些基本问题：利用手中掌握的经济和技术资源想要建立一个怎样的世界？或者，使用经济和技术创造力的目的是什么、如何使用以及为谁而使用？

上述所有问题实际上只能从道德或政治的角度来回答。因此，必须为经济和企业创造力重新赋予道德及政治意义。企业只有通过树立新的价值观以转变自身文化，并在全球化的世界中与各种利益相关方一起进行政治辩论，才能成为负责任的企业。

因此，为了建立21世纪的企业文化，须重新审视商人的三种关键角色：企业家、领导者和政治家，并重建三者的平衡。

1.7.1　企业家精神

企业家精神的挑战是回归经济创造力和创新。创业行动的核心是在现实的商品和服务世界中发挥创造力。企业主要通过创业能力来服务共同利益以及应对未来的挑战。从创业发展的角度定义商业企业的目的，将影响组织的战略、结构和管理行为，以及企业对共同利益的具体贡献。它使企业家和商人承担起利用科学技术推动有益于人类进步的共同责任。在这种思路的引导下，企业可以更加轻松地利用自身的创造能力来解决当今时代面临的重大挑战：气候与资源、贫困与不平等、全民教育，等等，同时还能促进更好地利用经济利益相关方的创造力及其杰出的创业能力。

1.7.2　领导力

领导力的挑战是回归道德和人类发展。只有管理已经不够。如果将道德重新放到经济活动的核心位置，我们需要的就是领导者，而不只是企业管理者或行政管理者。领导力是引导企业中人的因素的艺术：培养和激励员工、给员工授权，并通过赋予他们有意义的价值观使他们的工作富有意义。领导力依赖于道德权威，正是通过这种权威，价值观在整个企业中才得以传播。道德使企业的行动有了意义；它指引着企业的决策及其实施。从更加积极的方面来说，道德还从全球和长远的角度为企业进步赋予了意义，使其服务于人力的真正发展。为此，需要一种新型的领导者：既是“构建有意义的人”，也是“企业良心的缔造者”。这种负责任的领导者定会采用符合道德的方法。

1.7.3 政治才能

政治才能的挑战是回归共同利益和政治。政治才能意味着，行动的基础来源于认可社会相互依存性和长期可持续发展的价值观体系。政治才能是指积极参与共同利益的界定并将其融入企业活动中。企业有能力吸引社会中一些最具活力、最有才干的人，因此，企业不积极参与这项任务也将使社会失去关键的人力资源。企业受到政治发展的影响，同时企业的活动也会对政治和共同利益产生影响。无论如何，商业领导人都具备为共同利益而奋斗的政治家的思考和行动能力。

1.7.4 可持续企业

企业作为一个社会机构，其任务和责任不仅限于经济表现，还要为企业活动的社会影响负责，更重要的是，要为解决社会问题做出贡献。可持续企业在注重正当利润的同时，要和社会利益相关方一道合作并为他们创造共享价值。

可持续企业意味着管理要从长远着眼，承担起全球责任。商业领导人要兼有三种不同的关键角色：企业家、领导者和政治家。可持续企业还意味着组织应该非常清楚自身在能力和政治合法性方面的限制。因此，可持续企业能够支持和促进建立必要的框架条件，进而有助于实现可持续经济。

2 管理思想的发展

管理思想、理论和方法的发展与社会发展和技术进步密切相关，在工业时代获得了快速的发展，在市场经济中不断演进。迄今实践证明行之有效的管理方法在可持续发展的管理中依然值得借鉴，但未来大趋势要求以负责任的治理和管理适应经济社会的新发展。中国古代传统思想和文化曾经影响到西方早期管理思想，在当今仍有巨大的应用价值。

自从产业革命产生了工厂和企业，进而推动了企业早期管理实践的发展。在长期的企业管理实践基础上，产生了对其他类型组织同样具有指导意义的管理理论。管理发展史上的许多理论成果和实践方法，不仅成为当今管理理论的基础，而且具有广泛的应用价值。

管理理论和方法是从人类管理的活动或实践总结出来的，它具有鲜明的时代特征，管理的实践和理论也是随社会发展和进步而不断发展和改进的。图6－1示出管理思想和理论的时代演进过程。

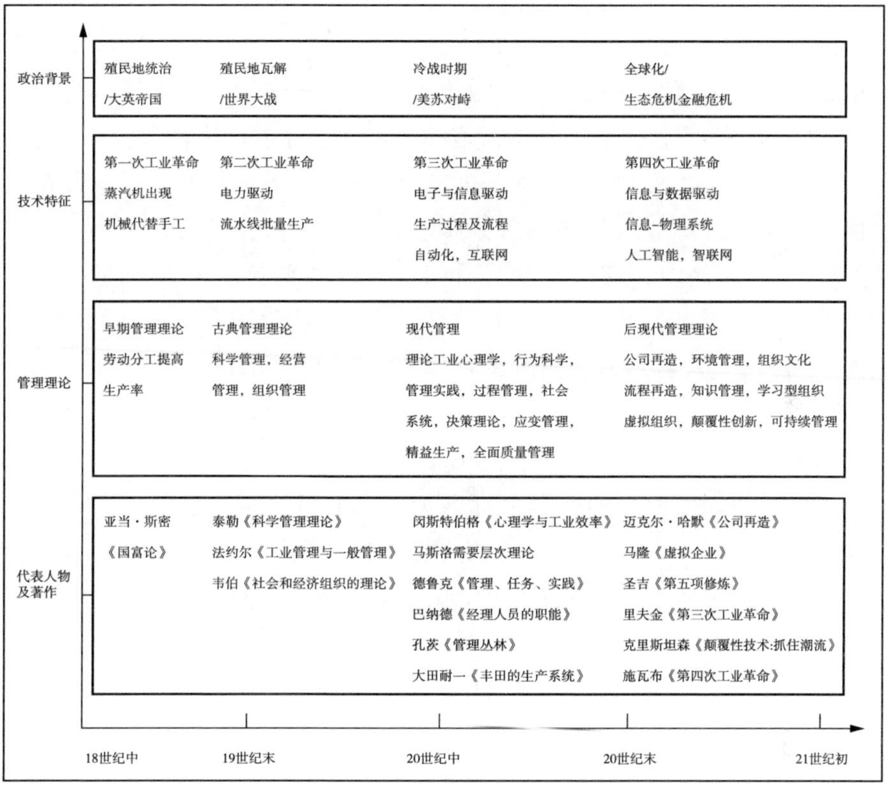

图6－1　管理思想与理论的时代演进

2.1　中国早期管理思想

中国有五千年的文明史，中国古代的思想蕴含丰富的智慧。

中国古代的管理思想起于先秦时期，主要体现在先秦诸子百家中，如儒家、道家、墨家、兵家、法家的思想之中。可分为宏观（治国）和微观（治生）的管理思想，具有当时的时代意义和影响。下面提及其中几个重要的思想，谨以此为例，而不作全面或深入的探讨。

天人合一

“天人合一”是有关宇宙、社会和人生价值观的问题。

对天人合一有各种不同的理解，包括许多价值意义上的命题。

在中国古代思想中“天”的含义，大体上一是指自然之天，通常也称为天然；二是指义理之天，也就是天理。“人”的含义从实然的角度说，是指现实中的认知主体或实践主体，从应然的角度说，是指价值意义上的理想人格。

老子认为，“道”是宇宙万物的本源，宇宙万物遵循“道法自然”的规律。“道”包含天道和人道两个方面，即天人关系。

道家所说的“道”侧重点在天道方面，是自然之天，视天道为“最高原理”，主张“人法天”，人必须服从天道的普遍性，尊重自然客观规律，把“自然无为”，“无为而无不为”作为人道的准则，强调人的自然本性就是顺道无为。

儒家所说的“道”其侧重点在人道方面，道是自然之天，还是“义理之天”（天理）。人是作为道德义理等价值存在的体现者，其遵循的道德规范、行为准则都源于天道。主张人性善，人道的基本原则就是“仁”的原则，“仁者爱人”，强调“人能弘道、非道弘人”。视天人合一的最佳状态为“中庸”。

儒道两家论“道”的侧重方面不同，但最终殊途同归，说明天道与人道是相通的，不同之处是“合”的路径不同。

天人合一为人生追求的终极目标。天人有共具之性，这就“诚”。“诚”为天道的最高原则，因而也是人道的终极价值源泉；人生的目的就在于求得一个“诚”字，从而实现终极价值目标，达到“诚”的境界是人类社会共同的价值追求。

“天人合一”是中国古代基本哲学思想，它系统地表明了人与人、人与社会、人与自然和万物的和谐关系。

以人为本

在中国古代思想中，“天人合一”的思想也是世界观和人生观的结合，讲求自强不息、实事求是，注重人生的价值、意义和实践，从而铸就了“以人为本”的基本精神。

“以人为本”是以“人道”为宗旨，以关注人生为出发点，论人之所以为人、人与人相互关系应当如何之道。“以人为本”认为世界在本质上是至善的，它是人生价值的终极依据。在人的含义中，既强调人性善的义务，又强调扬善抑恶的能动性。

诸子百家中，无论是“道法自然”的原则、“仁者爱人”的观念、还是“兼相爱交相利”的主张，从不同的侧面都体现了“以人为本”的精神，包括公平原则、关爱尊重和人际和睦关系等价值观。

儒家主张“以人为本”的民本思想，把提高道德意识的自觉性，树立以民为本的观念，向往尽善尽美的理想人格作为根本的宗旨。并提出“格物、致知、诚意、正心、修身、齐家、治国、平天下”的具体实现的方法和步骤，把人从内发扬到外，由个人内部做起，推到外平天下为止，构成中国特有的伦理和政治相结合的系统和以“大同社会”为终极目标的思想。

中国传统思想把人生道路的探索与理想的价值目标的追求相结合，一方面看重认识世界指导人生实践的实用理性，另一方面看重追求理想目标价值理性，“为仁由己”“良能良知是万善之源”，强调“仁义礼智信”，用“内在超越”的方式落实“以人为本”的原则。

在中国古代“以人为本”的思想中，包含着尊重他人、尊重民意、与人为善、利群利他、忧国忧民、严于律己、推己及人、向往高尚人格等重要价值思想。“以人为本”的思想为中华民族提供了基本价值观念，提供了强大的民族凝聚力。

辩证思维

中国传统思想中的辩证思想及其丰富，在变易发展、对立统一、相反相成、物极必反、整体联系、生化日新等问题都有深刻的描述。这一思想方法论以生生不息、动态的思维方式描述动态的宇宙，把世界看成动态的过程。

动态的逻辑是从正反两个角度，即用“两点论”看待世界、把握世界。这两个点，一个是“阴”，一个是“阳”，依据阴阳的辩证关系解释世界、解释人生。

以阴阳范畴为核心，在先秦时期形成三种辩证法类型。第一种是道家的“贵柔”辩证法，以老子为代表；第二种是兵家的“尚刚”辩证法，以孙子为代表；第三种是儒家的“中庸”辩证法，以孔子为代表。

中国古代奠定的辩证法思想不断得到继承和发展，形成了中国人注重辩证思维的传统，它作为认识论方法论的智慧，对今天观察问题、处理问题仍然是宝贵的思想资源。如，“治大国若烹小鲜”“知己知彼，百战不殆”“己所不欲，无施与人”传世至今，也成为世界普遍接受的原理。

知行关系

中国古代思想中，在知识论方面的基本态度是“实事求是”，关注现实和注重人生实践。

“是”含有智慧、知识、真理、原则、道理等意思。“求是”表明，做人“只是为了成就一个是”。“实事”就是实践。主要指关系到国计民生的实事大事，也指人的身心修养之大事。所以，“实事求是”就是注重实践、从实践中获取真知，就是以“实事”为目的，为了实践而求真知。

“知”的规定不仅是事实之知，还注重道德价值之知。把道德价值的知识称为“德性之知”，或视为“智慧”。

“行”，即行在路上，从原意中可引申出践行、行动、活动、探索等多种意思，概括起来就是实践，包含着实践和行动的目的性、结果性。这是一个将“实事”之真知落实到行动之“实事”的过程。

在中国传统思想中，往往把知与行相提并论，对知行关系有深入的讨论。其中，“知先行后”凸显“德性之知”的指导作用；“知行相须”强调二者的配合关系，把此比作鸟之两翼、车之双轮；“知行合一”则强调“知中有行，行中有知”，注重知与行的统一性；“行先知后”强调“行”是“知”的基础，“知”来自于实践并受其检验。

在这些关于知行关系的看法的多样性中，有一个共性，这就是知和行始终是紧密地联系在一起考虑的。

总体上，特别重视认识与实践的关系是中国传统思想的一个重要的特征。

战略与决策

《孙子兵法》在战略与决策方面有精辟的论述。从道、天、地、将、法五个方面分析战场全局，这里所说的“道”，就相当于实现的战略目标，“天”和“地”相当于时机和环境，“将”指有能力的领导者，“法”则相当于制度、纪律、组织。

《孙子兵法》用“知己知彼，百战不殆”说明只有详细了解对方情况，又熟知自己的情况，从而加以比较，确定战略、战术，发挥主观能动性，才能取得胜利。其“故上兵伐谋，其次伐交，其下伐城”的主张，显示出积极进攻和积极防御的战略指导思想。

《孙子兵法》提出的原则和策略，包含战争观念、战略和战术思想以及治军理论的体系，其影响范围远不限于军事，而且在政治、外交、经济、商业等领域都具有重要意义。

古典经济学的中国渊源

在西方古典经济学形成的过程中，中国古典思想曾给予了重视发展资本主义农业经济的重农学派和亚当·斯密（Adam Smith）产生了重要的影响。

从16世纪起，以儒家为代表的先秦各家的思想，相继传入欧洲。到了17世纪，形成当时遍及欧洲的“中国热”，并在18世纪前半期达到了高潮。“中国热”对于欧洲18世纪的文艺复兴运动产生了重要影响。法国的重要启蒙思想家伏尔泰以孔子的格言“己所不欲，勿施于人”和“以直报怨，以德报德”作为座右铭。

重农学派领袖魁奈被称为“欧洲的孔子”，他和其他代表人物的学说深受中国传统思想文化的影响。它们自由主义经济学的基本精神就是遵循“道法自然”的“自然秩序”或“法则”。重农学派的思想又进而影响到斯密，加之他直接对中国的感受，从而影响到西方古典经济学。

斯密的《道德情操论》是其《国富论》的前奏。在这本书里，斯密证明人们遵从道德是出于自利的动机，而在《国富论》中，斯密则指出人们追求自己的幸福会导致社会繁荣，但逻辑是一个。

斯密在《道德情操论》中说到“仁爱”：“一人应对所有人的爱不是外在于这个人，而是这个人本身；他的本性使他爱所有的人，这种感情就和他爱自己一样自然”。

斯密在《国富论》中强调，分工是近代经济发展的重要原因，而分工的发展取决于合作，合作能给当事人带来增益，而合作的达成优势发端于人的自利本性，因而合作得以实现的制度的形成和演进，不是靠人为的设计，而是要取决于自然秩序的力量。《国富论》中有许多有关中国经济的论述。

不难看出，斯密所发现的原理，在两千多年前中国先哲们用另一种语言更为简洁地表示出来。墨子的“兼相爱，交相利”，可以看作是“合作增益”的另一种表述。老子的“无为而无不为”，显然有着比“看不见的手”更为广泛和深远的含义。“人法地，地法天，天法道，道法自然”，表现的是一种对自然秩序的赞颂和追随。孔子的“听民自利”的经济政策主张，其实就是自由经济主义的另一种表述。

斯密的经济学思想奠定了西方市场经济的基础，是西方现代经济赖以兴起的核心，西方经济学的发展史，在某种程度上可以说是围绕着亚当·斯密展开的。这无疑也奠定了管理学发展最主要的基石。

可以说，中国古代传统文化思想是古典经济思想的一个重要的渊源。它在当时的影响也体现了时代的特征，但在今天它对世界的影响不仅持续存在，而且已赋有现代的意义。

2.2 西方早期管理思想

18 世纪下半叶的第一次工业革命首先开始于英国的纺织业，后来蒸汽机的发明促进了化学、冶金和机器制造业的发展。19 世纪工业革命波及法、德、美、日等国，使社会生产的组织形式从家庭转向工厂，管理思想有了飞跃的发展，出现了许多管理理论的先驱者。

亚当·斯密是18世纪后半期英国杰出的古典经济学家。他在1776年发表的《国民财富的性质和原因的研究》（即《国富论》）一书中，提出了劳动经济论和经济人的观点。

亚当·斯密首先推崇劳动分工，认为一切财富归功于分工。他的管理思想的主要内容是：

——劳动是国民财富的源泉，只有减少非生产性劳动，增加生产性劳动，同时提高劳动者技能，才能增加国民财富。

——分工可以使劳动者专门从事某一操作，从而提高劳动技能和熟练程度，分工还可以减少劳动者的工作转换，节约劳动转换中损失的时间。分工有利于促进生产工具的改革，使生产合理化。

——人们在经济行为中追求的是私人利益。由于每个人的私人利益又受到他人利益的限制，于是就迫使每个人必须顾及他人的利益，由此产生了相互的共同利益，进而产生了社会的利益。

因此，社会利益是以个人利益为立足点的。这就是他的“经济人”的观点，后来成为资本主义管理的理论基础之一。

2.3 古典管理理论

古典管理理论是19世纪末和20世纪初由于在当时工商业迅猛发展，而企业管理相对落后，试图运用当时的科学技术去解决问题，在美国和欧洲形成的。古典管理理论分为两派，一个是以美国泰罗为代表的科学管理学派（Scientific Management），一个是以法国法约尔和德国韦伯为代表的一般行政管理学派（General Administration）。科学管理注重个体效率的提高，一般行政管理注重组织整体效率的改进。

2.3.1 科学管理理论（弗雷德里克·泰罗）

弗雷德里克·泰罗（Frederick W. Taylor）被管理学界称为“科学管理之父”。在长期进行管理实验和咨询的基础上，泰罗于1911年发表了在管理史上享有盛名的《科学管理原理》一书。

泰罗科学管理理论的理论要点：

——科学管理的中心问题是提高劳动生产率。

——要使工人掌握标准化的操作方法，使用标准化的工具、机器和材料，并使作业环境标准化。

——实行级差计件工资制。

——把计划职能和执行职能分开，变原来的经验工作方法为科学工作方法。管理的结果应由管理人员和工人共同负责。

——实行职能工长制。

——在管理控制上实行例外原则。管理者处理职能部门难以自身调节或超出权限的问题，有时间去考虑企业的方针政策、经营决策和人事任免等重大问题。

在泰罗理论的基础上，吉尔布雷斯（Frank Bunker Gilbret）和他的夫人利莲（Lillian Moller Gilbreth）从工作效率和心理作用两方面入手，在动作研究和工作简化方面做了特殊的贡献，利莲还出版了《管理心理学》。

泰罗的合作者甘特（Henry Laurence Gantt）发展了生产管理中的计划控制技术，创制出“甘特图”，并提出了新的工资制度。

福特虽不是管理学家，但他的管理活动、机械化流水线，为后来的自动化生产及自动化理论奠定了基础。

与科学管理学派同期产生和发展的另一学派是一般行政管理学派，又称古典组织学派。与科学管理学派相比，它更侧重于从整体上研究一般管理的职能、管理组织结构与原则。其主要代表人物有法国的亨利·法约尔（Henri Fayol）和德国的马克斯·韦伯（Max Weber）等。

2.3.2 一般管理理论（亨利·法约尔）

法约尔的代表作《工业管理与一般管理》一书于1916年问世，后人认为他所创立的管理理论不仅适用于企业，还适用于军队或其他行政组织，故称之为“一般管理理论”。

法约尔研究不局限于企业内部，而是从原材料、生产到销售构成的商业关系。他认为，“经营”与“管理”是不同的两个概念，前者的含义要广于后者。经营包括六项职能，而管理仅是其中的一种，而且认为管理包括十四项组织原则。

经营的六项职能：

——技术职能，指生产、制造、加工等。

——商业职能，指采购、销售、交换等。

——财务职能，指资金的运筹与运用。

——安全职能，指采取各种措施，保证机器设备的正常运转，保护人身安全。

——核算职能，指编制财产目录和资产负债表，进行统计和成本核算等。

——管理职能，指计划、组织、指挥、协调和控制。

以上五项管理职能与现代管理中管理职能基本相近。只是提法有点不同，他提的计划，现在叫决策；他提的指挥，现在叫领导。因此，二者的内涵是基本一致的。

管理的十四项组织原则：

——分工。分工是实行劳动专业化以提高生产效率，它是在各种机构、组织、团体中进行管理活动所必不可少的手段。

——职权。职权是发号施令的权力和要求别人服从的威望。职务权力是由职位产生的，个人威望来源于个人的智慧、经验、道德、领导能力、资历等，同时职权与职责是相互联系的。

——纪律。纪律是管理所必需的，没有纪律就难以确保管理成功。纪律实质上就是组织内所有成员通过成文协议对自己在组织内的行为进行控制。

——统一指挥。组织内每一员工只能接受一位上级的指挥。

——统一领导。对于目标相同的一系列活动，只能在一个领导和一个计划下进行。

——个人利益服从于整体利益。即在一个组织内的员工个人或其集体的利益均不应超越企业的利益。当二者不一致时，主管人员必须使它们一致起来。

——人员的报酬。报酬必须保证公平合理，尽可能使员工和公司双方满意。

——集权。权力的集中或分散的程度应根据企业的实际情况来定，不应千篇一律，应允许有一定的弹性，即根据组织的性质、问题和人员的能力而定。

——等级链。从最高级别到最低级别的各级领导、管理人员之间应建立关系明确的职权等级链结构，以保持上下灵敏沟通。

——秩序。每个组织中的每个员工都应该在他能做出最大贡献的职位上。

——公平。管理必须对每一个员工以同样的原则和态度来处理问题，才能建立起公正平等的气氛，才能使下属对上级表现出忠诚和热心。

——人员的稳定。如果人事不断变动，工作将难以顺利完成，成功的企业应鼓励员工长期努力工作，保持工作的相对稳定性。

——首创精神。这是提高组织内人员工作热情，促进事业发展壮大的巨大源泉。

——团队精神。必须保持和维护企业内部的融洽、和谐与团结，特别是人与人之间的相互关系。

法约尔特别强调，以上十四条原则，在管理工作中不是死板和绝对的，而是有尺度的。因此，原则是灵活的，可以适应一切需要，关键是要灵活地运用它们。

2.3.3　行政组织理论（马克斯·韦伯）

马克斯·韦伯是德国著名社会学家。他在理论方面的贡献是他在其著作《社会和经济组织的理论》一书中提出了理想行政组织体系理论，因此他被称为“组织理论之父”。

韦伯认为，任何组织都必须有某种形式的权力作为基础才能实现目标。在三种纯粹形态的权力中，只有理性、合法的权力才适宜作为理想行政组织体系的基础。这个体系应该具有以下特点：

——劳动分工。成员间有明确的任务分工，每个职位的权力和责任都应有明确的规定。

——权威等级。组织内的各个职位，按照等级原则进行安排，形成自上而下的等级系统。

——正式的甄选。人员的任用根据职务的要求，通过正式的考评和教育来实行。

——正式的规则和规定。公职人员必须是专职的，有固定的薪金和明文规定的升迁制度。

——非人格化。组织内部任何人都必须遵循共同的法规和制度；组织中人员的任用一般一视同仁，严格掌握标准。

——职业生涯导向。组织中上下左右的关系是工作与职位的关系，不受个人情感的影响。

韦伯认为，这种高度结构的、正式的、非人格化的理想行政组织体系，是对人们进行强制控制的最合理的手段，是达到目标、提高劳动生产率的最有效的形式。但它是为适应封建社会向现代工业社会转变的需要而提出，过分强调集权化、制度化，而忽视了人的积极性因素，也忽略了非正式组织的作用。

2.3.4　古典管理理论的主要特点

（1）古典管理理论主要研究如何提高效率。这方面，泰勒提到注重研究如何提高个人劳动效率和工作效率，其中包括标准化问题、计件工资问题都是以此为目的。法约尔不仅仅针对工人，他是研究一个企业的管理效率，包括六项经营职能、五项管理职能和十四项原则，针对的已经不是哪一个具体的工人。马克斯·韦伯是研究整个组织的整体效率，建立组织理论，研究效率效益的范围有不断扩大的趋势。

（2）主张用科学代替经验，在古典理论出现之前，管理主要是靠自己的经验、认识、感知从事管理活动，而此后建立了一套科学体系从事管理。这方面，包括形成了一系列的科学管理原理，提出了一般管理理论和基本的管理原则，而且从技术上来设计一套组织结构形式。

（3）管理的专业化和职业化。他们共同主张管理者和操作者分离，应该有专门的管理专业教育，培养专业人才。还主张管理工作应该是职业化，终身的职业就是管理。这是很不错的想法，现在已经实现了。

古典管理理论形成的成就，对现代经济社会仍然有指导作用，当然它也存在一定的缺陷，但对今天的管理实践在不同情况下也有相应的借鉴意义。

2.4 行为科学理论

当古典管理理论被当时企业界所接受时，在实际管理中，人们逐步认识到古典管理理论在实践中的缺陷，即忽视社会、心理等因素对管理组织中人的重大影响。因此，产生了新的管理思想与理论，其中就包括以工业心理学为基础而衍生的行为科学理论。

2.4.1 人际关系学说

20 世纪 20 年代末心理学家梅奥为代表的学者在西方电气公司霍桑工厂进行了“霍桑试验”，研究了工作条件、感受和非正式组织对工作效率的影响。开创了行为科学的早期研究，梅奥等人出版了《工业文明中的人的问题》，总结出了“人际关系学说”。“人际关系学说”的主要观点：

——个人都是“社会人”，是复杂的社会形态的成员，不是经济人。认为金钱不是刺激个人积极性的唯一动力，生产积极性的提高还必须从社会和心理方面努力。

——领导的责任在于提高个人的“满意度”，从而达到提高生产力的目的。个人的积极性主要取决于其家庭、社会生活和组织中人与人的关系。因而要注意关心下属，进行情感沟通。

——企业除了正式的组织外，还存在着“非正式组织”，它是一项生产率的重要因素。

之后，社会学家、人类学家、心理学家、管理学家等许多领域的学者共同研究人的动机和行为，在这方面取得了突破性进展。

2.4.2　工业心理学

雨果·闵思特伯格（Hugo Munsterberg）是工业心理学的主要创始人，被称为“工业心理学之父”。

泰罗的科学管理活动使社会上对于科学管理的兴趣日益高涨，进而推动了美国管理运动的第一次高峰，但其推广应用却滋生了一系列社会问题。闵思特伯格的工业心理学正是产生于当时特定的历史背景之下。

1912 年，闵思特伯格出版了具有里程碑意义的《心理学与工业效率》一书。他在书中论述了对人类行为进行科学研究，以发现人类行为的一般模式和解释个人之间差异的重要性。闵思特伯格明确提出，工业心理学研究的重点在于：

——使人们的心理特点与其从事的工作相适应，即企业应识别适合从事某种工作的人应具备的心理特点，进而将心理学的实验方法应用在人员选拔、职业指导和工作安排等方面。

——研究和设计适合人们工作的方法、手段与环境，以提高工作效率。他发现，学习和训练是最经济的提高工作效率的方法和手段，物理的和社会的因素对工作效率具有较强的影响，特别是创造工作中适宜的心理条件极为重要。

——达成最重要的效果，即企业采用合理的方法确保资源的合理利用，尤其是强调对人的需要施加符合组织利益的影响的必要性。他指出心理学家在工业中的作用应该是追求个人在工业中的最高效率和最适宜的环境条件。

闵斯特伯格的研究和思想对后来的研究工作和行为科学理论产生了深远的影响。1949 年，在美国芝加哥大学的一次跨学科会议上，学者们充分肯定了对人的行为研究的一系列成果，并将之命名为“行为科学”。行为科学本身并不是完全独立的学科，而是心理学、社会学、人类文化学等研究人类行为的各种学科相互结合的一门综合性性学科。

行为科学理论主要包括：

——人的需求与动机的理论，包括马斯洛的需要层次理论，赫茨伯格的双因素理论（即保障因素和激励因素）。

——人性理论，包括麦格雷戈的 X 理论和 Y 理论（即人性善与人性恶）。

——群体行为理论。

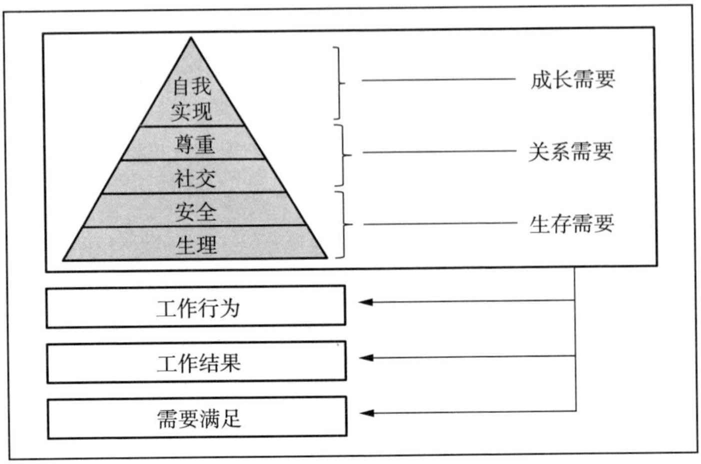

图 6－2　马斯洛需要层次与工作成果的关系

——领导方式理论。

——领导行为理论。

2.5　现代管理理论

20 世纪 40—60 年代，世界形势稳定，经济获得大幅度发展。除行为科学得到长足发展外，许多管理学者从各自不同的角度阐述对管理学的见解。划分出不同的管理学派，其中最有影响的是：

以泰罗、法约尔为代表的管理过程学派，以德鲁克、戴尔为代表的经验学派，以巴纳德为代表的社会系统学派，以西蒙为代表的决策理论学派，还有人类行为学派和管理学派。

到 20 世纪 80 年代初，管理学派的数量又增加了很多。哈罗德·孔茨（Harold Koontz）把各种理论和学说划分为 11 个学派，其代表人物和主要思想可归纳如下。

2.5.1　经验学派（彼得·德鲁克）

经验（或案例）学派（The empirical or case approach）的代表人物主要有彼得·德鲁克（Peter F. Drucker）等。这个学派主张通过分析经验（通常是一些案例）来研究管理问题。他们认为，通过分析、比较和研究各种各样成功和失败的管理经验，就可以抽象出某些一般性的结论或原理，以有助于实际管理人员理解管理原则，并使之学会有效地从事管理。

经验学派的主要理论观点是管理的三项基本任务：

（1）取得经济效果，无论社会经济制度或社会意识形态怎样，作为经济实体的企业，都有提供利润的责任。

（2）使工作具有生产性，并使工作人员有所成就。凡是能直接有助于企业成长的工作，都是生产性的工作。企业的管理者应根据企业的需要而创设新的工作，并经常使原有的工作增加新的内容。

（3）企业承担对社会的责任，通过提供商品和劳务，对社会产生积极的影响。

德鲁克还提出了目标管理的理论。

他认为，首先必须将组织的宗旨和使命转化为目标，主张创造顾客；在明确了组织本身目标之后，为把事业推向前进，必须将目标展开；每项业务的目标都必须同整个组织的目标相一致，尤其是经营人员的业务更必须以整个事业的成功为中心来考虑；组织目标的实施要以自我控制为主，要有一种管理原则能使个人的力量和责任心充分发挥出来，从而建立协作关系协调个人目标而谋求共同的利益。

《管理：任务、责任、实践》是德鲁克最主要的代表作。此著作全面地论述了他的管理哲学和他对管理的任务、责任和实践等方面的看法。该书在1974年出版时就以英、德、日三种文字同时发行，很受各国管理界人士的欢迎和重视，有人将此书誉为经营管理的经典著作和百科全书。

2.5.2　人际关系学派（洛特利斯伯格、梅奥和马斯洛）

20世纪20年代是人际关系学派的兴起时期。人际关系学派又称为行为科学学派（The interpersonal behavior approach），主要代表人物有洛特利斯伯格（Fritz J. Roethlisberger）、梅奥和马斯洛。

该学派认为，管理是通过人去完成各项工作的，因此必须以人与人之间的关系为重点来研究管理问题，处理好人际关系是组织中的管理者必须理解和掌握的一种技巧。

人际关系学派的学者大多提倡以新的心理学观点来诠释员工个人的动机，从而视工厂为复杂的社会系统，而不像泰罗的古典管理理论一样视工厂为缺乏人性的庞大机器。人际关系学派的主要特点是侧重于研究个人和个人的动机，以及员工与其他人的关系，同时强调人际关系在管理实践中的艺术性。该学派强调合作，视员工为复杂的个体，坚信员工在工作场所扮演的角色、同事之间的关系和工作报酬都会影响员工的行为表现。

人际关系学派第一次把管理研究的重点从工作和物的因素转移到人的因

素上来，不仅在理论上对古典管理理论作了修正和补充，还为现代行为科学的发展奠定了基础，对管理实践也产生了深远的积极影响。

2.5.3 群体行为学派（库尔特·勒温）

群体行为学派同人际关系学派密切相关，以致常常被混同。与人际关系学派相比，群体行为学派（The group behavior approach）关心的主要是更广范畴的集体行为模式，而不是一般的人际关系和个人行为，它以社会学和社会心理学为基础，而不是以个人心理学为基准。

库尔特·勒温（Kurt Lewin）于1944年首先提出“群体动力学”的概念来描述群体中人与人相互接触、影响所形成的社会效应，对以后的群体行为研究产生了较大影响，被认为是群体行为学派的重要代表人物之一。

群体行为学派着重研究各个群体的行为方式，从小群体的文化和行为模式到大群体的行为特点与行为构成。后者通常被称为组织行为，其中“组织”泛指企业、政府机关、医院以及任何事业中一组群体关系的类型和模式。群体行为学派把组织理解为一种社会协定，是由许多社会单位所构成，包括各种相互作用的关系、态度、压力以及由于人们文化背景不同产生的各种矛盾的复合体。该学派强调管理系统中集体的行为模式、价值取向和管理态度，并提出在集体经营中对群体行为要素的研究必须更加紧密地同计划、控制、人力资源管理以及组织结构设计结合起来。

2.5.4 合作社会系统学派（切斯特·巴纳德）

合作社会系统学派（The cooperative social system approach）的代表人物是美国的切斯特·巴纳德（Chester I. Barnard）。他的著作《经理的职能》对这个学派有很大的影响。

巴纳德把组织定义为“两个或两个以上的人的有意识协调的活动（或效力）的系统”。他将组织看作是一个开放的系统，组织中的所有人员都寻求获得平衡，他们调整内外部的各种力量以维持动态的平衡。组织的产生是人们协作愿望导致的结果，许多人们个人办不到的事，协作就可以办到。

组织成员将自己对组织的贡献（即个人对组织的牺牲）同从组织所得到的诱因（即从组织所得）进行比较后，如果其净结果是正数（即个人欲望满足），则产生协作意愿；如果是负数（即个人欲望未满足），则协作意愿消失，成员就会退出组织。

诱引与贡献相比，也就决定了组织能否继续存在和发展，可用下式表示：

{贡献（牺牲）≤动力} → 组织继续存在和发展

巴纳德还把组织分为正式组织和非正式组织，指出正式组织作为一个协作系统，无论级别的高低和规模的大小，都包含三个基本要素，即协作的意愿、共同的目标和信息的关联。而经理人员的作用就是在一个信息关联系统中作为相互联系的中心，并对组织成员的协作活动进行协调，以便组织正常运转，实现组织的共同目标。

切斯特·巴纳德是西方现代管理理论中社会系统学派的创始人。他将社会学概念应用于分析经理人员的职能和工作过程，并把研究重点放在组织结构的逻辑分析上，提出了一套协作和组织的理论。

2.5.5 社会技术系统学派（特里思特）

社会技术系统学派（The sociotechnical systems approach）的代表人物是英国管理学家特里思特（E. L. Trist）。在采煤生产问题的研究中，特里思特发现在管理中仅仅研究社会问题是不够的。某些情境下技术系统（包括机器、技术和方法）对生产效率的提高更具显著作用。同时，技术系统能够对社会系统产生强烈的影响，即企业中的个人态度和集体行为要受人们工作所处的技术系统的影响。

社会技术系统学派主张，为了更好地提高生产效率与管理效果，企业需要对社会系统和技术系统进行有效的协调。当二者之间发生冲突时，通常应在技术系统中做出某些变革以适应社会系统。他们的研究主要集中在工业生产，如运输、产品装配和化学加工等技术系统与员工关系更为密切的工业工程学。

2.5.6 系统理论学派（F. E. 卡斯特、R. A. 约翰逊）

系统理论学派（The systems approach）的主要代表人物是卡斯特（Fremont E. Kast）和约翰逊（Richard A. Jahnson）。在其著作《系统理论与管理》中，他们继承了一般系统理论的创立者贝塔朗菲的思想方法，从系统的概念出发，建立起了企业管理的系统模式。他们认为：系统观点、系统分析、系统管理都是以系统理论为指导的，三者之间既有关系又有区别。

企业管理系统由人、资金、物、技术、时间、信息六个基本要素所构成。其中，人是管理系统中的主体，其他各项要素在一定程度上均受人的控制和协调。

在企业管理系统内部，又分为四个基本子系统：

（1）运行系统，即输入过程与输出过程。它又细分为物资供应系统、库存系统、采购系统、销售系统、市场开发系统等；

（2）控制系统，即指企业对各种有机要素的转化过程，包括生产系统、指挥系统、协调系统、计划系统、预测系统、决策系统、组织系统、质量系统；

（3）支持系统，即指企业内各后勤保证的过程，如职工福利系统、设备维修系统等；

（4）信息系统，即信息的收集、分析、研究、处理、传递的过程，包括信息收集系统、信息分析研究、信息处理系统等。

企业的系统管理强调以整体系统为中心，决策时强调整个系统的最优化而不是强调子系统的最优化，它使管理人员不致因只注意一些专门领域的特殊职能而忽略了企业总目标，也不致忽略该企业在更大的系统中的地位和作用。系统理论的范畴、原理，可应用于其他各种组织的管理，有助于组织管理的整体优化。

2.5.7 管理科学学派（伯法、鲍曼）

管理科学学派（The management science approach）也称为数量学派（The mathematical approach）。该学派认为，如果管理决策的制定是一个合乎逻辑的过程，那么就可以利用数学符号或关系式来表示。所以，他们把现代自然科学和技术科学的最新成果（主要是各种先进的数学方法、电子计算机技术与通讯技术、系统论、控制论、信息论等）广泛地运用到管理上来。管理科学学派认为管理就是制定和运用数学模型与程序的系统，进行计划、组织、控制、决策等，求出最优的解答，以达到企业的目标。

在企业的经营管理中，许多活动具有不确定性，而管理科学研究的目的就是尽量降低这些活动中的不确定性，以便使投入的资源发挥最大的作用，得到最大的经济效果。管理科学应用的科学方法有线性规划、决策树、计划评审法、关键线路法、电子计算机模拟、博弈论（又称对策论）、概率论、排队论（又称随机服务系统论）、库存论、搜索论、生产计划与控制等。这些方法的应用解决了大量的管理实践问题。但由于许多数学模型所要求的变量，在管理中很难找到和确定，而“人”在管理中是最活跃的因素，常常又需要被看作是常量，更难以确定，从而使管理科学学派理论和方法的应用也受到一定限制。

2.5.8 决策理论学派（赫伯特·西蒙）

决策理论学派（The decision theory approach）的代表人物是美国的经济学家和社会学家赫伯特·西蒙（Herbert A. Simon）。由于在决策方面的杰出贡献“对经济组织的决策程序进行的开创性研究”，西蒙被授予1978年诺贝尔经济学奖。

西蒙的决策理论的主要思想包括两个基本命题：人的有限理性和决策的满意准则。管理理论所关注的焦点，是人的社会行为的理性方面与非理性方面的界限。相对于微观经济学中经济人的完全理性，管理中人的理性是有限的，主要表现在：知识不完备，即所谓的局部文盲；困难的预见，这是多变的环境以及自身局限的必然结果；局限的可能行为范围。

基于上述几点，西蒙提出了令人满意的准则。由于决策者在认识能力上和时间、经费及情报来源上的限制，即有限的理性，事实上人们不可能做出“完全合理”或“最优”的决策，常常只能满足于“够好的”或“令人满意”的决策。

正是基于这种思想，西蒙推出了他的决策过程理论，内容包括：

——决策过程。包括判断问题，确定目标；尽可能制定各种方案与措施；比较得失，做出选择。

——程序化与非程序化决策。程序化决策往往重复出现，一般均有前例可循，处理时有固定的程序；而非程序化则是偶然出现或首次出现的，无先例可循，因而处理时无固定程序。

——决策过程中的科学成分。为了做出正确的决策，应大量应用数学分析工具与计算机技术。

2.5.9　权变学派（莫尔斯、洛希）

权变学派（The contingency or situational approach）形成于 20 世纪 70 年代。“权”就是衡量，“变”就是调整。权变指的是随机抉择、随机应变。权变学派认为，在企业管理中要根据企业所处的内外条件随机应变，没有什么一成不变、普通适用的“最好的”管理理论和方法。该学派认为：人们是怀着许多不同的需要加入工作组织的，而且人们有不同的需要类型。有的人需要更正规化的组织结构和条例规章，不需要参与决策和承担责任；有的人却需要更多的自治责任和发挥个人创造性的机会。前面一种人欢迎以“X 理论”为指导的管理方式，第二种人则欢迎以“Y 理论”为指导的管理方式。所以，不同的人对管理方式的要求是不同的，组织的目标、工作的性质、职工的素质等对组织结构和管理方式都有很大的影响。

权变管理理论的运用主要表现在计划、组织、领导方式三个方面：

——计划的制订，必须首先分析环境和组织的重要变量，在不同情况下，制订不同类型的计划，要充分注意计划中的模糊性与灵活性；

——不仅不同的公司，甚至在同一公司的不同发展阶段，也需要不同模式的管理组织形式。因地制宜和因时制宜地选择符合企业需要的管理组织形式和管理措施，是公司经理的重要任务；

——没有什么“最好的”或“最差的”领导方式，一切都以企业的任务、个人和团体的行为特点以及领导者和员工的关系而定。

2.5.10 管理角色学派（亨利·明茨博格）

管理角色学派（The managerial roles approach）代表人物是亨利·明茨博格（Henry Mintzberg）。

他认为不管什么组织的经理，由于其在企业中的工作性质、权威和地位的特殊性，都在一定程度上担任着十种角色，即：挂名首脑角色、领导者角色、联络者角色、信息接收者角色、信息传播者角色、发言人角色、企业家角色、故障排除者角色、资源分配者角色和谈判者角色。

因此，经理要提高工作效率，就要做到：与下属共享信息；自觉地克服工作中的表面性；由两三个人分担经理职务；尽可能地利用各种职责为组织目标服务；摆脱非必需的工作，腾出时间规划未来；以适应于当时具体情况的角色为重点；既要掌握具体细节，又要有全局观念；充分认识自己在组织中的影响，处理各种对组织施加影响的力量（如股东、政治、顾客等）的关系，利用管理科学家的知识和才能。可见，这是一种“实用型”管理理论，但其研究范围狭小，只适用于经理阶层。

2.5.11 运营学派（哈罗德·孔茨、西里尔·奥唐奈）

运营学派（The operational theory approach）又称管理过程学派或者管理职能学派，是哈罗德·孔茨和西里尔·奥唐奈（Cyril O’Donnll）首先提出的。这一理论是在法约尔的一般管理理论基础上发展起来的。管理过程学派把管理的职能作为研究的对象，把管理的工作划分为若干职能，然后对这些职能进行研究，阐明每项职能的性质、特点和重要性，并论述实现这些职能的原则和方法。

其主要特点是将管理理论同管理人员所执行的管理职能，即与管理人员所从事的工作联系起来。法约尔较早将管理活动分为计划、组织、指挥、协调和控制五大管理职能，并进行了相应的分析和讨论。哈罗德·孔茨集成了法约尔的理论，并把法约尔的理论更加系统化和条例化。孔茨认为，尽管组织的性质与所处的环境存在千差万别，但管理人员所从事的管理职能却是基本相同的，管理活动的过程就是管理的职能逐步展开和实现的过程。孔茨和奥唐奈在仔细研究法约尔提出的管理职能的基础上，进一步将管理职能分为计划、组织、人事、领导和控制五项职能，并把协调当作管理的本质作为五项职能有效综合运用的结果。由于管理过程流派吸收了诸多管理学家的思想和主张，不断丰富各项管理职能的内容，因此具有广泛的影响。

2.6　当代管理理论

20 世纪 80 年代以来，在全球化过程中，科学技术尤其是互联网、信息化、知识化得到不断深入广泛的发展，各类组织的管理面临日益复杂和多变的环境。在此背景下，也涌现出了当代新型的管理理论。以下简单介绍组织文化理论、流程再造理论、姿势管理理论、学习型组织理论和虚拟组织理论。

2.6.1　组织文化理论

（1）组织文化的概念

组织文化反映的是组织特有的观念，它从精神方面支配着组织的运行。

"文化"一词有广义和狭义两种理解。广义的文化是指人类在社会实践中所创造的物质和精神文化的总和。狭义的文化是指社会意识形态及与之相适应的礼仪制度、组织结构、行为方式等物化的精神。

组织文化（corporate culture）是处于一定经济和社会背景下的组织，在长期的发展过程中逐步形成和发展起来的日趋稳定的、独特的价值观，以及由此而形成的行为规范、道德准则、群体意识、风俗习惯等。

（2）组织文化的构成

组织文化由三个层次组成，即深层的精神文化、中间的制度文化、外表的物质文化。

——精神文化。指的是组织成员共同信奉的基本信念、价值观和道德观等，统称为组织的理念。在企业中这体现在企业的经营哲学、宗旨和目标等方面。精神层面的组织文化是企业文化的灵魂和核心，对其他层面的文化有着决定性的影响。

——制度文化。是组织的具有自身特色的各种规章制度、道德规范和员工行为准则的总和，是企业深层意识形态转化为表层实体文化的载体。

——物质文化。企业文化的外部物质表现，如企业的标志、图案、颜色，带有自身文化色彩的生产环境、学习或娱乐环境，包括产品特有的品质、样式、包装、特殊工艺、特定设施、文化传播网络。它们外观有特色，容易被人们感受，并联想到企业特有的精神。

组织文化的三层次相互依存，相互作用，其中精神是根本性的，起决定性作用，但它又必须依赖于制度得到贯彻，并在实际中表现出来。

（3）组织文化的核心内容

组织文化的核心内容是对组织文化的核心层即精神层面文化的细分，包括组织的信念、价值观、组织精神和组织伦理等。

——信念：信念是组织对相关事物发展规律的一种认定。组织信念不同，其经营方针和战略就不同。这种信念最初是组织的创始人或主要领导人的信念，随后这种信念会渗透到组织活动的方针、政策之中，逐步转化为组织的信念，成为组织活动的基本出发点。

——价值观：这是组织从自身信念出发，对与组织生存和发展相关的各种因素和关系的重要性做出评价的观念。企业价值观反映组织看重什么，追求什么，因而常常反映在组织目标和宗旨之中。

——组织精神：组织信念决定组织价值观，组织价值观决定组织精神。组织精神是组织的群体意识和风貌，它是为实现组织的目标和宗旨服务的。组织价值观对企业目标和宗旨有着决定性的作用。虽然组织信念、价值观和企业精神都是企业理念或意识，但内容和从属关系不同，三者之间的关系不能颠倒。

——组织伦理：组织伦理是组织调整内部关系和外部关系的意识和道德行为的规范。这些行为规范主要不是依靠贯彻制度实施，而是依靠人们的信念、传统习惯与社会公德维系的。企业伦理一般包括敬业、诚实、守信、公平、公正、利他和奉献等内容。

（4）组织文化的类型

组织文化可以根据不同的标准进行分类。

强文化与弱文化。根据对组织发挥作用程度的大小，可将组织文化分为强文化和弱文化。

——强文化（strong culture）指组织的核心价值观得到强烈而广泛的认同。接受核心价值观的组织成员越多，对核心价值观的信念越坚定，组织文化就越强。强文化会对员工的行为产生巨大影响，因为这种高度的认同感会在组织内部创造一种有力的行为控制氛围。

——弱文化（weak culture）就是组织的核心价值观处于一个相对弱势的地位，组织的核心价值并没有得到强烈而广泛的认同。

强文化对员工行为有更大的影响，它与降低流失率有着直接的关系。在强文化中，组织成员与组织的目标保持高度一致性，这有助于造就内聚力、忠诚度和组织承诺。

隐性文化和显性文化。根据是否可被观察到，组织文化可分为隐性文化和显性文化。

——显性文化指的是那些以精神的物化产品为表现形式的，通过人的各种感官能够感受到的、符合组织文化实质的内容，包括组织的制度、机制、流程或标志物等。

——隐性文化是组织文化的隐性部分，是组织文化的主要组成部分。它虽然隐藏在显性内容的背后，但它直接表现为精神活动，在组织文化中起着根本的决定性作用。这不仅包括组织信念、价值观、伦理道德，而且包括习惯或潜规则。

（5）组织文化的功能

组织文化是在发展过程中形成的，作为精神的力量，难以用物质的力量来取代。组织文化具有以下功能：

——导向功能：组织文化具有指示方向和引导组织成员行为的功能。构成企业文化内核的企业信念和价值观决定着企业活动追求的方向，一般通过企业目标和宗旨引导企业全体成员为此而共同奋斗。

——约束功能：任何组织对其成员都有一定的约束。企业文化约束主要是信念、情感和道德的约束。它通过形成共同的信念、价值观和道德规范，使各个被同化者约束自己的行为；通过关照他人及其利益，形成有情感的共同体，约束或阻止产生对集体或他人不利的行为。

——凝聚功能：组织的信念、价值观被员工普遍认同后，他们的共同理念就成了一种无形的聚合力，把他们联系在一起。相互间强烈的认同感，导致思想、行为、目标和手段高度一致。因此员工对企业产生强烈的归属感，组织成了员工团结一致的共同体。组织文化的这种凝聚作用是建立在员工自觉认知的基础上的，因此成员之间的关系相当牢固和持久。

——激励功能：组织文化作为一种群体意识，具有激发员工自律、自强、积极、进取为集体和社会贡献的功能。这种激励使员工明确生活的哲理和人生价值，从而增强他们工作和生活的动力。同时，组织文化普遍强调集体发展对个人和社会的价值，从而激发员工自觉为企业贡献的主动精神。

（6）跨文化管理

研究表明，民族文化比组织文化对员工的影响更大。各个民族文化和价值观之间存在巨大的差异。在经济全球化过程中，多元文化的建设是跨国企业遇到的根本挑战。

跨国公司在异国经营，有的母公司力图将主体文化移植到异国子公司或分公司，也有努力通过本土化管理，建立与主体文化不同的子公司文化。多元文化和跨文化的建设是企业文化管理的一项重要内容。

——子公司文化。跨区域或跨国界产生的子公司文化更多是由于企业外部环境变化以及吸收异地人员加盟企业和管理而产生的。事实证明，企业文化不能简单移植，多元文化融合是关键。外部环境变化对企业必然有影响，跨国公司的管理应相应实行本土化。要避免原企业理念硬性移植“水土不服”。跨文化管理应分析异地异国文化，吸收其有益的思想以丰富企业文化，同时也要避免消极适应，避免异国文化中如腐败、颓废、愚民、专制意识影响的风险。规避这种风险的重要途径是加强领导干部和员工的培训。

——文化移植。文化移植是指企业因跨国经营试图通过这种形式进行跨文化管理。企业在对外直接投资的同时，把本企业的理念和精神也带到了异域，跨国经营中许多企业利用品牌优势，坚持以自己特有的理念在外复制公司做法，以提高市场占有率。文化移植远比技术、资本、设备输出更困难，接受一种新思想必然有个逐步转化过程，企业全球化、本地化是一个长期的文化融合的过程。这也是中国企业走出去、国际化、全球化必须认真应对的挑战。

2.6.2 流程再造理论

（1）流程再造理论的起源

18 世纪英国经济学家亚当·斯密在《国民财富的性质和原因的研究》中提出“劳动分工原理”，提出分工有利于提高效率、增加产量。其理由是：劳动者的技巧因专业而精深；分工可以免除由一种工作转到另一种工作的时间损失；通过劳动简化和机械发明使一个人能做许多人的工作。亚当·斯密的分工理论蕴含了最朴素的流程理念。1911 年，弗雷德里克·泰勒出版了《科学管理原理》一书，阐述了科学管理理论——应用科学方法确定从事一项工作的“最佳方法”，并很快被世界范围的管理者们普遍接受。分工理论和科学管理理论在企业的实践和发展中得到应用的主要代表为亨利·福特（Henry Ford），他将其应用于福特公司，形成了汽车流水作业线并使生产效率倍增。阿尔弗雷德·斯隆（Alfred P. Sloan），他在通用汽车公司构建了金字塔式的科层制组织结构，加强了部门管理。

进入 20 世纪 80 年代，市场竞争日益加剧，信息技术迅速发展，全球化的浪潮日益增强，基于 3C（顾客、竞争和变革）为特征的三股力量使企业所处的环境发生了巨大变化。原有的“科层制管理”造成流程分工过细、追求局部效率、流程环节冗长、部门壁垒森严、忽视顾客利益等，使其越来越难适应企业的发展。因此，企业环境的变化和管理的实践成为企业管理理论发展的催化剂，流程再造理论因此诞生。

（2）流程再造理论的内涵

1990 年迈克尔·哈默（Micheal Hammer）在《哈佛商业评论》上发表了题为《再造：不是自动化改造而是推倒重来》的文章，提出了再造思想开创了一场新的管理革命。1993 年迈克尔·哈默和詹姆斯·钱皮在其著作《企业再造：企业革命的宣言》一书中首次提出了业务流程再造（Business Process Reengineering，BPR）概念，并将其定义为：对企业业务流程进行根本性的再思考和彻底性的再设计，以取得企业在成本、质量、服务和速度等衡量企业绩效的关键指标上显著性的进展。

该定义包含了四个关键词，即："流程（Process）""根本性（Radical）""彻底性（Foundamental）""显著性（Dramatic）"。

——"流程"就是以从订单到交货或提供服务的一连串作业活动为着眼点，跨越不同职能和部门的分界线，以整体流程、整体优化的角度考虑与分析问题，识别流程中的增值和非增值业务活动，剔除非增值活动，重新组合增值活动，优化作业过程，缩短交货周期。

——"根本性"是指突破原有的思维方式，打破固有的管理规范，避免现有流程的、系统结构和知识框架的约束，以回归原点的新观念，对现有流程和系统进行综合分析和统筹考虑，以达到最优目标流程。

——"彻底性"是指通过对流程的"根本性"思考，摆脱现有系统的束缚，对流程进行设计，从而获得管理思想的重大突破和管理方式的革命性变化。不是修修补补，而是彻底性的变革，追求问题的根本解决。

——"显著性"是指通过对流程的根本思考，找到限制企业整体绩效提高的各种环节和因素，通过重新设计降低成本，节约时间，增强企业的竞争力，使企业的管理方式与手段、整体运作效益效果达到质的飞跃。

（3）流程再造对管理的影响

流程再造理论所包含的概念和观点是管理思想和技术方法的延续和发展，它包括流程管理、组织管理、人的管理的思想以及信息技术对组织的影响等。流程再造以业务流程为"平台"，把这些管理的最新研究成果集为一体。

——流程管理：流程再造的核心思想是流程管理。业务流程并不是一个新概念，在许多管理领域，都在不同时期、从不同的角度提出了流程概念。泰罗首先倡导对工作流程进行系统分析，这种思想成为工业工程的主要思想。流程改善的思考源于质量运动，其先驱是 20 世纪 40 年代贝尔实验室的质量学家。他们提出"质量控制"的概念，包括对制造产品的生产流程进行严格的分析和控制。20 世纪 70 年代，以日本为先导的全面质量管理（TQM）追求流程连续的渐进的改善。20 世纪 80 年代末期，欧美一些大公司开始认识到这种连续的改善对满足企业变化的需求的不足之处。加之信息技术的飞速发展，为流程的彻底改善提供了可能，产生了“价值链”的概念。关注的焦点由流程的某一职能扩大到跨职能的流程，以信息技术和组织调整为整个流程变化的推动器，追求流程业绩的巨大改善。

——组织管理：现代组织理论把组织管理划分为组织结构与组织行为。组织结构反映了企业在一定的经营目标下，人与人之间合理分工与协作的工作关系。组织行为则是以个人为基础，以建立良好的人际关系，提高士气为目标，进一步研究人们在企业中的相互关系，以及如何激励、沟通和领导等问题。流程再造的组织思想也可以从组织结构和组织行为两个方面来总结，组织结构方面集中体现在结构设计、工作设计等方面，如工作团队或流程小组；在工作设计方面提倡工作内容丰富化，员工从专才向通才转化；在业绩评价方面，提倡按工作结果定薪，按能力晋升。所以，流程再造把组织管理与流程管理结合了起来。

——信息技术：流程再造通过创造性地利用信息技术，同时采取与之相适应的组织管理，使企业的绩效获得了巨大飞跃。信息技术的发展为流程的变化提供了有力的手段和工具。先进的信息技术的引入，需要组织管理上的变化才能真正发挥效益，先进的信息技术对组织的影响，如减少组织层次，降低管理成本。经济学和行为科学的研究成果成为流程再造的形成与发展的基础。

2.6.3 知识管理理论

随着人类社会从工业经济时代进入知识经济时代，西方传统的企业管理模式与管理理念越来越不能控制和解释多数企业的兴衰起伏。知识管理是自泰勒科学管理之后 20 世纪重要的管理发展。正如泰勒的科学管理理论和方法奠定了工业时代的企业管理基础，知识管理的出现则为 21 世纪知识经济时代的企业组织提供了必需的管理基础。20 世纪以来，出现了多种具有不同程度影响的管理技术，诸如全面质量管理、企业流程再造、目标管理、团队管理等，都为知识管理的发展打下了坚实的基础。知识管理成为现代知识经济下最具代表性的管理理论和方法。

（1）知识的概念及特点

知识的定义：一般而言，知识（knowledge）是指有价值的信息。这个定义包含以下层面的含义：首先，知识不能简单等同于数据或信息。数据是代表特定意义的文字、数字或语音、图像。信息是条理化、格式化的数据。知识作为有价值的信息，能够指导人们开展价值创造的实践活动。因此，不论从内涵上还是外延上，都不能把数据或信息简单地等同于知识。促进信息或数据向知识的转化，是知识管理的首要任务。

（2）企业知识的种类

——显性知识和隐性知识。显性知识（explicit knowledge）是指可以用文字、数字、图形或其他象征物清楚表达的知识，即可定义、可获取、易沟通的知识。隐性知识（Tacit knowledge）是指高度个性化，难以正式化，只可意会不能言传，而且深植在个人的经验、判断、联想、创意和潜意识的心智模式内的知识。

按照 OECD 的定义，知识在内容上可分为：事实知识（Know - what）、原理知识（Know - why）、技能知识（Know - how）、人力知识（Know - who）。其中，事实知识和原理知识是可表述出来的知识，也即我们一般所说的显性知识，技能知识和人力知识则难以用文字明确表述，亦即隐性知识。

——符号化知识、可交流知识和经验性知识。符号化知识可以通过语言、文字而加以表述的系统性知识。知识转移是有形技术知识和与其相关的隐性管理技能的组合。可交流知识是可以在人们之间交流的知识，只知道是什么，但不知道为什么的知识。它的运用亦有一定的规律性，但依赖于拥有者的直觉。经验知识是完全建立在自我经验的基础上的、无法编码的一种知识，是一种我们知道的、多于比我们能讲出来的知识。

由此可以看到，如果知识的拥有者不愿出让某一种知识，则知识就不会在外部市场上泄露或被竞争者所掌握。如果知识的拥有者愿出让某一种知识，当这种知识是一种符号化知识时，交易者较易理解和掌握；当这种知识是一种可交流知识时，交易者只能部分地掌握；当这种知识是经验性知识时，由于这种知识的特点，交易者难以理解和掌握。经验性知识即隐性知识，在组织之间很难传递，应构成知识管理的重点。

（3）“知识螺旋”

野中郁次郎（Ikujiro Nonaka）于 1989 年在其《知识创造的企业》的著作中提出“知识螺旋”（Knowledge spiral）概念，指组织动员个人的内隐知识，经由四种知识转化模式在组织内部加以扩大，成为较高层次的知识本体，知识转化与创造的过程强调隐性知识的交换。

知识螺旋的目的是从既有知识（platform knowledge）追求目标知识（Target knowledge）；减缓知识落差或跨越组织鸿沟（knowledge gap）。组织中知识转化过程是通过四种模式：

——组织学习始于个人间共享隐性知识（社会化），在团队内共享后，经整理被转化为显性知识（外在化）；

——团队成员共同将各种显性知识系统地整理为新的知识或概念（合并）；

——组织内的各成员通过学习组织的新知识和新概念，并将其转化为自身的隐性知识，完成在组织内的扩散（内在化）；

——拥有不同隐性知识的组织成员互相影响（社会化）。

完成一次知识螺旋运动。此后，下一轮的螺旋运动又开始了。

就知识管理的目的而言，为了增加企业的竞争力，也意味着要有效地扩大组织和个人的知识范围。以上知识螺旋的原理，正说明了知识在组织内部经由几种活动的运作与循环，有效地扩大了个人与组织的知识范围。

（4）知识螺旋与创新

产品创新过程实质上是一种新知识的发展过程，产生一个想法需要知识的交流，而想法成为创新的知识需要充分应用个人、组织内部外部的知识，它和知识螺旋有着密切的关系，也要经过如下的过程：

——产生一个想法需要知识社会化过程。在此过程中知识共享和交流通常是一种隐性方式，交互的员工都有共同的经验、心智模式及相似的观点，社会化强调建立信任关系和创建人员网络。

——开发一项发明需要知识外在化过程。企业和员工要能理解一个想法所蕴含的基本思路，隐性的想法必须明晰化，能够外在化为一个明确的概念，如名字的描述、原则或试验等，一步步证实成为发明，这需要用正式的结构、工具和方法支撑隐性知识的外在化。

——实现一个创新需要知识结合化过程。知识结合化过程是企业已有知识和伙伴知识有效结合的过程。要实现产品商业化，知识贯穿整个组织并跨越组织交流整合。内联网、互联网提供结合化环境，内容管理、协作系统提供知识结构化、协同化的工具。

——激发一种灵感冲动需要知识内在化过程。对问题的意识或灵感的火花是建立在已有知识和经验基础之上的。知识和经验的内在化过程先于创新想法，它是激发灵感冲动的催化剂，相关知识必须得到有目的地共享，正确地学习和执行。

（5）知识管理的流程

对于以经验为基础的、难以整理的隐性知识，主要也是通过直接方式进行传播和应用。隐性知识管理的主要目的是提高这一过程的效率。通过获取知识源信息，对该信息进行管理和分类，使知识拥有者和知识需要者能迅速建立联系，进而利用现有知识为企业创造效益，实现隐性知识的价值，促进新知识的创造。

对于可整理和储存的显性知识，经过描述、加工和整理，以易于交流和传播的方式被组织或企业吸收，并与其他相关知识建立联系，放入企业的知识分类系统，从而利于在企业或组织中推广和应用。通过显性知识再利用，为企业创造价值，并可能创造出新的知识，为整个知识管理提供经济和知识动力。

知识管理实施的结果构成了所谓的企业知识库：一个用来获得外部知识、信息和经验库，以及一套对知识进行过滤、组织并在整个企业内广泛传播的工具。

（6）知识管理的功能

企业实施知识管理必须与其战略目标相结合，为实现企业基本目标发挥作用。

——知识管理有助于企业创新。创造性往往是企业获得并保持竞争优势的主要因素。许多大型企业员工常常需要跨越地域和时间的限制，进行讨论和研究，创造出新的产品和服务。知识管理通过对合作活动进行组织，将使团体的交流超越简单的讨论实现合作创新。

——知识管理有助于提高企业的适应性。现代商业社会瞬息万变，不可预知的事件越来越多。对此，传统的信息技术已经无法满足企业的要求。知识管理技术能有助于企业感知微弱的商业信息，并按要求对各种资源进行组织，对突发事件做出有效的反应，通过企业内部密切合作，使之快速适应多变的环境。

——知识管理有助于提高企业的生产效率。现代企业，特别是大型企业，常常不知道自己已经知道了什么，部门局部的教训、经验或新技术，不易在其他部门普及和推广。知识管理将致力于把知识进行有效的整理、分析、传播，使之充分地再利用，或对现有知识改进，甚至创造新知识，从而实现企业效率的提高。

——知识管理有助于提高企业员工素质。企业要保持竞争力，就必须拥有具有新知识和创造力的员工。员工的培训和教育是现代企业保持竞争优势的一个重要措施。成功的知识管理将加快员工的学习过程，提高企业员工的整体素质，使员工的再教育成为企业的一种日常的活动。

（7）知识管理的成功实施

美国知识管理专家达文波特（Thomas H. Dawenport）归纳了众多知识管理

实施案例，分析出了衡量现代企业知识管理成功实践的标准。它分为三个层面：

①策略与规划：知识管理必须配合企业经营战略，并解决知识管理问题，以增加企业的经营效益。

②组织与制度：

——建立知识管理组织并确定负责人；

——建立知识团队以研究和设计知识管理方法；

——建立知识管理制度以保障知识贡献与共享；

——形成以知识共享为核心的企业文化。

③技术支持：

——建立分类储存知识的知识库；

——建立沟通与交流的知识协作中心；

——建立保证知识沉淀、共享、传播和交流的信息技术平台；

——建立连接专家、领导、员工的知识网络。

以上三个层面的标准概括了知识管理成功实施的经验，具有相当的指导意义和判别意义。

在三个层面中，第一个层面说明知识管理不能独立于企业经营工作之外，而必须紧密结合企业的“知识定位”，并以解决实际经营工作中的问题、以实现经济效益作为知识管理成效的标准。第二个层面强调企业制度和企业文化对知识管理的保障作用。如果没有人贡献知识，自然就谈不上知识管理；而要让人贡献知识就必须解决贡献与竞争的矛盾。第三个层面指明了知识管理需要用相应的技术平台来固化，信息技术的发展为大量知识的管理提供了跨越时空的手段，能够解决大量知识的存储、转移、远程查询、远程交流协作以及即时在线学习等问题。

（8）知识管理与品质管理

个人知识的形成主要体现在个人的记忆和能力之中，而企业知识则主要体现在文档化、参数化、流程化、制度化的作业之中。企业的品质管理体系实际上也就是关于品质管理的知识体系，通过 ISO 管理、5S 管理、TQM 管理来提升品质观念、形成作用流程，从而保证产品或服务的品质。

知识管理的方法在品质管理的过程中得到了最好的体现，几乎所有的品质管理都是建立在记录和文档化的基础之上的，知识管理更要求在品质管理的过程中具有认识上的提升，而不仅仅停留在记录的层次上。

重视品质管理的企业，实际上已经在知识管理上迈出重要的步伐，而知识管理则更强调企业知识与个人知识的相互转化。实际上，品质管理也体现了知识管理。

2.6.4　学习型组织理论

（1）学习型组织理论的产生

学习型组织理论是20世纪90年代以来在管理理论与实践中发展起来的全新的管理理论。学习型组织理念最早出现在20世纪60年代，之后哈佛大学阿吉瑞斯（Chris Argyris）和萧恩（Donald Schon）在《组织学习》一书中做出了解释，随后又发表了《组织中的双环学习》等有关组织学习机理和方法的文章进行了探讨。1990年，麻省理工学院斯隆管理学院彼德·圣吉出版了他的著作《第五项修炼》，创立了学习型组织理论。在该书中，圣吉系统地分析了学习型组织的内部结构和运作规律并认为，学习型组织是21世纪全球企业组织和管理方式的新趋势。此后，无论在理论界还是企业界，对学习型组织的探索不断增多，进而丰富了学习型组织理论的内容。

（2）组织学习机理：单环学习与双环学习

众多的学者对组织学习机理进行了探讨。如圣吉提出适应性学习和创造性学习，萧恩提出维持性学习和变革性学习，但尤以阿吉瑞斯提出的单环学习和双环学习理论，以及野中郁次郎的“知识螺旋”最具代表性。

单环学习是组织依照一定的规则和规范追踪并修正错误的过程，它是在组织的运行结果与策略和行为之间，依照组织的规则和规范建立的一个反馈环路。通过组织日常事务的不断重复进行，进而不断地修正其策略和行为，从而使其策略的行为达到最佳的过程。单环学习是在组织对环境有效控制的情况下非常重要的学习方式，它有助于组织形成良好的策略和行为，进而达到行为和绩效改变、解决问题能力增强。单环学习路径简单。

双环学习则是在单环学习的基础上，组织除对其策略和行为进行修正外，还对其策略和行为所依据的规则和规范进行反思，因此，双环学习包含着组织行为规范与心智模式的变革，形成新的文化，它对组织具有长期的影响。所以，双环学习是在组织运行结果与策略和行为之间，以及结果与规则和规范之间形成两个反馈环路。与单环学习相比，双环学习的动因和路径复杂。双环学习是在组织出现危机的情况下常常发生的学习行为。

（3）学习型组织的内涵

自从彼德·圣吉提出学习型组织的“圣吉模型”“五项修炼”后，在管理界掀起了一股探讨组织学习和创建学习型组织的热潮，其中包括许多著名的企业，如福特汽车、通用电气、摩托罗拉、科宁、联邦快递等。

关于学习型组织，并没有一致的定义。一种观点认为，学习型组织就是将学习者与其工作系统持续地结合起来，以便在个人、工作团队及整个组织三个不同层面上支持发展的组织。另一种观点认为，学习型组织是一个精于知识的创造、吸收和转化的组织，是一个精于根据新的知识和远景目标而调整自己行为的组织。

彼德·圣吉认为，学习型组织是指具有如下特征的组织：

——组织结构扁平化；

——组织交流信息化；

——组织开放化；

——员工与管理者关系由从属关系转为伙伴关系；

——组织能不断调整内部结构关系等。

概括起来，学习型组织（learning organization）是指通过营造整个组织的尊重知识和善于学习的气氛，充分发挥员工的创造性，建立起有机的、高度协同的、自适应的、符合人性的、能持续发展的组织。这种组织具有持续学习的能力，因而是可持续发展的组织。

学习型组织理论是一种适用于各种组织的管理理论。学习型组织中的学习不是我们传统意义上理解的学知识。彼德·圣吉认为学习就是提升创新的能力，学习就是真正去做。学习型组织强调在工作中学习，在学习中工作。在学习型组织中学习不是单个人孤立地去学，而是一种团队的学习。它强调“终身学习”“全员学习”“全过程学习”和“合作学习”。即不但重视个人学习和个人智力的开发，更强调组织成员的合作学习和组织智力的开发。合作学习比个体学习更重要，它更符合学习型组织的本质要求。

学习型组织认为，学习是人的天性和快乐的源泉，人人都是学习者；学习内容不仅是各种知识，而且包括实践能力、态度和价值观。与传统组织管理模式相比，学习型组织更强调依靠组织成员的自主、自觉，依靠组织内部相对稳定的运行机制，而不是靠权力、靠领导意志、靠行政命令。学习型组织能够通过保持学习的能力，及时扫除发展道路上的障碍，从而保持持续发展的态势。

（4）学习型组织模型

彼德·圣吉模型是从系统动力学视角思考学习型组织建立起来的。他认为，虽然构造学习型组织的五项修炼都是从抽象的角度来谈的，但却不能脱离组织结构、管理模式和组织文化而孤立存在，需要将它作为一个整体来考虑。只有通过整合五项修炼，使融合的整体效力大于各部门效力总和，才能促进学习型组织的发展。

圣吉认为，组织演变成学习型组织，并保持持久的竞争优势，必须进行如下五项修炼：

——自我超越（personal mastery）。它强调员工自我极限挑战，实现内心深处最想实现的愿望，它是建立学习型组织的精神基础。其重要方法是保持创造性张力，根据不断变化的情况调整愿望，使愿望与现状之间始终保持一定的差距，激发员工全身心投入并不断进行创造与超越。

——改善心智模式（bental models）。它指组织成员的心理素质和思维方式，影响着人们如何看世界、对待事物的态度；而组织内部共有的心智模式则会影响组织的行为与发展。

——建立共同愿景（building shared vision）。它要求组织的全体成员拥有一个共同追求的目标、价值观和使命感。共同愿景对学习型组织至关重要，它能为学习提供焦点和能量，把组织成员凝聚在一起，为了共同的目标而开展创造性学习。

——团队学习（team Learning）。只有会学习的团队才可能发展成为善于学习的组织。团队学习能使其成员超越自我，克服防备心理，学会如何相互学习与工作，并形成有效的共同思维，使团队整体产生更加出色的成果。

——系统思考（systems thinking）。圣吉将系统思考作为构建学习型组织的“第五项修炼”。它强调运用系统的观点看待组织发展及其在学习型组织中的核心地位，引导人们从局部思考到纵观整体，从看事物的表面到洞察其变化背后的结构，从静态的分析到认识各种因素的相互影响，进而寻求高杠杆解，产生以小搏大的作用，解决组织面临的各种困境，使组织达到动态的平衡。

圣吉模型的五项修炼中改善心智模式和团队学习两项是基础；自我超越和建立共同愿景两项是向上的张力；而系统思考则是整合其他修炼成一体，并使之不断强化。通过五项修炼，使组织不断提高自身学习和解决各种问题的能力，促进组织再学习再循环，在学习的过程中得到成长，从而发展成为学习型组织。

任何一国的企业其发展背景、历史、文化、传统等与别国的企业都有所不同。照搬别人的管理经验和学习方法是不合适的。企业必须结合自身的经营特点，创新管理创造出适合自身企业特点的学习型组织。

2.6.5　虚拟组织理论

20世纪90年代以来，面对人们需求的不确定性和多样性以及不断变化的市场，企业为求得生存与发展必须具有高度的柔性和快速反应能力。现代企业向组织结构简单化、扁平化方向发展过程中产生了能将知识、技术、资源、原材料、市场和管理等资源联合起来的虚拟组织。所谓虚拟组织，是一种利用网络经济、电子商务等手段，对市场环境变化做出快速反应的企业动态联盟。

（1）虚拟组织的概念

关于虚拟组织（virtual organization）的定义，1993 年约翰·拜恩（John A. Byrne）在美国《商业周刊》发表了名为《虚拟组织》的封面文章，首次提出虚拟组织概念。他指出：为了追求最大的适应性，虚拟组织是多个企业快速形成的、暂时的公司联盟，以把握快速变化的机遇。在虚拟组织中，每个伙伴都贡献出自己最擅长的能力，并共享成本、技能和进入全球化市场。它不具有法人资格，也没有固定的组织层次和内部命令系统，而是一种开放式的组织结构。因此可以在拥有充分信息的条件下，从众多的组织中通过竞争招标或自由选择等方式竞选出合作伙伴，迅速形成各专业领域中的独特优势，实现对外部资源的整合利用，从而以强大的结构成本优势和机动性，完成单个企业难以承担的市场功能，如产品开发、生产和销售。虚拟组织中的成员可以遍布在世界各地，彼此也许并不存在产权上的联系，不同于一般的跨国公司。它们相互之间的合作关系是动态的，完全突破了以内部组织制度为基础的传统的管理方法。

虚拟组织到目前为止尚未形成一个完整统一的定义。比较一致的观点是：虚拟组织是一种利用网络经济、电子商务等手段，对市场环境做出快速反应的企业动态联盟。虚拟组织一般有两个以上的独立实体，为迅速向市场提供产品和服务，为联盟贡献自己的核心能力，以把握快速变化的市场机遇。

虚拟组织作为 20 世纪末最重要的企业组织创新，与传统企业相比，具有以下显著特征：

——独立联盟，无形无界。虚拟组织没有明确的界线划分，其作业过程、运行系统及全体员工都与顾客、供应商、合作伙伴、竞争对手相互作用并有机地联系在一起。

——目标单一，优势互补。它的目标非常明确而且单一，仅仅就是为了研究、生产、开发某种新产品。任务完成之后，该虚拟组织就自然解散，当有新的任务时，再寻找新的合作伙伴，组织新的虚拟组织。

——柔性组合，快速反应。借助信息网络的支撑，当市场出现某种新的机遇时，具有开发某种产品所需要的不同能力和资源的企业，能够根据共同的目标和不同的需要迅速组建一个企业联盟，共同应对市场的挑战。

——组织分散，结构扁平。由于信息技术高度发达，极大改变企业内部信息的沟通方式和中间管理层的作用，虚拟企业通过社会化协作和契约关系，外包非核心零部件生产，和认证零部件质量可靠性，使得企业的管理组织扁平化、信息化，去中间化，使决策层更贴近操作层面。

——文化整合，相互信任。虚拟组织是包含多元文化，需要相互信任才能成功合作的经济组织。虚拟组织一般有一个核心企业和几个成员企业组成，是建立在共同目标上的合作型组织。每个企业都有自己独特的价值观和行为方式，他们需要在共同目标下建立可信的内部约束机制和外部竞争行为方式。

（2）虚拟组织的管理

虚拟组织的成功有赖于有效的虚拟组织管理。目前关于虚拟组织的管理问题主要涉及人力资源管理、关系管理、工作管理、成本会计管理、风险管理、知识管理和质量管理等。这些管理问题往往又与虚拟组织的生命周期密切联系。一方面，有些管理问题需要根据生命周期的变化而做出相应的调整；另一方面，虚拟组织的生命周期也受到这些管理问题的影响，在某些管理方面的不成功可能直接导致虚拟组织的终止。

现代前沿管理理论还包括公司治理理论、战略管理理论、创新管理理论等。由于篇幅有限这些内容在此不单独深入探讨，在本书相关的章节中将结合具体专题做适当的补充。

3　管理的内在本质

实现可持续发展愿景和目标是一个全面的管理过程，理解管理的基本内涵有利于系统构建社会责任变革过程以实现可持续发展的目标。

关于管理的定义，时至今日没有一个公认和统一的界定。

现实生活中，人们在不同领域不同层次上担负着一定的管理工作，无论是企业管理、政府组织管理、社会组织管理，乃至家庭与个人管理等。尽管从事的管理实践不尽相同，但普遍都认为管理是必要的和重要的。

3.1　管理的定义

长期以来，诸多学者从特定的角度出发，对管理做出了许多不同的解释。纵观管理学界对管理概念的不同定义，具有代表性的主要观点有以下几种：

——从工作任务的角度出发。如“科学管理之父”泰罗（Frederick W.

Taylor）认为：管理就是要“确切知道要别人干什么，并注意他们用最好最经济的方法去干”。“管理的主要目的应该是使雇主实现最大限度的富裕，也联系着使每个雇员实现最大限度的富裕”。他强调的是寻求最经济的方法完成工作任务。

——从职能和过程的角度出发。如法国管理学家法约尔（Henry Fayol）认为：“管理就是实行计划、组织、指挥、协调和控制”，“是一种分配于领导人与整个组织成员之间的职能”。其他管理学家，如约瑟夫·梅西（Joseph Massie）等也基本同意这一观点，并把管理视为“一个合作的群体将各种行动引向共同目标的过程”。

——从管理所产生的组织效果的角度出发。如苏联管理学家波波夫（Popov）认为：管理同土地、劳力和资本一样，都是一种生产因素，或资源。一个公司的管理将在很大程度上决定其生产率和盈利能力，因此管理是“生产的第四要素”。

——从绩效和责任的角度出发。管理学家德鲁（Peter F. Druker）指出，管理与所有权、地位或权力完全无关。管理是专注性工作，与其他技术性工作一样有自己专有的技能、方法、工具和技术。相应地，管理人员是一个专业的管理阶层，管理的本质和基础是执行任务的责任。同时，德鲁克认为“管理不只是一门学问，还应是一种‘文化’，它有自己的价值观、信仰和语言”。德鲁克指出，管理“根植于一种文化，一种价值传统、习惯和信念之中，根植于政府制度和政治制度之中”。

——从决策在管理中所占重要地位的角度出发。诺贝尔经济学奖获得者西蒙把管理视为决策，他指出：“管理过程是决策的过程”。

——从系统管理的角度出发。许多系统论者把管理当作是根据系统的客观规律对系统施加影响的过程。他们认为，任何社会组织都是由若干个单元或子系统构成的复杂系统，管理的职能就是找出系统固有的客观规律并施加影响于这个系统，从而使这个系统呈现一种新的状态。

这些不同的定义，均强调或突出了管理活动某一方面的特征，各有道理，也各执一端。对此进行深入剖析，可以发现这些相互区别的定义中也包含着一些共同的内涵。比如，认为管理是一种活动，是一种管理主体作用于管理客体的活动，而这种活动又是以人类生活的社会性为基础的；认为管理活动的实质是追求效率，目的是达成组织的最佳目标，等等。

由于管理活动具有普遍性，对于经济、行政、军事、司法、科学研究、教育事业等各方面的管理，对长期、中期、短期组织活动的人、财、物、信息的管理等，如此丰富复杂的对象人们难于做出全面准确概括，因而管理概念具有多样化的特征。

不同的时代，具有不同的问题和挑战，因而管理具有时代性和发展性。纵观管理活动的全部内容和实质，总体上可将管理概括为：

管理是指在一定的社会背景下，一定的组织或个人依据一定的权力/义务，通过计划、决策、组织、领导、控制和创新，有效地对人力、物力、财力和其他资源进行协调和处理，以达到预定目标的决策和进行活动的过程。

3.2　管理的基本目标

无论是企业还是医院、学校、政府部门、公益慈善机构等非营利组织，无论组织的规模大小，从事哪个领域的活动，所有的管理活动都有两个基本的目标：即效率和效果。

效率（efficency）是指以尽可能少的资源投入获得尽可能多的产出。因为所有组织的管理者处理的都是具有稀缺性特征的资源投入，比如稀缺性的人员、资金、设备等资源。所以他们必须有效地利用这些资源。可以这样说，效率追求是管理的一个重要要求，即“正确地做事”。

效果（effectiveness）是管理的另一个重要的要求，一个组织所从事的工作和活动的结果应符合组织发展的方向和目标，也即“做正确的事”。例如，不顾企业资源约束、盲目实施多元化的企业，往往难以有好的效果。

在组织管理中高效率和高效果往往是相辅相成的。不良的管理通常既是低效率的也是低效果的，或者虽然有效果但却是低效率的。组织的管理层不仅要关注和实现组织的目标（效果），而且要尽可能高效率地完成工作。相对而言，效率是关于做事的方式，组织的中层和基层管理者负有更大的责任；而效果更多涉及做事的结果，高层管理者负有更大责任。

3.3　管理的职能和过程

3.3.1　管理的职能

管理的主体通过管理的职能作用于管理的客体。管理的职能就是管理的方式、方法和途径。在此我们考察一下最基本的管理职能。从最早的古典管理理论到现代管理理论，人们从社会实践的角度或者理论研究的角度提出了各自不同的观点，其中比较有代表性的有以下几种：

3.3.2　计划职能

计划是管理工作的第一个环节，是一切组织管理工作的基础，也是各项管理工作的起点和依据。

计划就是选定组织的目标，并围绕组织的目标，对组织活动的过程进行详细的统筹规划。科学完善的计划是实现目标的方法、路径和时间表。它包括对事项的描述、目标和指标的构成，规定所采取的手段、完成任务的进度等。计划的具体内容一般包括：组织的目标、具体活动内容、组织人员配置、活动时间、实现手段与方法。计划不是一劳永逸、一成不变的，而是一个连续不断的过程。由于组织的内外环境在不断发生变化，原有的计划会相应不断被修改、更新，计划工作需循环往复，一直进行下去。

3.3.3 决策职能

决策所涉及的问题一般都与未来有关。尽管人们对决策有不同的定义，但基本内涵大致相同，一般包含两层含义，即一方面决策是一种自觉的有目标的活动。决策总是为了解决某个问题、达到某一目标而采取的行动。另一方面决策必然伴随着某种行动，是决策者与外部环境、内部条件完成某种交互作用的过程。所以，决策就是为了达到一定目标，在掌握充分的信息和对有关情况进行深刻分析的基础上，用科学的方法拟定并评估各种方案，从中选出合理的方案并付诸实施的过程。

3.3.4 组织职能

管理的组织是为了有效地实现计划目标及保证决策方案的顺利实施而进行的一系列管理活动。当计划确定了组织目标并对实现目标的途径作了大致安排之后，为了能有效地工作，还必须设计和保持一种组织结构，使组织各部分之间构成最为有效的关系，明确它们在组织中的位置及相互间的配合和隶属关系，从而使组织有效地运行。同时，为了适应组织内外环境及自身发展的要求，组织还要适时地推行变革，才能适应新的发展。

对组织领导和控制具有决定性影响的因素是人。训练有素的管理人员能发挥出色的领导才能，并创造出一种良好的环境，有效地沟通信息和控制结果。人力资源的职能是通过对人力资源的需求分析，进行恰当而有效的选择、考评和培训，以充实和匹配组织中各个职位，从而保证组织目标的实现。

3.3.5 领导职能

领导是管理工作的一项重要职能。一个好的领导者，必须能够有效地调动组织中员工的士气，提高员工的工作满意度，从而达到组织活动的物化效果与心理效果的有机统一。有效的领导有利于更好地发挥管理的计划、组织与控制职能的作用，形成强有力的团队，从而高效地实现组织目标。

3.3.6　控制职能

决策目标与计划任务的实施必须进行有效控制。在实施计划的过程中，环境因素复杂多变，需要做出适应性调整，所以控制是管理职能中最重要的内容之一，是成功管理不可缺少的部分。虽然有计划、有组织、有领导，但由于组织成员的能力、工作动机、工作态度各不相同，加之组织内外部环境因素的不确定性导致计划常被修正，为保证计划完全圆满完成，“控制”职能是必不可少的。尽管各级管理人员控制的范围不同，但履行控制的责任是他们共同的任务。

3.3.7　创新职能

随着科学技术的迅猛发展，社会变革的要求、力度和广度空前提高，管理创新已成为现实管理中一项必不可少的重要职能。

管理创新是指创造一种新的更有效果的资源整合范式。这种范式既可以是新的有效整合资源达到组织目标的全过程管理，也可以是新的有效配置资源实现计划任务的局部过程管理。管理创新的领域非常广泛。企业的管理职能、经营活动的各个环节，以及不同层次、不同岗位的管理者所涉及的管理领域都存在管理创新的可能性和必要性。

3.3.8　管理的过程

为了实现组织的共同目标，管理主体可以通过计划、决策、组织、领导、控制和创新来使实际的结果与预期的目标相一致。每一项管理工作一般都是从计划开始，经过决策、组织、领导到控制结束。各项职能既有时序上的前后首尾衔接，又有相互交叉、相互渗透的关系，它们形成一个闭合的不断循环改善的管理回路，它们应构成一个有机的管理过程。

3.4　管理的主体与客体

3.4.1　管理的主体

管理的主体是管理者或领导者。管理者（managers）是与操作者（operatives）相对应的。在现实生活中，管理者可以表现为多种多样的身份，除了企业或实体的总裁、行政执行官，还包括集团总经理、部门经理、总监、公益组织、行业组织，或下从团队管理，上至政府部门、甚至一个国家的总理等各种不同的身份。

管理者指的是从事某一方面管理工作、担负某一方面领导、指挥下级和/或协调相关组织单元完成某一方面任务职责的组织成员。

在管理实践中，管理者与领导者的功能和角色虽然常有重合，但实际上二者并非完全一致。管理者是组织正式任命的，他们拥有合法的奖惩权，其影响力来自于他们所在职位赋予的正式权力。而领导者既可能是任命的，也可以是在非正式群体中产生或由非正式群体成员公认的，领导者可以不运用正式权力来影响他人的活动。因此，管理者成为领导者是一种理想的状态。同样，并不是所有的领导者都一定具备履行其他管理职能的能力，因此，并不是所有的领导者都处在管理岗位上。实践证明，一个好的管理者不一定是一个好的领导者，同样一个好的领导者也并不一定是一个好的管理者。

在具有传统结构的组织中，管理者一般可以划分为三个层次，即高层管理者、中层管理者和基层管理者。由于基层的员工比高层多，所以这样的组织往往被描绘成具有金字塔的形状。

——高层管理者（top managers）。代表一个组织，把握本组织的发展方向，确定长远发展目标，沟通与其他组织的关系。

——中层管理者（middle managers）。他们是一个组织中各部门的负责人，他们贯彻、执行高层管理者的意图，把任务落实到基层单位，并监督、检查、协调基层管理者的工作，保证任务的完成。

——基层管理者（first-line managers）。他们是组织中最下层的管理者，直接面向在第一线的组织成员，组织他们按照要求去完成各项任务。

在互联网时代，网络化协作完成任务的情况下，组织呈现扁平化的结构。

3.4.2 管理的客体

在管理的过程中，管理的客体是管理者作用的直接对象。系统管理学派认为，企业管理系统由人、财、物、时间、技术和信息六个基本要素所构成。其中人既是管理系统中的主体，也是管理系统中最为重要的客体。其他各项要素，在一定程度上均受人的控制和协调。1984 年伯格·沃纳菲尔特（Birger Wemerfelt）发表的“企业资源学说”一文提出了公司内部资源对公司获利并维持竞争优势的重要意义。这一观点认为，资源整合是管理的最为重要的功能，而企业的资源集合也就构成了管理的客体。

企业资源指的是企业在向社会提供产品或服务的过程中所拥有的或者所控制的、能够实现企业战略目标的各种要素的集合。从财务角度出发，资源是那些可供企业利用，并且在使用过程中创造出比自身使用成本更高价值的要素。在企业的经营过程中，通常存在两种性质的资源：物质性有形资源和非物质性无形资源。

3.4.3 有形资源

物质性有形资源（tangible resources）主要指可以通过企业的财务账户客观、直接反映出来的各种实体资源，如企业的资本金、企业的股票价值、企业的银行存款以及厂房、机器设备、矿山、有利的地理位置等，企业的大部分固定资产和流动资产都属于有形资源。

3.4.4 无形资源

企业经营运作过程中，除了物质性有形资源之外就是非物质性无形资源（intangible resources）。企业的非物质性企业资源可以分为五种类型：市场资源、人才资源、知识产权资源、基础结构资源以及企业的组织能力。

——市场资源。企业的市场资源是企业所拥有或控制的、与市场密切相关的资源要素，它来自于企业与市场和顾客建立的有利的相互关系。主要包括：企业的品牌、已有的客户以及客户对企业服务/产品的忠诚态度、企业已有的销售渠道、各种有利的经营许可权以及其他各种能够为企业带来竞争优势的合作关系。

——知识产权资源。从法律意义上讲，知识产权是一种受法律保护的财产。具体从企业的角度来看，企业的知识产权资源主要包括企业的专利（专利技术和专利技能）、版权、商标、商业机密以及各种设计的专有权。

——人才资源。企业的人才资源指的是企业中所有那些体现在员工身上的才能，包括企业员工的专业技能、创造力、解决问题的能力、管理者的管理能力。在某些情况下，甚至还包括企业员工的心理能力，因为企业员工的心理素质在很大程度上将影响其才能的发挥。

——基础结构资源。企业的基础结构主要是指企业的管理哲学、企业文化、企业内部的基本管理制度以及企业同外界力量所形成的各种协议安排和制度安排。

——组织能力资源。企业的组织能力指的是企业内部各种被用来实现某一个预期目的的组织流程。这种资源可以被抽象地看作是企业创造的一种“中间产品”。这种“中间产品”可以提高企业的竞争力，从而成为企业竞争优势的源泉；它也可以被抽象地看作是对企业最终产品或服务的战略性的保护机制。

企业的组织能力或者组织流程包括的范围非常广泛，像企业的成本控制方法和流程、企业内部信息有机交流机制、企业对品牌的管理方式、企业所建立的市场营销沟通技巧、企业的新产品开发管理流程、企业管理合资企业的基本机制、企业的创新管理机制、企业各种以技术为基础完成价值链活动的流程等，都属于企业组织流程的范畴。

企业的无形资源对企业有着非常重要的意义。20 世纪后半期，全球经济增长的核心资源发生了很大的转移，主要表现在三个方面，即非物质性因素创造财富的比重超过了物质性因素所创造财富的比重；非物质性因素已经成为一个国家、一个地区、一个企业的经济竞争力的主要指标；物质性因素的使用效率在很大程度上取决于非物质性因素的投入量和投入程度。

正是意识到无形资源的这种重要性，现在很多企业已经开始计划在企业内部进行全面的资源整合，一方面提高企业资源组合的效率，另一方面增强企业的核心能力。

3.4.5 管理者的角色

角色是个体所遵从的行为类型。管理行为可以被概括为三个方面，即人际关系角色、信息角色和决策角色。

现实工作中，不同的管理者对每种角色关注的程度有所不同。例如，营销管理者更多表现为信息角色，关注对外营销活动；生产管理者更多体现决策角色，关注有效率的工作流程；员工管理者更反映人际关系角色，为组织提出人事建议。

不过，在任何情形下，人际的、信息的和决策的角色都不可能完全分离开来。也就是说，一个管理职位必须有效结合这些角色，而不可能由两个或三个人来分享，除非他们能像一个实体一样行动。如果一个营销管理者不能有效地处理好部门内部的人际关系，或者无法及时做出有效的决策，肯定也将无法胜任这一管理职务。

3.4.6 管理者的素质与技能

不同组织的管理者，或者同一个管理者在不同时期或不同的环境条件下，其职责是大不相同的。管理者需要特定的技能（组合）来履行他的职责和活动。罗伯特·卡茨（Robert L. Kalz）发现，管理者需要三种基本的素质或技能，即技术技能、人际技能和概念技能。

技术技能（technical skills）：是指管理者掌握和应用解决自己分管范围内出现的问题的技术和方法的能力。例如，财务部门管理者必须深谙会计方面的专业知识，技术部门管理者必须熟悉与企业有关的技术知识。

人际技能（human skills）：是指管理者处理和协调上下左右关系的能力。管理者必须能够处理好个人与部门、部门与部门之间以及组织与外部各方之间的各种关系，最大限度地提高员工的积极性和创造性和对外合作潜力。

概念技能（conceptual skills）：是指管理者观点构想和处理关系的能力。这要求管理者具备综合的能提出问题、分析问题和解决问题的能力。

不同层次的管理者对技能（组合）的要求各不相同。一般来说，高层管理者特别需要概念性技能，基层管理者特别需要技术性技能，而人际关系技能对所有层次的管理者都很重要。

美国管理协会曾对实业经理进行了调查，发现其重要的管理技能，这些技能包括概念技能、沟通技能、效果技能和人际技能（见表6-1）。

表6-1　管理技能

概念技能
利用信息解决问题
识别创新机会
界定问题范围并实施解决方案
从大量数据中筛选重要信息
掌握技术在商业上的应用
掌握组织运营模式
沟通技能
将构思表述为语言并转化为行动
同事之间的信任
倾听意见并提出问题
口头表达方式
书面或图示表达方式
效果技能
对企业使命或目标做出贡献
关注顾客
同时进行多项任务
谈判技能
项目管理
检查工作并实施改进
设定和坚持内外的行为准则
受关注的事物和特殊活动的优先赋权
人际技能
指导技能
与不同文化中不同的人一起工作
组织内部网络化
组织外部网络化
团队工作中的合作与承诺

资料来源：徐向艺　钟耕深，2009。

3.5 管理的基本特征

3.5.1 管理的科学性

尽管管理的历史可以追溯到人类社会产生的开始，但真正意义上科学的管理研究却只有一百多年的历史。应用系统化的知识和科学方法能通过对事物的观察做出本质上的判定，进而对这些本质的确切性进行检验。管理与自然科学相比愈加需要精确性和很强的科学性。因此，管理不是碰运气、凭直觉，或者只凭过去的经验办事，而应当利用科学的，在坚实的管理知识的基础上才能把管理工作做好。

3.5.2 管理的艺术性

尽管管理是一门科学，但在现实应用中又不等同于一般意义上的自然科学。管理不是简单的直线性思维方式，管理还有其艺术性的一面，这是因为：

首先，经营和管理的最终对象是人，而人和人性是世间最为复杂的事物。不存在完全相同的人，存在的是人在心理、心智、心灵、精神、情感、思维、气质、性格、喜恶及追求方面差异。这就需要管理的艺术性，管理要因地制宜，因人而异，随机应变。

其次，管理的众多元素——企业、顾客、产品、市场、资源、环境和机遇等，可能形成变化无穷的排列组合和永远变化的动态系统。于是，需要公关的艺术、营销的艺术、领导的艺术、组织的艺术、运筹的艺术、交流的艺术、激励的艺术。以此，创造性的艺术思维是一个企业应变求存、永葆青春和活力的原始动力。

最后，现代企业面对的是瞬息万变，充满各种风险与不确定性因素的经营环境。管理学家卡斯特（Fremont E. Kast）认为“现代管理最主要的任务是应付变化”。企业的生存方式在发生变化，从自然生存到适应生存再到学习生存甚至设计生存，本身就是一个极其艺术化的演进过程。只有创新才能求生存求发展，才能在竞争中立于不败之地。

3.5.3 管理的实践性

彼得·德鲁克曾说：管理既不是科学，也不是艺术，而是一种综合性的实践。实际上他既不是否定管理的科学性，也不是否定管理的艺术性，而是在强调管理的实践性。

的确，管理学不是脱离实践的冥想，也不是抽象性的理论思维，它必须时时刻刻与实践紧密相结合，否则就会变成无源之水、无本之木。因此，管理工作也要利用系统化知识，根据实际情况创造性地加以运用，并采取适宜措施以便获得预期效果。

可以说，最富有成效的管理是掌握管理理论在实践中实现艺术性升华。因此，管理既是一门科学，又是一种艺术，还是一种综合性的实践。

3.6　管理理论的应用价值

管理学是研究组织管理活动基本规律和一般方法的科学，它所要研究的对象是组织与组织中的个人。

这里所指的组织包括经济性组织和非经济性组织。经济性组织包括企业组织、行业组织等；非经济性组织又称为非营利性组织，包括政府组织、公益慈善组织、非政府组织、大学、科研机构、社区以及其他事业单位。

管理适用的对象包括：

——创业者

——投资家

——管理者/职业经理人

——政府部门管理者

——非营利组织管理者

——管理理论家和教育家

掌握管理与领导的艺术有助于使投资创业者获得所需要的远见，使优秀企业家发展所应有的才能，塑造卓越领导人所具备的能力，提升一个组织领袖不可缺少的情商。

100 多年来，世界经济环境发生了巨大的变化，科学技术尤其是自动化、互联网、信息技术突飞猛进的发展和大范围的应用，市场竞争日趋激烈，经济全球化进一步加速。这一切都推动着现代管理思想、管理理论、管理方法和管理手段的不断发展。在 21 世纪，全球发展面临新的挑战，组织管理者无疑将迎来更大范围的管理创新和管理变革。如今迎接这一全球性的挑战，已成为世界各国政府界、企业界、非营利组织、学术理论界，也即全社会共同关注的课题。

从第一次工业革命以来，管理理论经历了古典管理理论、行为科学理论和现代管理理论的发展和演变，形成了庞大的知识体系。20 世纪 90 年代后，随着知识经济的崛起和全球经济一体化进程的加快，市场环境的变化更加迅速，导致管理学家面临许多前所未有的新情况和新问题，当代管理新思潮也竞相涌现。

中国改革30多年来，在经济社会和环境各方面取得举世瞩目的成就，现在正在融入全球市场、全球经济，要实现更高质量、更高水平的增长面临复杂的管理问题。

在未来的时代，中国的企业、各级政府、行业组织、事业团体、教育研究及公益慈善等各类组织都将面临新的管理任务的挑战：

（1）变革与创新。今天，无论是社会、市场还是技术，其发展变化的速度比以往任何时候都快，原先的流程管理和职能管理方法难以适应当今的变化。而且在发展变化的过程中，不断出现新的、前所未见的问题，这不仅需要运用成熟的理论和方法去解决问题，而且对此也需要富有智慧的探索和创新。创新是管理理论发展的核心要素，是任何一个组织立于不败之地最重要的基础。

（2）全球化。全球化和互联网发展大大改变了当今企业经营环境、国家贸易的环境和地缘政治的环境。企业国际化的进程要求全球化战略，不仅是国际化或跨越国界的运作，而且是跨文化的合作。东方文化与西方文化、思维方式、感性与理性、严谨与灵性、实验验证与感悟修证等都有很大的差异，这些差异也反映在全球化背景下在管理领域和管理方式的挑战。

（3）知识经济。知识的管理大大超过了过去一个世纪管理学者的想象。这里指的不是为知识而知识的知识管理，而是如何真正把知识应用于组织，实现知识转移、知识共享，从而推动知识的发展与创新。

（4）网络技术。网络技术的应用对当今组织管理和变革产生重要的影响。借助网络技术不仅提高效率、节省成本、改善沟通和强化协调等，而且要求新的组织形式和组织成员行为方式的适应。

面对这些挑战，只有最快吸收各种新的管理新知识，才能获得竞争的主动权；谁拥有更多的知识，谁能够通过管理创新融合更多的知识形成独特的能力，谁就能赢得未来。

管理活动普遍存在于各种不同类型的组织，既包括营利性的企业组织，也包括非营利的学校、医院、政府部门、慈善机构等组织。其内容涉及管理的基本原理、管理的各种职能、管理创新、管理方法、技术和艺术等。

管理是基于实践的科学，它注重回答和解决现实运行中出现的各类问题。比如，科学的决策、计划和控制，有效的领导、协调和激励等。其研究结论还要接受实践的检验。

现代管理吸收了多个学科的优秀成果，与经济学、政治学、行政学、心理学、哲学、社会学、人类文化学以及现代数学、系统论、控制论、信息论、电子计算机技术等都有密切的联系。

在现代管理中，广泛运用了数学知识，提高科学化和精确化。但由于管理涉及的因素很多，管理者不可能将它们的关系全部量化，有许多问题只能进行定性分析和研究。如同计算机系统，软件系统起到了对硬件系统的组织、操纵、控制的作用，在社会系统中，同样存在着硬件系统和软件系统，前者主要是指人力、物力、财力等可视因素，后者则主要指权力、信息及其运行所构成的管理活动。许多自然科学知识和技术要直接运用于生产，产生社会财富，只有在管理思想和理论的支持下才能完成。

4　管理的基本原理

由于实施社会责任实现可持续管理的目标同样需要遵循基本的管理原理，诸如系统性、人本性、有效性、动态性和最优化原理等，将其贯穿于组织、机制和措施和行动之中。

管理的基本原理是基于对具体的管理思想、管理方法、管理经验的共性的抽象，是对管理活动的规律性的总结。管理的基本原理有狭义和广义之分：广义的管理原理包括管理的性质、过程、职能、方法等一系列的内容；狭义的管理原理即指管理活动的指导思想和基本原则。本章主要从狭义角度阐述管理的基本原理，包括系统性原理、人本性原理、有效性原理、动态性原理和最优化原理。

4.1　管理的系统性原理

首先，任何管理的主体和管理的对象都处于特定的系统中。管理主体必须运用系统理论来组织管理活动，从整体上把握系统运行规律，运用系统方法调节、控制组织系统的运行，最终引导管理对象实现预定目标，这就是管理的系统性原理。

系统是指由一个共同目标联系起来的许多相互依赖的要素组成的有机整体。每一个要素既有其特定的功能，又协调于系统整体之中。一个具体的复杂的系统，通常包括若干个分系统，分系统又由许多更小的子系统所组成，从而形成系统的层次结构。系统，尤其是人工系统，都有以下三个特点，即集合性、层次性和目的性。

（1）系统管理的统一性原则

按照系统观点从事管理活动要求对系统的对象要有整体性把握、科学分解和组织综合。这一原则包含二重内容：一是必须明确任何管理活动都是在管理要素所构成的矛盾对立统一体中进行，系统中的各要素具有不同的特征，它们相互影响、相互作用。因此，系统的合理分解是认识系统运动规律的前提。二是必须明确系统是一个整体，系统管理要求系统的一切运动、变化都必须以整体功能最佳、达到整体目的为准绳。因此，系统的组织综合是实现系统目的的基本保证。

系统的整分原则是管理活动的一个普遍的根本的原则，这一原则要求管理者要管理边界清晰，又要管理层次明确。

（2）系统管理的闭环原则

管理系统内的控制网络必须形成一个连续的闭合的回路，做到首尾相接，环环相扣，使之成为一个连续回路运转体系，从而及时有效地管理控制，保证管理系统目标的实现。

从控制的角度考虑，管理系统的整体性确定了管理系统的层次管理系统的闭环性使管理活动的指令和监督反馈形成闭环，以实现有效的管理。系统管理的闭环具体包括：管理组织闭环、管理职能闭环、管理制度闭环和管理过程闭环。

（3）系统管理的环境适应原则

系统不是孤立存在的，它要与周围事物发生各种联系，这些与系统相关联的周围事物的总和就是环境。系统运行的过程必须适应环境的变化，同时能动地影响环境，使系统与环境保持最佳的状态。

环境相对于一个系统来说，也是一个更高级的大系统。系统与环境进行物质、能量和信息的交流，能够保持最佳适应的状态，这说明它是一个具有活力的有序系统，否则，就是一个不能适应环境的无生命力的系统。系统对环境变化的适应不应是被动的，而应当是主动的积极的，这就是系统要对环境施加作用和影响。作为管理者既要充分认识环境，又要清醒认识自己的能动性，以便做出科学的决策，保证系统有效运行。

4.2 管理的人本性原理

人既是管理的主体，又是管理的客体。人的积极性和创造性的充分发挥，是管理活动成功的关键。管理的一切活动都必须以调动人的积极性和创造性、做好人的工作为前提。同时，管理的一切活动都是为了人，以满足人的需要为目的。在运用人本性原理进行管理时，必须坚持动力原则、和谐原则及人—机—环境协调原则。

（1）管理的动力原则

组织目标的实现，要依赖于由各成员的个人动力的汇聚，使组织整体动力能量定向、有序、高效地发挥。管理的动力原则就是强调管理者必须正确地运用动力，使管理活动持续而有效地进行。一般认为，动力源自于三个方面：物质刺激和诱导是个人经济行为的基本动力；思想动员和精神鼓励是任何条件下都不可缺少的个人行为的内在推动力；竞争压力是物质动力和精神动力得以产生最佳激励效果的外部推动力。

（2）管理的和谐原则

只有系统内各个要素和各个部分相互配合，相互协调，组织系统才会有序地运行。如果没有这种和谐性，系统内部就会紊乱、停滞不前或者使其功能削弱。所以，管理的和谐原则是管理者实施有效管理必须遵循的基本规则之一。管理的和谐原则要求系统内部各种不同的要素、人和单元在一定条件下协调一致，在遵循各自运行规定的基础上形成有机的联动统一体。系统的和谐性主要表现为联系的紧密性、运行的有序性以及措施与目的的统一性。

（3）人—机—环境协调原则

为了实现组织目标，管理者和员工必须与设备、机器和信息网络进行互动。在人—机交互作用过程中，时刻受环境随机干扰的影响，同时，人机之间又借助环境来沟通。管理活动中的人—机—环境协同原则就是指运用一定手段使人、机器、环境三者达到动态协调，形成一个有机整体，使机器和环境更适合人的生理和心理特点，使人在生产中具有安全、健康、舒适的环境，从而全面发挥人的能动性。以互联网为核心的现代信息技术的飞速发展和应用，从根本上提高了人、机器和环境的互动性和协调的效率，但组织管理系统的稳定性、安全性则受到了前所未有的挑战。

4.3　管理的有效性原理

任何管理活动都要讲求其效果，实现管理有效。达到预期的管理效果是一切管理者追求的基本目标。因此，管理者必须研究并揭示效果变动的规律性，使管理过程的每一项举措都有利于组织目标的实现。

4.3.1　管理效果及其特点

所谓管理效果是指管理主体对管理客体的影响的程度和作用的大小。任何管理活动必然会产生正负两方面的结果。管理活动能促进管理对象向组织预定目标方向发展，则称之为管理效果；反之，管理活动不能促使组织目标实现甚至阻碍了组织目标实现，则称之为管理失效。管理效果往往是多样化的，也是随管理手段产生的作用的强度和时段而存在的，它具有不稳定和量化难的特点。研究管理效果，应注重效应分析和机制的变化，而不必仅拘泥于数字。

4.3.2　什么是组织绩效

一个组织在一定经营期间的经营效果和效益常称为组织绩效。它是组织经营活动的结果或者表现，反映的是组织目标的实现程度。组织绩效的高低是企业经营管理成败的晴雨表，一直都是企业的经营管理者和所有者关注的焦点。因此，组织绩效的测量十分重要。传统的组织绩效测量指标主要是指财务指标，如资产回报率、销售增长率、市场占有率等。财务指标的考核虽然促进了企业各级员工积极参与市场竞争，降低生产经营成本，从而提高了投资汇报水平，但单纯从财务角度评价组织绩效往往导致短期行为，不利于企业长期战略目标及社会责任目标的实现。因此，组织绩效的考察和管理不仅要注重传统的财务指标，而且还应重视非财务指标（可持续性指标）。非财务指标主要包括客户对组织的满意度、组织的核心业务流程、吸引和保持员工的能力、组织学习的能力等。非财务指标从更深层面上反映组织的经营水平和管理能力，因而受到越来越多组织的重视和应用。

管理活动在一定意义上可以划分为管理决策和管理实施两个阶段。

在决策阶段影响管理效果的因素主要有：

——对外部环境的认识和判断。判断正确，管理效果就明显；判断不准确，管理效果就小；判断失误，将会导致管理失败。

——决策程序是否科学。由于决策的种类及其性质不同，决策程序也有所不同。但是，决策必须有科学的态度、遵循科学的程序、采用科学的方法，这对于所有的决策都是必要的，因为它对管理效果有着决定性的作用。

——各类管理主体参与程度。各类管理主体参与决策，吸纳管理对象的意见，可以增强决策的周密性和可行性，同时还可以使决策较好地反映各种利益关系，获得各方面的认可，消除抵触或矛盾，为决策实施奠定基础。

在管理的实施阶段影响管理效果的因素主要有：

——管理手段的选择。不同的管理手段，因其特定的功能、方式和发挥作用的条件不同，只有根据实现管理目标的需要，选择合适的、最佳的管理手段，才能提高管理效果。

——管理资源的投入。在一般情况下，管理效果是和资源投入成正比的。所以，加大资源投入量将有助于提高管理效果。但是，管理效果增加与追加管理资源的投入量之间正相关的关系有一定的限度。超过了这个限度，管理资源投入的增量将产生效应递减甚至全无效应的现象。因此，在实施管理时要注意资源投入的强度和规模，力争以较小的资源投入取得较大的管理效果。

——管理主体的素质及工作效率。如果管理者能够及时而正确地做出决策，严谨周密地制订计划，建立有效的组织系统，进行适时的指挥，给予合理的协调，实施公正的监督和切实的激励，将能保证管理活动取得预期效果。

——管理对象的素质及其行为。管理效果的许多指标是通过被管理者本身及其行为后果反映出来的，因此，管理对象的观念、素质、行为能力、行为方式都将影响管理效果。

4.3.3　提高管理效果的途径

——防范管理失误。管理失误是指管理未能实现管理目标的一种行为过程。具体表现为，在系统外部环境与内部条件突变状态下未能完成管理周期活动的一种管理行为状态。管理失误将直接导致管理失效。因此，防范管理失误是提高管理效果的基本前提。失误的防范是指管理者行为能够预见且有条件和能力防止管理错误。

防范管理失误首先要求管理者要在必要的经验总结与理论修养的基础上，形成科学管理思维的能力。其次，要创造和建立可控的活动情景和良好的管理行为规范，使管理失误产生的根源得到及时的监视、预防、制止或纠正。

——减少管理波动。管理波动是指管理系统功能失常、秩序紊乱的一种运行状态。管理波动的本质，就是在管理体系中管理行为要素的特定功能被瓦解，系统秩序被破坏的一种现象。管理波动的直接后果是造成管理效果的极大模糊性和不均衡性。

减少管理波动是实现管理均衡的必要措施。首先，管理者必须把握管理系统中各管理要素及其结构和功能上的差异性，有针对性地提高其行为能力及增强其彼此功能的互补性；同时，管理者要经常地、准确地观测和评价各管理要素变化方向，尤其是掌握外部环境和内部条件变化对各要素的影响程度；此外，管理者要注意管理系统内随机发生的功能冲突现象，避免冲突发生，或减少冲突的负效应。

——加强管理预警。管理预警是对管理失误行为与管理波动状态进行监测、诊断与预控的一种组织手段，其目的在于防止和矫正管理失误，保证管理系统处于有秩序状态，以保证管理效果。

管理预警主要包括三方面的内容：一是预警诊断，即对那些管理效果产生影响的、值得引起管理者警惕的客观因素的监测、分析与判断。二是预警测度，即按照事先设计的界限等级标准，运用定性分析和定量分析的方法对预警情况进行定量描述。三是预警控制，即按照管理活动目标，对各种影响管理效果的客观因素进行早期预防和监控，以取得预期管理效果。

4.4 管理的动态性原理

管理系统在运行过程中会受到内部条件和外部环境的影响，管理者必须以动态的观点把握管理系统运动变化的规定性，及时调节管理的各个环节和各种关系，以保证管理活动不偏离预定的目标，必须构建一个与此相适应的不断变化的动态过程。这一原理在运用中具体引申出相关性原则、弹性原则和权变原则。

（1）管理的相关性原则

任何一个要素在系统中的存在和有效运行，都与其他要素有关。在现代社会中，随着科学技术的突破，信息传递速度加快，一个系统的变化必将导致其他系统的变化，系统内一个要素的变化也必将影响其他要素、甚至整个系统的动态变化。

管理的相关性原则要求管理者把管理系统看作是一个运动过程，防止用孤立的、静止的观点去看待管理系统，并且要求充分认识和掌握系统内部各要素之间以及各要素与整体系统之间的关联程度、作用大小和运动变化的方向，以保证管理系统的有效可靠地运行。

（2）管理的弹性原则

“弹性”是物理学中的一个概念，它是指物体在外力作用下形变的恢复能力。管理的弹性原则是指，管理系统必须保持充分的伸缩性，以便及时灵活地适应客观事物各种可能的变化。

管理的弹性原则对管理者提出以下要求：首先，管理者在决策和计划制定过程中，应有备选方案，使决策和计划具有可调整性。例如，在决策方案的选择上应留有修正的机会，在计划指标的确定上应留有余地，等等。同时，管理者必须具有敏锐的反应能力和灵活机动的应变能力。这些能力主要表现为对事物的变化具有的辨别能力、关系沟通能力和随机处置能力。此外，管理者对待管理对象的运行状态应具有一定的宽容度，如产量指标的上下限、质量指标的允许量范围、劳动定额的浮动度等。

（3）管理的权变原则

组织系统及其构成要素都是随着内部条件和外部环境的变化而变化的，所以，管理思想、管理方式和管理技术也应随之改变。

在一般情况下，环境是自变量，管理思想、管理方式和管理技术是因变量。应变管理是以环境为自变量、管理为因变量的函数关系。例如，如果现行的社会价值趋向于自主管理，职工大多是具有高组织、高技术水平的专业人员，就要采用员工参与式的、开放式的领导方式；而社会价值取向于集权管理，或管理任务具有明显的集中和层级配置，则严格的集中领导方式更为妥当。

应变原则的应用主要表现在计划、组织、领导三个方面。一是计划的制订必须分析环境自变量的变动趋势，在不同情况下，制订不同类型的计划，应充分注意计划中的灵活性。二是不同的组织，甚至在某一组织的不同发展阶段，也需要不同的管理模式；应因地制宜和因时制宜选择符合组织需要的管理组织形式和管理措施。此外，管理方式随组织的任务、个人和组织的行为以及领导者和被领导者间的关系的特定而有所不同。

应变原则不仅强调管理的灵活性，而且强调管理的创新性。管理系统没有固定不变的模式。管理模式的变革不是对已有管理模式的复制。管理创新是管理系统从量变到质变的过程，也就是管理思想、管理方式、管理技术从低水平到高水平的跃变的发展过程。

4.5　管理的最优化原理

最优化原理也称效益最优原理。效益是管理的灵魂，既是管理所追求的最终目的，也是判断管理成败的最终标准。在任何管理活动中，都要讲求实效，力图用最小的投入和消耗，创造出最大的经济效益和社会效益，这就是管理的效益最优化原理。

（1）效率、效果和效益

效率是指单位时间内所取得的成果的数量，它反映了劳动时间的利用状况。单位时间内所取得的成果大，则效率高；反之，则效率低。效率指标一般只考虑时间因素和成果因素，不考虑投入因素。

效果是指人们通过某种行为、力量、方式或因素而产生的结果。它强调这种结果符合目的性的程度。凡是符合组织目的的结果便是好的结果；反之，是不好的。只有那些符合目的且有益的成果，才产生效益。

效益是有效产出与投入之间的比例关系。效益指成果不仅要考虑产出量，而且还要考虑投入量。同样产出而投入减少，或者同样投入产出增加，则称效益提高；反之，则效益下降。

效率、效果和效益三者既有联系又有区别。效率高低是效果和效益的基础前提。没有高效率的活动，就无法取得预期效果和效益。效果也是效益的基础。一项没有效果的活动，肯定是没有效益的活动。但是，有效率、有效果的活动，也未必一定产生效益。只有在投入少、资源占用少的高效率活动中，取得符合预期目的的效果，才被认为是效益高的活动。效益原理揭示了管理的目的属性。

（2）质量、数量与效益

管理效益是具体的，不是抽象的。它要通过管理活动所产生的产品和服务的质量和数量表现出来。质量有广义和狭义之分。广义的质量是指产品和服务满足规定要求的特征和特性的总和，它可分为产品（服务）质量、工序质量和工作质量。狭义的质量是指产品（服务）的质量。

产品（服务）的质量反映了管理水平的高低。从企业来说，提高产品（服务）的质量，是提高企业经济效益和社会效益的根本，是管理活动的核心问题。保证稳定地提高产品（服务）质量，向社会、用户提供物美价廉的优质产品，就会给社会和企业带来不断提高的经济效益。同时，产品（服务）质量的提高，能够增强企业在市场的竞争力。因此，在现代企业经营活动中，质量管理构成了管理的重要组成部分。

任何产品和服务都需要质量和数量的统一。质量是数量的基础，只有符合质量要求的产品，其数量才有意义。但光有质量是不够的。因此，企业管理活动既要求产品（服务）质量的不断提高，又需要其数量的不断增加，这样才能使管理效益不断增长。

（3）管理的价值原则

管理的价值原则要求管理活动要围绕提高经济效益和社会效益（包括环境效益）这个目标，科学地、节约地使用管理的各项资源，以创造最大的经济价值和社会价值。

管理的价值原则强调的重点是成本降低和效能提高两个因素，既要追求管理活动效能的不断提高，又要注意节约和降低管理成本。而这里所追求的综合效能是指管理活动的经济效益和社会效益的统一、局部效益和全局效益的统一、当前效益和长远效益的统一。管理的价值原则揭示了管理目的和手段的统一性，其本质是要求管理活动中所投入的人力资源、物力资源、财力资源、信息资源和时间资源等得以最充分、最有效地利用，从而产生最大化的管理效益。

5　管理的基本方法

实现可持续发展需要建立战略、决策和管理体系。有一系列基本管理方法可用，无论是目标管理、风险控制、变革、创新和战略管理，特别是管理的沟通等都是不可缺少的。

5.1　管理决策

决策是为完成一定管理任务，运用科学的理论和方法，从各种可行方案中选取最优方案的活动。任何管理一开始都需要通过决策来为整个工作确定方向和管理职能。

对于什么是决策有不同的认识。约翰·迈克唐纳对决策曾经有过这样的评论："企业总裁甚至包括一个国家的首脑，是一个职业的决策者，不确定性是他的敌人，而克服它则是他的使命"。

赫伯特·西蒙在揭示管理的本质时指出："决策是管理的心脏；管理是由一系列决策组成的；管理就是决策。"他对决策过程的定义是：决策就是找出要求制定决策的条件；寻找、拟定和分析可能的行动方案；选择特定的行动方案。这三步过程包括：收集信息、拟定可供选择的方案和选择特定的行动方案。

关于决策的定义还有其他不同的描述，但随着科学管理的发展，人们对现代决策越来越趋于取得共同的认识：决策是对未来的行为确定目标，采用一定的科学方法和手段从两个以上的行动方案中，选择一个合适的方案并付诸实施的过程。它实际上是一个提出问题、分析问题、解决问题的过程。这个过程包括确定问题、明确目标；收集和分析所需的信息资料；拟定不同的可行策略或行动方案；评估和预测各可行方案的结果；选择一个最佳的或最满意的方案；实施方案并对执行情况进行反馈控制等一系列活动。整个决策过程构成一个系统，必须用系统的观点和系统的方法来研究它。

掌握科学的决策的关键点是：

（1）决策是行为的前提或基础。人们在生产经营和社会活动中，预先都有明确的目标和行动方案，确定目标和行动方案就是决策。没有决策就没有合乎理性的活动，人们的行动也就无法达到预期的目的。

（2）决策要有明确的目标。决策目标就是决策所需要解决的问题。决策目标不但要明确具体，而且必须有确定的依据，正确的目标是决策的前提，目标错了，决策就会失去积极的意义。

（3）决策是一种多方案的选择。如果只有一个方案，人们就只能被动地适应它，而没有选择的余地，自然就谈不上决策。因此，决策必须具备两个以上的方案，必须是对多种方案的一种比较、选择。否则，决策就毫无意义。

（4）决策的目的是为取得优化效应。所谓优化效应是指决策应能令人满意地解决决策目标所指明的问题。因此，决策者分析研究的重心，必然是如何优化决策目标和决策方案，考虑如何充分利用客观具备的条件，以较少的资源投入和耗费，在期望的时间内达到预期的效果。

（5）决策是一个动态的、分析判断的过程。这就要求决策者根据组织内外条件的变化，进行跟踪决策，随时对原有决策做相应的修改和调整，甚至从根本上改变原决策。当然，在一般情况下，已经做出的决策应该有相对稳定性，不应轻易做根本改变。

从决策的含义可以看出决策在管理活动中的重要地位和作用。它是贯穿管理活动过程始终的基本活动，是管理的首要职能，是执行管理其他职能的前提。决策的正确性和科学性对管理活动的成败起着决定性的作用，直接关系到企业或一个组织的生存和发展。尤其是在现代社会里，决策在管理中的作用越来越大，地位也越来越重要。因为，社会越发展，组织规模越大，组织间的社会关系越复杂，影响决策的因素也就越多、越容易变化，因而决策也就愈加复杂和困难，决策结果对组织行为的影响也会愈加广泛和深远。

5.2 目标管理

5.2.1 目标管理的含义

目标管理是以系统的方法集合许多关键管理活动，使组织中的上下级共同基于总目标及围绕总目标的部门和个人目标，并有意识地引导人们通过协调和支持有效地达成组织和个人目标的全面的管理系统。目标管理通常被看成是一种实施计划的理想技术。

目标管理的概念是彼得·德鲁克（Peter Drucker）1954 年在其名著《管理实践》中最先提出的，其后他又提出“目标管理的自我控制”的主张。德鲁克认为，并不是有了工作才有目标，而是相反，有了目标才能确定每个人的工作。所以，“企业的使命和任务，必须转化为目标”。

正如孔茨所说，目标管理思想的形成与发展，是许多企业和管理学家努力探索的结果，现在目标管理已发展成为一种管理系统，被普遍地应用于各行各业的管理活动中。

5.2.2　目标管理的特点

目标管理是订立目标、决定方针、安排进度，有效达到目标，同时对其活动成果加以严格绩效评估的一种组织内的管理体制。目标管理指导思想上是以Y理论为基础的，即认为在目标明确的条件下，人们能够对自己负责。具体方法则是泰罗科学管理的进一步发展。它与传统管理方式相比有鲜明的特点，可概括为：

（1）重视人的因素。目标管理是一种参与的、民主的、自我控制的管理，也是一种把个人需求与组织目标结合起来的管理制度。在这一制度下，上级与下级的关系是平等、尊重、依赖、支持，下级在承诺目标和被授权之后是自觉、自主和自治的。

（2）建立目标体系。目标管理通过专门设计的过程，将组织的整体目标逐级分解，转换为各单位、各员工的分目标。从组织目标到经营单位目标，再到部门目标，最后到个人目标。只有每个人员完成了自己的分目标，整个企业的总目标才有完成的希望。

（3）重视成果。目标管理以制定目标为起点，以目标完成情况的考核为终结。工作成果是评定目标完成程度的标准，也是人事考核和奖评的依据，成为评价管理工作绩效的唯一标志。至于完成目标的具体过程、途径和方法，并不被上级过多干预。

（4）目标管理是自我控制、自我评估观念的应用。在实施目标管理的过程中，对于目标的实施执行情况，可由自己对其实施业绩进行评估，并自我提出改进工作的意见。因此，可将目标管理称作是以绩效评估为中心的目标管理。

5.2.3　目标管理的过程

目标管理强调管理者和员工共同确定具体的绩效目标，然后定期检查实现目标方面的进展情况。目标管理不是将目标仅仅作为一种控制方法，而是同时作为激励员工的手段。

典型的目标管理程序包括如下七个步骤：

——制定组织的全局目标和战略。

——在事业部和职能部门之间分解目标。

——部门管理者与其下属单位的管理者共同设定他们的具体目标。

——单位管理者和该单位全体员工共同设定每个人的具体目标。

——在管理者和员工之间就如何实现目标的具体行动计划达成协议。

——实施行动计划。

——定期检查实现目标的进展情况，并提供反馈。

目标管理与传统的目标制定过程存在很大的不同，传统的目标设立过程首先是制定组织的最高目标，然后将其分解为每一个组织层次的子目标。这种传统的观点假定是最高管理者清楚什么是最佳的目标和方式，因此，目标是由最高层设立并逐级下达到组织的各个层次，以指导在某种程度上约束每个员工的工作行为。另外，如果最高管理者制定的组织目标过于宽泛或是比较模糊，在目标的传递过程中，每一个层次上的管理者都根据自己对组织目标的理解甚至是偏见来规定具体的目标，结果可能导致组织目标失去清晰性和一致性。

海因茨·韦里克（Heinz Weihrich）和哈罗德·孔茨认为，应该将目标作为一个目标导向、成功导向的管理系统。除了作为激励员工、在战略计划中起到绩效评估的作用外，其他管理子系统也应该纳入到目标管理过程之中。

值得一提的是，目标管理在很多企业和组织中最终发展成了 PDCA 循环。P 代表的是目标管理计划阶段，D 代表的是目标管理的执行阶段，C 代表的是目标管理的考核阶段，A 代表的是目标管理的评价阶段。它们分别使用实用的技术以及相关的理论。例如，在计划阶段里面，实用的技术是战略规划，比如内外部环境分析，尤其是行业环境、竞争对手的分析，科学判断、预测，特别强调的基础是团队管理等。执行阶段是人文管理，将目标转变为措施。它强调以人为本，要真正调动员工的主动性和积极性。因此，在目标管理的执行阶段里，真正发挥参与和协同，对真正调动全员参与积极性是关键因素。考核阶段，主要强调成果管理，因此采用考核和激励。比如，哪些指标是关键绩效指标，这些指标的权重分别是多少，应该如何确定考核的主体、客体以及监督方，应该如何去安排整个考核的流程，应该如何去安排计划考核以及绩效改进计划，等等，都是目标管理能不能真正顺利实行的有力保证。目标管理是一个动态、协同、不断改进的过程。

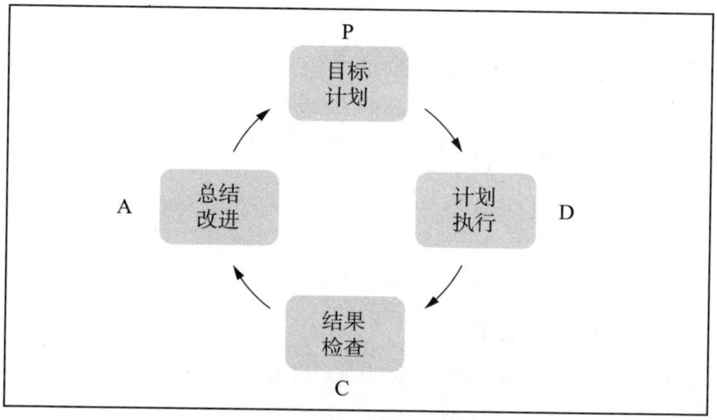

图6-3　目标管理（PDCA）

5.3　管理计划

从管理的运作过程来看，计划是决策的组织落实过程。决策是计划的前提，计划是决策的逻辑延续。任何组织的管理过程都是从计划开始，为组织活动制定目标，提供指导方针与行动方案，从而为现实组织目标提供保证。

5.3.1　计划的内容

计划有广义和狭义之分。广义的计划是指制订计划、执行计划和检查计划执行三个紧密衔接的工作过程。狭义的计划是指制订计划，也就是说，根据实际情况，通过科学预测，权衡客观的需要和主观的可能，提出在未来一定时期内要达到的目标，以及实现目标的途径。它是使组织中各种活动有条不紊地进行的保证。计划以正式的形式明确了组织成员行动的方向和方式，为组织协调各方面的工作提供了有力的工具；同时，计划工作的开展迫使各级管理人员花时间和精力去仔细思考企业未来可能发生的各种情况，有助于企业更好地规避经营风险；另外，计划工作使日常管理活动更趋于合理，并且为组织各层管理人员的日常考核和控制提供了科学的标准。

计划不是一劳永逸的，而是一个连续不断的过程。由于组织的内外环境在不断发生变化，原有的计划就会不断地被修改、更新，不断被新的计划所取代。只要组织存在，计划工作就会循环往复，一直进行下去。

计划就是预先决定做什么（What），讨论为什么要做（Why），确定何时做（When）、何地做（Where）、何人做（Who），以及如何做（How），也就是通常所说的5W1H。

5.3.2 计划的表现形式

在实际工作中，计划有多种表现形式：

目标：目标是指在一定时期内，组织或个人的活动所要达到的目的和结果。趋势目标是计划工作的目的，同时也是计划工作的基础和根据，在计划工作的最初阶段，制定具体的、明确的目标是其首要的任务，其后的所有工作都围绕目标进行。在实际工作中，企业的目标常常是多样性的。

战略：目标指明了要干什么，战略则集中解决为了实现目标在将来应该怎么做，注重叙述实现目标的途径，指出工作重点、资源分配优先原则等，围绕目标形成的一个统一的“框架式”行动准则，用于指导各部门的工作。

政策：政策是为了制定决策、确保决策与目标一致和实现目标而确定的框架范围。政策有利于防患于未然，同时又可以把其他计划统一起来，由此而做到在管理者进行授权之后，仍能够对下属人员的活动进行有效的控制。

程序：程序所界定的是各种必要活动的时间排列顺序，它规定了处理未来实践的方法，它直接指导行动本身而不是对行动的思考，同时它也规定了特定事物的正确处理方法。

规则：规则阐明了具体的必需和非必需的行动，没有例外的余地。规则通常是最简单形式的计划。规则的本质是，它必须反映一种必须或无须采取某种行动的管理决策。规则不同于政策，政策的目的是通过给管理人员留有酌情处理的余地而指导他们的决策，而规则在运用中没有自行处理的余地。

规划：规划是一个综合性的计划，包括目标、政策、程序、规则、任务分配、要采取的步骤、要使用的资源以及未完成既定行动步骤所需要的其他因素。规划可能是很大的五年规划。规划也可能是很小的一项具体计划。

预算：预算是用数字表示活动的投入与产出的数量、时间和方向等，是一种数字化的计划。既可以对特定的活动分配资源，也可以用来改进时间、空间和材料的利用。

5.4 风险控制与管理

在组织所处的环境中，诸多因素的变化（例如，全球化、竞争和管制等）都会导致不确定性。不确定性是因为事项发生的可能性及其影响难以确定，这就构成了风险。为有效应对风险，努力避免或减轻风险的损害，就需要对风险及风险管理有准确的把握。

5.4.1 风险的特征

——客观性。风险是客观存在的，它一般是由客观存在的自然和社会因素所引起，人们只能在一定范围内改变风险形成和发展的条件，降低风险事故发生的概率及其损失程度，但很难彻底消除风险。例如，地震、洪水、雷电、暴风雪等自然现象会给组织和人类造成生命或财产损失，但这些现象是由自然界固有的规律所支配，人们只能发现、认识和利用这些规律，而不能改变。同样，全球化、市场竞争、政府法律法规等社会因素也可能会给组织的发展带来风险。

——偶然性。从全社会看，风险事故的发生是必然的。但对特定的组织和个人而言，风险事故的发生是偶然的，表现在：风险事故能否发生、何时发生、发生后的损失为多少都是不确定的，这就是风险的偶然性。

——有损失。风险事故发生后通常会带来一定的损失。所谓损失是指非故意、非计划、非预期的经济价格减少的实施。例如，在远洋运输中，存在遭受风暴或海盗袭击的风险，这种风险事故一旦发生，往往会给组织带来一定的损失，而这种损失并非是事先计划或预期的。

5.4.2　风险的分类

基于风险分析和风险管理的需要，除了掌握风险的特征外，还需要对风险进行相应的区别，以更准确地把握风险的本质。风险的分类有多种方式：

——静态风险与动态风险。静态风险（static risk）是指在经济环境没有变化时发生损失的可能性，通常是由于自然客观因素或者人们的错误或失当行为而造成。例如，自然界的洪灾、旱灾、火灾、地震等，以及认为的盗窃、欺诈、呆坏账、破产等带来的损失。

——动态风险（dynamic risk）是由于组织外部环境变化而带来的损失的可能性，通常是由宏观经济、产业组织、生产方式、生产技术以及消费者等因素的变化所引起的。例如，消费者偏好的改变、市场结构调整、利率变动等因素可能会给一些组织带来经济损失。

静态风险与动态风险的划分标准是外部社会经济环境是否发生变化。二者的主要区别是：

（1）静态风险一般只对少数社会成员（组织）产生影响，而动态风险的影响则较为广泛；

（2）静态风险的风险事故给社会带来的是实实在在的损失，而动态风险事故对于社会而言并不一定都是损失，它可能对部分社会个体（组织）有弊，而对另一部分个体（组织）有益；

（3）静态风险具有一定的规定性，可以预测，而动态风险则因缺乏规律而难以预测，很难找到其发生的规律。

——纯粹风险与投机风险。纯粹风险（pure risk）是指那些只有损失可能而无获利机会的风险。纯粹风险的风险事故发生后，对特定组织或个人一定会造成损失，例如疾病、火灾、失窃以及交通事故等。投机风险（speculative risk）是指那些既有损失可能也有获利机会的风险。例如，消费者需求的变化会给一些企业造成损失，但可能会对一些企业有利。

纯粹风险和投机风险同以是否有获利机会来区别，二者的主要区别是：

（1）纯粹风险只生产有损失和无损失两种结果，而投机风险却可以产生有损失、无损失和有收益三种结果；

（2）纯粹风险的风险事故及其损失一般可以通过大量的统计资料进行科学预测，而投机风险则难以做到。因为投机风险在很大程度上受宏观环境、市场变化和道德因素等不可控因素影响。

——基本风险（fundamental risk）是指特定的社会个体所不能控制或预防的风险。基本风险通常是由经济失调、政治变动、重大自然灾害等原因引起，其后果会影响到相当多的人，甚至整个社会。例如，战争、通货膨胀、地震、洪涝灾害等所导致的损失。

——特定风险（particular risk）是指与特定的社会个体有因果关系的风险。例如，火灾、爆炸、盗窃等，所涉及的损失主要与特定个体有关，就属于特定风险。

基本风险与特定风险的划分是以风险所涉及的范围为依据，二者的主要区别是：

（1）基本风险的影响范围广泛，而特定风险的影响范围有限；

（2）引发基本风险的因素个体无法控制，所以这类风险的处理由社会承担。而对付特定风险的责任主要在个体，可以采取某些措施来预防，如使用保险等方式。

5.4.3 风险识别

组织运营过程中所面临的风险是错综复杂的，正确地识别和分析风险是风险管理最基础的工作。如果不能准确地识别和分析风险，就无法衡量和评价风险，也就无法预防和控制风险。

（1）风险识别的含义

所谓风险识别是指管理者运用相关的知识和方法，全面、系统和连续地发现组织所面临的各种风险以及风险事故发生的潜在原因。

对于风险识别的概念，可以从如下几个方面进行理解：

——风险识别是一个系统工程。这意味着风险识别不能局限于组织的某个部门、某个环节中，而要研究整个组织所具有的全部风险。不仅风险管理人员要进行风险识别工作，组织中的所有人员都应该参与与配合风险识别工作。

——风险识别是一个连续的过程。组织内外的环境总是在不断变化之中，风险的质和量也在变，还可能出现前所未有的风险。因此，组织必须不间断地识别各种风险，而不能时断时续或一蹴而就。

——风险识别要注意风险的来源与原因。风险是客观存在的，风险事故的发生也有一个从量变到质变的过程，因此，组织应注重了解引起风险事故的主要原因和条件是什么，以及风险事故所致后果如何等内容。

（2）风险识别的过程

风险识别过程就是收集有关风险事故、风险因素、损失危害等方面信息的过程，具体包括：

（A）发现或调查风险源。在风险事故发生前，发现引发风险事故的风险源，是风险识别的核心。只有发现风险源，才能有的放矢地改变风险因素存在的条件，并防止风险因素的增加或聚集。一般而言，引发风险事故的风险源有物质风险源、社会风险源、政治风险源、法律风险源、操作风险源、经济风险源和认知风险源。

（B）减少风险因素增加的条件。在发现或调查风险源以后，应该积极寻求引发风险因素减少的条件。根据风险因素的分类采取相应的措施，并区别出轻重缓急。一般而言，按照风险事故发生后果的严重程度，可以将风险因素划分为四类：一类是事故后果可以忽略，可不采取控制措施的风险因素；二类是事故后果比较轻，暂时还不会造成人员伤害和财产损失，应该考虑采取控制措施的风险因素；三类是事故后果严重，会造成人员伤亡和系统损坏，需要立即采取措施加以控制的风险因素；四类是可以造成灾难性后果的风险事故，必须立即采取措施予以排除的风险因素。

（C）预见危害或者危险。危险就是造成损失的原因，不同的环境可以产生相同的危害和危险，造成企业、个人财务上的损失。例如，火灾危险可能产生于物质环境（如闪电），也可能产生于社会环境（如纵火、骚乱），但是无论由什么风险因素引发的风险事故，都会产生危害、造成损失，因此，风险识别的重要步骤是能够预见到危害，将产生危害的条件消灭在萌芽状态。

5.4.4 风险评估

在识别出组织面临的风险以后，组织的风险管理人员就应该对风险进行评估分析，从而为组织拟定风险管理方案，进行风险管理决策提供支持，这个过程就是风险评估。

所谓风险评估（risk estimation）是指组织在对既有风险损失资料分析的基础上，运用概率论和数理统计的方法对特定风险事故发生的损失概率和损失程度做出估计，为风险管理决策提供依据。

要准确理解风险评估的概念，应该从如下几个方面进行把握：

——风险评估建立在既有资料的基础上。尽管风险评估主要是对潜在风险进行量化分析，是面向未来的预测，但需要以过去的损失资料为基础运行。因此，要使评估结果科学有效，就应该掌握足够丰富的资料。

——风险评估是对损失概率和程度的量化分析。风险评估主要评价潜在的风险发生事故的可能性大小和造成损失的程度，所以需要运用概率论的知识和统计工具，但概率分析和统计分析不等于风险管理。

——风险评估是风险管理的重要环节。风险评估的结果是进行风险管理决策的基础，风险评估只是风险管理过程中的一个环节，并非是风险管理全部。

5.5 组织变革与发展

由于组织的内部条件与外部环境是不断变化的，组织必须适时进行变革才能促进组织的不断优化与发展。组织变革是指在人员、结构或技术等方面做出改变，使组织变得更有活力，运行更加高效的活动过程。组织变革不仅仅指组织结构的改变。

5.5.1 组织变革的动因

影响组织变革的因素是多方面的。总体上，组织变革的动因可归纳为如下两个方面：

（1）外部环境的变化

组织作为社会大环境系统的一个子系统，对于外部环境的变化，常常只能适应而无法控制。对于组织而言，只有针对外部环境的变化进行相应的自身变革，才会更好地生存和发展。导致组织变革的外部环境变化中最主要的因素是国际发展大趋势、经济全球化、国际贸易、科学技术的发展、国家法律法规、经济和产业政策、经济形势、市场竞争等因素。

组织结构是实现战略的手段，组织战略又因环境因素的变化而调整。竞争战略重点改变或调整，引起组织内部部门及责权分工和人际关系的变化。对于组织而言，环境的变化，特别是市场环境的变化是促使组织变革产生的重要动因。

（2）内部条件的改变

组织本身的一些条件发生改变，也会引起组织变革。这些条件主要有：组织运行政策与目标的改变、组织规模的扩张与发展、组织内部运行机制的优化、组织成员对工作的期望与个人价值观念的变化、组织效率低下、管理技术条件的变化，以及管理人员的调整或管理水平急待提高等。

上述因素都会影响到组织目标的实现。为实现目标需要对组织结构、权力配置系统、制度、机制、流程，或行为规范等做出调整和修订，从而引起组织的变革。

华尔顿（R. E. Walton）认为，组织成员的期望与组织的实际情况之间存在差异，例如为提高个人潜能、参与民主管理、获得工作的尊严、提高工作满意度、注重情感、向往合作与协同等，在一定程度上也会促使组织产生变革，以消除或缩小组织成员的期望与组织实际状况间的差异。

5.5.2　组织变革的方式

组织针对所面临的各种外部变化以及组织内部存在的各种变革需求，应根据所选定的组织变革方向、目标和变革所涉及的内容，采取适当的方式对现有组织进行变革。组织变革的方式，可以有不同的划分方法。在选择变革方式时，组织必须根据所处的具体形势和条件，而采用相应的适当的组织变革方式。

（1）量变式与质变式

按照一次变革的程度大小，可以将变革分为量变式与质变式两种。

量变式是以改变组织局部结构和人员数量为主要内容的一种变革方式。其变革的重点在于增设或撤销某些部门单元，增加或减少某些管理级别或人员等。这种变革相对比较简单，适用于在组织中的纵横关系结构、权责体制和行为规范等都基本适宜的情况下，用以解决机构臃肿、人员过多、效率不高、管理费用开支过大等较为单一的问题，并对强化或弱化某一管理职能也有一定的效果。这种变革只涉及组织中表层问题，可以看作是一种以控制管理组织规模为目的的变革。

质变式是以解决组织的深层问题为重点的，能使组织效能和内部原有各种关系发生根本变化的一种变革方式。根据质变的广度区分，质变式变革既可以是局部式的，也可以是全局式的。组织内部某部门的组织形态发生质变，并不一定会使整个组织也发生质变。部分质变对全局性质变的影响程度既取决于该单元在整个组织中所处地位的重要性，同时还取决于它和其他部门联系的密切程度。比如，承担关键职能的部门的组织形式的变革一般会引发整个组织的质变。质变可以发生于组织中较浅的层次，也可能发生于深层次。越是深层的变革，越是要涉及对于原有基本价值观念和制度体系的改变。

（2）主动思变和被动应变

根据变革的力量来源不同，可以将变革划分为主动思变和被动应变。

主动思变的变革方式的动力来源于组织内部，并且是在预见的基础上做出变革的决策。由于组织变革一般需要较长的一段时间才能生效，所以组织能在问题产生或危机来临之前就开始进行组织变革，就可以避免在绩效迅速恶化或者在生死存亡之际，仓促进行组织变革所引发的各种问题。

被动应变的变革方式的动力来源于外部的压力，如由于市场表现不佳而产生的压力，以及宏观经济、政治、法律等环境产生的压力，这种变革是被动的而不是主动的，是应变的而不是思变的。

（3）一次性与分段式

一次性变革是短时间内进行一次到位的变革，由于变革的速度过快涉及范围广容易引发组织震荡，因此必须考虑组织成员的心理能力限度，进行周密细致的计划，否则容易造成变革失败。

分段式是在对组织内部现状和外部条件进行综合分析的基础上，通过逐步实现变革的阶段性目标，最终促成总体变革目标的实现。这种变革适用于客观因素发生重大变化，需进行广泛、深入和大规模组织变革，内部承受能力需逐步适应去满足外部条件的要求，但变革的各个阶段必须服从总的变革目标。

（4）自下而上、自上而下和上下结合

按照首先进行变革的组织层次及扩展趋势，变革可以区别为自上而下、自下而上和上下结合的方式。

自上而下的变革是变革先从中、上层管理组织入手，再扩展到整个组织。这种变革方式便于对总体组织做出调整，但因为涉及范围广，需要进行周密的计划，而且从减少各级阻力方面考虑，宜限于较浅层次的变革。

自下而上的变革是变革先从基层组织入手，再延伸到中、上层组织的变革。这种方式便于在组织内分单元分层次进行变革，当收到局部效果后，再扩及到整个组织。但由于组织作为一个整体系统，其中许多问题往往纵横相互牵连，所以这种变革方式会拖延变革的过程。

上下结合的变革是对组织的上下各层级同时进行变革，即在组织变革推动过程中上下结合统筹安排。

上述各种变革方式的区别是相对的，组织应根据实际情况综合地运用，充分发挥它们各自的功效，以取得整体最佳变革效果。

5.5.3 组织变革的程序

组织理论学家库特·卢因（Kurt Lewin）提出了一个有效的组织变革模型。他认为，组织结构的变革需要经过三个阶段：

（1）解冻阶段，即促使人们改变他们已有的态度和观念。

（2）变革实施阶段，即人们在经历了解冻过程，对变革做好准备之后具体实施变革。

（3）团结阶段，即为了避免退回到原有状态而采取相应措施，以保证新的组织结构和行为模式不断得到巩固和加强。

具体讲，组织变革可按以下程序进行：

——发现问题征兆、认识变革的必要性。管理者要始终保持较强的紧迫感、危机感，要对未来有一个明确的预见。除了从外部环境变动的信息中发现有利和不利的因素外，更重要的是从组织内部信息中发现异常情况。通过对它们的分析，找出问题，提出组织需要变革的任务。

——进行组织诊断，提出明确的目标。管理者要围绕问题广泛搜集资料信息，对组织结构进行透彻分析，找出问题产生的真正根源。在此基础上制定明确的变革目标。目标必须是具体化的，既可以是数据化的目标，如利润、销售额、市场占有率、成本等，也可以是非数据化的，如组织的信誉、员工个人发展目标等。

——提出变革方案。在组织诊断明确问题之后，就要根据问题产生的根源有针对性地制定相应的组织变革的方案。按照变革的强度组织一般有三种变革的方案可供选用：彻底改变，即全部打破原有组织结构，抛弃旧的模式，采取新的组织管理方法，如重新划分层次，确定管理幅度，重组直线和参谋组织等；逐步演变，即在原有的框架内做些部分改革，如逐步授权或改变功能，制定新的管理制度等；系统发展，即由组织高层设计方案，经组织共同讨论，制定改革的模式，然后对照现状，找出问题和差距，再据此制定具体措施，系统地进行组织变革。

组织具体选择哪种变革方案，要根据存在问题的性质，有针对性地选择。系统化方式有着普遍的适用性。

——制订变革的计划。在确定了变革方案以后，就要具体制订改革计划。在制订计划时，要设计出改革的操作步骤，要考虑所需费用或代价，可能遇到的问题及应对措施，以及对组织的运行可能产生的影响，员工对变革的认识以及配合程度等问题。计划应当尽可能详细具体。

——实施变革计划。从某种意义上来说，组织变革是一种权力和利益格局的调整，势必会影响一部分人的权力和利益。所以，组织变革总会遇到来自变革对象的阻力。对此，管理者要有充分的认识，需要统一思想，吸纳相关人员参与方案设计，认真分析变革的因素，充分磋商协调，妥善处理好改革与稳定的关系，力求将变革的阻力降至最低，保证改革计划的顺利实施。

——评价变革效果。随着变革计划的执行，管理者要对改革的效果进行检查、分析和评价，找出影响改革效果的因素并加以改进，保证改革达到预期的效果。与此同时，要建立起良好的信息反馈系统，对计划执行情况的信息及时反馈，确保改革方案的顺利实施持续改进。

5.5.4 组织发展的趋势

在当今全球化、市场化和信息网络化的时代背景下，组织环境呈现出更加复杂多变的趋势。为适应环境的要求，组织变革的速度加快，组织结构形式也呈现多样化的趋势。总的来说，组织结构变革的总方向具有去中心化、去等级制的特点，具体表现为组织结构的扁平化、柔性化、网络化和分立化等基本趋势。

（1）扁平化

在古典组织理论的影响下，经过长期的演变过程，企业逐渐形成了一套等级组织体系。组织层次越来越多，规章制度越来越严格，信息的处理和传递渠道也越来越长，而速度却越来越慢，致使组织对外反应迟钝，缺乏应变和适应能力。20 世纪 80 年代以来，不少企业开始对这种传统模式进行大胆的改革，增大管理幅度，减少管理层次，组织结构呈现出扁平化的趋势。在 20 世纪 90 年代初期，在美国和西方发达国家兴起了一场声势浩大的“企业再造”运动，其关键技术是重新整合被分割得支离破碎的业务流程；其核心思想则是改变金字塔形组织结构，减少管理层次，使之扁平化，变分工和等级制度为合作与协调，改变职能部门各司其职、互不相干的状态，从而使企业组织结构能对环境变化做出灵敏反应，实现高效运转。

扁平化组织顺畅运作必须具备两个重要条件：一是现代信息处理和网络技术的应用，缩减原有的信息处理和传输的中间管理层次。整个企业内部的各部门、岗位，以信息网络相联系，大大提高企业内部数据传输和管理层沟通的效率；二是组织成员具有较高的素质，有着很强的独立工作能力。在扁平化的组织中，员工承担着较大的责任。组织中成员的关系转变为一种新型团队成员之间的关系，员工都享有与责任同等的权力，需要较强的自主管理能力。

（2）柔性化

组织结构柔性化的目的是增强组织对环境变化的适应能力，充分利用组织资源。

组织发展具有从集权到分权的趋势。柔性化的组织结构并不是一味强调分权，而是为了避免过度分权带来的消极影响，在分权的同时实行必要的集权。实现集权与分权统一的关键是在上下级之间需有效沟通，适当调整权限结构，保证组织的活动目标的协调一致。

为适应组织结构变革的需要，组织结构可分为两个组成部分：一是稳定性的结构，是为完成组织经常性任务而建立的组织结构，是组织结构的基本组成部分；二是变动性的机构，是为完成一些临时性任务而成立的组织结构，是基本组织结构的补充，如项目小组、咨询专家组等。

组织柔性化是组织因环境要求不断改变提高适应能力的常态特征。

（3）网络化

在本质上，网络化是组织结构的重新设计，构建以小型、自主和创新为特征的经营单元，构成以横向一体化为主要特征的网络化组织形式。同时，为提高竞争力，防御经营风险，各种企业集团和经济体也以网络化的形式联为一体。可以说，传统的组织结构中基本单元是在组织指挥链上的层级，而网络化组织结构中基本单元是独立的经营单元。

网络化的组织结构具有两个主要特征：一是用特殊的市场手段代替行政手段来联结各经营单元之间及其与公司总部之间的关系。这种特殊的市场关系是以资金投放为基础的，包括产权变更、人员流动和较稳定的商品买卖关系在内的全方位的市场关系。二是在组织结构网络化的基础上形成了强大的虚拟功能。

网络化组织形式中的每个经营单元，都可以独立地以各种方式借用外部资源，如并购、联合、外包等，对外部的资源进行重新组合，创造出巨大的竞争优势。

(4) 分立化

分立化是指在一个公司中再分离出几个小的公司，把公司总部与下属单位之间的内部性的上下级关系变为外部性的公司之间的关系。这种分立化与那种划小核算单位的方式有着本质的区别。划小核算单位后的公司仍然是一种内部的层级关系，而分立化所形成的公司在公司内部是一种平等的市场关系；分立后形成的小公司是独立的法人实体，拥有完全独立的经营地位，而通过划小核算单位所形成的基层经营单位不是独立的法人，不具有完全独立的经营地位；分立化是在分权关系上进行的变革，公司总部对分立的子公司通过股权投资和股东管理的方式进行控制，而划小核算单位只是在管理权限上的调整，不涉及产权关系，仍以行政管理手段为主。

分立化的具体形式分为两种：一是横向分立，即按照产品种类进行分立。通过横向分立，可以最大限度地提高单个产品经营单位的自主权，在整个产品市场上形成竞争优势。二是纵向分立，按照同一产品的不同生产阶段进行分立。纵向分立所形成的各个企业之间的关系是一种同一类别产品内部上下游产品之间的关系。通过纵向分立，可以进一步集中力量，提高企业的专业化经营水平。

5.6 领导与管理

5.6.1 领导的含义

在我们的语言中“领导”可以作名词用，即领导者；也可以作动词用，即领导工作。在管理学理论界中，对“领导”曾有过许多定义，主要有以下几种观点：

——领导是影响人们自动为实现团体目标而努力的一种行为（泰瑞，G. R. Terry）。

——领导是对组织内群体或个人施加影响的活动过程（斯托格第尔，R. M. Stogdill）。

——领导是一种说服他人热心于一定目标的能力（戴维斯，K. Davis）。

——领导就是在某种情况下，通过意见交流过程所施展出来的一种为了达到某个目标的影响力（坦宁鲍姆，R. Tannenbaum）。

——领导是影响人们心甘情愿地和满怀热情地为实现群体的目标而努力的艺术或过程（哈罗德·孔茨，Harold Koontz）。

虽然学者们的表述不同，但都包含着“影响”、“影响力”、“目标”、“过程”等几个要素。其中，美国管理学家哈罗德·孔茨等给领导下的定义最具代表性。这个定义包含三个要点：

——领导的本质是影响力。

——领导是一个过程，是对人们施加影响的过程；同时，领导亦是一种艺术。

——领导的目的是使人们情愿而非无奈地、热心而非勉强地为实现组织或群体的目标而努力。

5.6.2　领导过程

领导的本质是群体或组织成员拥护，能将个人愿望和需求与群体或组织目标实现的过程。

领导过程是实施影响的过程，是一种特殊的“投入”（领导者意愿和作风）和产出（被领导者意愿和作风）的效率和效果转化过程。

现代组织是开放的社会技术系统，其生产经营活动必然会受到内外环境的影响，领导过程也不例外。因此，领导过程实际上是由领导者、被领导者和他们所处的环境所构成的复合函数。可用公式表示如下：

领导过程 = f（领导者·被领导者·环境）

即领导过程的效果既取决于领导者自身的能力和素质、被领导者的素质与接受领导的程度和环境条件这三个因素，又取决于三个因素的内在联系，如领导者与被领导者的关系、领导对环境的适应与应变能力等。

5.6.3　领导的作用

从某种程度上说，一个组织的领导者的领导行为决定着这个组织的绩效。尤其是高层领导者对一个组织的成败有关键作用。组织活动的绩效是衡量一个领导者是否称职和才能大小的标准。组织的领导者应当而且必须为组织运营的绩效负责。因此，作为领导者，最重要的不是其个人素质和个人才能，更为重要的是将个人的领导素质和才能转化为组织绩效的能力。领导者的作为具体体现在三个方面，即指挥作用、协调作用和激励作用。

5.6.4　领导与管理

领导与管理是管理实践中常用的两个概念，在实践中二者常常被混为一谈。实际上它们之间是有区别的。

领导只是管理的一项职能。管理活动包括计划、组织、领导、控制等职能，领导只是其中的一项职能。领导更着重于研究在目标既定的条件下如何影响一个组织或群体成员去实现目标。

领导的职能主要表现在与人相联系、与人打交道的特征上。在领导过程中，为实现目标不仅要布置任务，而且要配置资源、协调关系、处理冲突、关注情绪、积极性和激励等。

5.6.5 领导者与管理者

同样，领导者与管理者也不能混为一谈。领导者不一定是管理者，管理者也并不一定是领导者。

管理者是正式组织中在结构中出现的部分负责人，他们都是组织正式任命的，在既定的权限范围内履行相应的职责。因此，管理者拥有正式的职位权力，他们依靠这种权威性的职位权力影响下属。

领导从根本上讲是一种影响力，是一种跟随关系。人们愿意自愿跟随，才会产生领导者。领导者通过个人影响力发挥作用，而非通过职位权力。因此，领导者既存在于组织中，也存在于群体中。存在于正式组织中，也存在于非正式组织中。

5.6.6 领导效能

领导过程的产出通常称为领导的有效性或领导效能（effectiveness of leadership）。领导过程的投入是无限的，从经济学的角度讲，高投入要求有高的产出。领导效能表明领导者影响下属实现目标的实际效果。实际效果包含两层含义：其一是目标是否实现（目标物化效果），其二是目标是如何实现的（员工心理效果）。

根据领导效能的两层含义，提高领导效能实际上就是要从提高目标达成度和下属满意度两个方面来入手：

——提高目标达成度。要提高目标达成度，就必须具备以下几个条件：领导者自身应具备良好的能力与素质，包括必备的专业知识与技能、丰富的管理知识与技能、优秀的心理素质与职业素养等，以得到被领导者的信任。领导者应具备一定的影响力和威信，在领导者权力性影响力下，提高非权力性影响力有利于提高综合影响力。提高影响力有利于领导者的威信。威信是领导者影响力在下属心目中的反应。影响力和威信的建立取决于公平与公正。领导者应该注重群体管理和团队建设。领导者应注重建设优秀的组织文化、建立群体规范、提高群体凝聚力、加强内外沟通、协调人际关系，恰当处理矛盾冲突，形成良好的组织与群体氛围，把个体行为引导到达成组织目标的方向上，从而提高目标的达成度。

——提高下属满意度。提高下属满意度实际上就是让被领导者心甘情愿地去完成任务、达成目标。这就要求领导者一方面善于运用在需要、情感、目标、任务、奖惩、榜样等方面的激励手段调动下属的积极性，提高其工作的主动性；另一方面要善于运用领导艺术，让下属快乐地工作，并能使他们获得工作的成就感。

此外，领导效能的提升还包括组织领导班子的集体效能。这与集体的知识、能力、年龄及风格等结构，与领导班子的共同的价值观、行为准则及包容性等有密切的关系。

领导效能受领导者、被领导者与环境这三个因素的影响，但其中起决定作用的是领导者因素。

5.6.7　领导理论

领导理论就是从领导者的角度来研究领导效能的理论，主要有：领导特性理论、领导风格理论、领导行为理论、领导应变理论等。

——领导特性理论：领导特性理论又称领导品质或领导特质理论，是以研究领导个性为主要内容的一种理论，其中包括领袖魅力领导理论。瓦伦·本尼斯（Warren Bennis）研究了美国 90 位杰出和最成功的领导者，发现他们由 4 种共同的能力：

- 令人折服的远见和目标意识；
- 能清晰地表述这一目标，使下属明确理解；
- 追求这一目标的一致性和全心投入；
- 了解自己的实力并以此作为资本。

——领导风格理论：领导风格理论又称领导方式或领导作风理论，它是在引导和影响组织成员的过程中，领导者对权力的使用方式。组织成员对领导者的跟随是以领导方式为基础的。库尔特·勒温（Kurt Lewin）根据领导者控制或影响被领导者的方式的不同，把领导方式划分为专制式、民主式和放任式三种类型。专制式领导靠权力和强制命令管理。民主式领导的决策采用与下属共同协商讨论。放任式领导将权力让位于被领导者，给下属高度的独立性。

——领导行为理论：这种理论主要关注领导如何处理组织工作与个人的关系。在布莱克和莫顿的管理理论中，领导行为分为 5 种类型，即贫乏型、任务型、俱乐部型、中庸型和团队型。哪种领导行为最为有效以实际工作和情况而定。

——领导应变理论：领导应变理论又称情景理论。该理论认为，领导效能不单纯取决于领导个人的行为，领导是一个动态的过程。领导方式的有效性取决于具体的情景和场合，应随被领导者和具体环境不同而变化。典型的应变理论包括：弗雷德·费德勒应变理论（任务型、关系型）、领导生命周期理论（领导行为随下属成熟度而调整），也称情景领导理论，以及路径－目标理论（领导者为下属达到目标指出路径）。

5.6.8 领导艺术

领导过程是一个影响的过程。任务需由被领导者完成，以此需要被领导者提高完成任务的自觉性和主动性。这就需要领导者掌握和运用领导艺术。领导艺术是指领导者在非程序化的管理过程中娴熟巧妙地运用领导科学、经验与技巧，以实现高效领导。

领导艺术的内容广泛，主要包括用人的艺术、决策的艺术、赢得威信的艺术、监督的艺术、协调关系艺术、激励艺术、时间管理艺术和谈话艺术等。

5.7 管理沟通

5.7.1 管理沟通的含义

沟通（communication），即信息沟通，又称意见交流、意见沟通，是指两个或两个以上的主体之间传递和交流信息、情报、知识和意见的过程。沟通的主体可以是人，也可以是机器。机与机的沟通，如电报、传真等；人与机的沟通，如人—电脑；还有人与人的沟通，如谈话，会议等。

管理沟通（managerial communication）是指围绕组织目标，通过信号、媒介等途径，有目的地交流观点、信息、情报、意见和情感的行为。这个概念意味着：管理沟通的目的是实现组织的目标；管理沟通的内容围绕组织的管理活动而进行，与组织管理无关的沟通不是管理沟通。

管理沟通主要包括个体之间的沟通，即人际沟通；团队内部成员之间的沟通，即团队沟通；组织与组织之间的沟通，即组织沟通。

沟通在管理中举足轻重，其作用主要体现在以下几个方面：

——沟通是组织与外部环境之间建立联系的桥梁；

——沟通是组织协调各方面活动，实现科学管理的手段；

——沟通是管理者激励下属，履行管理职能的基本途径；

——沟通有利于满足员工的心理需要，改善人际关系。

由此可见，沟通实际上是管理者最重要的日常工作之一。管理者应重视内外信息交流，从而为生产经营提供良好的内部环境，使企业更好地适应外部环境的变化。

5.7.2　沟通的过程与要素

任何信息沟通必须具备三个基本条件：

（1）沟通必须涉及两个以上的主体；

（2）沟通必须有一定的沟通客体，即信息情报等；

（3）沟通必须有传递信息情报的载体。

进行信息沟通包含四个基本要素：信息发送者、信息、通道和信息接收者。信息发送者是信息沟通的主体，是有目的地传播信息的人。信息是沟通的内容，用来表达沟通主体的观念、需要、意愿和态度等。通道是指信息传递的途径，如人、文件、电视、书刊、电报、电话和互联网等。信息接收者是指信息所要达到的对象。信息沟通的一般过程即是由发送者通过选定的渠道把信息内容传递给接收者。

信息发送者要发出信息，首先要确定发送什么信息，然后将自己的思想观念编成对方能够理解的信息（即编码），如词语、信号或手势等，同时选择合适的信息传递通道，如电话、邮件、传真、面谈、文字等。信息到达信息接收者，接收者需要对信息加以理解或解释（即译码），然后采取相应的行动，做出相应的反应，并将有关想法或行为结果以一定方式传递给信息发送者（即反馈）。在沟通的每一个环节都会遇到一定的障碍（即噪音），因此为了达到预期的沟通目的，应注意克服沟通障碍。

管理沟通的类型可根据不同的情况和需要分为：

——口头沟通与书面沟通；

——单向沟通与双向沟通；

——直接沟通与间接沟通；

——正式沟通与非正式沟通；

——上行沟通、下行沟通、平行沟通与斜向沟通。

5.7.3　组织沟通的含义

从组织与外部的关系来看，组织一方面作为一个开放的系统，为了生存与发展，必须从它的社会环境中获取各种各样的信息，对信息进行加工处理，决策层据此进行决策并制定发展战略。另一方面，组织也必须把自己的信息传达到外部环境，如客户交流、市场营销、广告宣传等。此外，企业组织与供应者、合作者、政府和科研机构等都是通过信息的互换来达到资源的优化配置。由此可见，组织与环境之间进行的沟通是一种互动的信息沟通。

从组织的内部看，组织的目标与发展战略、政策与制度等都需要通过有效的沟通渠道传递到每位员工；为了实现组织的整体目标，不同部门之间、不同的业务环节之间需要通过沟通加强协同；每一个成员的工作职责、任务的实现等也需要通过沟通来上下贯通；当组织的目标需要随着市场形势及发展阶段而调整时，也需要调整内部成员的工作方向，这就要借助沟通的手段。组织通过必要的沟通，传递必要的信息，明确变动的因素，甚至改变自己原来的战略和策略，以更好地实现工作目标和任务。

因此，组织沟通（organizational communication）是组织内部沟通和组织外部沟通的有机统一，是组织围绕组织既定目标，通过各种信号、媒介和途径，有目的地交流观点、信息、意见和情感的行为。

5.7.4 组织外部沟通

组织外部沟通是指组织为了在环境中更好地生存与发展，与周围的其他组织或成员发生业务往来和合作所进行的有效沟通。就企业而言，企外部沟通的对象主要包括客户、股东、投资者、上下游企业、社区、媒体和政府相关部门等。

企业与客户沟通主要包括对话、电话、信函、调查、广告、公关、CI 策划等。企业与股东的沟通主要包括书信、年度报告、年度股东大会、个人访问、电话等。企业与债权人的沟通主要包括年度报告、投资分析报告等。企业与上下游企业沟通的方法包括通讯网络、交流会、培训、商务访谈等。企业与社区的沟通包括对话、开放式活动、志愿者活动、赞助慈善活动等。企业与媒体的沟通主要有新闻发布会、记者招待会、沟通会等。企业政府部门之间的沟通主要包括财务报告、投资分析报告、会议、信函等。

组织外部沟通可以发挥为实现组织目标创造良好的外部环境、为组织传递有效的信息、拓展组织发展空间、维护组织形象、为客户提供更优质的服务等作用。

5.7.5 组织内部沟通

组织内部沟通主要是指组织成员为了实现共同的目标而进行的信息、思想、态度、情感交流的过程。主要有指示、汇报、会议、个别交流、书面、口头等各种沟通方式。

5.7.6 组织内部沟通的策略与方法

——综合运用多种沟通渠道：除会议之外，还有讨论会、邮件、公函、通告、内部报刊等，不仅用于企业目标制定、执行和反馈，而且用于内部成员价值观共享，企业文化塑造。

——认真倾听和思考：尊重他人的意见，积极思考，积极提出问题讨论有利于收集和分析所获得的信息。

——反馈互动：反馈互动可提高沟通的效率和效果，能及时发现问题，有利于消除可能的矛盾。

——沟通方式综合运用：上下沟通有利于解决面向目标和绩效等问题。水平沟通有利于各部门和人员彼此协同与合作，消除矛盾和冲突。斜向沟通可加强周边成员间信息流，促进相互理解。

——建立管理信息系统：为满足不同层面的管理者及员工不同的信息需求，管理信息系统是一个有效的沟通管理工具。

5.8　管理创新

组织、领导与控制是保证计划目标实现所不可缺少的，因此，从某种意义上来说，它们同属于管理的“维持职能”，其任务是保证组织系统按照预定的方向和规则运行。但是，管理是在动态环境中的社会经济系统，仅有维持是不够的，还必须不断调整系统活动的内容和目标，以适应环境变化的要求，这就是管理的“创新职能”。企业是一个动态的开放系统，其外部环境和内部条件都在不断变化，这必然会对企业的活动内容、活动形式和活动要素产生不同程度的影响。如果企业固守原有的规范，不能实时进行局部或全局的调整，则可能会被不断变化的环境所淘汰。

5.8.1　创新的起源

创新成为一种理论是20世纪初的事情。学术界公认，“创新”的概念来源于约瑟夫·熊彼特的创新理论，“创新”（innovation）有别于“创造（ceration）和“发明”（invention）。

经济学家约瑟夫·熊彼特于1912年在其《经济发展理论》一书中给出了创新的概念，并将其纳入经济发展之中，论证创新在经济发展过程中的重大作用。按照他的看法，创新是一系列社会和管理过程，通过这些过程所得到的解决问题的方法可首次在特定文化条件下转化为某一社会用途。熊彼特所说的创新概念包括下列五种情况：

——引入一种新的产品或提供一种产品的新特性；

——引用新技术，即新的生产方法；

——开辟一个新的市场；

——控制原材料的新供应来源；

——实行一种新的企业的组织形式。

从这些的创新概念中，我们可以看到管理创新的部分内涵。

熊彼特认为，创新是一个在破坏中创造、在创造中毁灭的生命过程，强调生产技术的革新和生产方法的变革在经济发展过程中至高无上的作用。创新概念首先指应用一种新的产品，而不是指开发一种新产品，这是非常重要的。因为开发一种新产品属于技术创新，而应用一种新产品则含有向消费者推销一种他们尚不熟悉产品的方式方法的运用过程。他指出应用一种新的生产方法，可以理解为必须用一种对组织内资源进行有效配置的新方式新方法。开辟新市场，控制原材料的新供应来源，实现一种新的企业组织形式，可以被看作管理顺应环境变化以实现组织目标必须要考虑的问题和必须从事的活动。

因此，熊彼特所指创新概念的五个方面，虽然本意是要说明他们在经济发展中的功效，但实质上含有了创造全新的资源配置方式方法的内在含义。事实上，如果从创新角度来考察经济发展过程的话，整个经济的发展过程无非是不断的技术创新和观念更新导致新的资源配置方式方法不断产生，导致资源配置效率提高的最优化的过程。而管理就是进行资源有效配置的活动。

彼得·德鲁克说过：创新不是一种技术用语，而是一种经济和社会用语，其判断标准不是科学或技术，而是经济或社会的一种变革，是一种价值。

当前，国际社会对于“创新”的定义比较权威的有两个：

（1）2000年经合组织（OECD）在“学习型经济中的城市与区域发展”报告中提出的：“创新的含义比发明创造更为深刻，它必须考虑在经济上的运用，实现其潜在的经济价值。只有当发明创造引入到经济领域，它才成为创新”。

（2）2004年美国国家竞争力委员会向政府提交的《创新美国》计划中提出的：“创新是把感悟和技术转化为能够创造新的市值、驱动经济增长和提高生活标准的新的产品、新的过程与方法和新的服务”。

5.8.2 管理创新的含义

保罗·罗默（Paulo Romer）认为：管理创新是在创造和掌握新的管理知识的基础上，主动适应外部环境，提高组织整体效能，推动生产要素在质和量上发生新的变化和新的组合过程。

彼得·德鲁克把创新理论引入管理领域，认为创新就是赋予企业以新的创造财富能力的行为，企业通过在经济与社会中创造一种新的管理机构、管理方式或管理手段，从而在资源配置中获得更大的经济价值和社会价值。

管理创新不只是一种在现有结构中降低成本的方法，还可能是对现有资源整合范式本身的改变，这种改变不仅体现为原有绩效的渐进改善，而且可能获得绩效突破式的成长，是资源整合范式的飞跃。

因此，管理创新是指管理者借助于系统的观点，利用新思维、新技术、新方法，创造一种新的更有效的资源整合范式，这种范式可以是新的有效整合资源以达到组织目标和实现组织责任的全过程式管理，也可以是新的具体资源整合及目标制定等方面的细节管理；是以促进企业管理系统综合效益的不断提高，达到以尽可能少的投入获得尽可能多的产出综合效益的目的的具有动态反馈机制的管理。

5.8.3　管理创新的特征

理念，即理性的概念，是指人们基于知识与经验而形成的关于客观对象的理性认知与概括。理念以其概括性、稳定性和深刻性支配、影响着人们的思想与行动。理念创新，就是革除旧有的不合时宜的既定看法和思维模式，以新的视角、新的方法和新的模式，形成新的结论或思想观点，进而用于指导新的实践的过程。管理理念创新是指在管理活动中，思维主体不受现在的、常规的思路约束，发现潜在管理问题，找出解决管理问题全新的或独创性的有效方法的创新思维过程；是思想观念的超前思维创新，是能动性理念创新。

管理理念创新的意义在于，它是管理创新的决定力量，它决定了管理创新行为的创新性质、创新方向、创新方法、创新程度和创新效果，任何管理创新行为都是管理理念创新的思维延伸、外在表现和具体形式，有效的管理理念创新可以对其他方面的创新产生积极的促进作用，不适应的管理理念创新则可能给其他管理活动带来较大风险、有害的冲突和无序。换言之，管理理念创新是管理创新的核心，从实现管理理念创新入手是实现真正管理创新最经济、最有效的途径。

制度创新就是指能够使创新者获得追加利益的现存社会经济体制及其运行机制的变革，从而产生一种更有效益的制度变迁过程。制度创新之所以能够推动经济增长，就在于：一个效率较高的制度的建立，能够减少交易成本，减少个人收益与社会收益之间的差异，激励个人和组织从事生产活动，从而极大地提高生产效率和实现经济增长。从一定意义上可以说制度创新是实现经济可持续发展的基本保证。现代企业制度是社会主义经济体制的基本制度，没有制度创新，就没有现代企业制度。企业制度，就其一般规定性来讲，是指企业的组织制度、产权制度和治理制度。

企业管理模式（Enterprise Management Model），简称 EMM，包括结构模型和支撑模型。EMM 的结构要素主要有企业文化、经营管理、管理技术、管理体制和规章、决策及领导体制；支撑模型则说明了支撑 EMM 存在和有效运转的要素以及要素之间的联结关系。EMM 的支撑要素包括人员素质、产品技术、企业目标和目标市场。以上这些要素只有在企业管理中按照一定的规则产生互动，才能发挥各要素应有的作用。这种规则有自组织形式和层级管理形式。自组织形式就是经济系统自我形成、自我组织、自我实施；层级管理式是指由政府或高层次经济系统为低层次经济系统直接设定由外部权衡来监督实施的制度。

5.9 颠覆性创新理论

5.9.1 颠覆性创新理论的提出

颠覆性创新与颠覆性技术密切相关，对这一概念更深入的理解需要追本溯源。1995 年克莱顿·克里斯坦森（Clayton M. Christensen）和哈佛商学院约瑟夫·鲍尔（Joseph L. Bower）合作在《哈佛商业评论》发表了“颠覆性技术：逐浪之道”（Disruptive Technolonies：Catching the Wave）的论文。这篇文章被誉为管理史上的奠基之作。

1997 年克莱顿·克里斯坦森出版了《创新者的窘境》，他总结了当时令人震惊的行业共性现象：电脑硬盘、钢铁到重工业机械制造等行业的巨头都死于自己最大的优势。这本书后来引起如安迪·葛洛夫（Andy Grove）的关注，乔布斯、乔治·吉尔德（George Gilder）和比尔·盖茨都在公开场合表明《创新者的窘境》影响了他们。

自 1995 年问世以来，颠覆性创新理论已被证明为分析创新驱动增长的利器。无论是很多小型创业公司，还是成功大企业，都将之奉为至宝。

“颠覆”指规模较小、资源较少的公司能够成功挑战在位的大型企业的过程。具体而言，在位企业聚焦于高要求的客户，通常也是利润最丰厚的产品和服务，因此过分聚焦某一些细分需求，却忽略了另一些细分需求。而成功的颠覆性新进企业则聚焦于被忽略的细分需求，通过提供更合适的功能（往往价格也更低)，获得立足之地。在位企业忙于在高要求细分市场中追逐高盈利，无暇对新进企业做出回应。新进企业不断向市场高端移动，向在位企业的主流客户提供所需要的性能，同时保持促进早期成功的优势。当主流客户开始大规模地接纳新进企业提供的产品和服务时，颠覆便发生了。

5.9.2 颠覆性创新理论的理解

颠覆是个过程。"颠覆性创新"一词被用于某特定节点的产品或服务的演进，而非用于某时间段内的产品或服务的演变。第一批型电脑具有颠覆性，不仅因为问世起点低，也不仅因为它们后来在很多市场上超越了大型机；它们之所以具有颠覆性，因为采取了从边缘到主流的路径。

几乎每个创新，无论颠覆与否，都从小规模试验开始。颠覆者追寻的往往是合适的商业模式，而非仅限于产品。成功后，颠覆者就从（低端市场或新市场的）边缘向主流移动，先蚕食在位企业的市场份额，然后争夺利润。这一过程需要时间，而在位企业在防守中可能表现出很强的创造力。比如，在第一家折扣零售店开张50多年后，主流零售商依旧沿用传统零售店的运营模式，完全取代传统模式可能还需要数十年，因为保留一年传统模式累积的利润，总比将资产一笔勾销的新项目更有吸引力。

颠覆需要时间，这也就是在位企业经常忽视颠覆者的原因。例如美国在线影片租赁提供商Netflix在1997年刚成立时，最初的服务对大多数美国DVD租赁公司（如Blockbuster公司）的顾客并不具有吸引力。但随着新技术让Netflix的主要业务转移到网络视频，它确实吸引到了Blockbuster的核心顾客，向他们提供任何内容都随时可看，且有低价高质的快捷播放渠道。但由于Blockbuster没有对Netflix所在的发展轨道做出有效回应，最终溃败。Netflix的发展是经典的颠覆之路。

颠覆者通常建立与在位企业迥然不同的商业模式。以医疗行业为例，全科医生通常凭借多年临床经验和化验结果来解读病人症状、做出诊断和提出治疗方案（"方案"的商业模式）。相比之下，那些选择颠覆之路的便捷医疗诊所则采取了可称之为"流程"的商业模式：他们遵循标准化体系诊治那些患者基数小，但数量呈上升趋势的疾患病人。

另一个利用创新商业模式实现颠覆的著名案例是苹果的iPhone。iPhone于2007年初次登台，是当时智能手机市场中一款持续性创新的产品。iPhone的目标客户与在位企业相重叠，最初的成功或可归结为产品的卓越性能。但iPhone之后的发展更符合颠覆理论，并非颠覆其他智能手机，而是作为互联网的主要入口，颠覆了笔记本电脑。iPhone 并非仅靠产品改进，而是通过采取新的商业模式实现了颠覆。通过将应用开发者和手机用户连接起来打造便利的网络，苹果改变了游戏规则。iPhone 创造出介入互联网的新市场，最终挑战主流用户选择的上网终端—笔记本电脑。

5.9.3 颠覆性创新理论的应用

并非所有颠覆之路都通向胜利，也不是所有获胜的新进者都选择了颠覆之路。例如 20 世纪 90 年代晚期，不少网络零售商都曾追寻颠覆之路，但只有很少一部分成功了。失败并不能说明非颠覆理论的缺陷，而是应用该理论的界限。颠覆理论的重点并非如何赢得市场立足点，而是如何把握先机，避免与在位企业正面较量。

商业成功有不同的路径。我们不能将所有商业成功都视为是“颠覆”成功的普遍战略。例如，优步和苹果的 iPhone 均把成功归结为基于平台的模式：优步用数字手段连接乘客和司机；iPhone 则把应用开发者与手机用户联系起来。但优步以扩展网络和功能，超越传统出租车为重点，其本质是持续性创新。而苹果则走颠覆路线，建立应用开发生态圈，让 iPhone 更接近了个人电脑。

当颠覆出现时，在位企业需要采取一定应对措施，但没有必要反应过激，比如解体仍在盈利的业务。它们应继续通过投资持续性创新，加强与核心顾客的联系。它们还可以设立新部门，专门开发颠覆中出现的增长机会。研究表明，新业务成功的关键很大程度在于独立于核心业务之外。这意味着在位企业要同时管理运营两个截然不同的业务。

研究表明，在持续创新中，在位企业领先于新进企业，但在颠覆性创新中则情况相反。

颠覆性创新是面向潜在客户，通过引进新产品或服务，打开崭新的市场。而他们提供的性能，如按主流客户的评价标准，可能还不如原来的产品或服务。持续性创新是基于现有客户需求，通过技术的不断改进，让产品或服务的性能超过主流市场客户目前看重的性能。

实际上，影响公司战略变化的一个要素是为公司生存提供必需资源的客户偏好。也就是说，在为企业（明智地）倾听现有客户的需求，并专注于持续创新。这就导致，在为企业对先有客户的关注在内部流程中逐步形成了制度，即便高级管理者都难于调动资源用于颠覆性创新。例如，资源分配流程优先考虑持续创新（盈利高、目标是大市场现有客户），这就冷落了颠覆式创新（目标是更小的细分市场、定义更模糊的客户）。

以上情况解释了为什么在位企业很少（甚至没有）对颠覆创新有效回应的原因，但并未解释为何一个又一个新进企业最终能进入市场高端，并对在位企业形成挑战。

自 1995 年克里斯坦森的颠覆性创新理论出现以来，不仅“颠覆”了商界和学术界，也对解决贫困、医疗等社会问题产生了重大影响。管理学界鲜有影响的理论，少有人对此质疑。2015 年安德鲁·金（Andrew A. King）在《MIT 斯隆管理评论》发表了《颠覆性创新有多实用》一文，阐述了该理论正确使用方法、核心元素及其预测性分析和研究，并针对管理者面临潜在竞争的应对措施给出答案。他认为，尽管颠覆理论应用甚广，但其有效性和概括性还有待于验证。

5.10　战略管理

5.10.1　企业战略管理挑战

进入 21 世纪以来，企业战略管理至少面临四个重要的挑战，它们分别是全球化、技术创新、知识经济和企业伦理的发展与演进。

（1）全球化

全球化是指经济创新在全球的传播及相应的政治和文化传播。在全球化的市场和行业里，企业可以从一个国家获得资本，在另一个国家购买原材料，在第三个国家进行生产并在第四个国家销售。

全球化为企业带来了机遇。首先，全球化可以为企业带来成本优势。大公司都试图在全球范围内运作，它们一方面是为了有效配置资源，另一方面则是为了寻求市场机会。其次，全球化可以为企业提供学习机会。通过全球化，企业将在更为复杂的环境中同更多的企业竞争，这将使企业学到要多的东西，从而变得更富有竞争力。

在为企业提供机遇的同时，全球化也对企业提出了更高的要求。首先，全球化对企业提出了全球标准，这就意味着企业要不断进取，以改善其在质量成本、产品推出时间等诸多方面的表现，从而达到不断发展的全球标准的要求。其次，全球化意味着更为激烈的竞争。以美国的汽车行业为例，如今海外竞争者已经占有美国 30% 的市场份额，高档车的竞争则更为激烈。最后，全球化意味着更大的风险，全球化的进程越快，遇到的问题就越多。英国巴林银行（Barings Bank）进军亚洲市场就是一例，由于控制不力，最终造成了巴林银行的破产。这就要求企业进行周密的计划，选择适当的市场，采取有效的战略，开展成功的运营活动。

在全球范围内运作，寻求市场机会和资源配置确实是一项极具吸引力的战略，但这并不是战略竞争力的唯一来源。对于大多数企业来说，更重要的是立足本土最恰当地实现国内市场和国际市场的平衡才是企业最为理想的全球化状态。

（2）技术创新

技术创新是经济和社会发展的原动力，正在推动全球经济加速度向纵深发展。对于单个企业来说，既带来了机遇，也带来了挑战，值得我们高度重视。

在过去的20年里，技术进步大大加速，以至于“永久创新”这个词被提出，用来形容信息密集型技术怎样快速和持续地替代旧技术。技术扩散的速度也大大加快。技术扩散的加速使得专利技术在很多行业内部不能继续作为竞争优势的来源，使得产品趋于同质化，产品的生命周期大大缩短，从而为那些有能力不断推出新产品的企业带来了竞争优势。

近几年来，信息技术的迅猛发展使得信息技术的成本不断下降，可靠性不断增强，为各行各业创造了战略机会。

借助于信息技术，企业可以改进产品和服务，如企业可以借助于即时记账系统提高服务质量。在竞争表现方面，通过采用信息技术，企业可以降低与顾客、供应商和分销商进行交易的成本，也可以为顾客提供个性化的服务。信息技术的使用有利于企业对稀有资源的开发和利用，核心竞争力的复杂性也会因此而降低，这就使得核心竞争力被模仿的难度下降了。

信息技术的使用不仅可以改善传统的商业模式，如在网上进行电子采购或电子拍卖，从而提高效率，而且可以实现传统的商业模式所不能实现的功能，如提供一个合作平台让客户和供应商使用专门的信息技术一起进行产品设计。

信息技术的使用可以使组织中信息的传递绕过不必要的“守门员”，从而有利于企业组织结构趋于扁平化。

（3）知识经济

在21世纪的竞争格局中，知识是一种重要的组织资源，并且由于知识根植于组织文化之中，难于被竞争对手所模仿，因此越来越成为竞争优势的重要来源。因为环境的不断变化，企业必须具备战略灵活性，必要的时候，还要进行战略方向转移。这就要求企业不断地学习，持续地创造知识，有效地转移和共享知识。培育组织的学习能力是战略管理所面临的新的挑战。因为只有不断地学习，才能不断地为组织积累知识，从而适应不断变化的环境。

（4）企业伦理

企业伦理（business ethics）是企业从事经营活动所遵从的道德规范，是企业在处理企业内部员工之间，企业与顾客、供应商、竞争者等外部利益相关者之间关系的行为规范的总和。伦理不同于法律，法律是企业必须遵循的行为规范，伦理则是倡导性的行为规范，与个人的道德规范一样，人们总是希望企业表现出良好的道德行为。

但是，今天的企业普遍面临着伦理道德的挑战。2001 年 11 月，安然向美国证券交易委员会递交文件，承认做了假账，并于 12 月正式向法院申请破产保护，破产清单所列资产高达 498 亿美元；2002 年，安达信倒闭、世通公司财务丑闻等一系列恶劣事件震撼了美国与全球企业界。企业伦理已成为全球企业共同面临的问题。

当今企业战略管理面临的伦理挑战与企业是否应当承担社会责任的争论有关。赞成者的依据主要有公众期望、长期利润、道德义务、公众形象、更好的环境、减少政府管制、责任与权力的平衡、股东利益、资源占有、预防胜于治疗等，反对者的依据主要有违反利润最大化原则、淡化使命、成本和权力过大、缺乏技能、缺乏明确的责任等。从思想本源上说，两种观点分别来源于社会经济学和古典经济学。古典经济学观点认为，企业是一个经济机构，其唯一的社会责任就是利润最大化。社会经济学观点则主张，企业的社会责任不只是创造利润，还包括保护和增进社会福利。

因此，一个有道德的企业应当从战略上重视人性，关心员工，致力于社会和谐，积极采取对社会有益的行为。

5.10.2　企业战略的含义与特征

（1）战略的含义及其演变

“战略（strategy）”一词源于希腊字“startegos”，本来含义是“敌对状态下将军指挥军队克敌制胜的艺术和方法”。《简明不列颠百科全书》称战略是“在战争中运用军事手段达到战争目的的科学与艺术”。德国著名军事战略家克劳塞维茨（Clausewitz）在其理论巨著《战争论》中指出，“战略是为了达到战争目的而对战斗的运用。战略必须为整个军事行动规定适应战争目的的目标。”《中国大百科全书》指出战略是指导战争全局的方略。通常指军事战略，即战争指导者为达成战争的政治目的，依据战争规律所制定和采取的准备和实施战争的方针、策略和方法。

中国自古就是一个注重战略的国家。中国古代的许多书籍，如《孙子兵法》《论语》《易经》《三国演义》《三十六计》，等等，包含着极为丰富的战略方面的智慧。尤其是公元前360年孙武所著的《孙子兵法》，内容丰富，富于哲理，思想深邃，境界高远，适用范围广泛，是战略哲学的凝练，是克敌制胜的重要思想武器，堪称“兵学圣典”，是将帅的必读之书。《孙子兵法》在军事以外的许多领域也得到广泛应用，许多跨国公司把《孙子兵法》作为中高层管理人员培训用的教材，哈佛大学商学院把《孙子兵法》列为研究生的必修课。

（2）企业战略的含义

“战略”一词与企业经营联系在一起并得到广泛应用的时间并不长，最初出现在阿尔弗雷德·钱德勒（Alfred D. Chandler，Jr.）《战略与结构》一书中。战略一词在企业与管理领域得到广泛应用是1965年肯尼斯·安德鲁斯（Keneth R. Andrews）的《企业政策》以及伊戈·安索夫（Igor Ansoff）的企业战略》问世之后。此后，相关的研究著作层出不穷。管理学家们从不同的方面对战略进行了描述，但对于什么是企业战略还没有完全一致的认识。下面介绍一些有代表性的企业战略的定义，帮助读者从不同的角度理解什么是企业战略。

肯尼斯·安德鲁斯认为，企业总体战略是一种决策模式（mode of decision），它决定和揭示企业的使命和目标，提出实现目标的重大方针和计划确定企业应该从事的经营业务，明确企业的经济类型和人文组织类型，并决定企业应对员工、顾客和社会做出的经济与非经济的贡献；战略的形成应该是个精心设计的过程，而不是一个直觉思维的过程，战略应该清晰、简明、易于理解和贯彻。

詹姆斯·奎因（J. B. Quin）认为，战略是一种模式或计划，它将一个组织的目的、政策与活动按照一定顺序结合成一个紧密的整体。

伊戈·安索夫被称为“战略计划与战略管理之父”。他认为，战略是关于组织行为导向的各种决策规则，比如：企业现在和未来绩效的衡量标准（通常称为“目标”）、企业处理与外部环境关系的规则［通常称为“产品—市场战略”或“业务战略（business strategy）”］、企业建立内部关系与流程的规则［通常称为“行政管理战略（administrative strategy）”］、企业进行日常经营的规则［通常称为“运营政策（business policies）”］。

迈克尔·波特（Michael E. Porter）在1996年发表的《战略是什么》一文中提出：战略的本质是选择，即选择一套与竞争对手不同的活动，以提供独特的价值，企业的这种独特定位能够有效避免由于企业间的相互模仿所导致的过度竞争。波特认为，选择成为战略制定的核心，不仅是因为企业资源的稀缺性决定了企业不能在所有的行业和市场中参与竞争，而且是因为企业提供不一致的价值活动时，会使顾客感到迷惑，甚至损害企业的声誉，因此企业必须在各种活动上有所取舍。

亨利·明茨伯格（Henry Mintzberg）认为，人们在不同场合以不同方式赋予企业战略不同的内涵，说明人们可以根据需要接受各种不同的战略定义。明茨伯格把各种不同的定义归纳为“5P”，即战略是计划（plan）、策略（Poy）、模式（pattern）、定位（position）和视角（perspective）。战略就是计划，是企业有意识、有计划的行为，是一种预期的战略。战略还是策略，即企业为了击败竞争对手或竞争者而采用的特定计谋。战略也是模式，体现企业长期行为的一致性。战略还是定位，即特殊产品在特殊市场的定位，这一定义与波特对战略的定义一致。战略还是视角，是一种被组织成员所共享的思维方式，这种共享通过他们的意图（intentions）和（或）行动来进行。当从这种情景下讨论战略时，就进入了集体思考（collective mind）的领域，也就是说，组织成员通过共同思考和行动连接起来。

企业战略具有不同的类型、层次和结构，如果考虑不同战略管理者的角色以及企业与环境的动态均衡，就更增加了企业战略这个系统的复杂性。这要求我们以系统的和动态的观点来认识企业战略。管理学家由于研究的角度和重点不同，给出的企业战略的定义也不一样，但对于我们全面掌握什么是企业战略都有重要的参考价值。

如果需要一个一般性的定义，那么可以认为，企业战略就是企业为了获得持续竞争优势，谋求长期生存和发展，在外部环境与内部资源分析的基础上，对企业的发展方向、目标以及实现的途径、手段等方面所展开的一系列全局性、根本性和长远性的谋划。

（3）企业战略的特征

与一般管理和其他专业领域的管理相比，战略管理有如下基本特征：

——长期性

战略考虑的是企业的长期发展方向，通常着眼于未来3~5年乃至更长远的目标。比如，许多企业都在制定“十二五”发展规划。企业战略的长期性意味着企业应该更多地关注长期利益，为了企业的长期目标，有时不得不放弃眼前利益。

——全局性

企业战略关注企业的整体发展，既包括企业内部资源的调配和使用，也包括外部资源与关系网络的整合与管理。企业战略涉及内部的所有职能部门和所有业务单位。企业的所有运营决策一般都会受到战略决策的影响。

——范围性

战略管理关注企业的活动范围以及各业务活动之间的关系。例如，组织是专注于一个产业领域，还是多个产业领域？是做一家业务完全地方化的公司还是追求业务全球化？如何实现不同业务单位之间的协同效应？显然，企业战略影响管理人员如何界定企业的使命及他们对企业现状及未来的期望。

——适应性

战略可以被看作是企业资源和活动与运营环境的匹配及协调。战略不仅要适应企业内部的资源与能力，还要适应外部环境。必须设法识别经营环境中的机会，对其配以相应的资源和能力，还要考虑未来战略发展所需资源的可获得性和可控制性。

——不确定性

战略是对未来目标和措施、路径的谋划，必定受到各种环境因素的影响。如今的环境日益复杂且多变，使得企业战略具有不确定性。许多企业的战略执行不力，在很大程度上不是企业的执行力出现了问题，而是当初制定的战略不能适应变化了的环境。

5.10.3 战略管理过程与任务

目标和任务是所有管理工作必须首先明确的问题。战略管理是一个包含许多任务的过程。战略管理的过程可以分为战略分析、战略制定、战略执行和战略控制四个阶段。战略分析就是要分析企业的外部环境和内部资源，从而确定企业面临的威胁和机会，明确自身的优势和劣势，从而为战略制定提供可靠的信息。战略分析是战路管理的基础性工作，战略制定、战略执行和战略控制是战略管理的基本任务。这三个阶段的任务可以划分为五个方面：

（1）确定战略愿景和企业使命

愿景是关于企业未来的蓝图，是企业追求的一种理想境界。它一般包括以下几个方面的细节：企业未来的技术和客户定位；企业未来的地域和产品市场定位；企业将要发展什么样的能力以及管理层想要创造一个什么样的企业，等等。制定清晰的、具有企业家精神的、睿智的战略愿景是有效地进行战略管理的一个前提条件。

使命是指企业区别于其他类型的组织而存在的原因和目的。有效的企业使命陈述一般涉及对顾客、员工、产品与服务、市场、技术、经营理念、赢利能力、自我认知等诸多因素的认识与定位。

通过确定战略愿景和企业使命，不仅可以为企业制定和实施战略提供明确的指导方针，为企业内部资源的配置提供基础和标准，而且可以使企业的管理者和员工对企业的现状和未来有一个明确的认识，从而尽心竭力为实现企业的愿景和使命做出自己的贡献。当然，战略愿景和企业使命不可能是一成不变的，只有不断根据环境的变化调整和修改愿景和使命，才能使企业充满活力。如微软公司（Microsoft）的愿景就由原来的“每一个家庭和每一张办公桌上的电脑都将软件作为一种强大的工具来使用”转变成“在任何时间，任何地点任何设备上通过软件使人们变得更强大”。

（2）设置目标体系

从一定意义上说，愿景和使命也是企业的一种目标，但是愿景具有期限长、概括性、不具体的特点，必须通过设计具体的目标去表达和实现。具体目标的设计必须形成一个体系，涵盖企业运营、管理、变革、发展的各个方面。因此，战略管理的一个重要任务，就是将战略愿景和使命转化成具体明确的绩效指标体系。

——财务绩效指标和战略绩效指标

企业的绩效（performance）分为财务绩效和战略绩效两种。财务绩效是至关重要的，如果不能保持一定的盈利水平，企业战略愿景的实现、企业的长期健康性乃至生存都会受到威胁。

管理者还需要关注企业的战略绩效。没有日益强大的竞争力和市场地位，企业持续产生良好的财务绩效的能力将受到质疑。因此，企业需要通过建立战略目标体系来衡量战略绩效，包括获得更多的市场份额，在产品质量、客户服务或产品创新等方面战胜竞争对手获得比竞争对手更低的成本，提高公司在客户中的声誉，在国际市场上拥有更强大的立足点，获得技术上的领导地位及持久的竞争优势，抓住有吸引力的成长机会等。

——长期指标和短期指标

建立长期的目标体系和短期的目标体系都是极其必要的。长期的目标体系可以给管理者施加压力，使其现在就为将来所要达到的业绩水平努力，而短期的目标体系则可以充当长期目标体系的里程碑。

——公司级指标和部门、业务单位的指标

仅仅建立整个企业的目标体系是不够的，各个职能部门和业务单位都需要根据企业的目标来建立自己的财务业绩目标和战略业绩目标。这样一方面可以使各个职能部门和业务单位的目标与公司战略保持一致，另一方面可以把各职能部门和业务单位的努力融合起来，从而有利于企业愿景和使命的实现。

（3）制定实现目标的战略

战略的制定是每一个组织最优先的管理任务。如果把目标看作结果，战略则是实现这些结果的手段。

——战略的界定

战略关注的是一系列这样的问题：怎样发展业务，怎样满足顾客，怎样战胜竞争对手，以及怎样对环境的变化做出反应，等等。

——战略的制定

制定企业战略必须以对企业外部和内部的环境分析为前提。只有通过环境分析，企业才有可能制定出可行性的战略，从而不断增强企业的战略竞争力并为企业带来超额回报。

制定企业战略还受到企业家精神的影响。具有高度企业家精神的管理者往往能对外部市场环境的变化迅速做出反应，能不断抓住新的商机，能在竞争中强调创新的作用并不断采取行动以改善组织绩效。而缺乏企业家精神的管理者则倾向于观望，他们以节约成本或规避先行者的风险为理由，通常不会制定开拓型的战略。

对不同的企业来说，战略的制定方式不同。中小企业战略的制定通常强调机会和勇气，它往往来自几名高层管理者的企业家式的判断，甚至很少以正式时间与精力，通常收集大量数据，进行大量分析，让各个层次管理者参与，对特定问题做深入研究。

——战略的改进

企业外部和内部的环境是不断发展变化的，如新技术的出现，顾客偏好和期望的转变，竞争对手的挑战等。因此，企业需要对战略做出持续的改进，使其适应环境的变化。环境变化得越快，需要对战略进行改进的频率就越高。在网络经济时代，由于战略的生命周期在缩短，每年进行一次战略调整是远远不够的，每个季度、每个月甚至是每个星期对战略进行一次回顾，都是非常有必要的。

（4）战略的实施和执行

实施战略就是指将组织的任务和管理活动，包括业务活动本身、监督战略的实行并使之生效、改进战略的执行能力以及在实现既定目标方面取得显著的进展。战略实施和执行主要有以下三个方面的任务：

——资源、能力和组织

建立一个成功的组织，它具有实施和执行战略所需要的资源、流程和管理控制能力。

——预算、政策、最佳实践和奖励

通过预算，使实施新战略和执行关键战略活动的组织单元拥有足够的人力、物力、财力。制定支持战略的规章制度和政策。健全信息、通讯和运作系统，使员工更好地执行其战略角色。制定与实现战略目标相关联的有效的激励和奖惩制度。将最佳实践和项目标准化，不断提高战略的实施和执行效果。

——文化和领导

塑造有利于战略实施和执行的企业文化，激发员工的潜能。建立有效的领导机制，监督并推动战略的实施和执行。

总之，战略的实施和执行是一个以行动为导向的过程，它的任务就是提高企业的战略能力和组织能力。

（5）绩效评价、执行监测与战略调整

将企业的实际业绩同计划的目标体系相比较，会出现三种结果：一是实际业绩与计划目标基本相符，二是实际业绩超过计划目标，三是实际业绩没有达到预定的目标。如果是后两种情况，则需要对产生结果的原因进行调查，尤其是最后一种情况，需要采取有效措施进行调整，包括组织重建、修订预算、改变政策、修订激励制度和奖惩制度、改造公司文化以及人事变动等。另外，由于企业内部和外部的环境是不断变化的，随时都有新的情况发生，那么企业也需要采取一些行动进行调整。可采取的行动主要有：修改战略愿景和企业使命，修改目标体系，以及从战略的制定、实施和执行等方面进行调整。

5.10.4　企业使命和愿景

（1）企业使命和愿景的概念

在企业实践中，愿景和使命常常交换使用，但细致考虑二者在内容上还是不同的。

目前文献中对企业使命的解释是建立在20世纪70年代彼得·德鲁克（Peter Drucker）的一些论述基础之上的。德鲁克认为，问“我们的业务是什么?”就等于问“我们的任务是什么?”，这是一个企业区别于其他组织而存在的根本理由。使命陈述（mission statement）就是对企业存在理由的宣言，它回答了“我们的业务是什么?”这一关键问题，对于有效地树立目标和制定战略具有重要意义。

企业使命（mission）阐述了企业的任务是什么、这些任务因何而存在，以及企业所能做出的独特贡献，使命着重强调现在及不同利益相关方的基本需求，它为企业战略目标的确定与战略方案的制订提供依据，使命要回答的问题是企业存在的理由和目的何在。

“愿景（vision）”一词的译法来自中国台湾，过去经常被译为“远景”“展望”等。目前对企业愿景尚没有一个规范化的定义。

企业愿景描述未来可实现的理想状态和境界，决定着企业未来的发展方向及其指导思想和价值观。愿景表明企业力求达到的竞争地位、满足客户需求的布局、商业模式的变化、企业在社会中的地位及组织文化等。

（2）企业使命与愿景的作用

——明确企业的发展方向和目标

明确的使命和愿景从总体上决定发展方向，可帮助企业界定战略的边界，排除某些严重偏离企业发展方向、前景不明的投资领域。相当多的企业取得了几年的快速发展之后盲目扩张，最终陷入困境，成为昙花一现的短命企业，缺乏明确的使命与愿景是其重要原因。因此，企业使命和愿景的变化，往往意味着企业发生战略性的转变；愿景也为企业构建了一致的目标，为组织成员理解企业的各种活动提供了依据，保证企业内部对企业目标取得共识，同时，为企业树立了良好的外部形象。

——使命和愿景是企业战略制定的前提

首先，企业使命和愿景是确定企业战略目标的前提。只有明确地对企业使命进行定位才能正确地树立起企业的各项战略目标；其次，企业使命和愿景是战略方案制订和选择的依据。企业在制定战略过程中，要根据企业使命和愿景来确定自己的基本方针、战略活动的关键领域及行动顺序。

——使命和愿景是企业战略的行动基础

首先，企业使命和愿景是有效分配和使用企业资源的基础，有了明确的企业使命和愿景，企业才能正确合理地把有限的资源用于符合要求的经营领域和经营活动；其次，使命和愿景中对经营理念、宗旨、哲学、信念、原则等方面的界定，事实上为企业的组织架构、规章制度、企业文化、激励体系沟通与有效领导等管理活动提供了行动指南。

（3）企业使命与愿景的内容

企业使命与愿景的表述并没有一种固定的模式，不同的企业往往会从不同的角度来阐述其使命与愿景。例如：

——从顾客需求的角度

一个企业存在的根本目的，是为了满足顾客的某种需求；只有清晰地了解顾客的需求，才能开发出顾客需要的产品或服务。强生公司认为“我们的使命是减轻病痛”；美国电话电报公司的使命是“我们所致力的事业是要将人们连接在一起，使他们更容易地相互交流，并得到信息，我们要满足人们在任何时间、任何地点的需求，我们要在全世界做到最好。”

——从产品或服务的角度

虽然顾客的需求是企业开发使命与愿景的起点，但一些企业更喜欢在此基础上直接以产品或服务来表述其使命。比如，谷歌的使命是组织全球的信息从而使它们适用易得。

——从技术的角度

一些企业更喜欢从技术的角度阐明自己的使命与愿景。如伊士曼·柯达公司：“在化学影像和电子影像方面，成为世界一流。”

——从市场目标的角度

如麦当劳公司的战略展望是“占领全球的食品服务业。在全球范围内处于统治地位以及在建立客户满意度标准的同时，通过执行我们的服务便利、加价值、履行承诺战略，提高我们的市场占有率和盈利率。”

此外，还有从企业的价值观及基本信念的角度，从关心员工角度，从企业责任和形象角度来表述。

5.10.5　企业战略目标

明确的企业使命和愿景回答了企业存在的根本目的和任务，指明了企业未来的发展方向，激起了员工为未来而奋斗的激情，但是，要将这种抽象的、原则性的描述转化成具体的、可衡量的行动标准，就必须围绕着企业的使命和愿景建立战略目标体系。

战略目标是企业战略的基本内容，它所表明的是企业在实现其使命、追求其愿景过程中要达到的长期结果，其时限通常为3～5年或以上，前面所讨论的企业使命和愿景是对企业总体任务的综合表述，一般没有具体的数量特征及时间限定；而战略目标则不同，它是为企业在一段时间内需完成的各项活动进行数量评价。战略目标可以是定性的，也可以是定量的，如企业竞争地位目标、获利能力目标、生产率目标等。

正确的战略目标对企业的行为具有重大指导作用：第一，它是企业制订战略方案的基本依据和出发点。战略目标明确了企业的努力方向，体现了企业的具体期望，表明了企业的行动纲领。第二，它是企业战略实施的指导原则。战略目标必须能使企业中的各项资源和力量集中起来，减少企业内部的冲突，提高管理效率和经济效益。第三，它是企业战略控制的评价标准。战略目标必须是具体的和可衡量的，以便对目标是否最终实现进行比较客观的评价考核。因此，制定企业战略目标，是制定企业战略的前提和关键。如果一个企业没有合适的战略目标，则势必使企业经营战略活动陷入盲目的境地。

建立大胆的目标体系然后全力以赴地完成这种目标体系的一个最热情的行动者是通用电气公司（GE）。通用电气的哲学是：制定很积极的延伸目标可以推动组织前进，超越“能够做到的”境界，达到“可能达到的”境界。

通用电气公司要求管理人员制定目标时必须遵循 SMART 原则，即：

——具体（specific）

——可衡量（measurable）

——可实现（attainable）

——相关性（relavant）

——时限性（time-bound）

由于企业战略目标是企业使命和愿景的具体化，一方面有关企业生存与发展的各个方面都可能需要有相应的目标；另一方面，目标还取决于个别企业的不同战略追求。因此，企业的战略目标是多样化的，既包括经济性目标，也包括非经济性目标；既包括定量目标，也包括定性目标。

5.11 组织文化

5.11.1 组织文化的概念

组织文化反映的是组织特有的观念，它从精神方面支配着组织的运行。

“文化”一词有广义和狭义两种理解。广义的文化是指人类在社会实践中所创造的物质和精神文化的总和。狭义的文化是指社会意识形态及与之相适应的礼仪制度、组织结构、行为方式等物化的精神。

组织文化（corporate culture）是处于一定经济和社会背景下的组织，在长期的发展过程中逐步形成和发展起来的日趋稳定的、独特的价值观，以及由此而形成的行为规范、道德准则、群体意识、风俗习惯等。

组织文化由三个层次组成，即深层的精神文化、中间的制度文化、外表的物质文化。

精神层面的组织文化。指的是组织成员共同信奉的基本信念、价值观和道德观等，统称为组织的理念，在企业中体现为企业的经营哲学、宗旨和目标等方面。精神层面的组织文化是企业文化的灵魂和核心，对其他层面的文化有决定性影响。

制度层面的组织文化。是具有组织自身特色的各种规章制度、道德规范和员工行为准则的总和，是企业深层意识形态转化为表层实体文化的中介。

物质层面的组织文化。这里指企业文化的外部物质表现，如企业的标志、标准图、标准色，带有本企业文化色彩的生产环境、学习或娱乐环境，包括产品特有的品质、样式、包装、特殊工艺、特定设施、特殊纪念品和文化传播网络。它们外观有特色，容易被人们感受，并联想到企业特有的精神。

组织的三层次文化相互依存，相互作用，其中精神是根本性的，起决定性作用，但它又必须依赖于后者得到贯彻和表现。

5.11.2　组织文化的核心内容

组织文化的核心内容是对组织文化的核心层即精神层面文化的细分，包括组织的信念、价值观、组织精神和伦理等。

（1）信念。信念是组织对相关事物发展规律的一种认定。组织信念不同。这种信念最初是组织的创始人或主要领导人的信念，随后这种信念会渗透到组织活动的方针、政策之中，逐步转化为组织的信念，成为组织活动的基本出发点。

（2）价值观。这是组织从自身信念出发，对与组织生存和发展相关的各种因素和关系的重要性做出评价的观念反映。企业价值观反映组织看重什么，追求什么，因而常常在组织目标和宗旨中得到反映。

（3）组织精神。这是组织为实现其目标的宗旨，组织成员自觉拥有的一种精神风貌和群体意识。组织精神体现企业价值观，但作为一种群体意识和风貌，它是为实现组织的目标和宗旨服务的。组织价值观是对企业目标和宗旨有决定性作用的理念。虽然组织信念、价值观和企业精神都是企业理念或意识，但内容和从属关系不同。组织信念决定组织价值观，组织价值观决定组织精神。

（4）组织伦理。是组织在伦理道德方面调整内部关系与外部关系的意识和行为规范。这些行为规范主要不是依靠贯彻制度实施的，而是依靠人们的信念、传统习惯与社会舆论维系的。企业伦理一般包括道德、诚信、公平、公正、尊重利益相关方和奉献社会等内容。

5.11.3　组织文化的类型

组织文化可以根据不同的标准进行分类。

（1）强文化与弱文化。根据文化对组织发挥作用程度的大小，可将组织文化分为强文化和弱文化。

强文化（strong culture）指组织的核心价值观得到强烈而广泛的认同。接受核心价值观的组织成员越多，对核心价值观的信念越坚定，组织文化就越强。与这种界定相一致，强文化会对员工的行为产生巨大影响，因为这种高强度以及高度的认同感会在组织内部创造一种有力的行为控制氛围。弱文化（weak culture）就是组织的核心价值观处于一个相对弱势的地位，组织的核心价值并没有得到强烈而广泛的认同。

在强文化中，组织成员与组织的历程保持高度一致的统一。这种目标的一致性造就了内聚力、忠诚度和组织承诺。这些特征反过来又降低了员工脱离组织的可能性。

（2）隐性文化和显性文化。根据文化是否可以观察到，组织文化可分为隐性文化和显性文化。

显性文化指的是那些以精神的物化产品为表现形式的，通过人的各种感官能够感受到的而又与组织文化相关的实质性内容，包括组织标志物等。隐性文化是组织文化的隐性部分，是组织文化的主要组成部分。它虽然隐藏在显性内容的背后，但它直接表现为精神活动，在组织文化中起着根本的决定性作用。包括组织信念、价值观、伦理道德等。

5.11.4 组织文化的功能

组织文化并不如蒸汽机和电的作用那么立竿见影，但是在很多场合，它具有的精神难以用物质力量来取代。组织文化具有以下功能：

（1）导向功能。组织文化具有指示方向，引导企业成员行为的功能。构成企业文化内核的企业信念和价值观决定着企业活动追求的方向，它们一般以企业目标和宗旨形式，引导企业全体成员为此奋斗。

（2）约束功能。任何组织对其成员都有一定的约束。企业文化约束主要是信念、情感和道德的约束。它通过形成共同的信念、价值观和道德规范，由各个被同化者约束自己的行为；通过相互关心、帮助和合作，形成有情感的共同体，约束或组织对集体或他人不利行为的产生。

（3）凝聚功能。组织的信念、价值观被员工普遍认同后，他们的共同理念就成了一种无形的黏合剂，把他们联系在一起。他们相互间有强烈的认同感，导致思想和行为、目标和手段高度一致，员工对企业产生强烈的归属感，使组织员工团结一致。组织文化的这种凝聚作用完全建立在员工自觉认知的基础上，因此成员间的关系相当牢固、持久。

（4）激励功能。组织文化作为一种群体意识，具有激发员工自律、自强、积极进取，奉献集体和社会的功能。这种激励使员工明确生活哲理和人生价值，从而增强他们工作和生活的动力。同时，组织文化普遍强调集体发展对个人和社会的价值，从而激发员工以主人翁姿态自觉为企业做贡献。

5.11.5　跨文化管理

跨国公司在异国经营，母公司的主体文化一般不能简单移植到异国子公司或分公司，而需因地制宜经过本土化管理，可能形成与主体文化不完全相同的子公司文化。重视企业内部的子公司文化，进行差异化控制和协调，是企业内部文化管理的一项重要内容。

由于跨区域或跨国界产生的子文化，更多是企业外部环境变化以及吸收异地人员加盟企业和管理产生的。外部环境变化对企业必然有影响，多数跨国公司相应对管理实行本土化。要避免原企业理念和精神硬性移植后发生“水土不服”。跨文化管理应分析异地异国的国情和文化背景，吸收其有益的思想以丰富企业文化，同时也要防治消极适应。跨地区、跨国经营的风险之一是文化差异。这需要严肃认真地处理、并注重培训和教育，避免风险。

跨文化管理对走出去、国际化、全球化的企业是一个必须认真应对的挑战。

6　华为企业文化

自 1987 年创办以来，在 20 多年的时间里，华为成长为世界通信设备产业的领先企业。华为之所以成为中国民营企业的标杆，不仅仅因为它是中国最大的民营高科技企业，不仅仅因为它在技术上从模仿，到跟进，再到领先，而是因为华为独特的企业文化。

华为创始人任正非说：“世界上一切资源都可能枯竭，只有一种资源可以生生不息，那就是文化”。

《华为公司基本法》1995 年萌芽，1998 年审议通过，成为华为的顶层设计和“管理大纲”，确立了华为成为世界级企业的价值观、目标、关键驱动要素和管理规则体系。其重要意义在于统一思想，凝聚共识，同时它也为华为开启全面管理体系建立的步伐奠定了基石。

华为是一个充满了思想的企业。华为的成功是企业管理哲学的成功。正如任正非所言：“什么使华为快速发展呢？是一种哲学思维，它根植于广大骨干的心中。这就是‘以客户为中心，以奋斗者为本，长期坚持艰苦奋斗’的文化”。这是华为一贯秉持的核心价值观，在此基础上，又进一步形成了“开放、妥协、灰度”的管理哲学，经不断丰富和系统化，以至成为华为有别于任何企业的文化胎记。

“以客户为中心，以奋斗者为本，长期坚持艰苦奋斗”是华为从胜利走向胜利的“三个根本保障”。这三个方面有内在联系，而且相互支撑。以客户为中心是长期艰苦奋斗的方向，艰苦奋斗是实现以客户为中心的手段和途径，以奋斗者为本是驱动长期艰苦奋斗的活力源泉，是保持以客户为中心的内在动力。

因此，华为的成长来自于它的核心竞争力，而核心竞争力源自它的核心价值观。华为的成功是管理的成功，同时也是技术的成功。华为的成功是变革的成功，同时也是开放与合作的成功。

6.1 以客户为中心

华为在1996年《华为公司基本法》中首次强调了以客户为中心。自1997年以来，所有的员工都被明确告知，客户利益高于其他一切群体的利益。1998年清晰地提出“以客户为中心”这一核心价值观。华为把以客户为中心作为不容置疑的最重要的原则，也是华为的一项战略。

华为认为，为客户服务是华为存在的唯一理由：客户需求是华为发展的原动力。以客户为中心是一个总的概念，但对华为来说是有具体内涵的，不仅满足客户眼前的需求，更应从长远角度建立客户的最终满意度。公司长远的战略方针，是要通过不断提高产品和服务质量、提高交付能力，来提高公司的市场竞争力。华为管理层认为，华为是生存在客户价值链上的一环，只有以客户的价值观为准则，华为才可以持续存活。而且，将来的竞争就是一条产业链与另一条产业链的竞争。从上游到下游的产业链的整体强健，就是华为生存之本。华为只有一个鲜明的价值主张，那就是为客户服务。

想从客户口袋里赚到钱，就要对客户好，怎么去服务好客户呢？那就得多吃点苦。企业管理经常需要平衡不同的目标和不同的利益群体（员工、股东、消费者、政府和整个社会）之间的诉求。公司经常会将其中一个利益群体的诉求作为主要矛盾来处理。

6.2 以奋斗者为本

华为的另一个重要的核心价值观就是艰苦奋斗。

华为的创业者深刻地体悟到一个真理：要生存和发展，没有灵丹妙药，只能用别人看来很土、很傻的办法，就是艰苦奋斗。

奋斗，以客户目标为导向。任正非论述道：“为客户创造价值的任何微小活动，以及在劳动的准备过程中，为充实提高自己而做的努力，均叫奋斗”。一切行动都归结到为客户提供及时、准确、优质、低成本的服务。以奋斗者为本，其实也是以客户为中心。把客户服务做好的员工，作为企业的中坚力量，以及一起分享贡献的喜悦，就是促进亲客户力量的成长。华为从早年“床垫文化”的艰苦奋斗，发展到后来思想上的艰苦奋斗。华为崇尚奋斗的“狼性”精神，有其特定的内涵，即对机会的高度敏感、放眼未来的视野、进攻意识和奋斗精神、群体合作与团队凝聚力，亦即视野、意志、品格。同一个民族与国家一样，一家企业的兴亡盛衰，关键在于组织中个体与群体是否具备充沛的活力。活力是组织之魂，惰怠是组织之癌。

此外，以奋斗者为本也意味着各尽所能、按劳分配、多劳多得。华为公司希望能够和世界最优秀的跨国企业竞争，需要员工像国家最优秀的运动员一样努力。从 1997 年开始，施行对工作最努力的个人予以奖励的政策。华为持续招聘顶尖人才，给予努力工作的员工更高的工资、福利、奖金和股票。任何人为华为工作 8 年以上，便可以在 45 岁退休，同时能够继续拥有公司股份。如果员工不能艰苦付出，就需要放弃他们的股份。华为之所以能对员工提出这样的要求，是因为它能给予员工和他付出相称的收入和奖励。华为是 100% 员工持股的公司。华为变革能力受益于公司股权归员工所有。华为创始人任正非拥有的股权不断稀释至 1.4%。据华为公司 2016 年年报，18 万中有 81144 名员工持有工会的股票。公司设计了员工持股制度，通过利益分享，团结起员工，同甘共苦，形成命运共同体，对成就华为大事业起到重要作用。

华为奋斗者为本的价值观决定了华为本质上是肯定奋斗者，而不是股东。这意味着，投资者应该获得回报，但使回报成为可能的人应得更多回报。华为以奋斗者为本，倡导“高层要有使命感，中层要有危机感，基层要有饥饿感”形成充满生机的组织文化。必须努力改变自己，谦逊地向西方公司学习管理，提高效率，并制定优异的人力资源机制，促使员工不断地奋斗，才能活下来。

6.3　长期艰苦奋斗

华为核心价值观的另外一个重要特点就是长期导向。

任正非的目标是建立一个能够基业长青的商业组织。他拒绝让华为上市的一个原因就是资本市场的短视性，这种短视性往往无法让公司进行长远的战略考虑与管理。如果一个公司能够等待 5 ~ 10 年让变革效果充分体现，那么开展管理变革会变得更加容易。诸多华为变革项目都花了不止 5 年的时间才看到变革带来的收益。

1998 年，华为系统引入世界级管理咨询的管理经验，在集成产品研发、集成供应链、人力资源管理、财务管理、营销管理、质量控制等诸多方面，与 IBM、合益咨询、普华永道、埃森哲等西方公司，展开了深入合作，全面构筑客户需求驱动的管理流程和管理体系。以集成产品研发、集成供应链为核心的六大管理变革，华为用了 17 年的时间。在此过程中，因为抵制或不适应流程变革而离开公司，或被降职免职的中高级干部达百人以上。

作为一套现代化的管理制度，它更科学地规范了企业的“行”与“止”，“放”与“禁”，以客户需求为导向，构筑流程框架，实现高效的流程化运作，确保端到端的优质交付。通过集成供应链变革，华为瞄准客户建立的分布全世界各大区域的集成全球供应网络，有效支撑了业务全球大发展；通过财务系统的变革，构建了全球的财务管理体系，财务融入业务，在加速现金流入、准确确认收入、项目损益可见和经营风险可控等方面取得了根本性的进步。与此同时，华为在合益咨询等西方顾问公司的帮助下华为以 27 年的时间建立起了包括选、用、留、育、管在内的完整的人力资源管理体系，在推动华为成为领先公司的过程中，起到了至关重要的作用。

任正非以极大的决心带领华为系统性地长期坚持推行变革。华为的独到之处就在于其能够建立新制度，并打破不再适合公司战略目标的旧制度。

6.4 开放

开放与向世界学习是任正非和他的管理团队想要传递的另一种公司核心价值观。

华为创始人任正非是一位“亦中亦西，古今兼学”的开放型商业思想家。从创立的那一天起，他就没把华为当作家族企业，华为的定位就是一个“开放型组织”。华为领导层意识到，在这个技术与社会快速变化的时代，封闭是没有任何出路的，唯有走充分开放之路，才能生存和壮大，也才能谈得上追赶世界同行，否则只是死路一条。

1998—2008 年的 10 年，是华为历史上最开放的 10 年，或者说是华为向西方全面学习的 10 年，华为与全球 400 多个运营商建立了合作伙伴关系，以 IBM 的集成产品研发变革、集成供应链变革咨询为主轴，2007 年进行集成财经服务变革，并在接下来的几年，华为同样也聘请了西方管理咨询公司（如合益集团、普华永道、埃森哲、弗劳恩霍夫、美世）来帮助华为在人力资源、财务管理、营销管理、质量保证等方面建立最好的流程。华为在多个方向与美、欧、日的10多家咨询公司开展合作，全面打造和提升适应国际化市场的管理平台。

在2000年进入国际市场之前，华为已经引入西方公司最佳管理实践。现在的华为可以被视为东西方管理实践的融合体。华为学习西方公司的最佳管理原则、组织以及功能体系，从而既结束了“混乱”和“无序”，又为华为进军国际市场奠定了“比西方更东方”“比西方还西方”的组织基础和文化基础。

华为聘请西方管理咨询公司来升级它的制度和组织结构的行动，与许多强调“量体裁衣”“因地制宜”的中国公司不同，华为推行了更为彻底的“削足适履”式的制度化。他提出了“先僵化后优化再固化”的方针，为后续的管理变革打下了扎实的基础。华为和很多中国公司不一样的地方就在于它虚心地采纳了西方最先进的管理制度。

事实上，IT行业全球化特征也决定了华为不可能是一家纯粹的“民族企业”。华为起步之初，面对的就是世界级的竞争对手，所以既要与它们竞争，又要向它们学习。华为领导层认为，全球化是不可避免的，要勇敢地开放自己，要积极与西方竞争，在竞争中学会管理者。

2005年华为领导层把与竞争对手合作提升到改变公司未来发展格局的高度。这些年来，华为广泛开展世界范围的技术和市场方面的合作，反对与任何巨头建立排他的“结盟”，但积极与包括竞争对手在内的国际大公司建立战略伙伴关系，成立联合实验室或合资公司，设立研究所、联合创新中心，与世界上百所大学进行多种形式的创新等，其目的主要是共同研究客户未来需求，形成了华为高度开放的研发模式。

6.5　妥协

华为创立之初至今，每一个阶段都充满了妥协。任正非自己创办了公司，却不断地将股权稀释给团队，由绝对控股变成“工者有其股”。这种利益妥协，以最大的奉献精神和牺牲精神换取了华为20多年的众志成城。

华为从2001年开始，就在各类公开或私密的文字中称“竞争对手”为“友商”。商战中的谈判、合作、对立、冲突，达成契约的过程无不处处体现着妥协，只有妥协才能共赢。企业内部的决策，团队之间的合作也只有靠相互之间的妥协才能达成，不然企业就会被内斗或独裁的“企业政治”打垮。

任正非在多个场合讲，华为的成功在于不走极端，老祖宗的“中庸之道”

保障了公司没垮掉。他认为，“开放、妥协、灰度”作为一种思维方式，对内，是一种良性企业政治文化，运用得当有利于高级干部相互包容，开阔心胸，合作共事，不至于形成“诸侯政治”：互相封闭，各自为政，情绪对立，山头主义。对外，“开放、妥协、灰度”作为一种思维方式，则是一种战略设定：多方押注，多边合作，亦敌亦友，有战有和，互相利用，实现共赢。

6.6 宽容

到 2005 年华为 50% 的销售额已经来自国际市场，这时华为公司的制度和流程也需要适应管理在国外子公司工作的外籍员工。从那时起，华为开始强调宽容的理念。

过去 10 年到现在，华为将对他人宽容也作为公司核心文化之一，正如任正非所说：“人与人的差异是客观存在的，所谓宽容，本质就是容忍人与人之间的差异。不同性格、不同特长、不同偏好的人能否凝聚在组织目标和愿景的旗帜下，靠的就是管理者的宽容。……宽容是一种坚强，而不是软弱”。

既然华为在 170 个国家和地区进行运作，包容不同国家的文化对于激励非中国籍员工来说是十分重要的。近年来华为努力成为全球行业内的领先企业，华为也将宽容他人作为激发创新的关键因素。一个公司的管理者需要学会宽容，这使他们能够获得来自任何国家、地区和各个层级的好想法。

6.7 自我批判

自我批判是强化和稳固核心价值观的重要工具。在一个充满了变化的动荡时代，在经济高速发展与道德急剧滑坡的两极撕裂的社会背景下，企业要想保持自身价值观的独特性与纯粹性，显然是难而又难的艰巨挑战。自我批判无疑是一种及时的、破坏性最小的、有效阻抑组织“退化”的好方式。

一个健康成长的组织的首要因素是，组织本身具有强大的自我修复能力。华为多年推行的“自我批判”的管理方式，多年坚持“自我批判”的传统，是战胜内部危机的一大法宝。核心价值观是华为的“大法”，是确保华为在激烈的市场竞争中持续制胜的图腾，而“自我批判”是核心价值观的“护法宝器”，两者如影随行，缺一不可。

任正非系统阐述了“自我批判”在华为的历史作用：“没有自我批判，我们就不会认真听取客户的需求，就不会密切关注并学习同行的优点，就会陷入以自我为中心，必将被快速多变、竞争激烈的市场环境所淘汰；没有自我批判，我们面对一次次的生存危机，就不能深刻自我反省，自我激励，用生命的微光点燃团队的士气，照亮前进的方向；没有自我批判，就会故步自封，不能虚心吸收外来的先进东西，就不能打破游击队、土八路的局限和习性，把自己提升到全球化大公司的管理境界；没有自我批判，我们就不能保持内敛务实的文化作风，就会因为取得一些成绩而少年得志，忘乎所以，掉入前进道路上遍布的泥潭陷阱中；没有自我批判，就不能剔除组织、流程中无效成分，建立起一个幼稚的管理体系，降低运作成本；没有自我批判，各级干部不讲真话，听不进批评意见，不学习不进步，就无法保证做出正确决策和切实执行。只有长期坚持自我批判的人，才有广阔的胸怀；只有长期坚持自我批判的公司，才有光明的未来。自我批判让我们走到今天，我们还能向前走多远，取决于我们还能继续坚持自我批判多久”。

华为自我批判有非常清晰的方向，就是一切围绕着捍卫核心价值观去展开：以客户为中心，以奋斗者为本，长期坚持艰苦奋斗。不管任何人与任何部门，违背了这三句话，就是自我批判对象。

华为自我批判的方式，包括民主生活会、自律宣言、整风大会等。

华为的自我批判不主张“相互批判”，更多是自我批判，实是求是，是优化和建设性批判。“治大国若烹小鲜”，总的目标是要导向公司核心竞争力的提升。

2015 年华为召开执行管理团队（EMT）民主生活会，讨论干部队伍廉洁自律问题，还通过了执行管理团队自律宣言（《EMT 自律宣言》），要求在两年之内完成 EMT 成员、中高层干部的关联供应商申报与关系清理，并通过制度化宣誓方式层层覆盖所有干部，接受全体员工的监督。

华为的自我批判分为“思想批判”和“组织批判”。“思想批判”更多针对任何组织的价值观、精神状态及个人和团队的作风等。“组织批判”则是到一定阶段，就要涉及组织变革，涉及行动。华为从小公司步入大公司行列，是依靠不断的思想批判和审慎坚定的组织批判达到的。

华为的变革始终坚持“七个反对”：反对完美主义，反对繁琐哲学，反对盲目创新，反对没有全局效益提升的局部优化，反对没有全局观的干部主导变革，反对没有业务实践经验的员工参与变革，反对没有充分论证的流程进入应用。这七条代表华为变革哲学的核心要素，是华为的“变革之纲”。华为一方面高呼“削足适履”，并采取果断手段，排除一切阻扰变革的阻力；另一方面坚持以流程优化为主导的管理体系建设。不断改良，不断优化，“无穷逼近合理”。管理是一个系统工程，任何一方面的大幅突起或变化都可能引起全局动荡，而小的改进或改良，则是对体系的优化，更具建设性和可操作性。

社会责任与可持续发展@孙继荣丛书

责任时代

变革与创新

（下　册）

孙继荣◎著

RESPONSIBILITY AGE

Transformation and Innovation

中国经济出版社
CHINA ECONOMIC PUBLISHING HOUSE
北　京

目　录

上　册

第一篇　责任时代的挑战和机遇

第二篇 全球大趋势战略大转型

第三篇　社会责任与可持续发展

第四篇 ISO 26000的应用要领

第五篇 社会责任从原则到行动

第六篇 新时代管理与时俱进

下册

第七篇　社会责任融入决策和管理全过程

第八篇 社会责任与战略管理

第九篇　社会责任融入组织系统

第十篇　社会责任与社会治理

第十一篇　社会责任与全球治理

第十二篇　第四次工业革命

第十三篇　经济发展新常态、新质量、新方式

第十四篇 各类组织——政府、企业和社会组织（NGO）的案例

附录一 中国企业社会责任任重道远

附录二 一个跨越时代的价值之旅

第七篇
社会责任融入决策和管理全过程

1 实施社会责任的挑战

社会责任在企业或组织中不是一个孤立的活动。它是涉及从愿景、使命、目标到方针、战略、措施直至组织结构、管理机制和流程等诸多方面一个充满挑战的变革过程。

今天，如何成功实施社会责任，已成为企业和组织的一个巨大的挑战。如果把社会责任理解为负责任的可持续发展的方案，与其说是履行社会责任，还不如说得更具体是落实或实施社会责任。因为企业需要根本地考虑其核心业务、所在的行业、所在地区以及企业自身的文化所具有的不同情况来决定自己的战略和行动。换句话说，开展社会责任活动的形式是多种多样的，它只能根据企业自身的情况才能合理考虑和实施。这里，企业不仅需要运营方式的改变，还需要人的行为的改变，而且需要整个企业经历一个变革的过程。

在实践中，已有不同的参与社会责任的方式。有些企业参与公益、慈善、捐赠或志愿者活动等；有些企业在生态环境、人力资源、节能减排等领域，分别采取了措施；还有其他企业面对供应链、政府、非政府或社会公众相应的要求采取履行社会责任的措施。

所有实施社会责任的这些企业都面临着一个共同的任务，那就是如何把它们的不同的行动系统地与其管理和日常经营相结合。企业成功实施社会责任面临的挑战与企业实施质量管理、环境管理相类似。只有社会责任可信地、持续地、始终不渝和系统地实施才会有助于企业取得成就。

虽然企业落实社会责任的具体路径和内容因企业具体情况而异，但仍然有在系统实施中可采用的基本的方法。

总体上，企业实施社会责任可以采取如下基本步骤：

- 认识社会责任及实施的挑战；
- 在组织上落实社会责任；
- 理解自身的社会责任；
- 制定社会责任的行动计划；
- 把社会责任融入决策和管理过程；

在整个过程中，始终伴随着另外两项事关成功的工作，即：

- 社会责任沟通；
- 社会责任监控、评价和改进

应当指出，落实社会责任的参与行动，企业的文化对成功实施有关键的重要作用。因为社会责任不仅是慈善公益行为。它着眼于企业的核心竞争能力和业务领域，并将其注意力集中在企业经营管理的方式上。所以，企业社会责任不仅对企业活动的构建，而且对企业文化的改变都会产生影响。

社会责任的实施只能针对企业的具体情况进行。也就是说，考虑与全球相关主题和企业与此相关的具体的活动领域，每一个企业必须自己决定在哪些领域、在多大程度上能够参与和实施社会责任。为使这一参与能够成功，履行社会责任也必须是企业的活动和战略的组成部分，必须融入企业文化，必须反映在企业的价值观中。

1.1 实施社会责任的挑战

企业想要严肃、可持续地实施社会责任，它们面临诸多方面的挑战，这些挑战可分为是内部的、运营上的、沟通上的，或者是外部的。

1.1.1 内部的挑战

已经制定了行为准则的企业一定知道，要有目的地改变员工的行动和行为的难度有多大。对于企业的成功，一些严格设定的软主题，往往表现为刚性要素。落实价值观和行为准则在理想情况下会导致企业文化和氛围的根本改变，而且会涉及企业所有的部门和企业各个层面。因为从企业方面看，一个企业只有间接地，也就是说只有通过企业的成员才履行它的社会责任。责任是一个与人有关的、一个需要评判个人行为的概念。

这意味着，一个企业想认真在整个企业实施社会责任和企业价值观，它必须对所有的部门、各个层面引入新的或改进的行为和行动标准。只有企业在战略上和在组织结构上把对社会责任的理解通过企业成员落实并且使之成为企业文化的组成部分，使之成为企业自愿的控制参数，企业才能谈得上在道德伦理上有负责任的行为。

1.1.2　运营的挑战

企业参与社会责任实际上是企业自己提出要求并在企业日常工作中付诸实现。与日常工作相结合必须符合企业经营逻辑，并考虑企业可持续运营的基础。履行社会责任的一个中心任务是：将企业社会责任融入企业的价值链并考虑哪些是最突出的问题。实际上这取决于企业如何与所有的员工一起共同实现企业自己提出的要求。企业社会责任不是某一个部门的任务，它始终涉及整个企业。所以，实施社会责任应与企业管理体系相结合。如果不是这样就会陷入危险，使社会责任成为一个“附带”的任务，或者使履行社会责任变成表面的或“装饰”的事情。其结果是，员工既不感到应有什么责任，也认识不到与社会责任相关或履行社会责任的益处。

在运营领域全面融入社会责任也有助于增强员工认识社会责任的误区及与利益冲突。在企业内部，无论是制定战略还是落实社会责任的措施都不会是一帆风顺的，各种不同的人群的利益都必须得以考虑，并且要统一到共同的认识上来。不同的主题要求采取不同的措施，这在最不利的情况下可能会出现意见分歧和意见对立的情况。对企业社会责任总体目标和关联性的认识越清楚，使企业所有的成员对有争议的主题的认识及其理性处理就越容易。

1.1.3　沟通的挑战

落实社会责任要依靠企业与利益相关方之间的对话和沟通。由于国际和国内形势的变化，不仅对企业而且对企业家都提出了改变行为的要求，这就需要他们言行一致负责任地沟通，而且被社会各方所理解。企业与利益相关方“进入”对话状态是社会责任的一个重要的特征。与关联营销、传统广告或者公关有所不同，这一沟通不是企业与社会单方向的沟通，而是相互讨论的对话。对话双方不仅在内容上而且在形式上都需要积极的参与和配合。正如在工资待遇协商表明的那样，“真正的对话”并不容易。

履行社会责任并非一概满足外部的愿望和利益要求，而是与相关方进行磋商，要对所提出的要求的合法性进行考察，与提出要求的人一起就此进行合理的对话。这一对话是合理的讨论，而不是对抗或单方面的不现实的否认。这样进行的关于企业责任的对话，首先是认识和估计利益相关方的立场和期望并与他们进行讨论。此外，一个成功的利益相关方对话的特征在于透明和相互尊重。

责任意味着行动者对行动和行为承担问责和承担后果。理解社会责任沟通的实质性的要素是，不仅对其表达，而且对其回答都要负责。

企业在社会责任沟通领域可能会出现社会或某些利益相关方对企业的判断不全面的情况。企业一方面要满足社会和利益相关方的期望，另一方面又要有“真正”履行社会责任的可信度。企业往往认为，首要的任务是增加市场和利润，不可能对任何期望都能完全负责。还有企业可能认为，一些非政府组织过于理想化，其要求与现实不相符合。此外，有的企业忽视员工的意见，或避免与员工对话，过于担心会提出更高的无法满足的要求。或者在员工方面常常自然地存在一种看法，例如认为领导高高在上，把所关心的事当作与自己无关。在实施社会责任过程和在设计和制定社会责任措施中，企业与利益相关方对话有着重要的作用，也是消除不同意见的差异，达到统一认识和行动的过程。

今天，经验业已证明，通过履行社会责任能发挥企业经济的优势是毋容置疑的。但是，对内对外可信的沟通是构成社会责任的试金石，能够可信沟通的前提条件是无偏见，能够做到言行一致。只有把对社会责任的承诺都能兑现，社会责任沟通才有意义。

1.1.4 外部的挑战

企业社会责任是反映全球经济和公民的多样性的、具有多方面特征的活跃的主题。按照什么准则把一个企业的行动评价为是负责任的，这在很大程度上取决于评价者。在此情况下，企业经常面临周围环境中不同的具体要求，而这些要求中有些可能是相互矛盾的。有一个清晰的社会责任战略和在此基础之上形成的履行社会责任的目标和措施十分重要。这是企业回应外部要求的出发点，也是企业为什么和怎样参与行动的依据。

对现阶段社会责任主题国际已达成共识，这种共识具有时代的特征。对社会责任的认识会随着时间而变化。今天普遍争取达到的标准，明天对企业可能已是规定的基本要求。企业社会责任在不同的国家有所差异。例如，在环境和消费者方面，各国有不同的法律规定就是例子。这说明了全球社会责任要求的不平衡。在国际在欧洲许多方面法律规定，在其一些国家还属于自愿性履行的社会责任。

由于上述的原因，企业必须善于学习，建立开展对话的系统，能适应变化的和提高了的社会要求，有能力动态地做出相应的反应。企业社会责任不仅是企业风险管理的工具而且也是企业创新的工具。认识和理解社会的趋势在很长时间以来已属于增强企业未来的能力。超出企业的边界与外部利益相关方交流可能是企业的极有价值的手段。

1.2　社会责任的切入点

社会责任是建立在三重基线的基础之上的，它可以理解为以经济、社会和环境可持续性为导向的有原则的价值行为。优秀的领先的企业积极主动履行社会责任，考虑经济、社会和环境方面的利益和要求，在自愿和符合道德价值观的基础上，不仅遵纪守法，而且主动承担超出法律范围之外的义务，把社会责任作为企业经营和企业身份标识的有机组成部分，并且与利益相关方积极主动地开展对话，从而增强对经济社会和环境产生正面影响、避免或减少负面影响，以此方式有利于自身发展和为整个社会可持续发展做出贡献。

要想采取对社会完全负责的行动的企业，从一开始就应了解企业社会责任的方案和内容的全貌。首先的一步是理解，在哪些方面、在哪些行动领域应该和能够履行社会责任和怎样承担这些社会责任。企业应遵循与这些核心主题相结合、与自己的核心能力相结合和与企业的价值观相结合的大方向。

1.2.1　社会责任的主题

在国际社会责任标准指南 ISO 26000 中总结出了迄今为止国际社会共识的社会责任的主题。这些主题是：

——有责任意识的企业治理：遵守法律、保持透明、尊重利益相关方、培育纯洁的企业结构等。

——人权：物质上和精神上的平等，禁止童工和强迫劳动，防止歧视、尊重自由言论和自由结社等。

——工作条件：工作场所的健康和安全、工作时间、薪酬和性别平等。

——环境：可持续消费、可持续生产和产品，资源消耗，环境和气候保护等。

——高尚的商业实践：反腐败和贿赂，政策参与，公平竞争，尊重产权等。

——消费者保护：营销信息，消费者安全和健康保护，产品召回，基本服务享有权，产品说明，消费者意识等。

——社会和社区参与：企业公民、对社区对社会发展的贡献，解决就业，对所在地区经济发展的贡献等。

为了对企业社会责任这一领域复杂的主题有一个明确的认识，我们必须全面理解企业社会责任的有关主题，并能清楚地认识和发现企业的社会责任具体所指的内容是什么。

1.2.2　社会责任的领域

企业在处理这些主题时的一个重要方向是明确每一个责任领域中负责任的程度。对于企业来说，国家法定的社会责任和行动领域是强制性的，满足这些要求不再是自愿性的。也就是说，如不满足这些要求或不遵守这些法律就意味着自己的生存和合法存在受到威胁。遵守法律的重要性越来越被企业运营的现实所证明，时常出现的腐败、贿赂、丑闻或信息保护丑闻等都说明，满足法律上的合规并不是一个过时的要求，在当今现实中也不是自然而然就会落实到位的。

在本书其他章节已说明，履行经济责任、法律责任、道德责任是企业必要的切入点。而这也是企业可信度之所在。企业违反基本法律和道德原则，当然也是不负责任的。或者企业虽参与公益慈善，但意在“美化”，这不足以说明它理解了社会责任的要求。

1.2.3　自身的优势

在市场经济中，企业的目的决不是纯粹地为了利润，而在于盈利的同时也要为社会发展做出贡献。许多企业不仅遵守法律而且在此基础上，在环境和社会方面都有模范性的行为。

企业通过履行社会责任直接或间接地获得“运营许可”。许多企业在使命中包括了自己存在的目的，通过已经建立行为标准使它与竞争对手有所区别。这种对企业活动价值和价值创造采取的措施也解释了企业面向社会的意义。清楚地表达企业存在的意义越来越成为企业成功的因素，特别是有利于吸引人才和培育合格的员工等就是很好的例子。

在识别社会责任复杂的主题时要有意识地以企业现有的优势为基础，这对迈开履行社会责任的第一步具有决定意义。最常见的是企业从最擅长的主题开始，即从企业长时间里在核心业务、地理位置和企业文化等方面已有基础的行动领域开始。例如，化工行业的企业已经有处理废物和开展环境保护的系统经验，具有高度创新能力的企业有掌握变化过程的经验，一直采用先进工作方式的企业其在工作条件领域具有优势。此外，迄今为止的公民参与活动，比如建立企业基金会，支持当地或地方教育、文化、艺术或传统文化等形式。

有条件的企业可参加如全球契约这样的可持续发展倡议，始终不渝地贯彻十项原则，每年发布实施这些原则、履行社会责任进展报告并在全球企业网上公布。这对企业融入社会责任是很有帮助的。

在企业很长时间已积累的经验，或内部学习增加的知识，都有利于提高企业对自身社会责任的认识，这对制定成功的社会责任战略也是很有用的。

1.2.4　价值观导向

除了社会责任的核心主题和企业具体的切入点外，价值观和准则在对企业和在企业采取充分负责的行为有着重要的作用。价值观是人和企业行动和行为的基本质量准则和衡量标志。在社会责任国际标准中也提到了一些确定和影响责任行为的原则和价值观。因为承担社会责任并不仅局限于明确负责的对象，还要表明应当以什么方式和通过什么行为去履行社会责任，价值观决定“怎样”履行社会责任。

许多企业为了强化企业的特色，为了更好地与伙伴合作，制定了企业的纲领和行为准则，其中也包括价值观。这些文件应当作为开展社会责任的基础，使企业对自己的社会责任形成一致的具体的理解。这里除了经济道德观（如质量、创新）和社会道德观（如透明、合作、公平竞争）之外，道德价值观（如诚信、尊严和公平）也有着重要的作用。所以，必须要加强和完善。

1.3　高层参与和组织措施

在企业中实施社会责任是一个长期的变化过程，它涉及企业所有的活动和所有部门，必须系统化地组织和实施。为了使这一过程能够成功进行，具决定性意义的是企业高层的支持和承诺。企业本身对自己的社会责任必须有具体的理解，企业社会责任必须成为企业愿景、使命和战略的组成部分，落实于日常经营和管理之中，落实在文化之中，并且随着时间每天有新的进展。

由于企业最高层领导的表率作用和影响潜力，它对社会责任的成功实施虽然不是唯一的、但却是关键的因素。为了实现卓越的、负责任的企业管理，企业领导的首要任务是尽早发现发展趋势和挑战，并采取措施使企业顺应形势立足发展。迄今为止的研究和实践表明，履行社会责任对所有组织，特别是对企业，是一个实质性的前瞻的主题。

为使社会责任的决策在企业中长期具有份量并在后续中起作用，在开始和整个过程中在组织最高层要有确定的责任人。如果董事会或管理委员会中有一个成员对这一主题负责，这就可以保证社会责任能够列入企业的议事日程并始终得到贯彻。企业的高管承诺企业严肃而又可信地开展社会责任是构建一个负责任的组织的第一步。所以，在最高层落实社会责任的责任人同时也有助于成功实施。

与社会责任最高层的负责人相配合，应当设置具有代表性的委员会和具有协调职能的咨询部门或社会责任部门。这种直接对应的设置能保证社会责任在企业控制中得到必要的重视，并有利于实现企业相应的目标。取决于企业的大小和规模，可以设定由一人或多人组成的咨询部门。为开展社会责任可建立一个由各个部门代表参加的社会责任项目组，通过这种跨部门组成项目组的方式，可获得使企业理解自己社会责任所需要的经验，汇集来自不同领域的能力。因为社会责任是一个跨部门的主题，它必须深入到所有的部门，并且要依靠所有的部门主动去承担。所以，尽可能考虑企业内部的观点和达成共识对企业社会责任的参与和实施很有益处，特别是一开始就应做到这一点。

为了加强对企业社会责任的识别，有必要一开始就梳理内部和外部推动社会责任的因素。前面已经讲到每一个企业都有自己的社会责任的切入点，内部主要驱动因素常常包括考虑员工的利益、风险管理、环境影响和资源节约等问题。而外部的驱动因素常常包括如环境的挑战、客户供应商和合作伙伴的要求，或其他利益相关方的要求等。感知和考虑内部和外部的要求可能对推动社会责任具有决定性的意义。对国际化的企业，也要考虑文化领域或不确定的法律框架条件的重要作用。

在大多数情况下，内外不同的推动因素是交织在一起的。社会责任的动因常常与企业遵循的目标和/或者与企业向往的愿景有直接的联系。考虑这些因素可为企业认识自己的社会责任和制定自己社会责任战略奠定基础，同时，这一梳理也有助于在企业内部和外部明确说明，为什么推动变化过程是必要的。

2 认识自身的社会责任

企业或组织履行社会责任最重要的基础和准备是理解其可持续发展的背景，明确和梳理自身发展的现状，从而具体定义自身的社会责任。企业或组织高层领导的参与是重要的必须的条件。

社会责任不是一个新的标准化管理体系，也不能构成对所有企业都同样适用和实施的主题。社会责任定义的多样性以及对社会责任目标理解的差异性清楚表明，如何对自身的责任定义和如何理解社会责任正是每个企业的任务。企业只有在认识自身的社会责任的基础之上才能融入现有的管理体系之中。

实际上，要明白一个企业为什么和在多大程度上必须和应当履行社会责任，或者在多大程度上更多承担社会责任，这首先是一个从一开始就必须经历和要明确的内部决策过程。所以，在战略层和经营层确定责任人人选之后就可着手进行自身社会责任辨识的工作。

2.1　社会责任的实质和作用

成功落实社会责任对企业、对社会都有许多优点：例如开展资源节约和环境保护有助于企业减少支出、降低成本和有效经营；降低材料和原料消耗也有利于改善环境；社会责任落实到客户和市场可增加市场份额，也有助于企业获得竞争优势。

一个企业社会责任成功的历史不能简单地从一个企业复制到另一个企业。恰好相反，每一个企业都必须自己决定为什么和怎样才能用社会责任创造价值和产生社会增值。对此，重要的是要理解，一个纯粹为了经济增值并不完全代表社会责任，因为可信的社会责任始终是统一考虑通过社会责任创造经济、社会和生态三个方面的价值。

因此，企业开始实施社会责任就是在其内部处理责任和责任承担的问题。这是企业主动积极辨识自己的社会责任的过程。这意味着企业主动地确定自己的基调和重点，而不是被动地应对有关方的要求，或者只是满足最低的责任要求。企业将社会责任理解为一种机会并用于建立未来的能力和优势，其定位是在内部和外部不言而喻地把社会责任理解为企业有机的组成部分。

此外，为了主动积极地履行社会责任，要利用企业已有的优势和能力很重要。企业哪些地方具有特别的知识和特别的技能，使之能为利益相关方和社会带来价值。从经济责任的意义上讲，投资的地方也要对企业带来价值才有意义。员工社会参与完成的任务不仅使企业总体上更好地履行其社会责任，而且最终也改善了企业的效率。有利于资源保护的经营不仅保护了环境而且也能显著地减少企业的材料使用或者能够减低能源成本。

从道德观点看，社会责任必须落实到企业的日常经营的行动中，而不是与企业和它的价值链相分离，甚至当作是没有关系的，它必须贯穿到企业价值创造的全过程。

实施社会责任是一个使企业不断学习将负责任的价值观落实到战略的管理和监控过程，是不断增强自身可持续发展能力不断改进的过程（如图7－1所示）。

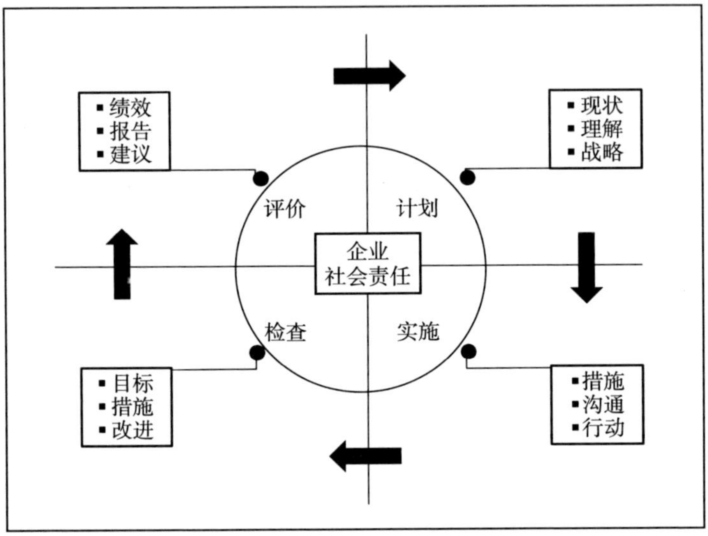

图7－1　社会责任实施的监控过程

2.2　社会责任具体化

在国际标准中对社会责任已有普遍适用的定义，社会责任是企业对自己的决策和活动在经济社会环境中的影响负责，通过负责的管理和道德行为实现企业可持续发展，同时为社会发展做出贡献。这里所指的负责对每个不同的企业有着不同的具体内容和实现路径，这就需要企业明确自身社会责任的定义。

真正理解和成功实施社会责任总是要与企业的核心业务相结合，要以现有的优势为基础，并且在此基础上建立差异化的优势。要明确地针对企业自己的活动制定其具体的目标，通过企业活动和全体员工的日常工作把对企业社会责任的要求付诸实现。

社会责任是建立在一定的原则之上的，它们与道德价值观和社会价值观一起，共同构成履行社会责任的基础。它们是对企业行为标准和准则及其所持立场的基本原则和基本假定。国际社会中要求的主要原则是：

- 问责：企业承担道德义务，对它的决策和活动产生的影响负责并为此承担问责。

- 透明：企业的决策和活动对外界是明显可理解的。
- 道德行为：企业的活动和行为遵守普遍适用的道德价值观和标准。
- 利益相关方参与：企业与利益相关方开展对话协商并尊重他们合法利益。
- 法治：企业接受现行法律和法治规则。
- 国际标准和规范：企业尊重国际承认的规范和公约，并遵守这些标准。
- 人权：企业尊重《人权宣言》普遍接受的原则和意义。

企业要想可信地和真诚地履行社会责任也应同意这些原则并且将它们融入到企业的政策和企业文化以及日常活动中。这些原则是国际上承认的，是社会责任标准的基石。所以必须在实施社会责任的所有各个步骤和措施中都能体现出来。

企业社会责任是企业追求的价值和目标中的一个实质性组成部分，它是通过遵循道德价值观和相应的原则来实现的。

承担社会责任是一个真正的道德上的要求，因此它的具体化和实施与道德有不可分割的联系。企业以道德价值观和原则为导向，不仅是企业社会责任的内在要求，而且同时也是社会参与对员工和其他利益相关方有意义的合理的核心要素。

能使企业明确理解自己社会责任的可靠方法之一是，利用企业面临的现实的挑战，以实例说明社会责任对企业自己的意义。

对推动社会责任有决定作用的最初驱动因素和目标也可作为理解社会责任的出发点。企业实施社会责任的驱动因素可能是内部的或者外部的。大多数情况下这里面包含倡导者对社会责任的理解。常常提到触动决策者的主题或利益相关方提出的新的要求。

这样做的优点在于，这些主题在某种程度上已经引起了注意，对它们的研究和分析比通过确定未知或抽象的目标更会得到部门和员工大力的支持。用这种方法还有利于尽可能集中各种不同的观点。通过对不同部门、不同层次的领导干部和员工的访谈有助于从各方面探讨企业如何开始，各种观点的汇集使参加者更好理解企业社会责任相关主题的复杂性和它与其他问题的关联性。

认识和理解企业自己的社会责任需要整个企业合作，这将会使后续的沟通和实施更为容易，因为参加者可以在整个企业产生倍增影响。

对收集起来的材料需要进行分析并按社会责任的观点进行评价，对所获得的结果进行研究，以此可考察对广泛承担社会责任的意义和对企业会带来的什么益处和机会。

还有一个方法是，根据已知的外部利益相关方的期望，提出各种解决问题的办法，并与新的利益相关方的期望及要求相比较，进而形成最可能受益的见解。这样，整个企业就能形成对社会责任有共同的理解和定义。

更进一步讲，理解社会责任还应包括理解企业与它的各个利益相关方的关系，它与整个社会的关系，即企业的决策和活动对哪些领域产生什么影响。因此，企业落实社会责任必须识别社会责任的议题，必须以利益相关方参与为基础。

2.3 社会责任现状评估和系统梳理

企业一旦明确了自身的社会责任，并理解了在什么样的价值观的基础上可能和应当履行社会责任，接下来一步就可开始企业内部现状梳理。

系统的内部现状梳理对社会责任起步可能是很有意义的第一步。许多企业并不是没有履行社会责任的基础，他们不仅为社会纳税，创造就业，而且还自愿地付出财力物力为社会做出贡献，这些都是履行社会责任的具体形式。但在很多情况下，这种社会参与都是出自于直观的感觉，而没有系统化的或战略上的考虑。不过这可构成企业内部社会责任现状分析的良好开端。可在先前形成的对社会责任的理解的基础上，对已经和正在开展的社会责任活动的范围和程度进行有关信息和数据收集。

进行这一工作的目的在于全面地、有说服力地认识在企业和在企业与环境之间的关系中履行社会责任的状态，准确地理解：企业在做什么？如何做的？对谁已承担了什么责任？信息收集的工作首先是项目小组的任务并且需要与各个不同的部门紧密配合。

2.3.1 社会责任现状评估

为了对企业社会责任的现状得出结论，需要把对社会责任的理解转化为具体要求并分析实际状况。可以参考社会责任国际指南把企业社会责任的理解具体化为对企业的要求，将企业履行社会责任的实际状态与此要求相对照进行检查。看企业是否在努力达到这些要求。如已经达到了要求，有何独到之处？如没有达到要求，其障碍是什么？企业对履行社会责任的要求理解越清晰、分解得越细致，收集相关信息和数据就会越简单。一般认为，社会责任的软主题难于量化和检查，所以在理解社会责任的基础上，一开始就提出有关实施社会责任要达到的具体要求的指标是很有利的。这样对社会责任的理解和认识，企业社会责任的主题就可转化为促成变化的要求。

在社会责任现状评估中，也应考虑那些过去的活动中理解的社会责任，与现在的社会责任系统理解不相符合或部分不相符合的地方。也可采用对标的形式对过去进行的项目分析和收集信息。

以上评估达到的目的是要通过对内部关键文件、流程和活动以及实施方式的检查收集信息对企业履行社会责任的类型和现状做系统性的方向性的判断（见表7－1）。

表7－1 社会责任现状评估

社会责任的基本要求	已采取措施/行动	正/反方面经验	社会责任现状的结论
企业治理 纲领、战略、组织、沟通、行为准则企			• 关于系统性 • 关于战略性 • 在同行业的地位 • 与优秀企业的差距 • 与未来要求的差距 • 关于绩效指标
人权 决策和活动中尊重和保护人权			
劳工实践 提供公平、安全、稳定的工作条件			
环境 识别和改善环境影响、节约资源			
公平运营 尊重法律、表率行为、公平对待伙伴			
消费者 提供健康和安全的产品、准确的信息			
社区和社会参与为社区和社会发展做出贡献			

只是零星地考虑社会责任措施是很不够的，因为只有用系统的方法考虑社会责任，只有使社会责任关键方面相互作用和影响才能使企业真正在战略上可持续地融入社会责任。现状评估是要检查至此为止履行社会责任适合的程度，并能反映出企业履行社会责任的系统性，所属的类型和与行业、优秀企业以及与未来要求的差距。

2.3.2 社会责任系统梳理

从社会责任现状评估过程中得出结论看出企业履行社会责任的整体方向，而内部系统（全面）梳理的关注点则会更加全面，并且延伸到整个企业可能包括的活动领域，不仅涉及企业，而且涉及企业的供应链。在企业内部进行全面梳理是进一步广泛收集信息的过程，其中包括对企业各个方面的状况：

- 关于企业法律形式、企业结构、企业各分部和价值创造过程；
- 关于企业控制、决策过程和决策组织结构；
- 关于企业员工和领导机构，以及企业哲理、管理工具、行为准则；
- 关于企业运营所在国家的法律情况、社会环境和经济情况；
- 关于企业社会责任活动、社会参与、捐赠和赞助；
- 关于社团、协会和网络中的会员、支持政治家和政党以及合作、参股、合资以及网络伙伴关系；
- 关于现行商务条件、附加条款、合同和合同方；
- 关于企业价值创造网络（供货商、买主和合作伙伴）；
- 关于内部已知的利益相关方的要求；
- 关于外部已知的利益相关方的要求；
- 关于企业影响范围等。

在全面梳理中信息收集时应当特别注意那些对企业是关键的方面，例如在腐败风险高或法律框架较弱的国家，业务关系要严格地加以分析。在常有法律争端、与非政府组织或与无组织的利益相关方有利益冲突的领域也应当相应地加以考虑。

企业社会责任并不一定只限于企业自己的活动，所以在全面梳理时要充分考虑企业与环境的关系。

对此，如果把企业对周围的影响从企业内部逐步向外扩展，即从员工到供货商、市场、社区直至政策领域看成不同的影响范围，随着每一影响幅度的增大企业影响可能性就越小，企业在就近或本地的影响常常被当作衡量它的影响能力和影响范围的标尺。

在全面梳理范围内，企业应当发现和确定在哪里它与环境存在着紧密的关系，企业在哪里在多大的程度上可施加影响。这一点与企业供应链特别有关，也与企业在特定的行业和地区或与政治相关。这里所获得的认识对于识别利益相关方是很有用的基础准备。

企业为了清楚认识在特定情况下的责任，应当采用尽职审察严格评估在此社会条件下自己活动和业务关系，从而发现企业活动的当前及潜在的影响。

内部全面梳理的目的首先也在于，判断企业履行社会责任的优势和劣势，发现企业可能的机会和风险，对企业、对它的责任范围获得有说服力的、尽可能完整的全貌，明确企业所处的地位和要采取的措施和行动。这样得到的有关企业社会责任的全貌是设置未来具体目标的基础。

内部梳理社会责任可利用 ISO 26000 的系统框架，见表 7－2。

表 7－2　社会责任系统梳理

ISO 26000 议题	议题的重要性	已采取的行动	未采取的行动	将来采取的行动	不适用的情况
企业治理 原则、承诺、机制、管理					
人权 8 个议题的行动建议					
劳工实践 5 个议题的行动建议					
环境 4 个议题的行动建议					
公平运营 5 个议题的行动建议					
消费者 7 个议题的行动建议					
社会参与 7 个议题的行动建议					

为支持系统梳理分析还可采用（SWOT）态势分析法，或者其他系统的自我评估方法。

2.4　态势分析法（SWOT）

态势分析法（SWOT）特别适用于企业社会责任项目或战略的开始阶段。通过分析企业的优势和劣势描述企业的当前状况，并利用核心特征引导出未来的机会和风险。将态势分析法用于企业社会责任得出的结论是确定战略管理具体目标的基础。态势分析法可用简单矩阵的图形表示。对应于当前状况是企业内部的优势和劣势，对应于未来形势是企业外部的机会和风险（见表 7－3）。

用态势分析法不仅可在总结分析时对企业内部社会责任现状的优势和劣势做出判断，而且在社会责任发展的每一个后续阶段都可用它来考虑各个社会责任活动成功的潜力或讨论提出项目建议。

表 7－3　企业社会责任态势分析法

<table>
<tr><td rowspan="2" colspan="2">企业社会责任
态势分析
（SWOT）</td><td colspan="2">外部分析（向外的视角）</td></tr>
<tr><td>机会
■
■
■
■</td><td>风险
■
■
■
■</td></tr>
<tr><td rowspan="2">内部分析（向内的视角）</td><td>优势
■
■
■
■</td><td>优势-机会
发挥长处
利用机会</td><td>优势-风险
发挥长处
抵抗风险</td></tr>
<tr><td>劣势
■
■
■
■</td><td>劣势-机会
为利用机会
克服短板</td><td>劣势-风险
为抵抗风险
克服短板</td></tr>
</table>

态势分析的第一步是针对自身的优势和劣势（内部因素）研究企业社会责任当前的状态。大多数情况下这一分析是由一个社会责任项目小组来进行，这样可以按照不同维度确定主题集中所需知识和经验。项目组的成员可通过集体讨论用关键词描述当前状态并填入态势分析矩阵中。

态势分析的第二步是改变一个视觉从企业当前状态转向从正面（机会）的和负面（风险）的角度来考虑未来的景况。根据先前得出的优势和劣势来讨论未来的形势，并做出那时企业外部可能出现的情况的估计（外部因素）。讨论依然可用项目组集体讨论的方式。此外，项目小组具有的想象力和识别社会责任主题的能力会有利于这一阶段的分析。原则上讲，态势分析一开始就设置将来应当实现目标的时间是有意义的。

以上两个阶段的集体讨论一旦结束，项目小组应当对评价的结果集中研讨。社会责任态势分析结束时要回答的一个基本问题，即企业开展社会责任的实际可规划的目标和措施是什么？具体讲，这一分析的结论有如下综合表达的可能性：

- 优势—机会：哪些优势可以与哪些机会相结合？
- 优势—风险：哪些优势可用于应对哪些风险？
- 弱势—机会：哪些劣势可以转变成机会？
- 弱势—风险：怎样能使企业避免损失？

态势分析的结果可为制定社会责任的行动计划和战略提供基本的依据。

3 社会责任行动

明确社会责任的主题范围和行动领域是制定战略的核心。要仔细分析利益相关方在相应领域的诉求、要求和期望，再确定优先重点，规划和部署社会责任的措施和行动计划。

本书讨论社会责任的核心主题不仅涉及企业而且涉及其他各种形式的组织，这些主题包括在经济、社会和环境领域企业/组织被企业影响的和企业/组织能影响的各方面。考虑企业或组织主题和影响采用的是同样的方法。

为了理解企业运营的社会责任背景，应当在核心主题内识别出那些对企业自身可能是有意义的方面。这时应当首先尽可能有一个宽广的视野，从所有的主题开始，按照自己的布局和对自身社会责任的理解，评价其相关性和实质性。接着进行利益相关方的识别，确定优先级别，确定企业具体的社会责任的行动领域。

3.1 社会责任的核心主题

在经济社会和环境领域中有许多与可持续发展和社会责任相关的主题。企业处理社会责任经常要回答的一个问题是：这些主题与企业的成功有什么样的关系？因此，为了回答这一问题就需要对社会责任主题的相关性做出判断。这时需要具体回答如下的问题：

——相信所选定的主题与社会有什么关系？问题的解决对我们的社会和生态可持续是否重要？

——问题的解决对我们的企业可持续是否有利？是否也能有助于使企业在未来盈利？

回答这些问题对企业确定优先重点很有帮助，因为只有对社会有意义，同时对企业也很有意义的主题才最值得纳入社会责任的措施计划。处理对社会有益义而对企业成功意义不大的主题的关系是一个真正的挑战，因这里找到一个适当的责任答案并不那么容易。

在了解企业整体状况和理解自己社会责任的基础上接着进行的是根据已有的信息对核心主题分类整理。这就是要确定社会责任的战略主题。战略主题是企业与社会的结合点，战略主题是那些与核心业务和企业文化具有密切联系，在理想情况下同时与企业在社会中的机会和风险有关的社会责任主题。

处理战略主题不仅发现对社会的价值，而且也发现对企业自己的价值。由于每一个企业的核心业务和所处的环境不同，它需要自己识别出具有特色的主题。只有系统地识别和处理社会责任的个性化主题才有可能最终走向系统化的战略型社会责任。这种类型的社会责任不仅包括对社会有益的措施，而且同时增强企业的竞争能力。

社会责任的核心主题分为：负责任的企业治理、人权、工作条件、环境、纯洁的商业实践、消费者保护和社会参与。企业可对照每一个主题列出企业在此领域已经作了什么？有什么法律、法规需要考虑？以及除此之外还有什么道德要求？不仅要考虑现有自愿性社会责任参与活动，也要将企业和利益相关方已经达成的协议纳入考虑范围之中。

每个企业或组织都应识别对自身和社会可持续发展具有战略意义的主题。识别企业社会责任战略主题也可以从企业影响社会（利益相关方）和社会（社会形势和竞争）影响企业两个方面来考虑。

企业影响社会

企业影响社会是通过企业价值创造的各个环节来实现的，因此需要将企业价值链分解为各个重要的战略过程，考虑这些过程分别对社会有什么影响，如何增强正面影响，减少负面影响（如图 7－2 所示）。

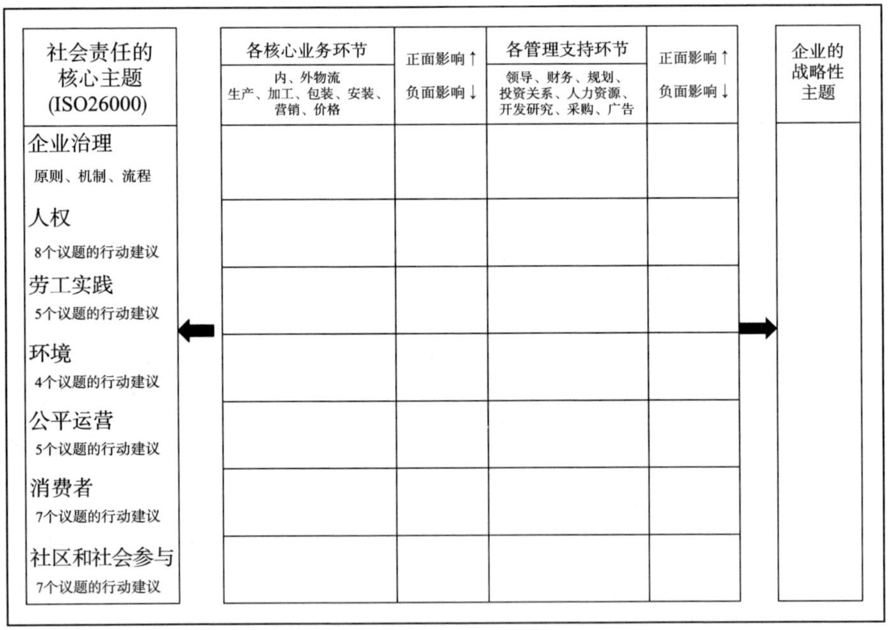

图 7－2　确定价值链中的社会责任主题

企业的价值链是由核心业务过程和管理支持过程所组成。典型的核心业务过程包括：原材料物流（进货、存储等）－生产（加工、检验、包装及安装）－产品出厂物流（发货、营销包括广告和促销等）－售后服务（投诉、修理和退货等）。企业的支持过程对核心业务过程的成功具有决定性的作用，这包括：企业的基础结构（如领导、财务、投资关系、规划等）、人力资源管理、技术研究开发、购买及采购（产品和服务）。在企业中几乎所有的过程都具有社会责任的潜力，即它可以减少对环境的负面影响或者增强正面影响，从而提高其竞争能力。这就是说，要仔细考虑有什么可能性加强正面影响活动，有什么可能性减少或取代负面影响活动。

应当指出，尽管可以发现很多具有潜力的主题，但这并不是目的。首要的任务是要有一个意识，要发现对自己企业最适用的战略主题。理想情况下也应当具有唯一性。这样考虑实际上是始终要回答一个战略问题，在什么地方企业能够利用自己的潜在优势并实现与竞争对手的差异化竞争。

社会影响企业

这里所考虑的是社会外部的挑战对企业未来的影响。社会发展的变化对企业未来发展的影响是巨大的。它们对企业长期战略有着决定性的作用。企业需要对此具有意识，社会上有哪些总体趋势和变化可能会影响自己所在的行业和自己的核心业务。哪些趋势会在当前和未来影响企业？这些影响是正面的还是负面的？机会和风险在什么地方？企业怎样利用与社会发展相联系的机会？企业怎样采取防御风险的措施？每个企业都可有效地认识社会发展，从而展现企业未来成功可能的机会和风险。这时，社会的变化被理解为竞争环境的改变。

企业的竞争环境可用 4 个要素来表示，它们相互影响且决定企业生产率及战略成功。这 4 个竞争环境要素是：

——生产要素：它表明人力、知识、基础设施、自然资源和资金等的重要性；

——地区需求条件：它表明地区市场的大小，所需产品标准，增强竞争与创新和服务客户的专门技能；

——战略和竞争：它决定竞争的规则和激励，包括保护产权、法治、公平竞争、反腐败和可持续投资；

——相关基础行业：它包括供应商，就地服务、质量和成本。

所有竞争环境因素都向企业提供采取社会责任措施的激励。当企业在以上这些领域都及时分别采取相应的措施把变化的趋势融入战略时，它便获得独特的竞争能力。应当指出，发现众多与社会发展相关的主题不是目的，最重要的是要聚焦企业和供应链中未来能利用机会和防范风险最具战略意义的主题。

总体说来，在理想情况下，战略主题不仅是使企业业务活动对社会负面影响最小化的价值链中的主题，而且同时又是针对竞争环境发现企业未来机会的主题。

通过识别和处理以上企业和社会间的双向关系和相互影响的主题有可能使企业从被动的危机管理转向主动和长期面向将来。战略型企业社会责任可以在价值链中引发创新形成独特的市场竞争优势。

在考虑企业自己不同方面的责任和分析核心主题对企业具有的不同的意义时，只靠一个项目小组是不够的。加强员工对社会责任主题整体的理解和增加有关知识，对随后实施社会责任是很有利的。系统地建立这些信息基础有助于使企业社会责任参与职业化，并且保证在制定企业社会责任战略时所有各方面的责任都得到考虑。

在这一工作的进行中始终包括仔细制定文件，这不仅对后来的评价还是对可能的报告都是很有用。

为了能在众多社会责任主题中选出与企业相关和最具意义的议题并确定优先重点，从一定的时间开始，不仅吸收企业自己的员工而且也让外部利益相关方参与。识别社会责任战略主题的结果可用社会责任主题相关性矩阵图形具体直观地表示（如图7－3所示）。

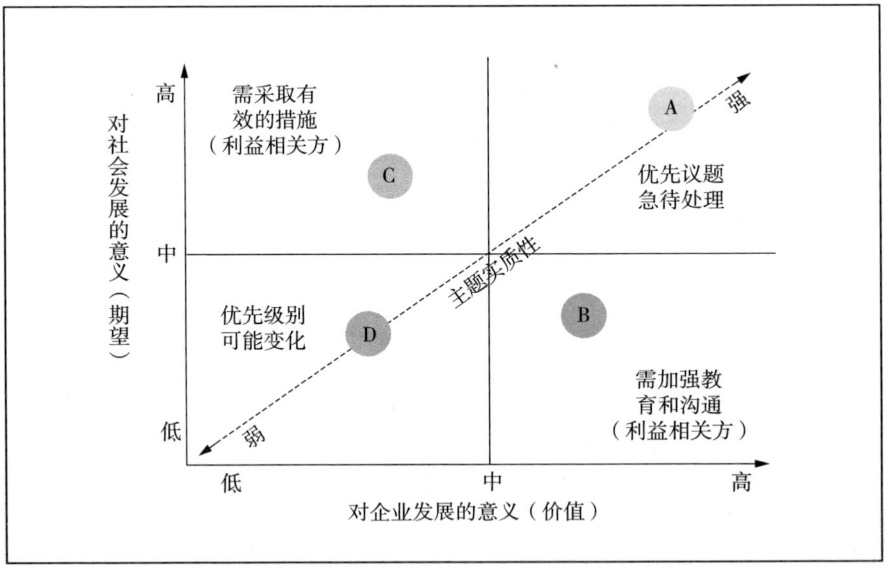

图7－3　社会责任主题相关性矩阵

在至此为止的内部认识、评估、总结和战略主题确定的基础上，企业可以形成内部的社会责任行动计划，对社会责任做出初步的规划。之所以说是初步的规划是因为随后还需要与利益相关方沟通和完善。

3.2　利益相关方的识别

在以上各节的认识和处理社会责任的方法描述中，我们首先收集了组织企业内部相关的事实，并在此基础上形成了能够反映企业状态和指导思想的对社会责任的理解。一个符合时代要求的对社会责任核心内容的理解的目的是要在此基础上考虑利益相关方并积极主动形成互动沟通。

我们知道，企业是不能孤立存在的，它始终在一个复杂的环境中运营，始终与其内部和外部群体有着一定的关系。市场经济学和具有机械特征的企业理论在过去的时间里并没有把有目的地管理这种关系，明确作为优秀企业的或管理的成功因素。在21世纪大趋势和变化的形势下，这些因素日益成为一个关键的成功的因素，而且在理论和实践上都已得到公认。企业和利益相关方的关系之所以重要，不仅因为企业过去常常对社会产生了负面的影响，而且也因为社会对企业的期望不断地提高。此外，社会广大公众对社会可持续发展和全球的福祉普遍关心，也使利益相关方参与的意义受到企业的关注和重视。企业为了能满足当今社会对履行责任的要求，使利益相关方参与制定自己履行社会责任的行动计划是必要的。利益相关方参与对企业和社会都是有益的，因为与利益相关方沟通，常常能够发现企业从未研究和处理过的一些问题，也能够发现和识别出一些企业从未考虑到的隐患。这特别适合于企业社会责任战略的制定，因为尽早地结合内部和外部的利益相关方会增强社会责任参与的可信度和进入积极参与战略的实施过程。

利益相关方参与是包括对他们进行识别、分析、优先级别划分和开展对话的一系列过程（如图7－4所示）。与利益相关方一起讨论有助于企业确定社会责任的优先重点，形成可行的社会责任战略，并且能够保证成功地实施。

不同的利益相关方可能有不同的利益和要求，这些利益和要求有可能是相互矛盾的。这种情况是很自然的，而且并不是所有的要求在法律和道德上都是有根据的、合法的或者在具体条件下都能为企业所满足。企业考虑到自己的生存或者为了其他要履行的责任，或者为了合法的利益相关方的要求，某些要求有时不可能满足。由于这个原因，建议企业在考虑社会责任的一开始就要有一个职业化的控制，就是要对履行社会责任的主题和利益相关方进行深入、细致的分析，分析的结果是要明确自己利益相关方的优先重点和顺序。

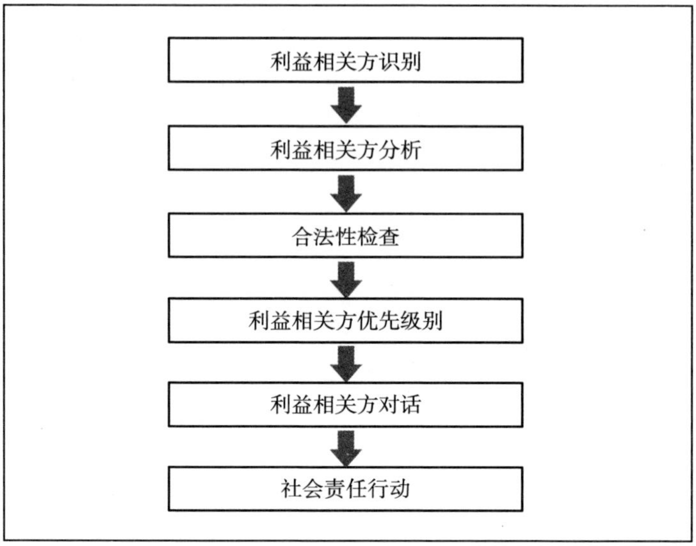

图7－4　利益相关方参与过程

3.2.1　利益相关方的识别

企业一般能很快地知道它的利益相关方和群体。通常的利益相关方识别的方法是，一开始列出企业内部和外部所有相关的人群和组织，然后将他们安排在一个相应的矩阵中去考虑。例如，回答如下一些问题会有助于利益相关方的识别：

- 对哪些社会群体有法律上的义务？
- 与谁保持有经常性的交流？
- 企业活动对谁有正面的或负面的影响？
- 谁能对企业活动有正面的或负面的影响？
- 哪些群体过去批评过企业？为什么？

所列出的人或组织可以按照他与企业关系的远近、关系的内涵、关系的质量以及利益的情况来分类。利益相关方主要的类别有如下几个方面：

- 股东
- 员工
- 客户
- 消费者
- 竞争者
- 供应商

- 合作伙伴
- 国家权威机构
- 协会和团体以及社区等。

每一类别利益相关方中还可以细分，例如，客户可分为大客户、小客户、企业客户、国家客户、欧洲客户、美洲客户等。进行细分的必要性和细分的程度一般取决于企业的实际情况和自己理解社会责任的背景。比如一个企业的员工结构具有多样性的特征，则按照性别、国籍和年龄划分类型可能是合理的，而这样细分对于人员结构比较均匀的小型企业也许并不适用。这种细分是否有必要可通过对社会责任的自我认识和理解来确定，例如，当一个企业把它的活动和行为当作社会责任核心组成部分时，会注意到按照腐败风险来划分客户和供应商的类别，或者有目的地对相应的 NGO 进行分析也有所帮助。完成此项工作的目标是为把利益相关方与社会责任的各个主题相对应奠定基础，因为一方面这会使利益相关方的参与更加容易，另一方面通过对具体主题的问题的讨论，也会更好地认识其他的利益相关方。

在列出全部利益相关方以后，可对他们的利益和要求进行分析（见表 7－4），这时可利用召开座谈会、客户访谈、员工访谈和形象调查的结果，也可利用媒体上已有的报道等多种形式。对利益相关方来说，并不是每种情况下他们都因经济上或法律上的利益而提出问题，而是由于关系到一般的有发言的权利或者有知晓、知情的愿望。重要的是在收集这些信息时就已经注意到其中哪些在多大程度上与企业履行的义务有关。这一分析结果是一个复杂的矩阵，它清楚表明企业的环境关系和企业利益相关方的期望及要求。

表 7－4　利益相关方分析

利益相关方	利益关切	要求诉求	企业对其影响程度	对企业影响程度	对企业成功的重要性	企业的义务性	主题归类
1							
2							
3							
4							
5							
…							

在各个利益相关方和他们的利益以及要求之间，不仅存在着相互依赖的关系，而且也存在着矛盾的方面。

利益相关方分析是一个持续深入的过程，企业认识其社会责任越深入，它就能更多更好地认识利益相关方和他们的利益。在与利益相关方对话过程中常常发现很多有用的信息和获得有用的知识。利益相关方矩阵应当定期地评估和更新。

3.2.2 合法性检查

此外，在利益相关方分析时，应当考虑在许多利益相关方中，有一些是最有强烈要求的，但在法律上看并不一定属于最重要的。为了能正确应对履行社会责任的要求并保证自己在企业决策空间，建议首先对利益相关方的利益和要求按照法律进行合法性检查。在此基础上作为第二步应当对分析的结果再做进一步道德合法性检查。对一个企业提出的合法的要求的根据，要么是基于法律的权利，要么是基于伦理道德的权利。在后一种情况下，必须对有关利益相关方的要求按照社会价值或者道德价值的原则来进行判断。此外，在满足这些要求过程中，企业本身也不允许违反任何法律和道德价值观以及最重要的原则。所以，一个股份有限公司的股东要求尽可能高的分红，这是考虑经济上合法利益的一方面，但在另一方面如果所有的资金都用于分红，有可能使企业不可持续，而且可能危及大量的企业裁员。这种合法性检查也具有国际性的意义，比如自由集会和结社，以及自由建立工会等，在不同国家有不同的具体的法律规定。按照不同的责任承担程度，尽管有些要求在法律上和经济上都不属法定的义务，但企业在决策时也可能应当考虑。考虑这种要求或者用相应的原则确定优先顺序，把它们落实到企业社会责任政策，这属于企业顺应社会和道德的要求承担社会责任的范围。

要职业化地使利益相关方参与的条件是，除了考虑一个企业的经济和法律义务之外，还应具备足够的道德审视和分辨能力。在利益相关方和要求的识别中特别是在与利益相关方对话的过程中，这种能力可使利益相关方发挥积极的作用，会对企业带来重要的价值。

只有在这样的条件下，企业才会在实施社会责任时从利益相关方参与中获得益处。

3.2.3 利益相关方的优先级别

通过利益相关方参与使企业对利益相关方希望和要求有所了解，这有助于企业在众多社会责任主题中正确地选择重点，确定责任的优先级别并形成合理的目标。面对相关利益群体的范围企业应当首先只选择考虑最重要的利益相关方。

究竟涉及哪些利益相关方的利益？其中与谁应当进行积极的对话？这必须要考虑企业的战略，也要考虑法律和道德准则上的要求才能正确决定。

考虑经济上的因素之所以必要，是因为企业有始终关键利益相关方，他们对经济成功具有关键的作用，比如员工、股东和客户。企业为了自己的生存而不可能放弃考虑他们的利益和要求。在一般的情况下，这种要求也都是建立在法律和道德合法的基础上的。

企业可以制定自己的准则，识别和划分利益相关方优先级别。这应当在对社会责任具体理解的基础上进行，并且应当覆盖经济、生态和社会三个领域。一般来讲，对利益相关方优先级别划分可参考如下的原则，即利益相关方与企业的相关性，利益相关方对企业活动的影响以及与企业承担社会责任的关系。

在对利益相关方要求和利益作优先级别划分时回答如下的一些问题可能有所帮助：

- 哪些法律的、经济的和道德的义务不允许被忽视？
- 哪些利益相关方已参与类似问题或项目？
- 谁能支持企业职业化地处理不同的社会责任的主题？
- 谁对社会责任行动必须有知情权，并且必须参与实施？
- 与谁有良好的建设性的关系？
- 谁会受到社会责任行动影响？供应链在多大程度上会受到影响？
- 谁出面代表社会的利益？
- 在利益相关方中谁最能代表某一类利益相关方的利益？
- 与哪些利益相关方能有最简单的对话，最容易达成共识？

为有效地进行利益相关方分析，可采用如下两个步骤：

（1）利益相关方相关性思维导图

首先把对企业成功具有长远影响和在某种程度上受企业活动影响的利益群体集中到一起。重要的是，集中的不仅有外部利益相关方，也包括内部利益相关方。

在识别利益相关方时可用概观图形的方式来表达选择的结果，例如可以采用一个相关性思维导图（如图 7－5 所示），将利益相关方表示在企业的周围，通过不同的粗细的连接线条或者利用不同的颜色，可以突出关键利益相关方对他们承担义务的程度、各个利益相关方的相关性以及他们战略上的意义，以及当前关系的情况。也可以采用类似坐标图，或者同心圆的方式来反映利益相关方与主题的联系。呈现利益相关方概貌是对利益相关方相关性的初步评价。

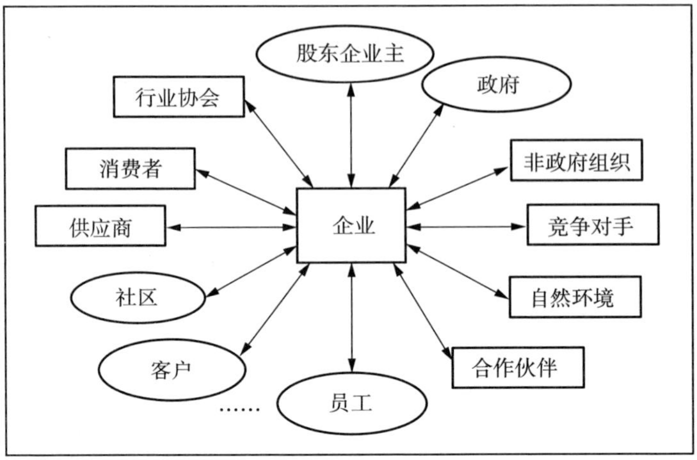

图7-5　利益相关方相关性思维导图

（2）利益相关方相关性矩阵

并非所有的利益相关方对企业都具有同等重要的意义，所以要进一步对相关利益群体的相关性做更精确的评价。为详细权衡利益相关方可采用一个二维准则描述的利益相关方的相关性矩阵。根据不同的对应关系得出在社会责任战略中考虑的顺序安排。

例如，可按照利益相关方影响企业的影响力和企业对利益相关方的影响程度来区分它们，分为几类，把它们填入矩阵中相应的位置（如图7-6所示）。

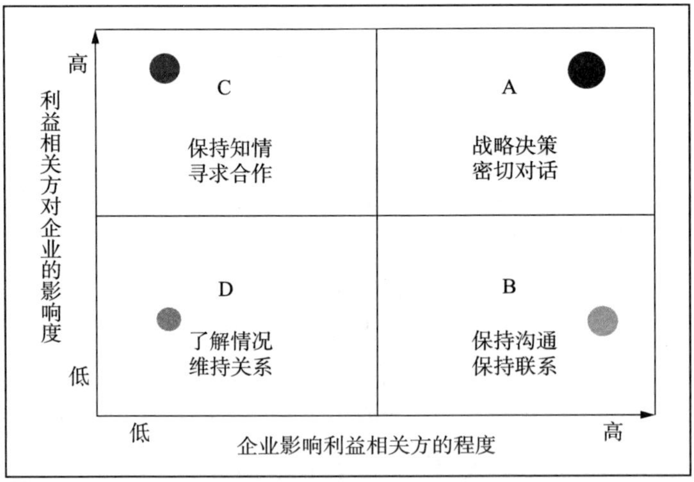

图7-6　利益相关方相关性矩阵

第一类（A 区）是那些对企业影响最大同时也在最大程度上受企业影响的利益相关方，他们是最相关的。例如，这可能包括客户和商务伙伴。提高与他们的关系的质量和谨慎管理是很重要的。在所有战略决策中都应当考虑他们的利益。为了改善与他们的关系可制定特别的原则，建立持续沟通的渠道和确定直接联系伙伴。

第二类（B 区）是那些对企业具有很强影响力，而本身很难被企业影响的利益相关方，需要小心地对待。例如，可以是具有优势的竞争对手的利益相关方对企业有较强的影响。这需要认真对待，积极影响或建立合作关系。应当深入研究这一利益相关方未来的举措和他对自己企业活动的反应。

第三类（C 区）与上一情况相反，是那些影响不及自己企业的利益相关方。不过，不应当忽视这类利益相关方，因为随时间变化，他们的影响还有可能增强。基于这里原因，企业应当使他们处于告知状态和与他们保持联系。

第四类（D 区）是那些对企业影响不大同时几乎没有影响的利益相关方，是最不相关的。例如，一个相对弱小的 NGO 组织就是这种情况。即使这种利益相关方也不可视而不见，因为在社会外界条件变化时他可能占有重要地位。

职业化的社会责任实施总是系统地考虑相关的利益群体的期望。正因为如此，在利益相关方分析中首先要找出最重要的利益相关方并对他们的相关性做出相应的评价。

3.3　利益相关方参与

在社会责任背景下，利益相关方参与被理解为，实施社会责任时要吸收一个或多个利益的群体一起参与行动或形成互动。利益相关方对话能够支持企业适当地、广泛地实施社会责任，利益相关方对话首要的目标是认识他们对企业的希望和要求，并在此基础上做出如何规划和落实社会责任的行动计划的战略性决策。出自实际的和经济上的原因，不可能把所有的利益相关方都纳入一个积极参与的过程，通过优先级别的确定企业能够理解利益相关方相关的利益或重要的利益，并在制定社会责任战略中加以考虑。利益相关方的选择和融入应当按照社会责任的基本原则，公平和透明地进行。此外，应当形成文件，以便能够在需要的时候解释和说明这一选择过程和这一过程当中所采用的基本准则。

以下各个方面应当是利益相关方参与的实质原因和合乎时代要求的对社会责任的理解：

- 利益群体有权知道企业的观点

- 利益群体有权知道企业的活动情况
- 利益群体有权参与互动
- 企业与利益相关方的关系表现在相互尊重

通过对利益相关方的分析，企业具备良好的起始基础。在此过程中，应当将合同形式固定下来的要求与按公共道德价值做出的承诺相结合，将内部合同、协议、行为准则与自愿性承诺相结合，对企业文化做出评价。因为遵守法律、信守合同与恪守承诺同样都应作为履行社会责任的实质性内容。

为了能更好地理解利益相关方，企业应当主动接近利益相关方，特别是在那些缺乏严格信息的地方。与利益相关方的对话可以是正式的或非正式的。可以是企业组织的活动，如以开放日作为与员工家属或与本地社区各方面接触对话的机会。同样参与利益相关方的论坛和倡议也是与利益相关方沟通的有效方式。

为了能够得到尽可能好的结果，重要的是要明确沟通双方的动机和沟通的益处。另外，认识整个社会的利益和与其代言人进行对话的另一个可能性是与媒体建立合作，或者应邀参加开放性的活动。

在此，应当考虑到，以对话为基础的沟通的主要特点是互动。来自利益相关方的意见和信息应当认为是很有价值的，企业也应当对此做出回应，怎样对待这一贡献的过程应向所有参加者都有明确的说明。当然，同样的原则也适用于利益相关方如何对待企业的论点。为了达到相互信任、达成共识，通过对话双方都应做出相应的努力。

为了使对话尽可能有建设性的意义，有时吸收外部调解人可能是有帮助的。

不过应当指出，利益相关方对话不仅对履行社会责任的开始阶段重要，而且在整个社会责任实施过程中都重要。这对于发布社会责任报告也是重要的。通过与利益相关方沟通，对已经采取的社会责任的措施或者计划之中的其他行动，企业可以从利益相关方获得有益的建议，以及如何改进、共同参与的意见。利益相关方参与和讨论企业实施社会责任的活动越经常，他们的认识就越具有建设性，企业和它的环境间的关系就越会得到改善。此外，透明的和充分尊重的交流能增强自愿履行社会责任的可信度。

3.4 社会责任主题的相关性和实质性

综上所述，利益相关方对话可有助于企业发现与社会责任主题相关的重要的问题和挑战。各个核心主题的相关性和重要性也要根据企业的特点和总体的情况来确定，如在前面对企业做内部分析时已经讨论过的那样。

通过外部利益相关方访谈和参与使企业的视野从内部延伸到了外部。根据经验，外部利益相关方特别有助于发现一些潜在隐患，使企业能对重要的社会责任趋势的相关性有更清楚的认识。也因为这个原因，系统地落实社会责任也是一个广泛的风险管理的过程。企业常常能够学习和了解其他各方是如何观察和看待企业的，了解这一情况能够可信地为企业社会责任做出布局。

利益相关方的期望和关注有助于使企业针对核心的主题、更准确地描述已知的问题和识别行动领域。此外，可能会进一步发现新的议题并把它们归结到不同的主题范围去考虑。了解哪些主题和哪些议题在多大程度上与企业相关，以及为什么相关，是制定社会责任行动计划最基本的、最重要的基础。

为了从许多相关的议题和挑战中找出履行社会责任的具体的行动领域，企业应当检查这一议题的重要性（实质性），特别是它对企业自身的活动和企业身份的意义。

议题的重要性（实质性）的检查应当基于企业自己对社会责任理解的准则，用类似于选择利益相关方的方式来进行。除此之外，应当考虑企业的战略目标和已知的市场趋势。

一般情况下应当用如下的尺度作为综合检查议题重要性（实质性）的准则：

- 总体上影响可持续发展和社会福祉的挑战性的大小
- 与此主题相关的措施或采取不采取的后果如何
- 对利益相关方和它们的合法利益所提出的问题的重要性
- 企业在资源、投资等的成本和使企业、环境和社会的受益之间的比例关系。

3.5 社会责任行动

那些被列为相关的或实质性的议题代表企业内部和外部的期望和要求。由于不可能同时处理所有这些相关的和重要的议题，为了确定社会责任行动必须再次考察优先重点。这是一个根本的决定，它必须由企业的领导做出。决定哪些主题和议题应当作为第一步实施（比如第一年）的目标，取决于企业的自我理解，取决于它的战略，从一开始就明确的对社会责任的理解，以及它要逐渐形成的企业文化，后者是实施某些相关社会责任议题的内部条件。

除此之外，以下普通的准则在决定议题优先重点和界定社会责任行动时也可能有所帮助：

- 确定为相关的方面在多大程度上对识别议题有作用？
- 对企业持续存在有影响吗？
- 涉及人类生活方式或安全吗？
- 涉及违反人权吗？
- 实施需要多长的时间？
- 利益相关方的期望有多迫切？
- 可节约资源吗？
- 目前投资有多高？
- 哪些可以很快而又简单地实施（见效快）？
- 什么支持达到战略目标？
- 什么会有利于提高员工的动力？

所采用的准则越清晰、越透明，社会责任实施就越简单。对于划分为具有迫切性的议题，应确定具体的目标，可量化的指标和明确的时间表。并非所有识别出的要采取的措施在时间上都是紧急的，或在当时马上就可实施，比如要提高办公场所建筑能源效率，很少有马上就能采取实施措施的可能性。识别优先议题可能会是下一步战略规划中必须考虑的必然的要求。

4 社会责任融入决策、治理和管理

社会责任必须融入组织的方针、战略、决策过程、流程及行为准则，必须加强社会责任的意识提升、能力培养，注重领导的模范作用，注重绩效改善，注重沟通的作用。

企业社会责任既是企业战略也是运营管理的主题。这意味着，凡是令人可信地对待社会责任的企业，都应当始终注意到两个方面：一是社会责任作为战略的一部分，应保证在企业所有的决策中都得以考虑。二是要把对社会责任的理解融入相应的管理体系，进行不间断的和可持续的落实，并在整个企业中发挥作用。

4.1 行动计划及实施

社会责任的开始和落实要依靠最高领导的承诺。一个企业的最高领导者在其内部和外部都是代表企业未来的使者。在这两种情况下，社会责任行动的真实性和有效性都标志企业领导的可信度和真诚度。除了个人承诺以外，它还取决于社会责任是否融入到企业现有的治理、决策和运营的结构。

为了在企业全面落实社会责任，必须把它当作一根主线贯穿于整个企业的结构和流程。所以，实施社会责任的出发点是要把企业社会责任与企业的治理相联系，在社会责任能成为企业员工的行动和行为的尺度之前，它必须是作为尺度融入企业的纲领，包括愿景、使命、价值观和行为准则之中，贯彻到战略制定、目标确定以及战略实施之中。

为了系统地把社会责任融入企业，可以制定一个社会责任的行动计划。社会责任行动计划通常包括如何实施社会责任的中期和长期的目标，用社会责任行动计划可以从时间上、内容上反映出它的各个步骤和阶段。在确定社会责任具体目标之前需要对社会责任的状态进行梳理。在沟通时应当注意，在告知员工和利益相关方之前，首先要在内部对社会责任做出解释并指定联络员。

在大型企业社会责任的行动计划或战略一般由一个专门的小组提出草案，经各业务部门和职能部门参与提出修改意见，然后还需征求内外的意见，最后由最高领导层讨论、董事会批准。制定这一计划的过程是一个沟通、协调和学习的过程，前后必须达成共识，形成一致认可的方案。

企业在实施社会责任行动计划之前，除了确定职责之外，还应有相应的资源和预算。预算应当按照阶段步骤来考虑，例如在企业整个总结的过程中，一开始要进行内部现状的梳理，需要一个社会责任工作小组参加这一过程，或者需要接受主要工作任务。社会责任在一开始与企业通常的活动的联系越紧密，实施社会责任就越容易成功地进行。

此外，同其他项目计划一样，应当在计划中考虑好主要的进程、时间、节点和瓶颈，以便能及早发现可能的困难，掌控整个过程。对相应的活动和必要的决定应当始终明确责任和具体的时间表，这样做是为了有利实施，取得结果，并达到有序的组织管理。

必须定期向企业最高领导报告社会责任融入的现状，因为应是顶层领导最终对社会责任融入组织负责。

社会责任行动计划应当特别把注意力放在内部和外部的沟通上。当企业在某些方面的动态，在没有正式沟通之前，企业的员工和外部利益相关方也会很快得知相关消息。为了能够控制社会责任沟通的真实的内容，企业领导和社会责任负责人一开始就应在行动计划中考虑沟通价值，最好也要为沟通和信息确定清晰的目标。例如，应决定谁应通过谁被告知情况，多少员工参加内部社会责任现状梳理，以及哪些内容需要全体员工必须理解。

应当定期按照社会责任行动计划检查所进行的活动和措施，内部现状梳理和通过利益相关方对话获得的信息有助于支持所描述的目标并为实施铺垫。这时，识别出的需要改进的方面和社会责任的关键方面总会对计划中的时间和内容起到补充作用，必要时可能要做相应的改变。取决于社会责任行动计划的设计，这些信息也可用于后来社会责任报告或同利益相关方的对话和沟通。社会责任行动计划是一个文件工具，可为企业在落实社会责任的方式和步骤方面提供问责的依据。

社会责任融入企业是一个系统化的过程和工程。即使企业没有采用标准的管理体系，它也有自己的管理方式和方法，而且它是企业一直在实践中起作用的。所以在企业融入社会责任必须与企业现有的管理基础相适应。对有些企业可利用实施社会责任的机会建立新的可持续管理系统，而对另外一些企业则需要把社会责任融入现有的系统。

4.2 融入指导原则、愿景、使命和战略

许多企业都制定了以价值为基础的指导原则，这可作为实施社会责任的出发点。这一指导原则一般包括企业未来的愿景，企业存在的宗旨、使命和核心价值观方面的陈述。对于指导原则中所有的元素应在理解社会责任和社会责任主题的背景下做出评价和适应性修改，使指导原则体现社会责任。企业考虑到社会责任做出的基本陈述和确定的目标必须是这一指导原则的组成部分。在企业具体的社会责任观点中也应当包括企业与它的主要利益相关方的关系的说明。这样，无论是与利益相关方进行经常性的对话，还是理解社会责任都有一个很好的基础。对有些企业，实施社会责任与评审指导原则相结合可能是有意义的。在制定一个体现社会责任的指导原则时，应当注意，要强调企业现有的优势和与先前的指导原则之间的连贯性。

当企业每年对战略进行检查时，有机会在社会责任的自我理解或在社会责任行动议题范围内来考虑已有的战略。社会责任融入战略是一个重要的方法，以保证社会责任融入到企业的决策，融入到企业所有的结构、机制、流程、方法的过程。此外，对有些企业可能要制定一个单独的企业社会责任战略，但在任何情况下，它必须从属于企业总体的战略，只有这样它才能成为企业政策和布局的不可分割的组成部分。

战略的目标也应当根据对社会责任的理解来布局和考虑，只有这一理解贯穿在企业所有的目标中，社会责任的实施才会一体化，协同才会产生，复

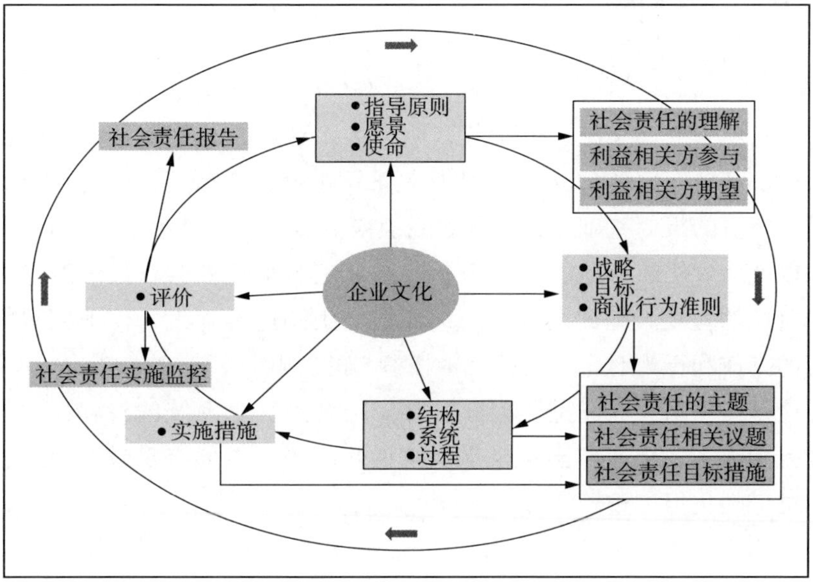

图 7-7　社会责任融入组织治理和管理

资料来源：A. Kleinfeld。

杂性才会简单化。

对于已识别出的社会责任的议题，应视其意义和长期性，制定新的，或补充的战略目标。

4.3　融入商业行为准则

社会责任是把企业置于它所处的环境中来考虑的，因此社会责任也可成为特定目标群体的行为准则及企业与利益相关方协议的组成部分。

作为企业政策的组成部分，行为准则对价值链关系、合作企业或协会有着重要的作用。企业应当检查它现行的行为准则，看是否与社会责任的理解和社会责任的议题相配合，在必要时是否做出调整和补充。也应检查企业已经同意的协议，与供应商和供货商签订的行为准则及主动提出的宣言、倡议等，使之与社会责任的理解和社会责任战略保持一致。融入社会责任也向企业提供了制定和贯彻企业自己行为准则的机会，或者通过合作与其他企业一起共同发起倡议，或者在协会中开发，或使用相互认可的社会责任商业行为准则。比如，2003 年外国贸易协会 FTA 在布鲁塞尔建立了商业社会合规倡议（BSCI），为成员企业提供一个社会和环境标准的行为准则和一个管理体系。欧洲家用电器制造商协会（CECED）支持其成员自愿履行企业公民义务，提供了 CECED 行为准则。

4.4 意识培养和能力建设

为在企业中成功实施社会责任，所有员工对履行社会责任的相关性和企业的目标都需要有清醒的认识。因为责任只能由人来承担，只有在企业的领导和员工负责的行为基础上，企业才能谈得上负责任地从事经营活动。因此，企业采取社会责任的行动取决于企业内部员工对承担社会责任的意识和承诺达到的目标的程度。除此之外，必须加强员工的能力建设，使他们有能力判断他们的工作和行为对企业的社会责任参与的影响。

无论是意识培养，还是能力建设都应结合到一个系统的过程，并与日常运营业务相联系。企业应当尽早采取这两步措施，以便有足够的时间，并且不致使员工的负担过重。

随着企业开始实施社会责任，也就确立了适用于整个企业的尺度，这时所设想的应当行为要成为对员工的新的要求。无论在运营业务活动中，还是在业务战略决策方面，都可能因社会责任方向而出现利益冲突和尴尬的情况。对所有的企业来说，解决这一利益和目标上的矛盾始终是要努力应对的主要挑战。社会责任融入到决策过程和方式、企业的结构和日常工作之中做得越好，意见不一致的灰色区域和潜在尴尬的情况就越少。不过，社会责任行动开始时要有意识估计到许多矛盾，总会产生预先未估计到的挑战。为尽可能使目标冲突保持最小，从一开始就应分析哪些冲突可能会出现和如何去解决就很重要。领导成员和员工都应当明白，也应说明如何对待这样矛盾的情况。因此，为此设立一个报告系统来处理误解和错误行为也可能是合理的。识别灰色区域是组织的一个学习过程，它涉及所有的层面和部门。

4.4.1 意识培养

在社会责任行动开始时，企业内部应全面提升员工的认识，尽可能多地吸收员工参加，这对共同参与一个变化的过程是很重要的。也就是说，要解释社会责任，使人人都能理解。为了鼓励员工支持社会责任行动，明确说明目标和挑战很有意义。以价值为基本导向有着实质性的作用。例如，在一个利益相关方对话的范围内，同员工一起介绍企业对社会责任的理解。按照这种方式员工从一开始就参与社会责任的开展，并且了解将来会有什么变化，他们在哪些地方可以提供支持。

支撑有意识履行社会责任的方法之一是建立逐级沟通链。这一方法的优点是，领导成员自己加强对社会责任及其原则和主题的认识，从而能够向他们的员工做出解释。以此方式使领导者的领导责任得到加强，同时使之成为社会责任的促进者。在链式传递信息时，必须考虑到信息的详细度与企业中员工相应所处的地位。在沟通情况时，应当特别注意使员工对意见不一致的灰色区域有清醒的认识并加强他们处理问题的能力。

4.4.2　能力建设

能力建设的前提条件是，员工已经理解社会责任是一个什么样的问题。一个企业必须进行哪些领域的能力建设，一方面与员工现有的能力和技能有关，另一方面也与具体的工作有关。在内部社会责任全面梳理过程中可同时发现能力建设的领域。

在起初阶段，最大的培训需求来自社会责任部门的成员，因为他们同时负责内部知识传播和协同整个过程。在内部选择这方面人员时，建议有目的地挑选至少与一个相关主题有关，且具有一定经验的员工，例如在环保、人事和安全等方面。除了专门的知识和传播能力外，还应具有与利益相关方联系的能力，处理道德问题的专门知识和法律知识基础。因此，为使社会责任成功和可信地实施，除了领导成员之外，企业各部门，如沟通、人事、企业发展、法律及营销等部门的员工也都应参加能力建设。这些部门对把社会责任广泛地、可持续地融入企业有实质性的贡献。

开展能力建设可利用不同的方法和不同的进行方式。例如，从在线学习到现场会、报告会、员工大会，直至参加项目组等。

4.5　融入运营管理全过程

把社会责任融入企业所有过程、结构和控制系统既是成功落实社会责任的前提，同时也是落实社会责任的挑战。以什么顺序和用什么工具来进行社会责任的融入，理想的方式在社会责任行动计划中已经描述。在全面融入时最关键的是，社会责任要成为理性和企业的哲理。当承担社会责任和企业具体的价值观成为企业战略决策系统的特征时，企业社会责任可成为管理体系的组成部分。战略和操作实施之间的相互依存是企业社会责任成功的一个关键因素。企业的战略目标必须分解到所有的部门和各级，并实现沟通。同时，社会责任的方向应当始终如一。

在进行内部变革过程方面已经具有经验的企业，应当利用已有的成熟的经验和进行方式。已尝试过规划、实施和评价的管理实践，会对社会责任开始或实施带来效率和效果优势和加速推进社会责任。例如，连续改进过程（KVPs）或全面质量管理（TQM）都可构成有利的起始点。

4.5.1 社会责任与企业控制

实施社会责任及其决策是企业管理和治理的任务，而企业控制本身也是企业社会责任的核心主题。社会对一个负责的企业治理或控制的期望相比过去已经大大增强。

因此，除了把企业社会责任落实到企业的指导原则和战略之外，重要的是也要考虑企业中通常采用的其他控制形式。企业可从一体化进行的方式中获得益处，例如，企业的支出和投资，不必特别地、而是同企业其他特征数据一起来收集和评价。此外，企业控制部门可以支持制定实现各个目标的具有说服力的具体指标。从内部全面梳理和与外部利益相关方对话中获得的情况和信息可为风险管理提供重要的信息。同样，风险管理系统也可用其能力和经验支持社会责任议题的优先级别的确定。

合规和审验也不应与社会责任脱离开来。一方面在那里已有许多社会责任领域的期望或要求已经作为主题，另一方面已有的经验和能力也可用于支持实施社会责任。

4.5.2 融入管理系统

管理系统构成社会责任融入结构和过程的源头。尽管企业在自己的管理系统中包括有各个不同方面，如环境管理、过程管理、人事管理等，但整个企业的决策都是按照一个进行方式做出的。这种实际起作用的管理系统与文件化的管理系统并非始终一致。因此，主要的挑战在于实际决策行为的改变。由于这个原因，整个企业的沟通，领导成员和管理人员的承诺，同全体员工的认识和培养一样都是重要的。

为了支持有效融入管理并取得成效，有必要制定明确的社会责任准则，支持领导者和员工在他们工作或行为中考虑社会责任的各个方面。所以，制定一个问题清单可以帮助企业成员在规划新措施时也一并纳入社会责任的观点。除了企业具体的准则之外，考察如下一些问题也可能是有所帮助的：

- 我们的决策或行动对第三方影响有多大?
- 短期、中期、长期我们必须或可以考虑哪些影响?
- 我们的行动和决策对谁会造成损害?
- 我们的决定有助于达到企业战略目标吗?

- 我的行动与企业价值观相一致吗?
- 我可以或愿意为正面的或负面的影响承担责任吗?
- 我的决定有益于企业、环境和社会吗?

制定决策文件和沟通的方式也应在理解社会责任的背景下来考虑。实施社会责任原则的关键是，能透明地做出决策，在必要时可与内部、外部利益相关方就做出决策的依据进行沟通。这时，对原始信息和收益－风险权衡也应制定文件，以支持企业的问责能力。

4.5.3 融入过程和结构

从企业自己管理系统出发，社会责任必须成为所有运营过程和结构的组成部分。为此，对社会责任的原则和对社会责任的理解也有实质性的作用。它的实施必须依靠企业的文化和流程，或者在第一步就不允许因此而受到阻碍。因此，企业在开始和之后要定期分析企业的执行流程，并找出可能改善的地方。在社会责任开始实施时，就应面向社会责任优先主题和目标，以便切实可行地组织变革过程。由于企业的基础不同，企业可能面临深刻、长期的变革要求和简单执行措施的情况。这时必须要找到相应的合适的做法，既不要使员工负担过重，或使运营业务受到影响，也不能忽视损害企业未来能力的相关变革领域。因此，在社会责任行动计划中要考虑自己所具备的能力并且要现实地有区别地对待短期和中期的目标。

要在整个企业推行社会责任，有必要将战略目标和优先议题转化为企业所有部门的具体的目标和要求。从企业最高管理层开始，应当依托企业的结构，向所有业务集团和部门提出要求，在什么地方分别努力具体实施和落实责任行动。可通过相关负责人参加内部全面梳理或开始时的内部沟通达到目标上的联动。尽可能多的领导层人员的参加可能有助于对社会责任的行动和对自身社会责任的理解。

设定的目标应当是现实的、清晰的、具体的和可测量的，并且有时间上的规定。这些目标与社会责任相关目标联系越清晰，他们就越容易纳入整个企业社会责任监控系统中。相反，这些目标越抽象，就越不容易衡量，对社会责任总体上的评价就越复杂。

不过在参与方式上应当注意，必须始终保持明确的分工负责。这里的挑战是，要可能有相当多的参与，同时又要有组织地、可控地进行。为此，不仅要有企业最高领导层分管企业社会责任，而且要建立跨领域和跨部门的控制小组。

社会责任系统融入企业结构的一个主要挑战是经济效益导向和社会责任相统一。除了在职能上全面融入企业的准则之外，企业最高领导需要有一个承诺。

4.5.4 融入行为准则和价值观

为了加强员工负责任的行动和行为，可用一个内部行为准则作为工具。许多企业采用了基本行为原则或行为规则并进行沟通。在这种情况下，可在此基础上增加社会责任相关方面，或者加强对社会责任的沟通。重要的是，一个行为准则不仅规定要具体（如请客、送礼等），而且还要与道德价值观相联系。例如，一个国际技术合作公司制定了纯洁行为原则，向全球所有员工提出了在关键情况下保持纯洁性的指南，除了主要的表明行动和行为特征的原则和价值观之外，行为准则还包括如何处理送礼、收礼、贿赂和手续费，以及在利益冲突情况下十分具体的规则和标准。

价值观不仅决定企业的氛围和文化，而且也深刻影响每一个人的感知和行为。只有在整个企业实行共同的价值观的基础上，企业才可能履行责任。

通常企业的指导原则包含企业追求的总体价值观，而行为准则包括的则应是处理相互关系、与其他方的关系的行为价值观和基本原则。这种行为准则对员工应当是一个指导框架，表明哪些行为是希望做到的，因此也可作为相互之间的要求。

相互之间的义务和共同的规则也是履行社会责任的一个关键因素：员工知道他们的行为如何表现，在模糊不清的情况下应当遵循什么样的原则。外部利益相关方看得出，企业在向各层面落实哪些要求。不过，为了达到这些要求，行为准则必须通过人力资源管理工具来实施并要持续坚持执行。

4.5.5 人事流程和激励系统

人事流程是实施社会责任的又一个重要的杠杆。社会责任的具体的准则必须体现在人的挑选、晋升和继续教育的措施当中。这时，企业必须一方面要使他们具有从事工作和完成工作任务的能力，另一方面又要尊重人权和劳工标准，这都属于社会责任的核心主题。在这方面，企业可把对待员工的内容和方式同时作为社会责任目标的组成部分，从而实现企业的协同并产生正能量。

这时，应当特别关注员工的定级和晋升。在每个企业内部都有生涯发展规划的规则和按照法律提出的要求，表明什么样的行为和行动是所期望的，被认为是有价值的。因为社会责任与人与人之间的道德价值有关，所以这里有巨大的实施和设计的空间，同时也是一个关键的成功要素。

一些常用的激励员工的奖励和奖金系统一般只考虑某一特定的因素和某一特定的价值，例如，只考虑销售量增加，而不是考虑总体上非物质的成功因素和对战略实施的贡献。例如通常用奖金激励员工增加销售量，而不把生态或社会准则同样用作积极支持员工的一个平衡的工具。这样，企业不仅对内对外都传递错误的信号，对员工本身也产生一种矛盾的状态，使企业内部失去了可信度。因为企业一方面宣传社会责任，而另一方面又是奖励纯盈利的行动和行为。

构建物质的和非物质的激励系统对实施社会责任有着重要的作用，所以应当深入检查现有系统积极的和消极的影响。

企业与员工约定发展目标也是一个有用的持续推进社会责任的工具。这样，所有相关的约定都可以反映出社会责任的各个方面。对实施社会责任的贡献可纳入目标约定参数之中。这样可特别加强领导层的社会责任的参与和承诺。

4.5.6 融入运营过程

要认真和有成效地实施社会责任，则在价值创造的运营过程中也必须要融入社会责任的原则和价值观。在确定社会责任相关领域优先重点和内部全面梳理过程中，企业经常发现一些重要的可改进的方面。但企业现有的生产方式通常不可能在一夜之间就可改变，或马上采用其他的工艺流程。但可以在相当短的时间内从采用较小的措施开始，如照明节能或节约卫生用水，或利用废纸/循环纸等。在实施社会责任的起始阶段，“即刻可见”的效果对鼓励责任的行动是十分重要的。

已经识别出的议题应当在社会责任行动计划中加以系统化、类别化并与具体措施相结合。社会责任的落实不仅会有助于履行社会责任的能力，而且同时可改善企业的绩效或有助于赢得新的客户。如果企业建立了定期的过程评审和连续改进过程，那么社会责任的具体的准则就应融入到评审准则中。这时也可能采用领导和员工共同参加或部分参加的方式，使他们实际结合到措施制定和实施之中。

运营层面的员工可发挥协同潜力，支持系统化的社会责任行动。企业履行社会责任的布局可合理用于在企业流程变革和创新。此时，企业社会责任负责团队可能会在经验和知识上大大获得受益。此外，尽早结合员工参与会有利于他们为支持变革做好准备。

把社会责任融入到生产流程有助于社会责任参与的固化。因此，在发起社会责任项目时，应有坚实的后续推进计划，使项目结果成为固定过程的组成部分。采用这种方式，企业社会责任就会一步一步地得到加强，使之成为核心能力和核心业务的组成部分。

对企业来讲，落实社会责任是一个长期的学习过程。与此同时要认识到，企业要同时在社会责任所有领域开展实施是不现实的，而且也不应当这样要求。因此，对企业来说，系统的、现实的社会责任行动实施计划和社会责任措施集成控制是同等重要的。

建立社会责任控制系统应当与企业通常的控制机制相结合，因为一方面内部已经具备这种能力，并且另一方面这样做会保证履行社会责任成为企业活动自然的有机的组成部分。

5　社会责任沟通

社会责任沟通应伴随和支撑社会责任实施的全过程，应考虑不同对象的信息需求、主题实质性及优先重点，要采取适当的沟通形式，最终使沟通被认可，成为可信的。沟通是合作、沟通创造价值。

企业社会责任沟通是实施社会责任的重要措施，这里有两个方面的原因。首先是因为，利益相关方参与和与他们对话是社会责任的基本要求。另一方面社会责任沟通从企业方面讲是达到透明和实行问责的方式。

因此，社会责任沟通直接有助于解决如何落实社会责任和落实什么责任。它本身的方向应当符合社会责任的质量准则和社会责任基本原则，即问责、透明、法制和道德合法性。

5.1　社会责任沟通的作用和目的

企业在社会和所在地区沟通履行社会责任的行动一方面可有助于增强他们的信誉，同时对履行社会责任的可信度可起到很重要的作用。成功的社会责任沟通能够做到：

- 强调主动履行社会责任和问责，并达到透明；
- 说明企业如何恪守自己的承诺；
- 有助于在企业内部培养社会责任意识；

- 提供企业经营、产品、业绩和活动所产生的影响的信息；
- 鼓舞员工支持社会责任行动和措施；
- 易于与同类企业对标和有助于改进社会责任绩效；
- 有助于与自己利益相关方开展合理的对话，使之成为履行社会责任的伙伴；
- 促进自身的纯洁和责任能力，有助于建立相应的信誉；
- 加强利益相关方的信任和组织自己的信心。

应当有意识地把内部和外部的沟通作为实施社会责任的控制工具。针对具体目标群体的内容，选择适当的沟通工具，二者相结合不仅对成功落实社会责任，还对社会责任的可信度都有很大的关系。无论在内部还是外部都是这样：因为员工是重要的传播者，是企业的信使和落实社会责任的保障。同样，还有客户、供应商和合作伙伴：他们既可加强也可削弱企业履行社会责任的认可度和可信度。

5.2　社会责任沟通的方法

社会责任沟通的工具和方法应当与企业实施社会责任的具体目标相适应。具有决定性意义的是，进行责任沟通本身必须是负责任的。“责任”这个概念不仅意味着必须向他人给出一个答案，而且也意味着以什么方式给出答案。

一方面企业履行社会责任应当是企业正常沟通的组成部分，例如用互联网、企业小册子或企业介绍等方式。在企业沟通中融入社会责任有利于它在企业的落实和巩固，同时使企业社会责任成为企业身份标识的组成部分。

而另一方面也存在着一种危险，也就是说，超前宣传社会责任，或只把它用于营销和公关目的，而不系统地表达负责任的行动，或者言行不一致，就会出现危险。这时，很容易产生社会责任工具化的怀疑，沟通的结果恰好相反，可能成为有损可信度和信誉的危险。

为了预防这一风险，社会责任沟通的一个重要任务是在任何时候都不应该陷于被动。要对实施社会责任的进展和结果对内和对外透明、明了地沟通，在必要时也要解释为什么有些目标没有达到，而且对企业有意或无意产生的后果，无论是作为还是不作为引起的都能做出解释。

所以，社会责任沟通意味着要报告不成功的方面，发现改进的领域，或者改正甚至错误的行为，以此表明企业的真诚和可靠，这在公关宣传或广告中是不常发生的。因此，要有勇气对自己的沟通实践和沟通服务商进行严格的检查，考察是否合乎要求。

与员工的内部沟通是实现成功落实社会责任的重要的一步，因为他们是携带社会责任的首当其冲的信使。从一开始就应该告知员工，吸收员工参与。在优先级别上内部沟通比外部沟通更为重要。但对外的沟通也一定不可忽视，因为企业必须与外部利益相关方沟通，表示自己是如何落实负责任的行为和开展活动的。所以，沟通对内对外都很有价值。

理想情况下，企业应当努力把已经具备的沟通能力与企业社会责任方面的经验或知识相结合。

已经向利益相关群体告知了社会责任行动的企业，应当每隔一定的时间定期对所采取的措施和进一步的规划做出报告。

做到这一点企业有许多可能性。举例来说，企业可以：

- 发布可持续发展报告或社会责任报告；
- 开展内部或者外部利益相关方对话；
- 在杂志和报纸中发表文章或出版专刊专栏；
- 把社会责任融入到年度报告；
- 在官方网站上发布进展报告；
- 利用联盟或协会报告自己的行动。

无论是单独发布社会责任报告或可持续发展报告，或者把社会责任绩效指标融入到年度报告，都可作为可信的社会责任沟通的工具。只要结合企业自己特点和背景，能有重点地令人信服地展现即可。同时，报告不仅对企业自己应当有时间上的可比性，而且与同类公司的报告也具有可比性。不仅要沟通已经取得的成绩和进展，而且也要沟通未达到的目标，或者沟通有意放弃的社会责任的议题。

一些企业按照外部组织制定的标准要求发布报告，例如按照 GRI 指南的内容和质量要求，以增强报告的可信度和可比性。

对于中小企业，可采用特殊的报告形式，或采用集体呈现的方式。例如，属于一个联合会的成员共同出版企业社会责任的年鉴，或者在定期出版消费者杂志上或者在互联网上报告他们的社会责任行动。

企业沟通社会责任行动和努力参与的信息在理想情况下应具有如下的特征：

- 信息接收者能理解；
- 信息是真实的具体的；
- 信息是适度的；
- 信息包含相关主题的实质性方面；

- 信息披露是及时的；
- 信息尽可能是可比的。

企业对社会责任措施的报告越规范，越适度，它履行社会责任事实上就越可信。不过，无论在实际沟通还是在社会责任报告领域中都有巨大的挑战性。

最后，应当指出，沟通从实施社会责任一开始就是其中的一个固有的组成部分，而且企业必须根据情况采用连续的、综合的沟通方案和措施。

5.3　社会责任沟通的可信度

处理道德价值观和原则对于企业既是一个机会又是一个风险。如上所述，企业一旦以社会责任为核心沟通道德方面的问题它就会特别受到公众社会的监督。企业只要做到言行一致，则可获得利益相关方的信任。相反，一旦唤醒了希望但做出了不兑现的承诺，则在履行社会责任这个复杂体的主题的范围中对它的评价就是负面的。因为问责意义上的诚信和恪守承诺本身都代表社会责任的方向。

特别是在对企业和市场经济的信任度降低的情况下，这意味着企业可信度和承诺必须要通过行动和证据来证明。当言行不符，利益相关方能很快发现，特别是企业的关键敏感的利益相关方。当企业提出自我义务要求，但与实际履责情况相比存在差距，这常常会带来信任和形象方面不可避免的损失。无论在企业外部还是在内部，利益相关方个人的经验和经历都会持续影响观察问题的视角。当员工感觉到企业的社会责任行动与企业政策和指导原则相一致时，员工与企业身份的认同就越强，对报道自己企业的社会责任行动就越感到自豪。

提高企业自己可靠性和可信度的有效方法是在评价社会责任时，能结合外部和内部的利益相关方参与，同时和他们保持持续的对话。应当向他们表明，他们的要求和利益如何被企业所理解。利益相关方参与和评价企业自愿性的行动，不仅可改善与利益相关方的关系，而且有利于建立有价值的、有建设性意义的伙伴合作。

所以，在定期发布社会责任报告时，利用外部对企业的绩效评价是对内部评价的一个很好的补充。外部各个利益相关方参与企业内部的评估，不仅可增强可信度，而且也提高自身评价的价值。用这种对话的方式，可有助于建立信任，同时增强行动的真实性。

参加一个为社会责任特别制定的认证方案，也会增加对企业的信任。有许多评价和认证整个生产过程和产品的环境和社会可承受性的倡议（BSCI、SAI 和 ISO 等）。为了保证客观的评价，企业应当优先选用独立的、合格的认证方。这可能需要在企业中建立一个有效避免或处理利益冲突的过程和对认证机构进行预审。企业委托第三方，不仅用于认证社会责任报告，而且用于检查生产过程或加工条件。建立一个独立的咨询委员会或评审委员会是结合独立第三方参与的又一个例子。

提高自己的社会责任行动可信度的另一条途径是参加行业组织，共同制定履行社会责任的行为准则，共同制定社会责任的指南，并共同遵守，以此处理与员工、供应商、商业伙伴以及整个社会的关系。

6　社会责任监控、评价和改进

落实社会责任最重要的必须全程监控社会责任从目标、指标、措施到结果的整个过程，做出评估，支持持续改进。为此，平衡计分卡可有效用于社会责任实施监控。

定期对社会责任绩效进行评价是系统实施社会责任的组成部分。社会责任的实际绩效取决于对所采取措施和行动持续跟踪和检查以及评价。为了判断社会责任的绩效的有效性，应当确保社会责任的进展，所用的资源和人力，以及已达目标的计划性。

社会责任实施的系统性评价包括：对整个过程连续编制文件、利用指标评价社会责任行动、利用外部利益相关方评价、利用国际标准作为准则，以及采用连续不断循环改进措施，发布报告等。

持续监控社会责任措施有助于保证企业自己的行动：

- 按照计划推进活动；
- 及时发现危机或意外事件；
- 在必要时可做小范围的调整。

对落实措施成功具备的知识越坚实，就越能更好地干预落实措施。因此有些企业在实施社会责任时，在社会责任工作组中不仅包括有管控员，而且在财务部和管控部也配有责任控制小组。这样，企业从一开始就有可信和可靠的指标数据，从而保证对社会责任行动有可持续的控制。

6.1 社会责任绩效的监控

在所有确定具体目标和措施的领域都应进行连续的绩效跟踪。对所有企业来说，所遇到的挑战是发现或制定反映社会责任行动的合适的指标或特征数据。社会责任常被误认为是“软主题”，未包括在已有的指标系统中。因此，在形成目标时就考虑，怎样和通过什么方式获取相应的结果。

监控的方法是多种多样的，应当有目的地选择。

例如，聚焦环境和企业治理主题的企业，与供应商进行利益相关方对话可能比采用表面的与竞争对手对标更合理。除了介绍和讨论已采取的措施外，在这样的对话中，可共同制定提高生态有效性和减少包装材料的措施。另一方面，也可利用这一机会把企业社会责任扩大到供应链并推广开来。

除了已有的管控特征参数外，确定短期评价社会责任实施的其他指标也是有意义的。

一个指标表明一个特定时间点上的一个状态。指标可以用数量值表示，例如用它表示二氧化碳排放。与此相反，质量的数据，例如对工作条件和侵犯人权的信息用数字使用传统的指标来表示就不那么恰当。这时，企业要对在一个特定的时间达到目标的程度有具体的定义。

对一个 IT 企业，当它提高内部员工社会责任时，可通过确定不回答或延迟回答客户问题的数量对内部社会责任项目的影响。还可利用客户作为外部利益相关方参加评价。结合利益相关方参与社会责任绩效的监控不仅有助于企业获取具有说服力的数据，同时这一方法也会增强社会责任战略的信任度和信誉。不过，重要的是要保证利益相关方参与的连续性。如果在第一个获取数据的时间点只征求内部利益相关方的意见，而在第二次获取数据的时间点只访谈外部利益相关方，则企业获得的数据对评价是扭曲的。那些曾经参与决定社会责任优先重点的群体也应当尽可能参与监控。

此外，如下一些文件信息可进一步支持社会责任绩效的评价：

- 企业关键指标的信息；
- 环境认证和供应商评价的结果；
- 员工调查、领导干部评价的结果和员工可能错误行为的内部提示；
- 客户询问、客户投诉和客户调查结果；
- 新闻媒体对企业的报道，外部形象信息，或对标的结果。

6.2 社会责任绩效的评价

社会责任绩效应当每隔一段时间进行评价。除了社会责任负责人员外，也要吸收其他员工和部门参加。一方面要获取持续监控的短期结果，另一方面取决于企业规模大小和活动的范围，可以12个月到18个月为周期进行评价。评价的结果要参照自己的社会责任目标。评价中除了成功的结果之外，还应当包括可能的失败的结果。

评价应合理用于改进现行的措施或制定新的措施。

对于这样一个评价过程，应当尽可能利用已有的跟踪工具，此外还要结合内部和外部的利益相关方参与。这一方面可加强企业与利益相关方的关系，另一方面利益相关方可提供有益的反馈。例如还有哪些议题更为相关，如何才能改进某些措施和活动，或者企业在哪些自我要求方面还显得落后等问题，可提出有益的意见。这里与监控不同，可把未曾参与制定措施，但直接或间接受到影响的利益相关方补充结合进来。因为他们可以提供另外的有价值的意见。

不过，被评价为成功的措施和项目不应一结束就了事。更确切地说，企业应该尽可能把这些措施转变成常规的企业过程，保证始终考虑这些主题并持续落实。例如，一个企业在内部成功执行和沟通了社会责任的行为准则（获取了发表的文章的数量、内部进行的培训和活动的次数以及员工签字同意行为准则的情况之后），应当开发一个过程，如何在将来通过这一制度框架告知新员工和如何跟踪在企业中遵守和贯彻。为此，可接着用一个新的项目或者通过延伸现行的人事过程补充新的内容（例如与员工约定目标）。

评价的结果应当能在近期内使所有利益相关方了解。他们有权得知社会责任成功和失败的结果。这里企业领导有着重要的作用，领导应当对内部定期进行结果报告提出要求。无效的或者不适当的社会责任措施最终有害于企业。故使用的资源要更好地得到利用，以保证企业长期和未来的成功。所以，定期内部开会对结果进行讨论，使投入和产出的关系达到匹配，也保证社会责任的主题在企业的议程上。

评价社会责任绩效应当根据企业具体情况进行，其目的是为与利益相关方进行开放式的互动交流创造条件。为了沟通社会责任的结果，除了通常的社会责任报告之外，也要有其他的措施。比如，可通过一个员工杂志负责人采访、定期举行利益相关方对话和参加内部和外部的有关活动，以此作沟通的平台。关键是所做的结论是真实的，并且是有所准备为利益相关方所理解。全面表达评价结果的要求不仅是要透明，而且要加强社会责任行动总体上的可信度。此外，评价过程还有助于使社会责任成为企业文化的组成部分。因为这一主题经常列入企业议事日程，对所有行动者就成了自然而然的事情了。

6.3　社会责任绩效的改进

根据评价过程得到的结果要对企业活动做出结论，在哪些方面应当和如何改进。在判断结果和在此基础上导出相应的措施时应考虑如下一些问题：

- 必须要制定新的社会责任目标吗？
- 必须要在战略和过程中做出相应的改变吗？
- 必须要对愿景和使命以及行为准则进行更新吗？

对已进行的项目和措施进行分析可能有助于识别企业内部的支持性或阻碍性的特征因素。这时，也有过去进行过的项目虽然与企业社会责任没有直接关系，但能清楚反映出企业应对挑战的具体的优势。考虑企业的优势和能力，也考虑企业可能的阻碍因素，在进一步规划的社会责任措施时会增强成功的可能性。同时可利用这些知识加强企业组织的学习能力。

6.4　社会责任平衡记分卡的应用

一个适合实施社会责任的最有用的工具是企业社会责任平衡记分卡。

6.4.1　平衡记分卡

早在20世纪90年代平衡记分卡就已经开始应用。它是一个系统地把企业的愿景和战略平衡地转化为多维具体目标、特征参数和措施的方法和方案。平衡记分卡是支持实施战略，监控和沟通绩效的工具。常规的平衡记分卡的方法可以推广用于社会责任的实施。

以下先简述平衡记分卡的使用方法，然后描述如何将这一工具用于社会责任实施、组织、沟通和绩效控制。

平衡记分卡中的平衡性

平衡性所指的意思是：

- 同时考虑外部企业股东及客户的利益和企业内部的成功要素；
- 把面向过去的测量参数与影响这些参数的、面向未来的绩效驱动要素相结合；
- 既用财务数据，也用非财务数据。

平衡记分卡如图 7－8 所示，它包括财务、客户、学习和成长以及内部过程四个方面：

——在**财务方面**出现的是纯财务的参数，如销售量或者现金流，在传统的平衡记分卡中，把这一维度当作其他维度的基础，因为它说明战略是否改进企业绩效。

——在**客户方面**表明企业与客户的关系和它成功的要素。

——在**内部过程方面**给出企业必须改进的关键过程，以满足客户或股东的要求。也有可能要开发全新的过程和产品。

——在**学习和能力方面**给出企业内部最终必须学习和进一步发展的方面，以实现其他三个方面的目标，例如员工培训便属于此。

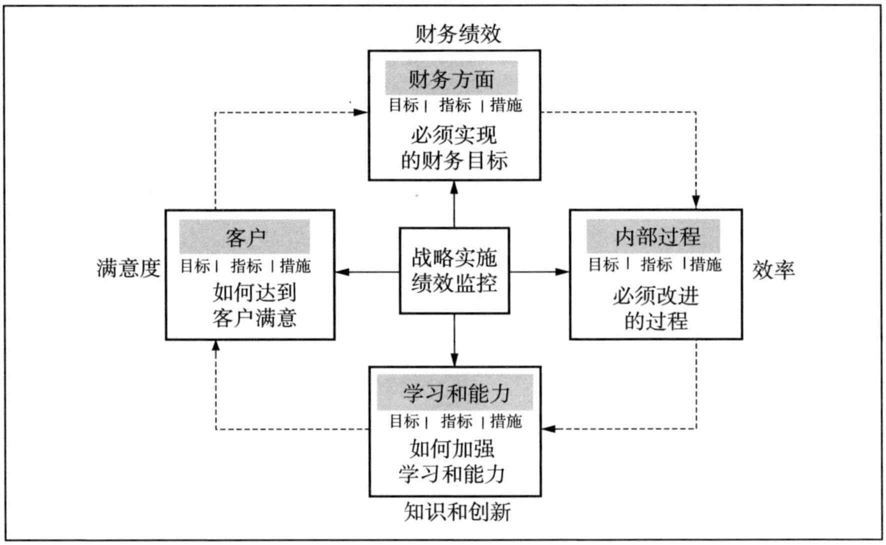

图 7－8　平衡记分卡

平衡记分卡中的因果关系

在平衡记分卡中的上述四个方面处于一个因果关系之中，例如：

提高资金回收率的财务指标会受到销售量的影响，而后者可以通过提高客户满意度来达到，客户满意度又会由于及时发货而改善。

为保证及时发货必须改进或加速内部处理的过程，例如可通过采用新的软件系统的措施来实现。而为了使员工能够正确使用软件，又必须要开展相应的人员培训。可以看出，所有上述四个方面始终处于一个相互关联的关系之中。

平衡记分卡用于战略实施

用平衡记分卡实施战略需要分步进行。

首先，要把企业的目标带入一个因果关系，这个因果关系就是所谓的战略图。战略图能表明战略的各个方面及其目标的关联性，使战略成为透明的和易于理解的。

然后，要借用特征参数来控制目标。对这些特征参数必须规定有指标，用具体的措施来保证指标的实现。

平衡记分卡用于社会责任

应用平衡记分卡不仅可详细地表达战略，而且可以使目标成为可操作的，从而能够实现对绩效的控制。同时，它还有助于沟通各个不同业务领域的目标，有助于推动各个层面的支持。各个员工都可以知道自己的工作对整个企业其他方面有什么影响。此外，用平衡记分卡能使企业有一个为实现战略目标不断学习的过程。平衡记分卡不仅只关注财务的目标，而且也把其他利益相关方，如客户和员工纳入企业的战略过程之中。由于所有这些特征，平衡记分卡特别适用于社会责任战略的实施、监控和绩效控制。

6.4.2　社会责任平衡记分卡的四个维度

将平衡记分卡作为工具和方法可推广用于社会责任领域。采用社会责任平衡记分卡可以达到在企业中有效地进行社会责任战略实施和监控，而且也同时用于社会责任的组织、沟通和绩效控制。

这时平衡记分卡中考虑的四个维度都将用于企业社会责任。不同的是要考虑社会责任关注的中心点是利益相关方的期望。

客户是企业的利益相关方之一，但利益相关方不仅仅包括客户。与常规的平衡记分卡不同，在那里只考虑了客户，而社会责任平衡记分卡则广泛地考虑了利益相关方，其目的是要满足利益相关方的期望。图 7－9 示出社会责任平衡记分卡和它的四个维度：

——在**利益相关方方面**现在分为四个部分，如员工、社区、环境、市场。

——在**过程方面**表明哪些内部的流程需改变或制定才能使社会责任战略实施的结果达到利益相关方满意的程度。

——在**学习和成长方面**要分析内部的学习过程和创新，使满足利益相关方的业务过程能够达到优化。

——**财务方面**是与社会责任的行动相应的财务影响和绩效。

6.4.3　社会责任平衡记分卡的多重功能

社会责任平衡记分卡具有多种用途：

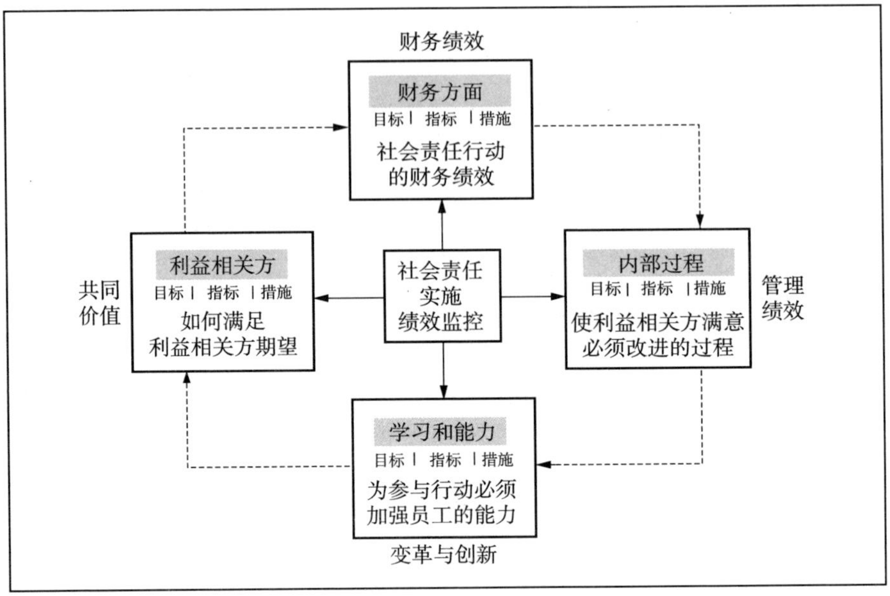

图7-9　社会责任平衡记分卡

——它不仅用于企业社会责任实施和监控，也有助于有效地把社会责任融入企业的经营，有助于把战略转化为人人都能理解的语言。

——它表明企业从事哪些活动领域，用什么方式将核心主题转化为措施，对企业产生什么样的财务绩效。

战略的实施和收效不仅对社会责任管理者是可控制和可衡量的，同样重要的是，用平衡记分卡能使社会责任行动被内部的和外部的利益相关方所理解，因为

——用社会责任平衡记分卡能使企业所有的人对内部目标和他们的本职工作之间的关系有一个全面的了解。用它可以看出，哪些部门与社会责任的项目有什么关系，在那里的员工可以用什么方式对项目的目标有所贡献。

——各个目标不是模糊的、抽象的，而是通过指标成为可操作的，也易于制订相应的措施。

——将行动分解为不同的四个方面也有助于确定各个项目和项目进展的职责。

——根据各个方面的措施容易做出预算和时间计划。

——最后，这一工具可用于绩效控制。用特征参数可以得出，什么目标

用什么措施来达到，在哪些地方还有改进的必要。这些就是学习和改进过程的着眼点。

如同常规平衡记分卡一样，社会责任平衡记分卡的用途不仅限于它的控制功能。除此之外，它也是一个沟通系统、信息系统和学习系统。

6.4.5　社会责任平衡记分卡的应用

应用社会责任平衡记分卡实施社会责任战略所进行的方法与常规平衡记分卡的应用没有什么区别。

第一步：从目标开始。必须要用战略图把目标引入到一个因果关系（如图 7－10 所示）。

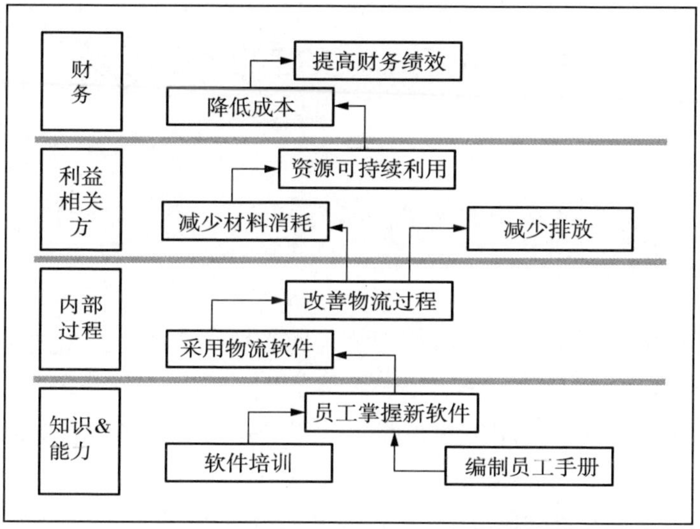

图 7－10　社会责任平衡记分卡的应用

资料来源：Lotter/Braun 2010。

第二步：确定衡量目标的参数。这就是必须把目标和特征参数相对应，重要的是要平衡地采用两种不同形式的参数，一个是结果参数（后行指标），例如满意度指数，因为重要，各个不同的企业经常把它用于平衡记分卡。此外，还必须识别出绩效驱动措施（先行指标），它们表明必须做什么才能达到力求的绩效。每一个企业必须根据自己情况分别确定自己的绩效驱动措施。

第三步：设定指标。也就是必须对参数设定指标数值，这一设定应既是可实现的，又是高标准的。

第四步：制订措施和落实职责。最后这一步的任务是制定合理的能达到设定指标的措施，并在组织上落实实施的职责。

举例来说，一个企业要把可持续资源利用作为一个战略的主题：

——在利益相关方方面，必须确定回收减少原材料的使用和避免排放的目标。后一个目标可用一个燃量需求的指标用多少吨来表示，应该减少23%。

——在内部过程方面，要求物流过程要改进，例如采用一个使运输优化、避免不必要的燃料浪费的软件，运输数量可以减少14%。

——在学习和成长方面，从事物流的员工必须要掌握新的软件的能力，因此必须要制定实验说明书和培训方面的措施。

——在财务方面，通过这些措施，运输成本下降了7%。

7　社会责任成功实施的关键因素

企业或组织中落实社会责任需要在实践中不断学习，持续改进结果和绩效。社会责任必须融入战略和文化。在诸多因素中，需要特别强调沟通的决定性影响。

社会责任成功与否，一方面与相关主题和要求是否融入企业正式的和非正式的控制系统有关，另一方面也与企业的领导和员工相应的支持有关。当然这也取决于是否使利益相关方获得明显的好处，或者其要求是否得到满足。但企业最高层领导严肃认真的承诺具有决定性的意义。这是因为，如果社会责任的各个方面要成为企业身份的象征和哲学思想的不可分割的组成部分，社会责任必须是也必须始终是老板的事情。

在落实社会责任中，对社会责任成功起关键作用的一个因素常被忽视，这就是社会责任在内部和外部的沟通。

7.1　沟通对成功的决定性影响

职业化的沟通对成功实施社会责任是一个重要的关键因素。

- 与利益相关方对话：负责任的企业总是在它的运营活动中考虑利益相关方的利益，在自己的战略中考虑利益相关方和社会的期望，为此必须同利益相关方保持经常性的对话。这不仅能够提高利益相关方对企业的认知度，而且能获得利益相关方对企业的信任。
- 透明性：社会责任的成功不在于简单的宣传或为消除危机或丑闻而策

划短期的活动。企业需要以开放的态度讨论机会和风险，特别是在出现负面事件或计划的目标没有达到时，都要告知利益相关方。任何社会责任的行动，如果对内部和外部利益相关方不透明或信息不到位，则有可能形成误解，甚至对企业产生怀疑而导致损害。

- 可信度：这是每一个战略决策、每一项措施和每一个项目关键所在。如果企业不可信，则表明没有价值。除了坦诚对话、透明沟通和处理与核心业务相关主题的能力之外，言行一致是可信的必要条件。这意味着，沟通不仅必不可少，而且需要与事实相符合。

7.2　从实践中学习

系统地认识社会责任对许多企业意味着，要把认识企业的边界延伸到企业之外。这是一个贯穿于组织的学习过程。

从进行利益相关方对话，到社会责任融入核心业务，到制定新的指标，直到针对目标利益相关方和相关主题的报告，都使企业遇到许多新的问题及复杂的期望和要求。但并非所有这些要求都可以或者必须马上就能做到。通过认识和处理自己的社会责任，可使企业在某种程度上进入一个新的境界或开拓新的道路。

一个企业即使有充分的优势和成熟的方法，它也会遇到一些一开始就难以克服和战胜的挑战。由于这个原因，把精力集中在实质性主题上，持续控制进展是值得推荐的。企业在认识可能出现的错误上越注意，自己就越能尽早地干预控制，并更能有信心与利益相关方进行不同意见的讨论。

在社会责任实施过程中也可能出现阻力或矛盾，致使各项措施和项目产生挫折。对每一个步骤和活动制定文件，使每一步工作与总体目标之间建立起清晰的联系，可以支持企业从错误中学习。定期经常从利益相关方获得反馈可帮助企业改变观点，并在必要时用新的方法实施社会责任。

实施社会责任不仅意味着它是一个变革的过程，也意味着它是一个学习的过程。企业和它的所有成员必须学习，理解他们为什么在那些方面有责任、应当如何负责任和如何才能更好地履行责任。积极主动的讨论不仅支持企业建立透明的绩效机制，而且对整个变革和趋势的理解能更加敏感。从挫折中和未最佳实施的措施中得到的信息同时也可用于广泛的风险管理，因为这使企业开阔了眼界。

把社会责任理解为学习过程并不是说要避免不可避免的错误，而是说对错误要透明地、负责任地对待。对有负面影响的因素的广泛分析有助于实施或制定其他的新的措施。这样获得的认识不仅有助于调整和进一步制定社会责任行动计划，而且也有利于改进社会责任整体的绩效。同时，也有助于与利益相关方进行社会责任的沟通，因为这时要求企业也要报告部分成功的或不成功的内容。

支持开放性地对待错误的发生并形成相应的宽容的文化，不仅属于社会责任团队的任务，也是企业最高管理层的任务。企业除了实现社会责任目标，其他领域也可从创新管理中受益。

7.3 与文化和战略相结合

企业在哪里最有成就，也可能那里就是最好最成功实施社会责任的地方：这就是在其核心业务领域和核心能力所在的地方。把社会责任目标与企业战略目标相结合，不仅使实施社会责任更容易，而且也为企业创造了增值，使利益相关方也能受益。成功实施社会责任就是塑造企业身份标志、企业的文化和企业的价值观。所以企业社会责任要成为整个企业布局的有机组成部分，成为企业日常活动和企业成员行为的特征标志。

对此，企业整个战略布局不仅要有一个重要的方向性框架，而且也应考虑企业文化的具体的优势。一个企业的文化不仅体现在可见的、物质性的方面，而且也表现在非物质的现象中。例如，在企业价值立场和基本标准之中，有些规则包含主要的成功和失败的模式并没有书面的规定。如何进行一个新的项目（是半心半意，或是拒绝，或是积极，或是十分投入），如何进行相互之间的沟通（是开放的，是明了的，或是不那么透明的），对变革容忍程度如何（是安于现状，是小步走，或是大步进行）等，所有这些始终都是由文化决定的。

在企业中树立社会责任的尺度最终会涉及企业文化的决定性的改变，因为迄今为止对质量的理解需要重新定义，相应地这就应对员工有新的要求。

在企业中落实新的价值观和原则不可能从今天到明天一蹴而就，而是需要有长期的思想准备。由于这个原因，应当充分着眼于现有的文化优势，在此基础上加强建设，自然就会使在整个企业实施社会责任更为容易。

除了专业化的文化分析和企业面貌分析之外，内部的成功者和典型的项目也可反映关于企业文化的情况。经常讲述的项目成功的历史，或者众所周知的社会责任公益项目，以及迄今为止受到阻力的变革项目也可提供很多有价值的信息。举例来说，在新采用一个软件和在与一个合作伙伴进行合作所积累的经验或教训都可以表明，员工在什么时候、怎样支持或拒绝一个新的变革，或一个新的理念。

这种情况不仅对制定社会责任行动计划目标或措施时或是在确定员工参与度都会有所影响，而且在进行社会责任沟通时也应特别加以考虑。为了加强员工的参与和他们对社会责任的认识，应当从最容易见效、最容易倾听和理解的地方着手。应当避免空谈，避免负面性概念，采用合适的对话方式。当缺乏信心，把“挑战”等同于“不可达”时，则宁愿去讨论新的机会。

贯彻和实施社会责任除要求责任人有持之以恒的能力，还必须有分寸和洞察力。

企业文化通过其非正式控制作用对社会责任措施的贯彻产生影响。由于这个原因，实施社会责任必须伴随文化层面上的过程。开展一些特殊的活动，征求社会责任的建议，或对负责任的行为的特别表彰都可能有积极的推动作用。由于领导层有强烈的文化影响，所以他们的模范作用是决定性的。

图7－11中表示了实施社会责任与企业文化的关系。它表明通过落实社会责任塑造企业身份标志，必须建立在企业文化的基础之上。企业文化是企业始终立足存在的基础。如果企业文化不携带社会责任行为和行动，或社会责任不是企业结构上的治理元素（指导原则或战略）的组成部分，企业就不会呈现出负责任的形象。如果企业真正要想把社会责任用于建立品牌形象、声誉和市场优势，则只有在系统实施社会责任的前提下才会取得成功。

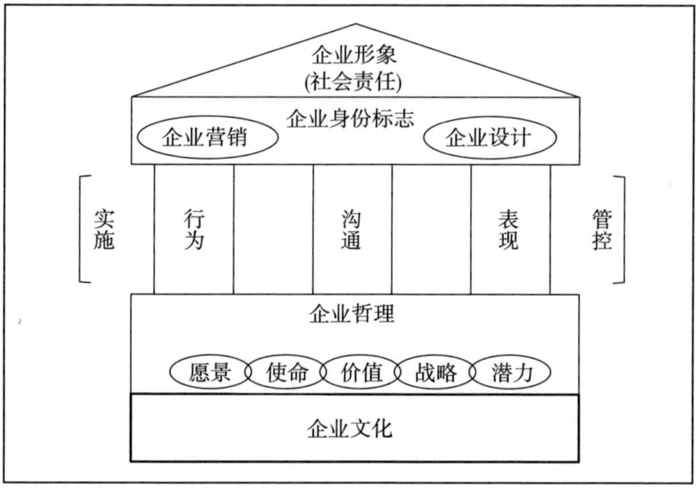

图7－11　企业文化与社会责任

第八篇
社会责任与战略管理

1 社会责任融入战略管理

社会责任融入管理或战略管理始终是一个难题。这里首次提出社会责任融入战略管理的系统化方法。其基本原理是，把握战略管理和社会责任二者内在本质，共同形成一个统一的管理过程。

1.1 社会责任融入战略管理的意义和条件

当前，无论是政府、企业、投资者，还是消费者和非政府组织都高度重视社会责任，这说明履行社会责任已经成为与全社会相关的主题。从经济发展长远观点看，社会责任是体现企业和组织健康发展和持续提升竞争力的一个重要的因素。

企业提高竞争力的关键不仅在于如何应对社会的挑战，也即可持续发展的挑战，而且还在于能否在战略管理之中具体考虑这些挑战，最终有效地避免与此相关的风险，并尽可能充分地利用随之而有的潜在的机会。

不同的企业面对可持续发展的挑战和主题是各不相同的，但不管情况如何都离不开可持续发展的战略问题。企业在发展中需要顺势而为做出战略选择，并使流程适应，必要时做出调整，而这一管理过程总是与处理社会挑战联系在一起的。企业应当从战略上发现和改进企业可持续发展潜力的可能性，从而加强企业长期竞争的基础和能力。

长时间来，社会中不同的利益相关方要求企业在管理决策、经营活动和在处理企业与各方面的关系中要负责任，即企业必须实行负责任的管理去满足可持续发展的要求和采取行动。这表明，负责任的企业管理同时关系到处理企业内部的过程和与社会和环境的关系。

企业在实践中怎样才能系统地实施社会责任，即实施负责任的管理，这既是一个困难的实践问题，也是一个如何才能见效的实质性问题。企业系统地落实社会责任，即实施负责任的管理的一个重要条件是必须构建负责任的战略管理过程，即将社会责任融入企业的战略管理过程。

在管理理论中，一直缺乏一个能系统将社会责任融入企业战略和管理过程的框架。如果社会责任不能融入企业的战略和管理，不能系统地转化为企业实际的负责任的管理活动和行为，落实社会责任就只是一句空话，或者只能做“表面文章”，甚至沦为“装饰品”。

本章将讨论如何从战略上理解社会责任方案和它的实施方式，并从企业经济职能和管理过程的角度来讨论如何将社会责任融入企业的战略和管理的问题。

为了系统论述社会责任领域这一理论与实践相结合的问题，我们需要理解和描述社会责任融入企业战略管理过程的三个重要条件，即：

——融入的客体，即企业社会责任的内容

——融入的主体，即企业的活动（企业管理过程）和企业与利益相关方的关系

——融入的框架，即企业的战略过程、组织结构，管理工具和领导力

为此目的，我们需要认识企业社会责任的方案和内容的发展，理解企业战略及其管理的过程，认识企业管理的基本要素，并为在战略管理过程中融入社会责任建立一个基本的框架（模型）。在此基础上，我们将进一步讨论和分析企业管理过程中实施社会责任的各种情形，并总结出将社会责任成功融入企业管理的关键要素。

1.2　社会责任的概念与内容

企业要将社会责任融入管理和战略的首要条件是，对社会责任的内容要有正确的认识和理解。这就涉及社会责任的概念的内涵、范围和边界。

企业社会责任是一个不寻常的概念，即使是同一问题，在现实中每一个人、每一个企业，或每个组织对它的理解都可能有所不同。所以，在企业社会责任发展历程中始终存在一个共性，提出一个共同的问题，那就是：什么是企业社会责任？

在国际范围内，长时间的讨论中一直没有一个简单的能回答这一问题的统一的定义。只是在最近20年左右，由于全球各个不同层面不同社会活动者的广泛参与，加之企业界的多方面的实践，在很大程度上形成了对社会责任

方案的内涵的共识。这为实施社会责任，即实施负责任的企业管理或可持续企业管理提供了重要的基础，也为讨论如何在实践中将它融入管理过程创造了条件。

企业社会责任的概念与可持续发展概念经历并行的发展并走向统一的过程在《现代企业社会责任》一书中已有较为详细的描述。此处针对社会责任融入企业管理，简要系统地回顾在方案和内容上的发展。

企业社会责任方案的科学讨论源于美国 20 世纪 50 年代，在此后半个多世纪出现了大量科学研究成果。图 8 -1 中示出从那时直至本世纪初企业社会责任的方案和内容的发展和不同时期具有代表性影响的科学家、活动者或组织机构。

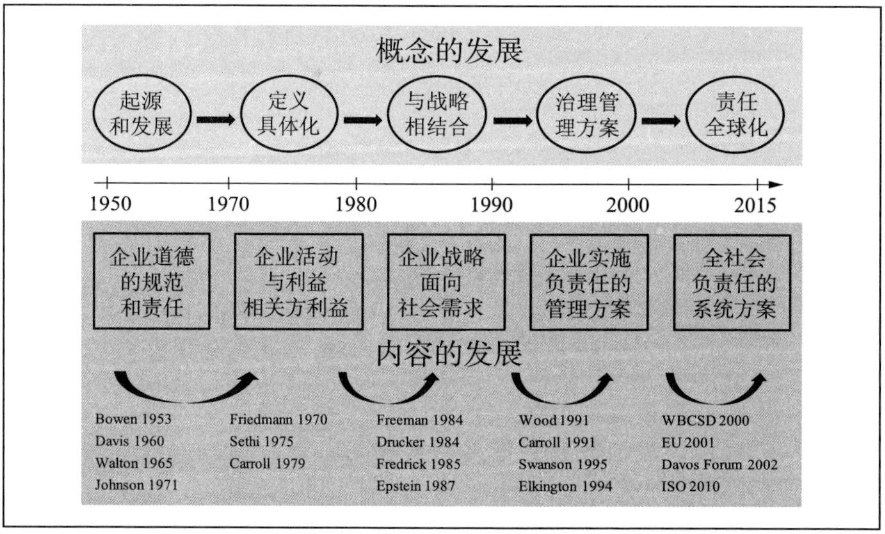

图 8 -1　社会责任概念和内容发展

在历史发展中，曾经出现各种描述企业社会责任的模型，它们反映企业社会责任在内容上不同的理论发展阶段。企业社会责任在科学界的讨论长期停留在"是什么?"，随后扩展到"为什么?""做什么?"。从时间顺序上看，先后出现不同的模型，总体上表明企业社会责任逐渐从理论走向实施操作的发展大趋势，即最终讨论的重点转向"如何做?"。到 20 世纪末本世纪初，也只是到这个时期，如何实施社会责任、为可持续发展做出贡献才成为新的具有战略意义的课题。

就企业社会责任的内容而言，科学界的讨论始于企业的伦理道德的责任。在内容上这与当今时代对企业社会责任的理解有所不同。现在，除了道德责任之外，企业社会责任在很大程度上还强调企业将经济目标与社会需求相结合的责任。从20世纪初开始，对社会责任的重视程度和关注的范围也发生了极大的变化。在此背景下，社会责任与战略和管理相结合的问题也正式进入了企业、政治和社会组织的议事日程。

在说明现代企业社会责任内容的理解方面，我们将特别重视欧盟对企业社会责任的定义和国际标准化组织ISO 26000对组织社会责任的定义。其原因在于，这两个定义分别是在欧洲和全球开启的广泛的讨论社会责任的过程中形成的共识，它们极大影响了社会责任的系统化和全球化。同时，它们赋予现代（企业）社会责任的内容最具实质性的特征。理解这些内容特征是讨论社会责任融入战略管理的一个重要的前提。

1.2.1 欧盟定义企业社会责任

欧盟是倡导现代企业社会责任的先行者。2001年发布了欧盟企业社会责任绿皮书，即“欧洲企业社会责任的框架条件”，在欧洲开启了一个广泛的讨论企业社会责任的过程。欧盟总结了在此之前在微观政策上对企业社会责任的讨论结果，把它上升到宏观社会政策的层面。这为开启一个广泛的所有社会活动者参与讨论企业社会责任的过程创造了基本的条件。经过一个由社会和经济活动者广泛参与、讨论和共识的过程，最后欧盟以通告的形式总结了讨论和共识的结果，其中包括欧盟层面上企业社会责任行动框架的具体目标。经过10年左右的实践，欧盟于2014年更新了社会责任的政策，并做出了欧盟成员国普遍适用的新的现代化的企业社会责任的定义。

欧盟企业社会责任绿皮书的内容参照了2001年在里斯本通过的《欧洲可持续发展战略》，它指出：“企业社会责任可为实现在里斯本确定的目标做出贡献，把欧洲建成世界上最具竞争力和最活跃的基于知识的经济区——一个有能力获得可持续增长，提供更多、更好就业岗位和社会最大和谐的经济区。”

这样，企业社会责任成为实现欧洲可持续发展目标的工具，对社会负责的企业行为不仅与增强竞争力相一致，而且也是有利于长期发展。所以，企业社会责任绿皮书在“可持续发展战略目标”的意义上确定了企业在欧洲经济区构建中是一个当然的角色。

欧盟提出的核心的问题是：为实现可持续增长和社会公平，企业社会责任对企业意味着什么？在哪些行动领域企业可以履行社会责任？考虑这些问题应包括两个主要的方面，即包括企业内部方面和企业外部方面。前者涉及的是发生在企业边界内部的行动过程，而后者考虑的则是企业与经济任务（更多更好的就业）、与政治及公民社会（社会更加和谐）的整体上的联系。所以，综合这两个方面可明确而充分地表明，企业履行社会责任的结合点是：在企业内部，面向它的具体的活动范围（管理过程）；在企业外部，面向它的与周围环境活动者之间的互动关系（社会互动关系）。

1.2.2 ISO 定义组织的社会责任

国际标准化组织 ISO 是将社会责任从企业推广到全社会的开拓者。为了应对全球化中社会责任的标准化的挑战，促进全球化交流与合作，推进可持续发展进程，ISO 经过充分的准备和论证，决定以创新的方式开发全社会组织的社会责任的国际标准。2001 年 ISO 将社会责任标准开发工作提上议事日程，2004 年正式启动了 ISO 26000 社会责任指南项目，开启了全球 10 年对社会责任的讨论过程，最终于 2010 年向全球发布了全社会组织的社会责任的自愿性国际标准。ISO 设定的目标是，为促进全球对社会责任的共同理解，总结社会责任的最佳实践，向全世界的企业和所有组织提供一个有助于实施社会责任的框架性指南，即 ISO 26000 社会责任国际标准。ISO 26000 定义了社会责任的原则，确定了社会责任的核心主题和活动范围，描述了将社会责任融入组织战略和管理的方法。

ISO 在成功开发质量管理标准 ISO 9000 和环境管理标准 ISO 14000 的基础上，首次将工作范围由工程技术领域扩大到社会和道德领域，将企业社会责任推广到任何形式的组织的社会责任，在全球统一了社会责任的定义，明确了社会责任的原则，确定了实践社会责任的核心主题，并且描述了以可持续发展为目标将社会责任融入组织战略和日常活动的方法。ISO 26000 系统地总结了社会责任发展的历史，概括了社会责任的基本特征和基本实践，表达了社会责任最佳时间和发展趋势。ISO 26000 是国际范围内各个利益相关方对社会责任达成的基本共识并取得颇具发展潜力的成果。因此，ISO 26000 是现代社会责任发展的里程碑。

企业和组织参考 ISO 26000 实施社会责任，可使企业和组织在管理和运营中，采用前所未有的全面而系统的方式去处理经济、社会和环境挑战的问题。

关于 ISO 26000 社会责任国际标准的更为详细的内容请参阅《现代企业社会责任》一书和本书其他相关章节。

1.2.3 内容相近的社会责任概念

直到 21 世纪初的很长的时间，对于企业社会责任概念的讨论，无论在科学界还是在企业实践中都未能普遍达成一致。在 20 世纪 90 年代，在已有的企业社会责任基本概念的基础上又发展了其他一些在内容上与社会责任相似而又不同的概念和方案。应当理解，这些多样化的概念和方案不仅在内容上彼此相近，而且还有相互的重叠或交叉。

在系统化处理社会责任主题时，不同的企业所采取的角度和方式不尽相同。加之由于历史的原因形成了企业社会责任的“同义词”，例如：企业公民、企业可持续管理（企业可持续性）、企业伦理（商业道德）及企业问责等。现简要说明如下：

企业公民：指企业作为“公民”参与社会活动。企业被认为是“公共机构”，因而对社会有道德上的义务。一般的共识是，企业公民参与是指在企业直接业务活动范围之外承担的那部分社会责任，即各种支持和促进公共事业的参与，其中包括捐赠、赞助和志愿者活动等，以及企业与外部其他伙伴合作，例如与教育、社会和文化机构、非营利组织、公民倡议、协会和政府等方面合作的社会贡献。私营和公共领域的伙伴关系（PPP）也属于社会合作。这种多方合作要实现的目标是解决社会和环境中的具体的问题。

由于企业的活动被认为是企业社会责任的出发点和融入社会责任的对象，所以企业社会责任的行动领域可分为企业内部业务过程和企业外部公民活动。因此，可以认为企业在公共社会领域的活动可视为是企业社会责任行动领域的一部分。这意味着，企业社会责任是一个比企业公民更为广泛的方案。不过在实践中也有这样的情况，即企业社会责任和企业公民常被用作相互代替的代名词。

企业可持续管理（企业可持续性）：企业可持续管理来源于可持续发展的原则。可持续发展的指导原则是在 1987 年由联合国布伦特兰委员会提出的。可持续发展被定义为是“满足当代需求而不损害未来各代满足自己需求的能力”的发展。在此背景下，可持续发展指导原则包括可持续性的三个方面：经济、生态和社会，也被称之为可持续性发展的“三支柱模型”。可持续发展原则最初是基于对国民经济和政策上考虑而提出的。

自 1992 年联合国里约会议之后，可持续发展的原则日益受到经济界的重视。在“三支柱模型”的基础上，后来产生了所谓“三重基线模型”。这样，可持续性就成为用于企业经济过程的原则。所以，企业可持续管理意味着，企业和企业管理要以可持续发展的“三支柱”原则为目标，以“三重基线”为方案，应对经济、社会和生态可持续性挑战，并最佳地做出自己的贡献。

由于企业社会责任关注的焦点集中在生态和社会方面，经济方面被看成是企业决策和活动的基础。在欧洲，企业社会责任被广泛作为企业可持续管理或可持续性管理，也称负责任的企业管理，明确涵盖经济、社会和生态三个方面。

企业伦理（商业道德）：企业伦理考虑的是企业决策的合法性。企业伦理定义一个体系，包括原则、价值观和准则，它表明在什么观点下人的行为被认为是好的或坏的，是正确的或错误的。所以，企业伦理是强调面向价值观的、规范性的企业管理方案。这时，企业伦理考虑在企业背景下它的成员做出的所有决策，并且认为这些决策的影响的集体责任在企业的管理者。企业应制定道德行为标准和行为准则。所以，企业伦理处理的是企业管理过程中伦理应用具体化的问题，要在企业的指导方针、基本原则和目标等政策中融入伦理的基本原则。

企业伦理是规范化管理层面的方案，在应用于企业决策活动时，它并不预先给出具体的决策和行为的方式。企业伦理提供一个基于道德基本原则的价值观框架，作为企业日常工作中指导决策和行动的抽象的方向性指南。企业社会责任与此不同，它涉及整个企业活动，是一个更注重面向实施的方案。此外，企业社会责任要考虑外部的要求，如利益相关方在社会和环境方面的要求，并且要把它们融入到企业的过程。

企业问责：企业问责是一个相当新的方案，这一方案产生的背景是，由于企业活动产生的影响，公共社会越来越强地提出问责（担责）的要求。企业问责方案所指的是，一个企业对它的行动的后果要以某种方式承担责任。

企业问责所包含的意思比起企业单纯承认履行社会责任要广泛得多。它表示要对社会承担问责义务和对企业活动负面影响担责。企业问责特别包括用于测量和检验企业活动的管理体系，使其活动对所有利益相关方是可信的和可公开检验的。企业问责的目的是，向公众社会透明地表明企业对经济、生态和社会方面的影响的管理，并使获得相关的信息更为容易。此外，企业必须保证公开的信息是可检验的，例如可通过外部机构认证。

企业问责类似于上市公司对股东有问责义务，它被认为是一个注重透明形式的强制性的方案。强调自愿性行为是企业社会责任一个基本的特征，而问责则意味着企业对公开并证实自己的行动有更广的义务。

以上各个不同的概念都是对负责任的企业管理的表述，这些概念或方案之间的区别只是理论上的。它们是历史发展并受地区影响产生的结果。在实践中，不同的概念或方案已经开始出现收敛的趋势。通过全球对社会责任的讨论，企业社会责任的内容和在规范上及组织上的实施也都有相似之处。在这方面，国际上普遍采用的倡议和工具（详情见后）起到了巨大作用。例如，国际标准化组织 ISO 的质量管理标准、环境管理标准、联合国全球契约、ISO 26000、GRI 报告指南等。实际上，企业无论采用什么概念和方案，它们都得应用这些标准才能有效地实施企业社会责任。

1.3　社会责任内容的实质性特征

随着大半个世纪以来国际上对社会责任进行的科学讨论和共识，加之政治、经济和社会的各方面活动者的广泛参与，对企业的社会责任和组织的社会责任的定义和内涵有了更深入更符合时代要求的理解和解释。不同的理解之间的差异实际上反映了跨领域的不同活动者对社会责任的不同的观点和对实施社会责任的合作潜力有不同的认识。我们不必罗列众多的定义，但通过几个具有代表性的社会活动者对社会责任的典型定义，可以概括和引申出几个实质性的内容特征。这些实质性的内容特征不仅是理解社会责任的关键，而且也是与企业管理相联系和在企业战略和管理中融入社会责任的最基本的理论基础。

下面是几个具有代表性的（企业）社会责任的定义：

——欧盟"欧洲企业社会责任框架条件"："企业社会责任是企业的一个根本的方案，即在自愿的基础上，把社会和生态的要求融入到它的企业的活动和与利益相关方的关系之中。对社会负责的行为意味着，不仅要遵守法律规定，而且在满足合法性外还要尽力为人力资本、为环境和与其他利益相关方的关系投资"。在 10 年后发布的"欧盟企业社会责任新战略"进一步强调："企业对它在社会中的影响负责"。

——世界可持续发展工商理事会（WBCSD）："企业社会责任是企业可持续经济发展，为员工及其家庭，为本地社区和为整个社会改善生活质量做出贡献的承诺。"

——美国商务社会责任协会（BSR）："企业社会责任可认为是一系列全面融入企业运营、供应链和整个企业决策过程的政策、实践和计划。"

——爱尔兰社区商业组织（Business in the Community）："企业社会责任是企业把社会、环境和道德关切融入企业决策过程的一个方案，企业社会责任包括测量企业对其所有利益相关方的影响，使其正面影响最大化，负面影响最小化。"

——德国外贸协会（BDA）和德国工业协会（BDI）："企业社会责任包括企业在社会和生态领域的责任以及道德参与，是在满足法律义务的基础上自愿和自觉履行的责任。"

——乐施会国际（Oxfam International）："企业社会责任可定义为，企业承诺在其所有商业活动领域采用支持而不是阻碍人的发展的方式，企业满足这一期望就是要对其运营产生的影响负责，要评估此影响和减少负面影响和增强正面影响。"

——国际标准化组织（ISO 26000）："一个组织用透明和道德的行为对它的决策与活动在社会和环境中的影响负责，使之有助于可持续发展，包括健康和福利；考虑利益相关方的期望；遵守现行法律并尊重国际行为准则；并融入整个组织和落实到它的各个关系之中。"

从以上的社会责任的诸多定义中我们可概括和引申出如下几个实质性具有共性的内容特征：

- "社会和环境的要求"

这一内容特征不仅表明了在企业经济活动中对社会责任的具体要求，也表明了企业社会责任的行动领域。所以，企业社会责任方案中包括的和要考虑的是社会的要求或期望（社会的挑战），而社会的要求或期望总是来自社会和环境这两个方面。

- "道德行为的要求"

道德行为的要求是社会中通常的最基本的要求和期望。

- "自愿性"

社会和环境领域已经有充分的法律框架是企业社会责任的自愿性的基础条件。社会责任的自愿性总是指在合法合规基础上而言的，所以自愿性是相对的和有条件的，不是任意性的。

- "在遵纪守法基础之上"

为保护环境和维护公正社会，遵守法律规定被认为是企业社会责任的基本元素。但企业社会责任不仅在于此，企业社会责任是一个"等于并大于"法律规定的行动领域。因此，遵守生态和社会方面的法律规定，是履行社会责任的前提条件。

- "企业的活动"

企业社会责任是一个方案，它强调企业和在其活动领域内承担社会责任的必要性。企业社会责任中"企业"是这一概念的基本组成部分，它是责任的主体。所以，企业的活动本身是社会责任融入的主体（对象）。因为对社会负责的企业的行为总是在企业的活动即管理、决策和实际运营过程（管理过程）之中表现出来的。

- “与利益相关方的互动关系”

企业的活动涉及与外界相接触的环境、与外部活动者间的关系，例如与供应商、消费者、社区公民等。因此，在企业管理决策和活动中需要特别留意和考虑它与利益相关方的互动关系。

以上企业社会责任实质性的内容特征表明了企业将社会责任理念融入战略和管理的客体（责任的内容）和融入的主体或对象（企业内部的活动和与外部的互动关系）（如图 8 –2 所示）。

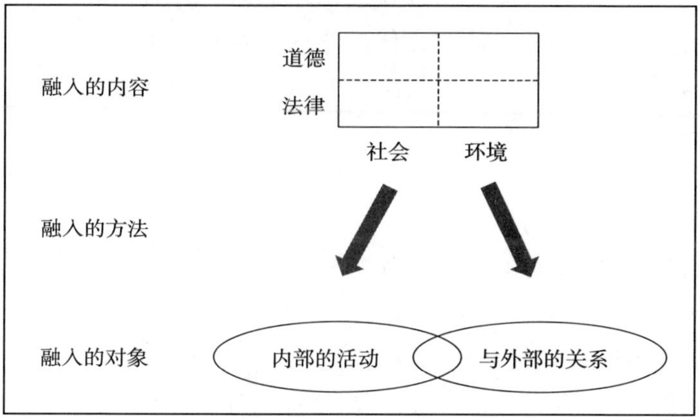

图 8 –2　社会责任融入企业战略和管理

1.4　社会责任实施指南

当企业接受公众社会的要求并着手实施社会责任时，接着提出的一个现实的问题，那就是如何在制度上落实。如果实施社会责任没有可检验的方式，没有形成制度化，则承认履行社会责任就会落空。

自 20 世纪末到本世纪初，在国际上相继形成了各种与社会责任相关的国际倡议和指南。它们对指导企业在全球化背景下实施社会责任实现可持续发展目标发挥了重要的作用。此处的重点是说明将社会责任制度化的倡议或指南作为实施工具的作用，对其内容不做详细描述。这些内容请见本书其他相关章节及《现代企业社会责任》一书。

企业实施社会责任首先必须具有一个方向性的框架，必须明确应对社会挑战，应当承担社会责任的行动领域。考虑到履行社会责任的自愿性，在缺乏与此相关的法律框架的情况下，国际倡议对于构建社会责任的具体内容具有特别的意义。此时，国际倡议针对现实情况，提出相应的处理问题的规则和行动模式。国际倡议除构成内容主题外，常常还给出实际实施需要掌握的要点，并为企业制定措施提供有用的帮助。

所以，国际倡议和指南可引导企业落实对社会负责任的行为。在企业国际化的背景下，在构建国际供应链的过程中，它们为企业或组织提供处理相应主题的建议。例如，为建立可持续供应链，SA 8000 社会责任标准提出企业应对 8 个社会领域中一系列挑战必须满足的要求，其中包括童工、强迫劳动、健康和安全、工会自由和工资、谈判、歧视、惩罚、惩戒、工作时间及报酬。它提供一个实施责任的指南手册，指导不同阶段的实施过程。

在国际范围内，在企业社会责任广泛的实践和传播的影响中，如下一些倡议或指南在很大程度上普遍受到重视和认可，在全球也得到相当广泛的应用。其中包括：

——国际劳工组织公约

——联合国全球契约

——经济合作组织跨国公司指南

——ISO 26000 社会责任国际标准

——ISO 14000 环境管理标准

——全球报告倡议，以及在各工业、生产、制造企业得到广泛的应用的

——ISO 9000 质量管理标准

由于开发的机构不同，如国际组织、政府间组织、多利益相关方网络等，或者由于应对社会和环境挑战的目标不同，它们所处理的社会责任的主题和范围也不一样。一般情况下，一个倡议和指南只会专门重点处理企业的社会责任的一个或几个方面的主题。只有特殊的指南，如 ISO 26000 社会责任国际标准指南，才力求覆盖社会责任的全部广泛的主题，适用范围不仅包括企业，而且适用于各种类型的组织。

国际倡议和指南的重要性在于，它向企业或组织提供一个实施企业社会责任的框架。在此基础上，将它作为工具企业可具体构建社会责任的内容，将指导方针和基本原则规范化地融入企业的战略和管理，或者为计划、实施、监控社会责任的措施确定具体的指标。

1.5 社会责任与战略管理的内在联系

为了把社会责任融入企业的战略管理，除了理解上述社会责任的内容特

征之外还必须理解企业社会责任的内容和与企业战略管理的内在联系。

早在1973年达沃斯欧洲管理研讨会上，欧洲主要的企业家代表就发起制定了企业管理者的道德准则。30年以后，欧盟将企业社会责任纳入了“欧洲企业社会责任框架条件”即企业社会责任绿皮书，基于现代企业社会责任的概念，开启了由科学界、经济界、企业家、政治家和社会代表共同参与讨论如何通过责任应对经济、社会和环境挑战的过程。

在1973年欧洲管理论坛上欧洲企业家发布的达沃斯宣言指出：

- 管理者决策要尊重与企业相关的群体（客户、员工、出资人、社会）
- 管理者要平衡群体的利益
- 满足这些要求的条件是维持“适当的利润”

同时，达沃斯宣言还指出：

- 企业管理者必须服务于社会。
- 企业管理者必须保证将来各代人得到有生活价值的环境。
- 企业管理者必须把他们掌握的知识和手段最佳地用于社会。
- 企业管理者应当在社会服务中提供他们的知识和经验。

对企业社会责任的现代理解也可用德鲁克的一句话来概括，他说：“……适当的社会责任是把一个社会问题……转变为经济的机会和经济的效益，转变为生产力，转变为人的能力，转变为回报丰厚的就业和福利。”

该企业管理的理念表明，管理的目标是从规范上考虑保护自然的和社会文化的环境，并落实到计划过程和措施实施之中，体现了企业管理者的责任及其在企业管理中具体实施落实社会责任的基本思想。

实际上，社会责任作为企业管理的组成部分必须融入企业内部的过程、结构、措施和领导力之中（内部管理方面），同时企业对社会的责任也体现在企业与社会之间存在的互动关系之中（外部管理方面）。从内部和外部两个管理方面理解企业社会责任，对于理解社会责任与企业战略管理的内在联系具有重要的意义。

下面将阐述企业社会责任和企业（战略）管理内在的相互关系。首先将说明企业战略管理的定义、目标和任务。然后，在企业—环境关系的背景下，借助一个互动的模型来讨论企业外部管理方面，即企业在社会中的作用。并在了解企业战略管理过程的基础上，借助一个管理模型来说明企业内部管理方面。这时，企业（战略）管理被理解为社会责任融入的对象和实施社会责任的辅助工具。

1.6 战略管理的目标

在管理学中企业管理被描述为“处理信息并用于有目的地控制人和过程”，其优先的目标“不在于短期利润最大化，而在于保证企业能够有长期的发展”（Macharzina，1995）。

企业战略可以被定义为确立企业的根本长期目标并为实现目标采取必需的行动序列和资源配置。企业战略包括三个核心要素：

- 情形诊断：对所面临挑战的实质的定义和解释。
- 指导方针：应对挑战的指导方针。
- 连贯行动：按照指导方针协调一致地行动。

企业战略是企业规划、策略、一致性、定位和世界观的综合体现。

战略管理的任务是为企业确立其根本的使命和经营目标，并采用合适的战略去实现企业的目标，完成企业的使命。不同的企业其战略管理的特色可能不同，一般而言，战略管理过程通常由战略目标（方针/使命）、战略分析（战略诊断）、战略选择（战略制定）和战略实施（执行）几个主要部分所构成。战略目标也视为战略规划的任务。战略分析是战略选择和战略实施的前提，它的结果影响战略管理的全过程。

企业战略管理的目的是要确保企业长期生存的能力。而要可靠保障企业长期生存则要依靠企业对社会、技术、市场和生态情况的预见和与据此建立企业相应的行动基础和能力。

企业战略管理的特点在于，企业要有目的地、具有前瞻性地应对环境条件的变化。“战略”二字隐含着一个长期而有计划的行动方式。战略行动的必要性来源于企业环境的动态变化和不断增加的复杂性，而战略行动的方式是利用企业现在和将来的优势和劣势并以应对外部环境的变化产生的风险和机会为目标。

在传统的企业管理中考虑问题着重在企业内部的关系（内部管理方面），而在企业战略管理中考虑的中心问题还包括“企业应对环境引起的挑战”（外部管理方面）。因此，企业战略管理可看成是层级外延的企业管理。

在战略管理过程中，战略分析（战略诊断）中企业－环境关系分析是最为关键的一环。

1.7 企业与环境的关系

企业管理的任务之一就是有预见性地应对在企业－环境关系中所出现的

变化（Hunziker，1980）。社会中一系列发展和趋势说明将要发生的变化的特征。它们表明，一个负责任的企业管理要适应环境的变化除了注重经济方面之外，还必须注重社会和生态方面。

因此，在社会责任问题中，企业—环境关系处于核心的位置，这一关系受不断变化的环境的制约。

下面将说明企业－环境关系对企业管理的意义，并用一个互动模型识别和描述企业－环境关系的要素。在此基础上，联系企业社会责任概念来说明企业与环境的互动关系的发展怎样增强社会责任与企业管理的关联性。

在过去的传统的企业经济理论中，除了少数情况之外，企业管理普遍被理解为在相当稳定的环境关系下处理企业内部的问题。外部参数的影响在很大程度上未受到关注。

实际上，企业管理除了处理内部过程之外，还要处理受多种环境关系制约下的市场伙伴关系（例如与供应商和客户）。普遍认识到这一问题是在面向系统的思维方式被接受之后才形成的。按照这种思维方式，企业被描述为一个开放的系统，即它不仅在自己的边界内运行，而且还与它的环境和环境中的活动者处于互动的关系之中。除物质上的联系之外，这一互动关系还包括社会的和文化上的互动关系。此外，今天企业与它的环境的关系已不能用“稳定性”来描述其特征。确切地说，一般情况下环境变化的活跃性和它的复杂性已被证明是这一关系的实质性特征。

那么，企业与环境这种相互作用的关系对企业管理有什么影响？在应对企业－环境关系的动态变化中企业社会责任又能起到什么样的作用呢？

企业环境的变化首先是企业运营环境中政策和经济形势的变化。此外，企业的利益相关方还会产生新的需求，他们对企业活动产生的生态和社会影响的意识也会变化。例如，如果企业生产产品过程中满足员工的劳动标准、不符合社会道德要求，供应商提供的工资待遇不公平，或者在产品回收等方面不符合环境的要求等，消费者常常采取措施抵制某些生产商的产品。1995年英国壳牌石油公司决定废弃布伦特储油平台引发的事件常常作为消费者意识发展的例子。当企业决定在海中沉没这一平台消息传出后，环境组织绿色和平举行大规模的抗议，随后出现多个国家消费者抵制壳牌加油站的情况，企业不得不因此承担巨大的经济损失。

作为例子，表8－1中示出了当今企业－环境关系变化中面临的主要挑战。

表 8 -1　外部环境的变化和挑战

外部挑战	起始变化	未来趋势
社会的挑战	—全球化竞争加剧，结构调整，就业冲击	—智能技术应用，创造低成本工作环境
道德的挑战	—市场行为符合法律和伦理—道德（如反腐败）	—制定国际通行的标准和行为准则
全球经济的挑战	—全球市场开放，潜在竞争及政治社会和文化风险	—重新定义跨国企业的公共关系管理
政治的挑战	—国际政治条件变化产生增长和竞争的机会	—道德冲突限制企业经济的发展空间
生态的挑战	—企业对环境不可逆转的后果和要求提高增长质量	—制定生态化企业政策，实施适当的战略和措施

资料来源：参改 Schmitt，Oeko-Institut e. v. 2005。

由此可见，企业处于一个更大的复杂而又不断变化的环境之中。一系列互动的关系决定了企业与环境的关系。此外，普遍认识到这一互动关系中不只是经济的利益占据统治的地位，例如股东利润最大化。社会的、道德的和生态的要求变得越来越重要。这样一来，当环境变化时，企业就必须要对其活动的基本角色和职能做出新的定位。

无论在欧盟对企业社会责任的定义中，还是在 ISO 26000 对社会责任的定义中，（企业）社会责任都是（企业）组织用于将社会、生态和道德方面的要求（挑战）纳入企业活动之中考虑的方案。企业通过承担社会责任企业承认自己是社会的一个新的积极的角色。这意味着，企业利用社会责任在应对社会的挑战中发挥作用，即不仅在企业内部过程的范围内，而且在与利益相关方的互动关系（企业 - 环境关系）中发挥作用。

1.8　社会责任互动模型

基于上述对企业 - 环境关系的考虑，企业与环境及环境中的活动者总是处于不断的互动之中。一方面，企业在决策和行动过程的范围内影响它的环境，企业对外的影响不仅有正面的，也有负面的。另一方面，受企业活动影响的利益相关方通过向企业表达诉求并要求企业改变它的行为方式，有目的地从利益相关方方面对企业和企业的业绩产生影响。企业社会责任的目标是，掌握利益相关方受影响表达的要求，从源头上认识并衡量企业活动造成的影响，并在企业管理框架内采取适当的措施限制负面影响和使正面影响最大化。

按照（企业）社会责任的定义（如欧盟及 ISO 26000），它描述了企业 - 环境关系，在此互动的关系中包含三个关键的要素（如图 8 -3 所示），即：

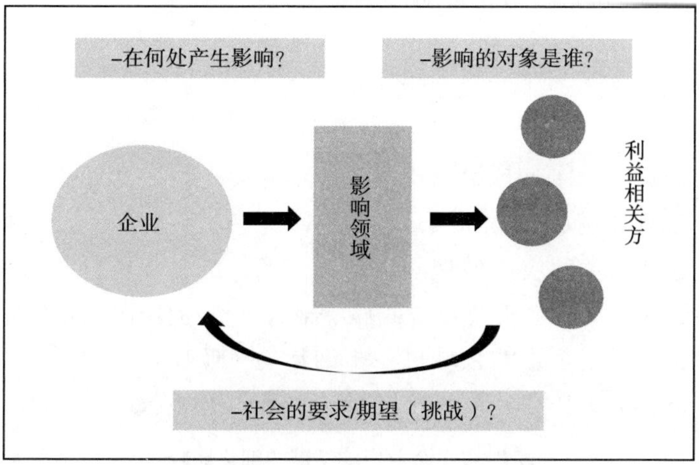

图 8-3　社会责任互动关系中的三个要素

——企业活动的影响领域，即企业在何处产生的影响?

——企业的利益相关方，即谁受到企业的影响而提出要求?

——企业的社会挑战，即社会整体对企业有何要求?

下面用一个简单的互动模型来描述企业-环境关系（如图 8-4 所示）。

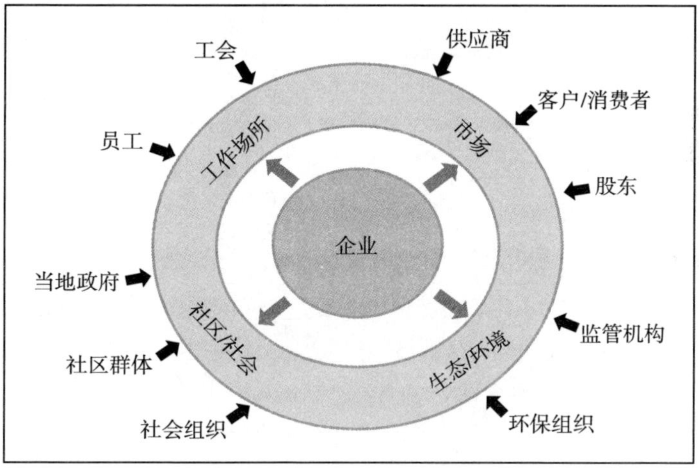

图 8-4　社会责任互动模型

1.8.1　企业活动的影响领域

企业在其活动范围内影响某些社会领域，影响的领域可有不同的划分方式。企业活动的影响划分为四个影响领域，这就是:

- 工作场所
- 市场
- 自然环境和
- 社区

每一个影响领域还可具体细化，具体划分成受企业活动影响的细分领域（子领域）。这些细分领域（子领域）也是一个负责任的企业应当积极行动的领域，是与企业相关的应当处理的主题或议题。细分领域也常常表示为指标的形式，用于企业的社会责任报告或环境报告。作为例子，在表8－2中列出了几个不同机构对四个影响领域进一步细化的对照比较，以此说明不同的观点会具体影响社会责任细分领域（议题）的确定和划分。

表8－2　企业影响领域的细化比较

	影响的领域			
	工作场所	市场	环境	社区
机构A	—工作安全 —事故防护 —男女平等和多样性 —培训进修 —罢工权利 —结构化与就业	—客户投诉 —负责的广告 —供应链中的人权 —反竞争行为	—节能节水 —废物管理 —气候保护 —回收 —供应链中环境影响	—捐赠 —志愿者活动
机构B	—临时用工 —多样性 —社会保险 —减员/停产 —灵活用工 —健康和福利 —员工隐私 —工作生活平衡	—产品道德纯洁 —质量 —信息，标记，包装 —营销和广告 —销售行为 —价格 —配送渠道	—气候变化 —能效 —产品责任延伸 —爱护森林 —绿色建筑设计 —绿色电力 —供应商环境管理 —减少垃圾	—社区经济发展 —社区伙伴关系 —失业人员进修 —残疾人就业 —弱势群体和妇女 —产品和服务捐献 —零售点选择 —带薪志愿者
机构C	—劳工条件 —男女平等 —培训和进修 —劳资关系	—产品维护 —供货条件 —研究和开发	—可持续性 —废物管理 —环境活动	—捐赠 —合作伙伴关系 —员工参与活动 —创业和就业支持
机构D	—员工发展 —多样性 —工作生活平衡 —支持女性 —事故防护 —工作安全 —劳动标准	—营销道德 —产品质量 —产品安全 —消费者信息 —竞争战略 —贸易合作 —供应商社会标准	—气候保护 —排放 —环境管理 —包装 —运输	—教育 —艺术/文化 —体育 —健康 —就业 —培训 —本地发展

资料来源：Oeko-Institut e. v. 2005，BITC 2003，BSR 2004等。

可以看出，表中列出的市场和社区影响领域中的一些不同之处。机构 B 在市场影响领域中只包括了与客户的关系，而其他机构的观点是这里也包括供应链。在机构 D 看来在社会影响领域创造就业应当很重要，而机构 A 和 B 宁愿把这一主题放在工作场所这一影响领域。在主题与影响领域之间不同的对应情况说明，这里解释企业影响领域和它的内容只能是示范性的，不同的组织可能会有不同的对应划分。

1.8.2　企业的利益相关方

在考虑了企业活动的各个影响领域之后，接着考虑的一个问题是与这些影响领域相对应的受影响的利益相关方。从欧盟、ISO 26000 和类似的企业社会责任的定义中可看出，在社会责任范围内，一个企业与它的利益相关方的互动关系具有重要的意义。

在“古典”的系统理论中，企业的环境和环境中的活动者没有分开考虑，因为后者被认为是相应的细分环境的根本标志。只有在利益相关方理论出现之后，对企业环境的关注重点才从识别细分环境向识别与环境相关的活动者的方向转变，也即将企业环境和环境中的活动者分别加以考虑。

在上述互动模型中，为简单明确表达互动关系，综合考虑环境领域和环境中的活动者这两种情况。如果说考虑企业的影响领域在某种程度上表示的是企业由内向外的方向的影响，而考虑利益相关方则补充了环境中的活动者由外向内的方向产生的影响。由此清楚看出，从利益相关方方面产生的影响一般具有反应性的特征。利益相关方的反应是由一个企业的活动引起的。这里反映了企业社会责任的基本框架的本质。企业的活动应当看成是导致要求企业履行社会责任的起始点。正如欧洲企业社会责任绿皮书所说，“企业要面向员工、面向社会中所有受企业活动影响的利益相关方履行社会责任”。在欧盟 2014 年企业社会责任的新的定义中，更明确强调企业要对自己产生的影响负责。

每个企业面临的利益相关方及其要求不总是一样的，这一点对企业实践具有决定性的意义。利益相关方随行业的不同而不一样，甚至在同一行业还因企业不同而不同。例如，与食品企业相关的利益相关方就与银行金融企业的利益相关方有显著的区别。对于前者食品监管的机构和社会群体是重要的利益相关方，而投资者利益保护机构可能对银行金融业是重要的，而对食品企业则是次要的。

故在图 8 -4 中所示的互动模型中所示的企业的利益相关方只是一般性的

表示，对具体的行业和企业还必须做具体的修正。

企业在处理利益相关方及其要求上的困难之一是它们与其中的有些群体具有地域上的距离。特别是对国际跨国企业来讲，这时要识别利益相关方和他们的要求常常有一定的难度。

举例来说，对于具有全球供应链的纺织企业或者采矿企业，常常在不同国家各地遇到的情况是，有若干很小的人权组织，它们要求维护在当地生产厂工作的员工的人权，或者环境保护组织提出环境和生态要求。对于跨国的食品企业也一样，其原材料常常需要从世界其他国家进口，在供应链的始端有许多小型农户或者其他的合作社，它们个别的利益和要求也是难以识别和处理的。

1.8.3　企业的社会挑战

由于企业活动对利益相关方产生某些影响引起各个利益相关方的关切，在上述互动模型中社会挑战所指的是各个利益相关方严重关切的表现形式。企业的社会挑战可分为社会方面的挑战和生态方面的挑战，也就是说它们来自于上述四个影响领域之一。利益相关方的关切在不同的场合或称之为它们的需求、诉求、愿望、期望或要求，也常描述为“议题”。在本章中我们采用“社会挑战”这一概念，因为利益相关方表达的关切（需求、诉求、愿望、期望或者要求）可认为是一个负责任的企业应当处理的“议题”，这些议题也总可当作是社会向企业提出的挑战。

实际上，社会挑战还可按它与企业活动的因果关系区分为两类：

一是社会影响，即企业活动对社会产生的影响，无论这些影响是有意或无意造成的，企业应对自己产生的影响负责。

二是社会问题，即社会中存在的问题，它们在很大程度上与企业和经营活动本身并无关联，但对这些问题的解决企业可有所作为。

这样来区分是有意义的。迄今为止的许多观点认为，只有企业活动影响的领域才与企业责任有关。这样一个因果关系对描述社会挑战在多数情况下是正确的。不过，还有一些特别的情况，这就是在社区影响领域的挑战。要求企业为社区做出贡献的原因并不是由于企业活动引起了负面影响，而是因企业对此可有所作为。例如，要求企业参与消除贫困和饥饿，以及要求企业为改善本地或全球人民的生活质量做出贡献的诸多情况，如支持地区就业，解决培训岗位，或者参与公共设施等，都属于社会问题存在而引起的挑战。

在前面我们已经说明要求企业履行社会责任的原因。由于在政治、经济和社会发展和变革的过程中，企业方面也表现出一种不断增强的构建力量。获得这一构建力量可认为是企业解决社会问题承担更多责任的基础。在这种意义上讲，虽然一般认为企业的活动对环境及其相关的利益方的影响是履行社会责任的起始点，但解决社会问题应对这一挑战仍属社会责任的范畴，只不过企业应当根据具体情况对此做出相应的选择和力所能及的贡献。

因此，把社会挑战作为企业社会责任的出发点，实际上就意味着对企业提出了两种要求，即：对企业活动的影响的负责和对（地区或全球）社会问题的作为。

如果企业要想成为是负责任的企业，不言而喻它就必须理解和考虑这两种要求。

所以，企业（特别是国际化的企业）如果要想成为解决（全球）社会问题的一员，也要在自身（内部的）业务过程之外利用自己的构建力量。这意味着，企业避免其活动对社会产生负面影响是管理者首要的和无条件的责任，这可称之为是企业的社会责任内容的最小含量。除此之外，企业还必须同样利用自己的构建力量构建与供应商、与客户的市场互动关系，和与所有其他利益相关方并存的互动关系。责任领域这样一个扩展的范围反映了企业的社会责任内容的最大含量。

无论在欧盟企业社会责任定义中，还是在 ISO 26000 社会责任的定义中，企业/组织的活动（管理过程）和企业/组织与利益相关方的互动关系都是社会责任融入的对象。借助上述互动的模型我们首先描述了社会责任范围内企业与利益相关方的互动关系（企业 - 环境关系）。

下面我们将讨论社会责任融入企业内部的管理过程的问题。为此目的，需要考虑用什么方式来表示企业的活动或企业管理的特征？涉及的问题是，必须构建什么样的过程、结构和采取什么措施？以及怎样把超越企业边界的影响领域中广泛的责任融入企业管理？

当今，不仅注重价值而且更注重价值观的企业会更符合社会的期望和时代的要求。这意味着，价值观对于企业的决策和行动过程是十分重要的。如果希望一个企业是以价值观为导向的，实现基于价值观的企业管理的路径的起点就是制定自己的价值观。在规范化管理中，它包含在反映社会需求的企业的指导方针和基本原则之中。不过，与在指导方针和基本原则中植入道德价值观相比，企业融入企业社会责任包含的内容要广泛得多。企业社会责任的系统融入和实施贯穿在整个管理过程，从战略制定到战略执行，还包括构建适合的组织和职责范围，采用相应的工具和方法，以及培养社会责任必需的领导力。也就是说，社会责任要成为是可信的和制度化的，不仅需要道德行为准则，而且需要支持管理过程的组织保障、实施工具和实施能力。

下面用一个过程模型简要说明战略管理过程的具体构建方式。在此基础上，引出一个用以说明社会责任广泛融入企业管理的工作原理和方案。

1.9 战略管理的过程

描述企业战略管理过程有多种不同的模型。它们之间的区别在于管理过程中的各个阶段的重点不同，应用的概念也不一样。

尽管它们各有其特点，但这些过程模型依然可简化为一个标准的企业战略管理的过程。这一标准过程分为几个阶段，它表明企业管理的内容和工作顺序（如图 8－5 所示）。现分别说明如下：

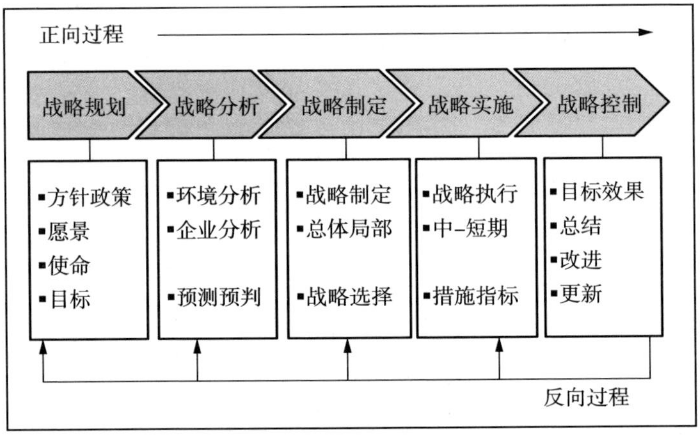

图 8－5 战略管理的过程

1.9.1 战略目标规划

战略目标规划是首个阶段。在战略管理过程中第一步是制定企业的方针政策。企业的方针政策以书面形式确认企业的愿景和使命，同时它也是随后决定和引出企业目标和战略的基础。

企业方针政策展示企业的基本经营哲学、核心精神、管理逻辑和占主导地位的企业文化，其内容涉及对企业活动的参与者或受其活动影响的群体的价值观念和始终维护与他们的关系的态度。所以，企业方针政策定义企业与其环境中的利益群体的关系。

愿景是企业未来一定时期内的发展方向和期望达到的一种状态和境界。使命描述企业的基本目标和存在的根本理由。根据愿景和使命做出的结论将具体转化为战略的目标。据此目标明确企业长期发展方向并对企业将来状态做出论断。战略目标内容涉及许多相关的主题，规划要达到的典型的经济上的目标参数，例如销售额度、盈利、利润率以及市场占有份额等。不过，面向利益相关方的目标，例如员工的社会保障或社会公益以及环境保护目标等对企业管理越来越具有重要的意义。通过这些目标使企业的利益群体（利益相关方）的各种不同的利益得到保障。

1.9.2　战略分析（战略诊断）

战略分析阶段的内容包括环境分析、企业分析，以及预测和战略预判。在分析阶段收集的信息是制定企业战略的必要条件。

——环境分析：环境分析应为企业管理提供尽可能完整、可靠、准确的关于运营环境的信息。环境分析包括企业整个环境中涉及的全部子环境。子环境可分为政策法律环境、社会环境、经济环境、技术环境以及自然环境。环境分析的目的在于识别和估计在当前和未来由于环境变化产生的机会和风险。机会—风险分析、对标分析或者竞争分析都属于用于环境分析的工具。

——企业分析：企业分析的目标则是客观地表明企业在当前和未来的优势和劣势的全貌。在选择表述企业优势和劣势的数据时，可采用具有相应特征参数的检查表作为辅助工具。例如，销售情况、管理者的质量或新市场开发等均属于特征参数。另外，价值链的分析也可有助于展现企业内在的潜力。

——预测以及战略预判：除了考虑过去和当前的情况，一个成功的企业管理还应当考虑将来。对此适合的方法是预测法以及战略预判，利用它们可尽早超前发现有关环境导致的机会和风险的信息。

1.9.3　战略制定

战略制定阶段中实际包括的内容是战略制定和战略选择。基于上述战略分析阶段获得的信息，就可制定为企业目标服务的战略。战略这一概念可从不同角度来理解。一方面，战略被理解为是一整套合理计划的措施，其中包括的具体措施，它们必须相互协调并为实现目标而实施。另一方面，战略也被视为决策和行动过程中的基本模式。在企业决策和活动的时间进程中，保持整体上的统一性即一致性的模式也是战略。所以，在企业发展的范围内，

“一致性”的行动本身就是战略。

战略发展的目标是要加强企业的优势和避免劣势。这时，灵活地制定战略很关键。企业环境是不断变化的，战略应不仅支持企业的发展利益，同时也能灵活地适应利益相关方的期望和诉求。

战略可分为不同的类型，例如：

——公司总体战略：公司总体战略通常指多元化经营的企业决定经营范围、数量、种类和相关性的选择，管理企业资源在不同业务间的配置、保持核心竞争力、公司总部与业务单元间的配合，以及公司与其他企业之间的关系和交往。

——产品－市场战略：在整个企业层面战略上制定产品－市场战略是很重要的。这是一个在哪些市场应提供哪些产品的决策性问题。产品－市场战略确定企业要实现什么样的增长和盈利目标以及如何实现这些目标？为制定适合的产品－市场战略，组合技术作为分析的工具在实践中得到广泛应用。

——竞争战略：竞争战略可具体回答企业如何定位，应对竞争实现增长和盈利的目标。制定竞争战略一般参考波特的方法。他把竞争战略分为三类：即成本领先战略、差异化战略和重点聚焦战略。企业差异化和成本领先战略的定位是指面对整个市场，要么供给不可替代的产品，要么利用充分降低成本的效益。重点聚焦的战略则把供给锁定在细分的市场上，例如，锁定在一个消费群体或锁定在一个区域的市场。

——业务部门战略：它描述一个企业单个业务部门的竞争地位，使在给定的业务经营范围内在一个行业或一个地区如何实现优异的业绩。

——职能部门战略：职能部门战略使职能行动领域具体化，如采购、研究与开发、生产与营销等部门。

以上后两个战略应当与企业总体战略保持一致，或者根据企业整体战略来制定业务部门战略和职能部门战略。这样，就不会影响整个企业的布局并能防止在发展方向上产生冲突。

1.9.4 战略实施

在战略实施阶段中，战略计划将变为具体行动。这是战略管理过程中的实质性阶段。因为这时将会表明，企业理论上计划的方向能否变为适当的措施并在实践中实施。战略实施涉及企业的所有部门，而且包括各方面的不同的任务。例如，根据战略制定实施指导意见，调整相应的组织结构，建立支持性的通信和信息系统，或者采用适当的培训和教育措施提高管理能力。这些都属于战略实施的任务，也是战略实施成功的要素。

企业战略指引企业发展的大方向，这一特征标志首先体现在所形成的战略能提供“重质量，轻细节”的信息。因此，在大方向明确的情况下，战略的实施则要求把浓缩的信息转变为部门和单位具体的措施。根据战略安排中期项目和计划制定各个职能部门中期措施。中期措施一般指计划的时间为五年左右。按照中期计划再制定职能部门短期计划，即具体的策略和行动计划。以目标、措施和资源配备的形式向各个职能部门的决策者给出具体的指标，例如采购、生产或销售部门等。就这样，战略就细分为职能部门的行动建议。利用短期预算计划的措施和目标就可进而转换为详细的经济计划参数。例如，职能部门应该完成的销售额、成本和生产量都属于这些计划参数。利用预算可预先列出收入和计划内的支出。在预算范围内，管理者一旦制定具体目标和实现目标的措施，就被认为是必需完成的任务。

综上所述，企业战略管理过程包括不同的阶段，从制定方针和目标、战略分析、战略制定直至战略实施，以至具体指导意见和措施。

现在的问题是在这一管理过程中怎样体现履行社会责任？如果企业要把履行社会责任作为它的活动的一个实质性的组成部分，管理上必须进行怎样的改变？为回答此问题，下面将描述一个管理模型，它集中了企业管理的相关要素，将该管理模型作为系统框架用于描述社会责任广泛融入企业管理的工作原理。利用这些要素可考察社会责任在企业管理中融入和实施的情况。

1.10 社会责任融入战略管理的模型

我们将借助一个特别的管理模型来描述社会责任广泛融入企业管理的工作原理，并利用它来考察或检验社会责任在企业管理中融入和落实的情况。融入社会责任的这个管理模型也可称之为社会责任融入战略管理的框架或系统方案，用它能说明在企业中如何进行负责任的管理，即企业可持续管理。

这一管理模型的构成的基础是借助管理分析中考虑和采用的四个分析面，即管理的职能、制度、工具和领导力，因为这四个面在实践中可认为是企业管理包括的基本要素（如图 8 -6 所示）。

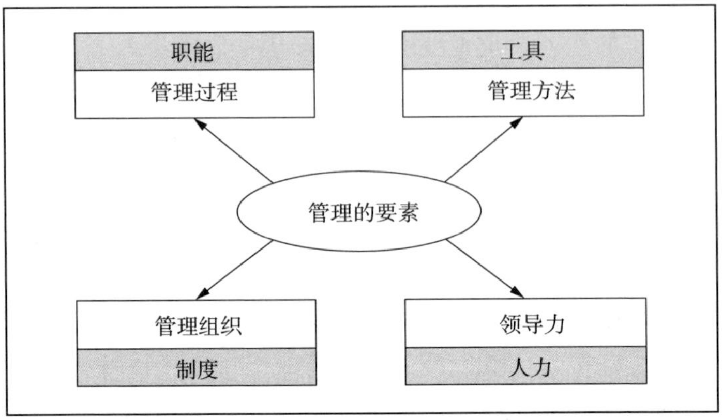

图8－6　企业（组织）管理的要素

资料来源：Reiss/Corsten 1995。

以此为基础建立的管理模型应当有可能对企业战略的过程构建（职能方面）、组织构建（制度方面）、管理体系（工具方面）和领导力（能力方面）的实践情况做出全面的考察和评判。

下面将对管理模型详细地加以说明（如图8－7所示）。

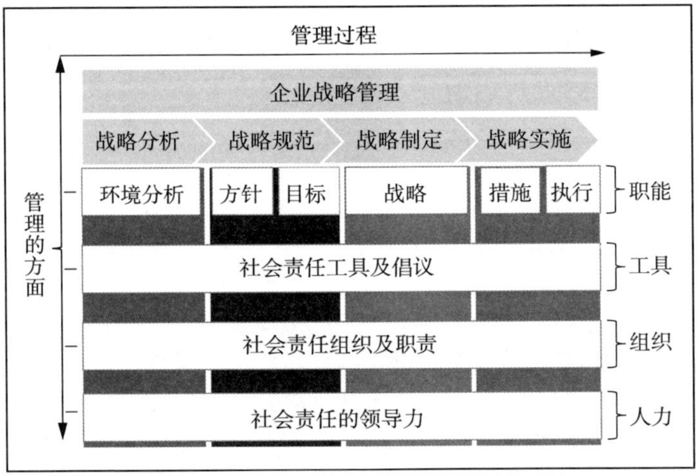

图8－7　社会责任融入战略管理的模型

管理模型中实际包括了企业管理中通常具有的战略目标、战略制定和战略实施三个管理阶段，它们构成管理模型的主体构架。由于在规范化管理中，目标阶段与规范阶段的内容趋于一致。同时考虑到在社会责任领域，规范处于具有特别重要的地位，故在图8－7中战略目标表示为战略规范。

目标的管理（规范的管理）被认为是“有根据”的管理，通过制定指导方针和目标为企业发展打下基础。战略的管理或叫“有方向”的管理，通过构建适当的战略确定企业发展的方向。实施的管理或叫“执行”的管理，整个管理是以计划、措施、执行和监控的方式实现既定的目标。十分重要的是，所有的措施的执行必须以符合规范为基础和遵循战略所确定的方向。

由于企业必须要有预见性地应对环境不断的变化和它的复杂性，所以环境分析对于在企业管理中考虑社会责任有着特别重要的意义。借助环境分析可找到利益相关方的要求进入管理过程的途径并可结合到组织的结构和相应的工具中。在经济科学理论中，环境分析作为企业规划的组成部分，在时间顺序上常放在企业方针和企业目标的制定之后。也就是说，环境分析作为企业管理的要素处于（“有根据”）规范层级和（“方向性”）战略层级之间。但由于企业环境需求的变化是企业履行社会责任的实质性驱动力，所以在上述管理模型中环境分析放到了战略管理过程的最前面。环境分析作为生成信息的阶段使识别社会的挑战成为可能，并且由此得出在社会责任方案的范围内要考虑的具体内容。实际上，只有在识别了社会的挑战之后才有可能为负责任的企业管理（企业可持续管理）制定令人信服的方针和目标。

因此，环境分析和战略规范、战略制定、战略实施一起构成战略管理过程的整体框架。参照这样一个战略管理过程，利用企业管理的四个要素，即从职能方面、制度方面、工具方面和领导力方面的要素，就可构成如图 8－7 所示的社会责任融入战略管理需要的管理模型。现对每个具体要素说明如下：

（1）职能要素表示的是企业管理中的管理职能。它所指的是企业管理过程或管理活动，如在管理过程阶段模块中所包括的内容（制定目标、发现问题、计划、决策、执行和监控）。图中示出的重点是管理过程的各个阶段。其中包括在环境分析范围内识别和评估社会的挑战，把相关的挑战融入到指导方针和目标，并考虑相关挑战引出战略，以及为应对相关挑战而采取措施的计划、执行和监控。

（2）工具要素主要考虑的是管理的工具。工具方面表明企业为融入和实施社会责任所采用的全部工具、体系、技术和措施，包括参与的国际倡议或行业倡议。考虑到企业社会责任的互动特征，特别强调与利益相关方交流的工具化，以此来处理企业与其环境中伙伴的互动关系。

（3）制度要素主要考虑企业管理的组织安排。这时主要的要求是，不仅要明确企业管理高层，而且要明确企业所有管理层都要参与的任务。制度上考虑的重点是，解释和说明企业社会责任的组织和职责，以及如何将它用于社会责任融入企业的组织结构和流程。

（4）领导力要素是考虑企业管理者在实现企业目标和战略中的引领作用、推动变革、塑造价值文化、学习型组织等方面的领导力。

按照以上管理模型，企业战略管理一方面表现为考虑包括环境关系、目标（规范）、战略和执行等在内的管理进程，另一方面与所描述的进程相对应，考虑企业管理方案中的四种不同形式的分析方面（要素），即职能、制度、工具和领导力。企业管理过程的职能、组织的结构和职责、使用的管理工具和领导力是社会责任融入企业战略管理的基石。

1.11　社会责任融入战略管理的全视角

图 8－8 中示出社会责任融入企业战略管理应把握内部管理和外部管理两个方面的全局。实际上，要用一个模型想要把企业和它的环境严格地区分和定义是很难的，原因是企业与环境中的利益相关方的利益是紧密交织在一起的，而且二者相互影响对方的发展。企业社会责任为企业提供一个在自身（管理）活动范围内考虑利益相关方利益的方案。企业应用它可同时有助于自身管理过程和它的环境的健康发展。

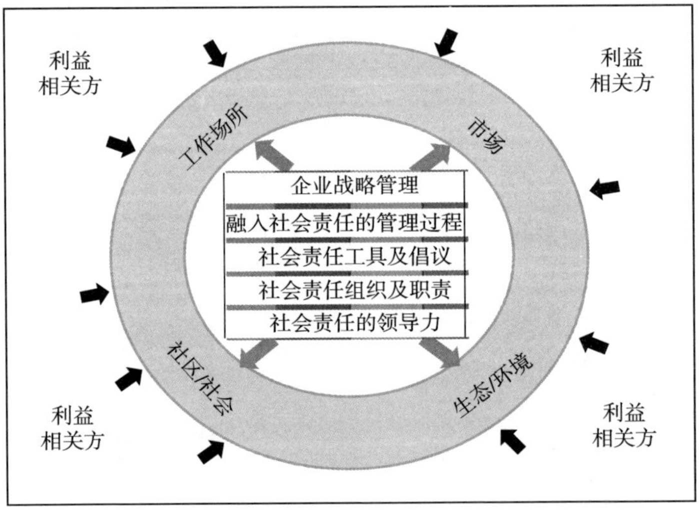

图 8－8　社会责任融入战略管理的全局

从整体上看，对于承担社会责任最重要的是，要认识社会和环境方面的挑战，要在所有管理过程阶段中都考虑这些挑战，并且要采取适当的措施并明确组织上的职责来应对这些挑战。

因此，企业的社会责任可根据上述从内外两个方面定义为：在企业的过程、结构和活动的范围内去认识、考虑和应对社会的挑战，以达到使企业活动的负面影响最小化和正面影响最大化的目标。

综上所述可以得出结论：

——企业战略管理的特点是，有目的地并具有前瞻性地应对环境变化的挑战。其目的在于要保证企业长期的成功。当今企业长期成功的基础是企业要具有前瞻性的应对经济、政治、生态、社会和道德方面挑战的能力。

——企业战略管理中的社会责任可通过两个方面具体描述：

外部管理（企业 - 环境关系管理）：这一关系描述企业在社会中的角色。企业和它的环境之间的互动关系的特征可通过如下的问题来说明：

——企业在何处产生影响？

——企业影响到谁？

——谁向企业提出什么要求？

根据这些问题可确定企业的社会责任的责任领域和解释所存在的影响的关联性。在企业和环境间的互动关系中产生的挑战是理解社会责任融入企业内部过程的起始点。

内部管理（企业内部管理过程）：企业内部管理过程提供了社会责任如何落实的结合点。管理过程的阶段（职能）、组织结构（制度）、所应用的方案和工具（工具）以及人力（能力）构成考察和检验社会责任融入企业战略管理过程的基本框架。

以上内外两个方面相互补充并构成企业履行社会责任的完整的全貌。如前所述，对社会责任融入企业战略管理具有决定意义的是，认识社会的挑战、在管理过程各阶段中考虑这些挑战，并需采用适当工具和措施、明确组织的职责和具备相应的领导力来应对。

所以，认识社会的挑战被认为是履行社会责任的起始点。这意味着，企业要把社会责任融入战略管理，就必须对具体的行业、具体的企业的情况进行具体的分析，因为它们的社会挑战不同，其利益相关的群体也不一样。

对于每一个企业来讲，都可从理想化的模型方法中得到加强对社会责任和社会责任如何与管理相结合的理解，但每个企业内部具体的管理和组织过程都存在差异，实施社会责任、实现自身发展和可能做出的社会贡献都需要有一个量身定制的方案。

本章提出将社会责任融入战略管理全过程的总体框架模型，为解决“如何”这一关键难题提供一个系统化的方法和路径。

2 社会责任融入战略管理的核心问题

社会责任的内容、边界的确定和实施，随企业不同而各不相同，是特定的、具体化和系统化的过程。社会责任事实上成为企业或组织的核心竞争力与考虑诸多因素相关。

在前一章中我们弄清楚了企业社会责任融入战略管理过程的必要的条件，这就是必须理解：

——融入的客体，即企业社会责任的内容

——融入的对象，即企业的活动（即企业管理过程及与企业相关的关系）

——融入的保障，即组织形式，管理工具和必要的能力等

不过，对这些方面的理解还不是企业社会责任融入战略管理的充分条件。无论是社会责任落实的形式，还是企业对社会负责的管理都不存在一个现成的拿来就可用的现成的方案。企业或组织的社会责任的内容、边界和实施都是企业管理的组成部分，是一个随企业不同而各自相异的、特定的具体化和系统化的过程。社会责任融入企业或组织战略管理使社会责任成为其中的核心要素。应当指出，在战略实现的实践中，社会责任最终成为企业或组织的核心竞争力是与诸多因素相关的。

2.1 结合企业具体的实际情况

在履行社会责任时，要求每一个企业，要认识与它的活动相关的挑战，并把它们转化为它的社会责任的内容。实施社会责任离不开对企业和行业背景的考虑。这也是负责任的企业管理只有具体的而没有普遍适用的形式的原因所在。因此，企业必须考虑和斟酌实施社会责任的具体形式。

总之，企业必须依靠一个处理广泛主题并采取行动的社会责任的方案。企业如何认识社会挑战或不同利益相关方的要求，把这些要求变成企业社会责任的内容，以及如何在此基础上构建落实内容的过程、组织结构和行动计划，就成了负责任的企业管理的中心议题。实施一个对社会负责任的管理方案，无论对促进内部积极的变化过程，还是对参与构建同外部环境建设性的关系都极为重要。

要明白如何才能将企业社会责任系统地融入到企业的管理，不得不从企

业管理说起。企业管理考虑的中心是企业的全过程及其结构和所从事的活动。企业管理的任务在于，以前瞻性的眼光应对经济、政治、生态和社会方面的挑战。社会方面和生态方面的挑战通常总称为“**社会挑战**”。社会挑战是企业承担责任的起始点。由此出发，就可明确企业在哪些领域、有哪些主题、有哪些利益相关方、承担什么样的责任。负责任的企业为了满足相应的要求，必须力求使企业内部过程与应对社会挑战相适应，并采用适当的工具来规划自己的行动，如采用质量、环境管理体系，或者参加联合国全球契约的倡议等。

举例来说，对于人们普遍关心的食品工业的各种挑战中，包括从农业种植到食品生产、从贸易到消费者，这里具有的挑战性的主题是：

- 可持续农业
- 供应链上的工作条件
- 公平贸易
- 环境影响
- 食品安全
- 消费者意识
- 营养和健康

这些挑战表明，企业履行社会责任远远不局限于企业内部的过程，而且涉及企业所在的供应链。在供应链上下游，不同利益相关方可能要求食品企业履行社会责任，其中包括对农户、对供应商以及对消费者的责任。此外，食品企业对消费的方式也要承担部分的责任。

企业考虑社会责任的中心点是，不仅确定社会责任的内容，还包括确定社会责任的边界，并在企业管理的框架内具体实施。企业责任的内容是基于它面临的与它的活动相关的挑战来定义的，而责任的边界则要通过考虑与其价值创造相关的挑战来界定。

实施负责任的管理的具体形式取决于如何构建适当的管理过程、组织结构和运用相应的工具，其中包括：

- 社会挑战的分析
- 企业的政策和战略
- 组织结构
- 运用的工具和方案
- 利益相关方的沟通

国际经验表明，不同的企业对社会责任的理解和实际实施都有极大的差别。

例如，一些企业把落实社会责任的重点放在改善环境上，而另一些企业则把它的生态和社会行为作为社会责任的行动领域。此外，考虑供应链的责任范围向上游和向下游延伸的情况也不相同。一些企业以考虑内部过程和供应商选择为重点，而另外一些企业则把满足消费者方面要求也作为自己的责任。在企业政策方面，有些企业制定了环境保护的指南和目标，而另一些企业则在政策中考虑了与利益相关方的关系，例如与员工、消费者和竞争者、公民社会之间的关系。

就实施社会责任的组织讲，一些企业未精确地在内部定义社会责任的实施和协调，或者职责的确定以环境和质量为重点，而另一些企业则以产品开发或市场开发为主，或由公关部门牵头，或者设立专门的社会责任部门，或根据临时需要成立工作团队。

在参加国际倡议和标准方面，先进的企业对国际标准化组织的环境标准和质量标准都有很高的要求。不同国家和地区企业参加和实践国际倡议，其中包括联合国《全球契约》《全球报告指南倡议》和《国际劳工组织公约》等的情况都有不同。

在与利益相关方交流方面，在各个不同的国家和地区之间存在很大的差异。一方面，一些企业认为更有义务而且更应把利益相关方结合到企业的过程中；另一方面，也有一些企业常常把品牌和形象的提升当作考虑社会挑战的主要动力。

此外，企业最高领导层对社会责任的承诺和参与的程度不同，支持履行社会责任起到的作用也是不一样的。从贸易和投资者方面考虑，企业把相应的挑战作为履行社会责任的要求的情况也有差别。

综上所述，把社会责任融入企业管理必须结合企业自身的管理实际。企业社会责任必须作为企业的整个过程、活动和组织结构不可分割的组成部分。

首要的一步是，每个企业要有自己对社会责任的理解。同时，要发现与自己企业活动相关的社会和生态的挑战，并且把它们转化为社会责任的内容。社会责任的实施不能离开考虑行业或企业的背景，必须考虑行业具体的特点。企业的政策和战略必须与不断变化的挑战相适应。企业实施社会责任必须明确其任务和职责，把社会责任当成管理的任务。并且要调整企业的组织结构，运用适合的工具和方案才能支持有效地落实社会责任。为此，一个行业的企业共同参与开发倡议和建立法则是行之有效的。负责任的倡议和法则可根据行业的要求量身定制，它也有利于利益相关方积极参与和相应的能力建设。

优秀的企业实践证明，社会责任融入企业管理的“关键要素”和不可缺少的组成部分是企业社会责任与核心业务相结合和企业与利益相关方的互动关系。在欧盟社会责任的文件中定义企业管理的任务是“有效地应对生态和社会的挑战”，“把社会责任从根本上融入企业的战略、管理措施和企业的活动”。

为使从战略高度系统化地实施社会责任成为可能，企业可根据自身的情况，参考本章提出的管理框架，将企业社会责任内容、企业管理过程、与企业相关的关系和落实组织保障形式具体化。此框架也可用于对企业社会责任融入战略管理的形式和程度进行系统化思考、检查、权衡或比较的参照系统。此时，企业战略管理过程始终被认为是整个负责任的管理进程的主线。

2.2 对社会责任的具体理解

社会责任是一种理念和一个概念构架。它明确了企业在自愿基础上，以合法合规为基础，在自己的经济活动和与利益相关方的关系中要承担社会和环境的责任。在将社会责任融入企业的过程、结构和活动之前，每个企业必须对自身的社会责任有基本的理解，其中包括重新审视企业在社会中的角色。企业适当考虑其行动领域延伸的可能性，除组织企业的活动外，还应构建与市场伙伴和其他利益相关方对环境友好对社会和谐的关系，也就是说，企业在社会责任的概念构架中必须充实具体的内容和具体的活动。

对社会责任的理解一方面体现企业选择什么样的方案（概念和定义），另一方面也体现在它对社会责任的内容和边界的界定。其中包括：

——对社会挑战的理解和应对如何具体解释和描述，不同的企业可能有不同的概念选择，例如可持续性、社会责任、企业公民或企业问责等。

——对所采用的社会责任方案在实践中包括哪些内容方面，不同的企业可能有不同的重点，例如环境方面、社会方面或者同时包括这两个方面。

——社会责任活动自愿性的条件是要明确，首先遵守法律或者不仅遵守法律还在此基础之上自愿承担法律外的道德义务。

——考虑企业的责任不仅限于企业内部，企业价值链的上游和下游，以及企业的社会公益参与都是社会责任的组成部分。企业需要确定在这些方面在多大程度上履行社会责任，例如将上游或下游，或将上、下游同时考虑在责任范围之内。

——对自身社会责任必须理解为公开和透明的，以指导方针的形式来表达，要明确在内部和外部是否与哪些利益相关方交流，例如企业内部的员工，以及外部供应商、客户、监管部门等的沟通，认识交流产生的影响，或明确是否吸纳相关方的反馈意见。

此外，需明确是否或如何从战略上系统化地把社会责任融入企业的管理过程。

2.3 对社会挑战的全面认识

企业对社会挑战全面的分析认识是履行社会责任的实质性组成部分和重要的前提条件。社会挑战是企业履行社会责任的起始点。根据社会挑战企业得知，在哪些领域和企业活动哪些影响而要求它承担责任。如果企业对社会挑战没有系统的把握和评估，就不能用适当的方式去应对。

对此，与利益相关方的交流是可持续管理的一个重要的成功因素。利益相关方参与会大大有利于环境分析。交流有助于超前发现社会的挑战，使评估更加容易，并有助于加强企业的应对能力。

对社会挑战必须根据其对企业具体活动的相关性做出重要性评价。在战略上重要的挑战是，在行业和企业自身价值创造背景下，能对企业总体目标实现有正面的或负面影响的挑战。例如，生态环境影响、资源节约、质量意识、生物多样性保护、产品安全、消费者意识等。但也可能考虑到市场、形象、与利益相关方的关系，或企业高层意图或社会压力等因数。因此，评估挑战的风险和机会适合作为评价相关性的准则。这时，企业不应只局限于关注风险，因为从长远看发现挑战带来的机会具有重要的意义。例如，产品安全性挑战可能具有严重后果，即可能影响市场和消费者，但考虑它同时也是企业优化流程或改进质量的机会。理解实施社会责任的机会有助于开发新的产品和开发或创造新的市场。这样，企业就能把对社会负责的管理与经济发展潜力成功地相结合。

企业要确定其中哪些是主要的责任/行动领域，例如，把环境影响或产品安全作为主要责任/行动领域。此外，要估计企业能在其中哪些领域能发挥优势，产生正面影响，在应对主要社会挑战方面做出贡献。

企业为应对社会挑战必须有利益相关方的支持。企业要识别有哪些利益相关方，对他们应履行什么责任。企业需明确以什么样的方式在直接活动范围外，即在供应链上承担社会责任，确定企业对供应商或消费者的责任领域。例如，在供应商引入质量、环境或社会标准，提高消费者方面对社会环境意识等。此外，企业需要考虑有哪些挑战必须与某些利益相关方一起才能解决问题，例如，与供应商或消费者等形成战略联盟。

2.4　负责任的方针政策的制定

在企业对社会责任方案下具体的社会责任内容明确理解，并且识别出有哪些社会挑战之后，则要考虑企业的政策、责任的组织、实施的工具以及领导力几个方面，以此说明企业如何应对社会挑战和将它融入企业内部的过程。

调整企业的政策和战略是企业将社会责任融入企业内部管理过程的第一步。

责任方针政策的制定是社会责任如何融入规范和战略管理的问题。按照管理模型企业政策的范围通常包括环境分析以及规范和战略的阶段，企业需要系统的环境分析机制，并将社会的挑战融入指导方针、目标和战略。

识别和评价社会挑战是战略性的和超前的企业规划。应当考察对社会挑战的分析（识别和评价）是否系统地进行（是否是企业战略规划过程的一部分)？运用什么工具（实际中运用的工具可能选择：利益相关方交流、机会-风险分析、对标、组合分析等)？企业内部的职责是否明确（董事会或专门工作组)？

一个对社会负责的企业的基本原则、方针和目标必须反映它与利益相关方的关系和这些关系中导致的社会挑战的主题。应当说明，企业是否制定社会责任的方针或基本原则？明确的目标是什么？例如，关于环境，节能减排，以及与员工、消费者、商业伙伴等利益相关方关系，或健康与安全，社会参与等方面的方针。此外，还应说明，其方针和目标的制定在多大程度上考虑了行业具体的挑战，重点是什么？例如，产品质量，健康与安全，广告，价值链的责任等。

应当在社会和环境方面制定社会责任目标的指标。必须采用适当的战略使目标的指标转化为一整套措施。吸纳利益相关方参与对于调整政策和战略同样具有重要意义。

企业社会责任是否和如何反映在企业的战略体系中，即是否和如何将社会挑战融入战略体系可能有不同的情况。企业需要考虑，社会责任战略是通常的企业发展战略的组成部分？还是单独制定一个社会责任行动战略？因而有各种不同的情况，例如，综合发展战略，专门的社会责任战略、专项行动领域战略（例如，针对环境、健康与安全、劳工与社会、质量、人权等)、职能部门战略、产品-市场战略、投资战略和竞争战略等。

在国际上，有时企业社会责任领域的战略也称之为企业社会责任政策，如企业的环境政策、人权政策、产品质量政策等。此时，政策被用作是广泛的指导方针，保证整个企业的成员的决策和行动支持企业的使命、目标和战略。

2.5 责任组织和职责配置

调整组织的结构是成功实施社会责任的一个重要的因数。社会责任应当成为最高管理层的管理任务。同时，要处理的问题是，如何才能使社会责任贯穿企业所有管理层，融入企业整个决策和行动过程。一般看来，与企业各个管理过程相平行建立的社会责任部门只是一个过渡性的解决办法。在最高管理层设置的社会责任组织单元中必须有一位企业领导成员。社会责任组织高层除考虑咨询职能还应赋有一定的决策权限。例如，制定社会责任的目标或战略。社会责任组织中不同职能部门的代表和各个业务部门的参加有利于跨部门的沟通、决策和通盘实施。

社会责任在组织上的制度化要考虑的主要问题是，企业不同管理层对社会责任的工作担负什么职责，要按照社会责任制度化的程度考虑不同职能部门在组织上融入社会责任发挥的作用。

设定职责并使企业所有的层级联为一体是企业能长期和可持续履行社会责任的前提条件。同时，在企业融入社会责任也取决于通过什么组织结构的改变或调整才能与所识别出的社会挑战相适应。

在社会责任融入组织中的一个重要的问题是，在企业中谁对社会责任总负责？在哪些管理层社会责任的任务已在组织上落实？此外，还有可能出现的问题是，社会责任由一个新成立的组织单元的负责人主管，还是由一个现成的部门的人兼管？

有各种不同的情况，例如，企业未成立新的专门的负责社会责任的组织单元，社会责任由现成的最高管理层或董事会或通过职能部门兼职负责。或者专门设立新的社会责任部门或工作组，其中包括董事会的一个成员和不同职能部门的负责人或各个业务部门的负责人，以此作为企业最高管理层的指导机构，下设社会责任的办公室或制定职能部门具体操作等情况。

此外，对社会责任领域是否设置其他指导的或执行的委员会、理事会或工作组？在社会责任融入规范、战略和实施中它们之间负责的任务如何划分？例如，是设立专门的社会责任委员会，由企业领导与不同业务领域和职能部门组成，如企业公共事务和人力资源部门的专家参加，或是设立专题性的环境委员会、劳工委员会、质量委员会、沟通委员会，由董事会成员、由生产、研究开发部或市场部或环境专员参加等也常是考虑的问题。

社会责任在组织上的制度化主要需考虑，各方面对实施社会责任的具体任务是否有明确的职责和责任分工？企业组织各级的职责应当如何配置？

企业融入和实施社会责任有若干任务，这些任务需要各个部门相互分工与合作。

例如，社会责任的环境分析、方针目标和战略制定，以及报告和沟通是在最高管理层，还是放在社会责任委员会，或个别情况下放到部门，或者监控措施和培训分配给业务部门等。但有些情况下，是否可由各部门、各层级的专家组成多职能专门小组，形成网络共同完成任务，这样有利于通过矩阵结构交流沟通。还有的情况下，例如，成立专门小组专注于环境或质量管理，或明确负责供应链上下游的职责。

企业组织制度化中注意的一个重要方面是，要考虑各职能部门在应对社会挑战中发挥作用的程度。职能部门的重要性与它对社会挑战的关联度密切相关。为了能够应对这些挑战，相关职能部门必须赋有决策和处理权。也就是说，被认为对应对挑战是重要的职能部门必须包括在上述社会责任机构中。视企业不同情况，例如，发挥重要作用的部门可能是战略部门、产品研究开发、生产、营销、沟通或公共关系部门等。也有这样的考虑，即认为要成功落实社会责任，需要企业管理者对社会和生态的责任有高度的敏感性。还有这样的观点，认为人力资源部门由于在人力培训、指导、参与公益活动方面的管理职能，以及建立企业网络必要的技能，更有优势在应对社会挑战中发挥重要的作用。

企业需要消除社会责任融入组织的最大障碍，例如，一般出现的形式可能有责任分工不明确，缺乏专门知识，缺乏决策层和执行层之间的信息交流，或现有的组织结构存在的问题等。

2.6　实施社会责任的管理工具

有效地实施社会责任需要采用适当的管理工具和措施，其中包括，国际管理体系、社会责任国际倡议、利益相关方交流以及社会合作。

因此，企业具体考虑运用什么工具、参加什么倡议、以什么方式使利益相关方交流工具化和开展社会合作是落实负责任的管理中的一个重要的问题。

环境管理体系和质量管理体系与应对生态和产品质量的挑战有着直接的联系。在现实的应用中应结合社会方面的要求。议题管理、风险和危机管理都是适合识别及评价社会挑战的工具。供应链管理有利于与供应商交流和应对供应链中产生的挑战。此外，在改善供应链的生产中的环境影响和社会影响也会发挥积极作用。信息管理系统能系统地收集和处理相关的数据。客户关系管理可用作企业与客户间对话的工具。

不同的工具可用于不同的目的，例如 ISO 14000、ISO 9000、全球报告倡议 GRI、SA 8000 以及 OHSAS 18001 可用于认证，还有联合国全球契约、经济合作与发展组织跨国公司指南、国际劳工组织三方宣言等，可通过方针、目标、指标和标准的形式用作落实社会责任的工具。

与利益相关方的交流是企业对社会负责的管理的实质性组成部分。利益相关方的要求决定一个企业对社会责任要考虑的内容。此外，很多利益相关方适合作为应对社会挑战的合作伙伴。这里的关键问题是，企业是否、如何以及用什么方式与利益相关方交流。例如，与员工、客户、供应商伙伴、行业协会、环保组织或研究机构等交流，采用访谈、调查、会议或共同倡议、共同进行项目等，或者让利益相关方参与企业的决策过程等，有各种可供选择的形式。

利益相关方参与是履行社会责任的关键所在。因此，企业在分析、考虑、尽早发现社会挑战，以及在更好应对挑战的过程中，要重视利益相关方对企业的正面的作用，或者在企业规划过程中与利益相关方交流，把它作为战略决策的基础。

对于负责任的企业管理，利益相关方交流具有特别的重要性。它不仅是应对社会挑战的工具，也是识别社会挑战的工具，因此一些领先的企业注重系统地运用这一方法并使之工具化。企业与利益相关方的关系是社会责任融入的对象。识别利益相关方，构建有利于社会环境的互动关系，从认识社会挑战到做出决策，在管理过程的所有阶段，吸纳他们参与、考虑他们的期望、利用他们的知识和能力，对企业成功的企业管理都具有重要意义。

要吸纳利益相关方进入决策过程，企业可能遇到障碍，例如，缺乏对话意愿，顾虑时间成本或财务成本，或者在某些情况下出现的与信任相关的问题。

2.7 社会责任的领导力

社会责任的领导力是一个较广泛的概念，除通常所指领导力外，特别强调企业领导的承诺、参与，领导层和员工社会责任意识、沟通、参与的能力提升、教育和培训等方面，也包括构建负责任的价值观、负责任的文化、学习型和创新型组织的能力等。

企业实施社会责任的过程是认识企业自身活动的影响，认识社会环境（可持续发展）的挑战，而采取系统化措施的过程。企业与社会的互动和多方面相互依存的关系也是复杂的过程。因此，对社会负责的管理意味着为应对动态复杂的变化，必须采取有准备、有目标、有计划、有步骤的行动，才有可能实现为可持续发展做出贡献的预期。实现负责任的管理一个重要的成功条件是企业的社会责任领导力。所以，这种领导力首先强调企业领导者的领导力，也包括各级管理者和团队的领导力。

社会责任的领导者是鼓舞和支持为创造更美好的世界而采取行动的人。领导力是个人在特定环境下能力的特征。适应特别的环境要求具有特别的领导力、特定的行动和行为。

企业管理者，首先是最高层管理者要在可持续发展的背景下，系统地理解企业内部组织和外部环境的挑战，动态适应社会的要求，与利益相关方建立合作和信任的关系。要坚持负责任的价值取向和企业文化和以创新方式实现企业的目标和愿景。

社会责任的领导力应当更加强调集体领导力。这就是要求组织所有的层面和社会共同开展行动。领导的承诺和表率行为对推动企业对社会负责有着关键的作用。除了这种自上而下的影响，企业内部和外部履行责任的网络的行动也极为重要。企业需要通过各种方式和渠道，通过理论和实践的学习过程提升领导者、企业成员和整个组织的社会责任意识及实施社会责任的能力并形成有特色的负责任的企业文化。

通过对社会责任融入企业战略管理核心问题和可能的答案的探讨，能发现使社会责任成为企业管理的一个固有组成部分的可能性。在此基础上，可进一步研究创新的潜力。由此可以看出，社会责任融入战略管理的核心问题也是关系整个社会责任实施成败的问题（如图 8 –9 所示）。

- ➢ 对社会责任的具体理解
- ➢ 对社会挑战的全面认识
- ➢ 社会责任方针、政策的制定
- ➢ 社会责任的管理工具
- ➢ 社会责任的领导力
- ➢ 利益相关方的期望和参与

图 8 –9　社会责任融入战略管理的核心问题

3 中小企业的社会责任

中小企业社会责任的要求、内容和方式与大型企业有很大的不同。中小企业受创始人影响、战略和决策相对灵活，但为社会责任投入的资金和人力相对有限，应与外部网络合作，并充分利用外部的资源。

3.1 结合自身实际

本章主要面向中小企业描述实施社会责任战略的路径和方法，它对不同规模的其他企业和组织也有不同程度的参考价值。中小企业可针对不同行业的不同特点，以职工人数、销售额、资产总额来划分。我们只把这一名称作为中型企业和小型企业的总称使用。这里我们不把关注点集中在社会责任是什么，而是要着眼于理论上的方案如何转化为有效实践的路径。

中小企业的企业家一般都在某一个行业有特别的专长或造诣，企业的管理的特点大都不是偏重企业经济的管理型而是以专业型的管理为基础，所以企业管理与企业绩效和产品有更紧密的联系。这样的企业的组织不是依靠职业经理人，更多的是依靠经验或人脉关系来运作，往往以一种一般企业经济学做不到的有效的管理方式实现经营。认识这样的企业的优势，寻求一个与中小企业文化相适应的战略方案极为重要。这里管理学中的工具和方法与企业实际管理之间有较大的距离，也很难直接用于企业，用于评价企业的活动和使之在实践中获得应用的动力。

不过，每一个成功的企业都有一个战略，不管以什么方式，实施战略总是一个落实战略目标的管理过程。

3.2 面向未来发展

实施社会责任关系到企业的未来。一些中小企业参与公益慈善活动，以资金支援贫困和边远地区，参与抗震救灾，组织对社区有益的活动，如促进文化教育等，这些行动都是企业为社会做出贡献的行为。但如果认为这些活动就是企业的社会责任，则这样的理解就过于狭隘。只有当企业社会责任本身支持企业未来发展能力的时候，社会责任才会发挥它的潜力。只有当企业在经济、社会和环境三个方面同等加强了企业的身份象征时，才能显示企业的责任的能力。企业要想达到这一要求就不可能简单地通过一个或几个公益活动来实现。

实施社会责任意味着企业要面向社会发展，考虑与未来相关的主题，具有长期可持续的布局。这是一个以企业核心业务为中心的战略过程，这也表明企业要在经济运营中面对社会、生态和文化的挑战。企业只有在充分地、完整地理解社会背景的前提下才能成功地经营。所以，决不能把企业社会责任当作是一个“表白”或“装饰”自己的营销工具，而必须当作一个能产生企业绩效的管理手段。

按照可持续的经济绩效来布局，对中小企业的确是一个关键的问题，因为经济成功是社会责任的根本保证。实施社会责任是一个新的布局，它需要有一个新的思维，这是根本的一步。社会责任始于价值观，实施的基础是人和人的行为，企业要实施社会责任不是把一个一个的责任简单罗列或堆积到一起就可以了。实际上，在开始社会责任时，应在企业中对此先展开讨论，这是具有建设性作用的，因为这样会明显加强社会责任的支持范围和影响力。

应当指出，对中小企业实施社会责任，用一种“高大上”的理论性方法是毫无疑义的。如果这样做就意味着要建立一个新的企业，要有新的产品，新的生产条件，新的合同，新的伙伴，新的客户等。这种想法或做法是不切实际的，在实践中也会很快被企业所抛弃。一个有意识负责任地实施社会责任的企业可能会选择“从小做起”的战略。例如可能首先在市场中尝试一种新的产品，按照对社会和生态负责的方式挑选新的伙伴，或者使用新的能源，或者把提高员工满意度作为人力发展的核心。对中小企业来说，只要所有这些小小的步骤也都涉及一个跨部门的战略方案，如果谨慎地实施，在大多数情况下都将顺畅无阻。此外，充分认识企业社会责任具体措施的背景、目标和必要性，对战略方案进行开放式的讨论和沟通同样是非常重要的，要不然实施社会责任很可能就是一时的冲动，最终流于形式或者毫无结果。

对不同的企业实施社会责任可能有不同的方法和不同的内容。以下从变革过程的角度出发，把实施社会责任措施看成一个面向未来的变化过程，来讨论中小企业实施社会责任的框架方案，以此达到对实施社会责任在深度和广度上的了解。

3.3　实施社会责任的条件

为了使社会责任实施成功，中小企业也需要做好基础工作准备，需要具备四个方面的基本条件。第一，具有积极投入的企业领导；第二，具有代表广泛的项目控制小组；第三，具有充满活力的企业愿景；第四，具有乐观应对前所未有的挑战的开放性的思维。

企业领导：实施企业社会责任意味着要重建核心业务过程，这是必须由企业领导做出的决定。粗看起来这是一件很简单的事情，但认真考虑会发现这种情况正好关系到企业的一个深刻的变化。这在实质上意味着，迄今为止实行的价值观、目标和流程的情况不能适应形势的要求，管理方式必须改变，必须制定新的目标、新的价值观、新的流程。对一个受董事会委任的企业领导人来说，一个方向性的变化属于正常的业务范围，但对一个以个人或私人为老板的企业的领导，这就意味着对迄今为止的自我委任和建立起的传统提出了新的问题。在字面上看起来很符合逻辑，但在实践中这一步骤的影响不可低估，因为这直接涉及企业家本人。

项目小组：企业社会责任是负责任的管理方案，这个方案是依靠业务领导和员工转化为实际执行的行动来实现的。因此应保证，从计划阶段一开始，就考虑到企业所有部门和所有的层面，并使整个企业所有的知识都能用于制定社会责任的计划/战略。组成一个具有代表性的项目控制小组，负责整个变化过程，是一个解决问题的必要的办法。参加这个小组的人员不仅包括有充满愿景思维的企业代表，而且也有专业领域的实干家和精通运营业务的代表。项目控制小组的任务是保持与企业管理领导之间的联系，从内容和方法上做出实施社会责任的建议。

企业愿景：这里所指的愿景不是理论上的探究，而是一个实际的问题。一般在中小企业，人们很少问一个问题，5 年以后企业处于什么地位？更有可能提出的问题是当前或今年的合同和销售怎么样？当企业营运情况不佳的时候，检查社会责任的情况，可能是一个很有意义的事情。社会责任可能成为一个机会，成为加强企业未来发展能力的战略工具。

不过，如果一个企业要想把社会责任当作填补销售空缺，或者当作改善运营业绩不佳的补充措施，则它必须明白，经济目标的实现是与实施社会的和生态的目标不是分开而是同时进行的。从长期看，实施社会责任要有可靠的战略思维，但短期考虑很少立即有利可图。只有扩大视野，超越日常运营的考虑范围社会责任的实施才会有成功的可能。

为了能够开启一个连续的变化过程，需要有愿景的想象力。企业是在认识不足就开启一个变化过程，还是对将来的前景有足够的设想再开始社会责任，很显然这是不同的两种情况。在第一种情况下，可能出现一方面对未来有所想象，但同时又对经济发展表示担心。这种担心可能会限制创造性和潜在的判断能力，而后者正是实施社会责任本身所需要的。第二种情况是积极面向未来，用富有远见、勇气和力量去进行成功的变革，正是这样的思维和态度，可能使社会责任会在企业成功落实。

开放性的思维：为了建立一个有力推动变革的过程，需要时间和耐心，也需要循序渐进地和富有创造性地进行，特别是要避免偏见。除了实现愿景的决心之外，对于企业中和市场上出现的困难抱有开放性的态度是极为重要的。在变革过程开始时只存在问题而没有方案，有问题而没有答案。创新的道路需要开拓，为了真正制定在未来行之有效的方案，开放的不寻常的思维方式是必不可少的。对中小企业的企业主来说，这恰好是一个释放开放思维的大好机会。

过去的方案和过去的信念已经成功，足以发挥了作用，但这决不能保证未来的成功。开发新的方案需要有足够的空间。谁能开放地对待新的方法和新的思维，谁就能创造出新的特别有价值的解决方案和方法。

3.4　社会责任的理念

中小企业开始社会责任工作有各种可能的、不同的方法可用。

实际上，企业总是以这种或那种方式在履行某一方面的社会责任。对企业进行的活动的实际状况加以分析，在此基础上思考或着手社会责任可能是一个具有推动力和鼓舞力的做法。应当注意，要避免安于现状和寻求以社会责任作为“锦上添花”的倾向，因为这样就很难形成具有支撑价值创造力的方案。

也可不必采用这种方法，而是一开始就组织对企业布局的理念进行讨论。企业布局的理念决定一个企业的长期目标。企业布局表明企业的核心业务、企业的传统和文化以及在市场的目标。企业布局的理念不是一夜之间在很短时间内确定的，要决定一个新的、社会责任的布局时，也极不可能。

为了能够面向未来做出新的布局，可由企业领导人挂帅，成立一个专门的项目小组，提炼出企业战略布局的内容。项目小组可采用构建将来的创新方法。构建将来的核心内容包括三个阶段，即评价阶段、愿景阶段和转化或实现阶段。这三个阶段形成企业的社会责任和新的布局理念的基础。

评价阶段：这一阶段主要是对企业的现状做出系统化的分析和评价，首先是对核心过程中的劣势做出分析。这一工作在实际中并不容易，因为这要求真正客观的态度。不过，要找到与变革相关的切入点这是一个好的方法。比如，在哪里资源利用不合理，在哪里存在着协同不力，或在哪里存在工作内耗，或者在市场上哪些方面表现不佳。

愿景阶段：这里主要是应用愿景思维技术。愿景的形成一方面要通过创造性的手段使上一个阶段负面的方面转化为愿景推动力。另一方面，也要考虑未来的社会主题，可持续性是这个阶段的主要支柱。这一阶段工作的结果是，制订出一个有利于所有参加者、共同追求价值的愿景即一个远景规划。

转化阶段：这是最后一个阶段，这里是对未来进行现实的结构化的设计，使愿景能转化为可测的目标、中间目标和实现目标的战略措施。这一阶段工作的结果是，描绘出一个对企业有积极作用的、现实的、可测量的目标和措施。

以上工作的主要任务是要回答：我们是谁？我们提供什么？我们怎样发展而来？我们前进的方向何在？起草这样一个有关企业战略布局的文件，可以由一个人来承担，或由项目小组分工合作完成，但讨论的结果和最终版本的确定则要由企业领导来决定。

至此有了基本的文件，专门项目小组也做了许多工作。为了实施社会责任则需要有更多的时间和投入。

要实施方案或项目的工作，就不是项目小组成员单独能够完成的了。这时，往往会提出一些很实际的问题需要企业或企业领导做出决策，例如：

- 是否需要全职负责的人员？
- 已有的人员是否足以能胜任广泛的变化过程？
- 工作增加到什么程度才不影响正常工作？
- 重要的还在于，如何调整时间计划与日常工作相适应？

按照以上方式形成的企业理念是对目标达成的共识，是实现变革过程的指导思想，也是项目小组继续工作的依据。这一面向未来指导变革的“战略布局”并不一定是特别的完美。根据经验，在由理念走向实践的实施过程中，在必要时还会有再次的修改，直至所有的员工和商业伙伴都完全理解时，方可对外公开发布。

3.5 社会责任的过程

接下来的一步是，如何将企业的理念变成企业的实践。这就是说，如何按照既定的目标实施社会责任的理念，这时应当进行的工作是，要把新的理念清晰地转化为实践的措施和步骤。这时，一方面要及早并以适合的步骤，把新的观点告知客户并获得他们的反馈。另一方面又要平稳地以适当的速度带领所有的员工，既保证日常经营和工作进行，又要使之具有新的质量。

这一过程不仅需要员工的参与，而且也需要企业领导多方面的参与和行动。这时，需要有一个清晰的考虑周全的过程结构，全面考虑组织发展过程中的各个基本过程。

实施社会责任的基本过程可简述如下：

诊断过程：诊断过程的主要作用在于，对企业的地位形成意识和认识。这一过程所涉及的是，对企业状况进行开放性的、无偏见的透视，找出问题，收集事实，进行询问和调查并形成自我诊断。典型的需要回答的问题是：

- 需要做哪些分析，才能根据企业理念制定可衡量的目标？
- 怎样才能避免劣势？
- 理念成为实践会涉及哪些流程？
- 过去的哪些优势有助于推动稳定的变革过程？

构想过程：此过程的作用在于加强意愿构想。构想过程不仅从一开始就存在，而且在整个实施过程中始终处于中心的位置。确定愿景、使命和目标，确定未来的模式、制定战略和计划都属于这一过程。典型的需要回答的问题是：

- 我们的愿景和使命是什么？
- 怎样做才能实现愿景和使命？
- 未来的工作场所是什么样的？
- 我们的发展方向是什么？

心理过程：心理过程以思想状态的变化为主题，因为所有的参与者都是以一定的思想状态对变革做出反应的。一般情况下，在变革的过程中往往对思想状态这个因素考虑不足。实施社会责任是企业的一个新的布局，需要所有的人有很大的情感上的投入，除了信心和期待，也会出现担心和反对的情况。所以，用开放的心理对待变革过程是很重要的。这里的主要问题是：破除旧的不利局面，建立重新适应的关系，转变思想、期望和立场。可能要回答如下一些问题：

- 怎样注意并考虑项目小组成员的认识过程？
- 如何吸收员工参与实施社会责任？
- 必须摒弃什么？
- 哪些思想、期望和立场必须转变？
- 哪些可能的因素会导致产生疑问、问题和意见？
- 有建设性的战略应对可能出现的阻力吗？

学习过程：因为社会责任推动的可持续性总是与新材料、新流程齐头并进的，很显然在技术工作领域需要学习。而在管理、服务、商务和社会活动中，也需要学习，要增加社会责任的知识和能力，一般有很大的需求，而且必不可少。学习过程必须是一个加强知识和能力的过程，例如通过培训计划，或参与示范项目等措施。企业需要回答的典型的问题如下：

- 需要什么知识、能力、经验才能实施社会责任的理念？
- 已具备/不具备哪些条件？
- 有应对知识、能力不足的计划吗？
- 如何在保障运营的同时组织学习过程？
- 怎样才能使社会责任和人力发展保持同步？

沟通过程：为了能展示企业的可靠性和开放性，同时也特别出自对商业伙伴和客户的考虑，需要有一个开放性的沟通思路和方式。企业社会责任新的布局、意义和目的必须是透明的。为此，必须为理念认同和解除疑虑创造对话的可能性和空间。沟通过程往往是一个估计不足的过程。回答以下的一些问题可能对沟通很有帮助：

- 告知员工、客户和伙伴关于企业新的布局，制订有一个方案吗？
- 能保证信息可靠传达吗？
- 与员工、客户、伙伴一起讨论与此相关的问题有可能和有疑问吗？
- 在目前描述的主题范围内，企业所处的地位如何？
- 怎样能有效地对企业形象产生积极的效果？

执行过程：在完成分析、计划和战略的文件制定之后，就到了执行和开始行动的时候了。应当创造良好的氛围，新的环境条件。例如，引入新的可落实社会责任的工具和结构。需要解决的问题可能包括：

- 人人都了解贯彻社会责任理念对工作岗位有什么影响吗？
- 如何支持员工在工作岗位上落实社会责任理念？
- 什么时候开始启动？
- 如何鼓励员工支持新的尝试？
- 有一个标准可评价或进一步完善新的经验吗？

变革过程：整个变革过程的计划、预算、协调、时间表必须由企业领导和项目小组做出有约束力的决定和控制。实现这一过程要回答如下的问题：

- 实施社会责任随之带来哪些结构上的变化？
- 所有必要的步骤的时间和预算产生在什么地方、如何产生？
- 绩效和部分绩效如何控制？
- 必要时如何修正流程？

每一个基本过程可以是并行的或者按相互交替的顺序进行，每一个基本过程有自己的速度和自身的特点，在各个基本过程之间存在着相互协同，在日常工作中常常相互影响。重要的是，在整个过程中它们要得到全面的考虑。如果不是这样，则实施的过程可能会发生挫折。但应当指出，在每一个企业中，这些过程的相互作用是不一样的。

3.6　社会责任的时间表

前面所提出的问题涉及多个层面，并且有些是很复杂的。所以这些问题可理解为实施变革过程的框架要求和作为进一步考虑其他问题的建议。直至问题真正解决并显现结果，需要时间、需要投入和大家共同的努力。

实施社会责任涉及许多的人，对此需要吸收所有员工参加，必须重新定义产品和绩效，确定新的业务范围，并且与新的客户伙伴一起定义面向未来的市场定位。

经验表明，将社会责任理念落实到日常经营，使企业成为有活力的、成功可持续发展的，需要设置合理的时间表，需要制订现实的、可实现的目标。从长远看，企业可设定区间较好地完成整个方式的转变。由于这是一个变迁过程，要与日常经营过程并行，需要有耐心、敏锐性和专注精神。为了能从根本上克服变革的担心和信心不足，选择一个谨慎的进行方式是很有必要的。

值得注意的是，社会责任项目小组在工作一开始就应在总体上了解组织发展和社会责任开展的方式，要利用已有的社会责任工具和经验，去寻求各种解决具体问题的方法。

其目的应当是，为正确理解和落实社会责任和可持续性，实施社会责任不仅要使企业结构和发展方向发生变化，而且首先也要使员工的能力得到加强。只有这样，才有条件从责任意识到共同行动，可持续地推进面向未来的变革。

3.7　外部资源的利用

中小企业资源有限，实施社会责任不必建立庞大的部门，不必一定要专职人员。

许多情况下，一些中小企业的领导在专业和业务上都有主导性的优势和影响，他们也同时负责企业的管理。对于这种情况，合理利用外部资源，支持促成相关的变革过程，总是很有意义的。特别是，当他们在所有涉及的管理和过程变革方面自己没有完全把握的时候。

中小企业可利用行业领域和供应链的优势，寻求团体、协会和伙伴提供外部资源的支持帮助。必要时，也可利用专业咨询机构协助工作。这意味着，最好要选择具有企业管理经验，或具有管理背景的外部咨询机，有能力、通过如下方式、在一定的时间之内、提供有效的支持，例如：

- 以问题为导向、组织定制的专题讨论会
- 联系管理和运营实际，讨论并提出建议
- 提供理论与实践相结合的合格培训
- 组织利益相关方沟通对话，促进企业绩效改进
- 在可能的情况下，利用其他企业和网络的经验和理念，支持变革过程

中小企业通过内部和外部资源的合理的结合，可以节约时间和资金。企业领导和项目小组可把主要精力集中在与企业特别相关的内容上，例如，仔细地准备有关社会责任的决议和文件、制定企业新的发展策略和战略。

应当特别指出，企业履行社会责任与市场发展、社会背景、企业所在行业、企业的业务类型、企业发展的历程和文化紧密相关（见作者提出的社会责任四要素），同时还要考虑它们的人力、财力、物力和影响范围等情况。也就是说社会责任是一件“量体裁衣”“量力而行”的事情。因此，“大、洋、全”的时髦，千遍一律的“八股文”或教条式的方式不仅不适用，更是浪费企业的金钱和资源。

实践证明，对于企业来说，走社会责任之路不是像散步那样随意。实际上，社会责任是企业必须自己发现、自己走出的通向可持续未来的一条道路，一条谨慎前行的道路。

实施社会责任是一个使市场充满活力，使社会树立诚信意识，使环境具有生活价值的变革和变迁过程。为社会责任而投入是高尚的、值得的。

3.8　中国中小企业潜力巨大

2018 年国务院促进中小企业发展工作领导小组工作会议指出，中小企业贡献了 50% 以上的税收，60% 以上的 GDP，70% 以上的技术创新，80% 以上的城镇劳动就业，90% 以上的企业数量。数据表明，中小企业是国民经济和社会发展的主力军，是建设现代化经济体系、推动经济实现高质量发展的基础，是扩大就业、改善民生的重要支撑，是企业家精神的重要发源地。

迄今，中国中小企业在社会主义市场经济体系中成就卓著，在未来通过社会责任实现可持续的创新发展具有巨大的潜力。

第九篇
社会责任融入组织系统

1　社会责任系统化组织

实施社会责任是一个关系企业或组织战略性的、全局性的、跨部门和领域的任务，必须通过适当的组织形式、结构，要求配置适当的资源、职能和能力，形成有目的的、动态协调的组织系统。

1.1　社会责任需要保障组织

履行企业社会责任在实质上是企业为可持续发展实施系统化管理。它涉及企业所有的部门，包括各种任务，如制定战略和与此相一致的方针，建立组织结构，建立沟通和信息系统，建设领导能力，进行意识培训和开展各个项目等，都属于这一任务范围。

落实社会责任需要有多方面的条件，其中之一是社会责任的组织保障。无论已经采用和或未采用标准管理系统的企业都是重要的。已经采用标准管理系统，如ISO质量管理或环境管理系统的企业，需要考虑企业社会责任的要求与此的联系，是否有必要在组织上采取相应的措施，从而有效地改进可持续管理。对于没有采用标准管理系统的企业则是考虑以企业社会责任为中心建立管理系统的机会。

在企业开展社会责任的现实情况中，社会责任常被认为是一个额外的负担或任务，或者社会责任只当作是企业中公共关系部门、沟通部门或社会责任部门的任务。因此，企业中不同的部门、各方面的成员对所开展的活动没有统一的认识。这不仅不能在企业内部形成企业社会责任意识，而且出现不利履行社会责任的因素甚至产生冲突或阻力。

有些企业虽然建立了负责企业社会责任的部门，或设立了企业社会责任经理岗位，但在组织结构上、职能划分上或运转机制上并未有系统化的考虑和设计，主管这一事务的部门或个人作为组织的要素处于孤立状态，其工作和开展的活动没有形成与核心业务的有机联系，这样在企业组织内不可能形成必要的协调机制。

再者，企业组织和社会责任组织自身的发展能力，企业社会责任经理的职业素质、专业能力、工作方式，特别是社会活动的能力和经验等方面与企业社会责任这一新的领域之间的差距，也影响个人工作效率和成就感。

由于上述类似的各种原因，企业开展的社会责任活动易于停留在表面和形式上，而且多数情况下也缺乏长远观点，只习惯于短期的甚至具有投机性的行为。这在客观上也难以获得不同相关各方，如员工、供应商、客户、非政府组织的广泛接受和支持。更不能达到预想的各个方面的相互受益，为企业产生新的可持续发展的动力。很显然，为可持续发展落实企业社会责任一定要有系统化的组织和保障，一个适合企业实际情况的科学的组织管理是落实企业社会责任的重要的和必要的条件。

应当注意，每一个企业的情况都是不同的，它们各自都有自己的目标、自己的文化和自己的环境条件。所以，确定企业社会责任的定位，坚持落实到企业组织管理，这也意味着要在企业产生一个变化过程。将企业社会责任只当作标签张贴是短期行为，将它落实到组织管理，变成整个企业和运营中实实在在的实际行动，才能真正显现社会责任的优势。这里的关键在于，不把履行社会责任当成一个额外的附加的过程。如果把它当作额外的事情，必然会导致增加成本。所以实施社会责任首先是一个让整个企业都能全面参与并能明确和统一企业思想的过程。一个合理的组织包括资源、协调、结构和流程是必不可少的条件。

1.2 社会责任的资源配置

组织实施社会责任需要有适当有效的人力、物力和财力等资源支持。对这些资源的考虑应当既满足当前的要求又能适合未来的发展。在决定投入资源时，企业应当基于自身的情况考虑社会责任活动按照程序权衡成本和价值，定期检查并在计划新项目时作相应调整。

成功履行社会责任在很大程度上取决于，企业最高领导如何确定组织的职责和权限。企业领导应当确定具有责任、意识、权限和资源的企业社会责任负责人或职位，使社会责任能在企业各个层次都能得到落实，同时能够易于向企业领导报告以不断改进社会责任。

企业社会责任负责人的责任可以包括与所有利益相关方的联系和企业多重责任。对中小企业这些职责可有企业领导自己承担。如果企业已建立质量、环境等管理系统，则企业社会责任负责人应当与这些专门管理的负责人合作，如同要与企业其他部门和员工及工会等方面合作一样。企业社会责任负责人在企业与其他部门协调合作的例子如图9－1所示。

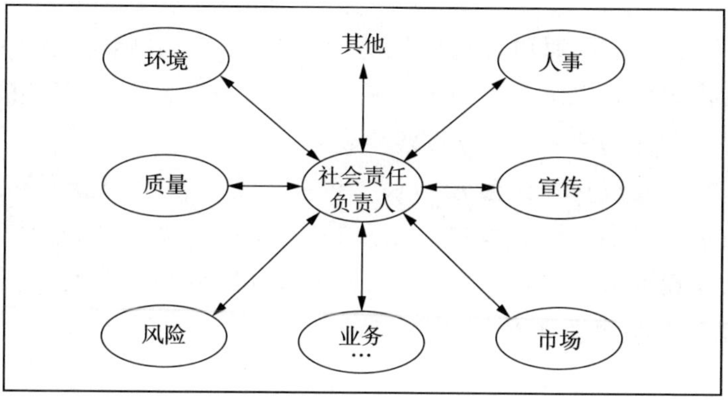

图9－1　企业社会责任负责人的协调与合作

企业应当确定所有与落实社会责任有关的人员的职责和权限并相互沟通。有企业最高领导所提供的资源应当能够满足落实社会责任的需要。当企业的结构发生改变时，企业社会责任的职责和权限应当重新审定。

为了能保证有效建立社会责任的管理系统，有必要适当地分配各级的职责，见表9－1。

表9－1　企业各级组织的社会责任职责

社会责任的职责	通常负责人
■ 确定战略方向	—总裁、董事长、总经理
■ 制定企业政策	—总裁、总经理等其他
■ 社会责任管理的评估	—企业最高领导
■ 保证遵守法律法规	—企业各层所有领导者
■ 制定 CSR 目标和规划	—分部、部门负责人等其他
■ 检查 CSR 总体绩效	—社会责任负责人或专员
■ 持续改进	—企业各层所有领导者
■ 落实社会责任要求	—企业所有员工和工作人员
■ 了解客户期望	—销售、市场或质量专员
■ 了解供货商要求	—销售、市场或质量专员
■ 财务流程开发应用	—财务、会计和风险负责人

社会责任必须融入企业的核心业务的全过程，融入管理和运营的各个层次。每个企业都有不同的结构，落实社会责任的基础、流程和责任划分均不尽相同。中小企业受人力和资源限制，企业领导者可能承担表 9 – 1 中所列的大部分甚至全部职责，这取决于企业的具体情况。

1.3 社会责任的动态协调

在企业中每一个所属单位的变化不仅可能会对企业的全局产生影响，也可能会对其他相关的单位产生局部影响。为了成功组织社会责任的实施对企业社会责任有系统化理解是十分重要的。

为了坚持和实现可持续发展目标，企业需要开发学习能力和提高意识，这是企业发展的基础。只有当实施社会责任的必要性被广泛理解和接受，按照预订计划实现可持续发展目标，才有可能成功改变企业的面貌。这意味着，变化的过程会影响企业各个层面和成员，他们的广泛参与是可持续的重要条件。

在企业外部也是一样。对供应商来说，履行社会责任不仅是规定行为准则，更重要的还在于要让他们能够接受并且有可能广泛参与制定准则的整个过程，共同合作树立社会责任的意识和采取解决相关问题的措施。要解决与社会相关的问题需要企业通过合作寻求最佳和共识的解决方案。在原则上组织应当面向将来，通过落实企业社会责任的愿景，激发外部变化过程的正能量。

当今，企业和任何组织一样，不得不经历深刻的变化，而且变化的周期也越来越短。企业必须尽早感知自己环境的变化并对此做出回应。企业对一些边界条件，如公众的意见、政府和非政府组织的活动以及技术和经济的挑战，都应始终有所准备，都需要保持开放的态度和对话沟通，并且与变化的期望和形势相适应。

社会责任实践表明，考虑社会责任的基本原则和指南，考虑管理的标准化和选择适当的工具都是重要的，但这些只是落实社会责任的挑战的问题的一部分。关键的问题还在于，要解决企业中各种社会责任的任务何在？组织上如何归口？如何协调和怎样才能有效地完成？从设立咨询部门到建立专业部门直至组成跨部门的委员会，不同的企业具有不同的方案。

这里一个经常提出的问题是，应当由哪一个部门牵头负责企业社会责任？社会责任协调任务是由环境部门或人事部门来承担，还是由公关部门或宣传部门负责更好？这不仅是一个内部组织和职能设置或分工的问题，而且也是涉及对企业社会责任如何理解和以什么基本态度对待企业社会责任和实施可持续企业管理的问题。

系统化组织实施企业社会责任需要建立与变化过程相适应的组织结构、确定组织分工和协调运转机制。实际上，系统化的组织除了对企业社会责任和企业可持续管理有正确的理解外，还应考虑企业社会责任活动领域、活动层次、管理系统、组织单元和管理要素等。这些问题将在下面作进一步的阐述和说明。

1.4　可持续发展过程系统化组织

系统化的理解对成功履行社会责任是重要的。要达到经济、社会和环境可持续发展的目标，必须要有通向此目标的路径。这是一个变化过程，社会的变化、企业的变化和人的变化，这一变化过程本身必须符合可持续的基本原则，企业社会责任的系统化组织方法会有助于为企业构建变化过程和不断发展的方案。在这个方案中，企业在组织上是一个统一体，整个系统是不断变化和发展的。变化是唯一不变的常数。企业一个组成部分的变化会对整个系统产生影响。如果要改变其中一个部分，这一改变会影响其他部分。在一个企业的具体模型中借助这 7 个元素可以考虑外部环境因素对组织内部进行系统化分析，寻求可持续变化改进的措施。图 9－2 中示出一个企业组织中的 7 个本质元素和它们之间相互关联的网络关系。其中包括：

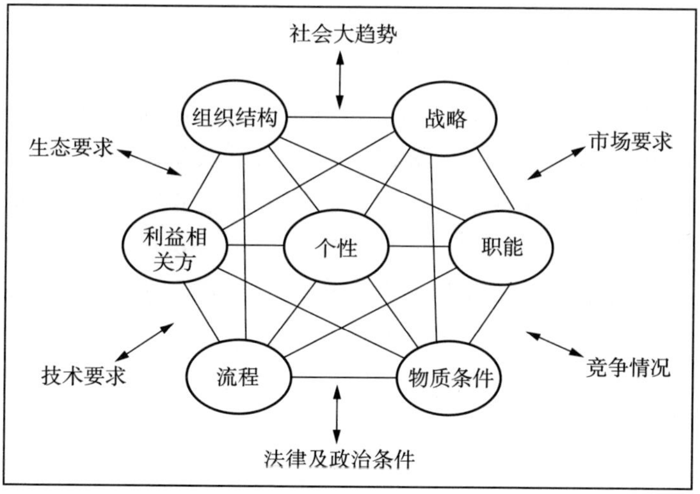

图 9－2　企业组织中的 7 个实质元素

个性：愿景、使命和价值观。它表明企业的社会任务、意义和存在的目的，也是系统化组织发展的核心关注点。

战略：政策、方案和长期目标。是系统化组织发展对各项进程统一性的要求。

职能：责任，任务，权限和角色。是系统化组织发展的组织协调原则。

物质条件：信息和沟通媒介，资金，工具，空间等。是系统化组织发展利用的资源。

流程：管理决策，信息流，目标实现路径，价值创造链。是系统化组织全员参与力求对决策达成共识的基础。

利益相关方：员工的专门技能、思维方式、感受、认知和气氛等。是正式的和非正式的关系。

组织结构：管理层次和构成原则。是为保持组织持续性和简化复杂性的规则模式。

系统化组织开发方案可以用于认识企业社会责任的行动层次和行动领域。企业把组织实施企业社会责任看成是成功实现可持续发展的变化过程。企业实现成功变化的过程包括实现诊断，定位将来，解决阻力和矛盾，沟通信息，学习，付诸实施和管理变化 7 个基本过程。

1.5 社会责任的行动领域

社会责任是一个复合体，包括许多行动的领域。企业的社会责任行动领域与企业的具体情况有关，也与行业和运营的市场有关。企业社会责任除遵守法律以外，还包括其他自愿性的对社会和环境可持续发展的贡献。在国际范围内，由于国家和国家之间的法律水平有很大的差异，所以各个国家之间法定的行动领域的具体内容也各不相同。很可能企业的某些社会责任的绩效在有些国家是自愿性的，而在另一些国家则属于法定的。所以，在国际范围内，由于企业社会责任自愿性的或非强制性的界限存在差异，因而企业社会责任绩效没有简单统一的可比性。尽管如此，企业社会责任的基本行动领域是可以确定的。对于这些基本行动领域，可按其对社会和环境的不同行动方面来划分。以下以一个典型的工业企业为例，说明与企业组织部门相应的企业社会责任行动领域。

1.5.1 核心业务过程中的行动

从核心业务过程看，企业组织部门，包括开发、生产、采购、销售各个部门，它们都涉及对生态/环境和社会产生影响。

企业社会责任在生态方面的主要行动领域可以分为：

- 企业中的环境保护；
- 生态产品开发；
- 供应链中的环境保护。

与此相似，企业社会责任在社会方面的主要行动领域可以分为：

- 员工利益；
- 消费者保护以及客户利益；
- 供应链中的工作条件和人权。

环境友好采购和采购中工作条件和人权都涉及供应商，所以在实践中这两个部分都属于供应链的问题。

1.5.2　社会和社区中的行动

除核心业务外，还有一个行动领域是企业在社会和社区中的行动，其中包括公平运营和商业实践，反腐败、供应商与竞争、说服倡导活动，以及其他形式的公民性和慈善性的社会参与行动，如捐赠、赞助、自愿者活动、企业基金和事业关联营销等。这些企业社会责任行动领域既包括生态方面也包括社会方面。

1.5.3　治理和管理系统

最后，企业治理和管理系统也考虑为行动领域。这是因为，虽然它们本身不代表行动领域，但它们是上述各个行动领域有效落实的必要条件。由于企业治理和管理系统在多数情况下对企业社会责任活动如何开展和以什么规模开展起着决定性作用，所以这一领域也可考虑为一个单独的行动领域，以此强调这一领域是落实企业社会责任必不可少的条件。这一领域包括在企业价值观中融入企业社会责任，在战略中考虑可持续发展趋势，在企业管理系统和控制中融入社会责任和采用标准管理系统，如 ISO 14000，以及在企业内部和外部开展与利益相关方的沟通与对话。

综上所述，一个典型工业企业从运营方面考虑，它的企业社会责任的行动领域的构成如图 9 – 3 所示。

根据企业战略可以确定企业社会责任行动领域工作的优先和重点，这也会直接影响到企业社会责任的组织。

1.6　标准化体系和系统化管理

企业社会责任战略实施是一个重要的管理过程。由于许多大型企业已经

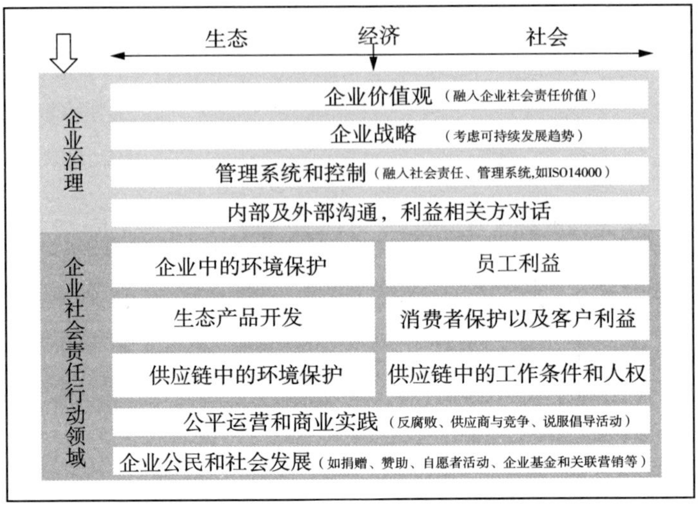

图9－3　企业社会责任的行动领域

采用了标准化管理系统，如质量、环境、健康和安全管理。在此基础上，要将企业社会责任的要求纳入企业管理系统，就需要考虑如何确定核心管理系统和考虑系统集成的问题。这在总体上涉及企业社会责任的组织结构、形式和流程。

为了加强环境保护的组织在20世纪90年代成功开发应用了环境管理系统。欧洲生态－认证－规定（EMAS）和国际标准化组织ISO 14000环境管理系统都是在质量管理系统应用和经验总结的基础上开发的。环境管理系统有助于遵守法律规定，此外还用于识别环保措施，包括减低成本和避免风险，它是企业可持续管理的重要组成部分。EMAS和ISO管理系统所要求的主要元素包括：环境评估、环境政策、环境规划目标和措施、结构组织和流程组织的定义，以及外部认证或审验。

应用环境管理系统对企业的主要优点是：

- 改善组织；
- 加强问责；
- 提高员工动力/环境意识；
- 减少废物；
- 节约成本；
- 预防风险；
- 保护资源（如能源、水）；

● 改进沟通/与官方的合作。

通过外部认证的环境管理系统，在很大程度上保证法律规定得到遵守，而超出法律之外做出的环境贡献则是自愿性的。只有部分企业除满足遵守法律的要求，还利用明显可降低成本的潜力，去达到更高的环境目标。先进的企业力求在产品开发中，不断采用环境管理过程，或者也在供应链中考虑环境保护方面的责任。在若干行业，如化学工业和汽车工业，环境管理系统用于大型企业很普遍。对于大多数中小企业由于考虑到成本的原因，它们放弃采用标准化的管理系统。

履行社会责任是对社会和生态可持续发展的贡献，履行企业社会责任是企业可持续管理的过程，环境管理是可持续管理的实质性部分，因而也是企业社会责任的核心元素。

迄今为止，企业中不仅应用标准化的环境管理系统，还应用标准化的质量、安全和健康的管理系统。一个常常提出的问题是，面对不同的管理系统，如何将它们有效地集成，使之有助于既达到各种要求，同时简化流程，避免目标冲突，并且既能通过外部认证也尽可能降低成本。从技术上看，标准化的管理系统的集成是可行的。因为这些管理系统总是具有相同的结构，其组成部分主要是：

● 基本原则和战略
● 管理
● 结构组织
● 流程组织

最常见的情况是，质量、环境和工作安全管理系统相结合，因为这些系统至今最为广泛应用。另外也有针对特定行业具体的管理系统，如食品生产中的卫生管理系统，也常纳入集成的管理系统。行业性管理系统的作用主要是用于遵守法律和规定。表 9－2 中示出主要标准化管理系统。

表 9－2　主要标准化管理系统

质量管理系统	ISO 9001，QS 9000，VDA6.1
环境管理系统	ISO 14000，EMAS
工作安全管理系统	OHRIS，OSHAS，ASCA，BS8800
卫生管理系统	HACCP

对于其他一些管理任务，如市场营销、人力资源、企业规划虽然也存在管理系统，虽然也可以被集成，但它们不是正式的标准化系统。只有标准化

的管理系统可集成和用于外部认证。企业在已经采用标准化管理系统的情况下，在此基础上通过一个集成的管理系统来实施社会责任是有意义的。

在企业尚未采用标准化管理系统的情况下，则有机会以企业社会责任活动为中心构建新的管理系统并将企业社会责任管理系统作为主要系统。应当指出，并不是每个企业都值得采用大量的管理系统的文件，因为这些文件总需要维护。

迄今为止，没有标准化的企业社会责任管理系统。在理论上，将标准化管理系统的元素推广到所有企业社会责任行动领域是有可能的，但这就意味着：要定义对组织的要求，要定义对绩效的要求，包括遵守法律规定，考虑行为准则，要从法规方面把促进持续改进的系统化管理元素，如方针、目标和措施，用于所有企业社会责任行动领域。但从另一方面看，世界各国文化特点的差异，特别是在社会和员工利益方面的要求很不相同。社会责任绩效的这种非一致性决定了没有可能采用外部认证的管理系统的统一标准。此外，企业社会责任/可持续管理系统的开发成本和企业实施和认证的成本也都会很高。所以国际范围内开发 ISO 26000 达成共识的结果是，它不是标准化的管理系统，而是一个标准化的社会责任指南，也就意味着，它是一个将社会责任融入组织的系统化的管理指南。

1.7 社会责任系统化管理元素

落实社会责任需要有系统化的管理，通过系统化的组织来实现。对于企业社会责任成功融入组织具有重要意义的系统化管理元素是：

——社会责任融入企业的愿景

为了使企业社会责任不致成为企业各种各样的表面的不协调的活动，必须要把企业的生态社会和道德价值观实际融入企业的战略和目标中。要做到这一点就要制定相应的指导方针，也就是说将这一价值观融入到企业的愿景。制定企业自己的社会责任价值观，一般会在相关的领导层展开很有价值的讨论，这将有助于加强领导成员对企业社会责任的意识。

——有目标有措施的社会责任计划

为了开启一个持续改进的过程，制定一个企业社会责任计划，包括具体的目标和措施是必不可少的。企业社会责任计划是支持履行社会责任和协调任务的重要管理工具。同时它确保企业社会责任的重要性不会被日常的工作所排挤。对于员工、股东、客户和尖锐的利益相关方来说，一个高标准的社会责任计划始终是令人信服的证据，说明企业是在对环境和社会严肃地履行它的责任。

——员工代表参与社会责任

有各种各样的理由说明员工参与企业社会责任项目和委员会是有意义的。一方面，它们不仅代表员工的利益，而且在制定愿景和行为准则时能发挥建设性的作用。另一方面，员工代表是“员工利益”和“供应商工作条件”等领域理所当然的专家。员工参与企业社会责任活动时，由于不同的角色和不同的利益会有助于形成企业集思广益共同决策的文化。

——社会责任报告/可持续发展报告

企业社会责任管理应当通过一个连续的过程使企业外部的要求与企业内部的指导方针和企业行动达到协调一致。发布报告的目的是力求做到，使利益相关方能对企业的行动有全面的了解。只有按高标准要求发布报告和理解利益相关方的主要期望，才能做到这一点。可持续发展报告对外起到维护企业形象和保持与客户、投资者、官方和非政府组织沟通的作用。在企业内部进行报告的过程是企业内部系统总结的过程，不仅能够发现弱点和风险，而且也能推动内部的创新。有经验的企业把自己的员工当作最重要的可持续报告目标对象。因为没有任何一个其他的文件能够像社会责任报告这样提供一个关于社会参与、环境保护以及与此相关的企业目标的全貌，它也因此而激发员工的动力，增强员工对企业的荣誉感和价值创造力。

1.8　社会责任的组织形式

企业社会责任组织形式的确定取决于企业的使命、规模、行业、文化、业务结构、地点分布、风险范围和履行企业社会责任的水平等因素。不可能提出一个普遍适合的组织结构的理想模型。基于不同组织级别、相应的责任和作用等，可识别出若干个系统化组织元素，这些元素在目前大型企业的管理企业社会责任的经验实践中得到了证实。应当指出，这是一个一般化的描述，针对具体的企业需要根据具体情况考虑适合自己的最佳结构。如果把企业理解为多层组织管理的级别，大型国有集团公司、上市公司、民营企业等在相同的组织管理级别其责任和作用有极大的差别。所以企业社会责任的组织结构也就不能离开企业实际情况一概而论。

没有一个对所有企业都适合的实施企业社会责任的组织形式。什么样的组织形式是适合的，在很大程度上取决于企业本身的情况。也可以借鉴某些任务采用的经过考验的组织方式，或在必要时也参考其他企业的经验。

1.8.1 系统化组织的结构元素

一些企业把企业社会责任的组织归属企业的直属职能部门，如公共关系部、外联部、市场部、宣传部、传播部、总裁办公室等各种情况。设立企业社会责任的组织，一方面当然要根据企业的实际情况，另一方面也还需要考虑决策职能，协调和执行的组织结构和流程等因素，以及这种组织形式最终能否有效地将企业社会责任与核心业务相结合，实现企业可持续的管理。

前面已经强调，对于实施企业社会责任没有可能提出一个统一的、理想化的、对任何企业都适合的组织形式和结构。但可以基于企业社会责任在许多先进企业的实践，总结这种组织构建的基本考虑方法。除中小企业情况外，以下建议的企业社会责任系统化组织元素和方案主要针对大型企业的情况，无论是国有企业、民营企业或是跨国企业，或是上市公司，虽然它们的性质和组织管理形式不同，方案不同，但企业在复杂的任务和可持续发展的挑战下组织企业社会责任的系统化方法是相同的。

1.8.2 董事会/企业最高领导层

董事会/企业最高领导层是成功实施企业社会责任最重要的组织保障。董事会/企业最高领导层为可持续发展树立明确而持久的信念是企业社会责任绩效达到高度要求的主要前提条件。企业社会责任或企业可持续管理如同其他任务一样，最终也应是董事会/企业最高领导层的责任。一些企业决定一位董事会主要领导专门负责企业社会责任，或由董事长/总裁/副总裁亲自负责。把社会责任的任务明确归于董事会的一个主要领导负责是有益的，因为这有利于尽快做出决策。如果董事会集体负责，社会责任的主题只有通过董事会的会议和按照日程才能做出决议。同时，在董事长/总裁/副总裁具体负责的情况下，某些问题可以更为经常和深入地得到讨论。不仅问题解决的渠道更直接和快速，而且董事会也更了解企业社会责任实际实施的情况。

1.8.3 跨部门协调委员会

在建立组织结构时，应当考虑到企业社会责任是一个跨部门的任务，它涉及多个很不相同的行动领域和不同的企业部门。为了能够将企业社会责任融入到核心业务中，相关的业务部门一同参与是必不可少的，因为它们必须赞成社会责任规划并且承担任务执行。

除了在董事会/企业最高领导层下指定业务部门负责人兼管企业社会责任的情况之外，通常在董事会/企业最高领导层下直接设立一个跨部门（协调）委员会，由它集中协调，和定期开会处理融入企业社会责任的相关问题。这个跨部门（协调）委员会在不同的企业有不同的名称，如可持续发展理事会、可持续委员会、社会责任委员会等。这是董事会/企业最高领导层下设立的一级工作小组，它的主要作用还在于集中在企业业务领导线上的主要参加者，集中所有的信息，集中跨部门的各方面代表，通过这种组织形式保证在各级负责任的职权范围内使企业社会责任的规划、措施和计划得到贯彻执行，将企业社会责任融入组织和管理（如图9－4所示）。

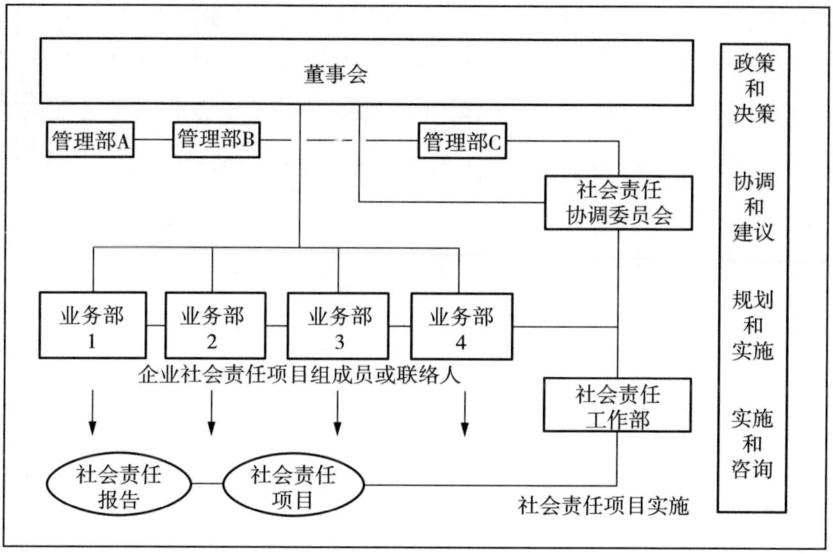

图9－4　社会责任系统化融入组织的结构元素（大型企业示例）

1.8.4　社会责任部

企业建立企业社会责任或可持续发展部，其名称可能因企业不同而不同，如社会与环境发展部，可持续发展办公室，企业公民部，企业社会责任处等。在多数情况下，企业社会责任部不在企业的业务线上，它为跨部门协调委员会工作，完成为在委员会共同做出决策的有关分析或相关准备工作和推荐意见。一般情况下，企业社会责任部的主要任务包括：可持续性沟通和可持续性报告，处理和监控企业社会责任的主要主题，观察和评价利益相关方的要求，提出具体的项目建议并为社会责任协调委员会提出实施的建议，与各业务部门保持沟通联系，推动企业内部共同参与项目和企业外部的合作等。

1.8.5　社会责任项目组

为了组成企业社会责任项目组，为了使与各职能部门和业务部门的协调、联系和任务执行更为容易，企业相关职能部门和各业务部门应当任命参加企业社会责任项目的成员或与企业社会责任部的联络员，他们可以是专职的或兼职的。

1.8.6　组织结构元素、职能和任务划分

以上这些不同组织层面和组织结构元素之间明确的职能和任务划分，各级之间有良好的沟通联系，企业社会责任跨部门委员会全方位的协调，与董事会和各业务部门行动一致等，不仅会有利提高运作和决策的效率，而且通过这种方式也有利于将企业社会责任融入战略和组织管理。表9－3示出企业社会责任组织结构中结构元素、构成和职能以及任务划分的典型情况。

表9－3　社会责任组织的结构元素、组织、职能及任务

组织结构元素	构成和职能	任务
董事会	董事会中一个主要领导直接负责企业社会责任	直接负责的主要领导 ——作为整个董事会中企业社会责任的代表 ——向董事会建议企业社会责任的决议 整个董事会 ——企业社会责任融入企业战略 ——在董事会决策中考虑企业社会责任 ——对企业社会责任项目做出决策 ——确定企业社会责任的目标
企业社会责任（协调）委员会	委员会由业务部门的代表组成。有些企业在此委员会中也有一个董事会的成员。	——向董事会提出推荐意见 ——决定企业社会责任项目和措施 ——项目和措施的合作开发
企业社会责任专职（咨询）部门	企业社会责任部可以作为咨询部门为协调委员会工作，在必要时为分管企业社会责任的董事会领导工作	——为协调委员会和董事会提出建议和分析结果 ——执行项目，必要时吸收各业务部门或职能部门人员参加项目组 ——信息管理，即搜集、整理和分发企业内部和外部与企业社会责任相关的信息
职能部门或业务部门在项目组的专员或联络员	职能部门或业务部门如何负责企业社会责任，其情况各有所不同。 例如，职能部门的人员除本职工作兼职企业社会责任。 或者业务部门中的专职人员负责企业社会责任。	根据组织布局情况确定 ——信息沟通 ——信息提供 ——咨询 ——参加社会责任项目组

要把企业社会责任作为企业的战略，不是当作可有可无或额外附加的任

务，所需要的重要条件是：

- 企业领导对企业社会责任无条件的承诺
- 企业决策机构（董事会）的参与
- 职业化的企业社会责任管理
- 企业所有利益相关方参与计划和实施
- 企业社会责任融入所有流程和控制范围
- 内部和外部透明的沟通
- 拟定企业社会责任的计划及目标和措施
- 评价企业社会责任目标和流程

以上这些先决条件既体现了企业战略的差异化，也决定了企业所有各个组织级别的职责。满足这些条件的基础是系统化管理需要的合理有效的企业社会责任组织。

1.8.7　系统化组织中的其他考虑

企业社会责任的系统化组织中还有其他的考虑会影响企业社会责任进展的顺利或成功的程度。除了对企业社会责任的认识外，也与参与工作的方式有关。

——企业社会责任不应当仅用于维护企业的形象，而要为应对社会和环境挑战做出实质性的贡献，并且以此将风险降到最低程度，所以企业社会责任必须是企业的战略行动，并且要有相应的组织和能力才能落实。只有当可持续发展的理念深入地融入到组织和管理系统中，才能从战略到执行形成整个企业可持续的发展能力。

——在企业中将企业社会责任/可持续性融入企业的组织具有不同的形式。开展企业社会责任/可持续性管理也有自上而下或自下而上不同的过程。视企业的活动情况不同，具有不同的重点，其中包括气候保护、员工、安全和健康。这也在很大程度上与哪个部门负责协调任务，或者向哪一董事会/最高领导报告有关。

——企业社会责任涉及不同的领域不同业务部门，它是一个跨部门的主题。无论企业社会责任部门还是企业社会责任委员会，都不能向业务部门发出指示，业务部门在组织上保持自己的决策权限。也就是说，企业社会责任组织中必须正确处理协调而又不干预业务的关系。

——企业社会责任应当融入企业的战略，企业战略的决策权在董事会/最高领导层。企业社会责任部门/委员会也同其他部门一样，只能提供决策需要准备的信息，不能干预企业的战略。也就是说，企业社会责任组织中必须正确处理提供决策信息影响战略而不干预战略的关系。

——在企业中对社会责任的重要意义的理解常有两个对立的思维模式：一种观点是，在承担责任之前先赚钱。这种考虑的出发点是，企业首先必须赚钱，才能做到承担社会责任。另一种观点是，通过履行责任的方式去盈利。这种考虑是把企业社会责任理解为核心业务的一个方面，理解为保证企业长期成功和增加成功的因素。企业中的这两种不同的思维方式，也可能导致企业内部的意见不统一。这说明企业在具体组织实施企业社会责任时需要考虑开展企业社会责任的方式。更确切地说，每个企业必须分别定义什么样的社会责任行动领域对企业的可持续成功特别相关，以便也能在理想的情况下相应确定相应的协调部门。

——中小企业与大型企业有所不同，也不能一概而论。在设置企业社会责任组织结构时要根据企业规模和企业结构做出相应的调整，可以根据实际情况采取精干的组织形式，在岗位设置上考虑专职或兼职需根据具体情况而定。原则上，将企业社会责任有效地从组织上融入，有利于减轻企业领导的负担，同时使企业社会责任活动系统化，有利于在组织上有效建立负责任的企业形象，增强员工的动力，并以此推动企业创新。

2　社会责任沟通的科学性和有效性

社会责任沟通是社会责任方案的一部分，最终是可信度的问题。社会责任沟通和公共关系各有不同的侧重点但又相互关联。有效沟通是建立在分析利益相关方、明确相关主题、制定沟通方案的基础上的。

2.1　社会责任沟通的挑战和目标

本章阐述，为什么积极开展社会责任沟通具有意义？社会责任沟通如何与社会责任管理过程相联系？必须满足什么条件社会责任方案才得到利益相关方的认可和被认为是可信的？此外，还将描述如何将社会责任沟通作为公共关系的一个领域结合到企业整体沟通和管理过程？也将说明利益相关方在此有什么作用？通过哪些主题来考虑他们的期望以及采用哪些步骤形成一个综合的沟通方案？最后将对长期的、成功的社会责任的沟通做出建议。

当今社会对企业有广泛的期望，企业除进行可盈利的商业活动之外，还要在经济、生态、社会方面做出积极的社会贡献。这对它们的沟通工作中也就提出了新的要求。公众社会越来越看重和期望企业就它们的社会责任活动进行正确的、基于事实和面向目标群体的沟通。利益相关方的复杂的关系要求沟通信息个性化和沟通渠道差异化。同样，社会责任领域中主题的多样性也意味着沟通对各个利益相关方的需求具有针对性。实践表明，如果不满足这些期望，不考虑这些挑战，就可能导致不利的受利益相关方特别是消费者惩罚的后果。为了预防消费者缺乏信心，有效让消费者了解有关社会责任的信息，有目的地透明地进行社会责任沟通对企业是绝对重要的。

在此背景下，就很容易理解企业通过与不同利益相关方沟通，获得他们的信任并使其行动合法化所做出的必要的努力。但是，这样的做法必须与企业整体战略和沟通保持一致，并要求与现有的沟通工具相适应。只有这样才能保证利益相关方对企业活动的高度可信度。此外，沟通本身也必须具有坚实的基础、职业化的控制并有长期的计划，以便在内部沟通社会责任并在外部加强公共意识。一个好的社会责任方案只有通过全面思考的沟通才能产生效果。这样，社会责任才能有助于正面影响企业的形象、竞争的地位、开发新的客户群体和长期的客户关系。不过，这一优势也只有通过与社会公众就社会责任活动进行广泛沟通才能获得。要真正赢得消费者信任一个有目的、可信的和透明的责任沟通是必不可少的。企业战略应当与生态的及社会的责任透明地联系在一起，并与它的利益相关方进行对话。要做善事也应沟通传送正能量。在实践中，好多企业对负责任的、透明的社会责任沟通认识不足，而且“粗放”的沟通形式也需改变。因为这正是一个成功的社会责任战略的意义要求所在。任何一个企业要从个别的社会责任活动走向全面持久的可持续发展战略都需要一个过程。在此，社会责任沟通应当理解为一个社会责任过程的关键功能。

2.1.1　沟通是管理过程中的关键环节

为了系统地将社会责任融入企业的战略、核心业务和企业管理必须要有一个社会责任管理过程。这是企业管理过程的一部分，它一方面保证社会责任活动的结构化流程，另一方面保证社会责任措施融入不断发展的企业活动。在实践中有很多不同的过程处理方式和模型。下面我们描述的社会责任管理过程（主过程）是由 7 个相互叠加的子过程所构成（如图 9－5 所示），它是一个通过逐步集合整体融合构成社会责任战略的管理过程。由此可见，整个管理过程需要经历7个环节（子过程），它们分别回答如下7个主要的问题：

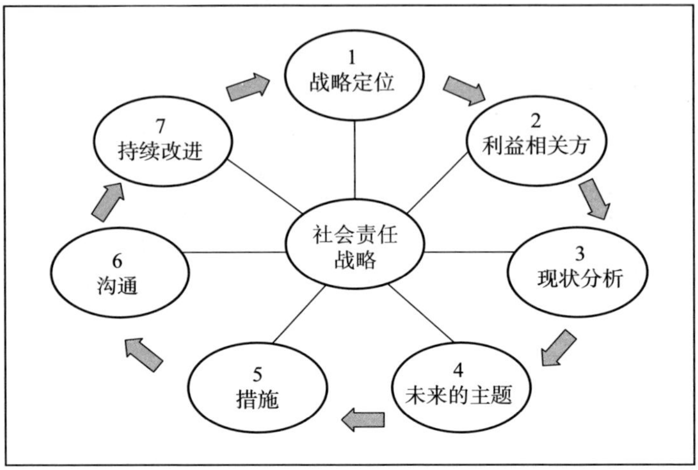

图9－5　企业社会责任管理过程

（1）**战略定位**——企业的发展方向

这里首先涉及企业的战略方面，为此目的需要回答：什么是指导我们企业行为的基本原则、愿景、使命、战略和价值观？具体要回答如下问题：

- 社会责任小组如何组成？
- 社会责任项目有何意义？
- 企业的基本原则、愿景、使命？
- 企业的价值观？
- 企业的组织结构？
- 企业的业务情况？

（2）**利益相关方**——企业的活动与谁相关

这里，利益相关方处于核心位置，具体要回答如下问题：

- 企业活动影响哪些利益相关方？
- 他们对企业有什么具体的要求？
- 他们对企业的重要性如何？
- 企业与他们的关系如何？
- 企业用什么战略维护这种关系和进行对话？

（3）**现状分析**——企业所处状态

只有当我们准确知道我们所处的状态，我们才能开始一个过程。这就需要进行现状梳理和为此确定指标，具体回答如下问题：

- 企业的核心业务过程和支持过程是怎样的？
- 企业对内对外已经进行了哪些社会责任活动（经济、社会、环境）？
- 哪些值得继续坚持，哪些应当改进？
- 我们要坚持的基本理念是什么？
- 其中哪些是我们的优势和长板？
- 其中哪些是与核心业务相结合的？

（4）**未来的主题**——企业将来的能力和目标

这里的重点是预判可能的风险和冲突，具体回答如下问题：

- 企业在市场、工作场所、环境和社会四个领域的行动如何？
- 在这些行动领域哪些地方需要改进？
- 哪里可能存在风险？
- 可做什么来预防？
- 如何将风险转变为机会？
- 哪些行动对企业和利益相关方都特别重要？

（5）**措施**——从理念落实到行动

这里是落实社会责任行动计划，具体回答如下问题：

- 要继续开展的活动？
- 还有哪些措施是合理的？
- 实施的目标和时间表？
- 怎样让利益相关方参与？
- 哪些措施确定为重点？
- 落实这些措施的代价如何？
- 如何测量和控制这些活动？

（6）**沟通**——与利益相关方互动

沟通属于社会责任战略的重要组成部分。应当报告社会责任领域的活动和发展。这里聚焦的是利益相关方的期望。要告诉他们，企业已经做了什么以及将来想做什么，目的是改善与其利益相关方的伙伴关系和对话。与利益相关方的沟通应当遵循面向利益相关方、系统化的绩效呈现、注重时效性和互动对话。从利益相关方的反馈中可获得有价值的关键信息。这里具体回答如下问题：

- 如何才能最好地沟通社会责任活动？
- 怎样才能使员工积极主动参与？

- 如何进行内部和外部沟通？
- 如何保证透明度和可信度？
- 应当利用哪些沟通渠道？
- 应当发布哪些社会责任报告？
- 哪些主题具有重要意义？
- 应当如何考虑社会责任报告的细节？

（7）**持续改进**——控制、评估和学习

最后一步是长期常态性和不断改进社会责任的过程。这里具体要回答如下的问题：

- 如何控制社会责任过程？
- 如何保证学习型组织必要的知识、分享和持续改进？
- 如何进行持续改进的过程（KPI）？
- 谁进行哪些方面审计？
- 采用哪些标准和标识？
- 社会责任活动如何控制？

以上描述的7个环节（子过程）共同构成企业社会责任从规划到落实的整个管理过程（主过程）。在这样一个社会责任管理系统中各个环节是相互关联的，沟通是其中的一个关键的环节。

2.1.2　沟通的挑战和目标

对可持续的经济、社会和环境活动的沟通延伸了传统的企业、产品或品牌的公关工作的范围。其中的特别挑战在于，将实际社会参与的努力情况与一个不同程度上感兴趣的公众进行沟通，向他们告知这一管理的影响。

在此情况下，要求责任承担者把社会责任战略及措施的沟通与企业战略相结合。所以，所有的社会责任措施应当理所当然地与企业核心业务相适应和为品牌而付出。利益相关方期待他们能在社会责任措施中再现企业和它的产品的关联性。如果不是这样企业的活动就有不被接受，或者在极端情况下被拒绝或受到负面评价的危险。因此，社会责任沟通也是特别敏感的，并且始终带有某些风险。公开或积极主动向社会传递社会责任活动的信息企业应始终知道，这会引起批评者的注意，以此系统地寻找“绿洗”的证据。

因此，在社会责任沟通时首先涉及信息严肃性和实质性。当一个企业可向外传播企业在可持续发展的意义上严肃而认真地参与社会责任的活动，那

么它就会可信地被认可。达到这一结果的基础是要有一个清晰的社会责任战略。正好这是很多企业的弱点。目前只有较少的企业达到社会责任战略与社会责任沟通相协调。同时沟通工具的综合运用也有进一步改善的空间。

2.2　负责任的形象和可信度

今天消费者要求透明和透明的沟通。许多重大事件，如日本核电站事故、印度火灾都使社会公众更加尖锐地看待这些问题，特别是更加严格地看待企业的环境污染、敲诈和不良工作条件。客户越来越希望知道企业是否对环境造成不必要的负担，是否剥削它的员工，以及企业如何对待有限的资源。在此观点背景下，值得注意的是，越来越多的人对企业考虑经济社会和环境的要求更加重视，公众普遍认为企业对社会责任是绝对必要的。

2.2.1　负责任的形象的意义

一个良好的可持续性形象是值得的。研究指出，可持续发展的主题，例如环境保护、公平对待员工和节约资源，对一个品牌的影响有明显的影响。此外，具有绿色形象的企业也会获得更好的市场销售量。总体看，不可持续的形象却总是会损害企业的品牌。

2.2.2　“绿洗”即不可信

有些企业盲目追求并获取社会责任“奖牌”，其生产和销售的产品具有极大的安全隐患。一些标榜社会责任“先进”的企业，其管理却深陷贪污腐败，无视国法。大肆宣扬社会责任管理优秀的企业，供应链中却有许多健康安全的漏洞。实际上，可信才是社会责任的实在。

2010 年在墨西哥湾发生的漏油事件，至今造成严重影响环境的灾难。事件发后约 2 个月之内，每天从钻井中排出到海里的原油约为 7200 桶。在事件发生之前几年，企业大量宣传为形象涂上的绿色也无济于事。这些只是简单的丑闻的一些例子。不负责任的行为动摇了公众对各个企业甚至整个行业的信任，对可信度造成的后果是严重的。所以，这种不良的做法获得一个表示不负责任的普遍的名字，即“绿洗”，其意思是企业力求通过营销或者公关措施去获得一个“绿形象”“负责任的形象”。这样的企业在整个价值创造范围内没有采用相应的措施，标榜的社会责任实际上成了不负责任。

实际上，可信度是企业社会责任成功的基础。如果企业社会责任活动被利益相关方看成是不可信的，那么企业的参与的影响适得其反。可信度源于社会责任活动与企业相匹配，也即与企业目的、企业身份、企业形象以及与企业哲学和文化相匹配。每一个措施都应受到相应的考验。

所以，企业社会责任活动要与上述各个方面相一致，要保证社会责任能毫无矛盾地融入企业的沟通。与此相联系重要的是，沟通不允许与实际措施不相符合。这种在沟通的形象和实际措施上的偏差可能使企业很快遭受“绿洗”的谴责。在极端情况下“绿洗”可能导致公众对企业责任行为总体上失去信任。可能的结果是，真正可持续的产品的销售量下降，监管更加严格。

因此，企业应当避免如下典型的“绿洗”：

（1）空壳包装：对外以不同的方式美化或夸大表现，与内部实际活动的水平和质量不相称。

（2）名不副实：宣称负责任的管理，实际并无相应的战略，并未与业务相结合。

（3）目标矛盾：借一个具体特征将产品包装为一个对环境友好的产品，而产品其他特征对环境是有害的。

（4）证据缺乏：做出的结论不能得到独立第三方机构验证或者被有说服力的研究证实。

（5）定义模糊：利用不明确的可能引起误解的定义。

（6）标识无价值：应用非严肃机构的或自己“发明”的实际上没有价值的标识。

（7）结论无价值：说法虽然没错，但不具任何价值。例如，一个产品打无氟的广告，而实际上这是法律要求要做的。

（8）故意作弊：为了突出自己的产品，将它与一个环境友好水平较低的产品比较。

（9）虚假信息：发送与实质不相符合的广告信息，例如应用某一标识，而实际上产品并未获得为此标识的认证。

为了建立信任和可信度，需要一个可持续的沟通。为此企业必须表明一个负责的态度并能将它坚持到底。回避、撒谎、沉默、经常改变话题和结论都不是建立信任的办法。企业最好沟通它的行为的根据并构建与公众的联系。这时，企业应当具有一贯的或自信的立场并经受每一个批评的考验。

为了使企业社会责任产生相应的影响，社会责任活动的可信度是一个重要的因素。因此，企业应根据可能性做到，在其管理流程范围内考虑自己的活动对环境、社会和员工的影响，并对此恰如其分地或透明地进行沟通。采用什么工具合适取决于具体的情况，不能硬性做出规定。

2.2.3　沟通要对社会负责

社会责任沟通对社会具有特别的重要性。为了对利益相关方公平，需要考虑以下个方面作为与利益相关方沟通的指南：

（1）社会责任沟通要回应利益相关方的关注，易于理解，要避免不真实的、误导的，或有多重意义的概念。沟通简化可持续性主题的复杂性，例如，使用可信的标识或标准。

（2）一个可信和易于理解的社会责任沟通能真实、可靠地检验企业相应的社会责任活动，现产品或服务的增值效益。

（3）社会责任沟通是一个多层次的过程。前提是包括员工的参与。员工参与社会责任过程会影响企业文化、员工氛围、企业社会参与以及企业与客户间的关系等。

（4）社会责任沟通需要合理考虑目标群体的生活方式、普通使用习惯和对信息的需求。要理解他们在信息深度上不同的需求。

（5）非政府组织或其他可信的第三方参与透明的社会责任过程和社会责任沟通。

（6）社会责任沟通考虑供应链中的社会责任活动，以此关注企业自身活动之外的透明度。

（7）社会责任沟通可一方面包含已达到的目标，另一方面也包含未来的目标和实现的路径，并且包括可理解的和可检验的措施。

（8）内部的和外部的社会责任沟通相协调，内外的作用互为条件。沟通着眼于利用企业内部和与企业对话的可能性。

（9）社会责任沟通不仅指出成绩，也要谈及企业责任的行为面临的障碍和挑战。应当是一个变化和改进的过程。

（10）在社会责任活动过程中，有必要与其他企业合作，或者也共同就社会责任进行沟通交流。

2.3　社会责任沟通与公共关系

从传播科学看，可持续性沟通是公共关系工作的一部分。因为除了相应的沟通交流，企业的形象和信任的建立与维护也属于一个企业实际可持续的行为。此外，公共关系工作还管理企业与其内部和外部利益相关方（公众的组成部分）之间的信息和沟通过程。公共关系分析企业的环境、识别所有的利益相关方和他们相对于企业的价值观、期望和潜在的矛盾。在此基础上制定沟通措施。因此，公共关系对于基于利益相关方的社会责任沟通具有重要的意义。为了沟通企业社会责任的活动，传统的公关工具将会发挥作用。社会责任沟通可以认为是未来公共关系中的一个至关重要的影响领域（如图9－6所示）。有5种典型的公关工具可用于社会责任的沟通：

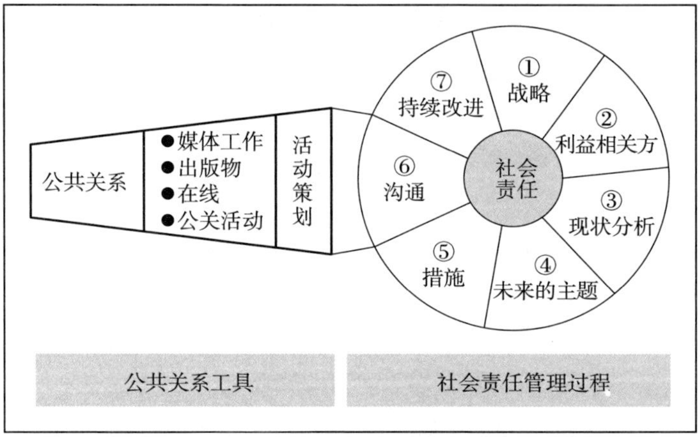

图9－6 社会责任沟通与公共关系

资料来源：HEINRICH Agentur fuer Kommunikation，2013。

（1）媒体工作：其中包括媒体新闻发布和媒体中刊登专业稿件。这里企业社会责任的主题可为报道企业社会责任活动和相关信息提供多种沟通机会。社会责任领域具体主题的专业内容可吸引受众媒体和受众群体。企业社会责任主题可成为新闻会议的内容，例如发布关于企业与社会组织合作的结果。通过访问编辑部或新闻访谈，有目的地向媒体告知一个企业的社会责任的主题。企业也可和利益相关方共同就社会责任主题组织新闻讨论会或者圆桌对话会。

（2）企业刊物：这里可用的刊物包括客户杂志、员工报刊和企业宣传册等。一个特别重要的沟通工具是企业自己的社会责任报告或叫可持续发展报告。用它来进行社会责任沟通可保证，一方面使利益相关方参与其中，另一方面沟通信息对目标群体有针对性，主题明确具体。专业广告和形象广告也适合传递社会责任的主题信息。

（3）在线沟通和社交媒体：互联网提供便捷的和各种各样的传递社会责任主题信息的可能性。此外，问卷调查以及其他与利益相关方对话的互动工具也可通过在线渠道来控制。

（4）宣传活动：上述工具可相互连接组成有效的宣传活动并可在一个确定的时间段内向一个利益相关方传播某一特定的社会责任主题。

2.4　社会责任沟通与利益相关方

2.4.1　利益相关方方案

在欧盟2001年、2002年和2011年的企业社会责任定义中，利益相关方方案被明确地称之为企业社会责任的特征。因此，面向利益相关方具有特别的意义，这也是以下讨论的基础。

利益相关方方案所指的是，企业管理不仅必须考虑股东的利益，而且要考虑所有的利益相关方的利益，没有他们的支持企业就不可能存活下来。利益相关群体是不属同质性的，例如其中包括员工、客户、供应商、政府和社会公众等。利益相关方方案是建立在企业合作的基础上的。企业活动被看成是由各个利益群体共同参与的组织。企业管理的任务是在各个不同的群体之间协调，一方面保证在产品和服务范围内的合作，另一方面对企业所取得的成果的分配达成共识。

利益相关方是所有在当前和未来受到企业活动直接或者间接影响的内部和外部人的群体。按照利益相关方方案，除企业所有者利益之外，企业承认其他利益相关方有权要求考虑其利益。一个成功的企业管理在其的决策中必须考虑所有利益相关方的利益（回应社会）。

这里应当指出，不存在统一的普遍适用的利益相关方的定义，所以在个别情况下不清楚对哪些活动者企业要承担责任。而且企业在价值创造范围内应当考虑哪些利益相关方的利益和在利益相关方之间如何具体平衡这种利益和冲突也没有统一的普遍适用的答案。

因此，对于具体的企业这就必须有一个精确的和具体的利益相关方识别。一个企业在利益相关方分析时必须考虑利益相关群体的动态特征，考虑持续变化的可能性并进行经常性的检查。

基于上述考虑，一个职业化的利益相关方管理总是基于了解主要的利益相关方及其他们的利益。以下采用全方位视角考虑利益相关方，以便在此基础上构建基于企业社会责任战略的沟通方案。

可能的利益相关方可按照市场、环境、社区和员工四个行动领域分为四个利益群体。对利益相关群体员工采用内部沟通。它管理与先前现在和潜在新员工、与员工代表、与领导层和大学的各种关系。对利益群体社区采用外部沟通。这里维护与百姓、与官方、与企业网络、与培训机构，以及与本地和地区媒体的关系。利益相关群体市场包括客户、潜在新客户、合作伙伴、供应商、竞争者、专业或经济媒体及银行。环境利益相关方中包括居民、地区民族、政府和国家。很自然在各个利益群体中存在着重复和交错的情况。

这样划分的四个领域是提供一个方向性的辅助，以便识别一个企业的主要利益相关方及其要求和可能的主题。这样，利用公共关系的工具向相关的利益群体传播经济、社会、生态的主题和信息，有效地建立社会责任的沟通就会成为可能。问题在于，要向不同利益相关方传播一个不可复制的、统一的负责任的（可持续的）形象。企业在进行社会责任沟通时，应当注意要满足不同利益相关方具有的不同的信息需求（如图9－7所示）。

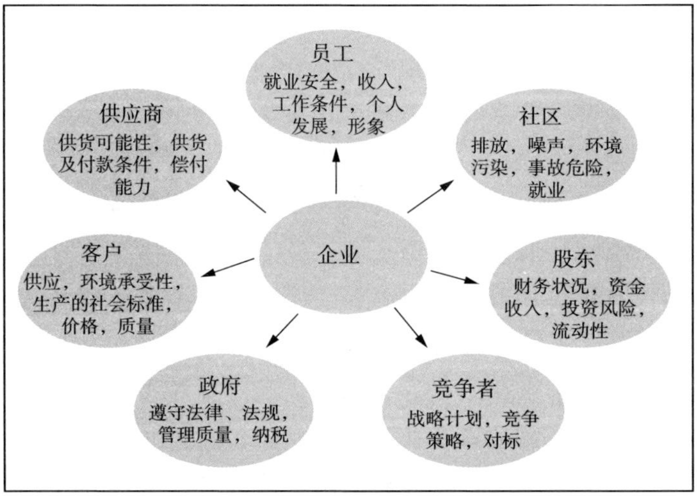

图9－7　利益相关方的信息需求

2.4.2　利益相关方分析

为满足利益相关方期望，企业必须认识它们的地位。换句话说，只要受到利益相关方的推动，一个主题会越长时间保留在媒体的日程上。如果要想让一个主题引起许多媒体的关注，则与多个利益相关方沟通是有意义的。因为对一个主题的注意力要由与此主题相关的各个利益相关方的数量、网络能力、宣传能力和权能及讨论该主题的专业知识来决定。为此，重要的基础是详细的利益相关方分析。

利益相关方分析研究，一个主题有哪些利益相关方关注，他们出现在哪个媒体领域和对他们各自的主题所采取的立场如何。重要的是，也要知道哪一个利益相关方在媒体中起主导作用。所以，通过利益相关方分析得到对所有内部和外部意见持有者清楚深入了解，据此确定在媒体中的报道。要按每个利益相关群体将不同的说法归纳成主要的见解。在此基础上进行媒体渗透分析。

一个利益相关方分析主要包括两部分：

——识别社会责任相关的利益相关方

——识别社会责任的行动领域和优先行动主题

为了得到必要的信息，推荐采用小组及专家讨论、头脑风暴等分析方式。当领导层和员工都参与利益相关方分析时，可以获得最好的结果。此外，也可采用标准化的在线调查。

不过要保证完全满足信息需求时，则不得不采用质的和量的市场研究方法。

在实践中，可采用如下实用的利益相关方分析方法，它分五个步骤，分析的结果用表格收集，可清晰地整理出所要的结论：

（1）——参与者和受影响者

首先弄清参与组织活动或者受组织活动影响的所有的利益相关方；

（2）——相关性

接着定义哪个行动领域与相应的利益相关方相对应以及他对组织活动有何等相关性；

（3）——目标和期望

分析利益相关方各自追求的主要目标和从中得出对组织有哪些需要沟通的期望；

（4）——所持立场

弄清利益相关方对组织的立场是中立的、正面的或者是负面的；

（5）——沟通措施

最后，确定要采用哪些沟通措施。这里推荐按优先顺序，即按照什么必须做？什么应当做？什么可以做？对措施进行分类。

2.4.3　发现主题并形成沟通信息

如果一个企业决定在其沟通战略范围内采用利益相关方的方法，则它的利益相关方利益和期望就必须处于行为和沟通的中心位置。这是发现社会责任行动领域和由此导出要处理的主题的基础。企业识别和分析具有重要意义的主题有如下的方式：

——在议题管理范围内发现主题：

议题管理描述的是组织的风险和机会管理。一个议题（也称之为主题、方面、问题）表示组织内部和外部的一个发展，它对一个组织的行动能力和目标实现的成功具有关键性的影响。议题管理的目标是尽早发现在媒体公众社会中或者在某一对话群体中出现的与组织相关的主题并做出相应的反应。议题并非一定是负面的或者是具有风险性的发展，尽管议题管理在文献和实践中常常被解释为危机沟通过程中的“危机雷达”。在公共关系、企业沟通和信誉管理的背景下，议题管理涉及的是利益相关方的方法：其目的是识别利益相关方要求并在必要时预先采取行动。

与利益相关方保持紧密的联系和持续对话，包括批评者在内，是发现社会责任主题和问题的一个重要的感知渠道。有预见性地处理经济、社会和环境的风险，可使一个企业获得对竞争者的战略优势。对此需要一个360度的系统去发现社会变化过程中的机会和风险。此时，企业社会责任也承认在广义上和非直接意义上的影响企业活动的主题，如人权、企业内部和外部的培训、反腐败等，所以也是产生社会整体的价值和对企业产生长期的增值的主题。与此相应，在沟通中要进行一个积极主动的议题管理。

ISO 26000作为社会责任指南提供了全面的议题管理的基础。

——在主要行动领域中发现主题：

从全社会考虑，企业社会责任是在企业活动的所有领域中的社会、生态和经济的责任。“德国企业社会责任论坛”由此引导出四个主要的行动领域：即工作场所、社区、市场和环境（如图9－8所示）。

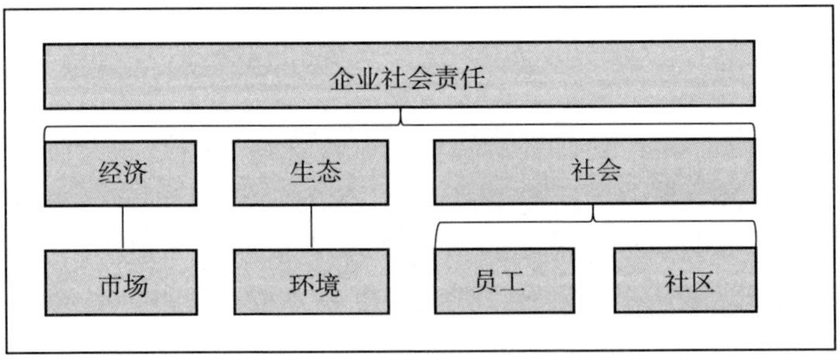

图9－8　社会责任的行动领域

企业被要求为自身发展这些行动领域，个性化地实施并实际落实到行动。企业必须按这些行动领域规划经济、社会和生态措施和活动。

图9－9集中示出在四个行动领域要满足各利益相关方要求的可能的主

题。在此基础上便可形成沟通的信息。

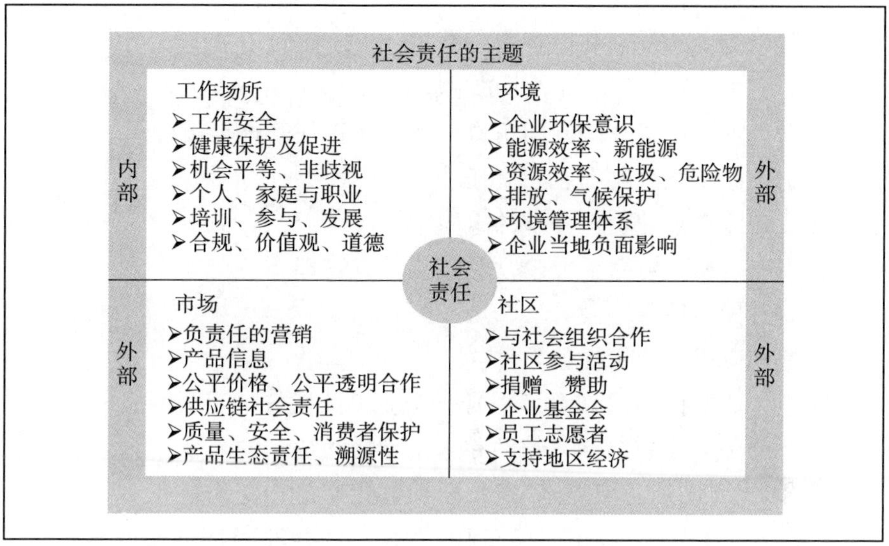

图 9－9　社会责任的主题

——社会责任措施产生主题：

从沟通的观点看，社会责任措施就代表要沟通或报告的主题。社会责任的措施将形成对各个利益相关方有针对性的沟通信息。在形成与每一个主题相适合的沟通信息时，需要有敏锐的感觉和经验，特别是真正彻头彻尾地思考和感受各个利益相关方。

从利益相关方观点看，决定性的问题是：信息接收者是否被主题信息所打动？从中得到什么益处？期望是否满足？

“德国企业社会责任论坛”基于“对企业社会责任的共同理解”，指出了企业可采取的措施。企业履行社会责任，特别要采用如下的措施：

- 公平对待员工、提升和分享
- 保护和有效利用自然资源
- 注意价值链（在其影响范围）中对社会和生态高度负责地生产
- 维护人权和国际劳工组织核心标准，并为在国际上贯彻做出贡献
- 为社区做出积极贡献
- 加强对教育的投资
- 支持企业内部文化多样性和包容性
- 支持公平竞争

- 加强预防腐败的措施
- 建立透明的企业管理
- 尊重消费者的权利和消费者的利益

——从可持续性管理方面产生的主题：

- 确定负责企业责任的专门负责人和企业责任管理委员会
- 制定企业责任战略和企业责任计划
- 开发和建立企业责任要求的组织结构
- 开展利益相关方对话，建立利益相关方管理
- 建立责任内控
- 选择和应用企业责任的软件
- 建立企业责任沟通（业务报告、企业责任报告、互联网展现）
- 企业公民：企业捐赠、赞助和志愿者活动统一的政策
- 多样性管理：将全球化、老龄化和文化变迁转变为企业成功的机会。

由此可见，有一系列企业可处理的生态、社会和经济的主题。不过，利益相关方的要求、企业具体业务活动和媒体表现也影响主题与企业实践有高度的相关性。例如，

——当下具有相关性的主题，可能包括就业、安全、劳动保护、节能减排、生态保护等。

——从当前和未来考虑，能源、资源、水、空气、土壤、废物循环、碳补偿和绿色建筑、绿色交通等都具有重要的意义。此外，与生产直接有关的主题还有产品生命周期、环保、金融服务等。

——与未来相关的社会主题，如对企业内部，则包括员工健康、工作与家庭、培训和进修等。

——对社会外部，则包括人口老龄化、消费者权益保护、城镇化以及市场诚信等相关主题。

2013 年 Facit Research 的研究报告结果指出对负责任形象具有影响的前 10 个主要因素，它们是：

处理环境保护主题、负责任地对待资源、对改善生活质量的贡献、与环境保护组织的良好关系、环境友好技术、在生产国的责任、满足相关环境准则和标准、获得的奖励、清晰的生态活动基本面、可循环包装。

2.5 社会责任沟通计划

仔细考虑企业社会责任可以看出，在一个企业中有许多的接口，其中包

括与企业沟通、营销及营销沟通的联系。社会责任的沟通计划可以按照与传统的企业沟通计划相类似的方式来制定。依照传统的公关方案，可按如下九个步骤构建企业社会责任的沟通计划：

（1）沟通分析：沟通的主要原因和主要问题何在？如何评价它们？

在分析一开始要有一个细致的调查研究，其目的是形成当前形势的一个独立性的画面。从所有收集的事实和数据中过滤出相关的部分并清晰而又合乎逻辑地总结归纳。目标是对现状做出清晰、简明、确切而又完整的表达和描述。

（2）确定可持续性沟通的目标：想达到什么目标？

在分析的基础上制定和确定沟通的目标。先从已设定的企业目标中引出沟通的目标，然后把它们与对话群体相联系。

（3）识别和确定对话的群体：想在谁那里达到什么目标？他们对企业在经济、生态和社会行为方面有哪些要求？

这里着重强调尽可能准确、个体化地确定对话群体。在方案的这一阶段应当花足够的时间。因为要对对话群体和他们对企业的期望有深入的了解，就是要提供使他们真正能接受并且也会有所感触的信息和措施。

（4）确定社会责任沟通的定位：在沟通领域的定位是什么？

定位要突出一个企业对社会责任的优势、要求和自我理解，并以此与竞争者相对照比较。问题是，企业在社会责任方面如何受所有相关对话群体所认知？对谁要做些什么？力求确定与此相适应的主题和沟通信息。结合主导思想达到定位的传播。这里有决定性意义的是：与竞争对手相比企业的长处在哪里？这些优势是否有助于达到计划的目标？可形成什么样的独特的社会责任特征？企业社会责任定位也可以从相关的行动领域和主题中引导出来。

（5）形成核心沟通信息：想向对话群体带去什么样的沟通信息？

沟通定位应包括与相关对话群体的期望相切合的主题。要利用主题产生一些有影响的信息。沟通主题和信息的发现是为了达到沟通的目标。

（6）战略和创意：如何构建指导理念和沟通的内容？

利用沟通的指导理念使核心沟通信息和沟通定位创造性地结合在一起并形成策划安排。指导理念是社会责任的一个具有决定性的战略因素。一个令人振奋的理念会使沟通方案鼓舞人心。

（7）措施计划：想用什么手段和措施来沟通？

这里的问题是有相应的手段和措施构成方案并确保定位，并达到最有效的沟通和计划的目标。

（8）时间计划和预算：到哪一个时间完成什么措施？需要的预算是多少？

计划的措施必须安排成一个时间表。这一计划应当与企业公关沟通和营销沟通相协调的过程中进行，以便尽可能达到企业社会责任信息和主题与总体沟通战略高度融合。在这一阶段，也要确定资金和人力投入的预算。

（9）沟通的评估：达到了什么目标？如何证明措施的成功？

在沟通计划的最后阶段是评估所制定的措施的效果。其问题是，所采用的手段是否达到所希望的结果，哪些方法和工具可用于对成果的衡量。为此，可能采用的工具中包括：新闻报告数量、有目的的市场研究、利益相关方对话、网页流量、在线调查、活动举办、评级、排名、社会媒体和员工调查等。

2.6　社会责任沟通注意的问题

谁要想可信而又透明地沟通其社会责任活动，就必须注意许多事情。不仅有各种不同的利益相关方具有不同的要求和期望是一大挑战，而且行动领域及其主题也隐含不少“引爆材料”。

企业要长期成功地沟通社会责任，须注意以下一些问题：

（1）核心问题是究竟为什么要沟通？有一些企业积极履行社会责任却很少对外谈及和宣传，而另外一些企业参与社会责任活动却非常积极。对于这两种情况肯定都有一定的各自的原因。但是，谁要开始社会责任沟通，最好首先要问究竟为什么要这样做？以及目标是什么？

（2）先内后外：在社会责任过程中发挥作用的所有利益相关方中员工处于首位。只有当他们参与其中和知情时，社会责任才能可持续地系统实施和有目的地由内向外成长。因此不言自明，在其他利益相关方获得信息之前，员工要首先获得所有与他们相关的信息。清楚了解这些情况的员工是社会责任重要的“使者”，是重要的传播者。

（3）相关部门参与：当企业社会责任要由整个企业承担时，就必须要与企业所有重要部门进行对话沟通。与所有部门的持续、充分信任的沟通不断传递重要信息，是获得重要信息的前提条件。在此过程中，不仅领导层，而且执行层都应参与其中。

（4）信息感染力：社会责任信息加工越具有感染力和创造性，信息越能更好地引起关注，并且能够保留在记忆之中。对此，可用图片、符号、人和面孔来丰富信息的内容。可用有活力的图片加工，产生冲击感和唤醒惊奇。

（5）面向利益相关方：每一个利益群体有他自己的期望、自己的印象，还可能有自己的语言。只有信息进入利益相关方心里时，才有可能持续地传递。前提条件是共鸣、直感和体验。应当用从利益相关方来又回到利益相关方去的方法来构思、形成和转化。这里的中心问题是，希望信息如何被利益相关方所感知？他们对我们的社会责任活动有什么想法？应当有什么感受？

（6）可信度、透明性和时间：保证可信度是企业社会责任沟通的核心准则。企业社会责任活动必须与企业的目的，与它的身份、它的形象以及它的哲学和文化相匹配，沟通应毫无矛盾。在任何情况下都不允许沟通时间赶在实际措施之前。

（7）沟通的主题与行动领域相联系：对所有沟通的措施应当保证信息是与社会责任四个行动领域之一，即与工作场所、社区、市场和环境之一相联系的，或者有直接相关的。这样考虑的问题是，社会责任的绩效要统一地按照社会责任的意义和与利益相关的要求相适应的方式来表示，也就是说要基于对经济、生态和社会的影响来表示。

3　社会责任管理专业化

实施社会责任是一项管理任务，有专业化和职业化的要求。从业者可根据自身优势，选择适当路径，不断提升从业能力，既是管理能力，又有领导能力，还有合作能力。

3.1　何谓社会责任管理者?

近年来，社会责任在中国已经愈加受到关注和重视。全球可持续发展大趋势和中国深化改革实现中国梦要求社会责任走向深入发展，企业和各种类型的组织对社会责任的从业人员的需求会增加，从事社会责任领域的工作成为一种特别要求的职业，对从事这一工作的管理者的职业化和专业化要求将会不断提高。

在通常情况下，“社会责任管理者”有可能等同于“社会责任经理人”。由于履行社会责任和社会责任的管理工作常常还需一个组织中多级管理者的共同参与，所以在这里我们把“社会责任管理者”理解为一个概括性的术语，可作为企业或不同组织、在不同级别岗位上负责或协调或参与社会责任的管理者的总称，包括但不仅指社会责任经理人。这一定义的出发点是为了更有效理解社会责任管理的系统化要求，而不涉及社会责任管理者在组织结构中的具体职能，因具体的职能配置需要根据企业或组织的具体情况才能具体确定。

在社会责任发展的今天，有必要讨论和明确社会责任从业者的职业要求、专业要求和能力要求，这不仅是这一新兴领域的从业者工作定位的迫切需要，也是企业或组织提高履行社会责任的质量的一个重要方面。

另一方面，虽然近年来社会责任在中国处在由开始到进步的过程中，但由于在此过程中的“表面化”、空壳化或非主流化的结果，造成一些社会责任从业人员和管理者对企业或组织履行社会责任，对实现它的价值意义失去信心。有的社会责任从业人员和管理者虽然满怀热情，但在工作中遇到这样或那样的问题，在困难之中有的感到困惑、尴尬或无能为力。也常出现社会责任工作得不到组织内部及外部认可的情况，人们也就没有成就感。还有的从业人员和管理者甚至放弃所选择的这一自以为是理想的工作，要么转行，要么重新回到先前的职业领域，出现业界所称作的被“边缘化”的状态。实施社会责任中最大的挑战就是社会责任是否可持续的问题。

基于这一现实情况，联系企业社会责任管理实际，讨论社会责任管理者面临的挑战、社会责任管理任务要经受的考验、社会责任管理者应当具备的知识和能力等问题是很有必要的。

由于社会责任是企业或组织中跨部门的任务，社会责任的落实需要组织和管理上的协同一致，这里讨论的重点虽然首先针对企业社会责任/可持续发展部门的管理者或项目管理者，如社会责任/可持续发展总监、经理人，但讨论的基本原则对从事社会责任相关工作的高层领导者和管理者，如董事会中分管社会责任/可持续发展的负责人、社会责任/可持续发展管理委员会的负责人，首席责任官等都具有现实的意义，因为他们必须理解其职责和问责，充分认识自己从事的工作或职业的挑战性，理解这一新兴领域的职业化和专业化的要求，加强自身和组织的能力建设，把握全局、有效地把社会责任落实到企业或组织的管理。此外，本节讨论的问题对政府组织、非政府组织和社会组织理解社会责任管理的意义、重视和提高与企业开展合作的能力建设也是有益的。

3.2 社会责任是职业更是事业

事实上，对许多年轻人把从事社会责任，或把作为社会责任管理者当作最具吸引力的工作之一。他们选择这样的工作领域时所看中的是，这既能为社会做出贡献，又能在人生和职业上得到发展。不过在实践中，问题并不像最初想象的这么简单，而且事实证明，单靠从事社会责任的热情是远远不够的。因为，选择这一职业时也就意味着，对这一工作面临的任务和挑战性要有明确和充分的认识，而且对从事这一工作需要的知识和能力也要有充分的准备。社会责任是建立在理想和道德基础上的有意义的事业，不仅需要有从事事业的决心、勇气，而且需要具有脚踏实地和解决实际问题的能力。

社会责任管理者自己不仅需要理想和意志，而且需要有坚韧不拔的精神。特别是当前社会责任的潮流中，在参与范围愈加扩大，对社会责任认识和理解还远未深入到本质和价值的情况下，必须树立高度的责任感，倡导社会责任的主流，做到表里合一，才能始终把企业或组织可持续性作为自己工作的目的和目标。从事社会责任既是职业更是事业，这是从事这一工作的重要的道德基础。相反，任何赶时髦的、表面化的或投机性的短期行为不仅无助于可持续发展，而且不利于社会责任从业者自身的发展，甚至具有风险。社会责任必须以可持续发展为目标，履行社会责任必然受到实践的检验和考验。社会责任管理者树立负责任的价值观，坚持可持续发展的方向，是把社会责任做成有意义的事业，是实现职业发展的基本要求，也是自身可持续发展的不可缺少的基本条件。

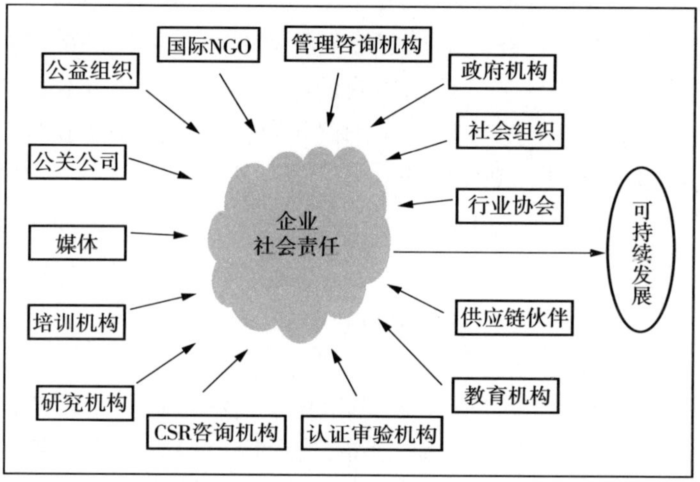

图 9－10　社会责任受实践的检验

3.3　对社会责任管理者的考验

今天，社会责任虽然以作为时兴的名词广为引用，已有较为先进和典型的实践，但总体上发展很不平衡，而且整体上对社会责任的真正内涵和意义远远还没有清楚的认识。其中最关键的一点在于，什么是社会责任这个问题。有的把社会责任与企业和组织的发展相对立，不承认它对企业对社会可持续发展的意义和重要性，有的把社会责任理解为公益慈善。通常不能把社会责任与企业或组织的管理和经营的可持续性相联系。此外，社会责任在很多情况下只被用作宣传和公关的工具。虽然也有企业宣传社会责任战略和社会责任管理，但在实践中却看不出有一个负责任的管理方案，没有落实到以人为本的管理模式，更谈不上社会责任与核心业务相结合付诸实践的行动。

企业和组织履行社会责任的一个重要任务是，对自身具体的社会责任要有明确的认识，这一点对企业和组织的社会责任的方向具有决定性作用。在这种背景下，社会责任管理者、社会责任从业人员对社会责任的实质性理解和认识也在很大程度上影响或决定他们自己的工作方向和方式。

实际上，实施社会责任的过程是在企业和组织管理中建立可持续的价值观和发展战略，并且建立相应的负责任的文化和组织结构，落实从领导和员工的责任行为，不仅在经济、生态和社会各个方面产生积极的影响而且实现可持续经营。这不仅是当今企业和组织管理者面临的一项艰巨的任务，也是社会责任管理者需要艰苦努力才能做出贡献的一项艰巨的任务。

实现企业和组织可持续发展就意味着要实施可持续发展的原则，通过组织管理者和员工的意识转变，采用创新的组织方式和行为方式，相互合作共同投入到组织发展并为社会发展贡献力量。这是一个逐步实现的过程，不仅意味着不同的组织部门、领导层面和相关个人都有不同的认识和参与程度，而且在工作实践中自然地会出现许多利益冲突和要解决的矛盾，也不可避免地会出现前所未有的新问题。履行社会责任实现可持续发展是一项长期的、需要不断统一思想和克服阻力的艰苦的工作。谁要想成功，谁就要有开创性承担责任和具备承受挫折的能力。

社会责任实践中出现的情况表明，参与社会责任本身就存在是否负责的问题。把社会责任当作赶时髦，把社会责任当作宣传性广告性工具，把它作为形象品牌的外部装饰等情况并不少见。在极端情况下，甚至出现以营销为目的极度的阴暗面，有意识地为组织或企业涂脂抹粉，做名不副实的广告宣传，这就是所谓的“绿洗”。曾有人批评指出，读社会责任报告就像是读广告或宣传册，有些企业社会责任报告中精彩的宣传，或社会责任评比中耀眼的奖项，不时因其事故丑闻，或曝光丑闻变得顿时黯然失色，都是典型的例子。

社会责任管理者对自己主导、倡导和参与的活动和行为应当具有责任意识和风险意识，社会责任管理者所作所为对其职业道德和素养也是一大考验。

3.4　社会责任的组织和管理任务

在大型企业一般设有专门负责社会责任的部门，有的建立了社会责任/可持续发展委员会。在社会责任部门中甚至有的还建立了不同的专业或项目小组，例如负责生产过程优化、社会参与、社会责任沟通等。中小企业与大型企业情况有很大不同，是否设置专门的部门要视情况而定。例如，指定一个专门工作人员，负责社会责任不同方面的工作。也有兼职负责的情况，例如一个负责工作安全的专业人员也可能兼管环境或社会责任，或者社会责任归属于是质量管理或环境管理的一部分。

企业的规模和可持续领域内的活动在一定程度上也决定了社会责任管理者参与和从事工作的领域和组织范围。少则只有一个人兼职，兼管社会责任工作同时也有其他方面的工作，或一个专人配置，负责社会责任事务。多则设立一个部门，负责与企业集团、部门和董事会紧密配合工作。有时，一个具有几百员工的企业或组织，用1～2个专业人员兼职负责社会责任，一个具有几十万员工的单位用8～10个全职社会责任从业人员，二者相比，前者人力的投入所占的分量实际上要多。

概括地讲，社会责任的可持续性管理任务，如图9－11所示，分为内部和外部两大部分：

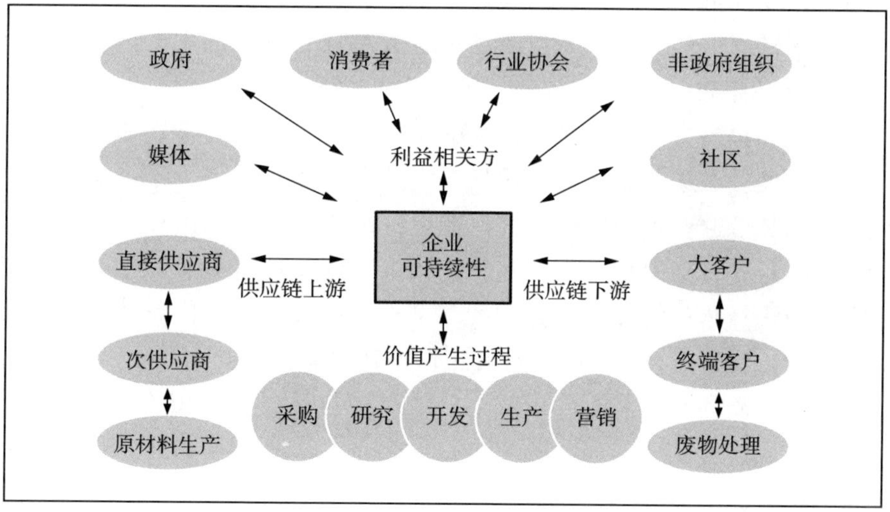

图9－11　企业可持续管理任务－制造业示例

内部任务主要指与企业运营和核心业务相关的领域的社会责任，如基础设施、办公系统、IT 系统，人力发展、合规或者反腐败，内部生产过程、营销、采购、售后服务、外包及供应链，还包括按照可持续性推动优化核心业务管理流程，产品和服务创新等。

外部任务主要指企业或组织利用自身的资源和技术优势，履行公民职责、参与社会和社区建设，执行公益慈善项目，开展与政府、非政府组织和社会组织的合作，以及加强供应链的社会责任等方面。

应当说明，社会责任管理者工作涉及经济、社会和环境各个方面，其范围很宽，这里只是概括性的描述，每个企业或组织需要根据情况具体明确自己的社会责任管理任务，并且正确协调处理内部和外部管理任务之间的关系。

不仅如此，所有这些领域，都涉及组织的战略，它一般归属于最高领导层，或属于董事会中某一个成员的负责的职权范围。社会责任管理者需要与不同的领导层进行沟通和合作。例如，在编制社会责任报告时，涉及组织价值观、战略、目标，所有这些方面的工作都取决于最高领导的批准和承诺，而要把可持续发展的愿景落实、执行和达到指标量化则需要中层、基层和全体员工的支持。社会责任管理所需要的信息和数据必须由不同的部门提供，从节能减排到降低能耗，或者从落实健康、安全到实施环境标准，从技术创新到社会合作等，其工作内容和要求是多种多样的。

每个企业或组织社会责任的起点是不同的，所包括的具体的社会责任的内容也不一样。很多情况下公益活动被看成是社会责任的主要内容。社会责任管理者应当有意识、正确处理社会责任的主题，落实行动领域，鲜明地与盛行的营销和包装方式相区别。重要的是，要逐步走向社会责任融入核心业务的战略转变。在这方面谁能注重培养和造就全面的能力，谁就能摆脱社会责任从业人员普遍遇到的困境，谁就能更好地满足企业或组织可持续发展未来的需求。这种转变的重要性还在于，社会责任管理者有可能把社会责任变成企业或组织经营和管理不可分割的一部分，社会责任部门不致是一个多余的成本部门。这对于社会责任管理者工作得到内部认可也很重要。

识别和权衡利益相关方，识别企业或组织与社会责任相关的主题，对内对外就此主题进行有效沟通，其中包括发布社会责任报告，是社会责任管理者的重要任务。

社会责任管理者应当认识到，发布和编制一个社会责任报告是一个管理过程，要首先着眼于内部的沟通和管理功能。一方面需要解决用什么原则编制报告，如何将这些原则用在不同的业务领域，另一方面要解决报告的质量问题，明确如何确定绩效定性定量指标，应当或者想要发布哪些数据，用这些信息要达到什么结果。报告应当表明，哪些业务领域应当优化，如何优化，未来要完成什么任务和目标，以及如何去实现等。此外，社会责任报告也是组织预防风险，促进创新，与外部各个利益相关方沟通的工具。发布社会责任报告是企业或组织内外沟通、协调和优化社会责任的管理过程。整个过程需要企业领导的决策、各部门协同和内部员工的支持。社会责任管理者在此管理过程中发挥重要的桥梁作用，出色完成这一管理工作的前提条件既与必备的知识有关也与其必需的能力有关。

3.5　社会责任管理者自身的优势

社会责任管理者的基本职能之一是发现经营活动领域与可持续性相关的主题，并且按照对社会负责的方式处理这些主题、制定措施并组织实施。无论对什么样的企业和组织，这一管理工作将来会越来越重要。

在当前的情况下，社会责任管理者需要考虑从业的资质合格性，力求在社会责任领域有所成就，注重和发挥每个人不同的知识、经验和特长显得十分重要。

社会责任逐渐成为一种新的、没有预先受过专门教育的职业领域，所以跨界进入从事这一领域的工作是普遍的情况。根据早先教育的合格资质条件，总可以找到一条进入社会责任管理的路径。例如，一个学哲学的人可以从事经济道德，而一个学化学专业的人可以详细地研究生产的流程。

在处理社会责任主题时，总是要涉及和处理各种不同的利益相关方的利益。例如，在企业中，企业首先想到的是经营和盈利，保持自己组织内在员工、领导和股东之间的利益平衡。客户则希望有优惠的价格、优质的产品和服务。员工则希望有适合的工作，满意的报酬和福利。媒体则对负面影响（如有关安全、健康、环境等不负责任的状态）进行曝光。在极端情况下，环境和人权 NGO 组织还调查企业破坏环境或违反人权的事件。应当注意，不仅不同的群体有不同的要求，而且同一群体也有各种不同的利益要求和诉求。

一个典型的例子是，在国际化中跨国公司在发展中国家避免使用童工就是一个重要的主题。这是一个很受关注的尖锐的主题。处理这一主题需要具体考虑：如何保证在公司的每一个生产基地都没有童工工作？这些国家有什么相关法律？法定年龄多大才算是童工？儿童生活状况况如何？什么是良好的教育？儿童在一个贫穷家庭的作用是什么？在避免滥用童工时会出现贿赂吗？等这样的议题。此外，更重要的是，还有相关的问题需要考虑，例如，儿童生活从母体开始，在工厂生产中，女性的工作任务中隐含什么健康风险？

要回答所有这些问题，不仅需要社会的、教育的、哲学的、法律的、经济的、生态的各个方面的专业支持，而且需要开展与相关方面的相互对话。这一例子表明处理社会责任主题的复杂性，但同时也表明各种不同的资质合格性和能力会带来极大的机会。

充分发挥自己的优势特长，有利于进入社会责任领域。全面理解和认识可持续性主题，造就和培育处理可持续性主题的能力是社会责任管理者的基本功。注重社会责任的本质和价值，脚踏实地掌握处理问题的本领和能力，是成功的重要条件，也是避免“边缘化”的首当其冲的措施。

3.6　社会责任管理者的从业路径

随着社会责任被社会普遍广泛重视，这一领域的人才需求量将会增加。当前，在不同学科从事学习和研究的学员把社会责任相关课题作为选题，各种不同专业的大学毕业生、研究生把企业、社会组织和机构提供的与社会责任相关的职位作为重要的职业选择。实际上，在中国教育体系中没有专门的社会责任专业，不可能只通过社会责任培养符合实际工作需要的人才，进入社会责任管理领域具有很多途径。无论主修或学过什么专业，无论是政治学、经济学、环境科学、社会科学和自然科学类中的哪一个专业，他们都一样地会发现在这一领域就业和发展的机会。这要看相关的职位来自哪个行业，哪种类型的企业或机构，以及其工作的重点和方向如何。因为无论学过哪个专业，都需要补充以往的知识范围和扩大已有的工作能力。反过来也是如此，即使专门受过社会责任教育的人不一定能适应企业或组织社会责任的工作要求，这时同样需要补充和扩展相关专业学科的知识和从业的能力。

社会责任领域大多数骨干都是跨界跨领域进入的，他们在接受了不同专业的教育，学习了相关专业知识，或者在工作领域积累了经验之后，转而进入社会责任领域，担任不同的工作职务。无论他们从国内和国际的机构、组织和基金会进入企业，或是在企业中从其他职业岗位转而从事社会责任，或者利用在公关、沟通和品牌方面的经验，或者借助社会项目策划、咨询和研究方面的基础，或者发挥在从事质量、安全、健康和环境管理方面的优势，都可把自己的工作延伸到社会责任领域。由于社会责任管理者工作和职业市场都还很新，并且正在经历不断的快速的变化，事实上不存在唯一的职业发展路径。这种形势的好处在于，求职者或从业者可以更有利的方式发挥自己的特长和潜力，找到适合自己同时满足企业和社会需求的机会。

3.7 社会责任项目与运营管理

社会责任是管理工作，除了企业管理的基本知识和了解，还应具备项目管理和资源管理的能力。特别是在专业咨询和支持方面，首先应当协调和充分利用好内部的资源，利用外部资源只是必要时的补充措施。

当社会责任咨询没有与企业或组织管理相联系，容易出现把社会责任当成“装饰品”或一个“空壳”，使之与企业或组织的实际和运营相脱离，不仅不能有产出，而且不可持续，甚至引发风险。要把方案在企业或组织管理中的适用性和操作性作为选择外部支持的重要准则之一。

实际上，利用外部资源也是一个有关质量决策，不仅对社会责任管理者的工作质量，而且对整个企业或组织社会责任绩效和声誉有着直接的影响。所以，应当考虑到，具有企业或组织管理经验的咨询方案才会有效发挥使社会责任融入管理和经营的优势和作用。

随着社会责任的发展，企业对社会的责任认识和责任意识会逐步加强，企业和组织对社会责任管理者的要求也随之提高。企业或组织从早期主要关注公益活动逐步走向与管理和核心业务相结合。这实际上是社会责任走向与战略相结合，是履行社会责任的一个核心的任务。这向社会责任管理者和从业人员的素质和工作质量提出了更高的要求，他们需要有所准备，有时需要解决从未遇到的新的问题。谁对此没有信心，谁就会愈加感到从事这一职业的困难。

当前，中国企业和组织的社会责任还处在初级阶段，遵纪守法仍然属于基本的责任，其中部分企业已满足可持续性的最低要求，大多数公司都有巨大的发展空间。

对社会责任的过分宣传和名不副实的传播是对社会责任的滥用，不仅不利于企业或组织的可持续发展，而且还有巨大的风险，这种风险也可能是潜在的。社会责任管理者应当具有使命感，使社会责任管理工作逐步走向专业化和职业化，努力建立和增强将社会责任融入到企业或组织的经营和管理的能力，特别是融入价值观和可持续管理体系的能力。社会责任管理者应当把社会责任转化为绩效管理和控制的有用工具，最好与商业实例相结合，这样所做的工作也就更容易得到企业、部门和员工的认可。内部认可是衡量社会责任管理者工作的价值和是否可持续的重要条件。

3.8 把握企业/组织的全局

要完成社会责任领域工作的管理任务首先必须具备一定的与企业相关的

知识，对企业/组织的全貌有完整的了解。社会责任是一个跨部门的任务，对此涉及许多不同的主题和不同的利益相关方，从员工到社区，从政府到社会或环境组织。此外，社会责任必须与核心业务相联系并且要落实到企业的各个领域。社会责任管理者也必须总体上了解企业/组织各个部门的社会责任的状况。因此需要在一定程度上了解企业内部多个方面的情况，从人事、组织到公共关系及沟通、直至质量管理或研究和开发。但这并不意味着社会责任管理者必须是这些领域的专家。实施社会责任的整个过程一般要由多人组成的团队来协调，而这些人选可来自于人事、战略、质量或环境、公关或沟通等部门的相应的从业人员，把握全局、有效协同十分重要。

3.9 从事社会责任的专业基础

除了通观企业或组织的全局，具有跨部门跨专业知识以外，了解它与环境和社会方面的相关主题，了解它的利益相关方的期望，使企业或组织与社会形成互动与合作的关系，共同为可持续发展做出贡献也都是十分重要和必要的。

因为社会责任管理者最终要通过社会责任将企业和社会相联系，因此应当对社会和政治发展有良好的感知能力和通晓整个企业的环境。社会责任管理者应当知道他的企业/组织的活动可能有哪些正面的或者负面的影响，并从社会发展的挑战中发现企业/组织的机遇。在理想情况下，应与企业/组织所处的具体环境有着较深的接触。不过这种联系也可能是逐步地一步一步地建立起来的。

社会责任管理者应正确处理各种关系，不仅只是企业/组织与社会的关系，而且也包括企业/组织内部的关系。因为社会责任必须由整个企业/组织才能承担，只有从员工到领导都在同一条线上形成合力才能落实，社会责任才会有成功的希望和机会。

所以，社会责任管理者要完成这样的任务要求有相应的思想、知识和能力，只有纯专业的知识是不够的，与任何其他专业领域的管理者相比他更多的要有大量的“软技能”，这就是下面要强调的社会活动的能力。

3.10 从事社会责任的“软技能”

实施社会责任需要的“软技能”主要指的是管理者的社会能力。

在企业/组织的内部和与外部利益相关方互动的过程中，社会责任管理者就像一个“齿轮”，他承担着利益相关方之间、企业/组织和环境之间、企业/组织各部门和领导之间的桥梁的作用。社会责任管理者必须有能力协调这些方面和各个群体之间的利益，并且能够掌握相应的语言和表达方式。

例如，当社会中就业问题严重时，对管理者来说这意味着，有可能在未来缺乏合格专业人员，对企业/组织的专业部门，如人事部门，这就意味着必须及时采取措施，培训现有的或者未来需要的合格人才，或者要采取措施加强他们与企业/组织的联系。

作为企业/组织内部的关系管理者和桥梁，社会责任管理者必须具有执行能力、贯彻能力和信心。

首先，他必须获得领导的重视和支持，尽早把领导结合进来对社会责任成功是很重要的。社会责任必须是建立在战略规划之上的，同任何一个其他战略一样，都必须得到领导的同意和支持。

一般讲，实施社会责任项目的结果不可能立即反映在工作的成效中，这也是这一工作的挑战性所在。社会责任管理者必须有能力显示社会责任对企业产生什么样的增值。应当认识到，实施社会责任是一个根本的决定，履行社会责任会带来长远的价值，而不是首先要在企业短期的数字当中反映出它的结果。尽管如此，社会责任管理者必须能够展示一个基于现实、面向将来、经过努力将获得成功的前景。

同时，社会责任与每一个员工有关，从一开始就应注意吸收员工参与社会责任的整个过程。社会责任需要在整个企业得到认可，具体讲这就是说员工必须从一开始就参与社会责任的主题，他们对成功实施社会责任有着决定性的作用。

员工在日常运营中必须始终与社会责任发生关系，他们必须知道和理解在哪些地方能够为企业的社会责任做出贡献。当然，员工也可超出自己的工作岗位的范围，参与跨部门的社会责任的活动，例如参加企业/组织的志愿者项目。

为了使整个企业能够坚信社会责任的理念并且提高一同参与的积极性和兴趣，社会责任管理者也必须是一个动员者和宣传者。社会责任管理者必须自己要有勇气和自信，而且能够动员和影响其他人一同参与。也就是说，除了沟通能力和技巧外，他还必须有显著的职业道德、从业热情和影响力。

此外，社会责任管理者必须具备出色的灵活性。在履行社会责任时总需要发现和思考新的社会发展和动态，因此要以开放的态度对待员工和利益相关方的看法。

社会责任管理者应当有能力发起新的项目和倡议，不断检查、评价和优化已有的项目，用新的项目推进开拓创新，特别是产品和服务的创新（如图9－12所示）。社会责任管理者必须有能力通过合作开创过去从未走过的可持续之路。对此，需要的是敏感、好奇、勇气，特别是对风险还要有所准备。

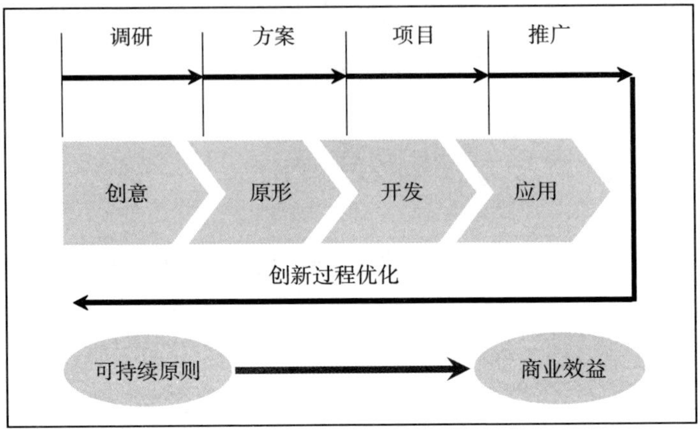

图9－12　社会责任促进产品和服务创新

最后，社会责任管理者也需要有始终如一、坚持到底的能力。特别是在新的社会责任项目很少能得到一致性的认可，或不可能立即就会得到认可的情况下。经济上的收益或实证在很多情况下可能要经过一个较长的时间，因此在此过程中，常常必须与社会组织合作，或通过企业/组织的领导参与才能更有效和成功地战胜挑战。

3.11　与社会组织的合作

现代社会责任管理总是包括经济、社会和生态这三个方面和领域。很显然，对社会负责的不仅是企业，还包括政府组织、社会组织和非政府组织。所有这些（非营利）组织都有相应的责任，因此相互合作是实现可持续发展目标的基本要求。这里重点考虑与非政府组织合作对企业的能力要求。

迄今为止很长时间，非政府组织、非营利组织往往不在社会责任考虑的视野，因为它们存在的目的不是为了盈利最大化，而是以社会服务为目的，或者通过专业能力发现供应链中违反社会责任的问题。当非政府组织有意识地掌握信息、监督企业履行社会责任，把企业置于对立的地位时，似乎自己的社会责任也就不那么突出了。

应当指出，只有很少的非政府组织、非营利组织有自己的可持续发展战略。许多这样的组织通过筹资与企业社会责任部门，或公关、品牌或市场部门共同工作，建立与企业的合作关系。这些组织进行筹资和开展相关可持续性项目是必要的，但事实上，如果只通过筹资（捐赠、建立基金等）代替企业社会责任，就等于把社会责任与营销等同起来，一个营销方案还远远不代表具有实质内容的社会责任。

非政府组织、非营利组织常常忽略那些不属于它的核心业务的社会责任领域。环境 NGO 是否也善待它的员工，或者人权组织的工作是否也有利于资源保护，这并非是不言而喻的事。如同企业一样，非政府组织、非营利组织也应当制定一个应对社会和环境挑战的战略。这是一个范围很广的领域，在组织指导方针、对外合作以及人事管理方面也应符合可持续性的原则。为了实现其宗旨，非政府组织、非营利组织必须制定相应的对社会负责的方案，与企业或组织的社会责任的战略和方案相对接，达成合作，共同为社会和环境可持续发展做出自己的贡献。

社会责任管理者如何开展对外合作，把工作范围延伸到非政府、非营利领域，发现创新和战略性合作机会，不仅需要对本企业或本组织有深入的了解，而且对社会需求、对合作伙伴的期望有正确地理解，并且有能力进行建设性的对话。选择正确的符合战略的伙伴，同时考虑组织能力、核心业务和与战略的相互配合是成功的重要因素。

因此，社会责任管理者开展对外合作，无论是与非政府组织合作，还是与供应链伙伴的合作，不是处理一个简单的主题，或者一个项目，而是完成设计、构建和参与社会互动的复杂的任务。出色完成这样的任务对社会责任管理者的社会合作能力和素质有较高要求是显而易见的。

3.12　社会责任管理者的管理能力

社会责任和可持续发展是一个管理任务，也是一项领导任务。同其他职业管理者/经理人的要求相比，社会责任管理者的合格能力和完成任务的要求并无本质的区别，虽然表面上看来并非如此。

社会责任是一项管理任务所指的是，对每个管理领域都有专业基础、社会能力、管理能力几个方面的要求，这对各个不同的企业或组织的社会责任管理者的要求在具体情况下会更为具体，特别是在考虑实际运营、考虑与核心业务相结合时的针对性和要求各不相同。作为管理者，当他面对所承担的任务和职能，对内、对外都是跨界、跨部门和具有协调性和系统化要求时，这实际上要求具有一种新的领导能力。因此，社会责任不是只有想改变世界的热情就能完成的一项任务。也就是说，不仅应具有抱负和担当精神，而且必须要有所准备，能够团结和领导更多的人去接受前所未有的、具有开创性意义的工作挑战。

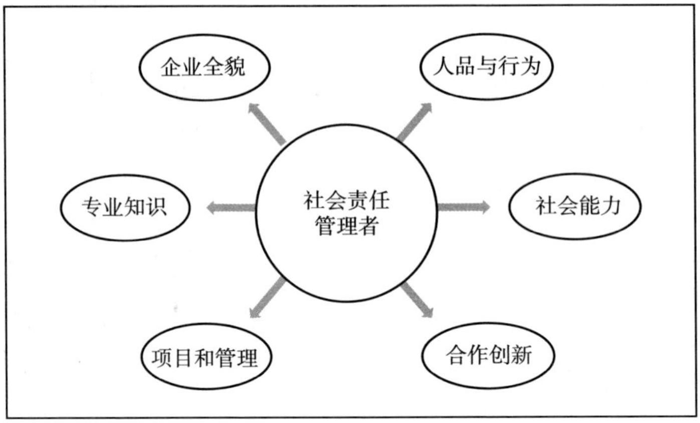

图9－13　社会责任管理者的能力要求

总体说来，社会责任管理者和社会责任经理人需要把社会责任当作可持续的事业、职业和专业，不同程度地具备跨界、跨专业和跨部门的知识、出色的社会能力，并且具有处事的灵活性、贯彻能力、沟通能力和协调能力。所以，这些都属于核心的能力和要求，它们构成社会责任管理者的核心领导能力。无论是在企业/组织内部还是外部对于落实社会责任的管理的任务，管理能力和领导力对社会责任管理者都是必不可少的。

第十篇
社会责任与社会治理

1　政府和社会资本合作模式（PPP）

合作的本质在于，政府、企业和社会各成员共同参与公共项目，各自发挥优势承担责任，以合作共赢的方式提供高效、高值的公共服务，为社会目标做出贡献。不仅是一种投资模式，更是一种社会治理的模式。

1.1　什么是PPP?

政府和社会资本合作是Pubic Private Partnership，简称为PPP，或“公私合作”，它描述了为开展基础设施建设和提供公共服务，公共部门和私营部门实体之间可能建立的一系列合作伙伴关系，也是公共机构和私营企业间的合作关系，所以有时把它称之为政府和社会资本的合作，或者公共部门与私营企业的合作。其意思均指公共部门与私营经济双方为了更经济地完成公共任务，或者完成更复杂的任务，共同达成长期合作的伙伴关系。为此目的，公共机构除了与私营企业外，也还与非营利组织，即第一领域与第二领域，与第三领域（如公益组织、公益基金会及私有基金会）开展相应的合作（如图10－1所示）。

稳定的PPP能在合作伙伴之间实现对任务、责任和风险进行最优化配置。PPP中的公共部门合作伙伴指的是政府，包括部委、司局、地方政府或国有企业。私营合作伙伴可以是本地的或国际的具备与项目有关的技术或金融领域专长的具有法人地位的商业企业或投资者（“私营”并非代表“民营”）。

在现代化的国家，社会公共服务并不一定必须由它自己来提供，而是要创造供给的可能性。因此，有必要采取不同的形式，例如通过补贴或下达任务合同，支持与企业的合作。

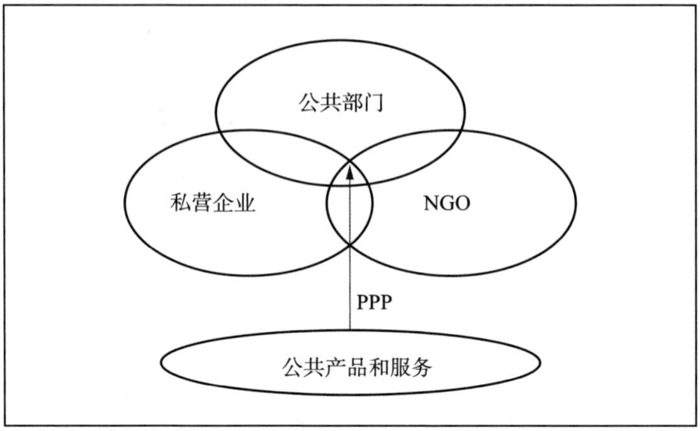

图 10－1　公共部门与私营企业及 NGO 的合作

1.2　PPP 的意义和影响因素

由于社会发展对基础设施和公共服务需求增加，国家的财政支出面临压力。PPP 吸引社会资本参与完成公共的任务，可缓解增加公共财政及债务的负担。PPP 有利于改革公共管理，因为借助 PPP 公共领域可直接应用新的工具和方法。为共同完成公共任务，PPP 要求重新审视和配置政策制定者、监管者和服务供应商之间的职能，公共领域必须重新思考吸收资本和提高效率的结构和管理方案，包括监管和立法。考虑到国际和地区竞争力，应当尽可能克服对公共服务的垄断带来的弊端。因此，私营企业的参与有利于打破垄断。同时企业的资源也能在公共领域发挥实质性的作用。因此，PPP 必要的创新和发展也使公共领域不仅在组织而且在经济性方面得到改善。

有效的 PPP 能够确保公共部门和私营部门在完成特定任务时发挥各自的优势。政府对 PPP 的贡献包括政策框架、提供资金（来源于税收）、补贴、资产转让、下达合同、做出其他承诺或实物捐助等形式。此外，政府可加强履行社会责任、培养环保意识和知识能力，而且提供政策上的支持。私营部门的作用是利用其在商业、管理、运营和创新方面的专业知识，实现 PPP 项目的高效运营。在一些特定的合同中，也为私营部门带来项目投资的机会。私营运营商进行投资或利用业务机会的目标是实现利润最大化，而利润主要通过提高投资和运营效率来获得。提高服务质量和运营效率，也意味着在满足了私人运营商的赢利需求后，可通过合理的收费使得公共服务供给在经济上可持续。

总之，PPP 允许政府将运营职能转移给高效的私人运营商，同时保留和完善监管及监督等公共部门的核心职能。这种框架如果得到正确实施，不仅可减少政府的现金支出，而且能向消费者提供质优价廉的服务。即使政府承担部分投资或运营成本，也能实现控制成本支出、提升公共服务的质量目标。

图 10 -2 中示出对 PPP 具有重要影响的各种因素。应当指出，这些因素的意义不是孤立的，而是在一定条件下相互依存的。只有在国家行政和公共职能和角色发生根本改变时这些因素才会对 PPP 产生积极影响。国家和行政职能和角色转变的标志是，它本身不再是公共服务的生产者/供给者，而是为完成相应公共任务的保障者。

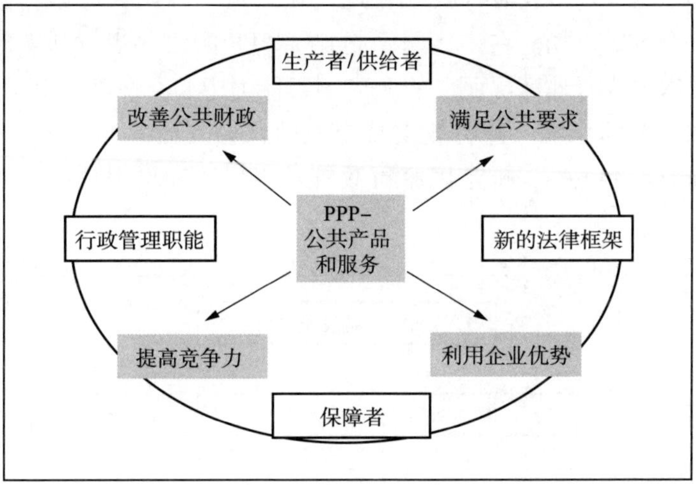

图 10 -2　PPP 的意义和影响因素

在 PPP 项目规划、设计和执行的过程中，政府始终应当承担监管和制定实施政策的职责，保持这种核心的职能。而且，通过 PPP 项目的实施，可以推动和加速行政效率和机制的改革。

PPP 项目是政府职责范围内长期利用私营投资的措施。这一长期的合同关系的特征决定了 PPP 应当满足可持续性的要求，要考虑增强其伙伴履行社会责任。政府官方和地方采用 PPP 工具，在选择合格的竞争者和确定合同准则，在授予合同的标准等方面，都担负着对民众特别的责任。把社会责任的主题与 PPP 领域有效落实社会责任准则相结合，无论对政府还是对企业都是一个具有战略性的发展举措。

1.3　PPP 的应用领域

PPP 与传统的租赁、总承包或投资模式不同，它是建立在与盈利企业伙伴合作关系基础上有效完成或共同完成公共任务的一种新的模式。

社会公共任务指属于政府应负责而又可以用市场化运作的方式来经营的公共基础设施的建设和提供的公共产品和服务。

通常，在如下领域可采用 PPP 的模式，包含的内容如图 10 - 3 所示：

- 市政设施：燃气、供电、供水、供热、污水及垃圾处理。
- 交通设施：公路、侧路、机场、城市轨道交通。
- 公共服务项目：医疗、健康、养老、旅游、教育、培训。
- 环境生态保护：水利、水资源管理，等等。

在国际上，PPP 已成为行政管理现代化的重要因素和方案，也成为公共领域内的一个重要市场。在一些国家制定了 PPP 的法律规章和实施项目的框架，建立了国家或者地区层面上的 PPP 项目能力中心。在确定 PPP 的项目时，考虑生态和社会的标准，并有效支持企业的社会责任具有重要的意义。PPP 不仅是提高效率的工具，也是国家行政管理现代化和增强地区竞争力的重要标志。

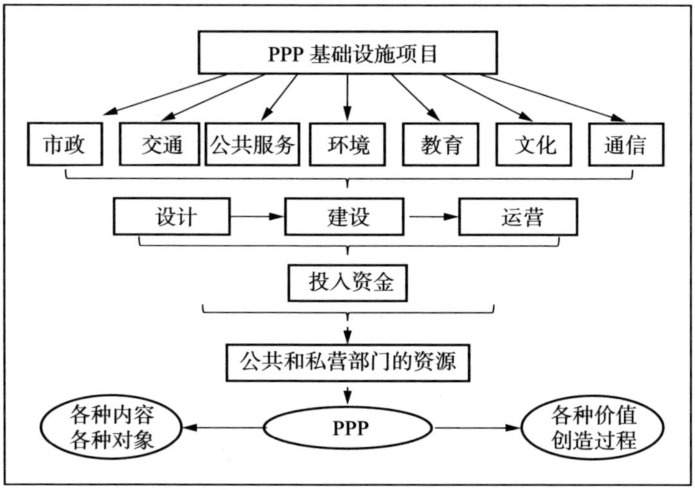

图 10 - 3　PPP 应用的领域和包含的内容

PPP 可以看成是精简行政管理现的一部分，国家应承担的任务尽可能多地或全部利用私营部门的市场资源来完成。如果这些任务全部让私营企业来承担，则称之为私有化。与 PPP 不同，私有化意味着完成任务的责任也转移到私营企业，因此在国家和私营经济之间不存伙伴关系。PPP 也不同于纯粹的私有投资项目，即私营经济以资金参与国家项目。此外，PPP 也不能理解为政府和私营企业纯粹的合同关系所确定的物质交换，例如材料购买等。

通过 PPP 可加强政府提供公共产品和服务的能力，提高供给效率。通过诸如 BOT（建设—经营—转让）、BOOT（建设—拥有—经营—转让）、DBO（设计—建设—经营）、特许经营、服务或管理合同、股权合作等方式，与企业和市场资本建立起利益共享、风险分担以及长期的合作关系。

图 10－4 所示出公共任务参与的程度和风险。

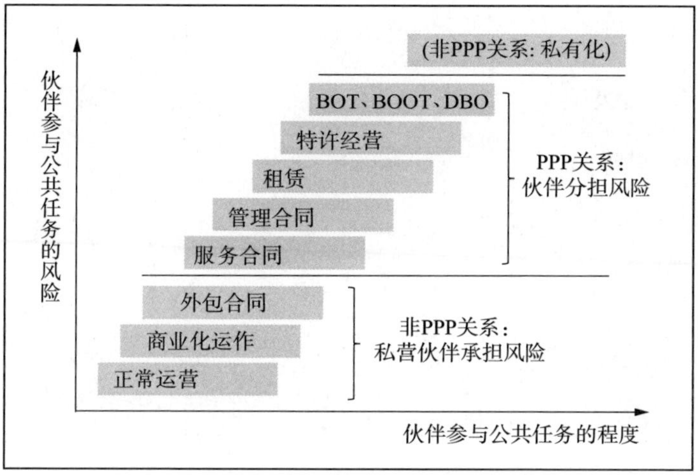

图 10－4　公共任务参与的程度和风险

资料来源：亚州开发银行（ADB）。

在 PPP 模式中，市场资本即私营领域承担设计、建设、运营、维护的工作，并通过使用者付费或必要的政府付费获得合理的投资回报。政府通过授予特许经营权、核定价格标准，给予财政补贴、稳定投资资本和私营企业的回报预期。

PPP 不是政府应当完成什么任务的问题，而是关于如何优化资源去解决面临的挑战。完全由国家或者完全以私有化的方式去解决公共任务，都不能达到要求。因此，PPP 可以看成是一个国家和企业优化资源，负责任地完成公共任务的创新合作的新模式。

1.4　PPP 的基本模式

PPP 的基本模式如图 10－5 所示。

合同模式（对非经营项目）：这种模式也是采购模式。政府和私营伙伴之间签订合同，由私营企业完成国家的任务。政府一般负责私营伙伴的资金回报，因非经营项目缺乏使用者付费的基础，无直接收益来源，收益来源由政府付费。

特许模式（对经营性项目）：按照特许协议私营伙伴承担国家的任务，向第三方提供服务。通过特许经营方式，因项目为经营性项目，私营企业有权向第三方收费，作为回报和投资的收益。这种项目能完全覆盖投资的成本。

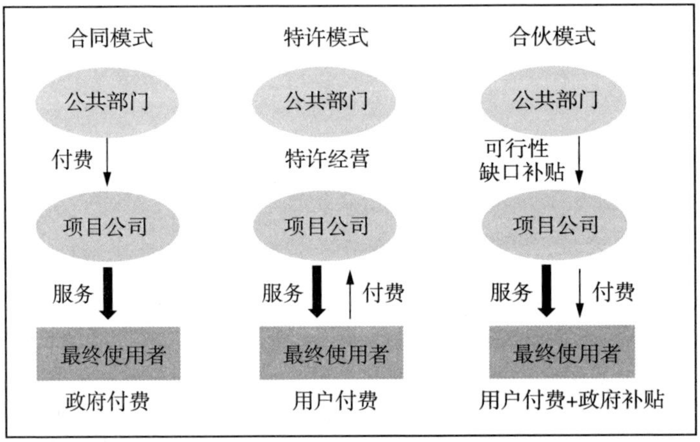

图 10－5　PPP 的基本模式

以上两种模式属于购买型 PPP，是传统采购服务的替代方式。基于项目生命周期典型的情况，购买包括项目设计、建设、投资和运营等各个阶段的项目包或任务包或具体的设施。这时，各个项目包和具体的设施不是分开招标，政府是整个项目的购买者或者验收者。而私营企业作为基础设施的建设者和运营者，或者是长期提供公共服务的服务者。

合伙模式（对准经营性项目）：通过建立一个为完成共同任务的共同组织，如项目公司或基金组织，国家的任务由双方或者双方的项目合伙组织共同完成。私营企业的资金回报通过合同的形式，或者以公司法定的形式来确定。因项目是准经营性项目，经营的收费不足以覆盖投资的成本，需要政府补贴部分资金或者资源。所以，项目合伙公司的收益来源于用户付费及加上政府缺口补贴。

这种模式属于“任务型”的 PPP，在政府不能单独地，或者不能最佳地完成公共任务的时候，与合格的伙伴共同来完成公共任务。通过与私营伙伴合作，在项目目标和有效性以及效率和绩效方面发挥优势。这种形式 PPP 的特点，它不是一个购买过程，而是平等的伙伴双方共同完成面向公众的公共任务。这与一般的基础设施 PPP 项目有所不同，它需要创新分担风险，而且双方的合作基于整个项目的生命周期。

对于 PPP 指导实施，政府可通过制定法律或者制定 PPP 指南，或者发布最佳实践的案例，一方面促进 PPP 项目的标准化，同时又支持灵活地实施项目的合同或协议。

在 PPP 模式中，不同的主体有不同的作用、地位和责任，因此有不同的后果。项目公司通过金融机构贷款、企业债、项目收益债、资产证券化等方式与投资人签订融资合同，并承担偿债责任。PPP 融资是以项目为主体的融资活动，主要根据项目的预期收益、资产以及政府扶持的力度来安排融资。项目经营收益和政府扶持效益是还贷的资金来源。在准经营性项目中，需要政府补助缺口。在非经营性项目中需要政府付费。这种方式产生的财政支出都需纳入政府预算，由政府承担直接的支付责任。

1.5　PPP 的主要特征

政府和私营经济之间 PPP 合作项目一般具有如下一些最重要的特征。对不同的项目各个特征的重要性可能各不相同，有时项目也可能不具备这个或者另一个特征。但总体上，理解这些特征可有助于构建公共领域政府和社会资本合作。

合同形式是构成合作的前提条件，提高效率和绩效是 PPP 的最高目标。只有在伙伴关系中所有各方都得到积极的益处时，一个 PPP 的项目才会取得成功，这就是通过 PPP 达到一个双赢的局面。伙伴各方对合作伙伴关系都具有信心是 PPP 项目能更好达到目标的重要条件。

从国家经济的观点看，如下重要特征可用作检验 PPP 能否最佳完成公共任务的准则：

（1）公共任务：必须是一个国家的明确界定的、始终是公共（非商业性）的任务，此外，这个任务包括的项目总额对补偿 PPP 产生的运营成本是可行的。

（2）公共和私营伙伴参与：PPP 中至少要求有一个私营公司和一个公共（机构）部门作为伙伴。

（3）提供经济服务：对于 PPP，典型的情况是通过政府或公共领域买单、或通过私营领域使用者付费作为经济服务的回报。

（4）目标共识：在 PPP 合作中，公共部门和私营企业的出发点和目标不一定一致。因此，合作双方应当相互承认对方的目标，并争取能在项目中实现。

（5）责任共同体：PPP 中私营企业负责提供经济服务，为此需要有一个相应的共同合作的组织。

合作伙伴之间的责任和任务应当明确规定。这时要考虑有关 PPP 的法律以及伙伴的义务和权利。尽管如此，各方应把实现公共任务当作是大家共同的利益和义务。

（1）风险分担：通过 PPP 组织使公平分配任务相应分担风险，PPP 每一个合作方都在最佳参与情况下分担风险。

（2）资源配置：政府和企业各自优势互补。PPP 包括准备资金、运营物质条件，或者专门的知识达到双方互利和提高效率。

（3）生命周期观点：PPP 伙伴关系以项目周期为基础，PPP 是一个长期性的项目。财务分量，例如投资、运营成本和报酬应针对整个项目周期考虑，在可能情况下引入激励。

此外，完成公共任务应当遵循的所有基本原则均适用于 PPP，这里需要特别强调的是，实施政策的进程和公众参与的特别重要的意义。

1.6 PPP 作为一个全面的过程

图 10－6 示出 PPP 项目过程的阶段。

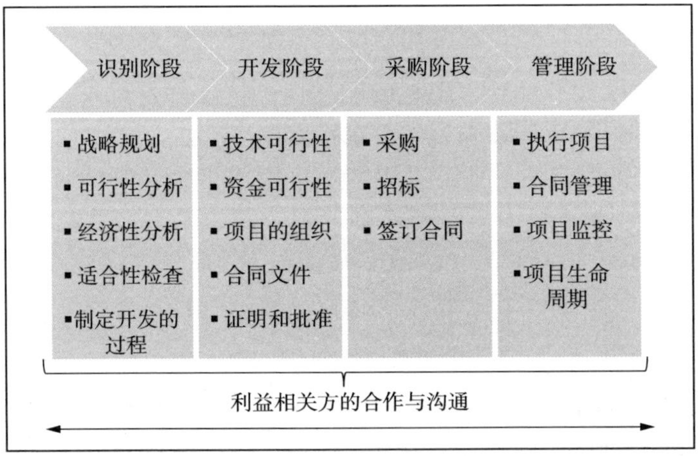

图 10－6 PPP 项目的过程阶段

公共领域和私营企业的参与者把不同的思维方式和文化带入到合作的伙伴关系。公共领域方面必须贯彻公共政策，私营伙伴方面的任务是完成项目具体的设计、实施、运营和控制并优化，并力求快速和准确地决定，做出正确的风险判断。为了成功实施 PPP 项目，双方必须约定共同的目标和框架，并制定一个共同的时间表。双方对项目目标，对所需的资金、人力和参与的设想应当达成一致。只有这样才可能形成共同的伙伴关系所需要的项目的文化。

这时，要求有一个合适的项目团队，面向过程推进 PPP 项目的实施。面向过程的方式具有如下的优点：

- 提高整个项目的透明度。
- 设定整个过程的目标，并使项目在整个生命周期优化。
- 避免项目产生失败的危险。
- 可预先规划和讨论难以处理的项目阶段。
- 创造伙伴信任和规划的可靠性。
- 可加速项目执行的进程。
- 可减少项目的复杂性。

过去的经验表明，制定标准对开发和推广 PPP 项目具有重要的意义。欧洲的经验说明，成功实施 PPP 的条件是政府必须全面参与。除项目规划外，也应有目的地建立能力中心（项目中心）。成功启动 PPP 的条件还包括公众社会中基础性的准备工作、培训和适当的意见统一。试点项目应该在条件简单、限制较少的地方开始。许多国家的经验说明，实施 PPP 的初期需要花费较大的工夫，注重公众参与尤为重要。PPP 在缺乏公众支持和参与的情况下不可能得到顺利地实施。在任何情况下必须保证投资的可行性。

尽管 PPP 的要求较高，但对合作双方都是具有优点的。一方面政府可以从私营企业得到商业运营的支持（人力资源和财力资源），因而减轻政府财政的负担。另一方面私营企业可通过 PPP 发展自己的核心业务，开发先前从未开发的市场。企业通过核心业务履行企业的社会责任，并且有机会与一个可靠的合作伙伴（即政府）成功地进行合作。从经验上看，成功的 PPP 倡议可以是由政府、也可以是由企业主动发起的。所以，在此意义上讲，对于私营企业 PPP 也可成为企业发展的重要工具。

1.7　非营利组织与 PPP

非营利组织与 PPP 的关系可以分为三种情况：

（1）PPP 作为与非营利组织合作的可选途径。政府通过 PPP 以新的形式与商业企业开展合作，在这种意义上政府也通过 PPP 部分地为非营利组织提供了一种选择途径。私营经济出自各种考虑有兴趣进入一直由非营利组织所从事的领域中，以PPP的形式提供公共产品和服务。长期的服务合同，多年现金流的保障，加之较大投资项目的经营，可形成营利的业务领域。非营利组织应把这一新的途径看成是一种机会。只要有正确的定位，它可在PPP中发挥积极的作用并发挥优势。前提条件是，对共同的目标有相互的理解和信任，对特别能力发挥互补优势。

（2）非营利组织作为PPP的工具。当政府和企业共同完成一个PPP任务时，共同的产品或运营平台完全可能是一个非营利企业，例如是公益股份企业的形式。在此情况下，企业的动因不是注重共同的子公司营利，而是从合作中产生经济效益。因此，非营利组织是实施PPP的工具。

（3）非营利组织作为PPP的伙伴。非营利组织和商业组织可联手参与政府的PPP项目。这时伙伴关系实际上由三方构成，共同完成长期任务目标，共同做出贡献并发挥伙伴关系的优势。由此产生的解决问题方案会获得另外的价值。例如，在文化领域，或在发展合作中，以及在大量需要金融服务的地方都有可能采用。

对许多非营利组织来说，与企业合作并不是一件新的事情。私营企业作为严肃的合作伙伴，被证明在应对任务挑战和环境问题上是有效的。PPP可提供一系列的方法和工具，使合作伙伴可以相互学习。非营利组织必须完成自身分担的工作任务，并专注自己的核心竞争领域。与经济界的合作是有意义的。因此，NGO需要在此新的情况下重新定义自己的角色。大型企业支持NGO，常常提供资金，有时开展紧密的项目合作。

非营利组织与企业合作为改善环境和社会状况共同完成合作项目，只有双方明确各自的定位、结合点和适合的合作方式，充分发挥双方的优势，才能成功合作。

1.8 PPP合作的整体框架

成功实施PPP需要有一个健康的PPP框架。这意味着要制定政策、程序、机制和如何实施PPP的规则。建立一个有利于合作的整体框架有助于沟通公共部门的承诺，保证PPP项目的监管，并能促进效率、问责、透明、公正、公平和加强利益相关方的参与（如图10－7所示）。

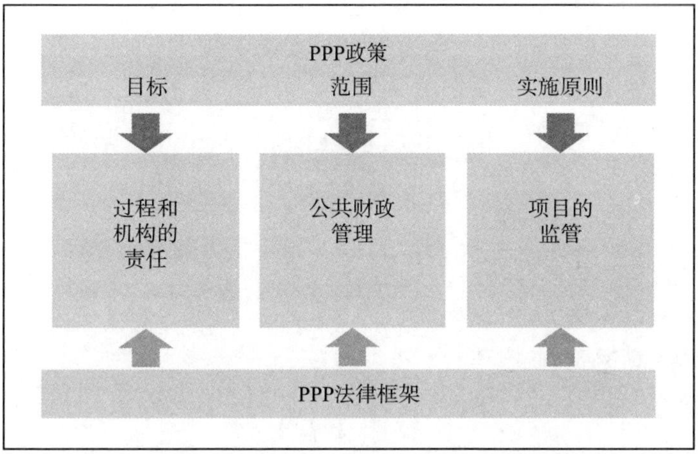

图 10－7　实施 PPP 项目的整体框架

资料来源：World Bank，ADB 和 IDB。

在设计 PPP 流程和选择 PPP 的形式时，要充分地考虑改革政策的目标、政治环境、法律法规和政策框架、行业融资需求、资源约束以及利益相关方的观点。

利益相关方参与 PPP 越来越受到重视，其主要的原因是：

- 公共参与影响项目的风险和进程。
- 公共支持度影响项目可持续性。
- 为项目设计和实施提供有价值的意见。
- 公共参与有助于项目参与者遵守自己的承诺。
- 信息向公众披露有助于提高合作伙伴的可信度。

在国际范围内，为应对许多重要的发展和环境挑战都在利用政府、企业和非营利组织共同合作的方式。这创造了可成为 PPP 范围内伙伴关系基础的新的互动关系。

PPP 是企业履行责任的框架，在公共领域内履行社会责任的主要原则包括：

- 反腐败
- 可持续性
- 消除贫困
- 尊重人权

因 PPP 伙伴关系是一个过程，不是一个产品，所以面向整个过程的协调会给各方带来实际的价值。

PPP 所要达到的目标包括保证最有效地利用公共和私营资源、保证高质量的公共服务、实现合作各方共赢。注重公共利益、切实履行责任是成功实施 PPP 的重要基本原则，具体表现在如下诸多方面：

- 筹备伙伴关系
- 创造共享的愿景
- 相互理解参与
- 明确各方责任和风险
- 完成各自承担的任务
- 具有一贯和协调的团队
- 尽早及时透明沟通
- 建立公平的组织机构
- 信任作为核心的价值观等

2 企业和企业家精神

要充分发挥市场在资源配置中的决定性作用，企业承担应对风险和不确定性的责任，从制度上支持弘扬企业家精神对企业创新和发展具有重要意义。

企业家能带来改变。他们不仅拥有创新的理念，也拥有将其推动成为现实的动力。具备企业家精神的人能利用他们的创新思维及创造性的工作，为社会带来正面的变化，包括把新概念及产品或服务推向市场，以此获得商业机会并为社会创造就业机会及财富。

2.1 关于企业理论

在新古典经济学中企业被视为一个黑箱，一个生产函数，投入生产要素，生产的产出是产品。这一状况直到科斯 1937 年的文章《企业的性质》才改变，科斯认为企业之所以存在是因为企业这种组织可以降低交易费用。实际上，早在科斯之前，美国经济学家奈特 1921 年的《风险，不确定性与利润》一书中已包含了企业理论。与科斯的企业理论不同，奈特认为企业家是在不确定性下进行判断的人。因为没有判断，就意味着不必承担不确定性风险，从而也就不是企业家。企业家在不确定性下对机会进行“判断”。但判断又无法交易，假如“判断”是可以交易的，那么企业家只需要出售自己的判断，而不需要建立企业来获取利润了。

判断这种服务和一般商品不同，最易受道德风险和逆向选择的影响。另外，判断无法被估价，这是因为每一个判断都是独特的，没有边际效用，自然地也就没有“判断”的价格。此外，“判断”是一个过程，对此不存在一个市场。

这就决定了企业家必须通过创办企业，投入自己的资产，才能获取他“判断”的回报。假如企业家仅仅是做出判断，而不建立企业，那他也无法获得利润。所以把资产投入，建立企业才有可能成为企业家。企业的出现是企业家从他的判断中获得最大回报的一种方式。当然，企业家的“判断”，不只是一个“新想法”，而是资产的“新组合”，它牵涉企业家独特知识的利用。

所以企业家判断与企业家投入其资产是紧密不可分的。用生产性资源去赌自己的判断，才是企业家，相应的活动才体现企业家精神。再大的企业，即便在创立之初，也总是包含了企业家自己的资产。比如乔布斯在创业时，至少投入了车库，还有计算机零部件等，如果车库还有其他用途或计算机零部件是别人的，那他们就是在组装，而不是在创业。这也说明，在风险投资中，扮演企业家角色的是提供资金的人，不是提供项目的人。

与奈特不同，科斯认为企业的存在是因为市场存在交易费用。当企业家试图节约某种类型的交易成本时，企业就从市场经济中涌现而出。

科斯等都把企业视为一组“合约”安排，但不是普通的购买合约，而是“雇佣合约”，这种雇佣合约是“不完全合约”，即无法在事先把所有的细节都写出来，所以“企业”这种契约并不阐述要求员工所需做的全部细节，当然，这意味着存在“剩余”，这种剩余的安排是由服务的购买者（企业家）决定的。通过企业，企业家实现了剩余控制权。

为什么利润要归企业家？或者说利润的来源是什么？根据科斯的理论，利润来自于企业家对交易费用的节约，而根据奈特的观点，利润来自企业家的成功判断。

虽然科斯与奈特的理论看似有上述不同，但实际上也是有重合之处的。比如，使“判断”不能交易的那些因素都可以归结为“交易费用”。但更重要的一点是，他们都认为企业家要投入自己的资产，企业是企业家把自己投入的资产和人力资本结合起来的组织。根据他们的观点，企业家就是老板，没有在企业中投入自己的资产，再有能力都只能算打工仔，因为判断与雇佣只能是由那些投入自己资产的人进行。

当然，在奈特与科斯的理论中，资产是有不同功能的。在奈特的理论中，资产是判断必不可少的“赌注”，不把资产作为赌注，就不叫判断。而在科斯的理论中，资产的功能体现在雇佣员工上，没有资产就不能雇佣员工。比较而言，奈特的理论更靠前端，因为只有当资产投下去之后才会出现雇佣员工的问题，“雇佣”是实现包含在“判断”中的利润的手段。另外，在科斯的企业理论中，企业至少要有一名员工，但在奈特的企业理论中，企业可以没有员工，雇佣自己的个体户也可以算作“企业”。

2.2 “企业内”与“企业外”的企业家

在现代经济制度下，企业家实际上可分为两类，即“企业外”与“企业内”的企业家。前者代表社会投资者、所有者、合作伙伴或持股者。他们不直接介入到公司经营活动中，但他们非常重要，把资本配置到最能满足消费者需求的领域中，配置正确意味着消费者的需求得到更好的满足，正是他们追逐利润的行动，他们也将获得利润，否则就亏损。企业的主要资产可为企业外的企业家所有。

另一类企业家是“企业内”的，他们是股东的受托人，是企业的董事，他们决定自有资本或募集来的资本作何用途，以及雇佣谁来做经理，购买什么原料设备，生产什么产品等。也就是说，他们是把生产要素组织起来变成产品的人。当然很多具体的事务往往是委托给经理办的。

“企业外的企业家”要想获得利润，就需要对“企业内的企业家”进行全方位的判断，不仅要判断他们的投资项目或产品是否具有盈利前景，还要判断他们组织、配置要素的能力，以及生产经营模式等，某个方面判断错了，就有可能亏损。

把“企业外的企业家”与“企业内的企业家”联系在一起的是资本市场。有了资本市场，企业家，无论是“企业内的企业家”还是“企业外的企业家”都不能随意支配企业的资产，资本的使用要满足消费者的需求。大众通过资本市场让企业家为自己服务。“企业外的企业家”通过股票的买卖，股价的变化，对“企业内的企业家”进行奖励或惩罚，也即对后者进行激励与约束，迫使后者把资本最为“经济”地使用。可见，“企业外的企业家”对于企业资产配置而言，其重要性不亚于“企业内的企业家”，他们不是真的处于企业之外，而是企业的一部分。

使企业更好地为社会创造价值，也就是使企业的资产在满足消费者需求的方向上最为有效地使用。那么谁才能做到这一点呢？显然是那些投入了自己资产的企业家。他们最有动力去“判断”市场机会，最有动力根据市场需求变化组合资产，否则他们自己就蒙受损失。

2.3　企业家的作用

经济发展不是简单的要素积累和产值的增加，它是一个动态的、循环的过程。正如亚当·斯密在《国富论》中描述的那样，市场的扩大导致了分工的细化、分工的细化促进创新的发生和生产率的提高、生产率的提高导致了收入的提高，而收入的提高又反过来促进了市场的扩大。在这个循环的过程中，企业家发挥了重要的作用：

（1）市场的扩大是企业家们开拓的结果。市场规模有多大，这不仅仅取决于市场上的参与者数量，更取决于消费者多少现有需求能够被发现、被满足，以及多少新需求可以被开发出来。而这些都需要企业家敏锐的眼光和卓越的判断力。

（2）分工的深化是企业家引导的结果。分工分为两个层次：产业间的分工和产业内的分工。在产业间层面，劳动力的分配主要依赖于不同产业所能提供的就业岗位和待遇。而这些条件本质上取决于企业家对各行业走势的判断，以及由此形成的投资。在产业内层面，企业家则更为具体地扮演了协调者和管理者的角色，这对于引导和协调分工是十分重要的。

（3）创新是企业家行为的结果。为了在竞争中赢得胜利，市场中的企业家们必须时时刻刻追求创新、追求差异化。这要求他们不断地开发新产品、采用新生产方式、开辟新市场、使用新的原材料、采用新的产业组织方式。这些措施都可以大大促进社会生产力的提升。

（4）经济发展需要企业家再投资。通过市场的扩大、分工的深化和技术的进步，其结果使社会财富增长。如果想让社会生产力和居民福利得到永久性的提升，就需要对财富进行积累，并将其重新用于投资。而最终完成投资的主体还是企业家。

在我国经济改革过程中出现有“套利企业家”，也有“创新企业家”。这两类企业家的才能和精神的发挥推动了经济的增长。而经济的持续发展也需要更多的“创新企业家”。而且还需要更多制度企业家，遵守哈耶克意义上的“法律下的自由”，参与现代市场经济体制的构建。

2.4　企业家精神

关于“企业家精神”的含义存在有不同的看法，但大多数人都赞同其中最关键、最核心的两个特质，这就是“承担风险”和“创新”。

首先是承担风险。“企业家”（entrepreneur）的词根来源于拉丁语动词 in prehendo-endi-ensum，其含义为“去发现、去感知、去捕获”。因此从词源学角度看，企业家精神就应该包含对风险的感知和承受。在一般意义上讲，企业家可以定义为愿承担风险而组织资源去实现商业机会的人，即承担风险的企业家属于“套利企业家”。

其次是创新。根据经济学家熊彼特给出的定义，创新就是对生产要素的重新组合，它包括引进新产品、引进新技术和新的生产方式、开辟新市场、控制原材料的新供应来源、实现企业的新组织。熊彼特意义上的企业家属于“创新企业家”。

只有敢于承担风险、勇于创新，他才能算得上是真正意义上的企业家精神。

市场经济的效率在于市场资源的配置，市场经济的活力在于创新。创新则来源于企业家精神。

熊彼特是最早论述企业家精神、也称创业精神的经济学家。他认为创新是经济发展和进步的核心动力，市场经济长期活力的根本在于创新，而创新则来源于企业家精神，来源于企业家通过重新组织资源来开发新的产品，创造新的生产过程，这是一个创造性毁灭的过程。当今推动全球经济进步，创新成为全球最为关心的问题。

2.5 风险、不确定性与创新

奈特在《风险、不确定性与利润》中研究了风险、不确定性与利润的关系：

——关于企业与风险：他将人们对风险的态度分为三类，即风险偏好型、风险中型、风险厌恶型。他说，大量的事实表明，厌恶风险的人通常会将钱存入银行；风险中型的人可能会用少量的钱买股票；而只有那些偏好风险的人才会投资创业、成为企业家。于是他得出的结论是，企业（家）是应“风险”而生。对上述观点，学界一直有争议。比如，科斯不同意企业（家）是因“风险”而生的观点。科斯认为，企业是计划与市场的边界，边界内部是计划，外部是市场，因为信息不对称导致市场交易费用过高。其实，科斯的解释与奈特并不矛盾。“信息不对称”当然也意味着“风险”。要降低风险就会产生交易费用。可见两人只是说法不同，道理却相通。

——关于风险与不确定性：他认为，风险源自不确定性。同时将不确定性分为两类：一类是可以量度的不确定性，它指风险发生的概率，它可根据经验数据估算，并非真正的不确定性；而另一类是不可量度的不确定性。只有不可量度的不确定性才是真正的“不确定性”。并指出利润不是来自风险，而是来自不确定性。

风险不同于“不确定性”，是指这种风险不会给当事人造成意外的损失。如果风险可以量度，表明事故发生的概率可以预知。既然可以预知，当事人就会购买保险规避损失。

——不确定性与创新：任何一项创新都有可能失败，有可能失败就会有损失。创新是“不确定性”事件，失败概率不可依据历史数据计算，历史的失败概率并不等于未来的失败概率。由于创新具有不确定性，决定了它可能出现的损失只能通过“公司”来避免，来分担“盈亏”。巴特勒说，公司是近代最伟大的发明。工业革命以来全球共有 160 多种重大创新，其中 80% 都是由公司完成的。具有创新精神的企业和企业家的作用不言自明。

企业家是能够处理“不确定性”，而不是处理“风险”的那些人，他们是“现代社会的中坚力量”，是社会进步的引擎和推动者。理想的企业家不仅有创新精神、敬业精神，而且还有合作精神。企业家具备这三种因素，从事分工与合作构成自然就会导致产生我们所说的“市场经济”，或者是哈耶克所说的“人类合作的扩展秩序”。

2.6　不确定性的管理

在当前变革的时代，传统工业经济时代的管理模式已经显得过于迟缓和低效，取而代之的是信息技术时代的新的管理理念和模式。技术变革与经济发展正使周围环境发生着深刻的变化，加速了全球经济一体化的进程，也给企业内外部的经营环境带来了根本性的改变。这种改变带来的是更高度的不确定性，节奏越来越快，情况越来越复杂，前景也越来越难以预料。

在一个新产品的开发周期以月甚至以周计算的时代，企业真正需要的是懂得如何面对环境的不确定性，如何迅速制定新的战略，构建新的核心竞争力，以适应瞬息万变的市场变化。

这时不能以非白即黑的态度来看待不确定性，即要么认为环境是确定的，因而可对未来做出精确的预测；要么认为环境不确定，所以前景不可预测。

低估不确定性既不能抵御威胁，也无法利用高度不确定性提供的机会。在 1977 年，时任数字设备公司（Digital Equment Corporation）总裁的肯尼恩·H·奥尔森（Kenneth H·Olsen）宣称：“个人没有必要在家里拥有电脑”。当时个人电脑市场的迅猛发展还不认为是必然时，产业专家们却认为它肯定是有潜力的。这是商业史上低估不确定性的最惊人的错误之一。

另一个极端是认为环境完全是不可预测的，不主张传统规划过程中的严谨分析，而主要凭直觉进行战略决策。这种凭直觉行事的方法，会使赌注错误地下在可能导致巨大损失的新兴产品和市场上。

那些反对冒险的人认为，自己处于非常不确定的环境中，他们不相信自己的直觉，因而无从决策。他们避免就有关产品、市场及应开发技术的重要战略进行决策，而只是代之以关注企业再造、质量管理或内部成本削减计划。实际上，这些计划尽管重要，却不能代替战略。

在不确定的环境下，系统地进行正确的战略决策是必要的。事实上，他们通常可以确定可能发生的结果的变化范围，甚至确定一组离散的未来情境，采用正确的程序面对环境的不确定层次，促使人们进行更明智的战略决策。

2.7 弘扬企业家精神

2017 年，国务院发布了《关于营造企业家健康成长环境，弘扬优秀企业家精神，更好发挥企业家作用的意见》，指出“企业家是经济活动的重要主题”，企业家“为积累社会财富、创造就业岗位、促进经济社会发展、增强综合国力做出了重要贡献。营造企业家健康成长环境，弘扬优秀企业家精神，更好发挥企业家作用，对深化供应侧结构性改革、激发市场活力、实现经济社会持续健康发展具有重要意义”。

《意见》提出，营造企业家健康成长环境，弘扬优秀企业家精神，更好发挥企业家作用的基本要求和条件是：

（1）要保护企业家财产权，保护企业家创新权，保护企业家自主经营权。这三方面的内容是紧密地联系在一起的。古语云：“有恒产者有恒心”，这句话至今仍然有效。

（2）要营造促进企业家公平竞争、诚信经营的市场环境，促进各种所有制经济依法依规平等使用生产要素、公开公平公正参与市场竞争、同等受到法律保护。只有这样企业家的才能、创新及冒险精神才能充分发挥。其中包括，杜绝各种不公平竞争和腐败行为的措施。

（3）要健全企业家诚信经营激励约束机制。信用是对交易者合法权益的尊重和维护。信用使交易得以持续，使交易成本得以下降。诚信关系企业和企业家的道德，关系市场机制能否发挥作用，因此诚信经营和诚信交易是必备的市场准则。

（4）营造尊重和激励企业家干事创业的社会氛围。要激励企业和企业家走创业之路，要拓宽企业家参与社会公共事业的渠道。所有激励措施都是制度建设的问题，要解决制约企业家精神的主要障碍。企业家精神的发挥和制度效率的提高是相辅相成、缺一不可的。

（5）要让优秀企业家精神代代传承。企业家应树立崇高理想信念，自觉遵纪守法意识，主动履行社会责任。企业文化的宗旨是培育企业员工对理想的认同感，增强企业凝聚力。从企业家、企业高管直到每一个普通的人员，都需要有社会责任感。这种凝聚力，这种社会责任感，就是企业最宝贵的财富。企业家精神要代代相传，这是打造百年老店的支柱。

在经济全球化的背景下，中国经济正在从传统经济向工业化、后工业化和信息化经济转型，从计划经济体制向市场经济体制转型。这两种转型的关键是加快发展方式的转变：从数量型和速度型的发展方式转变为效益型和质量型的发展方式。因此，供给侧结构性改革必然成为整个经济改革的核心。这不仅是结构调整，涉及体制改革，实现科技、管理、创新，促进制造业、农业、服务业等可持续发展。这一变革的进程中，企业家精神始终是一个重要的推动力。市场的成功属于有智有谋有远见的开拓者、创新者。创业创新的新一代企业家大量涌现，中国经济就会不断创造新的奇迹。

经济学讲究效率。效率的基础既包括物质技术，也包括道德基础。

物质技术基础指的是物质条件，包括厂房、机器设备、能源供应、原材料、劳动者素质、资本、管理水平等。物质技术基础是重要的，但所提供的只是常规效率。道德基础代表的是超常规效率。无论在中国历史变革过程，还是在充满挑战的建设过程中，例子数不胜举。道德力量的作用无疑是市场机制和政府调控之外的第三种调节因素。

“优秀企业家精神”激励下所产生的创新创业活动和开拓行为，既反映了时代精神，也反映优秀文化的传承，这正是国家和民族的希望所在。

企业管理难于避免官僚机构和官僚主义的影响，而企业家精神与官僚主义是不相同的。熊彼特在提倡企业家精神的同时，他担忧政府和大企业的官僚主义会有损企业家精神，从而抑制市场经济的活力。今天虽然企业家精神仍在，但是他当时所担忧的官僚主义影响企业家精神的现象依然存在。因此，提倡企业家精神，提倡创业精神，注重企业活力的同时也必须要减少官僚主义，也就是要简政放权。

中国深圳是企业有活力，创业企业多，企业家精神最强发挥的地方。同时，也是政府干预少，政府服务意识强的地方。因此，企业家精神在深圳得到最集中的体现。

3 非营利组织（NGO）的责任及其与企业合作

为改善环境和社会状况共同完成合作项目，只有在合作方有共同的目标，明确定位和结合点，在适合的合作方式下充分发挥双方的优势，并具备相应的团队能力，才更有可能成功。

3.1 组织领域的划分

迄今为止，对非营利组织、公益组织以及非政府组织（NGO）没有形成统一的定义。2016 年中国颁布的慈善法规范了所有社会组织及其活动行为。

在整个社会中，组织的类别原则上可以划分为三个领域（如图 10－8 所示）：

第一领域是国家的领域，包括国家机构和公共机构；第二领域是市场，包括从事商业活动的各种企业；第三领域是国家和市场之间的领域，它既无国家管理授权又不以营利为目的。第三领域的组织也称之为非政府组织（NGO）或非营利组织或公益组织，其中包括基金会、慈善组织，社会企业以及多利益相关方组成的论坛或网络、协会、社团、俱乐部等，都属于第三领域的组织。

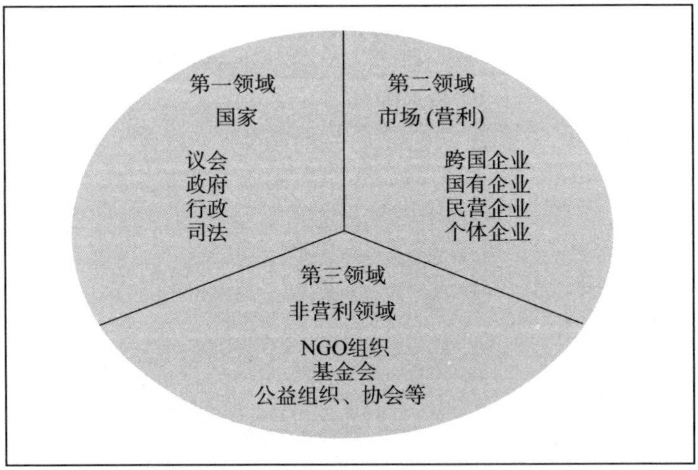

图 10－8 社会中三个组织领域的划分

由于非政府组织、非营利组织和公益组织没有统一的定义，实际使用它们不存在严格的界限，有时候它们的名字也相互交替使用。例如，在发展和人道援助中的服务者属于非营利组织，但常常也称为 NGO 组织，也可认为属于公益组织。本书中采用非政府组织（简称 NGO 或 NGO 组织）这一名称，旨在突出上述组织均作为第三领域组织在社会合作中所发挥的作用。这一术语虽然不能作为上述社会组织统称，但从实用的角度出发在 NGO 组织、非营利组织和公益组织之间不严格地加以区分。

随着全球化经济、政治和社会文化交流的发展，NGO 组织在全球的意义得到了加强，特别是全球性的 NGO 组织具有特别的专门的知识和特别的职能，能在市场和国家这两个领域之间起到补充的作用。NGO 组织的职能中包括提出创新的解决问题的方案和研究结果，最终被政府采用，或者由企业转化为市场性的产品。NGO 组织可承担本来由国家和企业承担的任务，在紧急情况下提供服务和专门知识。NGO 组织作为社会的群体，代表社会利益还为国家和企业提供监督职能。NGO 组织是社会价值和透明性的支持者。

作为第三领域的 NGO 组织可以与另外两个领域，即与企业和政府进行合作，共同为解决社会问题推动可持续发展做出贡献，特别是在实施企业社会责任的领域之中。表 10－1 中示出 NGO 组织与企业的结构性特点比较。

表 10－4　NGO 组织的结构性特点

组织	目标	资金	利益方	员工	决策
企业	定义严格利润精确到个位数	来自产品和市场的销售	股东员工供应商客户	付薪资全天专职	层级结构执行指令
NGO	理念性抱负性非量化	成员会费捐赠赞助工作报酬	理事成员赞助者普通大众协会国家机关	付薪资专职志愿者义务工	项目结构参与全体会议决议

3.2　NGO 的多重职能

NGO 组织具有多重职能，它可以是服务者，可以是利益代表者，同时也可以是社会力量的汇集平台（如图 10－9 所示）。尽管 NGO 组织不是在这几个方面都同等地具有同样强的能力，但是至少它们会在一个方面加强自己为社会利益和同其他领域进行合作发挥自己的优势。NGO 组织也是全球治理领域的一部分。

在过去一些年里，企业社会责任已经成为企业管理的一个新的核心的理念，企业越来越被要求履行社会责任，同时也越来越得到社会的支持。在这

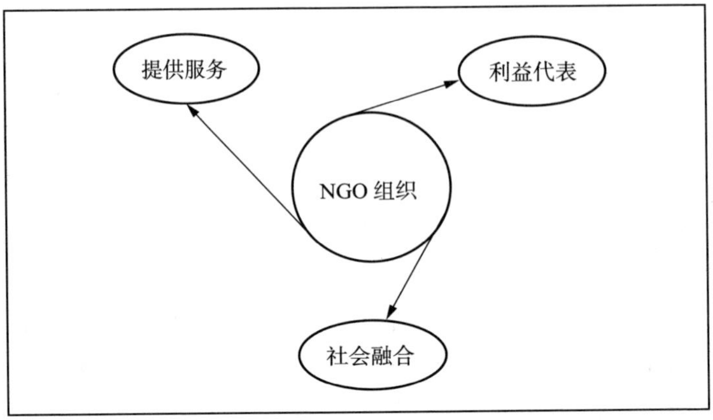

图 10－9　NGO 组织的多重功能

种情况之下，企业需要把经济的、社会的和生态的目标协同一致。企业除了注重经济利益之外，在它们的行动中要更加关注和考虑它所在的社会和地区，应对经济社会的挑战和生态方面的要求。对 NGO 组织来说这意味着向它们提供了多种合作的机会。

NGO 组织可把这些企业视为伙伴，共同合作去实现组织自身义务所确定的重要的目标。为了落实到具体的行动，NGO 组织有必要积极地在企业社会责任战略框架内研究企业的基本理念和行为的方式，以便能够考虑企业所面临的形势，以及如何能使其战略有益于双方的合作。这时，NGO 组织方面需要有明确的负责任的观点和态度，通过直接交流、合作和协同达到更为理解，以增强合作项目的潜力并能产生创造性的建议。

基于企业社会责任项目与企业进行合作的方式对 NGO 组织有许多优点：

- 增强新的知识和能力
- 加强组织人力
- 拓宽专门技能
- 建立更广泛长期的伙伴关系
- 发现新的筹款机会
- 获得跨领域的交流和新的建议
- 发现新的行动可能性和创新的潜力

在此情况之下，为了有效开展合作，NGO 组织和企业双方必须灵活地对待和理解总的形势要求和要达到的目标。对话和沟通是合作的关键（如图 10－10 所示）。

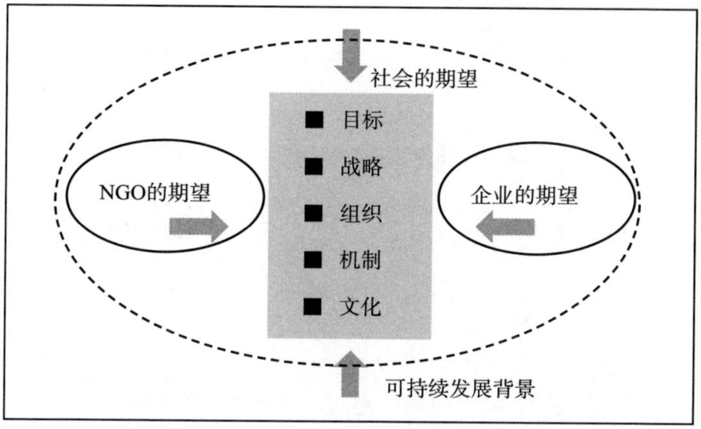

图 10 - 10　NGO 与企业沟通社会责任的条件

3.3　NGO 组织与企业合作的可信度和透明度

在过去，有的跨国企业的供应链上出现雇佣童工受到谴责，随后企业寻求与联合国儿童基金会和救助儿童会这样的 NGO 组织建立伙伴关系。企业这样做，实质上目的不是一种公益或慈善行动，而是要稳定企业业务的行为。这样的 NGO 组织并不进行生产监督，企业与它们合作所需要的是一种信誉。

然而，当企业和 NGO 组织合作时，人们尤其关注双方的对话和合作项目的影响。合作项目贴上了 NGO 组织的标签，合作会更受社会的检验或质疑，这就要求 NGO 组织严格把控和审视其可信度。这里的一个关键问题是，NGO 组织必须满足什么样的要求？

当一个企业与 NGO 合作共同行动，力求促成改进或改变时，社会对合作伙伴的评价往往比在没有合作时要尖锐得多。特别是，当改进或变化不仅要反映在企业，而且要反映在供应链时，尤为如此。这说明，谁出现在公众之中，谁就要估计到，可能对伙伴关系就会提出尖锐的可信度问题和相应的沟通透明的问题。NGO 组织与企业的成功合作面临诸多挑战（如图 10 - 11 所示）。

高度可信的合作关系是从长远考虑的，主要的目的是为了促进解决社会问题（包括生态保护），或解决企业管理不善/失职的情况。上述例子虽然不是 NGO 组织与企业合作的普遍的情况，但它表明，当 NGO/非营利/公益组织与企业如何合作需要有严格可信度和透明度把控。无论是慈善项目、公益项目的合作，还是利益相关方对话合作，或是直接与企业业务过程相结合的合

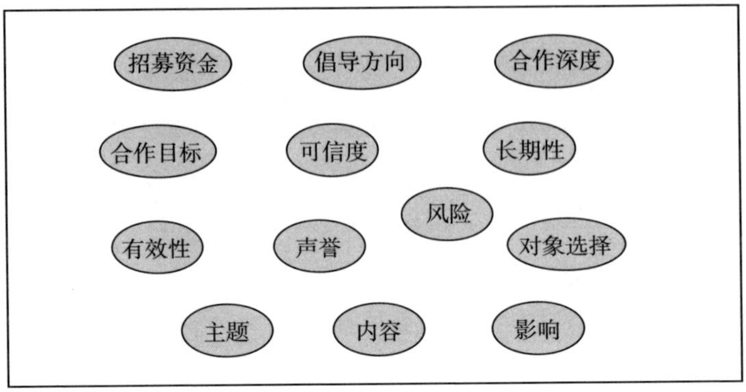

图 10－11　NGO 组织与企业合作的挑战

作，这一点都很重要。

3.4　NGO 在合作中扮演的角色

有些 NGO 组织善意地或者为了它们筹款或获得捐助和赞助有选择性地设定目标。也有的 NGO 组织把合作的重点放在开展志愿者活动的企业上，而忽视了 NGO 组织本身的目的和与目标关联的因素。对企业来讲，开展志愿者活动的重要效果是要增强员工的满意度。企业和 NGO 合作方向不完全一致，无益于提高 NGO 的形象。实际上，很多 NGO 组织并不拒绝这样进行活动，主要的担心是可能失去企业作为自己的伙伴。

NGO 组织与企业合作首先要考虑如下重要的问题：

- NGO 组织与企业合作的目标是什么？
- 具有开发目标的项目合作的目标是什么？
- 它们对 NGO 本身和合作伙伴提出了什么样的要求？

双方合作的影响和可信度问题与组织的核心有着深刻的联系，它们与组织的身份，它的使命，它的合法性，以及由此引伸出的战略，公益项目的决策和实施过程密切相关。例如，一个 NGO 组织愿与一个企业合作，只把钱放在首位，而不在意这一企业的商业行为（或者部分行为）造成不良社会影响，这样做允许吗？用 NGO 组织的工作或用捐赠资金的方式消除或者减少这些不良影响，这样做可以吗？又如，一个致力于消除饥饿的救助组织，愿与一个国家的企业建立伙伴关系，但该企业利用享受的国家补助，用最便宜的价格倾销农产品，其结果是当地的农户破产，贫困农户失去生存的能力，这样做是可以或允许的吗？这些问题的回答都事关企业的核心战略。

上述问题表明，NGO 组织与企业合作需要考虑的一些事关重要的领域，其中包括正确选择潜在合作伙伴（如图 10 - 12 所示）。

➢接近核心业务	➢组织能力
➢声誉	➢可信度
➢主题能力	➢风格
➢媒体能力	➢对话沟通
➢项目管理	➢自身的责任

图 10 - 12　NGO 潜在合作伙伴的选择

无论它们在哪个领域工作，无论为社会救助、为环境发展或是为教育及文化发展，NGO 组织都是作为帮助者或支持者为解决问题做出贡献。要么是一个直接的帮助者，要么是公开的支持者或裁量者。为了进行这些工作 NGO 组织需要筹资。它们具有从企业获得捐赠、与企业建立资助关系或者伙伴合作关系的不同的可能性。

在与企业的资助关系和伙伴合作关系中，NGO 组织必须同时充当多个角色，简单说来有下面的三个角色：

- 宣传者。NGO 组织作为直接的帮助者，或者为一个群体或一件事提供帮助或发出能够有效倾听的公开的声音。
- 利益相关方。NGO 组织是社会和经济生活中的一个重要的活动者，因此也是代表一定理念和要求的重要的利益相关方。
- 筹款者。NGO 组织是为了自身发展的募捐者，目标是要为其工作获得必要的资金。

这些角色导致在实践中可能要处理行动上的矛盾因素。例如，从资金角度考虑，可能与一个企业合作对筹款者很有利，但该企业的商业活动同时可能与组织的立场完全是冲突的，或者它刚好是 NGO 组织要解决的问题的根源。同样，当一个企业支持一个组织的目标很明显，只是想采取一个改善形象的行动，这种情况往往是不可信的。企业不能把赞助当作只是“用钱换取好声誉”贴上一个标牌。

可信的和有效的伙伴合作关系远不在于此，伙伴双方需要紧密地结合在一起，并且具有一个明确的目标。这就是，要解决核心的问题，或者消除不良状况。通过持久的具有明确目标的行动可使合作可信，这样也会加强合作双方的信誉（如图 10－13 所示）。

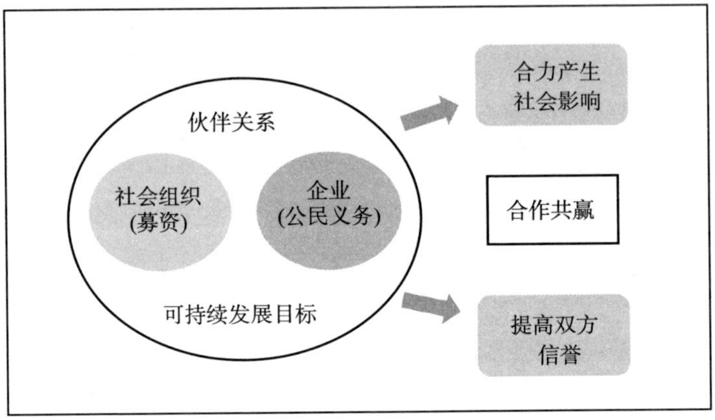

图 10－13　社会组织与企业合作共同解决社会问题

因此，当一个组织与企业进行严肃的对话时，从战略上这样思考是必不可少的。无论是企业捐赠还是帮助解决社会问题而共同开展项目，每一个合作将会表明 NGO 组织对其项目有效性产生何种影响，而在每一种情况下也会使之赋有可信度提高或降低的特征。

3.5　NGO 与企业合作的定位和结合点

在发展政策要求和筹款活动要求之间的关联和对立，表达了活动者行动中会出现的显而易见的矛盾因素。不过，正是 NGO 组织上述不同角色之间的矛盾性，才是它们与企业建立合作关系的一个有用的基础。这就是，以此为契机为筹款或宣传制定战略目标。合作的双方可以通过磨合，从表面性冲突开始，以负责任的方式为构建伙伴关系制定共同的指南。重要的准则是，除双方利益在内容上的切合点外，与企业合作应基于长期性和有效性。由此确定的目标可能保证资助的进款和能做出几年规划的进款，伙伴双方能落实共同约定的目标和项目。

在这种意义上制定目标的重要条件是，NGO 组织对合作关系有清醒的定位，对合作要做出有意识的赞成或者反对的决策。例如，NGO 组织可以按照下述企业社会责任管理的五个层面来积极做出合作定位（如图 10－14 所示）。

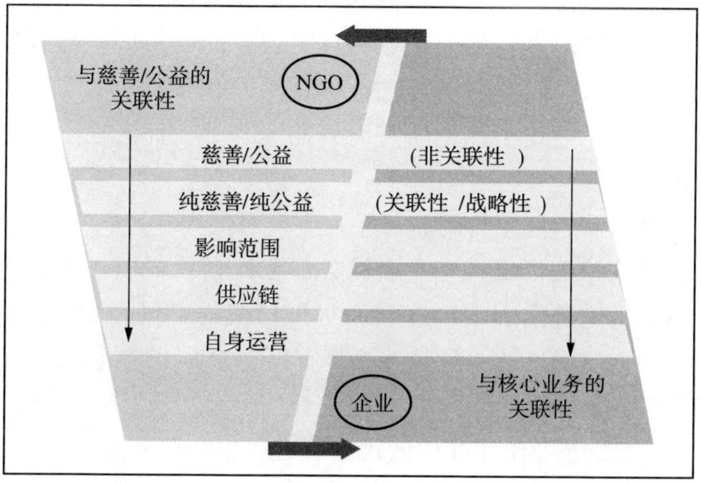

图 10－14　NGO 组织与企业合作的定位和结合点

资料来源：T. Marschall Marschall，2008。

这时，从企业角度看，负责任地控制内部的流程是首要的任务。企业越要避免负面的影响，就越是与企业自身的过程相关。做善事是自愿性的和有意义的活动，慈善/公益活动与企业自身运营没有直接联系。

NGO 组织和企业在建立伙伴关系时应当有意识地决定，它们想在图中所示的层面中哪一个层面上共同实施项目。所以，从“非关联性慈善/公益”或“纯慈善/纯公益”层面（企业为某一目的捐赠与企业没有内容上的联系）到“自身运营”层面（在企业核心过程中共同工作），所划分的这些层次包括了不同的积极行动的可能性。

例如，一个机械生产企业在资金和设备上支持非洲一个职业技术学校建立培训中心。这一活动是与主题相联系的慈善/公益（“关联性慈善/公益”）。但合作关系与企业的核心业务没有关系。培训中心的效果是可以测量的。通过这一支持，培训质量进一步得到改善，并且培训人员的数量增多。在此活动中，NGO 组织的责任是建立和运营培训机构并培养年轻的学员。这一合作关系是建立在关联性的也就是与主题相关的慈善层面上的。

另外一个例子是，一个大型纺织企业开展的活动深入了一步，为支持在欠发达国家从根本上消除童工提供项目资助。项目包括支持一些家庭创业发展自己的经济能力，并帮助建立稳定的家庭关系。这样，这些家庭分别经过三年左右的时间，父母的工作能使家庭有足够的收入，所以童工孩子再也不必为家庭的收入去挣钱。同时，也使一些由于家庭危机不能与自己父母一起生活的孩子能集中居住在一个类似家庭的公共集体中。这些措施是直接在企业核心业务影响范围内进行的。企业不仅要求它的供应商按照社会问责的认证标准避免使用童工，而且也与当地的一个 NGO 组织合作，从源头上消除家庭的贫困，以为这是导致小孩把所有时间用于挣钱，而无法获得上学和受教育的机会的一个原因。

最后一个例子是，一个日用品贸易企业针对供应链这一层面的行动方式。企业与分别在环境相关领域具有专业优势和在社会培训项目中有能力的 NGO 组织合作，使在供应链中农场的蔬菜和水果种植中不仅做到对环境友好，而且减少不良的社会状况。这一伙伴关系是直接建立在供应链上的。

以上结果不是要说明，在 NGO 支持的纯慈善/纯公益项目、与企业业务相关的项目，还有包括企业伙伴在内的供应链项目中，哪个比另一个更好或者是更差。要强调的是，在企业社会责任管理划分出的层次上积极地做出战略重点的决策是必不可少的。这会导致最终讨论如何将合作关系与自身的使命相联系。

可信度是组织衡量自身的标尺。NGO 组织在可能向企业转让信誉时负有责任。只有当合作伙伴的言论和行动，特别是共同努力的结果具有重要意义而且名副其实时，才能转让“负责任行为”这个徽章。

3.6 NGO 与企业合作的目标

NGO 组织支持开发政策和企业合作需要持续改进它们之间的关系，需要研究这一范围的主题和以此涉及的项目，认识和发现建立起伙伴合作关系的巨大机会，努力为实现如下的三个目标：

- 共同为解决主要的社会问题做出贡献，并为此可持续地利用企业提供的资金支持；
- 通过共同的过程支持企业走可持续的符合道德的经营道路；
- 确实有效地增强自身的可信度和伙伴的可信度。

从筹款的角度看，面向这些目标的合作关系有着巨大的潜力，有助于达成较为长期的有约束力的协议和增加更多的资助经费。NGO 组织和企业按照这种方式有意识地建立伙伴合作共同体，就不是通常所指的“双赢”，也不是时常的“以钱换声誉”的理解，而是负责任的有价值的合作共赢。最重要的“赢”是能够汇集力量达到最大的社会效果。NGO 组织可带入专业知识和执行能力，企业可提供资金和建设性的批评建议，后者对开发政策公益组织工作是一个重要的反馈。当做到了这一点时，第二个“赢”就会成为现实，那就是提高合作双方的信誉。合作关系与积极的公共影响相联系是有益的，条件是合作做出有益的贡献，而且公关的力度与伙伴关系的实际效果名副其实。

3.7　NGO 与企业合作的内容和效果

应该严格检查，什么时候事实上做出了贡献？什么样的宣传力度是合适的？这实际上首先是 NGO 组织自己的任务。如前所述，从 NGO 组织的角色看，它有责任将“我们的行为是负责的”这一标识有效付诸行动。对此不可缺少的核心元素是共同的项目能有效地解决发展政策相关的问题，或者对此有实质性的贡献。贡献也包括资金支持。贡献的可信的程度，当然首先取决于想要达到什么目标和在沟通时公开承诺什么。不过，这也与伙伴的工作能力有关。较小的项目肯定也是有效的，但这样的项目不能成为两个强大伙伴大力宣传的基础。

除了核心项目之外，可信度也还与合作的内容、效果和形式有关。有意识地构建合作伙伴关系的可能性之一是，确定合作的内容和效果以及形式的重点，并在此基础上制定组织自己的合作指南。

例如，NGO 组织和企业可进行成果交换，在企业资金参与之外可约定其他合作内容。成果交换可使合作关系更具活力，可深化双方的关系，并且是 NGO 组织提高员工和客户对自身主题的认识的可能性之一。成果交换常见的情况是，企业提供资金（如捐赠），NGO 组织提供单方的宣传性回报（如捐赠）。但从提供回报到提供成果和成果交换的继续发展可使合作关系成为相互平等的关系，从而加强 NGO 组织承担实际工作任务的能力（包括为共同的项目提供信息和报告），并基于合作的内容开启另外的可能性，例如，NGO 组织可向企业提供顾问指导和培训项目等。

双方合作伙伴可力求达到相互成为对方创新驱动器的效果。双方主动共同合作，每方都会各自思考其工作和项目，以便提高伙伴的积极性。这样伙伴关系可为创新创建基础和环境，特别触发共同寻求成功解决问题的答案。当两个合作伙伴相互坦然对待并想共同解决社会问题时，双方接近的程度必然超出通常的范围。这就说明，NGO 组织就必须有意识地与企业一起共同开发项目，进行讨论和对话。建设性的讨论有助于改变项目质量和执行的质量。NGO 组织的项目部门和筹款部门可以而且也必须紧密地合作，这可能是一个有潜力的创新基础。

NGO 组织和企业合作的结果可能是采用能提高项目有效性的新的措施和路径。例如，这样的新的路径之一是建立社会商业。举例来说，2009 年，德国货物寄发企业奥托公司和格莱珉银行就这样做了，它们建立了一个遵守环境和社会标准的纺织工厂。所有盈利用作再投资，通过一个基金会用于改善员工、他们的家庭和社区的生活状况。

伙伴关系可面向本地的需求，采用与本地企业伙伴一起开发方案的具体的合作形式。这一方法对于 NGO 组织支持发展政策具有重要的意义。特别在相关地区识别实际中小企业的需求，与中小企业形成合作关系，不仅有可能利用资金和能力支持项目，也因此加强了地区经济发展能力和独立性。除此之外，NGO 组织也可以与大型企业积极进行本地合作，因为他们常常在该地区有扎根地方的代表机构。在以上两种情况之下，NGO 组织都可以达到两个目的，有时一方面寻求正确的支持形式解决较小的问题，而另一方面也可以结合本地的参与者一起促进本地区的经济发展。

与企业合作关系也意味着，它可以帮助发展，提供小部分解决方案。这里实践的原则是，真正满足“金字塔底部”的要求。向社会最低层的群体提供帮助，提供买得起的价格。

欧司朗公司就是这一方面的先行者。它与肯尼亚的社区合作，向所谓“离线电网”项目提供“能源集线器”即光载体，为一个耐用的小电灯充电。借助这一光载体，使居民在小屋里不再使用对健康有害的油灯，而且电灯和它的充电成本比一直使用的油更便宜。

这一例子可以说明，NGO 组织和企业可考虑这样的措施作为共同开展项目有效合作的形式。其结果达到 NGO 组织在当地项目中的工作能力与企业的技术和经济创新能力相结合。

3.8　伙伴双方合作的期望和项目实施

以上所述的方法并不是 NGO 组织自然而然就可采用实施。因为伙伴双方都有自己的模式，也有各自的不同的期望（如图 10－15 所示）。

图 10－15　伙伴双方各自对合作的期望

合作关系应当是一个以内容为特征的关系。一般来讲，NGO 组织可明确地思考它与企业建立合作关系的目标：

- 为什么希望企业作为伙伴？
- 是注重资金，还是要与实现的目标相结合？
- 付出的代价和得到的益处二者间的关系如何？

从以上的和其他的问题中可明显看出，NGO 组织与企业合作需要考虑项目设计和实施中的关键因素。此外，在伙伴关系中采用更好发挥 NGO 项目部门作用的合作形式可能是有用的和有效的（如图 10－16 所示）。

√ 动因	√ 程序和步骤
√ 明确目标	√ 明确沟通满头
√ 明确规则	√ 可信度
√ 明确分工和责任	√ 合法性
√ 共同的计划	√ 意识和能力

图 10－16　公益组织与企业合作项目考虑的关键因素

在企业界经常出现与 NGO 组织合作短时性的考虑，而且以推动市场营销为目标，合作的效果和相关性并未放在重要的位置。考虑参与和效果交换也是为达到公共关系的效果，所以实际上把资助项目的效果放在一个次要的地位，平等的协商常常少见。

不过，可信的参与首先需要对合作有明确的社会目标的定位。企业社会责任不仅是一个在企业外部实施的措施，而且当紧密联系内部实际，在企业所有各个领域都落实社会责任时，它是会对企业、对社会产生价值的。

企业对“如何赚钱”必须有负责任的定位。与 NGO 组织合作可能对此有所帮助。所以，有一点对合作双方很重要，即合作不是孤立对待 NGO 组织的“筹款”和企业的“企业公民”义务这两个独立的领域，而是要把合作放在企业和 NGO 组织的整个背景之中去考虑。这一考虑至少不只注重于快速的一次性筹款，而是要注重更加紧密合作的形式。在这方面富有成果和有效合作的例子不少。只有更多地注重伙伴关系而不是注重营销，真正做到合作共同促进变革，并且获得共同的可信度，才能为建立长期的伙伴合作关系打下基础。

3.9 NGO的行动和合作工具

不过，可能的合作是有条件的。具体一个企业能否成为NGO组织可接受的合作伙伴，也取决于NGO组织的立场和态度。NGO组织不只批判企业的不良行为，它们对企业社会和生态活动的监管和检查也可起到咨询的作用。

在过去几十年里，NGO组织是促进社会变化的驱动力。不过，从20世纪80年代至今，NGO组织的行为方式发生了质的变化。做出是与企业合作或是对抗的行动选择和决策一方面取决于它们对企业的立场，另一方面也与它们的行动要达到的目标有关。

所以，对企业特别不信任或持有对立立场的NGO组织首先是拒绝与企业进行任何形式的合作。它们不相信只依靠自由市场的力量，拒绝任何形式的自我监管而没有国家的控制，因而力图争取在国家和国际范围内制定有效的强制性的规则。因为单个国家解决问题的作用是有限的，因此它们特别提倡全球强制性的监管，主张这些规则的实施最好由国际组织来监管。

与此相反，对企业的态度持温和的或原则上从好意出发的NGO组织则更加开放地对待企业，主张通过工具，例如通过行为准则和公共私有部门的合作。它们不把企业只看成是产生问题，还把企业当作是解决问题的组成部分和在某种情况下的合作伙伴。这样的NGO在谨慎的情况下讨论对话和合作的可能性，但非常明白要保持自己的独立性，因为这也是它的可信度的一部分。各种不同的工具被认为对企业的意识转变具有意义，并且把它们看作是建立全球规则的一个中间步骤。按照这一观点，国家的监管和自愿性的监管措施都是有意义的相互补充的手段。

在传统上，企业在很多情况下不相信NGO组织的基本立场，其行动首先是对抗性的。由此产生的结果是，对企业持尖锐态度的NGO组织更具有对抗性的行为。当NGO组织方面对企业持有正面的评价态度时，也可能导致合作的行动。按照NGO组织的态度可以分为中立的、合作的和对抗的，这取决于它们行动的方式和内容。

NGO组织为达到相应的目标可能有不同的行动选择的可能性，它们的行动可以分为三种不同特征：合作型、中立型和激进型。

3.9.1 中立型

中立的行动包括收集有关信息、编辑和发布文件、公布和监督企业错误的行为。因为NGO组织的任务包括披露企业或组织的不良状况，发现违规，发现法律空缺，或规章制度的监督缺失，这些属于它们存在的权利。另一方面，因国家权威机构方面难以保证完全的监控，一个国家的法律和规章要适应全球经济的变化也有一定的难度。

3. 9. 2　合作型

合作的行动是指所有面向对话的行动，其中包括旨在促使企业大力投入社会和生态参与的所有措施，例如合作进行有关企业社会责任政策的研究，企业代表参与游说活动，或者共同举办论坛讨论社会责任措施的活动，也包括参加企业利益相关方论坛等。

3. 9. 3　激进的行动

激进的行动指所有不是面向对话，而是借助第三方向企业采取有压力的行动。这里的第三方既包括国家，也包括企业产品的消费者。

此时，呼吁在国家和国际层面制定法规和规范是 NGO 组织的重要诉求。因为社会和道德方面的要求至今还不是现代管理中考虑的普遍的标准。在新的形势下，法律机构有可能重新诠释法律，用于新的法律形式，提起或允许起诉。所以在世界贸易组织（WTO）纠纷仲裁机制方面国家的法院越来越经常地按照国家法律，或者国际公约来审查企业遵守社会责任和生态要求的行为。

此外，消费者越来越直接或间接地号召抵制某一特定的产品。这时，检举某一产品生产条件的问题和产品的有害性的目的是对消费者购买决策产生影响，同时加强消费者负责任的消费意识。

总体说来，对企业按照什么方式履行社会责任有着较为广泛的共识。NGO 组织可用不同的对话方式，能使企业关注它们的期望。NGO 组织支持企业履行社会责任有各种不同的手段。对 NGO 组织来说，具有监控作用的行为准则具有特别的意义。此外，利用环境和可持续性报告，以及国家和国际层面上的倡议，也被 NGO 组织日益认为是企业履行社会责任可用的好的工具，其中包括世界经合组织《跨国公司指南》、联合国《全球契约》、国际劳工组织《三方宣言》《全球报告倡议》《国际标准化组织 ISO 14000》和《国际责任 SA 8000》。

有调查表明，近些年来，NGO 组织越来越多地趋向于利用与企业合作的形式，企业也愿意承担社会责任。特别是当 NGO 组织提起注意时，企业便采取积极的行动。几乎所有的 NGO 组织都认为，即使在国家以及国际层面有可能都行使严格监管的理想情况下，自愿履行责任是一个有意义的补充措施。

在考虑什么样的非国家措施能有效支持促进企业社会责任时，两个可能的措施具有特别的意义。一个是行为准则，另一个是伙伴合作关系。

- 行为准则：多数 NGO 组织支持自愿性、自我监管形式的、具有监控功能的行为准则。它们强调的是，对遵守规则的监督、控制和检查是行为准则的一个重要的不可缺少的组成部分。具有监控功能的行为准则是国家强制性监管之外的最好的补充手段。
- 伙伴合作关系：公共和私有领域的合作，即所谓 PPP（Public-Private-Partnership）合作模式、多利益相关方论坛，都被政府、国际组织，也被 NGO 组织和企业视为新的合作手段，也有利于加强企业的社会责任。不过，原则上只有当公共部门、私有经济和 NGO 组织的核心能力汇集在一起时，才能发挥各自优势，PPP 合作才可能是有效的。

在全球尚未形成对社会和生态负责的企业家精神的标准。在过去几十年里，NGO 组织是促进企业履行社会责任的驱动力。在 20 世纪 80 年代和 90 年代的特点是，它们的行动包含对抗性的因素，包括号召抵制和提起诉讼等。例如，反对壳牌石油公司的环境污染行为，反对耐克公司供应链上使用童工的行为都是如此。最近一些年来，NGO 组织的行为在质的方面发生了变化，合作已成为主流。

在可预见的时间里，多数国家不太可能把企业社会责任当作强制性的监管措施推行，消费者虽然有可能通过购买决策来影响企业的责任，但这取决于消费者的意识的提高，所以企业自愿性的、具有监管作用的行为准则是一个有意义的工具。

第十一篇
社会责任与全球治理

1　企业通过社会责任融入经济系统

企业社会责任作为自律的手段，是对经济监管的有效补充。通过贯彻和执行社会标准和制度措施，有助于使经济体系统保持平衡、稳定和健康的运行。社会责任是市场经济的关键要素。

1.1　企业社会责任与全球经济监管

本章的目标是，分析企业通过社会责任融入经济系统的问题，说明在何种条件下企业应从事社会活动以及怎样将这些社会活动与企业的目的（最大化营利）相结合。

我们把企业社会责任理解为企业自愿参与改善或弥补社会期望和制度规定之间可能存在的不完善性做出贡献的活动。特别是在全球化不断深入过程中，民族国家制度对跨国企业越来越多地失去意义。加之没有一个全球治理，没有一个可全球有义务采用的强制性的制度框架，企业也就能够为填补监管空缺做出贡献。不过这一努力不理解为对企业毫无益处的举措，而被看成是企业最终要增强未来收益能力而进行的投资。

企业在多大程度上可通过社会责任融入经济系统？而这样做对企业又有什么优势？之所以提出这样的问题，是考虑到企业社会责任的可能性和局限性。此时企业社会责任被看成是企业自愿参与的高于社会基本秩序的显性和隐性之规定的活动。显性的和隐性的规则不仅包括制度上确定的框架，而且也包括社会的约定。

对企业社会责任赋予多大的意义反映了不同的经济政策的观点。在美国和英国等国家主张自由经济的政策和去监管的政策，而在欧洲大陆国家，例如德国、法国等国家经济监管政策相对严格，图 11 －1 示出经济合作组织 OECD 国家的监管指数。如果把企业社会责任理解为企业改善或弥补社会期望与制度规定之间的存在的某些空隙的活动，就可解释企业社会责任的意义程度上的不同有其背景，即国家的任务是要按照社会的期望通过制度框架来引导企业的行为。如果制度安排没有充分考虑社会的期望，企业社会责任措施就可为弥补这些空缺做出贡献。因此，企业在不同行动空间履行社会责任必然是差异化的。图 11 –2 示出欧洲区经济和全球经济监管系统中企业社会责任的差异。

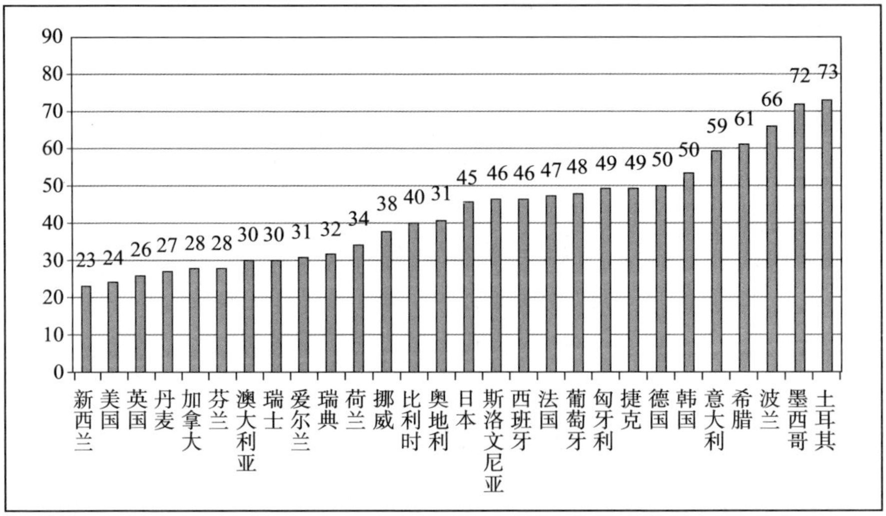

图 11 –1　经济合作组织（OECD）国家的监管指数

资料来源：Instfifut der deutschen Wirtschaft（IW）2005。

图 11 –2　经济监管与企业社会责任

在全球化深入的特定过程中，民族国家机制越来越失去对跨国企业的影响。跨国运营的企业面临各种不同的条件，原则上有可能因制度框架条件而助长“逐底竞争”。在缺乏全球治理，即缺乏建立和实行超国家的制度框架的情况下，企业可为填补监管的空缺做出贡献。正因为如此，欧洲制定了《欧洲企业社会责任框架条件》，使企业社会责任在这方面获得越来越大的意义。

1.2 企业社会责任对经济系统的贡献

下面通过简述关于企业社会责任科学讨论的视角来看企业社会责任对企业融入经济系统的重要作用。

经济系统中包含的元素除了决定经济秩序的框架条件之外，还包括经济的主体（例如员工和企业所有者）的经济价值观念、历史上形成的结构和行为方式，也还包括国民经济的技术和组织的状态。

一般来讲，企业社会责任不仅包括法律的责任，同时也包括超越法律要求的充分负责的行为。企业应当自愿地为成为社会最佳榜样而竞争，并以这种方式来提高和改善社会的标准。

在20世纪50年代，Bowen首次提出“企业社会责任”的概念，他从规范上论证商人的任务是使企业的政策和决策要遵循社会的要求和目标。在60年代，不同的学者继续发展了企业社会责任的概念，其中包括Davis、Fredrick、McGuire和Walton等人。如同Bowen一样，所有这些学者的研究成果都是针对商人的。

值得注意的是，1967年Davis最终把研究的对象的范围延伸到了机构也即企业。这使社会责任向前迈进了一大步，强调了机构的行动及其对整个社会的影响。因此，社会责任的视觉从个人扩大到整个社会系统。但这一概念所涉及的范围比商人要宽。商人这一概念意味着一个企业的所有者也同时是管理者，因此他自己也承担每一个社会活动的成本。相反，当企业被当作独立的法人时，则成本的计算就不再会是那么简单。在企业的管理通过经理人完成时，企业的合法代表即经理人自己并不承担其社会活动的成本。相反地，经理人作为委托的代理人按照其职能决定费用开支。Friedman（1962，1970）认为这里面有两个问题，促使他最终在原则上拒绝企业的社会活动：

问题之一：Friedman认为，在自由经济系统中，经理人是通过合同对股东价值承担义务，即他的首要任务是使企业价值最大化。以此方式，企业的资源要最有效最充分地得到应用。按照亚当·斯密的观点，这样就是最好地服务于社会。经理人所做的事情只对机构的规定——经济游戏规则具有义务。

在法律规定之外并没有相应收入的活动违背这一假设。因此应当放弃社会活动。不过，当经理人想要为社会投入，那么他也应当这样做，只是不要以代理人的职能，不以委托人（企业主）的代价，而且以他个人的名义，自己承担相应的费用（Friedman，1970）。

问题之二：Friedman 认为，经理人为社会利益的资金开支对整个社会的自由是危险的（Friedman，1962）。在他看来，识别和消除社会不良状况是国家应当承担的一项任务。因为它拥有相应的信息，并且可通过财税系统对资金的有效分配产生影响。经理人利用本身的权力为社会利益所用的支出和支出的数量做出决定是干预本来属于政府的任务，因此应用有限的信息进行无效的资金分配是危险的。此外，他担心企业经理人作为管理者比国家官员更能实际增强政府对企业的干预。在 Friedman 看来，与此相联系的集体主义的倾向有损于社会自由。

自由经济立场的反对者 Paul Samuelson（1971）同样是诺贝尔奖获得者。Manne 和 Wallich（1972）代表一个极端的立场，在企业道德规则的意义上要求完全利他的高尚的人道主义。他们不再把企业看成像一个在轨道上运行的火车一样，是在最佳确定的制度框架下的理所当然的独立的法律构造。恰好相反，他们把企业看成是社会的一部分，只有通过社会才能决定其行为的合法性，而且企业的发展也依赖于社会。一个自由的社会为企业提供一个有利的环境，反过来企业也有义务接受和支持社会需求的进一步发展和变化。按照 Eells、Walton（1974）的观点，在广泛的意义上讲，企业社会责任超出只对经济的关注，进而关注社会需求和社会目标。当下存在的商业系统只有在一个有效运转的自由社会中才能生存下来，企业社会责任运动象征着广泛关注企业在支持和改善社会秩序中的作用。当企业规模不断扩大，对社会影响的程度不断增加的背景下，以上这些结论特别有用。

对 Friedman 的批评认为，他只考虑了委托人和代理人之间的关系，并且只选择股东价值作为最大化的参数。单一集中在这个目标使人担心，企业忽视除此之外第三方的利益和不考虑外部的成本。但由于 Friedman 承认一个最佳的制度框架和因此完全分配的产权，从定义上就排除了外部的效果。因此追问企业的社会责任也就不再重要，而是要追问现有的制度是否对企业产生符合社会期望的行为的激励。企业或个人能否履行社会责任并不具有重要性，重要的是制度构建是否制约所期望的行为。因此，这里涉及一个制度上的问题，而不是个人或企业伦理的问题（Kleinhen，Falck，2005）。

Homann 和 Blome-Drees（1992）提出如下可阻碍完美的制度框架建立的

理由。首先，目前的制度构建始终只能看成是对现实的社会要求的一种反映。这样，在一个社会偏好变化的出现和相应的制度化之间在时间上的滞后就产生一个秩序空缺。此外，随着全球化采购趋势加剧，企业面临不同制度框架，所以它们不再处于一个国家的监督之下。由于没有一个世界性的政府有其相应的制裁的可能性，所以在超国家层面缺乏一个强制性的制度框架。因此，全球市场失灵的事实，特别是外部效果，再也不能适当地内化。

在此情况下，企业特别是跨国企业在全球层面可为填补秩序的空缺做出贡献。这样一个满足社会期望的企业行为，在如下情况下与 Frideman 所认定的利润最大化的观点并不矛盾，即：

（1）当一个具体的企业将独特的自律行为认为是长期的投资；

（2）当所有企业在一个集体自律行为的框架下，一致同意填补秩序的空缺的情况下。

1.3　社会制度与社会标准

Martin（2002）在道德矩阵框架范围内说明了社会责任活动的可能性和局限性，管理者可把它用作决策辅助工具来规划社会责任活动（如图 11－3 所示）。

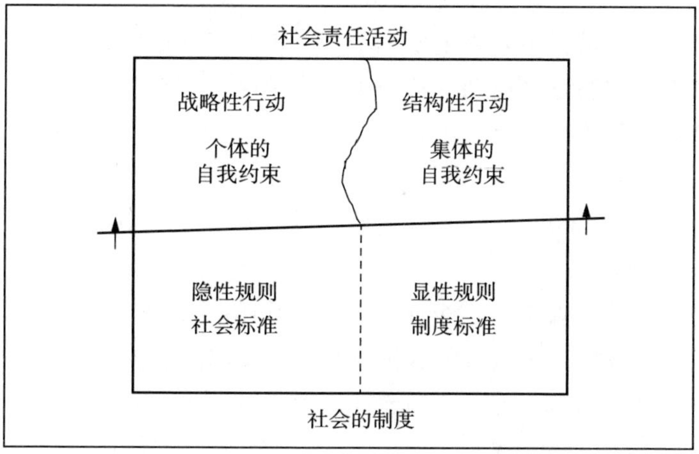

图 11－3　企业社会责任的决策框架

资料来源：Martim，2002。

矩阵下方的两个象限共同代表社会的基本规范。其组成包括显性、制度上规定的标准和隐性的、社会所期望的标准。随着时间的推移，隐性的社会标准有可能上升为制度框架的一部分。这时遵守这一基本规则就是一个必要的条件，也即是说这是企业活动合法性的基本的社会前提条件。

矩阵上方两个象限表示企业管理者可计划其社会责任活动的框架。如果落实这些社会责任的措施，则它们可能提高社会基本规范的基准。战略性措施应理解为个体的自律行为。这一行为之所以是战略性的，是因为其目的是要达到开拓者的成功（Jones，1995）。一个企业通过发挥引领作用，在需求侧可提高它的信誉，并可以此方式保持和赢得市场的份额，或者也可以影响新的社会标准，这对竞争者来说首先表现为市场准入障碍。不过，一个单一的企业要以个体自我义务来解决集体的问题，可能是一种有风险的投资，只有长时期内不会导致对竞争不利时才会取得成功。也就是说，如果企业的竞争地位恶化，则这一行为就可被竞争对象所利用，并且企业将长期不得不回到与竞争者同样的行为，或者被市场所淘汰。从整个社会来看，这种情况不会有什么好处，例如在气候保护、反腐败的情况。在这些情况下，个体自我约束必须要以集体的自我约束取而代之。

结构性的措施意味着，在理性决策的前提下不进行个体的推进，因为这样不会有成功的结果。这就需要一个共同的、对所有竞争者有约束的结构性措施。它可在一个共同的规范倡议之中，或者在某领域若干企业自愿性的、集体的自我约束的共同遵守的行为准则之中。联合国全球契约要求企业自愿遵守有关人权、劳工、环境和反腐败的十项原则就是一个例子。

因为（在理想情况下）所有竞争者都受这一准则的约束，不会造成和至少不会造成破坏性的竞争扭曲。这样的自我义务因其固有的“搭顺风车”的问题会特别受到非政府和社会的倡议的限制，后者在全球范围内监督这样的自我义务的遵守情况并因此承担控制机构的职能（Knyphausen-Aufsess，Rumpf，Schweizer，2003）。在采取措施之前战略性和结构性的措施不一定总可明显地区分出来。

根据利益相关方理论，在企业策略中充分估计其外部环境，并且把它作为成功的因素是战略考虑获得的理论基础。Freeman（1984）证明了随着变化了的复杂的条件应用这一方法的必要性以及新的利益群体，也即利益相关方。企业同外部群体（如供应商、客户、雇主）的传统关系的变化，以及政府、国外竞争、环境主义者、消费者主张、特殊利益群体、媒体和其他群体的出现和他们所表现的重要性，意味着战略考虑需要一个新的概念方法。利益相关方是所有那些影响企业目标实现的或者由于目标实现而受到影响的人（Freeman，1984）。他认为同时考虑所有的利益相关方（当然也包括股东）是成功的关键，并且也建议要在企业现代理论和管理战略上加以考虑。只有这样企业在现在和未来的环境中才会取得成功。

利益相关方理论的重要性可通过对利益相关方管理的质量、企业社会绩效（CSP）和企业的业绩、企业财务绩效（CFP）之间的联系来进行经验性的研究。这一研究的方式也被称为“工具利益相关方理论”，因为满足不同利益相关方的利益被认为是提高企业绩效的工具。在工具理论中语句是假定句，即如果X，则Y，或者如果想要Y则要做X。在这种意义上说，X是获得Y的一个工具（Jones，1995）。除描述法和规范法之外，工具利益相关方理论是能尝试利益相关方方法的实际意义的又一种可能性（Donardson Preston，1995）。

1.4　企业社会责任绩效与财务绩效的联系

在美国自20世纪70年代以来就有不同的学者研究企业社会责任绩效（CSP）对企业财务绩效（CFP）有何影响的问题。Bragdon和Marlin（1972）的研究是一个开端。他们用三个不同的绩效指标表明，在纤维制造和造纸工业中企业在控制污染时企业具有最好的结果，而且在环境结算中，企业获得盈利同时也是最好的。

原则上有两种不同的经验研究方式，即测评企业社会责任指标对市场数据影响的研究和企业社会责任绩效与会计数据相关联的研究（Mc Williams，Siegel，2000）。第一种研究法首先利用事件研究法并据此记载期待的股价曲线的偏差（非正常回报）可用于评价CSR相关信息事件发布产生的反应（Stevens，1984）（Klassen，McLaughlin，1996）（Wright，Ferris，1997）（Teoh，Welch，Wazzan，1999）。而在用财务数据取代市场数据的研究中，以Bragdon和Marlin（1972）为例，他们选择了平均投资回报（LOI）、资本回报（ROC），以及每只股票的收益增长（EPS）。Bowman和Haire（1975）选择了收益回报（ROE），Hart和Ahnja（1994）以及Waddock和Graves（1997）选择了销售回报（ROS）、资产回报（ROA）和收益回报（ROE）。作为企业社会责任绩效（CSP）的测量单位大多数情况下应用诸如企业社会责任公告、环境结算或者评级的指标。

Margolis和Walcsh（2001）提供了从1972年到2000年的95个研究结果的详细情况。学者们借助记票法（Hunter，Schmidt，1990；Light，Smith，1971）、频率分析法对研究结果进行评价，并且得出结论：大多数研究表明企业社会责任绩效（CSP）对企业财务绩效（CFP）有正面影响（53%），以及企业财务绩效（CFP）对企业社会责任绩效（CSP）有正面影响（68%）。事件研究法的运用共16次。Orlitzky、Schmidt和Rynes（2003）对这些结果持非常尖锐的态度，因为所用的频率分析法未适当考虑研究中抽样和测量的误差，故得出的结果可能是有错误的（Hedges Orkin，1980；Hunter，Schmidt，1990）。他们重新审查了大部分的研究，在评价时应用了元分析法的结果（Hunt，1997；Schmidt，1992）。不过他们也得到这样的结果，即市场不惩罚社会责任绩效高的企业，而是对它们加以奖赏。按照这样的结果，一个有效的企业社会责任管理可视为管理战略（Baron，2003）。

随着全球化程度和全球公共商品使用程度的增加，而同时民族国家制度影响力的下降，在欧洲企业社会责任的意义也随之增强。就像污染无国界，经济移民或国家安全也是如此一样。这样将美国经验研究的结果移植到欧洲的兴趣也随之增加，而且也有相应的研究。在传统上监管较严的欧洲利益相关方管理也被投资者发现是未来的机会。

在德国 Glaser 从 2001—2003 年进行了“可持续性和商业成功”的研究（Glaser，2005）。他得出的结果表明，基于 oecom ressearsh 在此期间对 700 多个企业的评价，对 300 多个企业的详细分析，发现企业责任评级总分和财务特征数据投资汇报（ROI）之间，以及总分和每股的收益（EPS）之间存在着一个正面的影响关系。企业责任评级按照下级指标分类，如按员工、社会/文化管理、外部利益相关方、环境管理、产品/服务、生态效率，在平均每股收益（EPS）和子领域员工及外部利益相关方之间有一个正面的相互关系。在下级指标与投资回报（ROI）和每股收益（EPS）之间未被证实有负面的关系。因此得出结论，在所评价的子领域企业的社会参与对企业的业绩不是有害，而是产生正面的影响的。

在欧洲进行了另一个关于企业社会责任绩效与企业财务绩效之间的关系的研究。这里优先采用面向市场的方法。在《经理人杂志》上（Kroeher，2005）首次选择企业社会责任指标发布“优秀企业的排名”（GCR）。认为这种指标是适用的是基于如下的原因：这一研究反映了 Freeman 描述的利益相关方的社会特征，吸纳了不同的专家参加，最后是与会计事务所合作完成的。因为会计事务所是独立的第三方评价机构，它会受到相应的监管，这有利于指标的可信度。

“优秀企业的排名”（GCR）依据可获得的企业公开的文件，例如业务报告、可持续发展报告、社会责任报告，通过五个专家团队系统地评判企业社会责任的范围，排名中包括的是 STOXX－50 中最大的 40 个企业、DAX－30 的企业以及 10 个非上市企业。

GCR 排名所采用的原则包括五个方面：

- 员工（报酬、人力发展、潜力发挥、道德、参与）

- 社会（社会公益与战略结合、社会责任融入企业、社会创新力、企业社会倡议、对社会责任主题的敏锐性）
- 环境（生产运营的环境绩效、价值链环境方面、生态创新、环境方面融入业务过程、与利益相关方对话）
- 财务优势（自有资金的比例、税前利润、总股东回报、增长、现金流波动性）
- 内部外部透明度（对自身的业务过程、特别是对失败和挫折）

评审小组的组成除了企业管理机构、反腐败机构的负责人之外，还包括5个方面的专家形成的小组，其中有人力资源机构的专家、大学社会管理专家、企业审验机构的环境专家、企业咨询机构的咨询专家等，按照标准对每个企业最后评分。

关于“优秀企业排名”对企业在资本市场的价值影响也曾有过研究：

借助事件研究法（MacKinlay，1997）首先要研究企业排名结果公布后对被排名企业的股票价格产生影响这一假设是否成立，作为第二步要考察一个好的排名结果对被评价企业的股票价格变化有正面影响是否成立。研究的结果表明，累计非正常回报均值证明，GCR 排名结果发布对被排名企业股价有影响的假设不可不接受。可以认为，GCR 排名传递了企业社会责任的信息但被市场迅速消化。同样，一个好的 GCR 排名结果对被评价企业的股票价格变化有正面影响的假设也不可否定。投资者也表现为奖赏绩效最好的“明星”。他们把企业社会责任对经济系统的贡献当作未来的机会。

研究结果表明，一个好的利益相关方管理是有意义的。一个好的利益相关方管理突出特征不是简单来回分配捐赠款项，或者去承担捐赠者的角色，而必须要像投资一样，要有计划地实施企业社会责任的措施，并且严格地监测要获得的成果。

总之，在经济全球化的背景下，企业作为市场的主体履行社会责任，对加强全球经济系统及其监管具有重要意义。企业通过社会责任融入经济系统，不仅是系统性的贡献，也是加强未来长远盈利能力的可靠的投资方式。

2　社会责任——应对全球危机的战略工具

在经济和金融全球化背景下，在市场在社会都应遵守共同的规则，社会责任是防范和应对全球金融、经济风险必不可少的战略工具，

2008 年金融危机爆发导致全球灾难性后果。

2.1　全球金融和经济危机

全球金融危机引发经济危机，当前世界充满变数。在此背景下，凸显责任的概念和重要性，其意义在全球发展中也一再反复被强调。特别是，经济危机的出现对企业和企业从事活动的责任更加强烈地提出了要求。2008 年美国投资银行雷曼兄弟银行破产，已引发全球金融危机。这一危机的出现和对全球的影响要求企业对责任要有新的认识。它表明，企业的产品和服务需要透明并创造社会增值，需要一个面向价值观的管理，要前瞻性地识别风险，保持就业岗位和维护社会利益。国家方面需要履行监管的责任并谨慎地对待大规模的金融救助计划。

世界经济尚未走出危机的阴影，面对危机造成的影响，呼唤责任毫不过时。全球危机只是一个表象，也表明必须质疑现有的价值观系统，特别是金融和经济系统。承担社会责任首先意味着，对可见的未来今天就应有所准备。可预见的未来最大的危机，自然资源匮乏和全球社会的不均等性，将不仅使国家而且使企业的行动受到更大的压力。在此背景下，有必要重新确定企业、政府和社会的相互作用，面向社会和生态的目标重构经济系统。

在全球化新的形势下，讨论企业的社会责任有助于反思发展的方向。这样，应对经济危机也可理解为负责任的经济管理的一个指标。危机表明，在企业管理对社会、对生态负责任的情况下，企业事实上会从中受益，而在社会责任活动不与核心业务相结合的情况下，则它们便很快成为企业紧缩计划的牺牲品。

很显然，企业的社会参与的巩固和调整起到两种不同的作用，企业社会责任作为战略工具可为企业提供机会，即为未来健康发展和为应对未来危机做好准备的机会。在全球背景下，企业社会责任作为一种新的社会嵌入机制，使企业与政府和社会更加紧密地结合在一起，以便共同为满足社会的要求进入新的模式、新的联盟和网络。

在全球大趋势下，特别是当前经济危机的背景之下，应用企业社会责任作为战略工具，有助于找到走出金融和经济危机的途径，有利于成功应对未来社会和生态的挑战。

2.2　经济社会大趋势的挑战和应对

企业成功需要有稳定的社会，稳定的社会需要有成功的企业。这一常用的公式化表述，揭示了企业从事活动的意识基础。一个企业或者整个经济在社会中所起的作用是随社会、技术和环境条件的发展而动态变化的。社会对企业的行为的期望在广泛的政治和经济事件发生过程中也是变化的。这一点在近年来出现的经济危机中也得到了证实。

在当今现实情况下，大的社会变化过程可概括为四个大趋势，它们是相互紧密联系的，而且直接或间接地影响企业行为：

- 市场自由化和有效的物流系统推动价值创造链全球化；
- 新的通信技术和全球覆盖的媒体增加透明度；
- 自然资源短缺和与此相联系的环境的破坏，包括气候变化、环境污染、多样性的损失；
- 全球化中机会共享的不一致性不仅在国家层面而且在全球层面导致社会不平等的加剧。

从企业的角度看，这些趋势既带来经济的机会，也带来相应的风险。（表11－1）中示出其中的一些主要的风险：

表11－1　经济社会大趋势带来的机会与风险

社会变化 过程	趋势	机会	风险
1	价值链全球化	• 全球采购和生产的成本优势 • 获取新材料可用于产品创新 • 开拓新的销售市场 • 聚焦核心能力获得经济效益	• 对国外供应商的依赖性 • 标准（质量、环境、社会、法律）难于把控 • 交易风险和负面效果不明显性（遵守国家标准或逐底的竞争劣势）
2	透明度增加	• 有效的内部和外部沟通 • 供应商和其他商业伙伴可控性 • 负责任的管理的竞争优势（认证及非法性识别）	• 利益群体（看门者）更易监督 • 媒体更大的压力（负面活动快速跟踪） • 竞争使产品和服务调整加快
3	自然资源短缺和气候变化	• 资源节约型产品和服务的吸引力增强 • 通过保护资源增加市场收入，包括排放交易 • 可持续产品创新推动力	• 原材料价格上升 • 为减轻环境负担和引入生态税使支出和投资负担加重 • 利益群体对企业环境行为警惕性提高
4	社会不平等加剧	• 低收入群体（BOP）市场的拓展机会 • 员工及群众团体合作的乐意性提高 • 优良的员工管理认可度增加	贫穷人口密集对企业压力增大（由于侵略、罢工、游行或政治计划） 训练有素的员工缺乏危及政治稳定性和社会框架条件稳定性

资料来源：Anna Peters。

如果企业要想对危机有很强的抵抗能力，在企业战略管理框架内尽早发现这些趋势带来的机会和风险，并能找到应对的答案，具有重要的意义。忽视自己价值链上的风险，或者只是被动地避免，或者限制风险范围的做法都是缺乏责任或对业务有损害的。

所以，即将到来的化石燃料的短缺，首先对于未及时开发可替代驱动系统的汽车生产商就是一个危险。低收入人群的增加对于无产品满足这些群体需求的消费品生产商也会成为一个问题。在金融机构和银行为消费者开发越来越多的不透明的产品的同时，互联网金融企业利用互联网向小型投资者，向小型企业提供微型贷款等，提供了新的投资的可能性。

成功的企业能够把这些社会和生态的风险转化为机会，并把它们融入到企业的战略。这时，负责任的企业不仅获得相对于竞争对手的战略优势，而且它们也因此为社会做出贡献并有助于直面抵御未来可能的危机。

企业将社会挑战变成机会时，可以向“社会企业家”学习。这些“社会企业家”投身于消除社会不良状况，并为此开发具有市场销路的商业模式。诺贝尔奖获得者穆罕默德·尤鲁斯特是这一领域的先行者。他同“格莱珉家族”企业一起，不仅为孟加拉国贫穷人民提供了信贷，而且还提供了通讯服务、能源服务、教育项目和日用品。

实施企业社会责任可有助于把社会挑战转为战略机会，这时企业社会责任可理解为一个试验的和商议的过程。在此过程中，企业与政府和社会的利益相关方一起尝试创新地解决问题的方式，并以此方式平衡分配社会任务的。

原则上，根据 Anna Peters 的观点，这种任务的平衡分配可以发生在三个层面：

- 在市场之外——企业作为“企业公民”履行慈善义务；
- 在市场之内——企业可持续构建自身的核心业务；
- 为了市场条件——企业采用改变框架条件（游戏规则）的措施。

为了能够有效地应对复杂的挑战，如应对气候变化，和保证其未来的业务能力，企业需要建设性地投身于所有上述三个不同层面的领域（如图 11 -4 所示）为健康的市场，为自身和社会可持续发展做出贡献。

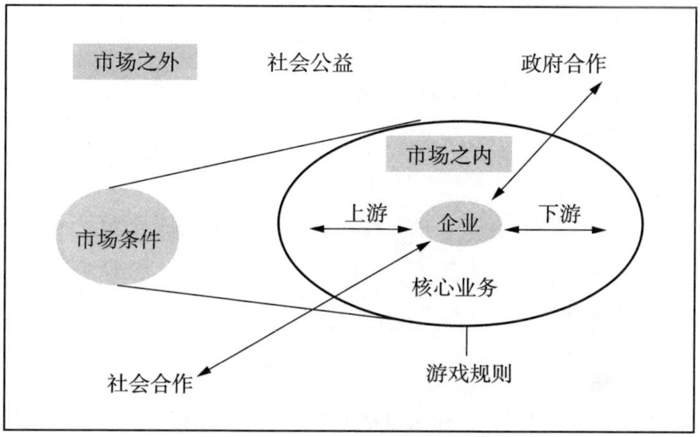

图 11-4　市场经济中的企业社会责任

2.3　“市场之外”的企业社会责任

许多企业把社会责任看成是企业环境中的慈善活动。从事这一活动的动机常常是，将赚得的钱和财务的一部分回归于社会，或者为企业所在地投入，或者为员工投入都是这种情况。许多跨国企业在国际上不同的国家也参与当地的教育和健康等方面的项目。但是，应当知道，以赞助或捐赠为主的与核心业务无关的项目，与企业社会责任本身的关联度较低。在经济危机和经济萧条期间，很可能再也不能继续进行。在此情况下，社会参与活动首先表现为一个成本因素。要想使它成为对企业效益是可衡量的，则是困难的。而且这种社会参与对社会的增值也是有限的，因为企业用它有限的捐赠预算不能推进社会问题广泛的解决。

不过，比偶尔的捐赠相比，从有目的地建立在战略基础上的、与企业实际情况相适应的“企业公民”活动中，企业和社会都将更为受益。这样一种参与在可持续的利益相关方管理中有着重要的作用，以此建立起信任，使企业牢固地扎根于社会。一个企业作为负责任的“企业公民”，可尝试新的伙伴关系，与它的利益相关方进行经常性对话，以理解其利益，并使自身获得新的能力。例如，在经济危机之后，银行为了建立信任，把社会参与当作自己业务的一部分。不仅通过资金捐赠，特别是通过员工个人参与教育、文化等方面的活动以及提供相应的技术支持，使社区许多客户获得在银行的存款的安全感。在这种情况下，银行客户的数量和存款数量都有明显的增加。

2.4 “市场之内”的企业社会责任

负责任的企业管理首先表现在核心业务之中。这时企业产生巨大的社会影响，既有正面的，自然也有负面的。因此，企业在这里有很大的活动空间，形成价值创造的未来竞争力和持续为社会做出贡献。

企业通过实施可持续创新，在产品或服务，在过程和管理体系领域，都能为适应未来的挑战而奠定基础。

以下简述几个重要的可持续创新的工具：

2.4.1 产品创新

产品创新包括通过对产品和商业模式的调整提供新型产品和开发新的客户群体：

——资源节约型产品：开发新的产品，它的使用比传统的产品更加环保（例如丰田混合动力汽车），使用对环境不利的原材料更少（例如苹果平板电脑 MacBook 无砷和无汞材料）或者使用完全可回收的材料，具有很好的市场机会。在银行业“社会责任投资”（SRI）发挥的作用越来越大。这样的基金服务于对社会和生态负责任的企业，为他们提供资金支持和融资，降低了投资的风险并由于财政激励促进了负责任的发展。在过去一些年里，这种基金得到了迅猛的发展。尽管较长时期经济形势处于困难情况之下，环境和责任意识的提高仍然有效促进了金融行业这一领域的发展。

——拓展供应不足的市场：企业可针对低收入人群（“金字塔底部”）改变自己的产品（如采用较小的包装单位），或者用非常规的商业模式（如共同分享和利用资本货物），赢得客户的市场。一些银行或保险机构开始在发展中国家向低收入人群提供“微型信贷”和“微保险”，获得了新的客户。虽然这一领域的市场还比较小，但颇有发展的前景。在市场饱和或者竞争过于激烈，现有业务减少的情况下，展现了一个未来的市场前景。

2.4.2 过程创新

过程创新改善企业运营的效率，这不仅包括提高资源的效率，也包括提高稳定性和合法性，以及降低成本和责任风险。

——可持续供应链管理：与供应商的关系，不应只限于检查供货的准确性和产品的质量，而且也应包括产品生产和运输的框架条件，例如，供应商是否遵守国际劳工组织的劳工标准及环境标准？在运输过程中是否可减少二氧化碳的排放（公路运输改为水陆运输）？彻底地考虑供应链中的生态和社会问题有利于在企业内部（企业员工）和外部（社会中）的声誉和企业的风险管理。

——清洁生产：通过有目的地在生产过程中识别和开展组织上的或技术上的改进，可尽可能充分地利用原材料和能源，并尽可能避免废品、废物、废水和废气。

2.4.3　管理创新

管理创新涉及企业管控中有利于企业所有层面负责任的管理的创新，这包括采用适当的管理系统实行措施的计划、贯彻和评价。

——议题管理：以前瞻性的方式对待经济、社会和环境的风险，可使企业获得相对于竞争对手战略上的优势。一方面要有一个 360 度系统去发现社会变化过程中的机会和风险，另一方面必须构建灵活的组织结构，以便能对发现的机会和风险快速做出反应，并因此减少信誉损失。因此，企业社会责任属于一个跨部门的功能，不再单一依靠“企业社会责任经理”，或者依靠沟通部门的具体项目来推动的，而是作为组织原则根植于整个企业。

——系统化培养管理者：可持续管理需要有可持续地思维的管理者。这应当从大学经济科学的教育开始。在企业中人力开发应当有目的地提升领导层的能力，例如通过参加公民领域的发展项目，或参与同合作伙伴的合作项目（企业志愿者活动）。只有当管理者以价值观为重，才能实现对企业社会责任真正的系统化的理解。GE 董事会的管理者及其“绿色创想计划”做出了示范，即使是一个传统企业，具有远见卓识的领导也可为其未来发展指明方向。把可持续方面融入人力管理，明显提高企业在员工中的信誉，并且吸引有才能的求职者。

——可持续的激励体系：当所有的激励都是基于短期盈利的目标时，对可持续性的培养是不会有结果的。在经济危机分析中指出原因之一是按照季度增加业务数字而奖励管理者的特别津贴体系。为了鼓励可持续管理，必须把商业信誉与展现长期前景的参数相联系，例如，与降低温室气体排放、增加员工满意度，或者投资新的业务领域，例如可再生能源等相联系。

——“三重基线”评价：为实施可持续管理有必要采用核算控制系统，用它不仅测量和评价经济的绩效，而且也测量和评价生态的和社会的特征数值。只有通过这样一个“三重基线”评价，才能设定企业经济之外的目标和控制这些目标的实现。此外，非财务特征数值用于企业评价有利于信贷业务的开展。

——透明的沟通：对内对外沟通的透明性，是战略型企业社会责任的一个重要的成功因素。与利益相关方积极、主动、真诚地沟通企业的价值观、活动、成就和挑战，是它们间相互信任的基石。价值观和目标不仅必须在内部沟通，而且也必须实际落实。对此，必须使员工有可能就目标的理解、思考和实施的理念加以讨论。就与外部利益相关方沟通而言，使用“亮晶晶的”社会责任宣传报告，早就不能满足要求了。外部期望一个清晰的报告，按照可测量的指标并经第三方检验。与外部利益相关方持续对话，包括与批评者对话，对议题管理是一个重要的信息源。

当社会责任像这样植入一个企业的“DNA”时，企业则会赢得社会的重视和认可，企业会获得稳定性和效率。简而言之，使企业增强竞争力。A. T. Kearney 公司“绿色胜利者”的研究表明，在经济危机中，道琼斯可持续性指数中或 GS 可持续关注表中有 99 个大型企业的市值在行业比较中下降程度较小。在 2008 年 5 月至 11 月的时段中，18 个行业中 16 个行业在股市的损失比竞争者平均少 15%。

2.5 创造“市场条件”的企业社会责任

世界金融危机清楚地表明，没有国家的监管不可能有正常运转的市场。它也表明，企业失去了对社会贡献的信任，也就失去了活动的合法性（“运营许可”），并且投资者和消费者的信心也将随之消失。危机一旦发生，尽管国家极力采用财政措施拯救银行和一些支柱产业，但单靠国家干预，其解决问题的能力是有限的。反过来说，对受到危机冲击经济市场，为全球挑战（如气候变化等）提供解决方案，都必须在企业的广泛参与下重建游戏规则。

原则上讲，企业可采用两种方式为创造市场条件构建市场（游戏）规则做出贡献：

——软法规：企业自愿参与和组织倡议，形成“准国家标准”自律监管的联盟，以此自觉贯彻或遵守各种自愿性的标准（软法规）。这些自愿性的倡议是比现有法律要求更高的或者是填补法律空白的行动。一个例子是银行领域负责任投资、融资的倡议“赤道原则”。另一个例子是，在外贸领域发起的责任采购模式（AEV），或者采矿业中企业公开它们向政府付款的“采矿业透明倡议”（EITI）等。

——负责任的游说活动：企业不仅将自愿性标准和规则用于自己的活动，而且也为形成法律而努力，使之在核心业务过程中能更好地将经济、社会和生态目标相统一。例如，在一些国家，企业采取行动减少农产品出口补贴，为发展中国家消除市场准入壁垒，或者争取更严格的气候保护的法律。此外，还有化妆品生产企业开展反暴力活动，为保护其客户群体（例如，妇女群体）的权利。

为了“市场条件”履行义务需要充分的前提条件，只有在其他社会领域的压力下或者参与下才能进行。这里提出的问题是，假如金融行业能够预先通过自我义务的形式对其证券的风险更好地做出评估，金融危机是否就可避免？这取决于公民社会和政府方面是否对银行有所压力。因此，市场事实上需要有一个“强有力”的政府和一个“强有力”的公民社会，因为它们可以监督企业行为和不致造成不希望的结果，并且可迫使它们产生行为改变。

2.6　企业、政府和社会三方合作

金融和经济危机清楚说明了两个问题：首先，面对未来在资源分配、贫穷和公正方面出现政治、社会和经济的断层，要求承担责任绝不过时。责任开始于风险意识，而且今天就要关心处理风险的问题。其次，承担责任是所有社会活动者的任务，是企业、政府和公民社会的任务。全球的发展是如此的复杂，只有所有三方共同行动才能实现在将来形成稳定的结构的目标。

这样，企业社会责任是使企业进入三方合作联动的一个适合的路径。企业社会责任可能使企业作为平等的伙伴与政府和公民社会活动者一起，参与到一个为解决社会问题而协调的过程之中。在此过程中，每一方都可以带入它们的核心能力。

如果所有三方合作是要发现解决复杂问题的答案，那么合作的能力就是其中的关键所在。对于企业来讲，如果它不仅想在危机中求得生存，而且为极力摆脱危机的影响而行动，则合作能力就会成为一个核心的能力。它们可与伙伴一起，把自己的未来和社会的未来当成一个整体，构建可持续的未来。合作能力不只是相互间友好的对话。相互交流和组成合作网络是管理过程的建设性部分，这种合作不再具有垂直等级和固守己见的特征，而是具有平等分享的性质和特征。其中，包括自由思考不寻常的解决问题的答案和能力，对结果持开放的态度，透明，方案转化的知识和洞察未来的勇气等。企业沿着这一路径前进，则他们就会成为具有未来社会能力的变革的先行者。

3 “一带一路”倡议与全球治理

“一带一路”是推动全球可持续增长、实现公平贸易、合作共赢共享的战略性倡议。企业参与既是重大机遇，也有风险。不能简单复制粗放的模式，要坚持全球可持续发展观，因地制宜落实社会责任，实现合作共赢。

3.1 “一带一路”倡议及目标

2013年9月和10月，中国国家主席习近平在出访中亚和东南亚国家期间，先后提出共建“丝绸之路经济带”和“21世纪海上丝绸之路”（以下简称“一带一路”）的重大倡议。

中国提出的两个符合欧亚大陆经济整合的大战略“丝绸之路经济带”战略和“21世纪海上丝绸之路经济带”战略，即“一带一路”战略：

- 丝绸之路经济带战略涵盖东南亚经济整合、涵盖东北亚经济整合，并最终融合在一起通向欧洲，形成欧亚大陆经济整合的大趋势。
- 21世纪海上丝绸之路经济带战略从海上联通欧亚非三个大陆，和丝绸之路经济带战略形成一个海上、陆地的闭环。

“一带一路”涉及65个国家和地区。沿线国家人口众多、地域广阔、资源丰富，与中国互为重要的贸易伙伴。2016年，“一带一路”沿线国家GDP之和约占全球GDP的16.0%，人口占全球人口的43.4%，对外贸易额占全球贸易总额的21.7%。2016年，中国与沿线国家间贸易额为9535.9亿美元，占中国货物贸易总额的25.9%。

当今世界正发生复杂深刻的变化，国际金融危机深层次影响继续显现，世界经济缓慢复苏、发展分化，国际投资贸易格局和多边投资贸易规则酝酿深刻调整，各国发展依然面临严峻的挑战。

“一带一路”战略：

（1）顺应世界多极化、经济全球化、文化多样化、社会信息化的潮流，秉持开放的区域合作精神，致力于维护全球自由贸易体系和开放型世界经济。

（2）旨在促进经济要素有序自由流动、资源高效配置和市场深度融合，推动沿线各国实现经济政策协调，开展更大范围、更高水平、更深层次的区域合作，共同打造开放、包容、均衡、普惠的区域经济合作架构。

（3）致力于亚欧非大陆及附近海洋的互联互通，建立和加强沿线各国互联互通伙伴关系，构建全方位、多层次、复合型的互联互通网络，实现沿线各国多元、自主、平衡、可持续的发展。

“一带一路”的互联互通项目将推动沿线各国发展战略的对接与耦合，发掘区域内市场的潜力，促进投资和消费，创造需求和就业，增进沿线各国人民的人文交流与文明互鉴，让各国人民相逢相知、互信互敬，共享和谐、安宁、富裕的生活。

“一带一路”是一项共商、共建、共享，造福各国人民，有助于全球治理和可持续发展的系统工程。

3.2 框架思路

“一带一路”是促进共同发展、实现共同繁荣的合作共赢之路，是增进理解信任、加强全方位交流的和平友谊之路。

“一带一路”秉持的是和平合作、开放包容、互学互鉴、互利共赢的理念，全方位推进务实合作，打造政治互信、经济融合、文化包容的利益共同体、命运共同体和责任共同体。

“一带一路”建设是沿线各国开放合作的宏大经济愿景，携手各国，朝着互利互惠、共同安全的目标相向而行。努力实现区域基础设施更加完善，安全高效的陆海空通道网络基本形成，互联互通达到新水平；投资贸易便利化水平进一步提升，高标准自由贸易区网络基本形成，经济联系更加紧密，政治互信更加深入；人文交流更加广泛深入，不同文明互鉴共荣，各国人民相知相交、和平友好。“一带一路”实现中国与周边国家“五通”，即：道路联通、贸易畅通、货币流通、政策沟通、人心相通。

“一带一路”肩负着三大使命：

- 探寻经济增长之道；
- 实现全球化再平衡：
- 开创地区新型合作。

“经济带”概念，不同于历史上所出现的各类“经济区”与“经济联盟”。同以上两者相比，“经济带”具有灵活性高、适用性广以及可操作性强的特点，各国都是平等的参与者，本着自愿参与、协同推进的原则，以求发扬兼容并包的丝路精神。

3.3 基本原则

针对共建“一带一路”，中国具体提出了五项原则：

一是恪守联合国宪章的宗旨和原则。遵守和平共处五项原则，即尊重各国主权和领土完整、互不侵犯、互不干涉内政、和平共处、平等互利。

二是坚持开放合作。“一带一路”相关的国家基于，但不限于古代丝绸之路的范围，各国和国际、地区组织均可参与，让共建成果惠及更广泛的区域。

三是坚持和谐包容。倡导文明宽容，尊重各国发展道路和模式的选择，加强不同文明之间的对话，求同存异、兼容并蓄、和平共处、共生共荣。

四是坚持市场运作。遵循市场规律和国际通行规则，充分发挥市场在资源配置中的决定性作用和各类企业的主体作用，同时发挥好政府的作用。

五是坚持互利共赢。兼顾各方利益和关切，寻求利益契合点和合作最大公约数，体现各方智慧和创意，各施所长，各尽所能，把各方优势和潜力充分发挥出来。

3.4 合作重点

沿线各国资源禀赋各异，经济互补性较强，彼此合作潜力和空间具大。重点在以下方面加强合作：

- 政策沟通，作为“一带一路”建设的重要保障。
- 设施联通，作为“一带一路”建设的优先领域。
- 贸易畅通，作为“一带一路”建设的重点内容。
- 资金融通，作为“一带一路”建设的重要支撑。
- 民心相通，作为“一带一路”建设的社会根基。

3.5 “一带一路”倡议与全球治理观

“一带一路”“共商、共建、共享”原则和理念基于中国的发展实践和世界经济全球化发展趋势，考虑国际上一切主张经济全球化的国家、社会力量和人民群众的内心期盼，清晰地勾勒了其时代特征、价值目标和实现路径。

2017 年 9 月第 71 届联合国大会通过关于“联合国与全球经济治理”决议，要求“各方本着‘共商、共建、共享’原则改善全球经济治理，加强联合国作用”，同时重申“联合国应本着合作共赢精神，继续发挥核心作用，寻求应对全球性挑战的共同之策，构建人类命运共同体”。

"一带一路"倡议是中国顺应全球化发展，积极参与全球经济治理及其机制改革，贡献中国方案之举。从"利益共同体""责任共同体"到"命运共同体"，中国将"中国梦"与"世界梦"相连，提出与沿线国家共建"一带一路"，得到世界上越来越多的国家认同和积极响应，并形成为国际社会的共识。

3.6　中国企业参与"一带一路"倡议

共建"一带一路"是中国的倡议，也是中国与沿线国家的共同愿望。这是中国企业国际化、全球化发展，展现中国企业作为国际企业公民负责任的行为，并为中国和沿线国家可持续发展做出贡献难得的大好机会。

中国参与"一带一路"建设的企业需要全球视野，站在新的起点上，为国际化做出新的战略定位，制定可持续的战略规划，先准备后行动，具体讲：

（1）企业要坚持"一带一路"的核心原则，充分理解"一带一路"战略的本质和内涵，使企业国际化战略在国际大趋势方向上与"一带一路"战略紧密结合。

（2）企业要为参与"一带一路"实施新的国际化战略做好必要和充分的思想准备、能力准备。

（3）企业要充分认识"一带一路"国家的社会环境、法律环境和文化环境，把风险控制放在首位。

（4）企业要以参与"一带一路"建设为契机提升自身的治理和管理能力，要从组织上、机制上、流程上增强大局意识，采用国际标准规范，制定负责任的行为准则，准备合格的管理和专业人才。

（5）企业参与"一带一路"建设意味着，它在国际范围延伸了价值链和供应链，必然要求企业在制度上、组织上、机制上、流程上、人的能力上做自适应调整。

（6）企业一旦参与"一带一路"项目就意味着，它已进入了一个新的不同于中国的社区。不仅要重国际标准，而且要遵本地法律法规、当地的风俗、习惯、文化和宗教信仰。要尊重所在国制度、权威机关，所在国的人权。要尊重本地员工、社会和公民的利益。

（7）企业参与"一带一路"成功的一个重要条件是关注利益相关方的利益，感知社会的核心要求和期望，与本地各利益相关方形成透明的沟通，构建合作共赢的互动关系。

总之，中国企业参与"一带一路"，是承载国家和时代的使命，不能目光短浅，不能急功近利，不能带进不可持续的发展方式。在“一带一路”“共商、共建、共享”，推动合作共赢，有责任感的中国企业将大有可为！

“一带一路”是一条互尊互信之路，一条合作共赢之路，一条文明互鉴之路。只要沿线各国以人类共同利益和价值为重，相向而行，就一定能够谱写“一带一路”共建和成果共享的新篇章。

第十二篇
第四次工业革命

第四次工业革命是人类历史上一次影响最深最为广泛的工业革命。

由于信息、通信、大数据、云计算和人工智能等技术迅猛飞速的发展，新工业革命将不仅改变人类活动的基础设施、价值创造方式和消费方式，也将改变经济运行和商业模式。

新一轮工业革命也将推动社会变革，改变人们的生活方式和行为方式。它将会对企业管理、对产业结构会带来革命性的变化。

在未来社会系统转型中，在一个由人和机器构成的互动协同的复杂系统中，如何定义企业或组织的边界？需要什么样的规则？应遵循什么样的伦理道德？如何定义企业和组织的责任？这些问题都与可持续发展密切相关，人类必须为许多未知的问题寻求新的答案。

1 第四次工业革命——史无前例

1.1 工业 1.0 到工业 4.0 的演变

第一次工业革命采用水蒸气为动力，实现了生产的机械化。第二次工业革命通过电力实现了大规模生产。第三次工业革命则使用电子和信息技术，实现了生产的自动化，也是一场发生于 20 世纪中叶的数字革命。在此基础上，我们正在迎来第四次工业革命，这场革命的主要特征是，各项技术的融合并将日益消除物理世界、数字世界和生物世界之间的界限。

第四次工业革命不仅仅是第三次工业革命的延续，就其速度、影响范围和对系统的影响而言，它象征着一场有着自身特点的新的革命。当前各项突破性技术的发展速度可谓史无前例，与以往历次工业革命相比，第四次革命是以指数级而非线性速度展开。此外，第四次革命正在颠覆所有国家的几乎所有的行业。这些变革将产生极其广泛而深远的影响，彻底改变整个生产、管理和治理体系。

各种移动设备拥有前所未有的处理和储存能力，能够轻易获取相关知识，并将数十亿人连接了起来，从而释放出无穷的潜力，而人工智能、机器人、物联网、无人驾驶汽车、3D 打印、纳米科技、生物科技、材料科学、能源储存和量子计算等科技领域的最新突破更创造了无限的可能性。

当前，人工智能已经无处不在，从无人驾驶汽车到无人机，再到虚拟助理和能够进行翻译和投资的软件等。人工智能近年来取得了令人瞩目的成就，这主要得益于计算能力的指数级提升和大量可用的数据。这既包括可用于研制新药物的软件，也包括预测文化倾向的算法。与此同时，各类数字制造技术正与生物世界进行日常互动。工程师、设计师和建筑师正在综合运用运算化设计、增材制造、材料工程和合成生物学等科技知识，率先实现微生物、人体、消费品甚至住宅之间的和谐共生。

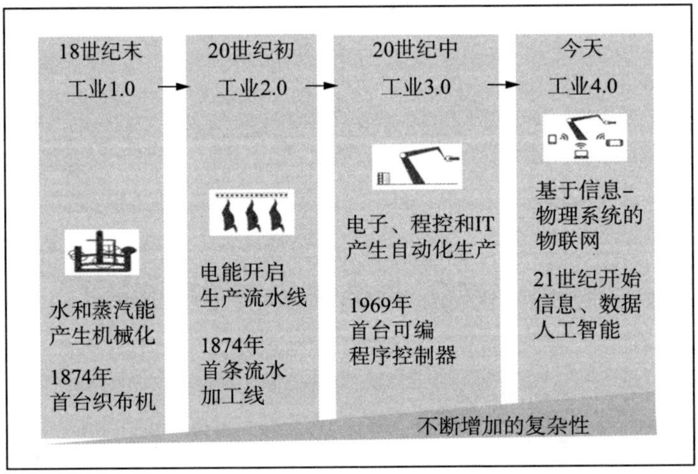

图 12－1　工业 1.0 到工业 4.0 的演变

资料来源：DFKI/BITKOM。

人类将迎来一场新的技术革命。这场革命将彻底改变我们生活、工作和社交的方式。无论从其规模、影响范围还是复杂性来看，这场转型都将和以往经历的任何一次技术革命截然不同。虽然这场革命将如何展开尚不完全清楚，但有一点是肯定的：从公共部门到私营部门，到学术界和公民社会，全球各利益相关方必须协调一致，采取全方位的综合策略，共同应对这场革命。

1.2　世界各国制造业新战略

21世纪以来，全球经济结构调整给制造业带来新的挑战，特别是2008年全球金融危机、欧债危机爆发，欧美各传统工业国经济重创，为了寻求新的经济增长点，各国重新重视制造业在国民经济的重要性，相继提出再工业化振兴战略，拟通过提升高端制造技术，重构制造产业链，创造高附加值，从而带动经济发展和就业。

1.2.1　美国工业互联网

美国2011年推出先进制造业伙伴计划（AMP），2012年发布先进制造业国家战略计划，2012年创建产学研合作的国家创新网络（NNMI），2014年发布振兴美国先进制造业报告，明确确保美国新兴制造技术在国际竞争力领先的地位。

1.2.2　德国工业4.0

德国2011年提出工业4.0推动以网络—实体制造系统为核心构建智慧工厂，保持制造业在全球的领先优势。这一发展的基本策略是注重智慧工厂，与物联网和网络服务相结合，发展水平整合价值网络、终端对终端流程整合、垂直整合制造网络、开发网络—实体系统等，以此保持德国在全球制造业领域的竞争优势。

1.2.3　日本产业重振计划

2013年日本提出日本产业重振计划，拟通过设备、研发、投资重振制造业。2015年提出日本机器人新战略，该政策着重未来人机共存工厂，规划和发展机器人、互联网和一系列新兴技术，使制造业成为日本经济的支柱产业。

1.2.4　中国制造2025

2010年中国提出推动信息化与工业化深度融合，加快经济社会各领域信息化的战略思想。2012年十二五规划明确，加强智能制造，发展智能制造设备、新一代通信、物联网、云计算等战略性产业。2015年宣布实施中国制造2025。它是一个十年的行动纲领，也是路线图。通过实施中国制造2025让中国制造迈入世界制造强国行列。

在新一轮工业革命中，不同国家根据不同的优势和着力点，提出了新的制造业发展战略（如图12－2所示）。

工业4.0代表第四次工业革命，这一词汇本来是一个德国概念，是德国

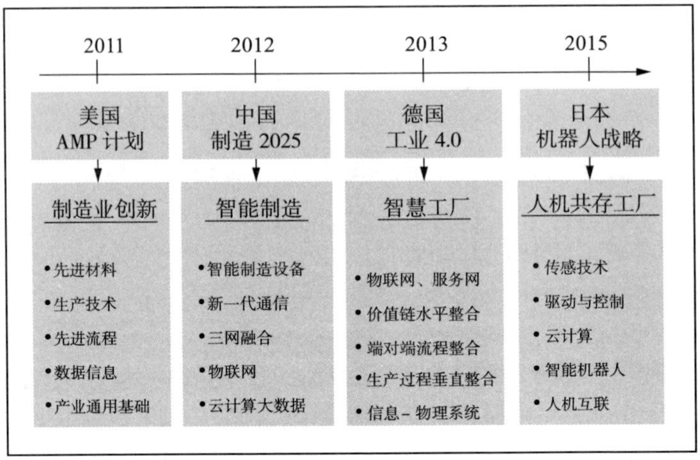

图 12－2　世界各国制造业发展战略

推动工业和技术创新，在拥抱数字化的过程中被创造出来的，现在拥有了越来越广泛的世界性影响，工业 4.0 也成了第四次工业革命的代名词，特别是在欧洲。

下面将以德国工业 4.0 方案为例来说明当前国际上展开的工业革命的特点以及它对社会所带来的挑战和机会。

1.3　工业 4.0 与高科技战略

在 2009—2012 年全球经济危机和欧洲债务危机期间，德国经济一枝独秀表现强劲。其经济增长的动力来自其基础产业即制造业，因此进一步提升制造业的国际竞争力成为国家战略。

2010 年德国政府出台《德国 2020 高技术战略》，确定了推动创新的 5 个重点，即数字经济和社会、可持续产业和能源、创新工作环境、健康的生活、智慧机动性和公民社会安全。为应对这一领域社会和技术飞速的发展确定了全国所有参与者合作的结构。2012 年发布了德国 2020 高技术战略行动计划，其中数字经济和社会是未来任务的关键行动领域，它包括工业 4.0 以及智慧服务、大数据、云计算、数字网络、数字科学、数字教育和数字生活环境等。工业 4.0 一词首次出现。随后德国科研部下属《经济研究－科学联盟》联合《德国国家科学与工程院》开始制定工业 4.0 发展战略。由于数字变革对德国未来能力有着全面的影响，政府制定了《2014—2017 数字议程》，以期实现创新跨越使德国成为欧洲数字增长第一大国。

2011 年德国经济与科学联盟建立的《工业 4.0 工作组》研究了第四次工业革命成功突破的条件。2012 年 10 月工作组提交了“实施未来项目工业 4.0 的报告”。

在此基础上，代表 6 千多企业成员的工业协会：《德国信息电信和新媒体协会》（BITKOM）、《德国机械设备制造业联合会》（VDMA）、《德国电子电器制造商协会》（ZVEI）开始研究开发工业 4.0 项目的要求，于 2013 年 4 月达成合作协议，决定跨越行业边界以一种理想的主题合作的形式推进工业 4.0 平台建设。

2013 年 4 月德国政府在汉诺威工业博览会正式发布工业 4.0 战略，同时工业 4.0 平台正式开始运转。

2014 年 4 月该平台发布了工业 4.0 实施计划。2015 年扩大了工业 4.0 平台，增加了来自企业、协会、工会、科技和政府的参与行动者，并形成了最新版本的工业 4.0 报告。“工业 4.0”得到了德国各研究机构及产业界的积极参与。

工业 4.0 是高科技战略 2020 行动计划中的一项“战略方案”。所有不同的利益相关方广泛参与工业 4.0 之中（如图 12－3 所示），有利于促进各方相互交流和推动社会创新，为系统化和成功合作建立坚实的基础。

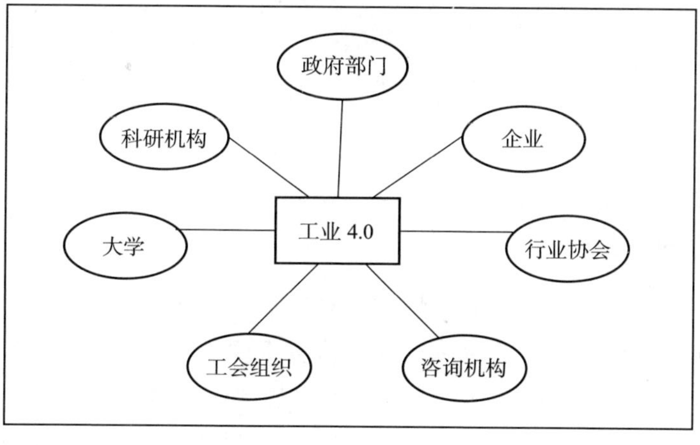

图 12－3　工业 4.0 的相关参与方

资料来源：参改 BMWI。

自 2006 年以来，德国一直在努力建立部门之间高技术战略协调机制，推动研究与创新工作，其目的是通过技术创新确保国家的强有力竞争地位。聚焦在五个优先领域：气候/能源，健康/饮食，移动性，安全和通信。围绕

“战略方案”和举措，制定了具体的创新战略和实施路线图，旨在向全球性挑战提供解决方案。

1.4 新工业革命的内涵

工业4.0或智能产业，指从嵌入式系统向信息物理系统的技术革命。简单地说，工业4.0代表了即将到来的面向物联网、数据和服务的第四次工业革命。分散智能有助于创造智能对象网络和独立过程管理，现实和虚拟世界相互作用，代表了制造和生产工艺的新的重要的方面。

各个国家对第四次工业革命的定义各不相同，但总体上理解一致（如图12－4所示）。

是什么?	■ 物理和虚拟世界的融合 (人、机器、技术和互联网)
为什么?	■ 个性化或批量产品定制 ■ 高度灵活的制造 ■ 融合客户和伙伴价值创造 ■ 产品与高质量服务相结合 ■ 成本和效率及质量提升
做什么?	■ 实现横向和纵向的双重链接
哪些企业?	■ 工业基础设施及服务企业 (网络、云计算、大数据、存储等) ■ 工业产品/技术企业 (机器人、远程维护等) ■ 工业制造/运营/使用企业 (汽车、石化等)

图12－4 工业4.0的一致性理解

资料来源：Roland Berger。

工业4.0代表了从“集中”到“分散”生产的模式转变，通过技术进步实现了传统生产流程逻辑的逆转。这意味着工业生产机械不再是简单地“加工”产品，而是产品与机械沟通，告诉它到底该怎么做。

工业4.0将嵌入式系统生产技术和智能生产工艺连接起来，为新技术时代开辟道路，新技术时代将彻底改变产业和生产价值链以及商业模式（例如“智能工厂”）。

前三次工业革命源于机械化、电力和信息技术。现在，将物联网和服务应用到制造业正在引发第四次工业革命。

将来，企业将建立全球网络，把它们的机器、存储系统和生产设施融入到虚拟网络－实体物理系统（CPS），即信息－物理系统之中。在制造系统中，这些虚拟网络－实体物理系统包括智能机器、存储系统和生产设施，能够相互独立地自动交换信息、触发动作和控制。这有利于从根本上改善包括制造、工程、材料使用、供应链和生命周期管理的工业过程。

信息－物理系统，它的特征是现实的（物理的）对象和过程通过开放的、有时是全球和随时相互联系的信息网络与处理信息的（虚拟的）对象和过程相互联接。

由于信息和通信技术是创新强劲的两个驱动力：

- 一是所有高技术产品和系统中大量采用的嵌入式软件系统，例如用于装置、车辆、航空器、建筑或生产设备中，对它们的功能起决定性作用。
- 二是全球互联网以及网络中可用的数据和服务。

因此，这两个强劲的创新领域共同发展成为信息－物理系统。

越来越多的装置和对象带有植入的计算机，通过传感器和执行器与物理世界融合并相互交换数据。加之上几十亿的人使用智能手机这样的移动终端，RFID 无线频率识别技术用于自动监视几十亿的交通过程。

以往的封闭的系统不断打通，与其他系统形成网络化的应用。物理现实世界与信息技术的虚拟世界无缝连接形成物联、数据和服务网。嵌入式系统通过互联网互联产生革命性发展。

正在兴起的智能工厂采用了一种全新的生产方法。智能产品通过独特的形式加以识别，可以在任何时候被定位，并能知道它们自己的历史、当前状态和为了实现其目标状态的替代路线。嵌入式制造系统在工厂和企业之间的业务流程上实现纵向网络连接，在分散的价值网络上实现横向连接，并可进行实时管理——从下订单开始，直到外运物流。此外，它们形成的且要求的端到端工程贯穿整个价值链。

功能强大的、自主的微型计算机（嵌入式系统）正越来越多地相互间或与互联网以无线方式互联导致实体物理世界与虚拟网络世界（cyberspace），也即虚拟网络－实体物理系统（CPS）相互融合。

这意味着有史以来第一次，有可能将资源、信息、物品和人进行互联，从而造就物联网和服务。这种现象的影响也将反映到工业领域。因此，在制造领域这种技术的渐进性进步将构成工业化的第四个阶段，即拥有巨大潜力的工业 4.0。

智能工厂让客户个性化的定制需求得以满足，这也意味着，即使产品只生产一次，也能通过颇具效益的方式制造出来。在工业 4.0 中，以供应商为例，动态业务和工程流程能帮他们根据生产需要最终做出相应改变，并灵活应对生产中断和故障。现在，制造过程中已经能够提供端到端的透明化，以促进决策的优化。工业 4.0 将开发出创造价值的新方法和新的商业模式，尤其为初创公司和小企业的发展带来机会，下游服务也能从中受益。

此外，工业 4.0 将正视和解决当今世界面临的一些挑战，例如资源能源利用效率、城镇化、人口结构变化等。工业 4.0 能持续带来覆盖整个价值网络的资源生产率和效率的增加。它能将人口结构变化和社会因素考虑在内，以适合的方式组织生产。智能辅助系统让工人从单调、程序化的工作中解放出来，能把精力集中在创新和增值业务上。鉴于熟练工短缺的问题，工业 4.0 可使老工人延长职业生涯，长久地保持生产力。灵活的工作组织形式使工人们能够更好地整合自己的工作，私人生活和持续的职业生涯发展变得更有效率，在工作和生活之间找到更好的平衡点。

从制造行业来讲，制造本身与客户服务、行业服务也在逐步融合。未来制造业的发展方向，是数据推动的商业模式的创新和转型。

2 第四次工业革命与数字化

2.1 数字化的愿景

工业 4.0 的重点是创造智能产品、程序和过程。其中，智能工厂构成了工业 4.0 的一个关键特征。智能工厂能够管理复杂的事物，不容易受到干扰，能够更有效地制造产品。在智能工厂里，人、机器和资源如同在一个社交网络里一般自然地相互沟通协作。智能产品理解它们被制造的细节以及将被如何使用。它们积极协助生产过程，回答诸如“我是什么时候被制造的”“哪组参数应被用来处理我”“我应该被传送到哪”等问题。其与智能移动性、智能物流和智能系统网络相对接将使智能工厂成为未来的智能基础设施中的一个关键组成部分。这将导致传统价值链的转变和新商业模式的出现。

在一个“智能、网络化的世界”里，物联网和服务网（the Internet of Things and Services）将渗透到所有的关键领域。这种转变正在导致智能电网出现在能源供应领域、可持续移动通信战略领域（智能移动性、智能物流）和医疗智能健康领域。因此，工业 4.0 是智能、网络化世界的一部分（如图 12－5 所示）。

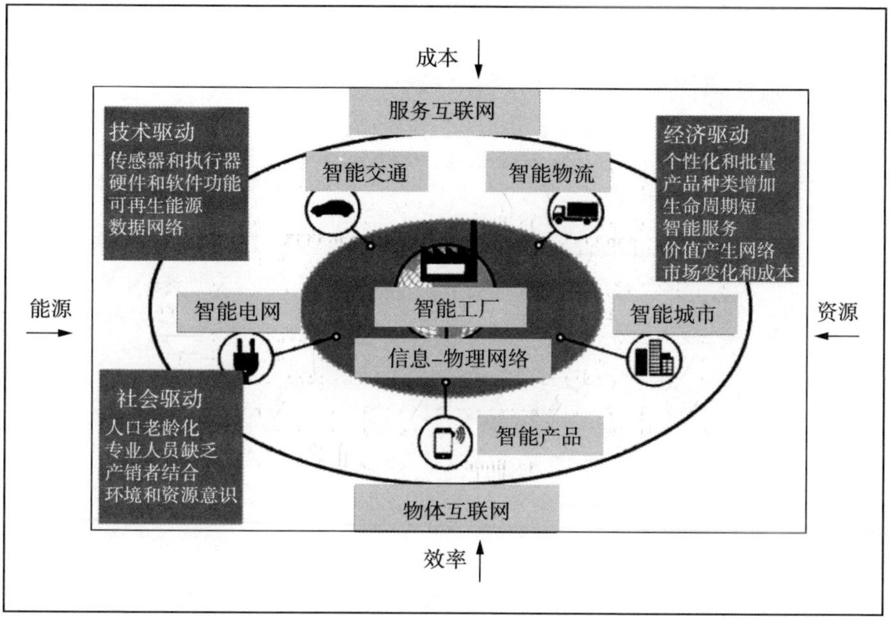

图 12－5　工业 4.0 智能工厂与物联网和服务网

资料来源：参改 Forschungsunion 和 acatech。

所以说，工业 4.0 不应被孤立地对待，而是应该被看作是一系列需要采取行动的关键领域中的一个。这样，工业 4.0 就应在跨学科状态下加以实施，并与其他关键部门领域展开密切合作。

“工业 4.0”将迎来整个制造领域形成整个智能产品和系统的价值链垂直网络、端到端工程的横向集成（如图 12－6 所示）。在整个过程里，保留现有制造业体系的核心价值将是一个关键。在生产、自动化工程和 IT 领域，横向集成是指将各种使用不同制造阶段和商业计划的 IT 系统集成在一起，这其中既包括一个公司内部的材料、能源和信息的配置（例如，原材料物流，生产过程，产品外出物流，市场营销），也包括不同公司间的配置（价值网络）。垂直集成是指为了提供一种网络化解决方案，将各种不同层面的 IT 系统集成在一起（例如，执行器和传感器，控制，生产管理，制造和执行及企业计划等各种不同层面）。

新工业革命主要的推动力有三个，一个是技术，尤其是数字技术；第二个是无处不在的连接；第三个是自动化程度越来越高的工业系统。这三个因素相结合形成了一种趋势，在工业自动化之后发展的重点将是系统对外部环境的感知，通过感知形成工业大数据；人工智能，使机器拥有学习能力；加之新的分析工具，用来分析数据并指导行动。

自动化系统、虚拟世界和现实世界的融合，涉及不同的技术，有很多技术参数，同时有很多不同的应用，3D 打印讲的就是其中一种。实现这种融合需要用一个软件架构来界定，而且很多标准也都需要统一。

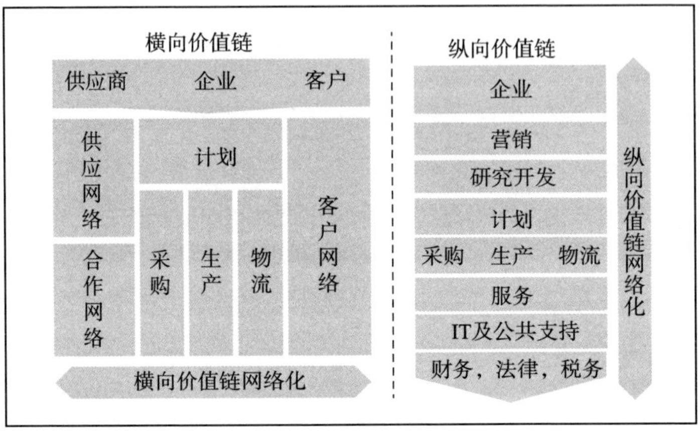

图 12－6　工业 4．0 价值链横向和纵向数字化集成

资料来源：PWC。

2.2　数字化宏观方面

工业 4.0 首先是高度灵活又高效能的生产，做到价值创造流程的按需优化和实时优化。制造业高度的灵活性离不开基础设施的升级、自动化和数字化的程度等。

工业 4.0 还意味着环境友好的发展模式。采用对环境友好的生产方式可以把工厂迁回城市，照样不会对环境造成很多影响。

工业 4.0 也是社会形态的改变。商业环境和社会环境将会越来越复杂，要掌握这个复杂的环境，必须拥有更加分散化的自我组织形式。也就是说，企业职能从中央控制系统变成自组织平台。企业员工会更加朝着自我组织、自我约束来发展。最终将形成一个更加灵活的具有动态性的生态系统，随时响应客户需求，实时适应市场变化。

2.3　数字化微观方面

从微观视角来看，工业 4.0 会对具体一个企业意味着几个维度上的变化。

——内部流程一体化和数字化，其中包括软件、解决方案以及 3D 打印的生产方式。

——供应链管理一体化和无缝对接，使上下游的供应商伙伴合作贯通。

——全生命周期的产品管理，实现从工程设计到产品生产和售后服务的生命周期的统一管理。过去已有很多管理软件，但相互之间没有什么联系，数据结构也不一样，需要打通和升级。

制造业的核心是工厂，工厂的智能化管理非常重要。智能工厂的工作并不是孤立的，而是要跟智能电网、智能物流、智能楼宇建筑连接起来，根据订单、能源、物流等条件的变化实时调整生产。这意味着工厂越来越聪明，知道怎么样进行生产，机器也变得更加智能化，可以相互交流，来控制工厂的产量。

为操作各种不同的智能设备、数字设备，使以往分散的各个物体相互连接并更加自动化，这些人物都需要更加聪明的人，即智能操作员才能完成。

此外，还有很重要的一部分，就是智能产品。产品离开工厂到达客户之后，应该不断地收集用户数据，变成一个小的平台。所有产品的数据集中起来之后，就变成了大数据系统。实时分析这些大数据，就可以进一步优化流程和业务模式，为客户提供更多的服务。这方面的创新速度非常快，客户也在不断地受益。

例如，阿迪达斯 2015 年推出了 3D 打印制鞋技术，成本并没有增长很多，但可以缩短外包线路。阿迪达斯还给跑鞋装上了传感器，可对所有的数据进行收集和衡量，这双鞋怎么穿的、怎么用的，然后基于这些数据可以对产品和流程进一步优化，再按优化后的版本生产和销售。比如个性化设计，按照客户的特殊要求来生产鞋子。

3 智能平台与商业模式

3.1 核心技术特征

工业 4.0 将在制造领域的所有因素和资源间形成全新的社会 - 技术互动水平。它将使生产资源（生产设备、机器人、传送装置、仓储系统和生产设施）形成一个循环网络，这些生产资源将具有以下特性：自主性、可自我调节以应对不同形势、可自我配置、基于以往经验、配备传感设备、分散配置，同时，它们也包含相关的计划与管理系统。

作为工业 4.0 的一个核心组成，智能工厂将渗透到公司间的价值网络中，并最终促使数字世界和现实的完美结合。智能工厂以端对端的工程制造为特征，这种端对端的工程制造不仅涵盖制造流程，同时也包含了制造的产品，从而实现数字和物质两个系统的无缝融合。对于工作人员来说，智能工厂将使日益复杂的制造流程变得可控，在确保生产过程具有吸引力的同时，使制造产品在都市环境中具有可持续性，并有可能获得利润。

工业 4.0 中的智能产品具有独特的可识别性，可以在任何时候被分辨出来。甚至当它们在被制造时，它们就可以知道整个制造过程中的细节。在某些领域，这意味着智能产品能自主地控制它们生产的各个阶段。

此外，智能产品也有可能确保它们在工作范围内发挥最佳作用，同时在整个生命周期内随时确认自身的损耗程度。这些信息可以汇集起来供智能工厂参考，以判断工厂是否在物流、装配和保养方面达到最优，当然，也可以应用于商业管理应用的整合。

在未来，工业 4.0 将有可能使有特殊产品特性需求的客户直接参与到产品的设计、构造、预订、计划、生产、运作和回收各个阶段。更有甚者，在即将生产前或者在生产的过程中，如果有临时的需求变化，工业 4.0 都可立即使之变为可能。当然，这会使生产独一无二的产品或者小批量的商品仍然可以获利。

工业 4.0 的实施将使企业员工可以根据形势和环境敏感的目标来控制、调节和配置智能制造资源网络和生产步骤。员工将从执行例行任务中解脱出来，使他们能够专注于创新性和高附加值的生产活动。因此，他们将保持其关键作用，特别是在质量保证方面。与此同时，灵活的工作条件，将在他们的工作和个人需求之间实现更好地协调。

工业 4.0 的实施需要通过服务水平协议来进一步拓展相关的网络基础设施和特定的网络服务质量。这将可能满足那些具有高宽带需求的数据密集型应用，同时也可以满足那些需要运行时间保障的服务供应商，因为有些应用具有严格的时间要求。工业 4.0 需要解决一系列关键的技术问题（如图 12 –7 所示）。

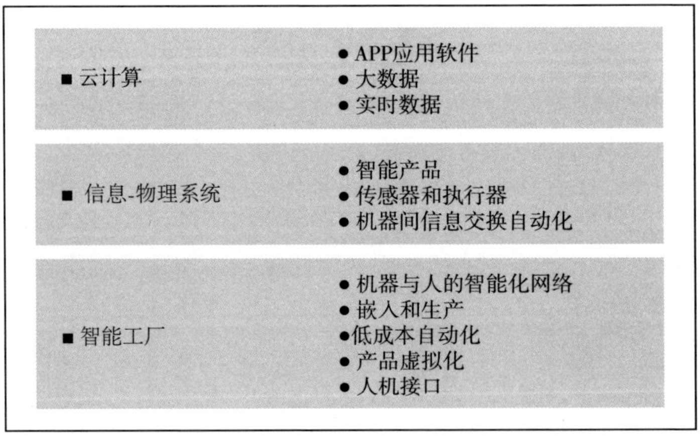

图 12 –7　工业 4.0 的关键技术领域

3.2　新型的商业模式

工业 4.0 将发展出全新的商业模式和合作模式，这些模式可以满足那些个性化的、随时变化的顾客需求，同时也将使中小企业能够应用那些在当今商业模式下无力负担的服务与软件系统。这些全新的商业模式将为诸如动态定价和服务水平协议（service level agreements，SLAs）质量提供解决方案。动态定价指的是要充分考虑顾客和竞争对手的情况，服务水平协议质量则是关系到商业合作伙伴之间的连接和协作。这些模式将力争确保潜在的商业利润在整个价值链所有利益相关方之间公平地共享，包括那些新进入的利益相关方。一些更加宽泛的法规要求，如减少二氧化碳排放量，也可以而且应该融入到这些商业模式中，以便让商业网络中的合作伙伴共同遵守。

工业 4.0 往往赋有诸如“网络化制造”“自我组织和高度适应性的物流”和“集成客户的制造工程”等特征，它将追求新的商业模式以率先满足动态的商业网络而非单个公司，这将引发一系列注入融资、发展、可靠性、风险、责任和知识产权及技术诀窍保护等问题。就网络的组织及其有别于他人的高质量服务而言，最关键的是要确保责任被正确地分配到商业网络中，同时备有相关约束性文件为支撑。

实时的针对商业模式的细节监测也将在形成工艺处理步骤和监控系统状态上发挥关键作用，它们可以表明合同和规章条件是否得到执行。商业流程的各个步骤在任何时刻都可以追踪，同时也可以提供他们完成的证明文件。为了确保高效提供个体服务，清晰且明确地描绘出以下状态将是必要的：相关服务的生命周期模型、能够保证的承诺以及确保新的合作伙伴可以加入商业网络的许可模型和条件，尤其是针对中小企业。

鉴于上述情况，工业 4.0 很有可能对全球产生难以预测的影响并造就一个极为活跃的环境。新技术的颠覆性及其对相关法律问题，如对技术方面、敏感的企业数据、责任、数据保护、贸易限制、密码系统的利用等的影响可能威胁现存法规的实施。缩短的创新周期可导致规则架构频繁的更新需求，并且造成慢性执行过程中的失败。因此，有必要采取一种新的方法，提前或者在技术实施过程中检验同现行法律的相容性。另外一项事关工业 4.0 计划实施的关键因素就是安全和保障。在安全领域，需要更富积极性的措施，尤为重要的是，在设计安全的概念不应仅仅局限于功能组件。

3.3 智能平台服务

工业4.0还包括智能服务，这里的重点不是产品，而是新商业模式下的新的服务。在数据化、了解用户的偏好和习惯的基础上，以此来启动商业模式和服务的优化。

数据本身蕴含着价值，如果商业模式是数据驱动的，那么基于数据的产品都可以成为服务。

但是没有任何一个公司能够依靠自己的力量做到对所有的数据收集和分析工作，因为工作量太庞大了。这时，需要有一个强大的生态系统提供连接，并帮助把不同领域的数据收集、回传和分析。这涉及互动可操作性，为此需要通过一个平台管理这样的生态系统。

实际上，它关系到工业4.0的最终结果，就是要实现各种设备、工具和机器之间的互联。

以互联汽车，或者叫无人驾驶或自动驾驶汽车为例，它需要有智能架构来支撑，一辆汽车自动行驶，它必须实时了解周围的环境，数据传输速度要非常快，以毫秒级来计算，这意味着必须有网络基础设施和技术架构的支持。现在，谷歌的成百上千辆的汽车在路上收集数据做地图、做测量。今后所有的汽车都会有数据采集设备，所有新车上都会安装传感器。

在公司层面，软件的虚拟化非常关键。例如，在一个组装线上，来自不同厂商的机器设备必须互相匹配和协调。如果有一个数字模型来控制所有机器，这样在设备卖给客户之前，他们可以模拟使用这些设备的情景，这就是所谓的软件虚拟化。在这个基础上，就可实现所有机器设备的互联，智能的互联，这是一个软件定义的架构。

对于通过软件平台管理生态系统，存在一些争论，这就是平台中立化问题。担心平台会被用来打击竞争对手，或者平台上的公司会被平台控制。为应对这一问题，需要一个开放的数字平台，不仅方便客户使用服务价格可承受，还需要有值得信赖的云。不管是公有云，还是私有云，都要保证系统的安全性。最终的目标是，确保能够把世界上所有的设备和机器安全地联系起来。

在商业模式上，平台要保证所有人都可参与进来，平台上面任何类型的服务，不同的市场、不同类型的服务、不同类型的社区，都可如愿实施。所以，这样一种平台应该由具有高度专业知识的主要的公司来提供，这样才能保证平台具有坚固的基础和简单易用的灵活性。在一个连接了大量设备和终端的平台上，平台本身和服务的模式都是双向的。一方面有很多供应商，另一方面又有很多客户，这自然就是一个双向的市场。

如果认同这一点，就不难理解这对于工人来说意味着什么。在过去，在企业里优化的是流程，以后优化的是工作场所，是工作本身。在德国一个重要的关注焦点是这是否会导致工作岗位减少。工会担心工人以后没有工作了，因为如果所有的事情都可自动化，都可有机器人完成。确实会存在这么一种情况，即低附加值的工作可能会消失，但是新的工作岗位也会被大量创造。在过去十年，德国对机械工程师的需求增加了 9.5 万个，而自动化产业增加了 1.5 万个工作岗位。

关键在于对新的能力的要求，比如一个机器操作员，在工厂变得更加自动化时，意味着控制机器的人要更加灵活，要有更强的自我组织能力和多元化技能。对企业或政府而言，必须要有相应的各种灵活的方式的教育和培训，提升工人的技能水平。

3.4　全新的互动方式

工业 4.0 所带来的人类 - 技术（human-technology）和人类 - 环境（human-environment）相互作用的全新转变也将发挥重要作用（如图 12 - 8 所示）。

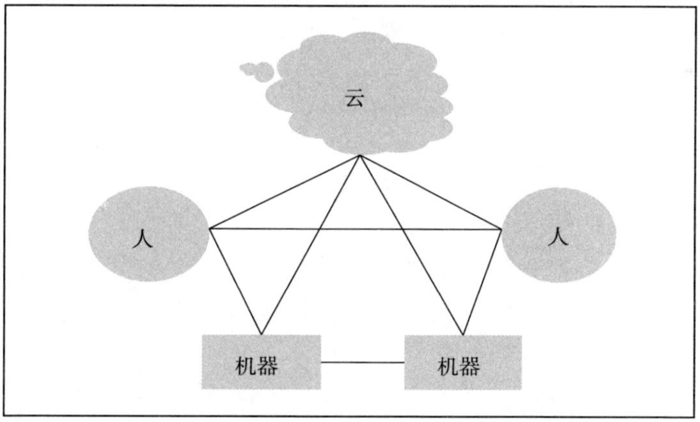

图 12 - 8　智能化工厂与人 - 机器 - 云的互动

资料来源：Fraunhofer IDA。

全新的协作工作方式使得工作可以脱离工厂，通过虚拟的、移动的工作方式开展。员工将被鼓励在他们的工作中通过智能辅助系统使用多种形式的、友好的用户界面。

除了全面的培训和持续职业发展措施外，成功转变工作组织和设计模型，使之广受劳动者欢迎是关键所在。这些模型应做到，员工将高度自我管理的自主权与领导和管理的权力下放相结合。员工应该拥有更大的自由做出他们自己的决定，更积极地投入和调节自己的工作。

工业 4.0 的社会 - 技术方法使得人们释放出新的潜力从事迫切需要的创新活动，这是基于对于人在创新过程中的重要作用获得的新的认识。

4 智能网络与社会责任

4.1 数据风险与安全

在不同的公司之间交换敏感数据是有风险的，这些数据可能会被非法使用和/或泄漏，例如，如果收件人没有实施足够的 IT 安全措施，这些数据可能由第三方黑客攻破。这个问题的一个解决方案是提供一种已经广泛使用的合同条款，设置必要的技术和组织安排并采取一些附加措施（如有义务提供有关任何安全问题或违反规定的通知），并对不遵守的事项规定惩罚。

然而，在工业 4.0 中制造设备比过去负责的事项的范围更广。一旦它们没有完成其主要职责（在产品的耐久性，正确的操作和外观方面），它们现在可能承受的将不仅有法律责任行为，同时也将承受自己作为智能网络中一个成员的失误。

在这些情况下，责任和职责问题变得更加重要——当自主系统部署在网络上，结构透明度的缺乏可以使它几乎不可能明确地确定谁执行一个特定的动作，从而产生在法律责任方面的不确定性。事实是，相对于第三方，企业装备配有自主数据处理的生产系统，对他们的生产设施和产品的安全性承担法律责任。当前，侵权法和产品责任法已经在这一领域提供了足够的解决方案。然而，如果其他合作伙伴在网络中希望避免负连带责任，或者，如果他们想至少对其他合伙人有追偿权，那么从合同规定一开始和/或采取行动就要明确业主各自系统的责任，这是必不可少的。这也牵涉到残余风险的可保性，及保险业计算相关保费影响的方式。

提供对不同生产步骤和系统状态的精确的书面描述将有助于确认责任归属，尽管涉及具体个人数据的非常详细的协议可能会导致数据保护法律问题。因此，在工业 4.0 中，基于新技术的文档程序，如个人或绑定设备的数字签名，将会起到更为重要的作用。

4.2　能源与资源效率

制造业的性质意味着，它是迄今为止在工业化国家最大的原材料消费者。与私营部门一起，它也是能源和电力的主要消费者。除了成本高昂，这种局面导致对环境和供应安全的风险，而这种风险需要通过法规使其最小化。

因此，工业界正进行重大努力，以减少其对能源和资源的消费，或寻找替代资源。然而，如果有任何成功的机会，这些努力将需要持续多年。最终，这将涉及在生产过程以及机器和设备的设计上发生变化，因为这是唯一可影响材料和能源消耗的地方。考虑问题的出发点是制造企业所使用的资源量，包括在公司本身和整个价值网络的其余部分的资源。

所使用的资源可分为三种不同的类型：

——原材料，添加剂，经营供应品及所有不同种类的能源载体，包括能量类型的转换；

——人力资源，即人类劳动力；

——财务资源，即所需的投资和运营成本。

在如何使用这些资源方面，可把重点放在给定资源数量，来实现最大化的输出，或在使用尽可能低的资源数量下达到一个给定输出。在第一个方案中，强调的是计算资源的生产率，而在第二个方案中，重点是计算资源的效率。一系列指标现在可用来进行这些测量，如生命周期评估，碳排放量等。

4.3　关键行动领域

为了实现工业生产向工业 4.0 的转变，需要采取实现“制造系统的横向、纵向集成”和“工程端到端的集成”的双重战略。此外，考虑到工业 4.0 系统的要求和信息 - 物理系统技术的可持续发展，工作场所中新的社会基础设施应更多加以关注。要成功实现工业 4.0，研发设计活动需要与之匹配的工业政策的一系列的支持（如图 12 - 9 所示）。

德国工业 4.0 工作组认为，需要在以下 8 个关键领域采取行动：

（1）标准化和参考架构：工业 4.0 涉及联网并通过价值网络集成若干不同的公司。开发出一系列共同的标准将使合作伙伴关系成为可能。由此，需要一个参考架构来描述这些标准，并促进合作的实现。

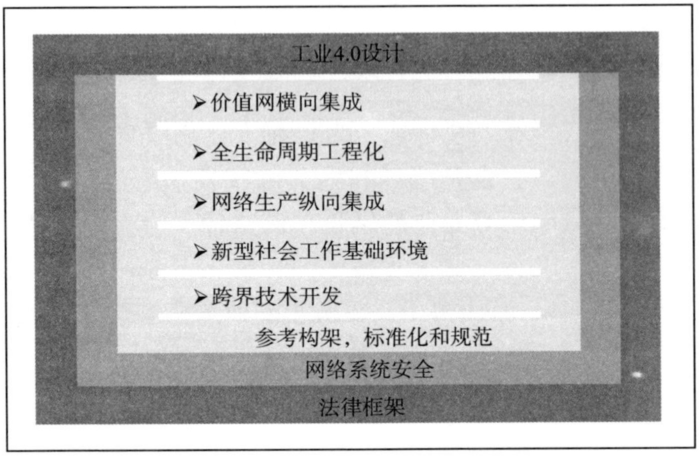

图 12－9　工业 4.0 数字化价值网络构建

资料来源：BITKOM，VDMA 及 ZVEI。

（2）复杂系统的管理：生产和制造系统正变得日益复杂，适当的计划和解释性模型能成为管理这些复杂系统的基础。因此，工程师们应该备有开发出这些模型的方法和工具。

（3）综合的工业宽带基础设施：毋庸置疑，高质量的综合通讯网络是工业 4.0 的关键要求。无论是在国内，还是在与其他伙伴国之间，宽带网络基础设施也需要进一步大规模拓展。

（4）安全和安保：安全和安保对智能制造系统的成功至关重要。确保生产设施和产品本身对人或者环境不造成任何危险，这点非常重要。同时，生产设施和产品，尤其是它们所包含的数据和信息，都需要加以保护，防止被滥用和未经授权的访问。

（5）工作的组织和设计：在智能工厂雇员的角色将发生改变。越来越多的实时导向控制，将改变工作内容、工作流程和工作环境。工作组织会以一种社会－技术的方法实现，将为员工提供承担重大责任和促进个人发展的机会。在此情况下，实现合作的工作设计、终身学习的措施，以及启动参考模型的课题将变得尤为重要。

（6）培训和持续的职业发展：工业 4.0 将从根本上改变人们的工作和专业能力。实施适当的培训策略、以培养学习的方式组织工作变得尤为必要。借此，可以实现终身学习和基于工作地点的个人发展。为达成这一目标，应推广示范项目和“最佳实践网络”，并对数字化学习技术投入研究。

（7）监管框架：在工业 4.0 下建立新的制造流程和横向业务网络架构时，

必须遵守法律；而现有法律也同样应在需要时，考虑到创新的影响进行调整。面临的挑战包括保护企业数据、责任问题、处理个人数据和贸易限制。这将不仅对立法，也对其他有商业性质的活动提出了要求。制度将作为一个涵盖面广泛的适用工具而存在，其内容包括指导方针、合同范本和公司集体协议，或者自我监管的举措，如审计等。

（8）资源效率：除能源和资源的消耗成本高之外，仅制造业在原材料和能源上的大量消耗就给环境和安全带来诸多风险。工业 4.0 将带来资源、生产力和效率的提高。对企业来说，权衡“需要投资在智能工厂中的额外资源”与“带来的潜在节约”之间的利弊非常必要。

通向工业 4.0，将是一个渐进的过程。为了适应制造工程的特殊需求，现有的基本技术和经验必须加以改变，还必须探索针对新地点和新市场的创新解决方案。如果成功，工业 4.0 将提升国家的全球竞争力，并保持其制造业的持续发展。

4.4　新工业革命与公共利益

数字世界正在日新月异地改变我们的生活，让变迁进程和周期得以加速，这给企业和个人都带来了巨大的挑战。那些无法在数字浪潮中随波逐流的人会被无情地拍在沙滩上，有些学者将这一群体称为数字底层。

计算机专家 Kurz 看来，数字技术的出现如今非但没有带来人们想象的政治上全面民主化进程，反而让政治完全屈服于市场，成为大公司牟利的工具。在国家权利监管不力的地方，商业巨头们利用数字世界超越民族国家权利边界，故意犯规牟利。她认为，技术发展使得贫富差距更加严重，导致某些人只能靠出卖自己的数据来获取报酬。也就是说，这些人将自己的全部日常活动、行为和交往都进行数据采集并加以贩卖，以此来换取实惠。比如，一个人可以廉价地得到一本电子书，条件是假如愿意将自己阅读该书的相关信息提供出来，例如什么时候、和谁一起、用了多长时间读这本书。如果一个人愿意将自己的健身数据上传给保险公司的话，就可得到一定的保险折扣。诸如此类的事情，可以无限地扩展下去。因此，国家的责任在于为数字世界设定框架条件，确立并保卫边界，国家之间的协同合作力度需要日益增加。

在未来 20 年，劳务市场受自动化的冲击将会发生急剧改变，这要求人们有充分的准备。在一些职业被计算机取代的同时，也会有新职业应运而生。如果将机器人理解为一种更为集中的资本投入，其形式为计算机和机器，我们就可将机器人取代人工理解为资本获利挤占了劳动获利的空间。能够被机器人取代的工作已经不限于简单的体力劳动，而是进入到那些受到良好教育的中层。既然薪酬好的工作可以由机器人来完成，人力只好去接受那些薪酬低的工作，其结果便是，在国民收入当中，劳动性收入日益下降，资产性收入比例日益增加。如果这种趋势不能被阻止的话，就会形成新形式的奴役制，一种颇为危险的畸形社会状况。

Freeman 认为，解决的途径是让雇员成为资本持有者，以便他们能从自动化带来的劳动生产率提升中获益。具体而言，就是让雇员成为机器人的共有所有者，这样就可以分享由此带来的经济效益。做不到这一点，人们的收入差距就会越来越大。这意味着，产权关系决定了技术进步会给我们的生活带来怎样的后果。

工业 4.0 不是在原有的产业模式上提高效率，而是启动完全新型的模式，而这也正是工业 4.0 与以往技术发展的本质差异。在 Anderas Syska 看来，设计未来工厂远非考虑技术就可以的，而是要毫不吝惜地打破现有的体制和结构，工厂应该是一个让员工与合伙人在临时的网络中工作的开放系统。

如果工业 4.0 抛开人的福祉和需求去追求所谓的进步，那么它就无法获得成功。因而在未来，人们会日益放弃单单以经济效益来衡量企业的做法，转而更多地关注企业对社会的影响。

人类学教授 Francesca Brey 指出，如果我们从历史人类学角度去考察技术在象征社会和物质方面的作用，就会比较清晰地看到，某一技术或社会－技术体系的实行，其功效可能在于取得长期性的稳定效果，而非突变性的飞跃。当数字世界呈现美丽的新世界，却让很多人产生不安全感，当世界各地财富分配不平等程度之大为前所未有时，人类共同体生活中一些早已被追问无数次的问题，显得再度迫切而现实。

由此一来，技术上的研发、创新、采用和推广都绝非单维度的经济问题，而是关乎国家－社会关系中的机制和动力，关乎社会治理的基础和运行方式，关乎个人与公共利益的平衡与取舍。换句话说，这关乎到每个公民的责任、义务和权利。

在这个意义上讲，工业 4.0 是一个不仅对德国和欧洲而且对全世界都非常有启发和值得持续关注的可持续性项目。

4.5 新工业革命塑造未来

不管是技术，还是与之俱来的颠覆性，都并非是我们无法控制的外力。每一位消费者、公民和投资者在进行日常决策的时候，都要承担起引导技术变革的责任。我们应当利用掌握的力量和机会，积极影响第四次工业革命，让其助力我们实现人类的共同目标和价值观。

但是，为了实现这一目标，我们就必须对下列问题形成全面了解并达成全球共识：

- 技术正在如何影响我们的生活？
- 技术正在如何重塑我们的经济、社会、文化和人类环境？

我们从未迎来如此美好的发展前景，但也从未面临如此复杂的风险。然而，当今的决策者往往习惯于传统的线性思维，或一味考虑眼前的危机，难以对影响未来的创新和颠覆性力量进行战略性思考。

归根结底，一切都取决于人和价值观。我们需要以人为本，赋予人民充分的权力，共建一个惠及所有人的未来世界。从最悲观和去人性化的角度来看，第四次工业革命的确有可能导致人类的“机器人化”，掏空我们的内心和灵魂。但与此同时，第四次工业革命也能有益于补充人类最美好的一些特质——创造力、同理心和管理艺术，培养人类的共同命运意识，进而提升人类的集体意识和道德意识。毫无疑问，要产生后一种结果，我们所有人都责无旁贷。

5　新工业革命的挑战及影响

5.1　新工业革命的挑战

首先要建立一个数字平台是一个巨大的挑战，尤其是要有统一标准的开放的数字平台，是非常困难的。这也是为什么需要有一些领军型的公司、核心的公司，首先行动起来，进行标准的协同，开放式协同，然后再让中小型企业也参与进来共同发展。

其次是基础架构（framework）方面的挑战，比如在法律上，怎样对数据的使用进行管控，相应的法律框架怎么搭建，特别是要建立一个统一的数字市场。从政府的角度，数据政策就变成了一种经济政策，谁拥有数据，谁来保护数据，谁来负责这个分享数据，这些都是新课题。

第三个挑战是公司的组织结构和工作方式的变革。在变革的同时，需要找到合适的方法来满足公司所有者和公司雇员双方的要求，比如，在德国就要考虑到工会的一些要求。

最后，从社会层面来说，焦点之一就是数据保护、隐私的保护。大量的个人信息都在云平台上，怎样防止数据泄密、泄露客户隐私等，这是一个极大的关注点。

此外，还有人机交互方面的挑战。机器人和人一起工作，要让机器人能不仅仅了解人的语言，或者是身体动作，甚至能了解人的情绪，在人和机器之间实现类似人和人之间的无缝沟通。要做到这一点还需要相当长时间的研究。

5.2 总体影响

与历次工业革命一样，第四次工业革命可望提高全球收入水平，改善各国人民的生活质量。截至目前，数字化最大的受益者是能够负担并接触数字化产品的消费者；数字技术创造新的产品和服务，提升个人生活的效率和幸福感。无论是预约出租车、订购飞机票，还是购买商品、付款，或是听音乐、看电影、玩游戏，现在都可以远程实现。

未来，技术创新也会引发供应侧奇迹，实现效率和生产力的长线增长。交通和通讯成本将下降，物流和全球供应链将更高效，贸易成本降低。这些都将打开新的市场，促进经济增长。

同时，如经济学家埃里克·布林约尔松（Eric Brynjolfsson）和安德鲁·麦卡菲（Andrew McAfee）所言，工业革命也会加剧不平等，特别是有可能颠覆劳动力市场。由于在整个经济体系中，自动化逐渐代替人力，机器对工人的效应取代（net displacement），这可能扩大资本回报和劳动力回报的差距。这将导致就业市场日渐分隔，出现“低技能/低收入”和“高技能/高收入”两个极端，进而加剧社会关系的紧张。

另一方面，整体而言，随着技术取代工人也将可能出现安全而有意义的新的工作岗位的净增长。虽然目前还无法预见可能出现哪种情形，但历史告诉我们，结果可能会是两者的结合。因为相比资本，人才更能代表未来生产力的决定性因素。

不平等不仅是关键的经济问题，也是与第四次工业革命相关的最严峻的社会问题。创新的最大受益者往往是智力和实物资本的提供方，包括创新者、股东、投资者。这会导致资本依赖者和劳动力依赖者的财富鸿沟日益扩大。因此，技术成为高收入国家中多数人收入停滞乃至下降的主要原因之一。这是由于对高度熟练工人的需求上升，而对教育和技能较低工人的需求下降。最终，就业市场上对高、低两端的人力需求强烈，但对中间层的需求则空心化。

这有助于解释为何许多劳动者担心自己以及下一代的真实收入会继续停滞。也解释了为何全球中等收入阶层普遍感到不满和不公平。赢家通吃的世界给中等收入阶层提供非常有限的机会，由此导致民主衰退和虚位。

而无处不在的数字化技术和信息共享（以社交媒体为典型）也会点燃不满情绪。现在，全球有三成以上的人口使用社交媒体平台相互联系，学习知识，分享信息。在理想状况下，这种互动会为跨文化理解和凝聚力提供机会。但是，这也会使人们对构成个人和组织的成功要素形成并传播不切实际的期望，为极端主义思想和意识形态提供温床。

第四次工业革命使技术系统，人和社会环境系统融为一体，系统的安全措施和安全保障会是严重的挑战（如图 12－10 所示）。

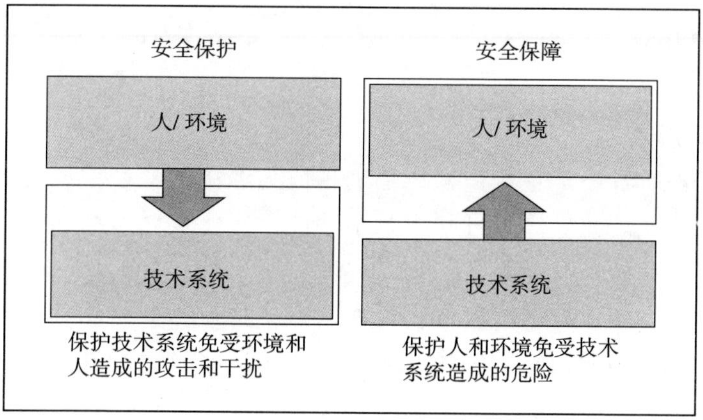

图 12－10　信息系统的安全保护和安全保障

资料来源：BITKOM e. v.，VDMA e. v. 及 ZVEI e. v.。

5.3　对企业的影响

一个根本问题是，创新加速和颠覆的速度难以理解和无法预料，事实上，在所有行业里都有明确证据显示，第四次工业革命的主导技术正对企业产生重大影响。

在供应侧方面，许多行业中涌现出新的技术，不仅创造了满足现有需求的全新方式，也瓦解了当前的行业价值链。颠覆行为来自于灵活机动、善于创新的竞争对手，他们由于能接触研究、开发、营销、销售和分销的全球数字化平台，得以改进质量、加快速度或提高价格，以空前的迅猛势头将已有企业取而代之。

需求侧方面也出现重大变化，由于透明度增加、消费者参与以及消费行为出现新模式，企业越来越依赖于访问移动网络和数据，这迫使它们改变自己设计、推广和交付产品及服务的方式。

一个关键趋势就是技术驱动平台的发展，将供给和需求相结合，颠覆现有的行业结构，例如在“共享”或“按需”经济中出现的情形。这些技术平台可在智能手机上轻松使用，汇集人、资产和数据，在过程中创造全新的商品和服务消费方式，也降低了企业和个人创造财富的门槛，改变劳动者的生活和职业环境。这些新平台业务快速衍生出许多新服务，从洗衣到购物，从家务到停车，从按摩到旅游，不一一列举。

总体来看，第四次工业革命对企业会产生四大影响：

- 客户期望
- 产品优化
- 协作创新
- 组织形式

无论是消费者还是企业，客户越来越成为经济的核心，关键就在于改进服务客户的方式。此外，还可利用数字功能，优化实体产品和服务并提升其价值。新技术让资产更加耐用，数据和分析则改变资产的维护方式。同时，大量客户体验、基于数据的服务和资产绩效全面分析要求新的协作形式，特别是考虑到创新和颠覆发生的速度。最终，全球化平台和其他新业务模式的出现意味着需要重新考虑人才、文化和组织形式。

整体而言，从简单数字化（第三次工业革命）到基于技术组合的创新（第四次工业革命）的这种巨大转变已是大势所趋，这就迫使公司重新审视经营方式。而其中要旨始终如一，即企业领导者和高管需要理解不断变化的环境，挑战运营团队的固定假设，坚定、持续地推动创新。

5.4 对政府的影响

随着物理世界、数字世界和生物世界的不断融合，新的技术和平台将日益帮助公民与政府进行互动，发表看法，协调行动，甚至能够避开公共部门的监督。另一方面，政府也将获得新的技术手段，利用无处不在的监测体系和对数字基础设施的控制力，加强对民众的控制。但从整体来看，随着竞争对手的增多以及新技术推动权力的再分配和分散化，政府在制定政策方面的角色将淡化，它们将面临越来越多的压力，不得不改变其公众沟通和决策的方式。

最终，政府系统和公共部门能否适应这一形势将决定它们未来的命运。如果它们能够积极拥抱颠覆性变革，实行透明、高效的公共治理架构，就能保持竞争优势并继续存在。如果它们不能实现变革，将会遭遇更多问题。

这一点在监管领域尤为明显。当前的公共政策和决策体系是在第二次工业革命的基础上建立和发展起来的。当时，政策制定者有时间来研究某一特定问题，并且制定出必要的对策或建立恰当的监管框架，整个监管流程呈现出“线性”“机械”和严格的“自上而下”特征。

但这一方式已不再可行。由于第四次工业革命带来非常快速的变革，并产生广泛的影响，立法机构和监管部门正在面临前所未有的挑战，多数难以应对即将到来的这场革命。

那么，它们如何既能保护消费者和公众的利益，同时又能推动创新和技术进步呢？越来越多的私营企业已经采取灵活措施，来促进软件开发和整体业务经营，政府部门也应该像私营部门一样，积极采取“灵活的”治理方式。这就意味着，监管者必须持续适应瞬息万变的新型环境，实现自我改造，以真正了解其监管对象。为此，政府和监管部门需要和企业以及公民社会携手合作。

第四次工业革命也将深刻影响国家和国际安全格局，影响冲突发生的概率和状况。战争和国际安全的历史就是技术创新的历史，今天也不例外。涉及主权国家在内的现代冲突日益呈现出“混合型”特点，传统的战场技巧与原属于非国家主体的各种要素日益结合。战争与和平、战斗人员与非战斗人员、甚至是暴力与非暴力之间（比如网络战争）的界限正日益模糊，这让相关各方难以适应。

在这一进程不断展开、自动化或生物武器等新技术日趋易于操作的背景下，个人和小型组织将和国家一样，拥有大规模杀伤能力。安全体系的这一全新漏洞将会引发公众新的恐惧。但与此同时，科技进步也有望催生新的保护模式（比如能够更加精准地锁定目标），降低暴力级别并缓解暴力带来的影响。

5.5　对公众的影响

第四次工业革命最终不仅将改变我们的行为内容，更将改变我们人类自身，它将影响我们的身份认同以及与此相关的所有问题：

- 我们的隐私保护意识

- 我们的所有权概念
- 我们的消费模式
- 我们投入工作和休闲的时间
- 我们如何发展职业、磨炼技能
- 待人接物和改善人际关系

第四次工业革命已经在改变我们的医疗模式，让人们对自我进行“量化”，并以超出我们预想的速度增强人类机能。可以说，我们难以想象本次革命将会给人类带来多少变化！

问题是，技术以不可阻挡之势进入我们的生活，是否会弱化人的一些核心能力，比如同情与合作？我们与智能手机的关系就是一个很好的例子：实时联网可能剥夺我们一些最重要的特质：休息、反思以及参与有意义的交谈。

新的信息技术带来的最大挑战之一便是隐私保护问题。我们本能地明白隐私保护为何重要，但对信息的追踪与分享是新型互联系统的重要组成部分。未来数年，我们将越来越多地围绕一些根本性问题展开辩论，比如在我们失去对数据的控制时，新技术将如何影响我们的内心？同样，生物科技与人工智能领域的革命将会拓展人类生命、健康、认知和其他各项能力的极限，重新定义人的意义，并将驱使我们重新定义人类的伦理道德界限。

6　互联网平台——影响、治理和监管

6.1　平台的商业模式

我们正在进入互联网平台主导的时代。一个新兴的商业模式利用科技连接起生态系统的人、机构和资源、创造意想不到的价值并进行价值交换。阿里巴巴、脸书、优步和爱彼迎只是变革平台的几个例子，当然还有亚马逊、维基百科、苹果手机等可列举很多。每个都唯一地专注于某一个独特的行业和市场，并且每一个都利用互联网平台的力量改变了全球经济的一部分。

杰奥夫雷 G. 帕克（Geoffrey G. Parker）、马歇尔 W. 范·埃尔斯泰恩（Marshall W. Van Alstyne）、桑基特·保罗·邱达利（Sangeet Paul Choudary）对互联网平台的兴起及其革命性的影响进行了深入研究，在其著作《平台革命》中进行了较为详尽的阐述，本章借用其中最重要的观点。

平台彻底大范围改变了商业、经济和社会。实际上，只要任意一个行业中，信息是重要的组成部分，那么这个行业就是平台革命的候选者。2014 年，市值最大的 5 家公司中 3 家采用了平台公司的模式，它们是苹果公司、谷歌公司和微软公司。其中谷歌公司 2004 年上市。现在传统的巨头，从沃尔玛到耐克，到约翰迪尔，通用电气和迪士尼都在加紧它们业务上采用平台模式。

大多数传统企业采用的系统是一个被描述成“管道”的东西。管道与平台不同，管道是一个一步一步创造和传递价值的过程，供应商在一端，而顾客在另一端。管道公司首先设计产品或服务，制造产品，然后投入市场进行销售或交付服务。最终，用户出现并购买产品或服务。由于它加单、单向的特性，管道业务也称之为“线性价值链”。

在最近几年里，越来越多的商业从管道结构转向平台结构。在转换过程中，单向的管道格局被转变成一种复杂的关系，供应商、顾客以及平台本身都进入了一个多变的关系网（价值矩阵）中。在平台世界里，不同的用户（一些是供应商，一些是顾客，还有一些在不同的时间分别扮演不同角色的人）利用平台的资源与其他人进行连接和互动。在这个过程中，它们交换、消费，有时共同创造了某些价值。与管道企业从供应商到顾客的单向流动不同，价值在不同的地点以不同的形式被创造、改变、交换和使用，所有这些都基于平台的辅助在连接中实现。

传统商业模式像管道一样工作，新商业模式像平台一样工作。

传统产业链像一个管道，原材料从管道一边进入，而产品从另一端出来，平台连接了生产者和消费者，供应商和消费者直接交互，就像弯曲了的价值链。平台是允许最终用户交易的双边市场。它是促进生产者和消费者进行价值互动的结构。在平台上，生产者和消费者进行信息、商品和服务、金钱的交换，这三种交换被称之为“核心互动”。通常而言，平台自己不介入生产，它的角色是构建一个有着活跃核心互动的双边市场。生产者和消费者两种角色相互快速切换，生产者即消费者，共同创造，共同消费，实现产消合一。

互联网平台是极度复杂的产品，是极复杂的商业模式，它包括非常多的元素，有它们构成一个完整的整体。

平台的基本结构是；生产者连接 - 产品或服务产生 - 产品或服务匹配 - 产品或服务消费 - 消费者连接。平台为有效的核心交互，通常提供三种不同类型的“工具与服务”，即供生产者用于创造的工具与服务，平台运营者进行内容管理的工具与服务，以及供消费者消费的工具与服务。平台提供货币（现金或社交货币）交换和自身变现方式。

互联网平台是企业、市场之后的第三种资源配置与组织方式，其角色是连接者、匹配者，市场机制的设计者。技术驱动的互联网平台是互联网经济和实体经济融合发展的新引擎。互联网平台可能是当下所有新公司、新商业模式的基础与内核。

平台模式正在颠覆其它的经济和社会领域，从健康护理、教育、能源到政务。平台模式已经改变人们的生活，并且这种改变会在未来会标的更加明显。

数字连接和平台模式正在改变世界。以平台为导向的经济变革为社会整体和商业机构创造了巨大的价值，包括创造财富、增长、满足人类需求。同时，成功与失败的标准被重新定义。

从传统的线性价值链相向复杂的平台价值矩阵的转变，看起来非常简单、直接。但这其中隐含的意义却在一个有一个行业中产生了翻天覆地的变化。

在过去的20年里，经济、社会的发展以及科技的驱动从不同的角度不断地改变我们的世界。平台的商业模式颠覆传统公司，反转市场，改变就业，主导传统产业并建立新秩序，是各种驱动力的整合体。

平台是一种局域外部供应商和顾客之间的价值创造互动的商业模式。平台的首要目标是，匹配用户，通过商品、服务或社会货币交换为所有参与者创造价值。平台为这些互动赋予了开放的参与式的构架，并为它们设定了治理规则。

6.2 平台的颠覆性

平台通过规模化消除了“守门人”及其从供应商到顾客的价值传递管理的低效率。平台开发了价值创造的新来源，解封了闲置资源、产能（构成共享经济的基础），其增长不受限于资金使用和固定资产管理。平台借助基于数据的工具创造了社群反馈机制，形成质量保证和市场互动的条件。

因为平台最重要的价值是由社群创造的，平台商业必须将它的工作中心从内部活动转向外部活动。在这个过程中，公司运作模式发生了根本性颠倒，从市场营销开始拉动信息科技、运营、战略等，更关注业务外部的人、资源和功能，以此方式补充或替代存在于传统商业模式之内的要素。例如：

——对于市场营销，曾经有公司员工和代理机构发布市场营销信号，变为靠消费群体进行传播，信息广泛传播变为病毒式传播，从向外输送变为向内整合，传播有了本质上的颠覆。

——信息技术已经从后台资源计划系统（ERP）演变成前台的顾客关系管理系统，最近又进化到利用社交媒体和大数据，这是从内聚焦变成外聚焦的另一种形式。在财务方面，从关注股东权益和公司特显现金流，转变成关注利益相关方和发生在公司外部的互动。

——运营管理也从优化公司存货和供应链系统转变成管理公司非直接控制的外部资产。

——战略从掌握独有内部资源和构筑有竞争力的壁垒，转变为调动外部资源和激发社群内的活力。此外

——创新不再是让专家闭门造车，而是通过众筹、独立参与者在平台上迸发的点子产生的。

但是，外部资源并没有完全取代内部资源，而通常是互补的关系。平台公司相比于产品优化更强调生态系统治理，强调外部合伙人的观点更甚于内部员工的控制。

平台公司的崛起掀起了经济、社会各个方面颠覆式的改革，从教育、传媒、医疗、能源到政府。平台公司都有一套基本的平台基因 - 它们都是为了创造生产者和顾客的匹配以及促进他们见得交互，不论交换的产品是什么。

作为平台崛起的结果，几乎所有传统商业的管理实践，包括战略、运营、市场、生产、研究和开发，以及人力资源都在经历一场剧变，这将影响每一个企业和每个企业的领袖。

6.3　平台的网络效应

在 20 世纪工业时代，“供应规模经济”催生了许许多多的垄断巨头，如在钢铁、化工、电气、汽车等领域。这些是由生产效率驱动的。随着生产数量的增加，生产效率使得生产产品或服务的单位成本降低。供应规模经济能够给工业经济中体量最大公司带来成本优势，而这种成本优势使公司的竞争力很难为之竞争抗衡。

网络效应代表了一个新的、由科技创新驱动的经济现象。在 21 世纪互联网时代，“需求规模经济”造成了一定程度上的垄断。与供应规模经济相反，需求经济利用了技术的进步在需求侧取得优势，即在利润等式的左边，生产方面是利润等式的一部分。社会网络的效率、需求聚集、应用程序的开发和其它的现象促使规模越大的网路越有价值，以此驱动着需求规模经济。它可以给平台市场中最大的公司提供网络效应优势，这样一来，会使其它公司难于竞争抗衡。

需求规模经济的基本来源是积极网络效应，它也是当今世界经济价值的主要驱动因素。这并不意味着供应规模经济不在重要。但以网络效应为形式

的需求规模经济，已成为最重要的产异化因素。

在网络效应起作用的时候，机构关注点必须有内部转移到外部，。公司要转变，关注点要有内部转移到外部。人力资源从员转移到大众。创新从内部研发转为开放式创新。参与者创造价值的活动也有内部生产部门转为外部生产商和顾客。这意味着对外部事物的管理能力已经变成了一种关键的领导力技能。发展不依靠横向整合和纵向整合，而依靠功能整合和网络协作。注重流程的金融和会计把重点由拥有的现金流与资产转变为能产生影响的社区及资产。常遭财富的中心现在在机构外而不是内部。

网络效应正在促成21世纪巨型公司的产生。谷歌和脸谱分别触及了世界7分之一的人口数。在这个网络效应发挥了巨大作用的世界，用户生态是竞争优势和市场主导的新根源。

6.4 平台的竞争性质

迈克尔·波特（Michael E. Porter）的5竞争力模型数十年来直至主宰着战略思维领域。该模型指出了影响特定企业战略定位的5大力量：

—市场上新参与者的威胁，

—替代产品或服务的威胁，

—客户的议价能力，

—供应商的议价能力，以及

—行业中竞争对抗的激烈程度。

战略的目标就是控制着5大力量，建立一个保护企业的坚固堡垒，使其坚不可摧。

根据这个模型公司分析并实施诸如横向整合（公司控制某种产品或服务市场的大部分或全部）和纵向整合（公司控制从原材料到制造再到营销的整个价值链）之类的方法。

另一种支配商业思维的传统竞争概念是基于资源的公司观。它强调一个事实，及一种有效的阻止别人进入的方法，就是控制不可缺的独特资源。

在21世纪，对基于资源的公司观提出了质疑，指出一些敏捷型公司正在采用新技术攻占通过控制稀缺资源建立起来的城壕。在超竞争的年代，技术进步使得一切产品的生命周期越来越短。联网连接使得公司可以重新界定工业和地域界限，以此稳定、行动缓慢的寡头垄断会败给采用新工具和技术的敏捷的竞争对手。此外，在当今受技术支撑的超竞争环境下，拥有基础设施不再能提供防御优势。

在竞争不断发展中，虽然5竞争力模型、基于资源的公司观和超竞争模型中提出的观点依然有效，但许多事件表明，竞争的性质已经变得比该模型可能暗示的情况更加复杂多变。

首先，如今的平台的运作方式可操纵网络效应以重塑市场，而不只是对市场做出被动响应。传统企业战略中隐含的一个假设是竞争是一场零和博弈。这在平台领域绝对不适用。平台企业不是重新瓜分一块固定的蛋糕，而通常是将这个蛋糕做大（如亚马逊通过传统图书行业，创造自出版），或者创造开拓新市场和供应来源的替代蛋糕（如爱彼迎和优步沿传统酒店和出租车行业拓展）。积极主动地网络管理效应可改变市场规模，而不是将其视为固定不变。

其次，平台将彻底颠覆企业，把管理的影响从企业边界之内移到外部。以此，它不再需要自己抓住每个机会，而可以只抓住最好的机会，同时帮助生态系统合作伙伴抓住其它机会，让所有合作伙伴都分享他们共同创造的价值。

这两种新的现实给企业竞争的复杂性有增添了一层动态变化。平台竞争发生在整个生态系统的3个层面中，即主导企业从平台对平台、平台对合作伙伴，以及合作伙伴对合作伙伴三个层面进行涉及竞争的动态制衡，亦即：

——平台对平台的竞争：战略不是基于特定产品或服务的吸引力，而是基于整个生态系统的实力（规模和价值）。

——平台与其伙伴的竞争：平台既是与伙伴创新的平台，又利用伙伴产品获得效益。这既可加强平台，也会以削弱其合作伙伴为代价。

——伙伴对伙伴的竞争：这种竞争指平台中两个不相关的伙伴在平台生态系统终为争夺地位而竞争。

平台驱动的这些变化对传统战略观念产生了具体的影响。

平台扩大了企业的界限。管理影响的范围不断变化，对于战略来说竞争的重要性相对低于协作和共同创造，这被称之为“竞合”。从保护公司内部的价值转变为在公司外部创造价值，这意味着关键因素不再是所有权，而是机会；同时主要手段不再是命令，而是说服。

竞争力模型取决于区分传统产品市场特点的明显界限。客户力量、供应商力量等5种力量中每一种都是一个单独的实体，必须被单独管理。

相比之下，在平台市场中，制胜战略会模糊市场参与者之间的界限，从而增加平台上有价值的交互。生产者和消费者的角色有可能相互转化。平台竞争不能将购买者和供应商视为要加以控制的威胁对象，而要将他们视为价值创造客户，赞同、庆祝和鼓励他们参与多种角色。

基于资源的公司观认为公司必须拥有或至少控制独特资源。在平台领域中，独特资源的性质已经从物质资产转变为进入消费者－生产者网络以及获取其所产生的交互的途经。实际上，公司最好不要拥有物质资源，因为避开拥有这些资产可以使其发展更快。

6.5 平台的治理与自我治理

良好的治理的目标是创造财富，并且将财富公平的分配给所有为平台创造价值的人，外部的利益必须设计和管理得当。

目前由于最大的平台商业所面临的问题的复杂性，很多平台需要从政府治理的经验中学习。在绝对自由市场经济环境下，人和组织的互动如果没有规则、限制或保障措施，就不会产生公正和令人满意的结果。市场失灵的主要原因是信息不对称、外部效应、垄断和风险。

平台治理包括四种工具：

——**法则**。平台中的“法则”是指一些明确的规则或者平台设计的利益相关方行为规则。平台规则应当而且通常都是透明的。

——**规范**。任何一个平台的额最大资产之一就是拥有衷心耿耿的社群。社群不是偶然建立的。充满活力的社群是由专业的平台管理人员通过制定规范、建立文化、给予期待值等方式培养起来的，这样才会产生持续的价值来源。规范反映出行为，这就意味着规范可通过对行为设计准则的明智选用而构建起来。

——**体系结构**。在平台经济的范畴中，体系结构基本上指编程代码。一套精心设计的软件系统能进行自我提升：他们鼓励并奖励好的行为模式，从而产生更多类似的好的行为。体系结构也用于纺织和纠正市场失灵，维护生态系统的整体利益。一种极具创新的体系结构控制形式是数据区块链，它是一位自称中本聪（Satoshi Nakamoto）的编码天才在讨论信息加密邮件组发表了有关比特币，以及由所谓数据区块链毒刺进行管理的论文提出的。尽管比特币被认为是世界上第一章非铸造的数字货币，且不能由政府、银行或个人进行控制，但是数据区块链具有真正的创新性。比特币是的完全分布式的、完全可信的交互，在不需要任何第三方资金托管或任何形式的担保成为可能。区块链协议是的发布或治理成为可能。中本聪的发明诞生了一类新的平台，它拥有开放的体系结构和治理模式，但没有中央集权，也解决了平台自身垄断的问题。

——**市场**。市场可以通过机制设计和各种各样的激励来管理约束行为。在很多平台上，货币的重要性远不如其它无形的、主观形式的价值激励，这类价值可被称为“社会货币”，其背后的理念是要想获得就要付出。

除了促进经济增长之外，良好的市场机制可以激励知识产权的创造和分享，并能降低平台上各个利益相关方的参与风险。降低平台的发现是一个长期的问题。

自我治理原则

平台治理原则应适用于平台公司、平台伙伴和参与者。

内部透明化。不同工作团队包括平台用户和开发者在内的人员与平台管理团队有效工作共同所需的视角、语言、系统、流程及工具。透明度能促进一致性，开发和使用关键资源，并促进规模增长。

参与度。在内部决策过程中，平台管理者给予外部合作伙伴和利益相关方的话语权应等同于内部利益相关方。给予伙伴话语权是至关重要的平台治理。公正和公平的治理可以创造财富。

平台公司和管道公司核心衡量指标是不同的。管道管理者关心的是从管道一端到另一端的价值流，而平台管理者关心的是通过其生态系统创造、方向和实现的价值。对管道管理者，流程效率及其系统改善可能很重要，但前提是这些流程和系统能促进与用户的成功交互。平台管理者必须持续关注的一大目标是为平台所有用户创造价值，这样才能加强这个社区，改善其长期运营状况和活力，并且促进积极网络效应的持续增加。

6.6　平台的监管

平台世界的兴起导致产生了一个日益重要的挑战，即需要设计出平衡的内部治理系统和外部监管制度，以确保平台公平运营。随着平台在经济和社会以及政治环境中发挥日益重要的作用，诸如参与者权利以及平台对其它部门和整个社会的影响都变得越发突出。平台空前的增长正在给公众意识的前沿带来自2008年经济危机以来最严峻的监管问题。

提倡创新和经济发展的社会目标（支持对平台监管采取放任政策）和预防危害、鼓励公平竞争，以及保持法治的社会目标之间出现了严重的冲突。政策制定者、法学界和企业界应根据平台兴起带来的变化，重新审视关于监管的传统观点。在未来，随着平台继续转变经济格局，必须处理一系列关键问题，包括：税收、公共安全、经济公平、数据隐私、消费者权益、劳动者权利等。

必须承认，平台的扩展并不会创造一个新经济天堂。就像每次商业社会或技术创新一样，平台的兴起也存在潜在的危害。平台企业对传统行业造成了颠覆性的影响。不同的利益相关者怀疑性的审视亦有合理之处，特别是某些平台造成的负面的“外部效应”，将公共资源私有化造成的社会危害，平台员工的保险、福利及工作保护等。平台当然会为其用户创造利益，否则就不会受到用户的欢迎。但是它们也会形成整个社会都必须考虑和应对的意外负面影响，包括不利的外部效应。

反对监管的人认为，与平台产生的巨大创新、新价值的经济增长相比，平台所导致的潜在滥用和社会混乱只是一个小的代价，提出很多监管不利甚至适得其反的理由。自由市场经济学派有观点认为，市场大多数失败的问题最好由市场机制本身来处理。

但历史记录并不支持倾向于对企业不进行监管的观点。实际上，很难找到完全不受政府机构干预的任何发达市场，通过监管防止反竞争行为的做法可以追溯至古希腊和古罗马时期。同样，现代社会也有赖于监管者在市场实施公平竞争的原则。在如今我们生活的世界中，监管发挥了一系列重要的社会职能。

当然，监管的好处和代价需要进行权衡。完全缺乏监管可能会带来高昂的社会和经济成本，因为一些问题会出现存在，例如商业欺骗、不公平竞争、垄断和寡头垄断行为，以及造作市场的行为。另一方面，政府对市场非常极端的干预会导致其他问题，包括腐败、效率低下、浪费和缺乏创新。提出这种权衡的存在表明中间方案是最佳的，而且全球最充满活力的经济体通常都通过监管机构、司法审查或二者的某种结合，采取某种中间级别的政府监管。

近几十年来，大多数经济学家和政治理论家都已经从积极看待政府干预转变为更倾向于支持“私人化”。如今，有一种趋势是，曾经由政府提供的监管如今却由其代表其自身利益的私人实体提供。例如，美国所采用的国家强制性会计准则《美国通用会计准则》逐渐转向由总部位于伦敦的私人组织－国际会计准则理事会制定的《国际财务报告准则》。

这种趋势还将继续，并且政府必须创新思考应该选择对什么进行监管，以及私人实体可以更有效地提供何种监管。对平台监管问题的考虑也是如此。

在不久的将来，那些最容易发生平台变革的行业，包括：信息密集型、现存把关人员不易扩展、高度分散型和信息极度不对称型行业。在短期内不大可能发生平台变革的行业，包括：高监管型、高失败成本型和资源密集型行业。可以预见在今后数十年内一些特定的变化可能影响几个行业，包括教育、医疗卫生、能源、金融、物流域交通、公共服务、物联网等。

平台革命最终会以无法预测的方式改变我们的世界，面对平台革命所引起的结构性变化，这一变化所产生的挑战，社会作为一个整体必须做出响应，制定创造性的和人性化的响应对策。

社会必须对平台个别所研发的结构性变化做出反应，包括平台对个人和商业信息获取，对就业形式的改变，对社区的外部影响以及强大平台操纵个人和整个市场的可能性。

传统形式的政府监管是为管道商业准备的，不足以解决基于平台的商业变革带来的社会挑战。但决策者需要时间去充分了解变化的本质，制定保护公民的监管对策使之免受平台革命带来的严重危险，同时还不能压制有益的创新。普通民众和他们所支持与依靠的公民社团组织，需要更长的时间来理解平台革命的本质及创造适当的体制反应。

历史表明，西方社会花了几代人的时间对于18世纪和19世纪的工业革命相关的混乱和弊端做出有效反应，包括工会运动、建设现代化的基于技能的教育系统、为新形式就业准备工人，以及为不慎落伍的人员简历社会安全保障体系。

同样地，当代社会也需要时间找出对策，恰当地回应由平台革命引发的经济、社会和政治力量的变革，这就是为什么我们现在就需要开始思考这些问题，因为革命的轮廓正在开始出现。

第十三篇
经济发展新常态、新质量、新方式

作者在企业、政府机构、行业组织，国家、国际高层论坛发表演讲、培训和接受媒体采访时，提出了在各种不同情况下，将社会责任与中国当前发展实际相结合，应对现实挑战的具体方案、方法和建议。本篇是部分实录整理的内容。

社会责任越来越成为一个与经济高质量发展紧密相关的问题，必须无条件地受到全社会的重视。企业不仅在内部价值链还是在包括上游和下游在内的全价值链都应有一个可持续的战略。

无论谈及空气质量、水的质量、食品安全，或是社会公平、市场诚信、投资风险，或是公共服务、城镇化、精准扶贫，实际上无处不是社会责任的问题。

在当前中国经济发展新常态、高质量发展新阶段中，社会责任是必不可少的思维方式、发展方式、管理方式和行为方式。

1 企业可持续价值链

1.1 全价值链可持续性的挑战

企业社会责任或企业可持续性将会成为21世纪企业管理和未来经济成功的核心原则，这表明企业可持续发展只有通过经济、社会和生态绩效原则的融合才会成为可能。不过需要探讨的问题是，应当如何构建一个可持续的价值链和如何处理与供应商和客户的关系？

企业可持续管理远远不止减少二氧化碳、参与社会活动和保护气候一些措施，它是以“三重基线”的方式，按照经济、社会和生态绩效对企业进行的综合性控制，而且延伸到整个价值链。这意味着，不仅在企业内部而且在企业外部。现在大多数企业完全知道，用纯粹追求利润的方式控制企业和过程优化再也不能够无限地进行下去，只是缺乏明确的愿景和战略，并以此实现相应价值链的可持续管理。例如，在开发一个产品时，除了产品的使用之外，也还必须考虑到有随后的报废处理和循环回收。而且，企业也应要求供应商伙伴遵循这些原则，因为一个产品的二氧化碳排放常常发生在企业自己管理范围之外。

这时，最主要的挑战在于正确地确定各个价值创造环节中的重点：这就是要考虑，客户对一个可持续产品有什么要求？在使用阶段中还必须注意哪些方面？在生产时产生了多少二氧化碳或者其他有害物质？供应商工作条件是否符合社会高标准的要求？产品在使用之后如何重新利用或者进行废旧处理？等问题。

企业可通过满足客户不断增加的对可持续产品的需求，为其打开一个差异化的市场领域。这方面的一些例子是：混合动力汽车、生态食品或可再生能源。事实说明，当企业能成功地在市场建立一个可持续价值链，则随之而来也对整个企业的形象会产生正面的影响。其中，还有些企业能从此获得资金收益和成本降低。

当前许多企业面临的情况是：可持续的主题首先被看成是成本或复杂性的驱动因素。社会、法律和经济框架条件的迅速变化，还以惯性化思维只当作风险，而很少当作发展的机会。实际上，在“正确的”和“广泛的”的转型中，一个可持续管理方式首先会带来增长的潜力。因此，无论什么样规模的企业、无论什么样的行业都应当用创新的技术、过程和商业模式去适应瞬息变化的框架条件和要求，积极主动地构建一个变革的过程，并且同时始终不忽视客户的要求。

1.2　企业价值链的“三重基线”

许多领先的企业都在“三重基线”的意义上，即按照经济、社会和环境三个方面的要求，做出了它的价值链的战略布局，并且获得了重要的竞争优势。其中包括两种典型价值链：

——商品价值链：研究和开发—采购—生产—产品利用—回收—物流；

——服务价值链：研究和开发—采购—基础设施—使用服务—物流。

可持续发展的环境中需要有变革的勇气。至今，尚未主动及时做出可持续发展布局的企业，其危险在于有可能与市场脱节。它们受到来自两种负面结果的威胁，这就是原材料和能源价格不断增加，而且越来越成为不稳定因素。如果企业对节约资源和及时采用替代方式没有一个持续的布局，它们可能蒙受巨大的成本损失。此外，许多客户在决定购买时将会注意产品、供应商、可持续性的证据，例如，一个产品的二氧化碳足迹。可持续性常常是决定购买的理由，有时候也是一个令人信服的、接受较高价格的理由。与此相反，如果企业没有可信的可持续发展战略，这不仅不利于其成本地位、销售量和客户接受度，而且也会不利于它的信誉。

1.3 落实可持续性

好些企业在落实可持续性目标时，把注意力集中在强化品牌，并且通过它维持和新增客户，同时也把增加销售量以及盈利区间作为明确的目标。许多跨国企业在最高管理层级上都有可持续发展战略，而且企业的数量比前些年有显著的增加。在初始阶段，这些战略首先关注的是销售和营销，不是考虑企业的整个价值链。研究表明，企业内部可持续性追求的重点在降低能源消耗，因大多数企业及其竞争对手都承认进一步加强环境贡献和社会参与的必要性。

还有一些企业虽然已经很有意识地转向对可持续重点主题的关注，但常常并未把这些主题用于核心价值创造。其中只有少数企业真正做到面向“三重基线”，逐渐走向系统化的可持续管理方式。

可信的可持续管理在实践中具有极为重要的意义，因为客户是有觉悟的，他们对企业处理可持续性主题持有怀疑，因为常有企业可持续性可信度的问题，常有企业行为被认为是不负责任的“绿洗”行为。通过可持续管理使企业产生透明的易于理解的差异化并给客户带来相应的益处，是许多企业要实施可持续发展的最大的挑战。因为在很多情况下，企业还未理解可持续性管理与盈利性之间的关联性，许多企业甚至担心可持续性可能成为纯粹的公关措施的支出和成本。因此，清楚理解“可持续性成本”和对销售及结果的杠杆作用是一个重要的任务。

此外，在落实可持续性时，把成本增加当作是最大的障碍是危险的，应当制定明确的可持续性的目标，使之成为可测量并卓有成效地得到落实。

1.4 合作创造价值

与可持续供应商一起合作和有目的地优化供应链管理，例如针对二氧化碳，是企业节约成本的重要杠杆。大多数跨国企业和许多供应商通过可持续供应链在很大程度上节约了成本而没有额外的增加费用。今天绝大多数企业认识到通过与供应商的合作获得大量的竞争优势，特别是在改善投资回报方面。与供应商合作的可持续的布局不仅使采购支持环境保护，因为这里涉及有大部分二氧化碳排放，而且这有利于降低采购成本。在供应链管理中可持续性的意义是重大的。

在过去一些年里，由于可持续性的意义的不断增加，在全球企业供应链中产生了“多米诺效应”。许多企业为员工举办相应的培训，以便能提供在供应链中降低二氧化碳的建议，这些企业也因此获得了特别的受益。不同行业和采购地区具有的重视程度的不同，但可持续性主题，如工作条件或者合规，在企业可持续采购战略中起着关键的作用。

在供应链，二氧化碳排放报告过程的质量和一致性方面还有很大挑战。不过企业可一步一步地建立标准化的二氧化碳积分卡来优化其供应链，对排放进行追踪或通过独立第三方认证。越来越多的企业通过碳排放准则来挑选供应商，这样的趋势在不断地发展。

领先企业积极应对气候变化。采用可量化的措施和政策。在过去一些年里，应对气候变化的政策已成为企业战略的组成部分，而已进入了具体落实的阶段，也已延伸到整个供应链。特别值得一提的是，不仅企业自己而且供应商也都从这种合作中得到了益处。合作不仅有助于实现企业的经济目标，而且有助于实现整个社会和生态的目标。

1.5　客户对可持续性的意识

除了企业自己力求获得可持续性业务的业绩和正面形象之外，还有觉悟的消费者及其潜在的数字化媒体，也都是可持续价值链的重要推动力。无论是工业客户还是终端客户，也都是可持续价值链实现的推动因素。所以，在数字化时代，要想通过营销让人接受“绿洗”产品或者项目，要想通过包装宣传负责任的形象，不可能有那么多的机会。客户具有观察问题的能力，借助互联网也越来越积极，而且形成网络关注自己的利益或参与意见。客户可能通过互联网了解一个企业的生产过程和商业实践，并在全世界范围内行使有影响的批评的权利。

今天，很多全球企业因在发展中国家少量活动产生的负面结果而不得不改变管理的方向。在这方面，非政府组织的参与是一个重要的力量。

十分重要的是，企业不是从避免损失的角度考虑，而是要积极利用可持续性，从而使自己的企业实现差异化的竞争并向客户提供令人折服的供给以满足其需求。因为只要企业有相应的品牌，客户常常宁愿选择可持续的产品，可持续的生产商或贸易商。客户常常也乐意为可持续产品出价钱以兹奖励，例如有机食品等。在某些情况下，客户和宣传者甚至愿意成为可持续品牌的大使。

成功进入市场的可持续产品例子是混合动力汽车、生态食品、无聚氯乙烯的玩具、水性底漆、可再生能源、无有害物的童装或者婴儿营养品。应当知道，关键不是拷贝过去成功的案例，而是自主地判断未来的趋势，以便满足未来有觉悟的客户的需求。要做到这一点，不仅产品特别要具有可持续的特征，而且要来自于可持续的供应链。

可持续性方面的丑闻可迅速推倒一个企业，也就是说没有任何一笔生意比企业信誉更有价值。

在此背景下，需要考虑三个主要问题：

- 企业怎样才能用自己的社会责任/可持续性赢得客户的认可？
- 企业怎样才能将客户注意力引到企业社会责任/可持续性的方向？
- 当客户对一个企业的社会和生态行为不满意时，他们可有什么影响？

几年前，有一个全球性的食品企业，因在价值链上游发生的事情违背了许多消费者的基本信念。当它的一个供应商的转基因番茄在美国市场被接受后，这个企业开始在欧洲利用转基因玉米生产巧克力棒。这一举动在欧洲立即受到了抵制。在欧洲许多城市出现反对标语和抗议游行，而且在互联网上宣布了游行的时间、地点，在游行的各地还印发了宣传文件。尽管这个企业极力宣传转基因食品是未来的趋势，但越来越多的零售商店从货架上把转基因产品下架下来。只是在很短时间之内，这个企业最终放弃了转基因技术的配方。这说明了关注消费者的期望的重要性。

如果所提供的产品只在表面上可持续时，任何营销措施都是无济于事的。几年前，在欧洲的能源企业拟向提供客户利用互联网的自选用电组合方案，因生态电力与传统电力的价格成分有所不同。但事实上，该企业只能提供标准化的能源成分组合。持有尖锐观点的客户首先在互联网中爆光，随后又扩大到了媒体，谴责这个企业在误导。与此相关的事件使企业蒙受了巨大的信誉损失。

原则上，企业应当避免可持续性缺失导致在客户中产生负面影响的风险并应避免与客户争论。除此之外，要强调加强与客户进行可持续性互动合作，通过共同努力形成可持续价值链，充分发挥客户正能量的潜力。

1.6　可持续增长

全球许多针对可持续性项目表明，企业为可持续性布局而投资时，只要正确计划和实施是可很快获得回报的。

企业实施可持续性项目，通过使用工艺方法和生产流程的优化，直接使材料和成本降低，并且因此而达到了节省资金。“可持续性措施”是必要的，通过生态和社会措施投资，如同营销支出一样，先看成是成本。但这样的支出间接促进了销售时，随后也可间接地增加企业利润。此外，在有些可持续性领域，可直接促进市场销路和/或者改善边际价格。例如，在食品领域的生态种植或者公平贸易的产品，就是这种情况最好的例子。

考虑一个有效益的可持续管理时在理想情况下应注意如下四个“杠杆机制”：

（1）信誉：常常与意见代表群体有关，例如媒体或者活动分子，会影响一个企业的信誉，也因此会影响各个客户的购买决定。

（2）个人购买决定：各个觉醒的客户是通过自己对可持续产品特征的感知而获得信心，在必要时他们愿意出更高的价格。

（3）改善成本：单靠可持续经营管理纯粹的成本节约就是收益，例如提高能效的能源使用就是这样的例子。

（4）监管规定：监管的准入门槛影响企业的竞争地位。由于监管规定提高了要素成本，如同实行其他新的监管一样，它可影响到所有市场的参与者。因此，这样的成本可转为客户来承担。

在这一背景下，向企业提出的问题是哪一个机制是适当的？在信誉领域和个人购买决策领域特别重要的是，要形成一个全面长期的战略，以便通过可持续性产生可盈利的增长。为改善成本和回应监管规定采用面向内部的优化常常就可凑效。

1.7　可持续性权重

在经济环境中考虑可持续性的实质性思想是力求达到利润与社会责任及保护资源的统一性。中心问题是怎样才能按照“三重基线”方式成功地实施和操作？这是一个经济与社会发展及自然资源保护的相平衡的问题，包括价值链各环节气候问题处理在内，从战略到采购、生产、销售、产品使用和废物处理等。

只有当一个企业的战略聚焦统一这三个目标并且沿着整个价值链系统地实现优化时，这个企业的布局才算是真正可持续的。大多数企业一般先考虑自己的核心价值链，把上游和下游的环节计划为第二步要做的工作。

在这里也是有挑战性的：企业要面对的问题是，在此情况下怎样才能达到平衡性和应当怎样权重各个领域。很自然，企业最擅长的是处理经济发展这一问题，相反要处理另外两个方面即环境和社会问题却有一定的困难。例如，一个经济合理的决定会涉及价值链上一个地区的工厂停工或者关闭，它会对这个地区的社会环境产生什么影响？要采购价格便宜的原材料，而供应商的工作条件并不透明也不清楚时，这对企业会产生什么影响？

因此，在所有可持续性努力中，应当始终考虑到整个企业的价值链，并在所有领域按照“三重基线”来布局。这时的问题是，在哪些领域企业应当特别聚焦某个特定的可持续性方面，而不是粗略地大致地考虑。

为了把可持续性当作真正的竞争优势，对于具体的行业的价值链的各个环节可持续性的方面有着相当特别的作用。企业需要权衡可持续性的重点，例如，在哪些方面应成为最佳实践者？在哪些方面应做到合规就认为可以了？对汽车工业显然就是一个现实的最大的挑战。制造车辆尽可能减少排放有害物质，而同时又要加强替代驱动系统的开发。对汽车客户来讲，相比之下供应商的工作条件问题不那么突出，因为这里没有发现有可疑的地方。而对纺织贸易供应链则完全不同，其挑战首先在它的供应商，特别是缝纫和印染这两个环节，涉及从工作条件到童工和材料有害物等问题。在能源工业一切主要问题围绕着能源的生产。而其他一些可持续方面的主题则相对不那么重要（如图 13－1 所示）。

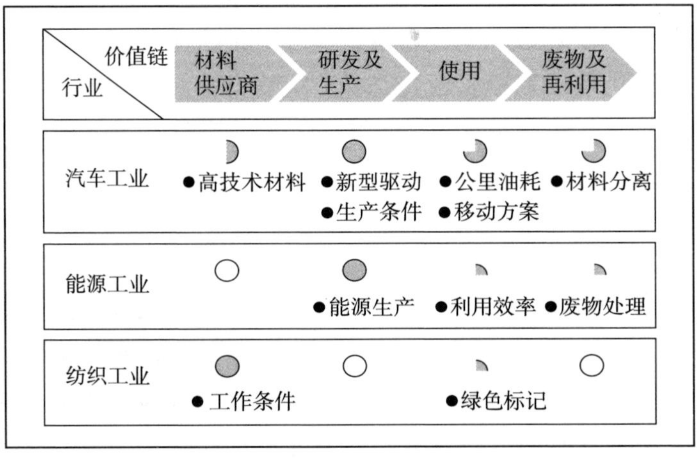

图 13－1　价值链可持续性措施的重点

资料来源：Otto Schulz，2012。

这时，不同价值链的各个环节自然有着不同的准则，例如，许多供应商与生产中的工作条件特别相关，这时社会方面占主导地位。而对物流企业，所关注的是运输路径的优化和二氧化碳排放。因此，在每个企业可持续性战略开始时提出的问题是：在参与价值创造过程的所有成员之中，即供应商、企业自身和客户之中，哪些可持续性方面会是它们各自的重点？

最后，客户才能决定一个企业是否成功地把可持续性发展成为真正的竞争优势。所以，在制定可持续发展战略之初，应当准确地理解自己的客户，必要时也要了解自己客户的终端客户的要求。这样，可持续性的推动和拉动是相互作用的。要考虑什么措施在技术上是可行的？什么是客户所期望的？重要的是要达到技术的可能性和客户愿望之间的平衡。

按照“三重基线”方式为供应链做出战略新布局，首先是进行一个全面的定位，要回答诸如：

- 企业自身当前碳排放足迹如何？
- 所有下属企业是否满足最新劳工标准？
- 企业已有一个综合的可持续发展战略吗？
- 企业已经定义了哪些要达到的指标吗？等问题。

实际上，这是一系列大多数企业迄今还没有得到可靠答案的问题。事实上，由于只有很少数企业在这个领域已经定义了有效的管理过程，这说明分析是有难度的，同时也表明亟需要要有相应的工具。

1.8　价值链可持续战略

为持续优化企业的供应链需要制定正确的战略，并以此与竞争对手形成差异化竞争。当然不存在一个“一码通用”的方案，企业应当探索自己新的可持续的路径并且需要有勇气推进。此外，也要考虑迄今为止所做的可持续性的努力和通过可持续性评价确定优势和劣势。取决于现状分析的结果和可持续性在当下的意义，企业可能选择不同的战略推进方式，以便正确确定可持续性实现的路径和制定与企业相适应的发展远景。

如前所述，基于可持续性现状和市场机制杠杆可能的组合可持续价值链的战略可分为如下四种情况：

（1）“商业化”：企业就可持续性而言处于表率的地位，这种情况使企业赢得大量的新客户，他们在必要时接受较高的价格。通过相应的价格制定企业可从定位中获益并通过可持续性投资进一步扩大领先地位。

（2）“主动作为”：在可持续领域尽管企业十分投入具有好的定位，但客户的感知度较低。例如，因企业生产基本原材料和基本原部件，它们只是间接地进入了终端产品。但这种好的定位应当主动加以沟通，以便能提高客户兴趣和愿意付出更高的购买价格。

（3）“限制风险”：企业具有较大的可持续性差距，但一个领域表现一般，而正是在此方面客户对可持续行为有高度的兴趣。直到公开摊牌企业将不得不面对公众的批评，这只是一个时间的问题。这一风险应当通过填补可持续性差距来使风险最小化。

（4）“提前准备”：企业具有较大可持续性的差距，但产品和生产过程的可持续性还未受到消费者密切地跟踪。在此情况下对企业重要的是，要对公众和消费者在可持续性发展趋势下可能出现意见急剧变化要有思想准备并尽早制定相应的行动战略。

1.9 企业管理者的任务

许多研究表明，私有企业与上市企业相比更容易真正实施可持续措施。人们可认为这里的企业主大多紧密和长期地与企业联系在一起，因此可持续性能更好和长期融入企业的管理层。不过，情况虽有不同，但对每一个企业都有同样的情况，那就是企业社会责任和可持续性是一个领导的任务，其实质性的是发现正确的指标参数，并以此定义明确的目标。一个公开和透明的沟通的目的是，使企业率领自己的员工使之感受在一个共同的方向创造历史。为自己、为自己的企业，同时也是为了这个世界，将创造一个正确的历史。当然，上市企业如受监管管理机构的标准的约束也有模范的表现。

可持续性也十分适合提升员工的凝聚力，鼓舞员工为共同目标的奋斗的精神。当领导的原则与可持续性主题严格和始终保持一致时，企业可以发挥许多鼓舞员工的潜力。

基于可持续性准则的社会责任平衡记分卡被认为是很有帮助的管理工具。用它可清楚发现目标矛盾并可把最高管理层的定位转化为企业实际的运营活动。这样，在销售、开发、生产和采购中的许多单一决策可放在相应相关的领域考虑，并且员工做出满足战略框架的具体决策，使整个企业都保持在可持续发展的方向上。

为了成功地可持续管理有一系列不同的因素需要考虑。这时，除长期的观点之外，包括整个价值链在内的一个系统化方式是考虑问题的核心。许多已建立起市场地位的企业的最佳实践已经说明可持续战略的成功是可能的。对于那些迄今还没有处理可持续性主题的企业，如果没有明确的战略定位，它们与竞争者相比将会越来越感到困难。可持续性不同杠杆机制的分析方法可有助于企业建立明确的定位并从中做出战略选择。市场和利益相关方的压力在不断地增大，企业应当利用机会为自己做好可靠的未来定位。

2　中国经济新常态下的社会责任

今天和大家讨论在中国经济发展新常态下的企业社会责任问题是很有意义的。这是一个全新的主题，而且具有现实意义。为什么？因为企业社会责任对中国发展的重大意义在未来还会更加明显。

如果现在要谈企业的社会责任，也就是说在当前中国经济发展的新常态形势下，每一个在中国的企业，都应当知道这意味着什么，它所包含的内容是什么，和以前有什么区别。这实际上需要理解，社会责任在中国的改革开放，在经济转型的过程当中究竟发挥什么作用。现在需要重新思考社会责任，把它重新提到一个新高度上，走向这个责任担当的新高度就是要适应新常态。

2.1　新常态 - 新质量

首先我们要知道新常态是什么意思。经济学界和很多学者、专家都在讨论，新常态下中国的经济能否保持 7%。有各种不同的理由说能否保持，从各种不同的方面说很有挑战性的问题。新常态所包含的问题仅是一个速度的问题、GDP 或增长数量的问题吗？我认为只谈发展的速度，只谈发展的数量，只谈发展的增量，还不足以了解什么是新常态。

首先，在中国今天所处的发展阶段面临新的挑战，这个挑战要求我们把经济的发展提高到一个高质量的水平。这个高质量的水平，它所衡量的基本原则是什么？概括地说，就是要按照可持续发展的基本原则，深化改革开放，实现经济转型和产业升级。可持续发展体现在哪儿？体现在经济、社会、环境的有机统一，体现在企业和全社会在这三个方面的责任。

过去三十多年的发展，我们在经济上已经取得了成就。但是我们看到，这样一种发展的模式在今天是不可持续的。也就是说，认识中国经济发展的新阶段，那就意味着我们必须要提高中国经济发展的质量。我们的注意力、关注点，把我们所做的一切努力，不能仅仅停留在经济的层面上，必须要把环境的、把社会的挑战当作经济发展一个非常重要质量因素，去考虑、去实现这三者的统一。也只有这样，才能使中国的经济保持健康的增长和发展。

这是我们理解今天这个背景的一个现实的情况和未来发展的前提。但是如果我们只理解中国经济发展过去的情况，远远不能规划出未来可持续发展的路线图。我们必须面向未来，因为中国是处在全球变化的过程中，中国的经济处在全球经济体系当中，只有正确审视和处理好与全球经济发展、社会发展以及环境发展的正确关系和相关主题的时候，就会增强中国经济未来在全球的品质地位和引领世界可持续发展的能力。

中国到2030年可再生能源的比例要达到20%，中国碳排放的高峰到2030年达到峰值。这是一个具有重大意义的宏伟的目标，是一个负责任的、可持续发展的目标。这要求企业和全社会都应为此做出贡献。实现经济社会和环境可持续发展的挑战在于，必须采用具体的实实在在的实施路径和方法。我们谈社会责任，实际上是系统实施和落实在可持续发展目标而必须的责任。

中国发展过去阶段中所依存的条件和环境已经变化了，现在有了新的条件和要求，应当进一步适应变化了的形势。我们意识到，过去的发展方式出现的问题包括，快速消耗了资源，使生态和环境恶化，生产效率低下，产能过剩等，这使得经济发展与环境保护没有完全实现同步。在这样的情况之下，在宏观层面上经济结构调整的任务和要求十分突出。在微观层面上，经济转型和产业升级显得十分紧迫。

企业的转型和可持续发展的效果体现在哪儿？我认为，具有明确的目标和路径，是十分重要的。这也就意味着我们需要重视强调社会责任在当前形势下的意义，建立履行社会责任和企业发展相统一的联系。所以，新常态不仅表明经济发展的新质量，也意味着实施社会责任必须具有新的质量。

2.2 社会责任回归价值和本质

2009年我讲社会责任是有意义的事业，是说人们要认识到社会责任的重要性。2013年我讲要把社会责任做成有意义的事业，就是说社会责任不能做表面文章，更不是短视的行为。2014年我讲社会责任要回归本质和价值。这实际上是阶段性的描述，也是倡议要从道德和价值观上理解、认识和落实社会责任，为实现企业和社会可持续发展做出贡献的意义。而我们今天要理解新常态下中国企业的社会责任，回想我所讲的这几句话，我认为依然具有本质上的现实意义。

在讲社会责任时，我一开始就提出了第一个支撑性的观点，说社会责任是负责任的管理，要把社会责任融入到企业价值创造的全过程。这个话后来被广为引用，但把社会责任融入到管理、融入到企业的战略，变成员工的行动，特别是把它当作一个负责任经营管理模式还有很远的距离。

另外，几年前我讲社会责任时还说，社会责任是实现中国企业国际化的一个最重要的方法，是实现中国经济转型、产业升级的一个最重要途径。当时很多人认为社会责任与这些有什么关系？但是今天当社会责任在国家层面提到一个很高的位置上时，我们更加清楚地看到社会责任与这些战略主题有什么关系。中国企业要发展，要国际化，遇到的挑战和问题与社会责任极为相关。正确地系统地处理和应对这些问题，这将会极大地有助于提高中国企业在国际市场和各个领域的影响力。

所以，我讲在这个新常态下，我们必须要让社会责任回归到价值和本质的轨道上才行。一段时间以来，国家推进的反腐倡廉，国家治理现代化，整个中国的生态文化建设等诸多方面，不仅体现了一个国家的责任，也明确了企业的责任和每一个公民、每一位消费者应当遵循的基本原则。只有把社会责任当作一个价值行为，当作实现企业发展和基本经营方式去做的时候，这样的社会责任才能看出效果。

今天一些企业开展社会责任遇到了这样或那样的问题，解决这些问题，在很大程度上取决于两个方面：首先是对社会责任的认识。也就是说，每个企业它的成功发展的路径和责任都是具体的。我们需要实施可持续的原则，但不能简单地引用社会责任的指标，泛泛地、毫无针对性地把它放在某一个企业去承担责任。企业需要认识中国现在发展阶段所面对的挑战和任务，制定和实施适合自己的负责任的发展战略，在运营和社会活动中考虑作为一个企业公民应当采用什么样的措施。落实责任的方式就是实现企业可持续发展的方式。没有这个发展方式，就不可能实现企业的转型。

所以，社会责任是一个道德行为，是一个价值观念，这是我们的一个出发点。离开了这一点，或者社会责任表面化不会产生正面的价值和作用，这种社会责任最终只能是耗费企业财力物力和资源，最终员工不认可、企业不认可，客户和消费者也不会认可。

在社会责任领域，尚有各种不同的误区，而这些误区有时导致了企业在履行社会责任方面方向不明确、重点不突出，而且没有按照一个科学的方式去进行。这种不科学的方式，在社会责任领域表现出来的就是最不可持续的方式。社会责任是企业发展的战略，如果离开了真正的可持续发展的方向，开展社会责任会遇到极大的障碍。

我们要在经济发展现阶段的形势之下，在企业未来发展的蓝图上，找到企业目标实现的路径。而这一点，必须从对社会整个发展的需求和挑战上去认识。谁把这个问题认识得越清楚，谁所做的方案就越切合实际，未来的发展潜力也就越大。

对一个企业家而言，重要的是清楚地认识到，他的企业是中国这个社会的一员，他的企业处在国际市场和供应链上，今天检验一个企业家或者一个企业的标准，已远不仅是一个质量的问题，不仅仅是一个市场推广或宣传的问题，不仅仅是一个为了发布社会责任报告的问题。

发布社会责任报告本来应当是一件好事，本来应当是有助于与社会各方沟通，建立负责任的形象，和改进企业的可持续发展的绩效和管理的，但是如果开展社会责任和发布社会责任报告离开了可持续发展目标和对社会负责的理念，从长远来看其结果会适得其反。以片面的观点，短视的行为去承担社会责任，只停留在眼前的效果上，是会遇到巨大困难的，因为这经不起实践和时间的检验，不符合可持续发展的理念。

2.3 社会责任的四要素

作为企业要适应新常态，最关心最注意的是如何才能把社会责任落实到企业的发展和管理之中。我想再次强调社会责任的四个方面的要素。社会责任的四个要素是我在2009年提出的，很多企业接受并实践了这个观点和理念，有必要在此强调。

第一个要素是，企业的社会责任必须与企业的核心结构相结合。离开了企业的核心业务谈社会责任，实际上会使它与企业的管理脱离，不会与企业的发展同步。不与核心业务相结合的社会责任不管做多大的宣传，不管做多大的努力，和企业的发展不在同一个轨道上。所以，能否与核心结构相结合，这是履行社会责任的一个试金石。

第二个要素是，企业的社会责任必须要考虑行业的特点。每一个企业所处的行业、所遇到的挑战是不一样的，所遇到的环境条件，以及经营的模式、管理的内容是不一样的。所以，不体现行业的规律和发展，不了解行业里面具体的要求和共同的规律，这样进行的社会责任就可能与产业结构在同一个方向上，就不可能形成可持续的供应链。

第三个要素是，企业的社会责任必须要考虑地区的特点。企业在不同的地区发展的环境和条件不同，所承担的社会义务有所不同，履行相应的社会义务实际上也是企业建立必要的生态环境，开拓自己发展空间，这也是开展合作、贡献社会要履行的公民义务。

第四个要素是，企业的社会责任必须要考虑企业的文化。企业的文化不管是正式的，还是非正式的，这种文化对企业的管理、经营方式和行为方式都有直接的影响。民营企业的创始人对自己企业的影响尤为突出。培养负责任的文化，把它当作重要的机制，落实到企业的发展战略和人的行为准则，才能有效探索企业未来发展的路径并创造品牌。

所以，正确地认识社会责任就是要认识经济发展现阶段的挑战，确定出每一个企业发展的主题，确定每个行业在履行社会责任方面所做贡献的方式、方法以及路径。落实社会责任，一定要清楚和辨识企业社会责任在具体情况下意味着什么，如何改变经营方式，如何改变每一位员工包括领导的行为方式。如果没有这种方式的改变，就谈不上我们今天所说的创新。创新的源泉来自于社会，创新的源泉来自于价值观，创新开始于企业的战略，创新必须满足企业永续发展、社会和利益相关方的要求。考虑这些因素，形成系统化的理念，变成管理体系，就为创新奠定了基础。

创新可能是技术创新，也可能是流程创新，也可能是营销的创新，还有可能是管理模式的创新。这些创新考虑社会责任时，企业就会爆发巨大的创造力。要达到这一点，离不开实实在在地做工作。所以，要从对企业发展的价值和对社会创造的价值这两个维度去考虑社会责任的意义，只有这样社会责任才可能是有效的。

企业的公益慈善活动，是社会责任的一部分。如何正确处理公益与企业所承担的主体社会责任的关系，实施可持续的管理，这是一个系统化的工程。企业只有系统地把社会责任转化为管理系统，形成一个清晰的方案时，就为激发企业自身内部的发展潜力，使对社会负责处于战略的地位，使内部和外部的行动成为一个有机的整体，这样的可持续的社会责任就有了条件。

2.4　社会责任的阶段性

最后，我想说社会责任具有阶段性。中国的社会责任正处在一个非常初期的阶段，还有巨大的发展空间。在这个阶段参与发布社会责任报告、参与社会责任的企业，总体上还不多。

一些企业还未充分认识到社会责任的意义，处在一个被动的状态。就是说，当企业出现了环境或社会问题的时候，往往才去解决出现的问题，而且解决的方式是采用危机公关。这样的企业所做的工作实际上是过去的事情，也就是企业没有做今天应该做的事情，更没有时间去做未来发展的事情。

一些企业只把公益慈善，或者把对此的宣传当成社会责任。应当指出，公益慈善固然是好事，但还不能代替企业发展的责任。企业还应该把精力放在自身能力的建设上、自身发展潜力上，从外部和内部两个角度去审视自己的责任和义务，是企业形成内外相结合可持续发展的局面。

另外，企业需要正确处理自身利益和社会利益的关系，有的企业把社会责任报告当成包装的广告或者宣传品去处理，而忽视了企业自身的建设和发展，从长远来看这对企业是很不利的。

履行社会责任是一个价值行为，也就是说只有实现企业自身发展和社会发展，同时二者有机结合的时候，社会责任才会释放巨大的活力。这样社会责任就成了企业可持续发展战略的核心组成部分。

表面的社会责任不可持续，只有按照可持续发展的方式去履行和实施社会责任的时候，才会为未来中国的经济转型和发展，为企业国际化，产生巨大的潜力。认识中国经济发展新常态下的任务，积极适应新常态，为经济社会和环境可持续发展做出贡献，不仅需要企业，而且需要全社会为担当责任而共同努力，社会责任大有可为。

3　构建高品质的健康医养系统

今天，我们在这里将共同探讨“中国高品质健康医养系统”这一主题。研究或探讨这一主题，我们从何谈起？研究这一主题的意义是什么？对政府、企业、个人的价值何在？对此，我想和大家分享如下一些观点。

我们将从全球发展整体情况去理解人类在21世纪遇到的可持续发展的问题，这些主要的问题来自于能源、资源、气候变化以及互联网、信息安全和全球移动性，也在人流、物流、信息流方面带来了全球治理的问题。

3.1　人口老龄化

首先，我们从国际发展的趋势和可持续发展的挑战，从中国经济社会发展阶段中所产生的问题，来看看人口老龄化对我们的国家、社会、对个人产生什么影响，然后找出企业发展、产业发展和国家治理，以至个人可采取行动的路径。

人口老龄化这个问题是全球性的问题（如图13－2所示），今天已成了全球治理的问题之一。从人口的发展来讲，全球60岁以上的人口在2000年只占11%，到2050年将可能达到22%。全球80岁以上至90岁的人口在2050年将达到4亿。过去，西方国家人口老龄化经历了上百年的时间，而今天在发达国家将会在很短的时间内达到同样增长的速度。例如，法国从7%到14%的增长，经历了100年，中国只需要25年。这里面我们得出一个重要的结论，在人口老龄化发展的过程中，在低收入的国家、发展中国家人口老龄化不仅速度加快，而且在未来到 2050 年绝大多数老年人口也是在这些国家。

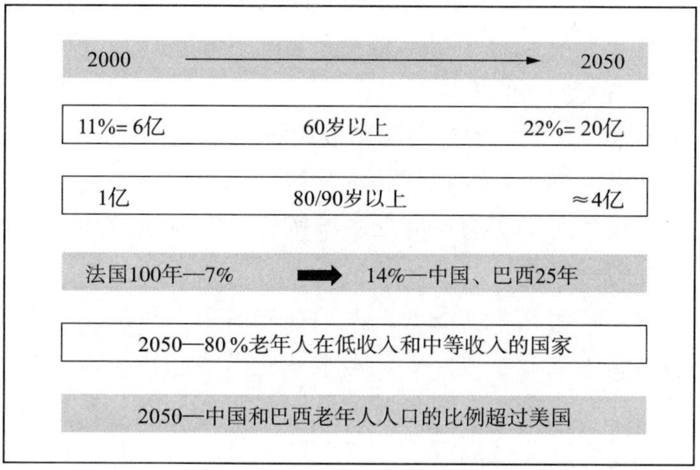

图 13－2　世界人口老龄化、发展中国家进程加速

另外一个情况是，中国的人口老龄化 60 岁以上所占的比例，到 2050 年将会超过美国，超过日本，不言而喻这是一个社会的挑战。为什么？中国和美国是世界上两大经济体，人口老龄化和比例的变化对其经济和社会将产生什么影响？这不仅是人口老龄化的问题，这也是影响一个国家发展战略的问题。

我们可以从几个方面去认识这个问题（如图 13－3 所示）。

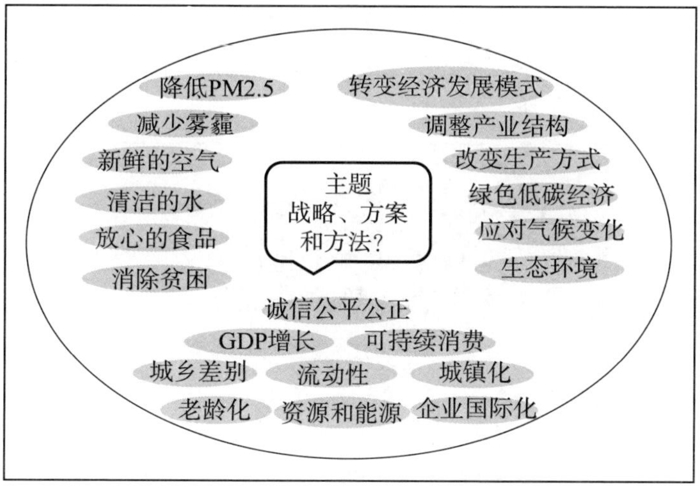

图 13－3　中国可持续发展的挑战

现在普通老百姓、普通公民、社会每一个成员关心的是，要有清洁的水、清洁的空气、安全的食品、健康的身体，同时希望这个社会整体上是健康的。

对一个企业来讲，现在所面临的最大问题就是解决经济发展在新常态下不可持续的问题，其中包括创新、绿色转型、生态环境治理等一系列问题，对企业来说这是当前最大的挑战。

对整个中国来讲，我们的社会遇到最大的挑战是，要在过去 30 年发展基础上从经济发展走向国家治理现代化的阶段，以更高质量解决发展，实现公平、公正、消除城乡差别等突出问题。城镇化、人口老龄化也都是国家和社会建设及其治理中的问题。

在思考人口老龄化这个问题时，人们首先所想的可能是，将来人的年龄增高了，寿命增长了，老年人多了，未来养老供给的年轻人少了等，其实问题远不在于此。

人口老龄化是全球化的问题，人口老龄化是一个具有广泛的深刻影响的社会问题（如图 13 –4 所示）。它影响着社会的发展，影响到医疗卫生系统、社会保障系统，涉及人从现在到未来长时间社会安全和稳定等各个方面的管理的问题。

对企业来讲，人口老龄化会涉及企业未来的发展。首先是人力资源的发展，人决定了企业的竞争能力，人决定了企业未来发展的前景。

此外，人口老龄化对市场将会产生巨大的影响，它会导致产生新的群体，产生新的要求，它会催生新的产业，它对未来市场的运作模式、投资、理财都会产生巨大的影响。

归结起来，人口老龄化最大的三大影响是：社会的保障、市场的购买力、企业未来长远的竞争能力。

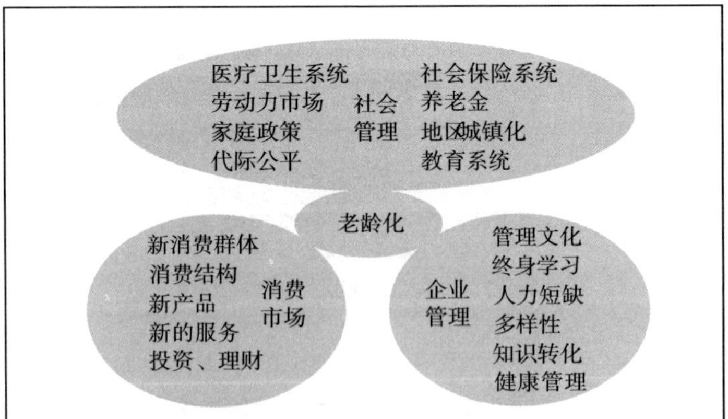

图 13 –4　人口老龄化影响广泛深远

3.2 当今医养体系面临的挑战

在这样一种背景下，我们来探讨目前的医养体系面临的最大挑战是什么？我认为，最大的挑战是现在的体制机制需要进行深度的变革，而这一变革不是在一个短时间之内就可以完成的，它需要经历一个持续的变化过程（如图 13－5 所示）。

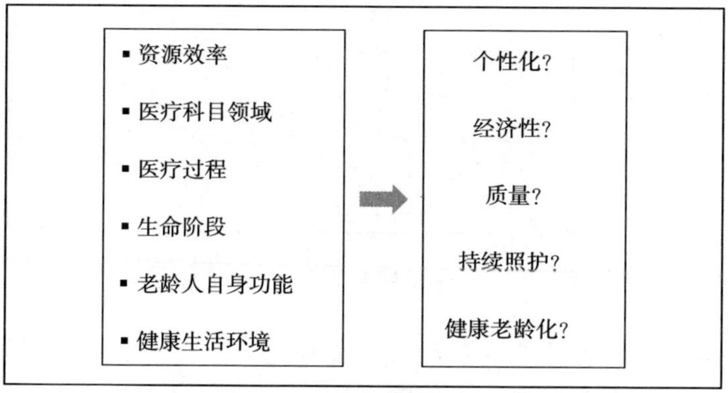

图 13－5 当今医养体系和机制必须变革

从整体上讲，我们今天医养体系中最大的问题是，资源利用效率不高，医疗科目领域设置孤立，互相之间没有形成起一种协同的体系。缺乏以人为中心的需求导向，缺乏把医疗过程变成一个有效服务的价值链管理过程。同时，现在的体系中没有纳入人的生命周期。在整个生命周期过程中不同的阶段，要求发挥医疗卫生、金融保障、社会保障的价值作用。更为突出的是，一切以病为中心，缺乏考虑每一个人自身主动的功能，缺乏考虑充分发挥这个功能需要一个健康的生活环境。所有这些说明，今天的医养体系缺乏经济性、缺乏服务质量、缺乏个性化。

3.3 促进健康的老龄化

另一方面，从长远来看，现在所面临的人口老龄化，意味着必须建立面向未来的照护体系。照护体系的构成和建立需要有人才。对此，人才的培养是必须满足的条件。所以，医养体系变革最大的任务和要求是什么？那就是要实现最健康的老龄化。如何能够全面系统地促进健康老龄化（如图 13－6 所示）？它需要有养老保险、卫生保健，需要加强对预防慢性病的研究等。为开展这一方面的准备，要提供可持续的医疗，要加强可持续的照顾，特别是在人才方面的培训。这些都是相关各方在未来在战略中考虑的不可缺少的最基本的元素。

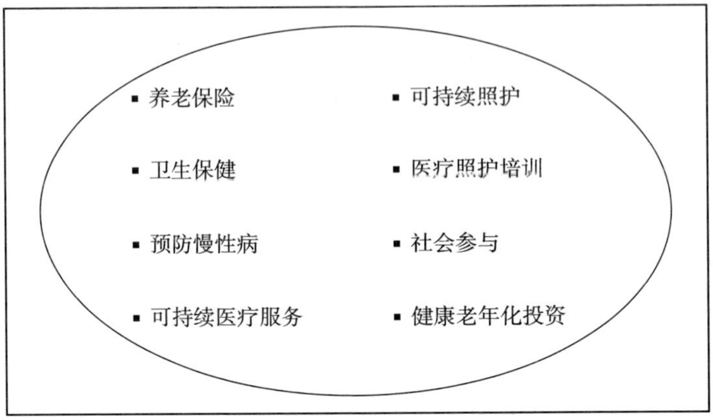

图 13－6　全面系统促进健康的老龄化

在建立这一套医养体系的过程中，关键是要重视人的参与的重要性。所以，要使老年人的参与，老年人之前的中年人的参与，中年人以前的青年人的参与，包括更年轻人的参与，使全社会人的生命周期发展过程中积极思考生命的价值，树立健康的价值观念，提升为自己、为家庭、为社会做出贡献的价值意识。所以，对健康老龄化的投资，对社会发展的投资，以及个人对家庭的投资都是可持续发展的系统化观念的一部分。

3.4　健康事业的行动者

在这样的背景下，我们来考虑参与健康事业的行动者（如图 13－7 所示）。这里最重要的行动者是政府。包括政府要提供公共政策，提供促进、资助和激励等相应的政策。另一重要的行动者就是医疗机构。举例来说，医疗机构作为行动者，应当考虑它在当今的健康医养系统处在什么样的地位，它与其他的利益相关方之间构成什么样的结构，要考虑那些社会的要求和期望，要考虑每一个利益相关方的要求，并与这个领域的主要活动者，比如与保险机构、社会护养组织等构成社会价值网络，提供高质高效的综合性服务。

所以，如果政府、医疗机构、保险公司、制药企业，每一个相关活动者都要按照社会对它自身的期望，以价值共享的合作而催生新的产业、新的机制，去实现为全社会提供高效的服务，从而形成整个的价值链和供应链，就

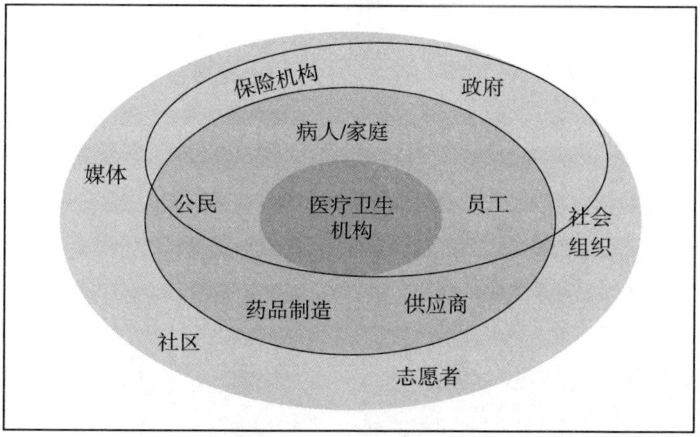

图 13－7　医疗卫生领域的利益相关方和行动者

是现在应当考虑的创新的方式。

3.5　把消费者利益放在首位

在这里要特别强调，无论是从政府、医疗机构，还是保险机构，还是制药企业，在产业发展和公共事业发展中必须把消费者的利益和保护放在首位，因为消费者是推动整个健康发展最重要的力量。这些消费者可以是病人，可以是普通的公民，或其他消费群体。保护他们的利益，考虑他们的需求，向他们提供真正的、透明的、公平的服务，向他们提供可以判断产品的质量，以及企业管理诚信度的信息，并以一种规范化方式建立自己的管理模式，对一个企业的成功具有重要的意义。这对金融企业、保险企业、医疗单位，特别是服务企业来讲具有绝对性重要的意义。

3.6　发展和维护健康老龄化的过程

为了使医养的事业得到发展需要发展和维护健康老龄化的全过程（如图13－8所示）。一方面是需要发展每一个健康老龄成员的内在能力，而这种内在能力需要有经济的保障，也就是要提供负担得起的医疗卫生的服务。另一方面，也可能是常被忽视的方面，为了使一个健康老龄化的成员能充分发挥在生命的过程中的功能，还必须要提供外部的条件。这种外部的条件具有多样文化，具有社会性，具有文化的特征。也就是说，人必须要和社会，人必须和其他群体，人必须与适当的环境之间，保持相互关联和联系，能促成社会互动创造价值。所以说，我们要把发展和维护健康老龄化的过程，当成从两个方面去加强内在的能力，同时去加强功能的发挥创造环境的过程。这应当是医养产业发展，支持医养健康老龄化过程中最重要的出发点，也是高质量医养的内涵。

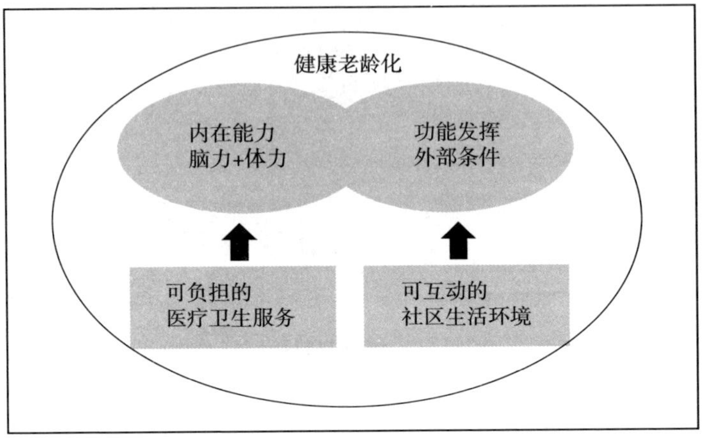

图 13－8　发展和支持健康老龄化的过程

资料来源：世界卫生组织。

3.7　社会责任在市场的竞争力

在今天的消费市场中，人们的意识会不断地提高。为了能够满足社会的要求，为了能够满足病人、老年人、每一个公民的要求，健康产业的行动者应当考虑到，未来人们将会怎样判断是否购买一个产品的思维模式。从过去旧的模式转变为未来新的模式，今天已经表现在各个方面。过去我们买一个产品，消费者看的是价格，需要的是产品的信息。如果知道这个产品价格最低、性能最好，也许就买了。但是在今天和未来，人们要购买一个产品，它是需要去了解这个企业，主要了解这个企业是否对社会负责任的。社会负责任这个词具有它的内涵，它不是简简单单的口号或自我标榜就是负责任的。社会责任是当今 21 世纪从全球治理到产业发展，到绿色经济转型到新型城镇化等一系列处理可持续发展主题当中一套系统的思维和管理体系。

我们要以这种方式发展新型的产业，以这种方式满足社会的要求，也要以这种方式应对社会老龄化的挑战。应对当前中国经济新常态下的一系列挑战，我们基本的管理模式是什么？基本的思维方式是什么？那就是要基于社会高度负责的观念，坚守社会责任的基本原则，要从应对老龄化挑战这个方向去思考，去发现企业的发展的风险和机会，为产品服务的创新奠定基础、制定战略、采取行动，最后实现医养健康可持续发展。企业这样做必然会产生社会效益，带来社会效益的同时也就体现了企业的竞争的能力（如图13－9所示）。

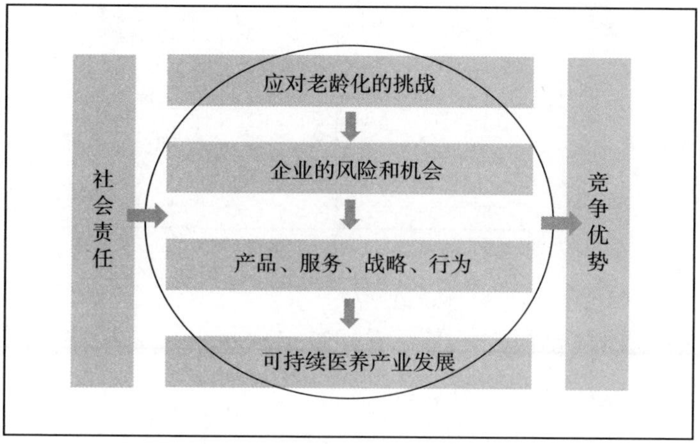

图13－9　社会责任与健康经济

3.8　负责任的健康医养服务

所以，从今天到明天，从现在到未来，医养这件事情不仅仅是一个服务，它不仅仅涉及一个产业，医养服务会成为一种负责任的医养经济。这种经济从现在开始逐渐形成，不断地转型，这是未来的发展趋势（如图13－10所示）。简单说来，目前以病为中心的思维模式必须转变为以人为中心的思维模式，破除医疗体系当中各个领域相互之间的隔离和封锁，形成一套完整价值创造和服务体系。要克服不能提供个性化服务的弊端，医疗和卫生的公共服务的这件事情不仅应看作是政府的事情，它也应是企业和我们个人及全社会共同参与共同应对形成健康的市场的问题。今天的医疗体系中总有一个逻辑，就是有了病以后才会产生医疗，有了医疗以后才会产生经费的支出，这是一种被动的反应和思维模式。未来会从被动走向主动，而主动行动的产生不仅在老龄阶段，它会追溯到人年轻的阶段，从人的出生到成长，到工作以及到最后为人、为家庭、为社会、为自己一生的事业做出贡献，最终达到生命终点，采取一系列为健康的主动的措施。

此外，目前医疗体系里各个科目之间纵向划分相互之间不连贯的思维模式需要改变，避免很多重复的检查和医治，避免重复的医疗经费的支出，使

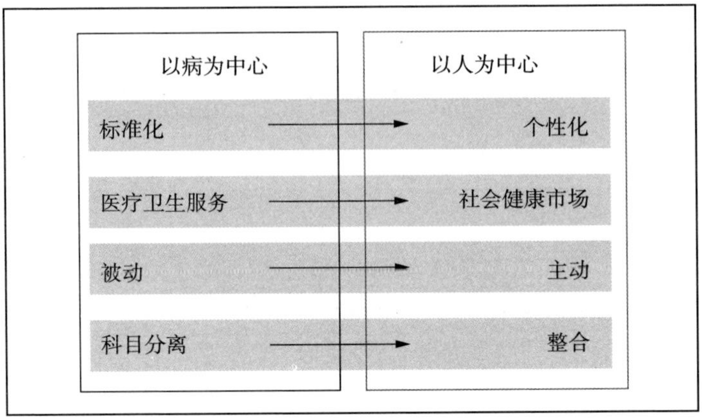

图 13－10　健康经济可持续转型

所有人的病的处理从发现到诊断一直到最后治愈形成一个完整的处理过程。所以，这是一个全方位融合的问题。

3.9　合作与价值共享

要有这种思维方式，就必须有一个共同的理念，那就是每一个人，每一个企业，包括政府、社会组织、志愿者有义务或责任，共同构建一个健康的医养生活。构建这种健康的医养生活应满足个性化的需求，为人的身体、精神、社区生活各个方面提供一个完好的医养状态。而这个状态是建立在考虑人在生命发展过程整个周期中每一阶段的需求的基础之上的，因此要求整个医疗产业和健康发展的事业机构全力配合才能得以实现。

所以，这里也体现了共享价值的观念，每个人都需要有人生的理想。这种人生的理想是一种追求和健康的享受，它是为自己、为家庭、为社会、为人类创造财富的过程，而且有了这个理想他就会奋斗。对于企业来讲，每个企业有自己发展的路径，在了解老龄化的社会挑战之后，每个企业应找到自己发展的方向和应对的措施，应找到如何和其他的企业和组织形成一个以可持续发展为目标的伙伴合作和价值共享的网络。当然，这样一个广泛的网络中有两个重要的网络，第一个网络是医疗机构的网络，医疗体系和机构适合以人为中心的医养模式；而保险机构也必须要形成网络加强合作，使得所有的消费者能够按照对社会负责的和可持续的方式去选择自己的产品。所以，政府的作为、管理、监管和治理在这一过程中会起到关键的作用，它必须以可持续发展的理念为导向，支持企业、支持公民、支持社会成员构建一个积极和谐的健康社会。

3.10　构建健康信息网络

最后，有必要指出，要构成这样一个医养体系，一个非常重要的条件是技术支撑，这就是今天我们所说的信息网络。这种信息网络不仅仅是互联网+，不仅仅是我们所谈的信息化的问题，它是一个把数据网络与人和整个医疗系统相连而形成的一个透明的、公正的、公平的完整的构架，一个完整的系统。

必须强调，社会责任在健康信息网络中的核心地位。社会责任是一个系统化的管理方法。它不是拼凑罗列条款，也不是做样子的表面文章，它是企业在公民社会当中为社会、为自身发展找到一条永续发展道路的系统化思维方式和管理模式，其结果表现在一个企业未来的竞争力上。在这一方面已经有成熟的体系和经验，可供参考和研究。

我们所谈的健康医养体系对每个人、对每个家庭，对整个社会都具有重要的意义。无论是政府、医疗机构、制药企业、监管机构，以及社会公益组织都可根据社会发展可持续性的要求，树立负责任的企业价值观，实施促进健康的战略，为今天、为明天、为这代人、下代人的健康，为创造一个幸福的可持续的未来，责无旁贷地做出自己应有贡献。

4　中国医药产业创新发展之路

4.1　健康上升为国家战略

今天能有机会跟大家分享关于健康中国战略下医药产业可持续发展的一些见解，是一件非常荣幸的事情。

健康是一个崇高而伟大的事业，关系中国的当前，关系中国的未来，关系我们中国的子孙后代，所以这是一个了不起的事业。今天，中国已把健康提高到国家战略的高度，我认为意义重大，而且相信在中国的医疗改革的历史上也会留下一个深刻的烙印。

以下我讲的基本思想就是，医疗不只是病的问题，医药不只是药的问题。对医疗和健康有了新的认识，已上升到了国家层面，这表明国家有战略，企业也应当有战略。

实际上，从国家到企业自上到下的战略，是一个系统化的工程。实施战略是一个持续完成的过程，它体现一个行之有效的方案。所以我从解决问题的方案着手，来谈对中国健康的认识。

如何构建和实施一个方案呢？首先需要一种现代化的思维方式。经济转型和产业升级，首要的变化是思维方式的转变。要使大健康成为可持续发展的一个方案，必须要研究世界发展的趋势，必须研究中国发展的现状，必须了解中国现存的问题。要用系统化的思维构建一个走向未来的可持续发展之道，没有道就没有方向，也没有路。

4.2　全球化与健康

讲健康问题为什么要关注全球的大趋势？为什么大趋势重要？因为这些大趋势代表未来在几十年，甚至一个世纪，或更长的时间，全世界普遍面临的挑战。企业家面临的挑战就是它未来所要解决的问题。不管是 G20 等国际组织，还是世界卫生组织也都是从这开始，考虑诸多的因素及其对健康的影响和相互的关联。

人口老龄化，与社保有关系，这是大家看得见的。人口老龄化与人口的结构有关系，不言而喻。但人口老龄化对社会，对企业，对全球经济将产生深远的影响，有很多东西可能是一时看不见的。

这里，首先涉及整个社会的管理模式，涉及未来的消费市场结构和需求，涉及企业未来在全球的竞争力，以及未来应对全球挑战所需要的最重要的人力资源及其建设等。这都是人口老龄化将带来的深远的影响。今天，或许很多企业家没有太多关注这个问题，但如果是一个有远见的企业，要想想自己的企业在二三十年以后，要成为全世界最有价值观的企业或百年老店，就不得不认真审视这一问题了。

这里提到的人口老龄化只是要考虑的其中的一个因素，我们还没讲生态环境、城镇化、工业化、地缘政治和全球风险，包括疾病的风险等。

不久前，G20 讨论抗生素在全球的风险。到 2050 年，每年有可能导致上百万人死亡的风险。这个数字是来自媒体的报道，无法证实。但却说明，关注全球的这个变化，对我们制定方针政策，构建企业发展战略是重要的，具有长远意义的。

从这里也可看出，推动健康系统变革必要性是毫无疑问的。这个变革意味着，必须要有一个与之前的发展方式不同的发展方案，去处理未来的不可预见的问题。这就是健康系统发展的重要的驱动力（如图 13－11 所示），也代表着健康的走向。它决定着要遵循什么样的方向，把握什么样的方向，从而制定战略决策和建立企业的优势。

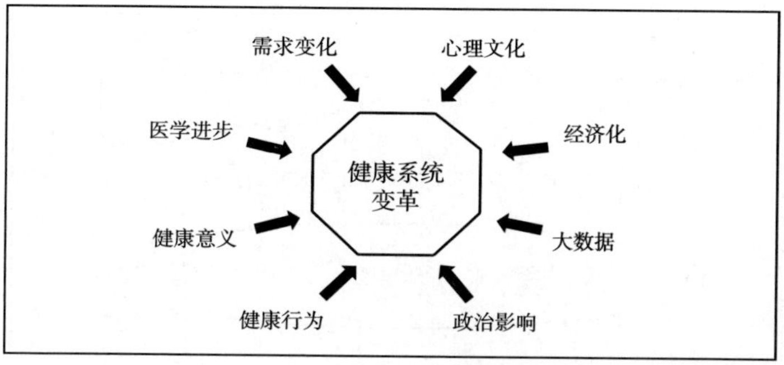

图 13－11　健康系统变革的驱动力

在当下，老百姓特别关心的安全问题，特别是食物、饮水、药品的安全问题。看病难、看病贵成了一大难题。政府方面还关心经济转型、产业升级，以及经济增长，人民生活改善等一系列问题。社会普遍关心市场的诚信、公平和公正等。所有这些问题和关注都提出了一个核心的问题，那就是解决这些问题的方案和方法何在？这是一个实质性的问题，就转型而言没有落地的方案是不可实现的。

4.3　转变经济方式势在必行

我们应当知道社会出现的现象，更应该理解改革 30 多年来社会深层次的变化，理解经济的变化、环境的变化带来了哪些问题（如图 13－12 所示）。我们中国大致经历了这几个阶段，第一个是改革开放，第二个是适应全球市场经济的体制，第三个是与 WTO 接轨进入世界的经济体。现在则是要与参与全球的经济治理。可以看出，整个情况发生了很大的变化。

我们现在的问题在什么地方呢？过去的问题是，一个低收入国家要进入中等收入国家，而现在是要进入高收入国家行列，面临很多新的问题。从全世界的情况来看，实际上要解决所遇到的根本问题都归结为创新的问题。什么叫创新呢？从宏观层面讲，也就是从一个低收入的不发达的国家要走向发达国家，要从投资、从消耗自然资源、从人口红利的模式转变成一个高效高质量的发展模式。这时，面临一系列需要创新才能解决的问题。

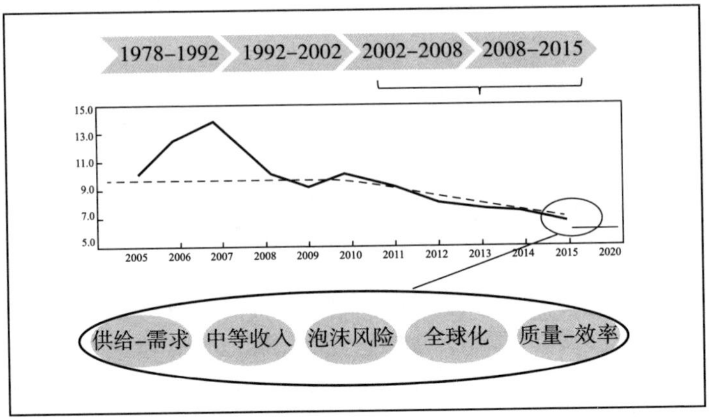

图 13－12　中国经济发展方式转变的必然趋势

4.4　可持续发展方式

实际上，创新就是可持续发展的方式（如图 13－13 所示）的转型。因为这种方式蕴含的一个重要的思想就是创新。创新的基本思想方法一定从可持续发展开始，最终落实到可持续发展。发展健康产业和发展其他产业都是一样，必须要树立起经济、社会、环境相统一的观点。医药制造行业和医院考虑经济是应当的，但同时又是有条件的，对社会的责任，对生态的责任，对人民的责任始终是最根本的要求。

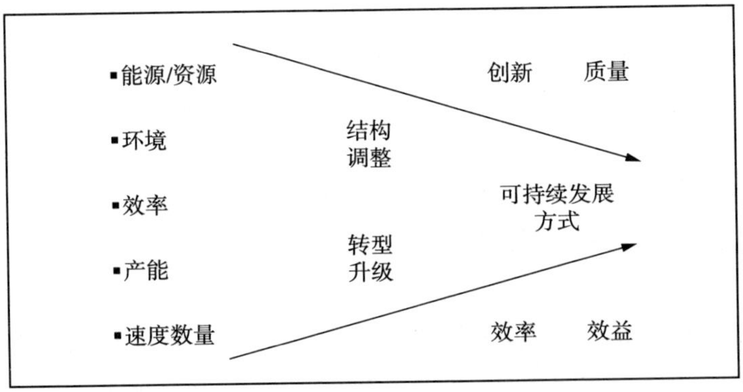

图 13－13　经济发展方式的转变

对企业来讲，在具体的情况之下，落实国家的战略，应对社会的挑战，最终都是落在三个大的领域及其协调的相互关系。在处理经济与环境的问题上，要实现对环境友好。在处理经济与社会的关系上要实现公平。在处理环境与社会的关系上要解决公正。所有这些问题的解决，不仅考虑人类当代，而且要考虑子孙后代。

4.5　创新的思维方式

我们讲创新，实际上不是一件很容易的事情。从大多数国家看，从复制到改进，再到发明创造，这个过程大都有能力能做到。但是，一旦到了技术发明的时候，它就是一个门槛。这个门槛能不能迈过去，就是创新能不能突破的问题。拼成本拼资源创造不了可持续的经济奇迹。这表现在创新和在品牌建设的差距上。所以，只有在创新和品牌这两个方面加强自己的战略地位，才有可能为转变我们的经济方式奠定基础。

创新需要有多种多样的思维方式（如图 13－14 所示）。创新不仅仅是技术的。有技术的、服务的、系统的、流程的、商业模式的，还有供应链上的等不同的创新。所有创新的综合的考虑，才能构成一个企业发展的创新体系。

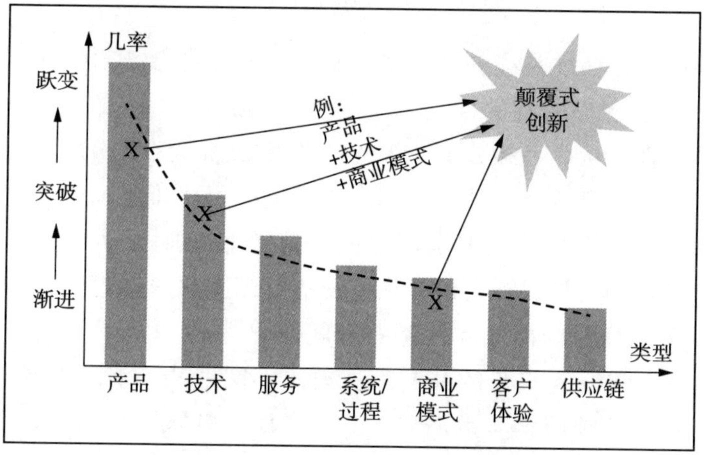

图 13－14　创新是一个管理过程

创新有渐进的、改进的，有突破性的，有颠覆式的，但只有三个方面的创新相结合的时候才有可能出现颠覆式的创新。这是一种思考方式，创新不是简单的事情，不是搞一个创新空间就可以创新了。

4.6　创新的管理过程

创新虽然是不可预知的道路，但是创新也有系统化的思维方式。这种思维方式要转化为管理的过程。现在国际上最新的认识认为，由于创新的成功几率不大，所以说创新的过程中一定要加强前期的准备，前期的准备和它的定位是未来创新成功的最重要的条件（如图 13－15 所示）。

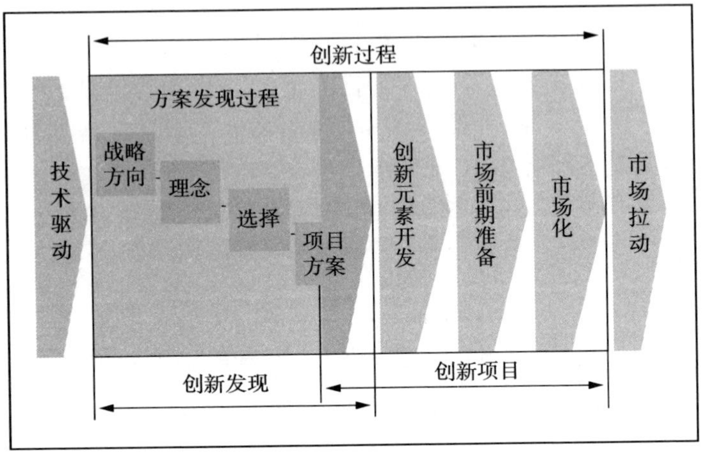

图 13－15　创新的管理过程

通常讲创新，往往是指技术上的，产品上的。但要知道，单靠产品和技术的创新不可能解决所有的问题。总体上，创新思维的改变，必须从工厂，从技术，从流程，从商业模式转向社会，要解决社会存在的问题，即以社会问题为导向。从社会开始，为老百姓解决问题，为他们造福，这需要企业家精神。如何用你的智慧，把追求商业的经济效益变成为社会谋利益的模式，这就是社会创新的精神。社会创新是保证所有创新真正能够建立一个正确的、有推动力的文化范围的最重要的基石。就 PPP 来说，实际上是一个由政府、企业家和社会公民一起参与的共同治理模式，这种共同治理的模式是先进的治理模式，对公共领域里非常需要，刚好在健康领域，在医院，在公共服务领域也非常需要。

4.7　健康产业价值链

今天我们讲大健康，涉及一个复杂的医疗产业，它和一般的产业是不一样的。为什么不一样？如果从整个供应链看，在供应链前端是一个按市场规则运作的企业运行问题，产品一旦进入医院就是医疗领域，市场经济的规律应当是不适用的。所以考虑医疗产业实际上应当包括公共服务和经济运行这两个领域。

也就是说，我们要讲三方的领域，在国家、市场、社会几个方面如何实现有效的平衡。最重要的在于，政府的任务是建立一个公共服务环境，企业要向消费者、向病人、向医院提供负责任的产品，消费者其中也包括保险公司，一定要按照对国家、对产业、对病人真正负责的方式去消费，从而也推动产业产品的创新，达到可持续的消费。

按照这样的思路，来构建一个以人为中心的价值链（如图 13－16 所示）。这个价值链实际上是一个有高度责任的复杂的价值链。目的是建立一个以人为中心的健康价值链。最终，要解决人们对健康的基本的需求，要解决人们对健康的个性化的需求。不要因为病而有一个健康产业，而是因为健康才有这个产业，使人达到一个完美的健康的状况。

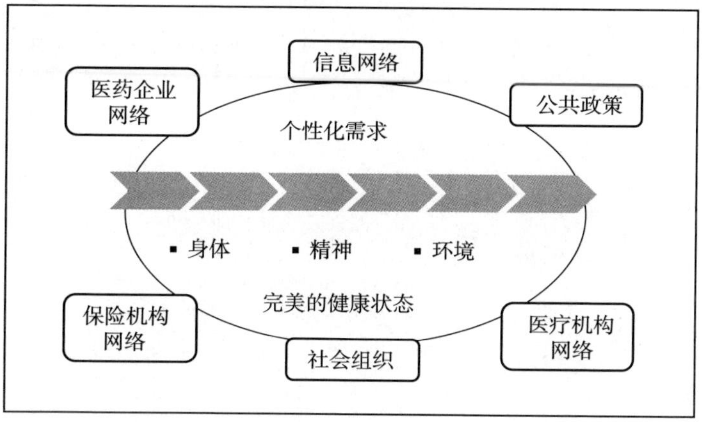

图 13－16　构建以人的健康为中心的价值链

考虑这个健康状况的出发点是，考虑和关注一个人从怀胎、出生，到少年、青年、壮年、老年，一直到死亡，在整个生命周期的健康状态。实现这样的任务，不是一个企业，一个医院，一个药店，或仅在政府层面就能完成的。在建立这样的以公共服务为基础的公用事业的过程中，必须要有供应链的上游下游各利益相关方整体联动和共同参与。

保险机构也是一个利益相关方。他们也只有采取合作共赢的方式，为老百姓负责，解决看病难看病贵，不要只考虑赚多少钱。所以，每个参与者都要明确其责任是什么。如果这个问题不解决，行动者停留在利益的博弈，博弈的结果，最后会是浪费资源。

在这里，公共政策非常重要，社会的共享和合作也是如此。将来对我们产业有很大影响的是技术条件，是信息技术。信息技术意味着公开，意味着透明，在这种意义上说，达到公开和透明，也是监管的一个重要的工具。

4.8 医药系统创新

创新必须具有内在的动力。在医疗在健康的价值链上看来，创新与哪些因素有关系？如果是从药品研究开始，到制药，到注册申报，一直到医院用药，再到保险公司报账，从这个产品的生命周期来看，必须相对每个阶段制定有合适的公共政策。

合适的公共政策是指，高效率，有效果，同时是适度的。考虑这个基本要求，实际上仍然是考虑利益的问题，对待利益也必须要创新。处理各方的利益是一个平衡，所以产权保护、监管的适度和实效、医疗健康系统的服务性，以及分销系统的有效性，是构建面向未来的医药创新系统的四大支柱（如图 13－17 所示）。

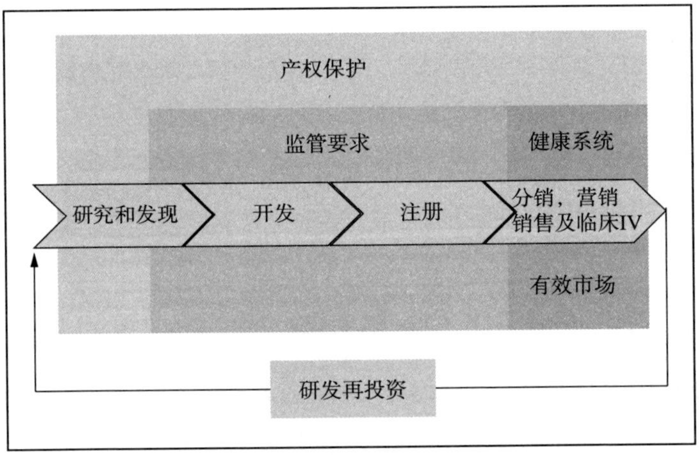

图 13－17　全面促进医药创新的关键要素

这里强调的一点是，在这个过程中必须要在标准上下功夫，最后落实到质量管理是一项重要的措施。标准体现了竞争能力，也是未来的竞争规则，其中包括复杂的方面，不仅有法律性的规定，而且有自愿性的规定。法律是主要的，也是强制性的，但并不是任何东西都可以用法律来解决。

4.9 医药创新系统的构成

创新系统是一个复杂的系统工程（如图 13－18 所示）。

第一个技术条件是科学教育的问题，我们今天如果不能为我们的企业，不能为我们的医院提供真正的有创新的、有基础和前沿性的人才，创新会遇到困难的。所以人才建设是中国在健康领域的非常关键的一个基础。在科学发展领域，比如说生物技术，对未来的制药行业的发展的影响就都不用提了。关于科学教育，有一个知识如何转化为企业发展所用的关键问题。

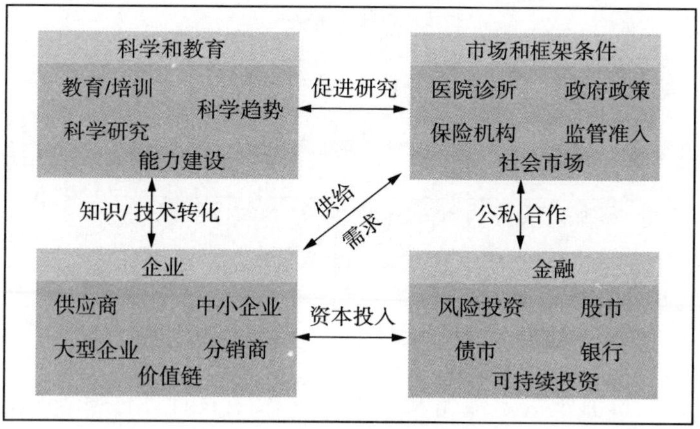

图 13－18　医药创新系统

对企业来讲，主要考虑的是价值链的问题，它和医院，和保险公司，和市场的关系是解决供需平衡的问题。现在叫供给侧结构性改革，健康产业从哪开始？从改革供应链上的供应与医院与保险公司的需求之间的关系开始。

医疗市场的有效性，对研究开发，对企业的创新是有极大的促进作用的。

除了这个因素之外，促进技术开发，促进创新的还有一个因素，就是风险投资的问题，也包括 PPP 合作模式。

4.10　责任、诚信和公信力

构建一个可持续发展的产业链和健康的市场，政府和企业都有各自的责任，关键是注重诚信。企业要必须制定长远发展的战略。考虑到大趋势的影响，和当前中国面临的现状，从社会最大的需求开始，依靠企业内生动力，在此基础上制定未来长远的发展目标。诚信是信誉，是生产力，是竞争力，也是品牌的基础。

企业的创新发展之路，需要坚持可持续发展创新理念，企业家要树立一个价值观和使命感。要依靠对国际形势的判断，对中国社会发展，包括人口老龄化，以及城镇化一系列主题的审视，发现在价值链上应当处理的战略主题是什么，以此为基础制定创新发展战略。创新战略是整体发展战略的一部分（如图 13 – 19 所示）。

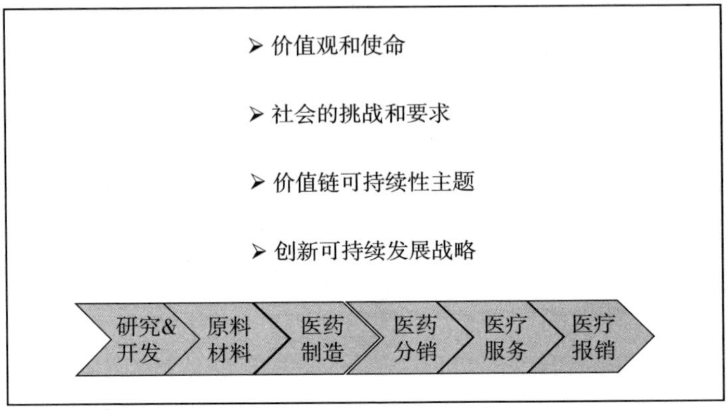

图 13 – 19　中国医药企业创新发展之路

用负责任的价值观制定战略和方案，最后融入管理体系，使之成为企业的核心竞争力。满足社会的需求，满足老百姓的要求，这就是健康产业和医疗服务行业行动者应该承担的责任。关键是用什么方法，用什么方案付诸实施。这是今天经济发展的关键问题。

对健康和医药产业发展，可持续发展的方法论更应受到重视，它包括宏观和微观不同的视觉，需要综合把握公共服务的本质和市场有效性，是各个利益相关方和行动者责任的重要理念。希望我的讲话对大家的思考有所帮助。

5　汽车行业绿色发展与社会责任

今天在这里讨论汽车行业绿色发展与社会责任。我们主要关心两个重要的方面，一是绿色发展与社会责任的联系，二是绿色发展对汽车行业具体有什么要求和影响。

5.1　社会责任与企业发展

首先，我想说谈企业社会责任不能脱离企业的发展，离开了企业的发展谈企业社会责任会成为空谈，也就失去了意义。我们谈绿色发展，实际上意味着是一种新的发展方式和经济方式，无论是绿色发展还是低碳发展，同属一种新的负责任的经营方式，所指都是同一个意思。

5.2　新常态新挑战

为了能够在简短的时间之内，尽可能说明实质性问题，我们需要考虑国际发展的大趋势背景，考虑中国经济发展新常态的要求和汽车行业发展面临的现实挑战。在新的形势下，在这个特别的行业中，企业能否树立社会责任的理念，关系到企业获得经营方式的成功转变。也就是说，企业要用一种新的思维方式去开创一个既为企业创造价值，同时又为社会创造价值的新的路径。企业社会责任不是空谈，不是一味宣传，更不是装饰品，而是有实实在在的内容和意义的。

纵观全球可持续发展的大趋势，中国发展的新阶段新常态，汽车行业面临新的挑战，最终要求企业必须投身解决时代面临的主题。我们知道，这个时代人类遇到最大的挑战是什么？其中有能源，资源，应对气候变化，移动性等问题，这些都是汽车产业和企业不得不应对的。此外，还有人口老龄化，城镇化等，也是如此。工业化、信息数字化和工业革命不仅会对经济社会和环境带来前所未有的变化，也会在汽车产业链和产品生命周期中产生极大的影响。所有这些情况可以说是今天影响全球化经济中产业和企业发展的重要的框架条件。

5.3　转变发展方式

经过30多年发展，中国经济进入常态。改革开放和发展取得了巨大的成就，但经济发展受到过去传统发展方式的制约。这个方式下取得的结果是依靠消耗资源、能源、低成本的劳动力和潜在的市场优势。经济实力增强，包括产品丰富、出口增加，物质条件的改善、生活水平的提高，但发展方式更多是注重经济的增量。这种基于增量的发展从逻辑上来讲是不可持续的。在经济新常态之下，发展自然要回到一个经济规律上去考虑，也就是说除了经济数量增量，更重要的还有经济发展质量的加强。要求经济发展方式回到质量上、品质上、效率上和效益上是必然的。如果这个问题不解决，那么发展方式不可持续。因此，讲究质量和效率也成了对企业的必然要求，其结果直接有益于企业品牌和效益。但要达到这个要求，首先是要有一个正确的理念，只有新的理念才能引领可持续的发展，具有价值创造的发展。

5.4　社会责任和可持续发展的统一

可持续发展和社会责任二者是相互关联和统一的，关于这一关系我曾经有详细的论述。简单说，社会责任和可持续发展就像两条河流，虽然其发源地不同，但随着时间的推移，至20世纪末21世纪初，二者就已汇为一体。也就是说，人类从关注社会和环境不同方向出发，走向今天这样一个共识的时代，就是要以负责任的方式，解决经济、社会和环境可持续发展。通过经济、社会、环境三个方面的协调和高度的统一，实现全社会可持续发展，构成了人类共同的愿景。这也是一个国家发展对经济、产业和企业，直至对每个组织每个人提出的要求和需要坚持的一个方向。

如果企业以这个基本思想作为发展和经营的方向和先决条件，也就会适应新常态，满足新常态的新要求。所以，我们谈社会责任在实质上是讲，企业为了实现可持续发展目标，需要有一套现代化的管理方法。它有实实在在的内涵、内容和要求。今天论坛前面所讨论的好些问题，如果放在一个管理系统中去考虑，就容易明确清楚地界定是一个什么样的问题，企业如何去处理才是合理的符合实际的。

5.5　绿色发展与社会责任四要素

下面我们转到绿色发展与社会责任相联系的问题。

5.5.1　社会责任应表里如一

从总体上来讲，企业社会责任分为内部和外部两个方面。无论是对内部还是对外部企业赋有职责、责任、义务和任务，它们与企业自身的发展息息相关。所以，社会责任不是从一个什么地方派生出来的，不能把它当作一个额外增加的任务，也不能自觉不自觉地虚拟化。社会责任的这种认识和表述就可能导致负面效果，甚至有损企业的健康发展。只有当企业、企业家把社会责任当成自身的义务和追求时，而且言行一致，表里如一，社会责任才会带来巨大的直至无穷的动力。

当谈到企业社会责任时，我们总是要考虑企业如何实现可持续发展，同时尽可能为社会做出贡献。当企业这两者达到高度统一的时候，这样的经营和管理也才会是可持续的。

所以说单一强调企业自身的利益和单一强调为公益付出，都是缺乏社会责任战略思考的表现。

换句话说，一个企业在内部和外部可持续的发展，需要有一套完整的管理方法。如何实施和履行社会责任，即在经营增长的同时，是否满足环境和社会的要求，是真正担当责任还是以社会责任做表面文章，甚至成为一张华丽的“空壳”，将是与企业形象和运营风险相关的标志。企业只有行为和产品的差异化才会有品牌差异化。不仅如此，差异化还包括客户关系，企业的信誉和价值观等。应当认识到，企业以自己的资金、技术或人力优势，为社会做出公益贡献时，也有助于为企业自己创造能持续发展的环境和条件。

应当说，企业考虑自己和社会可持续发展需要有现代化的思维，这就是企业家精神的思维，企业公民精神的思维，企业家的战略思维。经济发展中考虑环境和社会要求，满足投资者要求，同时兼顾社会不同群体的期望，需要平衡处理社会责任的不同方面。因此，处理各个方面的问题，不是简单的要这个不要另一个的问题，不是简单的做这个就做不了另一个的问题。社会责任需要面向企业实际的科学的差异化战略，从而发挥企业在市场中的竞争优势。

5.5.2 社会责任四要素

这里我想强调处理社会责任主题和制定社会责任战略必须要考虑的社会责任四要素：

——社会责任必须与企业的核心业务结合：离开核心业务企业可持续发展和创新就无从谈起。企业可持续发展取决于企业的战略，取决于企业的治理、组织和管理，取决于人的发展，企业的产品及服务的定位和创新。

——社会责任必须与行业的特点相结合：任何一个企业所在的行业都会对它的社会责任有根本的要求，不同的行业有不同的要求。只有真正理解一个行业共同的挑战，企业才能在生产过程和供应链上形成共创和共享价值的合作。只有负责任的道德行为和准则才会发挥推动和引领作用。

——社会责任必须与社会需求相结合：一个企业要做出社会贡献，首先必须要有经济基础。没有经济基础的捐献只是短暂的。企业需要从长远考虑，为企业创造价值和环境。企业真正能形成与社会的互动关系，利用自身的能力和优势关心和支持社会发展和解决问题的过程也是企业创造市场需求的过程。

——社会责任必须与企业文化相结合：企业可持续发展与企业的文化有不可分割的联系，这种文化总是贯穿在企业的价值体系、管理体系和流程中，总是贯穿在员工行为的具体细节中。员工包括领导层和普通员工在内对愿景和价值的认同和坚守是企业成功的重要的基础。

当然，以上这些有关社会责任和可持续发展的基本思想也适用于汽车行业。

汽车行业在中国在全世界都是一个支柱产业。这个产业不仅是国民经济发展的基础，也关系到社会公众、公民和千家万户。这说明汽车作为一种产品、一种消费品和生活的工具，它赋有重要的关键的功能、职能，企业作为产品和服务提供者也相应赋有重大的责任。我们需要考察汽车的价值链、产品生命周期中企业对社会和环境中有什么影响，才能理解汽车行业绿色发展的挑战和相应采用的战略。

5.6 绿色价值链、创新与共享

下面谈一下绿色发展对汽车行业发展的意义。

（1）**可持续价值链**。建立可持续价值链是至关重要的问题。汽车制造存在于整个产业价值链中，从原材料加工，零部件生产，总装生产，到出厂使用，直至报废回收。在这样一个价值链中，在产品生命周期的每一个环节都应有相应的责任要求和行动。企业在多大程度上能够履行负责任的行为，同时促进整个价值链的发展，是可持续的一个关键问题，也是共享价值提高竞争力的重要因素。

（2）**清洁生产**。在汽车产业价值链中，清洁生产是社会责任的核心领域。清洁生产指的是什么？在汽车制造过程中，涉及新能源的利用，涉及能源的消耗，水的消耗，涉及二氧化碳的排放，涉及废水的处理，废物的处理，还涉及有机挥发物的排放等。所有这些方面都属于企业核心的社会责任范围。企业在整个过程和流程中做得如何，与企业可持续发展和市场竞争力极为相关。

（3）**产品创新**。汽车是生活的必需的关键的产品，但是这个产品是复杂的产品，是具系统化的产品。现在人们广为所知，新能源对汽车发展的重要意义。中国新能源汽车发展经历了一个认识的阶段。新能源汽车发展不仅是电池动力的问题，是一个系统性的问题，必须满足与发动机技术、整车技术、信息数字化系统等相关的一系列综合性要求，才能达到清洁和节能。所以简单的弯道超车是很难奏效。发展电动汽车充电的问题需要多方协作和承担责任。此外，这个产品的发展必须首先满足可靠性、安全性。除了能源问题外，还有材料和节约资源等问题，还需对社会、对环境、对员工健康等一系问题考虑。所以，在这些领域和产品突破创新的意义和带来的竞争优势是不言而喻的。

（4）**服务创新**。除了产品生产过程之外，汽车储运、营销和使用过程也会对环境和社会产生影响。汽车最终是为用户即车主所使用的。与用户形成价值共享和协同，也就是说形成以人为中心、以汽车为节点，向消费者提供互联驾驶服务，不仅满足出行便捷的需求，同时降低能源消耗和温室气体排放，也节约使用成本。以创新是提高生产性服务价值的重要手段。共享汽车出行就是典型的服务创新。

（5）**系统创新**。汽车使用过程中，安全和应急是十分重要的。汽车应当是保证使用者安全驾驶、平安出行和安全移动的一种工具。举例来说，在发生事故的紧急情况下，特别是当生命安全受到威胁的情况下，在汽车供应商、驾驶者和第三方救援者之间构建一个沟通、互动、共享信息和合作的平台，不仅能向客户提供互联增值服务，而且可创造系统性的社会服务。

（6）**汽车共享**。汽车共享使用也与绿色发展有关。共享的使用方式能节约能源、资源，满足市场需求。共享汽车是一种高效出行方式。这种高效的方式，也是一种创新。在传统的市场体系中，一个新的事物的出现会伴随着新的问题，特别是在信息物联网发展背景下，资源共享也会对经营和管理模式提出崭新的要求。

总之，在当前国际形势和中国经济发展新常态下，一个行业和企业把握好未来的发展方向或方式至关重要。这个方向就是绿色发展方式，可持续发展的方式，注重经济、社会、环境统一的方式。而要坚持这一发展方式的前提是必须树立高度负责的价值观，必须实施可持续发展的战略方案，必须运用系统化的管理方法，必须构建新的商业模式。企业社会责任毫无疑问可助力绿色发展，在汽车行业也是如此。必须明确的是，所有这些措施都不应是抽象的空谈，而应是付诸实践的具体的行动，相信这也是一个行业的希望所在！

6　凝聚社会合力，推动汽车制造业可持续发展

今天这个话题是凝聚社会合力，推动汽车制造业可持续发展。这关系社会责任与中国汽车行业相结合和在当前的中国经济发展新常态下如何考虑可持续发展的话题。

我们考虑问题的角度，是从国际可持续发展的高度，结合中国的实践来讲述，如何把可持续发展的理念落实到企业管理的全过程，从而不仅为企业自身发展创造潜力，为未来竞争力创造优势，而且为当今社会做出贡献。不

用列举，一些先进的企业在这个领域已经做出了表率和贡献。

6.1 理解可持续发展从认识时代开始

理解可持续发展的第一个最重要的背景，要从认识我们对现在所处的时代开始。我们所处的时代是一个新的时代，是一个前所未有的充满变数和快速变化的时代。在这样一个时代中，人类社会面临着巨大的挑战，这个挑战主要表现在可持续发展的大趋势上，能源和资源的问题，特别是应对气候变化的问题就是最明显的例子。

此外，与汽车行业，与移动性有关的最重要趋势还有工业化、数字化和城镇化等其他因素。所有这些因素为人类提出了最高的要求和挑战，也决定了我们必须树立崇高的使命，那就是我们要按照为社会负责的方式，通过实现自身可持续发展，同时为社会可持续发展做出应有的贡献。

6.2 对可持续发展的共识

可以说，对于这样一个认识，在国际社会经过了近半个多世纪，在不同层面不同利益相关方的共同讨论，才形成了一个共同的认识。在宏观的层面上，在微观的层面上，以及在公民社会中达成的一个共识在实质上表明，我们必须按照社会责任和可持续发展的基本原则去规范我们的行动，才能为我们的子孙后代，为我们未来美好的世界做出贡献。因此，企业和所有的组织都应按照这样一个崇高的理想去规划它们的发展，制定它们的战略和行动计划，为自身发展创造机会，为社会发展力尽贡献。

在这样一个责任共识和学习的过程中，企业也经过了自身的发展过程，从过去的被动局面转变成为了今天的主动构建的角色，以不同的方式与政府组织、NGO 组织和消费者等相向而行，共同推动社会的发展与进步。这个主动的真正履行社会责任的角色就是优秀的企业所体现出来的可持续发展的领导力。

在这样一个过程中，联合国在全球范围开展的对可持续发展的讨论，国际标准化组织在全球范围内对社会责任标准的讨论，对促成不同利益相关方的参与和共识所起的关键性作用。现在，社会责任不仅仅是企业的问题，它是一个全社会的问题。所以，从个别性的企业社会责任（CSR）到具有全社会普遍性的社会责任（SR）的转变表明，我们社会每一个组织成员都有承担自己责任的义务。

在这样一个过程中，国际社会也发展了各种理念，形成了诸多标准，也产生了很多标杆性的优秀企业。前面我们谈到的道琼斯指数这样一些评价社会责任和可持续发展绩效的指数，也是在这个期间成为全球评价的标准。另外，联合国在2000年，由联合国秘书长安南先生所倡导的全球契约，倡导了全球所有企业，特别是跨国公司以优秀企业公民为己任，参与全球的治理，参与可持续发展做出贡献。企业参与全球契约的这个行动本身对企业、对社会都是具有重要意义的。它表明了一个企业具有先进的理念，企业的领导要为可持续发展和社会责任做出承诺，承诺和规划自己企业负责任的发展，而且要经受长时间的透明的考验。

在全球范围内对社会责任和可持续发展这种统一的认识，归结起来说，不仅在认识上达到了广泛的统一，而且对可持续发展的内容有了不断深化的共同认识。那就是，当今人类发展的共同的任务是要实现经济、社会和环境协调统一发展。

这个发展是基于一个长期的企业可持续发展和社会可持续发展的基本原则的发展，不是一个短期的行为，也不是一个投机的行为，更不是一个表面的行为。

6.3　企业可持续发展的方案

所以，统一到这样一个思想基础上，以可持续发展的基本原则去规划一个企业的经营和行动，就是我们的出发点。不言而喻，具体到一个企业，要实现可持续发展目标，它应当有切实可行的具体的方案。这是一个长期的为人类为社会创造价值，在市场和公民社会中产生持续竞争优势的一种最基本的方案。

这个基本的方案的目标有两个，一是为了实现企业自身的发展，没有企业自身的发展就谈不上为社会做出贡献。二是企业在落实自身的战略和使命追求时，必须考虑最大可能的结合自身的优势为社会创造价值，与社会实现同步发展。

所以，在制定这样一个战略方案的时候，要考虑社会责任的两个方面。

一个是在企业的外部。那就是作为一个企业公民而存在的，企业应当以自身的实际行动，以公民的身份为全社会做出表率，参与社会的各个方面的发展。从文化到整个社会的和谐稳定，以及支持地区或者国家的经济发展，与各个方面开展合作等。在所有这些活动中，如果说能够最佳地发挥和结合企业自身的知识、专长、技能和能力，那就能更好地优化在可持续发展努力中能创造的价值。

第二个是企业自身的发展。企业在制定战略发展和方案的时候，必须基于可持续发展和社会责任的基本原则。要把它们融入到企业的战略和管理之中。实施可持续发展战略就是转变企业的经营方式的过程，以负责任的行为去改造企业的生产和管理的全过程。这里包括从领导到员工的全面参与，包括落实具体的措施、采用合适的管理工具和行为准则等各个方面。所以我强调，社会责任是实现可持续发展的基本路径。

6.4 新常态要求经营方式转变

我们再来看中国发展的现状和面临的挑战。在过去的30多年间，中国取得了举世瞩目的经济成就。目前，中国经济发展的条件和环境已经进入了一个新常态，“速度”不再是唯一的考核标准，“质量”成为了衡量经济社会健康发展的关键指标。

中国在取得这种巨大经济成就的同时也产生了另外的问题，而且对这些问题的认识是滞后性的。如果我们有可持续发展的理念，我们就会预见未来的发展趋势。所以说，看到了不可持续的发展方式的影响也是滞后性的，比如说PM2.5，比如说食品安全，比如说环境以及健康等各个方面的事故等。所有这些现象说明，有必要对过去的发展方式做出修正。这也是企业和社会每一个成员学习的过程。

在这种新常态下，中国的每一个经济参与者都应秉持可持续发展理念，积极调整发展战略，以负责任的方式开展企业经营活动。

其目标是，要按照可持续发展的理念去推动一个社会发展。首先建立起对社会负责的意识，使全社会真正从宏观到微观去实践社会责任和可持续发展的原则，去建立一个公平、正义的可持续发展的社会。对此，建立一个可持续发展的企业，建立一个可持续发展的行业和产业，而且通过社会互动、共同合作、共享价值的共同的行动具有重要的意义。为达到此目的其关键在于，必须采用系统的方法去处理社会责任的问题。

对于一个企业来讲，采用系统的方法去满足经济、社会、环境上的要求，实际上是逐渐完成的一个变革的过程。也就是说，通过在一个变革的过程中，去改变思维，去调整战略，去教育员工，去改变商业模式。在此过程中，把对社会负责的原则融入到企业管理和经营的各个环节中，以此考虑社会的期望，利益相关方的期望，将这些要求变成一个检验自己行动的实际落实的标准。也就是说，企业的管理远远不是只为股东创造价值，远远不只是开发产品市场，远远不只是市场价格有多少优势。所有的这些都是重要的表现，但今天评价一个企业的方面远不止这些。

一个优秀的企业不仅要具备出色的商业能力，还应对利益相关方负责，带动行业共同发展，并自觉承担社会责任，积极参与社会问题的解决，推动社会的不断发展与进步。

6.5　可持续战略行动计划

一个优秀的企业必须遵循可持续发展的原则，要承认利益相关方的需要，考虑社会的需求，同时要明了企业自己所面临的挑战和发展的主题。必须对这些主题进行严格、精细的分析和研究，才能界定自己的战略定位，做出企业发展的规划，然后转化为企业的行动计划。

制定这样一个战略规划也就有如下的意味：

第一，必须要落实到企业的整个组织和管理的全过程。

第二，必须要变成为员工的具体行动。

第三，必须要有第一把手对社会公开的责任承诺。

企业采用国际标准，以最佳实践对标，规范行为，自觉行动，有许多具有参考价值的方法和案例。

一个企业在落实社会责任的时候，必须要考虑到一个企业所处的环境。过去的几十年经历了全球经济化的发展，同时经历了全球的跨国企业在每个局部地区本地化的发展，现在所面临的共同任务就是要把全球化和本地化变成为一个可持续发展的方式。

这里我重复一下在过去多次讲到的社会责任的四个关键的要素。它们也是企业在全球化和本地化过程中要考虑的关键的战略和操作层面上的问题：

第一，要以自己的核心业务为基础，制定自己的战略，树立价值观，树立自己的愿景，并且按照国际标准去规范自己的行为。

第二，要研究行业的特点，考虑企业贡献的切入点。

第三，要考虑它所处的地区对它的要求与社会相融合的措施。

第四，考虑文化的因素，一个是企业的文化，一个是当地的社区的文化。负责任的文化是企业资源、能力、凝聚力融合的基础。

将这些因素融入到企业管理之中，是企业能应对社会挑战并为此做出贡献的最重要的基本条件。

在过去二十年左右，企业管理者不断运用了行之有效的管理工具，从质量管理、环境管理到社会管理，应用它们有助于实现上述基本的任务。到今天也有落实社会责任的国际标准，值得参考它们，把它们作为规划和落实一个企业行为的有效工具。这里要特别指出，联合国全球契约、国际劳工组织的标准以及经合组织 OECD 的跨国公司指南等，在管理工具发展方面所起的作用。在 ISO 26000 的国际标准中也考虑了这些标准，作为核心的标准和指南。企业以最高的标准要求自己，践行一个企业对社会负责任的最高理念，落实真正为客户、为员工、社会各利益相关方的承诺，也是展现负责任行为的一个重要的标志。

6.6 应对可持续发展的挑战

最后，我们想以一个典型的行业——汽车制造业来阐述可持续发展的挑战、应对的方式及可能的方案（如图 13－20 所示）。

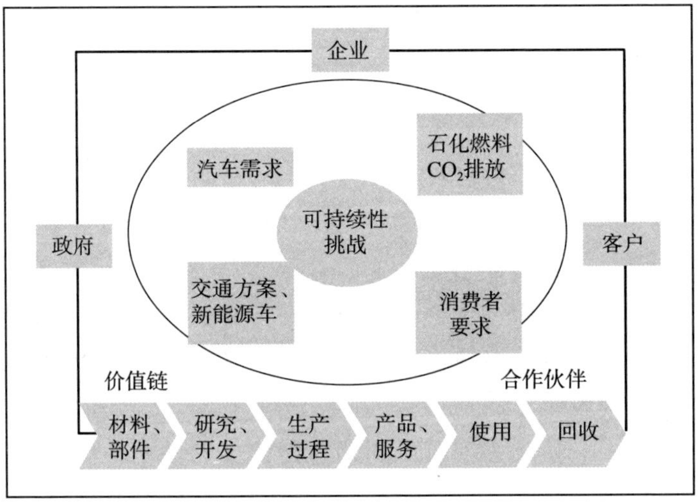

图 13－20 创新合作促进汽车制造业可持续发展

到 2050 年，全世界的人口将会增加到 90 亿。到那时中国人口也会极大地增多。这也意味着，市场对汽车需求的量将会极大增加。据计算，到 2020 年汽车总量增加相比 2010 年会增长 50%。汽车市场增长的结果涉及两个重要的边界条件。

一个边界条件是汽车的能源问题。过去汽车采用的化石燃料，以内燃机传统推动技术为基础。这制约了汽车工业的可持续性。

第二个边界条件是汽车的排放问题。汽车废气及温室气体的排放是地球温度上升的重要原因之一。这同样制约了汽车工业的可持续性。

上述问题不是一个简单的问题，而是一个综合性的问题。在过去很长时间里，一些企业，往往以简单的方式把电动汽车认作其产品首选，或者把生产汽车电池当作唯一竞争模式。

但其结果是，电动汽车或电池并未形成绿色可持续的产业，而且导致产能过剩。根本原因在于没有可持续发展的观念，没有以可持续发展原则为指导的一个系统化的综合考虑和实施的方案。

实际上，在考虑一个行业发展时，在产品、在原材料、在经营模式、在工艺流程、在供应链以及合作伙伴方面都有不同可供选择的方案，而优化这些选择是具有重要意义的。

举例来说，对于电动汽车首先应当考虑到，它的发展必须遵循制造业的，特别是汽车制造业的特点和规律。其次，电动汽车的应用需要电网企业的配合，也需要地方政府的配合。电动汽车有纯电动和混合动力之分，经过一定车程都需要充电。由于消费者移动性的需求，要驾驶尽可能远的距离，同时也要有充电的地方。如果这些基本条件不具备，也没有考虑在一个方案之中，电动汽车就不可能应用，也不可能市场化。再大的市场也不能发挥潜在优势。

我们看到，另外有些制造企业参与了电动汽车和交通管理方案的制定，与车主、供应商、交通管理部门形成互动，并且提供一种新的租车方式，达到共享价值等。也就是说，在整个产业链实施可持续发展的原则，不仅是一个企业自身的发展，而且形成一个合作共赢和合作多赢的方式。

以社会的需求作为业务发展和创新的导向，制定一个可持续发展的方案。所以，汽车的问题不只是汽车，电动汽车不只是电池的问题。电动汽车的发展是一个可持续性方案的问题，是一个全方位考虑可持续发展的问题。

6.7 凝聚社会力量，推动可持续发展

最后，来讲一下凝聚社会的力量，推动社会可持续发展的问题。我们谈企业公民，谈社会责任，谈可持续发展，实际上所谈的是企业与社会之间的一种互动的关系，是企业如何以创新的方式推动自身发展，推动社会发展的方式。国家现在制定了新的发展战略，其中包含了许多经济、社会和环境发展的最重要的目标。为实现这个目标做出贡献，汽车行业肩负着重要的使命。汽车行业和企业，其他工业领域以及公民社会，包括消费者，都应参与其中。

近年来国家出台了许多新的保护环境的法律，出台了关于新能源发展的政策，在市场监管方面也有许多新的举措，比如关于产品安全、关于反垄断、关于投诉处理、关于产品召回，以及关于供应链上供应商授权等。所有这些

与我们企业的运作有着直接的关系。所以，满足法律法规的基本要求，坚持可持续的经营，把社会责任融入到企业的核心的业务，争当优秀企业公民，这四大活动领域缺一不可。

如果有更多的企业都能够遵循可持续发展的原则，以履行对社会的责任作为推动创新的原动力，与企业的合作伙伴和利益相关方形成互动，凝聚共享价值的正能量，就一定能够推动汽车行业可持续发展。在此希望能向相关的市场、向相关的行业传递一个考察什么叫可持续发展，考察什么叫社会责任的信号。也希望借此机会分享的这些观点，有助于为在制造行业，在汽车行业广泛实施可持续发展的原则和社会责任基本理念做出一点贡献。

7　诚信为本，责任当先

很高兴今天在这个国家级媒体平台与更多听众分享关于企业和市场诚信、价值观管理及其意义的见解。

7.1　诚信建设的意义

诚信公信力建设是一个很重要的话题，这个话题关系到普通百姓的根本利益，关系到国家的期望，关系到产业的发展方向，以及行业组织是否能够发挥正能量等各个方面。实际上，以诚信为本，以责任为重，对企业、对产业、对社会具有方向性的意义。

这样一个问题，是整个社会共同关注的一个的焦点，所以我们应该从广阔的视野上去理解诚信建设的意义，理解它在国际市场，在中国，特别是在当前发展背景下，在经济转型、产业升级和供给侧结构性改革这方面具有的战略意义。

此外，我们应当看到诚信建设在市场经济中的作用。企业如何坚持诚信建设方向，建设诚信和道德价值观的体系，用什么样的方式来落实，使之能为中国的可持续发展，为中国可持续产业和健康产业的发展做出应有的贡献。

所以，下面就以这个逻辑关系来阐述几个方面的看法。

7.2　认识国际大趋势

我们知道，从20世纪50年代到现在，国际社会经过了半个多世纪的共同讨论，原则上形成了一个共认识，这就是当今世界需要可持续发展。实现可持续发展就意味着，我们必须要解决当今世界面临的最重要的主题和挑战，而这些挑战最终需要在每一个国家，在全球公民社会，变成实际的行动。也就是说，每一位社会成员和每一个组织，和作为企业公民的企业，要为此做出贡献。具体说来，需要处理一系列的相互关联的具体的主题。比如说，环境的问题跟健康产业有密切的关系，气候变化对产业发展将会有长期的影响。另外，人口老龄化，以及目前中国所正在进行的工业信息化，以及互联网+等各个方面的现代化手段的建设，对企业未来的发展也将产生重大的影响。

为什么要谈这些主题？因为它们是时代的大趋势。大趋势意味着它们是影响我们未来几十年发展方向的重要主题，离开了大方向，离开了对大趋势的研究，企业和组织就感知不到企业发展的方向和推动力。

7.3 认识诚信的重要性

中国经过30多年的发展，取得了辉煌的成就，我们现在正走向一个重要的新阶段。认识过去的发展，展望未来的蓝图，解决当下面临的挑战关系发展更可持续。

从社会来讲，人们普遍关心生活质量的提高。生活质量的提高不仅仅是说食品，当然与医疗、与健康、与保险、与保健品，以及与所有的技术、产品和系统，都有很大的关系。“人们的期望就是我们奋斗的目标”，人们生活质量的提高实际上是社会发展的根本要求。

另一方面，社会发展离不开整个产业发展，但发展必须采用新的方式，而不能沿用过去传统的方式。社会普遍关注的一个最重要的主题，就是诚信和道德底线。因为，离开了诚信，离开了对社会、对国家、对人民、对消费者担负的责任，要解决生活质量的问题，难于实现全社会和企业可持续发展。

7.4 认识市场环境

今天的市场是全球化的市场，无论是建立国际的市场还是国内的市场，市场都需要健康发展，这就离不开政府的主导，企业家的奉献精神，还有消费者负责任地参与。这里的核心问题是，社会每个方面都必须各尽其能，履行自己应当的责任。当我们谈及企业发展、产业发展、企业家精神时，所强调的最重要的就是要向社会（客户、消费者）提供具有价值的产品和服务。

有价值的产品和服务，实际上就是负责任的产品和服务。在当今的市场中，企业领导者和管理者都应知道，社会是如何评价一个企业的。过去看质量，看价格，很多企业把价格的竞争当作首要的关注的对象。实际上，这种想法在今天已远远不够了。今天，社会和消费者评价一个企业，远不只是针对一个产品，对企业的评价还包括除产品以外的其他方面，如企业道德、企业责任，以及企业对客户和消费者负责任的态度（如图 13 –21 所示）。这样评价不管你愿意不愿意接受，其效果或结果最终将会影响企业在市场的表现和发展，因为消费者将据此来做出他的购买决定。在未来消费者对企业责任要求的意识会越来越高，在全球市场企业的行为表现也已成为市场接受度的一个敏感和关键的因数。

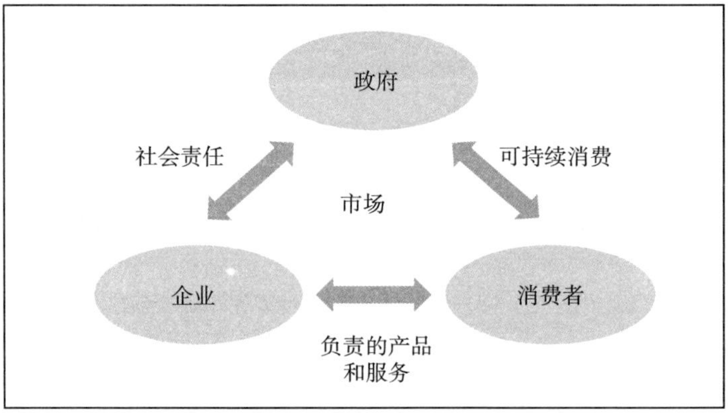

图 13 –21　市场经济和责任行动者

7.5　企业是如何被评价的

具体来讲，一个企业是如何被评价的呢？社会无论关注企业的哪些方面，企业在社会的评价最低要求是它必须是合法的、可接受的。只有在此基础上才有可能提出更高的要求。所以，一个企业必须要按照系统化的方式去规划它的发展。这个发展远非只考虑利润，远远超出只考虑经济的效益。企业在考虑经济效益的基础之上，必须要关注合法合规，关注道德，关注企业能否为社会做出自己的贡献。如何处理所有这些不同的方面，企业必须因情况而异，各自应有不相同的方案。所以，这种个性化的、与企业的核心业务相结合的、与产业链发展相结合的一整套思想，对当今社会和新的时代，已成为必不可少的发展条件。

7.6 道德规则

具体来讲，企业如何把这些关注变成实际的行动，这实际上就是把对社会负责的原则付诸实践，得到贯彻落实。企业制定任何目标最终都应变成行动。因此，对一个企业来讲，要实现自身的可持续发展，就必须完整地、系统地去思考它在社会当中扮演什么样的角色？它能起到什么样的作用？企业在整个社会中活动的边界在哪里？等等。处理好企业内部的管理过程，处理好企业与社会的互动关系，所带来的效益和影响将不仅是经济上的，而且是有品牌影响力的。所以，无论是规范员工的行为，还是对供应链进行管理，以及建立各种标准规范对企业在社会、在市场的活动，都是非常重要的方面。当然，当企业在发展经济的同时，也应力所能及为社会做出贡献。企业以企业公民身份为社会做出贡献时，实际也为企业建立了自身发展的平台，创造自身发展的机会。所以说，企业的发展与社会发展同步是企业家应当思考和具备的最根本的思想。

企业要落实负责任的行动实现可持续发展，就必须要确定从事活动的规则（如图 13－22 所示）。这样一些规则，实际上是道德规则，是负责任的规则，是行为的准则。

从业 ✓尊严 ✓公平、公正 ✓健康、安全、环境 ✓内部交易 ✓信息隐私	市场 ✓遵守法律法规 ✓产品质量和安全 ✓营销 ✓反垄断 ✓反腐败
企业 ✓纳税 ✓知识产权 ✓公私利益冲突 ✓公共关系 ✓动物试验	社会 ✓公益慈善 ✓环境保护 ✓与医疗服务者关系 ✓与医保群体的关系 ✓政商关系

图 13－22 商业合规和道德准则

那么，如何建立这样一个行为准则？企业必须要从职业道德的方面去规范企业每个成员的行为。企业作为一个组织，它必须在国家整个体系或制度框架下，构建一个对国家负责对社会负责的体系。此外，企业在市场中追求经济效益，必须坚持市场的公正、公平竞争，并按照可持续发展原则构建健康的市场，这也是企业管理者首当其冲的一个任务。此外，虽然改革开放后社会得到巨大进步，人民生活得到极大改善，但中国仍然面临着消除贫困，需要构建城乡协调统一可持续发展的健康中国的格局，在公益领域企业和企业家大有可为。所有这一切行动和贡献，都必须遵循相应的原则，只有明确指导原则，行动才有度量的准绳。

应当说，一个有利于可持续发展的负责任的行为准则，决不是空洞的，也不是表面性的，而是实实在在为企业和产业、实实在在为社会发展做出贡献的行动标尺。所以，企业在道德和行为上产生的是正能量还是负能量，其结果对企业的影响也是不同的（如图 13－23 所示）。

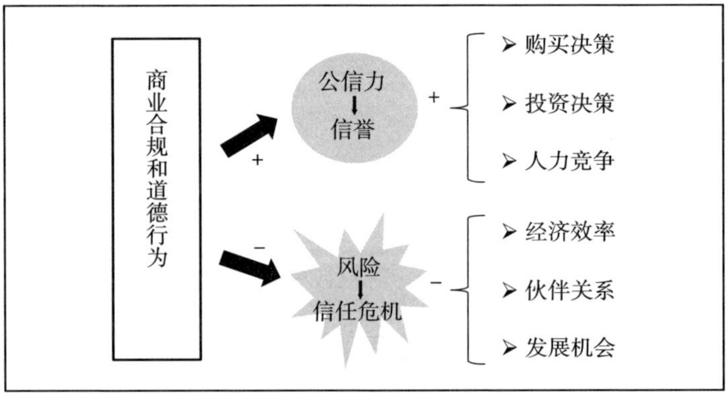

图 13－23　道德诚信在市场中的力量

7.7　诚信的力量

如果在正确的方向做事情，实际上是在推动整个社会正能量的方向去发展，那就会提高企业的公信力，提高企业的信誉。因此，企业这样做不会是没有收获的。企业所得到的收获，包括企业在产品销售、市场方面，在吸引投资者方面，以及在吸收地区或整个社会优秀人才方面，都会产生正面的影响。当然，如果在道德规范和道德行为方面失去了道德底线，它将不仅不能使企业发展，而且有可能造成灾难性的后果。

所以说，道德诚信的建设实际上是一种正能量的建设，是一种企业竞争能力的建设。

这里举个典型的例子。如果在某个行业领域，如医疗领域出现了一个医疗事故，如果它与诚信、与责任有关，那么它所带来的社会影响将是广泛的。这样的一个事件可能会涉及企业、媒体、甚至政府监管部门（如图 13－24 所示）。

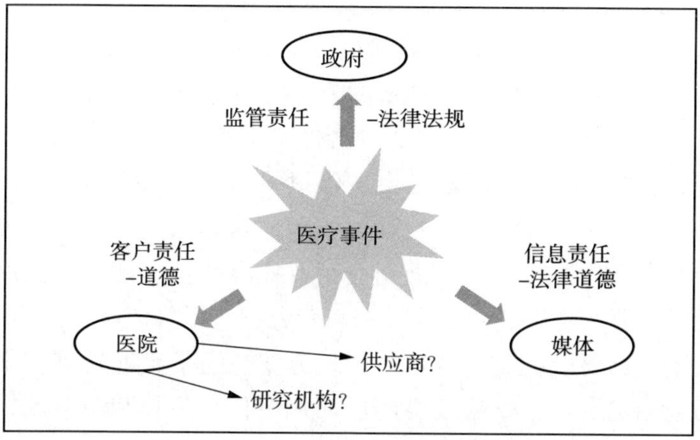

图 13－24 责任、诚信和信任危机

因为这样一件事情，责任可能涉及政府监管机构。政府机构有提供社会公共政策和服务的责任，这种责任的落实会有效监管一个企业、一个产业和社会的道德行为。

对企业而言，它从事的任何经济活动，都必须在道德的框架之内进行。离开了道德规范，就会遇到巨大的风险，而这种风险之严重很可能使企业或提供服务的机构瞬间信誉一败涂地或破产。

另一方面，作为媒体、作为社会组织，它们也是构成整个社会的组成部分。企业如果离开了道德底线，离开了对社会的责任，离开了与政府的合作，那么因此所造成的结果不仅威胁到企业的可信度，而且对企业的发展也可能产生很大的影响。我们都知道，当不负责任的事件发生在一个企业，企业在股市上股票下跌就是明显的影响和结果。当然，进一步探索这里也可能发现，这样的问责还可能涉及相关的供应商或者合作机构的责任等。

实际上，社会责任体系应当包括企业管理的全过程，包括企业整个供应链管理。所以，谈公信力，谈诚信建设，责任落实不是仅限企业内部，也要把眼界扩展到企业与社会相接触的领域，与供应链相关的各个领域，构建一个可追踪的、可评估的、可判断的无缝的诚信和责任管理体系。

7.8 构建诚信管理体系

那么，怎样才能构建这样一个无缝的诚信管理体系？实际上，这个体系是企业管理系统的一部分。改革开放 30 多年来，企业各自发挥了自己的优势，人力的优势，资源的优势，以及人口红利的优势等，但是还有一个优势，应当具有更大的发展潜力，那就是可持续管理的方式。

今天为什么要谈发展方式的转变？为什么要谈产业升级和转型的问题？这里的关键是，我们必须要用一种新的方式从事企业的管理，用一种新的方式构建一个以社会需求为动力，且为社会做出贡献的方案。

所以说，我们要从认识国际社会，认识中国这个国家的需求，认识我们所处市场的特点，从中找到我们行动的领域，找到我们负责任的方式，并且按照对社会负责任的诚信方式，去创造企业发展的竞争能力和品牌。这不仅是自身发展的需要，也确实为老百姓和消费者创造了价值。

要做到这一点要求企业具有整体管理方案。这个企业管理方案来自于它对社会对市场的定位，也要从战略的层面把责任、品牌和诚信放在最高的位置上，树立对社会负责任的方式，形成企业诚信管理的文化，通过行为准则的方式规范具体的行为（如图 13－25 所示）。

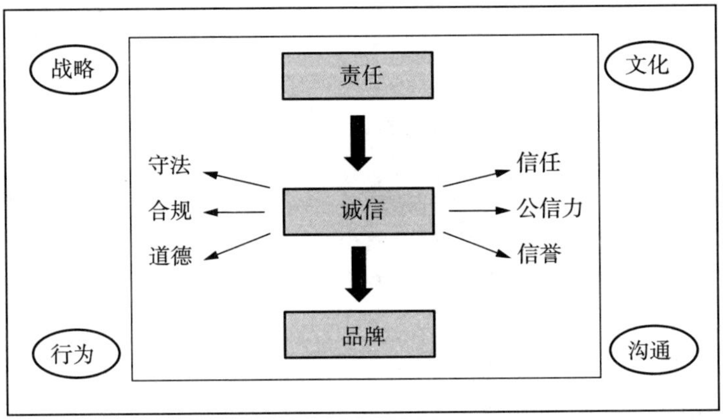

图 13－25　从责任、诚信、公信力到品牌

要在企业的内部，在整个供应链和产业链内要形成一个共识，形成合力共同推动可持续发展。也就是说，责任理念、责任思想，要根植于企业，要从战略到管理方法，从管理方案到措施，直到最终落实到行动全面落实。实际上，这样一个管理过程对许多企业来说都是创新的管理方式。

7.9　从责任、诚信、公信力到品牌

建立一个可持续发展的对社会负责任管理方式的一个最核心的问题是诚信建设。诚信不是停留在口头上的标榜，诚信的建设需要依靠一个体系。企业负责任的行为是有所指的，企业为社会创造价值是有具体表现的。社会的评价，消费者的评价，国家的期望都对企业提出了很多要求，而所有这些要

求最终涉及的一个根本的问题是用什么样的价值观去做人做事。

在卫生行业、在医疗行业、在食品行业、在工业领域等各行各业，每一个具体行业，在国际范围内，在中国社会条件下，对企业的要求是具体的有差异的。具体的发展方式必须准确地界定，这样界定而形成的方案才会符合可持续发展的要求。

为了构建一个健康的市场经济，市场最需要、当今中国最需要的是诚信。诚信不仅体现企业的竞争能力，不仅体现企业与消费者关系到位的程度，而且所有企业汇集起来代表一个国家在全球的竞争力。在全球的竞争能力中最重要的是软实力。我们不仅要钢铁煤炭，不仅要水泥大马路，不仅要高楼大厦，不仅要高铁，不仅要 GDP 等。随着这些硬实力的发展，与此相配合的软实力必不可少。基于中华民族的文化，中华民族的价值观，基于一个负责任的大国的责任担当，确立企业的使命，确定企业的战略，把它作为行动的目标，建立适合的价值管理体系，并且从组织上保障落实，形成一个不断循环改进的过程，是摆在当今中国企业面前的具体的义不容辞的任务。

7.10　责任意识

从责任意识上讲，现在企业可分为不同的类型，或不同的企业处在不同的发展阶段。其实最落后的企业，或最落后的阶段，是不负责任、没有诚信的企业。本质上反映的是管理者思想没有改变，不能感受到社会对它的期望，所以一旦出了责任问题之后，只是以被动的方式做出反应。这种被动反应的代价往往是很高的。而另有一些企业以纯捐赠方式参与了社会公益，如能与企业自身的核心业务相结合，则有可能优化自己的价值创造过程。还有一些企业尽管参与了社会责任实践，但是参与社会责任的方式不可持续，或许更多地出自自我宣传，重在企业外部展现，而没有注重企业内部的建设，没有把价值观和社会责任放在一个核心的位置，缺乏战略和措施的支撑，缺乏真正的负责任的行动。

企业未来发展的方向就是要按照战略眼光和思维方式构建企业发展的框架，将企业发展与社会发展相结合。这种发展框架不仅与目前的经济转型和产业升级相适应，而且与供给侧结构性改革相适应。这对中国走向世界，参与全球经济治理，以“一带一路”的战略融入世界经济，具有重大的意义。

7.11 价值观管理

最后，我们还要讨论企业诚信作为一种方案对当前或者今后若干年将会推行的一项政策供给侧结构性改革的重要性。关于供给侧结构性改革这个问题，经济学家有过许多讨论，也发表了很多观点。我认为，实质上是要转变产业发展的方式，企业必须走向以责任引领的投资和经营模式。因为，只有以责任引领才能解决能源、资源、生态环境、效益以及产能过剩的问题，而且我们现在解决的问题大都是过去的。如果现在不是按照责任引领发展，很可能在未来的五年要解决的就是今天产生的。

所以，我们必须要转变思想。新常态、新思维、新战略的核心问题是转变思想，适应新时代的发展。我们谈互联网 +， + 什么？最重要的不是 + 技术，最重要的是 + 新的思想，这种思想就是负责任的思想。对公民、对国家、对消费者认真负责，将责任化为行动，自然就提高了竞争力，自然就优化了发展方式。

实现国家五大理念最终对企业提出的关键问题是，必须要在社会需求中寻找创新的动力和源泉。如果我们没有站在这个层面思考，眼光只是盯在短期效益、盯在钱的问题上考虑，这种思想就是过时的思想。

我们管理企业的维度发生了变化，过去只是单一偏重经济效益，这种简单的模型不适合未来的经济发展。未来的经济发展是复合模式，管理的变量不是一个，管理是具有多个变量的复杂的系统，而且这个系统处于整个全球经济发展之中。

自 2008 年全球经济危机出现以后，在目前经济发展的大趋势的背景下，在当前全球地缘政治和不同矛盾及利益相互交织的影响之下，企业发展面临前所未有的挑战。在此情况下，如果谁率先地转变了思维方式，谁率先转变了发展方式，谁率先走在了道德和责任的最前面，那么这样的企业未来不仅在中国而且在全球就会具有差异化的最强的竞争优势。

总体说来，企业建设一个诚信体系，其核心是价值观问题。价值观统帅一个战略，而这样的战略要落实到实实在在的方案和措施，最后将措施转变为行动（如图 13 – 26 所示）。这样行动的最终结果不仅改善企业的竞争力，而且也有利于企业在经济、社会和环境方面的效益。

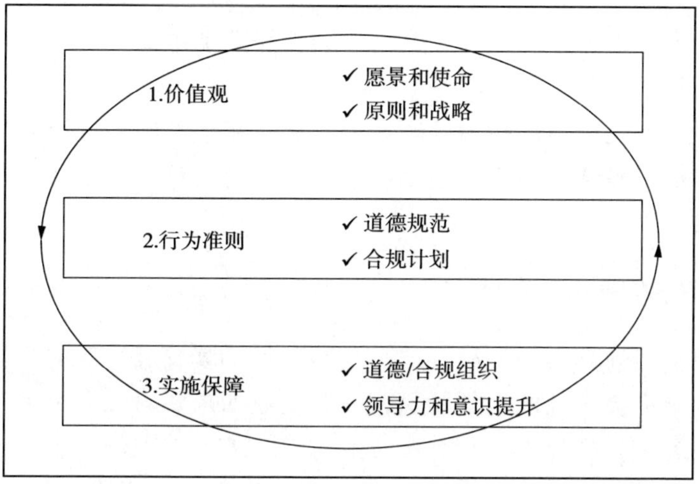

图 13－26　价值观管理系统

我们要系统地研究今天人类社会遇到的挑战，要系统地研究中国社会发展提出的主要要求，以此来确定我们的工作方向和重点。遵循这样一个思想也会做到对社会和消费者负责，为他们创造他们期待和可接受的价值，这就是商业行为在价值上的具体表现。

中国发展需要企业家，中国需要企业家精神，而这种企业家和企业家的精神，就是要把自己远大的理想变成对消费者、对社会、对国家负责任的行动，以这样的方式去规划企业的未来。

所以，希望以上对诚信、道德、责任和公信力的简短讨论，能够帮助大家理解为什么诚信如此重要？建立诚信体系应从哪些方面去考虑？诚信体系包括什么？如何构建一个诚信体系？如何构建价值观管理系统？最终，理解如何把这样一个体系与中国国家战略布局相对接？从而实现企业和产业可持续发展。

8　企业社会责任透明度管理

企业社会责任行为透明是企业社会责任的一个主要的原则，也是企业管理的一个关键的因素。在 2009 年，我曾经谈过，社会责任是有意义的事业。2012 年我又谈过，社会责任必须做成有意义的事业。我想用这两句话来总结近年来中国开展企业社会责任过程中经历的变化和面临的挑战。因为早先我们所面临的问题是，要不要履行社会责任？可是今天，我们的任务是如何履行社会责任？所以，透明是今天整个社会责任活动中的一个关键词，也是一个重要的原则。

关于社会责任行为透明的问题，可以从这几个不同的方面去理解。社会责任行为透明的意义，对行为透明的要求、内容、对象和条件，以及行为透明的作用等。

8.1 透明是管理的基本要求

实施社会责任其实是一种管理，是实现可持续发展目标的管理。任何做领导、做企业社会责任的人都知道，一个企业如果要对社会负责，如果要达到可持续地经营，领导者必须有自己的承诺。为了实现领导者这个承诺，那就必须依靠正确的组织方式，同时要建立起正确的管理体系和机制。这时，最简单的要求是什么？最简单的要求就是企业在内部必须保持高度的一致。企业在外部社会中也必须塑造统一的形象，因为企业是社会中的一个公民。如果领导的承诺在组织和管理流程的各个方面都没有落实到位，这样的管理就无从体现一个企业的领导力，更不能表现出一个企业对承诺的执行力。也就是说，如果没有一个系统的透明的管理，就不可能谈社会责任的落实，也不可能谈实现可持续发展的目标。这是一个大前提，所以企业发展总是要从管理开始（如图 13 - 27 所示）。

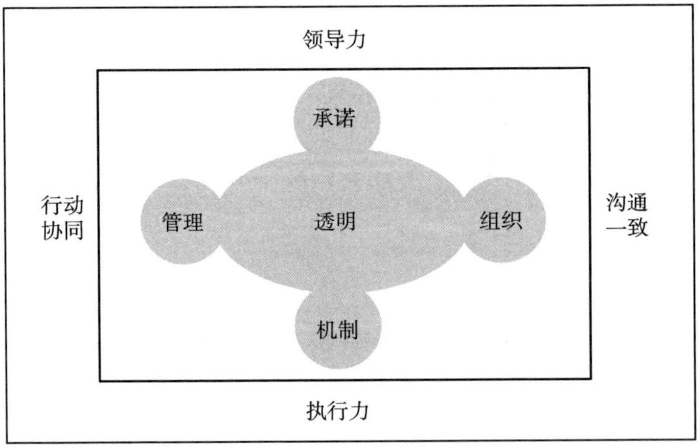

图 13 - 27 透明度的管理

在企业发展和管理中，社会责任是企业的灵魂，是企业发展的基础，是企业风险控制的重要工具，也是企业实现可持续发展的路径。具体来讲，按照最新的国际共识，企业必须要考虑社会和利益相关方的要求，企业的管理、企业的决策与活动要以透明的方式来进行。如果没有透明的符合道德的行为，那么企业可持续发展的目标是不可实现的。也就是说，今天在企业管理中必须要有一个系统化的思维，这种系统化的思维不是只为企业今天的利润，不只是为股东创造价值。企业必须面向社会，考虑社会整体和其他利益方所提出的要求。而要做到这一点，它就必须按照一种规范化的方式去管理。这种规范化的方式就是考虑全球统一的标准，那就是必须要按照符合社会责任的、国际上通行的规范，按照一个国家的法律和规定去规划一个企业的活动，最终的目的是为了企业和社会共同可持续发展。而这种发展是建立在一种合作共赢和共享价值的基础之上的。

在这种系统化的履行社会责任的基本方法中企业符合道德的行为是关键，离开这一点社会责任也就无从谈起。如果要实现一个企业可持续管理，要用透明的规范化的行为对社会、对利益相关方负责，那必须有一套完整的管理体系，而这套管理体系是从价值观开始。如果一个企业有正确的价值观，在这个基础上建立起自己在发展战略，同时落实到管理的方法和措施上，那么这样的一个企业就会有可能走上可持续发展的道路。但是，这还不能完全保证，为什么？因为我们在社会责任基本的理解中知道，社会责任必须要落实到企业的战略管理、日常经营和员工的合作当中。所以说，企业社会责任是一个与管理体系、管理组织、企业的运营相关的非常密切的一种运作的机制，它不是文字上的条款，它也不是额外的要求，它是每个企业为了自身发展和未来成功必须建立的基础。

我们可以看出，在社会责任总体方案和战略中非常重要的一个环节是社会责任的沟通。在社会责任沟通领域中，有一个沟通的元素那就是社会责任的报告。社会责任沟通所包括的不仅仅是社会责任报告，社会责任报告只是一个通行的、国际上规范的、有效沟通工具。企业在对社会经济和环境负责的实践过程中，它作为管理工具是要实现与利益相关方透明的沟通。但是，这里应当指出的是，社会责任报告不能代替社会责任，它不是社会责任的全部，也不是社会责任沟通的全部。

可以看出，透明的社会责任沟通与可信度密切相关，而且也是保证社会责任能够真正落实，同时能使企业被各个方面所接受而且提高信心的重要的基础。所以，应当在企业社会责任的整体方案中去找到透明的位置。

应当说明，社会责任的透明这样的话题，它远远不是一个信息沟通或披露的问题。信息披露是社会责任沟通当中一个非常重要的措施，但是社会责任的数据和信息的披露还远不能完全地满足社会责任管理上的要求，因为这与企业的领导、组织机构、机制和其他各个方面都有很大的关系。所以我们谈透明，实际上强调对社会、对经济、对环境负责的、透明的行为。

理解透明对提高一个企业的管理能力，对提高一个领导者的领导力，对提高一个企业在社会中的信誉，以及和各个利益相关方方面建立起顺畅的合作互利、共赢具有重要的意义。透明度是社会责任的一个基本原则，透明度实际上源于企业的管理，源于企业的问责。对企业管理、企业领导者、企业内部的流程、外部的活动以及决策过程中透明与否能充分反映出企业实施问责的程度。所以说，透明实际上反映问责的程度。按照国际标准，就是要以公开的方式、要以诚实的方式能够对自己的决策与活动和它在当前产生的影响以及潜在的影响承担责任，要向社会各利益相关方做出报告。这种报告当然是以透明真实的信息为基础的，但是信息所包括的内容远远不只是数据。

向利益相关方提供透明的行为信息的一个重要要求是促进利益相关方和企业形成一种双向互动的对话关系。我们知道，21 世纪是网络化、信息化、智能化的时代，这需要一个新的、前所未有的、不能用传统的管理方法解决问题的时代。那么，与社会的沟通和合作对话是企业成功的条件之一（如图 13－28 所示）。

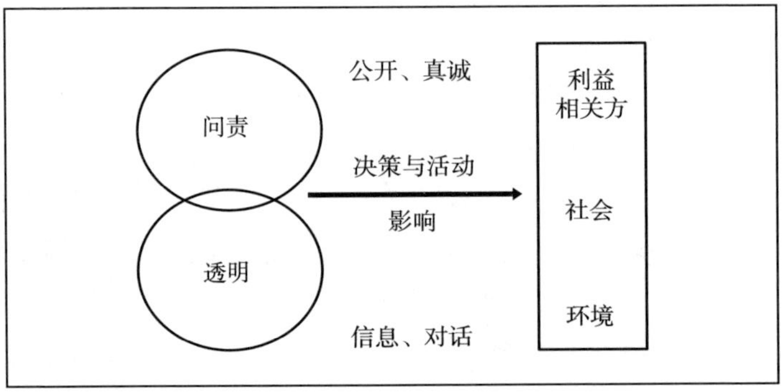

图 13－28　透明意味着什么

8.2　透明的要求、内容、对象和条件

透明的要求。如果说从信息的角度出发来看，它必须是真实、准确，必须

是按照时间的要求，是能够理解，是利益相关方能够获得的。但这只是表面的标准，你达到这样的标准，并不是说你的透明对公众或者说对利益相关方就真正被接受、被理解，而且是和你一起站在同一个观点或者同一个认识上。最终，利益相关方之间信息的交通必须要促成积极的对话，要体现实现可持续发展的三重基线的基本要求，然后才可能达到这个要求（如图 13－29 所示）。

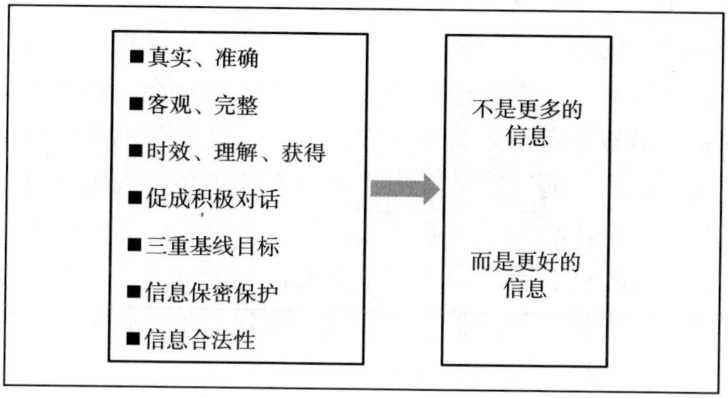

图 13－29　透明度的要求

有一点需要正确地理解，透明的基本条件是法律和规范。公开透明是有国际规范、有界定、有要求的一种管理元素。对于信息的保密，对于信息的保护，每个国家的法律和规章在不同的领域都有确切的规定。所以说，公开的信息一定要符合法律的要求，公开的信息或者公开的方式必须合规，不违反信息的保密和保护要求。对这一点必须有清醒的认识，透明并不是无条件的。

所以，谈透明不是说一个企业要大范围堆积信息向社会展示，而是要向社会、利益相关方提供能够共同合作，能够做出决策的高质量信息。所以提供这种信息的最终目的是为了使信息的获得者能对其行为做出判断和决策。比如说，消费者获得了产品的信息，要构买这个产品，支持这个产品，所提供的信息能使之做出决策，而且这一决策是有根据的。但是如果一个企业不能真实提供信息，不能透明地披露自己的信息，消费者就不会对企业及其产品有真正的了解，就不能清楚地做出有价值的决策。当然，对上市公司、投资者来讲，企业透明的高质量信息的重要性也是不言而喻的。

透明的内容。透明包括什么内容？或者说透明应体现在哪些方面？首先，透明体现在企业的决策与活动中。每一个企业由于它的业务、所处的行业、地区、发展历史以及领导者价值观之不同，它的决策和活动是不一样的，战略也是不一样的。所以说，这方面的内容关系一个企业具体负责任的行为。另外一个内容方面是企业遵循的基本原则，这一点也非常重要。无论是社会责任的报告，或者会议宣传、新闻发布，如果不能看出一个企业遵循的原则，则报告和宣传是没有多大说服力的。这个原则可以是一个文件，可以是愿景，可以是纲领。此外，还有很多其他的内容，包括企业的决策流程，所有这些其实都是企业治理的问题。如果对于社会、公众、利益相关方来讲，如果不是从利益方面去考察一个企业透明的行为，考察对社会、环境的影响，这就是最大的缺失。当然还有很多其他方面的内容，这些就不一一列举了。但有一点，企业为了获得利润，这是经济贡献的重要表现。当用社会责任报告或者说用沟通的方式来反映一个企业绩效时，社会所关心的远远不是一个企业赢了多少利，更重要的是希望知道，企业如何分配利润，从而体现对社会的负责。例如，要么就是投资，要么就是创造福利，要么就是为企业或社会发展做出某些贡献（如图 13 – 30 所示）。

■决策与活动
■规划、原则和准则
■流程、责任和决策路线
■主要决策人和参加者
■业务活动的目的
■业务活动的类型
■业务活动的地点
■资金来源和如何使用

图 13 – 30　透明度的内容

透明的对象。谈透明度是有对象的，这就是透明对谁而言？在哪些内容上有什么要求？在多大程度上透明？一概而论的透明是没有的、不切实际的。透明是对利益相关方而言的。每一个企业的利益相关方表面上都一样，但是在实际情况中是不一样的。比如说上市公司，比如说民营企业等。投资者、分析师是重要的利益相关方，因为他们所做出的评价，得出的结论直接关系金融市场、关系投资的决策，关系向投资者给出的信息等。当然，企业对自己的员工透明是非常重要的。如果一个企业发布了社会责任报告，但是在企业内部没有得到员工的认可，这种社会责任报告对外没有什么意义。此外，非政府组织在推动可持续发展方面发挥了重要的作用，它们有自己在环境和社会方面的理念，但是它们的工作必须与企业对社会负责的活动紧密相结合才会获得成功。今天网络化、信息化的时代，企业在社会的影响范围大大延伸了，对具有国际影响的中国企业，利益相关方不一定都在本国，所以识别利益相关方，确保信息透明是一个重要的要求。此外，有政府、有媒体等各个方面，它们对信息的需求有不同的要求。如果从信息和市场看，实际上它们代表信息的消费者，这种消费的要求是不一样的。所以，企业必须仔细考究自己的利益相关方究竟是谁？他需要的究竟是什么？如何能够和他建立起一种合作共赢的方式，使之对企业的所作所为有充分的理解（如图 13－31 所示）。

■投资者和分析师
■领导者和员工
■非政府组织
■客户、供应商和伙伴
■协会、媒体
■消费者
■政府和机构
■企业主和股东

图 13－31　透明度的对象

透明的条件。企业要做到透明是有条件的。企业要想向社会传达在领导力、组织管理、机制以及在各个活动和决策上高度透明的信号，就必须要注重实际的步骤。首先是注重对话，没有对话不可能透明，也就不可避免出现风险。另外，我们所指的透明必须体现在核心业务之中，这实际上是检验一个企业是否真正能够做到管理透明的关键方式。此外，谈透明往往不仅限于一个企业，因为每一个企业常常都处于一个供应链上。要讲供应链是因为企业对社会负责的行为，往往不只体现在企业内部的管理，而且还体现在采购、原材料的消费、海外分公司或者子公司以及驻外的管理机构等外部方面。

另外，透明是社会责任的至高原则之一，所以透明管理必须要具有一个战略的框架，要按照对社会负责、参照最佳实践、按照实用标准指南工具，去规划自己的管理体系。

■ 注重对话
■ 与核心业务相结合
■ 可能时包括供应链
■ 遵守法律和道德责任
■ 基于价值观的活动框架
■ 透明产生信任
■ 透明来自比较
■ 准则和指数是比较的依据

图 13 - 32　透明的条件

8.3　透明的作用

关于透明的作用，我想讲两个方面。有时候我们谈一个企业在对社会负责时，总体的要求是说企业要能够最大地发挥对社会的正面影响，同时，能够最大程度地减少其负面影响。无论是在增加正面影响还是减少负面影响，透明都会起到关键作用。当然，我们前面讲了，如果一个企业的领导，从战略、管理到执行，其领导的表率作用等在企业运作的各个机制上都能透明地体现出来，那么这些在企业内部就会得到员工的认可，大家就会在同一个方向上相互协调，为实现企业的愿景和企业的目标而共同努力。当然，这样也有利于建立合作的伙伴关系，而且对上市公司价值的增加也会起到积极的作用。不透明产生负面影响的情况往往是比较多的。在这种情况下，常采取的方法是，如果一个企业发生了失职的行为，比如发生了环境的事件等，往往采取一种危机公关措施，公关措施包括一些媒体沟通、新媒体操作等。但所有这些方法和措施都是短时性的。为了有真正的、彻底的方法是，在负面情况下，从负面的影响开始，着手进行企业的改变，进而为产生正面影响创造条件。这方面国际上有很多成功的案例。也就是说，有很多企业当它们出现了由于管理失职、监管失职或出现负面事件时，它们把解决这一问题的挑战当作一个改进的机会。为透明管理采取科学的系统的管理流程，从而使企业摆脱困境，然后往往成了这个行业、这个地区一个最负责任的企业。我这里想举三个例子：

第一个例子就是供应链上透明度的问题。我们现在很多商品都是从国外进来的，是一个国际供应链。很多的硬商品，如铁矿、煤矿、煤炭，还有软商品，如大豆油、小麦、玉米等生产国都是在国外。有一些商品全球非常关注，比如说棕榈油这样一个产品，对全球的生态起关键作用，影响全球的气候变化，受到联合国各国政府的关注。中国是棕榈油第二大进口国消费国，供应链的管理应当包括棕榈油链条的最上游，要向利益相关方透明地表明，棕榈油来源哪个地方哪个生产者？棕榈油种植园是否采用对社会和环境负责的管理方式？

第二个例子是在国际上有很大影响的环境事件，2010 年英国石油公司在墨西哥湾出现的漏油事故。这个漏油事故经历了一个信息不断地由不透明到透明的过程，在这一过程中企业发生了很大的改变。首先是更换了 CEO，同时，企业在内部进行了从战略到管理流程，以及对员工的教育、培训等一系列举措。这样的举措是回应所有的利益相关方的要求，比如说美国政府、美国证券交易所、美国环境署、美国海岸警卫队等各个方面。所有这些利益相关方都提出了苛刻的要求。如何满足这些要求，而且透明地向全球展现企业的各种行为，是一个严重的挑战。简单的公关，短期的行为，或者一味沉默没有立即行动改正错误的消息，企业在国际社会是无法继续存在的。

最后，我想就透明度问题谈谈社会责任报告。很多企业没有把发布社会责任报告当作一个管理工具。实际上，它是一个从社会责任目标、到计划、到实施、到检验不断循环改进的管理过程。如果企业不是构建这样一个管理过程，不是作为管理的工具，而是当作编制一个公关的文件，或者说被动地为了向外部发布，展现自己所做的好事，没有表明负责任的管理方式，就不可能使企业与社会形成透明的、有价值的沟通。每一个企业自身的情况都不一样，所处行业和地区的特点不同，加之有不同的文化，所以社会责任报告所体现的基本的要素和结构应当是有所区别的。但是，社会责任报告都有可能在统一的国际标准之下来考虑，使之成为一个透明、高效、合理的沟通工具。

所以过去一再强调，社会责任报告不只是做好事的报告，也要表明你为什么要做好事。社会责任报告不是说我有些什么指标，我有一些什么数字，而除了数字之外，要表明为实现这些数字指标，从现在到将来有什么规划？进展如何？是否做出了承诺？等等，所有这些都应当是透明的，这样的报告才有意义。

8.4 透明度管理的工具

大约 20 世纪 80 年代以来，在联合国的倡导下，在国际组织的共同推动下，在企业以及非政府组织的参与下，企业社会责任和可持续发展在本世纪初走向了统一，国际社会有了达成共识的管理实施工具。在 2010 年随着 ISO 26000 社会责任国际标准指南的问世，使所有的工具统一到同一个平台上，这个工具实际上也是实现企业的透明度，提高企业的可信度，增强企业的信誉，创造企业品牌的一个非常重要的管理工具。

此外，对国际化不断发展的企业来讲，还有一些另外的标准有可能更具有参考价值，这里面有联合国的、经济合作组织的，也有其他一些国际公约或标准，例如

——鹿特丹公约，1998

——斯德哥尔摩公约，2001

——联合国大会关于消费者保护指南的决议，1985

——联合国反腐败公约，2000

——OECD 优秀实践指南，2010

最后，我想简单说一下中国企业的国际化。中国企业的国际化是一个大趋势，中国企业国际化体现了中国企业和我们国家的实力发展。企业从中国走向世界开启了一个新的征程。但做好这件事，是一个非常艰巨的任务。不是说我有钱，不是说我卖便宜，不是说我能找到伙伴，不是说我把我的工厂搬到国外就行了，这种想法太直观，太朴素，也太简单。

社会责任具有国际化的特征，它是一个具有战略意义的，它所考虑的首先是经济社会环境的协调发展。而这种发展在不同的国家和地区面临着不同的背景，有不同的文化，有不同的挑战，也就是说有不同的利益相关方。

除了这些之外，还有一个非常重要的方面。中国企业国际化应当非常认真地考虑自身发展的竞争力，和在长时期中的整个供应链是什么样子。因为这样一个企业，到国际上，无论是建立子公司，建立分支机构，还是并购、兼并其他公司，这意味着在整个供应链系统中增加了一个新的成员，这个成员不仅在运作当中会出现有关多元文化、价值观以及与当地各个方面挑战相关联的不同的因素，更重要的是，在供应链上这样一个新组织成员对于整个供应链都要产生重要的影响。

另外的一个例子是今年金融行业出现的事情。实际上，金融市场所出现的问题反映在供应链上，就出现了剧烈震荡。所以今天考虑企业可持续发展的社会责任远远不只是说，我今天应该做这件事情或者说那件事情，或者说我应该把我的数据全告诉大家。这是一个完整的方案，而完整方案的核心是企业的监管和组织的制度。

关于透明度今天就先讲到这儿，更多的细致的问题可留下来讨论。如果我讲的这些能够启动大家在社会责任透明方面的思考，进而产生一种新的思维，那么我将感到非常高兴，谢谢大家。

9　社会责任与价值创造

9.1　社会责任是量身定制的管理方案

企业和组织需要全面地认识自己，明了当前的状态，感知未来的发展方向。“社会责任”这几个字所表达的实际上是一种理念，要植入到一个企业，使它成为管理方法或工具的理念。这一过程，同其他任何企业的管理或咨询一样，它从来都是一个量身定制的方案。也就是说，没有一个拿来就可以用的方案。

所以，必须要纵观企业的发展历史，从企业发展的实践中获得知识，也就是行中求知。这是一个反思的过程，这个反思不是简单的工作总结，它是对我们思想的反思。也就是说，我们做了一件事情，要思考为什么做这件事情？做这件事情有什么意义？在这里发现什么样的积极因素？通过这样一种对思想的反思和对自身行为过程的认识，要实现内在的超越。内在超越是什么？我们通常叫自我提升，这是一个人的思想即心灵上的提升。只有完成这个过程，在认识方面才能达到一定的高度。最终，达到责任自觉，只有走向责任自觉，才能承担起企业当前和未来要完成的使命。

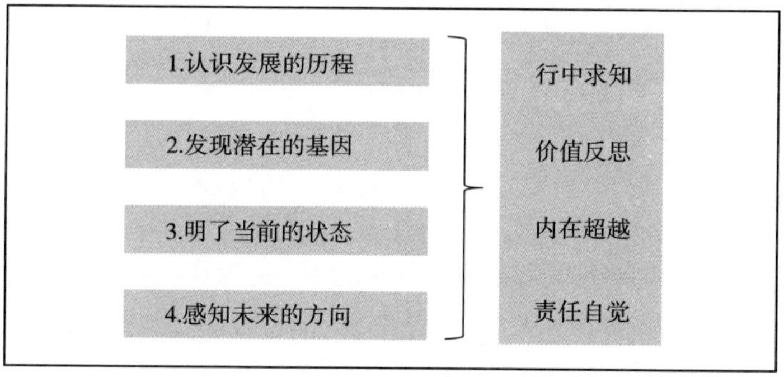

图 13－33　社会责任量身定制

对一个企业或一个组织重要的是如何使社会责任成为我们的管理思想？如何用这种管理思想，把管理职责转化为事业的追求，并且把企业的价值追求传递到每一个成员当中？

9.2 社会责任的时代特征

社会责任所体现的现代意义是负责任的价值观，是负责任的管理。在当今世界在全球化过程中，在出现去全球化背景下，在市场经济条件下它是最重要的市场元素，代表着一种新的管理方法。

- 责任价值观
- 市场经济要素
- 新一代管理方法
- 以人为本
- 21世纪发展方式

图 13－34 社会责任的时代特征

9.3 社会责任的三重基线原则

“社会责任”这四个字所表达的远远不止是字的表面意思。我们谈社会责任总是强调对社会的贡献。要做到这一点，总是要以人为本，人是发展的永恒目标。所以，这种新的管理方法决定未来这个世纪的一种发展模式和管理模式。

为什么说“社会责任”决定21世纪的新的管理模式？首先，我们看社会责任的“三重基线”的原则。无论在全球还是在每一个国家、无论是什么场合，如G20、经合组织、联合国，在所有的多边、双边机制当中，所讨论的问题都是属于可持续发展的问题，都与这三个基本方面相关（如图13－35所示）。

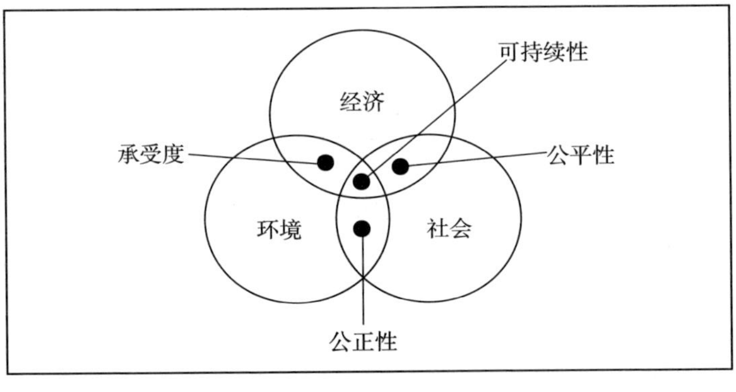

图 13－35 社会责任的三重基线原则

我们谈经济发展从来不能离开社会问题和生态环境问题。因为经济发展会给环境带来负担，我们要寻求一个可承受的范围；经济发展会带来社会的不公平，所以经济发展要解决社会公平的问题。经济发展还要考虑在空间和时间上的发展。如果只考虑当前，没有考虑到未来，那么我们就没有考虑子孙万代的生存和发展，没有考虑他们享受自己生活的机会，所以我们必须追求代际之间的公平。

从经济发展目标、制约因素、相互关系来看，当今世界要解决经济、社会、环境的统一。经济、社会、环境的统一，在理念上就是可持续发展或者可持续性。在社会责任中我们常常谈到“三重基线”原则，这是社会责任中最直接的原则。所以，经济发展不是只发展经济，发展经济必须以“三重基线”作为指导原则。没有这个思想是谈不上可持续发展的。如果经济转型、产业升级不考虑到“三重基线”的原则，转型和升级也就没有任何希望。

9.4 “三重基线”决定企业新的发展模式

“三重基线”决定企业发展的新的模式（如图 13－36 所示）。从图中可以看出，过去企业采用的发展方式没有上下两个箭头所代表的条件。一个企业要创造经济价值，考虑投入多少、获得多少，然后做一个减法，留下的余额是多少，就这么简单一个模式。这样的模式有什么问题呢？这个模式有一个自然的假定，即资源无限、能源无限、生产要素可以任意利用。今天，由于不可持续性，所以这种发展模式早就过时了。但是许多企业依然是这个发展模式。我们说经济转型、产业升级，就是要改变这样的模式。

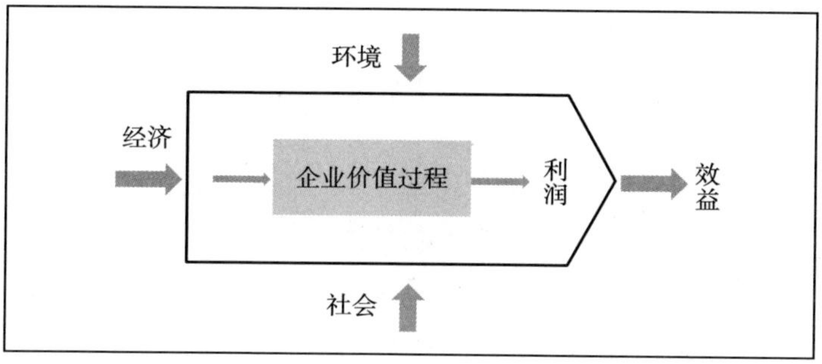

图 13－36 三重基线决定企业可持续发展模式

现在，我们所处的时代和环境不同了，在今天的经济系统中，制约发展的变量不只是经济的，而且还有社会的和生态的，也就是说系统的变量有一个变成了三个。犹如数学方程，一元方程和三元方程的解答显然是不同的。这就可以理解转变思想和思维方式是可持续发展最重要的基础。

9.5 社会责任必须以价值创造导向

企业是价值创造的经济体，它包括价值创造的核心过程和支持过程。可持续的企业管理意味着，首先要在核心业务过程中融入社会责任，同时也意味着企业所有的支持过程都要为这一过程的可持续性服务。最终，其企业获得经济社会和环境满意的综合效益（如图 13－37 所示）。从另一方面来讲，如果企业要建立可持续的价值链，则意味着逐步在此价值链上实施三重基线的原则（如图 13－38 所示）。

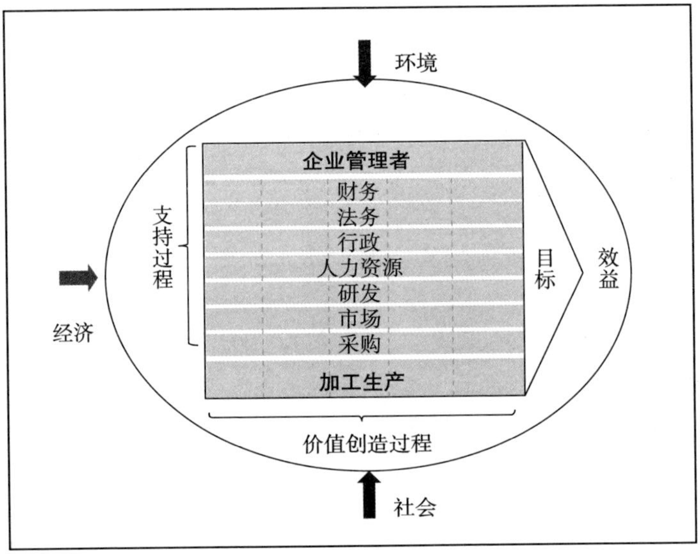

图 13－37　可持续价值创造过程

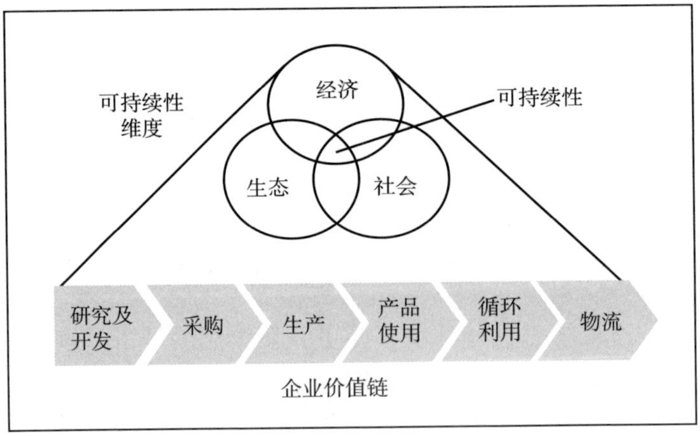

图 13－38　三重基线决定企业可持续价值链

最后应当说明，企业为了落实社会责任必须把价值创造放在首位。只有以价值创造为导向，企业中的成员、企业和社会的目标才可能有共同点，这也与企业价值共享的理念相一致。不言而喻，这里所指的价值创造和企业的贡献与社会需求达到有机的统一（如图 13 - 39 所示）。企业达到这一目标需要建立负责任的文化。

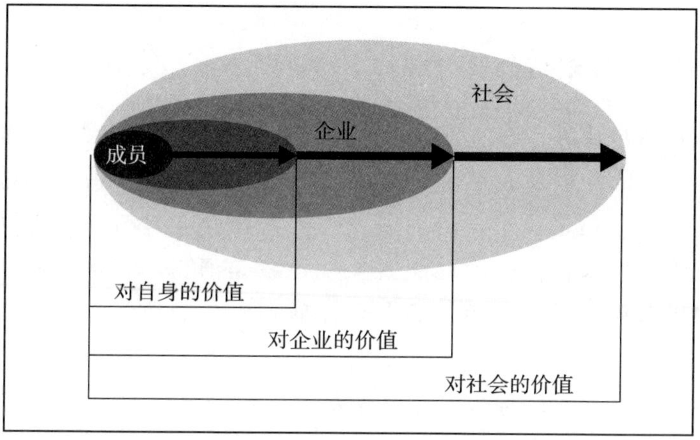

图 13 - 39　责任文化和价值共同体

10　社会责任的本质和价值回归

在当今社会中企业的责任和作用越来越重要。近一段时间来有关食品安全和环境事件（比如 PM2.5）在公众中产生的影响，更加表明了企业在管理和运营中履行责任的重要性。

虽然谈论企业社会责任的企业越来越多，但企业对社会责任还存在普遍的误解。在未充分理解社会责任或认清其本质的情况下，实践中出现这样或那样的问题就在所难免。

10.1　企业社会责任的本质

今天，企业社会责任已经是一个众所周知的名词，但很多人对企业社会责任的本质意义却没有深入的了解。通常一说到企业社会责任，大家想到的就是公益、慈善、捐赠或其他有关的自愿性社会活动。应当说，企业在业务活动之外做好事是值得称赞的，但也应当知道，这些活动并不代表企业社会责任的全部。企业社会责任包括的意义更广，企业也不能以公益类的活动来代替企业本质上的责任。

现代企业社会责任强调的是与企业核心业务相结合、与企业管理和经营相结合的责任。这实际上意味着，企业要实施一个在经济、社会和环境三个方面都负责任的治理、管理和经营的战略和方案，从而使企业和社会都能长期受益，实现可持续发展。

10.2 与核心业务相结合

企业离开核心业务，在企业之外做好事不能代替其在管理和经营上的责任。比如，一方面开展慈善活动，而另一方面又偷税漏税或有腐败行为的企业，我们就不能说它是负责任的。另一方面，在企业外进行的上述公益慈善类活动是资源性投入，这些活动能否长期持续是值得考虑的问题。企业经济效益好的时候有财力做这些事，而在企业效益不佳时则难以为继，这样的话也就谈不上企业和社会共同受益。此外，一谈到企业社会责任，我们还会想到企业是否发布社会责任报告，并以为发布了社会责任报告就是对社会负责。实际上，很多企业对发布社会责任报告的本质意义并没有全面的了解，致使发布社会责任报告成了为宣传或公关之目的的“写报告”，或者成为迫于形势不得不做的事情。这样的报告花费了大量资金，很多情况下成了名不副实的“化妆品”，它与企业自身的管理或发展没有建立直接的联系。这样发布社会责任报告的行为对企业来说纯属支出和负担，难以获得员工和社会的认可，发布社会责任报告本身是否可持续也是一个问题。

10.3 与管理相结合

对企业来讲，社会责任意味着它要通过透明和符合道德的行为，为其决策和活动在社会和环境中产生的影响负责。在这一过程中，企业要始终考虑社会各方和环境要求，通过透明有效的社会沟通和互动，改进管理经营方式，不仅使企业避免风险，而且有利于企业改进和创新产品、服务，使企业在市场和社会建立负责任的形象、信誉并获得公众认可。企业这样做不仅会提高发展潜力和竞争优势，也为社会发展做出贡献。企业社会责任是实现可持续发展目标的路径。企业社会责任和可持续发展的三大支柱是经济、社会、环境，协调统一这三个方面达到综合的可持续发展。这里强调的不仅是传统意义上企业应该承担的经济义务，而且强调在经济活动中遵纪守法和广泛意义上的道德责任。也就是说，企业对社会负责必须要以与企业核心业务相结合的方式才能可信地体现出来。换句话说，企业的责任和道德行为必须融入企业的整个管理过程之中。

10.4　管理者的责任

实践证明，企业一把手对责任的意识、重视和参与程度对企业如何履行社会责任具有决定性的作用。企业领导是否能对社会责任公开承诺是企业领导力的表现，也是一个企业的社会责任能否有效开展的重要条件。

一个企业的社会责任是具体的不是表面化的。领先的企业总要结合其核心业务、所在行业、所在地区和企业文化这四个重要因素，以当今最佳实践为标杆系统地处理与企业和社会密切相关的议题并落实到管理。比如，食品企业强调食品安全，石化企业首先聚焦环保影响，B2B 企业关注供应链问题，满足各自不同的具体的责任要求。文化因素除了指企业自身的文化外，也包括企业运营所在地的文化背景，考虑文化因素无论在本土民营企业发展中还是国有企业国际化进程中都具有现实意义。

10.5　组织保障

企业社会责任需要有组织保证，但这并不是指设立一个主管社会责任的部门，或者成立一个责任管理委员会就行了。重要的是企业领导、管理部门、社会责任部门以及业务部门之间必须存在合理运转的机制和流程。即使有组织也有可能职能虚设，因为责任也要通过正确的组织方法，整个企业和全员参与才能真正落实。否则就有可能为企业社会责任实施留下种种不可持续的的问题、障碍甚至隐患。现在，许多企业都处在履行社会责任的初级阶段。在不同的领域开展的社会责任活动，需要系统地纳入到一个管理过程，这样根植于企业管理经营的社会责任才能为企业创造价值。

10.6　务实不务虚

社会责任是有意义的事业，把它做成有意义的事业，这是企业自身发展的需要，也是社会的必然要求。在开展企业社会责任的今天，社会责任需要回归本质和价值。重新认识和理解什么是社会责任，找到履行社会责任、实现企业可持续发展在操作上系统化的方法论，只务实不务虚，对继续在中国深入开展社会责任也许是一个迫切的任务。

11　社会责任立法不能等同于法律规定

今天讨论社会责任立法，这是一个意义重大的题目。实际上，这是一个新的课题，这提出了一个与构建企业社会责任框架要求相关的问题。

在这里，我们关心的有两个问题：一是对企业社会责任立法的看法或观点。二是关于企业如何履行社会责任。

参加这方面讨论的有来自企业，政府机构，非政府组织，或其他社会组织等。应当说，企业社会责任的立法由于涉及广泛的领域和范围，直接相关的是企业，但不仅仅是企业，所以需要社会各方贡献共识的智慧。

一般讲，在某一领域提出立法总有一定的背景。如同任何其他领域的立法一样，企业社会责任的立法也要解决四个方面的问题：

一是为什么要立法？

二是立法的目的是什么？

三是怎样立法？

四是立法的内容是什么？

对企业社会责任的立法，不仅要认识其必要性，而且要仔细探讨立法的路径、方法和内容。具体讲，可能需要考虑如下几个方面：

11.1　企业的角色和作用

企业社会责任立法需要以认识企业为基础。包括回答如下一些问题：企业是什么样的组织？企业在社会当中处于什么地位？企业是干什么的？企业要达到什么目标？这样一个立法，如何才能对企业发展起到应有的推动和促进作用？

谈企业社会责任立法需要理解企业在社会发展中所发挥的作用。在社会中，企业被看成是企业公民。因此需要考虑这样一个立法能否促进企业履行企业公民的职责，或者说是否有可能限制它的创造性？企业从社会功能来讲，必须要利用自己的经济发展潜力去推动社会进步，为社会做出贡献。用我们通常的话讲，就是为可持续发展做出贡献。但经济运营有一些最重要的也是必要的前提，那就是必须遵循一定的原则和规则，即法律和法规。离开了这个原则和规则，经营就失去了合法性，经营就可能有风险。除此之外，我们谈企业社会责任的时候，还必须考虑到社会期望企业应有的道德行为，特别是履行诚信经营的责任等，这也是可持续发展的必然要求。所以，企业社会责任立法离开了对这两个方面因素的考虑就可能脱离与企业相关联的基础。

把企业社会责任立法单一地看成规定企业干什么，或不干什么，是一种过于简单的想象。企业干什么，或不干什么，企业自己应当知道。所以，企业社会责任立法方向是什么？这样的立法应当在制度上、机制上有助于建立负责任的经营管理方式，不仅使企业能够得到可持续发展，而且也有利于发挥潜力为社会做出贡献。所以，企业社会责任立法不是机械式的规定，而是有弹性的激励。

企业作用是，不仅要创造经济价值，还要创造社会价值。企业社会责任立法的目的必须要明确，这是为社会建立价值标准，最终要为社会创造价值。这样的立法必须能为企业的价值创造提供充分的空间。要使企业在不断满足基本法规要求基础上，有意识地引领负责任的道德方向，使整个经济健康可持续发展。这样，食品安全的问题就会得到解决，生态环境就会得到保护。所以，企业社会责任立法必须兼顾社会标准的软硬两个方面。

11.2　责任主体法律要素

在制定法律时，在考虑责任客体的同时，必须考虑责任的主体。在普通法律中，考虑的对象可能是个人，不是一个企业，不是一个组织。而在考虑个人法律的着重点、方向和要求，与考虑企业的法律是完全不一样的。

企业有一定的组织形式，企业有领导、有管理者、有董事会，所有这些都是企业的重要行动者。它们能否做到企业对社会负责具有关键的作用。要规定企业做什么事情，规定董事会的某人，或者董事长，或者履行某些职责，应当有法律依据吗？这是必须考虑的因素。例如，在中央的文件中，对党政干部的很多规定中，对此都已做出了明确规定。

企业社会责任立法有必要综合考虑一个企业，企业组织、企业员工、企业的领导等各个方面的责任因素，使他们既能以合规合法为己任，又能有不懈的道德追求，既能为自身，也能为社会创造价值。

此外，在考虑企业社会立法时，需要考虑责任评判问题。立法就是创造规则、准则。也就是说，最终能有依据对一个行为，对相关主体所作所为有明确的界定。用什么规则去界定？谁来界定？属于法院、检察院？还是其他组织也可以做出评判？所有这些问题都涉及法律和法律边界。考虑这样一些问题要依靠现有的法律体系，使社会责任立法成为现有法律体系的有机组成部分，而不应离开这个系统去建一个什么新的体系。

11.3 现行法律体系

经过30年的改革开放，中国在法律方面有很大的发展。可以说，现在已具有一整套广泛的能够得到有效实施的法律体系，尽管这还需要不断发展和改进。这里举几个例子：

——2005年中国开始有了《公司法》，后来经过修订，在《公司法》当中对社会责任有了明确的要求。

——近年来中国有《消费者权益保护法》，对消费者权益保护做出了明确规定，特别是互联网发展到今天以后，还在不断补充新的内容。

——近年来中国有《广告法》，对企业经营的这些方面做出了规定。

此外，还有现在大家所熟知的中国最新的《环境保护法》等，以及其他一系列法律，不一一列举。

所有这些法律，实际上从不同的角度、不同方面对企业履行对社会负责的行为都做出了明确要求。关键的问题是，这些法律今天实施得怎么样？企业在实施这些法律当中自觉的程度怎么样？企业在没有履行社会责任最终的结果是什么样的？所有这些问题，也应属于企业社会责任立法中所应当考虑的内容。

因为立法不仅是文字上的，立法不仅是立法，而且包括执法，还有对执法评判。只有这样，法律的考虑才是适用和有效的。中国自己有一套法律体系，如果企业社会责任要立法，就必须以此为基础，使之和谐地植入这个法律体系之中。

11.4 如何履行社会责任

企业社会责任立法与如何履行社会责任有着直接的关系。我在不同的场合多次讲过如下四点：一是企业社会责任必须与企业的核心业务相结合。离开了企业的发展，离开了经济发展，谈社会责任就是空谈。

二是企业社会责任必须要与行业的特点、产业的特点相结合。离开了这个框架因素，就不可能有正确的、创新的方向。

三是企业社会责任必须与社会需求相结合，与当地社会、与整个国家需求相结合。离开这一点，企业可能无立足之地。

四是企业社会责任必须与社会和企业文化相结合。弘扬中华传统文化，古为今用，吸收西方文明精髓，洋为中用，才能在互联网时代，形成本地和全球交互融合发展的新格局。

11.5　全球治理视觉

现在企业要进行全球的商品交换、资金流通、信息沟通、物资流通还有经验和文化交流等，需要建立全球的秩序，企业社会责任立法与全球治理有关。中国的企业不仅在中国，中国的企业要走向世界。中国正在实施“一带一路”战略，在全球各地区很多国家都有可持续发展的任务。为了完成这个任务，企业社会责任立法需要具有全球视野。这就意味着，必须要考虑国际上通行的理念和国际标准，在全球化时代需要全球化的视角。

最后，应当指出，企业社会责任立法，不仅仅是刚性的法律问题，除了刚性的法律法规，还有与道德价值观相关的软法规，还有自愿性倡议、规则或准则等各个方面，需要形成责任引领的无缝连接。所以，社会责任立法不是一个简单的问题，这样的立法是一个系统化的工程。

第十四篇
各类组织——政府、企业和社会组织（NGO）的案例

履行社会责任是全社会的任务。政府案例包括中国政府和深圳市，企业案例包括中国企业和跨国企业，社会组织（NGO）包括本土和国际组织。

不同类型的组织在当今时代所面临的挑战不同，其责任、使命和发展机遇也不一样，因此作为不同的责任主体，落实社会责任的内容和方式也是差异化的。这些案例反映了它们责任具体化各具特色的举措和行动。

中国政府自2016年全面启动落实“2030年可持续发展议程”，彰显作为一个最大发展中国家的责任担当，受到国际社会高度评价。

1　中国——落实“2030年可持续发展议程”

1.1　中国高度重视“2030年可持续发展议程”

2015年9月，联合国可持续发展峰会成功举行。峰会通过了2030年可持续发展议程，为未来15年世界各国的发展和国际发展合作指明了方向，勾画了蓝图。

落实2030年可持续发展议程是国际发展领域的核心工作。各国要将语言转化为行动，将承诺转化为现实，认真推进落实可持续发展议程，携手走上公平、开放、全面、创新的可持续发展之路，共同提高全人类福祉。

中国是世界上最大的发展中国家，始终坚持发展是第一要务。中国高度重视2030年可持续发展议程，2016年3月举行的第十二届全国人民代表大会

第四次会议审议通过了“十三五”规划纲要，将可持续发展议程与中国国家中长期发展规划进行了有机结合。此后，可持续发展议程各项落实工作在中国全面展开。

为指导和推动有关落实工作，中国特制定发布《中国落实2030年可持续发展议程国别方案》（以下简称《国别方案》）。其中，回顾了中国落实千年发展目标的成就和经验，分析了推进落实可持续发展议程面临的机遇和挑战，明确了中国推进落实工作的指导思想、总体原则和实施路径，并详细阐述了中国未来一段时间落实17项可持续发展目标和169个具体目标的具体方案。

1.2　指导思想

统筹国内国际两个大局，坚持全面建成小康社会、全面深化改革、全面依法治国、全面从严治党的战略布局，以创新、协调、绿色、开放、共享的发展理念为指导统筹推进经济建设、政治建设、文化建设、社会建设、生态文明建设和党的建设。

——坚持创新发展。实施创新驱动发展战略，不断推进理论创新、制度创新、科技创新、文化创新等各方面创新，着力提高发展的质量和效益。

——坚持协调发展。推进区域协同、城乡一体、物质文明精神文明并重、经济建设国防建设融合，新型工业化、信息化、城镇化、农业现代化同步发展，着力形成平衡发展结构，不断增强发展整体性。

——坚持绿色发展。坚持节约资源和保护环境的基本国策，坚定走生产发展、生活富裕、生态良好的文明发展道路，推动形成绿色低碳发展方式和生活方式，积极应对气候变化，着力改善生态环境。

——坚持开放发展。奉行互利共赢的开放战略，努力提高对外开放水平，发展更高层次的开放型经济，协同推进战略互信、经贸合作、人文交流，着力实现合作共赢。

——坚持共享发展。按照人人参与、人人尽力、人人享有的要求，注重机会公平，保障基本民生，着力增进人民福祉，使全体人民在共建共享发展中有更多获得感。

中国政府提出的创新、协调、绿色、开放、共享五大发展理念，顺应了可持续发展的时代潮流，与2030年可持续发展议程提出的人类、地球、繁荣、和平、伙伴的五大理念相融相通。这是中国立足本国国情和发展经验，对经济社会发展普遍规律的进一步拓展和深化，将有力指导中国落实2030年可持续发展议程的整体进程。

1.3 总体原则

中国落实2030年可持续发展议程将坚持以下原则：

——和平发展原则。秉持联合国宪章的宗旨和原则，坚持和平共处，共同构建以合作共赢为核心的新型国际关系，努力为全球的发展事业和可持续发展议程的落实营造和平、稳定、和谐的地区和国际环境。

——合作共赢原则。牢固树立利益共同体意识，建立全方位的伙伴关系，支持各国政府、私营部门、民间社会和国际组织广泛参与全球发展合作，实现协同增效。坚持各国平等参与全球发展，共商发展规则，共享发展成果。

——全面协调原则。坚持发展为民和以人为本，优先消除贫困、保障民生，维护社会公平正义。牢固树立和贯彻可持续发展理念，协调推进经济、社会、环境三大领域发展，实现人与社会、人与自然和谐相处。

——包容开放原则。致力于实现包容性经济增长，构建包容性社会，推动人人共享发展成果，不让任何一个人掉队。共同构建开放型世界经济，推动国际经济治理体系改革完善，提高发展中国家的代表性和话语权，促进国际经济秩序朝着平等、公平、合作共赢的方向发展。

——自主自愿原则。重申各国对本国发展和落实2030年可持续发展议程享有充分主权。支持各国根据自身特点和本国国情制定发展战略，采取落实2030年可持续发展议程的措施。尊重彼此的发展选择，相互借鉴发展经验。

——“共同但有区别的责任”原则。鼓励各国以落实2030年可持续发展议程为共同目标，根据“共同但有区别的责任”原则、各自国情和各自能力开展落实工作，为全球落实进程做出各自贡献。

1.4 总体路径

中国政府将从战略对接、制度保障、社会动员、资源投入、风险防控、国际合作、监督评估等七个方面入手，分步骤、分阶段推进落实2030年可持续发展议程。

（1）战略对接

战略对接旨在将2030年可持续发展议程与中国国内中长期发展规划有机结合，在落实国际议程和国内战略进程中相互促进，形成合力。战略对接的重点包括以下三个方面：

——将17项可持续发展目标和169个具体目标纳入国家发展总体规划，并在专项规划中予以细化、统筹和衔接。“十三五”规划纲要提出“积极落实

2030年可持续发展议程”，实现了可持续发展议程与国家中长期发展规划的有效对接。各政府部门围绕“十三五”规划重要内容，将可持续发展目标转化为经济、社会、环境等领域的具体任务。比如经济领域制定了《国家创新驱动发展战略纲要》、《全国农业可持续发展规划（2015—2030年）》、《国家信息化发展战略纲要》。社会领域出台了《中共中央国务院关于打赢脱贫攻坚战的决定》、《“健康中国2030”规划纲要》。环境领域编制了《中国生物多样性保护战略与行动计划（2011—2030年）》、《国家应对气候变化规划（2014—2020年）》等。

——推动省市地区做好发展战略目标与国家落实2030年可持续发展议程整体规划的衔接。按照国家“十三五”规划纲要的总体要求，中国大陆地区31个省、自治区和直辖市已完成制定各自的“十三五”规划，各市、县等制定实施行动路线图和年度计划，落实各项具体工作。各地区通过制定并落实本地区“十三五”规划，切实贯彻国家可持续发展统一部署，实现了中央与地方在落实2030年可持续发展议程行动上的有效对接。三是推动多边机制制定落实2030年可持续发展议程的行动计划，提升国际协同效应。中国积极推动二十国集团（G20）制定落实可持续发展议程的行动计划，推动“一带一路”建设与沿线国家落实可持续发展议程紧密对接、相互促进，支持联合国各区域经济委员会和各专门机构为落实各自区域、各自领域的相关目标制定规划。

（2）制度保障

制度保障旨在为落实2030年可持续发展议程提供机制体制和方针政策等方面的支撑，重点包括以下四个方面：

——推进相关改革，建立完善落实2030年可持续发展议程的体制保障。中国政府将按照完善和发展中国特色社会主义制度、推进国家治理体系和治理能力现代化的总目标，健全使市场在资源配置中起决定性作用和更好发挥政府作用的制度体系，加快完善各方面体制机制，破除一切不利于科学发展的制度障碍，为落实可持续发展议程提供持续的制度动力。推动建立落实可持续发展议程创新示范区，为落实工作积累经验。

——完善法制建设，为落实2030年可持续发展议程提供有力法律保障。中国政府将加快推进完善社会主义市场经济体制，发展社会主义民主政治，建设社会主义先进文化，创新社会治理，保障公民权利和改善民生，维护国家安全，保护生态环境和加强政府自身建设等领域的政府立法，着力构建系统完备、科学规范、运行有效的依法行政制度体系。

——科学制定政策，为落实2030年可持续发展议程提供政策保障。中国政府将根据可持续发展议程的具体目标，着力在消除贫困和饥饿、保持经济增长、推动工业化进程、完善社会保障和服务、维护公平正义、加强环境保护、积极应对气候变化、有效利用能源资源、改进国家治理、促进国际合作等十大方面，形成以国家总体政策为统领，专项政策和地方政策为支撑的政策保障体系。四是明确政府职责，要求各级政府承担起主体责任。既要加强横向的跨领域、跨部门协调，又要确保政策纵向落地，形成“中央－地方－基层”的有效落实机制。中国政府根据2030年可持续发展议程的任务要求，已经建立了落实可持续发展议程部际协调机制，43家政府部门将各司其职，保障各项工作顺利推进。地方政府也将建立相应工作机制，推进开展落实工作。

（3）社会动员

公众对2030年可持续发展议程的理解、认同和参与，是持续、有效推进落实工作的关键。社会动员的重点包括以下三个方面：

——提高公众参与落实的责任意识。中国将坚持以人为本原则，按照人人参与、人人尽力、人人享有的要求推动落实工作，帮助公众更好地认同2030年可持续发展议程，认识落实工作同个人和社会利益密切相关，提高自身参与落实工作的主动性和责任感。

——广泛使用传媒进行社会动员。依托报刊、广播、电视以及互联网等多种传播媒介，通过制作2030年可持续发展议程专题片，开展可持续发展宣传周，组织新闻采访、专家解读、学习竞赛等多种形式，对可持续发展议程和具体目标进行全方位解读，为落实可持续发展议程营造良好社会环境。

——积极推进参与性社会动员。发挥民间团体、私营部门、个人尤其是青少年的作用，通过各行为体亲身参与落实可持续发展目标的培训、社交、管理等活动，帮助其认识到经济、社会、环境综合协调发展的重要性，进而就落实2030年可持续发展议程形成广泛共识。各级政府将充分发挥统筹、协调、动员、实施、监督等职能，形成全社会共同推进落实工作的合力。

（4）资源投入

资源投入旨在充分利用国内外两个市场、两种资源并发挥体制、市场等方面的优势，为落实2030年可持续发展议程提供资源保障。资源投入的重点包括以下三个方面：

——聚焦财税体制改革、金融体制改革等，合理安排和保障落实发展议程的财政投入。健全商业性金融、开发性金融、政策性金融、合作性金融，形成分工合理、相互补充的金融机构体系，引导金融行业服务向可持续发展领域倾斜，发展普惠金融。

——创新合作模式，积极推动政府和社会资本合作，通过完善法律法规、实施政策优惠、优化政府服务、加强宣传指导等方式，动员和引导全社会资源投向可持续发展领域。

——加强与国际社会的交流合作，秉持开放、包容的态度，积极引入国际先进理念、技术经验和优质发展资源，服务国内可持续发展事业。

（5）风险防控

落实 2030 年可持续发展议程将是一项长期、艰巨的任务，需要不断完善风险应对机制，加强风险防控能力建设，重点要做好以下四个方面工作：

——保持经济增长。坚持稳中求进工作总基调，全面深化改革和扩大开放，坚定不移推进供给侧结构性改革，深入实施创新驱动发展战略，大力推动大众创业，万众创新，积极培育新动能，推动经济持续、健康、稳定增长，为落实 2030 年可持续发展议程提供强大的经济支撑。

——全面提高人民生活水平和质量。推进精准扶贫、精准脱贫，支持贫困地区加快发展。推动实现更高质量的就业、提高公共就业创业服务能力。有效增加公共产品和服务供给，健全就业、教育、社保、医疗等公共服务体系。完善收入分配制度，让可持续发展议程成果公平惠及全体人民。

——着力解决好经济增长、社会进步、环境保护等三大领域平衡发展的问题。树立尊重自然、顺应自然、保护自然的生态文明理念，加大环境治理力度，以提高环境质量为核心，实施最严格的环境保护制度，深入实施大气、水、土壤污染防治行动计划，形成政府、企业、公众共治的环境治理体系，实现环境质量总体改善。推进自然生态系统保护与修复，筑牢生态安全屏障。

——加强国家治理体系和治理能力现代化建设，努力形成各领域基础性制度体系，人民民主更加健全，法治政府基本建成，司法公信力明显提高。人权得到切实保障，产权得到有效保护。开放型经济新体制基本形成。中国特色现代军事体系更加完善。党的建设制度化水平显著提高。

（6）国际合作

2030 年可持续发展议程最大程度兼顾了国际社会的共同利益，适用于所有国家。中国将与国际社会一道，不断深化国际发展合作，为落实可持续发展议程提供保障。重点包括以下四个方面：

——承认自然、文化、国情多样性，尊重各国走独立的发展道路的权利，推动各国政府、社会组织以及各利益攸关方在落实 2030 年可持续发展议程中加强交流互鉴，取长补短，根据“共同但有区别的责任”原则推动可持续发展目标的落实。

——推动建立更加平等均衡的全球发展伙伴关系。坚持南北合作主渠道，推动发达国家及时、足额履行官方发展援助承诺，加大对发展中国家的支持力度。充分发挥技术促进机制的作用，包括采取建立技术银行等方式，帮助发展中国家科技开发以及向其转让、传播和推广环境友好型的技术。

——进一步积极参与南南合作。积极履行国际责任，为全球发展贡献更多公共产品，推动南南合作援助基金、中国—联合国和平与发展基金、应对气候变化南南合作基金、亚洲基础设施投资银行、金砖国家新开发银行等为帮助其他发展中国家落实 2030 年可持续发展议程发挥更大作用。继续推进“一带一路”建设和国际产能合作，实现优势互补。

——稳妥开展三方合作。在尊重受援国意愿的前提下，与其他多双边援助方一道稳妥推进优势互补的三方合作，丰富援助方式，提升援助效果。鼓励私营部门、民间社会、慈善团体等利益攸关方发挥更大作用。

（7）监督评估

监督评估旨在推进落实 2030 年可持续发展议程中，准确定位各项工作的成绩、挑战和不足，优化政策选择，形成最佳实践。重点工作包括以下三个方面：

——结合对落实“十三五”规划纲要及各专门领域的工作规划开展的年度评估，同步开展可持续发展议程落实评估工作。跨部门协调机制对可持续发展议程的 169 项具体目标进行了具体分工部署，确保各项评估工作落实到人。

——是积极参与国际和区域层面的后续评估工作。支持联合国可持续发展高级别政治论坛发挥核心作用，配合其定期开展全球落实进程评估工作，借助这一平台与各国加强经验交流，听取意见和建议。鼓励加强区域合作，欢迎联合国区域经济委员会和专门机构发挥积极作用。

——加强与联合国驻华系统等国际组织和机构的合作，通过举办研讨会、定期编写并发布中国落实 2030 年可持续发展议程报告等方式，全面评估国内各项可持续发展目标的落实进展。

中国落实 17 项可持续发展目标和 169 个具体目标的具体方案请参阅《中国落实 2030 年可持续发展议程国别方案》。

2　深圳市（中国）——“创新之都”引领企业社会责任

2.1　深圳市——“创新之都”

深圳从20世纪80年代的小渔村发展成为今天国际一流的大都市，在中国改革开放的历史进程中创造了世界工业化、城市化、现代化建设的奇迹。大批创新人才、创新企业聚集在深圳，创新企业也成了深圳经济主力军，形成全球具有无与伦比的硬件配套能力，强大的综合创新生态体系统，也构成深圳强大的发展活力和全球竞争力。

40年来，深圳“敢为天下先”、以“先行先试”为己任，勇于创新，始终走在中国改革开放的最前沿。“改革先锋”的深圳，而今成为“创新之都”“创新型经济”的样板。

深圳企业社会责任也不例外。深圳市作为中国改革开放前沿城市，在融入全球供应链过程中，最先面临化社会责任壁垒为竞争优势的战略选择。同时，在经历高速经济发展之后，也先期进入了将单纯的经济发展瓶颈转变为可持续发展模式的发展阶段。深圳市是中国城市较早意识到企业社会责任对提升其国际竞争力和可持续发展的重大意义。

深圳市坚持深圳质量、深圳标准，积极引导和鼓励企业认真履行社会责任，进一步增强社会活力，提升经济社会发展质量，促进城市治理体系和治理能力现代化。充分发挥政府部门的作用，形成统一协同的整体，以政策去引导和规范负责任的行为，推进企业社会责任法制化、规范化、制度化，同时逐步建立市场激励和社会监督与服务机制，积极为企业履行社会责任、推动创新可持续发展创造条件。

2.2　深圳市全面推进企业社会责任

深圳从2003年起，开始企业社会责任研究，于2005年完成《深圳应力促企业社会责任》的调研报告。2006年深圳证券交易所发布并实施《上市公司社会责任指引》要求上市公司积极履行社会责任。

2007年深圳市委、市人民政府颁布实施《关于进一步推进企业履行社会责任的意见》《中共深圳市委深圳市人民政府关于加强社会工作人才队伍建设推进社会工作发展的意见》，把推进企业履行社会责任作为建设和谐深圳、效益深圳的重要内容。

2008 年施行《关于深圳特区和谐劳动关系促进条例》《关于深圳特区欠薪保障条例》《未成年工特殊保护规定》。

2009 年发布《深圳社会发展报告》蓝皮书，总结深圳市卫生事业、人口计生、社会工作、社会慈善、社会保障、社会组织、社区建设等领域发展状况，并专题讨论和较全面阐述了深圳市民生发展状况。

2011 年发布《深圳社会工作发展报告》绿皮书，对深圳社会组织、社会工作行业发展进行专业化总结和报告。

2011 年深圳组织 25 家企业参加“国家企业社会责任认证制度研究”调研，并在 4 家企业开展试点。

2012—2013 年成立由市委、市政府牵头、市人大、市政协、社会组织参加的市级、区级社会责任工作机构，即社会工作委员会，把社会责任纳入社会工作范围。从组织上保障各部门落实职责、统筹规划推进企业社会责任工作、研究制定相关政策，指导、协调、监督推动全市相关工作。

2012 年成立市企业社会责任促进会，该会由华为等 41 家企业、深圳市诚信联盟协会和 20 位个人共同发起。主要工作是，普及推广企业社会责任理念，提升社会责任意识，促进社会和谐发展。

2012 年深圳市第五届人民代表大会颁布了《深圳经济特区社会建设促进条例》《深圳市人民政府关于加强职业培训促进就业的实施意见》等。

2013 年成立深圳市《企业社会责任评价准则》政府规范文件编制课题组。课题组由深圳市社工委牵头，成员由市市场监管局、标准技术研究院、社会责任促进会、第三方认证机构、华为等企业单位及专家、学者等组成。

2014 年课题组完成《深圳市企业社会责任调查报告》及两个关于企业社会责任的政府规范文件，即：《企业社会责任要求》和《企业社会责任评价指南》。

2014 市社会工作委员会将企业社会责任纳入全市社会建设整体布局，安排到其工作的《年度重点》之中。

2015 年深圳结合社会责任发展现状和需求，重新做出布局，由市社会工作委员会、市场和质量监管委、人力资源保障局、市总工会、市预防腐败局、市标准技术研究院共同起草《关于进一步促进企业社会责任建设的意见》，由市委、市政府办公厅发布，同时出台《关于进一步促进企业社会责任相关措施》，包括 11 个部门为推动企业社会责任出台 11 项激励政策。

2015 年深圳在全国率先出台、由市市场监管局发布《企业社会责任要求》《企业社会责任评价指南》，此后据此开展企业社会责任评价工作，按照绩效评价结果，推动企业社会责任，落实激励政策。

2016 年深圳依据《企业社会责任要求》《企业社会责任评价指南》，开展专题讨论，到企业和行业协会调研，走进企业、社区、机构深度进行社会责任标准宣讲。

2016 年深圳经济特区企业社会责任评价指数网开通，为企业与相关各方互动沟通提供平台。

2017 年深圳社会责任促进会、深圳市银行业协会合作搭建企业交流合作平台，共同创建“中国·深圳企业社会责任示范基地”，共同探讨支持企业可持续发展的形式和方法。

2.3　深圳市推进企业社会责任的特色

（1）深圳市委、市政府对社会责任高度重视。把企业社会责任纳入深圳市、区各级社会建设的工作范围，市委（常委）、市政府（副市长）主要领导负责，使推动社会责任有顶层的组织保障。

（2）成立具有广泛代表性的市属专门部门（社会工作委员会），把社会责任纳入市属核心工作范围，并统筹、协调、全面推进全市社会责任工作。

（3）市政府建立各部门联动参与推动社会责任的机制，保证制定和贯彻符合深圳情况的社会责任的政策（《关于进一步促进企业社会责任建设的意见》），全面促进企业履行社会责任。

（4）成立由政府部门、企业、协会组织、社会组织、认证机构和专家学者参与的、具有代表性的促进社会责任的执行机构（企业社会责任促进会），保证社会责任的政策有效落地、指导措施和规范（《企业社会责任要求》《企业社会责任评价指南》）具有专业性、科学性和操作性。

（5）在具体落实政策和规范标准时，充分发挥企业履行社会责任的积极性和主动性（鼓励参与），引入市场监管机制（市场监管局发布执行标准）、激励机制（11 项激励政策）、第三方评价机制（有国际认证资质的机构参与），保证社会责任绩效评价客观和公信力。

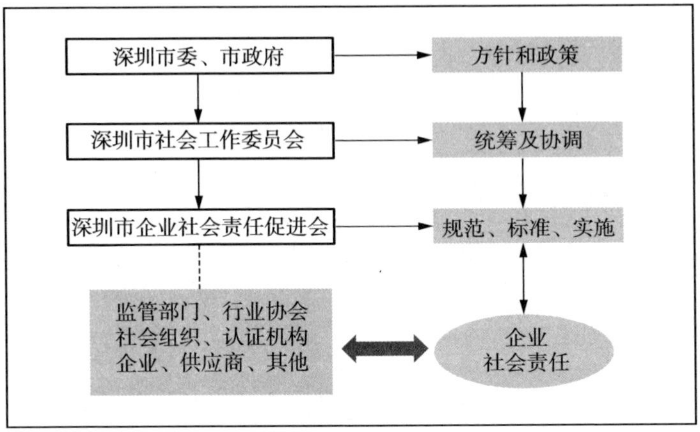

图 14－1 深圳市推进企业社会责任的组织结构

（6）企业社会责任评价的目的和程序清晰（公告征集、自愿报名、公正评审、社会公示），有助于形成企业与社会互动，激励企业不仅实现自身可持续发展，同时为创新深圳、和谐深圳做出贡献。

（7）深圳《企业社会责任要求》和《企业社会责任评价指南》是我国第一个参考 ISO 26000，结合了地方的特点和对企业社会责任的要求，以地方标准形式发布的社会责任标准。“深圳标准”为与国际标准接轨、与国际互认创造了条件。

2.4 深圳市的示范作用

深圳作为中国最重要的城市，率先全面、系统地在全市范围内推进企业社会责任，市委市政府高度重视企业社会责任，通过多年持续发展，已经取得阶段性成效，推动了全市企业社会责任的发展。

深圳市各级相关职能部门密切配合、支持、推动企业履行社会责任，已经形成了较完善的法律法规和深圳地方特色标准体系。目前，深圳企业社会责任政策更实、机制更新、措施具体，既符合深圳的实际，可在全国发挥引领示范效果。

深圳发布的政府规范性和社会责任标准文件为开展社会责任提供了依据。深圳企业社会责任工作的创新具有借鉴意义。

为长期、持续引领和推动企业社会责任，深圳市政府主管部门正在同时加大引领和监管力度，建立了企业社会责任联席会议制度，成员由市社工委、市经贸信息委、市科技创新委、市人居环境委、市市场监管局、市人力资源保障局、市总工会、深圳海关、深圳出入境检验检疫局等政府机构，以及相关人民团体、社会组织等组成。

为回应企业和社会的期望，将出台更多、力度更大的激励政策。根据社会关注、企业、行业和地区特点总结完善评价体系。加强中小企业对社会责任的认识，加强宣传、培训和指导。先行先试，总结经验，与国际接轨，争取评价结果得到国际认可。

深圳市在文明城市和公共安全建设中，注重“以人民为中心”的理念，推动形成由市政府、行业协会、企业和社会广泛参与、共同行动的局面。以开展“反电信诈骗”行动为例，市政府把它视为影响群众安全感、幸福感的主要参数并列为全市工作的重点，市银行业协会将其作为协会和银行保护金融消费者利益的重要措施。协会协调各银行内外联动，全面建立反电信诈骗体系，包括创新制度、机制和流程和与通信企业、网络企业及第三方支付平台联盟合作。深圳市“反电信诈骗”行动中成效显著，不仅为保证公民（消费者）信息安全、资金安全做出了重要贡献，而且也为政府、协会、企业和社会进一步开展责任行动、为全国“反电信诈骗”的工作提供了创新的“深圳经验”。

深圳目前有220多万家商事主体，目前主动参与的企业只有上百家。企业是践行社会责任的主力军。为进一步激发创新活力，提升在全球的竞争力，为国际化现代化创新一流城市做出贡献，深圳从政府到企业，从行业协会到社会组织，都有巨大的合作潜力和发展空间。

3 中国工商银行（中国）——金融扶贫，扶在“根本”

中国工商银行（以下简称工行）成立于1984年1月1日，2005年10月28日整体改制为股份有限公司，2006年10月27日在上交所和香港联交所同时上市。工行坚持多元的业务结构，为全球627.1万公司客户和5.67亿个人客户提供全面的金融产品和服务，始终坚持稳中求进、创新求进，持续深化大零售、大资管、大投行以及国际化和综合化战略，已迈入世界领先大银行之列。

工行把“提供卓越金融服务”作为立行之本，坚持“诚信、人本、稳健、创新、卓越”的基本价值取向，积极建设“客户首选的银行”。在聚焦主业，坚持服务实体经济的本源，与实体经济共存、共享、共发展的同时，牢守底线，将控制和化解风险作为不二铁律，始终遵循商业银行经营规律，致力于打造“百年老店”，自觉将社会责任融入发展战略和经营管理活动，力求在发展普惠金融、支持精准扶贫、保护环境资源、支持公益事业等各方面做出贡献。

四川巴中是全国第二大苏区、川陕革命根据地，也是国家脱贫攻坚工作重点关注的革命老区。工商银行把支持革命老区脱贫视为义不容辞的社会责任，认真贯彻党中央、国务院扶贫开发工作部署，结合当地发展潜力和优势，坚持精准扶贫、精准脱贫基本方略，坚持对定点帮扶的四川秦巴山区通江、南江、万源和金阳 4 县市的精准帮扶力度，努力在脱贫攻坚中发挥国有大行的示范作用。

截至 2017 年底，工商银行已走过了 22 年扶贫之路，先后有 83 位工行扶贫干部奔赴扶贫第一线奋战，走出了一条教育扶贫、产业扶贫、电商扶贫、卫生扶贫等多种方式相结合的扶贫开发的新路子。

3.1 教育先行“扶贫先扶智”

工商银行坚持以教育扶贫为重点，本着“扶贫先扶智”的理念，针对当地贫困人口需求设计不同的项目，开展了众多教育扶贫服务，全方位提升教育扶贫水平，有效增强了当地脱贫的原生动力。

连续 15 年开展“优秀山村教师培训”活动，共资助教师 2410 人次，为 1250 名山村教师提供了进修机会，累计捐建 17 所希望小学，提升了贫困地区教学水平，改进了教育基础条件。连续 14 年开展“优秀贫困大学生资助”项目，已累计支持 2882 名贫困学生圆了大学梦。从 2016 年起开展贫困大学生定向招聘，计划用 5 年为 1000 名贫困大学生提供工作岗位，并鼓励他们用所学建设家乡。2017 年已通过该项目招聘了 340 余名贫困大学生，帮助贫困生家庭实现“一人就业全家脱贫”，促进了当地经济社会的长远发展。

3.2 “电商+企业+贫困户”电商扶贫新模式

工商银行高度认识金融扶贫在落实国家脱贫攻坚中的关键作用，结合商业银行实际，力求提供创新金融产品和服务。

与 4 县市党委政府加强合作，结合当地发展规划，梳理扶贫融资需求，精准确定特色产业发展、基础设施和基本公共服务等金融脱贫的切入点。通过“商行+投行”互动方式，支持政府规划、招商引资、产业发展、投融资服务。2017 年工商银行与四川省签署了电商扶贫战略合作协议，推进“电商

+企业+贫困户”的互联网精准扶贫模式。双方依托“融e购”电商平台，共同探索电商扶贫新模式，促进贫困地区特色产品销售、特色资源开发。

截至2017年末，定点扶贫4县市已有1500多种商品在“融e购”上线，实现销售额近2100万元，精准带动了农户增收。此外，在扶贫4县市设立了27家营业网点和离行式自助银行，在偏僻地区加强3G外派终端、移动POS等设备的推广运用，提高了贫困地区金融服务的便利性、可得性。这些措施改善了定点帮扶地区的增长和发展的潜力。

3.3　产业扶贫推动“输血式向造血式转变”

工商银行着眼于切实帮助贫困户提高自我发展、自主脱贫能力，推动扶贫由输血式向造血式、单点式向集中连片式转变。2016年，投入1200万元开展万源黑鸡、南江黄羊、通江黑猪养殖项目，在金阳建设1000亩花椒高产示范基地，定点扶持10个村集体经济；2017年进一步加大产业帮扶力度，扩大产业扶贫规模，“工行+政府+村两委（村党支部委员会和村民委员会）+企业+农户”共同形成的产业扶贫模式日益成熟。该模式充分考虑了种养殖过程的各个环节，确保贫困户种养殖产品“买得起、卖得出、过程安全没风险”，在推动当地产业发展的同时，使贫困户实实在在获得了显著的收益，也激发了自身脱贫的动力。

3.4　卫生扶贫解决“基本医疗卫生服务”

截至2017年，工商银行连续7年开展“母婴平安120”项目，累计帮助定点贫困地区8580名贫困孕产妇到医院顺利分娩；并通过“爱心永恒·启明行动—中国工商银行光明行”活动，帮助定点扶贫地区5800多名贫困白内障患者免费实施了复明手术，实现了让贫困白内障患者全部重见光明的目标。此外，还在定点扶贫地区累计捐助了6个乡镇卫生院、8个博爱卫生站、4台救护车辆，延伸了医疗救助范围，使更多的贫困人口享受到基本医疗卫生服务。

3.5　充分发挥资源优势

工商银行在坚持捐助资金投入的同时，也加大定点扶贫工作人力资源投入的力度。工商银行重视扶贫干部选派，保证各定点扶贫县均有选派的扶贫干部分管或协管扶贫工作，分别挂联扶贫乡镇村，将主要精力放在帮扶建档立卡及贫困村和贫困户脱贫上；同时通过选派第一书记，对定点扶贫县的重点贫困村进行驻点式帮扶。在此过程中，一方面严格对扶贫干部和第一书记的管理，定期听取、检查扶贫工作情况，将工作业绩与年度考核结果挂钩，督促扶贫干部尽责履职；另一方面从收入待遇、职业发展等多方面落实激励措施，支持扶贫干部全身心投入脱贫攻坚工作。扶贫的行动支持了贫困山区发展，改进了民生，也培养和锻炼了一大批优秀的专业骨干和领导骨干。

在未来，工行人将传承扶贫精神，紧紧围绕贫困地区的金融需求，计划重点从信贷投放、产品创新、服务供给等方面突破，深入推进扶贫工作开展，为扶贫和美丽乡村建设做出更大的贡献。

4　华为公司（中国）——“构建万物互联的智能世界”

华为成立于1987年，是一家由员工持有全部股份的民营企业，目前约有18万名员工，业务遍及全球170多个国家和地区，服务全世界三分之一以上的人口。

华为是全球领先的信息与通信技术（ICT）解决方案供应商，专注于ICT领域，坚持稳健经营、持续创新、开放合作，在电信运营商、企业、终端和云计算等领域构筑了端到端的解决方案优势，为运营商客户、企业客户和消费者提供有竞争力的ICT解决方案、产品和服务，并致力于使能未来信息社会、构建更美好的万物互联的智能世界。

4.1　公司的承诺

公司坚持以客户为中心、以奋斗者为本，持续改善公司治理架构、组织、流程和考核，使公司长期保持有效增长。

“信息与通信技术（ICT）在推动经济发展和社会进步方面发挥着巨大的作用。我们必须利用这一机会，促进全球实现繁荣、包容性和可持续发展。华为支持联合国可持续发展目标（SDGs）。我们相信，ICT将在推动大规模、快速、高质量实现联合国2030年可持续发展议程的过程中扮演关键角色”。

“华为将始终坚持战略聚焦，厚积薄发，支持联合国可持续发展目标的实现，这是我们义不容辞的责任。我们将与合作伙伴一起，开放合作，实现人与人、人与物以及物与物的全面联接，构建一个可持续、更美好的全联接世界”。

（1）提升联接水平：ICT是SDGs的助推器，可以让更多的人们实现网络接入，提升联接水平和效率，大规模普及有助于实现可持续发展目标的技术和解决方案。

（2）建立生态系统：华为作为智能社会的使用者和推动者，大力投入和布局面向未来的新技术、新方案和新商业模式，与各方合作构建 ICT 生态系统，推动积极、快速的变化。

（3）勇于担当：2017 年华为签署了世界经济论坛国际工商理事会发起的“领导力契约：应势而为、勇于担当”，承诺长期履行该契约，秉持可持续发展的理念，在公司内实施相关政策和举措，实现可持续的增长，为可持续发展目标做出贡献。

（4）构建可持续的全联接世界：要实现 SDGs 目标，产业链各方需要在全球范围内全面部署 ICT 基础设施，特别是宽带网络，并创建有利的政策环境来促进 ICT 技术高效应用，创造经济效益的同时，带来社会和环境红利，实现大规模可持续发展。

4.2　可持续发展管理

作为全球化的企业，华为在关注自身发展的同时，更要承担社会责任，促进社会的和谐与进步。一直以来，华为坚持可持续发展融入到业务运营中，并建立管理体系，促进可持续发展在华为的落地。

（1）愿景

消除数字鸿沟，促进经济、社会、环境的和谐与可持续发展。

（2）使命

构建优秀的可持续发展管理体系，坚持道德和合规经营，持续加强利益相关方的沟通，促进和谐商业生态环境，确保公司可持续发展，回报客户和社会。

（3）政策

华为可持续发展管理的总体要求和行动原则如下：

——严格遵守全球范围内社会、经济和环境领域内所有适用的法律法规、国际规范和其他利益相关方的要求。

——让更多的人可以方便、经济地接入现代信息社会。

——保障客户的网络稳定和安全运行。

——持续减少运营对环境的影响。

——关爱员工，保障员工权益，重视员工道德教育和遵从，关注员工职业发展及个人价值实现。

——以负责任的态度和较高的商业道德标准经营企业。

——帮助供应商提升可持续发展的管理能力和价值，推动所有供应商采用对社会和环境负责任的方式运作。

——积极参与社区公益活动，致力于回馈运营所在地社区。

——积极与利益相关方就可持续发展的管理和绩效进行沟通。

（4）战略

华为以追求长期、可持续的价值创造为基础制定公司战略，并且定期审视可持续发展战略，确保与公司战略的一致性，并基于此制定落实在消除数字鸿沟、保障网络安全稳定运行、推进绿色环保以及和谐健康生态四个方面的战略目标，全面推动企业自身及整个价值链履行社会责任，切实为经济、环境和社会的发展做出贡献。

①消除数字鸿沟

——人人享有通信，使不同地区的人们均能便捷地接入语音通信。

——人人享有宽带，使宽带处处可及，推广面向未来的信息通信技术，应对全球挑战。

——采用建立培训中心和联合教学等方式，培育当地专业人才，实现知识的传递，增强当地人们实现数字化社会的能力。

——提供客户化的 ICT 应用解决方案，使不同区域、不同需求的人们及不同企业使用信息技术提升经济水平、生活质量、生产效率和竞争力。

②保障网络安全稳定运行

——把保障网络稳定安全运行、特别是在危机时刻（在遭遇地震、海啸等自然灾害和其他突发事件时）的稳定运行的责任置于公司的商业利益之上。

——通过持续创新，充分考虑业务的连续性和网络的韧性，提升产品的健壮性和防护能力。支持对产品的独立测试、验证和认证，让客户得到国际认可的安全保障。开放透明，积极与利益相关方沟通和合作，遵从适用的安全标准和法规。

③推进绿色环保

——把绿色环保理念融入到产品规划、设计、研发、制造、交付和服务等各个环节中，通过持续的技术创新，不断提升产品和解决方案的资源使用效率，向客户提供领先的节能环保产品和解决方案。

——致力于在办公、生产、物流及实验室等方面提升资源使用效率，降低温室气体及废弃物排放强度，将华为运营打造为环境友好型典范。

——持续保证华为产品环保符合性；持续保证合作伙伴运营活动环境合规性；贴近业务，牵引供应链节能减排，提升华为产业链综合竞争力。

——致力于不断推广绿色 ICT 的综合解决方案，促进各个行业的节能减排，积极推动能源节约、环境友好的低碳社会建设。

④和谐健康生态

——充分发挥员工专长，为员工提供不同发展通道实现个人价值。

——为运营所在国家和社区做出积极的社会贡献。

——严格遵守商业道德标准，反对腐败、倾销和垄断，合规和诚信经营。

——关注自身经营活动和服务过程中的可持续发展风险管理，逐步成为行业以及全球可持续发展的领先者。

——与供应商紧密合作，制定标准，定义标杆，将风险管理转变为效率管理，引领产业链可持续发展。

（5）组织

2010 年，华为成立了可持续发展委员会（CSD 委员会），约 20 名委员来自研发、制造、采购、人力资源、交付等部门。CSD 委员会主要负责战略的实施、重要问题决策、跨部门问题的解决以及设定前瞻性的目标来牵引公司可持续发展方向。每年初，CSD 委员会对可持续发展战略进行业务规划和战略规划研讨，以确保战略聚焦在既定方向，并与公司的业务战略目标和内外部经营环境相协调。此外，CSD 委员会定期召开季度会议评审可持续发展绩效，协调解决相关工作，确保我们始终在正确的方向上前进。

CSD 委员会主任由质量与流程 IT 管理部总裁担任，直接向轮值 CEO 汇报工作。

2016 年，华为明确了在 CSD 委员会运作的基础上，基于部门维度成立 CSD 分委会，进一步夯实可持续发展组织，助力公司的可持续发展在各部门高效运作。

各分委会需根据工作聚焦和相关性，解码公司 CSD 战略，明确 CSD 职责、目标和计划。分委会在公司 CSD 委员会的指导下运作，并例行向 CSD 委员会和部门管理层进行汇报。2017 年，华为将重点推进及完善分委会组织和能力建设，更加系统、专业、高效地落实 CSD 战略目标。

（6）管理体系

华为已经建立了 ISO 14001、OHSAS 18001、SA 8000 等管理体系，并基于 ISO 26000 全面优化了可持续发展管理体系，制定了覆盖所有的业务领域可持续发展政策和流程，从而帮助我们更加系统地策划、实施、监控和改进可持续发展工作，让业务变得更加可持续。

2016 年，华为进一步通过流程系统地策划、实施、监控和改进可持续发展工作，将相关要求进一步融入到业务运营。同时，我们全面开展可持续发展成熟度评估，找出短木板和痛点，明确改进方向，促进可持续发展管理能力持续提升。

2016年华为对可持续发展成熟度评估工具进行了系统优化，使评估更加贴近业务实际，更加客观地反映成熟度水平。成熟度评估涵盖八个要素：战略与政策、风险管理、目标和重点工作、组织人员、标准/规则、流程融入、监测和测量以及利益相关方沟通。

可持续发展成熟度评估（SMA）覆盖公司主要部门，并基于各部门承接的可持续发展战略和职责进行综合评估。2016年成熟度评估结果较2015年在各评估维度都取得了一定程度的提升，可持续发展管理体系持续得到优化和夯实。

5 西门子（SIEMENS德国）——“博大精深，同心致远”

西门子股份公司是全球电子电气工程领域的领先企业，创立于1847年。业务遍及全球200多个国家，专注于电气化、自动化和数字化领域。自1872年进入中国，长期以创新的技术、卓越的解决方案和产品以出众的品质和令人信赖的可靠性、领先的技术成就、不懈的创新追求，确立了在中国市场的领先地位。2017财年（2016年10月1日至2017年9月30日），西门子在中国的总营业收入达到72亿欧元，拥有超过32000名员工。西门子已经发展成为中国社会和经济不可分割的一部分，并竭诚与中国携手合作，共同致力于实现可持续发展。

2014年西门子发布了“2020公司愿景”，表达了企业专注于电气化、自动化和数字化的切实举措，实现更加扁平的组织架构，增强客户导向的决心，体现了西门子对于当代电气化和自动化价值链的长远认识，并将创建西门子可持续的独特的文化。

“2020公司愿景”是一项战略计划，它是基于对全球趋势的深入而广泛的分析所得出的结论。

5.1 变化的世界和机会

变化是世界的一个基本规律，变化开启未来的机会，为企业给出决策的推动力，对形成观察问题方式提出质疑并鼓舞做出新的活动座右铭。现实世界和虚拟世界的联系不断地向前发展，几乎没有其他任何一个企业像西门子这样尽早地认识到由于数字化、全球化、都市化、人口老龄化和气候变化的大趋势产生了什么样的机会，并以此系统地确定了它的业务活动方向。

——数字化：将来我们将生活在一个通过复杂的异质系统相联系的世界，到2020年全世界数据量将增长到44ZB字节（ZB代表Zettabyte，即泽它字节，1ZB为十万亿亿字节），500亿个装置将在线连接到一起。

——全球化：全球化竞争影响生产率和产品生产基地，2015年全球GDP约为73.2万亿美元。

——都市化：今天，全球54%的人生活在城市，到2050年在城市里生活的人数将达到70%，每年城市增长人口约为5000万，所以大都市必须大力加强基础设施投资。

——人口老龄化：到2050年，全世界人口将从今天的73亿增加到97亿，其需求也将随之增加，1950年世界人口才25亿。人均平均寿命在2050年将达到83岁，而今天的平均年龄为73岁。

——气候变化：按科学家的判断，2015年夏天地球大气层二氧化碳浓度达到800000年来的峰值（最高值），2015年联合国巴黎气候会议决定把人类造成的全球变暖限制在大大低于2℃以下。

只要把变化理解为机会，并且共同为此努力，将会实现长期成功。

5.2 一个坚定不移的战略

基于全球大趋势及变化，西门子的工作集中在电气化、自动化和数字化三个战略领域，它们展现把西门子带到成功将来的主要方面。对此，西门子的所作所为始终为了满足公司的客户、我们的企业主、我们的员工以及社会价值的需求。

本着在电气化价值链的地位，西门子具有的知识覆盖从电能转换，到智能传输和分配，直到能源高效应用整个产业链，基于在自动化领域的显著优势，企业为将来和数字化时代做好了充分的准备。

用2020公司愿景，西门子定义了一个企业的方案，对公司做出的布局，始终坚持占领最具吸引力的增长领域，持续加强核心业务，并且提升在经济效益、生产率方面具有的领先的竞争力。

为获得长期成功，用7个综合目标作为实现所要求的根据：

（1）企业严格有效的管理、持续精简、节约和改善（如成本节约10亿欧元）。

（2）强化业务组合：电气化、自动化、数字化（如聚焦三大领域、核心业务、增长、竞争力领先）。

（3）实施财务目标体系，增加企业价值（如ROCE资本回报率15%～20%）。

（4）扩大全球管理，贴近客户和市场（如在德国境外设置部门及业务管理达30%）。

（5）建立受客户信任的首选伙伴关系（如客户满意度至少改善20%）。

（6）充分发挥员工潜力，成为首选的雇主（如对重点主题——领导力和多样性的认可度持续高于75%）。

（7）加强独特的文化，加强员工成果分享（如员工持股超过50%）。

5.3 关键要素——可持续发展

可持续发展是西门子价值观的基础。公司发展战略的重要支柱之一，就是密切关注可持续发展的强烈的企业责任感。长期的盈利性增长是公司的目标，而负责任的价值创造为成功铺平了道路。

对西门子而言，可持续发展意味着代表我们的后代负责任地开展业务，实现经济、环境和社会的共同进步。

通过改善充分负责的商业实践，保护环境和不断发展员工和社会来解决真正棘手的问题：

——负责任的商业实践：包括可持续供应链、合规体系、人权、全球纯洁商业实践项目等。

——环境：包括去碳化、减少客户碳排放、2030年西门子达到零排放、保护资源、产品责任等。

——员工和社会：包括健康和安全、多样性、差异性、教育、社会参与、社会商业等。

5.4 培育未来颠覆式创新

2016年，西门子成立一个独立业务部门next47（风投公司），致力于更积极培育颠覆性创新理念和加速推动新科技开发。新部门名称next47缘于西门子成立于1847年。透过next47实现西门子创办人的理想，在继续于公司发展的同时奠定培养创新思维的重要基础。开放给支持西门子创新策略及商业构想的内部员工、外部创业人及具有规模的企业，提供实验及成长自由的空间，实现合作共赢。next47整合了西门子所有与初创企业合作创新的项目，依循西门子的策略，启发公司于电气化、自动化及数子化领域核心业务的颠覆性创新想法及潜力。其中包括分布式电气化、人工智能、网络化、电动出行、自动机器、区块链技术等。

当前，中国领先的企业正在推动转型，携手西门子共创数字化未来，其中有中石化、航天科工、武钢集团、凯赛和明珞装备等。西门子和阿里云已经共同在中国推进“Mind Sphere on Alibaba Cloud”，这将帮助中国企业释放工业互联网的潜力。

5.5　独特的品牌文化

西门子认为，要想为企业的将来做出布局，就必须回答如下的三个问题：

——我们的目的何在？

——我们的不同之处是什么？

——我们如何才能长期成功？

（1）**一个崇高的使命：**一个使命表达企业认识自我并形成对自己的要求，西门子的要求是：“将棘手的问题变为现实，我们说到做到，它代表我们的不同，同时表示一个强大的品牌，使命推动我们不断前进。”

2016 年西门子公司发布全新的品牌宣言“Ingenuity for life”（在中国被诠释为“博大精深，同心致远”）。

“Ingenuity”意为工程技术（engineering）、天赋和创新（genius and innovation）以及团结一致的精神（unity）。而“For life”阐述了西门子在全球所承担的责任：创造更加美好的生活，让关键所在逐一实现。

西门子以广泛的工程技术为客户、员工和社会创造价值的公司定位，表达公司在电气化、自动化和数字化领域引领技术创新，助力社会可持续发展的坚定承诺。

“博大精深”体现了西门子深厚的工业专业知识、卓越的大型工程技术能力、可靠的产品质量与服务，以及在未来制造、可持续能源和智能基础设施与城市等领域的广阔业务和远识。也表明西门子放眼大局，锐意进取，精益求精，以创新驱动价值的企业家精神。

“同心致远”则表达了西门子以客户面临的挑战为导向，同心协力，一同致力于远大理想，实现为客户带来更高价值、为员工带来长足进步、为全社会带来可持续发展的坚定承诺。

（2）**一个独特的文化：**可持续经营的一个引擎是独特的企业文化，这就是每一个员工都为西门子成功承担责任，“西门子重要”这一座右铭适用于所有的成员，从董事会到实习生。企业独特的“主人翁”文化的五个元素是：

——价值观：充分负责、卓越、创新；

——行为：尊重、聚焦、主动性和执行力；

——领导：勇气、坚定和勇敢，为西门子工作和负责的表彰，激发积极性和鼓舞精神；

——员工：赋能和信任；诚信、坦诚、合作；

——公平：促进面向长期、产出和盈利方向。

西门子已在中国植根超过140年，也是在中国改革开放之后最早与中国建立全面合作的企业。随着中国的社会经济迈入一个新的发展阶段，“博大精深，同心致远”承载了新的时代内涵，它超越了传统意义上对西门子工程技术和创新的解读，使之成为西门子为中国客户、员工和社会创造价值的持久动力和承诺。

西门子于2014年发布“2020公司愿景”战略计划，目前已经基本完成，且实施速度和成果均超预期。几乎所有业务的盈利能力都显著提升，客户满意度达到历史新高。

5.6 “公司愿景2020+”

2018年西门子发布了“公司愿景2020+”，确立了公司未来新的发展方向。通过确定新的公司组织架构，赋予各业务在强大的西门子品牌旗下更大自由度自主运营，加速业务增长，提高盈利能力，以期继续扩展数字化业务、开拓新的增长领域，面向成员未来创造价值。

西门子认为，“公司愿景2020+”将推动公司加速转型，并在未来十年进一步巩固其优势地位。全球变化的速度和力度与日俱增，西门子有义务预见这一发展趋势，这正是以可持续的方式塑造未来的大好时机，即参与“第四次工业革命”的数字化这一工业史上最大的变革。

“公司愿景2020+”将集成相关各方的利益。将以更高效、更专业的方式支持客户，帮助他们实现目标。对员工来说，下一代西门子将提供更广阔的个人发展空间、更大的创意自由度和更多的承担责任的机会。投资者也将从中获益，因为公司将尽所能地支持在其业务在各自的市场领域成为行业领袖。而一个更加强大的西门子也将更好地履行社会责任。”

6 宝马公司（BMW德国）——“第一战略”塑造未来

宝马集团是全世界成功的汽车和摩托车制造商之一，同时提供汽车金融和高档出行服务，在14个国家拥有31家生产和组装厂，销售网络遍及140多个国家和地区，至2015年12月31日，员工总数达到122244人。2015财年，宝马集团实现税前利润约92.2亿欧元，营收达921.8亿欧元。

宝马集团总是以前瞻未来和承担责任为成功的基石，在整个价值链中贯彻生态和社会的可持续性发展策略，全面的产品责任以及明确的节能承诺已成为集团长期战略的重要内容。

6.1　宝马"第一战略"

"第一战略"（Strategy Number ONE）是宝马到2020年成为世界领先的个人出行豪华产品和服务供应商的业务战略。2007年宝马第一次推出"第一战略"，确定了2012年、2016年以及2020年三个重要的里程碑。这一战略直接催生了BMW i电动汽车品牌。2016年宝马发布了"第一战略"的升级版，全新"第一战略"定义了宝马发展的愿景、竞争优势、六大战略方向和企业文化，被认为是未来10-20年间，宝马集团的发展总纲领。其中包括的四个方面被描述为：

- 宝马的愿景："我们是第一，我们要为消费者提供出行更有趣人性化的方式，要改变未来高端豪华车的出行方式。"
- 宝马的战略方式：品牌&设计、产品、技术、消费者体验&服务、数字化和盈利能力。
- 宝马的竞争优势：将振奋、责任和成果汇为一体，提供最动心的产品和最有吸引力的服务。
- 宝马的文化：创造未来，将运营卓越与理念新颖相结合。

宝马认为未来的个人交通将具有六大特征：多元化、定制化、人性化、互联化、清洁化、责任感。"宝马在未来将进入长期的转变过程，从而进入下一个发展时代。"

可持续性使行动的前提。长期的考虑和负责任的行为是经营成功的基础。所以生态和社会可持续性，广泛的产品责任以及明确承诺保护资源是战略的有机组成部分。可持续性是其思维和行动的不可分离的组成部分，这也与宝马的价值观，即信任、坦诚、尊重、负责和透明保持一致。作为战略要素的这一态度也反映在有效的价值创造和令人心动的产品中，从而满足客户，员工以及在全球的社会和商业伙伴的期望。

6.2　可持续发展战略

宝马的战略始终面向未来的挑战。巨大的挑战主要表现在：价值变化、老龄化和技术变化，它们不断的向个人移动性提出新的要求和新的解决方案。

新的技术趋势和发展也特别为汽车、工业、社会和客户提供了机会。

因此，可持续性是企业新的“第一战略”的有机组成部分，旨在为一个成功的未来铺平道路。系统地把可持续性融入到战略和价值链，即：从采购过程、到产品的设计、直到建立新的业务领域都要融入可持续性的要求，也要融入到商业模式之中。

可持续性是“第一战略”的主攻战略方向，对实现竞争优势具有实质性地作用。可持续战略是与企业战略完全一致的，它推进可持续性的融合。制定可持续性战略的基础是识别实质性主题。在此基础上，经常检查战略方向、战略目标及采取的战略措施。

6.3 可持续战略目标

宝马制定了到2020年可持续发展10项战略目标，它们集中在三个主题领域，即：

- 产品和服务

——CO2 排放：在1995年基础上至少降低50%

——电动汽车：用系统化方式提供高端电动汽车的引领者

——移动方式：选择大城市提供综合移动服务不断改变移动方式

- 生产和价值创造

——资源消耗：水、能源、废料、溶剂排放/车在2006基础上降低50%

——可再生能源：成为生产和价值创造中使用可再生能源的领导者

——可持续供应链：在供应链中提高透明度和资源的效率

- 员工和社会

——健康和工作能力：培育个人责任和构建工作环境

——长期员工发展：发现员工善用才能保证职业能力

——多样性：增强企业中的多样性和创新能力

——跨文化理解：成为跨文化理解的领导者

为追求成为个人移动提供最成功的和最可持续的高端品牌供应商，宝马界定了十项可持续性战略目标和措施，将可持续性融入整个价值链和所有基本过程，为企业、环境和社会创造增值。除十项可持续战略目标之外，也考虑公众关心的现实主题和挑战，并在制定可持续发展目标中考虑实质性分析的结果。既考虑新出现的主题的相关性，同时又能保持聚焦长远的战略目标。

6.4　支持联合国“2030 议程”

2015 年联合国大会通过了 2030 年可持续发展议程。可持续发展目标是“2030 议程”的核心，是全球行动计划，其目的是按照生态可承受和符合社会正义的方式构建经济进步。宝马在可持续发展战略的框架下聚焦其价值链，承诺支持上述可持续发展目标。

2016 年在实质性矩阵的基础上分析了与宝马最直接相关的可持续发展目标。在企业落实战略中，把与此相关的目标赋予了最高优先级别：

• 可持续发展目标 13 – 气候行动。例如，持续减少我们车辆的碳排放。电动移动是 CO2 – 战略的主要要素。不断增加车型中电驱动份量，不仅不断减少温室气体排放，而且使城市空气质量有实质性改变。

• 可持续发展目标 11 – 可持续城市和社区。应用集成移动服务方案，有选择性的在大城市可持续地改变移动行为。提供创新的方案改善城市的移动性。比如，DriveNow 和 ReachNow 汽车共享，越来越多的投入电动汽车，特别是为城市电动解决方案。此外，还包括支持创业公司为加速解决大城市交通的创新。

• 可持续发展目标 12 – 可持续消费和产品。不断减少每一生产车辆 CO2 排放和资源投入。为此，在全世界所有生产基地加强利用新能源并与其供应商网络合作提高资源效率。

6.5　可持续性融入价值链

为了长期的成功，宝马把可持续性融入企业战略的各个层面、商业模式和企业价值链。从车辆开发和服务，到供应链，生产和对员工的责任，客户对产品的使用和服务。直到汽车的循环利用。

此外，可持续性是深深根植于企业的文化。宝马的价值之一在于承担责任，对自身、对他人、对企业和对社会。

可持续性融入企业，也为宝马财务绩效做出了贡献，例如

——通过有效的动力开发战略获得竞争优势

——通过创新产品和移动方案增加营业额

——通过资源有效性降低成本（水、能源成本）和风险

——通过可持续人力政策保持竞争力，最有吸引力的雇主，员满意度增加，企业、产品的身份地位增强。

6.6 可持续性融入产品生命周期

在开发阶段就在很大程度上决定了一个汽车在生命周期出现的环境和社会影响。具有决定性的影响的因数是材料选择、生产技术、供应商选择、所选择的驱动种类以及车辆元件的再利用。因此，在开发过程中，高要求的可持续性目标就如同成本原则或重量原则一样得到落实。其基础是要对产品在整个生命周期的生态、经济和社会准则综合评价。在推动生态方面融入产品的设计和开发中采用所谓生命周期工程。其要求是汽车一代比一代有实质性的改善。实现和评价开发过程目标指标采用 ISO 14040/44 生命周期评估的方法。

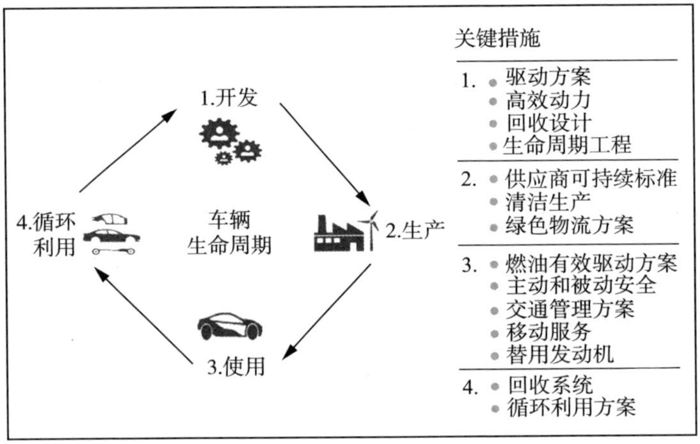

图 14－2　宝马集团车辆生命周期管理

可持续发展战略的进展主要表现在：

——降低碳排放

——共享出行服务

——低碳生产

——供应链低碳化

——人力资源投入

在中国，宝马集团注重战略性企业社会责任，结合自身优势，利用企业专长与资源推动社会变革，寻求社会问题的长期有效解决方案。2014 年华晨宝马正式加入全球最大的企业公民和可持续发展倡议《联合国全球契约》，成为中国首家加入该倡议的汽车企业。2016 年华晨宝马加入了欧洲质量管理基金会（EFQM），成为中国首家加入 EFQM 联盟的公司，这标志着要以欧洲严苛的质量管理框架挑战自我，追求可持续的绩效，实现企业可持续增长。

7　通用电气公司（GE 美国）——“绿色创想”

通用电气（GE）是全球领先的数字工业公司，创造由软件驱动的机器，集互联、响应和预测之智，致力变革传统工业。GE 的业务涉及能源、医疗、交通等领域，遍及全球 180 多个国家和地区，2017 年全球总收入超过 1220 亿美元，拥有 30 多万名员工。

目前，GE 在华拥有 20000 多名员工，在全国 40 多个城市设有 30 多家制造基地和 30 多家合资企业，在其中 8 个城市拥有研发团队。2017 年，GE 在中国的合同额达到 81 亿美元。

“绿色创想”计划是 GE 的旗舰业务战略，旨在为市场开发使用更少能源和资源的产品，同时降低本公司自身运营中能源和水资源消耗。GE 通过实施“绿色创想”战略开发节能技术，大幅提高客户的运营绩效和环境绩效，支持绿色经济发展。其中突出的案例包括高效能机车、智能电网设备和高质量的风力发电机等。

“绿色创想”计划是 GE 的一项长期战略，于 2005 年正式启动。“绿色创想”致力于创新的绿色解决方案，应对环境挑战，推动经济增长。它不仅是商务战略，更是行动计划。

“绿色创想”致力于其具备独特优势领域，确保能够以有效满足未来需要和高效率生产的方式，构建核心业务领域发展，并着手推动并证明“绿色即是盈利”的经营理念。

通过实施“绿色创想”战略开发节能技术，大幅提高客户的运营绩效和环境绩效，支持绿色经济发展。

创新是 GE 的价值主张，相信将它与其规模和专业经验相结合，就会为其客户和社会创造更多的价值，这就是“绿色创想”的使命。

“绿色创想”关注的主题是：

——人类对更充分、更安全、更清洁与低价格的能源需求

——人类对更充分、更洁净、更低成本的水资源需求

——消费者如何将安全、廉价的高科技用于这些领域

7.1　“绿色创想”的承诺

GE“绿色创想”战略对企业增长、对客户和社会、对环境的目标做出了

承诺：

• 将绿色研发投资翻一番——承诺每年在环保技术上的投资从 2005 年的 7 亿美元增加到 2010 年的 15 亿美元。

• 增加绿色产品销售收入——承诺为客户提供显著和可衡量环境绩效的产品和服务，其收入在 2010 年达到 200 亿美元。

• 减少温室气体排放、提高业务能源效率——承诺与 2004 年相比，2012 年将其温室气体排放减少 1%，到 2008 年将其温室气体排放强度降低 30%，到 2012 年将其能源利用率提高 30%。

• 随时向公众通报信息——承诺通过绿色创想网站（www.ecomagination.com）、广告、年度报告及直接与客户和其他利益相关方交流等途径持续向公众通报工作进展，保证项目运转透明化。

7.2 “绿色创想”的研发领域

“绿色创想”推进新型产品和技术研究，大力扩展 GE 业务范围。其中包括：

——可再生能源——风能、太阳能和生物能领域的先进理念，提高清洁可再生能源的经济性和实用性。

——先进的气化和清洁煤技术——提高整体气化联合循环系统（IGCC）工厂效率、降低排放、系统碳截获能力。

——燃料利用率——合成材料、高等空气动力学、涡轮合金、先进涂料及燃烧系统，提升目前及将来的飞机引擎和电力发电系统燃料利用率、改善整体性能。

——混合动力系统——新一代混合动力机车。

——照明——有机发光二极管（OLEDs）等节能技术，降低能源消耗。

——水——价格便宜、能耗低的水净化及循环利用技术。

7.3 “绿色创想”的进展

GE 自推出“绿色创想”以来，在发电、水力、运输、工业互联网等多个领域硕果频出。GE 不仅仅关注自己内部运营是否符合“绿色创想”标准，而且还完整地考虑在价值链之中。

GE 的数据显示，截至 2015 年，“绿色创想”计划已经累计投入 170 亿美元用于技术研发，共产生了约 2320 亿美元的收入，降低了 12% 的温室气体排放，节约了 17% 的淡水资源。截至 2015 年，GE 在全球安装的清洁能源达到 4

万兆瓦，从而直接避免了4亿吨二氧化碳排放。

企业可持续计划：2005年推出的“绿色创想”也是可持续企业计划，是业务战略的核心，涵盖了企业完整的价值链，提高了资源效率和生产率。相比2004年基准线，2011年GE将自身运营产生的温室气体（GHG）排放降低了29%。自从2010年以来，GE将自身运营用水量减少了13.5%。

生命周期管理（LCM）：GE开发了各种可定制的生命周期管理（LCM）工具，用它能更好处理产品和解决方案在生命周期的各个阶段对于环境的影响，与现有技术相比具有较高的环境优势，为客户提供更高的价值。为确保当前以及正在研发中的绿色创想产品和服务能够切实提高环保和工作性能，GE携手第三方咨询机构制定出环保记分卡，比较GE各项产品与其他同类产品，量化各项可供客户参考的指标，包括环保特性、影响及收益等。数十种产品经过此项严格检验并获得绿色创想认证。

开放式协同创新：GE邀请社会成员参与“绿色挑战”创新活动。2011年斥资2亿美元启动“绿色挑战”开放式创新竞赛，第一阶段活动主题为“智能电网”，第二阶段主题为“智能家居”。GE与风险投资合作伙伴一起已经向两阶段“绿色挑战”的获胜公司和个人提供或承诺提供了1.34亿美元投资。“绿色挑战”收到了来自于150个国家的7.5万名创新者的5000多项创意。到目前为止，已经结成了22项新的商业合作关系，GE还因此收购了FMC-Tech，这是一家在“绿色挑战”第一阶段活动中脱颖而出的智能电网技术公司。通过“绿色挑战”参与者所形成的社区，年轻的企业和创业者能够让他们的解决方案提升优化，获得更多的资金和新客户，并赢得行业和商业认可。2011年GE扩展了这一举措，推出了“绿色挑战”中国活动，与风险投资伙伴共同承诺投资1亿美元寻找并资助基于天然气的最佳清洁能源创意，帮助中国满足其庞大的能源需求。

7.4　“绿色创想”在中国

2006年，GE将“绿色创想”计划引入中国，关注的领域集中在可再生能源、水处理，以及轨道交通等问题。如今“绿色创想”计划在航空工业、清洁能源、节能环保、医疗等领域都取得了长足的进展，同时为中国社会的可持续发展贡献了自己的力量。根据电力、钢铁、油气、化工冶炼行业要求广泛与中国企业开展项目的合作，与此同时，还将工业互联网、数字化等诸多领先的解决方案如Predix平台引进中国，协助中国高端制造产业升级，积极践行“中国制造2025”战略。GE通过合作，在清洁能源、节能环保、航空、医疗等领域获得了长足的发展，同时为中国社会可持续发展贡献了力量。

GE成为出色的企业公民的原则非常简单，那就是：盈利、符合道德的盈利、与众不同的盈利。

8 欧莱雅（LOREAL 法国）——“让所有的人拥有美”

欧莱雅集团创立于1909年，总部设在法国巴黎，是《财富》全球500强之一，也是世界上最大的化妆品公司。欧莱雅集团的业务活动遍及全球130多个国家和地区，在世界各地拥有67,500多名员工和42家工厂。

欧莱雅把企业的使命定义为：

让所有人拥有美——在品质、功效和安全方面，为全球的女性和男性提供最佳的化妆品创新，满足他们多样性的愿望和全部的美妆需求。

欧莱雅选择了一项独一无二的战略：美的普及化。这意味着全球化能够捕捉、理解并尊重差异。渴望、需求和传统的差异。为提供量身定制的美，满足世界各地的渴望，这个世界愿景驱动欧莱雅不断前进。

8.1 可持续发展新承诺2020

基于“美的普及化”战略，欧莱雅集团2013年发布了“美丽，与众共享——欧莱雅可持续发展承诺2020”，在致力于实现商业抱负的同时，优化可持续发展进程。

欧莱雅相信，消费者是欧莱雅实现可持续发展的核心驱动力，希望在赢得10亿新消费者的同时，对共同生活的世界产生积极的影响。通过从研发到运营的整个价值链上各业务环节加速可持续创新，以及充分利用欧莱雅旗下品牌的力量向消费者传递可持续理念，在生产更多产品的同时，减少环境影响，将致力于提升消费者的可持续发展意识，鼓励更可持续的消费方式，并通过“美丽，与众共享”的承诺，与身边的人分享其成长。

这些承诺是欧莱雅在与全球各个利益相关方深入探讨2年之后确定的。在独立评估组的协助下，欧莱雅将定期总结和报告各个目标的实践和进展。该评估组主席由可持续发展领域资深权威、前哥斯达黎加总统何塞·玛丽亚·菲格雷斯（José Maria Figueres）担任，小组成员包括来自世界各地的可持续发展专家。

8.2 可持续发展新承诺2020的四大领域

（1）可持续创新——承诺到2020年将通过创新，使100%的产品都有益于环境和社会。

我们每次研制或改良一款产品，都要参照以下至少一个标准，改善其环境和社会特征：

- 新配方可以减少环境足迹
- 新配方采用了以可持续方式获得的可再生原料，或者采用“绿色化学”原则制取的原料
- 改善新包装的环境特征
- 新产品能够产生积极的社会影响

（2）可持续生产——承诺到2020年将环境足迹在2005年的基准水平上减少60%，同时与10亿新消费者共享美丽。

- 以2005年的水平为基准，按绝对值计算，我们的工厂和分销中心的二氧化碳排放量将减少60%
- 以2005年的水平为基准，每单位成品耗水量将减少60%
- 以2005年的水平为基准，每单位成品产生的废弃物量将减少60%
- 我们的废弃物将不再使用填埋法处置
- 以2011年的水平为基准，每单位成品的运输过程造成的二氧化碳排放量将减少20%

（3）可持续生活方式——承诺到2020年将赋予欧莱雅的每一位消费者做出可持续消费选择的能力，同时让这个世界变得更加美丽。

- 我们将使用产品评价工具来评价100%新产品的环境和社会特征，并且欧莱雅旗下的所有品牌都将向消费者展示这一信息，以便于消费者选择可持续的生活方式
- 欧莱雅旗下的所有品牌都将评定其产生的最大环境和社会影响，并承诺改善社会和环境绩效。每一个品牌都将报告其进展，并努力提高消费者选择可持续生活方式的意识
- 通过欧莱雅的可持续发展消费者讨论小组，我们将能够在可持续发展方面采纳消费者的建议

（4）可持续发展

——员工

到2020年，不论身处何地，欧莱雅的每一位员工都将获得医疗保险、社

会保障和培训。

- 我们将按照当地的最佳标准，为每个国家的员工办理医疗保险
- 我们将为不幸遭遇意外的员工提供经济援助，如丧失工作能力或终身残疾
- 每一年，不论身在世界哪个角落，欧莱雅的每一位员工都将获得至少一次培训

——供应商

到 2020 年，欧莱雅的所有战略供应商都将加入我们的供应商可持续发展计划。

- 将根据社会和环境绩效，对所有战略供应商进行评价和遴选
- 在欧莱雅的支持下，每一位战略供应商都将完成对可持续发展政策的自我评估
- 每一位供应商都可使用欧莱雅的培训工具来优化其可持续发展政策
- 20% 的战略供应商将和我们的社会责任采购计划关联在一起

——社区

到 2020 年，欧莱雅将为超过 10 万低收入者提供工作机会，这个数字将相当于我们全球员工的总数。

承诺将通过在以下领域开展计划，实现欧莱雅的目标：

- 社会责任采购
- 包容性分销
- 与美容相关的职业发展辅导和社区教育行动
- 雇佣残障人士和弱势群体

8.3　可持续发展新承诺 2020 的进展

在 2013 年发布“美丽，与众共享”的承诺时，欧莱雅的优先重点覆盖了整个价值链。现在它走向实现 2020 的目标和指标。为了能够达到它所确定的宏大的目标，欧莱雅进行了深入的转型，并每年报告将这一承诺付诸实现的进展。

2016 年在实现“美丽，与众共享”承诺的四个领域，特别在可持续创新和生产两方面的进展尤为突出，因为在这两个领域系统化的努力大大改善了环境和社会影响。

现在，一个关键的里程碑已经实现：这就是降低碳排放 60% 的目标已经实现，甚至提前了 4 年。

一些关键指标改善明显，例如生产工厂和配送中心碳排放比2005年减少67%，而产量提高了29%。2016年发布的产品，除品质和盈利性外，80%改善了对环境或对社会的影响，相对于2015年达到指标为74%。到2020年解决就业目标是100,000人，在2016年就已达67,000人。在研究和创新方面的努力，减少了配方的环境足迹，大大保护了生物的多样性。

这些努力的结果发出一个强烈的信号：欧莱雅继续使其增长与它对环境的影响脱钩。当气候变化成为主要挑战、对脆弱人群构成威胁时，这一承诺比任何时候都重要。

到2020年还有多年时间，欧莱雅正在尽一切努力实现既定的2020目标和指标。实现"美丽，与众共享"的承诺已经对欧莱雅产品的设计、生产、沟通的方式带来了实质性的改变。

8.4　数字化和可持续模式的转型

2016年欧莱雅继续数字转型，这让它更数字化、更灵活、更可持续。集团提升了数字化领导力，在所有的部门中，数字化放大了我们品牌的力量，并拉近了它们与消费者之间的距离。数字化改革了欧莱雅的营销模式和它与消费者的关系。

集团继续推行工业4.0转型计划，该计划将数字化带来的所有新机遇整合在一起，使欧莱雅整个价值链发生了一场真正的产业革命。

2016年集团投资了伦敦初创企业孵化器和加速器Founders Factory，使其成为集团在美容行业的独家合作伙伴。欧莱雅与Founders Factory将帮助5家初创公司，并计划每年联合创建两家初创企业。集团的目标是掌握潜力型人才和前沿技术的全球生态系统，以确定其数字创新战略。

提高员工技能是欧莱雅数字化加速战略的基础。14,000多名员工已从大型数字培训计划"Digital Upskilling Plan"中受益。其目的是让基层员工掌握数字专业知识并将其应用到日常本职工作中。

2015年193个联合国成员国一致提供了"全球可持续发展"的17个新的重要指标，其目的在于从现在到2030年结束极端贫困、消除不平等和不公正以及保护地球。欧莱雅开始了深度向日益可持续模式的转型，对其在环境和社会的影响，以及对当今世界面临的主要挑战做出反应。它的有力的道德承诺、"美丽，与众共享"承诺目标、支持多样性的政策和欧莱雅基金会支持下开展的企业慈善行动，使集团能对联合国17个目标中的14个目标做出贡献。

9 SAP公司（德国）——“让世界运转更卓越”

SAP成立于1972年，总部位于德国沃尔多夫，是全球最大的商务软件公司。他们拥有84,100员工，350,000家各种规模的客户，几乎涵盖了所有行业和地理区域。他们包括87%的《福布斯》全球2000强企业和98%的全球最具价值品牌。其中有些客户是全球知名企业；有些则是刚刚起步的初创企业，规模虽小但目标远大。SAP客户每天生产9,5000辆汽车，生产全球62%的电影，生产全球82%的咖啡和茶叶。

9.1 创新提升价值

在SAP看来，创新不只是单纯地开发软件，还包括开发具有突破性的技术和最佳实践，让世界运转更卓越，让人们生活更美好。作为一家服务于全球众多领先企业的公司，它拥有大量机会对整个社会乃至全人类产生重大影响。

SAP的愿景是：

“让世界运转更卓越，让人们生活更美好。这是我们永恒的事业，也是我们的宏伟目标”。

“我们的愿景是改善全球企业的过程和人们的生活。我们希望为一个更好的和更可持续的世界做出贡献，并有助于找到解决我们这个时代一些最紧急的问题的方案。我们用创新可为战胜这些问题做出我们的贡献。在这里，我们为客户、合作伙伴和应用者提供能借以推动改变的实用工具”。SAP推动数字化经济所有领域的创新，其中包括工业互联网、机器学习和人工智能。

SAP的愿景是通过他们的客户应用SAP的技术、可发展成数字化企业来实现的，这使他们能应对现实的挑战并可在可持续发展领域带来改变：

经济领域：

面向目标的工作是经济成功的前提。客户用SAP的软件和技术可实施创新、壮大其行业、创造给力的基础设施并能可靠保护个人及业务数据。

社会领域：

健康、教育和公共安全是一个社会的支柱。对此，SAP的软件和技术有助于战胜预防和诊断疾病的复杂挑战，并且使官方机构和城市智能化链接起来。

环境领域：

气候变化与人人相关并且会影响将来各代人的生活。用 SAP 的软件和技术能使我们的客户改善能源效率，并可为它们的全球供应链更可持续发挥作用。

2015 年联合国通过了可持续发展议程，制定的 17 项可持续发展目标，其中经济、社会和生态的发展相互联系不可分割。为了实现这些目标，要求所有国家投身于消除贫困，保护我们生活的地球和维护全人类的和平和幸福。在 SAP 的愿景中，对照联合国的目标，把与 SAP 极为相关的发展目标作为企业总体目标，并以此作为实现愿景的驱动力量（如图 14－3 所示）。

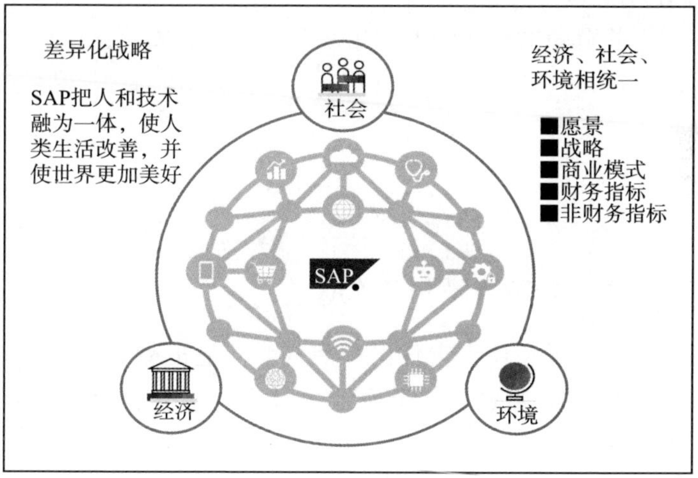

图 14－3　面向联合国 2030 议程的战略和商业模式

资料来源：www. sap. com。

9.2　实现愿景

为了实现愿景，SAP 支持客户应对商业环境变化实现数字化转型的挑战。同时使他们有可能为经济、社会和生态发展做出贡献。云计算、大数据、物联网和人工智能的发展趋势随社会发展并驾齐驱，将改变人们的生活和工作方式。

为了经济的成功，企业必须将其业务过程和模型数字化。必须具有灵活性，坚守目标，为客户创造更多价值。

SAP 在现有企业应用技术基础上提供新的云功能和实时应用软件系统，构建全球服务和合作的平台。

9.3 战略实施

SAP的战略是成为最具创新的云－企业（在SAP HANA基础上）和引领者，帮助客户提供必要的数字创新。为实现战略，SAP把力量集中在如下几个方面：

- 继续开发主导市场的应用
- 将现有ERP平台扩大为与伙伴合作创新的平台
- 为未来方向性技术投资
- 吸引和长期保留优秀的员工

考量成功的指标

SAP用如下的财务的和非财务的指标来考量它的成功：

- 增长
- 盈利
- 客户忠诚度
- 员工参与度

9.4 社会、生态和经济要素相互关联

SAP对可持续发展和社会责任的聚焦来自于它的致力于在全球改善企业的过程和人们的生活的愿景。一个企业的社会、生态和经济绩效相互影响，每个领域对另一个领域都有显著影响。因此只有理解这一相互作用的关系并在整个企业得以全面考虑，才可能有一个系统的战略。社会、生态和经济不同元素是相互关联的。例如，增加企业的利润不仅要考虑经济因素（业务增长度、客户忠城度），也要考虑环境因素（能耗、温室气体），还必须考虑社会因素（员工参与、能力发展、健康文化、员工凝聚力、女性地位）。这些财务性的和非财务性的因素和指标是相互关联的。

SAP实证分析说明，非财务指标和财务指标之间不仅相互关联，也证明企业员工的参与最终能提高企业的绩效，这是能完整考虑非财务指标的财务影响的前提。SAP促进健康的活动，加强企业文化，支持员工的潜能，提高生产力和企业的业绩。图14－4示出企业健康文化指数对企业业绩的影响。具体说来：

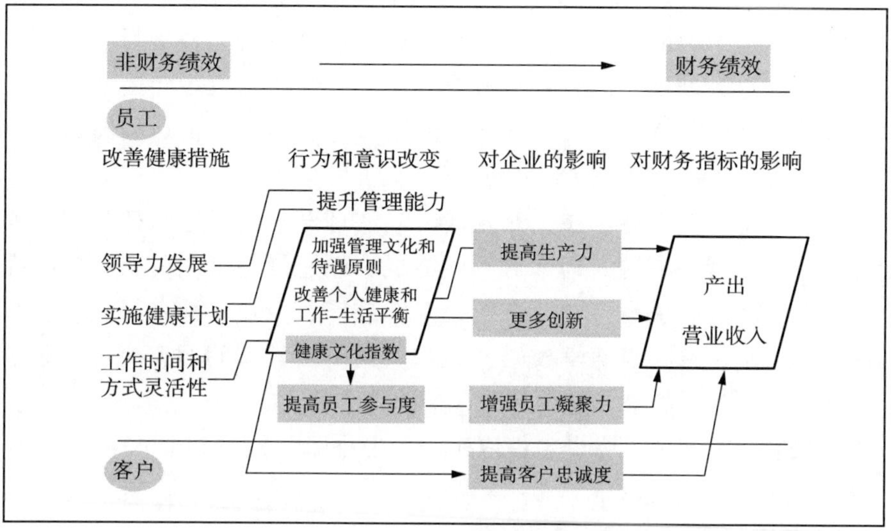

图 14－4　健康文化指数对企业绩效的影响

——员工凝聚力 1% 的偏差会影响 SAP 运营结果 5000 万至 6000 万欧元。

——企业健康文化指数 1% 的偏差会影响 SAP 运营结果 8000 万至 9000 万欧元。

——员工参与 1% 的偏差会影响 SAP 运营结果 4500 万至 5500 万欧元。

——温室气体排放减少 1% 会正面影响 SAP 运营结果 500 万欧元。

SAP 对可持续发展和社会责任的聚焦来自于它的致力于在全球改善企业的流程和人们的生活的愿景。我们知道，社会、生态和经济活动及绩效是相互影响，并显著相互作用。以此，我们的努力是为了我们的企业、我们的客户和社会可持续发展的未来。

10　青爱工程（中国）——关爱青少年健康，以教育为本

青爱工程是“中国青少年艾滋病防治教育工程”公益项目的简称。该项目 2006 年在中华慈善总会、中国教育学会立项，2011 年与中华少年儿童慈善救助基金会合作设立青爱工程专项基金，2014 年注册成立北京青爱教育基金会，作为青爱工程项目执行机构。

艾滋病是当前全球主要公共卫生问题之一。2006 年，为了预防、控制艾滋病的发生与流行，保障人体健康和公共卫生，国务院颁发了《艾滋病防治

条例》，明确了在校园和青少年中开展艾滋病防治教育的任务。

青爱工程是中国最早投入青少年艾滋病防治教育的公益项目。该项目以青少年爱的教育为使命，以青春期教育为核心，以培育青少年爱的素养、爱的能力和人格健全为目标，探索符合中国国情与学生年龄特点的健康教育模式，为中国青少年健康成长做出贡献。

青爱工程遵循“万间小屋，万方福田”的理念，即通过与教育部门和学校合作共建“青爱小屋”（即平台）的方式，创造爱的空间，在学校内部形成学生、老师和家长关爱互动，在社会汇集政府、企业、社会组织、爱心人士贡献爱心，不仅解决当地学校的健康和疾病防治教育问题，而且以此推动社会合作、共同参与教育和慈善事业，造福整个社会。

在学校教育框架下，青爱工程依托“青爱小屋”提供五个方面的教育：

- 艾滋病预防教育；
- 性健康教育；
- 心理健康教育；
- 公益慈善理念培育；
- 传统文化教育。

并对部分艾滋孤儿及家庭进行救助。

学校可根据实际情况有选择性地、循序渐进地开展，它们构成一个由表及里，由外而内，一个有助于培育全人格爱的教育体系。

在此体系中，学校的老师、家长、外部专家、学者，以及校外合作伙伴，如政府、企业和爱心人士都能充分参与其中，提供知识、能力或资源、资金，为落实以上教育做出相应的贡献。

除了在建立学校“青爱小屋”外，为协调、促进青爱小屋项目实施，青爱工程与各地政府部门、社会机构合作，在省市建立项目基地，在区县建立项目工作站，协同各级政府、社会机构为项目提供政策、资金、宣传等多方面的支持保障。

12 年来，青爱工程已在全国 23 个省、直辖市、自治区的 62 个地区的大中小学幼儿园援建青爱小屋 1030 所，设立项目基地 13 家、工作站 22 家，在云南省德宏州盈江县、黑龙江省大庆市林甸县、四川省绵竹市和都江堰市各学校实现“青爱小屋”全覆盖。2010 年，青爱工程还资助成都大学开设了性教育辅修专业。累计培训师资 8700 余人次，救助受艾滋病影响的特困儿童、青少年 26000 余人次，受益学生、教师和家长 1320 万余人次，受到当地政府、教育部门、学校和家长的普遍认可和大力支持，初步探索出了符合中国国情与青少年年龄特点，在中小幼学校防艾和性教育模式。

以云南为特例，从2012年到2018年在地处中缅边界的盈江县，青爱教育覆盖全县185所中小学，培养小屋专责教师1200余名，志愿者5000余名，艾滋病防治教育、性健康教育深入村寨，防艾滋病知识得到普及，感染率持续下降，大大增强了家庭、学校和社区对防艾滋病的认识。

通过与全省30多个县妇联、关工委、教育局、科协等交流学习，青爱小屋建设推广到7个县，全省青爱小屋数量达到158所。目前这一模式已开始向北京、河南、江苏、重庆等地推广。2016年9月，联合国副秘书长、联合国艾滋病规划署执行主任米歇尔·西迪贝在云南瑞丽考察青爱小屋项目后，肯定“青爱工程的经验和做法值得在全世界推广”。

截止2017年9月，我国艾滋病毒感染者和艾滋病人死亡达23．8万例。我国的艾滋病总体感染率虽不高，但艾滋病向校园蔓延，感染者低龄化趋势明显，性传播成为主要传播途径，学生中艾滋病感染人数呈上升趋势，这对社会构成严峻的挑战。

预防艾滋病是国家一项治本之策，归根结底是教育，关系健康，关系道德，关系社会，跟关系国家的未来。

青爱工程经过十二年努力，在一个特殊的教育领域，艾滋病防治教育与性教育将相结合的领域探索出社会组织与政府相结合；治标与治本相结合；公益慈善与大众参与相结合，关爱青少年健康成长，开展艾滋病预防和性教育，因地制宜，为创新解决特定的社会问题提供了一个有效的方式。

2015年9月，联合国大会通过了《2030年可持续发展议程》，联合国艾滋病规划署提出了在2030年终结艾滋病（AIDS）流行这一公共卫生威胁的宏伟目标。

2016年，联合国各会员国通过关于艾滋病问题的政治宣言，承诺共同加大防治艾滋病的努力。

2017年1月，国务院办公厅印发了《中国遏制与防治艾滋病“十三五”行动计划》，行动计划明确了我国艾滋病防治的工作原则和十三五期间我国艾滋病防治的总体工作目标。

“爱是教育的灵魂，没有爱就没有教育”。相信通过全社会共同关爱青少年行动，切实开展教育、有效落实防治措施，终止艾滋病流行的目标一定能实现。

11 世界自然基金会（WWF 瑞士）——“生命长江”到“长江大保护”的进化之路

11.1 背景

长江是世界第三大河，发源于“世界屋脊”“中华水塔”的青藏高原，全长6300余公里，携7000余条干支流流域之水汇入东海。流域内生活着雪豹、大熊猫、江豚、麋鹿、中华鲟、白鹤等全球性关键性物种，养育着370多种鱼类，分布着100多种水鸟，是世界自然基金会（WWF）确定的全球35个重点生态区之一。长江，既是一条经济带，也是一条生态带，流域的生态安全和可持续发展对中国乃至世界都十分重要。WWF一直希望能重塑长江作为一条“生命之河”的活力。

11.2 项目历程

自1998年以来，从资源丰富的源头区到经济繁荣的“长三角”地区，世界自然基金会（WWF）与国际国内的合作伙伴一起参与了长江生态保护。迄今，由WWF与荷兰、英国、美国以及汇丰银行、可口可乐等十余家国际企业和机构资助的“长江－生命之河”项目累计资金超过3亿元人民币。2016年，保护长江开始迈向主流化、制度化、社会化和国际化的共同参与的大格局。“长江大保护”已成为长江流域内的首要任务，成为生态文明建设的重要内容，成为流域综合管理的重要里程碑，也将为“一带一路”的国际合作奠定良好的生态基础。

2017年，新一期WWF“汇丰水资源计划”结合联合国可持续发展目标和“长江大保护”，继续与各级政府部门、科研机构、国内外企业与社会公众开展合作，致力于典型湿地生态系统及旗舰物种保护，探索流域保护与可持续发展模式，维系流域生态安全和水安全，为中华民族乃至世界提供长江流域管理创新的生态保护智慧。

11.3 项目管理模式

作为WWF的重点项目，长江项目从立项到经验分享数次循环的规划与管理过程都遵循着一套国际非政府组织采纳的项目管理标准（Project/Programme

Management Standards，PPMS）。该标准包括可循环的五步，即立项、设计、执行、分析与调整以及分享。从五步本身来看，除了“分享”，与大部分的项目管理都有类似之处，但“分享”和其他四步中强调的细节更加符合 NGO（非政府组织）的工作特点。

第一步立项：包括建立项目团队；定义工作范围和愿景；定义项目对象（保护目标）；分析背景和利益相关方等。

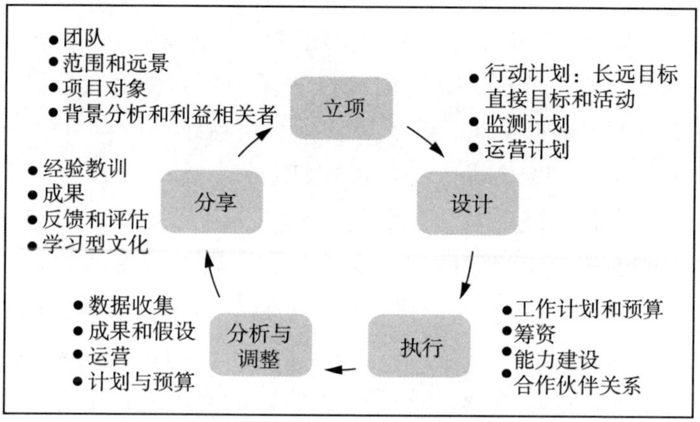

图 14－5　长江项目管理模式

考虑到生态资源保护类项目的特殊性、利益相关方利益、公众认可度等，要求从保护项目立项之初就需要有长远计划，并找到志同道合有同样远见的伙伴。因此，在立项时很特别的一个内容是定义“（工作）范围和愿景”。定义工作范围本质上是为了聚焦，集中精力将有限的精力投入到最重要的内容上；而“愿景”，则是为了从更大的空间和时间尺度上（一般是 50 年以上）设定项目的目标。

最初的愿景描述“重塑长江作为一条‘生命之河’的活力”，用更贴近生活的元素描绘了一幅“生命长江”的图景。从此，“生命长江”成为 18 年来所有工作团队前仆后继的共同愿景。

第二步项目设计：包括依据逻辑设计行动计划，需囊括长远目标、直接目标与活动；制定监测评估计划；制定运营计划等。

项目设计以 3～5 年为周期，以对保护对象的影响和带来的改变作为指标。项目设计书要求有严密的问题树和结果链的分析，分析过程中针对保护对象分析直接威胁和间接威胁（会根据时间变化）和影响因数，分析结果链，而结果链往往会转变成可监测的行动链。要求团队参与逻辑分析过程，便于所有人达成共识并利于开展工作。

在长江项目设计中，大家都认识到大江大湖的治理和修复在国际上是个难题，不仅是技术上的，更是管理和制度上的挑战。因此一个贯穿始终的保护理念是“流域综合管理”这一 WWF 在全球大力推广的理念。因为长江流域面积大、涉及人口多、经济开发程度高，这些都决定了只有实施有效的全流域综合管理，才能从根本上保护长江的生态系统。

第三步执行项目：包括制定工作计划和预算；持续筹融资；团队能力建设以及合作伙伴建设。“筹融资”是大型项目执行过程中一直需要考虑的，筹融资伙伴往往需要慎重选择。对周期较长的保护项目而言，选择长期可信的伙伴非常关键。汇丰银行关注长线效果和项目可持续性，自 2002 年开始通过全球“投资大自然”项目资助大型流域包括长江，2007 年开始“汇丰与气候伙伴同行”项目支持流域应对气候变化，2012 年开始及 2017 年延续的“汇丰水资源计划”则更聚焦于流域的“大保护”和“可持续发展”。

WWF 长江项目在选择企业伙伴上对“长期支持”是有要求的，除了汇丰银行，与可口可乐公司的合作超过 10 年而与 H&M 的合作也超过了 5 年。长线合作伙伴对于项目的可持续发展是必要的，拒绝短视，拒绝简单的“贴标签”，才可能真正带来改变。

第四步分析与调整：包括收集数据后分析成果，调整假设、运营计划、重新计划与调整预算等。项目的长周期有的时候也意味着需要不断分析和调整以适应变化使项目长期可持续。“长江项目”面临了多轮调整，例如项目执行初期，正视和缓解人与洪水间的“自然矛盾”（威胁）是主要任务，而到了 2012 年，企业的动力是推动“水管理创新”理念就直接作用于创造“水足迹”；到了 2017 年，可持续金融等驱动力因素就成了助力传统保护的新方向。

第五步分享：包括经验教训、成果、反馈与评估，以及创造学习文化。

对于一个横跨近 20 年，直接项目人员超过 60 人的长江项目，为更好学习和传承相对一致的项目理念，分享是 NGO 项目管理中的重要内容。对于 WWF 而言，不仅是长江项目内部，还包括通过国际网络与其他机构与项目的横向沟通。例如，与其他大河流域如南美洲亚马逊流域、亚洲恒河流域、湄公河流域、非洲马拉河流域等国际项目的经验分享，跨流域交流非常具有借鉴性；同时，跨主题交流，如淡水主题与政策主题、金融主题、治理主题之间的交流也能推动更有效的跨部门合作。

项目成功的关键：科学保护，多方参与。

大江大湖的治理和修复在国际上是个难题，不仅是技术上的，更是管理和制度上的挑战。WWF 在全球 50 多个流域开展湿地与淡水保护及流域综合管理示范工作，经过多年验证，“流域综合管理”一直是 WWF 在全球大力推广的理念。长江流域面积大、涉及人口多、经济开发程度高，这些都决定了只有实施有效的全流域综合管理，才能从根本上保护长江的生态系统。这一切的内容，都是基于对科学事实的逻辑分析，用科学的手段保护自然，以及以社会的方式动员多方力量。在长江项目上，WWF 扮演着一个“恢复生命之河催化剂”的角色，加速和见证长江从“生命长江”的先行保护到多方推动“长江大保护”的重要历程。

附录一
中国企业社会责任任重道远

2014 年 12 月作者接受一家著名财经杂志就中国企业社会责任问题进行的专访，此文是记者专访的内容。

1　社会责任的本质

记者：社会责任已经受到国家的高度重视，也受到社会的普遍关注。理解和认识企业社会责任是落实到行动的基础，您认为企业社会责任的本质是什么？

孙继荣：的确，正确理解和认识社会责任决定履行社会责任的出发点。简单地说，企业承担责任本身是一个价值行为，可以说是企业、企业家或一个企业公民在其管理、经营以及决策的全过程中，为经济、社会、环境可持续发展担当责任的行为。

我们理解企业社会责任，也包括有经济责任，这一点常常被很多企业忽视或对立看待。企业运营如果在经济方面不获得经济绩效，自身不可能发展，同时也没有为社会做出贡献的能力。自身健康发展是承担社会责任必不可少的一部分，也是社会要求和企业生存发展的最基本条件。

当然，为了保证企业发展，一个关键条件是企业必须担负法律责任。也就是说，企业在所在的国家和地区必须遵守当地相应的法律和法规。这一责任毫无疑问是强制性的，也是企业能够存在的必要的条件。

不过，企业社会责任不仅要满足法律要求，而且也还包括超出法律之外，要求更高的自愿性道德行为，即企业应当尽可能满足社会和利益相关方对它的期望。企业的存在依赖于产品和服务的消费者，也依托于投资者、生态环境、社会和环境条件。因此，企业从战略到运营应当对这些利益相关方负责。

企业在具体情况下也必须负责任地去识别利益相关方及最重要的主题，优化自己的行为方式，把社会责任融入企业价值创造的全过程，使企业最终实现自身和社会的永续发展。企业社会责任能否与核心业务相结合是检验社会责任是否真正落实和成功的试金石。

此外，企业满足社会期望的道德行为不仅体现在企业内部，也体现在企业外部对社会的贡献。通常很多企业进行的公益、慈善、捐赠、捐助等各种项目，就是这种情况。这是值得称赞的贡献。只是要注意到，对一个企业，它不能用公益慈善活动代替整体的社会责任。这只是企业作为社会的一员（公民）履行责任的一部分，而负责任的运营和管理才是具有决定性意义的。

当前为实现中国梦并为之做出实质性贡献，不仅企业，而且整个社会都需要建立社会责任的意识，要履行各自的社会责任，这就需要理解社会责任的本质和价值，需要消除对社会责任的误解、误会和误导。企业需要按照具体情况，结合企业核心业务，以社会责任促进企业可持续转型升级。相反，如果脱离实际、脱离管理、脱离经营，企业社会责任可能成为表面文章或空谈。

2　如何承担社会责任

记者：目前部分企业对社会责任的看法局限于“好人好事”，您觉得各行业企业具体应如何承担自己的社会责任呢?

孙继荣：正如上面我讲的，理解社会责任的本质和意义是重要的一步，否则就会盲目行事，在实践中就会出现偏差。实践是检验真理的标准，这也尤其适合社会责任。社会责任是一种为企业为社会永续发展的投入或投资，所以我们说社会责任是关系企业长远发展的事业。做好事做一件或几件比较容易，但要长期做好事就不那么容易。

首先，我们要强调社会责任必须与中国实际相结合，必须与企业实际相结合。不同的行业不同的企业有不同的具体的社会责任，有效履行社会责任的领域和方式是不一样的。社会责任是负责任的管理方案和方式，它涵盖企业价值观、愿景、使命、战略、管理和行为等多个领域。它是一个以人为本，一个具有目标、措施、指标、实施和评价，一个不断改进企业绩效的过程。企业深入理解社会责任的本质和目的有助于更好地履行社会责任，采用系统化的管理方法有助于真正取得社会责任的成果。

这里我提一下，企业履行社会责任为实现可持续发展需要考虑社会责任的四要素：

（1）核心业务：企业经营什么产品，做什么事情，应从企业核心业务出发，考虑如何创新，如何为社会贡献，而不是做简单的捐赠慈善。此外，要从企业的规模和实际情况出发，要为企业发展和建立未来的市场地位，有计划有步骤地组织实施。

（2）行业特点：企业所处行业是一种外界条件，行业具有不同的特点和要求。不同的行业具有不同的供应链，准确了解国内外本行业的发展状况是确定企业定位的一个重要的基础。

（3）地区特点：企业所处的社会和环境，以及当地的法律背景与企业发展密切相关。比如，国际跨国企业在中国，和中国企业在海外，无论在非洲或南美洲，社会责任的具体内容会因地而异，也面临不同的社会环境风险。

（4）企业文化：企业不仅应考虑社会文化氛围与影响，对社会文化发展的贡献，而且企业也要考虑企业自身的文化特点，培育社会责任和创新的文化，把它融入到企业的管理和经营活动及企业的竞争优势和品牌形象的土壤中。

总之，履行社会责任需要有一个切合实际的系统化的方案，有系统的实施方法，有明确的可持续的目标，要持续不断地改变企业的面貌。

无论如何，不能用盲目的或短视行为对待社会责任，这样做不仅可能使企业社会责任的开展陷入困境，不会带来价值，更重要的是企业可能失去长远的发展机会。

最后，我想说，企业为社会拿出资金做好事是纯支出，社会支出也要讲究社会回报。在业务黄金期资金充裕有能力捐赠，而在经济状况不好时就困难了，所以重要的是企业应当创造长期为社会贡献的能力，而且这时需要与社会各方开展合作，最好的办法是做到企业和社会价值共享。

3　如何看待社会责任国际标准指南

记者：您系统地描述过 ISO 社会责任国际标准指南，您对此指南的应用如何看待？该指南是否与当代中国社会脱节？

孙继荣：这是一个如何理解和如何运用的问题。ISO 国际标准组织为推动全球技术和流程标准化起到关键作用，这不仅提高产品和服务质量，而且促进了全球的贸易发展。国际标准就像一种语言，不得不研究。对于国际上普遍承认的、通行的企业社会责任标准，我们应以开放的态度对待。不理解、不参与也就没有发言权，更不会运用。在全球化经济发展和合作的时代，在中国企业国际化的今天，积极考虑国际标准是否有可能和如何能与中国企业实际相结合，虽然具有挑战性，但也具有重要的现实意义。

社会责任国际标准提供实施社会责任的指南，如联合国全球契约、国际劳工组织三方宣言、跨国企业三方原则、经济合作与发展组织跨国公司指南、全球报告倡议，以及 ISO 26000 社会责任国际指南，是几个最常用的国际文件。ISO 最大的一个贡献是，不仅使这些文件达到“和谐统一”，而且在全球达成了共识，统一了社会责任的定义，把企业社会责任推广到每一社会成员都履行的普遍的社会责任，明确了社会责任的原则和当代要处理的主题，并提出了系统化实施社会责任的方法、建议和应用原则。在当今中国企业国际化的背景下，在供应链复杂的情况下，更应有国际视野重视企业社会责任全球化问题。

当前中国走出去的企业遇到的问题中，可以说有许多是关于社会责任的主题。企业国际化发展过程中，无论是在社区、消费者、供应链、环境或经济方面都面临风险，而且风险的成本很高。不难理解，应用社会责任国际标准，采取系统化的方式处理社会责任也有助于企业可持续发展和风险控制。

很显然，应用 ISO 26000 需要有管理的背景，既不能照搬条款，也不能流于形式。这个标准是自愿性的、不能认证的，要根据每个国家不同情况、不同背景、不同文化和不同法律环境作为参考的指南。

4　社会责任评价应以价值为导向

记者：没有标准也很难对社会责任做出评价，中国目前的种种企业社会责任评价方式是否值得称道？

孙继荣：这是一个很具有专业性的问题，这里不能给出详细的回答。应当说，企业社会责任评价涉及多个方面，其中包括评价的目的、评价原则、评价准则和评价结果等。这是一个要求很高的工作，只有做到以道德价值为导向，做到专业、科学和透明公平公正才有意义。

此外，评价主体和评价客体都应具备负责的、可持续的理念，明确社会责任评价会受到社会和市场的检验，机会和风险并存。

社会责任是自愿性的，但又是事关道德的行为，只有彻底负责的社会责任才具长久生命力。所以，对于是否和如何参与社会责任评价活动，企业需要做出符合长远发展要求的决策。

5 履行社会责任的得失

记者：对于企业来说，承担社会责任总会考虑得失，是否失大于得？如何让更多企业能主动承担其应当承担的社会责任？

孙继荣：如果把事情想反了，得到的结果也会是相反的。

在很多情况下，这也会是一个令人纠结的问题。对社会责任只是从字面和想象上去理解，而且首先考虑企业自身的利益，这个利益实质上是经济利益。考虑经济利益是可以理解的，但社会责任本来就要解决经济与社会和环境协调发展的问题，而在这里经济却放在了后二者之上，所以这里存在理念上的障碍。

促使企业承担社会责任有几方面的驱动力量，例如，政策引领、产业推动和消费者意识提高等。当然促使企业履行社会责任也来自于外部压力，如利益相关方的要求。企业主动的领导能力，即企业负责人做出的前瞻性承诺会具有重要作用。有时，也有企业发生突发事件，会使坏事变为好事，或者当领导班子新老交替时，更具有企业社会责任意识的领导人上任，也可成为企业改变责任状态的机会。

在国际国内已有实践社会责任的领先企业和组织，但总体上在中国履行社会责任水平还处于初级的阶段，其中包括对社会责任的理解和实践两方面的能力不足。企业应当克服或逾越的几个障碍是：

（1）把社会责任与经济相对立，把社会责任当作经济发展的负担。

（2）以为社会责任是慈善公益，未把社会责任的根本任务与管理和核心业务相结合。盲目用公益慈善代替整体社会责任。

（3）社会责任中未把法律法规视为最基本的社会责任，在宣传社会责任业绩的同时出现违规违法的基本责任缺失。

（4）社会责任被简化为发布社会责任报告，将社会责任报告当作广告宣传工具，甚至当作写文章和修饰自己的方式。

应当说，以上这些情况脱离了企业社会责任本质，从短期和表面上看，也许宣传了企业，但从长远看，不仅不能给企业带来效益，反而是对企业发展不利的，甚至会带来社会责任的风险。换句话说，盲目的社会责任有可能造成企业负担，支出与收入不对称，严重时会危害企业发展。

为避免这种情况发生，企业尤其是企业领导应具有社会责任的意识。要从企业实际情况出发，明确什么是具体情况下的社会责任，明确价值观、愿景和使命，明确与核心业务发展相关的主题和议题。要经过企业内部和外部系统的考察，制定自己的社会责任规划。要明确采取什么措施，用什么样的绩效指标衡量，并制订监控机制和流程。要进行社会责任的沟通和评价，在此基础上实现基于目标的不断地循环和改进。

总之，这里必须采用实施社会责任的系统化方法，追求一个长期的成功。企业加强并善于学习，建立实施社会责任的组织系统，明确职责和协调机制，提高自身社会责任的实施能力，也都是成功履行社会责任的必要条件。

6　中国社会责任的前景

记者：您说过，实施社会责任实现企业和社会可持续发展是一项系统化的工程，您如何评价中国企业社会责任的前景？

孙继荣：是的，实施社会责任的确是一项系统化的工程。这里，我只能强调一点，无论从目标、指导原则、主题议题，还是参与方式、实践方法等，无处不体现这一基本思想。

2009 年我说“社会责任是有意义的事业”，那时的问题是认识社会责任应该不应该；2012 年我讲“把社会责任做成有意义的事业”，是想倡导社会责任的主流；2014 年我强调“社会责任回归本质和价值”，想更进一步强调，履行社会责任是高尚的价值观和行为，需要做实事。只有务实才能使社会责任为企业发展和社会发展做出贡献。这几句话实际上是对中国企业社会责任的一个阶段性的描述和倡议。

中国改革和经济发展取得了举世瞩目的成就，经验表明，未来的发展必须加快结构调整，注重发展质量，进入新常态。这时必须加强责任意识，不仅要认识问题，更重要的是要运用实现目标的系统化方法。我深信，在国家建设和治理现代化宏伟目标中，社会责任将会发挥实质性的支持作用，也是企业永续发展的必由之路。因此可以说，企业社会责任在中国潜力无限，中国企业社会责任任重道远。

7　贡献社会责任事业

记者：2013 年您出版了《现代企业社会责任》一书，受到了社会各界的广泛好评，您未来在社会责任研究方面希望做些什么？

孙继荣：要做的或要求我做的事情都很多。我所读的社会责任和可持续发展与我过去二十多年的工作和实践的成功经验很相关，相信对我国经济社会发展和国际化参与极有作用。自 2009 年我作为中国政府特邀的社会责任国际专家回国，在工作一开始，便树立了我在下个人生阶段的三大理想，我在您提到的这本书的简介中也写进去了，这就是：

把在社会责任和可持续发展领域我长期投入的成果、把我一生的知识和经验

——贡献给有理想的年轻一代，

——贡献给中国有远见的企业，

——贡献给不断发展的中国社会（其中包括政府组织、社会团体等）。

记得该书最后结尾有一句话：社会责任事业大有可为。

实际上，我的这些理想也体现了我的使命，我会不遗余力地去实现它，尽全力贡献社会责任事业。

附录二
一个跨越时代的价值之旅

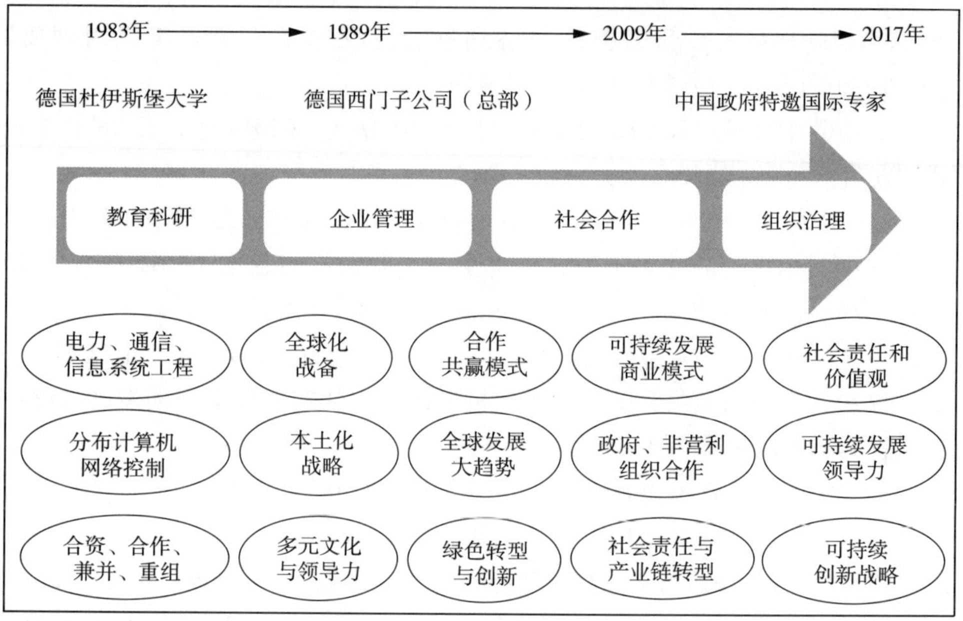

参考文献

1. 中共中央关于全面推进依法治国若干重大问题的决定（2014 年 10 月 23 日中国共产党第十八届中央委员会第四次全体会议通过）。

2.《中华人民共和国国民经济和社会发展第十三个五年规划纲要》（2016—2020 年），2016 年 3 月 17 日发布。

3. 中共中央关于深化党和国家机构改革的决定（2018 年 2 月 28 日中国共产党第十九届中央委员会第三次全体会议通过）。

4. 中共中央国务院关于打赢脱贫攻坚战的决定（2015 年 11 月 29 日）。

5. 中共中央国务院关于加快推进生态文明建设的意见（2015 年 4 月 25 日）。

6. 中共中央国务院关于构建和谐劳动关系的意见（2015 年 3 月 21 日）。

7. 中共中央国务院关于深化体制机制改革加快实施创新驱动发展战略的若干意见（2015 年 3 月 13 日）。

8.《中国的反腐败和廉政建设》白皮书，2010 年 12 月 29 日。

9.《乡村振兴战略（2018—2022 年）》，2018 年 5 月 31 日。

10.《关于打赢脱贫攻坚战三年行动的指导意见》，2018 年 5 月 31 日。

11.《关于推进绿色“一带一路”建设的指导意见》，2017 年 4 月 26 日。

12.《中华人民共和国 2015 年国民经济和社会发展统计公报》《2014 年中国人权事业的进展》白皮书，中华人民共和国国务院新闻办公室，2015 年 6 月。

13.《国家人权行动计划（2012—2015 年）》。

14.《中华人民共和国环境保护法》，2014 年 4 月 25 日。

15.《中华人民共和国水污染防治法》，2017 年 6 月 27 日。

16.《中华人民共和国大气污染防治法》，2015 年 9 月 6 日。

17.《中华人民共和国固体废物污染防治法》，2016 年 11 月 7 日。

18.《中华人民共和国噪声污染防治法》，1996 年 10 月 29 日。

19.《中华人民共和国海洋环境保护法》，1982 年 8 月 23 日。

20.《中华人民共和国环境影响评价法》，2002 年 10 月 28 日。

21.《中华人民共和国清洁生产促进法》，2002 年 6 月 29 日。

22.《中华人民共和国循环经济促进法》，2008 年 9 月 1 日。

23.《中华人民共和国水土保持法》，1991 年 6 月 29 日。

24.《中华人民共和国可再生能源法》，2005 年 2 月 28 日。

25.《中华人民共和国消费者权益保护法》，2014 年。

26.《“健康中国 2030”规划纲要》，2016 年。

27.《中医药发展战略规划纲要（2016—2030 年）》，2016 年。

28.《中国落实 2030 年可持续发展议程——国别方案》，2016 年 9 月。

29. 凯特琳·穆夫（Muff K.）. 造福世界的管理教育：商学院变革愿景［M］. 周祖城，等译. 北京：北京大学出版社，2014.

30. 徐向艺. 管理学［M］. 济南：山东人民出版社，2009.

31. 马浩. 战略管理：商业模式创新［M］. 北京：北京大学出版社，2015.

32. 杰里米·里夫金. 第三次工业革命［M］. 北京：中信出版社，2012.

33. 杰里米·里夫金. 零边际成本社会［M］. 北京：中信出版社，2014.

34. 克劳斯·施瓦布. 第四次工业革命［M］. 北京：中信出版社，2016.

35. R. 杜安·爱尔兰. 战略管理［M］. 北京：机械工业出版社，2015.

36. 徐向艺. 企业战略管理［M］. 北京：经济科学出版社，2016.

37. 李开复，王咏刚. 人工智能［M］. 北京：文化发展出版社，2017.

38. 田涛，胡春波. 下一个倒下的会不会是华为［M］. 北京：中信出版社，2016.

39. 黄卫伟. 以客户为中心［M］. 北京：中信出版社，2016.

40. 黄卫伟. 以奋斗者为本：华为公司人力资源管理纲要［M］. 北京：中信出版社，2014.

41. 吴晓波. 华为管理变革［M］. 北京：中信出版社，2017.

42. 彭剑锋. http：//www.360doc.com/content/16/0111/17/1800_527147841.shtml.

43. 田涛，殷志峰. 枪林弹雨中成长［M］. 北京：三联书店，2016.

44. 卡莱顿·克里斯坦森，等. 什么才是颠覆式创新［J］. 哈佛商业评论中文版，2015（12）.

45. 孔翰宁（Henning Kagermann）. 工业 4.0 的缘起和未来［J］. 财经，2015（33）.

46. 孙继荣．现代企业社会责任［M］．北京：中国经济出版社，2013.
47. 马涛．经济发展史教程［M］．上海：复旦大学出版社，2001.
48. 宋志明．中国传统哲学通论［M］．北京：中国人民大学出版社，2013.
49. 孙正聿．哲学通论［M］．上海：复旦大学出版社，2006.
50. 孙继荣．中国企业社会责任任重道远［J］．东方财经，2014（12）.
51. 亚当·斯密．图解国富论［M］．高格，译．北京：北京联合出版社，2016.
52. 中国一带一路，https：//www. yidaiyilu. gov. cn/tjzc/316. htm.
53. 世界能源展望2017中国特别报告，世界能源署（IEA），2017.
54.（美）杰奥夫雷G. 帕克，（美）马歇尔W. 范·埃尔斯泰恩．平台革命：改变世界的商业模式［M］．（美）桑基特·保罗·邱达利，志鹏，译．北京：机械工业出版社，2017.
55. 克劳斯·施瓦布．第四次工业革命：影响与对策［J］．财新周刊，2016，1.
56. 吴秀杰．德国2064：风雨飘摇的未来［J］．财新周刊，2016，1.
57. 王文，刘英．PPP动真格［J］．财经，2015（23）.
58. 王天义．中国PPP，请让理念先行［J］．财经，2016（21）.
59. 董志强．寻租扭曲的企业家精神［J］．财经，2016（13）.
60. 李小晓，张宇哲．互联网金融定向［J］．财新周刊，2015，8.
61. 朱宁．疏堵并行顺应网贷新形势［J］．商业周刊，2016（19）.
62. 气候变化2013自然科学基础，政府间气候变化专门委员会，第五次评估报告，第一工作组报告，决策者摘要，2013.
63. ISO 31000风险管理标准中文版，风控网，2012－10－12.
64. 中共中央、国务院《关于营造企业家健康成长环境　弘扬企业家精神　更好发挥企业家作用的意见》，2017－09－25.
65. 朱海就．从企业的性质看国企“混改”［J］．南方周末，2017，9.
66. 钱颖一．企业活力和企业家精神［J］．中国经济50人论坛，2016，2.
67. 王东京．风险、不确定性与创新［J］．学习时报，2017，9.
68. 张汉飞．激发和保护企业家精神［N］．人民网－人民日报，2017－03－09.
69. 汪丁丁．企业家精神．http：//biz. 163. com，2005－05－09.

70. 新华，冯兴元．中国的企业家精神从哪里来［J］．思想报道，2015，10.

71. 厉以宁．中国发展需要弘扬优秀企业家精神［N］．人民网 - 人民日报，2017 - 09 - 26.

72. 陈永伟．企业家精神为什么重要，北京大学市场与网络研究中心，2017 年 09 月 18 日

73. 休·考特尼，简·柯克兰，卡里·哈梅尔，等．不确定性管理［J］．哈佛商业评论，张建、王新强，译．2000（04）．

74. 联合国全球契约 10 项原则，联合国全球契约组织，www. un. org. zh

75. 公民权利和政治权利国际公约（联合国大会 1966 年 12 月 16 日第 2200A（XXI）号决议通过），http：//news. xinhuanet. com/ziliao/2003 - 01/20/content_ 698226. htm

76. 经济、社会和文化权利国际公约（联合国大会 1966 年 12 月 16 日通过）。

77. http：//news. xinhuanet. com/ziliao/2003 - 01/20/content_ 698236. htm。

78. 联合国：《国际人权宪章》《世界人权宣言》（1948）、《公民权利和政治权利国际公约》（1966）、《经济、社会及文化权利国际公约》（1966）。

79. 《迈向绿色经济：通往可持续发展和消除贫困的各种途径——面向决策者的综合报告》，联合国环境署，2011。

80. 反对贫困与不平等——结构变迁、社会政策与政治，联合国社会发展研究院，2010。

81. “儿童与 2015 年后发展议程”：http：//www. unicef. org/post2015/。

82. 图书馆和联合国 2030 年议程的实施，国际图联图书馆进步发展行动委员会（IFLA ALP），2015 年 10 月。

83. 关于多国企业和社会政策的三方原则宣言，国际劳工局日内瓦，2006 年第四版。

84. 《OECD 多国企业指南》（2011）。

85. 《国际劳工组织多国企业宣言》（2006）。

86. 《联合国企业和人权框架》（2008）以及《指导原则》（2011）。

87. 可持续发展企业计划促进多国企业创造更多更好的工作岗位，国际劳工组织，2014。

88. 国际劳工组织关于争取公平全球化的社会正义宣言，国际劳工大会第 97 届会议，2008。

89. 增进和保护所有人权——公民权利、政治权利、经济、社会和文化权利，包括发展权，联合国人权理事会，2015。

90. 2006 年海事劳工公约，国际劳工组织大会，2006。

91. 人权与跨国公司和其他工商企业问题秘书长特别代表约翰·鲁格的报告，实施联合国“保护、尊重和补救”框架，联合国人权理事会，2011。

92. 增进和保护所有人权、公民、政治、经济、社会和文化权利，包括发展权澄清“势力范围”和“串通”概念，人权与跨国公司和其他工商企业问题。

93. 秘书长特别代表约翰·鲁格的报告，联合国，2008。

94. 商界社会责任倡议（BSCI）行为守则，BSCI，2014。

95. 商界社会责任倡议（BSCI）参与者专用实施条款，BSCI，2014。

96. 贸易与劳工标准——发展中国家的战略，桑德拉·博拉斯基（Sandra Polaski），2003。

97. ISO 14001：2015 环境管理系统改版重点暨查验证案例说明，德国莱因管理系统服务，吴政贤，2016。

98. 《打击涉及欧洲共同体官员或欧洲联盟成员国官员的腐败行为公约》，欧盟理事会，1999。

99. 《联合国打击跨国有组织犯罪公约》，联合国，2003。

100. 《联合国反腐败公约》2003，中央纪委监察部网站，2013－10－08。

101. 商业诚信手册——合规知识、技能和战略指南，国际工商领袖论坛，2012。

102. 苏冬蔚，贺星星. 社会责任与企业效率：基于新制度经济学的理论与经验分析［J］. 世界经济，2011（9）.

103. 北京反腐败宣言，亚太经合组织第 26 届部长级会议，2014。

104. 中国的反腐败国家战略——建立健全惩治和预防腐败体系的实践与成效（http：//www. unodc. org/documents/treaties/UNCAC/WorkingGroups/workinggroup4/2014－September－8－10/Responses_ NV/China_ CH. pdf）。

105. 公私合作手册，Asian Development Bank，2016。

106. GE 中国可持续发展报告，2013。

107. GE 公司 2008 年绿色创想年度报告。

108. 2011 年 GE 绿色创想年度报告。

109. http：//www. gesustainability. com/performance－data/ecomagination/。

110. 李慧. GE 十年打造中国“绿色创想”［N］. 中国能源报，2017－02－06.

111. eCl@ss 工业 4.0 白皮书，eCl@ss e. V.，2016。

112. 长江经济带生态环境保护规划，2017－07。

113. WWF 携手汇丰银行助力长江流域绿色转型，2012 年 6 月 15 日，https：//www. worldwildlife. org/pressdetail. php？ id = 1359。

114. 宝马发布全新“第一战略”六大战略方面布局未来，经济观察网，刘俊晶，王国信，2016－03－17，http：//www. eeo. com. cn/2016/0317/284240. shtml。

115. BMW 全球可持续发展战略，凤凰网商业，2012 年 07 月 25 日。

116. 21 年扶贫探索路，CHINA FINANCIALYST，2017 年 4 月。

117. 华为《2016 年可持续发展报告》。

118. 《2017 年华为 ICT 可持续发展目标标杆报告》。

119. 《领导力：应势而为、勇于担当》契约，长期可持续增长与机遇路线图，世界经济论坛，2016 年 11 月 30 日。

120. 关于老龄化与全球健康的报告，世界卫生组织，2015 年。

121. 德勤．中国医药研发趋势，本土化发展的机遇与挑战［J］．中国生命科学与医疗行业，2015.

122. 《二十国集团 2017—2018 年反腐败行动计划》。

123. 联合国保护消费者准则（1999 年扩大版），联合国，2003。

124. https：//www. worldwildlife. org/。

125. THE CORPORATE RESPONSIBILITY TO RESPECT HUMAN RIGHTS，An Interpretive Guide，United Nations，2012。

126. https：//www. ge. com/。

127. Handlungsempfehlungen zum Umgang mit dem，Leitfaden zur gesellschaftlichen Verantwortung（ISO 26000，BITKOM，），2011.

128. Normen und Nachhaltigkeit，Torsten Bahke，Transfer NR. 36，2011.

129. CSR und Nachhaltigkeitsmanagement，Definitionen，Ansaetze und organisatorische Umsetzung im Unternehmen，Thomas Loew und Friederike Rohde，2013.

130. User GUIDE for European SMEs on ISO 26000，Normapme，2011.

131. Gesellschaftliche Verantwortung nach DIN ISO 26000，Judith Vitt，Peter Franz，Annethe Kleinfeld，Matthias Thomas，Beuth Verlag 2011.

132. Corporate Social Responsibility is more than just donating money，kpmg，2011.

133. CSR von der Theorie in die Praxis ueberfuehrt-eine Wegbeschreibung，

Caroline Sophoe Meder，2011.

134. Eine faszinierende Aufgabe，Alex Kunze und Klemens Lang，Management und Qualitaet，2009.

135. Nachhaltigkeit-Was bedeutet das? Helge Majer，Ulmer Initiativkreis Nachhalitige Wirtschaftsentwicklung e. V.，2004.

136. CSR-Herausforderung fuer Verbaende，Christoph Kannengiesser，Markenartikel 6/2008.

137. Organistorische Umsetzung von CSR：vom Umweltmanagement zur Sustainable Corporate Governance，Thomas Loew und Sabine Braun，2006.

138. CSR-Markenmanagement，Carsten Baumgarth und Lars Binckebanck，Paper No. 62，2011.

139. Richtlinien ISO 26000 und GRI Praktische Kompatibilitaet，Clemens Lang，Management und Qualitaet，12/2011.

140. Systematische Organistionsentwicklung/Nachhaltige Prozesse，Clemens Lang und Alex Kunze，Management und Qualitaet 4/2009.

141. Gesellschaftliche Verantwortung von Unternehmen. Von der Idee der Corporate Social Responsibility zur erfolgreichen Umsetzung，Hardtke，Arnd，Kleinfeld，Annette（Hrsg.），Gabler，2010.

142. Das CSR-Universum，Arnd Hardtke，Annette Kleinfeld（Hrsg.），Gabler，2010.

143. Verantwortliche Unternehmensfuehrung im Mittelstand，Perter Kromminga，Annette Kleinfeld（Hrsg.），Gabler，2010.

144. Verantwortungsvolle Unternehmensfuehrung，Josef Wieland und Maud Schmiedeknecht，Annette Kleinfeld（Hrsg.），Gabler，2010.

145. Menschenrechte als unternehmerische Verantwortungsdimensionen，Klaus M. Leisinger，Annette Kleinfeld（Hrsg.），Gabler，2010.

146. Zwischen Pflicht und Kuer：Arbeitsbedingungen in einer globalisierten Wirtschaft，Antjie Gerstein，2010.

147. Umwelt als Kernthemen von Corporate Social Responsibility，Peter Franz，Annette Kleinfeld（Hrsg.），Gabler，2010.

148. Der Verbraucher als Empfaenger der CSR-Botschaft，Peter Sieber，Annette Kleinfeld（Hrsg.），Gabler，2010.

149. Faires Unternehmerisches Handeln Bernd Eiseblaeter，Annette Kleinfeld

(Hrsg.), Gabler, 2010.

150. Gesellschaftliche Verantwortung und eine angemenssene Organisationspraxis Frank Ebinger, Annette Kleinfeld (Hrsg.), Gabler, 2010.

151. Drei Leitgedanken zum Thema CSR und Soziale Engagement, Bernhard von Mutius, Annette Kleinfeld (Hrsg.), Gabler, 2010.

152. Soziales Engagement von Unternehmen als Strategische Investition in das Gemeinwesen, Moritz Blanke und Reinhard Lang, Annette Kleinfeld (Hrsg.), Gabler, 2010.

153. CSR erfolgreich umsetzen, Annette Kleinfeld, Johanna Schnurr, Annette (Hrsg.), Gabler, 2010.

154. Corporate Social Responsibility-Verantwortungsvolle Unternehmensführung in Theorie und Praxis, Schneider, Andreas, Schmidpeter, René (Hrsg.), Springer Gabler, 2012.

155. Reifegradmodell CSR-eine Begrifffsklaerung und-abgrenzung, Andereas Schneider, 2012.

156. Die Beziehung zwischen CSR und Corporate Sustainability, Stefan Schaltegger, 2012.

157. Nachhaltige ganzheitliche Wertschoepfungsketten, Otto Schulz, 2012.

158. Wirkungsvolle CSR-Kommunikation-Grundlagen, Peter Heinrich und Rene Schmidpeter, 2015.

159. Corporate Social Responsibility in der Strategischen Unternehmensfuchrung, eine Fallstudienanalyse deutscher undbritischerUnternehmen der Ernaehrungsindustrie, Katharina Schmitt, 2005.

160. Unternehmerische Verantwortung praktisch umsetzen, Leitfaden zum Nachhaltigkeitsmanagement, PWC, 2010.

161. Bericht an die Gesellschaft 2013, Finanzgruppe Deutscher Sparkassen-und Giroverband, 2014.

162. Green Economy mit CSR den Wandel gestalten, BMU, 2012.

163. Nachhaltigkeit braucht Fuehrung: bewusst-kompetent-praxisnah, BMU, 2008.

164. Megatrenda der nachhaltigkeit, Unternehmensstratigie neudenken, BMU, 2008.

165. Verantwortung neu denken, Risikomanagement und CSR, BMU 2011.

166. Innovation durch CSR，die Zukunft nachhaltig gestalten，BMU，2009.

167. Corporate Social Responsibility-Theoriekonzepte und Praxisansatze，Udo Mildenberger，Anshuman Khare，Christoph Thiede，2008.

168. Corporate Social Responsibility：Einbettung des Unternehmens in das Wirtschaftssystem，Oliver Falck，Stephan Heblich ，2007.

169. Weg aus der Krise-SCR als strateisches Ruestzeug fuer die Zukunft，Anna Peters，2010.

170. Corporate Citizenship planen und messen mit der iooi-Methode ，ein Leitfaden fuer das gesellschaftliche Engegement von Unternehmen，Bertenlsmann Stiftung 2010.

171. Gesellschaftliche Verantwortung von Unternehmen，eine Orientierungshilfe fuer Kernthemen und Handlungsfelder des Leitfadens DIN ISO 26000，BMU，2014.

172. Formen der modernen Philanthropie，CSSP，2013.

173. DS 49001：Nachhaltigkeit und gesellschaftliche Verantwortung sind endlich mesbar，Uwe Ruehl，2012.

174. CSR made in Germany，Bundesministerium fuer Arbeit und Soziales，2012.

175. Interactions between states and markets in a global context of change：contribution for building a reseach agenda on stakeholders social responsibility，Patricia Almeida Ashley，2010.

176. Ein Leitfaden zur Praxis glaubwuerdiger Kommunikation fuer zukunftsfaehige Unternehmen，Der Nachhaltigkeitsbericht，ioew imug，2001.

177. In 6 Schritten zum Nachhaltigkeitsbericht，ein Leitfaden fuer Klein-und Mittelunternehmen，respACT，2013.

178. Die gesellschaftliche Verantwortung von Unternehmen（CSR）zwischen Markt und Politik，Pleon und IFOK，2008.

179. Corporate social responsibility issues management at Vattenfall AB，Stina Nylander，2010.

180. Common Assessment Framework-Verbesserung oeffetliche r Organisationen durch Selbstbewertung ，Bundesverwaltungsamt Deutsches CAF-Zentrum，2013.

181. Qualitaesmanagement mit dem CAF，Leitfaden fuer die CAF-Anwendong，Bundesministerin fuer Frauen und Oeffentlichen Dienst，2010.

182. Wandel der Wirtschaft durch Globalisierung und Digitalisierung，Rene

schmidpeter, 2014.

183. Integrietes Managementsystem, ein Leitfaden fuer kleine und mittere Unternehmen, Bayerisches Staatsministerium fuer Wirtschaft, Infrastruktur, Verkehr und Technologie, 2003.

184. Erfolg durch Green Transformation, Torsten Heizelmann, 2010.

185. Der CER-Manager, Unternahmensverantwortung in der Paxis, Altop Verlaag, Dennis Lotter, Jerome Braun, 2010.

186. Empfehlungsbericht des Nationalen CSR-Forum an die Bundesregierung-beschlossen in Berlin am 22. Juni 2010.

187. Nationale Strategie zur gesellschaftlichen Verantwortung von Unternehmen-Aktionspaln CSR-der Budesregierung, Berlin, den 6. Oktober 2010.

188. Gesellschaftliche Verantwortung nach DIN ISO 26000, eine Einfuehrung mit Hinweisen fuer Anwender, DIN Deutsches Institut fuer Normung e. V., 2011.

189. Die DIN ISO 26000 "Leitfaden zur gesellschaftlichen Verantwortung von Organisationen" -ein Ueberblick-, Bundesministerium fuer Arbeit und Soziales, 2011.

190. Handlungsfelder Unternehmerischer nachhaltigkeit, adelphiJutta Knopf, ioew Esther Hoffmann, Maja Rotter, 2011.

191. Entwicklungsmodell nach Clare W. Graves, Ralph Koebler, Trigos-CSR rechnet sich, 2007.

192. Zukunftsfaehig durch CSR, Dennis Lotter und Jrrome Braun, 2011.

193. Advocate, Stakeholder, Fundsraiser-Partnerschaften zwischen NGOs und Unternehemen im Spannungsfeldzwischen entwicklungspolitischen Forderungen und Fundraising, Thomas Maschall, 2010.

194. Unternehmen , gesellschaftliche Verantwortung und die Rolle von Nichtregierungsorganisationen, Lothar Rieth und Thorsten Goebel, 2005.

195. Public Private Partnership-ein Loesungsanstz fuer NPO? Urs Beiz, Martin Rosenfeld, Verbands-Management, 3/2007.

196. Auf der Suche nach echter Unternehmenrischer Nachhaltigkeit, Thomas Dyllick, NZZ, 2015.

197. MEGATRENDS DER NACHHALTIGKEIT UNTERNEHMENSSTRATEGIE NEU DENKEN, Bundesministerium für Umwelt, Naturschutz und Reaktorsicherheit (BMU), 2008.

198. China population 1950 – 2050, United Nations Department of Economic

and Social Affairs/Population Division.

199. World Population Prospects: The 2012 Revision, Volume II: Demographic Profiles.

200. World Population Prospects: The 2012 Revision china population pyramids 1950 –2100.

201. http: //esa. un. org/wpp/Demographic-Profiles/index. shtm#.

202. Demografiebericht, Bericht der Bundesregierung zur demografi schen.

203. Lage und kunftigen Entwicklung des Landes, 2014.

204. TREND COMPENDIUM2030, Roland Berger Strategy Consultants, 2011.

205. http: //www. siemens. com/innovation/apps/pof _ microsite/_ pof-fall-2010/_ html_ de/fakten-und-prognosen-immer-mehr-und-immer-aeltere-menschen-welche-auswirkungen-hat-das. html.

206. Strategic Implications of Demographic Change in Asia, Gerhard K. Heilig, 2012.

207. CSR als Loesungsansatz für gesellschaftliche Herausforderungen, Thomas Loew 2009.

208. Nachhaltiges Wirtschaften aus Sicht des, Business Case of Sustainability Stefan Schaltegger & Philipp Hasenmüller 2005.

209. INNOVATION DURCH CSR DIE ZUKUNFT NACHHALTIG GESTALTEN, Bundesministerium für Umwelt, Naturschutz und Reaktorsicherheit (BMU), 2009.

210. CSR und Innovation: Literaturstudie und Befragung. Jens Clausen Thomas Loew, 2009.

211. Innovationen für Nachhaltigkeit, Wilfried Konrad, Jan Nill, 2001.

212. Fallstudien zu CSR und Innovation: Praxisbeispiele aus Deutschland und den USA, Thomas Loew Jens Clausen Molly Hall Lasse Loft Sabine Braun, 2009.

213. Innovation und Nachhaltigkeit, Deutsches Global Compact Netzwerk,2011.

214. Nachhaltigkeitsorientiertes Innovationsmanagement in der Produktentwicklung, Leonie Müller etc 2013.

215. Nachhaltige Innovationen, Helge Majer 2003.

216. Nachhaltige Unternehmensentwicklung, Siemens Corporate Technology September 2013.

217. Green Economy-Mit CSR den Wandel gestalten, Bundesministerium für Umwelt, Naturschutz und Reaktorsicherheit (BMU), April 2012.

218. Green Economy in der PraxisErfolgsbeispiele aus deutschen Unternehmen, Bundesministerium fur Umwelt, Naturschutz und Reaktorsicherheit (BMU), 2013.

219. CSR und Risikomanagement: Gesetzliches und freiwilliges Risikomanagement und die Rolle von Corporate Social Responsibility, Thomas Loew, Jens Clausen, Friederike Rohde , 2011.

220. Strategisches_ Risikomanagement_ LJ_ Festschrift_ zum_ 65. _ Geburtstag_ von_ Bernd_ Rudolph_ 2009.

221. Verantwortung neu denken-Risikomanagement und CSR, BMU, 2011.

222. Risk Management and Corporate Governance, Corporate Governance, OECD, 2014.

223. WEF_ GlobalRisks_ Report_ 2014.

224. Nachhaltigkeit braucht Führung: bewusst-kompetent-praxisnah, Bundesministerium für Umwelt, Naturschutz und Reaktorsicherheit (BMU), 2008.

225. Nachhaltigkeit braucht Führung Collective Leadership Institute e. V. , Petra Künkel 2009.

226. Normen und Nachhaltigkeit-Bedeutung der Normung für Wettbewerbsfähigkeit und Umweltschutz, Transfer Nr.36, VON DR. -ING. TORSTEN BAHKE.

227. Wirtschaftsethik und Möglichkeiten unternehmerischen Handelns, DGQ, Anja Luetjens, 2015.

228. ÜBERBLICK ÜBER AUSGEWÄHLTE INITIATIVEN UND INSTRUMENTE FÜR EIN GESELLSCHAFTLICH VERANTWORTLICHES UNTERNEHMERISCHES HANDELN, OECD, 2008.

229. Standards & Normen des Nachhaltigkeitsmanagement, Dr. Jens Clausen & Dr. Hans-Peter Wruk, 2011.

230. http: //www. ey. com/cn/zh/about-us/entrepreneurship.

231. Corporate Social Responsibility-Theoriekonzepte und Praxisansaetze, Udo Mindenberger, Anshuman Kahre, Chritoph Thiede, 2008.

232. Wirtschafts-und Unternehmensethik, Homann, K. / Blome-Drees, F. , 1992.

233. Die Ethik der Governance, Wieland, J. , 1999.

234. Integrative Wirtschaftsethik: Grundlagen einer lebensdienlichen Ockonomie, Ulrich, P. , 2001.

235. REVISITING CARROLL'S CSR PYRAMID-AN AFRICAN PERSPEC-

TIVE. Wayne Visser, 2005.

236. CORPORATE SOCIAL RESPONSIBILITY: A THREE-DOMAIN APPROACH, Mark S. Schwartz and Archie B. Carroll, Business Ethics Quarterly, Volume 13, Issue 4., 2003.

237. Theoretische Grundlagen demokratischer Wirtschafts-und Gesellschaftspolitik-Der Beitrag Milton Friedmans, Ingo Pies, DISKUSSIONSPAPIERE, Nr. 04 – 3.

238. Wirtschaftsethik und Ökonomik, Wirtschafts-und Unternehmensethik Rückblick-Ausblick-Perspektiven, Stephan Panther, 2002.

239. Integrative Wirtschaftsethik als Reflexionsbemühung im Zeitalter der.

240. Ökonomisierung, Ulrich Thielemann, 22 April 2016.

241. Unternehmensethiken. eine theoretische Einfuehrung, Thomas Beschorner, 2004.

242. Wirtschaftsethik-Einflussfaktoren ethischen Verhaltens in Unternehmen.

243. Arbeitspapier der FOM, Nr. 18, Dr. Cornelia Nietsch / Hermann Weiffenbach, 2011.

244. Wirtschaft und Ethik: Kein notwendiger Gegensatz.

245. Von Thomas Beschorner EINBLICKE Nr. 38.

246. Carl von Ossietzky Universität Oldenburg, 2003.

247. Grundlagen der Wirtschaftsethik, 3. CSSA-Kolloquium: Grundwerte und Leitlinien für verantwortliches Handeln in der Sozialen Marktwirtschaft Andreas Suchanek, 2010.

248. Strategisches Management und ethische Reflexion, Ulrich Gilbert, 2013.

249. Verantwortliches und nachhaltiges Wirtschaften. Relevanz volkswirtschaftlicher, wirtschaftssoziologischer und wirtschaftsethischer Ansätze, Gerd Mutz, 2015.

250. Wissensmanagement in Wirtschaft und Wissenschaft, Wladimir Bodrow & Klaus Fuchs-Kittowski, 2004.

251. Marktwirtschaft und Moral Das Verantwortungsprinzip als Reflexionskategorie ökonomischer Prozesse, Ludger Heidbrink, Working Papers des CRR, 2007.

252. Ein Vergleich von vier Ethik-Rahmenwerken: Global Reporting.

253. Initiative, Deutscher Nachhaltigkeitskodex, ISO 26000 und. Gemeinwohl-Bilanz, Armin Hipper und Gerd Hofielen, 2015.

254. Einblicke: Die fünf Treiber für einen nachhaltigen Handel-Den Wandel

und seine Auswirkungen verstehen, Commerzbank AG, 2015.

255. Globale Marken und CSR-Kommunikation in sozialen Netzwerken-Eine.

256. Institutionenoekonomische Interpretation, Judith Meyer, 2013.

257. The forgotten link between "Green and economic" success, Stefan Schaltegger, 2001.

258. Das 21. Jahrhundert muss zum Zeitalter der Nachhaltigkeit werden Interview mit dem Bundesumwelt minister Sigmar Gabriel, BiBB, BWP 2007.

259. Nachhaltiges Wirtschaften aus Sicht des, Business Case of Sustainability Ergebnispapier zum Fachdialog des Bundesumweltministeriums (BMU), Stefan Schaltegger & Philipp Hasenmüller 2005.

260. The "Business Case for Sustainability" Concept-A Short Introduction, Stefan Schaltegger & Florian Lüdeke-Freund, 2012.

261. Business Cases for Sustainability and the Role of Business Model Innovation-Developing a Conceptual Framework, Stefan Schaltegger, Florian Lüdeke-Freund & Erik G. Hansen, 2011.

262. CSR made in Germany, Bundesministerium für Arbeit und Soziales, 2012.

263. CSR und Nachhaltigkeitsmanagement. Definitionen, Ansätze und organisatorische Umsetzung im UnternehmenThomas Loew und Friederike Rohde, 2013.

264. Unternehmerische Verantwortung, praktisch umsetzen.

265. Leitfaden zum Nachhaltigkeitsmanagement, PricewaterhouseCoopers. Sabine Braun, Ulf Doerner, Dieter W. Horst und Thomas Loew, 2010.

266. Die DINISO26000: "Leitfaden yur gesellschaftlichen Verantwortung" -ein Ueberblick, Bundesministerium fuer Arbeit und Soziales, 2100.

267. Stakeholders and Corporate Social ResponsibilityThe Saylor Foundation , Saylor URL: www. saylor. org/bus208/#3. 3. 7. 1.

268. Stakeholder-Dialoge Manual, Deutsche Gesellschaft für Internationale Zusammenarbeit (GIZ), 2011.

269. Stakeholderdialog Ein Leitfaden, Deutsches CSR-Forum Julia Löhr, 2013.

270. Das CSR-Universum, von Arnd Hardtke/Gesellschaftliche Verantwortung, Arnd Hardtke, Gabler, 2010.

271. Strategie und Management Inklusive vertiefender Inhalte, Daimler Nachhaltigkeitsbericht 2014.

272. Think globally, Act globally, Wie CSR bei einem Weltkonzern funktion-

iert, Wolfram Heger, 2008.

273. Accountability vs. Responsibility, Success Culture™ Beliefs & Models, Planned Success Institute, 1999, 2002.

274. Verantwortungsvolle Unternehmensfuehrung, Den Maechtigen ins Gewissen Reden, Joef Sazer, Menschenrechte als unternehmerische Verantwortungsdimension, Klaus M. Leisinger /Gesellschatliche Verantwortung von Unternehmen, Arnd Hardtke, Annette Kleinfeld, Gabler, 2010.

275. Comparison of the World's 25 Largest Corporations with the GDP of Selected Countries (2010), Fortune Magazine, May 2010 & World Bank, 2010.

276. State of Power 2014Exposing the Davos Class.

277. A Guide for Integrating Human Rights into Business.

278. Management, Business Leaders Initiative on Human Rights.

279. United Nations Global Compact.

280. HUMAN RIGHTS CORPORATE ACCOUNTABILITY GUIDE. from law to norms to values, John F. Sherman, III and Chip Pitts, 2008.

281. Unternehmen in Konfliktregionen, Karin Lukas und Astrid Steinkellner Mitarbeit: Gabriel Thurner, INEF FORSCHUNGSREIHE 2012.

282. Handbuch Menschenrechte Anleitung zur Umsetzung. des Menschenrechtsansatzes in der OEZA, Austrian Development Agency, 2010.

283. Menschenrechte Unveaeusserrlich-universell-unteilbar, Zeitschrift für die Praxis der politischen Bildung, 3/4 –2014.

284. HUMAN RIGHTS COMPLIANCE ASSESSMENT (HRCA).

285. QUICK CHECK, The Danish Institute for Human Rights, 2006.

286. Wirtschaft und Menschenrechte, Friedrich Ebert Stiftung, Brigitte Hamm, Christian Scheper, THE INTERNATIONAL BILL OF HUMAN RIGHTS, Adopted and proclaimed by General Assembly resolution 217 A (III) of 10 December 1948.

287. Vienna Declaration and Programme of Action, Adopted by the World Conference on Human Rights in Vienna on 25 June 1993.

288. International Covenant on Economic, Social and Cultural Rights, Adopted and opened for signature, ratification and accession by General Assembly resolution 2200A (XXI) of 16 December 1966.

289. Treaties and international agreements registered or filed and recorded with

the Secretariat of the United Nations, VOLUME 993 , 1976.

290. International Covenant on Civil and Political Rights, Adopted by the General Assembly of the United Nations on 19 December 1966.

291. 2014 World DevelopmentIndicators, The World Bank, 2014.

292. Menschenrechte und Armut, Vanessa Gleiβ und Julia Ismar, Dezember 2007.

293. A Guide to Human Rights Due Diligence in Global Supply Chains, Ethical Trading Initiative Norway.

294. MENSCHENRECHTE. VERSTEHEN-HANDBUCH ZUR MENSCHENRECHTSBILDUNG, WOLFGANG BENEDEK, 2009.

295. The Millennium Development Goals Report 2015, United Nations. New York, 2015.

296. Der internationale Menschenrechtsschutz-Eine Einfuehrung, Eibe Riedel, 2004.

297. Zwishen Pflicht und Kuer: Arbeitsbedingungen in einer globalisierten Wirtschaft, Antje Gerstein /Gesellschatliche Verantwortung von Unternehmen, Arnd Hardtke, Annette Kleinfeld, Gabler, 2010.

298. The precautionary principle, COMEST UNESCO 2005.

299. A Guide to Climate Change Negotiations for ILO Constituents, International Labour Office, 2015.

300. Multinational enterprises, development and decent work, INTERNATIONAL LABOUR OFFICE, 2015.

301. PROMOTION OF ALL HUMAN RIGHTS, CIVIL, POLITICAL ECONOMIC, SOCIAL AND CULTURAL RIGHTS, INCLUDING THE RIGHT TO DEVELOPMENT, Business and human rights: Towards operationalizing the protect, respect and remedy" framework, HUMAN RIGHTS COUNCIL, 2009.

302. Guiding Principles on Business and Human Rights, Implementing the United Nations "Protect, Respect and Remedy" Framework, United Nations, 2011.

303. The 2008 Ruggie Report: A Framework for Business and Human Rights. , Christiana Ochoa, 2008.

304. Social Standards, Henkel AG & Co. KGaA, 2011.

305. 《FRAMEWORK OF ACTIONS FOR THE LIFELONG DEVELOPMENT OF COMPETENCIES AND QUALIFICATIONS》, ETUC, UNICE, CEEP 2002.

306. Climate Change 2014 Synthesis Report, IPCC, 2014.

307. Sozialstandards in der Lieferkette, vbw, 2015.

308. UEBERBLICK ÜBER AUSGEWAEHLTE INITIATIVEN UND INSTRUMENTE FUER EIN GESELLSCHAFTLICH VERANTWORTLICHES UNTERNEHMERISCHES HANDELN, OECD 2008.

309. Menschen-und Arbeitsrechte Im Konsumgüterbereich, eokom research 2011.

310. G20/OECD Principles of Corporate Governance, OECD, 2015.

311. ISO 26000 and global governance for sustainable developmen, HALINA WARD, 2012.

312. Das oeklogisch Vernuenftige ist auch oeknomisch klug, Norbert Roettgen. /Gesellschatliche Verantwortung von Unternehmen, Arnd Hardtke, Annette Kleinfeld, Gabler, 2010.

313. Nachhaltigkeitmanagement in Unternehmen-Konzepte und Instrumente yur nachhaltigen Unternehmensentwicklung, BMU, BDI, CSM ev. Stefan Shaltegger etc. , 2002.

314. CSR und Vertrauen. Zur Aktualität von Corporate Social Responsibility (CSR), Norbert Huchler, 2013.

315. CSR in der Supply Chain-Herausforderungen und Ansazpunkte fuer Umweltschutz, Thomas Loew, Sabine Braun, 2005.

316. NACHHALTIGKEIT IN DER LIEFERKETTE-Ein praktischer Leitfaden zur kontinuierlichen Verbesserung, DGCN, BMZ, GIZ, 2012.

317. Gesellschaftliche Verantwortung im Mittelstand-Expertinnen und Experten aus Süddeutschland stellen sich vor , Bertelsmann Stiftung, 2016.

318. LEITFADEN FÜR NACHHALTIGES WIRTSCHAFTEN, FÜR EINE NACHHALTIGE ZUKUNFT, United Nations Global Compact, 2014.

319. Environmental Responsibility Report-2016 Progress Report, Apple Inc. , 2016.

320. http://www.apple.com/cn/environment/.

321. Greenwashing-Die dunkle Seite der CSR Anna-Maria Müller I RESET-Redaktion , 2009.

322. Die neue Macht des Verbraucher, Ilse Aigner. Der Verbraucher als Empfaenger der CSR-Botschaft, Peter Sieber/Gesellschatliche Verantwortung von Unternehmen, Arnd Hardtke, Annette Kleinfeld, Gabler, 2010.

323. Verbraucherstudie_ CSR-Kommunikation_ _ imug_ Praesentationsband _ 2012.

324. Neue_ Wege_ zu_ einer_ nachhaltigen_ Lebensweise2011.

325. Zehn Leitlinien für eine verbrauchergerechte CSR-Kommunikation, Bundesverband Verbraucher Initiative eV.

326. Ein Verbraucherleitfaden zum Thema Corporate Social Responsibility (CSR), BMELV 2009.

327. CSR-Kommunikation im Wandel, die Studie_ CSR-Kommunikation_ CSCP_ VI_ 2012. imug, Schoenheit, 2012

328. CSR_ Preis_ Bund_ Leitfaden_ 2013.

329. Faires unternehmerisches Handeln, Bernd Eisenblaetter. Gesellschaftliche Verantwortung und eine angemessene Organistionspraxis, Frank Ebinger. /Gesellschatliche Verantwortung von Unternehmen, Arnd Hardtke, Annette Kleinfeld, Gabler, 2010.

330. Compliance-Eine Einführung in die Thematik, Hans-Boeckler-Stiftung, Lasse Puetz, 2011.

331. Verhaltenskodex Dienstleistungen und Nicht-Handelsware Otto Group-Otto (GmbH & Co KG), 2012.

332. Otto Group Corporate Responsibility Report, 2013.

333. Das Compliance-System von Siemens, Siemens AG, 2013.

334. Siemens Compliance Programm-ein Change Management Prozess. Josef Moran, 2008.

335. Siemens Compliance System Track Record and Challenges. John Garred, 2012.

336. Compliance Program@ Siemens, Nadeem Anwer, 2010.

337. Die Einführung von Compliance Management und Compliance Regeln-ein Beitrag zu Reputation und Rendite?, Stefan Pelny LL. M., 2012.

338. Accountable Value, A Co-Chair Discussion Paper, WBCSD, 2004.

339. Drei Leitgedanken yum Thema CSR Soziales Engagement, Bernhard von Mutius. Sozials Engagement von Unternehmen als strategische Investion in das Gemeinwesen. /Gesellschatliche Verantwortung von Unternehmen, Arnd Hardtke, Annette Kleinfeld, Gabler, 2010.

340. business@ school-eine Idee macht Schule, eine Initiative von Boston Con-

sulting Group, 1998.

341. Matching Funds als Beispiel staatlicher Strategien für private Wissenschaftsf örderung. Modelle im Ausland, Lehren für.

342. Hochschulen in Deutschland, Tome Sandevski, 2010.

343. Matching Funds Staatliche Strategien für private Wissenschafts-förderung-Eine internationale Vergleichsstudie mit Empfehlungen für Deutschland, Stephan A. Jansen, Tome Sandevski, 2009.

344. Corporate Citizenship planen und messen mit der iooi-Methode. Ein Leitfaden für das gesellschaftliche Engagement von Unternehmen. Bertelsmann Stiftung, 2010.

345. Wirkungsmessung/Wirkungsbericht gesellschaftlichen Engagements-. Arbeitshypothesen, WIE-Konferenz, 2012.

346. Soziales Engagement von Unternehmen lohnt sich! . Praxisbeispiele im Themenfeld Arbeit, Integration und Soziales in Nordrhein-Westfalen, UPJ e. V. , 2012.

347. Laederprofil China-Demografischer Wandel, UN Population Division, World Population Prospects, 2008.

348. PRAGMATISCHE VISIONAERE Veraenderer als Soziale Unternehmer, CCCD, 2009.

349. CSR erfolgreich umsetzen, Annette Kleinfeld, Johanna Schnurr. /Gesellschatliche Verantwortung von Unternehmen, Arnd Hardtke, Annette Kleinfeld, Gabler, 2010.

350. Stakeholder Engagement Strategy, BSR, 2011.

351. Corporate Social Responsibility-An Implementation Guide for Business, Paul Hohnen, iisd, 2007.

352. CSR-CORPORATE SOCIAL RESPONSIBILITY AND THE ROLE OF THE.

353. LEGAL PROFESSION-A GUIDE FOR EUROPEAN LAWYERS ADVISING ON CORPORATE OCIAL RESPONSIBILITY ISSUES, Councilof Barsand Law Societiesof Europe, 2005.

354. CSR-Management-Potenziale ausloten und effizient nutzen, navos, 2014.

355. Michael Porters Diamant, Manfred Fuchs, 2005.

356. ASSESSING CORPORATE SOCIAL RESPONSIBILITY: CSR-SCAN, Daniela Ebner, 2007.

357. CSR-self Assessment Handbook for Companies, UNDP, 2010.

358. Methoden zur Evaluation der Nachhaltigkeit von Unternehmen, CSM ,

Kicheol Kim, 2002.

359. Das Unternehmen, Premium Cola-Ein Beispiel für die Umsetzung des Konzepts des normativen Stakeholdermanagements in der Marktwirtschaft? Martin Mueller, 2008.

360. Unternehmenskultur und Werte-Bausteine einer werte-orientierten. Führungskultur, Wolfgang Stark, 2014.

361. Cross-Cutting Tool Stakeholder Analysis, WWF, 2005.

362. Qualitätsmanagement mit dem CAF-Leitfaden für die CAF-Anwendung, Bundesministerin für Frauen und Oeffentlichen Dienst im Bundeskanzleramt Oesterreich2010.

363. CSR Governance Guidelines, Andrea Baldwin, Canadian Business for Social Responsibility Coro Strandberg, Strandberg Consulting, 2010.

364. Taking CSR to the next level with PDCA, RICOH GROUP SUSTAINABILITY REPORT, Ricon, 2010.

365. UEBERPRÜFUNG SOZIALER VERANTWORTUNG. ENTLANG DER LIEFERKETTE-EIN RECHTLICHER PRAXIS! LEITFADEN FUER OEFFENTLICHE EINKUENFTER, Das Landmark Konsortium, 2014.

366. Wie Organisationen mit RADAR besser werden Einfach kompetent führen, Sven Eltzschig, Management und Qualität 3/2012.

367. Vision-Mission-Leitbild, Die Bedeutung Normativen Managementfuer die Unternehmensfuehrung, Norbert Bach, 2006.

368. Wegweisendes Projekt für Schweizer KMU, ISO 26000 nutzen, Clemens Lang, Alex Kunze, Mariana Christen Jakob und Herbert Winistörfer, Management undQualität 12/2012.

369. CSR-Markenmanagement-Markenmodell und Best-Practice-Faelle am Beispiel der Bau-und Immobilienwirtschaft, IMB Institute of Management Berlin, Carsten Baumgarth, Lars Binckebanck, 2011.

370. Designing a CSR Structure, Business for Social Responsibility, 2002.

371. CSR und Nachhaltigkeitsmanagement-Definitionen, Ansaetze und organisatorische Umsetzung im Unternehmen, Thomas Loew und Friederike Rohde, 2013.

372. Organisationsentwicklung durch Einführung eines Qualität smanagement Systems, Bianca Adamer, 2007.

373. Die Basisprozesse der Organisationsentwicklung, Friedrich Glasl, Trigon

Entwicklungsberatung, 2013.

374. Nachhaltigkeitsstrategien systemisch umsetzen Eine qualitative Exploration der Organisationsaufstellung als Managementmethode, Carl Ulrich Gminder, 2005.

375. Der Prozess in der Leitbildentwicklung, Thilo Briel, 2006.

376. Wieviel Konflikt braucht / verträgt eine gute Unternehmenskultur? Friedrich Glasl, 2010.

377. MAINSTREAMING THE CORPORATE SOCIAL RESPONSIBILITY AGENDA: A CHANGE MODEL GROUNDED IN THEORY AND PRACTICE. François Maon 1 and Valérie Swaen, 2013.

378. CSR Instrumente im Allgemeinen und CSR Labels für Unternehmen im Speziellen Ein internationaler Vergleich, Agnes Fechner, 2012.

379. CORPORATE SOCIAL RESPONSIBILITY AND INDIVIDUAL RESISTANCE: LEARNING AS THE MISSING LINK IN IMPLEMENTATION, Deborah Blackman etc. 2013.

380. Der CSR-Manager, Nennis Lotter, Jerome Braun, ALTOP, 2010.

381. http://www.controllingportal.de/Fachinfo/BSC/Balanced-Scorecard.html.

382. Mit der Balanced Scorecard das Unternehmen wirklich steuern? Torsten Schuhmacher, FAZ, 12.02.2001.

383. http://4managers.de/management/themen/balanced-scorecard/.

384. http://www.controllingportal.de/Fachinfo/BSC/Balanced-Scorecard.html.

385. Der Nachhaltigkeitsbericht-Ein Leitfaden zur Praxis glaubwürdiger Kommunikation für zukunftsfähige Unternehmen, Jens Clausen, Thomas Loew, Kathrin Klaffke, Michaela Raupach, Ingo Schoenheit, 2001.

386. Unternehmenrische Nachhaltigkeitskommunikation-Ansaetze zur Staerkung der unternehmerischer Nachhaltigkeit, CSM, Florian Brugger, 2008.

387. Globale Marken und CSR-Kommunikation in sozialen Netzwerken Eine institutionenoekonomische Interpretation, Research Paper on Marketing Strategy, Margit Meyer, 2013.

388. Herausforderungen im Zeitalter der digitalen Transformation, CR und Kommunikation, Lars Rademacher, 2015.

389. Nachhaltigkeit und Nachhaltigkeitskommunikation-Wo steht die Lebensmittelwirtschaft? Engel & Zimmermann AG, ZNU-Zentrum für Nachhaltige Unternehmensführung, 2013.

390. Mitarbeiterrekrutierung und-bindung durch CSR, A. Pelzeter, S. Bustamante, A. Deckmann, R. Ehlscheidt, F. Freudenberger, 2015.

391. Corporate Social Responsibility-Wie Deutschlands umsatzstärkste Unternehmen. ihre gesellschaftlich-soziale Verantwortung gestalten und kommunizieren.

392. Eine Studie der Stach's Kommunikation & Management GmbH, Frankfurt, 2005.

393. Ist CSR Kommunikation die PR der Zukunft? Riccardo Wagner, 2015.

394. Nachhaltige ganzheitliche Wertschoeffungsketten, Otto Schulz. /Corporate Social Responsibility-Verantwortungsvolle Unternemensfuehrungsin Theorie und Praxis, Springer Gabler, 2012.

395. Wirkungsvolle CSR-Kommunikation-Grundlagen, Peter Heinrich und Rene Schmidpeter, Springer-Verlag, 2013.

396. Modelle des Innovationsprozesses, Birgit Verworn, Cornelius Herstatt, 2000.

397. Das neue St. Galler Management-Modell, Johannes Rueegg-Stuerm, 2016.

398. Management von Stakeholderbeziehungen mit dem EFQM-Modell. Untersuchung im Rahmen der Erarbeitung einer Nachhaltigkeitsstrategie. der ABB Deutschland, Dorothee Albrecht, 2008.

399. Strategische normative Unternehmensführung und Compliance Management, Audit Committee Quarterly II /2012, Josef Wieland, 2012.

400. Vision-Mission-Leitbild-die Bedeutungnormative Managements foer die Untrnehmensfuehrung, Norbert Bach, 2006.

401. Corporate Social Responsibility: Some Key Theoretical Issues and Concepts for New Ways of Doing Business, JOURNAL OF NEW BUSINESS IDEAS AND TRENDS, David Birch, 2003.

402. Drucker on the Bounded Goodness of corporate social responsibility, N. Craig Smith, 2016.

403. The Business Case for Corporate Social Responsibility, Director Notes, www. conferenceboard. org, Archie B. Carroll and Kareem M. Shabana, 2011.

404. Digitale Agenda 2014—2017, Bundesministerium für Wirtschaft und Energie Bundesministerium des Innern Bundesministerium für Verkehr und digitale Infrastruktur, 2014.

405. Corporate Social Responsibility-Unter besonderer Berücksichtigung der Verantwor-tung von Medienunternehmen am Beispiel der WAZ Mediengruppe,

MA. Arbeit, Viviane Melanie Hülsewiesche, 2010.

406. Geschäftsmodelle in der digitalen Wirtschaft, Studien zum deutschen Innovationssystem Nr. 13 – 2016 , Simon C. Müller, Markus Böhm, Marina Schröer, Alexander Bakhirev, Bogdan-Cristian Baiasu, Prof. Helmut Krcmar, Isabell M. Welpe, 2006.

407. Stakeholder-Management und CSR-Kommunikation im Zeitalter der sozialen Medien, Hitzner, Justine, 2014.

408. Corporate Social Responsibility in der Systemgastronomie, Daniel Wolf, 2014.

409. THE NATURE OF CSR LEADERSHIP Definitions, Characteristics and Paradoxes, Wayne Visser, CSR International Paper Series, No. 4, 2011.

410. Leadership and CSR, Rob van Tulder, 2006.

411. GRUENBUCH Europaeische Rahmenbedingungen für die soziale Verantwortung der Unternehmen, EU Kommission, 2001.

412. Organisation: Strukturen und Gestaltung, Ralf Reichwald und Kathrin Moeslein , 1997.

413. Bechmarking als Instrument fuer das strategische Technologie-und Innovationsmanagement, Mattias Ermer, 2011.

414. Strategisches Management bei KMU, Dieter Dresselhaus und Wilfried Jungkind, Industrial Engineering 1/2014.

415. The Role of Governments in Promoting Corporate Responsibility. and Private Sector Engagement in Development, United Nations Global Compact, Bertelsmann Stiftung, 2010.

416. Corporate Social Responsibility in der strategischen Unternehmensführung-Eine Fallstudienanalyse deutscher und britischer Unternehmen der. Ernährungsindustrie, Katharina Schmitt, 2005.

417. Einführung in das Thema CSR und die Chancen für Unternehmen. Warum sollte CSR im Unternehmen verankert sein und was muss dabei. berücksichtigt warden, Ellen Enslin, 2016.

418. Herausforderung Innovation, Klaus Sailer, 2016.

419. Praxisleitfaden Soziales Unternehmertum, Bundesministerium für Wirtschaft und Energie Öffentlichkeitsarbeit, 2016.

420. LEITFADEN FÜR NACHHALTIGES WIRTSCHAFTEN-FüR EINE

NACHHALTIGE ZUKUNFT, UNITED NATIONS GLOBAL COMPACT, 2014.

421. Nachhaltigkeit in globalen Lieferketten-Orientierungshilfe für Unternehmen, econsense, 2013.

422. Nachhaltigkeit in der deutschen Konsumgüterwirtschaft. Themen, Trends und Initiativen, GS1 Germany: Stephan Schaller, Klaus Vogell, Wettbewerbsvorsprung durch Supply Chain. Management, Thomas Rennemann, 2003.

423. Oekonomische Nachhaltigkeit durch adaequates Strategiemanagement, Philipp Tachkov, 2011.

424. Akteursbeziehungen in nachhaltigen Wertschoepfungsketten, Maria Goldbach, 2001.

425. Nachhaltigkeitmanagement in Unternehmen-von Idee zur Praxis-Managementansaetze zur Umsetzung von Corporate Social Responsibilitz und Corporate Sustainability, Stephan Schaltegger , Christian Herzig , Oliver Kleiber, Torsten Klinke und Jan Mueller , 2007.

426. PPP in gesellschaftlicher Verantwortung, Jens S. Dangschat, 2008.

427. Corporate Social Responsibility und Entwicklungszusammenarbeit. -Zukunftsfähige Entwicklung gemeinsam anpacken, Andreas Villar, 2008.

428. IS CSR INCOMPATIBLE WITH PPP?, David Eaton, 2009.

429. Public Private Partnership-ein Loesungsansatz für NPO? Urs Bolz/Martin Rosenfeld, Verbands-Management, 33. Jg. , 3/2007.

430. Prozessleitfaden Public Private Partnership-eine Publikation aus der Reihe PPP fuer die Praxis, Bertelsmann Stiftung, Clifford, Initiative D21, 2015.

431. Kooperation mit Private Sektor im Kontext der Entwicklungszusammenarbeit-Kooperationsformen, ein Positionspaper des BMZ, 2011.

432. Evaluation Study Public Private Partnership Programme, Nordic Consulting Group A/S , Per Kirkemann & Marie-Louise Appelquist, 2008.

433. Gesetze und Anreizstrukturen für CSR in Deutschland. Praxisexpertise erstellt im Auftrag der Bertelsmann Stiftung, Projektmanagement CSR, André Habisch, Martina Wegner, 2004.

434. PPP Public Private Partnership zur Realisierung oeffentlichen Baumassnahmen in Bazern, Gespraechsrunde PPP, 2005.

435. Public Private Partnership-Ansätze, Funktionen. Gestaltungsbedarfe, Dietrich Budäus, Gesellschaft für öffentliche Wirtschaft Berlin, 2004.

436. Public Private Partnership：Ein profundes Problem，Peter Eichhorn，Gesellschaft für öffentliche Wirtschaft Berlin，2004.

437. GUIDEBOOK ON PROMOTING GOOD GOVERNANCE IN PUBLIC-PRIVATE PARTNERSHIPS，United Nations Economic Commission for Europe，2008.

438. Public Private Partnership als neuartiges Regelungsmuster zwischenoeffentlicher Hand und Unternehmen，Hans-Böckler-Stiftung，Wolfgang Gerstlberger Wolfram Schmitte，2004.

439. Oeffentlich-Private Partnerschaften-Ein Konzept für die zukünftige Gestaltung öffentlicher Aufgaben? Wolfgang Gerstlberger Michael Siegl，2011.

440. Governance und Nachhaltigkeit-Sondierung und Analyse beispielhafter sozialökologischer Steuerungsmuster，Schriftenreihe des IÖW 183/06，Dirk Scheer，2006.

441. PRINCIPLES FOR THE PUBLIC GOVERNANCE OF PUBLIC-PRIVATE PARTNERSHIPS，OECD 50254119.

442. Recommendation of the Council on Principles for Public Governance of Public-Private Partnerships，OECD，2012.

443. The Guide to Guidance-How to Prepare，Procure and Deliver PPP Projects，EPEC，EIB-07/2011.

444. PUBLIC-PRIVATE PARTNERSHIP （PPP），Virginia Tan，Allen & Overy，2012.

445. Public Private Partnership Opportunities，Deloitte LLP and affiliated entities，Gianni Ciufo，2015.

446. Reference Guide Public-Private Partnerships Version 2.0，International Bank for Reconstruction and Development / The World Bank，Asian Development Bank，and Inter-American Development Bank，2014.

447. Nachhaltigkeit im Management，arbeitsmarkt UMWELTSCHUTZ NATURWISSENSCHAFTEN，Wissenschaftladen Bonn e. V.，Sabine te Heesen，2013.

448. Stakeholdermanagement Leitfaden für einen moderierten Gruppenprozess，FHNW，Claus-Heinrich Daub etc.，2015.

449. Strategisches Management für Nonprofit-Organisationen，Markus Gmür，1999.

450. Leitlinien fuer eine erfolgreiche Kooperation mit Unternehmen auf Basis einer CSR Strategie fuer gemeinnützige Organisationen im Rahmen der CSR Initiative Rheinland，CSR Initiative Rheinland，2015.

451. Buergerschaftliches Engagement heute, Schriftenreihe der Stiftung Westfalen-Initiative, Annette Zimmer/Michael Vilain, 2005.

452. Besonderheiten der Öffentlichkeitsarbeit von Non-Profit-Organisationen Eine vergleichende Untersuchung karitativer deutscher Non-Profit-Organisationen, Katharina Buri, 2008.

453. Zwischen Konfrontation und Kooperation: Eine empirische Analyse der Rolle von NGOs aus Unternehmensperspektive, Joachim Zentes, Stefan Kolb, Michael Fechter, 2012.

454. Social Media im Fundraising von Non-Profit-Organisationen in Deutschland, Julia Arlt, 2013.

455. Kooperationen zwischen NGOs und Unternehmen-Gute Figur auf glattem Parkett?, Christine Moore, 2008.

456. Die Rolle der NGOs in der Entwicklungszusammenarbeit Muensteraner Diskussionspapiere zum Nonprofit-Sektor-Nr. 17 , Marcus Lenzen, 2001.

457. The EVCPF-an international non-governmental organization (INGO)? Austrian Civil Protection Organization, 2015.

458. Das deutsche Nationalkomitee für die UN-Dekade, Bildung für nachhaltige Entwicklung ": Positionspapier, Zukunftsstrategie BNE 2015.

459. Organisations und Kompetenzentwicklung im Non-Profit-Bereich, Ein Erfahrungsbericht, Cathrin Becker, 1999.

460. Stiftung sucht Unternehmen Zusammenarbeit mit nicht gemeinnützigen Partnern, Roland Bender und Jan Wittig, Stiftung&Sponsoring 3 2009.

461. Zehn Empfehlungen für gemeinnützige Unternehmensstiftungen Verabschiedet vom Arbeitskreis Unternehmensstiftungen des Bundesverbandes Deutscher Stiftungen in Berlin, 2010.

462. Deutsche Post DHL und die Vereinten Nationen-Partnerschaft für CSR.

463. CSR-Studie Partnerschaften, Susanne Meier, 2012.

464. CSR-Ratgeber-In 7 Schritten zueiner CSR-Strategie, respACT austria, 2014.

465. Corporate Social Responsibility bei kleinen und mittleren Unternehmen.

466. in der Metropolregion Hamburg, sneep Hamburg, 2007.

467. CSR-Leitfaden Lebensmittel, respACT, austria, 2014.

468. CSr Saarland http: //www. csr. saarland. de/index. php? id = 14. csr-rheinland-csr-check eu.

469. http：//www. csr-rheinland. de/index. php/die-initiative/beratung/selbst-check.

470. CSR & Social Media Marketing-Brueder im Geiste，http：//www. better-relations. de/kommunikationsstrategie/csr-kommunikation/csr-social-media. html.

471. Corporate Social Responsibility im Mittelstand. -Chancen und unternehmerische Verantwortung im Kerngeschäft，Pilotprojekt，CSR in Berliner KMU “，TueV Rheinland Akademie GmbH，2014.

472. Leitlinien Für einen erfolgreichen Aufbau einer CSR Strategie in kleinen und mittelstaendischen Unternehmen Im Rahmen der CSR Initiative Rheinland，CSR Initiative Rheinland Ein Gemeinschaftsprojekt der IHK Bonn/Rhein—Sieg，2014.

473. CSR and Competitiveness-European SMEs' Good Practice，http：//europa. eu. int/comm/enterprise/csr/ms_ sme_ projects. htm，JupiterImages Corporation 2007.

474. Gesellschaftliches Engagement in kleinen und mittelständischen Unternehmen in Deutschland-aktueller Stand und zukünftige Entwicklung-2006-Kurzauswertung，GILDE GmbH，2007.

475. Corporate Social Responsibility：Einbettung des Unternehmens in das Wirtschaftssystem，Oliver Falck ，Stephan Heblich，Diskussionsbeitrag Nr. V－45－06 ，Volkswirtschaftliche Reihe ISSN 1435－3520，2006.

476. Creating a Virtue Matrix Strategy，The Conference Board of Canada，Corporate Social Responsibility Review，Roger Martin，2006.

477. The Virtue Matrix-a tool for understand corporate social responsibility，ROTMANMANAGEMENT，Dean Roger Martin，2003.

478. CSR-Berichterstattung in Deutschland gesetzlich geregelt，Helmut Krodel und Peter Schmitt，CSR Info 65－2017.

479. Closing the gap between CSR und regulation How can Corporate Social Responsibility fill the gaps in environmental Governance in Austria? Fiona Schadbolt，2011.

480. Corporate Social Responsibility：Einbettung des Unternehmens in das Wirtschaftssystem，Volkswirtschaftliche Reihe ISSN 1435 － 3520，Oliver Falck，Stephan Heblich，2006.

481. The virtue matrix：Calculating the return on corporate responsibility，Harvard business review，Roger L Martin，2012.

482. Unsere Wirtschaftsordnung Hans Kaminski, Michael Koch, Katrin Eggert, 2011.

483. Globalisierung und die deutsche Wirtschaft-Gewinner und Verlierer?, Seminararbeit zur, Konjunktur-und Wachstumspolitik Joachim Scheide, 2008/2009.

484. Corporate citizenship: Profi ting from a sustainable business, Economist Intelligence Unit Limited 2008.

485. Wege aus der Krise-CSR als strategisches Rüstzeug für die Zukunft, Anna Peters Bertelsmann Stiftung.

486. Industrie 4. 0 und Nachhaltigkeit: Chancen und Risiken für die Nachhaltige Entwicklung, Rat für Nachhaltige Entwicklung (RNE), 2016.

487. Zukunfätsfhige Führung-Die Gestaltung von Führungskompetenzen und-systemen, Bertelsmann Stiftung, Birgit Gebhardt, Josephine Hofmann, Heiko Roehl, 2015.

488. Umsetzungsstrategie Industrie 4. 0 Ergebnisbericht der Plattform Industrie 4. 0, BITKOM e. V. , VDMA e. V. und ZVEI e. V. , April 2015.

489. Zukunftschance Digitalisierung-Ein Wegweiser, Mittelstanddigital, Bundesministerium fuer Wirtschaft und Energie (BMWi), 2016.

490. Industrie 4. 0 und Digitale Wirtschaft-Impulse für Wachstum, Beschäftigung und Innovation, Bundesministerium für Wirtschaft und Energie, 2015.

491. DIGITALISIERUNG & INDUSTRIE 4. 0 So individuell wie der Bedarf-Produktivitaetszuwachs durch Informationen, Institut für a ngewandte Arbeitswissenschaft e. V. (ifaa), 2016.

492. Unsere Digitale Agenda für Deutschland, Presse-und Informationsamt der Bundesregierung, 2015.

493. Die Hightech-Strategie für Deutschland, Bundesministerium für Bildung und Forschung (BMBF), 2006.

494. Kompetenzentwicklungsstudie Industrie 4. 0 Erste Ergebnisse und Schluss folgerungen, acatech-DEUTSCHE AKADEMIE DER TECHNIKWISSENSCHAFTEN, 2016.

495. Securing the future of German manufacturing industry-Recommendations for implementing the strategic initiative INDUSTRIE 4. 0, Final report of the Industrie 4. 0 Working Group, 2013.

496. Cyber-Physical Systems: Chancen und Nutzen aus Sicht der Automation.

497. Verein Deutscher Ingenieure e. V. VDI/VDE-Gesellschaft Mess-und Automatisierungstechnik（GMA）April 2013.

498. Herausforderungen beim Entwurf von Cyber-Physical Systems，NI TREND WATCH，ELEKTRONIKPRAXIS Nr. 11 2. 6. 2014.

499. Cyber-physical Systems：Systemintegration，vernetzte Systeme，virtuelle Sensoren，Kommunikation，dezentrale Entscheidung，Sensordatenfusion Wolfgang Sinn，AMA · FVEE · Workshop 2013.

500. Industrie 4. 0-Die nächste Revolution Von der Dampfmaschine zur Intelligenten Fabrik，Frankfurter Allgemeine Zeitung Verlagsspezial，2013.

501. Industrie 4. 0 undChancen und Herausforderungen der vierten industriellen Revolution，pwc，2014.

502. Digitalisierung der Wirtschaft-Bedeutung，Chancen und Herausforderungen. Wirtschaftskammer Österreich，2015.

503. Industrie 4. 0-Chancen und Perspektiven für Unternehmen der Metropolregion Rhein-Neckar，Industrie-und Handelskammern Rhein-Neckar，Pfalz und Darmstadt Rhein Main Neckar，2015.

504. Die digitale Transformation der Industrie，Roland Berger Strategy Consultants，2015.

505. Industrie 4. 0-Die vierte Industrielle Revolution，DGQ，Felix Artischewski，2014.

506. Gestaltungsdiskurs Industrie 4. 0 Innovationskommunikation und die Etablierung des Konzepts Industrie 4. 0-Akzeptanzaspekte，Frames，Institutionalisierungen，Volker M. Banholzer，ISSN 1867-5433 Sonderdruck Schriftenreihe der Technischen Hochschule Nürnberg Georg Simon Ohm Nr. 62，Mai 2016.

507. Industrie 4. 0 Internationaler Benchmark，Zukunftsoptionen und Handlungsempfehlungen für die Produktionsforschung，Juergen Gausemeier，Fritz Klocke，2016.

508. Auf dem Weg zu Industrie 4. 0-Das Digital Enterprise，Vorstands der Siemens AG，Klaus Helmric，2015.

509. Zukunftsfaehige Fuehrung-Die Gestaltung von Fuehrungskompetenzen undsystemen ，Bertelsmann Stiftung，Birgit Gebhardt，Josephine Hofmann，Heiko Roehl，2015.

510. How SAP's Vision and PurposeCome to Life，Enabling Our Customers to

Improve the Economy, our Society, and the Environment through Technology, SAP 2017.

511. SAP Integrierter Bericht 2015, Nachhaltigkeits-Bestandteile, Reimaging Your Business, SAP, 2015.

512. Wertsteigerung durch Innovation, SAP Integrierter Bericht 2016, SAP, 2016.

513. https://www.sap.com/corporate/en/vision-purpose.html.

514. https://www.sap.com/integrated-reports/2016/de/strategy/strategy-and-business-model.html.

515. https://www.sap.com/integrated-reports/2016/de/strategy/connectivity.html.

516. WWF Part of HSBC Program to Combat Global Climate Change, May 30, 2007.

517. https://www.worldwildlife.org/press-releases/wwf-part-of-hsbc-program-to-combat-global-climate-change.

518. WWF AND HSBC LAUNCH YANGTZE CONSERVATION PROGRAMME, 05 JUNE 2003.

519. https://www.wwf.org.uk/updates/wwf-and-hsbc-launch-yangtze-conservation-programme.

520. https://www.bmwgroup.com/de.html.

521. BMW GROUP INVESTOR PRESENTATION, BMW Group, 2016.

522. SUSTAINABLE VALUE REPORT 2015, NACHHALTIG HANDELN.

523. ZIELE ERREICHEN, BMW Group 2015.

524. SUSTAINABLE VALUE REPORT 2016, BMW Group 2016.

525. http://www.bmw.com.cn/zh/topics/experience/aboutus/bmw_group.html.

526. http://biz.ifeng.com/news/detail_2012_07/25/261967_0.shtml.

527. http://www.china.com.cn/guoqing/zhuanti/201608/19/content_39124259.htm.

528. http://amuseum.cdstm.cn/AMuseum/ancitech/science/01/s1a_bd05.html.

529. http://www.zwbk.org/PictureBigShow.aspx?pid=20110414073023863_9081.jpg.

530. http://www.icbc.com.cn/ICBCLtd/.

531. http://www.huawei.com/cn/about-huawei/corporate-information.

532. http：//www. huawei. com/cn/about-huawei/sustainability.

533. http：//www. chinanews. com/life/2013/10-25/5424673. shtml.

534. https：//sharingbeautywithall. loreal. com/.

535. http：//www. loreal-finance. com/cn/annual-report-2016/.

536. Loreal 2016 ANNUAL REPORT.

537. Loreal 2016 PROGRESS REPORT，2016 REGISTRATION DOCUMENT integrated Report.

538. Loreal 2013 SUSTAINABLE DEVELOPMENT REPORT.

539. Loreal 2014 ANNUAL REPORT.

540. Loreal 2013 SUSTAINABLE DEVELOPMENT REPORT.

541. https：//www. siemens. com/cn/zh/home/company/about. html.

542. Vision 2020 We make real what matters. Strategy overview. siemens. com/vision-2020，Siemens AG 2014.

543. Unsere zentrale Forschung und Entwicklung，Siemens Corporate Technology，siemens. com/innovation，Siemens AG 2015.

544. Das Unternehmen Quartal 4 I 2016，Siemens AG 2016.

545. The Company 1st Quarter I 2017，Siemens AG 2017.

546. Corporate TechnologyOur central research and development unit，Siemens AG 2017.

547. Vision 2020 Wir verwirklichen，worauf es ankomm，Strategie im ueberblick. Siemens AG 2014.

548. https：//sustainabledevelopment. un. org/post2015/transformingourworld.

549. TRANSFORMING OUR WORLD：THE 2030 AGENDA FOR SUSTAINABLE DEVELOPMENT，A/RES/70/1，UNITED NATIONS，2015.

550. DER GESUNDHEITSMARKT，2008Tagung "Die Chancen der Gesundheitswirtschaft nutzen"，Dr. Joachim KartteHead of Competence Center Pharma & HealthcareRoland Berger Strategy Consultants. Berlin，12. Juni 2008.

551. Innovationsimpulse der Gesundheitswirtschaft-Auswirkungen auf Krankheitskosten，Wettbewerbs-fähigkeit und Beschäftigung. Autoren：Klaus-Dirk Henke，Sabine Troppens，TU Berlin，Grit Braeseke，Birger Dreher，Meiko Merda ，IEGUS Institut，Berlin，2011.

552. Gesundheit neu denken-Fragen und Antworten für ein Gesundheitssystem von morgen，Bernhard Bührlen，Thomas Hegemann，Klaus-Dirk Henke，Albrecht Klo-

epfer, Thomas Reiβ, Friedrich Wilhelm Schwartz, FRAUNHOFER VERLAG, 2014.

553. Gesundheitsversorgung im Spannungsfeld zwischen Ethik und Ökonomie: Gerechtigkeitsethische Überlegungen, Georg Marckmann, 2011.

554. Der 6. Kondratieff-Wohlstand in langen Wellen, Allianz Global Investors, 2010.

555. Strategie und Aktionsplan für gesundes Altern in der Europäischen Region (2012—2020), 10. September 2012.

556. Globaler Klimawandel: Ursachen, Folgen, Handlungsmoeglichkeiten, Germanwatch, 3. überarbeitete Auflage, Dezember 2010.

557. Chancen und Herausforderungen der Energiewende und die Konsequenzen für die Stromnetze, Stephan Kohler, 10. Oktober 2012.

558. Klimawandel und Energiesysteme, Verwundbarkeit und Anpassungsoptionen. der Energiewirtschaft in Nordrhein-Westfalen, Wuppertal Institut für Klima, Umwelt, Energie GmbH, Thomas Madry, 2011.

559. Welt im Wandel: Energiewende zur Nachhaltigkeit, WISSENSCHAFTLICHER BEIRAT DER BUNDESREGIERUNG, GLOBALE UMWELTVERAEDERUNGEN (WBGU), 2003.

560. Technology Roadmap Smart Grids, International Energy Agency-IEA, 2011.

561. Unternehmerische Verantwortung bei Direktinvestitionen im Ausland, Gesellschaft zur Foederung von Auslandsinvestitionen e. V. , 2004.

562. Konzepte, Systeme und Instrumente der Management-Ethik, Jahrbuch 2009 der Braunschweigischen. Wissenschaftlichen Gesellschaft, S. 53-87, Hentze, Joachim.

563. Corporate Social Responsibility in der strategischen Unternehmensführung, Katharina Schmitt, 2005.

564. Consumers Choice 09-Corporate Responsibility in der Ernährungsindustrie, Corporate responsibility in the food industry, by GfK Panel Services Deutschland, Roland Berger Strategy Consultants GmbH, 2009.

565. Roche Group Code of Conduct, F. Hoffmann-La Roche Ltd, 2015.

566. Code of Conduct and Corporate Integrity, Boehringer Ingelheim, BIUSA/BIPI 2013—2014.

567. The Future of CSR: Towards Transformative CSR, or CSR 2. 0, Wayne Visser, Kaleidoscope Futures Paper Series, No. 1, 2012.

568. From Reputation Management to Credibility Management, Gabriele Faber-Wiener, August 2013.

569. Pharma 2020: Supplying the future Which path will you take?, www. pwc. com/pharma2020, 2011.

570. Ministerial report on the OECD Innovation Strategy, Innovation to strengthen growth and address global and social challenges, www. oecd. org/innovation/strategy, 2010.

571. Soziale Innovation-Auf dem Weg zu einem neuen Innovationsverständnis, Juergen Howaldt, 2012.

572. Oslo Manual GUIDELINES FOR COLLECTING AND INTERPRETING INNOVATION DATA, A joint publication of OECD and Eurostat, OECD 2005.

573. Planetary Boundaries: Exploring the Safe Operating Space forHumanity, Rockström, J. 等, http: //www. ecologyandsociety. org/vol14/iss2/art32/, 2009.

574. Innovationsprozesse managen fit fuer innovation, http: //www. fitfuerinnovation. de, http: //www. iao. frauerhofer. de.

575. Cluster und Innovationen Cluster-Initiativen als Innovationstreiber, Matthias Künzel, Gerd Meier zu KöckerThomas Koehler, ClusterAgentur Baden-Württemberg, 2015.

576. Industrie 4. 0 und Digitale Wirtschaft-Impulse für Wachstum. Beschäftigung und Innovation, Bundesministerium für Wirtschaft und Energie, April 2015.

577. REVOLUTION DER MANAGEMENTMETHODENDem Wandel voraus sein, Fredmund Malik, Teil VI aus dem Buch Strategie. Navigieren in der Komplexität der Neuen Welt-Campus Verlag, 2013.

578. Industrie 4. 0-Potentiale, Nutzen und Good-Practice-Beispiele für die hessische Industrie, ISBN 978-3-87525-389-4 Herausgegeben vom Meisenbach Verlag Bamberg, 2015.

579. Unternehmen fuer Muenchen, eine Initiative engangierten Unternemhen in Muenchen, www. unternehmen-fuer-muenchen. de, 2015.

580. Die Energiewende als gesellschaftlicher Transformationsprozess. Akteure, Barrieren, Katalysatoren, Hannes Utikal , Frankfurt/Main, Juli 2014.

581. The Pharmaceutical Innovation Platform, Sustaining Better Health For Patients Worldwide, International Federation of Pharmaceutical Manufacturers Associations (IFPMA), 2004.

582. vfa-Positionspapier, Pharma/Biotech und Innovationen 2016.

583. Innovationsprozess und Innovationsverhalten von Unternehmen, Urs Jenni, 2010.

584. Ein Blick in die Zukunft-acht Megatrends, die Wirtschaft und Gesellschaft verändern, Werner Heβ, 2008.

585. Herausforderung der Globalisierung für die Pharma-Industrie, Nikolaus Schweickart, ALTANA AG, 2004.

586. Gesundheit neu denken Fragen und Antworten für ein Gesundheitssystem von morgen, Bernhard Bührlen, Thomas Hegemann, Klaus-Dirk Henke, Albrecht Kloepfer. Thomas Reiss, Friedrich Wilhelm Schwartz, FRAUNHOFER VERLAG, 2014.

587. Zukunftsperspektiven des Gesundheitsmarkts, Stephan Sigrist, Gottlieb Duttweiler Institut (GDI), 2006.

588. The next phase: Opportunities in China's pharmaceuticals market, Deloitte Touche Tohmatsu CPA Ltd., 2011.

589. Understanding China's Manufacturing Value Chain, Opportunities for UK enterprises in China, University of Cambridge for Manufacturing, 2016

590. HiPP Ethik-Charta, Hipp-Werk Georg Hipp OHG, 2006.

591. Nachhaltigkeit im Gesundheitswesen-Nur ein Modewort oder Ansto? zum Umdenken?, Viviane Scherenberg, 2012.

592. Verhaltenskodex der Roche-Gruppe, F. Hoffmann-La Roche AG, 2015.

593. Pharmaceutical Supply Chain Initiative-PSCI Audit Guidance, PSCI, 2015.

594. Financial Supervision in the EU: A Consumer perspective, Udo Reifner and Sebastien Clerc-Renaud, 2011.

595. Finanzaufsicht und Verbraucherschutz, Udo Reifner, iff institut für finanzdienstleistungen e. V., 2011.

596. Anforderungen an Finanzvermittler-mehr Qualität, bessere Entscheidungen, Marco Habschick, Jan Evers, 2008.

597. Ursachen und Folgen der Finanz-und Wirtschaftskrise, Thiess Petersen, 2009.

598. Verbraucherschutz bei Finanzdienstleistungen, Deutsche Bank Research, 2011.

599. Verantwortungsvolle Kreditvergabe fuer Verbraucher, Bankenfachverband

2011.

600. Consumer protection and financial innovation: A few basic propositions, OECD, Stephan Lumpkin, 2010.

601. Understanding Financial Consumers in the Digital Era-A Survey and Perspective on Emerging Financial Consumer Trends, CGI GROUP INC., 2014.

602. OECD/INFE HIGH-LEVEL PRINCIPLES ON NATIONAL STRATEGIES FOR FINANCIAL EDUCATION, OECD, 2012.

603. Advancing National Strategies for Financial Education, A joint publication by Rassia G20 Presidency and the OECD, 2013.

604. Megatrend Nachhaltigkeit, Harvard Business Manager, 2010 Harvard Business School Publishing David A. Lubin und Daniel C. Esty, 2010.

605. Was ist CSR? Bank Austria, UniCredit Group, Fred Luks / fred. luks@unicreditgroup. at, Report 01 +02 / 2010.

606. Banking im Informationszeitalter-Formen und Gestaltungsfragen von Wertschöpfungsnetzwerken im Bankbereich, Thomas Fugmann, Bernd Heinrich, Susanne Leist, Robert Winter, 2016.

607. Nachhaltigkeit konkret, Nachhaltigkeitskonzept des Bundesministeriums fuer Ernaerung, Landwirtschaft und Verbraucherschutz, BMELV, 2008.

608. Die unternehmensinterne Wertschöpfungskette bei Dienstleistungen am Beispiel der TV-Programmveranstalter, Arbeitspapier der FOM, Nr. 4, Peter Kürble, 2006.

609. VERHALTENSKODEX DER DZ BANK GRUPPE, 05. 2014.

610. Das gesellschaftliche Engagement von Familienunternehmen. Dokumentation der Ergebnisse einer Unternehmensbefragung, Bertelsmann Stiftung, Birgit Riess, 2011.

611. Bericht an die Gesellschaft 2013-Unser Land-Unser Beitrag, Finazgruppe Deutscher Sparkassen-und Giroverband, 2013.

612. Normen und Nachhaltigkeit, Bedeutung der Normung für Wettbewerbsfähigkeit und Umweltschutz, TORSTEN BAHKE, 2015.

613. Wettbewerbsvorteile durch CSR - Eine Metastudie zu den Wettbewerbsvorteilen von CSR und Empfehlungen zur Kommunikation an Unternehmen, Thomas Loew, Jens Clausen, 2010.

614. http://www. iea. org/weo/china/cn/#section-1.

致　谢

许多朋友对本书满怀期待，这不仅令我感动，而且也让我倍感责任重大！在此，谨向各行各业各界支持社会责任的领导、学者、企业家、热心社会责任的朋友和志愿者们表示衷心的感谢（按拼音字母排序）：

蔡宁、程渝、崔晓汉、范文波、傅琳、韩永静、何玉、胡伯益、纪小洞、兰珍珍、李歌、李晓李、李银莹、林明宽、刘春光、刘丰、卢思骋、陆地、罗娟蓉、罗征峥、吕维菊、马尚斌、庞宗英、乔赢、生仔、宋妲姮、孙尚传、田涛、王境萱、王倩、魏振鹏、徐帅婧、严碧华、杨美虹、叶卫东、张惠丰、张敏民、张树冠、张心宏、张亚琴、张银俊、郑莉莉、周国银、周永发、朱心宁、宗黎曼等。

同时向支持中德、中欧友好及合作的国际友人、同事和朋友们表示特别的谢意：

Dieter Rumpel 教授，Bruno Mueller 教授，Otto Obermayer 先生，A. Stölben 先生，Urlich Krienen 先生，Michael Rensing 先生，Michael Schinkel 先生，Steven Yang 博士和 Van Dorsten 先生等。

最后，尤为感激我的父亲和母亲，我的家人吴西亿、孙存、孙大全和全家弟妹，本书的出版是与他们的厚爱和支持分不开的。

孙继荣

2018 年 7 月 30 日于北京

说明、声明和意见反馈

1. 版权说明

凡直接或间接引用或参考本书内容，必须以如下方式注明本书为其信息源：孙继荣．责任时代：挑战和机遇［M］．北京：中国经济出版社，2018.

2. 免责声明

凡本书参考或引用的文献均按出版要求，列入参考文献目录中，排列顺序不分先后。凡引用文献中的信息或经整理，版权归原作者所有，因未能与他们一一联系，在此一并致谢！

本书内容虽经作者和出版社仔细审阅和检查，但不能保证绝对无误。

本书论述社会责任和可持续发展普遍实用的方法，但企业或组织履行社会责任必须要因企业或组织而异、量体裁衣、因地制宜。必须遵循国家方针政策、法律法规，考虑本国的文化背景以及自身的发展情况。必须谨慎和仔细地考虑和处理社会责任的主题和实施。

本书所阐述的理念、观点、论点和描述的内容均属作者个人的看法，不代表任何组织或机构。在本书一些章节中凡引用组织或机构名称并不意味着作者与它们有任何商业关系，有关内容的解释请以相应官方为准，如需进一步研究，请参阅相应官方信息源。

3. 意见反馈

欢迎读者积极参与分享本书的理念，欢迎读者对本书提出意见和建议，联系方式为：agenda22047@ sina. com

作　者

2018 年 7 月 30 日北京